【东莞名片】

全国文明城市
国家森林城市
全国绿化模范城市
国家环境保护模范城市
中国优秀旅游城市
全国科技进步先进市
全国“两基”教育先进市
国家卫生城市
全国体育先进市
游泳之乡
举重之乡
全国篮球城市
龙舟之乡
广东历史文化名城
国家公共文化服务体系示范区

【数字东莞·2015】

户籍人口 195.01万人
常住人口 825.41万人
土地面积 2460平方千米
地区生产总值 6275.06亿元
第一产业增加值 20.50亿元
第二产业增加值 2902.98亿元
规模以上工业增加值 2593.54亿元
高技术制造业增加值1008.50亿元
第三产业增加值 3351.59亿元
人均地区生产总值 75616元
农林牧渔业总产值 34.35亿元
固定资产投资 1446.52亿元
社会消费品零售总额 2154.70亿元
外贸进口总额 639.54亿美元
外贸出口总额 1037.19亿美元
实际利用外资 53.20亿美元
地方公共财政预算收入 517.97亿元
地方公共财政预算支出 581.24亿元
城镇常住居民人均可支配收入 39793元
农村常住居民人均可支配收入 24225元

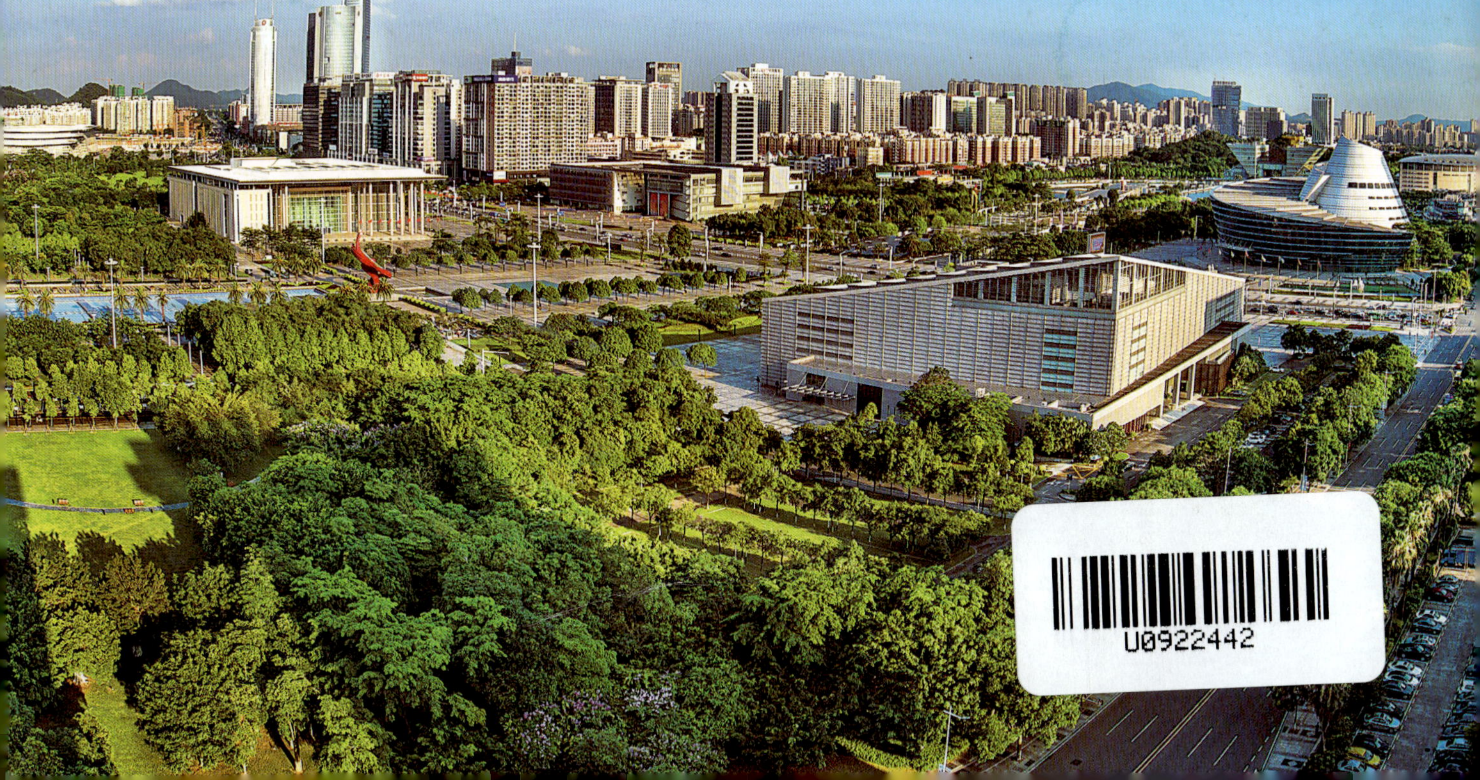

中国年鉴奖暨全国年鉴编纂质量综合一等奖
中国地方志年鉴奖一等奖
广东省年鉴编纂质量奖特等奖

东莞年鉴

DONGGUAN YEARBOOK

2016（总第16卷）

中共东莞市委员会
东莞市人民政府　主管
东莞年鉴编委会　主办

SPM
南方出版传媒
广东人民出版社
·广州·

图书在版编目（CIP）数据

东莞年鉴．2016 / 中共东莞市委员会，东莞市人民政府，东莞年鉴编委会编．—广州：广东人民出版社，2016.9

ISBN 978-7-218-11193-3

Ⅰ．①东… Ⅱ．①中… ②东… ③东…．Ⅲ．①东莞—2016—年鉴 Ⅳ．①Z526.53

中国版本图书馆CIP数据核字（2016）第222008号

东莞年鉴·2016

中共东莞市委员会　东莞市人民政府　主管

东莞年鉴编委会　主办

地　　址：广东省东莞市鸿福路99号行政办事中心主楼5楼

邮　　编：523888

电　　话：0769-22831396

邮　　箱：szb@dg.gov.cn

网　　址：http://history.dg.gov.cn

出 版 人：曾　莹

责任编辑：余小华　钱　丰

封面设计：张德全

责任技编：黎碧霞

出版发行：广东人民出版社

地　　址：广州市大沙头四马路10号（邮政编码：510102）

电　　话：（020）83798714（总编室）

传　　真：（020）83780199

网　　址：http://www.gdpph.com

海外发行：香港经济导报社图书业务部

地址Add：香港轩尼诗道342号国华大厦10字楼

电话Tel：852-25738217转图书部

传真Fax：852-25738469

邮箱Email：eiasub@pacific.net.hk

网址http：//www.jdonline.com.hk

HONG KONG，MACAO，TAIWAN & OVERSEA GENERAL DISTRIBUTOR：

ECONOMIC INFORMATION & AGENCY，BOOKS DEPT

10/F，KUO WAH BUILDING，342 HENNESSY ROAD，HONGKONG

排　　版：东莞市正本电分制版有限公司

印　　刷：东莞市信誉印刷有限公司

书　　号：ISBN 978-7-218-11193-3

开　　本：889mm × 1194mm　1/16

印　　张：42.25　**字　　数：**2100千

版　　次：2016年9月第1版　2016年9月第1次印刷

印　　数：1—3500册

国内定价：人民币260.00元

海外定价：港　币430.00元

编辑说明

一、《东莞年鉴》根据《地方志工作条例》和《广东省地方志工作规定》“以县以上行政区域名称冠名的地方志书、地方综合年鉴，分别由本级人民政府负责地方志工作的机构按照规划组织编纂，其他组织和个人不得编纂”的规定，由东莞市人民政府地方志办公室组织编纂。

二、《东莞年鉴》于2001年创刊，每年出版一卷。《东莞年鉴》2016年卷主要记载2015年东莞市发生的大事要事、基本情况，力求客观、全面、系统地记述全市经济建设、社会建设和各行各业的发展历程，为各级领导、社会各界及广大民众提供地情服务，并为编修地方志书奠定基础。

三、《东莞年鉴》2016年卷正文采用分类编辑法，以类目、分目、条目组成主体，条目为基本形式，其标题以黑体字加“【 】”表示。正文设“特载、东莞之最、总述、党政机关、民主党派·社会团体、人力资源·社会保障·民政事务、外事·侨务、莞台合作·莞港澳合作、区域合作·扶贫开发、法治、军事、城建·环保、交通·邮政业、信息服务业、园区经济、对外经济·口岸、农业、工业、商贸流通业、旅游业·餐饮业、金融业、财政·税务、经济管理、科学技术·社会科学、教育、文化、体育·卫生、社会生活、镇街、人物、大事记、附录”等类目。

四、《东莞年鉴》2016年卷采用全彩色印刷，配置丰富多彩的图片，形象生动、鲜明直观地体现东莞风采，以达到图文并茂的效果，增强信息量和观赏性。

五、《东莞年鉴》2016年卷的数据采用法定计量单位，分别由各单位和各镇街提供。若与统计部门公布的数据不一致，使用时应以统计部门公布的数据为准。

六、《东莞年鉴》2016年卷稿件作者署名，除“撰稿人员”栏目中刊列外，“特载”“附录”等类目正文的作者在标题下方标明，其他类目的作者则在条目文末标出。图片在该图片下方标明；未标出摄影人员的图片，均由撰稿单位提供。

七、《东莞年鉴》2016年卷配有双重检索系统。前有目录检索，后有按汉语拼音字母顺序排列的主题索引，方便读者检索。

八、《东莞年鉴》2016年卷配置电子版，设置视频欣赏、背景音乐等，采用多媒体检索技术。

九、《东莞年鉴》的编纂工作在市委、市政府的领导下，得到各单位、各镇街的支持与配合，并依靠全市撰稿人员共同参与而完成，在此谨致谢意。由于编辑水平有限，书中难免有疏漏或不当之处，敬请批评指正。

《东莞年鉴》编纂委员会

《东莞年鉴》编辑部

《东莞年鉴》撰稿人员（按姓氏笔画为序）

目　录
CONTENTS

特　载
SPEACIAL SECTION

东莞之最
NUMBER ONES OF DONGGUAN

总　述
DONGGUAN PROFILE

党政机关

PARTIES AND GOVERNMENT ORGANIZATIONS

东莞年鉴
DONGGUAN YEARBOOK

民主党派·社会团体

DEMOCRATIC PARTIES · SOCIAL ORGANIZATIONS

人力资源·社会保障·民政事务

HUMAN RESOURCES MANAGEMENT·SOCIAL SECURITY·CIVIL AFFAIRS

外事·侨务

FOREIGN AFFAIRS · OVERSEAS CHINESE AFFAIRS

莞台合作·莞港澳合作

TAIWAN—DONGGUAN，HONGKONG—DONGGUAN AND MACAO—DONGGUAN COOPERATION

区域合作·扶贫开发

REGIONAL COOPERATION · POVERTY ALLEVIATION AND DEVELOPMENT

法　治

LEGAL SYSTEM

军 事
LOCAL MILITARY AFFAIRS

城建·环保

URBAN CONSTRUCTION ENVIRONMENTAL PROTECTION

交通·邮政业

TRANSPORTATION · POSTS

信息服务业

INFORMATION SERVICE

园区经济

ZONE ECONOMY

对外经济 · 口岸

FOREIGN TRADE & ECONOMY · PORTS

农 业
AGRICULTURE

工 业
INDUSTRY

商贸流通业
COMMERCE

旅游业·餐饮业
TOURISM·CATERING

金融业
BANKING

财政 · 税务

FINANCE · TAXATION

经济管理

ECONOMIC MANAGEMENT

科学技术·社会科学

SCIENCE AND TECHNOLOGY · SOCIAL SCIENCES

教　育
EDUCATION

东莞年鉴
DONGGUAN YEARBOOK

文 化
CULTURE

体育·卫生

SPORTS·HEALTH

社会生活

SOCIAL LIFE

镇 街

URBAN AND TOWNSHIP

东莞年鉴
DONGGUAN YEARBOOK

东莞年鉴
DONGGUAN YEARBOOK

人　物

FIGURES

大事记（2015年）

CHRONICLE OF MAJOR EVENTS IN 2015

附　录

APPENDIX

索　引

INDEX

图片专辑

SPECIAL SELECTION OF PHOTOS

莫屋
拔蛟窝
鲤鱼门海鲜街
万江农机
加油站
万江酒店
石美
石美学校
万江第二中学
成安制衣厂
严屋
顺风加油站
石美酒家
环城车站
华凯手袋厂
居民
农行
万江加油站
振业纸厂
万江公安分局
翘家庄酒家
万江加油站
万江粮所
裕辉油库
鸿昌管材厂
万江中学
江都酒店
万江机关幼儿园
万江街办
国税分局
牌楼基
水蛇涌小学
水蛇涌
大莲塘卫生站
大莲塘
大莲塘小学
新瑞华大酒家
金泰花苑
江滨花园
金泰
金泰小学
金泰派出所
金泰幼儿园
豪侠宫
共联
共联市场
共联商业区
绿邑园艺
市汽车总站
共联影剧院
曲海小学
晨晖幼稚园
曲海
东莞市海事局
博厦食品厂
城区食品公司
坝头
坝头小学
坝头派出所
讯通水泥电杆厂
加油站
加油站
华丰酒家
市种子研究所
胜利
官桥滘
官桥滘小学
利民市场
宏远外国语学校
篁村老人活动中心
塘溪酒家
新科电子厂
建华卫生所
电化集团
简沙洲
简沙洲小学
中森集团
新基水闸
光裕五金厂
新和卫生站
新基
新基酒店
治安队
周溪
黄金大厦
绵纺公司
衰屋边
BP加油站
白马
精英名都
南城汽车客运站
新能源有限公司
晨光公司
丰田汽车
南方物流
汽车展场
长城机电设备公司
市慢性病防治院
第五门诊部
南城石材市场
南城社保局
南城供电公司
加能橡胶
工业公司
铁和公司
南国名都大酒店
(筹备处)
东莞五金
机电广场
高新综合市场
诺基亚有限公司
广东彩色显象管
有限公司
缉私分局
新基街卫生站
全元化工有限公司
西平
第三门诊部
大荣鞋材厂
万江自来水厂
贯诚楼
票扬电子厂
万江
市人民医院
梨川
天龙美食
东盛大厦
敬老院
工商银行
东莞粉厂
北隅
西隅
博厦
文化广场
莞城街办
博物馆
东莞中学
老干活动中心
东城文化站
东联汽车
修理厂
市税务局
莞城分局
荔城花园
金叶酒店
建行
运输公司转运站
市化肥厂
丽晶酒店
新华书店
洪运汽车修理厂
福民广场
市公路局
东莞体育
运动学校
幼儿园
红山停车场
东莞体育中心
城区汽修厂
工商银行
东莞海关
市委
市政府
行政办事中心
胜和
南城街办
东莞市
地方税务局
展示中心
会议大厦
元美
歌剧院
图书馆
亨美
加油站
群众艺术馆
中心小学
篁村
三元里
科学技术
博物馆
阳光小学
青少年科技
活动中心
皇都酒店
黄金花园
篁村派出所
雀巢有限公司
加油站
海关大厦
火炼树综合市场
火炼树
东泰
加油站
东莞国际
会展中心
电脑城
浩宇大厦
永兴贴纸厂
永城药材厂
雅园卫生站
雅园
利光电
东正派出所
鸵头
56.2 黄旗岗

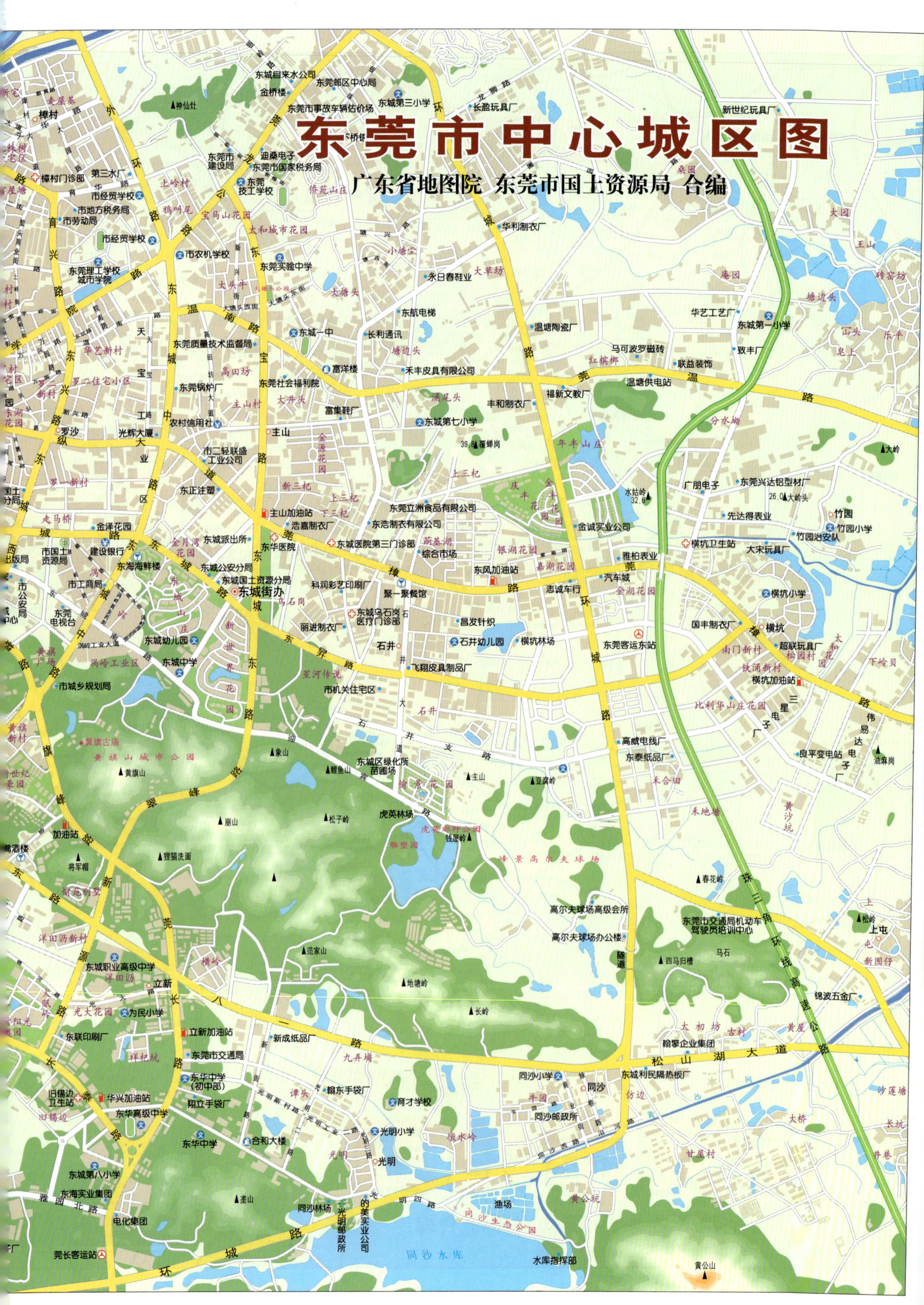
东莞市中心城区图
广东省地图院 东莞市国土资源局 合编
东城自来水公司
东莞邮政中心局
东城第三小学
长盈玩具厂
新世纪玩具厂
东莞市事故车辆估价场
金桥楼
神仙灶
樟村
樟村门诊部
第三水厂
东莞市建设局
迪桑电子
东莞市国家税务局
东莞技工学校
市经贸学校
市地方税务局
市劳动局
市农机学校
东莞实验中学
东莞理工学校城市学院
华利制衣厂
永日春鞋业
东航电梯
温塘陶瓷厂
华艺工艺厂
东城第一小学
致丰厂
马可波罗磁砖
联益装饰
温塘供电站
东城一中
长利通讯
禾丰皮具有限公司
富洋楼
东莞质量技术监督局
东莞锅炉厂
东莞社会福利院
富集鞋厂
丰和制衣厂
福新文教厂
东城第七小学
罗沙
光辉大厦
农村信用社
主山
市二轻联营工业公司
东正注塑
主山加油站
浩嘉制衣厂
东莞立洲食品有限公司
东浩制衣有限公司
金诚实业公司
广朋电子
东莞兴达铝型材厂
先达得表业
竹园
竹园小学
竹园治安队
横坑卫生站
大宋玩具厂
雅柏表业
汽车城
东风加油站
志诚车行
金泽花园
建设银行
东城派出所
东华医院
东城医院第三门诊部
综合市场
市国土资源局
东海海鲜楼
东城公安分局
东城国土资源分局
东城街办
科润彩艺印刷厂
聚一聚餐馆
市工商局
市公安局
东莞电视台
东城乌石岗医疗门诊部
丽进制衣厂
昌发针织
石井幼儿园
横坑林场
东莞客运东站
国丰制衣厂
横坑
横坑小学
超联玩具厂
东城幼儿园
东城中学
石井
飞翔皮具制品厂
横坑加油站
市城乡规划局
市机关住宅区
黄旗古庙
黄旗山城市公园
黄旗山
象山
鲤鱼山
东城区绿化所苗圃场
主山
豆腐岭
高威电线厂
东泰纸品厂
良平变电站
油麻岗
加油站
虎英林场
崩山
松子岭
钱屋岭
狸猫洗面
将军帽
春花岭
高尔夫球场高级会所
高尔夫球场办公楼
东莞市交通局机动车驾驶员培训中心
四马归槽
马石
松岭
上屯
范家山
东城职业高级中学
立新
地塘岭
长岭
为民小学
锦波五金厂
东联印刷厂
立新加油站
新成纸品厂
翰豪企业集团
东莞市交通局
东华中学(初中部)
同沙小学
同沙
东城利民隔热板厂
旧锡边卫生站
华兴加油站
翰东手袋厂
翔立手袋厂
育才学校
同沙邮政所
东华高级中学
光明小学
合和大楼
东华中学
光明
东城第八小学
东海实业集团
歪山
同沙林场
光明邮政所
的美实业公司
渔场
电化集团
莞长客运站
同沙水库
水库指挥部
黄公山
松山湖大道
东莞大道
珠三角环线高速公路
雅园北路
环城路
温南路
东纵大道
八一路
石井支路

东莞市中心广场

活力之城　（张嘉富　摄）

推动“机器换人”和智能装备制造业发展

2015年11月18日，中共中央政治局委员、广东省委书记胡春华出席2015中国广东国际机器人及智能装备博览会

（郑琳东　摄）

2015年，东莞市积极对接“中国制造2025”，全面推进智能制造、服务型制造、创新制造、优质制造、集群制造、绿色制造“六大工程”。先进制造业、高技术制造业、民营工业增加值分别比上年增长8.5%、10.2%和16.7%。实施“机器换人”，申报项目831个，总投资66.9亿元，其中莞产设备占比34.7%。在“机器换人”的带动下，全市工业技改投资增长85.6%，工业投资增长26.6%，占全社会投资比重提升至34.8%。大连机床集团、省智能机器人研究院等落户东莞，松山湖国际机器人研究院加快建设，全市拥有智能装备制造企业400多家，机器人产业集群初具规模。

2015年11月18日，2015中国广东国际机器人及智能装备博览会在厚街广东现代国际展览中心开幕

机器人生产设备

长安镇大力推动机器换人，图为乐依文半导体装配测试厂数码车间
（唐寿新　摄））

2015中国广东国际机器人及智能装备博览会会场

2015年11月21日，东莞市智能制造产业联盟揭牌

机器人表演　（郑志波　摄）

2015年11月18日，2015中国广东国际机器人及智能装备博览会开幕。图为2015广东省科技成果与产业对接签约仪式

霞光满天 （杨石彪 摄）

推动“四新”经济发展

2015年，东莞市加快生产柔性化、信息化改造，75.6%的规模以上工业企业具备按订单自动排产和动态调度能力，涌现出一批“互联网+”家具定制（服装定制、数字印刷）等生产制造典型。加快打造全国智能手机创新研发基地，全市手机年出货量2.6亿台，比上年增长15%。生产性服务业加快发展，电子商务交易额3390亿元，增长16.9%。快递业务收入居全国地级市第二位，获批国家物流标准化试点城市。社会消费品零售总额2154.7亿元，增长10.9%。支持企业上市，新增境内外上市企业3家，总数达32家；新增全国股转系统挂牌企业45家、区域性股权交易市场挂牌企业100家，均居全省地级市第一位，资本市场的“东莞板块”初现。

2015年6月6日，松山湖（生态园）杯2015年东莞市电子商务技能竞赛暨创业大赛启动仪式在中堂凯景酒店举行

广东步步高电子工业有限公司

2015年5月8日，市邮政管理局向东莞顺丰、DHL、世纪同诚等快递企业核发首批东莞市快递车辆专用证明

2015年4月15日，松山湖电子商务协会筹备成立

2015年11月18日，全国粮食行业改革创新座谈会暨中国粮油物流重镇·常平授牌仪式在东莞举行

华为机器有限公司

虎门大桥　（张村城　摄）

打造“一带一路”重要节点城市

2015年，东莞市组团赴俄罗斯、南非、埃塞俄比亚等国家开展经贸交流活动，拓宽与“一带一路”沿线国家的合作。成功举办海博会，专业采购商人次、签约金额分别比上年增长69%和15.5%。石龙中俄贸易产业园在两国元首见证下签约。粤满俄中欧班列启动试运行。粤新欧国际铁路联运专列提升到每周2—3班。石龙铁路货物吞吐量比上年增长102%。东莞全港集装箱吞吐量335万标箱，比上年增长15.7%，其中虎门港250万标箱，比2011年的16万标箱增长近15倍，从全省第九位跃至第三位。东莞全港总货物吞吐量1.3亿吨，在全省排第四位。与德国乌波塔尔市结为友好城市，与韩国金浦市、埃塞俄比亚的斯亚贝巴市等签署友好城市备忘录。中马友谊园开园。全市外贸出口增长6.9%，其中对“一带一路”国家出口增长25.2%。

2015年9月8日，埃塞俄比亚总理海尔马里亚姆率政企代表团一行，出席埃塞俄比亚—中国（东莞）投资合作论坛，华坚集团与进驻华坚国际轻工业园企业代表签订合作意向书　（郑家雄　摄）

2015广东21世纪海上丝绸之路国际博览会会场

2015年6月2日，中马友谊园在马来西亚布城举行开园节

（王柏桃　摄）

虎门港沙田港区集装箱码头

2015年10月29日，2015广东21世纪海上丝绸之路国际博览会在东莞厚街举行

东莞商品南非展销中心

水濂山森林公园

深化改革创新

2015年，东莞市在全国率先启动“三互”大通关，通关时间、费用节省一半以上。项目直接落地试点增至40个，动工项目审批普遍缩短3—6个月。住所登记管理、企业集群注册改革全面铺开，多证联办拓展到所有企业。“三证合一”“一证一码”改革启动，在全国地级市中率先实施全程电子化工商登记，全市市场主体突破70万户，稳居全省地级市第一位。设立首期20亿元、总规模200亿元的政府基础设施和公共服务投资基金。组建市交通投资集团、科技金融集团。创建全国农村综合改革示范试点。扎实推进医疗、公交和不动产登记等改革。国家新型城镇化综合试点工作开局良好，相关经验得到上级肯定和推广。

2015年4月10日，寮步进出境货运车辆检查场、东莞陆运口岸“三互”大通关模式启动　（郑家雄　摄）

虎门镇

① 2015年3月25日，东莞市交通投资集团有限公司举行挂牌仪式

② 2015年9月1日，东莞市启动“三证合一”“一照一码”改革

③ 2015年7月28日，东莞市召开全面推广企业集群注册暨住所登记管理改革新闻发布会

虎门港沙田港区

SA DGCT
东莞虎门港国际集装
ZPMC
PSA DGCT
61T
04
04

加快重大项目、重大平台和重要基础设施建设

2015年5月19日，“中国旅游日”东莞快乐游暨深莞惠、莞韶城际互游活动启动仪式在麻涌华阳湖举行

市民艺术中心与工人文化宫

2015年，东莞市每月召开重大项目督促协调会，推动重大项目建设实现投资397.5亿元，比上年增长15.7%，带动全市固定资产投资1446.5亿元。实施内外资统筹招商，建立“项目源”大数据，设立驻深圳、北京产业合作联络处和驻美国经贸代表处，新引进57个总投资983.6亿元的重大项目。编制完成城市总体规划（2016—2030年）。松山湖生态园统筹发展机制进一步理顺，松山湖高新区在全国国家高新区排名由第50位升至第30位。水乡新城规划完成编制，华阳湖湿地公园建设受上级肯定和社会认可。银瓶合作创新区总体规划获省批准。引进招商局集团合作开发长安新区。省市重要基础设施建设进展顺利，地铁2号线、莞惠城际轨道试验段试运行，散裂中子源一期、江库联网水源配置一期、虎门高铁站周边交通整治、市民艺术中心等一批工程完工。新建投产110千伏及以上输变电工程19项。成功入选“宽带中国”示范城市。整合连片土地2000公顷，盘活存量用地1333.33公顷，完成“三旧”改造353.33公顷。启动美丽港湾建设。建成美丽幸福村居50个、社区公园42个。

长安新区效果图

东莞松山湖高新技术产业开发区

东莞大道 （张超满 摄）

全面发展社会事业

2015年，东莞市启动国家历史文化名城创建工作。开展社会主义核心价值观进企业、进军营活动300多场。入选成为全国5个数字文化馆地级市试点之一。《啊！鼓岭》等一批文艺精品推出并获得好评。高考四项指标连续四年排全省第一名。东莞被授予省“推进教育现代化先进市”称号，通过全国义务教育发展基本均衡市国家督导验收。省、市共同支持东莞理工学院建设高水平理工科大学。成功举办苏迪曼杯赛事，成为2019年男篮世界杯承办城市之一，东莞代表团在省运会上总分和金牌总数列第三名，在省残运会上总分、金牌数和奖牌数均列第一名。入选公立医院改革国家联系试点城市，财政补贴医院2840万元，取消公立医院药品加成，减轻群众负担7600万元。推行家庭医生式签约服务，实现医疗责任险公立医院全覆盖，试行微信预约挂号支付。打造“志愿之城”，全市志愿者占常住人口10%。培训应急救护5万人次。提高城乡居民养老金标准和低保标准，向困难群体发放各类补助金1.6亿元。居家养老服务实现城镇社区全覆盖。成立白玉兰创业就业服务中心。发放就业补贴3.4亿元，小额创业贷款规模居全省第一名。

2015年10月12日，东莞市启动国家历史文化名城创建工作 （张德全 摄）

2015年5月8日，苏迪曼杯世界羽毛球混合团体锦标赛开幕式举行 （郑琳东 摄）

2015年8月7日，在日本东京举行的国际篮联最高议事机构中央局会议上，中国获得2019年男篮世界杯主办权。图为男篮世界杯中国代表团合影

东莞塘厦原创音乐剧《啊！鼓岭》

2015年苏迪曼杯世界羽毛球混合团体锦标赛比赛现场 （张村城 摄）

特 载
SPECIAL SECTION

- 东莞市获评“国家森林城市”
- 东莞市重大项目建设推进
- 东莞市承办第14届苏迪曼杯世界羽毛球混合团体锦标赛
- 2015中国（东莞）国际科技合作周举行

龙舟月　（郑伟文　摄）

编辑：黄文挺

东莞市获评“国家森林城市”

东莞市按照中共中央总书记习近平提出的“绿水青山就是金山银山”的要求，以省委、省政府打造珠三角地区首个国家森林城市群为契机，贯彻落实广东省省长朱小丹“把绿色化作为广东永续发展的战略”“依托自然水网大力建设以湿地公园为主体的绿色生态水系”的指示精神，推动生态文明建设，确立“国际制造名城，现代生态都市”新定位，以创建国家森林城市为载体，以绿化东莞大行动为抓手，实施“森林进城、森林围城”等一系列生态林业工程，国土绿化成效显著。东莞全市森林覆盖率37.4%，林木绿化率41.2%，建成休闲游憩绿地1287处，建成绿道955.9千米，获评“国家森林城市”。

一、高位推动，保障创建成效

2011年，东莞作出创建国家森林城市的决策，成立由市长袁宝成担任组长的创建工作领导小组，召开创建国家森林城市工作动员会议，下发《东莞市创建国家森林城市实施方案》，出台《东莞市国家森林城市建设总体规划》，各镇街（园区）及有关部门相应成立工作领导小组，落实各项工作。出台《中共东莞市委、东莞市人民政府关于全面推进新一轮绿化东莞大行动的实施意见》《东莞市“小山小湖”保护利用工作方案》等规范性文件和国土绿化管理制度，助推创建工作。

创建工作成为各级政府工作的重要内容，省长朱小丹带队检查东莞创建工作，市人大开展督查创建国家森林城市工作进展情况，市委、市政府、市创建办多次组织召开创建工作会、推进会等相关会议，确保创建工作顺利开展。全市财政共投入创建资金33.53亿元，其中市财政投资19.48亿元，镇财政投资14.05亿元，资金投入逐年递增。东莞市出台镇村森林公园建设补贴政策，给予镇村森林公园基础设施建设每公顷5.4万元补贴，出台林业生态补偿政策，省、市两级财政给予全市2.5万公顷生态公益林每年每亩（1/15公顷）40元补贴，同时对全市2.1万公顷农村非经济林地给予每年每亩100元补贴。以高标准规划、大手笔投入，实现40项指标全面达到或超过国家森林城市评价标准，推动东莞生态文明建设跨越式发展。

二、优化布局，构建森林生态体系

推进林业生态工程建设　推进黄旗山城市公园林相改造、

石马河流域林相改造、沿海红树林恢复、小山小湖保护利用、矿山复绿等一系列工程建设。创建以来，推广乡土树种改造桉树和马占相思纯林为水源涵养林，改造面积3103.54公顷，建成农田林网168.83千米，建设立体绿化42.9万平方米，新建森林公园5个，湿地公园10个，复绿56个采石场并逐步建设矿山公园，新建休闲游憩绿地222处。

联通森林生态廊道体系　开展生态景观林带建设、广深高速沿线景观整治、水乡河网绿化建设等一批国土绿化项目，打造花叶景观靓丽、生态效益显著的绿色生态长廊。全市所有道路、水系基本完成绿化建设，建设生态景观林带251.82千米，建成绿道955.9千米，打造17.8千米水乡大道、9千米洪屋涡水道岸线、7.12千米的万江都市岸线、32千米麻涌水上绿道等一批绿化精品，绿道建设获评“中国人居环境范例奖”。

打造生态宜居美丽家园　开展美丽幸福村居建设，投入1.2亿元打造麻涌新基、中堂湛翠等6个水乡特色村落，每年投入195万元开展送苗下乡活动，推进生态文明万村绿建设。通过绿化升级改造，建成洪梅梅沙等48个森林家园，新建林业生态文明村44个。清溪镇、石排镇获评“中国最美小镇”，塘厦镇、长安镇获评“国家园林城镇”，寮步镇、横沥镇获评“国家级生态镇”，大岭山镇、石碣镇获评“中国绿色名镇”。

三、加强管理，夯实森林生态基础

保护生物多样性　严守1103平方千米生态控制线，实施封山育林1.37万公顷，保护87.6平方千米的银瓶山等6个自然保护区，通过建设森林公园、湿地公园恢复大片区自然生态环境，为野生动植物的繁衍生息创造良好条件。据调查，东莞市有野生植物1630种（其中野生珍稀植物115种），仅银瓶山自然保护区就有陆生脊椎动物182种，生物多样性位居全省前列。加强野生动物保护，通过签订承诺书、设立专项举报奖金、加强新闻媒体宣传力度等形式劝导市民爱护野生动物，开展“利剑”行动、“天网”行动等专项行动，严打违法经营野生动物及其产品的违法犯罪行为。

加强森林抚育保育　严格林地林木管理。建立城镇树木保护管理机制，明确重大绿化事项审批职责，全面禁止营利性林木采伐，严格审批古树名木死亡清理及病朽木修枝申请；实施林地用途管制，依法依规审核审批林地，编制《广东省东莞市林地保护利用规划（2010—2020年）》，提升林地管理水平。严防森林火灾。制定《东莞市处置森林火灾应急预案》，建设三级森林防火队伍体系，每年定期组织10期理论培训和6期扑火实战演练，建设防火物资储备库、林火监测系统10套、消防蓄水池30个、消防管道49.4千米，营建生物防火林带906.21千米，林带密度达每公顷14.8米，排在全省前列，基本建成森林火灾阻隔体系。防治林业有害生物。开展林业有害生物普查工作，创建以来全市累计投入1176.85万元，清理薇甘菊11336公顷，砍伐松材线虫病疫木16.3万株，防治尺蠖、竹蝗等林业有害生物2616.33公顷，防止疫情的传播蔓延和虫情扩散。

四、突出特色，完善公园体系建设

东莞市发展以生态休闲旅游为重点的林业生态旅游产业，全市主要森林公园、湿地公园、历史文物古迹等340多个大型观光点、700多个景观小品节点由绿道相串联，以森林公园建设为龙头，有序推动湿地公园建设，打造特色生态旅游品牌。森林公园建设卓有成效。投资23.83亿元，建成总面积357.58平方千米的大岭山森林公园、银瓶山森林公园等14个森林公园，完善车行道、步行道、出入口广场等基础建设，新建润楠步道、百竹园、黄茅田瀑布等特色旅游景点，建成珍稀植物园、石洞康体科普园等生态文化基地，并全部免费对外开放。2014年森林公园年接待游客逾1750万人次，银瓶山森林公园清溪景区成功创建国家4A级景区。湿地公园建设有序推进。以水乡统筹发展为契机，合理开发利用湿地资源建设湿地公园，建成14.23平方千米的华阳湖等14个湿地公园，东莞生态园获评“国家城市湿地公园”，成为珠三角地区首个国家级城市湿地公园。社区公园星罗棋布。利用闲置地建设公共休闲绿地，完善园路绿道、座椅灯光等基本配套设施，建设虎门白沙休闲公园、长山头村郊野公园等一大批镇村级公园广场，设立“小山小湖”社区公园建设专项资金，2015年投入1亿元建设100个社区公园，全市建成休闲游憩绿地1287处，实现市民出门享绿。

五、丰富内涵，繁荣生态文化建设

东莞市开展一系列全方位、多视角、高密度、大覆盖的绿化宣传活动，以活动为载体促进生态文化建设。创建以来，全市制作大型广告牌350块，播放公益宣传电视广告15310次，电视电台专题报道1810次，印发创建宣传海报1.1万张，编发创建工作简报50期，开辟《东莞日报》“迈向森林城市”、东莞阳光网“创建国家森林城市”专栏，在东莞日报等新闻媒体报道创建动态共2580篇，拍摄制作专题片8部，举办“绿色东莞在我心中”征文比赛、“聚焦森林城市　情系美丽东莞”摄影比赛，出版《飞翔的森林》文集和《森林城市　美丽东莞》《东莞森林公园》画册2套，举办东莞珍稀乡土植物科普展等各类生态科普活动65次，开展“东莞有我一棵树”认建认养活动，每年逾87万人次参加义务植树，举办“花香十里·醉美清溪”赏花行活动等一系列生态文化活动，承办第十届粤港澳台盆景艺术博览会，完成第九届国际园博会岭南园建设。微电影《禾雀花开》在第23届伦敦创意文化节首届华语微电影周评选活动中获最佳影片奖和最佳摄影奖。（林业局）

▲ 大岭山森林公园茶山顶

东莞市重大项目建设推进

2015年，东莞市扎实推进重大项目建设，完成投资397.5亿元，占年度计划（321.6亿元）的123.6%，比上年增长15.7%，超额完成年度投资计划。年初计划新开工45个项目，全年共有57个项目开工建设，超额完成年初计划任务。年初计划24个项目完工投产，全年有29个项目基本完工投产。30个市属省重点项目，全年完成投资159.1亿元，占年度投资计划146.4%，提前两个月实现100%完成年度投资计划，创造历史最好成绩。2012—2015年，全市有324个市重大建设项目，四年完成投资1329.6亿元，每年完成投资分别为278.3亿元、310.2亿元、343.6亿元、397.5亿元。其中，现代产业项目219个，占比68%；四年完成投资779.6亿元，占比59%；每年完成投资分别为108.1亿元、161.8亿元、228.5亿元、281.2亿元，占比分别为38.84%、52.16%、66.50%、70.74%。全市重大建设项目完成投资呈逐年上升趋势，其中现代产业项目完成投资也逐年上升，所占比重不断增大。四年推进203个重大项目开工，126个重大项目完工。全市投产或部分投产的重大产业项目共71个，累计完成投资额375亿元。

东莞市高度重视重大项目建设，重点服务、重点保障、重点推进，采取强化市政府领导挂钩督导等管理机制及工作措施加快推进市重大项目建设。

抓组织，建制度　为更好地组织和领导市重大项目的推进建设，加强对重大项目的统筹管理和服务保障，东莞市设立“市重大项目工作领导小组”这一常设机构，由市长担任组长，常务副市长和两名相关副市长担任副组长，成员由协助常务副市长、副市长工作的副秘书长及相关职能部门主要领导担任。领导小组下设办公室，具体负责日常工作，办公室主任由市发改局一名正处级领导担任，并设两名副主任和两个业务科室。项目所在镇街（园区）相应设立领导小组及其办公室，安排专人负责重大项目统筹管理、组织协调和征地拆迁、信息报送等工作。并研究出台《东莞市重大项目管理办法》《东莞市重大项目建设工作考评办法》等管理性文件来规范全市重大项目的统筹管理和协调保障工作。

抓督导，明责任　为做好重大项目督导工作，加快推进项目建设进度，东莞市坚持落实市政府领导挂钩督导重大项目制度，明确领导责任和督导机制。每年市政府都印发《市政府领导挂钩督导重大建设项目方案》。严格落实“一个项目、一位领导、一套班子、一条龙服务、一个月检查”的“五个一”工作机制，组成多个重大项目建设工作督导组，每个督导组由一名副市长（或市政府党组成员）任组长，一名副秘书长（或市府办调研员）为副组长，各项目主管单位工作专班责任领导作为项目联系人；市长掌握督导工作全面情况。原则上要求每个督导组每月至少开展一次督导活动，以问题为导向，针对每月“明白卡”反映难以解决的突出问题，及时协调相关部门和单位化解销号，对涉及政策边界和难以把握的重大问题，及时提交每月召开的市领导挂钩督导重大项目情况通报会研究处理。同时，明确项目所属镇街（园区）和部门为责任单位，主要行政领导为责任人，各项目分管领导为督导项目联系人。要求各镇街（园区）建立健全重大项目服务保障会议制度，各镇街（园区）主要负责人每月至少主持召开一次重大项目服务保障会议，及时协调解决问题。

抓前期，促开工　针对每年列入市重大建设项目新开工项目，市重大办都建立工作台账，确定开工时间，倒排工期，逐项跟进落实前期手续、办理节点和时限要求。并不定时组织市发改、国土、规划、环保、住建等部门和相关镇街（园区）召开前期工作推进会，逐项落实开工关键节点计划，工作专班对项目手续办理会审会办，集中解决存在问题，切实加快进度。对各项目前期进展情况、各审批部门服务保障情况实行一月一报。每年初召开新开工重大项目前期工作推进会，集中研究部署新开工重大项目推进工作，梳理并明确新开工项目开工时间和前期工作节点计划。具体要求各有关单位明确分工，强化主体工作责任。

抓协调，赶进度　东莞市实行重大项目月报、季报和年报制度，每月收集整理重大项目进展情况和存在问题，编发重大项目通报和简报。对建设进度偏慢的项目，市重大办及时进行提醒和督促；对于重大建设项目推进过程中遇到的问题，建立分级协调解决制度，分别由镇街（园区）、市重大办（市级部门）、市政府按照职责分工三级协调，问题能在基层解决的就尽量在一线解决，解决不了的及时上报上一级部门协调解决。尽量力争在最短时间内协调解决或提出解决措施、时限，做到问题上报不过夜、问题解决不滞后。每年两次组织联合市委督查室、市政府督查室、市发改局、市规划局、市环保局、市国土局、市住建局等有关部门集中开展重大项目现场巡查活动。巡查活动主要通过实地了解项目动态情况，项目单位、主管单位和巡查组面对面沟通，查问题、找办法，及时疏通办事渠道，争取现场解决实际问题。对于难以解决的难点问题和共性问题，进行集中梳理和分析，相关工作明确责任单位重点跟进、重点突破，千方百计解决重大项目推进过程中遇到的难题。

抓服务，强保障　推进重大项目建设作为全市工作的“重中之重”，是东莞市抓服务、强保障的主要着力点和发力点。对于市重大建设项目，东莞市狠抓服务保障，确保畅通审批“绿色通道”等，要求各审批部门提供特别的主动服务、上门服务、跟踪服务。市国土局建立重大项目服务台账，市住建局设置服务专窗，市规划、环保、发改等部门服务前伸、服务下移，及时为市重大项目排忧解难，打造良好服务环境。镇街（园区）主要领导亲临一线督导，镇街（园区）职能部门提高服务效率，改善和提升市重大项目基层服务能力和水平，保证市重大项目建设进度与时间进度同步推进。为真正用好用快用活用实有限的土地资源，发挥土地使用的最大效益，市重大办在对重大项目用地指标使用及周转情况进行梳理的基础上，研究制定《盘活和周转市重大项目用地指标工作方案》，对已配备用地指标而不能按承诺如期动工建设或以种种理由拖延建设工期的项目，进行用地指标周转，盘活用地资源，为其他优质重大项目提供土地资源保障。

抓培训，强业务　为加快新开工重大项目的前期工作进度，提高审批效率，按照《关于加快推进新开工重大产业项目建设的实施办法》要求，市重大办组织市水务局、林业局、国土局、海洋与渔业局、规划局、消防局、环保局、住建局、社保局等举办重大建设项目审批业务培训。业务培训坚持以解决具体问题为着眼点，以加快审批进度为重点，以提高行政效率为关键点，共性问题采取集中授课解决，个性问题采取具体辅导指导，特殊问题采取手把手、"一对一""点对点"帮助解决，做到训与需、学与用紧贴，具有较强的针对性和实效性。

抓考核，明奖惩　制定《东莞市重大项目建设工作考核办法》，平时强化市重大项目进度考核，每月对建设进度情况进行排名，排名靠后的点名批评，并在媒体上公布，强化督查力度。年底组织对重大项目管理单位、服务保障部门和建设单位进行考核，对工作扎实、表现突出的单位和个人，予以表彰；对推诿扯皮、被动应付，造成较大影响的单位和个人，给予通报批评，并视情节追究相关的责任。实行当年市重大项目建设成效与下年资源配置挂钩制度，对于当年推进市重大项目成绩显著的镇街、园区，在来年申报市重大项目时予以适当倾斜，优先考虑推荐辖区内的重大优质项目申报省重点项目。

（发改局　重大办）

2015年东莞市重大建设项目完成投资情况

项目所属部门、镇街（园区） 项目名称	2015年投资计划（万元）	2015年完成投资（万元）	完成年度投资计划比例
共191项	3216000	3974850	123.6%
市城建局（8项）	84070	81262	96.7%
▲东莞中国科学院云计算产业技术创新与育成中心工程	15000	15691	104.6%
▲市民艺术中心和工人文化宫	2600	2800	107.7%
▲市社会福利中心改扩建工程	4000	4420	110.5%
▲散裂中子源（土建部分）	6770	10300	152.1%
▲环莞快速路二期工程	30000	25566	85.2%
篮球中心周边道路工程	7900	9382	118.8%
▲铁路东莞站配套工程	14800	9803	66.2%
银龙路（银龙桥）	3000	3300	110.0%
东实公司（2项）	64408	70866.65	110.0%
▲东莞市麻涌环保热电厂	30000	30536.65	101.8%
▲松山湖大学创新城	34408	40330	117.2%
东莞供电局（3项）	229720	247029	107.5%
▲东莞2015年电网投产项目	121990	133290	109.3%
▲东莞2015年电网续建项目	50599	55559	109.8%
东莞2015年电网新建项目	57131	58180	101.8%
市公路局（2项）	37500	35342.01	94.2%
▲省道S256、S358大修工程	30000	27150	90.5%
省道S358线清溪段路面改造工程	7500	8192.01	109.2%
市城管局（1项）	54667	54682	100.0%
▲东莞市横沥环保热电厂一期项目技改增容工程	54667	54682	100.0%
市卫计局（1项）	9139	741.16	8.1%
市人民医院肿瘤中心项目	9139	741.16	8.1%
市水务局（2项）	42000	21890.6	52.1%
*中部片区污水处理厂二期扩建和新建项目	17000	12390.6	72.9%
*节能减排截污次支管网项目	25000	9500	38.0%
市轨道公司（2项）	211519	214260	101.3%
▲市轨道交通2号线工程	196519	200124	101.8%
▲市轨道交通线网控制中心综合体	15000	14136	94.2%
市交投集团（6项）	157625	136201.19	86.4%
东平东江大桥工程	10000	6067.16	60.7%
▲东江梨川大桥工程	15000	10623.03	70.8%

续表

项目所属部门、镇街（园区） 项目名称	2015年投资计划（万元）	2015年完成投资（万元）	完成年度投资计划比例
▲从莞高速公路东莞段工程（含清溪支线）	100000	100117.3	100.1%
▲石大公路大修工程	9125	7693.7	84.3%
凤岗镇金龙路	15000	4262	28.4%
疏港大道延长线	8500	7438	87.5%
市水投集团（1项）	26569.01	11038.4	41.5%
石马河流域污染整治工程污水处理厂扩建项目	26569.01	11038.4	41.5%
松山湖（生态园）（17项）	346959	460316	132.7%
▲松山湖中以国际科技合作产业中心一期项目	16000	11225	70.2%
▲松山湖中国电子研发中心项目	8000	9000	112.5%
松山湖中图半导体衬底及装备产业化项目	12000	13557	113.0%
▲松山湖中集集装箱总部项目	4000	5455	136.4%
▲松山湖创意谷设计研发中心项目	15700	15710	100.1%
▲松山湖华为南方工厂二期项目	60000	61107	101.8%
▲松山湖华为终端总部项目	93000	166000	178.5%
▲松山湖粤港国际金融服务外包基地	15000	11556	77.0%
▲松山湖红珊瑚药业总部项目	13000	16150	124.2%
▲松山湖记忆科技运营研发生产中心项目	14000	16973	121.2%
松山湖中集集团产业创新发展中心及配套项目	30209	32300	106.9%
*松山湖瑞鹰-3I智谷项目	3050	3300	108.2%
▲生态园普联技术网络终端设备生产项目	20000	20486	102.4%
*生态园东华学校生态园校区项目	18000	30363.3	168.7%
生态园中国移动（广东东莞）数据中心	6000	27816	463.6%
生态园公租房	4000	4177.7	104.4%
生态园长盈精密技术有限公司	15000	15140	100.9%
沙田镇、虎门港（16项）	269938	332663	123.2%
▲虎门中油建兴立沙岛石化仓储项目	15000	21651	144.3%
▲虎门港9#10#泊位项目	28000	37972	135.6%
▲虎门港天津聚龙集团华南区粮油产业总部项目	15000	20568	137.1%
▲虎门港宏川化工码头仓储项目	15000	15003	100.0%
▲虎门港易商招商食品东莞加工分销项目	10000	9710	97.1%
▲虎门港沈恒粮油油脂深加工项目	20000	29150	145.8%
▲虎门港沙田港区西大坦作业区驳船码头	12495	18033	144.3%
▲虎门港海昌船务散杂货码头项目	30000	50150	167.2%
▲虎门港益海嘉里粮油项目	34943	37605	107.6%
▲虎门港综合客运码头项目	7500	7150	95.3%
▲虎门港联想增益供应链华南总部基地项目	30000	30230	100.8%
沙田精达科技产研基地建设项目	10000	7400	74.0%
虎门港中纺集团广东东莞粮油食品深加工项目	10000	4060	40.6%
虎门港危险废物处理中心项目	2000	2006	100.3%
*虎门港综合保税区中心项目	20000	30000	150.0%
虎门港酶法生物柴油项目	10000	11975	119.8%
莞城区（1项）	8000	8805	110.1%
*莞城那智建信精密轴承项目（一期）	8000	8805	110.1%
南城区（6项）	92000	98321	106.9%

续表

项目所属部门、镇街（园区） 项目名称	2015年投资计划（万元）	2015年完成投资（万元）	完成年度投资计划比例
▲南城凯达科技设计中心项目	15000	18000	120.0%
▲南城南方物流电商综合项目	15000	15741	104.9%
*南城天安数码城项目	20000	20010	100.1%
▲南城广东科技学院二期（国际学院）建设项目	20000	22570	112.9%
南城金霸王（中国）有限公司厂房及配套（扩建）项目	12000	12000	100.0%
*南城南信物联网及智能设备制造厂区项目	10000	10000	100.0%
东城区（2项）	101840	95560.23	93.8%
▲东城中电新能源热电冷联扩建工程	92840	91000	98.0%
东城虎英小学	9000	4560.23	50.7%
万江区（4项）	48000	33592	70.0%
▲万江东莞市中心定点屠宰场和肉类制品加工中心	13000	14197	109.2%
▲万江岭南文化创意产业基地	22000	3250	14.8%
▲万江添翔服饰生产研发及电子商务中心项目	10000	10845	108.5%
▲万江铭丰包装、印刷研发与制造项目	3000	5300	176.7%
茶山镇（4项）	42000	64450	153.5%
▲茶山东莞糖酒集团时捷物流项目	6000	16900	281.7%
▲茶山康盛集团创富中心城项目	10000	21300	213.0%
▲茶山生态食品城中转仓库及配套设施项目	10000	10050	100.5%
▲茶山迪卡侬物流项目	16000	16200	101.3%
常平镇（9项）	132260	133255	100.8%
▲常平世源数码印刷机和检测设备生产项目	10000	10030	100.3%
▲常平世通“口岸式保税物流”项目	15000	15345	102.3%
▲常平中学初中部	5000	5020	100.4%
▲常平中心小学新校	4000	4750	118.8%
▲常平大京九现代物流基地项目	20000	21060	105.3%
▲常平宝力金银珠宝产业基地	40000	47470	118.7%
▲常平环保专业基地	8000	9300	116.3%
▲常平环球经典新型材料项目	15260	15860	103.9%
▲常平美吉特国际采购中心项目	15000	4420	29.5%
长安镇（5项）	41451	47842.9	115.4%
▲长安步步高研发生产基地	15000	20078.6	133.9%
▲长安长发光电研发生产项目	15000	15300	102.0%
▲长安龙辉科技研发生产中心	6000	6386.5	106.4%
东宝河新安大桥东莞引桥及配套工程	4851	5367.8	110.7%
*长安欧珀移动通信增资扩产项目	600	710	118.3%
大朗镇（3项）	20000	30850	154.3%
▲大朗德津高端皮具研发生产项目	10000	14300	143.0%
▲大朗雅盛纺织创意产业中心项目	5000	10000	200.0%
大朗信易电热机械增资扩产项目	5000	7100	142.0%
大岭山镇（3项）	37000	29800	80.5%
▲大岭山华威铜箔增资扩产项目	8000	9200	115.0%
▲大岭山拓斯达自动化设备增资扩产项目	4000	4500	112.5%
▲大岭山森源蒙玛实业家具制造项目	25000	16100	64.4%

续表

项目所属部门、镇街（园区） 项目名称	2015年投资计划（万元）	2015年完成投资（万元）	完成年度投资计划比例
道滘镇（6项）	58000	65210	112.4%
▲道滘佳佳美食品有限公司增资扩产项目	5000	6300	126.0%
▲道滘思朗公司食品项目	10000	12500	125.0%
▲道滘搜于特总部建设项目	20000	20200	101.0%
▲道滘盈华食品企业孵化中心	10000	10300	103.0%
▲道滘雄林TPU新材料生产项目	8000	9760	122.0%
道滘国立科技总部环保改性橡塑材料及其制品项目	5000	6150	123.0%
东坑镇（5项）	56500	57171	101.2%
▲东坑佳虹电子研发生产项目	13000	13050	100.4%
▲东坑博瑞实业嘉丰印刷包装生产项目	10000	10050	100.5%
▲东坑建升通讯设备制造增资扩产项目	3500	4500	128.6%
▲东坑维智电子研发生产项目	20000	20000	100.0%
东坑爱玛电动车增资扩产项目	10000	9571	95.7%
凤岗镇（8项）	162021	194763	120.2%
▲凤岗东莞深证通中国证券期货业南方信息技术中心项目	10000	11003	110.0%
▲凤岗力辉马达生产基地	25000	25000	100.0%
▲凤岗米亚精密金属科技项目	10000	10000	100.0%
凤岗东莞南方中集物流装备制造生产项目	20000	51739	258.7%
凤岗中心小学项目	1500	1500	100.0%
凤岗华润万家总部基地项目	10000	10000	100.0%
*凤岗天安创新天地项目	65521	65521	100.0%
凤岗金银珠宝产业中心	20000	20000	100.0%
高埗镇（3项）	43000	43500	101.2%
▲高埗东山精密制造有限公司增资扩产项目	20000	20000	100.0%
*高埗百茂物流中心项目	15000	15000	100.0%
▲高埗陆逊梯卡华宏（东莞）眼镜有限公司增资扩产项目	8000	8500	106.3%
横沥镇（1项）	30000	30081	100.3%
▲横沥东方亮彩塑胶模具生产项目	30000	30081	100.3%
洪梅镇（6项）	64658	72739	112.5%
▲洪梅亚洲云总部项目	6000	2580	43.0%
▲洪梅华平电子商务华南总部项目	30805	39405	127.9%
*洪梅大众农科生物炭环保肥料增资扩产项目	9800	9900	101.0%
洪梅安博穗莞深国际综合物流中心项目	5000	7595	151.9%
*洪梅汇星3D打印内衣及面料增资扩产项目	7053	7159	101.5%
洪梅绿通高尔夫观光车增资扩产项目	6000	6100	101.7%
厚街镇（4项）	93000	75159	80.8%
▲厚街广东东莞黄金珠宝生产及配套项目	25000	2290	9.2%
▲厚街广东酒店管理职业技术学院	15000	14062	93.7%
▲厚街慕思寝室用品生产及配套项目	30000	33520	111.7%
▲厚街金诺黄金装备制造项目	23000	25287	109.9%
虎门镇（6项）	294429	318141	108.1%
▲虎门中国电子虎门产业园项目	200000	228616	114.3%
▲虎门以纯集团总部大厦项目	33000	33810	102.5%

续表

项目所属部门、镇街（园区） 项目名称	2015年投资计划（万元）	2015年完成投资（万元）	完成年度投资计划比例
▲虎门宏业货柜码头迁建项目	30000	24000	80.0%
虎门农副产品仓储物流项目	15000	15072	100.5%
虎门名店国际综合物流项目	3000	3043	101.4%
虎门康源电子增资扩产项目	13429	13600	101.3%
黄江镇（4项）	94200	110662	117.5%
▲黄江东吴实业投资有限公司	3700	3700	100.0%
▲黄江太阳神总部建设项目	5500	5500	100.0%
*东莞领益精密制造科技有限公司项目	50000	66462	132.9%
黄江国泰达鸣精密机件有限公司项目	35000	35000	100.0%
寮步镇（3项）	78000	128700	165.0%
▲寮步巴中贸易促进会总部基地项目	10000	19000	190.0%
▲寮步天成香料科技有限公司项目（原波顿项目）	20000	18000	90.0%
寮步高伟电子增资扩产项目	48000	91700	191.0%
麻涌镇（9项）	109800	151534	138.0%
▲麻涌中山大学新华学院东莞校区二期工程项目	11000	13500	122.7%
▲麻涌中粮广东粮油食品现代加工及物流配套项目	30000	45055	150.2%
▲麻涌五矿钢铁物流项目	8000	10050	125.6%
▲麻涌四季飘香都市农场项目	6800	6915	101.7%
▲麻涌国丰粮油有限公司粮食现代物流加工项目	8000	15300	191.3%
▲麻涌康美特宏远汽车项目	15000	16614	110.8%
▲麻涌深粮粮食仓储及码头工程项目	18000	18000	100.0%
*麻涌广大珠三角汽车物流项目	8000	8100	101.3%
*麻涌恒运集团长距离供热项目	5000	18000	360.0%
桥头镇（2项）	39300	39300	100.0%
▲桥头嘉颐实业有限公司项目	24300	24300	100.0%
▲桥头美盈森环保科技有限公司第三期增资扩产项目	15000	15000	100.0%
清溪镇（8项）	77300	79195.52	102.5%
▲清溪力合双清产学研建设项目（一期）	12300	3985.94	32.4%
▲清溪明门集团增资项目	8000	24309.98	303.9%
惠科东莞平板显示集群电子商务项目	6000	6436	107.3%
清溪中国智能骨干网项目	3000	5699.8	190.0%
清溪保税物流中心（B型）建设项目	20000	10678	53.4%
清溪奋达科技智慧产业建设项目	6000	4548	75.8%
清溪智汇谷产学研建设项目	15000	8137.8	54.3%
清溪铭利达珠三角铝合金压铸件生产及配套项目	7000	15400	220.0%
石龙镇（3项）	55071	51674	93.8%
▲石龙东莞市儿童医院项目	18571	15074	81.2%
▲石龙联兴高端食品包装纸袋产业化项目	5000	5080	101.6%
石龙理想电子增资扩产项目	31500	31520	100.1%
石排镇（7项）	61800	65968.14	106.7%
▲石排东立-普洛斯现代供应链管理基地	6000	6895	114.9%
▲石排安博物流项目	7700	8209.14	106.6%
▲石排气派科技集成电路封装测试项目	16800	17100	101.8%
*石排佳禾电声科技有限公司增资扩产项目	5000	7320	146.4%

续表

项目所属部门、镇街（园区） 项目名称	2015年投资计划（万元）	2015年完成投资（万元）	完成年度投资计划比例
石排域嘉精密五金塑胶生产项目	13000	13004	100.0%
石排夏晖-百麦食品供应链中心项目	13000	13011	100.1%
*石排纳利光学研发与生产项目	300	429	143.0%
石碣镇（3项）	39000	47612	122.1%
▲石碣东聚电子增资扩产项目	20000	28512	142.6%
▲石碣盈聚电子新建项目	11000	11000	100.0%
*石碣五株电子高精密任意互联HDI生产线项目	8000	8100	101.3%
塘厦镇（2项）	21000	18530	88.2%
▲塘厦安琪食品生产项目	11000	7960	72.4%
▲塘厦源暄塑胶制品生产项目	10000	10570	105.7%
望牛墩镇（4项）	36000	34316	95.3%
▲望牛墩中集车辆先进零部件制造基地项目	20000	25828	129.1%
▲望牛墩中集车辆物流园项目	8000	533	6.7%
▲望牛墩凸版有余纸品印刷项目	3000	3896	129.9%
▲望牛墩比伦高档生活用纸项目	5000	4059	81.2%
谢岗镇（5项）	52000	83041	159.7%
▲谢岗医院新建项目	2000	2080	104.0%
▲谢岗泰诚塑料产业创新服务中心项目	20000	29900	149.5%
▲谢岗粤海装备技术产业园项目	20000	30430	152.2%
谢岗粤海普洛斯电商物流园项目	10000	10631	106.3%
*谢岗粤海环普工业园项目	10000	10000	
中堂镇（1项）	21000	21060	100.3%
▲东莞江南农批冷链物流建设项目	21000	21060	100.3%
樟木头镇（3项）	76700	77450	101.0%
樟木头创能数控机械加工中心项目	11700	19730	168.6%
樟木头国际塑胶电子交易中心	40000	42540	106.4%
樟木头融和创特种空调总部基地项目	25000	15180	60.7%

▲ 2015苏迪曼杯世界羽毛球混合团体锦标赛开幕式 （郑琳东 摄）

东莞市承办第14届苏迪曼杯世界羽毛球混合团体锦标赛

2015年5月10—17日，第14届苏迪曼杯世界羽毛球混合团体锦标赛在东莞市篮球中心举行。该届赛事共63场比赛，有35支参赛队伍478名运动员参加，近10万名全球羽毛球爱好者现场观看，全世界球迷通过电视和网络收看比赛直播。赛事赢得世界羽联、国家乒羽中心和社会各界的高度赞誉，世界羽联主席保罗-埃里克·霍耶用“赛事组织非常好、比赛场馆非常好、现场气氛非常好”“无与伦比”来点赞莞版“苏杯”。

“苏迪曼杯”羽毛球赛的成功举办，对于推动东莞乃至全省的羽毛球运动发展具有重要意义。这不仅是东莞首次独立承办国际重要体育赛事，也是“苏迪曼杯”羽毛球赛第一次在中国地级市举办。2013年初，东莞市政府启动申办2015年苏迪曼杯世界羽毛球混合团体锦标赛程序。2013年11月29日，东莞申办代表团赴希腊参加世界羽毛球联合会理事会投票，成功获得举办权。2014年初，成立苏迪曼杯筹备专项工作小组。面对大赛任务艰巨、办赛经验不足、协调难度较大等困难，组委会及其工作部门以极负责任的态度和极为周密的组织，打造出一流的环境氛围、一流的场馆设施、一流的服务保障、一流的赛事组织。

竞赛组织　筹备前期组建场馆与器材管理团队、信息管理团队、竞赛管理团队及技术官员服务团队，细化各项工作的环节把控，建立点对点推进工作的制度办法；筹备中期重点就赛事竞赛事宜加强与世界羽联、中国羽协的沟通，并按节点推进赛事抽签、测试赛等重点环节工作；筹备后期和赛时落实竞赛指导性刊物、完成证件信息采集、证件制作及管理与其它赛事运行核心组织工作，保障该届赛事全部63场比赛顺利进行。

接待服务　做好住宿保障，接待35支参赛队伍共478名运动员，以及国内外贵宾420批3800人次。做好交通保障，提供接机送机服务，开设运动员班车和7条观赛公交线（增开3条临时专线），合理调度、引导出租车运力。做好餐饮保障，对比赛场馆供餐单位及定点接待酒店进行全程监管，出动执法人员608人次，安排食品专项抽样检测95批次，实施现场食品快速检测298批次，赛事期间未收到任何就餐后不适报告。做好医疗卫生保障，对定点接待酒店的空气、公共用品、饮用水、泳池水等开展医疗卫生监督检查，在接待酒店和场馆分别设立医务室和医疗点。做好外事服务保障，及时为37个国家的官员和运动员办理签证，提供英语、日语、韩语等11个语种的现场翻译和做好35支运动队的日常外语联络工作。

场馆运行　按照羽毛球赛事的要求，按期对市篮球中心的地板、灯光、座位、功能区域进行精心改造和细心布局，并做好供水、供电、通讯、网络及大型设施设备保障，特别是在小组赛结束当晚，组织几十人连续作战10余小时，及时拆除部分围蔽，拆装部分木地板及地毯，并重新组装，按时按质完成由五片场地到一片场地的转换，满足半决赛和决赛的办赛要求。世界羽联主席保罗·埃里克霍耶称赞篮球中心为“我们用过的最好的场馆之一”。

媒体服务　为13个国家和地区的110家媒体、304名记者提供贴心服务，赢得世界羽联、赛事持权转播商和赛事注册媒体的一致好评。一是合理布局媒体区域，做好必要设备配置和媒体流线测试；二是提供赛事指南、媒体服务指南等基础信息，以及赛事信息和预约采访等服务；三是免费提供餐饮、交通接送服务，以及其他转播后勤服务；四是通过组织城市体验之旅和媒体羽毛球联谊赛为在莞媒体搭建沟通交流平台，营造良好媒体工作氛围。

志愿服务　招募1100名志愿者，设置190个城市志愿服务站，向全市群众及各方来客提供便利的语言翻译、信息查询、交通指引等志愿服务。赛事期间在赛场内外服务累计超过6万小时，到岗率超过97%，为赛事提供全方位服务保障，赢得各国运动员、来宾和社会各界的好评。世界羽联主席、世界羽联裁判组特意向该届赛事的志愿者发来感谢信，新华社等中外媒体纷纷为志愿者“点赞”，志愿精神闪耀全城。

安全保卫　分别组织安排900人和200人负责场馆和定点接待酒店安保工作，开展两次针对道路交通秩序、娱乐服务场所管理和危爆物品管控的专项整治行动，开展20次场馆现场的模拟演练，赛事期间每天出动6050余名安保力量，累计安检各类人员10万余人次、物品7万余件次，未发生一起赛事人员人身、财产遭受侵害案（事）件，确保所有赛事人员的绝对安全和活动比赛的顺利进行。

招商推广　引入“vivo”、东莞银行、广东科技学院、北京未来广告、真功夫等优秀企业作为赛事赞助商，并且通过实物与服务置换、中小企主题活动、外场嘉年华活动等多种合作方式引入加多宝、徐福记、尤尼克斯、维克多等30多家企业参与到赛事筹办，累计引入办赛资金约1500万元。另外还争取到包括央视赛事宣传片播放、地铁工程围闭美化、志愿者保险、赛期茶点饮料及部分场馆所需物资等价值约400万元的赞助，实现办赛效果和办赛效应的双赢。

宣传推介　苏迪曼杯是举世关注的重大赛事，是向世界宣传推介东莞的重要平台。组委会落实徐建华书记“办赛事就是办城市”的要求，策划新闻宣传报道，使苏迪曼杯和东莞成为全国乃至全球关注的热点，实现赛事报道精彩纷呈、城市报道量大质优、世界羽联新闻官及媒体百分百满意的目标。百度上以“东莞苏迪曼杯”或“2015苏迪曼杯”为关键词的搜索结果近115万个。据不完全统计，自2014年10月启动宣传以来，各大中外新闻媒体刊播相关原创稿件近8000篇，主要网站转载相关报道15.6万次，立体式、全方位、多角度地宣传赛事和推广东莞城市形象。

（体育局）

2015中国（东莞）国际科技合作周举行

2015中国（东莞）国际科技合作周于12月11日至13日在东莞举行。该届合作周以“创新创业　融合发展”为主题，举办1.7万平方米大型科技展览及21场技术研讨和路演对接，展出各类高新技术项目、产品和创新服务近500项，邀请33个国家地区166名外宾以及30多所高校院所521名内宾参会，吸引超过3万人次专业人士和观（听）众参加，达成意向合作项目约150项。全国政协副主席、科技部部长万钢，中国工程院院长周济，广东省政府副省长陈云贤等领导出席并肯定活动成效。此次活动有以下特点：

国际合作跨越发展，“一带一路”特色鲜明　一是活动邀请“一带一路”部分沿线国家和新西兰、荷兰、西班牙、俄罗斯等33个国家和地区共166名外宾参会；举办国际合作专题展览、6场国际论坛，涉及英美环保技术、北美创客对接、中新生物医药、中德半导体技术、莞港科技合作等内容；组织9个国际科技合作项目集中签约，包括广东省科技厅与新西兰奥克兰大学、荷兰国家科学研究组织开展双边联合资助计划、清华东莞创新中心参与建设“中拉清洁能源与气候变化联合实验室”等。二是活动重点围绕“一带一路”国家战略，举办中乌巴顿焊接技术研讨会和独联体创客路演，吸引来自俄罗斯、乌克兰、白俄罗斯等国的32名专家携近50个项目来莞对接；举办“2015中国（东莞）与部分东盟国家科技合作推介会”，邀请缅甸、越南、泰国等驻华官员讲解本国投资环境政策，有10多家东盟国家企业代表携约20个项目来莞对接。三是活动促进30多个“一带一路”特色项目达成初步合作意向，如白俄罗斯戈梅利国立大学“溶胶凝胶制备涂层的方法”项目受到东莞致诚化工等多家企业的青睐，泰国工业协会机械分会的“锂电池电动新能源汽车”与东莞迈科科技、志成冠军等多家科技企业进行对接。

主题紧扣时代热潮，两岸四地创客汇集　活动围绕国务院“万众创业，大众创新”战略部署，以“展览+路演+考察”的形式推动两岸四地青年创客及其创意项目来莞集聚。一是举办创新创业走廊大型展览，组织20家科技孵化器和众创空间集中亮相，吸引超过100个在孵创意项目参展。二是举办2015“赢在东莞”国际创客嘉年华，共组织港澳台、国际合作、东莞专场等34个项目进行集中路演，邀请10多名专业投资人现场点评，吸引近2000名观众参与。期间香港专场萍安果科技网络有限公司的“巨量云存储解决方案”、台湾专场盛凡实业（东莞）有限公司的“3D打印新技术升级传统工艺”等12个项目与投资机构和相关企业达成初步合作意向。三是启动莞港台科技创新创业联合培优计划，东莞市科学技术局与香港生产力促进局、深圳市育山科技协会（台湾）签署合作协议，推动两岸四地创客平台建设和创客交流。四是邀请科技部、中国工程院、省政府、省科技厅以及东莞市委市政府参会领导赴蚁巢（两岸）青年创业孵化器和天安数码城考察两岸四地青年创业孵化器项目，展示省市在支持培育两岸四地青年创新创业的工作成效。

科技合作不断深化，创新资源加速落户　在开幕式上，组织16个重大项目签约落户，涉及重大平台建设、国际合作、科技金融、创业孵化等内容，其中东莞市政府分别与广州美术学院签约共建东莞广州美院文化创意研究院，与大连机床集团有限公司、广东省智能机器人研究院签约共建智能制造研发中心和展示中心，与中国科学院工程院热物理研究所、东莞理工学院签约共建热物理研究所东莞分所，推动东莞市在文化创意、智能制造、新材料等领域发展。在专题展区上，前来洽谈的客商超过2000家，有意与参展单位合作的客商超过200家。如“赢在东莞”创新创业大赛获奖项目尔必地机器人公司展示的“九轴喷涂机械手”获得近100个意向客户并与20个达成初步合作意向。活动期间还促进一批科技人才项目落户，包括中国航天科技集团公司一院与东莞同济大学研究院合作共建超材料联合研发与应用技术中心，东莞理工学院引入卢秉恒、徐建中、金红光三名“双聘院士”，东莞科技金融集团与东莞中德创新产业园有限公司合作引进德国氢能源汽车项目等。

（科技局　王少波）

东莞之最

NUMBER ONES OF DONGGUAN

- 东莞市实现跨境电商通关“全国第一票”
- 东莞市在全国率先启动陆路“三互”大通关模式改革
- 东莞市法治政府评估列全国地级市第一名
- 东莞市政府效率再次列国内重点城市第一名

旗峰公园　（张超满　摄）

编辑：刘念宇

经济发展

【东莞市实现跨境电商通关“全国第一票”】　2015年，东莞市创新“互联网+工业”模式，率先启用全国统一版的“跨境贸易电子商务服务平台”，实现跨境电商通关“全国第一票”。

【东莞市在全国率先启动陆路“三互”大通关模式改革】　2015年4月10日，东莞市寮步车检场在全国率先启动陆路“三互”（信息互换、监管互认、执法互助）大通关模式改革工作试点。

【东莞市成立全国首支五金模具产业基金】　2015年8月10日，长安镇政府与东莞市万众实业有限公司、东莞辰途投资管理有限公司和广东融川股权投资基金管理有限公司，共同签署“东莞长安五金模具产业基金合伙企业”协议，成立长安五金模具产业基金。该基金为全国首支五金模具产业基金，总规模为2亿元，由政府引导市场化运作，以五金模具行业内新三板挂牌企业或拟挂牌企业的股权为投资标的，投向具备原始创新、集成创新或消化吸收再创新属性，且处于初创期、早中期的创新型企业，以推动长安的五金模具产业发展。

【东莞市诞生国内第一家登陆A股市场的家具装备制造企业】　2015年5月27日，东莞市南兴家具装备制造股份有限公司在深圳证券交易所上市，成为国内第一家登陆A股市场的家具装备制造企业。

【东莞市第三产业生产总值、占比跃居全省地级市首位】　2015年，东莞市实现地区生产总值6275.06亿元，其中，第三产业增加值3351.59亿元，第三产业占生产总值的比重到53.4%，两项指标均跃居全省地级市首位。

【东莞市国家高新技术企业认定数居全省地级市第一位】　2015年，东莞市国家高新技术企业认定数985家，居全省地级市第一位。

【东莞市省级创新科研团队数居全省地级市第一位】　2015年，东莞市省级创新科研团队数26个，居全省地级市第一位。

【东莞市发明专利授权量居全省地级市第一位】　2015年，东莞市发明专利授权量2795件，居全省地级市第一位。

【东莞市PCT（《专利合作条约》）国际专利申请量居全省地级市第一位】　2015年，东莞市PCT（《专利合作条约》）国际专利申请量336件，居全省地级市第一位。

【东莞市有效发明专利量居全省地级市第一位】　2015年，东莞市有效发明专利量7890件，居全省地级市第一位。

【电机、注塑机伺服节能改造数均居全省第一位】　2015年，东莞市实现电机、注塑机伺服节能改造（或汰旧更新）9423标准台，电机和注塑机改造数均居全省第一位；提前超额完成省确定任务，改造后电机系统能效提升7%以上，注塑机能效提升35%以上。

【广东省首艘无人水下测量船在东莞市海域启用】　2015年5月6日，广东省首艘无人水下测量船在东莞市长安新区海域启用。该船擅长在大船到不了的浅水、浅滩区域测量水下情况。

【东莞市进出口总额居全省地级市第一位】 2015年，东莞市进出口总额1676.73亿美元，居全省地级市第一位。

【东莞市出口总额居全省地级市第一位】 2015年，东莞市出口总额1037.19亿美元，居全省地级市第一位。

【东莞市合同利用外资总量居全省地级市第一位】 2015年，东莞市合同利用外资总量50.59亿美元，居全省地级市第一位。

【东莞市实际利用外资总量居全省地级市第一位】 2015年，东莞市实际利用外资总量53.20亿美元，居全省地级市第一位，比上年增长17.5%，增速连续三年排珠三角九市第一位。

【东莞市市场主体数量居全省地级市第一位】 2015年，东莞市市场主体数量71.33万户，居全省地级市第一位。

【东莞市快递业务量、业务收入居全省地级市第一位】 2015年，东莞市快递业务量7.51亿件，居全省地级市第一位；快递业务收入85.46亿元，居全省地级市第一位。

【东莞市国税收入增速连年居全省首位】 2015年，东莞市国家税务局税收收入955.24亿元，比上年增长17.8%，增速连续两年居全省首位。

【东莞市出口退税增速连年居全省第一位】 2015年，东莞市国家税务局出口退税345.88亿元，比上年增长13.38%，增速连续三年居全省第一。

【东莞市在全省首创“国税、地税通”平台】 2015年，东莞市国家税务局在全省首创“国税、地税通”平台，实现国税、地税登记共办、网上办税大厅共建、助力“一照一码”改革顺利实施，东莞市国家税务局税务登记网上办理量居全省第一位。

【东莞市各项贷款余额增量居全省地级市第一位】 2015年，东莞市各项贷款余额增加413亿元，居全省地级市第一位。

【东莞市保险业保费收入居全省地级市第一位】 2015年，东莞市保险业保费收入305.37亿元，居全省地级市第一位；同时增速连续六年保持全省地级市第一位。

【东莞市村镇银行数居全省地级市第一位】 2015年，东莞市村镇银行数6家，居全省地级市第一位。

【东莞市“新三板”挂牌企业数居全省地级市第一位】 2015年，东莞市“新三板”挂牌企业数63家，居全省地级市第一位。

【东莞市基金管理机构数居全省地级市第一位】 2015年，东莞市在中国证券投资基金业协会登记的基金管理机构数141家，居全省地级市第一位。

社会发展

【东莞市法治政府评估列全国地级市第一名】 2015年，在中国政法大学法治政府研究院发布的《中国法治政府评估报告·2015》中，东莞市获得法治政府评估总分排全国地级市第一位。

【东莞市政府效率再次列国内重点城市第一名】 2015年，在北京师范大学发布的地方政府效率研究报告中，东莞市再次排在国内104个重点城市第一位。

【国内首个省级篮球联赛在东莞市启动】 2015年5月29日，2015年广东省篮球联赛在东莞市启动，有15支球队参赛，是国内首个省级篮球联赛。9月11日，东莞农商银行队获得首届广东省篮球联赛总冠军。

【东莞合唱团摘得“2015首届国际合唱联盟世界合唱博览会”A组混声组比赛金奖】 2015年11月15日，在澳门举行的“2015首届国际合唱联盟世界合唱博览会”中，首次参加国际级比赛的东莞合唱团，摘得大赛含金量最高的A组混声组比赛金奖，这也是国内参加比赛的所有混声参赛团中获得的唯一金奖。

【“中国东莞”门户网站获得“2015中国政府网站新媒体传播力”广东省地级政府网站第一名】 2015年，“中国东莞”门户网站分别获得由中国社会科学院信息化研究中心公布的2015年地级市政府门户网站绩效评估第四名，获得由中国政府门户网站发展论坛组委会、中国信息协会信息服务网络委员会评选的“2015中国政府网站新媒体传播力”广东省地级政府网站第一名。

【东莞市成为广东省首批拥有地方立法权的城市】 2015年5月28日，广东省十二届人大常委会第十七次会议表决通过《关于确定佛山、韶关、梅州、惠州、东莞、中山、江门、湛江、潮州市人民代表大会及其常务委员会开始制定地方性法规的时间的决定》，东莞市成为广东省首批拥有地方立法权的城市。

【东莞市第三人民法院成为广东省首家通过远程视频方式摇珠确定拍卖机构的法院】 2015年3月11日，东莞市第三人民法院首次通过远程视频摇珠确定拍卖机构，这也是广东省首家通过远程视频方式摇珠确定拍卖机构的法院。

【粤首位台籍假释人员在东莞市矫正期满】 2015年3月28日，粤首位台籍假释人员在东莞市矫正期满。作为广东省唯一的港澳台籍罪犯假释试点单位，东莞市中级人民法院开创内地法院的先河。

【东莞市高考质量主要指标继续名列全省第一】 2015年，东莞市普通高考录取率及每万户籍人口升重点、升本科、升大学人数4项高考质量主要指标继续名列全省第一位。

【广东第一所孔子学堂在东莞市授牌】 2015年5月17日，中国孔子基金会“孔子学堂”授牌仪式在东莞市莞城运河东三路77号风篁文化·高第堂举行，这是广东第一所孔子学堂。

【广东省首届麒麟文化节在东莞市清溪镇举行】 2015年6月29—30日，广东省首届麒麟文化节在东莞市清溪镇举行，来自全省的26支麒麟表演队伍参加麒麟舞邀请赛，东莞市夺得9个金奖。

【东莞市获广东省第八届群众戏剧曲艺花会奖牌数列全省第一位】 2015年11月24—28日，在广州市举行的广东省第八届群众戏剧曲艺花会上，东莞市以2金5银2铜的成绩列全省第一位。

【广东省首个镇级方志馆开馆】 2015年11月6日，广东省第一个镇级方志馆——大朗方志馆揭牌。该馆面积约1500平方米，设藏书区、展示区、服务区、编研区。以收藏东莞市地方志和大朗镇志、村志、年鉴、族谱等地情文献为主，兼收市外各种地情著述，总计7000多册，免费供公众查阅。 （刘念宇）

总　　述

DONGGUAN PROFILE

- 创新驱动发展成效明显
- 工业智能制造工程
- 口岸开放扩大
- “好人之城”建设

东莞市中心广场

编辑：施雪芬

市情综述

【境域】　东莞市位于广东省中南部，珠江口东岸，东江下游的珠江三角洲。因地处广州之东，境内盛产莞草而得名。介于东经113° 31′ —114° 15′ ，北纬22° 39′ —23° 09′ 。最东是清溪镇的银瓶嘴山，与惠州市惠阳区接壤；最北是中堂镇大坦乡，与广州市黄埔区和增城区、惠州市博罗县隔江为邻；最西是沙田镇西大坦西北的狮子洋中心航线，与广州市番禺区、南沙区隔海交界；最南是凤岗镇雁田水库，与深圳市宝安区相连。毗邻港澳，处于广州至深圳经济走廊中间。西北距广州59千米，东南距深圳99千米，距香港140千米。东西长70.45千米，南北宽46.8千米，全市陆地面积2460平方千米，海域面积97平方千米。

【建置】　东莞因地处广州之东，盛产莞草而得名。于东晋咸和六年（公元331年）立县，初名宝安，隶属东官郡。唐至德二年（757年）更名东莞，县治从莞城（今宝安南头）移至到涌（今莞城）。南宋绍兴二十二年（1152年）分东莞的香山镇立香山县（今中山市）；明万历元年（1573年）将东莞守御千户所、编户五十六里立新安县（今深圳市），东莞地域随之缩小。清沿明制。民国期间，先后隶广东省粤海道、粤中行政区、第一行政区和第四行政区。1949年10月17日，东莞全境解放。初期属东江行政区管辖。1950年3月，东莞县隶珠江专区。1952年，撤销珠江专区，东莞县隶粤中行政区。1956年2月，撤销粤中行政区，东莞县隶惠阳专区。1958年11月，东莞县曾短期隶广州市。1959年1月，撤销惠阳专区，东莞县划归佛山专区。1963年6月，复置惠阳专区，东莞县又隶惠阳专区。1985年9月，国务院批准撤销东莞县，设立东莞市（县级），仍属惠阳地区管辖。1988年1月7日起，国务院批复将东莞市升格为地级市，直属广东省管辖。　（刘念宇）

【行政区划】　2000—2015年，东莞市行政区划主要变更有：2000年1月，附城区街道办事处更名为东城街道办事处；2001年11月，篁村区街道办事处更名为南城街道办事处；2002年11月，万江区街道办事处更名为万江街道办事处；2002年12月，撤销城区人民政府筹备组，改设莞城街道办事处。

【地质·地貌】　东莞市地质构造上位于北东东向罗浮山断裂带南部边缘的北东向博罗大断裂南西部、东莞断凹盆地中。地势东南高、西北低。地貌以丘陵台地、冲积平原为主，丘陵台地占44.5%，冲积平原占43.3%，山地占6.2%。东南部多山，尤以东部为最，山体庞大，分割强烈，集中成片，起伏较大，海拔多在200—600米，坡度30°左右，银瓶嘴山主峰高898.2米，是东莞市最高山峰；中南部低山丘陵成片，为丘陵台地区；东北部接近东江河滨，岗地发育，陆地和河谷平原分布其中，海拔30—80米之间，坡度小，地势起伏和缓，为易于积水的埔田区；西北部是东江冲积而成的三角洲平原，是地势低平、水网纵横的围田区；西南部是濒临珠江口的江河冲积平原，地势平坦而低陷，是受潮汐影响较大的沙咸田地区。东莞市握东江和广州水道出海之咽喉，有海岸线115.94千米（含内航道），主航道岸线53千米，拥有深水良港——虎门港。

【河流】　东莞市主要河流有东江、石马河、寒溪水。境内96%属东江流域，东江干流自东北角惠州市博罗县、惠阳区之间入境后，沿北部边境自东向西行至桥头新开河口；有发源于深圳市宝

安区的石马河流入，至企石有企石河流入。至石龙分出南支流后，北干流续流至石滩，与来自广州市增城区的支流汇流，经市境的大盛注入狮子洋；南支流斜向西南流经石碣、万江，在峡口接纳来自市境中部的寒溪水，峡口以下有3支较小的支流牛山水、蛤地水和小沙河，自东向西汇入，续流至泗盛注入狮子洋。北干流与南支流之间为东江三角洲的河网区。

【海洋】　东莞市海域面积为97平方千米，主要分布在狮子洋和伶仃洋。大陆海岸线长97.2千米，属南亚热带浅海区，拥有海岸线的有长安、虎门、沙田、厚街、麻涌、洪梅和道滘等7个镇。全市拥有威远岛、坭洲岛、木棉山岛、沙口涌岛、虾缯排5个海岛，海岛岸线长34.58千米，海岛面积24.13平方千米。沿海滩涂负1米以内潮间带2057公顷，负3.5米以内潮间带3697公顷。东莞海域有鱼类约90多种，贝类18种，甲壳类21种。浮游植物有硅藻、甲藻、蓝藻等3门，共247种，其中硅藻占优势。平均生物数8.32万个/升、生物量0.17毫克/升。浮游动物有10个种群29属63种，生物量变幅在0.20—0.24毫克/升间，平均0.22毫克/升。海域潮间带底栖动物有环节动物、软体动物、甲壳动物和鱼类等四大类32种。东莞市港口资源丰富，狮子洋、伶仃洋的深槽紧靠东莞市的海岸线，麻涌镇的新沙，沙田镇的鳉沙、坭洲岛、西大坦，虎门镇的威远岛、沙角等拥有深水岸线和深槽通过的海域，是建设深水港区的优良港址，而且深水岸线内侧的陆域土地多平坦宽广，又处在东江入海河口区，淡水资源条件好，陆域水、土资源组合优势明显。截至2015年，海洋环境质量总体保持稳定，局部有所好转。　（市海洋与渔业局）

【植被】　东莞市历史上是森林茂密的地区，地带性森林植被类型为南亚季风常绿阔叶林，组成种类多样而富于热带性，由于人口激增，历代砍伐，使原生性森林大幅减少。森林植被主要由壳斗科、樟科、山茶科、大戟科、桃金娘科、杜英科、山矾科、梧桐科等种类组成，其中大多数是热带亚热带分布种，较常见的有樟树、阴香、铁冬青、华润楠、浙江润楠、假柿树、银柴、土蜜树、鸭脚木、蒲桃等。随着东莞市实施林业生态工程，森林植被恢复成效显著，截至2015年，据调查野生植物1630种，野生珍稀植物115种，生物多样性位居全省前列。东莞市主要植被分为针阔叶混交林，林下植被主要有野漆、椭圆叶豺皮樟、三桠苦、山乌桕、鬼灯笼和乌毛蕨、芒萁等；典型常绿阔叶林，常见种类红花荷、蕈树、黄樟、黄杞、青冈栎、网脉山龙眼等；季风常绿阔叶林，常见种类鸭脚木、乌榄、樟树等；常绿灌丛，常见种类鸭脚木、银柴、鼠刺、豺皮樟、九节、梅叶冬青、桃金娘等。其中山地、丘陵及未经开垦的岗地现状植被以人工林和次生林群落占优势，林下以灌木、蕨类植物或草本为主，沟谷等较为阴湿的山地多见攀缠植物。现状植被反映出由热带向亚热带过渡而热带性较强的特征，与南亚热带气候特点相适应。　（林业局）

【气候】　东莞市属于亚热带季风气候，长夏无冬，光照充足，热量丰富，气候温暖，温度变幅小，雨量充沛，干湿季明显。2015年，东莞市天气气候主要特点是：年总降水量2137.9毫米，比常年平均值偏多16.9%；年平均气温23.5℃，比常年平均值偏高0.9℃，位居历年第三位；年日照时数为1787.2小时，较常年平均值偏少5.3%。基本气候特征属正常年份。年内降水分布不均，呈现春季偏少，夏季集中，秋冬偏多特点。5月7日开汛，比常年偏晚约一个月；汛期总降水量偏少8%，其中前汛期偏多15.7%，后汛期偏少36.8%。年内各月平均气温均偏高，为历年罕见，其中6月平均气温创常年同期新高，偏高1.6℃，11月平均气温与历史同期最高（1998年）持平，偏高2.1℃；全年高温

▲ 东江秋色——位于五环路东莞特大水道桥下的东江支流　（张汉兴　摄）

日数（≥35℃）12天，较常年高温日数偏多，无低温日（≤5℃）。（气象局）

【矿产资源】 截至2015年，东莞市内已知矿产有Ⅶ类19种，矿床点66处。其中，金属矿产Ⅲ类8种，矿床点34处：黑色金属矿产10处（铁矿点9处，钛铁矿1处），有色金属矿产23处（铜矿点4处、铅锌矿点4处、钨矿点10处、锡矿点4处、钛矿点1处），贵金属黄金矿化点1处。非金属矿产Ⅵ类11种32处：冶金辅助原料矿产9处（耐火粘土4处、泥炭土4处、石油1处），化工原料矿产14处（黄铁矿点6处、重晶石矿点3处、钾长石矿点4处、石盐矿点1处），建材非金属矿点3处（水泥灰岩2处、水泥粘土1处）。主要分布在东莞中部、南部和东部的山地、丘陵地带。矿产分布分散，无规律。

【动植物资源】 东莞市野生动物种类繁多，主要分布于山区和丘陵地带，体型较大的野兽多栖息在东南山区，一般兽类出没于平川、丘陵。主要野生动物有：哺乳类、鸟类、鱼类（134种）、甲壳类和多种贝类、两栖、爬行类、昆虫类等。主要野生植物有：维管束植物1630种，隶属210科，805属，其中蕨类植物125种，37科，66属；裸子植物7种，5科，5属；被子植物1498种，168科，734属（其中双子叶植物143科，556属，1135种；单子叶植物25科，178属，363种）。内陆水域中常见浮游生物8门110属。

【旅游资源】 东莞市既有滨海秀色、稻海蕉林、荔红荷香、旗峰胜迹等自然风景，又有丰富的人文景观，是广东省历史文化名城、中国近代史开篇地、东江人民抗日根据地、改革开放的先行地。2004年，东莞市评出新“八景”：“松湖烟雨”（松山湖高新技术产业开发区）、“大道朝晖”（东莞大道）、“广场挹萃”（市中心广场）、“古塞飞虹”（虎门大桥）、“虎英叠翠”（虎英郊野公园及御景湾周边景观）、“板岭凝芳”（绿色世界、水濂山森林公园及周边景观）、“莲峰赏鹭”（长安莲花山风景区）、“金沙漾月”（石龙金沙湾）。同年，东莞市获评“中国优秀旅游城市”。2011年4月，又被亚太旅游联合会、国际度假联盟组织与中华生态旅游促进会、中国人民对外友好协会、中国国际友好城市联合会授予“中国最具投资价值旅游城市”称号；同年11月，又获评“中国十大特色休闲城市”称号。截至2015年，东莞市境内有鸦片战争博物馆、松山湖景区、广东观音山国家森林公园、东莞市科学技术博物馆、华南MALL-欢笑天地、龙凤山庄影视旅游区、粤晖园旅游景区、东莞市香市动物园、东莞市展览馆、东莞市广东东江纵队旧址景区、东莞市清溪银瓶山森林公园等11家国家级AAAA级旅游景区。有林则徐销烟池与虎门炮台旧址、东莞可园等全国重点文物保护单位，有鸦片战争博物馆、可园博物馆等爱国主义教育基地，有村头村遗址、金鳌洲塔等广东省文物保护单位。

（刘念宇）

【人口】 2010年第六次全国人口普查时，东莞市常住人口822.02万人，其中男性人口444.62万人，女性人口377.40万人；0—14岁人口67.81万人，15—64岁人口735.64万人，65岁及以上人口18.58万人。2015年，东莞市常住人口825.41万人，其中户籍人口195.01万人；城镇常住人口733.13万人，人口城镇化率88.82%，是广东省第三大人口城市。2015年出生人口2.20万人，出生率11.34‰；死亡人口0.95万人，死亡率4.93‰；人口自然增长率6.41‰。人口密度每平方千米3355人，在广东省各地级市中居第一位。

【民族】 2015年，东莞市常住人口825.41万人，以汉族为主，另有壮族、苗族、土家族、瑶族、侗族、布依族等55个少数民族，少数民族常住人口约40万人。

【语言】 东莞市境内流行粤方言和客方言。粤方言区面积、人口均占全市绝大部分。客方言主要通行在东南部与惠州、深圳相邻的丘陵地带，约占全市面积的18%。在32个镇街中，纯粤方言镇街有石龙、长安、沙田、洪梅、道滘、麻涌、万江、中堂、望牛墩、石碣、高埗、大朗、寮步、茶山、企石、石排、常平、横沥、东坑、桥头等20个。兼有2种方言的镇街中，莞城、东城、南城、厚街、虎门、大岭山、塘厦、黄江、谢岗等9个镇街大部分甚至绝大部分讲粤方言；清溪、凤岗2个镇大部分讲客方言。全市仅樟木头是纯客方言镇。

【民俗】 东莞市是广东省历史文化名城，岭南文化的发源地之一，有丰富的民俗文化遗产资源。比较有代表性的民俗有赛龙舟、粤曲粤剧、咸水歌、客家山歌、舞狮（龙、麒麟、凤）等。

端午节赛龙舟 东莞市民间相传近300年的习俗。水乡片及东江沿岸地区各镇街或乡村，从每年的农历五月初一开始，举办为期近一个月的传统龙舟赛，并根据当地潮汐大小，定出各自固定竞渡或趁景的日子，故又称之为“龙舟月”。期间，凡是举办赛龙舟的镇街或乡村，都会广邀周边乡镇前来游龙趁景，招呼附近前来观景的乡亲好友吃“龙船饭”、浸“龙舟水”。

粤曲粤剧 东莞市戏曲文化历史悠久，是粤剧艺术的重要发源地之一，是著名的“粤剧曲艺之乡”，涌现很多粤剧名伶：何非凡、陈天纵、丁公醒、陈笑风、陈小茶、楚岫云、卢启光等。粤剧在东莞市有着深厚的群众基础，“粤韵金声”“粤剧黄金周”是东莞市传承和发展本土粤剧艺术的两大品牌活动。

咸水歌 渔民操粤方言演唱的一种渔歌，主要流传于东莞市新湾、沙田、麻涌、中堂等地。咸水歌主要有情歌和哀歌两种。

客家山歌 东莞市清溪、樟木头等镇的客家人唱山歌早就有名，流传下来的山歌，可分为放牛歌、割草歌以及四六联、白口联、平山民歌等，词曲不固定，一般都是即兴编唱。

舞狮（龙、麒麟、凤） 在东莞市历史悠久，源远流长，每逢新春及喜庆日子，人们喜舞狮以示吉庆，深受群众喜爱。长安镇被国家体育总局命名为“龙狮之乡”，麒麟则以清溪镇、樟木头镇较为出色。

各镇街还有一些特色的民俗风情，其中有东坑的“二月二”卖身节、石排康王宝诞、望牛墩乞巧节、横沥牛墟和常平端午游木龙和厚街端午舞木龙等。

（文广新局）

2015年东莞市行政区划

镇（街道）	村、社区（个）	村名称	社区名称
莞 城	8		东正 市桥 北隅 西隅 罗沙 博厦 兴塘 创业
石 龙	10	西湖 忠维 林屋 蒲溪 新维 王屋洲 黄家山	中山东 中山西 兴龙
虎 门	30		虎门寨 东方 则徐 大宁 树田 白沙 沙角 怀德 博涌 镇口 村头 新联 九门寨 居岐 金洲 南面 北栅 小捷滘 北面 陈村 东风 武山沙 黄村 南栅 龙眼 宴岗 赤岗 路东 新湾 民泰
东 城	23		岗贝 花园新村 东泰 温塘 桑园 周屋 余屋 鳌峙塘 峡口 柏洲边 上桥 下桥 樟村 梨川 堑头 主山 石井 同沙 光明 牛山 立新 火炼树 星城
万 江	28		万江墟 万江 石美 莫屋 拔蛟窝 黄粘洲 蚬涌 谷涌 小享 滘联 上甲 新村 新谷涌 共联 水蛇涌 大莲塘 牌楼基 严屋 大汾 流涌尾 金泰 曲海 坝头 胜利 官桥滘 简沙洲 新和 新城
南 城	18		鸿福 宏远 胜和 元美 亨美 三元里 篁村 新基 周溪 袁屋边 白马 石鼓 蛤地 西平 雅园 水濂 新城 宏图
中 堂	20	潢涌 三涌 湛翠 凤冲 袁家涌 吴家涌 鹤田 中堂 一村 东向 蕉利 槎滘 下芦 马沥 四乡	中心 斗朗 红锋 东泊 江南
望牛墩	22	李屋 望东 扶涌 赤滘 五涌 下漕 上合 聚龙江 望联 洲湾 洲涡 杜屋 寮厦 芙蓉沙 官桥涌 横沥 福安 石排 官洲 朱平沙 锦涡	望牛墩
麻 涌	15	麻一 麻三 麻四 大步 东太 新基 川槎 鸥涌 华阳 南洲 大盛 漳澎 黎滘	麻涌 麻二
石 碣	15	石碣 唐洪 黄泗围 西南 单屋 梁家村 沙腰 刘屋 水南 四甲 鹤田厦 涌口 横滘 桔洲	城中
高 埗	19	冼沙 卢溪 宝莲 塘厦 草墩 护安围 保安围 三联 横滘头 低涌 朱磡 新联 欧邓 芦村 高埗 凌屋 上江城 下江城	新创
洪 梅	10	洪屋涡 新庄 梅沙 氹涌 黎洲角 夏汇 尧均 乌沙 金鳌沙	洪梅
道 滘	14	南城 南丫 闸口 大鱼沙 小河 永庆 北永 昌平 厚德 九曲 大罗沙 大岭丫 蔡白	兴隆
厚 街	24		竹溪 厚街 珊美 宝屯 三屯 陈屋 赤岭 河田 寮厦 汀山 环冈 大迳 新围 桥头 南五 新塘 涌口 双岗 溪头 沙塘 宝塘 下汴 白濠 湖景
沙 田	18	中围 和安 大流 泥洲 杨公洲 福禄沙 阇西 民田 先锋 西大坦 穗丰年 大泥 齐沙 稔洲 义沙 西太隆	横流 滨港
长 安	13		长盛 涌头 霄边 咸西 锦厦 新安 乌沙 新民 沙头 上沙 厦岗 厦边 上角
寮 步	30	西溪 凫山 石龙坑 石步 良边 富竹山 塘唇 向西 霞边 上屯 下岭贝 竹园 上底 药勒 刘屋巷 浮竹山 陈家埔 井巷 小坑 长坑	寮步 塘边 横坑 岭厦 新旧围 缪边 牛杨 泉塘 坑口 良平

续表

镇（街道）	村、社区（个）	村名称	社区名称
大岭山	23	太公岭 大塘朗 下高田 连平 鸡翅岭 马蹄岗 金桔 大沙 百花洞 大塘 水朗 杨屋 矮岭冚 颜屋 大片美 梅林 元岭 大岭 新塘 旧飞鹅 大环	大岭山 农场
大 朗	28	高英 洋乌 洋坑塘 松柏朗 黎贝岭 松木山 犀牛陂 水平 宝陂 石厦 杨涌 沙步 新马莲 佛子凹 蔡边 水口	大朗 佛新 巷头 屏山 竹山 巷尾 求富路 长塘 黄草朗 大井头 圣堂 长富
黄 江	7		新市 田美 三新 梅塘 宝山 北岸 长龙
樟木头	10		圩镇 樟罗 百果洞 樟洋 石新 柏地 官仓 裕丰 金河 樟新
凤 岗	12	雁田 官井头 油甘埔 凤德岭 塘沥 黄洞 竹塘 竹尾田 三联 五联 天堂围	凤岗
塘 厦	22		塘厦 三局 林村 石潭埔 四村 振兴围 大坪 莆心湖 平山 诸佛岭 桥陇 龙背岭 石鼓 田心 横塘 蛟乙塘 凤凰岗 莲湖 沙湖 石马 清湖头 塘新
谢 岗	12	黎村 窑山 南面 大龙 大厚 赵林 稔子园 五星 曹乐 谢岗 谢山	泰园
清 溪	21	浮岗 上元 清厦 铁松 铁场 谢坑 青皇 大埔 长山头 三中 九乡 三星 渔樑围 厦坭 大利 土桥 重河 松岗 罗马 荔横	清溪
常 平	33	岗梓 塘角 苏坑 袁山贝 金美 还珠沥 朗贝 桥沥 卢屋 九江水 朗洲 陈屋贝 司马 霞坑 漱旧 漱新 黄泥塘 元江元 横江厦 沙湖口 白石岗 松柏塘 上坑 木棆 下墟 板石 田尾 白花沥 桥梓 麦元 土塘	常平 新民
桥 头	17	田头角 李屋 朗厦 岗头 屋厦 禾坑 邓屋 邵岗头 东江 山和 石水口	莲城 田新 桥头 大洲 迳联 岭头
横 沥	17	石涌 隔坑 半仙山 田头 田坑 横沥 村头 长巷 田饶步 六甲 村尾 水边 新四 山厦 月塘 张坑	恒泉
东 坑	16	东坑 坑美 角社 塔岗 黄麻岭 初坑 凤大 黄屋 寮边头 长安塘 新门楼 井美 彭屋 丁屋	草塘 骏达
企 石	20	铁岗 深巷 湖美 博夏 上洞 江边 旧围 清湖 东平 上截 下截 东山 莫屋 杨屋 新南 南坑 铁炉坑 企石 霞朗	宝石
石 排	19	石排 下沙 福隆 庙边王 沙角 黄家坣 赤坎 向西 水贝 田寮 横山 埔心 谷吓 塘尾 李家坊 田边 中坑 燕窝	太和
茶 山	18	上元 茶山 下朗 横江 增埗 卢边 寒溪水 南社 塘角 博头 冲美 粟边 孙屋 超朗 京山 刘黄	茶山圩 茶溪
松山湖（生态园）	1		松山湖
合 计	593	350	243

（民政局）

经济建设

【经济建设概况】 2015年，东莞市经济运行在合理区间，经济平稳增长。全市实现地区生产总值6275.06亿元，比上年增长8.0%，增速与全省同期增速持平，比全国平均水平高1.1个百分点，按国家外汇局公布的年平均汇率（1美元：6.2284元人民币）折算，东莞地区生产总值超过1000亿美元，迈入千亿美元“俱乐部”；分产业看，第一产业增加值20.50亿元，下降0.4%，第二产业增加值2902.98亿元，增长6.2%，第三产业增加值3351.59亿元，增长10.0%，三大产业比重为0.3：46.3：53.4；人均生产总值突破1.2万美元大关，高于全省平均水平；来源于东莞的财政收入1155.50亿元，增长8.4%，市公共财政预算收入517.97亿元，增长10.2%，比经济增长快2.2个百分点；全市进出口总额1676.73亿美元，增长3.1%，其中出口总额1037.19亿美元，增长6.9%。

【创新驱动发展成效明显】 2015年，东莞市大力实施高新技术企业“育苗造林”行动和科技企业孵化器“筑巢引凤”计划，出台以《中共东莞市委、东莞市人民政府关于实施创新驱动发展战略走在前列的意见》为纲领，新型研发机构、孵化器扶持、孵化器分割转让、高企培育、企业研发准备金、科技金融、科技服务业等相关实施办法为配套的“1+N”科技创新政策体系，松山湖高新区入围珠三角国家自主创新示范区，国际科技合作广泛开展，全社会创新创业氛围日益浓厚，创新驱动发展取得明显成效。2015年，全市高新技术企业新增303家，总数986家，获省高企扶持资金4.2亿元，均居全省地级市首位；新增新型研发机构3家，总数27家；新增省级创新科研团队4个，总数26个，稳居全省前列；新增各类企业孵化器13家，总数36家，在孵企业和项目超过1000家，累计毕业企业300多家；全市发明专利申请量、授权量分别增长61.6%和72.1%；以众创空间和股权众筹平台为主要形态的创新创业服务组织加快发展，涌现出天马创业营、“蚁巢”两岸青年创业基地、“蜂巢咖啡”等一批新型创业载体，以及牵投、原始森林、狮子头等股权众筹平台。

【开放型经济水平提升】 “一带一路”重要节点城市打造　2015年，东莞市拓展与“一带一路”（“丝绸之路经济带”和“21世纪海上丝绸之路”简称）沿线国家的合作，组团赴埃塞俄比亚、南非、俄罗斯、澳大利亚、新西兰、斐济等18个国家，组织开展100多场经贸交流和专业推介活动。推动广东（石龙）铁路国际物流中心对外开放，“粤满俄”专列开始试运营，“粤新欧”国际铁路联运专列提升到每周2—3班，打通往来东盟、中亚、俄罗斯、蒙古的进出口双向货运通道。虎门港开通越南海防的直航航线，与西班牙巴塞罗那港签订合作协议，与石龙货运站成功试行水铁联运，年吞吐量突破330万标箱，成为全省对接“一带一路”战略的重要交通节点。开展国际产能合作，先后搭建中巴总部项目、南非及迪拜“东莞产品展销中心”，推动华坚集团在埃塞俄比亚设立中国东莞华坚国际轻工业园，中俄贸易产业园成为广东省新一轮对外开放重点工程。2015年，东莞市对“一带一路”沿线国家的出口总额达167.3亿美元，比上年增长25.2%，“一带一路”国家超越欧盟和日本，成为东莞市第三大出口市场。

▲ 虎门港沙田港区集装箱码头

加工贸易转型升级 实施“加工贸易增效计划”，推进大朗毛织、厚街家具、长安五金模具等外贸转型升级示范基地建设，促进加工贸易产品档次、企业形态和产业发展“三个高级化”。举办海博会、加博会、漫博会、台博会和国际科技合作周等重要展会，加快培育外贸综合服务企业，400家外贸综合服务企业进出口增长24.7%。主动布局欧美先进地区，在美国硅谷设立境外经贸代表处，着力打造东莞“硅谷先进制造中心”；与德国、英国、以色列等发达国家开展“工业4.0”合作，引导国际先进技术与东莞制造企业有效对接。引进外资服务业，2015年服务业合同利用外资金额占比53.1%，首次超过制造业占比。

自贸试验区对接 2015年，东莞市出台《关于东莞对接国家自由贸易试验区发展的意见》，复制推广上海自贸试验区35条改革创新经验以及广东自贸试验区首批23条改革创新经验，并率先探索创新，推动形成“多证联办”改革、“三互”大通关改革、企业登记注册“一网通”改革、项目投资建设直接落地改革等具有地方特色的改革品牌。与香港贸易发展局签署《利用粤港服贸自由化机遇全面加强合作备忘录》，争取商务部支持在东莞开展扩大生产性服务业对外开放试点。与招商局集团签署全面战略合作框架协议，以政企合作的模式共同开发长安新区。

【经济领域重点改革稳步推进】 *商事制度改革持续深化* 2015年，东莞市全面推行住所信息申报制，全面铺开企业集群注册改革，“多证联办”改革拓展到全市所有企业，并启动登记注册“一网通”改革，推动市场活力进一步激发。各类型市场主体呈现增长态势，截至2015年，全市的市场主体累计达71.33万户，总量稳居全省地级市第一位。

“三互”大通关在全国率先启动 以寮步车检场和虎门港为突破口，通过以信息互换突破“信息孤岛”、以监管互认实现“一站式作业”、以执法互助推动“联查联放”的方式，构建水、陆“三互”大通关模式，使企业通关时间及成本大幅降低。陆运口岸通关手续从原来的10个缩减为5个，平均查验时间从原来的4.5小时缩减到2.5小时；水运登临执法时间从原来的2—6个小时压减到1—4个小时。加快开发跨境电商“三互”管理系统，在全国率先实现水陆网“三位一体”的“三互”大通关。

跨境电商通关监管改革 建成东莞跨境电商公共服务平台，完成与关检部门监管系统的对接联调，初步实现与电商企业、物流企业、供应链服务商系统衔接；推动建立针对跨境电商企业的“单一窗口”，实现出口货物一次报关，海关、检验检疫部门联合查验、一次放行，大幅提升通关效率。

网上办事大厅建设 创新服务方式、优化业务流程，提高网上全流程办理率、网上办结率及上网办理率，推动实现网上办事大厅村居服务点全覆盖，完善并推广企业专属网页和市民个人网页。2015年，东莞市行政审批事项网上全流程办理率98.13%，行政审批事项网上办结率99.52%，上网办理率99.87%，所有网上申办事项到现场次数均不超过2次，92.26%以上事项到现场办理次数不超过1次，33个镇街（园区）网上办事站全部开通。根据全省的考核排名，东莞市的“三率一数”、镇街办事站、与主厅联通等指标评价在全省各地级市中列第一名。

项目投资建设直接落地改革深化 在总结改革试点经验的基础上，东莞市印发《关于推广实施项目投资建设直接落地改革经验的意见》，按照“简化审批全面推广”和“准入审批试点推广”相结合的模式，全面推广直接落地改革经验，建设工程设计方案审查、初步设计审查、施工图审查备案、建设工程规划许可、施工许可等多个事项审批内容实现简化，审批流程由串联改为并联，项目投资建设整体审批时间大幅减少3—6个月。

【现代产业体系加快构建】 *“东莞制造2025”战略实施* 2015年，东莞市全面推进智能制造、服务型制造、创新制造、优质制造、集群制造、绿色制造“六大工程”，先进制造业、高技术制造业、民营工业增加值分别增长8.5%、10.2%和16.7%。搭建产业合作平台，实施以需引供，激发市场需求，促进全市机器人及智能装备产业发展，成功举办首届广东国际机器人及智能装备博览会，吸引1318家国内外自动化及智能装备行业顶尖企业和本土知名自动化及智能装备企业参展，还吸引来自35个国家和地区的10.7万名采购商进场参观、洽谈和采购，树立东莞以“机器换人”带动“东莞智造”，助推产业转型升级的新形象。实施“机器换人”，大连机床、省智能机器人研究院等落户东莞，松山湖国际机器人研究院加快建设，全市拥有智能装备制造企业400多家，工业技改投资比上年增长85.6%，工业投资增长26.6%，占全社会投资比重提升至34.8%。

“四新”经济加快发展 着力打造全国智能手机创新研发基地，全市手机年出货量达2.6亿台，增长15%。电子商务交易额达3390亿元，增长16.9%。启用跨境贸易电子商务中心园区，举办2015东莞跨境电子商务O2O外贸交易会，带动全市跨境电商企业突破4000家，全年实现东莞邮政国际小包业务量超过3430万件。支持企业上市，新增境内外上市企业3家，总数增至32家，新增全国股转系统挂牌企业45家、区域性股权交易市场挂牌企业100家，均居全省地级市第一名。

重大项目和重要基础设施建设 全市重大项目建设完成投资397.5亿元，增长15.7%，带动全市固定资产投资1446.5亿元。实施内外资统筹招商，建立“项目源”大数据，设立驻深圳、北京产业合作联络处和驻美国经贸代表处，新引进57个总投资983.6亿元的重大项目。重要基础设施建设进展顺利，地铁2号线、莞惠城际轨道试验段试运行，散裂中子源一期、江库联网水源配置一期、虎门高铁站周边交通整治、市民艺术中心等一批工程完工，新建投产110千伏及以上输变电工程19项，入选“宽带中国”示范城市。

【区域协调发展均衡】 2015年，东莞市打造水乡特色发展经济区、松山湖大学创新城、东莞粤海银瓶合作创新区等东、中、西“三大增长极”。松山湖（生态园）统筹发展机制进一步理顺，松山湖高新区在全国高新区排名从2012年的第50位跃升至第30位；水乡新城规划完成编制，投入17.1亿元推动101家“两高一低”（高能耗、高污染、低效益）企业加快退出，环境不断优化；华阳湖湿地公园建设受上级肯定和社会认可；银瓶合作创新区总体规划获省批准。加强区域协作与对口帮扶工作，出台扶持欠发达镇发展意见，在重大项目、基础设施等方面给予倾斜。在全省率先全面推行村级集体经济组织预算制度；农村集体资产网上交易平台面向全国竞价；村组两级纯收入实现比上年增长9.6%，资产负债率降至17.7%；超额完成欠发达村组、有劳动能力低保家庭帮扶任务。东莞参与四川甘孜州、广西河池、重庆巫山帮扶工作，深化“深莞惠+汕尾、河源”合作，对口帮扶韶关、揭阳三年扶贫开发“双到”目标全部实现，新疆草湖产业园首期30万锭棉纺项目即将投产，西藏鲁朗国际旅游小镇完成工程进度80%。（市委政策研究室）

产业转型升级

【工业经济发展概况】 截至2015年，东莞市工业具有相当的基础和规模，形成涉及38个行业大类和6万多种产品的制造业体系，包括电子信息制造业、电气机械及设备制造业、纺织服装鞋帽制造业、食品饮料加工制造业、造纸和纸制品业五大支柱产业，以及玩具及文体用品制造业、家具制造业、化工制造业、包装印刷业四个特色产业。2015年，五大支柱产业实现增加值1865.11亿元，比上年增长5.3%；四个特色产业实现增加值270.09亿元，增长6.9%。

2015年，工业经济发展呈现如下特点：工业规模不断扩大，实现规模以上工业增加值2711.09亿元，比上年增长5.3%。智能制造成效显著，电子信息制造业实现规模以上工业增加值896.5亿元，累计增长11.4%，形成以整机生产制造为主，元器件和模组、电池、周边配件3个行业为主要配套的产业发展格局，2015年东莞手机出货量2.74亿台，增长19.1%，总产值约2100亿元，其中，智能手机出货量2.6亿台，分别占国内和全球智能手机出货量的44.9%和17%。内源经济贡献突出，2015年东莞市内资企业实现规模以上工业增加值1065.8亿元，增长14.5%，比全市平均水平高9.2个百分点，占全市规模以上工业增加值的39.3%，对全市规模以上工业的增长贡献率达102.5%。民营企业实现规模以上工业增加值925.6亿元，增长16.7%。为推动产业转型升级，东莞市出台《关于实施“东莞制造2025”战略的意见》等一系列政策措施，加快从制造业大市向制造业强市转变，争创中国制造样板城市。

【工业智能制造工程】 2015年，东莞市加快推动全市新一轮技术改造，实现工业投资502.8亿元，比上年增长26.6%，比全市平均水平高23.3个百分点，拉动全市固定资产投资7.4个百分点；工业技改投资231.2亿元，增长85.6%；工业技改投资额、增速均在珠三角排第三名，增速比珠三角平均增速高31.3个百分点。

加快推动机器人应用，全市申报“机器换人”项目831个，总投资66.85亿元，新增设备2.85万台（套），其中莞产设备20.62亿元，占总投资30.85%，预计全部项目完成后可减少用工4.37万人，产品合格率平均从89.79%提高至94.64%，单位产品成本平均下降9.82%，劳动生产率平均提高68.6%。

加快推动3C智能项目建设，出台《3C产业智能制造示范工程实施方案》，推动3C（计算机、通讯和消费电子产品三类电子产品）制造行业建设具有柔性化、自动化和信息化等工业4.0特征的智能制造示范车间建设。东莞劲胜智能制造示范车间项目获认定为全国46个智能制造试点示范项目之一，推进长盈精密公司建设应用1000台机器人以上的无人工厂，推动成立东莞睿德信机器人股权投资中心等机器人智能装备产业基金。

【工业服务型制造工程】 2015年，东莞市推动“东莞制造+互联网”融合发展，出台《东莞市推进服务型制造工程实施方案》和《东莞市信息化专项资金管理暂行办法》，加快推动传统制造的信息化应用及价值链重塑，推动800家企业参与专题辅导和接受信息管理服务，支持26家企业入选为省“两化”（信息化和工业化）融合管理体系贯标试点企业。

举办2015DiD Award（东莞杯）国际工业设计大赛，创新办赛模式，共征集到包括来自中国大陆、中国台湾、中国香港地区和英国、日本、韩国等地区参赛作品3255件，申请专利130件，评选出概念组和产品组获奖作品各30件，促进国内外工作设计资源对接东莞产业。出台《关于促进我市创意设计与制造业融合发展的实施意见》，提高产品设计创新能力，强化产业支援作用。出台《东莞市创意产业园区认定管理办法》，强化园区管理，培育产业集聚发展。

完善信息化基础建设，全力打造支撑服务型制造发展的信息基础网络，成功申报“宽带中国”示范城市。推进3G/4G（第三代移动通信/第四代移动通信）基站、光纤入户和WiFi（高频无线电信号）网络等基础设施建设，全市光纤覆盖能力大幅增强，累计覆盖达456.2万户，光纤入户量累计达85.8万户；全年新增4G基站6288座，累计达4.65万座。

【工业绿色制造工程】 2015年，东莞市推进电机能效提升及注塑机伺服节能改造，优化阶梯补贴、24小时网上申报和合同能源管理风险补偿等创新服务，加强督查考核和财政扶持，累计完成电机能效提升总功率207万千瓦，实现注塑机伺服节能改造（或汰旧更新）9423标准台，改造后电机系统能效提升7%以上，注塑机能效提升35%以上，电机和注塑机改造数均居全省第一位，提前超额完成省确定任务。

创新推动市级能源管理中心建设，启动市能源管理中心平台二期升级工程，出台《东莞市企业能源管理中心验收管理办法》，推动146家企业能源数据接入市平台。

加强电力能源保障，出台《关于加快东莞市电网规划建设的意见》等政策，推进电网规划建设；严格执行电力分配和保用电政策，将241家市内重点企业纳入保用电名单，保用电负荷达113.71万千瓦；组织开展油品升级工作，自2015年4月1日起，全面推广使用国V车用成品油。

【工业服务体系综合改革工程】 2015年，东莞市创新大数据综合服务平台建设，建立具有服务管理、专项资金申报、运行监测分析、产业资源共享等功能的全市重点企业服务及运行监测平台，开通产业资讯、资金申报、数据报送、“千千扶千企”等应用系统，其中，“千千扶千企”平台实现企业问题搜集、市镇领导对接、落实部门督办、问题处理评价等信息化处理机制，开辟政企全天候实时互动交流的新途径，3000多家企业成为大数据综合服务平台用户。

创新建立融资租赁服务模式，开展省市共建发展中小企业设备融资租赁试点工作，设立每年2亿元的“省市共建专项资金”（由省财政与市财政各安排1亿元），制定融资租赁补贴、融资租赁风险补偿和融资租赁业务奖励等多项措施，推动融资租赁业务的发展以及中小企业设备更新升级替换。实施融资租赁产融合作计划，推动市政府与国家开发银行签订融资租赁战略合作协议，实现租户企业“零首付”“零门槛”租赁或购买设备，利用商业模式和扶持机制创新，解决企业技改资金难题。

【民营经济质量提升工程】 2015年，东莞市建立市内资中心北京、深圳招商联络处，成立专业化的驻点招商团队；建立招商引资“项目源”大数据库，纳入1100家以上重点企业信息，实现招商资源的集中管理、实时共享、随时查询；加强以商引商，建立与各地区投资促进机构、协会、商会的常态化合作机制。2015年，全市引进内资项目1989宗，协议投资金额1238.17亿元，比上年增长68.79%；实际投资金额551.97亿

元，增长40.98%。

扶持民营中小企业发展，出台《引导民营资本发展实体经济的实施意见》，提出投资兴企、创新强企、培育壮企、融资助企、服务惠企“五大行动”30条具体措施，促使民营资本与实体经济深度融合。鼓励民营企业参与“大众创业、万众创新”，支持民营骨干企业组建产业共性技术研发基地和产业技术联盟。支持发展市级民营中小企业创新产业化示范基地、小企业创业示范基地等一批服务示范单位，提升支撑服务功能。组织企业参加第十二届中国国际中小企业博览会，加强交流合作和拓展市场。

建立民营企业梯度培育机制，实施“323”高成长型中小企业培育工程（发掘培育300家成长性好、自主创新能力强、发展潜力大的中小企业，择优扶持20家以上优质企业，使其充分享受各级扶持政策，推动实现其中3家以上企业纳入上市后备资源库），开展小微企业上规行动，推动127家小微企业提档升级。开展“122大型骨干企业培育计划”（培育一批国内领先、国际竞争力强的大型骨干企业，到2020年，全市超千亿元企业1家，超500亿元企业2家，超百亿元企业20家），推进兼并重组和企业上市；实施“686”民营企业上市梯度培育工程，即保持市一级上市民营企业后备资源库有60家以上的储备，每年推动其中8家企业进入上市辅导程序，6家企业进入发行申报程序或实现上市（含境外上市），累计推荐九批44家企业成为市上市后备企业。（市经信局）

【加工贸易转型升级服务新体系打造】 截至2015年，东莞市自2008年全球金融危机以来，持续推动产业结构调整和转型升级，重点推动来料加工企业不停产转型。鼓励企业创建品牌、拓展内销、自主创新，率先在全国构建加工贸易中小企业产业提升综合服务体系、加工贸易中小企业内销综合服务体系、加工贸易管理服务体系、开放型加工贸易监管体系等开放型经济“四大体系”。实施“加工贸易增效计划”，针对加工贸易企业技术、资金、销售渠道大部分来自境外，创新能力不足等问题，每年安排20亿元“科技东莞”专项资金，重点推动加工贸易企业提升R&D（研究与开发）水平、创建品牌、拓展内销等，力争当好全国加工贸易转型升级排头兵。率先在全国建立加工贸易管理服务平台，实现外经贸、海关、检验检疫、外汇、工商、国税、财政与企业的“八方联网”，为加工贸易企业提供高效便捷服务。率先开展外商投资管理服务试点改革，优化外商投资从项目审批、市场准入、工程建设到运营监管的全流程，推行网上电子化审批和跨部门数据信息共享，实现3—4个工作日完成外商投资市场准入“多证联办”，为促进加工贸易转型升级构建了优质的服务体系。

【加工贸易外来技术依赖打破】 2015年，东莞市以科技创新为核心，进一步鼓励外资企业扩大研发投入、实施“机器换人”，强化外资企业的根植性和发展的内生动力，先后引进建成东莞华中科技大学制造工程研究院等新型研发机构24个，虎门服装设计等专业技术创新平台12个，省级以上企业工程中心和技术中心79个，港台生产力辅导机构20多家，进一步充实加工贸易研发平台力量。在莞城“创意谷”建立外贸转型升级支援服务中心，整合部门优势资源，加强“政产学研资”合作，汇聚在莞“工业设计、生产力提升辅导、服务外包、生产性服务”等服务资源和机构，帮助中小企业解决转型升级遇到的瓶颈问题。截至2015年，香港生产力促进局、华南工业设计院等16家专业服务机构入驻服务中心。通过这些公共科技平台，为广大加工贸易企业提供产品研发设计、产品创意概念、产品企划、品牌孵化等多方面的服务，努力打破加工贸易企业对外来技术的路径依赖。

▲ 21世纪海上丝绸之路国际博览会

【加工贸易向产业链两端延伸】 2015年，东莞市鼓励和引导加工贸易企业技术创新，支持企业以扩大研发投入、实施“机器换人”为重点的技术装备改造，推进先进技术、信息技术与制造技术深度融合，为产业转型升级提供多方位技术支撑。打造一批专业化综合服务企业，推动东莞轻工业品进出口有限公司等4家企业成为全省外贸综合服务试点企业和重点培育企业。2015年全市外资企业实施“机器换人”工程，1500家企业投资17.7亿美元；外资企业设立研发机构294个，新增高新技术企业55家，累计达到252家，新增高新技术后备企业182家；新增国内发明专利授权量839个，注册商标2252个。引进软通动力、香港志鸿科技等优质服务外包企业，推动新科磁电从传统加工贸易企业转变为全市最大的服务外包企业。创新“互联网+工业”触电模式，率先启用全国统一版的“跨境贸易电子商务服务平台”，实现跨境电商通关“全国第一票”；以虎门服装、大朗毛织、厚街家具等重点电商产业园区为载体，以菜鸟网络、京东、1号店等电子商务供应链中心为重点，加速形成电商发展的全产业链条和全生态系统，鼓励加工贸易企业利用“互联网+”拓展新兴市场，扩大市场竞争力。

【产业结构调整升级】 2015年，东莞市整合全市招商资源，实施内外资统筹招商，狠抓优质企业技术引进以及增资扩产，提升利用外资的质量效益，把强化招商引资与推进加工贸易转型升级有机结合。布局欧美先进技术，在美国硅谷设立境外经贸代表处，打造东莞“硅谷先进制造中心”，与德国、英国、以色列等发达国家开展“工业4.0”合作，引导国际先进技术与东莞制造企业有效对接。突出存量优化，2015年推动全市400多家外资企业，以增资扩产的形式引进先进技术和设备33亿美元，比上年增长25.6%，好于全市合同外资增速8.4个百分点。引进外资服务业，在2014年服务业利用外资数量首次超过制造业，2015年服务业合同利用外资金额首次超过制造业，占比达53.1%，实现利用外资结构质的转变。

【对外贸易新市场开拓】 2015年，东莞市以承办海博会为契机，积极与沿线国家开展经贸对接。市主要领导带领企业家，先后组团赴埃塞俄比亚、南非、印度、俄罗斯、澳大利亚、新西兰等18个国家，组织开展100多场商机推介活动，提升海博会吸引力和东莞新型城市形象，抢抓“一带一路”发展商机。2015海博会吸引71个国家（地区）和1394家企业参展，创新国家馆和专业馆、论坛和展会结合的新模式，聚焦跨境直购体验平台。

【口岸开放扩大】 2015年，东莞市推动石龙铁路国际物流中心对外开放，在“粤新欧”的基础上，再次开通“粤满俄”，同时又新启动“中韩快线”，铁路货值增长1倍，占全省的8成以上；虎门港开通越南海防的直航航线，与西班牙巴塞罗那港签订合作协议，与石龙货运站试行水铁联运，年吞吐量突破330万标箱，成为全省对接“一带一路”战略的交通节点。开展国际产能合作，先后搭建中巴总部项目、南非及迪拜“东莞产品展销中心”，支持埃塞俄比亚华坚国际轻工业园发展，中俄贸易产业园成为广东省新一轮对外开放重点工程。2015年，全市对沿线国家出口增长26.3%，“一带一路”市场超越欧盟和日本，成为东莞市第三大出口市场。

【加工贸易创新发展】 2015年，东莞市加工贸易企业创新发展呈现出四大趋势：一般贸易占比不断提升，2015年一般贸易进出口519.7亿美元，比上年增长20.8%；比重从2008年的8.3%增至31%，其增速远超加工贸易。企业自主品牌效益不断提升，2015年，拥有自主品牌的加工贸易企业数量超过2000家，累计注册品牌达1.14万个，加工贸易企业自有品牌生产出口比重达到73.5%，比2008年金融危机前提高40.5个百分点。企业专利授权量快速增长，2015年，外资企业专利授权量4242个，增加22%。其中，实现新型专利2303个，占比54.3%，增长9.8%；外观专利1100个，占比25.9%，增长11.3%；发明专利授权量839个，翻一番，占比19.8%，增长102.7%。科研中心向东莞集聚，2015年，全市外资企业设立研发机构1482个，新增外资高新技术企业55家，累计达到252家，新增高新技术后备企业182家；外资企业实施“机器换人”投资金额达17.7亿美元，从日本、德国、韩国、美国等发达国家进口大型加工机器、检测设备、工业机器人，大幅提高劳动生产效率。 （市商务局）

政治建设

【行政审批改革深化】 2015年3月，东莞市府办印发《东莞市“单一窗口”建设试点工作方案》。7月，市政府印发《东莞市企业集群注册登记管理试行办法》《东莞市市场主体住所（经营场所）登记管理试行办法》，市府办印发《关于加强基层市场协管队伍建设管理的意见》，深化商事制度改革。10月，市政府印发《东莞市2015年推进简政放权放管结合转变政府职能工作方案》，市府办印发《东莞市规划行政审批改革方案》。11月，市府办印发《关于推广实施项目投资建设直接落地改革经验的意见》。12月，市政府《东莞市全程电子化工商登记试行办法》。项目直接落地试点增至40个，动工项目审批普遍缩短3—6个月。商改推动全市市场主体突破70万户，稳居全省地级市第一位。相关改革经验得到上级肯定和推广。

（市府办）

【非行政许可审批类别清理】 2015年，东莞市政府职能转变决策咨询委员会对市政府部门非行政许可审批事项进行清理，促使市政府于8月印发《东莞市人民政府关于取消非行政许可审批事项的通知》，不再保留“非行政许可审批”类别；出台《东莞市2015年行政审批事项目录》，明确东莞市保留的226项行政许可事项和188项下放事项。

【多党合作创新开展】 2015年，东莞市出台《东莞市无党派人士认定工作办法（试行）》，对规范“无党派人士”政治面貌使用、发挥无党派人士作用、加强党外代表人士队伍建设具有重要意义。全年市委统战部根据该文件开展3批无党派人士认定工作，认定36名无党派人士。召开民主党派负责人暑期座谈会，加强政党协商。各民主党派、无党派代表人士对东莞市经济社会发展提出报告11份，对东莞“十三五”规划基本思路提出意见建议33条，对市委支持民主党派自身建设提出意见建议6条。支持党派的自身建设，加大对党派后备干部的培养力度，开展部分党派领导班子的届中调整，帮助民主党派的基层组织换届等。推动知联会建立社会服务品牌，从组织架构、会员结构、管理制度等方面推动知联会“转型升级”，提高其参政议政功能。

【基层政权与社区建设】 （参见“社会生活”类目第356页同名条目）。

文明建设

【“好人之城”建设】 2015年，东莞市省级以上先进典型培育选树取得历史性突破，横沥“牛经纪”张扬锦获评全国、全省“道德模范”提名奖，东莞机电工程学校校长曹永浩获评“南粤楷模”并实现东莞市零的突破。全年有8人入选“中国好人榜”、5人入选“广东好人榜”，入选人数达到历史新高。创新“月度好人榜”发布机制，坚持每月评选并在各镇街轮流发布“东莞好人”，推动“东莞好人”数量增长。每月走进镇街的“东莞好人榜”发布仪式，成为集宣传推介“东莞好人”、交流推广经验做法、加强和改进基层工作的综合性平台。借力发布活动，各镇街打造推广一批道德建设的特色品牌：横沥镇的“小城大爱”、长安镇的“骄子计划”、石龙镇的“敬老文化”、麻涌镇的“香飘四季”、寮步镇的“香市文化”、高埗镇的“杰出人物”、虎门镇的“爱在天地间”等。举办第五届道德模范授奖活动，组建道德模范宣讲团，开展基层巡讲、风采图文巡展等学习宣传活动100多场次。开展道德讲堂活动110多期。出版《东莞好人（2014年）》丛书。实现公共场所、机关、社区（村）、学校、大中型企业、军营等“善行义举榜”发布全覆盖，实现全市32个镇街（园区）“好人文化墙”建设全覆盖。通过推动镇街出台“好人好报”制度安排、实施节假日走访慰问常态化、组织结对帮扶、实施优待救助、邀请参加重大活动和文艺演出等等，建立健全“好人好报”长效机制。

【基层文明创建活动】 2015年，东莞市按照《东莞市群众性精神文明创建活动管理办法（2014年修订）》，新创建172个“2014—2015年度东莞市精神文明建设先进单位”，实现市级文明镇（街）全覆盖，取得历史性突破。5个镇街、单位成为省文明村镇、单位候选单位。贯彻落实全国、全省农村精神文明建设工作经验交流会精神，把加强文明文化景观规划建设作为100个“美丽幸福村居”、116个“小山小湖”社区公园、218个“旅游厕所”等必要组成部分，打造城乡一体文明特色发展新格局。加强校地共建共享，推动与在莞8所高等院校的互动交流。

【核心价值观建设】 2015年，东莞市出台《东莞市2015年社会主义核心价值观建设工作方案》，实施莞版“十大行动”计划。突出打造“同在莞邑”核心价值观进企业、进军营特色创新品牌。全年组织开展“同在莞邑”核心价值观进企业进军营活动320多场，连续召开7场市级示范点现场会，各镇街（园区）召开120多场重点领域、重点行业示范点现场会，打造出133个核心价值观建设示范点、100多个核心价值观主题公园（广场、街路）。完成黄旗山城市公园文化景观建设首期工程。市直机关工委、各镇街等组织开展践行核心价值观志愿服务、主题宣传等活动1500多场次。

【“志愿之城”建设】 2015年，东莞市召开东莞市志愿者联合会第二次代表大会，通报最美志愿者、最佳志愿服务项目等100个（项）。举办65期志愿者周末学堂，培训基层志愿者骨干超过1万人次。开展“学雷锋全民志愿服务行动月”“志愿风尚公益节”等专题系列活动，苏迪曼杯羽毛球赛志愿服务获得国内外称赞。建成市志愿者联合会总部基地，全市建成各镇志愿者协会基地。开展“青网行动”，建立1000人网宣员骨干队伍、3万多名青年网络文明志愿者。全市注册志愿者83.4万人，志愿服务组织4565个，累计开展志愿服务项目5.22万个，提供志愿服务超过2600万小时。

【未成年人思想道德建设】 2015年，东莞市建成212所“学校少年宫”，实现公办学校全覆盖，依托“东莞市未成年人思想道德建设基金”对181所学校少年宫进行扶持。出台《关于加强青少年活动中心（宫）管理工作的意见》，利用694万中央专项彩票公益金支持未成年人校外活动保障和能力提升项目资金重点扶持6个青少年宫、7个中小学生综合实践基地建设。建成东莞市家庭教育指导中心、白玉兰家庭服务中心（室）86个、儿童友好社区120个、流动服务站72个，构建起“家庭教育大讲堂”开展宣讲咨询、“父母学堂”实现广播覆盖、家教咨询热线跟进解决特殊个案的立体化家教服务模式。

【文明健康生活风尚培育】 2015年，东莞市推进市民参与读书学习、文化娱乐、体育运动、环保公益等健康活动，实现市民消费需求从单纯的娱乐消遣向书香食粮转变、社会心态从热衷奢侈攀比向修养高雅志趣转变、相约交往从吃喝饮酒向运动健身转变。“4·23”世界读书日、东莞读书节等品牌活动不断深化，全市图书馆流动人次达1600多万人次。依托631个市民讲堂、1300多个道德讲堂和31座博物馆、641个公共图书馆（室）、589家农家书屋、769个文化广场以及东莞玉兰大剧院，参与书法绘画、楹联诗词、高雅歌舞等学习培训、鉴赏创作，“过一个文化周末”的生活习惯渐成风气。

【诚信经营风尚培育】 2015年，东莞市文明办会同工商、税务、旅游、人力资源、食药监等14个部门，坚持每季度以新闻发布会形式集中发布企业诚信“红黑榜”，全年集中发布诚信企业“红榜”3328家次、失信企业“黑榜”221家次。

【向上向善风尚培育】 2015年，东莞市深化公益广告宣传，实现公共场所、公共交通工具、机关单位、学校、社区（村）、物业小区等“讲文明树新风”公益广告发布全覆盖，新增7条线路、63辆公交车公益宣传车身广告。全市公共场所、机关、学校、社区（村）、物业小区实现“节俭养德”宣传教育全覆盖。深化文明旅游行动，实现在办证通关环节开展教育引导、在签约组团环节建立双重教育制度、在交通运输环节做好文明旅游宣传、在旅途行程环节落实领队导游“一岗双责”。深化文明交通行动，实现安全设施、执法查处、宣传教育、志愿劝导、典型引领“五结合”。深化“文明家风大讨论”全民行动，开展“寻找最美家庭”、“晒幸福晒家风”、家训家规征集等活动500多场次。

【美丽家园风尚培育】 2015年，东莞市开展“垃圾不乱丢”“文明如厕”“排队日”“拒绝不文明涂鸦”等主题活动，推动市民共建美丽家园。常态组建市创建办督导组，实施以日常巡查通报为主体、以媒体曝光为支撑、以市委督查部门通报为保障、以文明指数测评为抓手的监督机制，全年组织创建督导66次，实地督导各级各类公共场所1100多个，推出50期“曝光台”专题专栏，创建难点盲点整改率达95%以上。推进城市“六乱”（乱扔吐、乱堆放、乱拉挂、乱张贴、乱搭建、乱摆卖）、校园及周边环境、交通大整治、食品药品安全、窗口规范化服务等30多项专项整治工作，实现城市环境秩序显著改善。（宣传部）

社会建设

【社会建设概况】 2015年，东莞市围绕创建全省创新社会管理引领区、争当全省社会建设排头兵的奋斗目标，加大社会体制改革统筹力度，在基层社会治理综合改革、创新社会组织综合管理机制、枢纽型社会组织构建、推进社会融合等方面取得显著成效，完善“东莞治理”与“东莞制造”齐飞的格局。年内，《人民日报》、中新社等国家级媒体先后10多次宣传推介东莞社会建设工作经验，东莞市获“全国社会治理创新优秀城市”称号。

研究制定《关于进一步深化司法体制和社会体制改革实施方案》《东莞市2015年社会体制改革行动计划》和《东莞市村（社区）综合服务管理中心建设指导意见》等系列政策文件，加强社会体制改革的顶层设计和整体谋划。扎实推进基层社会治理综合改革，开展涉农专项整治，打造出一批社会治理创新优秀项目。推动工青妇等群团组织参与社会治理，市“莞香花”获省“五四青年奖章”集体称号。修订出台社会组织发展扶持专项资金管理办法，探索实行异地商会积分制管理，推行异地务工人员服务组织“以奖代补”制度。提升社会事业建设水平，市财政在社会民生领域投入285.7亿元，超过70万外来务工人员子女在莞接受义务教育，职工最低工资标准上调至1510元/月，落实非莞籍老人免费乘公交政策，取消公立医院药品加成，减轻群众负担5300万元。

【基层社会治理综合改革创新】 2015年3月25日，东莞市召开全市创新基层社会治理综合改革动员部署会议，对全市基层社会治理综合改革进行动员部署。东莞市通过省市共建、市镇联建，鼓励支持基层积极探索创新，打造出一批社会治理创新优秀项目：厚街镇“大综管”网格化治理、莞城街道罗沙社区“一事一议”奖补制度、大朗镇“社区志愿服务‘互联网+’工程”、万江街道社会服务实践基地、寮步镇上屯村文明行为积分制、沙田镇[illegible]沙花园拆迁安置小区等。组织专家对200多个试点项目进行总结梳理，分批纳入东莞社会建设典型案例库，初步形成全市社会建设优秀项目示范集群。

【“南粤幸福活动周”系列活动】 2015年9月29日，2015年“南粤幸福活动周”系列活动在沙田镇虎门港鲩沙花园举办。启动仪式上，播放宣传片《同舟共济　幸福续航——鲩沙花园拆迁安置小区协同善治工作纪实》，展示鲩沙花园拆迁安置小区建设的阶段性成果。活动现场，开展由“感悟、引导、共建、励志”等四大主题展区组成的“同舟共济幸福续航”主题活动。

【社会治理创新案例获评全国典型案例奖】 2015年10月9日，2015年全国创新社会治理典型案例颁奖典礼暨经验交流现场会在北京举行。东莞市申报的《创新推广积分制管理　不断完善基层治理体系》以综合得分第一名获全国社会治理创新十大最佳案例，《小区“微治理”　基层新变化》获得优秀案例，东莞是全国唯一同获最佳案例和优秀案例奖的地区。

【社会组织服务管理规范】 2015年，东莞市完善“统一登记、各司其职、协调配合、分级负责、依法监管”的社会组织综合管理体制，创新扶持培育方式，修订出台社会组织发展扶持专项资金管理办法，探索实行异地商会积分制管理，推行异地务工人员服务组织“以奖代补”制度，发挥财政资金的引导扶持作用，推进社会组织规范发展，全市社会组织数量和质量同步提升。全市社会组织总数达到6227家（含备案），其中3A等级以上95家、具备承接政府职能资质182家、获得非营利组织免税资格250家。

【异地商会积分制管理】 2015年，东莞市印发《东莞市异地商会积分制管理试点工作方案》，试点推行异地商会积分制管理。《方案》明确设立正向激励和逆向约束相结合的积分指标体系，对鼓励性事项进行加分，对限制或禁止性事项进行扣分。其中，市财政预算安排年度奖励资金450万元，对积分靠前的异地商会，给予一定数额的财政资金奖励；对存在轻微问题的异地商会，由相关部门加大指导力度，督促异地商会进行整改；对存在违法违规行为的异地商会，依法引导其有序退出。截至2015年，全市异地商会97家，比2014年增加近一倍，其中26家建立异地务工人员服务组织，累计服务300多万人次。

【基层社会治理改革创新优秀项目评选】 2015年12月2日，东莞市组织开展2015年度基层社会治理改革创新优秀项目评审活动，在各镇（街道、园区）自主申报的基础上，组织专家学者和部门领导进行两轮评审。根据评审得分情况，确定沙田镇“拆迁安置小区协同善治工程”等10个项目为东莞市2015年度基层社会治理改革创新优秀项目，虎门镇“‘三资’管理和集体资产交易平台优化提升工程”等7个项目为东莞市2015年度基层社会治理改革创新先进项目。

【公共服务政策与项目公众评议】 2015年，东莞市聘请广州外语外贸大学、东莞市社科院作为第三方评估机构，对残疾人扶助政策、教育人才培训项目、低保边缘家庭在读子女助学金三个公共项目开展第三方评估。评估政策和项目的实效性、创新性、可复制性和具体案例的群众满意度，并提出实践层面具有可操作性的政策建议。

【社会融合示范区建设】 2015年，东莞市以常住人口社区化、城市化、文明化为重点，指导寮步、东城等镇街创建全市社会融合示范区，打造一批多元共治、示范引领的融合平台阵地，为全市、全省提供社会融合示范标本。寮步镇打造“上屯尚善365”品牌，试点开展文明行为积分制，开创全市社会融合示范区和文明社区新标本；东城街道打造共建共享社区共同体，在岗贝、花园新村、东泰花园、星城社区等4个试点开展“E融体验站”工作，为户籍居民、新入户居民和新莞人参与社区治理、相互交流搭建平台。　（袁凤兰）

附：2015年东莞市社会工作委员会主要领导名录

主　任：姚　康

生态建设

【生态创建活动】 截至2015年，东莞市有25个镇（街）创建为省级以上生态乡镇，其中10个镇获得国家级生态乡镇命名；新增市级生态村（社区）12个，市级生态村覆盖率达82.6%；新增“环境教育基地”1个、“绿色学校”4所、“绿色社区”2个。完成国家环保模范城市复核省级预评估。　（市环保局）

【生态工程建设】 2015年，东莞市城建局按照市生态文明建设的总体部署，将生态文明的理念融入到工程建设中，参与水乡特色经济发展区建设。加快运河综合整治B段、水乡横向南北通道、银龙路（银龙桥）、挂影洲围中心涌水环境综合整治示范等4项工程建设。其中，在建的挂影洲围中心涌水环境综合整治示范工程整治景观面积约20万平方米，通过清淤清障、增建排站、新建连通渠、截污治污、景观绿化、桥梁改造等措施，将排涝标准由5年一遇提高到20年一遇，实现清水河、景观河、安全河的目标。银龙路（银龙桥）项目全线改造利用万道路至泰新路段1.2千米，破除中央绿化带改为行车道，对现状路面进行拓宽，并新建泰新路至莞穗路段1.6千米，设跨汾溪河特大桥1座，桥长522米，最大单跨为76米。工程建成后将构建一条连接高埗、万江、中心城区的生活干道，成为水乡地区与中心城区之间连接的重要通道，成为万江街道新的城市标志性景观，提升万江街道的整体形象。　（市城建工程管理局）

【国家森林城市成功创建】 2015年11月24日，东莞市在安徽省宣城市召开的中国城市森林建设座谈会上，成为年度广东省唯一获得“国家森林城市”称号的创建城市。截至2015年，全市林业用地面积5.99万公顷，森林覆盖率37.40%，活立木蓄积量351.69万立方米，森林植被固碳199.97万吨，全市森林生态效益总值79.69亿元。

（市林业局）

【绿化东莞大行动】 2015年，东莞市推进生态景观林带建设，基本完成53.7千米潮莞高速生态景观林带苗木种植，完成2012—2013年全部项目竣工验收工作。开展水源涵养林改造和水乡生

态林网营造，完成水源涵养林造林任务447.07公顷，完成幼林抚育任务2066.67公顷，完成望牛墩与麻涌39.27公顷水乡生态林网建设。试点麻涌红树林种植项目，在麻涌镇麻涌河麻四、新基段种植红树林3.87公顷。开展湿地资源普查，完成湿地规划编制工作，华阳湖湿地公园获批为国家湿地公园试点。

（市林业局）

【森林公园建设】 2015年，东莞市完善森林公园配套，大岭山森林公园完成石洞核心景区升级，启动大佛广场项目建设，大屏嶂森林公园建成芳园景点，银瓶山森林公园建成湖影平台景点，获评“广东最美森林”。优化森林公园旅游接待服务，大屏嶂森林公园傣家长廊景点周边、银瓶山森林公园清溪片区主登山道覆盖无线WIFI，端午节大屏嶂森林公园协助塘厦镇旅游办举办主题为“魅‘荔’东莞，‘粽’情塘厦”的旅游文化荔枝节。全市森林公园全年游客总人数2000万人次。（市林业局）

【森林资源保护管理】 2015年，东莞市加强野生动植物保护管理工作，查获野生动物2196只（条），其中珍贵、濒危野生动物2073只（条）、国家保护野生动物123只。按照《东莞市林业生态红线划定工作方案》，开展4条生态红线（森林、林地、湿地、物种）划定工作。开展有害生物防治，完成防治尺蠖915.87公顷、竹蝗66.67公顷、锈同心舟蛾26公顷，砍伐松材线虫病疫木1.8万株，开展薇甘菊防治4000公顷。加强古树名木保护管理，完成全市第一批1393株的古树名木普查，对265株古树名木开展古树名木挽救复壮工程。

（市林业局）

【园林绿化】 2015年，东莞市有公园广场1223个、面积144.93平方千米，全市建成区绿化覆盖率44.71%，绿地率41.63%，人均公园绿地面积23.22平方米；城市绿化覆盖率50.51%，绿地率48.27%，城市人均公园绿地面积22.85平方米。（市城市综合管理局）

【美丽海湾建设启动】 2015年，东莞市印发《东莞市虎门威远岛建设广东省美丽港湾实施方案》，选取虎门镇威远岛周边海域作为东莞市美丽港湾建设试点，基本建成总投资3669万元（其中中央支持1977万元）的威远岛西南侧海岸景观综合整治项目，建成3000平方米的亲海平台、400平方米的望东桥、3000平方米的主题广场、2000平方米的休闲栈道和1000平方米的海洋休闲配套设施。举办5次渔业资源增殖放流活动，增殖鱼苗710万尾。（市海洋与渔业局）

【黄唇鱼省级自然保护区建设】 2015年10月20日，东莞市第十五届人大常委会第二十八次会议审议通过《东莞市人民政府关于东莞市黄唇鱼自然保护区建设情况的报告》。2015年东莞市建设4公顷黄唇鱼救护基地，完成保护区岸线确标立界，开展保护区综合科学考察以及总体规划编制。（市海洋与渔业局）

▲ 绿道 （黄机 摄）

▲ 旗峰山森林公园 （曹永富 摄）

党政机关

PARTIES AND GOVERNMENT ORGANIZATIONS

东莞市行政办事中心

编辑：李文蔚

中国共产党东莞市委员会

市委重大决策

【法治东莞建设全面深化】 2015年1月30日，东莞市委出台《中共东莞市委关于全面深化法治东莞建设的实施意见》，全面深入落实《中共中央关于全面推进依法治国若干重大问题的决定》和省委贯彻落实《意见》，全面深化法治东莞建设。《意见》9个部分46条内容"莞"味十足，围绕立法立规、法治政府、公正司法、法治经济、法治文化、法治社会等6方面，部署申请地方立法权、探索制定政府权责清单、制定执法标准化流程、推动"多证联办"制度创新、实施国际贸易"单一窗口"制度建设、推进"一村（社区）一法律顾问"等工作。《意见》提出，要率先在推进依法行政方面取得重大突破，率先在优化法治化国际化营商环境方面取得重大突破，率先在基层治理法治化方面取得重大突破，努力建设全省全国领先的法治城市。到2020年基本建成对接国际规则的开放城市，激励大众创业的创新城市，实现多元和谐的善治城市和可持续发展的生态城市，打造法治东莞"升级版"。

【实施创新驱动发展战略走在前列】 2015年3月16日，东莞市委书记、市人大常委会主任徐建华主持召开市委十三届第100次常委会议，传达学习全省科技创新大会精神，研究部署学习贯彻工作。会议提出，成立东莞推进创新驱动发展领导小组，研究出台东莞市创新驱动发展战略有关行动计划。3月24日，市委市政府召开全市科技创新大会，徐建华出席会议并讲话。会议强调，围绕强化创新驱动发展战略的核心战略地位，以建成珠三角国家自主创新示范区和国家创新型城市为目标，大力实施创新主体培育、科技创新引领、创新载体提升、创新资源集聚、创新创业服务、科技金融结合、创新布局优化七大工程，力争在实施创新驱动发展战略上走在全省前列。4月22日，《中共东莞市委、东莞市人民政府关于实施创新驱动发展战略走在前列的意见》正式出台。《意见》提出，力争到2020年，努力实现从要素驱动向创新驱动全面转变，主要创新指标位于全省前列，为东莞产业结构优化调整和实现高水平崛起提供有力支撑。

【全国文明城市创建深化】 2015年3月5日，东莞市委书记、市人大常委会主任徐建华主持召开市委十三届第99次常委会议，传达总书记习近平在会见第四届全国文明城市、文明村镇、文明单位和未成年人思想道德建设工作先进代表时重要讲话精神、全国精神文明建设工作表彰暨学雷锋志愿服务大会精神和省委常委会有关精神，研究贯彻意见。会议强调，各级各部门要认真抓好当前乃至"十三五"时期精神文明建设工作，抓紧制定东莞市巩固提升全国文明城市创建成果的行动计划。3月26日，东莞市文明创建工作会议召开，徐建华出席会议并讲话。会议指出，要把培育践行社会主义核心价值观贯穿于创建工作的全过程，加快转型发展，改善民生福祉，创新社会治理，完善常态长效机制，确保2017年再次蝉联、名次提升。4月30日，《东莞市深化全国文明城市创建工作三年行动计划（2015—2017年）》

发布，从核心价值观建设、全民崇德向善、促进依法明德、弘扬传统文化等方面推出深化全国文明城市创建“莞版”8大行动27条政策举措。

【加强纪律建设推进全面从严治党】 2015年6月19日，东莞市委书记、市人大常委会主任徐建华主持召开市委十三届第107次常委会议，学习《中共广东省委关于加强纪律建设推进全面从严治党的意见》，审议《中共东莞市委关于加强纪律建设推进全面从严治党的意见（送审稿）》。会议指出，全市上下要进一步提高在新常态下抓好党的纪律建设的自觉性和责任感，结合领导干部重大事项申报和干部监督情况、经济责任审计发现的问题以及群众来信来访举报事项等，突出抓好薄弱环节的整改规范。7月9日，市委印发《关于加强纪律建设推进全面从严治党的意见》。

【高水平理工科大学创建】 2015年4月23日，广东省高水平大学建设工作会议在广州召开。7月1日，中共中央政治局委员、省委书记胡春华到东莞理工学院专题调研高水平大学建设工作，并作重要讲话。7月10日，市委书记、市人大常委会主任徐建华主持召开市委十三届第109次常委会议，传达省委书记胡春华调研指示精神，研究贯彻意见。8月25日，市创建高水平理工科大学工作领导小组正式成立。9月22日，市委、市政府召开创建高水平理工科大学工作领导小组第一次会议，审议通过支持东莞理工学院建设高水平理工科大学的首批政策清单，随后召开东莞理工学院高水平理工科大学建设动员大会，徐建华出席会议并讲话。会议指出，要按照省委、省政府部署要求和省市共建高水平理工科大学协议，打造优势特色学科、建设高素质师资队伍、培养创新创业人才、服务创新驱动发展、推进体制机制创新，力争到2025年，学校综合实力基本达到国内211高校同期水平，位列全国理工类院校排名50位左右。

【珠三角国家自主创新示范区建设】 2015年2月16日，东莞市委书记、市人大常委会主任徐建华主持召开市委十三届第97次常委会议，研究东莞市申报珠三角国家自主创新示范区有关工作。会议强调，切实做好东莞市申报工作，力争成为珠三角国家自主创新示范区“1+N”模式中的重要组成部分。9月29日，国家批复同意支持包括松山湖在内的8个珠三角国家高新区建设国家自主创新示范区。11月13日，徐建华主持召开市委十三届第116次常委会议，传达珠三角国家自主创新示范区建设启动会精神，研究贯彻意见。会议指出，抓紧制定东莞市建设珠三角国家自主创新示范区的总体规划、行动计划，特别要加快推进松山湖国家自主创新示范区建设工作。11月20日，市委、市政府召开建设珠三角国家自主创新示范区动员会，全面部署推进示范区建设工作，徐建华出席会议并讲话。会议强调，要把握“创新创业”核心主题、“创新发展”中心任务、“体制改革”根本动力，以松山湖高新区为龙头，加强规划引领，完善体制机制，发展现代产业，推进协同创新，集聚创新资源，探索示范区建设新路子。12月10日，徐建华主持召开市委十三届第119次常委会议，审议《关于支持松山湖高新区（生态产业园区）超常规发展的决定（送审稿）》，支持松山湖高新区建设国家自主创新示范区。

市委重要会议

【中共东莞市委十三届五次全会】 于2015年1月22—23日召开。会议的主要任务是全面贯彻落实党的十八大和十八届三中、四中全会、中央经济工作会议以及省委十一届四次全会精神，深入学习贯彻总书记习近平系列重要讲话精神，总结2014年工作，部署2015年任务，研究全面深化法治东莞建设工作。全会强调，2015年要坚持稳中求进工作总基调，主动适应经济发展新常态，推进结构调整、创新驱动，推进改革开放、激发动力，推进法治建设、夯实保障，推进民生改善、社会治理，推进从严治党、改进作风，努力完成“十二五”规划目标任务，开创高水平崛起新局面，为广东实现“三个定位、两个率先”的目标作出应有贡献。会议提出，要坚持依法治市、依法执政、依法行政共同推进，坚持法治城市、法治政府、法治社会一体建设，强化法治与改革一体联动，率先在推进依法行政方面取得重大突破，率先在优化法治化国际化营商环境方面取得重大突破，率先在基层治理法治化方面取得重大突破，努力建设全省全国领先的法治城市。全会要求，2015年要突出做好推进经济结构战略性调整、全面深化改革、构建对外开放新格局、推进新型城镇化建设、保障和改善民生、维护社会和谐稳定、坚持从严治党等7方面工作。

【全市商务暨招商引资工作会议】 于2015年2月5日召开。东莞市委书记、市人大常委会主任徐建华出席会议并讲话。会议分析研判全市商务和招商引资形势，明确工作要求和应对举措，动员全市上下发扬钉钉子精神，多层次、全方位、多渠道主动出击招商，掀起招商引资热潮。会议强调，要围绕“构建对外开放新格局，努力在实施21世纪海上丝绸之路战略上走在前列”目标任务，力争在新常态下实现新发展。科学研判形势，增强紧迫感和责任感；明确目标任务，扎实抓好各项工作落实；加强组织领导，营造良好发展环境。

【省“两会”精神传达贯彻】 2015年2月16日，东莞市委书记、市人大常委会主任徐建华主持召开市委十三届第97次常委会议，传达贯彻省人大、政协“两会”精神，研究贯彻意见。会议强调，全市上下要深入学习领会省“两会”精神，切实把思想和行动统一到省委、省政府的决策部署上来，按照省“两会”的要求部署，创造性地开展工作，确保全市经济持续健康发展和社会和谐稳定。推动经济结构调整；强化创新驱动发展；狠抓改革任务落实；构建对外开放新格局；全面深化法治东莞建设；推进新型城镇化建设；加大民生保障力度；切实维护社会稳定；坚持从严管党治党。

【全国“两会”精神传达贯彻】 2015年3月16日，东莞市委书记、市人大常委会主任徐建华主持召开市委十三届第100次常委会议，传达全国“两会”精神，研究贯彻意见。3月17日，省传达贯彻全国人大、政协“两会”精神电视电话会议结束后，全市传达贯彻全国人大政协“两会”精神电视电话会议召开，徐建华出席会议并讲话。会议强调，全市上下要准确理解、深刻领会全国“两会”精神实质，把思想和行动统一到中央和省委的决策部署上，推进经济社会持续健康发展。会议要求，坚定不移推进结构调整，着力提高经济发展质量和效益；实施创新驱动发展战略，推动从资源要素驱动发展模式向创新驱动发展模式转变；落实东莞市2015年改革行动计划，推进全面深化改革；加快构建开放型经济新体制，提高对外开放水平；深入实施今年市委1号文，以法治政府建设为引领，全面深化法治东莞建设；继续加大民生投入，加强和创新社会治理，着力保障和改善民生。

【全市内源型经济工作会议】 于2015年5月14日召开。东莞市委书记、市人大常委会主任徐建华出席会议并讲话。会议深入分析新常态下东莞市内源型经济发展面临的新情况、新问题，解放思想、理清思路、明确目标、狠抓落实，着力打造内源型经济升级版，推动东莞市经济结构实现战略性调整。会议强调，要深化思想认识，增强加快内源型经济发展的紧迫感和责任感；抢抓有利机遇，壮大内源型经济的市场主体；坚持改革开放，激活内源型经济的活力动力；实施创新驱动，提升内源型经济的质量效益；强化服务保障，优化内源型经济的发展环境。2015年，全市内源型经济占比提升至40.6%，经济外向依存度下降4个百分点；民营工业实现增加值925.64亿元，比上年增长16.7%，高于全市工业增幅11.7个百分点，占全市的比重为34.1%，拉动全市工业增长5.1个百分点。

【全市上半年经济形势分析会】 于2015年7月21日召开。东莞市委书记、市人大常委会主任徐建华出席会议并讲话。会议主要任务是分析研判经济形势，研究部署下半年经济工作。会议要求，各级各部门要坚定加快发展的信心决心，以加快“三重”建设为重点，充分发挥投资的关键作用；以发展内源型经济为方向，推动经济结构战略性调整；以培育发展高新技术企业为抓手，深入实施创新驱动发展战略；以参与“一带一路”建设为契机，着力提升开放型经济水平；以全面深化改革为动力，进一步激发市场活力；以保障和改善民生为根本，维护社会和谐稳定，坚决打好下半年经济发展攻坚战，确保圆满完成全年目标任务。

【全市前三季度经济形势分析会】 于2015年10月26日召开。东莞市委书记、市人大常委会主任徐建华出席会议并讲话。市委副书记、市长袁宝成总结分析前三季度经济形势，提出做好第四季度经济工作的意见。会议强调，要充分肯定前三季度经济工作取得的成绩，清醒认识当前经济运行中存在的问题，认真学习，敢于担当，勇于创新，落实责任，干净干事，努力完成第四季度和全年预期目标，为“十二五”规划划上圆满句号，为“十三五”规划开启奠定良好基础。

【省委十一届五次全会精神传达贯彻】 2015年11月27日，东莞市委书记、市人大常委会主任徐建华主持召开市委十三届第117次常委会议，专题传达学习省委十一届五次全会精神，研究贯彻意见。会议强调，要科学谋划“十三五”发展，树立“创新、协调、绿色、开放、共享”五大发展理念，加强与国家、省规划的衔接、呼应和配套，注重谋划未来5年和2016年的重点项目，做好市镇两级的规划衔接，科学编制好市委“十三五”规划《建议》和规划纲要；统筹兼顾抓好当前工作。会议要求，筹备召开市委十三届六次全会，市委定于12月1日召开十三届六次全会，“十三五”规划《建议》和规划纲要修改完善后提交市委十三届六次全会审议。

【中共东莞市委十三届六次全会】 于2015年12月1日召开。会议的主要任务是深入学习贯彻党的十八届五中全会和总书记习近平系列重要讲话精神，以及省委十一届五次全会精神，回顾总结东莞“十二五”期间的经济社会发展工作，科学谋划东莞市“十三五”时期经济社会发展工作。会议审议通过《中共东莞市委关于制定国民经济和社会发展第十三个五年规划的建议》。会议强调，要明确“一大目标”，确保率先全面建成小康社会；积极践行创新、协调、绿色、开放、共享“五大发展理念”，引领经济社会发展；推动创新驱动发展、对外开放合作、重点改革突破“三个走在前列”，持续厚植发展优势；补齐协调发展、生态环境、社会建设“三大短板”，切实增强发展的全面性；强化领导、队伍、法治、作风“四个保障”，努力推动“十三五”目标任务全面实现。

市委重要工作

【“三严三实”专题教育开展】 2015年5月14日，东莞市委书记、市人大常委会主任徐建华主持召开市委十三届第104次常委会议，审议通过《东莞市贯彻落实〈关于在县处级以上领导干部中开展“三严三实”专题教育方案〉的实施意见（送审稿）》。5月15日，全市“三严三实”专题教育工作会议召开，全面动员部署专题教育工作，徐建华出席会议并讲话。会议指出，全市各级要深入学习贯彻总书记习近平系列重要讲话和全省“三严三实”专题教育工作会议精神、落实全面从严治党要求，巩固和拓展党的群众路线教育实践活动成果。5月15日起，全市各级党组织围绕“三严三实”要求，扎实有序开展专题教育活动取得显著成效。期间，市委中心组先后召开“严以修身”“严以律己”“严以用权”专题学习研讨会，徐建华3次主持召开市委常委会，听取有关情况汇报，审议有关文件材料，研究部署工作；同时，带头深入学习，带头听取意见，带头查摆问题，带头整改落实，亲自把关市委领导班子和个人对照检查材料，全程参加指导寮步镇领导班子“三严三实”专题民主生活会。

【党的十八届五中全会精神学习贯彻】 2015年，东莞市委通过召开常委会议、宣讲报告会等形式，深入学习贯彻党的十八届五中全会精神。10月30日，市委书记、市人大常委会主任徐建华主持召开市委十三届第115次常委会议，传达学习党的十八届五中全会精神，研究部署东莞市学习贯彻落实工作。会议强调，全市上下要深刻领会全会精神实质，认真组织学习宣传；以中央、省委《建议》为指导，深化重大问题研究，注重统筹衔接，深入谋划重大项目，加快规划编制进度，确保“十三五”规划编制按时优质完成；扎实推进重点工作，坚决维护社会稳定，切实改善民生福祉，持续深入改进作风，确保完成全年目标任务，为全面完成“十二五”目标任务划上圆满句号。会议提出，筹备市委十三届六次全会，深入学习党的十八届五中全会、省委十一届五次全会精神，进一步研究部署东莞市贯彻落实工作。11月24日，市委召开党的十八届五中全会精神宣讲报告会，深入学习宣传贯彻党的十八届五中全会精神，再次掀起学习贯彻热潮。

【省委书记胡春华督促检查创新驱动发展工作调研指示精神传达贯彻】 2015年4月15日、18日，中共中央政治局委员、省委书记胡春华率省委调研组1周内2次来东莞督促检查创新驱动发展工作，东莞市委书记、市人大常委会主任徐建华陪同调研。4月27日，徐建华主持召开市委十三届第103次常委会议，传达学习胡春华在东莞市督促检查创新驱动发展

工作时的讲话精神，研究贯彻意见。会议指出，要实施高新技术企业“育苗造林”行动，大力发展新型研发机构，加快发展内源型经济，千方百计应对发展新常态。5月14日，全市内源型经济工作会议召开，专题研究部署内源型经济发展工作。5月18—22日，市成立14个检查组，由市委常委、副市长带队分赴各镇街（园区）检查贯彻落实胡春华来莞调研重要讲话精神情况，以及督促检查经济工作和创新驱动发展情况。5月30日至6月4日、7月2日，徐建华率市党政代表团先后赴长三角地区、深圳市学习考察创新驱动发展等方面先进经验和做法。2015年，全市推进创新驱动发展取得良好成效，全年新增国家高新技术企业303家、新型研发机构3家、科技企业孵化载体13家；高企后备入库企业达774家；松山湖高新区被国务院批准纳入珠三角国家自主创新示范区，东莞成为国家知识产权示范城市、广东省“互联网+创新创业”示范市，成为省内首个成功获批为国家可持续发展实验区的地级市。

【省委书记胡春华莅莞调研指示精神传达贯彻】 2015年10月3—5日，中共中央政治局委员、省委书记胡春华率省委调研组来东莞调研“十三五”规划编制及今年以来经济运行情况，东莞市委书记、市人大常委会主任徐建华陪同调研。10月10日，徐建华主持召开市委十三届第114次常委会议，传达省委主要领导来莞调研指示精神，研究贯彻意见。会议指出，全市各级各部门要以胡春华重要讲话精神为指导，坚持实施创新驱动发展战略，增创对外开放新优势，加快转变外贸发展方式，优化城市空间布局，科学规范镇街领导干部配置，深化“十三五”规划编制研究，扎实抓好当前各项经济工作，努力强化“两个支撑”、力争“三个走在前列”、加快实现高水平崛起，为广东省实现“三个定位、两个率先”的目标作出贡献。

【全面深化改革推进】 2015年，东莞市委全面深化改革领导小组共召开6次会议，审议通过29份改革文件，出台《全面深化法治东莞建设2015年行动计划》《东莞对接国家自由贸易试验区发展的意见》《东莞市深化文化体制改革实施方案》《东莞市城市公立医院综合改革实施方案》等重要文件，部署开展经济与生态文明、民主法制、文化、社会、纪律检查、党建等6个改革专项领域、318项具体改革任务以及中央、省在东莞市安排的50多项改革试点。全市大力推进国家新型城镇化综合试点、珠三角国家自主创新示范区、国家公立医院改革试点、国家节能减排财政政策综合试点以及项目投资建设直接落地、多证联办、“三互”大通关等重要领域和关键环节改革突破，牵引和带动全面改革，改革工作取得显著成效。

【国家新型城镇化发展综合试点开展】 2015年2月26日，东莞市委书记、市人大常委会主任徐建华主持召开市委十三届第98次常委会议，审议《东莞市开展国家新型城镇化综合试点工作实施方案（送审稿）》。（东莞市于2014年12月获批成为国家新型城镇化综合试点。）会议提出，围绕完善“一中心四组团”城市格局以及人的城镇化，加强在拓宽农业转移人口市民化实现通道、创新农业转移人口市民化成本分担机制、建立多元化可持续的城镇化投融资机制等方面的创新探索，依法依程序推进虎门、长安撤镇设市试点，推动粤海银瓶合作创新区、水乡特色发展经济区、长安新区的体制机制创新。3月23日，国家新型城镇化综合试点工作领导小组会议召开，徐建华出席会议并讲话。8月3日，徐建华主持召开市委十三届第110次常委会议，审议《中共东莞市委、东莞市人民政府关于推进农业转移人口市民化的实施意见（试行）（送审稿）》，明确推进农业转移人口市民化的总体要求、主要任务和保障措施。9月8日，市委、市政府印发《关于推进农业转移人口市民化的实施意见（试行）》。

【基层社会治理综合改革创新】 2015年3月25日，东莞市创新基层社会治理综合改革动员部署会议召开，全面部署创新基层社会治理综合改革任务，市委书记、市人大常委会主任徐建华出席会议并讲话。会议提出，要构建扎根社会生活的基层党建新格局、探索统筹集约的集体经济发展路子、完善充满活力的基层自治体制机制、提升普惠共融的基层服务水平、强化基层社会治理的法治保障，加快推动基层治理能力现代化，打造全省、全国的基层治理改革典型。4月28日，全市社会工作会议召开，徐建华出席会议并讲话。会议强调，要深刻把握社会建设新形势、努力争创体制机制新优势、着力构建依法综治新格局、有效激发社会参与新活力，努力创建全省创新社会管理引领区，争当全省社会建设排头兵。2015年，创新基层社会治理综合改革工作取得重要进展，亮点突出，涌现一批具有明显创新性、实效性和示范性的基层社会治理改革创新项目。

【依法治市全面推进】 2015年4月2日，东莞市依法治市工作领导小组第二十一次会议召开，市委书记、市人大常委会主任徐建华出席会议并讲话。会议要求，全市上下要增强全面推进依法治市的自觉性和坚定性，抓住东莞获得地方立法权的机遇，稳妥推进地方立法，全力打造法治政府，推进公正司法，培育法治文化，加强法治人才队伍建设，全面推进依法治市任务落实。5月4日，市委印发《东莞市2015年依法治市工作要点》。6月5日，徐建华主持召开市委十三届第106次常委会议，传达广东省2015年立法工作暨第一批开始制定地方性法规的市工作会议精神。会议提出，抓紧启动2015年第一批地方立法、立规项目，加快《东莞市城市综合管理条例》《东莞市水乡特色发展经济区生态文明建设促进条例》立法进度，提前谋划部署2016年立法项目相关工作。

【扶贫开发“双到”圆满收官】 2015年4月13日，东莞市扶贫工作会议召开，研究部署市内、市外扶贫工作，市委书记、市人大常委会主任徐建华出席会议并讲话。会议要求，全市各级各部门坚定信心，再接再厉，统筹推进好市内、市外扶贫“双到”工作，打好扶贫开发“收官战”；要抓项目、抓管理、抓就业，努力完成市内扶贫目标任务；抓好精准扶贫、特色产业、基础设施、民生改善、智力帮扶，全力交出市外扶贫的满意答卷。2015年底，东莞市圆满完成第二轮扶贫开发“双到”工作，其中，市内扶贫超额完成“欠发达村纯收入增长50%、80%有劳动能力低保户家庭收入超过市低保标准”帮扶目标，市外帮扶共统筹落实帮扶资金10.38亿多元，实施到村帮扶项目3579个，到户帮扶项目8.62万个，8022户有劳动能力贫困户脱贫率100%，3年工作目标全部实现。

【对口帮扶韶关】 2015年6月22—23日，中共中央政治局委员、省委书记胡春华赴韶关调研检查粤东西北地区振兴发展推进情况，充分肯定东莞对口帮扶工作，市委书记、市人大常委会主任徐建华陪同调研。6月24日，徐建华赴韶关考察莞韶对口帮扶工作情况，市领导分别带队赴7个对口帮扶县市调研检查对口帮扶、“双到”扶贫开发工作。随后，两市召开对口帮扶工作第五次联席会议，传达胡春华视察韶关对口帮扶工作时重要指示精神，通报两市对口帮扶工作情况，审议《关于贯彻落实胡春华书记指示精神　进一步推进东莞韶关对口帮扶工作的意见》。6月25日，徐建华主持召开市委十三届第108次常委会议，专题传达学习胡春华视察韶关对口帮扶工作时重要指示精神，研究贯彻意见。会议强调，要把对口帮扶推向纵深，抓好产业帮扶，加快项目建设，统筹全局推进全面帮扶。8月3日，徐建华主持召开市委十三届第110次常委会议，传达全省进一步促进粤东西北地区振兴发展工作会议精神，听取过去1年半以来东莞韶关对口帮扶工作情况汇报，研究部署下阶段对口帮扶工作。2015年，东莞对口帮扶韶关工作取得阶段性成效，莞韶产业园扩能增效加快推进，莞韶城首期基础设施基本完工，“七组团”对口帮扶全面铺开。

【“十二五”对口援疆援藏圆满收官】 2015年是“十二五”期间东莞对口支援工作的收官之年。3月27日，市委书记、市人大常委会主任徐建华主持召开市委十三届第101次常委会议，通报随省政府代表团赴西藏自治区考察对口支援工作有关情况，研究贯彻意见。5月14日，徐建华主持召开市委十三届第104次常委会议，通报省政府代表团赴新疆喀什地区和兵团第三师调研对接援疆工作有关情况，研究贯彻意见。2015年，通过全面推进项目援建、产业援建、智力援建、结对帮扶等各项工作，东莞市高效完成省下达的“十二五”对口支援工作任务，得到国家、省、受援地等各级领导肯定和称赞。

【东莞市“十三五”规划建议编制】 2015年7月10日，东莞市委书记、市人大常委会主任徐建华主持召开市委十三届第109次常委会议，审议同意《东莞市“十三五”规划基本思路》，启动《中共东莞市委关于制定“十三五”规划的建议》编制工作。12月1日，徐建华主持召开市委十三届第118次常委会议，听取《中共东莞市委关于制定国民经济和社会发展第十三个五年规划的建议（讨论稿）》修改意见情况报告。会议提出，进一步修改完善《建议（稿）》，提交市委十三届六次全会表决。12月9日，《中共东莞市委关于制定国民经济和社会发展第十三个五年规划的建议》发布。

【2015中国加工贸易产品博览会举办】 2015年6月17—20日，2015中国加工贸易产品博览会在东莞厚街广东现代国际展览中心举行。17日，加博会开幕，副省长招玉芳发表致辞。18日，省委副书记、省长朱小丹，副省长招玉芳等省领导在市领导徐建华、袁宝成、贺宇等陪同下参观调研加博会，并召开座谈会听取加工贸易企业意见建议。该届加博会以“检阅加工贸易转型升级成果、动员企业创新驱动发展”为主题，发挥加博会官方电商平台—加博汇作用，推动加工贸易产品“网上行”，打造展会升级版。展会期间，观展、采购人员近4万人次，达成商贸合作项目（含合同、协议和意向）7326宗，比上届增长3%；意向成交金额928亿元，比上届增长3.6%。举办国际工业设计高峰论坛、设计师之夜、跨境电商采购对接会、零供对接会等配套活动11场。

【广东21世纪海上丝绸之路国际博览会承办】 2015年10月29—31日，2015广东21世纪海上丝绸之路国际博览会在东莞举行。29日，海博会开幕，广东省副省长招玉芳发表致辞。该届海博会共吸引71个海丝沿线及相关国家和地区参展；参展企业1394家，展位2800个；举办主题论坛、港口城市发展合作市长对话会、“走出去服务中国行”宣讲会等配套活动。展会期间，入场观展、采购人员共计10万多人次，达成签约项目680个，涉及签约资金2018亿元，其中“走出去”项目58个，金额308亿元。

【2015广东国际机器人及智能装备博览会举办】 2015年11月18—21日，2015广东国际机器人及智能装备博览会在东莞厚街广东现代国际展览中心举行。18日，智博会开幕，广东省副省长招玉芳发表致辞。中央政治局委员、省委书记胡春华，副省长招玉芳等省领导在市领导徐建华、袁宝成、贺宇等陪同下参观调研。该届“智博会”设机器人及自动化专区、工程塑料区、3D打印、韩国工具馆、香港五金商业总汇展区等9个主题展区，开展高峰论坛、“中国智能制造院士东莞行”等12项主题活动。展览面积10万平方米，展位数约5000个人，规模居全国同类展会首位，采购商、观展人数超过10万人。

【2015中国（东莞）国际科技合作周举办】 2015年12月11—13日，2015中国（东莞）国际科技合作周在东莞国际会展中心举行。全国政协副主席、科技部部长万钢，中国工程院院士周济，广东省副省长陈云贤，东莞市委书记、市人大常委会主任徐建华，省科技厅厅长黄宁生，市委副书记、市长袁宝成出席开幕式。该届合作周以“创新创业、融合发展”为主题，设置“科技展览、高峰论坛、项目签约、创客路演”4大专题7大展区，举办21场专业技术研讨交流和项目推介对接会，促进约150个项目达成初步合作意向，16个项目正式签约。

【东莞市党政代表团拜访上级部门】 2015年2月9—13日，东莞市委书记、市人大常委会主任徐建华，市委副书记、市长袁宝成率市党政代表团拜访广东省教育厅、省水利厅、省国土资源厅、省质监局、人民日报社广东分社、中央电视台广东记者站、人民银行广州分行，争取上级部门指导和支持。10月13—16日，徐建华率市党政代表团赴北京拜访国家贸促会、科技部、商务部、环保部、住建部和最高人民法院，汇报东莞相关工作开展情况。

【东莞市党政代表团学习考察活动】 2015年4月16—24日，东莞市委书记、市人大常委会主任徐建华率市党政企代表团赴埃塞俄比亚、坦桑尼亚、南非等国家开展系列经贸合作及外事交流活动，副市长杨晓棠陪同出访。5月30日至6月4日，徐建华、袁宝成率市党政代表团赴长三角地区考察学习创新驱动和转型升级等方面的先进经验和做法，市领导李毓全、甄瑞潮、刘卫芳、白涛、贺宇、杨晓棠、殷焕明等参加活动。7月2日，徐建华、袁宝成率市党政代表团赴深圳市学习考察创新驱动发展和改革开放等方面的先进经验和做法，市领导李毓全、甄瑞潮、白涛、张科、贺宇等参加活动。8月9—13日，徐建华率党政代表团赴大连、沈阳、哈尔滨考察调研企业、高校，副市长贺宇参加活动。12月19日，徐建华率党政代表团赴解放军信息工程大学开展产学研合作对接与交流活动，市领导姚康、刘卫芳、贺宇等参加活动。

【市委书记接受采访和发表署名文章】 2015年2月2日，东莞市委书记、市人大常委会主任徐建华接受《韶关日报》专访，谈东莞对口帮扶韶关工作的

新思路、新举措和新成效。2月10日，徐建华接受《南方日报》专访，介绍东莞实施创新驱动发展战略走在全省前列，对接融入做好自贸区延伸工作的思路、做法。2月11日，徐建华接受《广州日报》专访，介绍东莞推进开放型经济、主动对接广东自贸区建设以及平安建设、人才工作相关情况；同日接受《南方都市报》专访，介绍东莞加快实施"一带一路""东莞制造2025"战略，争取地方立法权，重大项目建设，加强集体经济管理相关情况。2月12日，徐建华接受《羊城晚报》专访，介绍东莞经济发展、转型升级的思路、亮点及做法。2月27日，徐建华接受《瞭望》杂志专访，重点介绍东莞树立"三个走在前列"目标，推动"世界工厂"高水平崛起的思路、做法及成效。3月26日，徐建华接受《南方日报》采访，介绍东莞创建文明城市工作的亮点和成效。5月22日，徐建华接受《小康》杂志专访，从生态文明、文化建设、产业转型、科技创新、对口帮扶等多角度深入介绍"不一样的东莞"。5月29日，徐建华接受新华社采访，介绍东莞商事登记制度改革的经验和成效。7月1日，徐建华就"创新驱动"话题，接受《羊城晚报》专访，重点介绍东莞市创新驱动的做法、亮点、成效及下来思路。8月，徐建华接受《中国民族》杂志社访谈，介绍东莞加强外来少数民族流动人口服务管理的创新举措。10月22日，《南方日报》刊发徐建华采访报道《东莞市委书记、市人大常委会主任徐建华：文化创新突破 三方共筑东莞高水平崛起新平台》。10月30日，徐建华就"一带一路"建设、2015"海博会"等话题接受《经济日报》采访，重点介绍东莞市"一带一路"建设上的新亮点、新思路。10月31日，徐建华接受《南方日报》采访，重点介绍东莞承办海博会、深化改革、参与"一带一路"建设的方向和做法。11月27日，徐建华接受新华社采访，重点介绍东莞外资发展情况，以及近年来东莞吸引优质外资的举措和成效。

2月14日，《中国安全生产报》刊发徐建华署名文章《实现新常态下安全生产新发展》。9月9日，《东莞日报》刊发徐建华署名文章《总结东莞经验构建新形势下和谐民族关系》。12月2日，新华网刊发徐建华署名文章《徐建华：践行"五大发展理念" 推动"三个走在前列"》。12月14日，《南方法治报》刊发徐建华署名文章《适应新常态 展现新作为 努力开创东莞公安工作新局面》。12月22日，广东省纪委网站"南粤清风网"公开发表徐建华署名文章《知行合一 求真从严 坚决执行〈准则〉和〈条例〉》。

【市委常委会议听取有关部门工作情况汇报】 2015年，东莞市委书记、市人大常委会主任徐建华多次主持召开市委常委会议，听取有关部门工作情况汇报，对有关工作作出指示和部署。1月8日，主持召开市委十三届第93次常委会议，听取市财税工作情况汇报。6月19日，主持召开市委十三届第107次常委会议，听取市委组织部工作情况汇报。8月3日，主持召开市委十三届第110次常委会议，听取全市"扫黄打非"工作情况汇报。11月27日，主持召开市委十三届第117次常委会议，听取市法院和检察机关工作情况汇报。12月10日，主持召开市委十三届第119次常委会议，听取全市外贸稳增长工作情况汇报。12月30日，主持召开市委十三届第123次常委会议，听取市人大常委会党组和市政协党组工作情况汇报。

【市委中心组学习讨论会】 2015年，东莞市委组织召开21期市委中心组学习会。其中5期为东莞学习论坛，其他16期分别为：2月3日，邀请国家行政学院李拓教授，就学习《习近平谈治国理政》作辅导报告；2月26日，传达学习全省宣传部长会议精神；3月16日，传达学习全国"两会"精神；4月27日，传达学习中共中央政治局委员、省委书记胡春华在东莞调研讲话精神；5月15日，学习研讨市委主要领导"三严三实"主题党课；5月21日，邀请武汉大学教授李工真作"中德制造的质量文化比较及启示"专题辅导报告；6月23日，邀请北京市委党校教授殷庆言作《学习践行"三严三实"做到"忠诚干净担当"》专题辅导报告；7月10日，传达学习省委书记胡春华在东莞理工学院调研指示精神；7月28日，邀请省科技厅厅长黄宁生作"发挥科技创新核心作用，扎实推进创新驱动发展"专题辅导报告；9月2日，邀请《广东党风》杂志社社长、总编辑杨晓萍作"严以律己才能推进党的作风建设"专题辅导报告；9月6日，传达学习总书记习近平在纪念中国人民抗日战争暨世界反法西斯战争胜利70周年纪念大会上的重要讲话精神；10月9日，邀请国家行政学院教授孙晓莉作"严以用权"专题辅导报告；10月10日，传达学习省委书记胡春华莅莞调研讲话精神；10月30日，传达学习党的十八届五中全会精神；11月24日，邀请省委宣讲团成员、省政府发展研究中心副主任李惠武作党的十八届五中全会精神宣讲报告；12月2日，邀请中央党校党建教研部教授张希贤作"学习《中国共产党廉洁自律准则》《中国共产党纪律处分条例》"专题辅导报告。

【东莞学习论坛】 2015年，东莞市委共举办5期东莞学习论坛（第51—55期）。1月14日，邀请国务院参事室特约研究员、国家安全生产监督管理总局新闻发言人黄毅作题为"新《安全生产法》精神解读"的专题报告。3月31日，邀请中国计算机学会大数据专委会委员、清华大学苏研院大数据处理中心技术总监赵勇作题为"大数据商业价值与应用创新"的专题报告。5月29日，邀请中国法学会党组成员、副会长张文显作题为"加快法治国家建设，促进国家治理体系和治理能力现代化"的专题报告。7月17日，邀请十二届全国人大民主委员会副主任委员吴仕民作题为"中央民族工作会议精神解读及工作策略"的专题报告。11月16日，邀请华南师范大学计算机学院副院长、广东省服务计算工程中心副主任赵淦森作题为"互联网+技术驱动的社会进步与产业发展"的专题报告。（冯林 方国权）

附：2015年中共东莞市委书记、副书记、常委、秘书长、副秘书长名单

市委书记：徐建华
市委副书记：袁宝成 姚 康
市委常委：徐建华 袁宝成 姚 康
戚优华 甄瑞潮（任至3月）
刘卫芳 李小梅
白 涛（4月到任）邓志广
王检养 潘新潮 张 科
市委秘书长：黄少文
市委副秘书长：谢小薇
吴世文（任至1月）
安连天 黄荣峰
叶建华（7月到任）

2015年中共东莞市委机构设置

（2015年12月）

市直机关	正处级	纪律检查委员会机关（监察局）、市委办公室、组织部、宣传部、统一战线工作部、民主党派办公室（不定级）、政法委员会、政策研究室、台湾工作办公室（人民政府台湾事务局）、直属机关工作委员会、老干部局、机构编制委员会办公室、社会工作委员会（不定级）
	副处级	企业工作委员会、企业纪律检查工作委员会（不定级）、社会组织工作委员会、社会组织纪律检查工作委员会、市委督查室（不定级）
事业单位	正处级	市委党校（行政学院）、东莞日报社、广播电视台、党史研究室、接待办公室、粤桥山庄管理处、东莞市社会科学院（不定级）
	副处级	电子政务办公室

综合协调服务

【办文工作】 2015年，东莞市委办完善机要密电文件办理、市委文件代拟稿起草报送、公文制发、党内规范性文件备案审查、中央和省委文件日常管理流程、市委办文件传阅等工作机制，提高办文效率和水平。全年共办理各类文电2600多份，办理征求意见件50余件，处理市领导批示件3300余件；审核制发市委（办）文件270多份，文件精简率为10%；完成30次市委常委会议的材料准备、会务组织、纪要撰写、联系媒体等工作，制发市委常委会议纪要48份，下发市委常委会议决定事项通知11份；核发市委工作会议纪要10份；编撰市委工作大事记12期；向省委办报备市委党内规范性文件34份，报备及时率为100%，工作考核排在全省前列，在全省党内法规工作会议上作经验发言；审查备案下级党内规范性文件145份，通过备案118件、纠正16件、提醒35件；做好市委办保密室管理、镇街分片业务培训会、市委和市委办公章管理、来访来电办理、市委办各类文件与部分中央、省报刊收发处理、“市委办专栏”部分资料管理以及领导交办的其他工作任务。

【会务工作】 2015年，东莞市委办共编印《市领导公务活动预报表》349期，《市外领导来莞情况汇总表》290期；主办协办全市2014年度工作总结大会，市委第十三届五次全会、六次全会，全市科技创新大会、全市扶贫工作会议等全市性会议活动62场；统筹组织中央财经领导小组调研组、省委主要领导来莞调研，市党政代表团赴长三角和深圳学习考察，拜访国家有关部委、高校、重点企业以及市委主要领导赴镇街（部门）调研，出席加博会、海博会开幕式等公务活动等74场。印刷市委办、市府办文件672件（次），协调交印刷厂印刷两办文件、会议材料共95宗次。

【文稿工作】 2015年，东莞市委办高标准、高质量、高效率撰写市委主要领导在市委十三届五次、六次全会、全市科技创新大会、创新基层社会治理综合改革动员部署会议、金融工作会议、内源型经济工作会议、创建高水平理工科大学工作动员大会、建设珠三角国家自主创新示范区动员会等重要会议上的讲话以及《关于学习贯彻党的十八届五中全会精神的意见》，贯彻省委全会、全国“两会”、全省“两会”精神的意见等各类文稿500多篇。

【信息工作】 2015年，东莞市委办共编发《工作交流》84期，《领导信息专报》21期；向中央办公厅、省委办公厅分别报送信息60篇、577篇，被省委办采用187篇；获省、市领导批示60多篇次，报省信息采用总分、省领导批示数均位列全省地级以上市第1名。推动长安镇申请成为省委办公厅信息直报点，全市省委办直报点数量增至7个。牵头完成《东莞年鉴》“市委工作”部分的组稿和《东莞市情手册》2015年卷的编印工作，以及领导交办的各项工作。

（冯林　方国权）

附：2015年中共东莞市委办公室主要领导名录

市委办主任：谢小薇（兼）

【保密工作】 保密工作会议　2015年3月9日，东莞市召开市委保密委员会全体会议暨全市保密工作会议。市委副书记、市委保密委主任姚康出席会议并对2015年保密工作提出4点意见：增强保密意识，切实在思想上重视保密工作；增强责任意识，严格落实领导干部保密工作责任制；增强创新意识，推动保密工作在改革创新中加快发展；增强法治意识，坚持“党管保密”“依法治密”有机统一。

保密监督检查　市国家保密局联合相关部门开展信息安全保密检查及统战、公安、地理信息测绘等10轮专项检查，共检查办公计算机748台，移动存储介质35个，涉密文件495份，保密要害部门、部位78个。

保密行政审批审核　市国家保密局对东印印刷有限公司等4家申请国家秘密载体复制资质的企业进行现场检查指导和业务培训，4家企业顺利通过省审查，获得保密资质；严格政府涉密采购审批，共受理3个机关单位申请24项。

保密宣传教育　市国家保密局首创“窃密体验空间”保密技术展示活动，以现场可看、可听、可触摸的形式，将以往无法接触到的现代窃密技术通过现场展示，让参观者切身体验。国家、省保密局领导，市委副书记姚康、市委常委李小梅、副市长喻丽君等市领导，以及110个单位2500名机关工作人员参观活动展示。市委宣传部、市国家安全领导小组、市国家保密局、市普法办，首次面向社会在市展览馆举办“安不忘危，警钟长鸣”——东莞市国家安全与保密教育展，近20万人入场参观。市委将保密纪律教育纳入“纪律教育学习月”活动重要内容，在全市领导干部“三纪”教育培训班上集中观看保密教育片《手机背后的课网》。市国家保密局与市司法局（普法办）联合开展保密宣传教育，在全市公职人员学法考试试题中加入公务员应知应会的保密知识内容；在全市500多个村居、企业、学校普法宣传栏张贴6000套保密法制宣传知识，把保密法律法规知识纳入社区普法内容、大中学校法制教育。

保密工作量化考核　市国家保密局制发《2015年保密工作目标管理考核评分表》，对各镇街、各单位保密工作进行量化考核，评选出72个保密工作先进单位和72名保密先进工作者。

定密工作　市国家保密局对全市2014年定密情况进行统计分析，进一步明确定密权限、权责，树立定密、解密程序意识，规范定密授权和定密责任人指定工作，加强定密业务指导调研，建立定密、解密工作数据库。指导市纪委（监察局）、市委办、市府办等11个单位完成定密授权申请，获得上级单位授权。

国家统一考试保密管理　市国家保密局加强与教育、公安、卫生、人力资源、司法等部门的协调配合，做好高考、中考、医考、公务员招考、司法考试、研究生考试的试卷运送、保管、交接等环节的保密管理和试卷保密室检查验收工作，确保国家统一考试的安全和保密。

保密培训　9月17—18日，市国家保密局举办全市初任经管国家秘密人员岗位业务培训班，全市各镇街、各单位未取得上岗证的现任保密员共118人参加培训。市委党校将保密培训教育纳入领导干部教学计划，在处级领导任职班、科级领导任职班及公务员初任培训班等12个班次开设专门的保密教育课程，接受保密教育领导干部达1200人次。

（魏云青）

附：2015年东莞市国家保密局主要领导名录

局　长：袁鸣春

【信访工作】　2015年，东莞市信访局围绕构建"阳光信访、责任信访、法治信访"总体要求，依法办理群众来信、来访、网上信访事项，推进信访工作制度改革，群众越级到市、省上访量下降，网上信访占信访总量比重上升，信访秩序好转，社会大局和谐稳定。

市领导接访　东莞坚持实行市领导定点接访日制度，市委书记徐建华，市委副书记、市长袁宝成以及其他市领导，每月轮流在市委、市政府人民来访接待大厅以视频接访和现场接访方式，全年共接待来访群众共318批1282人次。各镇（街道）领导干部1440人次，在当地接访群众1087批9651人次。

市领导研究和指导信访工作　2月16日、8月25日，徐建华主持召开市委十三届第97次、第111次常委会议，听取信访工作有关汇报，研究部署信访工作措施。2月6日，市领导徐建华、袁宝成、潘新潮组织研究桥头镇大东洲垃圾填埋场环境污染信访事项解决工作。11月16日，市领导徐建华、姚康，到市访前法律工作室指导工作。

市领导看望慰问信访干部　2月26日，市领导徐建华、袁宝成、姚康到市委、市政府人民来访接待厅看望慰问市信访局干部职工，向全市信访工作者致以春节问候和祝福。2015年，市领导徐建华、袁宝成、姚康、潘新潮、杨江华，先后到市驻京信访工作组驻地看望驻京信访干部，检查指导市驻京信访工作。1月28日，副市长、市公安局局长杨江华，到市信访局调研信访工作；11月6日，副市长、市公安局局长杨东来，到市信访局调研信访工作。

上级来莞调研检查信访工作　7月24日，国务院副秘书长、国家信访局局长舒晓琴来莞调研基层信访工作，深入石龙镇了解劳动关系风险预警系统、矛盾纠纷就地化解情况，肯定东莞市网上信访工作成效。省委常委、秘书长林木声，省委副秘书长、省信访局局长林耀明，市委书记徐建华陪同调研。8月30日，林耀明来莞督导检查重点时期信访工作情况。市委副书记姚康作工作汇报。12月7日，林耀明来莞调研开展推动党委建立涉法涉诉信访事项退出普通信访领域后的有效善后衔接机制试点工作。袁宝成参加会见，姚康作工作汇报。10月27日，省人大法制委员会副主任委员陈伟雄率领检查组来莞，开展《广东省信访条例》立法后评估执法检查暨深化解析工作。10月13日，省信访局副局长邓志平率队来莞，督导检查东莞市开展推动党委建立涉法涉诉信访事项退出普通信访领域后有效善后衔接机制试点工作情况。重点时期，省信访局均派出由专职或挂职的省信访督查专员，来莞指导做好信访工作。

信访制度改革　根据省统一安排，东莞市作为7个试点地区之一，开展推动党委建立涉法涉诉信访事项退出普通信访领域后有效善后衔接机制试点工作，明确市政法、信访、公安、法院、检察院、司法行政、民政、人资等部门工作职责，推动建立健全相关工作机制，选取虎门等8个镇（街道）先行开展试点工作，随后在各镇（街道）全面铺开，于12月底前全部完成。作为信访部门落实试点工作的重要举措，市访前法律工作室于11月2日正式启用，市领导姚康、邓志广、杨东来出席启动仪式。

信访信息化与网上信访　12月1日，东莞市信访信息系统开通启用，实现信访工作范围全覆盖、信访形式全覆盖、信访业务全覆盖、信访工作公开化的"三覆盖一公开"目标。网上信访事项办理效率进一步提高，网上信访公信力提升，2015年市级网上信访量占信访总量50%以上。

信访法规宣传　7月1日，全市统一开展"东莞市信访法规宣传普及日"活动，活动广泛宣传国务院《信访条例》《广东省信访条例》，派发"信访法律微知识"宣传册子，在市主要媒体播放"信访知多少"系列宣传动画。

信访专题调研　4月8—30日，市信访局局长叶可阳率队，就物流业、土地、国有企业改制、欠薪逃匿、轨道交通建设等领域信访突出问题，开展专题调研活动。

信访业务规范与培训　4月27日，国家信访局召开全国信访系统加强基础业务规范化工作电视电话会议，全市信访干部参加学习。9月22—24日，市信访局举办2015年全市信访业务培训班，邀请省、市信访局业务负责同志和高校教授讲授信访基础业务规范化、压力调节心理辅导等知识。

（廖锦洪）

附：2015年东莞市信访局主要领导名录

局　长：叶可阳

【市委督查工作概况】　2015年，市委督查室对市委常委会2015年105项重要工作进行任务分解，会同市政府督查室跟踪反馈257项市委市政府重点工作落实情况；承办各级领导批示165件；督办《广电舆情》47期，涉及事项135宗；撰写报省《督查专报》9期，被省采用4期，获省领导批示1期；编撰《工作落实动态》35期，开展督查调研，撰写调研报告5期，获市领导批示4篇次。

决策督查　坚持主题主线，围绕省委《2015年重点督查事项安排》、省十二届四次党代会精神开展督查，形成9篇《督查专报》报省，其中4期获省委督查室采用，有1期获省领导批示。制定《市委常委会2015年工作要点任务安排表》，明确105项重要部署责任分工。根据市委书记徐建华"在全面督查基础上可只报进展较快、较慢的情况"的批示精神，按季度全面跟踪257项重点工作进度，通过《市委、市政府2015年重点工作进展情况表》重点反馈进展较慢事项进展情况4次。筛查跟踪市委常委会决定事项，立项分解，明确时限，督促推进茅洲河整治等19项重要决策部署落到实处。主攻重点难点，抓好基层党建、开展领导干部办公用房清理、创新驱动发展等省委部署的10项督查工作，推动各项工作务实推进，汇总相关情况报省，相关工作得到省的肯定。加强贯彻落实中央《八项规定》督查，强化执纪问责与部门镇街联动，推动铁律落实、落细、落小，总结撰写2014年、2015年1—9月以及2015年全年贯彻落实情况报告3份。重点抓好省委巡视组反馈意见整改，制定《关于对省委巡视组反馈意见开展整改的工作方案》，确定39项整改事项的“任务书”“路线图”“时间表”，常态化抓好督促检查，2次汇总整改情况，起草并向省委巡视组报送整改工作情况报告，确保事项整改积极稳妥推进。注重跟踪问效，快速梳理春节后市领导与镇街领导座谈会上相关问题，分解责任，督查协调，及时将落实情况专报市领导。高效立项跟进市领导调研指示39件，定期汇总专报市领导，针对重点事项推进中的困难问题，主动实地调研和回访督查，督促抓好落实。及时跟踪反馈市领导“一对一”联系镇街情况，前3季度市领导联系走访镇街146次，解决存在困难问题229个，提出工作建议要求256个。结合现场督查部门、镇街落实市委重要决策部署、主要领导调研指示等进展情况，突出问题导向，撰写督查情况，以《工作落实动态》形式刊发。

督查考评　做细方案，围绕《市委常委会2015年工作要点》《2015年市政府工作报告》，召开多场镇街、部门调研座谈会，精选考评事项，比选考评指标，完善考评机制，制定《2015年市委市政府重点工作督查考评方案》。做实巡查，集中开展部门年中巡查，召开座谈会7场，摸清41项督查考评事项进展及存在问题；联合8个职能部门，选取4个专题共17个重要考评事项，分6个片区开展镇街年中巡查，实地督导6个考察点，集中点评各镇街完成指标情况并提出工作建议，撰写部门、镇街《2015年市委市政府重点工作年中巡查情况报告》，并按照徐建华指示精神，加快整改进展慢工作事项。做好考评，协调建立督查考评小组，统筹完成对47个部门（园区）和32个镇街的考评，形成《2015年市委市政府重点工作督查考评情况报告》。

舆情督查　强化《广电舆情》事项质量观念和时效意识，严格把关，确保件件有回音。全年督办《广电舆情》47期，涉及事项135宗，办结132宗。

批示办理　优化领导批件办理程序，强化联系协调，注重交办跟办，及时呈送办理报告，每月汇总办理情况。对一些办理难度较大事项，多次召集有关单位进行督促协调，确保领导批示事项事事有着落。全年共办理各级领导批示165件，办结155件。

督查调研　围绕深化改革发展的主题主线，选取重点领域难点事项，先后开展全市截污管网建设、推进服务外包、制造业发展电子商务、发展古迹游、加强商事登记后续监管、统筹水乡用地等6次调研，撰写5篇调研报告，获市领导肯定批示4次。围绕领导批示精神，延伸督查调研工作触角，抓好调研建议督查落实，持续跟踪，确保督查调研在落实市委决策部署方面真正发挥作用，取得实效。

专项督查　协助省委调研组做好领导干部办公用房清理整顿专项督查，起草汇报材料，梳理相关数据情况，协调全市各级各部门提早做好自查自纠，东莞市整改工作得到较好评价。服务市委书记督办《关于加快现代服务业发展的提案》，督促承办单位完善办理方案，提高办理成效。根据市委副书记姚康指示精神，加强水乡经济区截污次支管网建设督查，参加多场督导协调活动，针对工作不足提出工作建议，2次反馈进展情况。督促纳入督查考评的部门开展责任事项督导检查，联合市政府督查室，分别参加22个牵头部门开展的市级重大项目建设、茅州河流域污染整治等38项重点工作实地督导调研45场次，推进市委市政府重要决策部署落实。跟踪做好2014年度国家、省考核检查事项督办工作，加强与相关责任单位的沟通协调，提前分析情况，及时研究解决制约东莞市争先创优的困难问题，确保顺利完成上级考核检查各项工作。推进各级各部门落实2015年党风廉政建设和反腐败工作任务分工，加强监督检查，2次向市纪委汇总相关进展情况。　（葛大勇）

附：2015年中共东莞市委督查室主要领导名录

主　任：翟婷莹

组　织

【组织概况】　截至2015年，东莞市共有党的基层组织8701个（含“两新”组织党组织3395个），其中党委201个，总支部395个，支部8105个。全市共有党员167849名，其中“两新”组织党员41014人（含流动党员20797人），女党员52046人，占30.01%；35岁及以下党员75940人，36岁至45岁党员36385人，46岁至55岁党员21522人，56岁至65岁党员14217人，66岁及以上党员19785人。大专及以上学历110427人，占65.79%，其中研究生及以上学历6020人；中专及以下学历57422人。农村党员53009人，占全市党员总数的31.56%。

【“三严三实”专题教育】　2015年，东莞市委组织部注重层层立标杆、做示范，把教育融入日常。全市各级举办专题党课2200多场次，在党课上梳理出“不严不实”具体表现事例100多个。完成三个专题研讨，举办研讨会380多场。开展“听基层声音、当严实先锋”主题活动，开展专题体验活动136批次，服务群众1500多人次。推动专题教育常态化，把“三严三实”作为干部教育培训的重要内容，分层次、分批次举办党校主体班次5期，培训1500多人。开展“为官不严、为官不实、为官不为”“三不”问题专项整改，推动解决不严不实问题166个。开设“严实莞家”微信公众号，扩大专题教育影响力。

【《干部任用条例》贯彻执行】　2015年，东莞市委组织部把“严实”要求贯穿干部工作的各个环节，抽查核实289名市管干部个人有关事项报告，对128名市管干部进行档案“凡提必审”，12人因不如实报告或档案存疑被暂缓或者取消提拔使用，有效防止“带病提拔”；完成干部“超配”整改，清理干部在企业兼（任）职问题，对市管和部管干部的档案进行审核登记，对干部出国（境）证件问题进行专项治理。制定市管干部选拔任用工作规程，细化规范相关业务环节；推动职务与职级并行制度平稳运行。加大干部培养培训力度，紧扣经济发展新常态下对干部能力素质提出的新要求，举办金融、城建等各类培训班28期，培训领导干部2500多人次；实施第三期中青年领导干部培养计划，开展第三批后备干部“丰羽强翅行动”。

【基层党建】　2015年，东莞市全面推广“一二三四五”村级组织运行机制，重点抓好班子联席会议制度和党群联席会议制度落实，使村级组织运行民主高效。创新落实驻点普遍直接联系群众制度，各镇街领导干部累计驻点18.3万人次，联系群众50.1万户，全年解决问题4.5万个，完成年度走访任务。持续整顿软弱涣散基层党组织，推动58个党组织完成转化。抓好党员干部队伍建设管理，落实村（社区）党工委书记市级备

案、权力清单、底线管理等制度，有序分流155名大学生村官。组织开展镇街党委书记述职评议，并延伸在村（社区）党工委中开展述职，使基层党建工作由“软任务”变成“硬指标”。

【“两新”组织党建】 2015年，东莞市委组织部稳步推进驻村（社区）“两新”组织党组织设置改革，在条件成熟的村（社区）成立“两新”组织党委（党总支）212个，对辖区内的“两新”组织党组织实行属地化管理，探索实施“两新”党组织书记与党工委班子成员之间的“双向进入”。持续扩大“两新”组织党建工作覆盖面，瞄准党建空白点，新建“东纵商圈”等46个非公企业党组织；实行“源头同步孵化+行业重点突破”工作法，推动新建社会组织党组织55个。拓展“阳光雨”党员服务中心功能，组建400多支党员志愿服务队伍，服务党员群众超过15万人次。强化典型示范引领作用，遴选企业党建示范项目30个，汇编成案例；建设一批社会组织党建示范点，其中永胜会计师事务所党支部的“四抓工作法”被国家行业党委评为全国34个典型之一。

【“人才型城市”建设】 2015年，东莞市委组织部举办2期“千人计划”专家东莞行活动，组团赴欧洲进行“招商引智”，促成20多个科技项目和人才团队落户东莞。首次举办2015年高层次人才活动周，密集开展20多场活动，达成合作意向29项。制定出台《特色人才特殊政策实施办法》等10项政策，增强人才政策与经济发展、产业转型的匹配度。推进工信部人才交流中心华南分中心、东莞市创新创业人才服务中心建设，先后在北京和法国、德国建立人才工作站。在镇街延伸推广领导联系高层次人才工作制度，形成市镇两级领导共同“点对点”联系服务人才的工作格局。有序开展多项课题研究，推动人才工作理论研究在全国处于领先水平。

【“落实总书记要求、建设模范部门”教育实践活动】 2015年，东莞市委组织部举办组织系统“组工杯”业务知识竞赛，在全省组织系统“争当组工业务‘活字典’网络竞赛”中取得团体第二、个人第一的成绩。组织各类轮训班、研讨班，基本实现全市组工干部培训全覆盖。在全市组织系统开展逐人逐岗廉政风险排查，梳理组工业务流程1147项。实施“莞组建言”行动，收集关于组织工作的意见建议1021条次，转化成119项加强自身建设的具体举措。开展“知党史·感党恩”主题党日活动，邀请5000多名党员干部群众到部史展参观交流，展示和传承东莞组织战线的优良文化传统。 （陈盛邦）

附：2015年中共东莞市委组织部主要领导名录

部　长：甄瑞湖（兼，任至4月）
　　　　白　涛（兼，4月到任）

▲ 2015年11月14日，国际机器人机智能装备峰会暨“千人计划”专家东莞行举行　（袁立坤　摄）

老干部工作

【老干部工作概况】 2015年，东莞市离休干部（市直单位、镇属、转制企业、未转制企业）305人，易地安置离休干部27人，中央和省属单位离休干部23人，转制企业副处级以上退休干部90人，中华人民共和国成立前参加工作的老工人37人。东莞市关工委在2015年被中国关工委和中央精神文明指导办公室联合评为全国关心下一代工作先进集体，李梨、张秀容荣获全国关心下一代工作先进个人。

【老干部政治待遇落实】 *工作通报和意见征求* 2015年2月6日，东莞市领导徐建华、袁宝成、李毓全、姚康、甄瑞潮、张科等在春节前夕参加东莞市老干部新春茶话会，和老干部亲切座谈，通报东莞市经济社会发展情况。12月1日，市领导徐建华、袁宝成、姚康、戚优华、白涛等参加省级老干部学习座谈会，向省老领导介绍东莞市经济社会发展情况。

老干部"学习论坛" 东莞市老干部局传达全国、全省离退休干部"双先"表彰大会精神和全省老干部工作会议精神，邀请专家教授为老干部作《习近平全面从严治党战略》专题报告，深入解读"十八届五中全会"精神，全年有1500人次老干部参加学习。

离退休干部党支部建设 4月27日，举行全市离退休干部党支部书记培训班；全市各级组织人事部门采取专题会议、座谈讨论、集中宣讲、订阅报刊、发放辅导资料等形式，增强老干部对国情、党情、市情了解，通报工作，听取意见，解释政策。

【为党和人民事业增添正能量活动】 *回顾红色历史* 2015年，东莞市委老干部局开展"纪念中国人民抗日战争暨世界反法西斯战争胜利70周年"系列活动，8月31日召开东莞市抗战老战士座谈会，向老同志或家属发放抗战胜利70周年纪念章。

感受美好生活 3月25日，组织离退休干部约200人开展"一日游"活动，参观麻涌镇华阳湖湿地公园和东莞市中储粮粮油有限公司。6月16日，举办老领导"创新驱动发展"专题学习班，考察大朗镇"机器换人"企业；8月13日和11月26日分别举行"重温革命史""体验新发展"主题活动，组织参观罗浮山东江纵纪念馆、赛步瑞必达科技有限公司和中国沉香文化博物馆，市直单位、中央和省属驻莞单位的离退休干部党支部书记及老干部工作者500多人次参加。

畅舒鹤龄心声 在全市老干部、老同志中开展"召开一次专题交流会、组织一次参观活动、写一篇征文、提一条建议、办一件好事"的"五个一"活动，激发老同志阳光心态，绽放正能量。

真诚关爱　全心全意服务老干部

2015年2月6日，"2015年老干部新春茶话会"在东莞市会展国际大酒店四楼宴会厅举行，约680名原单位正副职老干部参加，市委书记、市人大常委会主任徐建华（中），市政协主席李毓全（右二），市委副书记姚康（左二），市委常委、市人大常委会副主任、组织部部长甄瑞潮（右一），市委常委、常务副市长张科（左一）出席茶话会

【老干部生活待遇落实】 2015年，东莞市老干部局落实离退休费发放，健全离休干部医疗费报销机制，为市属近300名离休干部报销医疗费770多万元。开展"进百家门，问百家事"走访基层老干部活动，7月和春节前夕老干部局领导分组登门探望100多名困难、独居、行动不便的离休干部。2015年，全市向老干部发放探病慰问和困难补助50多万元。成立社区服务点，7月14日，首个利用社区资源做好离退休干部服务工作的试点东泰社区"四就近"服务点正式揭牌，省委老干部局局长郭跃文参加揭牌仪式。开通医疗服务"绿色通道"，与东华医院合作，为离退休干部提供免排队、专人导诊、急救优先、床位择优等服务。

【老干部文娱活动】 2015年，东莞市老干部青松合唱团参加央视《合唱先锋》栏目的录制；市老干部艺术团舞蹈队参加2015年全国健身秧歌、健身腰鼓及手拍鼓大赛，摘下手拍鼓项目B组规定套路、健身秧歌项目A组规定套路和自编套路等3项单项一等奖，并参加央视《舞蹈世界》栏目的录制。市老干部大学组织参加省老干部群众性歌唱大赛决赛分获团体组金奖、个人组铜奖和优秀表演奖。

【老干部大学】 2015年，东莞市老干部大学调整招生方式，由一次性招生改为分批招生，新增瑜伽班、国术养身等课程，共开设25门课程，67个教学班，在校学员2357人次。4月，市老年大学新校区项目建议书经市政府常务会议讨论通过，总投资1.31亿元。8月，市老干部大学正式成为全国老年大学协会单位。

【关工委工作】 2015年，东莞市共有关工委组织1911个，其中镇街关工委32个，社区（村）关工委589个，居民小组454个，市属部门关工委101个，市普教系统关工委426个，高校2个，市公安系统34个，医院关工委10个，179间民办中小学关工委，84家企业关工委。2015年，市、镇各级关工委充分发挥"五老"的优势和作用，在校外教育、核心价值观宣传教育、青年创业交流、关爱帮教等方面创新活动载体，组织近2万名大学生参加暑假社会实践活动，提供岗位5061个，建立实践基地543个；召开全市青年创业经验交流大会和举办青年实用技术培训班；开展"书香家庭""书香社区"活动和以"爱学习，爱劳动、爱祖国"为主题的歌舞、朗诵艺术作品征集活动，关爱青少年成长，营造良好氛围。2015年市关工委组织参加省关工委"共筑中国梦"书画创作活动，384幅书画作品参与评选，其中获奖作品115幅，获奖比例居全省第一，市关工委荣获优秀组织奖。 （温慧娟）

附：2015年中共东莞市委老干部局主要领导名录

局　长：王建周

① 2015年7月14日，省委老干部局局长郭跃文（右三）到东莞市东城区东泰社区参加"四就近"服务点挂牌仪式

② 2015年8月31日，举行"东莞市抗战老战士、老同志慰问会"，市委常委、组织部部长白涛（后排右二）等与获得抗战胜利70周年纪念章的老战士老同志合影

③ 2015年6月16日，市委老干部局举办东莞市2015年老领导"创新驱动发展"专题学习班

④ 2015年9月，东莞市老干部艺术团参加2015年全国健身秧歌、健身腰鼓及手拍鼓大赛获得手拍鼓项目B组12—16人组规定套路、健身秧歌项目A组12人组规定套路和自编套路等三项单项一等奖

宣　传

【宣传概况】　2015年，东莞市宣传文化工作围绕“加快转型升级、建设幸福东莞、实现高水平崛起”的中心任务、服务大局，稳中求进、改革创新，统筹兼顾、加强基层，舆论引导主动有效，形象宣传多姿多彩，文明创建再开新局，文化建设蓬勃发展，理论阵地守土尽责，宣传信息调研名列前茅，宣传“不一样的东莞”，为全市强化“两个支撑”、力争“三个走在前列”、努力实现高水平崛起，提供强大精神文化力量。

【舆论引导】　2015年，东莞市加强与中央、省媒体的沟通，市领导带队走访人民日报社、中央电视台及其广东记者站、人民网、南方日报社等媒体；举办4期媒地沟通交流活动。

驻莞媒体管理　清理整顿驻莞记者站，追究不实报道，推进市内媒体规范管理。出台《关于强化责任意识防范政治差错的指导意见》，提高政治意识、责任意识和把关意识。

正面新闻推介　在《南方日报》《羊城晚报》等媒体推出多个重点主题报道。中央主要媒体刊播涉莞正面报道2170篇、省直及驻莞媒体主报（台、网）刊播7772篇，分别比上年增长20.5%和16%。组织重点媒体赴新疆、西藏、韶关、揭阳采访报道东莞市帮扶援建工作，累计刊发原创新闻稿件200余篇，主持召开全市性新闻发布会36场，向人民网“今日东莞”、新华网“魅力东莞”等专栏推送信息4000多条，莞香花开微信发布信息920多条，微博1800多条。

负面舆情管控　每天8:30、20:30左右以短信、微信等方式向市领导发出《舆情快报》，为领导掌握舆情动态、引导社会舆论、指导全局工作发挥重要作用；编印《舆情信息》178期；协调处置参与处理微软东莞工厂关停等突发或敏感事件100多宗；紧盯社会关注度高的热点问题，及时形成新闻通稿，借助人民网、新华网等主流权威网络平台发声。

协调主要领导宣传东莞　市委、市政府主要领导接受新华社、《人民日报》、中央电视台、《经济日报》、《南方日报》等中央、省直重点媒体专访近20次。

【形象宣传】　全方位策划形象宣传　2015年，东莞市委宣传部与市委党校、中山大学分别合作开展城市形象的提升与传播评估、研究课题；与清华大学城市品牌研究室合作开展城市形象传播规划课题，对2016—2020年城市形象传播工作进行整体规划。

多形式开展　策划制作5部城市形象动漫短片，浏览点击量近1500万次；持续策划“影响中国的东莞人”“东莞十大行动”系列宣传活动，打响东莞“名人名史文化”“改革创新文化”品牌；开展“发现精彩”微摄影、微电影和微段子三大活动，激发市民传颂东莞的热情；征集建起篮球城市雕塑《众志拼搏》，展现“不一样的东莞”。

多平台展示　借助苏迪曼杯、加博会、漫博会、海博会、智博会、科技合作周等重要活动，中华龙舟赛、采香日、南方草莓音乐节等文体活动宣传城市形象；利用苏迪曼杯比赛契机，精心策划新闻热点，邀请13个国家和地区的110家媒体采访报道。

走出去推介　结合第七届漫博会推介和招商活动，赴北京、上海、长沙等地对外传播东莞城市形象；举办“不一样的东莞”摄影展，赴绵阳、平遥、连州、北京、香港等地展出。

凝聚合力　推动各镇街（园区）、市直部门和市属媒体主动挖掘新闻亮点素材，向中央、省及境外重点媒体推介，“大宣传”合力明显增强。发动民间广泛参与，发动社会各界共同唱响“不一样的东莞”，网上东莞好故事、东莞好声音不断涌现。

【文明创建】　核心价值观建设　2015年，东莞市推进核心价值观建设“落细、落小、落实”，组织开展“同在莞邑”核心价值观进企业进军营活动320多场，召开7场市级示范点现场会，各镇街（园区）召开120多场示范点现场会，打造133个核心价值观建设示范点、100多个核心价值观主题公园（广场、街路），完成黄旗山城市公园文化景观建设首期工程。组织开展践行核心价值观志愿服务、主题宣传等活动1500多场次；坚持每季度集中发布企业诚信“红黑榜”；深化文明旅游、文明交通、文明家风等宣传实践行动。

“好人之城”建设　坚持每月走进镇街发布“东莞好人榜”，全市有233人入选“东莞好人榜”，达到历年最高，东莞机电工程学校校长曹永浩成为东莞市获评“南粤楷模”第一人，横沥“牛经纪”张扬锦获评全国、全省“道德模范”提名奖，8人入选“中国好人榜”、5人入选“广东好人榜”、总入选人数达到历年最高。

“志愿之城”建设　举办65期志愿者周末学堂；苏迪曼杯羽毛球赛志愿服务获得国内外交口称赞；全市注册志愿者达83.4万人，拥有3万多名青年网络文明志愿者。《广东东莞志愿服务在三个“全覆盖”上下功夫》等经验做法得到中央和省委两级宣传部、文明办的肯定推广。

未成年人思想道德建设　扶持181所学校少年宫建设，实现212所公办学校全面建成“学校少年宫”；重点扶持6个青少年宫、7个中小学生综合实践基地建设。

基层文明创建　对基层的经费扶持数额和覆盖面实现历年之最，达1115.5万元；新创建172个“东莞市精神文明建设先进单位”；实现市级文明镇（街）全覆盖；沙田虎门港、茶山、市社保局、文广新局、国税局等5个镇街、单位成为省文明村镇、单位。

【文化改革与发展】　文化改革稳步深化　2015年，东莞市成功入选全国数字文化馆试点城市。稳步推进公共文化服务体系建设。推进媒体融合发展，出台《东莞市关于推动传统媒体和新兴媒体融合发展的实施方案》。“莞香花开”获评2015广东互联网政务论坛颁发的“最具特色政务微信公众号”。东莞阳光网获评“全国媒体融合创新先锋品牌奖”。

文化事业欣欣向荣　推出音乐剧《啊！鼓岭》和话剧《银锭桥》，分别完成全国巡演63场和35场。在省第八届群众戏剧曲艺花会上东莞市获奖牌数列全省各市第一位。稳步推进电视连续剧《袁崇焕》和电影《我是英雄》的创作拍摄工作。评选扶持“文化惠民”十大活动品牌。

文化产业蓬勃发展　举办文化产业专题会议、文化产业培训班，认定第二批市级文化产业园区（基地）和重点文化企业共15家，成功举办第七届漫博会，做好2015年度2个专项资金申报评审工作，扶持（奖励）文化精品项目、补助文化产业项目461个3733万元。

【理论武装】　2015年，东莞市举办6期“东莞学习论坛”、7期市委中心组学习。各镇街（园区）党委中心组开展集中学习逾500次。开展党的十八届五中全会精神宣讲，组织省、市专家集中宣讲50多场。开展重大决策咨政课题研究，

围绕“四新”（新技术、新产品、新业态、新模式）经济，推出10个主题研究报告，多个报告获得市委主要领导批示肯定。全面清理规范举办的社科（理论类）论坛，审批报告会50多场次。

【宣传亮点工作推介】 2015年，东莞市宣传文化工作在中宣部各类刊物上刊发亮点工作数量居全省地级市第一位，在省委宣传部《广东宣传》《省委宣传部简报》上刊发亮点工作数量居全省地级市第一位。中宣部《宣传工作》推介东莞以音乐剧提升城市文化形象的做法，中宣部《决策参考》推介东莞繁荣新莞人文艺创作的做法，中宣部《每日要情》推介东莞推动核心价值观进企业的做法，中央外宣办《对外宣传通讯》推介东莞依托国际体育赛事推介城市形象的经验，中央文明办推广东莞提升志愿服务水平的做法。 （孙江峰）

附：2015年中共东莞市委宣传部主要领导名录

部　长：潘新潮（兼）

统一战线

【中央、省委统战工作会议精神贯彻落实】 2015年5月和9月，中央统战工作会议和省委统战工作会议分别召开。东莞市委统战部就会议精神先后向市委常委会议做汇报，提出贯彻落实意见，并向党外代表人士通报情况。11月6日，市委统战工作会议召开，市委书记徐建华在会上讲话，对东莞市贯彻落实中央、省委统战工作会议精神，做好新时期东莞统战工作进行全面部署和具体要求，为东莞市开展统战工作明确方向和要求，提振士气信心。

【统一战线书画摄影比赛】 2015年6—10月，东莞市委统战部为纪念抗日战争胜利70周年，展示东莞市统一战线成员的精神风貌和艺术成就，创新文化统战工作，联合市海外联谊会举办东莞市统一战线“同心杯”书法·美术·摄影作品比赛。比赛反响热烈，广大书画摄影爱好踊跃参与，共收到参赛作品1325幅，其中书法作品167幅，美术作品206幅，摄影作品952幅，组委会特别邀请省市书法、美术、摄影界知名专家担任评委，最终各评出书法、美术、摄影类作品金奖1幅、银奖3幅、铜奖5幅、优秀奖15幅、入选30幅，并于12月7—17日在东莞图书馆展出。

【“机关大学堂”学习培训】 2015年3月，市委统战部为营造机关良好学风，提升统战干部综合素质，推动统战工作开展，启动“机关大学堂”学习培训计划，每月安排半天或一天时间，组织统战口相关部门机关和市党派办的干部职工开展集体学习培训。全年举办学习讲座7次，实践体验1次，内容涉及学习中共中央总书记习近平系列重要讲话、心理调适、依法治国、养生保健、公文写作、摄影技巧等。

【党外干部工作】 2015年，东莞市委统战部抓好党外干部培训教育，联合市社会主义学院先后举办民主党派干部培训班、党外科级干部培训班、党外科员培训班等。做好党外干部挂职锻炼工作，6月25日东莞市启动党外代表人士实践锻炼基地工作，10个党外代表人士实践锻炼基地正式挂牌，包括6个镇（街道）、2个市直单位和2个园区；首批5名党外干部到实践锻炼基地挂职锻炼。与市委组织部联合印发《东莞市党外代表人士实践锻炼实施办法（试行）》，为实践锻炼基地工作提供制度保证。开展党外副科级以上干部调查工作，收集副科级以上党外干部资料417份，完善党外干部资料库，掌握全市党外科级以上干部的基本情况。成立统一战线智库，颁发《东莞统一战线智库管理办法（试行）》，确定首批智库专家人选31名，入选专家主要分布在公共管理、经济管理、司法、科教文体、医疗卫生等领域。智库专家就东莞实施创新驱动发展战略、全市十三五规划、东莞首个法律条例等多项重要工作参与协商并提出意见。

【多党合作工作】 2015年，东莞市委统战部出台《东莞市无党派人士认定工作办法（试行）》，并开展3批无党派人士认定工作，共认定36名无党派人士。召开民主党派负责人暑期座谈会，加强政党协商。各民主党派、无党派代表人士对市经济社会发展提出协商报告11份，对东莞“十三五”规划基本思路提出意见建议33条，对市委支持民主党派自身建设提出意见建议6条。为2016年民主党派市委会换届做准备，支持党派自身建设，加大对党派后备干部培养力度，开展部分党派领导班子的届中调整，帮助民主党派基层组织换届等。推动知联会建立社会服务品牌，从组织架构、会员结构、管理制度等方面推动知联会“转型升级”，提高参政议政功能。

【非公有制经济统战工作】 2015年，东莞市委统战部促进非公有制“两个健康”发展。在非公经济人士中开展以守法诚信为重点的理想信念教育实践活动，包括服务企业转型升级，加强法律维权工作，推进非公企业文化建设，加强基层工商联（商会）组织建设等。支持世界莞商联合会召开“加强青年莞商培养、推动实体经济发展”座谈会，激发全市非公经济活力和创造力。配合省光彩会工作，引导非公有制经济人士开展产业扶贫活动。加强非公有制经济代表人士综合评价工作，与16个参评部门协调沟通，明确参加综合评价部门责任，审核有关指标，确保综合评价工作顺利推进。

【民族宗教事业推进】 2015年。东莞市委统战部加强涉民族宗教因素纠纷事件的排查调处，共调处各类矛盾纠纷20多起，无涉民族宗教因素的群体性事件。强化专项整治，构建正常宗教秩序。严格按照备案审批制度指导各类宗教活动有序进行，顺利完成20余起大型宗教活动。开展宗教乱象治理工作，对4个整治对象进行妥善处置，依法处置13处非法宗教活动点，查处非法宗教活动17起，处理自封传道人12名，联合有关部门收缴宗教反宣资料3万多份，完成省下达任务。推进伊斯兰教临时礼拜点专项整治，关停1处，给予临时认可8处。开展民族团结进步创建活动，推动民族工作纳入社区发展规划。民族团结进步宣传月期间，全市开展各类活动200多场次，悬挂标语600多条，海报3000多张，电视、小区电梯视频、各类LED显示屏以及各大官方网站、微博、微信等媒体滚动播放、发布标语、图片、视频等近30万次。强化培训教育，提升民族宗教队伍综合素质。举办民宗干部业务培训、民族宗教界代表人士政策法规培训、消防安全培训等培训班多期，共培训2000多人次。

【港澳莞籍乡亲联谊】 2015年，东莞市委统战部推动港澳莞籍社团建设工作，推动村级同乡分会、“六支队伍”建设，全市村级分会数量超过200个，56个香港莞籍乡亲社团基本建立健全首长队伍、秘书队伍、义工队伍、青年队伍、妇女队伍与信息员队伍等“六支队伍”的组织架构。推动澳门镇街同乡会建设，有常平、凤岗、茶山、虎门4个澳门镇街同乡会。组织开展恳亲、观光及座谈联谊活动，共计参加港澳乡亲社团组织的联谊交流活动50场次，协助市、镇共组织开展各种联谊活动100多场次，联络旅港、旅澳乡亲2万多人。

（孙振兴）

附：2015年中共东莞市委统战部主要领导名录

部　长：李小梅（兼）

政策研究

【政策研究概况】　2015年，东莞市委政策研究室围绕“三个走在前列”的战略重点，强化宏观谋划和政策研究，统筹推进深化改革，完成各项工作任务，得到各界认可。全年起草政策文件、调研报告、工作汇报等各类文稿115份，参与和组织调研活动60多次，召开改革工作协调会、政策解读会等150多场，办理涉及改革工作的征求意见文件210多份。

【政策研究水平提升】　决策参谋　2015年，东莞市委政研室牵头起草《中共东莞市委关于制定国民经济和社会发展第十三个五年规划的建议》，成为今后一个时期市法治建设的行动纲领。制定《全面深化法治东莞建设2015年行动计划》及任务分工表，开展任务督查和第三方评估，为市全面深化法治建设走在前列提供保障。起草《东莞市关于推广自由贸易试验区可复制改革试点经验的意见》《东莞对接国家自由贸易试验区发展的意见》，推动东莞全面对接国家自由贸易区。起草《东莞市农民住房管理暂行办法》《市委市政府关于推进农业转移人口市民化的意见》《东莞市基本公共服务同城同待遇批次清单》等文件，为推动新型城镇化建设提供政策指导。起草《东莞市创新基层社会治理综合改革实施方案》，制作《东莞市创新基层社会治理综合改革实施方案》图解手册，建立完善基层自治、政务服务等社会领域政策体系。起草《东莞市2015年推进简政放权放管结合转变政府职能工作方案》，从行政审批、投资审批、职业资格、收费清理、商事制度、科教文卫体领域、监管方式创新等7个方面进行具体部署。牵头制定《关于引导民营资本发展实体经济的实施意见》，提出实施“投资兴企”“创新强企”“培育壮企”“融资助企”“服务惠企”五大行动共30条具体举措。

重点研究　拓宽“上下配合、横向联合、内外结合”的大调研路子，合作研究成果丰硕。强化与部门的横向联动，开展优化财政投资项目管理、新型产业用地管理等8次综合调研。加强与镇街（园区）合作，开展水乡经济区政策体系研究、PPP模式研究、跨境电商园区建设研究等。加强与上级部门对接，配合中央政研室、省委政研室等来莞调研27次。加强与兄弟省市的交流联系，接待甘肃省委政研室、广州市等来莞调研考察38次，赴外地考察学习8次。

战略研究　强化与各大智库对接，针对市重点、难点、热点问题，启动多领域的战略课题研究，为领导战略决策提供决策参考。委托广东亚太创新经济研究院、东莞社会建设研究院、东莞暨南大学研究院等研究机构，开展供给侧结构性改革、对外招引高新技术企业、利用国家政策性金融资源、深莞惠公共服务一体化等13项研究课题。

以文辅政　草拟《关于东莞市“十三五”规划总体考虑的情况汇报》《关于广东加快发展“八型经济”的战略思考》《TPP对东莞出口贸易及外商投资的影响分析》《东莞党校教育培训工作情况汇报》《东莞市2016年重点经济工作的情况汇报》等报告，得到上级肯定，其中《TPP对东莞出口贸易及外商投资的影响分析》得到中财办领导高度评价。

政研服务　在明晰各刊物服务定位基础上，提升编印质量，办刊水平提高。印发《决策参考》9期、《政策动态》36期、《政策预研》26期，编印信息21期，其中2篇被省委改革办采用、6篇被市委办采用，印发《每日经济》248期，得到省市领导批示8次。

【全面深化改革制度设计】　2015年，东莞市委政研室协助市委改革领导小组召开6次会议，审议35份改革文件。牵头制定《东莞市2015年改革行动计划》，明确经济、政治、文化、社会、生态文明、党的纪律检查体制、党的建设制度等7个领域50项具体改革任务；制定《东莞市2015年改革行动计划任务分工表》，系统梳理318项改革事项，制定改革台账，整体推进各项改革工作。完善市委改革领导小组专项小组、市委改革办、改革牵头单位共同推进改革的工作机制，形成合力，进一步建立健全深化改革的政治保障、统筹协调、跟踪问效、督查考核、宣传引导等机制，其中，开展改革项目“单打冠军”考评，制定《2015年度改革项目“单打冠军”申报评定细则》，明确相关评定方式，评选出“三互”大通关改革等12项改革“单打冠军”，在全市总结大会上通报表彰。深入推进项目投资建设直接落地改革、“三互”大通关改革、“多证联办”改革，出台《关于推广实施项目投资建设直接落地改革经验的意见》等文件，加强改革制度设计，助推改革不断深化。

【网上办事大厅建设】　2015年，东莞市委政研室以政研手段推动市网上办事大厅建设，起草《2015年东莞市网上办事大厅建设工作方案》《东莞市网上办事大厅村居办事点建设方案》，实现村居服务点全覆盖，指导督查各镇街加快村居服务点建设。完善“两页”建设，完善推广企业专属网页和市民个人网页，拓宽激活渠道，丰富服务功能和服务事项。提升网上办事效能，推动各部门创新服务方式、优化业务流程，提高网上全流程办理率、网上办结率，减少申请人到现场次数，提高上网办理率。2015年，东莞市在各地市“三率一数”、镇街办事站、与主厅联通等指标评价中列全省第一名。

【跨境电商政策体系构建】　2015年，东莞市委政研室通过建立健全跨境电商政策体系，助推全市跨境电子商务发展。健全完善体系引导扶持政策，推动出台《东莞市电子商务专项资金申报指南》，指导松山湖、东城、凤岗等镇街、园区出台配套政策，形成市镇两级优惠政策叠加效应，推动跨境电商企业试点集群注册。推动东莞跨境贸易电子商务中心园区建设，10月，该中心园区揭牌启用，海关、检验检疫进驻开展通关试点作业。加快东莞跨境电商公共服务平台。构建跨境电商产业生态系统。成功举办2015东莞跨境电子商务O2O外贸交易会、东莞国际采购商洽谈大会，搭建跨境电商发展的线下交易体系。2015年全市电商企业突破4000家，超过7000家制造企业从事跨境电商交易。全年实现东莞邮政国际小包业务量3430万件，日均9.5万件，分别比2014年和2013年增长181%和565%。

【市长经济顾问协调联络】　2015年，东莞市委政研室履行市长经济顾问协调联络职能，做好对市长经济顾问的沟通联络和决策咨询等工作，服务市长经济顾问为东莞发展建言献策。增聘丁志杰为市长经济顾问。成功举办2015年市长经济顾问专题咨询会，整理汇总市长经

济顾问在会上所提建议，形成《关于市长经济顾问建议的部门分工表》，做好意见建议成果转化工作。委托徐诺金、汤敏等市长经济顾问开展重要课题研究，为东莞发展出谋划策。配合市长经济顾问在莞调研，提供情况和数据等。

（市委政策研究室）

附：2015年中共东莞市委政策研究室主要领导名录

主　任：邓　涛（任至5月）
　　　　叶淦奎（6月到任）

机构编制

【机构编制管理概况】　2015年，东莞市机构编制委员会办公室开展机构编制审查审核、日常管理、监督检查等工作，市政府于3月出台控编减编工作方案，对全市编制实行总量控制。创新编制使用，冻结公益二类、三类事业单位20%空编，在教育、卫生系统探索编制实行统筹使用。

【机构编制配置优化】　法治工作保障强化　2015年，东莞市机构编制委员会办公室适应东莞市地方获得立法权的需要，在东莞市人大机关增设东莞市人大常委会内务司法工作委员会，承担原法制工作委员会的内务司法职能，强化法制工作委员会立法职能；在市法制局设立法规科、撤销行政复议科后分设行政复议立案科和行政复议案审科，提升东莞市地方立法能力，推动法治东莞建设。

行政执法工作保障强化　结合工商质监管理体制调整，优化机构编制。重新核定工商基层分局编制，推动工商系统执法力量下沉；组建质量技术监督局第四分局（水乡分局），重新核定稽查局及各分局编制，充实基层执法力量。加强文化执法、渔政执法等领域机构编制配置，增强执法力量。

公共服务工作保障强化　重点推动机构编制资源向民生领域倾斜，理顺市残疾人康复中心和市特殊幼儿中心职能分工，完善市金菊福利院、市社会捐助站机构设置，增强工伤康复中心、社保基金中心工作力量，新设市“12345”政府服务热线管理中心等。

【议事协调机构精简】　2015年，东莞市机构编制委员会办公室按照精简效能、上下对应、分类处理原则，对市委序列和市政府序列的议事协调机构进行全面清理。其中，经市委同意保留的市委议事协调机构37个，精简率为39.3%；经市政府同意保留的市政府议事协调机构39个，精简率为77.7%。

【非许可类别清理】　2015年，东莞市政府职能转变决策咨询委员会对市政府部门非行政许可审批事项进行清理，市政府于8月印发《东莞市人民政府关于取消非行政许可审批事项的通知》，不再保留“非行政许可审批”类别；出台《东莞市2015年行政审批事项目录》，明确东莞市保留的226项行政许可事项和188项下放事项。

【审批中介服务清理】　2015年，东莞市府办印发《东莞市清理规范政府部门行政审批中介服务工作方案》，全面清理规范市政府部门行政审批中介服务项目及收费，推动营造市场导向、行业自律、服务高效、监督有力的中介服务市场，促进中介服务市场健康发展。

【权责清单制度推行】　2015年，经东莞市委、市政府同意，市委办、市府办印发《东莞市推行权责清单制度工作方案》，在全省率先开展全面推行权责清单制度工作，探索制定市、镇两级的权责清单。12月，市政府出台《东莞市人民政府部门权责清单》，公布48个市直部门的各类职权共7133项；出台《东莞市人民政府有关部门职能调整目录》，公布取消各类职权62项，转移4项，下放728项。

【区域统筹发展体制改革】　2015年，东莞市机构编制委员会办公室探索推进松山湖与生态园、长安镇与长安新区的统筹发展体制改革，分别对松山湖与生态园、长安镇和长安新区有关内设机构、事业单位以及市直部门的派驻机构进行优化调整，搭建统筹发展的行政管理体制新模式。

【工商质监管理体制改革】　2015年，东莞市机构编制委员会办公室落实省关于调整工商、质监部门管理体制的方案，在不增加市政府工作部门个数前提下，推进市工商局、质监局由原来的省垂直管理调整为市政府的工作部门，优化职责、机构、编制等配置。在市工商局，按“撤一建一”原则，设立市场监管体系建设协调科，将外商投资企业登记管理科的职责划入登记注册科，在登记注册科加挂牌子，在市场合同管理科加挂网络商品交易监督管理科牌子；在市质监局，组建质量技术监督局第四分局（水乡分局），负责水乡特色发展经济区“10镇1港”的质量技术监督工作。

【专项改革创新推进】　整合不动产登记职责　2015年，东莞市机构编制委员会办公室将全市土地、房屋、林地、海域等不动产登记职责整合到市国土资源局，将市房产管理局调整为归口市国土资源局管理，加挂市不动产登记中心牌子，负责配合开展不动产登记有关工作；撤销市土地登记中心，实行全市不动产统一登记。

调整纪检监督体制　调整市纪委（监察室）的职能及内设机构，加强市纪委（监察室）纪检监察办案能力，在维持内设机构数量不变前提下，将纪检监察办案内设机构数从原来的2个调整为7个；在市林业局、市审计局增设纪检组（监察室）；将市科技局等8个部门的纪检监督机构调整为派驻。

开展法人治理结构探索　增加市科技馆、虎门鸦片战争博物馆为试点，探索建立法人治理结构。（黎北杰）

附：2015年东莞市机构编制委员会办公室主要领导名录

主　任：祁达洪

机关党建

【机关党建概况】　2015年，中共东莞市直属机关工作委员会内设办公室、组织科、宣教科、群团科4个职能科室和市直机关武装部及市直纪工委，干部职工20人。直管党组织100个，其中党委63个，党总支12个，党支部25个；管理的基层党组织共有1305个，机关党员总数2.63万人。

【机关党员思想政治建设】　2015年，东莞市直工委抓好机关党员理论学习和思想引导，深入学习贯彻十八届四中、五中全会精神和总书记习近平系列讲话精神，先后邀请5名国内知名教授，就“三严三实”“党性修养”等专题开展辅导讲座，机关党员6000多人次参加。为全市机关党员推荐订发《习近平谈治国理政》等11种学习书籍共5000多册，引导机关党员加强理论武装，凝聚改革发展共识。

【“双创双联”党建主题活动】　2015年，东莞市直工委开展“服务中心创品牌、固本强基创示范，机关联基层、党员联群众”主题活动。推进服务型党组织建设，共培育命名59个机关服务型党组织示范点；夯实基层基础，示范型党支部培育有序进行；近万名党员干部开展联系服务基层群众活动，设立联系点2000多个，联系群众9000多人次，为基层和群众办理实事2万多宗。通过党建主题活动，找准和解决工作薄弱环节，强化重点工作延续对接和持续提升，推进机关党建工作虚功实做。

【机关党员志愿服务常态化机制构建】 2015年，东莞市直工委以“互联网+”党员服务为切入点，创设启动“东莞机关党员服务微平台”，共“晒”出与基层、企业和群众密切相关的23类51个单位160余个党员服务项目信息，作为机关党员服务“前台”，方便群众办事。采取集中大型服务和分散常态服务相结合、组团服务和单独服务相结合的形式，开展各类专题志愿服务活动100多场次。开展“机关党员进社区，志愿服务促和谐”“践行核心价值观，全民服务我先行”“践行核心价值观，机关党员当先锋”志愿服务主题活动，现场为群众解决问题或办理实事近3000宗，机关党员服务基层群众步入常态化、长效化。

【“学党章·遵条例·强党性”知识竞赛】 2015年，东莞市直工委围绕党章、《中国共产党党和国家机关基层组织工作条例》、十八大精神、核心价值观等重点，举办市直机关“学党章·遵条例·强党性”知识竞赛。组织党员广泛学，层层比学推选手，参与学习党员人数达1.7万人，100支队伍参加初赛、晋级的10支队参加复赛，达到以赛促学目的，营造机关党组织浓厚学习氛围。编印《东莞市直机关党员学习笔记本》，将党的知识、优良传统和工作作风等丰富内容附于党员学习笔记本中，强化党员经常性教育学习，实现党员教育经常性、广覆盖、齐参与。

【“我为价值观修身”行动开展】 2015年，东莞市直工委开展“我为价值观修身”行动，发挥机关党组织和党员在全市普及推广核心价值观中的示范表率作用，牵头组织机关党组织开展学习宣传、主题征文、主题摄影、志愿服务、“一单位一实事”等“五个一”活动，引领推动弘扬核心价值观在机关单位落地生根、形成常态。举办社会主义核心价值观专题学习会，开展“践行核心价值观，机关党员展风采”主题摄影知识讲座、作品评比和摄影展活动，推动核心价值观“落细、落小、落实”。

【机关党组织建设】 2015年，东莞市直工委坚持重心下移，制定加强党支部建设指导意见，培树一批机关示范型党支部，总结一批支部工作案例，加强支部工作交流，有序推动支部逐步建强。加强机关党组织班子建设，全市有正科级专职副书记职数的党组织75个，配备到位68名；开展机关内设机构和部门党组织书记述职评议考核工作，推动机关党建责任层层落实。严格党内组织生活，开展“三严三实”专题教育活动，开展党的政治纪律和政治规矩教育，督促机关各级党组织加强“三会一课”、民主生活会、组织生活会等制度落实，增强党内组织生活原则性、战斗性、实效性。

【机关党员教育管理】 2015年，东莞市直工委调整思路，改进方式，提升党员教育管理针对性和实效性。完善机关党员学习平台，邀请中央党校等国内著名学者举办专题讲座，提高“机关大学堂”品位和影响力。全年举办机关党组织书记党性锤炼班、专职副书记任职培训班和能力提升班、党务干部培训班、入党积极分子培训班和新党员培训班等共9期，集中培训党员干部5000多人次。贯彻落实新修订的《发展党员工作细则》，加强发展党员计划管理，保证机关党员发展需求，把好发展党员各个关口，全年发展党员850名，预备转正676名。

【机关政风行风评议】 2015年，东莞市直工委制定评议方案，组建市直行评团，开展40家医疗机构政风行风评议，委托第三方机构开展测评，经行评团现场评议，市直属医疗机构的总满意率均超过88%。抓好手机短信测评工作，32个受评单位满意率为99%。做好“阳光热线”上线和“阳光网”问政平台系列工作，安排单位上线33次，编报节目回访情况反馈24期，电话回访群众169宗，平均满意度95%，促进机关服务质量和工作效率提升。 （吴九华）

附：2015年中共东莞市直属机关工作委员会主要领导名录

书　记：黄　薇

接待工作

【接待概况】 2015年，东莞市接待办接待内宾、重要港澳台侨宾客共539批2.16万人次，批数比上年上升1.3%。其中中央领导12批。省部级领导149批229人，人数比上年上升11.2%。地、县级领导379批1.65万人次，批次比上年上升4.1%。来莞的党和国家领导人有：十六届、十七届中共中央政治局委员、常委李长春；中共中央政治局委员、广东省委书记胡春华5次来莞考察；第十三届中共中央政治局委员，第八、九届全国政协副主席杨汝岱；全国人大常委会副委员长、民建中央主委陈昌智；全国政协副主席、全国工商联主席王钦敏；全国政协副主席、科技部部长万钢；十一届全国政协副主席厉无畏。

【大型会议活动接待】 2015年，东莞市接待办全配合、参与市主办、承办的大型活动，重点做好2015苏迪曼杯羽毛球赛、2015加博会、第七届漫博会、2015年海博会、2015国际科技合作周、全国口岸工作现场会、珠三角地区水环境综合整治与绿色生态水网建设现场会；省委主要领导和省政府主要领导调研组来莞考察，广东省推进珠三角地区“九年大跨越”工作现场会，2015“千人计划”专家东莞行等会议及活动的统筹协调，完成参会重要领导、贵宾的接待工作。

【重要团队来访及市领导外出保障服务】 2015年，东莞市接待办做好后勤保障服务，完成湖南省党政代表团，张家界、苏州市、焦作市、晋江市、开封市党政代表团，河池、江门、湛江、娄底、绍兴以及台湾新竹、桃园等地考察团的接待工作；配合做好市党政代表团赴香港拜访，赴韶关对口帮扶，赴长三角、东北三市、北京高校、郑州解放军信息工程大学等地交流拜访的后勤服务保障工作。

【公务接待管理】 2015年，东莞市接待办起草并以“两办”名义下发《进一步规范和加强党政机关国内公务接待管理工作的意见》，作为中央八项规定后首份出台的接待工作指导性文件，推动东莞市各级公务接待工作制度化、规范化。修订完善《参观点汇编（2015）》《东莞味道》，深入镇街了解市重大发

展平台、产业特色、历史文化特色，围绕市委、市政府的中心工作挑选参观点，新增参观点171个，梳理条理框架并制作关键词索引表。对2000年以来的接待档案资料进行全面整理，发挥档案数据库作为历史资料及参考查阅的基础功能，在2015年底创建成为“省特级档案管理单位”。（黄彦奇）

附：2015年东莞市委、市政府接待办主要领导名录

主　任：梁　燕

党校工作

【干部培训概况】　2015年，中共东莞市委党校（东莞市行政学院、东莞市社会主义学院）完成计划内主体班69期9864人次，培训期数和人次比上年分别增长2.98%和86.71%，其中，培训市直处级领导干部225人次，镇街领导干部222人次，科级干部2421人次，其他干部6996人次。在办好常规主体班次的同时，围绕中央和省、市委工作部署举办社会主义核心价值观培训班、坚定理想信念专题研讨班等培训班；网络学院完成15期1.67万人次的在线培训及1次全市公务员学法在线考试。

【党校教学改革】　2015年，中共东莞市委党校推动“教学品牌工程”，创新思路和方式，干部培训针对性、实效性增强。突出主业主课，优化教学布局，坚持以理论教育、党性教育、作风建设、知识教育、能力提升为重点，分类设计教学专题。全年共新设24个专题，每门新课均通过试讲后进入课堂。推行现代教学方法和教学手段，把讲授式、案例式、模拟式、体验式、研讨式、现场教学等教学方式广泛运用到干部教育培训中。新开设8个现场教学课，新开发东莞厚街消防教学培训基地和麻涌豪丰环城环保产业园2个现场教学点。开展情景模拟实训教学，在中青班、正科班等主体班中开展新闻发布会和危机管理2个课程的情景模拟教学，受到学员欢迎和肯定。加强日常教学管理，建立教学督导机制，教学督导员经常性、不定期地旁听课程，了解和反馈教学情况，帮助教师改进教学工作；扩大公开课覆盖面，全年共举办5期公开课，及时组织交流讨论，促进教师共同学习提高；推动精品课建设，按照评选规则和程序，确定“新常态下的东莞经济转型升级研究”等4个精品课。抓好学员入学“两个带来”活动，归纳总结不同班次类别学员普遍关注的理论问题、工作重点、难点问题等，研究分析干部培训需求，教学针对性提高；通过开展评教、班委座谈、班主任访谈等形式，收集梳理学员意见建议，为改进教学工作提供重要参考。

【党校科研资政】　2015年，中共市委党校共取得科研成果116项，其中发表论文77篇，完成课题37项，出版专著2部，另有5项成果获省市有关部门奖励。推动“教学科研一体化”，首次把校内一般性课题全部聚焦于教学类专题，组织教师进行自主申报共计20项，成果评审通过后纳入到2016年度教学实施方案。抓好校内重点课题研究，做好决策咨询服务，在2014年基础上，将《东莞全面深化改革系列问题研究（二）》作为2015年校内重点课题，确定立项6个子课题，进行深入研究，其中《东莞法治人才队伍建设的问题与对策建议》《加快东莞众创空间发展的对策研究》《关于虎门长安撤镇设区综合改革试点的若干建议》3篇资政报告获得市主要领导批示，另有研究成果被相关部门和镇街采纳运用。重视科研成果结集推广，将2013年、2014年、2015年教职工公开发表的文章分别汇编成册，将2014年校内重点课题研究成果编印成《探路——东莞全面深化改革系列问题研究》公开出版，并送有关领导参阅。纵向课题研究取得新突破，首次承接并顺利完成中组部党建研究所委托的“充分发挥基层党组织政治功能”课题研究任务，成果被评为二等奖；3项课题获全省党校（行政学院）系统2015年度哲学社会科学规划立项，5项课题获全省党校（行政学院）系统2016年度哲学社会科学规划立项；1项课题获东莞市2015年度哲学社会科学规划立项。搭建科研交流新平台，以“东莞城市形象提升与传播”等为主题，举办4期“文化沙龙”，邀请相关部门领导、专家参与研讨，及时公开报道，社会反响良好；校刊改名为《莞邑论坛》后，增设“镇街视点”“东莞发展动态”等新栏目，加大征稿、约稿力度，稿件来源更加多元，办刊质量提升，获广大读者好评。

【党校理论宣讲】　2015年，中共东莞市委党校抽调骨干教师参与市委宣讲团，开展“党的十八届五中全会精神”等宣讲活动近30场次；根据镇街和市直部门学习安排，选派教师到校外开展《中国共产党廉洁自律准则》《中国共产党纪律处分条例》宣讲活动近50场次；廉政教育基地全年共接待160批近6000人次参观学习，发挥了理论宣传阵地和党性锻炼熔炉的作用。

【全国党校工作会议精神学习贯彻】
2015年底，全国党校工作会议召开后，中共东莞市委党校学习贯彻全国党校工作会议精神，收集编印相关学习资料，组织全体教职工进行系统学习，组织中层以上干部结合工作实际，深入讨论研究，谋划贯彻意见。突出主业主课地位，把抓好党的理论教育和党性教育作为党校工作的重心，优化教学布局，确保理论教育课时占总课时比例达到70%以上，其中党性教育达到20%以上。坚持围绕中心，服务大局，发挥科研支撑教学和资政服务作用，围绕教学重点设立11个校内一般性课题展开研究；推进新型智库建设，征求市有关部门意见，聚焦市委市政府重大决策部署、社会热点难点问题开展研究，确定立项“东莞国家高新技术企业发展研究”等8个校内重点课题；在上年承接中组部党建研究所委托课题的基础上，继续承接该所2项课题研究任务。创新推进网络信息化培训，推进网络全员培训，在2015年主体班教学中，大幅增加干部网络培训课时；开发东莞市干部培训云课堂APP，搭建起党员干部学习教育新平台。加强干部队伍和师资队伍建设，组织教职工围绕党校姓党、向党中央看齐、从严治校等方面进行集中学习讨论，开展政治纪律和组织纪律教育；注重加强中青年教师培养，引导教师加强教学科研实践，发挥优秀教师传帮带作用，提高师资水平；加强学科建设和学科带头人培养，造就一批政治强、业务精、作风好的知名教师。

【东莞社会建设研究院】　2015年，东莞社会建设研究院围绕创院宗旨，积极探索、主动进取，各项工作取得新突破。立足自身实际，研究制定《东莞社会建设研究院组织架构设置方案》《院务会议制度》《财务管理暂行办法》等5项工作制度，确保各项工作规范有序开展。创新学术团队组建机制，初步构建起一支多层次、宽领域、高精尖的学术专家队伍，研究院的学术影响力和社会知名度显著提升。参与相关课题研究，组建团队主动参与课题投标，全年累计承接市有关部门、镇街课题项目24项。推进研究成果转化，“构建与经济新常态相适应的社会治理体系”“构建和谐劳资关系的长效机制研究”2项课题成果报告分别在《理论动

态》和《学习时报》上发表，“关于虎门长安撤镇设区综合改革试点的若干建议”资政报告获得市主要领导批示。举办以“以社会建设大家谈——商会在社会治理中的作用”为主题的论坛活动。

（刘　晓）

附：2015年中共东莞市委党校主要领导名录

校　长：甄瑞潮（任至4月）

校　长：白　涛（4月到任）

东莞市人民代表大会

【东莞市人大常委会机构概况】 2015年，东莞市人大常委会下设1个委员会：法制委员会。7个工作委员会：市人大常委会法制工作委员会、市人大常委会财政经济工作委员会、市人大常委会城建环境与资源保护工作委员会、市人大委员会教科文卫华侨外事工作委员会、市人大常委会选举联络人事任免工作委员会、市人大常委会农村农业工作委员会、市人大常委会内务司法工作委员会。1个处级办事机构：市人大常委会办公室。1个议事协调机构：市依法治市工作领导小组办公室。常委会办公室和工作委员会共设职能科（室）15个：秘书科、综合科、行政科、人事科、信访科、宣传科、老干科、法制工作委员会办公室、法制工作委员会法规科、财政经济工作委员会办公室、城建环境与资源保护工作委员会办公室、教科文卫华侨外事工作委员会办公室、选举联络人事任免工作委员会办公室、农村农业工作委员会办公室、内务司法工作委员会办公室。

【东莞市十五届人大五次会议】 于2015年1月28—30日在市会议大厦举行。会议听取、审议和批准东莞市人民政府工作报告；审查批准东莞市2015年国民经济和社会发展计划执行情况的报告与2016年国民经济和社会发展计划、东莞市2015年预算执行情况的报告和2016年预算草案，批准东莞市2015年市级预算执行情况的报告和2016年市级预算；听取、审议和批准东莞市人民代表大会常务委员会工作报告、东莞市中级人民法院工作报告、东莞市人民检察院工作报告。会议选举甄瑞潮为市人大常委会副主任，陈锡江为市人大常委会秘书长。王海清为东莞市中级人民法院院长，来向东为东莞市人民检察院检察长。大会听取列席会议的高层次人才代表和旁听人员对“六个报告”的意见。表决通过关于《深入推进依法行政　加快建设法治政府的议案》的决议，会议收集代表建议（含议案转建议）156件，经综合整理后交市政府办理。

【东莞市十五届人大六次会议】 于2015年5月6—7日在市会议大厦举行。会议表决通过《东莞市第十五届人民代表大会法制委员会组成人员人选名单》，通过东莞市第十五届人民代表大会法制委员会主任委员、副主任委员和委员的人选。会议对东莞市推进地方自我治理、改善地方法治环境、激活自身活力具有里程碑式的意义和影响。

2015年东莞市人大常委会机构设置

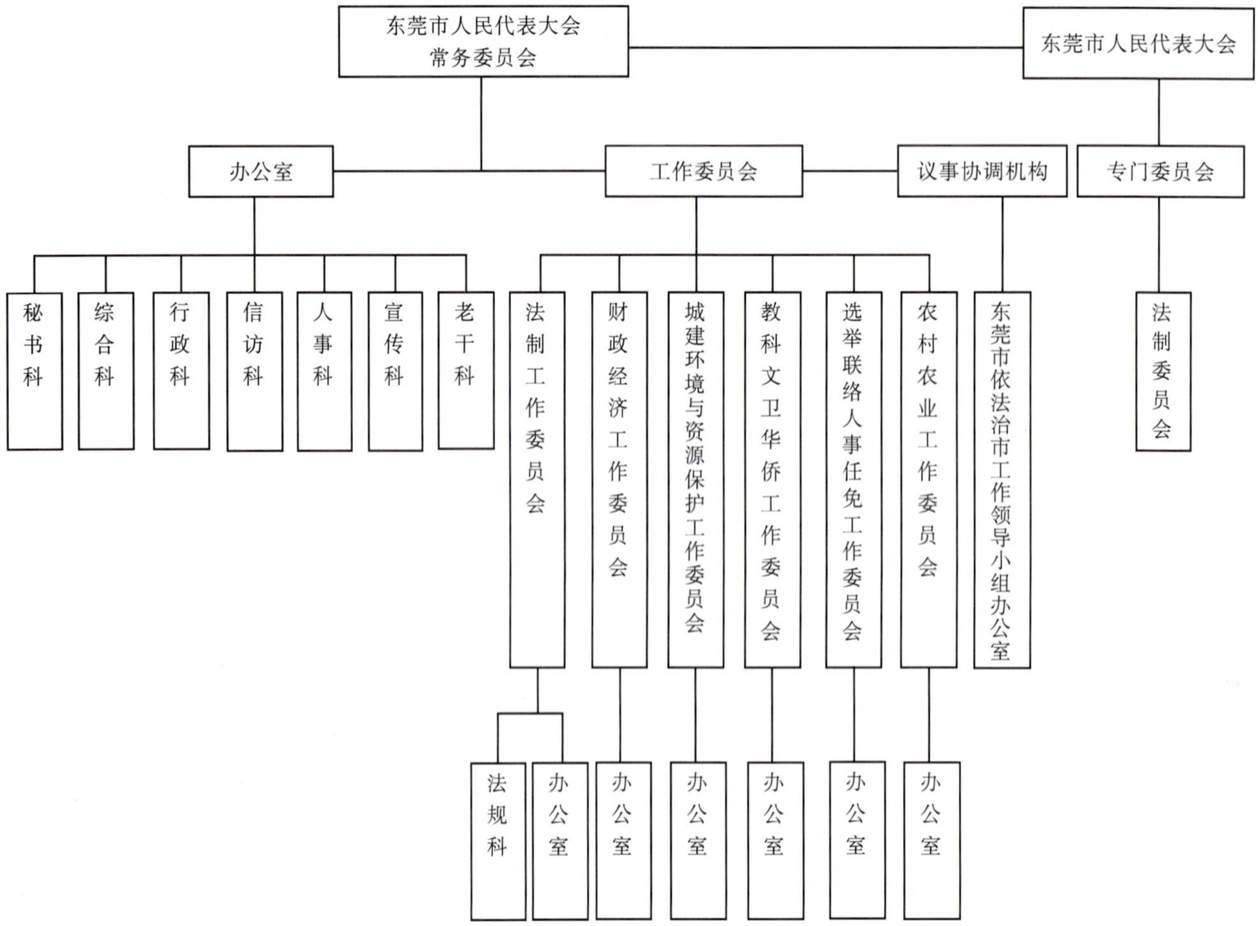

- 东莞市人民代表大会
  - 专门委员会
    - 法制委员会
- 东莞市人民代表大会常务委员会
  - 办公室
    - 秘书科
    - 综合科
    - 行政科
    - 信访科
    - 人事科
    - 宣传科
    - 老干科
  - 工作委员会
    - 法制工作委员会
      - 法规科
      - 办公室
    - 财政经济工作委员会
      - 办公室
    - 城建环境与资源保护工作委员会
      - 办公室
    - 教科文卫华侨工作委员会
      - 办公室
    - 选举联络人事任免工作委员会
      - 办公室
    - 农村农业工作委员会
      - 办公室
  - 议事协调机构
    - 东莞市依法治市工作领导小组办公室

东莞市十五届五次人大代表建议办理情况

序号	主办单位	建议标题及建议人	建议编号	办理情况	沟通情况	备注
说明	1. 表中的“办理情况”是指：A、所提问题已经解决或基本解决；B、正在解决或已列入计划解决；C、因条件限制或其他原因目前暂不能解决。 2. 表中的“沟通情况”是指：A、未沟通；B、见面沟通；C、座谈研讨；D、现场视察；E、上门走访；F、电话联系；G、其他。 3. 表中的“主办建议”是指：主办建议、分办建议、承办建议，不包括会办建议。 4. 表中部分建议同时涉及两个（多个）主办单位。					
1	交通局	关于大力推进银瓶创新区城市基础设施路网建设的建议 贾贵斌	20150013	B	G	
2		关于要求升级改造莞樟路（黄江段）的建议 黄伟庭	20150042	B	G	
3		建议完善东莞篮球中心交通疏导和公共停车位等配套设施 刘裕昌	20150045	B	G	
4		关于加快推动107国道大岭山段改线的建议 詹文光	20150063	C	F	
5		关于从莞高速东部快速互通立交增加建设横沥连接出入口的建议 香瑞嫦	20150066	B	G	
6		关于加强公交违法整治，提升我市公交服务水平的建议 林锐朗	20150070	B	F	
7		关于解决沿江高速建设遗留问题的建议 何坤仔	20150073	B	F	
8		关于尽快启动万江街道新村社区—道滘镇小河村的镇际联网路新村路段扩建工程的建议 李建筠	20150092	B	F	
9		关于加强东莞出租车管理的建议 王柏全	20150117	B	G	
10		关于加快跨镇路网工程建设进度的建议 陈佑荣	20150121	B	F	
11		关于莞深一体化交通对接问题的建议 朱国和	20150122	B	D	
12		关于加快全市公交体制改革，提升公交服务质量的议案 莫艳芬	20150140	B	F	
13		关于推动虎门港（太平）客运口岸易地转型升级，助力打造海上丝绸之路先行市的建议 陈尔龙	20150142	B	G	
14		20150023（望牛墩）关于增开水乡片直达城区公交路线的议案 简任昌	20150145	A	G	
15		关于加快山区片对外交通建设 加快融入深莞惠一体化发展的议案 曾定航	20150149	B	F	重点督办建议（环资工委）
16		20150037（沙田）关于尽快启动常虎高速虎门港支线二期建设的议案 邓流文	20150155	B	G	
17	教育局	关于加强提升班主任工作积极性与能力的建议 莫雪云	20150008	B	F	
18		关于推动中小学校开设《安全课》成为新常态的建议 邓贺球	20150010	B	F	
19		关于加强我市镇区青少年宫建设的建议 王少锋	20150021	B	F	
20		关于重视及支持民办高等教育发展的建议 蒋红霞	20150032	B	C	
21		关于落实东莞市学前教育三年行动计划 保持幼儿教师队伍稳健发展的建议 马晓红	20150036	B	C	
22		关于加强东莞市学前教育师资队伍建设的建议 李奎山	20150052	B	F	
23		关注和改善我市孤独症儿童教育工作的建议 陈齐兴	20150075	A	F	
24		关于进一步促进我市学前教育发展的建议 杨俊丽	20150131	B	C	
25		关于解决南城公办教育资源供需矛盾的议案 陈桂明	20150137	C	G	
26	市规划局	关于加强对我市地下空间开发利用的建议 万卓培	20150016	B	F	
27		关于慢行系统规划建设的建议 黄慧璇	20150030	B	F	
28		关于主动对接深圳、促进东南组团均衡发展的建议 管敏政	20150034	B	F	
29		建议完善东莞篮球中心交通疏导和公共停车位等配套设施 刘裕昌	20150045	B	F	
30		关于建设水乡大道延长线的建议 谭佩英	20150056	B	F	

序号	主办单位	建议标题及建议人	建议编号	办理情况	沟通情况	备注
31	市规划局	关于加快规划和建设连接万江与主城区过江通道的建议　胡毅超	20150119	B	F	
32		关于规划修通东园大道至东莞火车站路段的议案　陈志明	20150135	B	F	
33		关于在新型城镇化建设中加强历史文化保护的议案　叶有广	20150136	B	D	重点督办建议（教科工委）
34		关于进一步加强城市管理建设的议案　陈雪梅	20150153	B	F	
35	财政局	关于大力推进银瓶创新区城市基础设施路网建设的建议　贾贵斌	20150013	A	F	
36		建议完善东莞篮球中心交通疏导和公共停车位等配套设施　刘裕昌	20150045	A	F	
37		关于申请资助改建企石中学旧宿舍、旧饭堂和新建学生宿舍楼的建议　杨效强	20150062	A	F	
38		关于加大对石马河污染综合整治资金支持的建议　叶有广	20150081	A	F	
39		关于进一步加强传统劳动密集型企业扶持工作的建议　赖沛铭	20150088	B	G	
40		关于进一步加大政府购买服务的建议（洪茜）　洪茜	20150104	A	F	
41		关于加强长安新区扶持力度的建议　陈佑荣	20150120	A	F	重点督办建议（财经工委）
42		关于调整石马河流域干流清溪段整治工程项目投资市镇分担比例，加快工作落实的议案　黄俊华	20150148	A	F	
43	卫生和计生局	关于对我市民营医院实施取消药品加成并给予政策补偿的建议　陈旺枝	20150018	A	F	
44		关于加强我市公共场所哺乳室建设的建议　龚远红	20150022	A	F	
45		关于落实东莞市东府〔2012〕157号，考评镇街公立医院改革成效的建议　梁婉红	20150033	A	F	
46		坚持基本医疗公益性公平性，科学发展社区卫生服务　汤松涛	20150053	B	F	
47		关于市区内规范养狗的建议　王柏全	20150103	A	G	
48		关于明确我市各级公立医疗机构功能定位，合理配置医疗资源，逐步实现分级诊疗的建议　洪茜	20150106	A	F	
49		关于完善东莞市社区卫生服务站管理服务的建议　谭燕玲	20150115	B	F	
50		关于提高社区卫生服务能力，改善百姓医疗服务质量的建议　邓国超	20150116	B	F	
51	社保局	关于公立医疗机构职工养老保险制度改革的建议　汤松涛	20150046	B	F	
52		关于提高从未缴纳农保的农村退休人员退休待遇的建议　袁家安	20150079	B	F	
53		关于进一步加强传统劳动密集型企业扶持工作的建议　赖沛铭	20150088	C	F	
54		关于简化医疗门诊转诊程序的建议　叶瑞珍	20150095	C	F	
55		关于增加养老津贴待遇的建议　叶瑞珍	20150096	B	F	
56		关于依法缴纳社会保险的人员享受每年一次免费体检的建议　黄志彪	20150107	C	F	
57		关于改革和完善参保人转诊、方便参保人就医的建议　冯锦笑	20150112	C	F	
58		关于将参加医保人员体检纳入城乡医保体系的建议　袁顺华	20150127	C	F	
59		关于扶持水乡经济区都市农业发展的建议　黄奇聪	20150004	B	C	
60		关于实施社区物业租赁服务外包的建议　罗文洲	20150012	B	F	
61		关于减轻镇村财政负担，扶持欠发达地区发展的建议　谢仲祥	20150023	B	F	
62		关于加强农村集体资产交易平台建设的建议　陈锡稳	20150065	B	C	
63		关于完善东莞市农村（社区）集体经济统筹管理后续工作的建议　詹文煦	20150100	B	F	
64		关于市区内规范养狗的建议　王柏全	20150103	B	F	
65		20150024（望牛墩）关于加大欠发达村老化水管改造扶持力度的议案　简任昌	20150146	B	F	

续表

序号	主办单位	建议标题及建议人	建议编号	办理情况	沟通情况	备注
66	民政局	关于加大对因病致贫人群扶助力度的建议　陈笑珍	20150020	A	F	
67		关于提高70岁以上高龄老人生活津贴的建议　罗国田	20150035	B	C	
68		关于对困难群体医疗救助工作的意见和建议　袁淑仪	20150041	A	F	
69		关于深入推进军民融合发展的建议　高东	20150058	B	F	
70		关于全面开展东莞健康养老社区建设的建议　温家慧	20150108	B	G	
71		关于进一步加大扶贫帮困工作的建议　蔡运洪	20150128	A	F	
72		20150032（横沥）关于在新型城镇化下创新社会治理的议案　陈锡稳	20150152	A	F	
73	水务局	关于扶持欠发达镇农村老化供水管网改造的建议　黄浩昌	20150061	B	G	
74		关于暂停虾公潭污水处理厂改建并启动竹塘污水处理厂二期扩建工作的建议　朱国和	20150124	B	G	
75		关于推进截污次支管网工程建设的建议　吴淑萍	20150126	B	G	
76		关于解决南城西平水库、水濂山水库水体污染的议案　苏东	20150138	B	G	
77		关于推进截污次支管网工程建设的建议　简任昌	20150144	B	G	
78		关于调整石马河流域干流清溪段整治工程项目投资市镇分担比例，加快工作落实的议案　黄俊华	20150148	B	G	
79		如何加快推进石马河综合整治工程项目建设　陈灼林	20150156	C	F	
80	环保局	关于加强水环境综合治理的建议　卢耀均	20150003	B	C	
81		关于加强垃圾处理厂排污监督的建议　陈笑珍	20150017	B	C	
82		关于加强环保部门执法力度的建议　黎雪贞	20150068	B	C	
83		制定有效措施，还我蓝天白云　吕琦玲	20150072	B	F	
84		关于加快设立市级危废品处理公司的建议（周效宁）周效宁	20150101	B	C	
85		关于加强环境综合治理，改善城市空气质量的建议　冯锦笑	20150114	B	C	
86	人力资源局	关于规范劳务中介的建议　罗文洲	20150011	A	F	
87		关于对预防处理工人欠薪导致集体上访问题的建议　罗春辉	20150067	A	F	
88		关于解决“工人欠薪”问题的建议　吕琦玲	20150071	A	F	
89		关于放开我市入户政策的建议　霍福华	20150076	B	G	
90		关于健全人才培养和交流机制的提议　蔡伟清	20150130	B	F	
91		关于解决南城公办教育资源供需矛盾的议案　陈桂明	20150137	C	G	
92	国土局	关于大力推进银瓶创新区城市基础设施路网建设的建议　贾贵斌	20150013	A	F	
93		支持镇街加强土地储备工作，提高节约集约用地水平　钟兆华	20150049	A	F	
94		关于军用土地确权领证的建议　高东	20150059	A	C	
95		关于加快下拨虎门港10%留用地用地指标的建议　何坤仔	20150074	A	C	
96		关于妥善解决“两高一低”企业退出后空置厂房用地整合利用问题的建议　黎景均	20150078	A	C	
97		关于合理放松农民公寓建设相关政策及条件，解决农村单家独院式的私人建设存在问题的议案　黄灼坚	20150139	A	C	
98	发展和改革局	关于加快规划东莞（大朗）科学城的建议　胡浩举	20150001	B	F	
99		关于合理调整物业管理费用的建议　萧国强	20150009	B	F	
100		关于全面开展诚信东莞城市建设的建议　温家慧	20150109	A	F	
101		关于进一步加强促进重大项目落地措施的议案　黄宇富	20150147	A	F	
102	公安局	关于依法惩戒违法闹访人员的建议　蒋飞燕	20150006	A	F	
103		关于加大对利用出租屋进行非法旅业经营行为的打击力度的建议　叶锦锐	20150043	A	C	
104		关于提高民警福利待遇及实行统一标准的加班值班津贴制度的建议　黎雪清	20150093	A	F	
105		关于市区内规范养狗的建议　王柏全	20150103	A	F	

续表

序号	主办单位	建议标题及建议人	建议编号	办理情况	沟通情况	备注
106	市城管局	关于整治酒吧噪音扰民问题的建议　何学文	20150019	B	F	
107		关于完善我市环卫统筹管理体系，进一步改善我市环境卫生的建议　陈锦全	20150044	B	F	
108		关于升级改造我市城市道路集雨井和渠井的建议　单汝林	20150060	B	F	
109		关于进一步加强城市管理建设的议案　陈雪梅	20150153	C	F	
110	商务局	关于加快发展东莞市跨境贸易电子商务，推动跨境电商公共监管仓建设的建议　刘义	20150026	B	F	
111		关于加快落实东莞火车站口岸功能的建议　吴绮娜	20150038	B	F	
112		关于解决港台资企业“接棒”问题的建议　陈锡稳	20150064	A	F	
113		关于东莞市汽车行业诚信建设的建议（古志勇）　古志勇	20150102	B	F	
114	金融工作局	关于防范化解大额信贷风险的几点建议　罗健强	20150027	B	F	重点督办建议（财经工委）
115		关于进一步加强传统劳动密集型企业扶持工作的建议　赖沛铭	20150088	B	G	
116		关于发挥金融引领作用，推动东莞经济转型升级的建议　杨林	20150105	B	F	
117		20150034（横沥）关于高度重视利用资本市场　做大做强东莞经济的议案　刘国康	20150154	A	F	
118	食药监局	关于加强我市零售药店监管的建议　龚远红	20150014	A	C	重点督办建议（教科工委）
119		关于加强食品安全监管的建议　杨红星	20150094	A	F	
120		关于加强中小学校周边食品安全监管的建议　古咏梅	20150133	A	F	
121	市妇联	关于加强我市公共场所哺乳室建设的建议　龚远红	20150022	C	F	
122		关于加强妇女儿童家庭服务工作的建议　何云航	20150054	C	F	
123		关于利用新机遇，引导妇女就业的建议　何云航	20150055	C	F	
124	市编办	关于如何进一步改进政风，提升行政效率的建议　吴炳权	20150028	B	F	
125		关于调节南城教师编制问题的建议　刘利玲	20150029	B	C	
126		关于增加小学教师编制的建议　罗艳萍	20150118	B	F	
127	交警支队	关于加强电动三轮车管制的建议　张少英	20150031	A	C	重点督办建议（内司工委）
128		建议完善东莞篮球中心交通疏导和公共停车位等配套设施　刘裕昌	20150045	A	F	
129		关于完善东莞道路交通指示标志、标线的建议　邹顺高	20150097	A	F	
130	水乡管委会	20150040（石龙）关于把新洲岛纳入国家东江流域整治规划和东莞水乡地区发展统筹规划的建议　余卫星	20150040	B	G	
131		关于以水系圈环建设推动水乡统筹发展的建议　吴志刚	20150085	B	G	
132		关于积极发挥水乡特色发展经济区每年专项资金撬动作用的建议　刘巨文	20150125	B	G	
133	林业局	20150021（虎门）关于加快威远岛森林公园建设，创建国家森林城市的议案　叶孔新	20150143	B	C	重点督办建议（农村工委）
134		关于加大对生态旅游产业发展投入的议案　尹群璋	20150150	B	F	
135	市委宣传部	关于开辟电台中小学生传统文化教育栏目的建议　陈剑	20150007	A	F	
136		关于在东莞大城区增加城市雕塑的建议　王柏全	20150110	A	F	
137	房管局	关于合理调整物业管理费用的建议　萧国强	20150009	B	F	
138		如何破解新时期花园楼盘管理的工作难点　尹月娥	20150048	A	F	
139	三旧办	关于继续加大“三旧”改造扶持力度的建议　彭国兴	20150024	B	F	
140		进一步加大“工改工”政策扶持力度　钟兆华	20150050	A	F	
141	科技局	关于推动高校在创新驱动发展中发挥生力军作用的建议　吕琦元	20150025	B	G	
142		关于加强“一镇一校”合作的资金与政策支持的建议　莫灿梁	20150082	B	G	

续表

序号	主办单位	建议标题及建议人	建议编号	办理情况	沟通情况	备注
143	经信局	关于主动对接深圳、促进东南组团均衡发展的建议　管敏政	20150034	B	F	
144		关于发展楼宇经济的建议　蔡伟清	20150129	B	F	
145	市残联	关于加强自闭症儿童康复教育的建议　马晓红	20150037	B	G	
146		关于在我市建立精神病患者长期托管中心的建议　黎彩虹	20150111	B	G	
147	东实公司	建议完善东莞篮球中心交通疏导和公共停车位等配套设施　刘裕昌	20150045	B	G	
148		关于加快东莞火车站市统筹土地开发的建议　叶景林	20150057	B	G	
149	住房公积金管理中心	关于企业住房公积金的意见及建议　刘俊弟	20150069	C	F	
150		关于合理增值住房公积金的建议　伍耀均	20150086	C	F	
151	城管局（城市管理综合执法局）	关于进一步优化麻涌垃圾环保热电厂运输路线及生态补偿方案的建议　梁建华	20150080	B	F	
152		关于在环城路学校路段建隔音墙的建议　李锡光	20150089	B	F	
153	市委组织部	关于农村社区干部“退休金”问题的建议　何淦辉	20150091	B	G	
154		关于大力培养三类型本地人才为东莞明天蓄力的建议　吕秋玲	20150132	B	G	
155	虎门镇	关于推动虎门高铁站打造东莞对外开放门户枢纽的建议　陈秀娟	20150141	B	D	重点督办建议（环资工委）
156		关于推动虎门港（太平）客运口岸易地转型升级，助力打造海上丝绸之路先行市的建议　陈尔龙	20150142	B	G	
157	体育局	关于东莞市游泳中心落户道滘的建议　蔡月艳	20150002	B	F	
158	旅游局	关于加快培育水乡地区旅游文化产业发展的建议　叶少芳	20150005	B	F	
159	信访局	关于依法惩戒违法闹访人员的建议　蒋飞燕	20150006	A	F	
160	人民银行	关于严厉打击电信诈骗的建议　周应球	20150015	C	F	
161	行政服务管理办	关于如何进一步改进政风，提升行政效率的建议　吴炳权	20150028	A	G	
162	监察局	关于如何进一步改进政风，提升行政效率的建议　吴炳权	20150028	A	F	
163	石碣镇	关于整治监狱周边环境卫生的建议　余卫星	20150039	A	F	重点督办建议（内司工委）
164	市委统战部	关于加强东莞特色新型智库建设对策的建议　李奎山	20150051	A	F	
165	虎门港管委会	关于加大虎门港建设发展力度的建议　霍福华	20150077	A	C	
166	中级人民法院	关于加快推进法治政府的有关建议　叶有广	20150083	B	F	
167	道滘镇	关于适当调整跨镇街排涝闸开关时间建议　伍耀均	20150084	B	F	
168	住建局	关于加强太阳能热水系统应用推广的建议　胡广良	20150090	A	F	
169	市法制局	关于进一步推进依法行政工作的建议　莫伟权	20150098	A	F	
170	万江街道	关于加快截污管网接驳的建议　杜润球	20150099	B	F	
171	工商局	关于市区内规范养狗的建议　王柏全	20150103	B	F	
172	市委政法委	关于积极拓展东莞律师参与法治东莞建设路径的建议　危兆宾	20150113	B	F	
173	气象局	关于提升基层气象防灾减灾能力，加强气象灾害防御工作的建议　朱国和	20150123	B	D	重点督办建议（农村工委）
174	市府办	20150004（常平）关于建议建立组团发展协调机制推动“一中心四组团”快速发展的议案　黄庆辉	20150134	B	B	
175	清溪镇	关于加大对绿色低碳城镇化建设的政策扶持力度的议案　王冠清	20150151	B	C	
176	社工委	20150032（横沥）关于在新型城镇化下创新社会治理的议案　陈锡稳	20150152	B	F	

重点督办的东莞市十五届人大五次会议代表建议（10件）

建议题目	领衔代表	办理单位	督办领导	督办工委
关于推动虎门高铁站打造东莞对外开放门户枢纽的建议	虎门梁文荣	虎门镇	甄瑞潮	环资工委
关于加快山区片对外交通建设　加快融入深莞惠一体化发展的建议	清溪曾定航	交通局	王道平	环资工委
关于在新型城镇化建设中加强历史文化保护的建议	东坑彭国兴	文广新局	周楚良	教科工委
关于加强长安新区扶持力度的建议	长安陈佑荣	财政局、海洋渔业局	郭　水	财经工委
关于加快威远岛森林公园建设，创建国家森林城市的建议	虎门叶孔新	林业局	尹景辉	农村工委
关于整治监狱周边环境卫生的建议	石龙余卫星	石碣镇	李满堂	法制工委
关于提升基层气象防灾减灾能力，加强气象灾害防御工作的建议	凤岗朱国和	气象局	陈锡江	农村工委
关于加强电动三轮车管制的建议	南城张少英	交警支队		法制工委
关于防范化解大额信贷风险的几点建议	南城罗健强	金融工作局		财经工委
关于加强东莞市零售药店监管的建议	厚街龚远红	食药监局		教科工委

【立法工作】　（参见“法治”类目第131页同名条目）。

【监督工作】　*听取和审议专项工作报告*　2015年，东莞市人大常委会听取和审议《2014年东莞市社会保险基金预决算情况的报告》《市2014年决算草案和2015年上半年预算执行情况的报告》《市2014年本级预算执行和其他财政收支情况的审计工作报告》《关于市十五届人大五次会议代表建议办理情况报告》《关于我市黄唇鱼保护区建设情况报告》《东莞市基层人民法庭审判权运行机制改革实施方案》的实施情况报告、关于《深入推进依法行政　加快建设法治政府的议案》的办理情况报告、《关于我市环境状况和环境保护目标完成情况报告》、通过《东莞城市总体规划（2016—2030年）》。

执法检查和视察　对《统计法》《专利法》开展执法检查。对市“三重”项目建设进展、森林公园特色园区建设、教育现代化先进市建设、实施创新驱动战略进展、全民健身情况、茅洲河流域污染综合整治情况开展视察。

开展专题调研　对东莞市中医药事业发展情况、开展一村（社区）一律师工作开展情况、法治公安建设情况、《广东省信访条例》诉访分离实施情况、公立医院实施取消药品加成政策执行情况、旅游工作情况、国有资本经营预算工作开展调研。

开展跟踪监督　继续协助省人大做好对石马河、茅洲河流域污染综合整治情况的跟踪监督、推进江库联网工程建设情况监督、对市财政预算资金使用情况和2015年市级财政预算执行情况开展跟踪监督。

【人事任免】　2015年，东莞市人大常委会坚持党管干部和人大依法任免的原则，坚持做好拟任人员任前见面、颁发任命书和任免公告等制度，配合实施拟任人员就职前向宪法宣誓制度，提升任免公信力。依法任命干部192人次，其中人大序列30人次、政府序列11人次、法院序列142人次、检察院序列9人次。免职干部115人次，其中人大序列22人次、政府序列9人次、法院序列68人次、检察院序列16人次。

【代表工作】　*代表履职服务*　2015年，东莞市人大常委会全力配合组织筹备东莞代表团参加省人大会议，组织东莞市全国代表出席全国人大会议，协助组织东莞市的全国代表前往北京参与集中学习，组织东莞市的省代表分批参与省人大常委会专题学习班，组织东莞市60余名优秀市代表参加省人大远程学习班。开展优秀市十五届人大代表评选活动，评选优秀代表促进履职，召开“全市基层人大工作暨优秀市人大代表座谈会”。

实施联系代表制度　持续开展常委会约请代表日活动，全年共开展常委会领导约请代表活动8次，约请代表30人次。全面铺开常委会走访代表制度，全年共开展常委会走访代表活动21次，走访代表453人次。全年共邀请参会代表16人次列席常委会会议。

发挥各级代表行业优势，邀请来自不同战线、具备专业知识、议事能力较强的各级代表参加东莞市各类政务活动　全年共组织邀请各级代表287人次参加省人大、市人大常委会及各工委开展的各项执法检查、调研、视察以及“一府两院”及下属部门主办的听证会和研讨会等活动。全年共组织代表8人次通过“省人大常委会和基层省人大代表在线交流平台”远程列席省人大常委会会议。

落实“市人大代表活动日”活动制度　组织全市人大代表在各代表团所属镇（街）开展“市人大代表活动日”活动。推动市长约请市人大代表活动如期开展，共邀请8名代表参与座谈，4名代表在会上作重点发言。组织代表专题调研和集中视察。协助省驻粤部队7名省代表来莞开展“外经贸转型升级工作情况”专题调研，助推东莞市加工贸易转型升级对接广东自贸区；配合省人大做好省全国人大代表第一专题调研组来莞开展实施创新驱动发展战略情况调研；围绕加快实施创新驱动发展战略，组织东莞市的全国和省人大代表开展走访百家高新技术企业活动，选择东莞市在省外投资的大型企业进行专题调研；组织东莞市的全国和省人大代表前往珠海横琴自贸区开展集中视察活动。

【代表议案和建议督办】　*落实代表建议分工交办和重点督办*　2015年年初市十五届五次人代会闭会后，东莞市人大常委会对156件代表议案建议进行分类整理和移交，将《关于推动虎门高铁站打造东莞对外开放门户枢纽的建议》等10件建议提交主任会议审议，列为当年重点督办建议，其中7件由常委会领导牵头督办，将其余146件建议的督办职责分别落实到相关工委。

加强与政府的沟通协调　应市政府的要求，对《东莞市人民政府办理市人大代表重点建议办法》提出修改意见，协助督查室完善2015年重点督办建议办理方案。

2015年东莞市人大常委会主要工作

一、常委会听取和审议专项工作报告、决定重大事项	时间
关于2014年东莞市社会保险基金预决算情况的报告	6月
关于东莞市2014年决算草案和2015年上半年预算执行情况的报告	8月
关于东莞市2014年市级预算执行和其他财政收支情况的审计工作报告	8月
关于办理市十五届人大五次会议代表提出的建议、批评和意见的情况报告	10月
关于市黄唇鱼保护区建设情况报告	10月
市中级法院关于实施《东莞市基层人民法庭审判权运行机制改革实施方案》的情况报告	10月
东莞城市总体规划（2016—2030年）	12月
关于《深入推进依法行政　加快建设法治政府的议案》办理情况的报告	12月
二、视察和执法检查	
视察市“三重”项目建设情况	4月
视察市创建国家森林城市工作情况	4月
视察市推进教育现代化先进市建设情况	5月
检查市贯彻落实《统计法》的情况	7月
走访百家高新技术企业，视察市实施创新驱动发展战略进展情况	7—8月
视察市全民健身工作情况	10月
检查市贯彻实施《专利法》的情况	11月
视察市茅洲河污染整治工作情况	12月
三、专题调研	
关于市中医药事业发展情况的专题调研	3月
关于市开展“一村（社区）一法律顾问”工作情况的专题调研	4月
关于市开展法治公安建设工作情况的专题调研	6月
关于市实施《广东省信访条例》诉访分离工作情况的调研	7月
关于市公立医院取消药品加成政策执行情况	7月
关于市旅游工作情况的专题调研	8月
关于市国有资本经营预算情况的专题调研	10月
四、跟踪监督	
跟踪监督市江库联网工程建设情况	8月
跟踪监督市财政预算资金使用情况	每季度
跟踪监督2015年市级财政预算执行情况	11月
跟踪监督市石马河、茅洲河流域污染整治工作	全年
五、主任会议审议事项	
关于市2014年第四季度追加财政预算资金使用情况	1月
关于东莞市2015年第一季度市追加财政预算资金使用情况的报告	5月
关于东莞市2015年第二季度市追加财政预算资金使用情况的报告	8月
关于东莞市2015年第三季度市追加财政预算资金使用情况的报告	11月
六、代表工作	
协助组织省驻粤部队的省代表，围绕市“外经贸转型升级工作情况”进行专题调研	6月
举办2015年市人大代表培训班	7月
组织东莞市的全国和省人大代表开展专题调研	8月
开展“市镇人大代表活动日”活动	10月
督办市第十五届人大五次会议代表提出的建议。特别是对“关于推动虎门高铁站打造东莞对外开放门户枢纽的建议”等10项建议，分别由市人大常委会领导及各工委牵头进行重点督办	全年
召开代表建议督办情况通报会	10月
组织东莞市的全国和省人大代表开展集中视察	11月
“市长约请人大代表座谈会”活动	12月

召开2015年建议督办情况通报会和2014年建议办理“回头看”活动 审议市政府建议办理情况报告并召开2015年代表建议督办情况通报会，邀请市政府督查室、建议承办单位、镇街、部分代表和媒体参加，以宣传通报督促建议落地，使承办单位增强办理责任意识。选取市城管局作为2014年代表建议办理工作重点单位，组织部分代表前往横沥环保热电厂开展“回头看”活动，跟踪代表建议落实情况。

【基层人大工作指导】 2015年，东莞市人大常委会重视与基层人大的联系沟通，推动基层人大工作深入开展。加强基层人大干部培训，全年组织3期共120名基层人大和常委会干部参加上海浦东干部学院和浙江省委党校的“东莞市领导干部全面推进依法治国专题培训班”。指导基层依法召开镇人代会，加强对各镇人代会筹备召开的全流程指导，注重程序合法、形式规范。全年各镇共召开人代会53次，补选市人大代表11名、镇人大代表12名、镇人大主席1名、镇人大副主席7名、镇长6名、副镇长13名。指导基层人大开展闭会期间的代表活动，引导镇街人大选取老百姓关注的民生热点为主题，围绕镇街党委政府的发展规划组织代表开展调研视察、执法检查和听取汇报工作。坚持定期交流，把部分代表活动开展较好的镇街列入重点了解清单，总结吸纳基层创造的好经验、好做法，树立新典型、提炼新模式；持续推动开展分片互访交流活动，为代表履职提供借鉴。坚持完善“代表工作室”。以2014年全市各镇街建立的77个“代表工作室”为主要平台，指导各镇街完善制度，组织代表定期轮值，使群众诉求获得悉数上达；对活动中搜集到的代表意见建议，要求镇街人大建立台账、跟踪落实、不走过场。全年全市各代表工作室共组织活动467次，参加的市镇人大代表共2185人次，接待群众3101人次，收集意见建议1240条，处理意见建议1165条。3月，组织召开全市基层人大暨优秀市人大代表经验交流座谈会，选取部分镇街和优秀代表作汇报发言，交流“代表工作室”运作和代表履职经验，对基层人大工作的开展提出新要求。 （吴　洋）

附：2015年东莞市人大常委会主任、副主任、秘书长、副秘书长、办公室主任、市人大法制委员会主任委员、副主任委员名录

市人大常委会主任：徐建华

市人大常委会常务副主任：

黄双福（任至1月）

甄瑞潮（1月到任）

市人大常委会副主任：王道平　周楚良

郭　水　尹景辉　李满堂

市人大常委会秘书长：

陈锡江（1月到任）

市人大常委会副秘书长：

王业宽　梁少虾

周玉佳（2月到任）

张拔海（任至2月）

江　流（任至8月）

吴　强（10月到任）

市人大常委会办公室主任：王业宽

市人大常委会办公室副主任：孙晓锋

市人大法制委员会主任委员：

李满堂（5月到任）

市人大法制委员会副主任委员：

陈俊荣（5月到任）

李光霞（5月到任）

王任槐（5月到任）

附：2015年东莞市人大常委会各工作委员会主任名录

法制工作委员会主任：陈俊荣

财政经济工作委员会主任：叶绍波

城建环资与资源保护工作委员会主任：

李光霞

教科文卫华侨外事工作委员会主任：

王任槐

选举联络人事任免工作委员会主任：

孙爱平

农村农业工作委员会主任：李雄华

内务司法工作委员会主任：

伍志鸿（6月到任）

东莞市人民政府

政府重大举措

【东莞制造2025战略实施】 2015年1月，东莞市政府印发《关于实施“东莞制造2025”战略的意见》，实施智能制造、服务型制造、创新制造、优质制造、集群制造、绿色制造等“六大工程”。4月，市政府印发《关于鼓励企业利用资本市场的若干意见》，市府办印发《东莞市促进金融、科技、产业创新融合发展三年（2015—2017）行动计划》《东莞市关于鼓励和支持企业兼并重组的暂行办法》。7月，市府办印发《东莞市工业机器人智能装备产业发展规划（2015—2020年）》。9月，市府办印发《东莞市大型骨干企业认定及扶持暂行办法》。10月，市府办印发《东莞市关于强化产业政策支持推动先进装备制造业发展的工作方案》《东莞市关于省市共建发展中小企业设备融资租赁试点工作方案》，支持企业机器换人。全市先进制造业、高技术制造业、民营工业增加值分别增长8.5%、10.2%和16.7%。全市工业技改投资增长85.6%。

【创新驱动发展战略实施】 2015年7月，东莞市府办印发《东莞市促进科技金融发展实施办法》《东莞市促进科技服务业发展实施办法》《东莞市加快新型研发机构发展实施办法》《东莞市促进企业研发投入实施办法》。8月，市府办印发《东莞市加快科技企业孵化器建设实施办法》《东莞市科技企业孵化器产权分割管理暂行办法》《东莞市高新技术企业“育苗造林”行动计划（2015—2017）》，实施高新技术企业“育苗造林”行动和科技企业孵化器“筑巢育凤”计划。全年新增新型研发机构3个、省级创新科研团队4个、各类企业孵化器13家。发明专利申请量、授权量分别增长61.6%和72.1%。东莞初具高科技城市雏形。

【“四新”经济发展推动】 2015年，东莞市政府积极推动“四新”（新技术、新产业、新业态、新模式）经济发展。4月，东莞市府办印发《关于缓解中小微企业融资难、融资贵问题的指导意见》《东莞市小额创业贷款实施方案》《东莞市创建国家电子商务示范城市实施方案》，支持大众创新、万众创业。5月，市政府印发《关于引导民营资本发展实体经济的实施意见》，市府办印发《东莞市加快服务外包发展专项资金管理暂行办法》《东莞市服务外包产业发展规划（2015—2020年）》《东莞市关于加快发展服务外包产业的指导意见》，鼓励支持发展服务外包。6月，市府办印发《东莞市创新创业种子基金实施方案》。全市生产性服务业加快发展，涌现出一批互联网定制生产制造典型。电子商务交易额3390亿元，增长16.9%。

【开放型经济发展促进】 2015年，东莞市政府积极促进开放型经济发展。1月，东莞市政府印发《关于进一步加强招商引资工作的实施方案》。7月，市政府印发《东莞市关于推广自由贸易试验区可复制改革试点经验的意见》。8月，市府办印发《关于印发东莞市加快发展海洋经济工作方案的通知》，印发《东莞市招商引资重大项目效益保障及退出机制实施办法（试行）》《东莞市招商引资重大项目投资协议（指引）》。9月，市府办印发《关于促进会展业发展实施意见》。12月，市政府印发《关于东莞对接国家自由贸易试验区发展的意见》。东莞全港集装箱吞吐量335万标箱，增长15.7%。全市外贸出口增长6.9%，其中对“一带一路”国家出口增长25.2%。

【商业制度改革深化】 2015年3月，东莞市府办印发《东莞市“单一窗口”建设试点工作方案》。7月，市政府印发《东莞市企业集群注册登记管理试行办法》《东莞市市场主体住所（经营场所）登记管理试行办法》，市府办印发《关于加强基层市场协管队伍建设管理的意见》，深化商事制度改革。10月，市政府印发《东莞市2015年推进简政放权放管结合转变政府职能工作方案》，市府办印发《东莞市规划行政审批改革方案》。11月，市府办印发《关于推广实施项目投资建设直接落地改革经验的意见》。12月，市政府《东莞市全程电子化工商登记试行办法》。项目直接落地试点增至40个，动工项目审批普遍缩短3—6个月。商改推动全市市场主体突破70万户，稳居全省地级市第一。

【重大项目、重大平台和重要基础设施建设】 2015年1月，东莞市府办印发《2015年市政府领导挂钩督导重大建设项目方案》。4月，市政府印发《关于加快东莞市电网规划建设的意见》，市府办印发《东莞市2015年“三重”建设目标管理责任制方案》。5月，市府办印发《东莞市开展国家新型城镇化综合试点工作实施方案》《关于推进城市基础设施建设一体化的实施意见》。6月，市府办印发《东莞市建设信息惠民国家试点城市实施方案》。11月，市府办印发《东莞市重大项目管理办法》《东莞市重大项目建设工作考核办法》。重大项目建设投资增长15.7%，带动全市固定资产投资1446.5亿元。地铁2号线、莞惠城际轨道试验段试运行，散裂中子源一期、市民艺术中心等一批工程完工。

【国家节能减排财政政策综合示范市工作】 2015年7月，市府办印发《关于加快推进新能源汽车推广应用的实施意见》《加快推进全市水污染治理工作（2015—2017年）行动计划》《东莞市主要水库“库长制”实施方案》。9月，市府办印发《东莞市“涌长制”实施方案》。12月，市府办印发《东莞市臭氧污染防控专项行动计划（2015—2017）》。基本建成7个环保专业基地。五大高能耗行业能耗全部下降，单位生产总值能耗下降7.9%。空气质量达标天数上升14.4%。

【公共安全管理】 2015年5月，东莞市府办印发《东莞市气象灾害防御规划（2015—2020年）》。7月，市府办印发《东莞市突发事件预警信息发布管理办法》。9月，市府办印发《东莞市进一步加强安全生产监管执法责任分工实施方案》。10月，市府办印发《进一步加强全市政府专职消防队伍建设的实施意见》。11月，市府办印发《东莞市动物疫病防治规划（2015—2020年）》《东莞市病死畜禽无害化处理工作实施方案》。12月，市政府印发《关于划定森林防火区和规定森林防火期的通告》，市府办印发《东莞市生猪肉品统一冷链配送实施方案》《关于建立健全镇街（园区）专职安全生产监督检查员队伍的意见》。全年未发生重特大安全事故，社会大局保持稳定。

【社会事业和民生改善】 2015年1月，东莞市政府印发《东莞市个人住房公积金贷款办法》《东莞市困难家庭临时救助实施办法》。3月，市府办《东莞市社会组织发展扶持专项资金管理办法的通知》。5月，市府办印发《东莞市特殊教育提升计划（2014—2016年）》。9月，市政府印发《东莞市申报国家历史文化名城实施方案》。11月，市府办印发《东莞市旅游产业发展专项资金管理暂行办法》《东莞市自然村落历史人文普查工作方案》。12月，市政府印发《关于印发东莞市退役士兵安置办法的通知》，市府办印发《东莞市创建全国版权示范城市工作实施方案》《东莞市条件准入类人才入户实施细则》《东莞市积分制人才入户实施细则》《东莞市企业自评人才入户实施细则》。东莞教育、卫生、社保、就业等社会事业和民生福祉水平进一步提升。

【区域协作与对口帮扶】 2015年3月，东莞市府办印发《广东东莞水乡特色发展经济区产业发展规划（2013—2030年）》《关于进一步加大市内扶贫财政投入的通知》。6月，市府办印发《关于进一步扶持欠发达镇发展的若干意见》。7月，市府办印发《东莞市实施珠三角规划纲要2015年重点工作任务》《关于进一步推进农用地规模化集约化经营的指导意见》。11月，市政府印发《关于做好新形势下就业创业工作的实施意见》，市府办印发《东莞市集体经济组织与企业合作实施“三旧”改造操作指引》。12月，市府办印发《加快推进“三旧”改造促进产业转型升级若干意见》《东莞市鼓励优质企业项目落户莞韶产业园暂行办法（修订）》。村组两级纯收入增长9%。超额完成欠发达村组、有劳动能力低保家庭帮扶任务。完成扶贫开发“双到”、对口援建帮扶任务。

【法治政府建设】 2015年1月，东莞市府办印发《东莞市人民政府2015年规范性文件制定（修订）计划》。4月，市政府印发《关于深入推进依法行政加快建设法治政府的意见》，市府办印发《东莞市2015年依法行政工作要点》《东莞市政府重大行政决策听证事项目录》。8月，市政府印发《东莞市人民政府拟定地方性法规草案和制定规章程序规定》。10月，市政府印发《东莞市2015年推进简政放权放管结合转变政府职能工作方案》。11月，市府办印发《东莞市清理规范政府部门行政审批中介服务工作方案》。12月，市府办印发《东莞市“12345”政府服务热线管理办法（试行）》。“12345”政府热线服务水平在全国首次城市公共服务热线调查中排名第五、省内第二。行政审批事项网上全流程办理率98.1%。在中国政法大学发布的法治政府评估报告中，东莞总分位居全国第七、地级市第一。

政府重要会议

【市政府常务会议】 2015年，东莞市政府召开市政府常务会议31次，讨论有关事项706项，主要包括：审议《东莞市“十三五”规划基本思路》；审议《东莞市城市总体规划（2016—2030）》（草案）；审议《东莞市城市综合管理条例（草案）》；审议《东莞市重大项目管理办法》；审议《东莞市综合交通运输体系规划》；审议《东莞市促进信息消费实施方案（2015—2017年）》；审议《东莞市道路路域环境综合整治实施方案》；审议《2015年东莞市义务教育阶段新莞人子女积分制入学积分方案》；审议《广东东

莞粤海银瓶合作创新区发展总体规划（2014—2030年）》；审议《东莞市开展国家新型城镇化综合试点工作实施方案》；审议《关于引导民营资本发展实体经济的实施意见》；审议《关于进一步促进旅游业加快发展的若干意见》等系列4份文件；审议《东莞市创建国家电子商务示范城市实施方案》；审议《关于深入推进依法行政加快建设法治政府的意见》；审议《关于全面推进金融创新发展促进创新型经济强市建设的实施意见》等8份系列配套文件；审议《东莞市云计算应用产业基地发展规划（2015—2017年）》；审议《东莞市建设信息惠民国家试点城市实施方案》；审议《东莞市智能手机产业基地发展规划（2015—2020年）》；审议《关于推进城市基础设施建设一体化的实施意见》；审议《关于进一步扶持欠发达镇发展的若干意见》；审议《东莞市促进科技金融发展的实施办法》等系列4份文件；审议《东莞市工业机器人智能装备产业发展规划（2015—2020年）》；审议《关于加快推进东莞市新能源汽车推广应用的实施意见》；审议《东莞市加快科技企业孵化器建设的实施办法》；审议《关于加快推进全市水污染治理工作（2015—2017年）行动计划》；审议《东莞市高新技术企业育苗造林行动计划（2015—2017）》；审议《东莞市饮用水源地环境保护规划（2015—2030）》；审议《东莞市关于加快推进创新驱动发展重点工作方案（2015—2017）》；审议《东莞市关于强化产业政策支持推动先进装备制造业发展的工作方案》；审议《东莞市关于省市共建发展中小企业设备融资租赁试点工作方案》；审议《东莞市公共服务区域免费WiFi建设方案》；审议《东莞市长安新区总体规划（2015—2030）》；审议《关于支持松山湖高新区（生态产业园）超常规发展的决定》；审议《东莞市成长型企业人才成长扶持试行办法》等8项人才政策；审议《东莞市人民政府部门权责清单》及《东莞市人民政府有关部门职能调整目录》；审议《东莞市城市轨道交通运营管理办法（草案）》。

【全市性重要专项会议】 2015年，东莞市政府召开全市性重要专项会议52次，主要包括：东莞市“十三五”规划编制工作会议；对口援疆工作会议；全市推行权责清单制度工作动员会议；全市档案工作会议；全市造林绿化工作会议；全市综合交通调查动员大会；全市安全生产和消防安全会议；全市公安工作会议；全市民政工作会议；全市水务与三防工作会议；全市社区矫正会议；全市城市管理、环境保护工作会议；莞深两市推进茅洲河污染综合整治工作会议；全市深化商事制度改革推进综合市场监管会议；全市征兵工作会议；东莞市申报国家历史文化名城动员会议；全市土地管理工作会议；全市商务暨招商引资大会；全市旅游饭店业转型升级工作会议；全市海防与打私工作会议；全市旅游工作会议；全市扶贫工作会议；“扫黄打非”工作会议；基础教育工作会议；全市卫生计生工作会议；计划生育工作会议；H7N9禽流感疫情防控工作会议；登革热疫情防控工作会议；全市文化工作会议；深莞惠+汕尾、河源五市文化合作联席会议；全市体育工作会议；第十四届全省运动会东莞市体育代表团总结大会；东莞松山湖马拉松暨东莞首届科技文化节筹备工作动员会议；全市食品药品安全工作会议；苏迪曼杯组委会成立大会；珠三角规划纲要工作会议。

【市政府工作会议】 2015年，东莞市政府召开并形成会议纪要的工作会议共332次，研究部署主要事项包括：研究推进国家节能减排财政政策综合示范城市建设工作；研究新能源汽车产业发展和推广应用；研究推进援疆草湖200万锭广东纺织服装产业园项目；研究东莞自主创新示范区规划建设；研究协调“云端号”空间信息平台项目建设；研究设立境外代表处工作；研究清溪保税物流中心（B型）项目建设；研究石龙铁路货运站建设工作；研究酒店会展业发展；

▲ 2015年2月28日，东莞市人民政府与北京航空航天大学东莞研究院签约仪式　（郑家雄　摄）

研究“三互”推进大通关建设工作；研究交通环境整治工作；研究虎门港综合保税区申报工作；研究协调外商提出问题；研究巴中贸促会总部基地项目有关事项；研究外贸稳增长工作；研究重大项目建设推进工作；研究流动渔船管理工作；研究职教城规划建设工作；研究大连机床智能制造项目；研究截污管网工程建设；研究电网规划建设；研究商事制度改革后续监管工作；研究黄标车淘汰工作；研究东莞松山湖马拉松友谊赛活动；研究东莞金融控股集团组建工作；研究有轨电车试验线项目；研究银瓶创新区基础设施PPP项目；研究茅洲河、石马河整治工作；研究市渡口渡船安全管理工作；研究家禽“集中屠宰、冷链配送、生鲜上市”工作；研究关于东莞理工学院建设高水平应用型工科大学工作；研究公立医院改革工作；研究市属国有企业改革工作；研究中以产业园建设工作；研究市城际轨道站场TOD综合开发。

政府重要工作

【重要政事活动】 2015年，东莞市政府举行的重要政事活动主要有：拜访中央部委、高校院所、大型央企，会见境内外各界人士；赴韩国、波兰、西班牙、俄罗斯等国开展经贸交流活动；赴长三角地区学习考察；赴镇街基层调研督导检查工作，开展驻点联系群众活动；市长约请人大代表和政协委员座谈会；珠三角地区水环境综合整治与绿色生态水网建设现场会；加博会、漫博会、台博会等大型展会；首届中国（东莞）国际机器人及智能装备博览会；市长经济顾问专题咨询会；大连机床项目签约仪式；与招商局集团签约活动；腾讯公司签约活动；与航天信息股份有限公司签约活动；沙田镇、虎门港重大项目签约仪式；2015年广东扶贫济困日暨东莞慈善日活动启动仪式；中英低碳产业园区示范区揭牌仪式；东莞陆运口岸“三互”大通关启动仪式；市不动产登记局（市不动产登记中心）挂牌仪式；共建东莞信大融合创新研究院签约仪式；莞深产业合作促进会成立大会暨东莞投资环境推介会；东莞—湛江市政府座谈会；埃塞俄比亚—东莞推介会；海上丝绸之路沿线国家主流财经媒体采访活动；国际科技合作周；东莞高层次人才活动周；在莞港企升级转型联席会议；危险化学品事故应急演练活动；迎苏迪曼杯长跑活动；公祭烈士大会；慰问抗战时期及以前参加革命工作的离休干部活动。

【十件实事】 2015年，东莞市政府十件实事涉及36项具体工作中，13项超额完成，23项全面完成。

超额完成加强市民安全保障的年度目标 全市全年命案发案比上年下降26.19%，破案率94.84%；对刑事案件被害人开通医疗救治快速反应“绿色通道”；完成广东省刑事技术信息应用平台东莞二级库建设。全市全年入室盗窃案发案比上年下降24.7%，破案率比上年上升3.57%。

全面完成均衡教育资源配置的年度目标 全年共为新莞人子女提供2.83万个积分学位，比上年增加12.79%，超额完成全年任务。提高对义务教育阶段民办学校学生财政补助标准，小学生提高至每年每人1250元，初中生提高至每年每人2130元。设立东莞市民办教育专项资金，每年安排1.25亿元用于扶持民办教育发展；向民办学校购买102个民办初中学位；对110所新评市一级幼儿园发放等级幼儿园奖励金1650万元；向集体办幼儿园和普惠性民办幼儿园发放奖励资金5155.8万元。

全面完成强化食品安全监管的年度目标 全市33个镇街（园区）均已按要求建立食品快检室，超额完成全年任务。全市已评定符合量化提级中小学校食堂130家，量化提级率94.2%，超额完成全年任务。全年共抽检蔬菜生产环节样本18.26万批次、抽检生猪及其肉品样本60.21万批次、抽检水产品样本6664批次，完成食品餐饮服务环节1000批抽样、食品流通环节1800批抽样、食品生产环节2000批抽样，完成食品质量安全抽检信息定期发布工作。建成市中心定点屠宰场。

全面完成改善大气环境质量的年度目标 全市各项污染物浓度均有不同程度下降，其中PM2.5浓度均值为36微克/立方米，比上年下降18.2%；截至12月，空气质量综合指数为4.22，比上年同期下降0.77，空气质量达标天数比例为84.4%；PM10浓度均值为51微克/立方米，比上年下降15%，全年空气质量优于2014年同期；完成引导53家造纸企业退出；完成全市21个大型煤炭堆场和9个干散货码头的扬尘整治；淘汰黄标车5.18万辆；完成整治餐饮业油烟污染单位400家，完成率100%；强化监管430家挥发性有机化合物重点排放企业；完成淘汰整治100台高污染禁燃区外高污染燃料锅炉；建成石龙、厚街和生态园3个空气质量监测子站，通过“东莞市实况与预报发布平台”联网对外发布数据。

全面完成提升交通服务能力的年度目标 全年共发放非莞籍老年人敬老优待卡3573张。实现东莞巴士公司投放运营的跨镇公交线路票价降低20%。新投放清洁能源或新能源公交车696辆，新开通跨镇公交线路里程达1599.7公里，超额完成全年任务。完成莞深高速南段改造提速至120公里/小时。完成市区繁忙路段整治项目9个路口整治工作；完成环城路光明隧道路段整治工作。

全面完成提高民生保障水平的年度目标 最低生活保障月标准从510元/人提高至610元/人，全年共为低保对象8387户、1.78万人发放保障金6460.5万元。完成离退休人员养老金调整，养老

▲ 东莞市（沿海片）家校互动平台“微课掌上通”推广应用专题培训会

金人均增幅173.43元/月，村（社区）退休人员的基本养老金最低保障线提高至每人每月680元。全市所有公立医院实施医药分开，取消药品加成，实行全部药品零差价销售；全市公立医院药品费用下降4.89亿元，为群众减轻医药负担近7600万元。全市有347个社区卫生服务机构开展家庭医生式签约服务，成立全科医生团队837支，签约群众15.87万人，超额完成全年任务。

超额完成优化公共文化服务的年度目标　全年完成文化惠民演出1142场，惠及群众约100万人；完成文化培训303期，受惠人次超过1.2万人次；放映公益电影9955场，受惠群众达280万人次。开展千场家庭教育大讲堂1704场，电台节目51期，惠及31.2万名群众。全年累计完成普及性应急救护培训5.1万人次。开展“送法上门”活动7296场次。

全面完成完善配套体育设施的年度目标　全年完成96个篮球场的升级改造，免费对市民开放。完成205套全民健身路径器材的采购和安装。建成茶山体育馆并投入使用。

全面完成打造便民服务平台的年度目标　完善和推广“微课掌上通”平台应用，“微课掌上通”常态化使用率达55%。建成全市智能公交管理平台，正式发布东莞通APP。完成东莞市突发事件预警信息发布中心硬件建设；灾害性天气预警决策服务智能终端APP软件投入试用。建成东莞市空气质量预报预警系统。推出“东莞随身社保”手机APP应用。

全面完成救助帮扶困难群众的年度目标　全年共完成5000台“平安铃”安装，享受服务人群覆盖面达80%，受惠人数增加到1.2万人。全面完成市社会福利中心改扩建工程。实施“银龄安康行动”，为8.54万名符合条件的老年人购买意外伤害综合保险；全年承保企业为发生意外伤害的老年人理赔645宗、148.15万元。推动和帮扶9532名登记失业人员实现就业；2015届东莞生源困难家庭高校毕业生实现100%就业，超额完成全年任务。为1.01万名残疾人免费体检，建立健全个人健康档案，超额完成全年任务。（市府办）

附：2015年东莞市人民政府市长、副市长、党组成员、秘书长、副秘书长名录

市　长：袁宝成
副市长：张　科　贺　宇　喻丽君
　　　　杨江华　鲁修禄　杨晓棠
　　　　杨东来（10月到任）
党组成员：严小康　殷焕明
　　　　　黄少峰
秘书长：邓浩全
副秘书长：冼冠华　张春扬
　　　　　卢汉彪
　　　　　叶冠强（任至10月）
　　　　　李志东（任至5月）
　　　　　温颂钧　罗　斌
　　　　　梁杰钊（11月到任）
　　　　　赖健伟（5月到任）
　　　　　陈庆松（11月到任）

2015年东莞市人民政府办公室主任

主　任：邓浩全

应急管理

【突发事件处置概况】　2015年，东莞市应急委各成员单位和各镇街（园区）履行应急管理职责，加强安全防范，完善突发事件处置机制，妥善处置“莞城街道饮料投毒事件”“部分镇街出租车司机到市政府上访”“高埗镇裕元公司存在不稳定因素”“大岭山镇旧飞鹅填埋场安全隐患及建筑余泥渣土管理问题”，以及“部分镇街出现的人感染H7N9禽流感病例”等一系列影响较大的突发事件。

【突发事件风险隐患排查】　2015年，东莞市政府共召开4次突发事件隐患评估与防范工作会商会，组织全市各有关单位按照“每月一检查、一汇总、一统一、一分析”原则，分析研判全市公共安全形势，制定每季度全市突发事件隐患评估与防范对策，开展突发事件风险隐患排查工作，对排查出来的隐患整改。全市共在17个重点领域和重要行业排查出隐患840处，整改837处，整改率99.6%。对所有排查出的隐患，做到专人负责，并制定专项整改方案。

【应急平台体系建设】　2015年，东莞市应急管理综合平台（一期）工程初步建成投入使用。市应急平台具有基础支撑系统、综合应用系统、移动应急平台、应急综合数据库等8项功能内容，整合数据10万多条。实现与省应急平台及市三防、气象、安监、食药监等专项平台的互联互通。制定下发东莞市应急平台体系建设标准，加强对镇街应急平台建设的指导工作，推动镇街应急平台建设。5月，凤岗镇建成全市首个镇级气象服务站，提高气象预警能力，提升对气象灾害的防御水平。

【应急预案体系完善】　2015年，东莞市修订《东莞市突发重大动物疫情应急预案》《东莞市地震应急预案》《东莞市群体性职业病危害事件应急处置预案》《东莞市城区防洪应急预案》《东莞市防汛防旱防风应急预案》《东莞市春运应急预案》等6个市一级专项应急预案。7月，在全市范围内开展突发事件应急预案普查，包括：镇街应急预案、市级专项应急预案、全市部门应急预案、企事业单位应急预案、单项活动应急预案。10月，在全市开展应急救援队伍、应急物资储备、基础信息员队伍、应急避难场所等应急资源调查。2015年，市政府共组织开展《东莞市食品安全事件（Ⅳ级）应急演练》《东莞市突发环境事件应急演练》《深莞惠战区石油化工场所跨区域灭火救援演练》《东莞市渔业防台应急预案演练》《危险化学品事故省市联合应急演练》《特种设备安全生产应急救援演练》《东莞市城镇燃气管道事故应急救援演练》《春运应急演练》等8个专项演练活动，检验相关应急预案的实用性、可操作性。

【应急管理培训】　2015年，东莞市政府举办2期“全市应急值班干部培训班”，全市各镇街、市应急委成员单位分管领导和应急值班干部约800人次参加，邀请国内知名高校教授和上级部门业务领导进行应急预案编制、应急平台调度指挥、信息报送、突发事件模拟处置、模拟实验室等系统培训，取得良好效果。

【应急知识宣传普及】　2015年，东莞市通过多种方式、多种途径向公众宣传应急知识。坚持开展每年一次的气象应急知识宣传月、防灾减灾宣传月、消防安全月、安全生产月等活动，向公众宣传普及安全和应急知识。市政府应急办、市教育局、市红十字会联合在部分市直属学校高一年级开展普及性应急救护培训。全年共在11所学校开展65场培训，9759人参加。借助“百人百场”应急宣传活动契机举办地震、消防安全等现场教学体验，组织市民走进地震、消防主题公园参观学习，增强市民对各种专业性避险知识的了解，提高自救自助能力。（李伟彬）

附：2015年东莞市政府应急管理办公室主要领导名录

主　任：张勇军

机关事务管理

【市级办公用房管理】 2015年，东莞市机关事务管理局会同相关部门制定《东莞市市直行政事业单位办公用房管理办法》报市政府审定印发，规范市直行政事业单位办公用房集中统一管理工作。配合开展副省级领导干部住房清理工作。按照中央和省规定，完成市级领导干部办公用房清理整改以及市行政办事中心、会议大厦、机关大院、汇峰中心H座等市级办公用房清理整改工作。完成原军分区大院接收工作，推进办公用房改造、相关办公单位进驻搬迁方案的制定和实施工作，有效整合市级办公用房资源。

【公务出行保障】 2015年，东莞市机关事务管理局根据中央、省全面推进公务用车制度改革精神及《东莞市公务用车制度改革实施方案》，组建市直机关公务用车服务平台及市直机关车辆租赁中心，建立健全管理办法和实施细则，加强日常管理和运营工作，做好车改后市级机关的公务出行保障。做好省领导来莞调研、加博会、海博会、苏迪曼杯、“三互”大通关模式启动等重大活动的用车保障，全年完成各类公务出行保障任务4500多次。

【公共机构节能】 2015年，东莞市机关事务管理局根据国家《公共机构节能“十二五”规划》以及东莞市开展节能减排财政政策综合示范城市建设的工作要求，组织市行政办事中心等全市6家公共机构开展节约型示范单位创建活动并通过国家和省检查验收，荣获国家第二批节约型公共机构示范单位称号。承办全国夏热冬暖地区节约型公共机构示范单位节能管理培训班现场教学任务，与来自广西、贵州等6个省（自治区）有关单位交流节能管理工作经验，展示市行政办事中心节能改造以及落实绿色环保建筑理念节能工作成果。举行市行政办事中心节能监管平台启动仪式，副市长杨晓棠出席活动，推动节能综合改造经验在全市推广。会同相关职能部门加强能源消费数据统计和节能专项监察。开展节能宣传展览、全市节能知识培训讲座等系列节能宣传活动，营造全市公共机构节能良好工作氛围。

【后勤服务管理】 2015年，东莞市机关事务管理局执行《党政机关厉行节约反对浪费条例》，加强会务、公务接待、办公场所修缮、车辆运行管理等经费管理，规范专项资金使用，提高效益，各代管单位“三公”经费支出较上年同期减少29%。统筹规划好管辖物业资产的维修保养零星工程，完善工程监管制度，按计划组织和实施会议大厦消防系统整体改造、行政办事中心视频监控系统升级改造、反恐安防设施安装及办公楼防水补漏等零星工程，保障机关运转安全有序。提升会议服务、餐饮服务水平，完善会前、会后联合检查机制，会议服务精细；深化餐饮服务食品安全A级认证成果，保障机关餐饮服务安全可靠。

附：2015年东莞市机关事务管理局主要领导名录

局　长：黄伟青

东莞市机关事务管理局

2015年6月15日，市行政办事中心节能监管平台投入使用，副市长杨晓棠（前排右二）出席平台启动仪式

公共机构节能
Energy Conservation for Public Institutions

关于公布第二批节约型公共机构示范单位名单的通知

各省、自治区、直辖市和新疆生产建设兵团机关事务管理局、发展改革委(经贸委、经信委)、财政厅(局),中央国家机关各部门、各单位:

为贯彻落实《中共中央　国务院关于加快推进生态文明建设的意见》(中发[2015]12号)和《国务院关于印发节能减排"十二五"规划的通知》(国发[2012]40号)有关要求,根据《国家发展改革委　财政部　国务院机关事务管理局关于印发节约型公共机构示范单位创建工作方案的通知》(发改环资[2012]1982号),国管局、发展改革委、财政部组织各地区、各部门开展了第二批节约型公共机构示范单位创建工作。经过申报、创建、初评、公示和复核等环节,确定国务院办公厅等1171个单位为节约型公共机构示范单位,现予以公布。

各地区、各有关部门要结合实际,对示范单位给予表扬和奖励,宣传示范单位的好经验、好做法,发挥好示范单位的辐射带动作用;要加强对示范单位的监督,指导示范单位进一步改进管理,不断提升节约能源资源工作水平。要认真总结示范单位创建工作经验,完善工作机制,强化政策和资金支持,加大宣传推广力度,通过示范单位创建,推动本地区、本系统公共机构节约能源资源工作深入开展。

国家机关事务管理局　国家发展和改革委员会　财政部
2015年12月30日

① 2015年7月1日，市机关事务管理局到市社会福利中心开展志愿服务活动

② 2015年6月29日，市机关事务管理局举办2015年"广东扶贫济困日暨东莞慈善日"爱心捐款活动

③④ 2015年10月14日，国家机关事务管理局工作组来莞检查验收第二批节约型公共机构示范单位创建工作，12月30日，市行政办事中心等全市6家公共机构获评国家第二批节约型公共机构示范单位

政务督查

【政务督查概况】　2015年，东莞市人民政府督查室落实市政府主要目标任务，对《政府工作报告》内容进行分解，细化为135大项、200项具体工作，明确年度目标、进度安排等工作要求，对进展情况进行季度跟踪，上报市领导审定后进行全市通报，完成191项工作，完成率95.5%。落实市政府常务会议决定事项，每季度跟进决定事项的落实情况，向市领导进行报告。2015年市政府共召开31次常务会议，形成需跟踪的决定事项917项。经督办，全年共完成862项，占94%。落实市长直接督导事项，建立"市长直接督导"工作机制，由市长对国家新型城镇化试点、招商引资、以机器换人、融资租赁助推新一轮技术改造、中英低碳产业园建设、石龙货运站申报口岸资质等5项重点工作进行直接督导，每月在市政府常务会议上进行通报，成效显著。落实市政府主要领导重要批示件，对市政府主要领导重要批示件进行每周梳理，每月跟进，全年共办理市长重要批示件113份，全部落实完成。落实市政府协调会议定事项，全年共跟进市政府工作会议纪要332份，跟踪议定事项1323项，促使一批难点问题得到解决。落实专项督办任务，围绕东莞市与国家部委及重点企业商定事项、市政府代表团出访俄罗斯等3国后续工作、水乡地区"两高一低"企业引导退出、珠三角城际轨道项目征地拆迁等重点工作开展专项督办，对东城下桥河片区内涝整治工程等进展严重缓慢的项目进行督查问责。落实年度政务督查考评工作，联合市委督查室开展考评巡查，完成考评任务。

【民生实事跟进】　2015年，东莞市人民政府督查室跟进市政府十件实事，每月向市领导报告十件实事进展情况，每月通过媒体报纸、政府网站等向社会公开通报工作进展，对推进不理想的事项进行督办。2015年市政府十件实事共36具体项工作，13项超额完成，23项全面完成，是东莞市2002年实施市政府十件实事以来，进展和完成情况最好的一年。跟进省十件民生实事，全年对工作进展情况实行定期通报，并根据省有关要求对实施情况开展专项督查。2015年东莞市承担的省政府十件民生实事的27项具体工作任务全部完成。做好2016年市政府十件实事征集，9月开始，启动2016年市政府十件实事征集工作，经过公开征集、内部征集、走访座谈、征求意见、市政府常务会议讨论、市委常委会讨论等多个环节，最终确定36个项目为2016年市政府十件实事。

【人大代表建议和政协委员提案办理】　2015年，东莞市人民政府督查室办理161份人大代表建议和349份政协委员提案，实现沟通率、办结率和满意率3个100%。办理流程规范，印发《东莞市人民政府办理市人大代表重点建议办法》《东莞市人民政府主要领导督办市政协重点提案暂行办法》，明确工作责任，细化流程规范。办理要求提高，开展建议提案办理落实情况"回头看"活动，采取部门自查、座谈交流及召集代表委员实地查看等方式，专门邀请人大代表、政协委员召开3场座谈交流会，取得良好效果。办理力度加强，全年协调办理人大、政协各类来文100余件、视察及调研活动40多项，针对省人大督办的石马河、茅洲河跨界河流流域整治、省政协主席王荣督办"关于切实解决广深铁路沿线环境问题的系列提案"等重点工作提请市领导亲自协调办理，取得较好成果。（陈煜铭）

附：2015年东莞市政府督查室主要领导名录

主　任：曾　鸣

行政服务管理

【行政服务管理概况】　2015年，东莞市行政服务管理办公室做好"12345"政府服务热线建设及政务信息公开工作，完成全市有关部门及镇街、园区热线整合，实现"12345"一号通，深化政务信息公开工作，完成工作任务。

【"12345"政府服务热线建设】　2015年，"12345"政府服务热线建设主要围绕对部门镇街工作协调、完善延伸热线平台功能、提升人员素质、加强制度建设以及宣传推广等方面开展工作。截至12月31日，共接听来电153万次，工作日日均语音请求保持在7500通左右，即时解答率维持在95%以上，派出工单7.68万多张，工单办结率93%。

第二、三批部门热线整合　7月，东莞市行政服务管理办公室制订《东莞市12345政府服务热线第二、三批部门热线整合方案》。8月31日，市财政局、市公安局、市城建局等第二、三批共39个部门热线成功割接。至此，"12345"热线共整合80多个部门和33个镇街、园区，涵盖与群众生活密切相关、具有城市管理和公共服务职能的政府部门和公共事业单位。

统筹协调热线建设和运行　召开热线运行情况通报会和工单办理协调会；做好职能部门业务知识采集和知识点转化，更新和完善知识库系统；协调热线建设单位和技术支持单位及时处理问题，对部门、镇街开展热线业务平台操作培训。热线自开通运行以来，先后经受住2015年1月首波话务洪峰和日话务量破万等考验。

平台功能优化　加大对热线平台功能开发工作，引入移动互联网、大数据等技术，研发互联网网站、微信平台和手机APP等诉求受理渠道。6月17日，正式开通"12345"热线门户网站和微信公众号。

疑难工单处理　针对热线受理热点与难点问题，特别是对职业投诉问题、历史遗留问题、因部门职责不清工单难以派发等问题，赴有关部门开展调研，商讨解决办法。分批召开工作座谈会，收集各镇街、各部门对热线工作的意见建议，协调解决镇街、部门在工单处理过程中存在困难和问题。

管理制度建设　12月25日，《东莞市"12345"政府服务热线管理办法》以市府办名义印发。

政府服务宣传　在《东莞日报》《东莞时报》《广州日报》《南方都市报》等推出"12345"热线有关报道和政务公布版专题。编发工作简报7期。

配合其他部门开展相关工作　配合做好"3·15"国际消费者权益日投诉举报工作，增加工商专席，实行工单快速响应处理。落实热线在"苏迪曼"杯赛事期间的相关运营保障工作，向市民提供赛事、票务等相关信息服务。

组建"12345"热线管理中心　实行热线咨询员关键岗位公开竞聘，开展业务培训，进行业务笔试考核。组织热线咨询员开展"走进机关""迎苏迪曼杯长跑""户外拓展"等活动。组织咨询员到市住房公积金管理中心学习交流，开展劳动技能竞赛和征文活动。

【政务信息公开】　《东莞日报》政务公布版编辑出版　2015年，东莞市行政服务管理办公室结合时政热点，在《东莞日报》政务公布版刊登"市政府十件实事进展情况""行政审批绩效测评公示”“新莞人子女积分入学”“供水水质公示”“补办产权公示”等信息。全年刊登政务公布版101期。

部门、镇街政府信息公开工作指导　印发《东莞市政府信息公开办法》，对全市政府信息公开工作运行机制、公开内容、公开形式、依申请公开、监督问责等作明确规定。编制《2014年东莞市政府信息公开工作年度报告》，于3月10日通过市政府信息公开网站公布。督促各镇街、各部门及时公开政府信息公开工作年度报告。依申请公开系统优化　优化市依申请公开系统，增设补录功能及前台撤销功能。首次使用东莞市政府信息依申请公开系统中的统计系统，实现全程线上报送、审核、汇总数据。做好依申请公开答复办理，全年共办理市民向市政府申请的信息公开41宗。市政府信息公开平台自查　配合市电子政务办做好网站普查培训工作，要求各镇街、各部门自查市政府信息公开目录系统、市重点领域信息公开专栏有关栏目，重点检查栏目信息更新等情况。采取人工抽查方式核查整改情况。参与2015年依法行政考核　实地考核各镇街、各部门政府信息公开年度报告、政府信息公开目录等信息公开内容。业务培训　分批举办政府信息公开培训座谈会，向各镇街、各部门通报全市信息公开概况，解读《东莞市政府信息公开办法》及依申请诉讼案件分析。

（刘灏妍）

附：2015年东莞市行政服务管理办公室主要领导名录

主　任：刘汉森

驻京·驻穗联络

【驻京联络】　2015年，东莞市人民政府驻北京联络处按照“围绕市委、市政府中心工作主动作为，抓好自身转型升级，打造‘智库型驻京办’”的工作思路，做好联络部委、政务接待、信访维稳、联络乡情，以招商引资、招才引智、收集信息为工作重点，主动作为，加强自身建设，创造性地开展工作，完成市委、市政府交办的各项工作任务。

招商引资　2015年，东莞市驻京联络处广泛联络收集信息，招商引资，协调促成多个项目。书面建议市政府与阿里巴巴集团合作，建设运营“阿里巴巴·东莞产业带”项目，经市政府常务会议讨论，同意由市商务局牵头，会同市驻京联络处共同推进该项目，由市财政对项目给予资金支持；在北京、东莞进行走访调研，推进“京莞创新创业孵化器”建设，打造集项目孵化、人才集聚、创新投资、商务交流为一体的前沿平台，为市“创新驱动”添砖加瓦；10月，协助市经信局在京成立“京莞产业合作联络处”，提升驻京招商引资工作的质量和水平；联系协调北京大学数字中国研究院下属北京数研航空遥感科技有限公司华南总部基地建设项目拟投资30亿、天洋国际控股有限公司旗下梦东方文化旅游产业项目拟投资200亿；邀请中国国际经济交流中心赴东莞考察，推介东莞投资环境；举办“扶摇百越、揽胜岭南”岭南文化雅集活动，宣传东莞文化和招商环境；与中国通用技术（集团）控股有限责任公司、大华全景（北京）商务咨询有限公司、北京红德博睿技术咨询有限公司等专业招商机构签订合作协议，协助东莞招商引资。

招才引智　2015年5月，东莞市驻京联络处与北京大学团委建立合作关系，组织北大博士团赴东莞调研，深入园区企业了解东莞市产业情况并撰写分析报告；在市委组织部指导下，建立莞籍（粤籍）在京人才资源信息库；7月，“东莞市北京人才工作站”在东莞市驻京联络处挂牌成立，市委常委、组织部部长白涛参加“在京莞籍人才座谈会”并为工作站揭牌。8月，工作站召开北京高校莞籍联络员座谈会，希望各联络员尽快建立并完善各高校莞籍学生通讯录，鼓励大家发掘并为东莞市推荐高层次人才；11月，经市驻京联络处沟通协调，普济晟豪（北京）投资管理有限公司投入6000万元，引进美国生物制药核心技术团队落地东莞；市驻京联络处与中组部《千人》杂志下属北京千人智库科技有限责任公司、“千人网”下属北京智汇邦信息技术有限公司签订合作协议，每年为东莞市推荐一定数量的“千人”或准“千人”人才及项目；与北京铭志启迪教育咨询有限公司、北京新华智库咨询有限公司、北京恩荣景观设计有限公司等专业智库机构保持联系，收集人才信息。协助北京（东莞）建设研究会开展联络乡情活动。如参加纪念袁崇焕祭扫活动；资助莞籍学生举办大学生篮球赛、“粤韵满京城”北京市大学生粤语歌唱比赛；举办2015年北京高校莞籍大学生新生入学迎新会及毕业生欢送会、在京莞籍归侨侨眷传达学习总书记习近平讲话座谈会；“八一”期间举办“军人的荣誉”的纪念活动，纪念中国抗日战争胜利暨世界反法西斯战争胜利70周年，登门慰问行动不便的抗战老战士；中秋前夕登门慰问袁崇焕墓第十七代守墓人佘幼芝等。支持北京（东莞）建设研究会编辑出版《东莞人在北京》。

宣传推广　2015年12月，东莞市驻京联络处协助市委、市政府在国家博物馆举办“不一样的东莞”摄影作品展。约300人参加摄影展开幕式，包括国家发改委原司长、国家“十三五”规划编写组组长马最良以及北京（东莞）建设研究会、北京（东莞）商会、在京莞籍高校学生等100多人。市驻京联络处协助市委宣传部联系中央电视台新闻中心，促成“东莞产业转型升级”系列报道在中央电视台“新闻联播”播出，在央视新闻频道滚动播放。

信息报送　2015年，东莞市驻京联络处拓宽渠道，有针对性、有重点地进行信息挖掘和调研，及时、准确、全面地向市领导报送高质量信息。共编报49期信息，其中《驻京信息》47期共567条信息，《驻京专报》2期；有18期共32条《驻京信息》获市主要领导批示。与《中国科技投资》杂志社、中宏国研研究院、上海市流通经济研究所等专业信息机构保持联系，收集整理重要国家政策信息，为市委、市政府提供决策参考。与《中国科技投资》杂志社签订技术服务合同，邀请国家发改委产业研究所及《中国科技投资》杂志社赴东莞实地考察，深入了解东莞产业发展情况，由杂志社每月为东莞市撰写1份《国家产业政策月度报告及对东莞市经济发展建议》。

非法信访控制　2015年，东莞市驻京联络处协助驻京信访工作组完成各项任务，建立和完善信访工作机制，把握依法办事、按制度和规定办事的原则，维护首都稳定，完成“减量降位”预期目标，完满完成2015年全国“两会”及十八届五中全会等敏感时期的涉莞信访维稳工作。

政务接待　2015年，东莞市驻京联络处按照中央“八项规定”精神，创新服务理念，完善接待制度，理顺接待程序，改进接待细节，提升接待工作整体水平，确保市委、市政府在京活动等重要接待到位、规范。　（罗东明）

附：2015年东莞市人民政府驻北京联络处主要领导名录

党组书记、主任：尹可非

【驻穗联络】驻穗信访工作　2015年，东莞市人民政府驻广州办事处强化社会管理职能，协助省信访部门做好驻穗信访工作，维护社会稳定。派员值守一线，加强法律法规宣传，耐心疏导越级上访群众依正常渠道反映问题。走访市、镇街信访部门，密切信息沟通，推动矛盾源头化解。完善专项工作机制，圆满完成全国“两会”、省委全会、省“两会”、抗战胜利70周年纪念等期间的信访工作，省人大常委会向市政府发表扬信肯定驻穗办的信访工作。

各地信息传递　2015年，东莞市人民政府驻广州办事处围绕市发展需求，依托与省、穗及各地驻穗机构的信息网络，挖掘政务动态、产业咨询、投资合作、创新驱动、园区建设、社会管理等方面资讯，全年编报《驻穗信息》34期，多次被市有关部门、镇街采用开展工作，参阅价值提升，获评“2015年度东莞市信息工作先进单位”。通过广州协作办、全国各地驻穗机构信息协会等平台，发送《东莞信息》43期，宣传东莞创新发展新形象。

驻穗政务引联　2015年，东莞市人民政府驻广州办事处执行中央八项规定，规范工作流程、拓宽服务渠道，为市、镇街来穗公务同志提供节俭、高效的后勤服务，协助市与省、穗及其他地市党政部门沟通联系，承办紧急公文在穗传送，做好莞籍东江纵队老同志的慰问工作，履行穗莞战略合作联席会议成员及产业协作专责小组成员单位职责，配合有关项目开展。

莞籍英才服务　2015年，东莞市人民政府驻广州办事处创新服务职能，依托东莞社会经济发展研究会，广泛联系莞籍在穗中青年人才，完善在穗莞籍专家、学者信息库；组织专家向市农户推广优良品种；为市博物馆提供东莞历史名人线索；联合市档案局、厚街镇、望牛墩镇，开展东纵老战士事迹巡展；推荐专家开展技能培训及点对点医疗服务；推动东莞青年人才成长促进会在穗延伸发展，以广州重点高校为单位搭建大学生服务工作站，为东莞在穗大学生提供生活帮助、就业咨询、文体活动等服务。　（陈　怡）

附：2015年东莞市人民政府驻广州办事处主要领导名录

党组书记、主任：曾庆云

中国人民政治协商会议广东省东莞市委员会

【政协第十二届东莞市委员会第四次全体会议】　2015年1月27—29日在市会议大厦召开。市委、市人大、市政府、市纪委、东莞军分区、市中级人民法院、市人民检察院、东莞理工学院、广东医学院、东莞职业技术学院等有关领导应邀出席会议。驻莞省政协委员、市政协特聘委员、市高层次人才代表应邀列席会议。社会各界代表人士150人旁听会议。市政协副主席何嘉琪主持会议。市政协主席李毓全作政协第十二届东莞市委员会常务委员会工作报告，副主席何碧霞作政协第十二届东莞市委员会常务委员会关于十二届三次会议以来提案工作情况的报告，大会表彰2014年度市政协28件优秀提案、31件表扬提案和16个办理提案先进单位。全体市政协委员、特聘委员列席东莞市人民代表大会十五届五次会议开幕大会，听取市政府工作报告和有关报告。会议举行大会即席发言，18名委员就经济发展、社会管理、城市建设与管理、教育等方面提出意见和建议。会议通过何碧霞、张月忠辞职请求的决定，选举蒋小莺为政协第十二届东莞市委员会副主席，吴润玲为政协第十二届东莞市委员会秘书长，马凤彪、叶效怀、林海川、莫浩棠4人为政协第十二届东莞市委员会常务委员。会议还审议通过提案征集情况报告、会议决议等。李毓全作闭幕讲话。

【政协常务委员会会议】　市政协十二届十五次常委会议　于2015年1月19日在市政协会议室召开。李毓全主持会议。会议同意任命张小聪担任市政协副秘书长，陈英毅担任市政协港澳台侨外事委员会副主任，同意撤销刘柏权等2人市政协委员资格。听取市委统战部关于委员调整的有关说明，同意赵东闽辞去市政协委员职务，同意丁群好等4人增补为市政协委员。会议讨论通过《政协第十二届东莞市委员会常务委员会工作报告》（草案）和《政协第十二届东莞市委员会常务委员会关于十二届三次会议以来提案工作情况的报告》（草案），确定报告人。审议通过市政协十二届四次会议召开的有关文件，以及市政协各专门委员会2014年工作情况报告。

市政协十二届十六次常委会议　于1月28日在市会议大厦举行。李毓全主持会议。会议审议关于接受何碧霞、张月忠辞职请求的决定，审议通过市政协副主席、秘书长、常务委员人选建议名单，审议市政协十二届四次会议选举办法（草案）、市政协十二届四次会议监票员名单（草案）、市政协十二届四次会议决议（草案）。

市政协十二届十七次常委会议　于3月10日在市政协会议室召开。李毓全主持会议。会议审议通过《2015年市政协常委会工作要点》《2015年市政协常务委员会和专门委员会工作计划》，组织学习《中共中央关于加强社会主义协商民主建设的意见》，会后组织视察市物流行业发展情况。

市政协十二届十八次常委会议　于5月22日在市政协会议室召开。李毓全主持会议。市政府副市长贺宇应邀到会，通报市制造业升级发展情况。会后，常委会分成5个视察组分赴厚街、长安、大朗、石龙、石碣等镇视察制造业升级发展情况，并就如何推动相关工作提出意见和建议。

市政协十二届十九次常委会议　于9月24日在市政协会议室召开。李毓全主持会议。会议围绕“全面推进新型城镇化发展”开展专题议政。市政府副市长鲁修禄应邀到会通报市新型城镇化发展情况。5个专门委员会调研组和委员代表发言。会议听取市委统战部有关情况的说明，同意撤销卢淦波政协委员资格，同意钟伟发辞去市政协委员职务，同意增补谢玉华等7人为政协委员。会议同意免去刘树勋市政协港澳台侨外事委员会主任职务，免去彭剑山市政协经济委员会副主任职务，任命谢玉华为市政协港澳台侨外事委员会主任。

市政协十二届二十次常委会议　于12月30日在市政协会议室召开。李毓全主持会议。市委副书记姚康应邀出席会议并讲话。市委常委、常务副市长张科就《政府工作报告》作起草说明。市中级人民法院院长王海清通报2015年全市法院工作情况。会议讨论通过《政协第十二届东莞市委员会常务委员会工作报告》（征求意见稿）、《政协第十二届东莞市委员会常务委员会关于十二届四次会议以来提案工作情况的报告》（征求意见稿）并确定报告人。会议同意陈润光辞去市政协常委职务，同意陈伟楚辞去市政协委员职务，同意增补黄锡明、姚灿光为政协委员。会议审议市政协十二届五次会议议程（草案），审议通过市政协十二届五次会议召开的有关文件，以及市政协各专门委员会2015年工作情况报告。

【政协专门委员会工作】 提案委员会 2015年，东莞市政协提案委员会组织编印《提案工作手册》，引导委员撰写高质量提案。全年共征集提案377件，经审查立案348件，所提问题已经解决或被采纳的119件，列入计划解决或拟采纳197件，留作参考32件。制订《东莞市政协重点提案遴选与督办办法》，完善重点提案遴选机制。大力推动提案办理协商，全年共召开23场协商座谈会。党政主要领导和主席会议重点督办8类29件提案。加强提案办理"回头看"，组织提案者先后视察"水资源保护与水污染治理""优化空气质量"等提案办理情况。丰富东莞阳光网和东莞时间网"政协提案网上公开"专栏，全面公开提案全文及答复，加快推进提案工作全程信息化。全年共编印《重要提案摘报》10期，《政协委员重要建议专报》3期。

经济委员会 2015年，经济委员会历时半年，重点围绕公共交通专题开展深度调研，组织2次市内调研，召开4次座谈会，发动12个镇街政协小组在当地开展调研，专程赴福州、厦门市学习考察发展公共交通先进经验，提出"强化优先战略、加强统筹协调、快改体制机制、完善基础设施、加强政策保障"等建议，得到市主要领导批示。组织委员开展专题议政，为推动城镇化投融资发展出谋划策。组织分管副主席分工联系的7个镇街政协小组召开座谈会。组织委员赴江西、湖北省走访委员在市外投资的企业，考察当地招商引资的经验和做法。

教科文卫体和文史委员会 2015年，教科文卫体和文史委员会联合经济委员会视察市水乡特色发展经济区建设情况。开展茶业和茶文化调研，组织部分委员赴云南省考察，并提出意见和建议。开展市广告行业发展专题调研，走访市广告行业协会及委员企业，先后向市政府分管领导和市政府报送《关于解决我市广告企业困境的建议》《关于我市广告业发展情况的调研报告》。承办《记忆中的乡愁——东莞文化遗存回眸展》。整理出版《东莞地方文献整理与东莞学人研究文集》《东莞风情录》等文史资料。协助省政协完成《改革开放广东一千个率先》征稿工作。为纪念抗战胜利70周年，征集抗战时期虎门海战史料、湖南抗日战场中莞籍将领史料，出版《山鹰之歌：东莞路东三区革命斗争纪实》，在《东莞政协》刊登莞籍抗战名人纪念文章和美术作品。

社会法制和人口资源环境委员会 2015年，社会法制和人口资源环境委员会围绕深化司法体制和社会体制改革工作，开展社区矫正专题视察。开展消防安全管理工作专题调研。联合市环保局、长安镇政协小组开展深莞两市茅洲河全流域水环境综合整治工作视察活动。协助省政协调研组围绕"企业遵守劳动法律法规情况""垃圾生物无害化处理"等专题在莞开展调研。参与政府规范性文件制定和立法协商工作，组织委员完成10份文件的征求意见工作。围绕民族宗教、社会保障、普法教育等主题，开展6次委员活动。安排政协委员担任市公安局、市中级人民法院等部门义务监督员。全年组织委员提交提案47件，4件获优秀提案，4件获表扬提案。

港澳台侨外事委员会 2015年，港澳台侨外事委员会围绕"东莞制造业强市""台商投资企业转型升级情况""推进城乡土地节约集约利用情况"等专题开展调研。发挥香港东莞政协（港澳）委员联谊会作用，加强与港澳社团的交流互访，增进了解，促进合作。收集社会各界的心声诉求，先后协调市个协、私协、家具协会、外商和台商等企业协会代表参加10多场座谈会，提出意见建议。围绕民革市委会提出的《关于进一步帮扶台胞解决在莞投资、工作、生活所遇到问题的建议》开展联合调研，帮助台胞改善投资环境。组织委员共提交提案57件，其中6件获评优秀提案，4件获评表扬提案。

【政协调研视察及走访活动】 围绕招商引资工作开展界别联合调研 2015年4月28日，东莞市市政协围绕市招商引资工作开展界别联合调研。组织工商业联合会、台湾同胞联合会、归国华侨联合会、科学技术界、社会科学界、经济界、对外友好界、特别邀请人士等8个界别的42名委员，分成4个小组，前往水乡特色发展经济区、松山湖、凤岗镇和茶山镇，了解水乡片、园区、山乡片、埔田片等4个片区在招商引资方面的工作情况，并针对存在的困难与问题提出意见和建议。市政协正副主席，正副秘书长，专委会主任、专职副主任等参加。

"增强创新驱动发展能力"专题视察 7月22日，东莞市政协常委会组织"增强创新驱动发展能力"专题视察。市政府副市长喻丽君应邀通报市实施创新驱动发展战略情况，李毓全主持会议。会后，视察人员分成5个小组，前往南城街道、横沥镇、塘厦镇、清溪镇和桥头镇，视察科技企业和新型研发机构，了解科技创新工作情况，针对存在困难提出建议。市政协正副主席、秘书长、常委等参加视察活动。

接待省政协主席王荣调研组 11月23日，广东省政协主席王荣、省政协秘书长杨懂率调研组莅莞，考察东莞经济社会发展情况和政协工作情况，并会见驻莞省政协委员代表。调研组先后参观可园、岭南画院、东莞劲胜精密组件股份有限公司，并召开座谈会。市委书记、市人大常委会主任徐建华，市政协主席李毓全、副主席何嘉琪，市委秘书长黄少文，市政协秘书长吴润玲等陪同调研。李毓全主持调研座谈会。徐建华介绍东莞经济社会发展情况，李毓全汇报市政协近年来工作情况，驻莞省政协委员作交流发言。王荣作总结讲话。

组团赴美国、加拿大开展侨务活动 11月7—14日，应美国纽约东莞商会、加拿大莞商联合会邀请，市政协副主席莫布兴率队出席美国纽约东莞商会成立典礼，拜会纽约东莞同乡会、加拿大莞商联合会，以及温哥华、多伦多东莞同乡会等乡亲社团，走访委员企业，宣传东莞城市形象和发展优势，加强与海外莞籍侨胞的联谊交流。市政协社会法制和人口资源环境委员会主任卢沛超、港澳台侨外事委员会主任谢玉华参加走访活动。

【政协座谈访谈及其他活动】 "增强创新驱动发展能力"协商座谈会 于2015年4月16日在东莞市政协会议室召开，市政协主席李毓全主持会议并讲话。市科技局主要领导围绕《东莞市实施创新驱动发展战略走在前列的意见》和配套政策作简要说明。市政协部分常委、委员，以及科技企业、新型研发机构、科技金融组织代表围绕专题提出意见建议。市科技局相关负责人现场逐一回应。市政协副主席何嘉琪、邝明子、朱伍坤、吕兢、钟淦泉、莫布兴、蒋小莺，市政协秘书长吴润玲出席会议。市各民主党派、工商联主要负责人，政府

相关职能部门应邀参加会议。

助推东莞市招商引资工作座谈会 于9月10日在市政协会议室召开。李毓全出席会议并讲话。会议邀请从事科技服务、生物制药、码头仓储等行业20位企业家委员参加。委员围绕如何“科学规划招商引资方向”“细化招商引资服务”“加快组建专业招商团队”“鼓励建立创客空间”等提出20多条意见建议，并立足所从事行业，提供项目线索。何嘉琪、吕兢，吴润玲，办公室主任，专委会主任，副秘书长等出席会议。

全市镇街政协小组工作座谈会 于9月22日在市政协会议室召开。会议总结近年来镇街政协小组的工作情况，探讨新形势下如何进一步做好基层政协工作。李毓全，何嘉琪、邝明子、莫布兴、蒋小莺，吴润玲，办公室主任，各专委会主任，副秘书长，各镇街政协小组正副组长出席会议。会上，南城、石碣、沙田、长安、樟木头、常平、茶山等7个镇街政协小组代表发言，其他镇街政协小组以书面材料形式交流工作经验。

市政协主席会议2015年重点提案督办座谈会 10月16日，十二届四十三次主席会议围绕“关于构建我市公共交通一体化运营和管理的系列提案”等6类26件重点提案进行集中督办。李毓全率队视察市轨道交通建设，参观地铁2号线的西平站和蛤地站，试乘地铁并听取市轨道公司有关公交与城际轨道交通接驳的情况介绍。随后在市政协召开督办座谈会。副市长贺宇，何嘉琪、邝明子、吕兢、钟淦泉、张玉其、莫布兴、蒋小莺，吴润玲，提案办理单位相关领导以及提案委员会副主任、提案者等90余人参加视察并出席座谈会。

市“十三五”规划协商座谈会 于10月29日在市政协会议室召开，李毓全主持会议。市委常委、常务副市长张科应邀到会，围绕《中共东莞市委关于制定国民经济和社会发展第十三个五年规划的建议》（征求意见稿）作起草说明。邝明子、朱伍坤、吕兢、钟淦泉、莫布兴、蒋小莺、吴润玲出席会议。会上，市政协委员围绕东莞市“十三五”规划建议稿提出意见和建议。市委政研室、市改革办、市发改局对委员提出的问题作现场回应。

市长约请市人大代表和市政协委员座谈会 于12月18日在市行政中心主楼会议室召开。与会人大代表和政协委员围绕科技创新、企业发展、城市建设等事关改革发展、民生民情话题提出意见建议，市直有关部门负责人现场作出回应。市委副书记、市长袁宝成，市政协主席李毓全，市人大常委会常务副主任甄瑞潮，副市长张科、杨东来、杨晓棠，市人大常委会秘书长陈锡江，市政府秘书长邓浩全，市政协秘书长吴润玲，市直有关部门负责人，部分市人大代表、市政协委员等出席会议。

市政协领导与市各民主党派、工商联负责人和无党派人士代表座谈会 于12月23日召开。市政协正副主席、正副秘书长，市各民主党派主委、部分副主委、秘书长，市工商联副主席、办公室主任出席会议。会前，与会人员参观麻涌华阳湖湿地公园，走访政协委员企业东莞市海昌实业有限公司。会上，何嘉琪对《市政协常委会工作报告》起草过程和征求意见情况作说明。市各民主党派、工商联负责人和无党派人士代表结合市政协工作实际，对报告提出意见建议，就如何进一步加强合作、推动政协工作发展进行交流。

《政协议政厅》广播节目 全年共举办42期，组织政协委员、各民主党派成员、镇街政协小组代表、职能部门负责人等共113人次参加节目。举办《焦点关注》19期，邀请委员围绕“促进青少年心理健康成长”“优化空气质量”“推进公共交通改革”等民生热点问题建言献策。举办《党派之声》12期，邀请市各民主党派代表介绍党派发展史、党派市委会参政议政情况，发表对东莞经济社会发展的意见建议。举办《委员访谈》11期，邀请委员讲述履职心得，展现履职风采。（莫庆才）

附：2015年政协东莞市第十二届委员会主席、副主席、秘书长名录

主　席：李毓全

副主席：何嘉琪　邝明子　朱伍坤

吕　兢　钟淦泉　张玉其

莫布兴　蒋小莺

秘书长：吴润玲

附：2015年东莞市政协常委会各专门委员会主任名录

提案委员会主任：吕小华

经济委员会主任：莫淑华

教科文卫体和文史委员会主任：李炳球

社会法制和人口资源环境委员会主任：卢沛超

港澳台侨外事委员会主任：

刘树勋（任至9月）

谢玉华（9月到任）

中国共产党东莞市纪律检查委员会

【纪检监察工作概况】 2015年，东莞市纪检监察机关受理群众举报1301件（次），初步核实线索1045件，比上年上升49.7%，初核率为80.3%；立案403件403人，比上年上升40.4%；结案413件，处分408人，比上年分别上升47.5%、28.3%，通过纪律审查为国家和集体挽回直接经济损失1.73亿元。

以零容忍态度惩治腐败 查办省委巡视组、省纪委交办的重要问题线索，逐个问题调查核实。严肃查办发生在领导干部中滥用职权、贪污受贿、权力寻租、利益输送案件，发生在重点领域、关键环节的腐败案件，查办大案要案21件21人。

注重抓早抓小 全面开展“清风行”活动，对所有镇街驻点开展“问诊把脉”，立足抓早抓小，实现治病救人的目的。活动共发现问题643个，其中36个问题由市纪委直接核查，其余问题督促镇街核查或整改。深入开展农村基层党员干部违纪违法线索集中排查工作，共排查出线索949条。2015年开展约谈函询诫勉51人次，体现惩前毖后，纪法分开、纪在法前。

注重凝聚反腐合力 发挥市委反腐败协调小组职能作用，进一步完善市纪检监察与检察、审判、公安、审计机关“一对一”的日常协调机制，形成工作合力。成立全市反腐败国际追逃追赃工作办公室，推进追逃追赃工作，追回外逃人员9名，其中外逃党员和国家工作人员2名。

依纪依规开展执纪审查 规范信访举报工作，提高审查质量，严格执行案件质量评价标准，实现全市案件申诉“零变更”。贯彻“三个区分”原则，既严肃处理违纪行为，又澄清问题、保护干部，2015年全市纪检监察机关为543名党员干部澄清是非。

注重保障纪律审查安全 进一步抓好粤桥山庄的安全管理和服务保障工作。完善基层纪委谈话室硬件建设，制定谈话室使用管理规定，强化纪律审查安全意识。

【党的纪律建设】 2015年，东莞市纪委和监察局加强党的纪律建设，加强教育和引导广大党员干部认真学习贯彻党的十八届三中、四中、五中全会和习近平总书记系列重要讲话精神，始终在思想上、政治上、行动上同以习近平为总书记的党中央保持高度一致；组织学习贯彻新修订的《中国共产党廉洁自律准则》《中国共产党纪律处分条例》，把党规党纪的权威性、严肃性在全市党员干部中树立起来。落实全面从严治党，制定印发《中共东莞市委关于加强纪律建设推进全面从严治党的意见》，推动全市各级党组织贯彻落实全面从严治党的要求；按照省的要求促进国有企业领导人员廉洁从业，禁止违规兼职。加强监督检查，对贯彻落实中央、省、市精神的情况进行监督检查，确保令行禁止、政令畅通。严格执纪，坚决纠正无组织、无纪律行为，严肃查处欺骗组织、对抗组织问题，2015年共查处违反组织人事纪律类案件30件30人。

【党风廉政建设“两个责任”落实】 2015年，东莞市纪委完善制度机制，以市纪委1号文转发省纪委关于落实党风廉政建设党委主体责任和纪委监督责任的意见，将党委主体责任和纪委监督责任具体化、制度化。制定东莞市细化党风廉政建设主体责任强化责任追究的贯彻落实意见，细化主体责任的内容，召开全市落实2015年党风廉政建设和反腐败工作任务分工会议，完善责任落实工作机制。狠抓工作落实，市委带头履行主体责任，进行责任约谈，开展全市各级党委（党组）书面报告落实“两个责任”工作；协助市委细化各级党组织落实主体责任清单，组织10个市直单位和镇街党委（党组）书记向市纪委全会进行“述责述廉述德”并接受评议，指导市直单位、各镇街探索做好本单位的“三述”活动，逐级逐层压实主体责任。强化责任追究，坚持“一案双查”，突出问责，督促下级党委、政府加大责任追究力度，实施责任追究情况月报制。2015年共对31名党员干部进行问责。

【作风建设】 2015年，东莞市纪委和监察局严查违反中央八项规定精神和“四风”案件，立案查处29宗违反中央八项规定精神案件，向全市通报一批典型案例，发挥警示教育作用。开展作风建设专项整治活动，全面完成违规公务用车整治工作，清理、清退违规公务用车416辆；开展违规集资建厂房物业专项清理工作，对10个镇街和市直单位的45项问题进行整改；开展专项活动纠正现职领导干部违规打高尔夫球。加强对党员领导干部的监督管理，转发省加强对党员领导干部“八小时以外”活动监督管理意见；抓住重要时间节点加强对党员干部的提醒警示，严禁利用婚丧喜庆收送“红包”礼金，2015年廉政账户收到款项494.47万元。加强开展明察暗访，坚持暗访、查处、追责、曝光“四管齐下”，收集线索18条，组织暗访行动78次，整理制作暗访专题片3部，核查暗访问题线索8个，督促相关单位自查自纠，落实整改，严肃查处省纪委暗访曝光的有关问题。加大对慵懒散拖、不作为、慢作为等四风问题的查处力度，查处失职渎职案件75件75人。加大效能投诉处理力度，接到群众行政效能投诉889件，均按时办结，切实维护群众利益。

【源头防腐】 2015年，东莞市纪委和监察局开展廉洁从政教育，组织开展纪律教育月活动，举办领导干部党纪政纪法纪教育培训班，培训党政主要领导干部300多人，邀请焦裕禄的女儿焦守云给“三纪班”全体学员作专题报告。针对苗头性、倾向性问题，对全市1270名党员干部进行提醒教育谈话。加大反腐倡廉宣传力度，配合省纪委“廉洁广东行”主题系列宣传活动，在全省宣传市“镇街纪委审计合署办公”的经验做法；印发12期共140多万份《廉洁东莞导刊》。协助中央纪委监察网站制作“民族记忆·抗战战役中的纪律”专栏，对市“百花洞战斗”进行报道；充分发挥东莞纪检监察网宣传作用，发布各类信息近500条。创新廉政教育载体，组织700多人观看廉政话剧《沧海清风》；在市中级人民法院设立“东莞市廉政警示教育基地”，组织近1200名党员干部旁听庭审，接受反面典型警示教育。启动预防腐败信息系统建设，搭建市预防腐败信息系统信息共享平台，建设市政府投资工程建设廉情预警评估系统，提高预防腐败工作的科学化、规范化水平。

【纪律检查体制改革】 2015年，东莞市委加强改革工作统筹，印发《东莞市全面深化纪律检查体制改革实施方案》，统筹推进全市纪检监察改革工作；完善机关内设机构改革，对委局机关内设机构职能进行调整，增强纪律审查力量，办案人员占70%以上。深化查办腐败案件体制机制改革，下半年起，将“两报告”的范围扩大至派驻（出）机构，将涉及村（社区）书记、主任的问题线索纳入镇街纪委向市纪委“两报告”的范围。2015年，市纪委向省纪委和市委主要领导报告线索处置14条，各镇街纪委、派驻机构向市纪委报告线索处置223条。深化派驻机构统一管理改革，制定《关于加强市纪委派驻机构建设的意见》，扩大派驻机构覆盖范围，增加对市委办等16个党和政府工作部门进行派驻管理，派驻（出）机构由原来的23个增加到39个。深化干部管理改革，参考省纪委有关政策，制定出台东莞市3个“提名考察实施意见”，规范市镇街纪委书记、副书记，派驻纪检组组长、副组长以及市属企业纪委书记、副书记提名考察工作。 （黄基尧）

附：2015年中共东莞市纪律检查委员会书记、副书记、常委名录

市纪委书记：戚优华
市纪委副书记：吴才华　叶柏茂
鲁　罡
陈　钊（6月到任）
市纪委常委：戚优华　吴才华
叶柏茂　鲁　罡
陈　钊（6月到任）
卢淑贤　罗暖培
夏显辉　邓炳华
黄　键
朱伟强（任至11月）

附：2015年东莞市监察局（预防腐败局）主要领导名录

局　长：吴才华

民主党派·社会团体

DEMOCRATIC PARTIES · SOCIAL ORGANIZATIONS

■ “莞商节”创立

■ 《东莞历史名人评传丛书》出版

东莞市中心区 （钟南天 摄）

编辑：李文蔚 刘 丹 黄文挺 苏淑娴

民主党派

中国国民党革命委员会东莞市委员会

【民革概况】 截至2015年，中国国民党革命委员会（简称民革）东莞市委员会有支部12个，专门工作委员会4个，党员165人。其中具有中高级职称党员132人，占党员总数的80%，党员中有省政协委员1人，市人大代表3人（其中市人大常委1人），市政协委员7人（其中市政协常委1人），市“特约四员”6人。

【民革参政议政】 2015年，民革东莞市委员会联合四川大学举办“提高参政议政能力学习班”，市委会班子成员、专委会成员和参政议政骨干成员等30人参加学习。9月前往市文广电新局开展“东莞工业文化遗产保护”专题调研；10月前往塘厦镇开展“户籍农业人口市民化”专题调研；11月前往广西梧州李济深故居及安徽合肥、六安市李鸿章、冯玉祥和张治中故居开展“历史文化遗址和名人故居保护”专题调研等。征集政协全会提案33件，其中作为市委会提案提交并立案的14件，1件被评选为重点督办提案，委员个人提交提案10件，征集申报课题19个，评选年度重点调研课题4个，《关于加大整治民营跨镇公交“乱象”的建议》《关于加快抗日名将蒋光鼐故居开发与保护工作的建议》等提案被市政协评选为优秀或表扬提案。举办提案媒体交流会，东莞电视台、《东莞日报》等多家新闻媒体在“两会”上对民革东莞市委会的政协提案进行提问，民革东莞市委会主委余毅等十余名政协委员、提案撰写人对记者的提问进行解答。

【民革社会服务】 2015年，民革东莞市委员会着重推进“同心·博爱行”社会服务品牌创建工作。其中，广东都市丽人实业有限公司董事长、都市丽人支部主委郑耀南为“广漂”青年搭建梦想舞台，向省青少年基金会捐赠100万元，用以支持关爱“广漂”微公益活动；安排云浮助学，向罗定市附城街道办罗溪小学捐赠电脑器材协助兴建“博爱”电脑室，用于该校师生的教学实践活动；社会服务工作委员会的党员前往贵州兴义地区向秧项小学捐赠午休床和被褥，并安排党员前往万江街道上甲村开展扶贫活动；承办“抗日将士墨迹巡回展”东莞站展览活动和“抗日将领蒋光鼐生平事迹研讨会暨民革前辈纪念场馆联谊会第四次年会”两个大型活动。

【民革祖国统一工作】 2015年，民革东莞市委员会加强与涉台部门联系，共同建立市委台办、市政协港澳台侨外事委员会、民革东莞市委会等多方沟通联系工作机制，由市委台办召集，通过座谈沟通、考察学习和联合调研等方式，每季度举办一次活动，共同做好对台事务，与市政协、市委台办到台心医院、市台商协会开展联合调研，为解决台心医院职工住房问题提供解决方案。12月，民革东莞市委会主委余毅带领民革祖国统一工作委员会成员，与市政协港澳台侨外事委员会、市台办、市台联会和东莞台商协会5家单位，赴东莞台商子弟学校调研并进行座谈交流。

（林宗辉）

附：2015年中国国民党革命委员会
东莞市委员会主要领导名录

主 委：余 毅

中国民主同盟东莞市委员会

【民盟概况】 截至2015年，中国民主同盟（简称民盟）东莞市委员会有总支1个，支部15个，其中新成立横沥支部、水务支部，从民盟湛江市委会转入的15名盟员成立广医支部，原松山湖支部升格为松山湖总支，有专门工作委员会8个，盟员317人，其中2015年新发展盟员30人。盟员中教育界191人，医卫界27人，其他界别99人。担任市政协副主席1人，市政协常委3人，政协委员7人，市人大常委会委员1人，市人大代表1人，市特约人员12人次。

【民盟参政议政】 2015年，民盟东莞市委员会向市政协十二届四次会议提交16件集体提案和17件委员提案，其中4件被市政协定为重点提案。向市政协十二届三次会议提交《关于加快建设智慧东莞的建议》和《关于提高中小企业科技风险资本基金使用效率的建议》获评优秀提案奖，《关于扩大非莞籍人员随迁子女纳入社保试点范围直至实现全覆盖的建议》获评表扬提案奖；向民盟广东省委员会提交《加快推进乡村生活污水治理，切实改善农村人居环境》《关于大力推进我省农村生活垃圾无害化处理体系建设的建议》，分别被民盟广东省委员会采纳作为提交省政协十一届三次会议的大会发言、集体提案。

撰写约稿信息，反映社情民意。民盟东莞市委员会、市委统战部和民盟广东省委员会提交33篇约稿信息，其中20多篇被民盟广东省委员会采用。被评为2014年度全市统战信息工作先进单位；在暑期座谈会等场合多次为东莞市“十三五”规划建言，盟员参与5期政协议政厅节目。

【民盟社会服务】 2015年，民盟东莞市委员会推出“莞盟健康行”。5月1日起，“莞盟助学基金”更名为“莞盟爱心基金”，扩大基金的资助范围和使用对象。民盟东莞市委员会发挥盟内教育、环保、法律、医卫等界别的人才优势，组建志愿者队伍，推进社会服务工作。“莞盟助学行”创建10个助学站，支助学生361人次；“莞盟环保行”举办28场进校区活动、7场进厂区活动和8场进景区宣传活动，受益人员达1万人；“莞盟普法行”举办6场法律义务咨询活动和8场普法讲座，市民反应热烈；“莞盟健康行”在社区和景区分别举办2场和8场的健康义诊活动，吸引广大市民前来问诊，切实解决市民需求。

（王雪萍　简锐姬）

附：2015年中国民主同盟东莞市委员会主要领导名录

主　委：朱伍坤

中国民主建国会东莞市委员会

【民建概况】 截至2015年，中国民主建国会（简称民建）东莞市委员会，有基层支部5个，总支1个，成员132人。会员主要分布在经济界、教育界和公务员队伍。担任民建广东省委会常委2人、委员1人，有市人大常委会副主任1人、市政协常委1人、委员5人，有市“特约四员”12人次。

【民建参政议政】 2015年，民建东莞市委员会加大调研力度，完成7项重点课题调研；在“一带一路经济”“改善营商环境”“促进实体经济增长”等方面向市政协提交16件提案，有3件被评为优秀提案、2件被评为表扬提案；《开发和重视新媒体　宣传推广东莞旅游》建议获市委书记和市长的批示；《东莞要在“海上丝绸之路”国家战略中有更大作为》建议在“市长约请人大代表和政协委员座谈会”上被选为即席发言；有2项课题中标民建广东省委员会2015年度重点调研课题，占全省七分之二。市委会被评为市统战信息调研宣传工作先进单位和省民建参政议政先进集体，2人被评为“全国民建优秀会员”，1人被评为“全国参政议政先进个人”、2人被评为“省参政议政先进个人”。

【民建自身建设】 2015年7月，民建中央主席陈昌智到东莞市调研市级组织工作；以纪念民建成立70周年系列活动为契机，举办会章会史、爱国主义教育、履职能力提高等多层次培训班；举办践行社会主义核心价值观专题活动；以理论研究推动组织建设，开展理论研究工作，多篇研究成果受表彰，连续4年获民建广东省委员会“理论研究优秀组织奖”。

【民建社会服务】 2015年，民建东莞市委员会开展“建华课堂”公益培训活动，举办4期培训活动，主题包括企业纳税、知识产权保护与运用等内容，400多名东莞企业家参加；11月与市委统战部联合举办“水生态文明建设”学习交流会；参与民建广东省委员会“助力阳江”活动，捐赠救护车1辆，助学贫困学生19名；做好服务企业工作，各支部、专委会开展“产学研”“走进企业”等活动，组织企业参与“中国投资风险论坛”“中国非公经济论坛”等交流学习活动。

（罗建锋　叶尧斌）

附：2015年中国民主建国会东莞市委员会主要领导名录

主　委：周楚良

中国民主促进会东莞市委员会

【民进概况】 截至2015年，中国民主促进会（简称“民进”）东莞市委员会，设支部7个，有会员135人。其中教育界90人（高教界13人，普教界77人），社会新阶层20人，政府及党派机关13人，医卫界7人，文化艺术界3人，公有经济2人。会员中担任省人大代表1人；市人大代表1人；市政协委员的有8人，其中常委1人。

【民进参政议政】 2015年，民进东莞市委会在市政协十二届四次会议上，向大会提交提案36件，其中集体提案13件、个人提案23件。集体提案《关于深化我市商事登记制度改革，建立和完善三位一体市场后续监管体系的建议》被评为优秀提案；集体提案《关于政府扶持本土企业品牌化建设的建议》以及个人提案《关于加强法治宣传教育，促进法治建设的建议》《关于加大政府购买“防艾”社会组织公共服务的建议》等3件提案被评为表扬提案。

1月，主委梁佳沂参加东莞市党外人士座谈会，向市委市政府有关工作提出建议；8月，梁佳沂等市委会领导参加2015年东莞市各民主党派负责人暑期座谈会，主委梁佳沂代表民进市委会作主题为《实施创新驱动发展战略，建设东莞创新走廊》的发言以及对《东莞市

"十三五"规划基本思路》提出建议，被有关部门采纳；12月，主委梁佳沂参加2015年市长约请人大代表和政协委员座谈会，并提出《跟上"互联网+"时代，开创东莞高等教育新格局》的建议，得到有关部门的重视。

民进东莞市委会会员参加7期"政协议政厅"电台节目，分别就新型城镇化进程中加强文化遗产的保护和传承、加快东莞市镇际公交改革、东莞市青少年心理健康、加大公立医院投入、本土企业品牌化建设等问题进行探讨并提出合理化建议。向市政协和市委统战部提交14篇参政议政、社情民意信息，多篇被市委统战部采用。11月，举办1期信息写作培训班，30多名会员接受培训。

【民进社会服务】 2015年，民进东莞市委会牵头开办的东莞开明美术馆发挥平台作用，举办"图说我们的价值观：民进画家进松湖——佟丁海、崔东湑、陈燕依三人国画作品联展""第十届相约香江中国书画十年成果国内获奖作品展""图说我们的价值观——纪念中国民主促进会成立70周年莞佛民进艺术家书画作品联展"等多场大型展览。东莞开明美术馆加强与镇街的合作，分别在麻涌镇、寮步镇、东城街道先后举办"相约香江"中国书画获奖作品展，以及在寮步镇举办"三羊开泰"十二生肖全国中国画年度大赛获奖作品展。

配合民进中央和省委会的统一部署，做好社会服务的各个项目和活动。1月，响应民进中央的号召，倡导"服务就在身边，人人可参与"微公益理念，动员会员支持民进中央的"书香彩虹"公益活动。活动期间收集到会员捐赠的爱心书籍885册，全部寄送给贵州金沙县的贫困中小学。2月，为响应民进全国开展"迎新春、送春联——书画家进社区活动"的号召，民进东莞市委会、东莞开明美术馆联合莞城图书馆、市环保志愿者服务总队在莞城文化广场开展"迎新春、送春联"活动，组织10多名书法家和书法爱好者现场挥毫泼墨，创作春联，现场合计送出春联近千幅。与其他社会组织合作，参与举办多期博士论坛，邀请不同领域的博士专家，举办电子商务创新发展论坛、人才发展与东莞创新论坛、"医学博士话健康"系列科普讲座。 （黄建英）

附：2015年中国民主促进会东莞市委员会主要领导名录

主　委：梁佳沂

中国农工民主党东莞市委员会

【农工党概况】 截至2015年，中国农工民主党（简称农工党）东莞市委员会有支部委员会4个、支部8个，党员213人，其中2015年新发展党员19人。分布在医卫界和人力资源、生态环境界122人，教育界46人，科技界6人，文化艺术界3人，公有制经济13人，新社会阶层7人，人大、政协机关2人，政府机关8人，社会团体1人，党派机关2人。获评2015年度东莞市统战信息工作二等奖。党员关承恩、蒋四清被评为全市统战信息工作先进个人，张怀岑教授被评为"南粤优秀教师"，汪莹带领的合唱团获评澳门国际合唱节金奖，李涛、黄遵楠、刘星言、王金林发表SCI收录论文，李国臣、周柯的科研项目获立项。

【农工党参政议政】 2015年，农工党东莞市委员会主委李光霞代表市委会在各民主党派暑期座谈会上提出建议《做强科研创新平台，提升产业孵化能力》，对于东莞市完善科技创新相关政策产生积极作用。参加市长约见政协委员、人大代表座谈会提交书面建议《进一步发挥社区医院的作用，促进社区和居家智能化养老的发展》，建议改善虎门高铁站环境、引进生物医药产业落户松山湖以及加快水生态文明城市的创建工作。向市政协十二届四次会议提交有关发展东莞市行业协会、推进城乡土地生态利用综合改革、水乡地区水生态综合治理、构建生态文明宣传教育大格局、加快本地高校建设步伐、打造新型业态商圈、企业员工职业能力培养、电子商务人才培养、加强城市空间景观规划与设计、完善森林生态系统监测体系、完善信访工作联动机制、加快引进和扶持工业自动化项目和技术、开通交通便民短信服务、布局发展海洋生物医药产业等集体提案14件。向市政协十二届三次会议提交的集体提案《关于推行我市医疗责任保险制度的建议》被评为优秀提案，集体提案《加强院前急救体系建设，完善急救经费投入机制》被评为表扬提案，个人提案《关于建立虎门港化学品仓储区医疗应急救援中心的提案》被评为表扬提案。向市人大提交的《有关开辟电台中小学生传统文化教育栏目的建议》被评为表扬建议。参加市政协"周末访谈·党派之声"电台节目两期，宣传农工党爱国革命历史和市农工党的履职成效。2015年提交信息35件，其中市委统战部单独采纳19件、综合采纳4件，省委统战部单独采纳1件、综合采纳4件。

【农工党社会服务】 "环保东莞行" 2015年，农工党东莞市委员会南城支部在南城中学开展"环境保护与生态补偿"的专题讲座，组织党员担当环保辅导员和志愿者，带领南城的小学生参观市区环保热电厂，为学生讲解垃圾分类、垃圾处理、资源再生、循环利用等知识。人民医院支部开展环保植树活动。

"法律讲堂" 在"12·4"全国普法日开设"法律讲堂"，为东莞理工学校1500多名新生分三期开展青少年普法讲座。"法律讲堂"的阵地进一步扩大，为东莞市沙田镇·虎门港200多名妇女干部举办"和谐家庭法律智慧讲堂"。

"同心助医" 口腔科党员专家为南城的幼儿、小学生及家长开设两场知识讲座分别讲授儿童牙齿保健、青少年口腔保健知识。樟木头支部和长安支部分别在广场、敬老院开展义诊活动。 （杨　莉）

附：2015年中国农工民主党东莞市委员会主要领导名录

主　委：李光霞

中国致公党东莞市委员会

【致公党概况】 截至2015年，中国致公党东莞市委员会有基层支部5个，成员113人，其中新发展党员4位，减员1人（去世）。其中归侨7人，侨眷侨属17人，港澳台属10人，少数民族4人，其他有海外关系人员42人，大部分成员分布于科教文卫界。担任省人大代表1人、市人大常委会委员1人；省政协委员1人、市政协常委会委员2人，市政协委员4人。省侨联委员2人、市侨联常委会委员1人、市侨联委员会顾问1人、市侨联委员1人；市纪委监察局特约监察员1人、市检察院特约检察员1人、市检察院人民监督员1人、市财政局政府采购特约监督员2人、市公安局警务廉政监督员2人、市干部监督员1人、人民陪审员8人。主委戴松林、副主委陈树良被中国致公党广东省委员会评为“致公党参政议政工作先进个人”。

【致公党参政议政】 2015年，致公党东莞市委员会分别在6月和12月组织骨干党员赴四川大学、广东省社会主义学院开展专题学习。在市政协十二届四次会议期间提交党派提案7件，个人提案13件。其中党派提案《关于加强我市地下管线规划建设与维护的建议》《关于加快我市备用水源建设，确保饮用水安全的建议》，陈树良个人提案《关于进一步推进政府职能法定化，加快权力清单制度建设的建议》被市政协评为优秀提案，党派提案《关于进一步加强我市禁毒工作的建议》、左远志个人提案《关于解决交通噪声污染的建议》、黄蔚然个人提案《关于举办松山湖国际马拉松赛，提升东莞城市品牌的建议》被评为表扬提案。提案《关于在城乡规划管理中落实低碳生态建设要求的提案》《关于保护和科学开发利用我省海岸带的提案》《完善医保体系，用好医保基金——对我市医改的几点建议》《关于加快市区与东莞新火车站接驳道路建设的建议》被中国致公党广东省委员会评为“致公党2013—2015年度参政议政优秀成果”。向中国致公党广东省委员会申报7项调研课题，其中《关于加强外国籍、港澳台籍社区服刑人员矫正的建议》《关于加强我省地下管线规划建设管理的建议》《关于加强我省储备粮安全监管的建议》获立项。市委会向市委统战部提交3项统战调研课题。

组织党员到省内外开展专题调研活动：5月，随市城乡规划局到苏州市、哈尔滨市开展管线建设统筹协调机构调研活动；7月，副主委陈树良组织参政议政委员会拜访泉州市委会和漳州市委会，了解他们在“一带一路”的战略思想指导下开展党务工作的先进经验；8—11月，副主委黎平带队到中山市、温州市、无锡市开展“小微企业发展及对策”专题调研。9月，主委戴松林带队在重庆市开展以政党协商为主题的学习调研活动；11月，副主委陈树良组织赴致公党长沙市委员会、致公党株洲市委员会开展“新常态下如何进一步发挥女党员作用”专题调研活动。协助致公党广东省委员会、湛江市委员会、茂名市委员会、佛山市委员会等来东莞市开展专题调研。

为更好地开展民主监督和建言献策工作，就《东莞市“十三五”规划基本思路》召开研讨会议，征求意见建议，收集反馈给市委有关决策部门。在“市民主党派负责人暑期座谈会”上，主委戴松林围绕如何运用大数据提升政府资源共享平台的功能，促进政府为市场主体服务的效能提升进行现场发言。在“市长约请人大代表和政协委员座谈会”上，提交题为《加强地下管线规划建设与管理　提高城市综合承载能力和城镇化发展质量》的书面发言，在会上对《2016年政府工作报告（征求意见稿）》提出若干修改意见和建议，受到参会的各相关部门代表肯定。

参与两期东莞电台“政协议政厅”栏目平台“党派之声”节目，介绍中国致公党的发展历程、党派特色、代表人物以及市委会开展参政议政、社会服务等工作情况，使社会各界进一步加深对中国致公党的认识。参与一期东莞阳光网的网络节目“阳光会客厅”，围绕“东莞市备用水源建设”建言献策。

【致公党联谊工作】 2015年11月27日，致公党东莞市委员会主委戴松林接待国际洪门世界总会主席刘沛勋一行。双方通过座谈交流，达成下阶段开展更多联谊交流活动的共识。

7月，走访市人力资源局、东莞公证处、市侨联、侨留会等单位，与海外留学人员座谈交流，了解东莞市归国留学人员的基本情况、就业创业情况及实际困难，为东莞市进一步做好海外留学人员工作建言献策，促使海外联络工作得到新的突破。

【致公党社会服务】 2015年，致公党东莞市委员会为进一步创建“反映侨声，维护侨益，为侨服务”社会服务品牌，以东莞市侨联（致公党）法律顾问委员会为平台，以凤岗镇为试点，12月4日启动侨乡普法活动，通过现场派发侨法宣传资料、现场提供法律咨询服务、现场接受侨界群众来访等方式，为当地的侨眷和侨属普法。

和市政协联合开展《自梳女访谈录》的编撰，依托社会服务委员会的平台力量多次探访东莞市的华人自梳女，了解老人们的生活近况，以及在海外的生活经历和心路历程，并记录老人们在日常生活、就医等方面的诉求。计划针对《自梳女访谈录》的编撰开展更深入的材料采集工作。

各支部、党员也通过不同的方式和渠道开展各自特色的社会服务活动，其中，五支部党员闫洪嘉在江西靖安县仁首镇捐建明冠希望小学，进行助学服务活动。闫洪嘉被致公党广东省委会授予“扶贫开发工作先进个人”称号。

【致公党建党90周年系列活动】 2015年是中国致公党建党90周年，致公党东莞市委员会选送3篇散文和3幅书画作品参加致公党中央、省委会组织的散文征集和书画展征稿活动。其中，党员王剑桥的中国画《乾坤老子》被致公党中央书画院收藏，并颁发收藏证书；送选的《不务正业的企业家——黎平》入选致公党广东省委会编印的《致公风采——南粤致公党员的爱国情怀》专辑。何为获广东省致公党委员会颁发30年以上党龄为党服务荣誉状。5月底组织部分党员参观“中国致公党在广东（1925—1953）”图片展，了解致公党的发展历程及其对中国民主革命进程、新中国建设事业所作的贡献。12月19—27日在东莞图书馆举办“纪念中国致公党成立90周年历史图片展”，展示中国致公党与中国共产党合作的历史。

发动党员参与市委统战部举办的“同心杯”美术·书法·摄影比赛征稿活动，向大赛组委会选送书法、美术、摄影作品15幅。其中，选送党员的书法作品《谏太宗十思疏》被大赛入选收藏，获市委统战部和市海外联谊会颁发优秀组织奖。 （王文青）

附：2015年中国致公党东莞市委员会主要领导名录

主　委：戴松林

九三学社东莞市委员会

【九三学社概况】 截至2015年，九三学社东莞市委员会有支社5个、专门工作委员会5个，社员150人，其中2015年发展新社员25人，转入社员1名，转出社员1名，2名社员病故。社员中科学技术界33人、教育界36人、医药卫生界48人、其他界别33人。社员中有省政协委员1人，市政协副主席1人，常委2人，政协委员7人。

【九三学社参政议政】 2015年，九三学社东莞市委员会向东莞市政协十二届四次会议提交市委会提案12件、委员提案19件，其中4件被列为重点提案、4件被评为优秀提案、3件被评为表扬提案。先后4次派出社员参加东莞阳光网和东莞电台的“参政议政专题节目”，与提案承办单位负责人以及全市市民交流座谈，增强提案工作的社会影响力。完成3

项统战理论政策调研、2项重点提案课题调研，其中课题《法治化进程中统战工作的调整与变化探析》获评2015年广东省统战理论政策研究创新成果优秀奖。党派的委员多次参与中共东莞市委、市政府的重大决策通报会、重要人事任免协商会，就《东莞市“十三五”规划基本思路》中关于深化公共财政改革、旅游业发展、垃圾分类、新型城镇化、公共交通体制改革等问题向书记或市长等市领导提出意见建议。向社省委、市政协、市委统战部提交建议类信息40余篇次，多篇被省市采用。

【九三学社社会服务】 2015年，九三学社东莞市委员会延伸医疗服务到基层，针对东莞市社区基层医疗诊疗水平不高的问题，与桥头镇政府、桥头镇社区卫生服务中心合作，组织党派医卫专家到桥头镇社区卫生服务中心开展学术讲座，帮助基层医护人员提高医疗水平；开展健康知识下基层活动，在机关、社区举行中医养生讲座20场次，受惠领导干部、群众愈2000人次。科普展览传播科技种子，市委会制作《为了民族的伟大复兴——九三学社科学家展》科普展板，先后在科技馆、青少年活动中心、东莞理工学院图书馆巡回展出，激发广大市民群众特别是青少年儿童的科学热情。助力文化传承，继续推动已故东莞书画名家卢子枢的作品收藏、展览、出版工作，5月份联合政协、博物馆等在市博物馆举办《流水不腐　户枢不蠹——卢子枢书画艺术精品展》和书画艺术精品展座谈会，支持出版卢子枢艺术作品集《不蠹斋珍丛》。

【九三学社学习实践活动】 2015年，九三学社东莞市委员会围绕纪念九三学社创建70周年主题，开展一系列活动，把学习实践活动向纵深推进。8月30日举行纪念九三学社创建70周年座谈会。9月19日邀请九三学社中央委员会委员、九三学社创始人许德珩后裔许进来莞为社员授课，回顾九三学社的历史、介绍九三先辈事迹和邓稼先等科技贤达的成就，重温九三学社在建国前后和改革开放30多年来为祖国所作出的贡献。11月选择九三学社相关教学资源丰富的华东一带作为培训实践场所，组织社员结成学习班到梁希纪念馆、王选事迹陈列馆、河海大学等进行参观学习。与深圳市、珠海市、江门市、中山市的九三学社市委会联合举行新社员培训班，130名学员到广东省社会主义学院进行为期2天的学习，其中东莞有29名新社员、联系对象（申请人）参加此次培训。　　（卢力森）

附：2015年九三学社东莞市委员会主要领导名录

主　委：吕　兢

社会团体

东莞市总工会

【工会概况】 截至2015年，东莞市工会组织有镇（街道）总工会33家、市直属工联会28家、市直属单位工会20家、省属单位工会27家，全市各级工会组织5.9万家，会员388万多人。

【工会构建和谐劳动关系】 2015年，东莞市工会组织推进创建和谐劳动关系示范区工程，抓好维护职工合法权益、推动健全劳动关系协调机制等工作，分类指导各镇街开展集中创建行动，将参与创建企业提升至71.2%。宣传推广新修订的《广东省企业集体合同条例》，全市2.45万家企业建立集体协商制度，覆盖职工300多万人。推荐沙角A电厂、宏达工贸集团、美泰玩具二厂为全市依法治企试点单位，引导更多企业完善治理依法用工。建立健全主席信箱、“12351”维权热线等诉求表达渠道，受理各类劳资纠纷1947宗，办结率达100%，调解成功率达99.6%。成立市总工会劳资纠纷应急分队，发生重大职工群体性事件，市总工会分管领导、部室负责人和工会值班律师第一时间赶赴现场，协助当地党政依法化解矛盾。建立工会律师担任企业工会法律顾问制度，120名工会律师与全市200多家重点企业挂钩联系，指导企业工会依法维护职工权益。

【工会建会建家活动】 2015年，东莞市工会组织坚持组建和“职工之家”建设，加强工会组建和发展会员，有基层工会组织5.9万家，会员388万多人。加强对农民工的入会和服务工作，在建筑、物流、家政等行业开展农民工入会攻坚行动，完成省下达的农民工会员净增长25万人的任务。总结推广裕元集团民主建会经验，下发加强基层工会建设指导意见，以民主选举为重点，推动非公有制企业工会规范化建设。开展“会员评家”和创建“职工之家”活动，评选出市“先进职工家”100家、“先进职工小家”50家、全国“模范职工之家”8家。加强对基层工会的保障力度，将工会经费返还比例由60%提高至70%。派驻工会社工、工会志愿者进入企业，指导企业工会以职工喜闻乐见的形式开展活动，扩大工会影响力。对300人以上非公有制企业工会主席发放工作补贴，提高基层工会干部的工作荣誉感和积极性，提升基层工会工作质量。

【工会服务职工网络建设】 2015年，东莞市工会组织推动工人文化宫落成使用，打造一站式职工服务中心，设立可容纳近千人同时培训的职工教育培训基地，使之成为广大职工的学校和乐园。推进先锋号职工服务中心建设，下发实施意见，对通过验收的镇街和企业“先锋号”分别给予最高50万元和10万元的经费补助。企石镇、塘厦镇、麻涌镇等9家镇一级“先锋号”投入使用，东城街道、常平镇等15个镇街落实选址规划，进行筹建工作；南城新科公司、高埗裕元公司、寮步先锋公司等61家企业“先锋号”有序运转，超过100家企业申报第二批试点。计划3年建成以市“先锋号”为指引，以镇街“先锋号”为骨干，以企业“先锋号”为基础的服务职工三级工作网络。

【工会“送温暖”工作】 2015年，东莞市工会组织健全救助标准与物价上涨挂钩的联动机制，对困难职工的医疗救助标准从3000元提高到5000元，金秋助学标准从2000元提高到3000元，元旦春节慰问从1000元提高到1500元。开展“春送技能、夏送清凉、秋送助学、冬送温暖”等工会品牌活动，累计投入资金550万元，为1572名困难职工、困难劳模送去党政和工会的关怀。发动职工参加“二次医保”，推动“工伤探视”项目化运作，通过工会互助共济的方式解决患病住院职工的燃眉之急。开展“温暖回家路”活动，分别帮助54名广西在莞优秀员工和1200多名湖南衡阳籍在东莞市员工回家过年。

【工会劳动竞赛】 2015年，东莞市工会组织召开各界劳动者庆“五一”茶话会，开展“中国梦·劳动美”系列宣传报道，唱响“劳动光荣、创造伟大”的主旋律。与市人力资源局、教育局、轨道公司等单位合作，开展电子商务、高校辅导员、现代工程技术等14项市一级劳动竞赛，吸引广大职工踊跃参赛，涌现出东莞市五一劳动奖章14名，东莞市工人先锋号4个，市技术标兵112名。开展“工会培优计划”，向成功考取各类职业资格证书的2476名职工发放补助110万元。与市安监局联合举办33期安全生产知识培训班，提高企业安全生产管理水平。（尹淑芬）

附：2015年东莞市总工会主要领导名录

主　席：郭　水

中国共产主义青年团东莞市委员会

【共青团概况】　截至2015年，中国共产主义青年团东莞市委员会（简称团东莞市委）有基层团委220个，其中一级团委88个（镇街团委32个，厂局团委35个，市属一级学校团委21个），二级团委132个（学校团委84个，村、社区团委21个，机关事业单位团委20个）；基层团总支936个，团支部11287个。有共青团员22.37万人，专职团干268人，兼职团干22504人。

【青年思想引领】　深化品牌建设　2015年，团东莞市委结合纪念抗战胜利70周年，开展"我的中国梦"主题教育实践活动，"重走东纵路"升级为省级活动，并吸引惠州、深圳、河源等地市参加，规模为历年之最。连续第13年开展东莞市大学生社会实践活动，吸引2万多名东莞大学生参加。加强爱国主义和民族团结教育，106名新疆青少年与东莞青少年结对开展"手拉手"活动，全市50所中小学为新疆"莞香花爱心书屋"捐赠书籍1.5万册，援建兵团第三师少先队鼓号队，推动当地少先队礼仪文化规范化发展。

强化阵地意识　在学校开展"四进四信""奋斗的青春最美丽"等主题活动，覆盖青少年4.8万人次。聚力网络主战场，全市46个团属微信号和1000多个团属微信群在宣传和舆论引导中联动发声，其中，"青春虎门"微信号年阅读量达78万次；实施"青网计划"，组建一支3.3万人的青年网络文明志愿者队伍；承办广东青少年网络文明志愿服务项目设计大赛，"e路导航"青少年绿色网络行动、"塘厦新媒体工作室"等一批本土项目一展风采；推出新媒体创意作品，《志愿者的一天》《社会主义核心价值观—富强篇》等微视频、微电影得到广大青少年喜爱。

【青年"双创"服务】　青年"双创"服务链优化　2015年，团东莞市委调研整合东莞市青年创业资源，主动对接政府创新创业职能部门，对优惠政策和信息进行有机整合和"包装"，定期向创业青年宣传推送。联合邮储银行发放152笔青年创业小额贷款1370万元，扩大融资帮扶覆盖面、惠及面。整合市青联、青企协的优势资源，打造专业化师资力量，建立青年就业创业导师团2个，53人，举办导师带徒面对面交流、专题讲座、创客沙龙等活动15场。开展"展翅计划"大学生就业创业能力提升行动，开发大学生实习、见习岗位5061个。

青年"双创"阵地建设　铺开创业孵化基地申报工作，加大创业孵化阵地建设力度，推动成立青年创新创业孵化基地24个，其中，东莞市常平镇青年创新创业园区获评第二批"广东省青年创业示范园区"和"全国青年创业示范园区"。完善创业协会3个，新建实（见）习基地32个，培育孵化青年小微企业52家，培训创业青年1180名，线上线下辅导创业青年5.08万人次，推荐青年领军企业10家。

青年"双创"氛围营造　举办"创新在东莞，青年勇担当"全市各界优秀青年代表座谈会，鼓励广大团员青年自觉把创新创业融入人生理想。举办"绿地杯"2015东莞市首届青年创业大赛、首届"赢在东莞"大学生科技创新创业大赛，"以赛促创"引领东莞青年创新创业新浪潮。参与第十四届全国"挑战杯"竞赛，其中，东莞理工学院《激光制导遥控车》项目获得全国赛三等奖，取得历史最好成绩。与东莞报业集团合作搭建"创业东莞·共赢好项目"宣传平台，每周推出专栏展示创业项目；举办全市青年创业经验交流会，分享优秀创业青年典型事迹，感召青年敢于创业、勇于创业。

【青少年权益维护】　2015年，团东莞市委打造"莞香花"重点青少年帮扶品牌，开展心理辅导、法律宣讲、兴趣拓展、技能培训等青少年主题服务活动近400场次，服务青少年4.1万人次。东莞市获得中央综治委、团中央"彩虹行动"项目优秀示范城市称号，石龙镇、沙田镇虎门港在全国重点青少年群体服务管理和预防犯罪第二轮考评工作中被评为优秀，市"莞香花"获得2015年度广东省"五四青年奖章"集体称号。深化社区矫正青少年帮教工作，以朋友圈重建、家庭关系修复、就业导航和重返校园为抓手，帮助20多名青少年完成社区矫正。抓好普法宣教工作，开展送"法"进校园活动114场，覆盖青少年2.7万人次。举办"轻松备考'12355'与你同行"、心理护航进校园等系列活动，为近万名学生提供心理辅导。其中，"心理护航进校园"被评为"全国首批青少年事务社会工作示范项目"。

【志愿服务事业】　2015年，团东莞市委召开市志愿者联合会第二次代表大会，优化志愿服务事业顶层设计。深化志愿服务信息化建设，完善"志愿东莞"微信平台，通过新媒体平台注册志愿者近82万人，发起服务项目4.7万个，志愿服务时数达1000余万小时；联合推出"东莞通"志愿者智能卡，实现志愿服务网络对接管理。举办2015东莞志愿公益风尚节活动，首次引进"互联网+"公益众筹模式，40个志愿服务项目在腾讯公益筹得55万元，捐款人数达到4.5万人，营造"志愿之城"浓厚氛围。服务2015年苏迪曼杯世界羽毛球混合团体锦标赛，1100多名志愿者在赛场内外服务6万小时，赢得各国运动员、来宾和社会各界的广泛好评。

【青年力量参与社区共治】　2015年，团东莞市委重视对青年社会组织的引领培育，实施"亲青聚力"项目，推动"亲青伙伴"优先承接省、市共青团的资源和项目。引导青年社会组织发挥社会服务功能，开发社区生活服务类、慈善互助类、专业调处类的服务项目，参与社区治理，推荐30多家青年社会组织参加第三届中国公益慈善项目大赛、广东省"亲青公益季""活力在社团"等评选活动。持续开展亲青训练营、青年社会组织骨干培训班，举办东莞市青年社会组织公益影像展，搭建全市青年社会组织的人才培训和宣传推广平台。

【困难青少年群体关爱】　2015年，团东莞市委开展"爱心汇聚小鸟巢"关爱活动、"童享爱心压岁钱、共筑幸福中国梦"活动200多场，以"红领巾跳蚤市场""变废为宝"等形式募集红领巾基金103万元。成立东莞市青少年发展基金，搭建东莞市希望工程社会化募捐平台。开办第六届东莞市福彩夏令营，实施"福彩育苗计划""粤喀600"计划、"微心愿"行动，为400多名困难青少年提供助学助困帮扶。全市各级团组织联动进行爱心接力，大岭山镇"366筑梦空间"项目为贫困儿童改造阅读空间，大朗镇"希望图书室"项目为贫困地区儿童捐赠书籍，凤岗镇"爱心生产线"项目聚力关爱孤困学生。

【助力"人才东莞"战略实施】　2015年，团东莞市委成立东莞市青年人才成

长促进会，选举赵淦森为会长。结合莞籍大学生在北京、广州、上海、武汉四市相对集中的情况，因地制宜在促进会下设北京、上海、广州、武汉工作组。高质量完成东莞市青年联合会换届工作，吸收17个界别共358名优秀青年成为青联委员。继续通过“圆梦计划”资助2000名新生代产业工人读大学，资助人数和资助金额连续5年居广东省第一位。

【莞港澳台青年交流】 2015年，团东莞市委发挥东莞地缘优势，成立莞港青年交流促进会，推动莞港共同发展。联合世界东莞社团联合总会举办十届东莞大学生灯光会，为莞籍大学生联络乡情和学习交流搭建平台。实施“情聚东莞·职场展翅”香港大学生职场体验计划，42名香港实习生通过在莞实习收获成长与提升。举办“向梦想出发”莞港青年篮球交流营，组织30名香港中学生来莞交流，拓展莞港青少年交流深度。全年共开展莞港澳台交流活动14次，覆盖莞港澳台青少年3121人次。

（熊 赟）

附：2015年中国共产主义青年团东莞市委员会主要领导名录

书 记：李亚鹏

东莞市妇女联合会

【妇联概况】 截至2015年，东莞市妇女联合会（简称东莞市妇联）有镇（街道）妇联32个、村（社区）妇联或妇代会593个。市镇两级机关妇女组织507个，市镇两级事业单位妇女组织1203个，中央和省驻莞单位妇女组织31个。

【巾帼建功行动】 2015年，东莞市妇联围绕市委、市政府打造“创新创业之城”总体部署，实施“创业创新巾帼行动”，引领全市妇女投身“大众创业、万众创新”实践。成立东莞市白玉兰创业就业服务中心，从政策宣传、资源整合、技能培训、融资服务等方面为妇女创业提供支持。开展“东莞女性创业就业培训课堂”，举办电商培训课程，力推“互联网+”新业态，提高妇女运用互联网创业就业的能力。举办“东莞女性创业文案设计大赛”，对获奖文案通报表彰，并为获奖者提供项目实施培训指导，动员女企业家开展“导师带徒”结对帮扶，助推创业项目孵化落地。推动小额贷款模式创新，由财政提供本金转变为财政担保贴息，撬动大量银行资金进入，全市共有883名妇女获得贷款8015万元。培育巾帼创业示范基地，创建省级示范基地4个、市级示范基地9个。联合人力资源部门举办“就业援助月”“春风行动”活动，帮助2万人实现就业。推进“村民车间”建设，累计建立村民车间1239个。向妇女群众推介东莞工业游、水乡游等特色旅游活动，助力国际制造名城和现代生态都市建设。

【家庭文明行动】 寻找东莞“最美家庭”2015年，东莞市妇联开展以“弘扬中华美德、涵养文明家风”为主题的寻找“最美家庭”活动。利用网上网下全媒体宣传发动，引导群众主动参与，全市参加“晒、议、讲、展、秀”活动的家庭8624户。依托613个“妇女之家”开展“最美家庭故事会”等特色活动，做到月月有主题、周周有活动。全市评选“最美家庭”420户，其中1户获全国第四届“和谐家庭、幸福榜样”称号，7户获省“最美家庭”、1户获省“十大最美家庭”称号。通过举办颁奖典礼、电视专栏展播、报纸专题报道等方式，对“最美家庭”进行全方位展示。

深化家庭文明创建活动 开展“书香之家”“绿色家庭”等文明创建，开展家庭读书月活动。新建妇女书屋16间，全市共有妇女书屋112间。市妇联被评为广东省2015年“书香岭南”全民阅读示范单位。1户家庭被评为广东省“十大优秀书香之家”。利用女性讲堂、妇女之家举办各类家庭道德公益讲座，开展“文明家风大讨论”活动，引导社会各界共建文明家庭。

推进家庭教育工作 整合部门和社会资源，打造线上线下家教平台，全市共建立家长学校1506所、市镇两级家教指导机构48个、家教讲师团31支。推广街头“家长课堂”做法，全市建起67条“家庭教育一条街”。办好市政府十件民生实事，做好家庭教育大讲堂进社区工作，全市共开展大讲堂1704场，受益群众31.2万人次。在第三届广东省妇联工作创新案例评选中，市“创新家庭教育服务体系建设”获第二名。

推进平安家庭建设 联合消防、红十字会等单位，举办消防安全和应急救护知识培训279场，培训妇女2.6万人次，提高广大家庭自救防护能力。

【巾帼维权行动】 协调推进妇女儿童规划实施 2015年，东莞市妇联推动有关部门实施妇女儿童发展规划，做好中期评估迎检工作。市妇女儿童发展规划有具体目标值的148项指标中，有96项提前完成2020年目标，占总目标的64.86%，完成5年中期目标。10月，东莞市通过省妇女儿童发展规划中期评估，受到省评估督导组的高度评价。

成立家庭暴力庇护中心 在企石镇设立全市首个“家庭暴力庇护中心”，免费为家庭暴力受害者提供临时庇护场所和专业社工支援服务。省妇联专门组织20个地市妇联前来参观交流。

创建“民生座谈会”品牌 邀请女人大代表、女政协委员、专家志愿者走进社区、企业，零距离倾听妇女心声，面对面了解妇女需求，及时将矛盾化解在萌芽状态，解决联系服务妇女群众“最后一公里”问题。

加强妇女维权服务 成立广东省妇女维权与信息服务站东莞麻涌站，全市妇女维权站增至6个。坚持妇联主席热线接听日制度，每月第一个星期三由市妇联主席接听“12338”妇女维权热线，为求助妇女提供解答和帮助。举办“建设法治东莞·巾帼在行动”妇女维权周大型宣传活动，聘请电台知名主持人担任妇女维权形象大使，通过电台节目定期传递维权知识。依托72个维权流动服务站，开展普法讲座973场、现场咨询1339场、服务群众26万人次。做好维权接访工作，市妇联共处理维权案件978宗、办结率98%。创新家事调解工作机制 与全市基层法院系统建立家事案件诉调联动机制，成立家事纠纷多元化解决中心，组建“家事调解团”和白玉兰人民调解委员会，针对家事矛盾进行专门调解。

【巾帼关爱行动】 强化家庭服务职能 2015年，东莞市谢岗、中堂镇白玉兰中心投入使用，全市白玉兰家庭服务中心达35家、服务室56间。推进家庭服务创新，重点培育10个示范项目。开发白玉兰信息管理系统，健全站点工作量化考核制度，完善白玉兰管理体系。2015年全市白玉兰中心跟进个案2922个，开展小组活动8719节，举办社区活动6715个。

凝聚培育社会组织 组织相关社会组织参与省、市公益竞投活动，3个项目获省专项资助、4个项目获市专项资助。配套20万元培育孵化“妇”字号社会组织，开展“金点子”项目评审活动，举办“项目设计与管理”专题培训，有目的、有计划地指导成熟的“妇女之家”工作品牌项目注册为社会组织，主动承接政府转移出来的服务职能。

拓展巾帼志愿服务 完善市、镇、村三级巾帼志愿服务网络，全市共有巾帼志愿组织674个、注册志愿者2.48万名、开展服务项目5921个。开展星级巾帼志愿者认证活动，通报表彰1568名星级巾帼志愿者，其中五星志愿者46人。市巾帼志愿服务总队被省文明委评为广东省最佳志愿服务组织，被省妇联推荐参评全国优秀巾帼志愿服务队。

改善妇女儿童民生 全面完成2015年市妇联十件民生实事。联合相关部门启动第二轮妇女“两癌”检查工作。推动婚检孕检优化整合，启动出生缺陷综合防控项目。在东莞日报开设“东莞女工成长记”专栏，宣传先进女工事迹。联合市总工会开展关爱女工活动，表彰优秀企业女工，举办女工征文比赛，为女工提供健康体检服务。加强儿童友好社区建设，整合市、镇、村三级资源，争取财政资金971万元、社会资金210万元，成功创建儿童友好社区554个，创建率92.8%、居全省前列。推动50所幼儿园申报省“巧伶珑”童书馆暨“书香幼儿园”示范基地，首批9家示范园成功创建。开展“爱心父母大联盟”，发展志愿集体155个、“爱心父母”6199名，与3933名困境儿童结对助学助困。举办书画慈善义卖活动，持续帮扶单亲特困母亲和困境儿童家庭，全年共慰问311户，帮扶资金达73万元。

做好对口帮扶工作 做好市内扶贫帮扶工作，对口帮扶麻涌镇麻三村，市妇联获得“东莞市2013—2015年扶贫工作优秀单位”称号。举办“莞邵相牵、平安留守”关爱留守儿童活动，筹集物资现金18万元，分别在邵阳县黄荆乡和新宁县清江桥乡建立2个爱心书屋、开设2场儿童安全工作坊。做好对口援疆工作，向兵团第三师图木舒克市妇联捐赠400多件“儿童爱心毛衣”，捐赠价值3万元音响设备和家庭礼仪图书一批用于当地的“妇女之家”建设。

【网上妇联工作】 2015年，东莞市妇联借助互联网特有优势，推进妇联工作与互联网的有机融合。市、镇两级妇联累计开通微博58个、微信公众号或订阅号45个，搭建起“五网两微”的网络宣传平台。建立网络宣传队伍，及时推送各类妇女工作最新资讯。

【基层组织建设】 2015年，东莞市32个镇街完成妇联换届。推进村（社区）妇代会改建妇联工作，全市有260个村（社区）完成改建，选举产生执委1702名，配备专职副主席254人。组织市镇两级妇联骨干赴上海考察学习创新基层社会治理，对111名妇联干部进行婚姻家庭咨询师培训、其中89人通过考试，举办2期公益火种培训班、2期基层妇联干部培训班，开展妇联工作专题调研，提升妇联干部适应社会转型、创新社会治理的能力。

【妇联对外交流】 2015年，东莞市妇联先后迎来东盟妇女机构、香港东莞社团总会妇女会的交流考察；接待新疆第三师妇联组织的19位维吾尔族妇女参观交流；台湾桃园工商妇女交流团、广西壮族自治区妇联以及广州、韶关、珠海等市妇联先后来莞考察。 （龙江波）

附：2015年东莞市妇女联合会主要领导名录

党组书记、主席：卢　英

东莞市工商业联合会

【工商联概况】 截至2015年，东莞市工商业联合会（总商会）有镇（街）商会32个，行业商会30个、异地商会31个，会员3.5万名。其中担任全国人大代表1人；省人大代表2人，省政协委员8人，省政协常委1人；省工商联副会长1人，常委5人，执委5人；市人大代表56人，市人大常委1人；市政协委员91人，市政协常委23人，市政协副主席1人。

【光彩事业】 2015年，东莞市工商业联合会（总商会）开展非公经济人士理想信念教育实践活动。组织会员企业参与“广东扶贫济困日”、光彩事业英德行、韶关行等活动。总商会为麻涌镇康复就业服务中心建设捐赠150万元，为万江区上甲社区建设捐赠资金20万元。八一建军节期间各商会组织开展拥军慰问活动，总商会为市爱国拥军促进会捐赠50万元。发动基层商会、会员企业捐赠超过1000万元。

【工商联对外交流】 2015年，东莞市工商业联合会（总商会）发挥外联作用，先后接待全国工商联、广东省工商联、内蒙古呼伦贝尔、云南红河、贵州安顺等数十家工商联来访。组织数千名会员参与“2015年澳门国际环保合作发展论坛及展览会”和“第二十届澳门国际贸易投资展览会”、2015东莞民营企业产品博览会暨投融资推介会、埃塞俄比亚投资推介会、加博会、海博会、中国海拉尔第11届中俄蒙经贸洽谈暨商品展销会、第一届中国创新科技成果交流会等各类产品推介会、展销会，为企业搭建交流联谊投资平台。

【工商联参政议政】 2015年，东莞市工商业联合会（总商会）人大代表、政协委员分别向人大、政协提出议案15份，提案20份；市工商联及各基层商会向各级党政部门提出建议50余份，报关情况简报130余份。拟制《东莞市工商联界别政协委员履职评价办法（试行）》，鼓励非公有制经济人士踊跃参政议政。

【工商联服务会员】 2015年7月，东莞市工商业联合会（总商会）成立东莞市总商会大数据中心。大数据中心运用包括移动互联网、物联网、云平台和大数据分析在内的先进信息技术，建设包括大数据私有云平台、企业公共服务平台和办公自动化平台的一体化信息系统，提高为会服务的能力和水平。发挥商会作用，维护会员的合法权益，协调解决会员在企业发展、项目建设、资金、土地、人才等方面遇到的困难和问题。开展东莞市非公经济代表人士培训讲座活动，提高企业家和高管的管理能力和素质。举办各类讲座、研讨会60次，参加人数3062人次。举办培训班51期，参加人数2843人次。

（李红艳）

附：2015年市东莞市工商业联合会（总商会）主要领导名录

主　席：李锦生

党组书记：梁应昌

东莞市科学技术协会

【科协概况】 截至2015年，东莞市科学技术协会（简称市科协）下辖东莞科学馆、东莞科技进修学院、东莞市科技咨询服务中心（东莞市科普中心）、东莞市翻译服务中心（东莞市对外科技交流中心）等4个事业单位。截至2015年，东莞市科协八届委员会委员150人，所属组织包括54个学会（协会、研究会）、33个镇（街、园区）科协、413家企业科协、2所高校科协。

【“科技东莞”工程项目评审】 2015年，东莞市科协制定《项目评审工作人员行为准则》和《评审专家工作纪律》，完善科技项目专家评审费管理规定和《专家库使用管理规则》，加强工作人员业务培

训，规范和约束评审行为，共完成科技、经信、发改等职能部门移交的27个专项、38个轮次、1379份申报材料的评审；完善专家库建设，加大专家征集力度，截至2015年，入库专家4417人，基本涵盖评审所需专业技术领域。

【院士专家资源引进】 2015年，东莞市科协联合广东院士联谊会主办“2015广东院士团队科技创新成果展暨院士专家东莞行活动”，市委副书记、市长袁宝成，市委常委、统战部部长李小梅，市委常委、组织部部长白涛等市领导以及中国工程院院士、广东院士联谊会执行会长刘人怀一行16个院士团队的院士专家参加，展出50个院士团队320位核心成员520多项最新授权发明专利，吸引200多家企业代表参与现场对接，16个院士团队分别深入10家企业走访调研，开展人才、技术交流对接，推动产学研合作，何镜堂等3位院士走进高级中学、石龙中学为学生作科学人生励志报告；开展“东莞市院士工作站”的建站和管理工作，新认定广东光阵光电科技有限公司、东莞市迈科新能源有限公司、广东明家科技股份有限公司三家企业为“东莞市院士工作站”。

【“百会千企”金桥工程】 2015年，东莞市科协抓好学会科技服务站建设与管理，引导学会对接国家级、省级学会科技资源，开展厂会协作，指导市计算机学会、电子信息协会实施厂会协作项目10余项，申报2015年度厂会协作项目15项；引导学会围绕科技创新发展组织开展18期东莞创新论坛、13场学术沙龙和10多场“百会千企”专题学术年会。其中，市化工学会举办的“东莞市碳排放权交易研讨会”探讨东莞碳排放权交易的相关问题；市土木建筑学会举办的“CM三维高强复合地基技术在东莞水乡片区的应用”学术沙龙，邀请省建筑研究院专家共同探讨软弱（淤泥）地基的适用性和安全性。

【企业科技服务】 2015年，东莞市科协开展新技术新方法推广，深入东莞快意电梯有限公司等企业共开展13期培训、培训1050人次。下属单位东莞科技进修学院创建“东莞市创新方法推广与应用基地建设”并获专项资金支持；开展项目管理培训，培训企业科技人员210人次；开展企业科技咨询服务，帮助东莞长联新材料标良项目通过“标准化良好行为企业”AAAA级认证；开展东莞市电子商务标准化创建活动，通过走访调研，形成电子商务标准化情况调研报告。

【科技工作者服务】 2015年，东莞市科协开展关爱科技工作者活动，组织3855名符合条件的科技人员参加科技人才体检；举办8场“关爱科技工作者心理健康”系列讲座，受惠3000多人；做好第六届“东莞市优秀科技工作者”的通报表彰和宣传报道工作；开展科技工作者职称晋升服务，为261名青年科技工作者职称晋升提供资助（晋升正高42人、副高219人），资助原创性科技专著1项；每季度出版一期《东莞科技》期刊，与《广东科技》期刊合作，每年出版两期《东莞科技》专刊，共刊载科技论文38篇，帮助30多名科技工作者解决职称评审论文发表的渠道问题；举行20场职称辅导专题讲座，共培训企业科技人员1960人次；举办9场职称继续教育公需课培训，培训科技人员约5400人次。

【海外引智】 2015年，东莞市科协研究制定《中国科协海智计划广东（东莞）工作基地建设规划（2015—2019）》，确定未来5年的工作方向和工作内容；赴比利时、意大利开展考察交流，与欧洲商业联盟探讨在莞建立科技转移平台的合作模式，打造海智示范点；联系对接东莞市跨境电商协会等四家机构，建立第一批海智工作站；拓宽国外信息资源的渠道，加强与日本贸易振兴机构驻广州办事处等对外科技机构的联络，探讨在技术转移、技术咨询以及科技培训等方向上的合作。组织中德能效技术（国际）研讨会、中韩机器人产业洽谈会、国际科技项目视频对接会等民间科技交流活动，帮助民营企业开展国际科技交流。

【科协组织建设】 2015年，东莞市科协推动学会承接政府职能转移系列工作，组织学会秘书长到佛山市科协开展调研考察，学习先进工作经验，加强学会能力建设；完善示范性企业科协工作方案和扶持发展的具体措施，新培育创建东莞市广安电气检测中心有限公司科协、东莞劲胜精密组件股份有限公司科协、广东康达尔农牧科技有限公司科协等10家示范企业科协，并鼓励企业科协开展“讲理想、比贡献”活动；做好科协党总支各支部的换届工作，结合“三严三实”专题教育，开展“双创双联”（服务中心创品牌、固本强基创示范，机关联基层、党员联群众）党建主题活动，组织党性教育活动、知识竞赛等。

（黎彩仪）

附：2015年东莞市科学技术协会主要领导名录

主　席：连希波（任至11月）
　　　　李文峰（11月到任）

东莞市社会科学界联合会

【社科联概况】 截至2015年，东莞市社会科学界联合会（简称东莞市社科联）下辖25个市直学会（协会、研究会、促进会），管辖8个分会，联系全市30多万名社科工作者。2015年10月，东莞市社科联被全国大中城市社科联评为全国先进社科组织。

【社会咨政课题研究】 智能制造助推2015年，东莞市社科联开展智能制造等新兴产业和新兴业态研究，推出《东莞加快推进智能制造打造工业4.0先行城市研究》主题研究报告，分析国际制造业发展新趋势和东莞智能制造产业发展现状与瓶颈，以大量数据材料，阐述智能制造对东莞制造业人力成本的替代空间、对生产效率的提升空间、对科技创新的拓展空间，提出“选取一批重点行业和项目加快实施机器换人改造”“建设好广东省智能机器人研究院和松山湖国际机器人产业基地”“不断优化智能制造财政金融支撑政策”等建议。

电商发展服务 推出《国内电子商务革命与东莞电商发展策略研究》主题研究报告，对国内电子商务革命对东莞的影响、国内电商竞争格局与发展趋势、东莞电商发展状况进行分析，借鉴先进城市经验，针对性提出东莞电商发展策略。

文化创意引领 推出《东莞与珠三角城市文化创意产业比较及优化策略研究》主题研究报告，对东莞与珠三角城市在文化创意产业总体规模、园区发展、展会平台、重点文化创意产业发展等方面进行比较分析，提出“优化文化创意产业内部结构和区域布局”“引入国内外专业化的营运机构”“加快文化创意产业与相关产业融合发展”等具体建议。

旅游新业态 推出《东莞旅游业发展现状、瓶颈及提升策略研究》主题研究报告，分析国内旅游业发展趋势和东莞旅游业发展状况，对东莞与珠三角城市在产业结构、景区项目、接待设施、客源结构等方面进行比较分析，提出加强旅游业发展的应用对策。

献策科技服务业　推出《东莞科技服务业发展现状与突破路径研究》主题研究报告，总结国内外科技服务业的发展趋势，对东莞科技服务业发展现状进行分析，与珠三角各市进行比较，提出推动东莞科技服务业加快发展的突破路径。

【社科热点研究和决策论证】　新型城镇化研究　2015年，东莞市社科联组织开展《东莞新型城镇化特色、成效及深化路径研究》，总结提炼产城融合、城乡一体、组团支撑、绿色引领、多元包容等东莞特色经验。撰写《以新型城镇化助推地方城市发展——广东东莞走新型城镇化之路的实践与思考》，10月15日在《经济日报·理论周刊》刊登，中国经济网、光明网、和讯网、南方网等多个国家级和省级主流网站进行转载。《东莞日报》、东莞阳光网进行宣传推介；撰写《坚持走新型城镇化道路　推动城市高水平崛起》理论研究文章，11月11日在中国社会科学报刊登。

地方新型智库研究　梳理和走访调研东莞市党政部门智库、社科联（院）、党校、高校、社会智库、科研院所和企业智库等智库，形成《东莞智库发展研究报告》，就培育和发展新型智库，打造城市发展的智慧型“外脑”，提出“推动智库发展专业化特色化”“探索政务资源向智库开放”“实施服务购买倾斜政策”等具体建议，摘要刊登在市委《领导信息专报》。

核心价值观研究　联合各镇街的宣传、商务、经信、工会、妇联、团委等职能部门，在10个镇街召开专题座谈会，实地走访60余家企业，和企业主、企业管理层、一线员工面对面座谈交流，形成《东莞市企业员工培育和践行社会主义核心价值观研究报告》。

健康服务业研究　组织研究人员通过座谈会、实地调研、专家讨论等形式，形成《东莞市健康服务业现状与发展策略研究》。报告分析东莞市健康服务业现状及存在问题，提出东莞健康服务业发展路径和健康服务业发展策略。

【社科学会活动】　2015年，东莞市社科联结合工作开展情况，推荐袁崇焕纪念园获评全国、全省社科普及基地。整合调动高校教育资源，组织协调市委党校、高校专家学者，分组赴镇街、社区和企业，进行社科专家专题讲座和人文社科普及活动。举办“中老年人健康教育知识讲座”“养生知识讲座”“计生知识讲座”等一系列专题讲座。

东莞社会建设研究院、东莞人才发展研究院、中和汇产业经济研究院等开展课题研究，东莞市博士促进会定期组织开展联谊活动，为市委、市政府建言献策；东莞市律师协会等举办婚姻家事律师法律服务探索、法律服务产品研发及团队建设等一系列专业性讲座。东莞经济与城市研究会举办以“共享信息经济时代东莞智造的创新成长”为主题的东莞经济年会。

【社科评审活动】　2015年，东莞市社科联发动东莞理工学院、城市学院、广东医学院、广东科技学院、东莞职业技术学院等在莞高校和科研院所，申报东莞市社科规划课题，组织省内知名专家进行评审，确定重点资助课题30余项，包括新型城镇化、法治建设、农村基层治理、文化建设、生态治理等领域。举办东莞社科规划立项课题主要负责人专题培训班，提高社科课题研究的调研水平、组织水平、写作水平、管理水平和成果转化水平。

【社科学术年会】　2015年，东莞市社科联推进“社科联搭台、高校承办”的灵活运作方式，由社科联策划组织，广东科技学院具体运作，承办以“创新驱动下的新科技新产业新业态发展”为主题的广东省学术年会，收到广东省内高校、党校、科研院所等专家学者撰写的论文60余篇，形成《“创新驱动下的新科技新产业新业态发展”专题研讨会论文集》，《南方日报》《南方都市报》《东莞日报》《东莞时报》等省市媒体进行宣传。经过省社科联评审，东莞市获得一等奖2名，二等奖4名，三等奖6名。

（冯　星）

附：2015年东莞市社会科学界联合会（东莞市社会科学院）主要领导名录

主　席（院长）：王思煜

东莞市文学艺术界联合会

【文联概况】　截至2015年，东莞市文联有内设机构4个（办公室、组联部、创作部、文艺评论部），基层文联组织36个，其中镇街文联32个、行业文联4个（市农业局文联、市总工会文联、松山湖文联、金融文联）；文艺家协会19个，分会251个，有会员21170人，其中国家级会员316人，省级会员1196人。直属单位2个（东莞文学艺术院、《东莞文艺》杂志社），刊物4份（《东莞文艺》《南飞燕》《东莞摄影》《东莞书画》）。

【文联组织网络建设】　2015年，新成立东莞市电影电视艺术协会，东莞市文联协会总数从18个发展到19个；组建金融文联，行业文联发展到4个；各文艺家协会新成立分会和创作基地17个：市朗诵艺术家协会成立东城分会和凤岗分会，市国际标准舞协会成立石排、松山湖、横沥、高埗、厚街等5个分会，市音乐家协会成立吉他学会，市民间文艺家协会成立塘厦分会和麻涌分会，市楹联学会在茶山南社古村落成立“东莞市楹联文化创作基地”，市硬笔书法协会创建寮步石步小学、寮步红荔学校、石碣实验小学、企石中心小学、塘厦第二小学、桥头中学等6个市级硬笔书法教学基地。

【文艺沙龙活动】　2015年，东莞市文联分别举办10场文学沙龙和12场艺术沙龙，邀请一大批文艺名家到东莞授课讲学，与东莞文艺家面对面进行交流互动，促进全市各种文艺创作的开展，提升东莞文联的影响力。

【文艺志愿服务】　2015年，东莞市文联文艺志愿服务团先后组织12场“送欢乐下基层”大型文艺演出，到农村社区、学校、部队、工厂、企业给基层群众送欢乐；开展培训、授课等文艺服务120多次；文艺志愿者参与2300人（次），服务群众5万多人（次），文艺工作走进基层、走进校园、走进军营，体现文艺惠民的宗旨。

【文学创作】　2015年，东莞文学创作取得丰硕成果。一批东莞作家作品继续冲击全国全省大奖。首届广东省“有为杯”报告文学奖，陈启文的《命脉——中国水利调查》获得唯一金奖；第三届广东省“九江龙”散文奖中，东莞作家丁燕的《沙孜湖》获得唯一金奖，塞壬的《奔跑者》、阿微木依萝的《檐上的月亮》同获优秀奖；第16届百花文学奖，塞壬的《悲迓》、丁燕的《断裂人》同获散文奖；第24届“东丽杯”孙犁散文奖，塞壬的《匿名者》获散文集一等奖、吴向东的《一个轻度斜视者的记忆》获单篇一等奖、詹文格的《安魂帖》获单篇三等奖；李会展的《梨花、少年和母亲》获第27届梁实

秋文学奖散文评审奖；陈柳金作品《玉液琼浆》和《雪拥乡关》获得台湾第五届桐花文学奖短篇小说佳作奖和散文佳作奖；陈启文《西部之路》、马云洪《我们的五弟》获首届林语堂小说奖。

【《东莞历史名人评传丛书》出版】 2015年，《东莞历史名人评传丛书》第一批签约项目出版《陈建评传》《陈伯陶评传》《张荫麟评传》《伦明评传》《邓植仪评传》《袁崇焕评传》等6部作品，并于4月份举行《东莞历史名人评传丛书》首发仪式暨出版座谈会。这套丛书对于传承东莞历史文化，体现东莞城市的文化底蕴和文化自觉，有着深远的意义。

【《2013—2014年度东莞打工文学作品选》出版】 2015年，东莞市文联编辑出版《2013—2014年度东莞打工文学作品选》，共分三卷（小说卷、散文卷、评论卷），收录2013—2014年东莞作者创作的打工文学作品，总体呈现东莞作者的文学创作实力。

【《中国作家第一村新作精选2013—2015》出版】 2015年，由东莞市文联策划，收集樟木头“中国作家第一村”村民近年来获奖和发表的优秀作品，编辑成《中国作家第一村新作精选2013—2015》（小说卷、散文卷），年底由花城出版社正式出版发行。

【镇街文联建设】 2015年，东莞市厚街镇制定全市首个镇级文化名家工作室扶持办法——《厚街镇文化艺术名家工作室扶持及奖励办法》，完成厚街首批文化名家工作室的评选工作，选出来自书法、文学、摄影、曲艺4个领域的6个文化名家工作室，共投入资金162万元，对每个文化名家工作室给予三年共27万元的经费资助。常平镇设立文艺个人工作室，首批3个文艺工作室包括朗贝村文化中心黄振霞工作室、桥梓村文化中心张三郎工作室和还珠沥村王伟军工作室。

【文联对外文化交流】 2015年1月下旬，应东莞市书法家协会的邀请，韩国牙山国际书画协会会长安泽浚一行前来东莞交流，双方就文艺发展问题交流经验，互赠书法作品和书籍留念。6月，东莞市书法家协会组织主席团成员和重点作者的30件优秀作品赴韩国参加展出。12月，由省侨办、东莞外事侨务局联合组织的2015年海外华裔青少年中国寻根之旅走进东莞，40多名马来西亚华裔青少年来到东莞市参观学习，市民间文艺家协会积极协助外事侨务局，安排书法、剪纸两个观摩体验活动，使华裔青少年收获良多，既感受到中国传统文化的魅力，也了解到中国文化的博大精深。（何　伟）

附：2015年东莞市文联主要领导名录

主　席：刘锦明

东莞市残疾人联合会

【残联概况】 2015年，东莞市残疾人联合会（简称东莞市残联）贯彻落实国家、省、市关于促进残疾人事业发展的重要部署，保障和改善残疾人民生，推进残疾人小康进程步伐，残疾人各项工作得到全面推进，残疾人生活状况明显改善，全市残疾人事业持续快速发展。

【残疾人基本生活保障】 2015年，东莞市落实有关残疾人的各项扶助政策，保障残疾人基本生活。全年为3.74万名残疾人发放残疾津贴8415.16万元，为2.08万名残疾人发放医疗保险补助816.16万元，为2646户“一户多残”困难家庭发放一次性生活补助793.8万元，为2707名重度残疾人发放居家照料护理津贴972.36万元，为困难残疾人患者提供重病大病医疗救助25.2万元，为3.07万名一至四级非低保困难残疾人发放物价补助1564.99万元，减轻残疾人家庭的经济压力和精神负担。

【残疾人康复】 2015年，东莞市对全市1.4万名精神病患者进行监护，为3154名精神病患者提供免费服药、辅助检查和随访等服务，对516名发病精神病患者及时送院进行治疗；为白内障患者施行复明手术2362例，为残疾人适配助视器974例，配发辅具2353件；为225名残疾人提供托养服务；实施残疾儿童抢救性康复服务，为360多名0—6岁残疾儿童实施免费抢救性康复服务，为60名困难残疾儿童提供生活补助21万元，其中智障残疾儿童康复显效率68%，脑瘫儿童义务教育率占84%，听障儿童普小普幼率100%。扶助民办残疾人康复机构实施抢救性康复服务，对符合条件的民办康复机构发放场地、设备及无障碍改造补助230万元，发放抢救性康复补助192万元；市康复医院全年提供门诊服务1.77万人次，收治住院患者691人次，康复好转率96%，为2267名服务对象提供残疾等级评定服务。

【残疾人教育扶贫】 2015年，东莞市残联建立未入学适龄残疾儿童数据库，与教育局协作，共同解决好未入学适龄残疾儿童少年的入学问题。继续改善市康复实验学校服务设施，为290多名重度残疾学生提供优质特殊教育服务。开展残疾高考学生的申报、跟踪服务工作，有15名考生被高校录取。与中国残联、省残联、中山大学共同建设的“残疾人事业发展综合实践和创新研究（东莞）基地”正式挂牌，搭建起市残疾人事业发展理论研究平台；落实市委、市政府结对帮扶政策，下拨定点帮扶资金30万元，与五星村6户低保家庭组成结对帮扶关系，帮助困难残疾人改善生活状况。

【残疾人培训与就业】 2015年，东莞市残联畅通残疾人就业渠道，搭建残疾人创业就业的服务平台，帮助残疾人就业。先后组织残疾人专场招聘会29场，提供就业岗位1377个，登记求职残疾人676人次，达成就业意向的残疾人189人；3227个用人单位按比例安排残疾人就业6656人，其中新增残疾人就业526人；新建残疾人职业能力评估室，为残疾人提供职业能力评估服务，指导残疾人就业；全年举办中式面点、盲人按摩、电子商务和计算机应用等技能培训班33期，培训残疾人1177人次。

【残疾人文化体育活动】 2015年，东莞市残联开展丰富多彩的文体活动，举办第九次全国特奥日活动，约350名残疾人参加活动。组织参加第七届全省残疾人特殊学校学生艺术汇演和第五届盲人诗歌散文朗诵暨首届盲人散文创作大赛，东莞市获奖项20项。与市体育局联合举办东莞市第一届残疾人运动会，全市共有肢体、视力和听力残疾人268人次参赛。组织东莞市残疾人参加广东省第七届残疾人运动会中，夺得78金52银21铜，金牌总数、奖牌总数和团体总分名列全省第一。市残疾人体育训练中心获“2011—2014年全国残疾人体育先进单位”称号；市残疾人体育训练中心主任罗锦辉获“2011—2014年全国残疾人体育先进个人”称号。

【残疾人权益维护】 2015年，东莞市维护残疾人权益，共接待处理来信来访290多人次；新办残疾人证3482个，新办、补办残疾人爱心乘车卡3225张，换发残疾人爱心乘车卡8220张；开展公交导盲系统路线与设备的调整，使用者对导盲系统满意率100%。

【残疾人重点工程项目】 2015年，东莞市24个镇街建有康复就业服务中心，为900多名残疾人提供就近日间照料、康复就业等服务；245户困难残疾人家庭无障碍改造工作全部完成，验收合格率100%；组织专业康复治疗师为879名重度残疾人提供3.48万次居家康复服务，引进社工介入残疾人居家康复服务工作，开展个案服务103个，各类活动38期，组织志愿者服务141人次；累计完成187名盲人定向行走训练任务，向158名参加盲人定向行走训练的盲人配送盲杖及语音计算器。

【市残联团委第一次代表大会】 2015年10月14日，共青团东莞市残疾人联合会第一次团员代表大会在市康复实验学校会议室召开。市残联党组书记、理事长冉红宇，市团委副书记张燕华，市残联副理事长陈志忠以及市残联共青团82名代表参加会议。根据东莞市团市委要求，经过代表投票选举，方庆生、张剑峰、周姗姗、钟赐安、钟伟、唐祖高、黄小龙、谢银娟、廖文强9人当选为共青团东莞市残疾人联合会第一届委员会委员，其中唐祖高当选为共青团东莞市残联第一届书记，方庆生、黄小龙当选为副书记。 （钟伟伦）

附：2015年东莞市残疾人联合会执行理事会主要领导名录

理事长：冉红宇

东莞市归国华侨联合会

【侨联概况】 截至2015年，东莞市侨联有镇街侨联32个、下属新侨组织2个、侨联法律咨询机构1个、村（居）侨联小组592个、侨留会分会2个。有会员4000余人，其中省人大代表1人、市人大代表12人、市政协委员13人（常委3人）。

【侨联组织建设】 2015年，东莞市侨联继续指导任期届满的镇街侨联进行换届选举，到期换届的横沥、清溪、石碣、长安等镇街侨联按时召开侨代会完成换届工作；6月13日，东莞市侨留会举行三周年成立庆典暨第二届理事会就职典礼，广东省侨联副主席李丰，东莞市委常委、统战部部长李小梅等市领导出席活动。同时，市侨联先后向各镇街侨联下发《深入开展我市镇街侨联会员制工作的通知》和《关于做好我市基层侨联组织会员制信息登记的通知》，要求各级侨联把开展侨联会员制度作为侨联组织建设日常化工作来抓，做好会员制各项信息的登记工作。

【侨联调研】 2015年4月8日，中共中央委员、中国侨联党组书记、主席林军一行在省委常委、统战部部长林雄，中国侨联副主席、广东省侨联党组书记、主席王荣宝等陪同，到东莞市就侨联工作深化改革进行调研。东莞市委书记、市人大常委会主任徐建华等领导陪同参观和座谈。5月20日，中共中央政治局委员、国家副主席李源潮来广东调研群团工作，东莞市侨联作为唯一一个地级市侨联被省委办公厅安排在座谈会上发言。8月，市侨联联合有关教授学者，以留学人员工作创新发展为主题进行大规模调研，完成《落实中央统战会议精神，做好归国留学人员工作——“东莞市侨联归国留学人员联谊会”现状与发展研究》调研论文，分别获得2015年全省统战理论政策研究创新成果二等奖和2015年全市统战理论政策研究创新成果二等奖。

【为侨服务】 *联络莞商* 2015年，市侨联利用多年来积累的海外联谊广、乡情深的优势，主动推荐海外港澳莞籍商人加入莞商会，并为莞商会海外分支机构建设出谋献策，已成功助推世界澳洲莞商会、加拿大莞商会的成立。

依法维侨 2015年，全市侨联系统共处理来信260多件，接待来访200多人次，涉及寻亲、侨房、“三侨生”入学、就业、土地等方面。

参政议政 2015年市侨联推荐10名归侨侨眷、留学人员参加东莞市“两会”旁听，反映侨界热点、难点问题。

侨法宣传 12月4日第二个国家宪法日、第15个全国法制宣传日，东莞市侨联（致公党）法律顾问委员会联合凤岗镇侨联，在凤岗镇侨胞集中的油甘埔村开展侨法普法宣传，由专业律师为侨胞们现场答疑解惑。

扶贫关爱 2015年，市侨联持续开展“献爱心、送温暖”“侨心助学”“动员侨界参与慈善活动捐款捐物献爱心”等为侨服务活动，利用节假日和侨留会会员走访镇街，慰问困难归侨100多人次。

【侨联宣传交流】 *组织参加世界华人学生作文大赛* 由中国侨联、全国台联、《人民日报》海外版、中国国际广播电台、中央电视台、《快乐作文》杂志社共同主办的“第十六届世界华人学生作文大赛”评选活动于2015年6月结束，东莞市侨联推荐的作品中共有29篇征文获奖，东莞市侨联获得第十六届世界华人学生作文大赛组织奖。

编印《乡情·记忆》 12月，市侨联开展侨界贡献展工作，在各镇街侨联以及侨界人士的支持和配合下，确定贡献展展板设计稿，并印制宣传展示侨界贡献的书籍——《乡情·记忆》。

海外青年交流活动 6月16日，市侨联和世界莞商联合会等联合举办中马莞青年精英交流会，双方代表开展“两地携手、共谋发展”为主题的交流联谊活动。 （潘伟强）

附：2015年东莞市归国华侨联合会主要领导名录

主　席：曾民盛

东莞市红十字会

【红十字会概况】 截至2015年，东莞市红十字会有志愿者2700余名，完成救护员规范化培训1.13万人次、普及性救护培训4.01万人次；募集到超过75万元的捐款和价值10万余元的物资；促进完成10例造血干细胞捐献。

【红十字会应急救护培训】 2015年，东莞市红十字会普及性应急救护培训工作再次被纳入“市政府十件实事”，确定的培训任务由2014年的4万人次增至5万人次。为保质保量完成任务，东莞市红十字会联手多个部门共同开展工作，其中联手东莞市妇女联合会培训群众2.60万名；联手市应急办和市教育局培训高中生近万名。完成救护培训5.14万人次，其中，救护员规范化培训1.13万人次、普及性救护培训4.01万人次，超额完成任务。

【红十字会筹资募捐】 2015年，东莞市红十字会收到各类捐款75万多元（含利息），其中，一般性捐款50多万元；西藏、尼泊尔地震发生后，东莞市红十字会积极呼吁社会各界为灾区奉献爱心，收到善款15万余元，捐赠款项按指令汇缴上级红会账户。推进东莞市红十字备灾救灾仓储中心建设，完善备灾救灾体系，提升应对灾害的能力，全年收到9批次、价值10

万余元的救灾救助物资。

【红十字会人道救助】 2015年，东莞市红十字会博爱送万家项目为100多户困难家庭送去温暖和关爱；设立困难群众档案管理项目，组建志愿服务队走访困难群众，为开展人道救助工作取得第一手资料；重大疾病救助项目为34名身患重大疾病的贫困群众累计提供17万元的救助款。开展助学工作，爱心营养午餐项目共资助广东医学院贫困学子560人次、协助爱心团体定向资助东莞市高级中学新疆班5万元、资助东莞市明昕言语训练中心1万元。配合上级红十字会开展“小天使基金”“爱心行动”等救助项目，为白血病患儿、先心病患儿的家庭提供救助。

【红十字会造血干细胞捐献】 2015年，东莞市红十字会完成10例造血干细胞捐献，完成造血干细胞捐献登记入库700多人份，东莞市成为2015年全省成功捐献数量最多、库容使用率最高的地市；工作站连续4年被评为“造血干细胞捐献工作先进工作站”，8名造血干细胞捐献者被省红十字会授予“博爱奖章”，9名红十字志愿者被中华骨髓库授予“五星级志愿者”称号。

【红十字会推动无偿献血】 截至2015年，东莞市红十字会无偿献血志愿服务队有队员427人，协助东莞市实现“临床用血百分百来自无偿献血”，服务工时累计15万小时，近200名志愿者获“全国无偿献血志愿服务星级奖章”，志愿者服务队多次获省市颁发的奖项及荣誉称号，东莞市连续7次被评为“全国无偿献血先进市”。

【红十字会宣传、协调器官捐献】 2015年，东莞市红十字会配合广东省红十字会开展宣传和协调器官捐献工作，全年东莞市器官捐献34例，位列广东省第二位。

【红十字志愿服务】 2015年，东莞市红十字会举办志愿者新人培训6期，招募新晋红十字志愿者295人；红十字志愿者李艳斌被省文明办评为“广东省最美志愿者”、东莞市红十字无偿献血志愿服务队被市文明办评为“最佳志愿服务组织”。推进志愿服务品牌项目建设，与广东医学院联合开展爱心营养午餐项目，连续5年组织开展迎春鲜花义卖活动，所得善款全部用于资助广东医学院贫困大学生；设立大型活动救护保障项目，组建专业应急救护队伍，为新年环城长跑、苏迪曼杯长跑、黄金马拉松比赛等多个活动提供应急救护保障服务；开展红十字募捐箱管理项目，组织志愿者在市内大型超市、药店设置募捐箱，并定期巡箱收款，项目全年募集到救助善款4万多元。

【红十字青少年教育】 2015年，东莞市红十字会推进以人道主义教育为主题的红十字青少年教育活动。开展少年强——中小学生逃生避险、自救互救宣教项目，全年免费宣教学生2600多人次；在东莞市技师学院成立志愿服务队，发展红十字青少年100多名，队伍在校内外开展红十字知识宣传、应急救护知识技能普及活动。 （苏瑞仪）

附：2015年东莞市红十字会主要领导名录

会　长：喻丽君

世界莞商联合会

【世界莞商联合会概况】 截至2015年，世界莞商联合会注册会员682名，海外分支机构注册会员134名（其中澳洲莞商联合会注册会员78名，加拿大莞商联合会注册会员56名）。

【“莞商节”创立】 2015年，世界莞商联合会第一届第五次理事会议以及第一届第四次会员大会把9月15日定为“莞商节”。于9月15日晚举行《明月最是故乡圆 · 世界莞商共此时——世界莞商联合会迎中秋、贺国庆暨建会三周年茶点晚会》，海外莞商代表与市委书记、市人大常委会主任徐建华等领导及友好商协会代表等600多人参加。

【世界莞商联合会商务活动】 2015年，世界莞商联合会青年工作委员会和女莞商工作委员会策划16次考察交流活动。拜访或市属职能部门来访、调研30多次，与十多个市属主要职能部门建立良好联络和沟通机制。定期由会长们轮值组织的“政商联动、共谋发展”联谊活动，促进政商互动平台搭建。4次组团考察澳大利亚、美国、加拿大、马来西亚的商贸项目。5月，为响应国家“大众创新、万众创业”的号召，青年工作委员会参与筹建“东莞创业促进联盟”，举办“我是创业家”讲坛。6月16日，举办“两地携手 · 共谋发展”中马莞侨青年精英交流会。6月17日，会长莫浩棠主持召开“团结联合谋发展”座谈会，马来西亚东安联合会总会长周运华、马来西亚霹雳州东莞同乡会会长李官仁、马来西亚东莞商会总会长张建华回莞参会，商量筹备马来西亚莞商联合会事宜。9月8日，举行“加强青年莞商培养，推动实体经济发展”座谈会。

【世界莞商联合会服务会员】 2015年，世界莞商联合会重点走访会员企业70多家，组织会员参加各类外联交流活动24次，举办各类专题学习会34场。联合东莞理工学院、民间智库开展企业经营状况等多个课题调研，以内参形式呈报市主要领导，为政府决策和制定政策提供参考。建立世界莞商联合会媒体记者联谊会，组织4次记者联谊活动，联合多家中央、省市主流媒体，分别在四中全会前夕、全国两会期间策划“塑造诚信商帮品牌”等近20多个专题报道，集中采访莞商超过60人次。出版《世界莞商》14期，总字数近75万。向会员、市镇领导、市内重点星级酒店客房派送，向全国地级市的工商联（总商会）赠阅。

【加拿大莞商联合会成立】 2015年7月1日，加拿大莞商联合会在加拿大温哥华成立。会长莫浩棠和中国驻温哥华总领事馆大使衔总领事刘菲等参加活动。世界莞商联合会名誉顾问唐汉良出任首任会长，标志着世界莞商联合会又一个海外分支机构成立。加拿大莞商联合会促进多个会员合作项目的合作洽谈，将加拿大高新技术项目引进松山湖，成立中加联合创新创业园等。澳大利亚莞商、加拿大莞商、马来西亚莞商等加强与世界莞商联合会联系，参加加博会、海博会等活动，支持东莞品牌境外展销。

【世界莞商联合会扶贫济困】 2015年，世界莞商联合会有200多名会员通过不同的形式，以企业或个人名义捐赠善款超过1亿元。其中，莞商关爱基金代表会员共捐助358万元。4月，世界莞商联合会及会长个人通过中国驻瓦大使馆，向瓦努阿图受灾人民分别捐赠赈灾款各5万澳元，这是首次向境外受灾群众捐款援助。 （李嘉慧）

附：2015年世界莞商联合会主要领导名录

会　长：莫浩棠

人力资源·社会保障·民政事务

HUMAN RESOURCES MANAGEMENT · SOCIAL SECURITY · CIVIL AFFAIRS

- 就业创业
- 社会保障概况
- 社保待遇调整
- 优抚对象抚恤生活补助

中心广场纽带雕塑

编辑：李文蔚

人力资源

【人力资源工作概况】 2015年，东莞市人力资源局以“民生为本、人才优先”为工作主线，主动适应新常态，坚持改革创新，推动就业创业，创新人才政策，加大技能人才培养力度，加强各项人事管理，促进新莞人融入发展，保持劳动关系和谐稳定，完成全年目标任务。获评2015年度市直单位年度工作优秀单位（社会建设类）；创新推广积分制管理模式、“多证联办”改革2项工作被评为2015年度全市“单打冠军”。东莞市就业管理办公室被评为全国农民工工作先进集体。

【“十三五”就业创业政策出台】 2015年，东莞市人力资源局开展政策调研和评估，贯彻落实国家、省就业创业政策部署，制定关于做好新形势下就业创业工作的实施意见，以“1+N”政策框架提出24项政策措施，构筑未来5年推动就业创业的全新政策体系。

【就业创业】 2015年，东莞市人力资源局发放各类就业补贴3.26亿元，惠及城乡劳动力47.37万人次。加大重点群体就业创业工作力度，新增城镇就业8.47万人，城镇登记失业率2.26%。帮扶9532名登记失业人员就业，困难家庭高校毕业生就业率100%，完成市政府“十件实事”任务。“村民车间”安置属地农村劳动力2万多人，虎门怀德社区获评全市首个国家级充分就业社区。“青年就业见习训练”召集455家企业提供5976个见习岗位，麻涌德永佳纺织制衣有限公司获评国家级青年就业见习训练基地。举办高校毕业生就业创业指导等各类培训班98期，创业培训班17期，培训1.64万人次；举办校园专场招聘会8场，“一企一岗·互济共赢”大型招聘会2场，提供2万多个就业岗位，实现东莞生源高校毕业生当年就业率98%。共向963人贷出小额创业贷款8615万元，规模继续位居全省前列。实施创业成功奖励政策，给予387名创业成功人员190.2万元奖励。东莞市3名创新创业先进代表入选广东省百名“双创之星”。

【就业用工对接】 2015年，东莞市人力资源局通过“就业服务日”“春风行动”等品牌活动，举办各类现场招聘会400多场。成功举办第六届校企合作洽谈会，在就业服务网新增网上展会栏目，达成校企合作协议1466份，其中订单式培训1325项，合作建立实习（见习）基地852个。组织340家重点企业赴汕尾等地开展劳务洽谈活动101场次。

【就业用工形势研判】 2015年，东莞市人力资源局拓宽定点监测企业范围，将定点监测企业增加至1800家。依托实名制登记系统加强失业人员服务管理。

【人才引进培养政策出台】 2015年，东莞市人力资源局推动出台成长型企业人才扶持、柔性引进海外专家、技能人才培养五年行动、名师名医名家特殊津贴、特色人才等5个全新政策。修订出台人才入户管理办法、条件准入类人才入户实施细则及积分制人才入户实施细则，新出台企业自评人才入户实施细则，完善人才引进培养的政策体系。

【招才引智】 2015年，东莞市人力资源局参与承办高层次人才活动周，组织高层次人才交流洽谈会、创新创业推介会以及人才政策发布会等8个专题20多场

活动，征集40多家企业、机构160多个高层次人才需求和30项科技项目合作需求，吸引200多名高层次人才参会。组织人工智能、机器人等57个项目路演，吸引102家风投、银行、孵化器及有关企业参加。首次到德国举办欧洲招才引智推介会，吸引150多名高层次人才参加。组织136家企业到武汉、长沙等地开展“东莞名企名校行”，面试5012人次。

【重点人才服务】　2015年，东莞市人力资源局做好领军人才引进工作，新增2名省领军人才，成功引进第五批9名创新创业领军人才，引进35名教育卫生系统事业单位高层次或短缺专业人才，认定8名市特色人才。完成第一批8个科技创新团队和66名领军（后备）人才的培养，举办4期第二批领军人才培训班。10人申报第四批专业人才学历进修补助。启用高层次人才服务网，筹建“东莞市人才综合服务平台”，探索利用大数据开展人才信息采集和服务工作。全年受理职称评审2917人、职称认定3292人、职称确认1116人。为8.9万人提供人事代理、档案管理等各类人才服务。组织完成42项资格考试，8.9万人报考。

【人才载体建设】　2015年，东莞市人力资源局加强人才载体建设，投入684.4万元用于博士后培养工程资助项目，新增4家博士后科研工作站。与法国留学人员创业者协会、德国杜塞尔多夫中国中心合作，新建法国巴黎、德国杜塞尔多夫2个海外人才工作站。新建北京人才工作站，总结伦敦、硅谷2个工作站的建设管理经验，修订出台东莞市海外人才工作站建设实施方案。

【技能晋升培训】　2015年，东莞市人力资源局加大政策宣传力度，深入社区、企业、培训机构派发宣传册子、海报30多万份，利用公交移动电视、车站户外广告栏等投放宣传片。全年组织开展劳动力技能晋升培训6.4万人次，超额完成省下达任务。

【技能人才自主评价机制】　2015年，东莞市人力资源局打破政府主导的技能人才评价模式，全面推进企业技能人才自主评价，完成企业评价34家次，涵括24个职业（工种），4400多人参加初期资格审核，1224人获得职业资格证书。加大职业研发力度，加工中心操作工、塑料注塑工等6个职业研发项目通过省专家审核，验收入库。全年组织各类职业技能鉴定8.66万人次，核发职业资格证书7.1万本。

民生为本　人才优先

① 2015年6月6日，松山湖（生态园）杯2015年东莞市电子商务技能竞赛暨创业大赛开幕式在中堂凯景酒店举行，副市长喻丽君（中）出席并致辞

② 2015年10月15日，市人才办联同市人力资源局等有关部门在德国法兰克福举办招商引智推介会，市委常委、组织部长白涛作推介演讲

【技能竞赛】 2015年，东莞市人力资源局举办叉车司机、服装设计师、电子商务师等13个工种技能竞赛，2733人参加市级决赛，468人获国家职业资格证书，96人获“东莞市技术能手”称号。创新技能竞赛形式，首次以微电商创业形式举办电子商务师竞赛，1706人参与，开设187个电商店铺，总销售量达133.8万元；结合虎门国际服装周举办服装设计师竞赛，组织作品走秀活动；以团体赛形式举办中式烹调师竞赛，获得企业好评。

【国际化技能人才培养】 2015年，东莞市技师学院新开室内设计、计算机动画制作以及服装设计与制作3个专业中美合作班，达成开办烹饪、汽车维修2个专业中加合作班的协议，共设35个国际班12个专业，在校生972人。建立“德国BBW大学中国（东莞）师资培训基地”，2015级首届BBW校企双制机电班开班。首届中德班118名学生通过IHK中期考试，中英合作班31人取得ASFI一级职业资格证书。高训中心完成公益性实训13.4万人次，在内地率先引进香港专业证书课程。市技师学院成为全国首批企业新型学徒制试点单位，获评“国家级高技能人才培训基地”。

【公务员队伍建设】 2015年，东莞市人力资源局落实考生全员异地面试工作，考官按比例异地交流，完成公务员招录工作，共9982人报考，录用341人。举办各类公务员培训班49期，培训2万多人次。赴珠海、昆山专题调研公务员平时考核机制。

【机关事业单位工资管理】 2015年，东莞市人力资源局按照省统一部署，推进全市县以下机关建立公务员职务与职级并行制度实施工作，总体实现制度入轨。组织实施全市机关事业单位调整工作人员基本工资标准和增加离退休人员离退休费工作。

【事业单位人事制度改革】 2015年，东莞市人力资源局推进医疗卫生体制人事制度改革，重新核准40所公立医院和33个基层医疗卫生机构的岗位设置方案，理顺职能调整人员划转工作。组织316人参加事业单位公开招聘面试评委培训。完成46批315个事业单位公开招聘，报名2.5万人，招聘1008人。

【军转干部安置】 2015年，东莞市人力资源局组织军转干部参加岗前培训，举办“双向选择见面会”，完成130名军

① 2015年5月26日，全市仲裁员培训班在教师进修学院举行，省仲裁院院长林景青为仲裁员授课

② 2015年11月17日，虎门镇怀德社区获评“国家级充分就业社区”称号挂牌仪式，市人力资源局局长游其晃，虎门镇党委副书记、镇长曲洪洪出席

③ 2015年4月22—24日、10月28—29日、11月4—5日，市人力资源局分别在武汉、西安、长沙举办“东莞名企名校行”招才引智活动。图为陕西科技大学招聘现场

转干部接收安置工作。走访慰问生活困难企业军转干部和自主择业军转干部，切实维护军转干部的总体稳定。审核66名驻军随军家属人事档案，为符合条件的驻军随军家属办理调动手续。

【积分制入学入户工程】 2015年，东莞市人力资源局核准条件准入和积分制入户1.79万人（含随迁）。实施积分制入学工程，全年受理积分制入学申请3.21万份，比上年增长67.1%。

【新莞人服务平台】 2015年，东莞市人力资源局在全市大中型企业、工业园区建设“幸福e站”159个，完成网上信息系统开发，组织开展服务专员业务培训，首批进驻入户入学、人事关系调进等14个服务项目。创建21个关爱农民工社会服务站（点），设置24个新莞人社工岗位，面向新莞人开展子女关爱等“社工+志愿者”的多样化社会服务。

【出租屋管理】 2015年，东莞市人力资源局做好出租屋服务管理的各项基础性工作，指导镇街组织开展租住人员信息采集和信息反馈，逐步实现管理网格化、信息化。全市登记备案的出租屋26.9万栋（套），采集454.9万条租住人员信息。

【劳动法规普及宣传】 2015年，东莞市人力资源局针对劳动者、劳务派遣机构等不同对象，编制派发《务工须知》《用工须知》等资料40多万份。依托各类普法专项活动和日常服务活动，举办各类普法宣传300多场次。

【劳资纠纷调处】 2015年，东莞市人力资源局建立全市统一的企业信息员名单库，依托劳动关系预警系统收集1.38万条风险预警信息，全部妥善处置。依托劳动监察网格做好劳资隐患排查防范，组织12次排查行动，调处化解企业劳资隐患408家次。健全劳资突发事件联动处置机制，处置118宗劳资群体性事件，指导101家“两高一低”企业妥善安置员工，实现平稳退出。全市30人以上劳资群体性事件比上年下降27.16%。探索引入社会力量参与劳动争议仲裁调解，率先在长安、厚街镇启动试点。出台兼职仲裁员管理制度办法，93名兼职仲裁员经培训获得资格证书。全市三级调解仲裁机构处理7.88万宗案件，涉及劳动者14.51万人，仲裁法定审限内结案率99.95%。受理人力资源信访1.97万批次，首访办结率98.6%，基层化解率91.88%。

【企业欠薪整治】 2015年，东莞市人力资源局重拳整治企业欠薪，与公安连续2年开展专项行动，对114宗涉嫌恶意欠薪案件予以立案侦查。对340家欠薪企业进行约谈。向社会公布42家重大违法用人单位和10宗拒不支付劳动报酬典型案件。全市30人以上欠薪逃匿案件比上年下降7.9%。开展日常检查和专项执法，检查企业2.6万家次，发出劳动监察整改指令书2419份，对183家企业给予行政处罚。加强劳务派遣用工监管，核准劳务派遣行政许可940家。

【和谐劳动关系示范区创建】 2015年，东莞市人力资源局开展和谐劳动关系示范区创建，企业参与率73.02%，示范点达标率82.22%。全市企业劳动合同签订率93.1%。最低工资标准于5月1日起调整至1510元/月，比上年增长15.27%。

（吴广达）

附：2015年东莞市人力资源局主要领导名录

党组书记、局长：游其晃

2015年2月6日，副市长喻丽君带队前往石碣台达电子有限公司开展春节慰问

社会保障

【社会保障概况】 2015年，是东莞社保全面完成“十二五”规划的收官之年，东莞社保围绕“人人公平享有基本保障服务”的工作理念，完善社会保障体系，务实进取，创新突破，开展好扩面征缴、待遇统调、生育险改革等重点工作，推动全市社会保障基本公共服务改革工作向前发展。

东莞市整体参保人数趋于总体稳定，未出现大幅度波动。截至2015年，全市5大险种参保总人次为2651.50万人次，比“十一五”规划的2010年底增长12.81%。其中，参加工伤保险464.46万人，社会养老保险662.16万人，社会基本医疗保险601.92万人，失业保险412.14万人，生育保险510.82万人。2015年，核付各项社保待遇120.43亿元，比上年增长12.51%。

【社保待遇调整】 上调基本养老金待遇 2015年，东莞市根据《关于2015年度调整企业退休人员基本养老金的通知》规定，结合东莞城乡一体社会养老保险制度的实际情况，完成全市29.63万企业职工离退休人员和村（社区）参保退休人员基本养老金年度调整，从2015年1月1日起，调整全市退休人员的基本养老金，对6月30日前年满75周岁及以上的退休人员发放一次性养老金1200元及对企业退休军转干部进行倾斜调整。调整后，基本养老金人均增加173元/月，其中企业退休人员人均2432元/月，村（社区）退休人员人均979元/月。

上调养老金最低保障线 从2015年7月起，将村（社区）退休人员基本养老金的最低保障线从510元/人·月过渡到680元/人·月，与企业退休人员最低保障线一致，消除阻碍东莞市企业职工与城乡居民在城乡一体社会养老保险中完全平等的最后一道制度屏障。

上调城乡居保养老待遇 从2015年1月起，将东莞市城乡居民基本养老保险的基础养老金从265元/人·月提高到300元/人·月。

上调失业保险金待遇 结合东莞市企业职工最低工资标准的调整，2015年5月起将失业保险金待遇从1048元/人·月调整为1208元/人·月。

发放稳定岗位补贴 为做好扶企稳岗工作，按照省的文件规定，从2015年至2020年，对所有符合条件的依法参加失业保险并裁员率低的企业，经申请给予稳定岗位补贴。

调整医保参保人部分待遇范围 发布药品目录及社区用药指导意见，将原补充险用药范围扩大至所有基本险参保人，要求各社区卫生服务机构按慢性病用药为主的原则扩大社区非基本药物品

践行科学发展 确保人民满意

① 2015年10月28日，全国电子社保建设现场会在东莞市举行，副市长喻丽君（左二）出席会议

② 2015年11月30日，副市长喻丽君（中）到市社保局了解生育保险实施前的各项准备工作。新的生育保险制度实施后，生育保险待遇标准将全面提高，强化参保人生育期间的医疗和生活保障

种，引导社区合理配备基本药物，满足参保人的就医用药需求，切实减轻参保人用药费用负担。将分裂情感性障碍等5种重性精神疾病纳入基本险的特定门诊范围，提高对精神病患者的医疗保障水平。

【养老缴费标准调整】 2015年，东莞市根据省人社厅、财政厅、地税局《关于统一企业职工养老保险缴费工资下限和单位缴费比例的通知》精神，为保证城乡一体社会养老保险制度的持续健康运行，从1月1日起将全市社会养老保险费率从11%调整为13%，最低缴费基数从“全市最低工资标准1310元”调整为“全省2013年度全口径在岗职工平均工资的60%，即2408元”。是次养老保险费率和费基调整，主要影响以村（社区）为单位的参保人。

【社保减负政策】 2015年，东莞市推出低费率政策的社保减负措施，在鼓励企业参保的同时最大限度为企业减负，全年减负金额达15.40亿元。

保持医保低费率运行 减少企业0.5个点的社会基本医疗保险缴费，维持企业单位费率为1.8%，全年为全市企业减负约7.69亿元。

暂缓失业保险费率上调 推迟按省要求将失业保险单位缴费上调至1.5%的计划，2015年将单位费率暂定为1%，预计全年为企业减负约6.01亿元。

调低工伤保险平均费率 10月起，重新设定工伤保险行业差别费率及其浮动档次，将全市工伤保险平均费率从0.94%下调至0.68%，下降比例为27.31%，第四季度为全市企业减负9604万元。

实现生育保险费率全省最低 12月起，实施新的生育保险制度，在各市费率集中在0.7%~0.8%之间的情况下，东莞市将生育保险单位费率设定为全省最低的0.46%，相对于省规定的1%费率上限，12月当月为全市企业减负7427万元。

【社保行政执法与刑事司法衔接】 2015年，东莞市根据《人力资源社会保障部、公安部关于加强社会保险欺诈案件查处和移送工作的通知》《关于印发〈广东省行政执法与刑事司法衔接信息共享平台工作办法〉等文件的通知》等国家和广东省有关行政执法与刑事司法衔接（简称“两法衔接”）工作的相关规定，制订市社保局行政执法与刑事司法衔接工作方案，成立“两法衔接”工作领导小组和日常工作核定小组，与市公安局沟通协调，初步建立打击社保领域违法犯罪行为的合作机制及移送涉嫌社保欺诈犯罪案件的磋商和工作机制，

① 2015年2月6日，副市长喻丽君（中）等到东莞市康复医院慰问住院康复的工伤职工

② 2015年4月13—16日，2015年全国领取社会保险待遇资格协助认证工作启动会在汕头市召开。市社保局局长邹联（左一）代表广东省地市介绍东莞市退管工作经验

有效打击社会保险欺诈行为。

【社保关系转移】 2015年，东莞市职工养老保险转移业务、城乡养老保险与职工养老保险制度间衔接业务、失业保险转移业务接入省的转移平台，实现省内电子无障碍转移，医疗保险实现纸质无障碍转移。全年养老保险转入1.53万笔，转出5.44万笔；失业保险转入562笔，转出651笔；医疗保险转入1.08万笔，转出2.12万笔。

【生育保险制度改革】 2015年12月起，东莞市根据《广东省职工生育保险规定》，制定生育保险经办操作规程等配套文件、做好社保信息管理系统开发和调试以及宣传发动、政策业务培训等工作，全面实施新的生育保险制度。新的生育保险制度延续东莞社保城乡一体的特色，继续实行生育保险全覆盖，将实施范围从省规定的城镇职工扩展至适龄东莞市户籍城乡居民，做到保障范围全省最广。其中，城乡居民的生育保险缴费全额由市镇两级财政负担。

【社保卡制发应用】 超额完成全年制卡任务 截至2015年12月，东莞市制卡847.86万张，基本做到社保卡对参保人的全覆盖。2015年新增制卡93.09万张，年底激活率达83.18%，超额完成年初制定的制卡80万张的目标和省下达的激活率任务。

基本完成“诊疗一卡通”实施工作 除个别新增定点医院外，全部完成市内所有定点医疗机构的“诊疗一卡通”系统上线工作，7月份，完成市内所有定点医疗机构待遇支付密码验证系统上线工作。研究“互联网+”社保服务平台建设的可行性，探索并立项申报将挂号、结算、报销、查询等功能整合到手机APP和微信公众号。

【退休人员管理服务】 2015年，东莞市新增退管站110个，使退管机构数量达591个。东莞市社会保障局将退管站建设成为社保部门解决服务群众“最后一公里”问题的基层平台，34个退管机构成功创建为省级示范点。

【社保信息公开与宣传】 2015年，东莞市社会保障局推进社保信息公开，规范信息披露，推动企业、村居建立信息公开栏，社保政策知晓率提高。深入企业、社区开展形式多样、内容丰富的“社保大讲堂”，对群众进行社保政策宣讲，全年开展“社保大讲堂”813场。搭建“微信（博）—网站—电视—电台—报刊”的全方位社保宣传网络，提升“东莞社保”政务微信吸引力，推出“社保姐姐”动漫形象，加强与粉丝互动并展各类线上活动，“东莞社保”政务微信粉丝数量稳步增长，突破42万人。

附：2015年东莞市社会保障局主要领导名录

党组书记、局长：邹　联

① 2015年8月25日，市社保局与东莞市委宣传部召开新闻发布会，发布生育保险新政

② 2015年12月23日，市社保局在全市开展“有您在　更精彩”主题宣传活动，图为凤岗镇会场

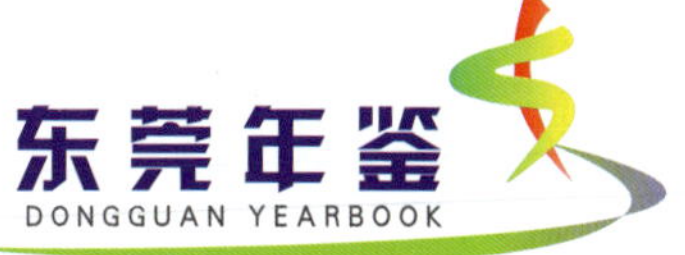

民政事务

【社会组织概况】 截至2015年，东莞市登记注册的社会组织3733家，其中社会团体739家：行业性127家，专业性151家，学术性73家，联合性388家，非公募基金会9家，民办非企业单位2985家：教育类1527家，卫生类0家，文化类79家，科技类77家，体育类94家，劳动类139家，民政类864家，法律服务类2家，其他类203家。全年新登记社会组织712家，其中社会团体175家，民办非企业单位532家，非公募基金会5家。

【社会组织发展扶持】 2015年，东莞市修订出台《东莞市社会组织发展扶持专项资金管理办法》，重点扶持社会组织做大做强，参与社会治理，规范和明确社会组织发展扶持专项资金的使用范围、申报评审，绩效评估、监督管理等方面内容。《东莞市社会组织发展扶持专项资金管理办法》出台后，市民政部门开展2015年度社会组织发展扶持专项资金的项目申报和评审工作，最终确定33家社会组织申报的33个项目为资助项目，资助额共计564.71万元。

【第五批具备承接政府职能转移和购买服务资质的社会组织目录出台】 2015年6月底，东莞市出台《关于印发〈东莞市市本级具备承接政府职能转移和购买服务资质的社会组织目录（第五批）〉的通知》，共8家社会组织列入第五批目录。截至2015年，入选前5批资质目录的社会组织共182家。

【行业自律和信用体系建设试点】 2015年，东莞市民政部门通过走访调研，确定东莞市保险行业协会等5家社会组织作为行业自律与信用体系建设试点单位，起草《东莞市行业协会商会行业自律和信用体系建设试点工作方案》。7月，市美容美发行业协会召开行业诚信标准体系建设新闻发布会。8月，开展行业自律与诚信建设主题的能力建设培训，68家社会组织的87名工作人员参加。9月，市酒类行业协会召开《食品安全法》宣贯大会暨诚信建设工作会议。各试点单位通过发布行业公约、诚信标准等方式，开展行业自律诚信活动，促进东莞市诚信经营体系建设，营造诚信兴商社会环境。

【社会组织执法管理】 2015年，东莞市民政部门把社会组织年检与日常管理、行政检查、执法监督等工作结合起来，严格把关，对年检中发现有财务问题的40家社会组织发出整改通知；对年检中发现问题严重的3家社会组织，对负责人进行约谈，按照法人治理的要求进行整改，接受社会监督。完善执法制度，编制执法流程图，梳理执法依据，制定执法公示制度、与刑事司法衔接工

为党和政府分忧 为人民群众解难

① 2015年7月31日，市领导徐建华、袁宝成等在东莞军分区召开市委常委议军会议，专题讨论解决支持部队建设、加强武装建设和推进军民融合等问题

② 2015年6月30日，市委书记徐建华（前排左四），市委副书记、市长袁宝成（前排右四），市政协主席李毓全（前排左二），市委副书记姚康（前排右二）等与企业代表参加在市会议大厦广场举行的"2015年广东扶贫济困日暨东莞慈善日"活动启动仪式

作制度、案卷归档管理制度。全年共处理社会组织违规行为为42宗，责令改正40宗，责令停止活动2宗。

【优抚对象抚恤生活补助】 2015年10月1日起，东莞市对全市优抚对象抚恤生活补助标准进行上调。调升后，各类重点优抚对象的月生活补助标准在上年基础上实际增加50~208元不等，使得月抚恤补助标准区间为388~2580元。全年为9520名优抚对象发放抚恤生活补助经费3598.08万元，其中为3637名重点优抚对象发放抚恤生活补助金3051.72万元，为6088名60周岁农村籍退役士兵发放生活补助金546.37万元；为366名残疾军人发放残疾抚恤金、护理费576.79万元。全年共为8户重点优抚对象解决临时生活困难，发放临时生活补助款2.56万元。2015年全市义务兵家庭优待户数为1374户，户均优待金1.94万元。

【重点优抚对象医疗和住房保障】 2015年，东莞市财政发放“爱心献功臣”经费32万元，帮助麻涌、寮步、横沥等3个镇8名重点优抚对象修建住房。2015年为全市所有重点优抚对象发放购买医疗保险经费187.62万元，为重点优抚对象医疗补助金额372.78万元。开展“关爱功臣送医送药”活动，为享受定期定量抚恤生活补助的“三属”（烈士遗属、因公牺牲军人遗属、病故军人遗属）、在乡复员军人、在乡残疾军人、带病回乡退伍军人、“五老”人员（老党员、老游击队员、老交通员、老苏区干部、老堡垒户）、烈士老年子女等重点优抚对象和原国民党抗战老兵，免费送医送药，受惠重点优抚对象404人，药品、体检总费用21.8万元。9月，组织樟木头、清溪、塘厦、谢岗、桥头、企石、茶山、莞城和石龙等9个镇街的18名老复退军人，集中前往省第二荣军医院进行为期15天的疗养。

【重点优抚对象慰问】 2015年春节前，东莞市委、市政府为9319名非低保对象的优抚对象发放元旦、春节价格补贴共475.27万元。全年东莞市为3637名重点优抚对象发放“八一”建军节慰问金218.22万元。全市在烈士纪念日前为55名烈士父母、204户烈士证明书持证人发放慰问金21.2万元。

【复退军人服务体系建立】 2015年9月，东莞市委办、市府办下发《关于进一步做好我市复退军人服务工作的意见》的通知，在全市建立以“党委统揽、政府主导、部门配合、社会参与”为原则，以“组织领导有力、服务组织健全、服务内容明确、服务机制完善”为目标的复退军人服务体系。

【烈士纪念设施管理保护】 2015年，东莞市有烈士纪念设施的镇街均对纪念设施进行全面的检查和修缮，对烈士纪念设施周边进行美化、绿化，为社会各界开展纪念烈士活动提供良好环境。其

① 2015年9月30日，市委、市政府在市人民公园革命烈士纪念碑广场举行烈士公祭活动，市委、市人大、市政府、市政协、东莞军分区领导，以及社会各界代表共800人参加

② 2015年10月29日，东莞市在沙田镇泥渡湾举行第13次骨灰海葬活动

③ 2015年10月10—13日，东莞市组团到江苏省南京市参加“多彩秋韵——第五届全国中老年才艺展演”活动，东莞市代表团获一等奖

中，市财政投入172.65万元对东莞公园的市革命烈士纪念碑基座的4个观赏面加装碑文和浮雕，对纪念碑广场进行改造扩建。寮步、黄江镇和91676部队共投入修缮资金462.16万元分别对上屯革命烈士纪念碑、梅塘烈士公园和“爱民抢险七勇士”纪念碑进行修缮改造，其中省财政补助资金50万元，市财政补助资金220万元。

【烈士公祭活动】 2015年9月30日，东莞市委、市政府在市人民公园革命烈士纪念碑广场隆重举行第二届烈士公祭活动，市委、市人大、市政府、市政协、东莞军分区负责人，以及社会各界代表约800人参加活动。凤岗、桥头、塘厦、黄江、厚街、长安、高埗、寮步、清溪、望牛墩、横沥、东坑、大岭山、麻涌、中堂、谢岗、大朗和樟木头18个镇街在烈士纪念日也分别举行烈士公祭活动。当天全市共1.3万人参加活动。

【退伍士兵安置】 2015年，东莞市修订出台《东莞市退役士兵安置办法》，制定《东莞市军队离休退休干部服务管理实施细则》，完善安置工作机制。4月28日，举办“2015年东莞市优抚安置双拥业务技能培训班”，全市各镇街民政干部近100多人参加培训。印制5000本《东莞市退役士兵安置政策读本》小册子分发至全市各镇街（园区）、村（社区），加强安置政策的宣传普及。2015年，全市共接收安置2014年冬季退役士兵620人，发放自主就业一次性补助金6959.5万元；对16名住房困难退役士兵发放住房困难补助金16万元；开展退役士兵职业教育和技能培训，对222名退役士兵发放教育培训补助金320.93万元。10月27日，在东莞市技师学院举办退役士兵职业教育和技能培训班。

【双拥工作领导小组全体（扩大）会议】 2015年4月1日，东莞市双拥工作领导小组在市行政办事中心主楼会议厅召开全体（扩大）会议。市领导徐建华、袁宝成、姚康、刘卫芳、鲁修禄等，以及市双拥工作领导小组其他领导和成员，各镇街双拥工作领导小组主要负责同志、社会事务局（办）局长（主任），松山湖（生态园）管委会分管负责同志、社会事务局局长，驻莞各部队有关领导，约150人参加会议。会议由市长袁宝成主持，市委书记徐建华书记讲话；市委常委刘卫芳就驻莞部队在争创双拥模范城中如何发挥拥政爱民作用讲话；市民政局局长莫淦泉作《适应新常态，冲刺八连冠，开创双拥工作新局面》的工作报告。

【双拥创建检查】 2015年5月12—15日，东莞市政府副市长、市双拥工作领导小组副组长鲁修禄担任总组长，市双拥办正副主任和有关领导担任组长，市双拥工作领导小组有关成员单位负责人担任成员的5个检查组，分赴全市32个镇街检查双拥创建工作。

【双拥工作经验交流现场会】 2015年5月28日，东莞市在樟木头镇召开双拥工作经验交流现场会。市双拥工作领导小组成员、双拥办常务副主任、民政局局长莫淦泉出席会议并讲话，市双拥工作领导小组成员、双拥办副主任、民政局副局长王国雄，樟木头镇党委副书记丁志洪等，以及各镇街社会事务办（局）主任（局长）和工作人员80多人参加会议。

【市委常委议军会议】 2015年7月31日，东莞市在东莞军分区召开市委常委议军会议。市委书记徐建华主持会议并作讲话，市委常委，市政协主席李毓全，市人大常委会常务副主任甄瑞潮，副市长鲁修禄，东莞军分区司令员李庆文，市委秘书长黄少文，市政府秘书长邓浩全，以及市有关部门领导列席会议。会议讨论关于帮助部队解决建设经费、推进军民融合深度发展、加强东莞市武装建设等问题，确定有关拥军事项。

【省双拥模范城检查组检查考评】 2015年9月9—10日，省民政厅党组成员、巡视员、检查组组长叶秀仁率省双拥模范城检查组，对东莞市创建第十轮全国和省级双拥模范城工作进行检查验收。检查组抽查樟木头镇的双拥工作，实地查看樟木头镇的双拥宣传、樟木头医院军民共建点和将军馆双拥教育基地的活动开展情况，走访重点优抚对象家庭。查阅市双拥文件资料，征求驻莞部队意见，观看市双拥工作专题片《悠悠东江水，绵绵双拥情》，听取市创建第十轮全国和省级双拥模范城工作情况汇报并讲评交换意见。市委书记、市人大常委会主任徐建华，市委副书记姚康，市委常委、东莞军分区政委刘卫芳，副市长鲁修禄，市委秘书长黄少文，市双拥工作领导小组军地成员单位领导，以及各镇街领导等近100人参加。叶秀仁对东莞市争创新一轮全国和省级双拥模范城工作发表意见，徐建华表态发言。

【“双百拥军行”活动】 2015年11月30日，东莞市双拥办举行东莞市2015年“双百拥军行”活动授旗仪式，组织12个社会组织和企事业单位拥军团分赴驻莞各部队慰问基层官兵。市政府副秘书长赖健伟，市民政局局长莫淦泉，东莞军分区政治部主任叶春，市民政局副局长王国雄，市双拥办专职副主任卓军，社会组织和企事业单位拥军团代表，驻莞部队官兵代表约260人参加授旗仪式。共45个社会团体和企事业单位参与活动，送出拥军慰问金及慰问品110多万元，援建基层部队文化影视厅、舞台灯光音响、文化广场等建设项目12个，以及提供医疗技术、装备维护检修等支持，受到部队基层官兵的欢迎和好评。

【灾后救助】 2015年，东莞市发生“5·9”洪涝灾害、“5·23”洪涝灾害、“7·30”风雹灾害和“10·4”台风灾害，共造成9人受伤，3人死亡，受灾面积464公顷，经济损失856.67万元。东莞市对“5·9”洪涝灾害和“7·30”风雹灾害死者家属发放总额15万元（每名死者5万元）的抚恤金。

【全国综合减灾示范社区创建】 2015年，按照省减灾委部署要求，东莞市减灾委牵头，选择南城白马社区、石碣单屋村、道滘大岭丫村、厚街陈屋村、沙田大泥村、塘厦石潭埔社区、清溪长山头村、桥头东江村、横沥六甲村、茶山南社村10个社区（村）创建全国综合减灾示范社区，将全国综合减灾示范社区创建活动与安全气象社区建设、社区防震减灾能力建设结合起来统筹推进，提高城乡基层综合减灾工作水平。创建任务圆满完成，2015年全市综合减灾示范社区建成76个。

【救灾物资储备】 2015年，东莞市救灾物资储备中心按照《东莞市救灾物资储备方案》《到期救灾物资处置工作流程》的要求，处置一批存储年限到期的救灾物资，并按计划通过政府采购公开招标的方式采购一批价值133.43万元的救灾物资。

【应急避灾信息平台建立】 2015年，东莞市通过购买服务的方式建立全市应急避灾信息平台，对市应急避灾中心、33个镇级应急避灾中心、76个全国综合减灾示范社区及部分社区综合服务中心的应急避灾场所的登记信息、救灾物资、灾情信息、人员值班等进行电子化管理。

【防灾减灾宣传】 2015年，结合“防灾减灾日宣传周”“国际防灾减灾日”等主题活动日，东莞市减灾委在莞城东门广场、东莞同沙生态园举行主题宣传活动。通过设置展板、发放宣传资料、开展现场咨询等方式，讲解各类防灾减灾知识和避灾自救技能，并通过微信公众号“莞邑防灾减灾平台”宣传防灾减灾知识，与广大市民互动，切实增强公众防灾减灾的意识和自救能力。

【社会工作概况】 2015年，东莞市户籍人员考取社工证书719人，发放奖励资金74.2万元。提升人才素质，根据不同层次人才特点举办多个社工培训班，培训730多人次。市民政部门联合司法、卫计、总工会、团市委、残联、妇联等部门、结合工作实际和服务对象特点，探索制定社会工作岗位设置标准。截至12月，全市政府购买社工岗位服务达到1228个，比上年增加134个，服务领域涵盖禁毒、教育、残康、医务、司法矫正、救助帮扶、婚姻家庭、企业、青少年、妇女儿童、党员服务等，涉及民政、工青妇残、法院等15个单位。

【省社会工作专业人才培育基地和重点实训基地创建】 2015年2月2日，省民政厅公布“广东省社会工作专业人才培育基地和重点实训基地”名单，东莞理工学院被评为省社会工作专业人才培育基地，市大众社会工作服务中心、普惠社会工作服务中心和寮步镇社会工作服务中心被评为省社会工作专业人才实训基地，加上2013年度被评选为省社会工作专业人才实训基地的鹏星社会工作服务社及横沥镇隔坑村社区服务站，东莞市有省级社会工作专业人才培养基地及实训基地共6家。

【“岭南社工宣传周”活动】 2015年3月16—20日，东莞市民政局在全市范围内组织开展2015年“岭南社工宣传周”系列活动，营造重视社会工作发展、尊重社会工作人才的氛围。开展东莞市“最美社工”评选活动，5名社工获选东莞首届“最美社工”。3月20日，启动仪式上，东莞市各社会服务机构社工为300多名现场嘉宾及同工展示专业社会工作服务技能，《东莞社工思享录》正式发布；主办方和众多社会服务机构在图书馆广场举行社会工作服务专场展示会，吸引大量市民参与互动。

【“双工”联育】 2015年，东莞市民政局为有效整合市社会工作者（以下简称“社工”）和志愿者（也称“义工”）资源，实现“社工+志愿者”有效和良性互动合作，推动志愿服务常态化、社会化和专业化，结合东莞实际，制订并印发《2015年东莞“社工+志愿者”联育培训方案》，年内共开展1249余场“社工+志愿者”联育培训工作。

【“双工”联动】 2015年12月，东莞市民政局联合共青团市委、东莞市精神文明建设委员会办公室共同制订并印发《东莞市社会工作者与志愿者联动工作实施方案》，在机制建立、组织培育、信息联享、队伍联育和品牌联建等方面提供指引，确立建立完善志愿服务记录制度、在相关志愿者服务中心优化岗位设置、支持社工服务机构自主招募志愿者和推进社工服务机构与志愿者组织党团建设等配套措施。

【香港社工督导“东莞计划”座谈会】 2015年12月18日，东莞市社会工作专业人才队伍建设领导小组办公室、市民政局在市行政办事中心主楼多功能厅组织召开香港社工督导“东莞计划”座谈会，总结近年来香港社工督导服务东莞社会工作情况，研究和部署市社会工作。会议指出，从2009年东莞市正式启动社会工作试点开始，连续6年通过政府财政投入共2997.62万元，每年聘请25~28名香港社工督导督导市社会工作，香港督导以专业的工作水平，认真负责的态度，在市社会工作发展决策建议、制度建设、树立专业价值、提升社工业务能力等方面发挥积极作用，以传、帮、带的方式，为东莞市培养100多名督导人才，成绩值得肯定。

【地名专家库成立】 2015年2月开始，东莞市地名委向社会公开征集地名专家库预备人选，建立以东莞文史专家杨宝霖和国内知名地名专家谢前明等15名专家学者组成的东莞市民政局地名专家库，加强对全域性、影响较大的地名命名论证工作，提升地名命名的科学化、规范化和民主化水平。

【地名集中补查】 2015年，东莞市民政局结合市公安局开展标准地址库建设工作，在全市开展地名集中补报工作，重点对未经正式命名的路街巷和居民点名称进行筛查，完善申报审批手续，推动地名规范管理。

【第二次全国地名普查地名补录】 2015年，东莞市民政局按照省第二次全国地名普查领导小组《关于做好第二次全国地名普查试点地区地名补录工作的通知》要求和国家规定的普查规程，组织开展对普查试点工作结束到补查标准时点新增的地名进行资料收集工作。

【地名审批】 2015年，东莞市共批准道路命名641条，批准建筑物（住宅小区）命（更）名65宗，批准建筑物（住宅小区）预命名20宗。

【平安边界创建】 2015年，东莞市民政局开展市级、镇级平安边界创建活动，推动界线管理工作上新台阶。加大平安边界创建活动宣传力度，在东莞广播电视台新闻综合频道投放平安边界创建宣传广告49次。

【第三轮界线联检】 2015年，东莞市民政局部署开展东城南城线等15条镇界联检，消除边界纠纷隐患，解决边界纠纷问题，巩固勘界成果，促进边界地区社会稳定和经济发展。

【市界委托管理】 2015年，东莞市民政局按照相关规定对市界实行委托管理制度，聘请专业单位开展2015年度市界巡查和维护管理，对莞穗、莞惠、莞深3条市界约339.99公里和49个界桩附近的河流、沟渠、道路等线状地物，界线两侧各10米的地带内与界线相关的地物地貌进行日常巡查和维护和资料归档。

【国家新型城镇化综合试点】 2015年，根据《关于印发〈东莞市开展国家新型城镇化综合试点工作实施方案〉的通知》的工作部署，东莞市民政局协同有关部门开展虎门、长安撤镇设市设区试点前期研究工作。 （田小兵）

附：2015年东莞市民政局主要领导名录

党组书记、局长：莫淦泉

外事·侨务

FOREIGN AFFAIRS · OVERSEAS CHINESE AFFAIRS

龙舟比赛 （莫泽坚 摄）

编辑：李文蔚

外 事

【外事概况】 2015年，东莞市外事系统接待邀请外宾、海外侨胞共5302人次，其中，外宾团组91批1852人次，副部级以上代表团7批40人次；办理因公出国123批424人次。办理外国人来华入境2201批2966人次。办理APEC商务旅行卡83批130人次。

【外事管理】 2015年，东莞市按照中央"控制总量、突出重点、保压结合、服务发展""因事定人、人事相符"的管理原则，提升因公出访管理审批服务。开展整治公款出国旅游专项行动，严格执行2015年全市在编党政人员出国计划，加强因公临时出国经费预算总额控制，落实经费先行审核制度；健全因公护照的各项规章制度。开展领事保护工作，举办涉外领事保护和海外安全文明培训班；开展海外安全文明宣传"进企业、进校园、进社区"活动；举办外国媒体采访管理等专题讲座；推动涉外案（事）件处理操作规范化建设，建立完善相关处置预案、操作手册规程，加强应急处置机制和能力建设。开展涉外安全工作调研，做好对重点镇街的涉外隐患排查工作；开展海外安全文明宣传专题报道。加强外国人入境及在莞管理工作，对全市520宗涉外案事件进行备案。做好日本新泻记者团、中非新闻交流中心二期记者团等外媒的采访接待。

【外事服务经济】 2015年，东莞市全面深化与"一带一路"沿线国家的交往，服务全市经济社会发展大局。市委书记、市人大常委会主任徐建华率领市党政代表团赴埃塞俄比亚、坦桑尼亚开

▲ 2015年9月16日，虎门港与巴塞罗那港签订合作协议

▲ 2015年10月14日，东莞理工学院与法国国立工艺学院合作办学签约

展外事交流和经贸合作活动，举办“中国东莞—坦桑尼亚企业对接会”等多场经贸推介活动。市委副书记、市长袁宝成出访俄罗斯、波兰、西班牙3国开展经贸科技合作和外事交流活动，活动期间签署各类合作协议12份，达成经贸合同总额4.01亿美元，其中，虎门港正式“联姻”巴塞罗那港，年吞吐量突破330万标箱。市外事侨务局联合市人才办赴德国、意大利与法国3国开展招商引智系列活动，推动东莞理工学院与法国国立工艺学院（CNAM）成功签署联合科研平台合作协议和硕士联合培养协议；与市经信局、东城街道办共同组织企业访问牙山、首尔、金浦、仁川4市，推动与韩国相关企业、协会建立合作关系。举办2场APEC商务旅行卡宣讲会，为东莞市企业拓展海外市场提供帮助。

【对外交流】 2015年，东莞市举办2015苏迪曼杯世界羽毛球混团锦标赛，接待来自50多个国家及地区的1150多名参赛运动员、官员及外国新闻媒体记者，对外成功展示东莞新形象。埃塞俄比亚总理海尔马里亚姆·德萨莱尼率领政企代表团一行访莞，期间举行埃塞俄比亚—（中国）东莞投资合作论坛，增进埃方对东莞的理解和认识，为东莞企业赴埃投资拓展渠道。墨西哥、瑞士、吉尔吉斯斯坦等8国驻穗总领事来莞拜会市领导，23国驻穗领馆领事官员来莞啖荔，以及外事部门领导拜访14国驻穗领馆，密切双方交流合作，全方位提升合作水平。海博会期间，市外事侨务局接待的外宾团组38个875人，涉及103个国家和地区。汤加副首相肖西·索瓦莱尼，老挝贸工部部长开玛尼·奔舍那，泰国前副总理、泰中友好协会会长功·塔帕朗西等11位外国政要、前政要，非洲外交使节团26位大使，100多位境内外商协会负责人，沿线部分重点港口城市负责人、港澳政府机构代表等国内外嘉宾1000多人出席开幕仪式。务实开展与南太平洋岛国交流，接待汤加议长一行和2期太平洋岛国高级公务员培训班学员，市委秘书长黄少文率团赴汤加开展交流活动等。

2015年东莞市外事侨务局邀请接待海外团组情况

访问日期	团组	访问目的	市领导接见
1月11日	土耳其伊斯坦布尔省副省长古尔泰金一行	来莞考察	徐建华
1月27日	美国沃尔玛全球采购副总裁盖伊·罗伯逊代表团一行	探讨在东莞推进绿色供应链网络有关事宜	鲁修禄
2月5日	瑞士雀巢大中华区执行副总裁施明德一行	探讨雀巢公司在东莞可持续发展	袁宝成 杨晓棠
3月1日	国际篮联考察团	就申办城市场馆、酒店等相关设施进行实地考察	喻丽君
3月23日	（美国）Honeywell（霍尼韦尔）和新加坡世高科技公司高层一行	关于洪梅国际高科技工业园	鲁修禄 杨晓棠
3月25日	墨西哥驻穗代总领事熊羽一行	探讨墨西哥和东莞在多个领域的交流合作事宜	杨晓棠
3月31日	日本先锋高科技（东莞）有限公司董事长中根伸芳一行	与东莞就招商引资方面进行交流	袁宝成 杨晓棠
4月1日	瑞士驻穗总领事官博智东一行	礼节性拜访	袁宝成
4月16日	吉尔吉斯斯坦驻穗总领事马克萨特一行	探讨吉尔吉斯和东莞在多个领域的合作交流等事宜	袁宝成
4月21日	诺奖生命科技控股集团乔治·斯穆特博士一行	出席斯穆特（中国）科技有限公司落成典礼	袁宝成 张　科
4月27日	德国工商大会广州代表处首席代表冉礼文一行	探讨精密制造职业培训、先进制造业技术转移、招商引资合作工业4.0讲座等事宜	徐建华 杨晓棠
4月28日	海上丝绸之路国家媒体团一行	来莞参观考察	袁宝成
4月29日	韩国智慧城市融合集成协会全菊镇会长一行	就城市大数据管理等领域深入交流	袁宝成
5月13日	印尼体育部长伊曼一行	参观东莞市体育运动相关场地和设施，并观看2015苏迪曼杯世界羽毛球混合团体锦标赛	喻丽君

续表

访问日期	团组	访问目的	市领导接见
5月21日	由美国坎顿市市长贺威廉、阿克伦市市长安塞缪率领的俄亥俄州水陆联运市长协会（MAPSS）一行	推动水乡管委会与MAPSS、水乡的10镇1港与MAPSS的26个美国城镇展开多层面、多渠道的合作	姚　康
5月28日	马来西亚联邦直辖区副秘书长拿督莫哈默沙尼一行	就我市选址建设马中友谊园，以及中马友谊园开园典礼的相关事宜进行了深入探讨	杨晓棠
5月31日	韩国金浦市市长一行代表团	探讨金浦和东莞的合作交流事宜，并考察中韩智慧城市产业园	张　科
6月1日	英国熊迈克爵士一行	出席中英低碳产业园签约活动，见证中英低碳产业园签约	鲁修禄
6月7日	南太平洋岛国高级公务员一行	第一期的太平洋岛国高级公务员来粤交流项目	杨晓棠
6月16日	坦桑尼亚革命党代表团	加强东莞与坦桑尼亚之间的合作交流	杨晓棠
6月17日	亚洲国际贸易投资商会一行	出席“2015中国加工贸易产品博览会”开幕式	杨晓棠
6月18日	美国田纳西州经济和社区发展部兰迪·博伊德一行	探讨帮助东莞企业赴美投资相关事宜	杨晓棠
6月27日	外国驻穗领团	来东莞啖荔	杨晓棠
6月29日	ICLEI（倡导地区可持续发展国际理事会）东亚秘书处创始总监欧习墨一行	推进ICLEI与我市的合作关系	袁宝成 张　科
7月9日	雀巢公司大中华区执行副总裁施明德高层一行	汇报雀巢公司在东莞可持续发展的有关情况，商谈落实有关方案	袁宝成 张　科
7月10日	英国议会能源及气候变化特别委员会主席蒂姆·叶奥及英国驻穗总领馆领事一行	出席中英低碳环保产业示范区揭牌仪式	袁宝成 张　科
7月13日	全国妇联东盟妇女机构培训班	参观访问	姚　康
7月14日	新任韩国驻穗总领事黄淳泽	礼节性拜访	袁宝成 张　科
7月20日	斯里兰卡投资局主席乌普尔·贾亚苏里亚	就海博会相关内容展开会谈	杨晓棠
7月21日	泰国驻穗领馆领事陈月花一行	商讨2015海博会筹备工作	陈仲球
7月21日	日本信浓绢丝株式会社代表团	汇报企业发展情况	杨晓棠
7月30日	日本驻穗总领事斋藤法雄一行	参加第十二次在莞日资企业政企联络会议	杨晓棠
9月8日	埃塞俄比亚总理海尔马里亚姆率领政企代表团	就外事、外资、投资等领域进行商讨	徐建华 杨晓棠
9月8日	韩国牙山市公共关系代表团	与外宣主管部门交流学习	杨晓棠
9月13日	澳大利亚莱德市议员陈君选	探讨在教育和人文领域交流合作事宜	杨晓棠
9月17日	英国驻广州总领事馆新任气候变化与能源首席领事邱岩居一行	探讨继续深化东莞与英国在低碳方面的合作事宜	鲁修禄
9月18日	坦桑尼亚国际集装箱码头服务有限公司高层一行	交流考察	张　科
10月12日	华纳兄弟娱乐公司常务副总裁Stephen Ross一行	影视主题公园项目洽谈	袁宝成
10月13日	环保部东盟中心郭敬主任、联合国环境规划署国家项目官员蒋南青一行	交流绿色低碳环保产业、绿色供应链发展方面合作	袁宝成 鲁修禄
10月28日	汤加副首相肖西·索瓦莱尼率领的代表团	参加海博会开幕式等活动	徐建华 袁宝成
10月28日	韩国牙山市副市长金荣范一行	礼节性拜访东莞市领导并参加海博会开幕式等活动	杨晓棠
11月6日	广东车宝信息科技有限公司与美国ChargePoint公司一行	探讨在东莞投资合作事宜	贺　宇
11月9日	俄气秋明公司总经理谢尔盖·斯科茹诺夫一行	就合作事宜进行深入交流	贺　宇
11月16日	俄罗斯科学院核研究所高级研究员波卢什金·瓦列里	实地调研	袁宝成
12月9日	以色列驻广州总领事安亚杰一行	商议秋时公司进驻中以产业园区的相关事项	袁宝成 杨晓棠
12月15日	汤加王国议长图伊瓦卡诺（Lord Tu'ivakanuo）一行	礼节性拜访	甄瑞潮
12月23日	伊朗驻穗总领事阿里礼萨·萨拉利扬一行	礼节性拜会市领导	袁宝成 杨晓棠
12月25日	埃塞俄比亚国家情报与安全总局副总局长乔吉斯一行	为双方公民往来提供更好权益和安全保障进行沟通	杨晓棠

【友城友协】 2015年，东莞市加快完善“友城—友好合作交流城市—民间友好组织”三位一体的友城关系总体格局。与德国乌波塔尔市缔结友好城市，2市拟于2016年起开展互派专业干部挂职交流工作，深化在经济、科技、文化、教育等方面的交流合作。与韩国金浦市、埃塞俄比亚首都亚的斯亚贝巴、委内瑞拉解放者市、澳大利亚莱德市等缔结友好合作交流城市，在多个领域开展多种形式的交流合作。举办东莞国际友城夏令营活动，邀请德国乌波塔尔、韩国牙山和以色列霍隆的30余名青少年来莞交流学习，促进友城民间交往。与马来西亚布城市签署文化交流合作意向书；与马中友好协会共同推动建设中马友谊园并举办开园仪式，完成马中友谊园在东莞市的初步选址工作；加快与斯里兰卡科伦坡、马来西亚怡保市的结好进程。巩固与韩中文化友好协会、巴西中国经济贸易促进协会、马中友好协会、尼泊尔阿尼哥协会的合作。与斯里兰卡中国社会文化合作协会、泰中友好协会、韩中经济贸易促进协会、孟加拉中国文化经济民众交流中心等“一带一路”国家友好组织建立交流机制。

（刘文敏）

侨 务

【侨务概况】 2015年，东莞市举办2015海外青年才俊聚东莞之新锐设计师国际邀请赛，来自新加坡、西班牙、英国、德国、法国等国家以及港澳台地区的20多位设计界精英就其在家具设计、环保工程设计等多个领域的创新作品进行比赛和产业对接，促成3个项目与东莞企业签约合作，加强东莞与海外设计行业的交流合作，为推动“东莞制造”向“东莞智造”转变提供智力支撑；举办海外华裔青少年夏（冬）令营活动，来自美国、加拿大、印尼、马来西亚等国家和台湾地区80名青少年来莞开展活动，促进海内外青少年的沟通交流。

【侨务资源涵养】 2015年，东莞市累计拜访海外侨团、港澳社团50多个，接待侨团、侨胞和港澳同胞60多批2000多人次，加强与海外莞籍侨团、侨胞和港澳同胞的联系。推介“广东21世纪海上丝绸之路国际博览会”，先后赴马来西亚、印度尼西亚、柬埔寨、澳大利亚等国开展路演活动，组织马来西亚、澳大利亚、新加坡、印度尼西亚、老挝、柬埔寨等国家及地区近300位侨商参展及采购，借助海博会这一平台，促成海外侨商在经贸等方面的合作。联络海外侨团，以“荔枝为媒”，邀请马来西亚东莞商会、马来西亚霹雳东安会馆、印尼中华总商会、香港东莞工商总会等多个境内外莞籍社团近300人来莞交流。

【海外侨团建设】 截至2015年，东莞市有海外侨胞25万人，港澳同胞近80万人；有海外社团41个，其中传统侨团34个，近年推动成立海外莞籍商会7个；莞籍香港社团57个，澳门社团5个，台湾社团1个。推动在马来西亚、印度尼西亚和阿联酋成立东莞境外经贸代表处，促成加拿大莞商联合会、澳大利亚东莞总商会与东莞市贸促会达成在当地设立经贸代表处的共识。与马来西亚东莞商会共同搭建“爱东莞”网络商务平台，推动海外东莞商会会员及侨商借助“爱东莞”平台优势，实现侨商信息“互联网+”，促进广大侨商创业创新，助推“东莞制造”对接海外市场。举办首届海外侨团中青年骨干研习班，17个国家的33名侨团中青年骨干参加培训。

【侨界民生服务】 2015年，东莞市办理“三侨生”证明、华侨华人子女入学证明、华侨港澳同胞身份证明等73份，处理信访22宗，办结20宗，办结率91%。协助省政协外侨委开展“加强华侨权益保护立法建设专题调研”，协同推动《广东省华侨权益保护条例》制定与出台，加强侨务法治建设先行先试，保护华侨权益。落实东莞市困难归侨生活补助，惠及全市近50名困难归侨。实施“侨爱工程”，东莞市各镇街共有侨务慈善捐助项目37个，折合人民币234.96万元。

（刘文敏）

附：2015年东莞市外事侨务局（港澳事务局）主要领导名录

局　长：陈晓慧

▲ 2015年7月19日，2015海外华裔青少年东莞夏令营开营 （漆忠卫 摄）

莞台合作·莞港澳合作

TAIWAN—DONGGUAN, HONG KONG—DONGGUAN AND MACAO—DONGGUAN COOPERATION

■ 粤台产业科技学院建立
■ 台湾桃园市第一届议会组团到莞参访
■ 莞港澳青少年交流合作
■ 莞港经贸合作层次提升

东莞市中心区 （张超满 摄）

编辑：李俊玉 张曼利

莞台合作

莞台经贸

【台商投资经营概况】 2015年，台商在莞投资步伐放缓，台资企业总体经营状况保持稳定。全年新签台资项目111个，增资169个，合同利用台资3.82亿美元，实际利用台资10.02亿美元。台资企业主要投资通信设备、计算机及其他电子设备制造业、仪器仪表及文化、办公用机械制造业、塑料制品业等行业。截至2015年，全市有台资企业3437家，占全市外资企业总量的31.02%，累计合同利用台资203.58亿美元、实际利用台资190.55亿美元，分别占全市外资总额的23.93%和26.97%。投资总额超千万美元企业328家，投资总额超亿美元企业18家。

【台资企业屡获表彰】 2015年，台资企业在纳税额、进出口及研发方面表现良好。东莞徐记食品有限公司、东莞广泽汽车饰件有限公司为2015年度东莞市纳税亿元以上企业；金宝电子（中国）有限公司、东莞航天电子有限公司、东莞东聚电子电讯制品有限公司、达创科技（东莞）有限公司为2015年度东莞市实际出口总额前20名企业；金宝电子（中国）有限公司为2015年度东莞市主营业务收入前20名企业。东莞信易电热机械有限公司获"中国驰名商标"证书。劲胜精密组件股份有限公司成为国家工信部2015年智能制造首批示范项目试点企业，是全省5家试点中东莞唯一入选企业。东莞巨扬电器有限公司研发的《红外线感应MCU控制方法及其应用》和东莞劲胜精密组件股份有限公司研发的《3C电子产品液态硅胶与塑胶一体成型防水技术》获东莞市科学技术进步奖三等奖。台资企业东莞绿洲鞋业有限公司获"2010年以来全市民族工作优秀集体"称号。

【松山湖（生态园）台湾高科技园建设】 2015年，东莞市推动松山湖（生态园）台湾高科技园发展，争取东莞两岸生物技术产业合作基地升格为国家级"海峡两岸生物科技与产业合作示范区"。截至2015年，松山湖（生态园）台湾高科技园累计吸引投资35亿元，完成30余项工程，建筑总面积达55万平方米；引进项目119个，协议引资额77.23亿元，其中引进生物技术产业项目77家，协议引资额62.94亿元；引进电子信息类企业42家，引资额14.29亿元。

【松山湖（生态园）台湾高科技园获得"海峡两岸青年创业基地"称号】 2015年，东莞市支持台湾青年在松山湖（生态园）创业，推动实施"台湾青年人才创新创业计划"。10月15日，国台办授予松山湖（生态园）台湾高科技园"海峡两岸青年创业基地"称号。创业基地实施"引进台湾百名青年人才计划"，筹设"台湾百名青年人才创新创业计划"专项资金，服务台湾青年孵化"创客"计划、提供创业辅导及就业资讯。11月26日，"海峡两岸青年创业基地"在广东现代国际会展中心举行揭牌仪式。

【台资企业开展转型升级诊断辅导】 2015年，东莞市14家台湾产业服务机构初步诊断台资企业36家、历年累计859家，深入辅导81家、历年累计456家。接受诊断辅导的企业平均生产成本降低15%，库存下降20%，生产效率提升16%，用工下降13%，累计投资新增11.76亿元，内销新增81.2亿元。

【“机器换人”政策宣讲】 2015年，东莞市在塘厦、长安、虎门、桥头、茶山举办6场“机器换人”政策专题宣讲会，为300多家台资企业解读政策内容，支持企业做好机器换人工作，争取补贴资金。东联融资租赁有限公司、中国信保东莞分公司等现场就智能自动化设备资源整合、IMS信息管理系统、融资租赁和保险担保等主题作解说。

【大麦客公司发展跨境电商】 2015年，东莞市推动大麦客成立联合跨境电商产业园，搭建联合台商制造业和跨境电商公司的综合平台，帮助台企拓展外销。8月20日，“大麦客联合跨境电商产业园启动仪式暨跨境双百对接会”在大麦客三楼加玛屋举行，305家东莞优质制造商、超过100家电商及50家电商服务商参加对接会。

【2015年东莞台湾名品博览会举办】 2015年11月26—29日在广东现代国际会展中心3号馆举办。展会吸引25万人次进场参观采购，其中专业采购商1.22万人次，一般民众超过23.8万人次。总成交金额26.65亿元，其中现场采购订单6.85亿元，现场零售1.3亿元，一年内采购意向18.5亿元。展会首次设置跨境电商暨物流区及两岸青年创业孵化区，为生产企业与电商对接提供平台，助推台企发展O2O（线上到线下）新形态营销模式，展示两岸青年创业活力，展出各类文化创意成果产品。

【玉山银行东莞分行改制】 2015年3月，玉山商业银行股份有限公司获中国银监会批准将大陆分行改制为玉山商业银行股份有限公司单独出资的外商独资银行。东莞分行改制为玉山银行（中国）有限公司东莞分行。玉山银行在莞壮大发展，1月长安支行成立，5月获批经营境外公民人民币业务及境内公民每笔不少于100万元人民币的定期存款业务。截至2015年，陆续向东莞企业提供人民币融资服务，其中以台资企业为主，资产规模达28.3亿元，吸纳人民币存款5.2亿元。

【彰化银行东莞分行经营良好】 2015年，彰化银行东莞分行开办结售汇、网上银行业务，加入全国银行间外汇交易市场，获准经营人民币业务。截至2015年，资产规模达10.7亿元人民币，营业收入1568万元，税后净利润约440万元。

【袁宝成到大麦客公司调研转型升级情况】 2015年12月25日，大麦客台湾观光夜市开业，东莞市委副书记、市长袁宝成赴大麦客调研转型升级情况并与大麦客负责人座谈。袁宝成指出，观光夜市是东莞台商从来料加工向服务业转型的标志，是台商转型升级的典范，要把“观光夜市”品牌打出来，把“小吃文化”打出去，把“观光旅游”发展起来，做成东莞服务业的品牌。

【郑立中到莞调研】 2015年4月12日，全国政协常委、港澳台侨委员会副主任，海峡两岸关系协会常务副会长，清华大学台湾研究院院长郑立中到莞调研，了解台商在适应经济新常态过程中遇到的问题；参观骅国电子公司和艾尔发自动化机械公司，分别与台资企业代表及东莞市相关部门座谈。

【两岸产业合作专家咨询小组到莞参访】 2015年8月30日至9月3日，两岸产业合作专家咨询小组到莞参访，小组由生物科技、冷链物流、面板、文创、区域发展、自贸区等领域的专家组成，参访期间召开两岸产业合作协商专题研讨会，与市领导座谈，听取东莞经济社会发展情况介绍，提出促进东莞产业发展及对台合作交流建议，与东莞台商代表座谈；参观松山湖园区、东莞理工学院、台心医院、台商大厦和威远炮台。

莞台交流

【莞台交流概况】 2015年，莞台交流互访活跃。全年赴台交流团组82批741人次，比上年增长50%，企业赴台培训、商务交流团265批549人次，下降8.5%；台湾来莞交流团13批215人次，增长150%。东莞市领导姚康、李小梅、鲁修禄，市城管局、农业局等部门，凤岗、麻涌、茶山、东坑、寮步、东城、厚街、黄江等镇街，东莞理工学院、广东科技学院等高校分别赴台考察，在党际、基层治理、现代农业合作、生物科技等领域开展交流。台湾多名政要到莞参访，与市领导深入交流。台湾方面陆委会主委夏立言首次到莞参访，了解东莞台商经营情况及存在困难；台湾桃园市“议会议长”邱奕胜、中国国民党中央政策委员会执行长赖士葆、新竹县县长邱镜淳、苗栗县县长徐耀昌夫人蔡丽卿、桃园市工商妇女协会理事长林秀美等分别到莞参访或参加重要涉台活动，省委副书记马兴瑞、省台办主任陈国兴、国台办联络局副局长邱大昭及市领导徐建华、袁宝成、姚康、李小梅、杨晓棠等分别与各参访团座谈联谊，促进莞台交流。

【莞台教育交流合作实现突破】 2015年，莞台教育交流蓬勃开展，向常态化发展迈进，陆生踊跃赴台学习，全年应届赴台陆生18名，交换生139名。莞台教育合作实现突破性进展，东莞理工学院联合台商育苗教育基金会设立首个粤台联合培养项目，双方合作建立粤台产业科技学院。东莞市组织有关中职学校与东莞台商育苗教育基金会合作开办台湾课程班，从2015年9月1日起实施，实行三年。第十届海峡两岸（粤台）高等教育论坛在东莞理工学院举办，吸引超过200名两岸高校领导、专家及企业代表参加。台湾高校媒体、高雄市瑞祥高级中学、高雄市大专青年发展协会及台湾铭传大学等到莞参访，两地院校保持良性互动。

【粤台产业科技学院建立】 2015年，东莞台商子弟学校以东莞市台商育苗基金会名义与东莞理工学院合作开展粤台联合培养项目，整合台湾技职教育先进经验及东莞教育资源，共同设立粤台产业科技学院。学院设立精密制造等6个试点本科专业，以两年在莞学习、一年在台学习、一年台企实习的“2+1+1”模式培养应用型人才，2015年首批招生277人，计划三年内培养1000名学生。

【台湾桃园市第一届议会组团到莞参访】 2015年1月21—23日，台湾桃园市议会议长邱奕胜率议员代表一行22人到莞参访，为桃园县升格为桃园市后议会首次组团到莞。参访团一行拜会东莞市领导，与台商代表座谈及参观市容市貌。市领导徐建华、李小梅会见参访团，介绍东莞经济社会发展情况，期盼莞桃两地交流合作能继续热络。国台办政党局局长王育文、省台办巡视员李旭政、副主任侯振富到莞与参访团会面。

【“东莞再跨越”宣传活动举办】 2015年5月22—25日，东莞市政府台湾事务局及《台商》杂志联合举办“东莞再跨越——台湾资深媒体人东莞行”活动，邀请台湾民视新闻台、八大第一台主持人蔡玉真、《中国时报》大陆新闻中心主任李道成、《今周刊》顾问林宏文等7名台湾资深媒体人组团到莞，就东莞产业规划和发展状况进行深度采访

报道。市委副书记、市长袁宝成就东莞市产业发展现状、规划等接受《台商》月刊采访。副市长杨晓棠会见媒体团，介绍东莞历史文化、经贸产业发展情况。市委政研室、发改局、经信局、科技局、商务局等部门领导及全国台企联会长郭山辉、市台商协会会长翟所领等台商代表分别与媒体团座谈，详细解读东莞市产业发展情况及市政府扶持政策。媒体团分批走访电子商务、生物医药、文化创意、传统制造业等领域代表台企，参观市展览馆，了解东莞经济、科技、文化发展及城市变迁。采访报道集结成书，以《东莞再跨越》为题在台湾出版。该书由海基会董事长林中森题字、海协会会长陈德铭作序，并于11月26日在厚街嘉华大酒店举行发行仪式。

【姚康赴台考察基层治理经验】 2015年10月12—16日，东莞市委副书记、市社工委主任姚康率市社工委、民政局、台湾事务局及东城、长安、高埗、大朗等镇街领导赴台交流，学习台湾基层治理经验。考察团开展12场交流活动，通过拜访相关行政部门、参观城乡社区、走访社会组织等，考察台湾基层治理架构、城乡社区建设、社会组织发展和志愿服务普及情况，了解台湾基层治理政策机制。拜访中国国民党桃园市党部，巩固莞桃党际交流成果。

【李小梅赴台推动基层交流】 2015年11月9—13日，东莞市委常委、统战部部长李小梅率团赴台湾金门、马祖交流。交流团与中国国民党金门县党部主委林芳旋、民意代表杨应雄、金门县副县长林德恭，马祖县县长刘增应、民意代表陈雪生、议长张永江等分别进行座谈交流；参观金门、马祖两县酒厂及城建规划、古村落群等。

【台湾陆委会主委夏立言首次到莞参访】 2015年10月15日，台湾陆委会主委夏立言率陆委会一行28人到莞参访，此次夏立言以陆委会负责人名义首次来莞，在莞台交流史上具有重要意义。夏立言此行主要是了解台商在粤投资经营情况及两岸政策对台商经营的影响，参观台心医院、台商大厦、东莞台商子弟学校，并与东莞、广州、深圳台商代表座谈。东莞市领导向其介绍台资企业经营情况及市政府扶持台商发展的各项举措。

【桃园市工商妇女交流团到莞参访】 2015年10月23—26日，台湾桃园市工商妇女协会会长林秀美一行30多人到莞参访交流。市委常委、统战部部长李小梅会见并介绍东莞经济社会发展和台商在莞发展情况。交流团与市妇联、市台商协会妇联会、市台联会俪雅会及市政府台湾事务局、松山湖管委会等座谈，交流妇女工作意见，并参观市女企业家协会会员企业、中国（寮步）沉香文化博物馆、台心医院、台商大厦以及松山湖园区。

【叶克冬到东莞台商子弟学校调研】 2015年2月14日，国台办副主任叶克冬率队到东莞台商子弟学校慰问教职工、学生及家长并进行座谈。肯定东莞台商子弟学校办学成绩，希望学校突出中华文化、重视根系教育，让两岸青年有共同的文化、民族和国家意识，并建议学校邀请更多的大陆学者、教授到校讲课，让学生感悟在相同中华文化背景下，不同历史发展过程中的文化差异。

【翟所领等4名台胞获“东莞市荣誉市民”称号】 2015年12月30日，东莞市召开第十五届人大常委会第三十次会议，授予45人“东莞市荣誉市民”称号。市台商协会会长翟所领、市政府顾问宋涛、东莞百宏实业有限公司董事长郑国烟、东莞大宝化工制品有限公司董事长陈贺生等4名台胞获此称号。

涉台机构

【涉台机构概况】 2015年，东莞市涉台机构有市台胞台属联谊会、市台商投资企业协会、台商子弟学校、台商大厦、台心医院、玉山银行东莞分行、彰化银行东莞分行、东莞市慈善会明门慈善基金、东联融资租赁公司、台北市东莞同乡会。其中，东莞市台胞台属联谊会向台北市东莞同乡会捐赠5万元新台币作为奖学金基金，台北市东莞同乡会向69名优秀莞籍学生颁发奖学金；市台胞台属联谊会下设的市台联俪雅会与台湾桃园市两岸菁英妇女协会签约结成姐妹交流会；东莞台商林佳蓉任广东省海峡两岸交流促进会妇女委员会创会会长。

【台心医院正常运营】 2015年，台心医院获批为社保定点医院及公务员体检定点医院，并可协助台商办理健保核销手续，使台商能够享受台湾健保服务。截至2015年，医院接诊6.71万人次，体检6580人次，住院1692人。先后开展首例胸腔镜、结肠癌、腹腔镜、微创脊柱内窥镜、冠状动脉血管造影、心脏支架等手术。

【东莞台商子弟学校扩建】 2015年，东莞台商子弟学校有69个班，2494名学生，学生人数再创新高；有410名教职工，其中台籍教职工140名。学校校长为吴清镛。11月，新教学楼完工，命名为“艺德楼”，建筑面积8343平方米，为多功能体育教学综合大楼。

【台商大厦招商】 截至2015年，台商大厦有217家企业进驻423个单元，占总面积的59%。招商方面，已确定意向品牌188个，在选位洽谈品牌156个，包括ATTOS国际品牌集合店、INTREND国际品牌店、唐宫一号、星巴克、REWE德国超市、中国台湾万益食品、全家便利店等品牌。

【东莞市慈善会明门慈善基金成立】 2015年6月30日，东莞市慈善会与台企明门（中国）幼童用品有限公司签署“东莞市慈善会明门慈善基金”冠名专项基金协议。明门公司拟分两年捐赠1200万元作为专项基金，用于儿童助学、疾病及纾困补助、残疾救助、医疗设施设备捐赠等。专项基金首次运作期限为5年，由市慈善会和明门公司派专人组成专项基金管理委员会进行管理。

【东联融资租赁公司】 2006年成立，是东莞首家外资融资租赁公司，也是商务部批准成立的首批外资融资租赁公司。该公司由市台商协会前会长、东莞台商子弟学校董事长叶宏灯邀集东莞台商发起成立，旨在拓宽台资中小企业融资渠道。公司注册资本3000万美元，主要为医疗教育、节能环保、交通运输、装备制造、城市公共工程与装备、中小企业等领域提供各类动产融资租赁业务。截至2015年，公司为近百家中小企业提供融资租赁服务，承做放款58家，累计投放额度约4亿元。（范星星）

附：2015年中共东莞市委台湾工作办公室、东莞市人民政府台湾事务局主要领导名录

主　任（局长）：吴小峰

港澳工作

【莞港澳合作基本概况】 2015年，

东莞市与香港地区贸易总额263.9亿美元，比上年下降2.2%，占全市对外贸易总额的15.7%。其中，对香港出口261.0亿美元，下降1.9%，占全市进口总额的25.2%，对香港进口2.9万美元，下降21.8%，占全市出口总额的0.5%。澳门在东莞市投资企业18家，合同吸收外资5037万美元，实际到资3130万美元。截至2015年，东莞市港资企业6198家，累计合同吸收港资506.9亿美元，占全市吸收境外资金总额的59.6%；累计实际吸收港资385.6亿美元，占全市实际吸收境外资金总额的54.5%。接待香港来莞交流团组26批1456人；接待澳门来莞交流团组4批148人；组织赴港学习考察团组10批75人；因公赴港澳团组2336批4042人。联合香港特区政府驻粤办、香港贸发局、香港生产力促进局、香港四大商会、东莞外商投资企业协会等机构召开2次“在莞港企升级转型联席会议”，解决港企升级转型及生产经营中遇到的问题，全面启动“机器换人”计划，推动在莞港企加快转型升级，协助企业提升竞争力。在第一次联席会议上签订《东莞市人民政府　香港贸易发展局利用粤港服务贸易自由化机遇全面加强合作备忘录》。

【莞港澳各界交流密切】 2015年，东莞市先后举办中国加工贸易产品博览会（简称“加博会”）、中国国际影视动漫版权保护和贸易博览会（简称“漫博会”）、广东21世纪海上丝绸之路国际博览会（简称“海博会”）、中国（东莞）国际科技合作周4场国家级展会，邀请香港商务及经济发展局副局长梁敬国、澳门贸易投资促进局主席张祖荣、香港驻粤办主任邓家禧、香港生产力促进局主席刘展灏等重要嘉宾来莞出席活动，加强莞港澳业界的沟通交往。香港工联会会长林淑仪、香港华人会计师公会会长周锦荣、中国香港（地区）商会广东会长杜源申、香港理工大学电子及资讯工程系励学教授徐星全、香港生产力促进局自动化科技部首席顾问葛明、香港民建联副主席彭长纬等相继访莞或出席重大活动。东莞先后组团拜访香港工联会、香港生产力促进局、香港数码港、香港科学园、香港中华厂商联合会、香港标准及检定中心、香港城市大学机器人与自动化研究中心等机构。通过互访增进相互了解，明确合作方向。邀请中山大学岭南学院财政税务系主任林江教授、中山大学港澳珠三角研究中心副主任张光南副教授、中山大学港澳珠江三角洲研究中心李小瑛副教授作专题演讲，对深化莞港澳科技合作、实施粤港澳服务贸易自由化、合作参与“一带一路”建设等方面提出专业意见，提高全市港澳工作干部的业务水平。

【莞港澳工作平台夯实】 2015年，松山湖（生态园）粤港澳文化创意产业实验园区平台建设取得突破，成为全省首批13个“粤港澳服务贸易自由化省级示范基地”之一，并赴香港参加“粤港澳服务贸易自由化省级示范基地推介会”。2015年5月挂牌成立东莞市外贸转型升级支援服务中心，按照“政企共建”模式，集聚工业设计、生产力提升辅导、服务外包等公共资源和机构，为中小企业、特别是在莞港资企业提供产品研发、工业设计、品牌创建、生产力提升辅导、融资创投及人才培训等“一站式”服务。截至2015年，有17家企业进驻外贸转型升级支援服务中心，其中香港生产力促进局作为首家香港专业辅导机构进驻中心。

【莞港澳青少年交流合作】 2015年，东莞市落实粤港暑期实习计划，开发实习岗位647个，开发岗位数居全省第二位，最终敲定346个岗位供香港大学生实习。8月，吸引7批75名香港大学生来莞实习。举办“莞香传情——第三届莞港澳青少年夏令营”活动，三地106名青少年齐聚东莞，共同开启8天的交流活动。举办“情系东莞·共筑友谊——莞港澳青少年合唱交流晚会系列活动”，邀请50名港澳青少年来莞参与演出。

【莞港澳现代服务业合作】 *会展合作* 2015年，在东莞市举办的2015海博会吸引48家香港企业参展，展位达98个；澳门38家企业参展，展位达34个，在加工贸易、文化创意产业、专业服务等领域加强与港澳地区的紧密交流与合作。举办第三届“东莞—葡语国家商机对接交流会”“中葡商贸合作‘三个中心’及‘中国—葡语国家经贸合作及人才资讯网’推介会”。组织企业代表团参观“澳门国际品牌连锁加盟展2015”“第26届香港美食博览和香港国际茶展”“第二十届澳门国际贸易投资展览会（MIF）”。

文化创意产业合作 2015第七届漫博会吸引84家港澳动漫企业参展，邀请香港动漫画联会及部分漫画家参加开幕式，与东莞市动漫行业协会、东莞市版权协会进行对接交流。

科技合作 香港科技大学李泽湘教授团队组建松山湖国际机器人产业基地，筹建松山湖国际机器人协同创新研究院，获东莞市2.3亿元的资金扶持。李泽湘教授团队成立总计300万美元的清水湾资本，用于基地孵化项目的投资。

（刘文敏）

莞港经贸

【莞港经贸概况】 截至2015年，东莞市有港资企业6100多家，合同吸收港资506.9亿美元，占全市外商投资企业投资总额的59.6%；实际利用港资385.6亿美元，占全市实际利用外资总额的54.5%。其中，投资总额超1000万美元的港资企业有573家，总投资金额260多亿美元，占总数的48.4%。港资企业中如玖龙集团、理文造纸集团、米亚精密金属科技（东莞）有限公司、东莞德永佳纺织制衣有限公司等在东莞投资超1亿美元。

2015年，东莞市与香港外贸进出口总额263.9亿美元，比上年下降2.2%，占全市出口总额的15.7%。其中，对香港出口261.0亿美元，下降1.9%；对香港进口2.9亿美元，下降21.8%。2015年，东莞市出口前300家企业中，港商投资企业有99家，占近三分之一强。

【莞港经贸合作层次提升】 改革开放初期，东莞市的港商投资主要集中在毛织、制衣、玩具、制鞋等劳动密集型领域，项目以小型企业为主，以租用厂房为主，企业分布比较零散。进入20世纪90年代中后期，港商在东莞的投资不断转型升级，投资领域逐步向电子通信产品、五金机电产品等高附加值、高科技含量领域转变。“十二五”期间，东莞市吸收港资项目累计2012宗，合同利用港资122.4亿美元，年均增长23.2%，实际利用港资112.5亿美元，年均增长20.3%。新增投资超1千万美元港资项目285宗，合同利用港资累计103.7亿美元。很多海外跨国公司通过香港平台对东莞进行投资。

【莞港合作层面深化】 截至2015年，莞港经贸合作向纵深推进，合作领域扩展，实行莞港联合对外招商，发挥莞港资源互补优势，增强区域竞争力。东莞市引进港资服务业企业106家，累计合同外资23.3亿美元，行业涵盖批发和零售、租赁业、商务服务业、科学研究等领域。利用CEPA框架协议，加快推进香港服务业进入内地市场，为制造业发展提供产业支援。东莞市多次联合香港贸

易发展局、香港投资推广署、香港工业贸易署等机构，中央、省属、市直有关部门，以及东莞市总商会、外商协会等组织开展一系列的宣传推广活动。截至2015年，东莞市设立20宗港资CEPA项目，累计投资总额2109.4万美元，注册资本1565.1万美元，主要涉及物流、管理咨询、广告、印刷等行业。

【在莞港资企业升级转型联席会议】 2015年6月30日和12月15日，第一次和第二次在莞港资企业升级转型联席会议在香港会议展览中心召开。东莞市商务局、市人力资源局、市经信局、市外事侨务局等相关部门和香港驻粤办、香港贸发局、香港生产力促进局、香港四大商会、东莞市外商协会、香港专业联盟等主要负责人参加会议，东莞市政府副市长杨晓棠和副秘书长卢汉彪出席。第一次会议以“深化莞港合作，推动莞港服务贸易自由化”为主题，出席会议的香港工商界代表，就加强莞港服务贸易等方面提出意见和建议。市政府副秘书长卢汉彪代表东莞市政府与香港贸发局签署《利用粤港服务贸易自由化机遇全面加强合作备忘录》，双方将在会展业、服务贸易、电子商务、人才培训以及企业“走出去”等方面全面加强合作。第二次会议以“依托科技创新加快外贸优进优出”为主题，市政府副秘书长卢汉彪指出，国际市场环境和运营成本的上升，对外向型制造企业进出口影响较大，在莞港企的转型升级必须尽快由要素驱动转移到创新驱动上来，依靠科技创新增强企业发展动力，从而实现东莞外贸的结构调整。东莞市商务局与香港生产力促进局签署《深化莞港合作共同推动中小外贸企业转型升级合作协议》，计划在延续“企业转型升级辅导计划”的基础上，在人才培训、产学研合作、电子商务等多个领域加强合作。

【莞港经贸交流系列活动】 2015年1月5日，东莞市商务局局长何跃沛一行拜访香港中华出入口商会。香港中华出入口商会会长张学修详细介绍商会的创立历史和相关工作。商会副会长、东莞朗福皮鞋董事长梁日昌介绍港资企业面临的各种挑战，表示在莞港资企业必须转型升级才能适应新形势的要求。双方就经济形势、“大通关”政策等进行探讨，并表示将加强沟通联系，推动莞港进出口企业共同发展。

2015年3月17日，中国香港（地区）商会广东分会会长杜源申率商会会员30余人组成的考察团，到东莞市商务局开展交流活动，东莞市商务局副局长林超明与东莞市外商投资企业协会会长任重诚会见考察团一行。探讨中国香港（地区）商会与广东服务业企业在莞发展商机。林超明介绍东莞市港资企业的发展情况及港资服务业企业在东莞市发展的商机，以及东莞市针对服务业发展的一系列政策措施，鼓励香港服务型企业与东莞市制造业企业开展对接合作，参与东莞市制造业发展的配套服务，拓展商机。

2015年9月25日，东莞市副市长杨晓棠在东莞会见香港中华厂商联合会代表团副会长徐炳光一行，双方就推动在莞港资企业扎根发展等内容交换意见。杨晓棠介绍东莞市在改善营商环境、提高办事效率和减轻企业负担等方面所做的主要工作。徐炳光对东莞市在扶持企业发展方面所做的工作表示赞赏，他希望通过加强双方的沟通交流，加深理解，共同解决在莞港企经营发展中面临的困难。（杨晓宇　庞玉超　刘晓明）

2015年东莞市投资总额前30名港资企业

序号	企业名称	镇街（园区）	资金来源地
1	东莞玖龙纸业有限公司	麻涌镇	香港
2	玖龙（中国）投资有限公司	松山湖	香港
3	广东理文造纸有限公司	洪梅镇	香港
4	米亚精密金属科技（东莞）有限公司	凤岗镇	香港
5	东莞联丰科艺金属有限公司	凤岗镇	香港
6	东莞德永佳纺织制衣有限公司	麻涌镇	香港
7	广东虎门大桥有限公司	虎门镇	香港
8	东莞建晖纸业有限公司	中堂镇	香港
9	广东中远船务工程有限公司	麻涌镇	香港
10	东莞生益电子有限公司	东城街道	香港
11	广东生益科技股份有限公司	松山湖	香港
12	东莞美维电路有限公司	东城街道	香港
13	东莞南玻太阳能玻璃有限公司	麻涌镇	香港
14	东莞超盈纺织有限公司	麻涌镇	香港
15	东莞理文造纸厂有限公司	中堂镇	香港
16	东莞观澜湖高尔夫球会有限公司	塘厦镇	香港
17	东莞安琪食品有限公司	塘厦镇	香港
18	东莞创纪房地产开发有限公司	石龙镇	香港
19	东莞广裕房地产开发有限公司	石龙镇	香港
20	中南创发科技（东莞）有限公司	常平镇	香港
21	东莞发展控股股份有限公司	市属	香港
22	万裕三信电子（东莞）有限公司	长安镇	香港
23	东莞晶苑毛织制衣有限公司	常平镇	香港
24	东莞王氏港建电子有限公司	常平镇	香港
25	东莞嘉颐实业有限公司	桥头镇	香港
26	东莞深赤湾码头有限公司	沙田镇	香港
27	东莞中电新能源热电有限公司	东城街道	香港
28	东莞市德津实业有限公司	大朗镇	香港
29	东莞科维环保投资有限公司	横沥镇	香港
30	东莞冠亚环岗湖商住区建造有限公司	厚街镇	香港

区域合作·扶贫开发

REGIONAL COOPERATION · POVERTY ALLEVIATION AND DEVELOPMENT

- 松山湖高新区纳入珠三角国家自主创新示范区建设
- 珠三角地区水环境综合整治与绿色生态水网建设工作现场会在东莞召开
- 精准扶贫实施

粤晖园（姚泽林　摄）

编辑：施雪芬

《珠江三角洲改革发展规划纲要》实施

创新驱动

【松山湖高新区纳入珠三角国家自主创新示范区建设】 2015年9月29日，国务院下发《关于同意珠三角国家高新区建设国家自主创新示范区的批复》，松山湖高新区成为国家自主创新示范区一员。广东省也发布《加快推进创新驱动发展重点工作方案（2015—2017年）》，明确珠三角国家自主创新示范区的创建方案：以深圳、广州为龙头，连同珠海、佛山、惠州、东莞、中山、江门、肇庆等7个地级市共同创建，形成“1+1+7”珠三角国家自主创新示范区建设格局，建成国际一流的创新创业中心。截至2015年，东莞市开展机器换人、发展智能制造的创新发展之路，初显成效。2015年，松山湖（生态园）高新区实现生产总值259.26亿元，比上年增长10.8%，税收总额81.12亿元，增长80.79%。松山湖高新区在全国高新区的综合排名从2013年的53位跃升到第30位。园区有20个新型研发机构（与高校院所合作共建）、2个国家级国际科技合作基地、3个国家级技术转移示范机构、1个国家级国际创新基地、8个省级国际科技合作基地以及3个国家级企业技术中心（工程中心）获批为国家知识产权试点园区，全年专利申请总量3662件，授权专利总量2135件。

【《广东东莞粤海银瓶合作创新区发展总体规划（2015—2030年）》通过】 2015年9月6日，广东省省长朱小丹主持召开省政府常务会议，会议审议并原则通过《广东东莞粤海银瓶合作创新区发展总体规划（2015—2030年）》。该规划提出，要以加快建设“两型社会”（资源节约型社会、环境友好型社会）为主线，以集聚高端特色产业、推进新型城镇化为主题，以深化改革和全面创新为动力，坚持高端引领、产城融合、绿色发展、机制创新，把东莞粤海银瓶合作创新区打造成为国家智造产业发展的新高地、珠三角实施创新发展的新平台、广东国企投资拓展的新载体、东莞产业转型升级的新示范区、推进新型城镇化的生态智慧新城区。该规划获省政府审议通过，标志着广东东莞粤海银瓶合作创新区的申报工作全面完成，该创新区建设列入省重大区域发展平台的战略部署。

共商·合作

【广东省基层社会治理工作平台建设珠三角现场会在东莞召开】 2015年1月10日，广东省基层社会治理工作平台建设珠三角现场会在东莞市召开，传达贯彻深化平安中国建设会议和广东省委常委会议精神，研究部署推进平安广东和基层社会治理工作平台建设工作。广东省委副书记、政法委书记马兴瑞出席会议并讲话。东莞市委书记、市人大常委会主任徐建华和东莞市委常委、政法委书记邓志广，珠三角各市分管政法工作的领导及省直有关单位负责人参加会议。广州、深圳及东莞市作经验介绍。东莞市在全市开展镇街综治信访维稳中心建设工作，推进基层社会治理。2009—2015年，东莞市两级综治信访维稳平台排查调处各类矛盾纠纷6.3万件，调解成功率达95%；全市33个中心共组织620多次排查，促使重点地区治安面貌明显好转；平安信息化建设明显有效，全市完成350个平安村居、746个平安校园、47所平安医院等一批“平安细胞”建设。

【珠三角地区水环境综合整治与绿色生态水网建设工作现场会在东莞召开】 2015年9月11日，广东省政府在东莞市召开珠三角地区水环境综合整治与绿色生态水网建设工作现场会。会议总结珠三角地区水环境综合整治工作进展情况，推广东莞绿色生态水网建设经验，研究部署珠三角地区水环境综合整治与绿色生态水网建设工作。广东省省长朱小丹出席会议并讲话。广东省副省长许瑞生主持会议。东莞市领导徐建华、袁宝成、鲁修禄出席会议。会议现场，朱小丹对东莞市水环境综合整治工作取得成效给予充分肯定。截至2015年，东莞市以环保大投入为基础，以水乡地区建设为示范，以湿地公园建设为突破，以培育水处理产业为抓手，以建立长效机制为根本；东莞市水环境整治取得阶段性成效，大部分河流水质有一定改善。其中，东莞市将建设湿地公园与推动镇村发展、与园区开发、与促进城市更新结合起来，打造出绿色生态水网建设新模式。麻涌镇华阳湖湿地公园建成后，吸引融易集团、联华国际等一批“三旧”改造项目在周边落户，公园附近土地租金增长8倍，华阳村集体年增加收入约500万元，公园附近的大步村由原来的上访村转变为文明村。与会代表现场参观麻涌镇华阳湖湿地公园和沙田镇穗丰年湿地。

【2015年在莞港企升级转型联席会议】 于2015年6月30日在香港召开，东莞市政府与香港贸发局签署《利用粤港服贸自由化机遇全面加强合作备忘录》，旨在促进莞港在会展业、服务贸易、电子商务、人才培训以及企业“走出去”等全面合作。在会展业方面，香港将在“加博会”“海博会”“漫博会”等展会上，邀请境内外客商参展、采购，进一步提升展会的吸引力和影响力。而东莞对符合条件的参展企业，按有关扶持政策给予资助，共同开拓国内外市场。

东莞将积极引进香港先进服务业机构，将水乡特色发展经济区、东莞市外贸转型升级支援服务中心、松山湖粤港澳文化创意产业实验园区作为深化莞港合作的重点平台，打造东莞市实施粤港澳服务贸易自由化的示范点。此外，东莞还将支持在莞港企利用香港贸发局的跨境电子商贸平台（贸发局小批量采购专区网上版）开拓国际市场，探讨在该平台设立东莞专区的可行性。

【2015年“深莞惠+汕尾、河源”五市文化合作联席会议在东莞召开】 2015年10月29日，2015年“深莞惠+汕尾、河源”五市文化合作联席会议在东莞召开。会议通报一年来“深莞惠+汕尾、河源”五市文化交流合作情况，对下来开展五市文化交流合作进行研究，并共同签署《2016年“深莞惠+汕尾、河源”五市文化合作框架协议》。东莞市委常委、宣传部部长潘新潮，东莞市政府副市长喻丽君、副秘书长张春扬以及深圳、东莞、惠州、汕尾、河源五市文化行政部门主要领导及分管领导、相关科（处）室和直属单位负责人共100多人参加相关活动。联席会议由张春扬主持。

为配合五市文化合作联席会议的召开，10月28日晚，东莞市还举办以“共筑中国梦　同唱幸福歌”为主题的深莞惠汕河文化志愿流动大舞台巡回展演活动。此次展演活动是由深圳、东莞、惠州、汕尾、河源五市文化行政部门联合主办，由深圳市群文学会、东莞市文化馆、惠州市文化馆、汕尾市文化馆、河源市文化馆联合承办，分别在五市各举办一场联合展演活动，该活动发挥五市地缘相接、文缘相连的特点，为五市民间文艺团体打造一个展示和交流的平台，发挥五市社会力量参与公共文化服务建设，丰富广大基层民众和外来劳务工的文化生活，推动文化资源共享联动，促进文化交流合作。

【《2016年深莞惠＋汕尾、河源五市文化合作框架协议》签署】 2015年10月29日，深圳、东莞、惠州、汕尾、河源五市代表签署《2016年深莞惠＋汕尾、河源五市文化合作框架协议》。根据协议内容，加强五市公共文化服务合作。开展五市文化志愿流动大舞台巡回展演，加强五市文化交流，满足广大基层民众和外来务工人员的文化生活需求。建立五市文献资源共享平台。加强五市图书馆文献资源交流共享，推动联合建立五市公共图书馆地方文献数据库共享工程，推进文献资源的馆际互借。组织五市艺术名家交流、采风和创作。由五市组织艺术名家代表，相互开展创作采风、艺术交流活动，促进五市文化艺术资源共享。开展五市岭南题材美术作品联展。利用五市与岭南画派的深厚渊源，推动五市美术机构联合办展，举办“五市岭南题材美术作品联展”，传播和弘扬岭南文化艺术，共同打造岭南文化品牌。

与此同时，推动五市新闻媒体互动，召开相关媒体协调会，商议五市媒体合作互动问题，针对媒体融合和媒体竞争日益激烈的形势，加强珠三角经济圈特别是五市经济圈的媒体联动。根据各市的实际需要，由五市文化部门相互支持配合，组织文化干部相互跟班学习，加强五市文化专业干部的交流。由五市文化部门相互牵头组织各市优秀文化企业代表互访、实地考察，增进文化产业交流，寻求项目合作。

【《深莞轨道交通建设战略合作框架协议》签订】 2015年11月4日，深圳地铁集团与东莞实业集团签订《深莞轨道交通建设战略合作框架协议》。根据协议，深圳市将有5条地铁线路连通东莞。该协议明确，成立深化合作工作领导小组，全面启动两市轨道交通线路对接方案、对接项目立项审批以及东莞新线投融资模式研究工作。加强与深莞两市规划部门的协调，研究、落实两市轨道交通衔接线路的线站位方案、换乘方式、建设时序等问题，并重点研究以下方案：深圳6号线与东莞1号线衔接方案；深圳11号线与东莞3号线衔接方案；深圳20号线与东莞2号线衔接方案；深圳10号线（连接福田、龙岗）穿越东莞凤岗镇线站位方案；深圳13号线经南山、光明新区至东莞松山湖（生态园）高新区的“科技中轴线”线路方案。此外，深圳与东莞探讨新线项目PPP（公私合营模式）合作。研究东莞1号线、3号线等后续新线建设投资模式、出资比例等相关事宜。研究引入深圳地铁集团及其前海基础设施产业基金投资的可能性，加快推进东莞轨道交通新线建设。

项目实施

【东莞首个航空煤油仓储及码头项目投入运行】 2015年2月23日，装载7000吨航空油品的“盛飞701号”海轮停靠在虎门港立沙岛精细化工园区鸿源码头，首船航空油品到港接卸，标志东莞首个航空煤油仓储及码头项目在立沙岛投入运行。东莞市盛源石油化工有限公司石化航空煤油仓储及码头项目是珠三角地区重要的能源储备项目，由深圳巨正源股份有限公司（上市公司）投资8亿元建设。其中，航空煤油仓储项目是2014

年东莞市重大建设项目。项目地址位于虎门港立沙岛精细化工园，总用地面积19.8公顷，使用岸线304米，前方建成3万吨级航空油品专用泊位，后方建成规模为46.1万立方米储罐。该项目的运营填补东莞市航空煤油仓储的空白，也进一步扩大立沙岛精细化工园区的服务范围，被列入广州白云机场三期规划，为珠三角地区民用航空和通用航空市场的快速发展提供航空煤油的中转、仓储服务，提高珠三角地区的能源储备保障。

【深莞茅洲河界河段综合整治工程开工仪式暨茅洲河全流域水环境综合治理工作领导小组第一次会议】 2015年12月3日，深莞茅洲河污染综合整治工程开工，茅洲河全流域水环境综合整治工作领导小组成立，深莞两市联手全面整治茅洲河全流域水环境。广东省委副书记、深圳市委书记马兴瑞，广东省人大常委会副主任陈小川，广东省政协副主席温兰子，深圳市委副书记、市长许勤，东莞市委书记、市人大常委会主任徐建华，东莞市委副书记、市长袁宝成等共同见证深莞两市茅洲河综合整治工程开工仪式。深莞两市领导共同推杆启动人民涌综合整治工程。

东莞市茅洲河污染综合整治重点工程进展情况：茅洲河污染综合整治工作第一阶段重点解决面源污染问题，基本完成工业污染治理。长安镇原有47家电镀、印染等重点污染企业，除22家经整治提升得以保留外，其余25家搬迁、关闭或取消污染工序；投入2.84亿元建成长安电镀基地A区和B区；将茅洲河流域划定为禁养区，全面完成养殖业清理；扩建1座污水处理厂，建设34.3公里截污管网。2015年，茅洲河治理转入工程建设阶段。经过论证和前期工作，东莞规划安排茅洲河综合整治的5项工程16个重点项目。这5项工程包括截污管网工程、内河涌整治工程、界河整治工程、污水处理实施工程和补水调水工程，除补水调水工程，总投资近23亿元。开工建设的人民涌河道整治和沿线4.14千米截污管网工程，总投资1.06亿元，标志着东莞市茅洲河综合治理重点工程的启动。随后，莞深两市召开茅洲河全流域水环境综合整治工作领导小组第一次会议，研究部署推动茅洲河水环境综合整治工作。

资料链接：茅洲河发源于深圳，自塘下涌到出河口的11.68千米河段为深莞界河。茅洲河流域在东莞市境内涵盖长安镇8个社区，在不足25平方千米流域面积内有14条河涌，其中9条排入茅洲河。

【东莞科技金融路演中心揭牌】 2015年11月12日，由东莞市金融工作局、东莞市科学技术局、松山湖（生态园）管委会、深圳证券信息有限公司主办的、首期“东莞科技企业投融资常态化路演”在松山湖（生态园）高新区举办。活动期间，东莞科技金融路演中心揭牌。

东莞科技金融路演中心由东莞市政府与深圳证券交易所，在松山湖高新区合作共建，以为科技型中小企业提供全方位的融资和综合服务，通过免费公益的“现场路演+网上直播”方式，将优秀科技企业推向全国投资机构。投资人只要在任何有网络的地方，都可与企业实时交流，从而优选投资企业。同期配套启用的“松山湖（生态园）科技金融综合服务平台”，则将与深圳证券交易所“中国高新区科技金融服务平台”实现互相嵌入，更好地实现科技金融的线上、线下的服务对接。该平台分为科技创新大数据系统、科技金融在线服务信息系统、科技金融信息管理系统三大板块，将整合银行、担保、保险、创投等资源，集政策、资源、信息服务等综合性金融服务于一体，线上为松山湖（生态园）科技型企业提供一站式个性化的投融资服务。

交流活动

【第四届珠三角报业物流联盟交流会】 2015年6月5日，第四届珠三角报业物流联盟交流会在东莞市报业大厦举行。珠三角报业物流联盟交流会是在传统媒体发展面临严峻挑战、迫切谋求转型发展的背景下成立的，目的在于推动珠三角各大报业集团进一步加强沟通、交流与合作，共同开辟新的增长点。本届交流会以“整合资源，合作共赢”为主题，珠三角各大报业集团物流部门齐聚一堂，共谋创新之路。东莞报业传媒集团、广州日报报业经营有限公司、深圳报业集团发行物流有限公司、中山报业发行配送有限公司、阳江日报社与湛江日报社等单位负责人参加会议。交流会上，阳江日报社、中山报业发行配送有限公司、广州万之象物流有限公司、深圳市敏思达技术有限公司及蜘蛛网等单位负责人就同城配送、电商快递、O2O新媒体等话题作主题发言。东莞报业传媒集团旗下万家通物流公司于2014年全线进军快递市场，业务范围也逐步从电商落地配延伸到同城配送、收件等领域。截至2015年，该公司日均投递各类报刊约20万份，业务范围遍及全市，并拥有覆盖全市所有镇街（园区）的强大物流网络。

【2015年深莞惠战区石油化工场所跨区域灭火救援演练】 2015年10月21日，2015年深莞惠战区石油化工场所跨区域灭火救援演练在虎门港立沙岛石化基地举行，演练采用临时调集力量、临时设定灾情和临场组织指挥为主的“双盲”演练形式。

东莞、深圳、惠州三市公安消防局和东莞应急、公安、安监、水务、气象、卫生、海事、供电等部门参加演练。灭火救援演练模拟中海油销售东莞储运有限公司11号3万吨柴油储罐遭受雷击，造成西北面方向罐壁上方出现6平方米的裂口，并引发储罐内的燃料油燃烧爆炸，火势有扩大蔓延的趋势，毗邻有3个3万吨的柴油罐及3个2万吨的汽油罐受到严重威胁。根据灾情情况，东莞市公安消防局迅速启动跨区域响应预案，并调集厚街、麻涌、南城、万江、特勤一队等高喷编队、远程供水车和泡沫供给车赶赴现场增援，并向广东省总队指挥中心报告，请求深圳、惠州等消防总队跨区域增援。演练结束后，东莞市消防局负责人针对临场拉动演练存在的问题及石油化工火灾扑救的战术要点进行讲解。

对外开放

【“漫生活·心健康”——东莞、河源、惠州三市首届大学生心理漫画展】 2015年4月20日至5月5日，由东莞、河源、惠州三市联合举办的首届大学生心理漫画展在东莞理工学院举行，来自三地的9所高校近300幅漫画作品参与展出，标志着广东省高校大学生心理健康教育与咨询区域中心（东莞片区）暨东莞理工学院“5·25”心理健康活动月系列活动拉开帷幕。此次心理漫画展主要是将大学生的各种心理活动、大学生的爱情故事和人之间的冲突以及有关学习、社会活动、网络现象等校园生活，用漫画形式将看不见的内心世界用图画表达出来。

【2015年“中国旅游日”东莞欢乐游暨深莞惠、莞韶城市互游启动仪式举行】 2015年5月19日，由东莞市旅游局、东莞市旅游协会主办，麻涌镇人民

政府承办的2015年“中国旅游日”东莞欢乐游暨深莞惠、莞韶城市互游启动仪式在麻涌镇华阳湖湿地公园举行。这次活动的主题是“新旅游、新常态”，宣传口号是“爱旅游、爱生活、爱东莞”。主题活动包括：启动仪式、旅游惠民、各镇街节庆、旅游展示和文化休闲五大活动类型组成。东莞市副市长杨晓棠等领导出席启动仪式，深圳市文体旅游局、惠州市旅游局、韶关市旅游局分管领导，组委会成员单位分管领导，东莞市各镇街分管旅游工作办负责人，市旅行社行业协会会长、副会长，市旅游饭店协会会长，各旅行社、主要旅游景区负责人，新闻媒体代表、游客等600多人参加活动。杨晓棠向首批十家“东莞市工业旅游示范点”授牌，宣布2015年“中国旅游日”东莞欢乐游暨深莞惠、莞韶城市互游启动。随后，领导、嘉宾和游客参观缤纷东莞嘉年华暨“工业旅游展示会”、游览华阳湖景区。至6月，东莞市精彩旅游活动轮番上演。其中有麻涌镇龙舟体验活动、麻涌镇摄影大赛、龙舟锦标赛；石龙镇第五届“中华龙民俗文化节”等40多项活动。

【2015年粤桂琼三省区公共文化示范区区域交流联动演出暨广东省第二届客家新民歌创作大赛颁奖晚会】 于2015年9月29日，在东莞市清溪镇文化广场上演。晚会由桂林市临桂区带来的歌舞《义江墨韵》拉开序幕。《义江墨韵》以临桂五通农民画引领文化致富为背景，用男女群舞的方式把生活中当地人的写书作画之神韵搬上舞台。海南省澄迈县带来的是歌曲《爱在澄迈》。晚会上，还上演广东佛山南海区表演的青花瓷组合器乐合奏《欢乐的日子》，桂林市临桂区歌伴舞《水墨五通一幅画》、海南省保亭县对歌《黎族祝酒歌》和深圳市福田区带来的手风琴吉他合奏《你不是孤单一人》等精彩节目。

同期举行广东省客家新民歌创作大赛是由广东省文化厅、广东省公共文化促进会、广东省音乐家协会等部门合力打造的广东客家新民歌原创音乐品牌。第二届广东省客家新民歌创作大赛的主题为“客韵新声·梦想飞扬”。大赛于8月18日开始征集。其间，主办方开展“美在清溪”客家音乐名家采风活动，组织一批省内顶尖词曲专家，前往活动承办地清溪镇实地采风，委约创作3~5首描述清溪美丽山水、颂扬清溪昂扬风貌的客家新民歌精品力作，作品按后述方式直接提交组委会。经过一个多月的创作、评选，广东省客家新民歌创作大赛获奖作品出炉，《清溪有梦千万里》《老五叔公》等15首作品获奖。获奖作品在晚会上作汇报演出。

【2015南方草莓音乐节】 2015年11月28—29日，2015香飘四季东莞水乡艺术集市暨南方草莓音乐节在东莞市麻涌镇举行。2015香飘四季东莞水乡艺术集市暨南方草莓音乐节是东莞市人民政府与南方报业传媒集团、广东省作家协会签署三方战略合作协议后，东莞水乡特色发展经济区作为三方合作的首站，第一个落户举办的项目。草莓音乐节作为国内最具规模的音乐节，继走过武汉、上海、西安、成都、长沙、重庆、绵阳、厦门等各大城市之后，选择在东莞市麻涌镇，开启首次进驻广东地区的音乐旅程。本次南方草莓音乐节的阵容称得上是历届草莓之最，风格各异的5大舞台，65组艺人同台演出，吸引5万名乐迷齐聚麻涌镇华阳湖畔。5大舞台不仅包括常规的草莓舞台、爱舞台、RELEASE电子舞台，更有结合地域特色设置的南方舞台和嘻哈（hip—hop）舞台。其中，嘻哈舞台是在“草莓”史上首次设立，邀请到来自广东本地及其他地区共12组知名说唱音乐人参演。之所以选择麻涌镇，除了这个场地可以覆盖广州市、深圳市以及周边的城市以外，更重要的是麻涌镇优良的生态环境与文化底蕴，能为音乐节搭建一个良好平台。

（王学林）

经济协作

【经济协作概况】 2015年，东莞市人民政府经济协作办公室（以下简称东莞市经协办）落实扶贫措施，多元化开展扶贫工作，加强扶贫工作保障，全面完成省赋予东莞市的扶贫开发“双到”（规划到户、责任到人）工作和省外对口帮扶工作任务。同时稳步推进穗莞合作，加强与呼伦贝尔市的友好城市工作。

【扶贫开发“规划到户、责任到人”工作】 截至2015年，东莞市根据省委、省政府第二轮扶贫开发“双到”工作部署，连续3年担负韶关市乐昌、南雄、翁源、新丰、乳源，以及揭阳市揭西、惠来、普宁8个县（市），115个重点帮扶村，9586户贫困户，3.75万贫困人口的帮扶工作任务。2015年为收官之年，并需要接受3年总考核。市委、市政府高度重视，以全面落实帮扶项目，建立长效帮扶机制，切实造福贫困村户，争取优秀考评成绩为目标，着力打好攻坚战。截至2015年，东莞市在第二轮扶贫开发“双到”工作中，统筹落实帮扶资金10.39亿元（其中东莞市投入4.95亿元，统筹市外资金5.44亿元），实施到村帮扶项目3579个，到户帮扶项目8.62万个。8020户有劳动能力贫困户年人均纯收入达1万元，脱贫率100%，115个重点帮扶村村集体经济收入平均达10.62万元，3年的扶贫开发“双到”工作目标全部实现。

【扶贫责任落实】 2015年，东莞市各级扶贫工作领导小组明确党政主要领导为扶贫开发“双到”工作第一责任人。全年市镇两级主要领导到村281人次，班子成员到村1257人次，带头协调推动工作。2个驻市工作组负责统筹协调相关工作的落实，跟踪工作开展进度，深入当地县、镇、村开展工作调研、协调和指导工作140多次，督促各镇街加强对115名驻村挂职干部的管理，平均每月驻村天数达22天以上。

【精准扶贫实施】 2015年，东莞市全面摸清重点帮扶村贫困人口家庭情况，填报帮扶记录簿9586份，每一个重点帮扶村每一户贫困户都有具体的发展规划和脱贫措施，将信息录入省扶贫信息系统，实行精准化识别，电脑动态管理。东莞市驻村干部着重加强与贫困户和帮扶责任干部沟通，督促挂钩联系干部到户落实帮扶措施，确保做到扶持对象精准、项目安排精准、资金使用精准、措施到户精准、脱贫成效精准。

【资金投入持续加大】 2015年，东莞市在前两年投入较多资金的基础上，继续坚持政府主导、社会参与的原则，统筹各方资金投入扶贫开发“双到”工作，加大资金投入，确保项目完成。共筹措帮扶资金3.67亿元，其中东莞市各级财政累计投入帮扶资金1亿元，单位自筹2308.37万元，筹措社会帮扶资金4310.1万元，统筹市外资金2.01亿元。

【产业带动保增收】 2015年，东莞市结合重点帮扶村实际，通过建立农民专业合作社，提高贫困户在产业发展中的组织程度，进而形成区域规模优势，鼓励和引导龙头企业参与发展，吸引更多贫困农户参与，实现稳定增收。其中，茶山镇投建的果蔬种植基地、清溪镇帮扶的肉兔养殖项目效益明显。探索创新，以盘活沉淀资产、异地开发造血、产业转移分红等多种模式补强产业帮扶手段，为村集体和农户带来稳定收入。其中，虎门镇投建的南岭农家专业合作社大楼、企石镇购买铺位出租和横沥镇帮助入股信托理财产品成效明显。2015年，东莞市扶持发展生产经营类项目84个，巩固发展农民专业合作社136个，主导产业115个，全面实现“一村一业”。

【培训就业促增收】 2015年，东莞市根据部分重点帮扶村剩余劳动力较多，难以就地脱贫的情况，在115个重点帮扶村累计组织各类技能培训2万人次。其中，揭阳市工作组依托揭阳市电商产业优势，组织120名重点帮扶村青年进行电子商务实务培训。通过主动提供发布就业信息和开展上门招聘，或者发放交通补贴，鼓励外出就业等办法，在韶关、揭阳市转移输出劳动力2396人，外出务工的贫困户每月平均收入达3000元以上，实现“一人就业，全家脱贫”。

【结对共建强班子扶贫】 2015年，东莞市32个镇（街）继续开展115个党支部结对共建，组织活动146次，累计为重点帮扶村基层组织捐赠相关资金或物资132.33万元，帮扶重点帮扶村“两委”（村党支部委员会、村（居）民委员会）班子完善硬件设施、改善工作环境、培养基层干部，不断提升其发展经济、开发建设、致富脱贫的能力。

【改善设施扶贫】 2015年，东莞市为推动重点帮扶村的可持续发展，着重解决重点帮扶村住房难、行路难、饮水难、灌溉难等问题，切实改善重点帮扶村发展环境。开展“两项工程”（低收入住房困难户住房改造和不具备生产生活条件贫困村移民搬迁）建设，于2015年全面完成省要求的4105户低收入住房困难户住房改造任务，以及“什江·常平”新村（常平镇帮扶）、溪头官社新村（沙田镇帮扶）、桃源村新屋村（塘厦镇帮扶）3个整村推进幸福安居示范村项目。

【救助扶贫】 2015年，东莞市针对贫困群众因病致贫、因贫辍学、老无所养等实际困难，配合当地有关部门构建民生保障体系。为符合条件的贫困户购买医疗和养老保险，通过村集体项目分红和“一对一”责任人捐赠慰问金等方式对低保户、五保户给予救济。2015年，东莞市资助贫困户子女就读842人，贫困户子女九年义务教育毛入学率达99.9%，考上大、中专（高中）贫困户子女全部能够顺利完成学业；城乡居民社会养老保险参保率、医疗保险参保均达100%。

【扶贫工作保障】 2015年，东莞市以扶贫开发“双到”工作总考核验收为重点，加强扶贫工作保障。抓政策扶持，先后与韶关签订《韶关－东莞农业产业合作框架协议》，发挥韶关市农业资源优势，为重点贫困村产业扶贫项目提供销路；与揭阳签订《东莞市和揭阳市旅游合作框架协议》，推动两市旅游职能部门举办揭阳生态商务旅游（东莞）推荐会，推动社会旅游扶贫。抓督查指导，由市经协办牵头，建立健全工作问责、实地督查、定期汇报、年度考核和干部激励等制度。在省考核期间，东莞市成立迎评小组，分两组赴韶关、揭阳市开展迎评协调工作；邀请省业务部门来东莞为扶贫一线人员讲课，为东莞市考评工作打下良好基础。抓宣传发动，市镇两级有关部门编印专题简报200多期，省扶贫信息网录用东莞市相关信息7篇。开展“广东扶贫济困日”活动和扶贫日活动，市领导带头捐款并号召社会各界广泛参与；《东莞日报》、东莞电视台、东莞广播电台、东莞阳光网以专题形式对东莞市扶贫工作进行报道，宣传典型经验和先进事迹，营造扶贫济困良好氛围。

【对口帮扶广西河池、对口支援重庆巫山】 2015年，东莞市投入1025万元，其中市财政1000万元，用于河池市整村推进扶贫开发示范村建设；投入42万元，协助河池市开展职业技能培训。投入200万元，支持巫山县双龙镇供水工程、培石乡黄龙村移民小区基础设施项目和庙宇镇龙古坡农民新村项目建设。

【穗莞合作】 2015年，东莞市加强穗莞合作调研督查。1月，副市长贺宇带队重点调研穗莞战略合作交通项目；5月，市经协办走访中堂镇、麻涌镇和虎门港，督查第一轮部分项目的进展情况。加强双方协调沟通，6月，市经协办分管领导带队到广州市协作办学习交流，双方在加强沟通协调、信息互通、组织项目的考察研讨、推动联席会议等达成共识。

截至2015年，5个项目完成，5个项目落实，14个项目在推进。

【东莞市与呼伦贝尔市友好城市交流加强】 2015年3月，呼伦贝尔市委常委、副市长姜恩来率呼伦贝尔市党政代表团，考察东莞市在口岸经济和跨境电子商务产业的经验和做法，提出以国家“一带一路”（“丝绸之路经济带”和“21世纪海上丝绸之路”的简称）建设为契机，考虑石龙交通大动脉与满洲里口岸可否海陆联运，争取让两市商品有畅通的海陆通道。两市经协部门落实《东莞市与呼伦贝尔市加强友好合作工作方案》的有关事项，为两地政府间创造开展合作的平台。东莞市虎门镇、樟木头镇与呼伦贝尔市根河市、扎兰屯市有缔结姐妹城市的意向。2015年，市经协办接待友好城市代表团2批15人次，外出参加区域协作交流活动6批32人次。

【驻莞机构服务】 2015年，东莞市经协办做好驻莞办事机构日常业务工作，包括驻莞办事机构登记备案、变更、撤销、统计等工作以及设立单位前来咨询的接待和解说工作，通过邮寄、邮件等形式及时传达市委、市政府的有关文件精神。2015年，撤销驻莞办事机构1家，办理换证6家。

先后走访湖南省郴州市、东安县、宁远县，贵州省天柱县，河南省新野县，辽宁省鞍山市，广东省五华县，湖南省计生服务站等8家驻莞办事机构，了解驻莞办事机构人员的工作和生活情况。

发挥驻莞办事机构在东莞市劳动力引进和维稳方面积极作用。2015年，驻东莞市的28家各地政府驻莞办事机构协调当地人员13批89人次来东莞务工；协助东莞市有关镇街和部门处理各类纠纷5宗31人次。

（杨小晶）

附：2015年东莞市人民政府经济协作办公室主要领导名录

党组书记、主任：梁志刚（任至3月）
麦允谦（3月到任）

法 治

LEGAL SYSTEM

- 专项整治成效显著
- 首届十佳法官评选
- 院庭领导带头办案
- 法治政府建设居全国地级市第一名

秀美水乡 （侯海明 摄）

编辑：刘 丹

地方立法

【立法工作】 2015年3月，东莞市获得地方立法权后，建立健全立法领导和工作机构，成立市立法工作领导小组和市人大法制委员会，增开市十五届人大六次会议，审议通过东莞市人大法制委员会组成人员名单。增设内司工委，扩编法制工委。对原有的市人大常委会法制工作委员会（法制工委）进行职能转换，将主要职能调整为负责具体立法工作，作为市人大常委会的立法工作机构和办事机构；在内设机构增设一个法规科，原办公室兼备案审查科。原法制工委所承担的监督、指导公检法司等内务司法工作，由新设立的市人大常委会内务司法工作委员会（内司工委）承担。5月，经省十二届人大常委会第十七次会议审议通过，东莞市成为全省新获地方立法权第一批正式开展地方立法的市。出台《东莞市立法工作指引》，细化规范立法各环节工作。与东莞理工学院合作建立地方立法研究评估与咨询服务基地，组建由33名专家组成的市十五届人大常委会立法咨询与评估专家库，建立527人的市立法人才储备库。召开东莞市立法工作第一次会议，全面启动和部署立法工作。起草《东莞市制定地方性法规条例（草案）》，提前介入《东莞市城市综合执法条例（草案）》的起草和调研工作，向社会公开征求意见建议，组织开展立法调研，召开部门座谈会和专家论证会，推动首批两部法规草案如期提请审议。 （吴 洋）

【政府立法立规】 2015年，东莞市法制局健全完善立法制度建设，加强立法调研，汇集整理立法需求和建议，切实推动政府承接地方立法权工作顺序有序开展。

健全政府立法制度　提请印发《东莞市人民政府拟定地方性法规草案和制定规章程序规定》，推进政府立法制度建设。

编制政府立法计划　面向社会发出《关于公开征集2015—2016年度地方立法项目建议的公告》，广泛征求立法意见建议；提请印发《东莞市人民政府2015-2016年度制定地方性法规草案和政府规章计划》，纳入年度立法项目9件，其中地方性法规草案4件，政府规章5件。

严格开展立法审查　参与《东莞市城市综合执法条例（草案）》和首部政府规章《东莞市城市轨道交通运营管理办法（草案）》等的调研、起草，严格开展法律审查，推动2015年度立法计划和任务顺利完成。

加强规范性文件管理　提请下发《关于印发东莞市人民政府2015年规范性文件制定（修订）计划的通知》，加强市政府规范性文件制定工作的计划性和规范性。办结《东莞市重大行政决策听证办法》等市政府规范性文件15件，完成省立法征求意见28件，前置审查部门规范性文件25件、备案审查镇街规范性文件292件，确保文件内容与现行法律法规和政策相一致。 （喻中胜）

政法委与综治工作

【政法概况】 2015年，东莞市政法系统全力维护社会稳定，把维护稳定工作摆在突出位置，完成“苏迪曼杯赛”、抗战胜利70周年、“海博会”等重大活动维稳安保任务，处置一大批重大不稳定案（事）件，社会面保持平稳可控。大力推进社会治安综合治理，创新社会管理，推进司法体制改革，加强队伍建设，政法各项工作取得显著成效，获得上级领导的肯定和群众的好评。

【社会矛盾化解】 2015年，东莞市各级综治信访维稳中心排查矛盾纠纷9166件，化解8981件，化解率达97.98%；推进诉前联调，24个诉前联调工作室受理案件634件，调解结案634件，调结率100%。推进行业性、专业性人民调解组织建设，建立企业调解委员会697家，工业园区调解委员会31家，道路交通事故调解委员会6家，医疗纠纷调解委员会13家，劳动争议调解委员会12家，物业小区调解委员会75家，集贸市场调解委员会65家。发挥市医疗调解委员会对矛盾纠纷的预防化解功能，受理医疗纠纷案件242件，调解达成协议242件，群众满意率100%，全市重大医疗纠纷数量持续下降。东莞市医疗纠纷第三方调解工作经验多次得到司法部、省领导和有关部门肯定，并在全省依法维护医疗秩序构建和谐医患关系工作会议上向全省推广。

工作机制健全 创新建立维稳长效机制。坚持组织实施维稳联席会议制度，每季度召开联席会议暨维稳形势分析研判会，综合分析和统筹化解涉稳问题。完善社会矛盾纠纷台账制度，建立重大不稳定问题和涉稳苗头性信息列账通报制度，落实镇街“日排查、周研判、月分析”制度，形成及时综合研判、逐级督促化解的良好机制。2015年，妥善处置30人以上群体性劳资纠纷118件，比上年下降27.16%；向公安机关移送涉嫌拒不支付劳动报酬犯罪案件120件；组织召开欠薪企业主会议190场，涉及企业340家，补发2.21万名劳动者工资1.03亿元。修订完善重大决策社会稳定风险评估工作意见。对47项重大决策进行社会稳定风险评估，准予实施44项，暂缓实施0项，不予实施3项。

信访积案清理 推动信访问题源头化解，解决一批长期积累、久拖不决的信访积案、难案，信访秩序逐渐好转，社会大局和谐稳定。

专项整治成效显著 打击各种暴恐活动，处置化解不稳定因素，推进维护国家安全专项整治工作，成效明显。成立专门反恐怖工作支队，投入1.2亿元建成现代侦察技能实战训练基地。组织开展全市首次“双盲”“红蓝”对抗反恐演练，检验、提升东莞市反恐怖应急能力和处置水平。

【社会治安综合治理】 2015年，东莞市各级政法综治部门把维护群众生命财产安全摆在突出位置，保持对严重犯罪活动的严打高压态势，以社会化、网格化、信息化为重点，推进社会治安立体化防控体系建设，确保群众安居乐业。

综合治理体系健全 完善刑释解教人员、吸毒人员、重点青少年等特殊人群服务管理机制，重点做好严重精神障碍患者、“三非”（非法入境、非法居留、非法就业）外国人和社区矫正人员管控，建立多部门协作联动机制，最大限度减少精神障碍患者肇事肇祸行为发生，相关做法得到省综治办的充分肯定；建立健全“1+N”良性监管和帮扶模式，完善社区矫正信息管理系统，防止社区纠正人员脱管漏管，全市信息化监控手段、效果和覆盖率均居全省前列。在全省率先建立市一级社区矫正中心，探索开展教育辅导和心理矫正，多次获司法部、省、市领导肯定。东莞市在全省率先完成特赦工作任务，受到省司法厅表扬。2015年底，全市验收达标平安村居515个，占村居总数的86.3%；创建平安校园1436所，占全市学校总数的95.48%；二级以上医院创建平安医院52所，实现二级以上医院平安创建全覆盖；全市平安家庭覆盖率99.58%。

社会治理效能提升 查处房屋出租人不按规定登记承租人信息案件1403件。推进视频监控建设，推广“智能天网”系统应用，实现主要公共场所视频监控的全覆盖，在用的一类视频点有1.08万个，二类视频点4.85万个。推进综治信访维稳平台建设，在全市32个镇（街道）、597个村（社区）、132个工业园区（规模企业）统一建立综治信访维稳平台，“综治牵头、部门协同、多元联动、紧密衔接”的大综治大调解工作格局日臻完善。2015年初，全省综治平台建设工作现场会在东莞市召开，全面推广东莞市综治平台建设工作经验。探索建立“平安建设促进会”工作机制，建立32个镇街“平安建设促进会”，发挥其在开展矛盾纠纷化解、社情民意联络、涉稳信息收集和违法犯罪预防等方面的作用。2015年全市镇街“平安建设促进会”收到案件366件，成功调解290件。学习借鉴“枫桥经验”，深化群防群治工作，发展“五老”（老党员、老专家、老教师、老战士、老模范）等群防群治力量11.8万人。

突出问题治理 开展打击整治行动，重拳打击涉毒、涉黑恶、涉盗抢、涉赌、涉食药假等突出刑事犯罪活动，取得良好成效。围绕社会关注度高、群众反映强烈的突出问题，组织开展专项治理工作，推动一批突出问题的解决。建立健全长效监管机制，涉黄问题得到彻底整治，全市规模性、依托于娱乐服务场所、由场所从业人员实施的组织卖淫犯罪活动消除。强化公共安全防控、严厉打击命案犯罪、健全医疗救助体系，预防和减少命案发生。实现市政府“为民办十件实事”中要求命案发案率比上年下降5%、破案率达到93%的任务目标。开展“雷霆扫毒”专项行动，立涉毒违法犯罪案件1676件，破案1704件，刑事拘留2104人，逮捕2147人。捣毁制毒场点8个，查获吸毒人员1.92万人，缴获毒品3.1吨，收缴枪支21支、子弹219发。排查整改交通安全隐患，整治酒驾等违法行为，预防压减交通事故，全市交通事故总数、死亡人数、受伤人数及直接经济损失分别比上年下降14.98%、0.83%、16.01%、8.96%。深化消防安全网格化管理，推进隐患排查，整治火灾隐患9.1万余处，火灾事故有所下降。组织开展数次专项行动，扩大“禁摩”范围，全市利用摩托车实施的“两抢”（抢劫、抢夺）案件、涉摩交通事故及死亡人数比上年大幅下降，登记在册的摩托车保有量从2006年底的69.3万辆下降到2015年的7万辆，锐减90%，2015年，涉摩交通事故比上年下降20.43%，飞车抢夺警情下降28.75%。

平安法治氛围浓厚 围绕建设“平安东莞”主题，加强与主流媒体合作。市综治办与市中级人民法院等单位在市电视台联合开办《法庭内外》专题栏目，播出27期，向广大民众介绍法院办理的对社会有指导意义的案例，受到社会各界的好评。推进以服务网格为基础的镇、村两级公共法律服务实体平台建设，全面完成32个镇街公共法律服务中心建设目标，建成村（社区）公共法律服务站571个，完成率97.10%。全年两级平台累计为群众提供法律咨询1.23万件，人民调解1.23万件，法律援助服务5749件。市公安局会同市司法局等部门完成“送法上门”活动7296场次，受教育群众275万人次。在全市557所中小学全面铺开“校园法苑”建设，受益学生80万人。倡导“平安文化”建设理念，市公安局启动开展“以案说防”系列宣传活动。全面实施“六五”普法规划，推进成立镇街法学会，开展“一村（社区）一法治宣传栏”工程，在全市建设130个法治宣传长廊，设立4800多个村（社区）宣传栏，建成法治校园、法治公园、法治小区等一批法治宣传阵地。在省组织的“六五”普法检查验收中，

东莞市综合评定为优秀。加强基层公共法律服务平台建设，推动“一村（社区）一法律顾问”工作，推进法律服务进村（社区），推进基层依法治理。全市597个村居实现法律顾问全覆盖，全年驻村居法律顾问服务群众6.33万人次。开展法治创建活动，长安镇、清溪镇获评第三批全省法治县（市、区）创建活动先进单位。组织参加全国普法办组织的H5新媒体普法大赛、法治动漫征集活动和“我的调解故事”征文比赛，先后获得18个全国大奖，获奖名次和人数均位居全国全省前列。

【政法创新改革稳妥推进】　2015年，东莞市政法部门贯彻落实上级各项改革要求，坚持问题导向，稳妥推进各项改革试点工作及筹备工作。在市委的积极争取和大力支持下，省委将东莞确定为全省唯一的人民法庭审判权运行机制改革工作试点。人民法庭改革得到最高法院和省法院肯定，工作经验得到中央政法委的肯定。

继续做好诉访分离　明确东莞市涉法涉诉信访问题的处理原则、责任分工，重点解决入口不顺、出口不畅、信访秩序不规范，夯实涉法涉诉工作基础等问题，为司法体制改革提供和谐社会保障。

协同推进专项改革　市两级法院全面推行立案登记制和行政首长出庭应诉制度；开展行政案件集中管辖改革准备工作；提前完成人民陪审员倍增计划和改革试点任务；扩大人民陪审员参审范围，率先探索“3+2”陪审模式；探索组建新型独立合议庭，专门负责处理人民法庭适用简易程序审理的二审上诉案件。全市法院人均结案数连续八年居全省第一位，审判执行工作连续数年列全省中级法院第一序列第一名。市检察院在全省首创开发“另案处理人员信息管理平台”，加大对侦查机关规范化取证的监督，创新个案通报制度，相关做法被最高人民检察院肯定、推广；着手建立主任检察官办案责任制，适应以审判为中心的诉讼制度改革，在全市全面推行“驻派出所检察官办公室”工作机制，探索系列检警合作模式，相关做法被最高人民检察院和省人民检察院推广；做好检察机关提起公益诉讼的前期准备工作。市公安局立足公安主业，关注服务民生，优化服务管理机制和方法措施，改进、创新惠民措施。筹建出入境自助办证厅，为市民提供自助办理服务；下放消防审批权限，将部分行政审批权下放到消防大队，简化办事流程等。

促进社会公平正义　市两级法院全面加强审判流程公开、裁判文书公开、执行信息公开三大平台建设，推出审判执行案件进度网络查询服务，裁判文书上网率在全省持续名列前茅，第一法院官方微博连续两年入围正义网评选的全国“政法十大影响力微博”。市检察院在全省率先推行不批捕案件说理工作制度和社会危险性证明及双向说明机制，启用全新检务公开大厅，打造功能齐全的“一站式”服务平台；持续开展专题“检察开放日”活动，创新形式，推进阳光检务工作，推进案件程序性信息、重大案件信息发布、法律文书公开，信息公开工作居全省前列。市公安机关全面公开办事流程，以阳光警务促进执法规范化。推进司法为民机制改革，加强诉讼服务中心建设，实行网上预约立案、推行巡回法庭、夜间法庭和假日法庭、开展人民法庭开放日等措施，全面提升全市法院尤其是人民法庭司法为民的水平。2015年，市法律援助处办理法律援助案件6274件，比上年增长25%。其中，刑事案件2533件，民事案件3741件（含代写法律文书383份），为受援人避免和挽回经济损失4462万元。突出发挥法援律师的专业优势，及时为重大群体性纠纷的企业员工提供法律援助，引导员工通过法律途径解决诉求，维护基层社会稳定，办理群体性法律援助案件109件，涉及2336人。　（陶玉清）

附：2015年东莞市委政法委主要领导名录

书　记：邓志广

法治政府建设

【法治政府建设概况】　2015年，东莞市法制局强化组织统筹，推进依法行政、加快推动法治政府建设，在中国政法大学发布的《中国法治政府评估报告2015》中，东莞市总分位居全国第七、地级市第一；在北师大发布的地方政府效率研究报告中，东莞市再次排在国内104个重点城市第一。

取得地方立法权　3月，第十二届全国人民代表大会第三次会议作出修改《中华人民共和国立法法》的决定，明确赋予东莞设区的市地方立法权；5月28日，广东省人大常委会审议通过相关决议，确定东莞等九市即日起获得地方立法权。

健全法制机构　4月，经市编委批准，为适应地方立法工作和开展行政复议委员会试点工作的需要，市法制局撤销行政复议科，增设法规科、行政复议立案科、行政复议案审科3个科，增加行政编制8人，推动市政府法制机构设置、人员配备和工作任务相适应。

制定依法行政相关文件　提请市政府印发《关于深入推进依法行政加快建设法治政府的意见》《东莞市2015年依法行政工作要点》等，编印2015年度任务分工表，谋划部署全市法治政府建设工作。代拟《东莞市2014年依法行政情况报告》，提请市政府审定后报市委、市人大和省政府。

开展依法行政考评　提请下发《东莞市2014年依法行政考评情况综合报告》，通报全市2014年度依法行政考评结果。研究制订《东莞市2015年依法行政考评方案》，组织开展本年度依法行政自查自评、实地考评和执法案卷评查等工作，促进各行政执法部门提升执法规范化水平。

办理人大重点议案　协助市政府制订《深入推进依法行政　加快建设法治政府的议案》的办理方案，明确任务分工，督导落实办理工作，撰写议案办理情况报告送市政府审定后提请市人大审议。

【法律审查论证】　2015年，东莞市法制局健全完善重大决策制度，强化规范性文件管理，严格开展法律审查论证，为市政府预防和化解法律风险、降低行政决策成本、提高行政管理效能发挥积极作用。

健全完善重大决策制度　组织整合应当组织听证的重大行政决策事项，提请市政府印发实施《市级重大行政决策事项听证目录》。

严格开展法律审查　加强对重大决策、重要行政措施的合法性审查和法律论证，对720份来文及重大政府合同提出法律审查意见，积极预防和消除决策中的法律风险。办结市城管局报送市政府的违法建筑强制拆除案件22件。

【行政复议应诉】　2015年，东莞市法制局健全行政复议审理机制，坚持依法公正办理行政复议案件，完善行政应诉工作规则，切实提高行政复议、行政应诉的工作效率和办案水平。

成立行政复议委员会　提请市政府成立东莞市人民政府行政复议委员会，出台《东莞市人民政府行政复议委员会工作规则》等配套制度，初步完成行政复议庭建设和设施配备工作。

办理行政复议案件　全年收到行政复议申请682件，审结544件，其中维持435件，终止67件，驳回复议申请12件，撤销具体行政行为、确认具体行政行为违法、责令履行职责30件。承办以市政府作为被申请人的行政复议案件5件，经省政府审理后决定维持2件、驳回复议申请2件、中止1件。

代理行政应诉案件　代理以市政府为被告的行政诉讼案件179件，经法院审结的行政诉讼案件111件，其中裁定撤诉17件，作出调整不将市政府列为共同被告4件，驳回诉讼请求62件，驳回起诉或上诉（维持）23件，确认违法1件，撤销4件。

强化行政机关负责人出庭应诉　加强对行政机关负责人出庭应诉工作的督导，市两级法院全年书面通知被诉行政机关负责人出庭案件111件，有关行政机关负责人全部按要求出庭应诉，出庭率达100%。

开展案件统计分析　全面统计全市2014年度行政复议、行政应诉案件情况，提出改进建议，形成《东莞市2014年行政复议案件统计分析报告》和《东莞市2014年行政应诉工作报告》报市政府，促进各行政机关提升行政复议、行政应诉工作水平。

【行政执法监督】　2015年，东莞市法制局健全行政执法责任制和行政执法人员资格管理制度，推动行政执法职权公开透明运行，促进行政执法行为规范化。

开展重大处罚备案审查　推动行政处罚案件备案审查信息化建设，利用行政处罚电子监察系统加强日常监管，对农业、环保、安监等19个部门和虎门、长安等10个中心镇报送的行政处罚决定进行严格审查，完成重大行政处罚备案审查2.38万件。

强化执法人员资格管理　研究开发执法人员网上考试系统，推动执法责任制信息化建设。组织开展市城管局、社保局、沙田镇等49个单位733人申领执法证培训考试，市人力资源局、市水务局、虎门镇府等45个单位执法人员4039名换领执法证培训考试，完成5200个执法证件的申领和发放。

承办行政执法投诉案件　承办市民投诉案件7件，就依法治市监督员提出行政执法意见建议的落实情况，向市政府作专题汇报。

【法制培训教育】　2015年，东莞市法制局注重加强法治培训教育，提升行政机关工作人员依法行政意识和能力，着力打造政治强、业务精、忠于法律的政府法制队伍。

组织开展立法培训　组织举办全市立法技术培训班，就立法流程、立法技术规范、立法工作核心问题等授课指导，为开展地方立法工作打下基础。

举办行政诉讼培训　会同市依法治市办举办全市《行政诉讼法》培训讲座，邀请省高院领导授课，市几套班子领导、市直副处以上单位正副职领导和负责法制工作的科室负责人参加培训；同时将授课内容制成光盘分发学习，全市共举办《行政诉讼法》培训40多场次，各镇街党政领导班子成员、部门负责人以及行政工作人员共5700余人参加学习。

开展业务跟班培训　组织清溪、洪梅等镇街的16名法制工作人员到市法制局，开展5期法制业务跟班培训学习，通过熟悉政府法制业务的范围、内容、流程，轮流参与市法制局各科室业务工作，提升基层法制工作人员的综合业务水平。

加大法制宣传力度　搭建法制信息宣传平台，及时通报传达法治政府建设相关信息，编印《依法行政动态》17期，通过短信平台发送“法制新知”宣传短信3000多条次。　（喻中胜）

附：2015年东莞市法制局主要领导名录

党组书记、局长：罗乐英

公　安

【公安概况】　截至2015年，东莞市公安局有内设单位22个、直属机构4个、分局33个、派出所158个，有民警1.12万人，聘员3424人，职工26人。

2015年，全市公安机关围绕创建“平安东莞”总目标，以打开路、重拳出击，以深化公安改革及“四项建设”（基础信息化、警务实战化、执法规范化、队伍正规化建设）为载体，以开展“3+2+2”专项打击整治行动为抓手，强化打防管控和队伍建设等各项工作，构建立体化社会治安防控体系，维护东莞治安大局持续稳定。

2015年，东莞市公安机关获批集体二等功12个、个人一等功7个、个人二等功31个，审批集体三等功229个、集体嘉奖227个、个人三等功520个、个人嘉奖1951个。

【“3+2+2”专项打击整治行动】　2015年，东莞市公安机关联合工商、食药监、烟草、盐务等部门，推进“3+2+2”专项专项打击整治行动，侦破刑事案件2.1万件，比上年增长11.3%；刑拘1.2万人，增长28.1%；逮捕1万人，增长41.7%，维护全市社会治安大局持续稳定。

打击涉毒专项　破案1704件，刑事拘留2104人，逮捕2147人。破获公安部目标案件14件，省目标案件15件。侦破“2014-554”号特大跨境走私毒品案、“2015-299”号网络贩毒案等公安部目标案件12个，缴获毒品2.9吨，收缴枪支20支、子弹216发。

打击涉黑恶专项　破案650件，刑事拘留2095人，逮捕1471人，公诉涉恶案件人数1512人，判决涉黑案件人数62人，判决涉恶案件人数1547人，抓获涉黑在逃人员20人，抓获台湾通缉犯13人。破获省公安厅督办张某明为首的重大涉黑恶案件等重大案件一批，抓获涉黑在逃人员19人。

打击涉盗抢专项　破案1.7万件，刑事拘留4592人，逮捕3969人，起诉4455人，抓获在逃人员148人，完成省公安厅指标119.4%；省公安厅督办案件5件，破5件，破案率100%；省公安厅督捕逃犯8人，抓获8人，到案率100%。

打击涉赌专项　破案832件，刑事拘留2287人，逮捕1739人。破获虎门“11·28”大型网络开设赌场案、高埗“4·30”大型网络开设赌场案等一批新型涉赌案件。

打击涉食药假专项　涉食药专项破案658件，刑事拘留900人，逮捕769人，发起全国集群战役案件3件，全省集群战役案件7件；协办全国集群战役案件48件，全省集群战役案件78件。涉制假售假专项破案342件，刑事拘留535人，逮捕437人。破获卢某超等人特大跨省制售假案等重大案件一批，发起全国、省集群战役9件。

【“送法上门”活动】　2015年，东莞市公安局会同市司法局、市教育局组建东莞市“送法上门”活动工作小组，并综合全市普法工作经验和全市治安警情新特点，特别是因群众矛盾纠纷和安全防范意识薄弱引发的案件多发、频发情况，研究制订《2015年东莞市“送法上门”活动工作方案》等文件，具体筛选100多个公安机关侦破的典型案例，在全市开展“送法上门”系列活动。市委、市政府高度重视，将“送法上门”活动纳入2015年市政府“十件实事”项目。

2015年，全市开展完成“送法上门”活动7296场次。其中，“送法进企业（工厂）”2757场次，“送法进社区”3422场次，“送法进学校”1117场次，均超额完成指标任务。

“送法上门”活动以“主动授课辅导”“广播电视普法”“现场咨询服务”“流动展板宣传”等形式开展。与此同时，市公安局从全市各镇街公安分局选取1000名政治素质较高、法律基础较好、演讲技能较强的民警，会同驻村（社区）法律顾问、法官、检察官、行政执法人员、律师、法律服务工作者、专家学者等，组成全市“送法上门”活动送法宣讲团，推进活动开展。“送法上门”活动工作小组按照全市企业（工厂）、社区、学校分布，将任务分解到各镇街，以镇街为单位具体组织活动开展，并于每月26日前，收集各镇街活动台账，检查督导活动质量，并将工作情况上报市政府督查室掌握。各镇街公安、司法、教育部门推进活动开展。公安部门制作PPT课件、宣传展板、手册、单张等，“主动授课辅导”，各镇街公安分局、派出所“一把手”带头，深入辖区大、中、小企业（工厂）全覆盖开展活动；司法部门综合既有资源，特别是发挥驻村（社区）法律顾问等特色优势，将法送进社区群众；教育部门协调公安、司法部门兼任各校法制副校长，在开学、期末时段开展授课活动，强化在校学生法律意识和安全防范技能，特别是防火、防溺水等意识和能力。

【刑事技术建设】 2014年12月19日，东莞市政府召开第15届105次常务会议，讨论并同意市公安局提出的“通过向社会购买服务的方式招录500人，组建刑事技术现场勘查辅助人员队伍，辅助民警开展辅助性、非执法性的刑事技术工作，解决现场勘查技术力量严重不足的问题”的事宜。2015年初，市政府将该项工作列为市政府十件实事项目。市公安局制订《刑事技术助理人员的招聘方案》《刑事技术助理员管理办法》《刑事技术助理员工作规范》等配套文件，完成三期257名刑事技术助理招录。截至2015年，市公安局完成两期154名刑事技术助理的培训，并分配至全市23个公安分局和局直有关单位。

“一长四必”现场勘查工作机制建设 2015年，东莞市公安局按照公安部、广东省公安厅推行现场勘查新机制的统一部署，结合实际情况，制订《东莞市公安机关“一长四必”现场勘查新机制建设工作实施方案》及有关配套规定，采取分片帮扶、通报督导等措施，推进东莞市“一长四必”现场勘查新机制（在“一长”总负责下，现场勘查“必勘”“必采”“必录”“必比”）建设工作，截至2015年，全市刑事案件现场勘查率达108.59%。

刑事科学技术室建设 2015年，公安部组织开展第七次全国公安刑事科学技术室等级评定工作。市公安局对照《公安机关刑事科学技术室等级评定办法》的评定标准，组织开展初评，加强对基层的指导。在第七次全国公安机关刑事科学技术室等级评定创建过程中，全市投入2400多万元用于技术室基础设施和装备建设，在队伍建设、技术用房、装备建设、规范管理上都取得明显进步。全市新增申报全国示范刑事科学技术室1个，新增申报一级刑事科学技术室2个、二级7个、三级11个，全市各公安分局刑事技术室均达到三级及以上的标准。

刑事技术科研和创新 东莞市公安局鼓励技术部门和技术民警开展科研和创新，申报创新成果，推广应用创新能力，创新成果显著。市公安局DNA实验室自主研发的脱落细胞“百变”粘取器以及会同科信科共同研发的“随手拍”，在参加全省粤警创新大赛中，分别获得金牌和铜牌。其中脱落细胞“百变”粘取器在深圳“12·20”滑坡事故遇难者身份识别工作中发挥重大作用，并在2016年1月被公安部评为第五届全国公安基层科技革新奖一等奖。

【刑事犯罪活动打击】 2015年，东莞市公安机关接报“110”违法犯罪警情19.47万件，比上年下降7.36%；立刑事案件9.45万件，下降8.74%；刑事破案2.50万件，增长3.27%；刑事拘留1.54万人，增长3.28%；逮捕1.24万人，增长13.42%；移送审查起诉1.40万人，增长30.11%；行政拘留3.44万人，增长3.41%。呈现出接报违法犯罪警情下降、刑事立案下降、破案增长的“两降一升”的势头。

命案防范侦破 2015年，市委、市政府将强化命案防范侦破工作列入为民十件实事。市公安局通过加强命案侦查指挥体系建设，完善快速救治绿色通道，完善命案发案快速响应制度，强化现场勘查，深化合成作战，压减命案的发生，先后侦破塘厦“2·6”双尸案、莞城“5·28”系列投毒案、厚街“6·1”碎尸案等一批具有广泛社会影响的案件。2015年，全市命案发155件，比上年下降26.19%，破147件，破案率达94.84%，增长3.4个百分点。实现市委、市政府为民办十件实事中要求命案发案数下降5%、破案率达93%以上的任务目标。

拐卖妇女儿童犯罪严打、防范 市公安局以重防范、破现行、攻积案的工作策略，贯彻落实《东莞市公安机关协助查找失踪儿童快速反应联动工作机制》，推动“反拐”工作常态化，以最强的力量对拐卖案件开展攻坚，以最快的速度找回失踪儿童，预防和减少拐卖儿童案件。同时加强与妇联、教育局的沟通协作，开展反拐宣传，提高群众的防范意识。2015年，立拐卖儿童案件3件，破案3件，抓获犯罪嫌疑人4人，解救被拐儿童5人（其中拐卖积案儿童2人）。

开展打击严重暴力犯罪专项行动 2015年6月19日至12月31日，东莞市开展打击严重暴力犯罪专项行动，全市公安机关通过整合警力和资源，形成快速反应、同步上案、合成侦查的侦破严重暴力犯罪工作机制，加强对五类（涉枪、个人极端暴力犯罪、一杀多人、暴力袭警、暴力抗法）严重暴力犯罪案件的侦破工作，重拳打击严重暴力犯罪。侦破走私、制造、贩卖枪支弹药案件3件，个人极端犯罪案件1件，暴力袭警案件3件，暴力抗法案件5件。

【治安管理】 2015年，东莞市公安机关排查化解劳资纠纷、征地拆迁、涉法涉诉等重点领域引发的不稳定因素151件，完成全市“两会”、党代会、黄旗山古庙新春祈福活动、CBA篮球联赛、2015年苏迪曼杯世界羽毛球混合团体锦标赛、加博会、海博会、中华龙舟大赛（麻涌站）、智博会、台博会及多场大型演唱会等98场大型群众性活动的安全保卫任务。

加强涉爆涉危单位及剧毒化学品安全监管，强化对全市14个涉爆地点和149家剧毒化学品从业单位日常监管，组织全市各公安分局对辖区内的涉爆涉危从业单位开展“拉网式”大检查，及时发现并督促整改安全隐患，出动警力1583人次，检查408家次，发现隐患27处，整改隐患27处；组织举办6期全市公安机关专管民警及剧毒化学品从业人员的安全意识、安全知识和安全技术操作等知识培训班，培训984人次。简化审批程序，完善审批网络化，审核149家从业单位提交网上和纸质备案变更资料，购买凭证2831张，从业人员745人次。

加强寄递物流企业安全监管，协助邮政部门对全市的寄递物流企业进行拉网式排查及监管，排查寄递物流企业1096家。

【户政管理】　2015年，东莞市公安局推进户籍制度改革，制订全市户政制度改革的实施方案，推动入户政策的调整。推进户口登记专项清理整顿工作，清理纠正户口登记项目差错，开展无相片人员的清理。完成《东莞市门楼牌管理办法（草案）》的起草。做好出生小孩户口登记工作。做好省内户口迁移一站式办理工作。提升窗口服务质量，出台便民利民措施，推广POS机收费和居民身份证邮政快递领证服务。按时保质地完成一年一度人口统计年报工作，及时纠正户口登记中重登、漏登及差错等问题，确保为国家制定国民经济、社会发展计划提供准确户籍人口数字依据。2015年，东莞市户籍人口567171户1950089人。办理市外迁入21654人，其中人才入户14943人（积分制人才入户8838人，条件准入类人才入户6105人），发放第二代居民身份证26.6万张，办理临时身份证3.9万张，整理户口迁移档案材料2.9万份。

【流动人口和出租屋管理】　截至2015年，东莞市有流动人口400.81万人，其中男性204.74万人，女性196.07万人，总人数比上年下降3.62%。按流动人口来源地分析，广东（除本市外）、湖南、广西、湖北、四川、河南、江西等7个省（自治区）在东莞市的流动人口303.4万人，占总人数75.7%；按从事行业种类分析，务工、务农、经商、服务等行业流动人口376.54万人，占总人数93.94%；按主要居住地分析，长安、虎门、厚街、塘厦、寮步、凤岗、常平、黄江、东城、清溪等镇街的流动人口237.1万人，占总人数59.14%。

流动人口信息采集　截至2015年，东莞公安机关通过警综系统流动人口和出租屋管理子系统累计录入流动人口152.4万人；累计安装流动人口自助申报系统5.3万套，录入流动人口417万人；累计办理居住证94.3万张，擦写居住证69.5万人次。

出租屋管理执法　突出以执法促落实的理念，严处不实名登记行为，截至2015年，查处房屋出租人不按规定登记承租人信息案件1403件，比上年增长45.54%。

助推流动人口凭居住证均等享受基本公共服务　2015年，配合教育局审核3.2万名新莞人子女积分入学申请人，在莞连续居住时间和有无违法犯罪记录材料，审核1.3万名进城务工人员随迁子女接受义务教育后，报考普通高中申请人的居住证资格条件，审核1390名进城务工人员随迁子女，高考报名申请人的居住证和部分合法稳定住所资格条件；协助车管部门核查6223名流动人员凭居住证异地申请机动车入户的申请材料。

【出入境管理】　2015年，东莞公安局办理各类出入境证件、签证（注）168万余人次，查处“三非”（非法人境、非法居居留、非法就业）外国人889人。

落实便民措施，提升窗口服务水平

莞邑卫士　忠诚为民

① 虎门公安分局于2015年8月14日起组织开展联合抓捕行动，捣毁一个利用“水果乐园”程序软件进行网络赌博的犯罪团伙，共抓获违法犯罪嫌疑人176人，缴获涉案电脑197台、银行卡64张、车辆12辆、冻结银行账户资金25.6万元

② 11月26日，“深莞惠+汕尾、河源”警务协作联席会议召开

③ 粤警科技创新获奖作品——东莞脱落细胞“百变”粘取器

2015年10月完成出入境自助办证厅和推广自助办证“一体机”场地建设并启用出入境自助办证厅，为群众提供自助办证服务；推广使用自助办证“一体机”，实现续签、申请、缴费、制卡、查询等业务“一站式”服务。通过自助办证“一体机”为7万余人次受理续签。推行“省内居民跨地市就近办理出入境证件”惠民改革措施，为在东莞市居住的86万名省内外市居民提供就近办证服务。通过推广口岸签证邀请单位备案登记制度，为因紧急事由来莞的外国人办理口岸签证提供便利。为159家企业进行口岸签证邀请单位备案登记。举办学生办证专场，在5月30日至7月4日期间逢周六上午增加非工作日办证时间，为1500余人次办理各类业务，获得学生和家长好评。推动取消台胞签注和换发卡式台胞证便利措施实施，7月1日起实施取消台胞签注政策，9月21日起开始受理2015版台湾居民来往大陆通行证的申请。2015年为1185人次签发新版台胞证。

整治“三非”外国人，净化涉外治安环境 2月13日，市政府召开全市外国人服务管理工作会议，发挥东莞市外国人联席会议制度作用，形成各职能部门齐抓共管的局面。开展清理整治“三非”外国人专项行动，查处“三非”外国人477名，全省排第五名。完成69批次850人遣送任务，遣送人数比上年增长36.88%。另外，市公安局协助东莞监狱执行驱逐出境任务26批次26人。

把好公民办证关，加强案件查处力度 深入开展打击利用虚假身份骗取出入境证件行为，在受理审批工作中发现骗取出入境证件76件；严查各类在逃违法犯罪人员，查获1名在逃违法犯罪人员，并移交办案部门处理。

【禁毒】 2015年，东莞市公安局严厉打击并逐步减少因毒品诱发的各类违法犯罪，侦破毒品案件1704件、比上年增长3.6%；抓获毒品犯罪嫌疑人2104人，增长11.2%，打掉犯罪团伙94个，摧毁制毒场点8个，缴获毒品3.1吨，收缴枪支21支、子弹219发。其中侦破省级以上目标案件29件，协助外单位侦办部目标案件51件。

禁吸戒毒 针对全市毒品消费较为突出的情况，重点开展吸毒人员见面核查行动，在落实全面排查在册吸毒人员、发动社会力量发现新滋生吸毒人员、强化查处收戒力度、落实吸毒人员信息管控常态化制度等措施的同时，加大对抓获吸毒人员的讯问深挖力度，顺线延伸打击贩毒犯罪。查处吸毒人员1.92万人，比上年增长17.5%，强制隔离戒毒5539人，增长17.6%，登记在册吸毒人员5.07万人，其中本地籍1.43万人，外地籍3.64万人。

易制毒化学品管理 严格监管易制毒化学品购买、审批、运输等各个环节，加强全市易制毒化学品管理，防止易制毒化学品流入非法渠道；并通过开展易制毒化学品管理培训班、各公安分局先进工作经验交流等方式，提高全市公安机关易制毒化学品管控水平。办理易制毒化学品购买备案证明7541份，审批购买易制毒化学品167.9万吨，办理运

① 2015年2月27日至3月3日，东莞市公安局在东莞市图书馆举办“六大专项”及“两抢一盗”打击整治行动成果展
② 2015年5月15日，厚街公安分局到厚街中学开展“送法上门”宣传活动
③ 全市统一开展清查打击专项行动
④ 例行武装设卡查车

输备案证明7810份，审批运输易制毒化学品107.9万吨。

禁毒情报搜集 利用相关情报系统平台，建立健全禁毒情报工作机制，整合各警种、各部门及社会资源，提升全市禁毒情报的资源整合能力；完善情报研判机制，开展毒情调研，切实发挥情报导侦作用，提高对毒品犯罪的打击精度。搜集整理各类涉毒情报信息835条，向外省市输出情报线索382条，外省市利用东莞市线索破获案件17件（部目标案件3件），梳理核实省厅转递涉互联网线索125条，协调配合相关部门落地排查线索42条。

【道路交通安全管理】 截至2015年，东莞市机动车总量达189.7万辆，其中汽车保有量186.6万辆，比上年增长14%，机动车驾驶人226.4万人，增长11%。全市发生伤亡交通事故5386起，死亡694人，受伤5952人，分别下降15.95%、7.59%、17.02%，其中死亡人数减少57人。发生交通肇事逃逸案件318件，侦破268件，破案率84.28%，其中死亡逃逸案件85件，侦破84件，破案率98.82%。2015年，东莞市交警部门着力解决影响交通安全和群众关注的突出问题，促进了全市道路交通安全、畅通、和谐。

交通事故预防 排查整改道路安全隐患，对52处安全隐患进行治理，所属路段的交通事故明显减少。加强源头管控力度，联合交通、安监等部门开展交通安全大检查专项工作，检查企业安全主体责任657家，消除企业交通安全隐患102处。加强对校车、泥头车、危险品运输车、营转非大客车等重点车辆的监管，对1768台逾期未年检、逾期未报废重点车辆排查清理。建设机动车查缉布控系统，提高交通整治的精确度和警务效能，开展34次卡口布控行动，拦截查扣违法车辆576辆。推进各项交通整治，先后开展整治春运道路交通秩序、“打非治违”、整治泥头车违法行为、整治酒后驾驶违法行为、“秋风行动”等多项专项整治行动。查处各类违法200余万件，其中查处醉酒驾驶615件，危险化学品运输车辆违法行为152件，校车交通违法行为1236件，查扣泥头车489辆，行政拘留1503人，刑事拘留1002人（其中危险驾驶582人）。在查处酒驾和泥头车的过程中，坚持每月开展一次统一行动的做法，保持强大的整治力度和声势，取得良好的震慑效果。

交通疏堵保畅 2015年，交警部门对东兴路—东城西路—体育路沿线9个交通繁忙路口以及环城路光明隧道路段出入口进行整治；对市区278个交通信号控制路口交通流状况进行调研，排查出41个可提升通行能力的路口，并对190多个路口和27条主干道绿波带整体优化；通过微信平台发布交通路况信息2145条，通过交通电台、交通电子诱导屏、短信平台发布交通诱导信息8795条。推行轻微交通事故由巡逻民警快速处理的工作制度，并协调市保险协会在部分主要道路设立快处快赔服务点，提高道路交通事故处理效率。

交通安全宣传教育 2015年，交警部门在报纸、网络、杂志发表交警题材类文章1400多篇。制作播放与《今日莞事》合办的子栏目《畅通无阻》330期。向重点车辆驾驶人发送推送交通安全提醒警示短信670万条。深入客、货运车、危化品运输企业、学校1774家，教育重点驾驶人1.2万人。东莞交警微信平台粉丝超过60万人，发布微信咨询160余篇，累计点击量达到1.7亿次，文章图文阅读总数达1600万余次，信息平均阅读量超过10万次，部分文章阅读量达到40万次，平台关注度保持东莞市政务微信公众排行榜第一位。（谭林峰）

附：2015年东莞市公安局主要领导名录

党委书记、局长、督察长：

杨江华（任至4月）

杨东来（9月到任）

检 察

【刑事检察】 2015年，东莞市两级检察机关审查逮捕各类案件9460件1.33万人，比上年增长8.76%和3.01%；审查起诉1.09万件1.52万人，增长30.72%和25.41%。

参与省委、市委部署的“3+2”专项行动 审查逮捕涉黑恶势力、涉盗抢、涉毒、涉赌、涉食药假等犯罪案件6901件1.07万人，审查起诉6395件9701人，其中涉黑恶势力犯罪案件577件1402人，涉盗抢案件3114件4422人，涉毒案件1593件1962人，涉赌案件485件1193人，涉食药假案件626件722人。批捕涉案金额约3亿元的“1·19”特大生产、销售假药案，起诉制造毒品达1.4吨的梁某等13人制造、贩卖毒品案等一批重大刑事案件。

维护公正有序营商环境 审查逮捕涉金融诈骗、涉税、走私等破坏市场经济秩序犯罪案件1206件1519人，比上年增长64.75%和56.12%；审查起诉1228件1548人，增长203.21%和139.63%。依法办理走私“红油”2.1万吨的“8·25”特大走私案、非法买卖外汇1.37亿元人民币的地下钱庄非法经营案等一批重特大案件，维护市场秩序。

强化立案监督和侦查活动监督 加强立案监督，监督侦查机关立案30件，撤案28件，决定不捕802人。开展危害食品药品安全和破坏环境资源犯罪两个专项立案监督活动，通过行政执法与刑事司法共享平台监督移送案件7件，公安机关立案7件。加强对侦查活动的监督力度，追捕漏犯163人，追诉漏犯12人，发出纠正违法通知书53份，提出检察建议32份。加大对侦查机关规范化取证的监督，创新个案通报制度，发出通报14份，相关做法被最高人民检察院肯定推广。

【贪污贿赂、反渎职侵权】 2015年，东莞市检察机关受理职务犯罪线索52件，立案侦查贪污贿赂犯罪案件42件53人，其中查处大案37件，处级以上领导干部涉嫌犯罪要案6人；立案侦查渎职侵权犯罪案件11件13人；为国家挽回经济损失1.21亿元。依法介入各类事故调查64件，立案侦查事故背后的国家机关工作人员渎职犯罪案件3件5人。

开展查办与预防涉农领域职务犯罪专项工作，立案侦查涉农领域职务犯罪15件20人，其中涉土地征用开发领域8件13人，农村基础设施建设6件6人，社会保障和专项款物管理领域1件1人。开展打击行贿犯罪专项行动，查处行贿犯罪16件16人；加大国际追逃追赃专项工作力度，劝返1名外逃加拿大的犯罪嫌疑人归案自首，将1名潜逃越南的犯罪嫌疑人缉捕归案。

【预防职务犯罪】 2015年，东莞市检察机关围绕房管、供电等行业查办的职务犯罪案件开展个案预防工作，推动行业系统整改；针对虎门二桥、轨道交通R2线、海战博物馆等重点项目开展专项预防工作。推进“预防职务犯罪工作示范村（居）”创建活动，开展覆盖全市各镇街的涉农职务犯罪预防巡回宣讲，受教育基层干部9800余人次；推进社会信用体系建设，开展行贿犯罪档案查询3万余次，排除7家有行贿记录企业进入招投标程序；探索实行“东莞市预防职务犯罪指数”，构建全市预防工作评价体系；发挥市委党校和东莞监狱廉政教育基地警示功能，组织133家单位8650人接受教育；创新预防宣教载体，开展首届预防职务犯罪微电影有奖征集活动，弘

扬特色廉政文化。

【民事行政检察】 2015年，东莞市检察机关依法监督民事行政诉讼活动，提出、提请民事抗诉17件，再审10件，改变原审判决结果7件，发出的15份检察建议全部被采纳；依法监督的蔡某两人虚假房屋买卖合同纠纷案，获评“全国检察机关民事检察优秀案件”。

【刑事执行检察】 2015年，东莞市检察机关落实刑罚执行同步监督，审查减刑、假释、暂予监外执行案件2479件，提出纠正意见159件。立案侦查监管环节职务犯罪案件2件2人。开展社区服刑人员脱管、漏管专项检察行动，考察监外执行社区矫正人员1199人次，发现重新违法犯罪2人，发现脱管1人并纠正。全程监督特赦工作，确保不漏赦、不错放，发出特赦检察意见书29份。

【控告检察】 2015年，东莞市检察机关受理各类举报、控告和申诉信访1469件，来信545件。妥善化解一件因李某涉嫌拒不支付劳动报酬罪，引发的39人集体上访事件，防止矛盾激化；促成一件涉案金额达550多万元的民事纠纷案件双方当事人达成执行和解，实现息诉罢访；丰富困难信访人救助方式，以小额救助的形式主动救助有实际困难的来访群众，全年小额救助困难群众16人次。

【刑事申诉检察】 2015年，东莞市检察机关受理刑事申诉案件63件，立案复查46件，办结63件。对认为确有错误的刑事判决裁定，提出、提请刑事抗诉40件40人，上级院支持抗诉16件16人。通过量刑建议进行事前监督，向法院提出量刑建议5262人。办理的王某国提请再审抗诉案，被最高人民检察院作为典型案例推广。

【检察改革】 检察工作机制改革 2015年，东莞市两级检察机关着力推进检察工作机制改革，筹建检察机关业务数据分析研判平台，整合业务分析综合职能，探索行政管理事务与办案工作相分离机制。适应以审判为中心诉讼制度，推行刑事证据客观化改革，推动侦查机关实行真人辨认、重大案件同步录音录像等工作机制；总结第二市区检察院“驻派出所检察官办公室”的试点经验，在全市全面推行该项工作机制，其做法被高检院和省检察院推广。对接主任检察官办案责任制，明确职权划分，建立检察官执法档案，完善司法办案责任体系。建立检察机关与纪检监察机关职务犯罪办案协作机制。完善刑罚执行监督机制，重点推进羁押必要性审查、强制医疗执行监督等工作。探索实施对行政违法、行政不作为督促纠正机制，建立行政违法行为调查制度。

司法体制改革对接落实 关注省委统一部署的司法人员分类、人财物省级统管、司法责任制和司法人员职业保障等司法体制首批试点改革进展，做好第二批试点改革前的准备。强化研判调查，开展办案情况、人员情况专题调研和人员分类意愿摸底等工作。借鉴首批试点检察院的经验，制定东莞市检察体制改革初步方案。配合上级检察机关完成检察官等级套改，做好财物统管前的资产清查和经费测算，为司法体制改革试点奠定基础。

阳光检务改革深化 推进“文书上网”等检务公开改革，主动公开程序性信息2.07万条、法律文书5336份、重要案件信息200条，信息公开工作居全省前列。启用全新检务公开大厅，打造功能齐全的“一站式”服务平台；推广电子阅卷方式，改善律师阅卷条件。完善门户网站、微博、微信等新媒体建设；升级“东莞检察”微信公众平台，实现网络实时举报、查询、预约和交流功能于一体。举办5次专题“检察开放日”活动，创新“公诉观摩庭”等公开形式，广泛邀请省、市人大代表、民主党派、律师代表等各界人士160余人参加活动，密切检察机关与社会各界的联系。

（袁　迪）

附：2015年东莞市人民检察院主要领导名录

检察长：来向东

法　院

【法院概况】 2015年，东莞市两级法院受理案件13.26万件，比上年增加1.88万件，增长16.53%。审结11.36万件，结案率85.69%，结案数增加1.07万件，增长10.41%。一线法官人均结案数266.68件，增加56.27件，增长26.74%。其中：市中级法院受理案件1.69万件，增长14.45%；审结1.46万件，增长8.98%。

第一法院受理案件5，34万件，比上年增长19.55%；审结4.54万件，增长13.99%。第二法院受理案件3.05万件，增长13.49%；审结2.55万件，增长3.81%。第三法院受理案件3.17万件，增长15.72%；审结2.80万件，增长11.97%。

【人民法庭审判权运行机制改革】 2015年4月1日起，东城、虎门等6个人民法庭率先开展审判权运行机制改革试点工作。在总结经验的基础上，当年7月1日起全市20个人民法庭全面铺开改革。主要措施包括：增加司法辅助人员、组建审判执行团队；实行繁简分流、重构法庭审判工作职责；规范庭长权力责任、落实主审法官责任；健全审判管理机制、提升司法为民水平；完善队伍管理机制、适当提高法庭干警待遇。通过改革，全市人民法庭的办案质量效率明显提升，法官的责任意识增强。东莞市人民法庭改革得到最高法院和省法院的肯定。

【法院立案登记制改革】 2015年5月1日起，东莞市两级法院全面施行立案登记制改革，通过开展登记立案培训、优化案号设置、发布规范指引等措施，实现从“审查制”向“登记制”的平稳过渡，未发生案件突然大幅增长的情况。同时，全市法院推进网上立案登记，发挥官方网站登记立案系统和电子送达平台功能，实现资料提交、受理、通知、缴费等一体化网上登记立案服务，极大方便当事人和律师诉讼，受到上级法院的肯定。

【审判委员会改革】 2015年，东莞市中级人民法院增加11名审判委员会委员，设立刑事、民事行政两个专业委员会，修改完善审委会的工作规定，细化审委会工作职责，强化其对各项审判执行工作的指导职能，并完善检察长列席审委会制度。第一法院还增加2名非领导职务的审判专家为审委会委员。

【院庭领导带头办案】 2015年，东莞市中级人民法院制定《关于全面推进院、庭领导带头办案工作的指导意见》，全面推行院庭领导带头办案制度。第一法院开展院庭领导示范庭活动，推广要素式、令状式裁判文书适用，提高案件的当庭宣判率和当庭送达率。第二法院的院庭领导结案数占到全院总结案数的30%，并突出院庭领导示范指导作用，带头承办重大疑难复杂案件、新类型案件和在法律适用方面具有普遍意义的案件。

【新型独立合议庭设立】 2015年，东莞市中级人民法院为配合人民法庭改

革，探索设立3个新型独立合议庭，专门负责处理人民法庭适用简易程序审理的二审上诉案件。每个合议庭由3名法官、3名法官助理和2名书记员组成，由资深法官担任审判长，并以审判长姓名命名，裁判文书全部由审判长签发。《南方都市报》等多家媒体对这一做法深入报道，引起社会广泛关注，反响良好。

【法院行政后勤改革】 2015年，东莞市中级人民法院整合原来11个部门的职能和资源，设立综合行政文秘、综合服务保障、审判管理、诉讼服务、警务安全指挥等5大中心，理顺各项行政后勤管理机制，为开展法院行政后勤人员分类管理改革奠定基础。

【法官绩效管理制度基本成型】 2015年，东莞市中级人民法院建立新型法官办案绩效管理制度，运用信息化手段对每一位法官的月度办案情况进行汇总通报，并在全市法院公布，有关数据作为法官和办案部门年终考核及评先评优的主要依据。

【首届十佳法官评选】 2015年，东莞市中级人民法院推进全市法院法官人才队伍建设，激发干警争创一流业绩，争当优秀法官的热情，为“法治东莞”建设遴选优秀法治人才，在全市法院系统评选出东莞首届“十佳法官”：韦艳芹（东莞市中级人民法院行政庭副庭长、审判员）、陈晓艳（东莞市中级人民法院审管办主任、审判员）、陈茂华（东莞市第二人民法院刑庭副庭长、审判员）、李子青（东莞市第二人民法院执行局副局长、审判员）、唐锐（东莞市第三人民法院常平法庭审判员）、吴抒航（东莞市第一人民法院东城法庭审判员）、柯颖（东莞市第一人民法院南城法庭审判员）、谭添荣（东莞市第一人民法院石龙法庭副庭长、审判员）、许鹏（东莞市中级人民法院民一庭庭长、审判员）、杨丽华（东莞市第三人民法院清溪法庭审判员）。 （杨 磊）

附：2015年东莞市中级人民法院主要领导名录

党组书记、院长：王海清

司法行政

【司法行政概况】 截至2015年，东莞市司法局内设机构8个，直属机构5个，干部、职工108人。全市司法行政系统有司法分局32个，工作人员385人；法律援助处1个，法律援助办事处32个，法律援助工作站15个，法律援助联络点（或联络员）956人；律师事务所163个，从业律师2035人；公证处3个，执业公证员28人；基层法律服务所32个，持有法律服务工作者执业证的79人；人民调解委员会1554个，人民调解员14683人；司法鉴定机构13个，司法鉴定员151人。

2015年，东莞市司法局全面完成32个镇（街）公共法律服务中心建设既定目标；“六五”普法工作在省“六五”

充分履行司法行政职能　营造和谐稳定社会环境

2015年10月22日，司法部副部长郝赤勇（右四）率调研组到市医疗纠纷调解委员会调研，市委副书记、市长袁宝成（右二），省司法厅厅长杨江华（右一）、市委政法委书记邓志广（右三）等领导陪同调研 （罗 剑 摄）

普法终期检查验收中获评“优秀”；法律援助办案系统启用，案件审批时限大幅缩短，服务为民新举措不断拓展；市一级社区矫正中心在全省率先建立，对社区服刑人员实时动态GPS监控覆盖率位居全省前列；行业性、专业性人民调解组织建设成效显著，律师、公证、司法鉴定行业服务经济社会发展大局职能凸显，行业得到长足发展。先后获评“社会治安综合治理工作先进集体”“预防青少年违法犯罪工作先进集体”等称号33个，全系统获评省、市各类先进集体、先进个人55次。

【“一村（社区）一法律顾问”工作】　2015年，东莞市在591个行政村（社区）实现村（社区）法律顾问工作全覆盖基础上进一步深化。4月，市司法局组织开展半年来法律顾问服务情况检查评估，检查合格率100%，优良率93.4%。督促落实财政补贴经费发放，鼓励镇街开展“以案定补”等方式引导法律顾问参与人民调解等工作，截至2015年，有长安、洪梅等13个镇街出台“以案定补”和值班补助的措施。联合市综治办召开全市深化“一村（社区）一法律顾问”工作推进会，完成省专项督查组两次对“一村（社区）一法律顾问”工作的抽检。2015年，全市“一村（社区）一法律顾问”工作各项机制运行畅顺，驻村（社区）法律顾问服务群众6.33万人次，为所在村（社区）追回拖欠款1.55亿元。除发动律师积极参

① 2015年10月22日，司法部副部长郝赤勇（站者右三）率队到东莞市司法局调研社区矫正工作情况　（邓京宏　摄）

② 2015年7月20日，市综治办、市司法局联合在市行政办事中心北楼会议室组织召开全市深化“一村（社区）一法律顾问”工作推进会　（张志球　摄）

③ 2015年12月26—27日，市司法局、市律师协会联合举办第四期青年律师培训班暨新执业律师宣誓仪式　（张志球　摄）

④ 2015年12月4日，市“12·4”国家宪法日（全国法制宣传日）活动暨普法微电影《爱回家》首映仪式在东莞市经济贸易学校举办。图为诵读宪法环节　（张志球　摄）

加本市“一村（社区）一法律顾问”工作外，东莞市司法局还响应省司法厅号召，创新采取“一所统筹，多所参与”的“组团支援”模式，选派150名律师对口支援韶关563个村（社区），相关经验做法获省司法厅肯定。

【公共法律服务实体平台建设】2015年，东莞市司法局推进以服务网格为基础的镇、村两级公共法律服务实体平台建设，全面完成32个镇（街）公共法律服务中心建设既定目标，建成村（社区）公共法律服务站575个，完成率97.6%。全年两级平台累计为群众提供法律咨询1.23万件、人民调解1.23万件，法律援助服务5749件。为确保工作有序开展，两级平台人员配置主要依靠政府采购解决，截至2015年，全市有公共法律服务人员254人。

【人民调解】2015年，东莞市司法局联合市卫计局组织全市40所公立医院院长到市医疗纠纷调解委员会开展“跟班学习”实践活动，组织专职人民调解员到医院开展“以案说法”活动33场，4750名医务人员参加活动，进行医疗责任险探索，形成全市医责险统保方案，全年市医疗调解委员会调解达成协议178件，重大医疗纠纷比上年降11.8%，涉嫌“医闹”案件由31件下降至27件，下降12.9%。推进大型集贸市场、劳动争议、交通事故、物业管理、消费者权益保护等领域行业性、专业性人民调解组织建设，截至2015年，东莞市建立企业调解委员会697家，工业园区调解委员会31家，道路交通事故调解委员会6家，医疗纠纷调解委员会12家，劳动争议调解委员会13家，物业小区调解委员会75家，集贸市场调解委员会65家。

【普法宣传】2015年，东莞市在广东省“六五”普法终期检查验收中获评“优秀”。统筹整合警察、法官、检察官等法律人才资源，组建3100多人的“法润莞邑”法治宣讲团；配合公安、教育部门完成市政府十件实事之一的“送法上门”活动7296场次，受教育群众275万人次；在国家宪法日期间组织全市各镇街、各单位开展各类活动1100多场次；在全市557所中小学全面铺开“校园法苑”建设，受益学生达80万人；对全市2万多名公务员开展网络学法和考试，协助制定省企业文化建设标准。利用东莞普法微博、微信和《东莞日报·法治东莞》专版、东莞电台《与法同行》等传统媒体普法，发布普法微博4303条、微信981条，《法治东莞》专版12期、《与法同行》节目94期，制作公益广告13个、H5云画册4个，制作国内首部青少年社区矫正题材普法微电影《爱·回家》并收集全市“六五”普法期间拍摄的优秀微电影25个开展网络展播，点击率累计超20万次。

【社区矫正】2015年，东莞市新增社区服刑人员580人，比上年增长30%，解除矫正443人，截至2015年，在册服刑684人，在册人员中，非东莞户籍社区服刑人员占58.5%，其中港台籍、外国籍人员37人（历年累计140人），占5.4%。全年组织开展执法检查71次，对社区服刑人员警告29人次，提请收监执行4人。实现对社区服刑人员实时动态信息化GPS监控，覆盖率位居全省首位，全年信息核查处理违规310件，没有发生有影响的重新犯罪案件。在全省率先建立市一级社区矫正中心，探索开展教育辅导和心理矫正，矫正工作多次获部、省、市领导视察和肯定。

【法律援助】2015年，东莞市办理法律援助案件6274件，比上年增长25%，其中，刑事法律援助案件2533件，民事法律援助案件3741件（含代写法律文书383份），为受援人避免和挽回经济损失4462万元。法律援助案件管理系统于2015年1月1日投入使用，案件审批时间由3—4个工作日缩短至1—2个工作日，法律援助工作效率得到明显提高。组织开展案件质量监督、案件档案评审等活动，加强对案件承办人员的庭前准备、庭审纪律、庭审表现和服务质量的监督，提高法律援助办案质量。及时为重大群体性纠纷的企业员工提供法律援助，引导员工通过法律途径解决诉求，维护基层社会稳定，2015年办理群体性法律援助案件109件，涉及2336人。

【律师管理】截至2015年，东莞市有律师事务所163家，有执业律师2035人，实习律师272人。2015年，律师代理诉讼案件2.16万件，办理非诉讼法律事务2.27万件，担任企业常年法律顾问3245家，律师服务收费达3.05亿元。严格行业准入，规范律师事务所设立审批程序，加强对律师和律师所的执业监管，对2名律师和1家律师事务所做出警告行政处罚，对7名律师做出通报批评行业处分，对1家律师事务所发出规范执业建议书。深化律师参与市委市政府信访接待工作，每月三天，安排52名律师到市信访局值班，接待群众46批320人次。加大对工会法律服务律师团的指导，安排律师每周二、周五下午分别在4个职工服务中心值班，全年安排律师143人次，接待职工来访咨询123批136人次。

【公证管理】2015年，东莞市办结公证案件8.13万件，比上年增长23.52%，公证收费5935.05万元，办证数占全省年总量的6%。包括东莞重大工程建设、“三旧”改造、政府采购等民生工程项目公证300多件，涉及项目的计划投资金额达500多亿元。提高公证信息化服务质量与水平，与市民政局沟通建立婚姻登记信息的核查机制，解决未婚群众“自证难”问题，联合市国土部门建立“国土公证信息互查机制”、启动“土地交易平台数据收集系统”的研究开发工作。落实便民服务措施，包括优化10类公证流程、130次启动公证处集体应急机制、试行委托书公证1小时出证服务等，缩短群众办证耗时。推行网上受理服务以及网络公证业务，办理网上涉外公证申请149件，办理网络电子证据公证769件。2015年，东莞市3家公证处被省司法厅列入全省13家“首批提供网上受理申请服务的公证处名单”。

【司法鉴定管理】截至2015年，东莞市有司法鉴定机构13家，鉴定人151人。2015年，各鉴定机构办理司法鉴定1.03万件。全市6家“三大类”鉴定机构有5家获得国家认证认可，通过认证认可的比例全省最高。6家“三大类”机构报名参加57个项目的能力验证，获得54项“通过”评价，通过率95%，高于全省85%的通过率。2015年，广东省各级法院重新制定法院司法委托名册，东莞市6家三大类司法鉴定机构全部入选。其中，广东康怡司法鉴定中心还入选“医疗损害鉴定类”名册，是东莞市司法鉴定机构首次入选此类司法委托业务名册。

【国家司法考试】2015年9月19—20日，国家司法考试在全国统一举行，东莞市考点设在东莞市光明中学。共有2254名考生报名参加，设置78个考场（含2个备用考场），实际参考人数1819人，缺考人数435人。考生考风考纪良好、考场秩序井然，没有发生考生违纪作弊行为，考试工作平稳、安全、顺利、有序完成。（代春丽）

附：2015年东莞市司法局主要领导名录

局　长：郭瑞华

军　事

LOCAL MILITARY AFFAIRS

茶山镇

编辑：刘　丹

东莞军分区

【东莞军分区概况】　2015年，东莞军分区瞄准“一流军分区”目标，以学习贯彻全军政工会议精神为主线，加强思想政治建设；以大规模作战准备验收评估为牵引，推进军事斗争准备；以整风整改为总基调，严抓“十一个方面问题专项清理整治”工作落实；以依法从严治军为准绳，提高部队正规化管理水平；以提升备战打仗能力为目标，狠抓后勤保障能力建设；以推进军民共建事业为己任，密切军政军民关系；聚焦中心谋发展、夯实基础抓建设、守住底线促稳定、转变作风抓落实，按进度完成各项工作任务。

【东莞军分区召开第四次全体党员大会第二次会议】　2015年1月26日，东莞军分区召开第四次全体党员大会第二次会议，主要任务是总结军分区2010—2014年的主要工作，确定2015—2019年部队建设的目标任务和需要重点把握的问题，并选举产生军分区第四届党的委员会和新一届纪律检查委员会。政治委员刘卫芳代表军分区党委作《积极投身强军兴武新征程努力“争创一流分区，建设一流武装”》工作报告，副政治委员刘美雄代表军分区纪委向大会作《认真贯彻党要管党、从严治党方针努力在新的起点上推进军分区部队党风廉政建设》书面发言，市委书记徐建华要求军分区进一步加强军分区建设，思想认识要有新提高，切实增强军分区建设的责任感和使命感；强军实践要有新作为，全面提升军分区部队和民兵预备役建设质量和水平；军民融合要有新发展，努力谱写军地合作双拥共建的新篇章。

【军分区思想政治建设】　2015年，东莞军分区深化学习贯彻中央军委主席习近平系列重要讲话精神。坚持以古田全军政工会精神为主线，分层次系统学习，军分区常委先后多次专题学习讨论，研究贯彻落实措施。采取召开常委会、党委扩大会、研讨会和个人自学等形式，着力抓好军委扩大会、全军政治工作会议和两级军区党委全会精神的学习贯彻，在武装头脑、凝聚共识、指导实践、推动工作上下功夫见成效。通过收听收看新闻、阅读报刊、听取传达等方式抓好十八届五中全会精神的学习，及时把官兵的思想统一到党中央、中央军委的决策指示上来。组织军分区领导机关同步参加军区理论集中轮训，坚持通过领导宣讲、专家辅导、参观见学、讨论交流等活动，着力抓好中央军委主席习近平关于国防和军队建设重要论述的学习贯彻，完成4个专题党委中心组带机关理论学习。为提升政治机关、政工干部、武装系统基层党的组织和党支部书记队伍建设水平，做好学习贯彻古田全军政工会“这篇文章”，于10月22—28日，分在营集中教学和现地教学两个阶段，组织全区政治干部和基层武装部部长、副部长，进行为期一周的武装系统党支部书记集训。为提升参训人员思维层次、拓展视野、铭记历史，邀请国防大学徐焰教授等军地专家学者到场作辅导授课，组织到三湾、井冈山、瑞金、古田等红色革命圣地进行现地教学，体味革命先辈艰苦卓绝的奋斗史，感悟全军政工会议的精髓要义。

【军分区军事斗争准备】　2015年，东莞军分区围绕担负的使命任务，按照大规模作战准备检验评估标准和广东省军区战备、后勤、正规化和司令部建设试点明确的标准要求，梳理研究存在问题的整改措施，有部分问题需协调上级或地方解决；及时修订完善方案预案，组织战备演练和作战值班培训，完善各类库室建设，规范日常战备秩序，推进大规模作战准备各项工作落实。组织全市专武干部、民兵轻舟分队骨干集训和民兵应急分队评比性考核；指导各镇（街）结合节日战备和重要演训活动落实年度训练任务。完善军分区信息化基础设施建设，新建1条军用通信主干线路，注重使用管理，发挥效益，接受两级军区密码安全检查。按建、用、管一体化要求加强国防教育训练基地建设，主要培训民兵预备役、学生和机关企事业等单位人员。

【国防动员、后备力量建设】　2015年，东莞军分区贯彻落实广州军区和全省民兵工作会议精神，完成全市后备力量组织整顿工作。贯彻落实全省兵役登记试点现场观摩会精神，筹划部署试点任务。保持大抓廉洁征兵的态势，推进完善征兵体检信息化管理系统和监控录像试点建设，征集新兵，其中，大学以上学历比例上升，新兵质量明显提高。贯彻落实省军区《关于加强新形势下学生军训工作意见》，协调市教育局做好全市大、中学生军训，依托训练基地完成2所大学、5所高中的军训任务，外派教官多名，全程安全、顺利。

【军分区武器装备保障】　2015年，东莞军分区突出抓好基础性经常性装备工作落实，持续抓好武器装备管理和民兵武器装备仓库正规化建设，仓库职工刘干全被广州军区评为民兵武器装备仓库正规化建设先进个人；组织落实民兵武器装备普查和大清查活动，加大制度落实和检查督导力度，消除安全隐患。加强民兵武器装备弹药使用管理，完成广铁集团代存的枪弹清点入库交接。

【军分区专项清理整治工作落实】　2015年，东莞军分区党委始终以讲政治的态度，高度重视各项清理整治工作。8月开始，围绕总政治部明确的要求，肃清郭伯雄、徐才厚案件影响，突出从思想、政治、组织等方面去考量，按照计划方案组织实施，多次召开常委会，每名常委对照要求分别作表态发言，政委刘卫芳作“自觉加强党性修炼、争做真正共产党员”专题党课辅导；查纠涉及郭伯雄、徐才厚各类信息，清查清理文电档案、历史资料、军内教材、图书报刊、资料汇编。开展干部工作大检查，逐人比对15名现役干部的信息数据，审查10名副团职以下干部档案。开展财务大清查，军分区先后5次召开专题会议研究部署，组织专业力量对2013年和2014年经费收支与使用管理情况进行系统清查和彻底整改。开展营房清查整治和经济适用住房清理整治，经查，东莞军分区没空余营房出租项目，没有土地租赁项目，没有工程“三超”项目，没有建设经济适用住房，完成军用土地和军产营房统计上报。对固定资产进行彻底清查，做到账物相符，规范固定资产管理。开展部队社团工作专项清理整治，逐人填写上报《军队人员参加社团情况报告表》，采取走访地方民政部门、查阅业务档案、网上信息检索，到社团内部查询和与东莞驻军单位电话联系等方式，清查核实部队发起和参加各类社团组织情况，根据查询情况和驻地部队提供的信息，东莞地区未发现有部队人员发起和参加社团组织情况。

【军分区部队正规化管理】　2015年，东莞军分区瞄准建设“一流军分区”目标，加强和平时期依法治军、从严治军规律研究，狠抓武装系统正规化建设。强化武装系统法制化管理，以开展“创建法治军营，争当守法军人”活动为契机，加强对领导机关、基层武装部、值勤分队和职工的经常性教育管理，开展条令学习、军容风纪会操、法治教育，树立规范军事机关良好形象，提高武装系统的正规化治理秩序和能力。党委多次召开安全形势分析会，特别是结合两级军区涉燃爆物品清理清查活动和贯彻上级安全工作会议精神，对安全形势进行深度分析研判，研究制定安全防范措施；组织深入排查消除安全隐患，推进“人、车、枪、弹、密”和重要目标的管控力度，开展问题整治“回头看”。落实机关干部24小时驻库值班制度，加强民兵武器弹药仓库看管队伍和制度建设。坚持结合每周一集中交班安排部署工作、每月办公会都分析安全形势，及时纠治解决问题，规范提升日常运行秩序。针对东莞驻军官兵多，过往军人多以及社情、舆情复杂等实际，牵头协调地方部门协助总政纪检部办理案件，封控涉军信息，化解涉军矛盾，协调处理“维权”事务。保持军分区组建以来连续21年无重大涉军问题和案件、无重大军警民纠纷、无退役人员进京上访的局面。

【军分区后勤保障能力建设】　2015年，东莞军分区精心抓好后勤各类供应保障，改善官兵战备、训练、工作、生活条件。及时修订后勤战备方案计划，组织方案对接，明确区分任务，理顺保障关系，论证核算保障需求，投入经费按标准补齐后勤机关各类库室物资器材。组织市国防动员委员会各成员单位开展后勤动员潜力数据调查，累计收集整理潜力数据资料，为实施国防动员夯实基础。5—6月，整组建设东莞市后勤综合保障群保障分队，按实战化要求落实人员装备和训练，推进布局合理、军地联储的物资储备体系建设。12月21—26日，组织后勤综合保障群在市国防教育训练基地开展集训并点验部分装备。投入经费用于大规模作战准备、各项演训、人才培养、训练场地和信息化等建设，安排为官兵解难题办实事，保障新营区绿化及配套工程建设，支持省军区通信站图书馆阅览室建设。

【军分区密切军政军民关系】　2015年，东莞市委、市政府对武装工作重视关心，市委书记徐建华、市长袁宝成经常与军分区领导一起研究工作、部署任务，现场解决难题，军地之间形成融合良性互动。军分区积极参与双拥共建工作，协调召开驻莞部队联席会议，专题研究协助地方争创双拥模范城全国“八连冠”和全省“九连冠”活动安排；主动联系市委组织部、民政局、人社局等相关职能部门，协调妥善安置军转干部、随军家属；筹措经费帮扶韶关乐昌市廊田镇白山村加强基础设施建设，帮助发展集体经济；协调市民政局开展“双百拥军行”活动，推进社会组织、企事业单位参与社会化拥军工作；安排帮扶支持保障珠海警备区三个分队建设，还投入经费支持珠海警备区特战分队建设；参加抢险救灾，会同市三防办对重点堤围、主要险段进行实地勘察；会同市反恐办组织市反恐协作成员单位，研判反恐形势、组织应对演练。还组织官兵积极参与义务植树、献血、爱心捐款等公益活动，用实际行动为创建双拥模范城全国“八连冠”和全省“九连冠”作贡献。

【“中越边境自卫还击战莞藉烈士衣冠冢”落成】　2015年3月22日，“中越边境自卫还击战莞藉烈士衣冠冢”落成，坐落在东莞市人民公园内。1979年，2000多名东莞籍子弟兵参加边境自卫还击战，其中牺牲46名。衣冠冢修建，旨在纪念烈士。经地方政府批准，由当年的东莞籍参战老兵捐资修建，历时3年。军委原副主席张万年知道后，甚为感动，为之题词：“莞邑忠魂、千古流芳”。

【纪念对越自卫还击作战胜利35周年并庆祝东莞1978（桂林）战友联谊会成立16周年庆典大会召开】 2015年3月22日，东莞市在万江街道南华国际酒店，举行纪念对越自卫还击作战胜利35周年并庆祝东莞1978（桂林）战友联谊会成立16周年庆典大会。314名当年在东莞入伍参战的老兵及他们的家属（包含16名烈士家属）和10多名深圳参战老兵参加聚会。广东省军区及东莞军分区的领导参加活动。这场活动以“军旗在心中飘扬”为主题。

链接：东莞1978（桂林）战友联谊会 以“守望军旗，战友情深”为宗旨的东莞1978（桂林）战友联谊会，是由东莞市13个镇的314名在1978年入伍到中国人民解放军第41军121师的参战老兵自发组成，经政府注册成立的民间组织。他们参加过1979年的对越自卫还击战，经历过枪林弹雨的洗礼、考验，结下深厚情谊。战后，战友们守望相助，通过联谊会积极参与拥军工作，为政府分忧，为战友解难。截至2015年，联谊会筹集350多万元，用于战友扶助和开展社会公益活动。其中，以37万多元扶助困难战友；7.3万元用来慰问烈士父母；资助重病住院战友的医疗费11.6万元；资助战友子女上学、参军4.3万元；扶助困难战友创业7.8万元；向地震灾区捐款等数十万元。

【“情驻军旅，缘定今生”集体婚礼举行】 2015年7月31日，由东莞市双拥办、东莞军分区、凤岗镇人民政府主办，东莞市婚庆行业协会、龙凤山庄影视度假村承办的“情驻军旅，缘定今生”集体婚礼在凤岗镇举行。来自驻粤部队的88名功勋军人举行集体婚礼，88对兵哥、军嫂深情告白，兑现爱情承诺，喜迎建军88周年。

【“同在莞邑——社会主义核心价值观进军营”慰问演出】 2015年9月29日、11月19日和11月26日，由东莞市委宣传部、市文明办主办，东莞军分区政治部、市文广新局、市双拥工作领导小组办公室协办的“同在莞邑——社会主义核心价值观进军营”慰问巡演，先后走进驻莞部队营区，把社会主义核心价值观普及到驻莞部队基层官兵，唱响宣传拥军、文艺拥军、暖流拥军、书香拥军主旋律。市委常委、宣传部部长潘新潮，东莞市军分区政治部主任叶春，市委宣传部、市文广新局、民政局、双拥办和有关镇街领导，以及部队约1万名官兵观看演出。（廖世林）

附：2015年东莞军分区主要领导名录

司令员：李庆文

政　委：刘卫芳

武警支队

【武警支队概况】 中国人民武装警察部队广东省总队东莞市支队（简称东莞市支队），组建于1990年9月。支队机关设司令部、政治处、后勤处等3个部门14个股，下辖1个直属大队、6个中队、1个教导队和1个卫生队。部队主要担负看押、看守、城市武装巡逻、抢险救援和处置突发事件等任务。

2015年，武警东莞市支队贯彻全军政治工作会议、军委扩大会议、武警党委二届六次全会和总队、支队党委扩大会精神，围绕强军目标，坚持稳中求进、实干创业，不断提升部队建设质量，部队呈现向上向好的发展态势。

【武警支队思想教育】 2015年，武警东莞市支队坚持把锻造“高纯度”的忠诚作为首要任务，铸牢军魂，集中抓好政治纪律和政治规矩教育，彻底肃清郭伯雄、徐才厚案件流毒影响；突出古田政工会和总部、总队会议精神的学习贯彻。紧盯官兵“活思想”抓实教育，围绕培育“四有”（有灵魂、有本事、有血性、有品德）军人，抓实主题教育，开展“军人样子大讨论”“讲英雄人物、讲光荣传统、讲警营新风”故事会等，激发官兵荣誉使命感；针对部队整风整改持续深入、军队深化改革即将启动、干部福利待遇调整带来的影响，组织开展“严格政治纪律、严守政治规矩，稳定思想、稳住心神、稳控部队”系列教育；严格落实《总队思想政治教育等级评定实施办法》，提高教育实效。紧扣形势发展改进方法，打造“一队一品”文化格局，用好基层“五小”文化阵地（政工网、黑板报、橱窗灯箱、LED显示屏、广播电视），更新政治环境。紧贴驻地优势特点激浊扬清，组织学习东纵战史、瞻仰东纵纪念馆、探访东纵老战士，宣传东莞“海纳百川、厚德务实”的城市精神，组织参加驻地“文化周末”论坛、观看音乐会和廉政话剧等，以驻地多彩文化积聚的“正能量”，抵消多元思潮滋生的“负效应”。

【武警支队军事训练】 2015年，武警东莞市支队向实战化训练要战斗力，先后组织战训法集训、新《大纲》试训、反恐特战队员培训、特勤排应急班集中驻训、冲锋舟操作手集训和勤训轮换、新兵训练等，支队排长姚志彬被总部评为优秀教练员，勤务中队中队长殷智宠参加总队干部队伍“大练基本功”被评为“军事专业先进个人”，支队被总队评为新兵军事训练先进单位；落实“像查勤一样查训”要求，制定《支队训练监察实施办法》，促进训练落实。开展“战斗力标准大讨论”，在营区增设争创口号和战斗标语，举办军事体育运动会，开展创（破）纪录活动和会操评比，浓厚“比学赶帮超”氛围。

参加总队特勤排、应急班对抗拉动演练考核 2015年7月19日，武警东莞市支队支队长黄军民、参谋长靳尚勋率队参加总队片区特勤排、部分应急班拉动对抗演练考核。参考官兵精神振奋、出动迅速、技能娴熟，取得自动步枪快速精度射击第一名和手枪快速精度射击第一名的成绩。

战训法集训 2015年8月3—7日，武警东莞市支队在教导队组织战训法集训，基层单位军事主官、机关业务股室负责人和训练骨干参加。集训采取理论辅导、课目演示、座谈交流、作业练习和理论考核等方式，规范战术训练内容、程序和组训方法，理清思路、明确标准，培养一批战术训练教学组训“明白人”，为履行职责使命提供人才支撑。

“大练基本功”比武竞赛 2015年12月15—16日，武警东莞市支队派出3名干部参加武警广东省总队干部队伍“大练基本功”比武竞赛。勤务中队中队长殷智宠取得军事专业比武第五名，被评为“军事专业先进个人”。

新兵野营拉练 2015年12月17—19日，武警东莞市支队组织新训大队进行徒步野营拉练，行程82千米，磨砺新兵意志，培育战斗精神，打牢遂行任务的能力基础。

【武警支队执勤处突】 2015年，武警东莞市支队提高干部执勤处突能力；加强实案化训练演练，提高防逃制逃能力；抓实执勤安全教育整顿，协调整治执勤隐患19处；加紧推进东莞监狱增容扩建工程，实现监门上勤率100%。每月组织兵力抽组演练，与地方有关部门建立情报信息共享机制，加强后勤战备建设，提升应急保障能力。动用兵力2.36万人次，完成临时警卫、武装押解、重大活动安保等任务102起508批次。

武警东莞市支队被公安部、武警总部联合表彰为全国“三共”（共建、共管、共保安全）活动先进单位；组织6处重点区域联勤巡逻任务，维护社会稳定。

春运执勤　2015年2月4日至3月15日，武警东莞市支队支队派出110名兵力，完成东莞市2个火车站和1个高铁站春运执勤任务，协助春运部门疏导发送旅客120万人次，救助伤病旅客3人次，处置旅客滞留情况1起，缴获违禁物品27件，拾获上交旅客财物20件，开展助民好事30余次，协助公安机关处置1起公交车因操作失当引发的交通事故救援任务。

重大活动安保　2015年5月10—17日，第14届苏迪曼杯世界羽毛球混合团体锦标赛在东莞市篮球馆举办，35个国家和地区代表队参赛，武警东莞市支队先后派出70名兵力，在部队营区担负比赛期间反恐应急机动备勤任务，做好应急处置准备，确保遇有情况能及时处置。

2015年10月29—31日，广东21世纪海上丝绸之路国际博览会在东莞市厚街镇现代国际展览中心举办，来自50个海上丝绸之路沿线及延伸国家（地区）参展，武警东莞市支队先后派出70名兵力，在部队营区担负举办期间反恐应急机动备勤任务，做好应急处置准备。

机动备勤任务　2015年5月27日和6月3日，东莞市中级人民法院依法对梁耀辉等47名组织卖淫罪、协助组织卖淫罪、帮助毁灭证据罪一案公开审理，武警东莞市支队先后派出20名兵力，担负武装押解及庭审机动备勤任务，协助法院维持正常庭审秩序。

长途武装押解　2015年10月8日、18日和11月8日、14日，武警东莞市支队先后派出17名兵力，分4批次担负押解400名罪犯从东莞监狱至广州监狱集结点的长途武装押解任务。其间，处置罪犯打架斗殴、起哄滋事等执勤险情2起。

联勤武装巡逻　2015年，武警东莞市支队先后在重要时节及敏感期派出兵力，担负东莞火车站、虎门高铁站、市行政中心广场、东莞东火车站、常平火车站、市汽车总站6个重点区域武装联勤巡逻任务，协助公安机关处置打架斗殴、纠纷等情况20余起，抓获盗窃等犯罪嫌疑人5名，拾获上交物品10余件。

抢险救灾　2015年12月20日，深圳光明新区长圳洪浪村一煤气站旁发生山体滑坡事件，坍塌涉地面积10多万平方米，造成18栋建筑物被埋。12月21日，武警东莞市支队派出6名官兵赶赴深圳救援现场，担负救援部队后勤保障任务。

【武警支队教育管理】　2015年，武警东莞市支队抓好安全理论、安全法规、安全常识等基本教育和保密、预防犯罪、内部关系、心理健康教育等专项教育。坚持每月办公会专题研究安全工作，每季度召集机关基层一起分析安全形势，制定《经常性安全工作督导检查实施办法》，每月固定一名党委成员下队巡查，每周对所属单位覆盖检查，每日值班首长利用坐班时间网上抽查。以“百安活动”为主线，先后进行7个波次的安全检查和治理，查治问题隐忧36处；严密组织政治考核、建立警务、保卫部门每月“两个一半”工作机制（一半人员、一半时间沉到基层），摸实情抓落实，及时发现和转化2名个别人，对新兵“三查”（政治复查、体格复查和心理测查）中发现的不合格兵员坚决清退。突出政治安全防范和节假日、敏感期管控，加强“饮酒、驾车、枪弹”等问题防范，全年实现车辆交通违法“零抄告”，支队军械库被总队评为“红旗军械库”。

【武警支队后勤保障】　2015年，武警东莞市支队落实总队《援建粤东西北片部队均衡发展计划》，及时调拨援建资金，确保援建项目如期建设；投入130多万元为基层更换维修空调、电热水器、学习桌等营产营具；协调市财政拨款60万元建设支队机关图书阅览室，为基层配发6万余元的文化装备；投入20万元购置医疗设备，满足部队常见伤病预防和诊疗需求；科学遴选副食配送公司，提高伙食质量，10月，总队检查支队新训伙食保障满意率100%。　（严　格）

附：2015年武警东莞市支队主要领导名录

党委第一书记、第一政治委员（兼）：杨江华

支队长：黄军民

政治委员：杨君山（任至1月）

贺　翔（1月到任）

边　检

【边检站党委统领作用增强】　2015年，东莞边防检查站党委秉承“功成不必在我”理念，确立“夯实基础、平衡发展、整体提升”的发展思路。修订常委会议事规则，引入合法性审查机制，议事决策更加讲民主、讲程序、讲法制，党委把关定向、议抓中心、督导落实的能力增强。落实党风廉政建设主体责任，开展“三严三实”专题教育整顿，干部大检查、财务大清查工作完成，党委、机关服务意识增强，工作作风转变。各分站党委、基层党支部的核心领导作用增强。

【边检站基础建设成效初显】　2015年，东莞边防检查站加强基础信息化建设，海港勤务综合指挥系统日益完善，智能化指挥中心初步建成，总队边检科技研发中心运作，信息化基础设施得到大幅升级。警务实战化方面，配发一批反恐处突装备，与市有关部门的反恐联动更加紧密，官兵体能、射击达标率比上年分别提升20%和30%。执法规范化方面，出台执法质量考评、执法过错责任追究、基层法制员工作规定，建立行政执法权力清单制度，对外公开5类56项执法权力，主动接受内外监督。队伍正规化方面，完善探亲休假、车辆派遣、值班备勤、涉外交往等制度，加大明查暗访，强化执纪问责。

【边检主业成绩突出】　2015年，东莞边防检查站检查出入境人员90万人次，检查监护交通工具1.9万艘（列）次，查验总量持续位居全省现役站前列。坚持严查细验，加强对重点国家和地区出入境人员及交通运输工具的查验监护，口岸管控安全畅通。主动对接东莞市国际贸易“单一窗口”建设，积极促成东莞在全国率先实现大通关水陆一体化，提升通关效率、降低企业成本均达50%以上，受到省市领导高度肯定。积极服务“苏迪曼杯”、“无限极”公司组团出境、“广交会”、“海博会”等大型活动，开通绿色通道救助伤病境外旅客员工12人次。边检站获评总队提高边检服务水平先进单位。

【边检后勤保障扎实有力】　2015年，东莞边防检查站研究制订《后勤建设三年规划》，明确后勤发展的目标任务。强化预算管理，集中财力保障中心工作、民生工程和重点项目，投入783万元，比上年增长54%。为基层办15件实事，改善基层执勤环境，解决住房、医疗、饮水、燃气、文体娱乐等方面的实际困难。虎门、常平分站综合楼维修工程进场施工，虎门分站士兵楼新建工程招标启动。制定《站集中采购管理实施细则》，设立专职审计员，经费管理更

加严格规范。提高官兵的训练水平，锻炼官兵的战斗精神。

【边检队伍活力激发】　2015年，东莞边防检查站通过大讨论、大谈心、大辩论，引导官兵拨开思想迷雾、激发士气活力，在体制改革、福利调整、警力紧缺等因素影响下，部队始终保持高度集中统一和安全稳定，官兵始终保持忠诚敬业奉献的精神面貌。边检站获评总队新闻宣传工作先进单位，组队夺得省厅“七一”合唱比赛冠军，边检站政治处获评总队先进政治机关，虎门分站一科获评部局基层建设标兵单位、爱民固边先进单位和全省公安机关政治工作先进单位；7人立三等功，14人获得总队级以上表彰。（聂子松）

附：2015年东莞边防检查站主要领导名录

站　长：叶　昶

政治委员：胡军锋

边　防

【公安边防概况】　2015年，是东莞公安边防工作攻坚克难、不断突破、成效凸显的一年。支队以党的十八大、十八届四中、五中全会和习近平总书记系列讲话精神为指导，以“四项建设”为抓手，部队全面建设呈现又好又快发展态势。公安部党委委员、纪委书记、督察长邓卫平，部边防局政委牟玉昌视察调研支队时给予高度肯定。支队党委进入先进行列，虎门所、新湾所、虎门工作站获评武警广东省总队基层建设先进单位。

【公安边防支队执法执勤】　2015年，东莞市公安边防支队开展“3+2+2”专项打击整治、“雷霆扫毒”、“缉枪治爆”等专项行动，完成全国全省“两会”、抗战胜利70周年纪念活动、十八届五中全会等重要时期重大安保任务。破获刑事案件89件，破案率67.4%，比上年增长12.6%；查处治安案件101件，查处率71.63%，增长24.63%；查获走私案件34件，案值3136万元，增长5.02倍，查获件数、案值居全省前三位；查获偷渡案件3件，抓获蛇头5人、偷渡人员53人。破获“9·20”外国人海上特大偷渡案，抓获外籍偷渡人员30人、“蛇头”3人；侦破毒品案8件，查获各类毒品425千克，毒品缴获量排总队第二名。破获公安部挂牌督办“2014.12.26”系列特大走私、贩卖、运输毒品案，抓获犯罪嫌疑人24人（其中台湾籍19人），缴获毒品425千克，查扣涉案车辆8辆、制式手枪1把、子弹33发，缴获毒资人民币52万余元、台币6万余元。

【爱民固边】　2015年，东莞市公安边防支队以爱民固边战略实施十周年为契机，开展爱民固边十周年图片巡展、第五届“渔区青少年军营成长之旅活动”、渔民文化艺术节活动，持续发挥法制副校长、法制副厂长、民警村官职能，创新举措服务群众，警民鱼水情深化。走访群众3.1万户次、9.5万人次、举办各类座谈评议会42场次、征求群众意见103条，制定便民利民措施21项、为群众解决各项急、难事23件。新湾边防派出所被公安部边防局表彰为“爱民固边先进集体”，新民边防派出所被东莞市政府授予“爱民固边模范派出所”称号。

【边防支队政治工作】　2015年，东莞市公安边防支队学习十八届四中全会、四级政治工作会议精神，开展主题教育，部队、社会、家庭“三位一体”教育活动经验获公安部边防局、省公安厅推广。举办第二届“模范警嫂”颁奖、第三届“身边榜样·前行力量”典型培树、第三届军体运动会等系列活动。投入50万元专注深耕“东莞边防廉政文化园”，获公安部边防局挂牌命名“公安边防部队廉政教育基地”。支队纪委被公安部边防局评为纪检保卫工作先进集体。支队拍摄的微电影《毒战》获评公安边防部队微视频比赛二等奖。政治处干事王一粟代表总队参加公安部边防局华中华南片区“四会”优秀政治教员授课竞赛，获唯一一个一等奖，并获评公安部边防局优秀“四会”（会搞思想调查和计划安排教育、会运用现代化教育手段备课讲课、会做思想工作、会进行心理教育疏导）教员、省公安厅“优秀政治工作者”、武警广东省总队“十大政工标兵”。支队政治处被总队评为“先进政治机关”，获评公安部边防局、武警广东省总队、东莞市先进集体14个、先进个人25人，立二等功2人，立三等功14人。

【边防支队基础建设】　2015年，东莞市公安边防支队争取市财政经费5518.16万元，比上年增长7.55%。严格预算开支，削减“三公”经费，集中力量办大事，“三公”经费比上年下降19.29%。投入2700余万元建设虎门港边防派出所及公边44968艇营区，投入711.63万元为基层办实事10件，投入334万元购置反恐装甲突击车、防暴运兵车等反暴恐装备，投入204万元更新执勤车辆3辆、摩托艇2艘。开展财务大清查工作，发现整改问题11个。推动“服务基层年”活动，为官兵解决各类生活、工作问题22个次。制定《后勤业务流程》和《集中采购管理规定》，修订完善《财务管理规定》，后勤管理体系进一步完善。（张嘉琪）

附：2015年东莞市公安边防支队主要领导名录

支队长：余来勇

政　委：曾宇峰

消　防

【消防概况】　2015年，东莞市公安消防支队提高部队履职能力，推动消防事业创新发展，为建设平安幸福东莞创造良好的消防安全环境。接警出动近1.3万次，抢救和疏散被困人员6000余人，抢救财产价值1.71亿元，先后完成“4·30”洪梅镇洪梅桥液化石油气槽罐车泄漏事故、“5·5”谢岗优克家具厂火灾、“7·5”万江耳神电声科技有限公司火灾等重大灭火救援任务的处置。消防支队连续11年被市政府评为“中央和省驻莞单位年度工作优秀单位”，石龙大队党委被公安部政治部评为“全国先进基层党组织”，1人被公安部消防支队授予“公安消防部队士官优秀人才一等奖”，1个集体、1名个人立一等功，1人立二等功，52人立三等功，还有1人当选“东莞市道德模范”，5人被评为“东莞好人”。

【消防部队建设】　2015年，东莞市结合各镇街地区产业结构和火灾特点推动消防装备配置，投入4520万元购置消防车辆8辆，消防器材6176件（套）；全力构建灭火救援体系，推进社会单位“微型站”建设，新建成6个执勤分站并投入使用，另有4个在建，9个规划立项。启动消防员培训基地建设，进入预立项阶段；完善调度力量编成体系的建设，组织协调全市12个联动单位参加虎门港立沙岛中海油多部门联合灭火救援临场拉动演练；推进基地化模拟化训练，组织开展高层建筑、地下建筑、城市综合体、石油化工等场所的模拟灾情救援以

及地震等灾害事故实战演练。

【消防部队战斗力提升】 2015年，东莞市公安消防支队推进攻坚组建设，按照普通现役中队2个攻坚组、特勤中队4个攻坚组的配备标准，开展攻坚组队员新训和复训；每月开展拉动演练，利用高层、地下建筑、城市综合体、石油化工装置假设模拟灾情，从实战出发，开展中队单独作战、多个中队联合作战、多部门协同作战演练；组建战训研判组，每月组织研判组和地方有关专家开展战训研判；提请市政府印发《东莞市灭火与应急救援社会联动工作机制》，明确政府各职能部门职责、指挥权限、值班制度、响应机制，提升应急联动实效。

【火灾防控】 2015年，东莞市公安消防支队加强责任落实，推进隐患排查，健全权责明晰的消防工作体系，优化管控有力的消防安全环境。市政府与各镇街签订消防工作目标责任书，市领导先后组织召开会议研究部署消防工作10次，带队督导检查基层消防工作19次，镇街普遍建立健全党政领导督导制度和班子成员督导制度，分工挂点村（社区）消防工作。重新整合市消安委办公室和市火灾隐患整治办公室人员，在冬春防火、夏季防火、重大节日、“两会”、“苏迪曼杯”、“加博会”、“漫博会”、“海博会”等重大活动安保中发挥统领作用；深化消防安全网格化管理，全市所有镇街均安装并运行消防安全网格化信息平台系统，配置手机终端3221台，对系统内43.45万家单位进行隐患排查。提请市政府下发《东莞市劳动密集型企业消防安全专项治理工作方案》，支队下发《夏季消防检查重点单位专项整治行动方案》《关于督促消防安全重点单位落实消防控制室管理人员持证上岗的通知》，检查社会单位3.6万家、“三小”场所21万家、出租屋18万栋。比上年火灾起数下降34.9%，死亡人数下降14.3%，受伤人数下降70.0%，直接财产损失下降9.8%。

【洪梅镇洪梅桥西侧往洪梅方向槽罐车泄漏事故处置】 2015年4月30日5时38分，东莞市公安消防支队作战指挥中心接到报警：东莞市洪梅镇洪梅桥西侧往洪梅方向1辆槽罐车与限高护栏碰撞后发生泄漏。指挥中心立即调派洪梅、特勤一、特勤二、望牛墩等9个消防队，18辆消防车、94名指战员到场增援，全勤指挥部出动。

发生泄漏的槽罐车车牌号为鄂H19500，属于通旺达物流公司，装载量24.4吨，实际装有24.3吨液化石油气。发生泄漏的位置为车顶部阀门处，裂缝约4厘米长。10时许，经采取多种堵漏方法，仍无法有效完成堵漏，支队指挥中心请求广东省公安消防总队增援。总队调派直属特勤大队1辆通信指挥车、1辆防化洗消车赶赴现场增援。

11时40分，总队直属特勤大队到达现场。13时43分，堵漏工作完成。15时25分，限高护栏被拆除，事故车辆开离现场。支队全勤指挥部、参战力量陆续归队。

【桥头镇大洲第二工业区大西一路汉维新材料科技有限公司火灾处置】 2015年1月10日20时41分，东莞市公安消防支队作战指挥中心接到报警：桥头镇大洲第二工业区大西一路汉维新材料科技有限公司发生火灾。指挥中心立即调派桥头、东坑、樟木头、常平、特勤一、石龙、大朗、清溪、塘厦、凤岗、谢岗、战保、东坑、松山湖、黄江等14个消防队，共24辆消防车、112名指战员到场处

▲ 东莞市消防知识竞赛

置。支队全勤指挥部遂行出动。

起火建筑为单层厂房，钢筋混凝土结构，燃烧物质主要为硬脂酸锌。火灾于11日0时30分得到控制，2时55分被扑灭。过火面积2450平方米，无人员伤亡。

【望牛墩镇杜屋村东莞市伟虹纸业有限公司火灾处置】　2015年2月13日8时53分，东莞市公安消防支队作战指挥中心接到报警：位于东莞市望牛墩镇杜屋村东莞市伟虹纸业有限公司发生火灾。指挥中心接警后调派：望牛墩、战勤保障、特勤一、特勤二、万江、南城、中堂、道滘、厚街、洪梅等10个消防队，共21辆消防车、111名指战员前往现场处置，全勤指挥部人员遂行出动。望牛墩镇政府先后调派4台勾机到场协助清理火场。

起火建筑为一幢单层厂房，建筑面积7830平方米，着火部位为该厂房东南部纸品仓库，过火面积约1300平方米，着火物质主要为成品纸（现场估算约700吨纸品被烧毁）。

10时45分，火势基本得到控制，11时15分，明火基本被扑灭，进入火场清理阶段。16时20分，明火被彻底扑灭。

【深圳“12·20”渣土受纳场特别重大滑坡事故抢险救援】　2015年12月20日11时42分许，深圳市光明新区长圳红坳村恒泰裕工业园发生滑坡事故，造成重大人员伤亡和财产损失。灾情发生后，在广东省公安消防总队的统一调派下，东莞市公安消防支队官兵第一时间快速集结赶赴灾区，全力抢救被困人员。在21天的抢险救援战斗中（截至2016年1月9日），支队先后调集12批次救援官兵300人次，携带侦检、破拆、顶支撑、照明、救生等大批特种器材装备一批，出动地震救援车、饮食保障车、通信指挥车、消防抢险救援装备车等各类消防车辆8辆赴现场开展抢险救援，先后利用生命探测仪深入现场开展搜救150余次，转移液化石油气罐21个，从滑坡掩埋体中搜寻出遇难者遗体8具，挖掘并上交财物5000元、各种档案资料和证件一批，安全巡查200次、发现隐患65处、整改60处，完成现场救援指挥部下达的各项任务。

【消防宣传】　2015年，东莞市公安消防支队联合民政部门印发《关于社会福利机构加强火灾防范的通告》；联合教育部门开展消防安全活动；联合文广新局在娱乐场所张贴《人员密集场所加强火灾防范的通告》3.5万份；联合市妇联举办“家庭消防公益广告设计大赛”系列教育活动；联合《南方日报》、《南方都市报》、东莞电视台、《东莞日报》等主流媒体开展火灾隐患曝光，曝光4批20家社会单位；联合中央电视台拍摄播出《走进科学》消防安全宣传专题节目4期，联合东莞电视台开展《声动零距离·筑牢家庭防火墙》《生活大莞家》等专题防火系列节目。完成塘厦、厚街、虎门等7个消防主题公园建设，每个镇（街）建有一条消防宣传示范街；利用东莞消防官方微信公众号，建设移动互联网消防信息服务平台，微信公众号关注人数达5.6万人，开展专门的消防业务知识轮训，夏季消防检查期间，培训2.02万人次。开展消防宣传“八进”（进社区、进学校、进企业、进农村、进家庭、进机关、进网站、进医院）工作。联合教育、民政、妇联、文广新等部门，分类打造消防安全宣传工作“样板”，以点带面推进消防宣传“八进”工作。（李啸宇）

附：2015年东莞市公安消防支队（公安消防局）主要领导名录

支队长：沈奕辉（任至5月）

吴　丹（5月到任）

政治委员：苏炜龙

人民防空

【人防概况】　2015年，东莞市健全人民防空规划体系，提升人民防空核心能力，狠抓人民防空训练演练，开展人民防空宣传教育，落实人民防空改革发展，解决制约人民防空建设的主要矛盾和突出问题。加强人防机关“准军事化”建设，东莞市人民防空办公室履行战时防空、平时服务、应急支援使命任务的能力得到提升。人民防空工作得到省市领导充分肯定和高度评价，东莞市人民防空办公室获评广东省“达标先进单位”“全面建设进步单位”和“重点业务达标单位”。

【人防指挥通信建设】　2015年，东莞市人民防空办公室加快以指挥所为中枢的指挥控制、通信、情报、导航、定位、监视等信息系统建设，完善人防卫星、短波、超短波、光缆、电缆和移动通信网络，完成人防“北斗”导航定位系统建设招投标工作。组织开展《东莞市人民防空方案》修订工作。抓好视频会议系统、短波电台、卫星通信和空情预警系统等日常训练，参与省军区对东莞军分区的训练考核，参与深、莞、惠区域协同支援训练，组织卫星通信训练18次，视频会议系统训练44次，空情预警训练3次，短波通信训练120次，第二防护区域人防机动指挥所协同训练1次，组织基本指挥所、应急指挥中心、机动指挥所“三位一体”的互联互通训练1次，机动指挥所（到韶关、清远市）长途拉练训练2次。抓好指挥所的补缺提档工作，完善该工程的征收地等有关手续办理。抓好全市防空警报设备设施的日常维护管理工作，对120台次问题警报器进行故障排除，11月20日完成年度防空警报试鸣演练。

【人防工程建设】　2015年，东莞市人民防空办公室狠抓人防工程结合民用建筑修建政策的落实，严格工程报建审批，人防工程报建率不断提高。受理自建防空地下室项目76件，报建面积69.4万平方米；受理竣工验收项目54件，面积61.7万平方米；受理易地修建防空地下室项目26件，收取易地建设费1亿元。理清“负面清单”和“权力清单”，减少审批事项、下放审批权限、改革审批方法和加强事中事后监管，落实简政放权，简化办事流程，规范便民措施。对人防工程建设的设计、施工、质量进行严格监管，对人防工程建设的报建审批、设计审核、施工与质量管理、工程竣工验收等按照程序组织，把好人防工程建设质量关；加强对莞深、莞惠及R2线轨道交通建设兼顾人防的监管；加强对已建工程的维护保养，确保其能够始终保持良好战备状态。重视市重大项目建设的跟踪服务，主动介入项目的前期工作，建立工作台账，搞好全程跟踪服务，有些项目还做到即来即办。严格落实“应建必建、以收促建”的要求，抓好镇（街）、园区贯彻落实人防法律法规情况的执法检查，先后25次组织执法人员开展执法检查工作，并对2个违法违规单位采取立案处罚。加强对从事人防设计、生产、施工、监理、审图等工作业务单位的监管，完善抽查复查、评估评价、检验检测、责任追溯、优胜劣汰和黑名单等制度，规范企业，4月，组织人员对所有在莞从业企业进行一次全面的检查考核。（王　霞）

附：2015年东莞市人民防空办公室主要领导名录

主　任：黄沛林

城建·环保

URBAN CONSTRUCTION · ENVIRONMENTAL PROTECTION

- 东莞市推进《城市总体规划（2016—2030）》编制
- 工程项目投资建设直接落地改革
- 篮球城市雕塑工程
- 住房公积金提取规定修订

东莞市中心广场 （张超满 摄）

编辑：李俊玉 张曼利

城乡规划

【城乡规划概况】 2015年，东莞市编制完成《东莞市申报国家历史文化名城工作实施方案》和《东莞市历史文化名城保护规划》；开展东莞自主创新示范区规划，推进新型城镇化工作；推进轨道交通站场TOD一体化开发、探索“三规合一”（国民经济和社会发展规划、城市总体规划、土地利用规划）；开展全市“小山小湖”登记造册，完成92个“小山小湖”社区公园建设；搭建规划展览馆组织架构，完成布展方案；成立运作水乡分局和水乡规划中心；完成市区10座人行天桥建造并投入使用；完成35项市属重点项目方案技术审查和路条办理，完成率97.2%；制订《东莞市“三旧”改造项目前期研究报告编制指引》和《东莞市“三旧”改造前期研究报告审查管理规定》等政策文件。

2015年，东莞市城乡规划局推进行政审批改革，获得东莞市改革项目“单打冠军”。全年受理业务案件5819件，其中办理建设项目选址意见书112件，建设用地规划批准书745件，建设用地规划许可证565件，规划方案及建筑方案审批445件，建设工程设计方案审查1949件，工程竣工规划验收401件。

【《城市总体规划（2016—2030）》编制】 2015年，东莞市推进城市总体规划（2016—2030）编制。新一轮总规坚持以人为本的发展内涵，强化生态优先的发展底线，突出区域统筹的发展格局，构建“一中心四组团”（中心组团和西南组团、西北组团、东南组团、东北组团）的新型空间格局。3月，总规纲要成果通过部省联合审查。

【水乡统筹发展规划】 2015年5月14日，东莞市城乡规划局水乡分局和东莞市水乡规划中心成立运作。《东莞水乡特色发展经济区城乡总体规划（2013—2030）》上报市政府审批、《东莞水乡特色发展经济区基础设施规划（2013—2030）》和《东莞水乡特色发展经济区城乡风貌管理规定》获得市政府审批。

【历史文化名城保护规划】 2015年，《东莞市申报国家历史文化名城工作实施方案》和《东莞市历史文化名城保护规划》完成编制，并通过市政府审批。大西路-中兴路街区等6条历史文化街区和市第二批历史建筑评定取得阶段性成果，其中东莞市历史文化街区申报材料上报省住建厅和文化厅，东莞市第二批历史建筑推荐名录通过专家评审。中兴路-大西路历史文化街区、塘尾古村等重点地区的保护详细规划编制工作完成设计单位招标，历史文化街区和第二批历史建筑评定进入规划编制阶段。

【“小山小湖”保护利用规划】 2015年，东莞市完成“小山小湖”摸查，市区完成两轮实地情况核查。印发《东莞市“小山小湖”保护利用工作（社区公园建设）实施细则》。截至2015年，完成全市“小山小湖”登记造册，形成《东莞市“小山小湖”保护名录》；全市社区公园建设工作有序开展，其中松山湖、南城、麻涌、石排等镇街（园区）的社区公园全部完成建设。

【轨道交通建设规划】 2015年，东莞市结合轨道交通TOD（以公共交通为导向）开发，探索以空中连廊等方式促进商贸资源整合，推动中央商圈和各镇成熟商圈功能强化、布局优化。完成东莞东站详细设计成果，大朗西站、厦边站、望洪站、道滘站详细设计初步成果。修改完善轨道交通首期线路规划。完成试验线工程

可行性研究报告和水土保持、节能评估、社会稳定、选址评估、环评等专项送审稿。完成线网规划各组团初步方案。

【规划编制研究】 2015年，《基于RS和GIS的城市"小山小湖"生态资源识别、评价与管护研究》（部级课题）项目立项。《基于云服务平台和GIS的城市内涝模拟预警平台研究及产业化》（市级课题）完成产学研合作项目申报。2010—2012年《基于遥感影像的生态控制线动态监测与预警研究》三期项目研究成果完成整合，通过东莞市科技成果鉴定，并获得广东省重大科技成果登记证书。（谢易霖）

附：2015年东莞市城乡规划局主要领导名录

党组书记、局长：

欧阳南江（任至11月）

① 2015年3月14日，召开《东莞市城市总体规划（2016—2030）》纲要部省联合审查会专家审查会
② 2015年3月14日，市城乡规划局到虎门镇现场踏勘
③ 2015年7月1日，市城乡规划局组织第一联系协作组成员单位领导以及党员前往西平轨道站点施工现场参观考察
④ 2015年9月24日、25日，东莞市历史文化街区评审会在莞召开，由省住建厅对东莞市中兴路、大西路、兴贤里、象塔街、大雁塘、竹园和下坝进行考察评审
⑤ 2015年10月17日，市城乡规划局参加《阳光热线》上线直播节目
⑥ 2015年10月25日，东莞市城乡规划局举办党员志愿者服务日活动

住房和城乡建设

房地产业与住房保障

【房地产业概况】　2015年，东莞市完成房地产开发投资575.21亿元，比上年下降2.2%。商品房屋施工面积3921.20万平方米，增长9.4%；竣工面积325.43万平方米，下降20.7%；新建商品房网上签约销售面积1077.02万平方米，增长61.9%，其中商品住宅销售面积977.81万平方米，增长75.0%。全年新建商品房网上签约销售额1076.12亿元，增长67.1%，其中商品住宅销售面积978万平方米，增长75%，销售额959.44亿元，增长87.7%，销售均价9812元/平方米，增长7.23%。二手房成交面积505.72万平方米，增长39.35%。全年颁发房地产权证14.78万份，增长10.77%；办理商品房交易7.51万宗，增长3.27%；二手房交易3.69万宗，增长37%；商品房备案10.03万宗，增长49.93%；按揭登记5.55万宗，增长14.09%；抵押登记7.64万宗，增长16.53%。

2015年，东莞市归集维修资金约5.58亿元，办理使用拨款审批业务207宗、退款审批业务1172宗、批量缴存业务50宗。在松山湖（生态园）开展房屋租赁登记备案业务网上审批。全年办理非住宅房屋租赁登记备案576宗，完成2857宗积分制入户申请居所情况审核评分，1.09万宗积分制入学申请居所情况审核评分。抽查业务4460件，没有出现违法违规办件情况；联合市公安局处理提供虚假证件申办房产证的案件9宗。2015年，东莞市房产管理局被评为东莞市“2015年度经济建设类市直单位年度工作良好单位”。

截至2015年，东莞市有房地产开发企业425家，其中一级资质企业4家，二级资质企业18家，三级资质企业72家，四级资质企业173家，暂定资质企业158家。（吴维彬　张思瑶）

【住房保障概况】　2015年，东莞市通过房屋修葺、租赁补贴、实物配租、租金核减等方式完成370户中等偏下收入困难家庭及新就业职工、外来务工人员的住房保障。全年新建公租房2500套，续建项目基本建成3432套。采取调高收入准入线、降低租金标准、放宽本市低收入家庭、新就业无房职工和外来务工人员申请条件等措施，扩大保障范围。分配使用雅园新村廉租房、经适房1070套。（吴维彬）

【房屋租赁概况】　2015年，东莞市受理房屋登记租赁备案520件，总面积73.16万平方米。其中办公楼登记备案79件、面积4.11万平方米，商业营业用房登记备案319件、面积14.89万平方米，工业仓储用房登记备案36件、面积29.85万平方米，其他86件、面积24.31万平方米。（张思瑶）

【商品房预售许可】　2015年，东莞市强化属地监管责任，由镇街住建部门负责对申报预售许可的商品房项目施工现场进行查勘，核实工程处于正常施工状态，不存在因合同履约纠纷、拖欠工程款、拖欠工人工资问题导致工程停止施工再行审批。优化预售款使用差异化管理，依据预售楼宇的各个施工阶段对预留和使用保证金方式作进一步细化，在促进房地产开发企业按期保质完成已预售商品房施工和将已预售商品房按约定时间交付购房人使用的前提下，尽量缓解房企资金周转的需求。加强商品住房预售批后检查，对取得预售许可证的商品住房项目销售现场实行企业自检、镇街检查、市局抽查等方式，抽查结果按季度在东莞建设网汇总公示。全年，新建商品房核准预（现）售面积1016万平方米，比上年增长17.6%，其中住宅核准预（现）售面积827.6万平方米，增长21.6%。（吴维彬）

【房屋抵押和商品房按揭注销登记审批权限下放】　2015年，东莞市颁发《关于下放房屋抵押注销登记和商品房按揭注销登记的审批权限的通知》。从4月2日起，向各银行金融机构开放房屋抵押注销申请信息网上报送接口，将房屋抵押注销登记及商品房按揭注销登记的审批权限下放给各镇街房管所。办结时限由10个工作日缩减为2个工作日。

【家庭唯一住房认定流程调整】　2015年，东莞市房管部门不再出具查询住房情况证明，由地税部门通过网络系统自行核查纳税人住房情况，方便群众办事。

【房地产业调研】　2015年，东莞市开展住房现状和发展调研，形成《东莞市住房现状和发展研究报告》；召集东莞市房地产业协会和新世纪等8家房地产企业座谈，形成《东莞市房地产开发投资分析情况的报告》。

【物业管理机构监管】　2015年，东莞市核发三级及暂定三级物业服务企业资质证书86本，办理外市公司备案20家，二级资质初审12家，完成物业管理委托合同备案登记162份。完成70个物业服务项目招投标。处理物业管理投诉569宗，对有违规行为的16家物业公司进行信用扣分处理。锦绣山河商住区、碧桂园天麓山花园、中信森林湖·兰溪谷、茶山美丽湾畔花园住宅区（一区）、鼎峰尚境、景湖湾畔、虎门国际公馆一期、沙田镇江畔花园（南区）、海德广场等9个项目被评为“2015年度东莞市物业管理示范住宅小区（大厦）”。截至2015年，东莞市物业管理协会志愿服务总队志愿者人数1751人、志愿组织78个，登记志愿活动59个，志愿服务时长826小时。

【房产中介机构监管】　2015年，东莞市办理中介机构备案登记及年审399宗、经纪人资格证变更222份，上岗证1397份。对有违规行为的80多家中介经纪机构进行信用扣分处理。通报东莞市德融实业投资有限公司等9家伪造、使用假上岗证的机构。

【房改业务理顺】　2015年，东莞市下发《关于进一步完善和明确我市住房津贴相关发放工作的通知》，理顺外地调入干部职工在东莞市领取住房津贴等问题。全年办理住房津贴业务2985份，房改房42套，通过资格核准初次申请1348人次，津贴变动1637人次，整理住房津贴档案2953份。（张思瑶）

附：2015年东莞市房产管理局主要领导名录

党组书记、局长：黄慧红（任至10月）

建筑业

【建筑业概况】　2015年，东莞市建筑业实现增加值88.81亿元，比上年下降1.1%。总承包和专业承包建筑企业完成总产值212.25亿元，增长8.4%；施工面积1072.42万平方米，下降2.8%；竣工面积453.13万平方米，下降10.4%。总承包和专业承包建筑企业按施工产值计算的全员劳动生产率为29.26万元/人，下降0.9%。截至2015年，全市有9家总承包一级企业，71家总承包二级企业；有1723家在莞经营企业建立信用档案，其中勘察设计362家，审图2家，施工1002家，监理107家，造价43家，招标代理57

家，预拌混凝土40家，安全鉴定34家，担保71家，混凝土预制构件5家。

【工地用工管理及欠薪预警系统开发】 2015年，东莞市开发工地用工管理及欠薪预警系统，记录工人入职、考勤、领薪、花名册、工资表、离职等信息，自动产生预警信息并进行提醒。及时发现欠薪苗头，防止恶意讨薪，为工伤事故理赔提供辅助证据，维护劳资双方合法权益。截至2015年，在19个工地开展试点。全年受理工人工资纠纷案件59宗，协调解决拖欠金额约1.6亿元，涉及工人约6000人，网上公示7家拖欠工人工资不积极处理企业，通报资质发证部门。

【建筑工程质量安全管理】 2015年，东莞市监管建筑项目818项，面积2218.47万平方米，造价405.19亿元。开展轨道交通、工程基坑、预拌混凝土、建筑材料、建筑节能等质量专项大检查6次，开展预防建筑起重机械违章作业、模板坍塌、基坑坍塌、外脚手架坍塌和高处坠落等安全专项治理6次。建立监理安全周报研判制度。推进建筑工人"平安卡"管理。召开施工质量安全及勘察现场观摩会5次。针对裂、漏、渗等工程质量通病，结合外墙淋水试验两年实施情况，调整住宅工程外墙淋水试验要求；重新修订住宅工程质量分户验收规定；开展监理企业落实工程实体质量平行检验工作。推广预拌砂浆，从2015年10月1日起，分三阶段逐步限期禁止施工现场搅拌砂浆。对超过一定规模的危险性较大分部分项工程施工安全实施严格监管。落实建设五方主体责任，365个项目建立项目负责人质量终身责任信息档案。推广移动执法，各镇街统一使用市质量安全监督综合执法平台，对工地检查发现的问题，直接下发执法文书、即时上传，减少中间环节。全年出动执法人员8217人次，开展安全监督抽查工地2739个次，发出安全执法文书1181份。通过视频远程监控，处理713项工程责任主体违规行为。

【工程项目投资建设直接落地改革】 2015年，东莞市创新实施承诺加备案制下的规划建设并联审批制度。初步设计审查、施工图审查备案环节取消收取部分前置部门审批资料，改变施工许可证指标必须与工程规划许可证完全一致做法，把施工图审查备案指标作为施工许可证核发依据。实施承诺制度，强化建设、勘察、设计、施工、监理单位主体责任，相关责任单位自主承诺落实前置部门审批要求，依法依规实施建设。加强批后监管，对勘察、设计单位、施工图审查机构的不良行为进行扣分处理，杜绝施工图审查机构等企业存在重效益、轻质量、重时限、轻把关现象。加强施工过程中按图施工的监管，对建设、施工单位擅自变更设计、不按审查备案的图纸施工的工程，严格按法律法规进行处理。改革后，工程建设项目规划、建设报建流程、时限得到压缩。"项目投资建设直接落地改革"获得2015年东莞市改革项目"单打冠军"。

【"6·7"建筑安全责任事故查处】 2015年6月7日，位于麻涌镇的东莞市深粮物流有限公司粮食仓储及码头配套工程立筒仓在进行滑模组装作业时发生高处坠落事故，造成4人死亡。东莞市查处该责任事故，建议移送司法机关4人，给予党纪处分和诫勉谈话处理3人，撤销施工、监理和劳务分包单位信用手册，提请省住建厅吊销6人注册执业资格。针对该案承发包违法行为作行政处罚立案，涉及两家企业、4名责任人员，一律按照法定上限从重处罚，并提请发证部门降低施工单位资质等级。

规范管理　优化服务　科技增效　强化监督

2015年5月13—16日，住建部质量安全监管司副司长曾宪新一行到东莞市进行全国工程质量治理两年行动检查，于16日举行执法检查反馈会

【建筑工程招投标管理】 2015年，东莞市编制《设计招标文件示范文本》。对备案制项目实施企业自行确定发包登记手续制度，受理备案制项目发包登记事项479项。房建市政类项目完成招投标251项，其中服务类项目155项，施工类96项，施工类项目预算金额约105亿元，中标金额约88亿元，平均下浮15.5%。发现违规发布招标公告4宗，其中责成镇街及时纠正1宗，向该镇街发出整改意见2宗，移交其他监管部门处理1宗，镇街自行纠正类同违规发布招标公告1宗。

【建设工程造价管理】 2015年，东莞市通过建设网和造价杂志发布造价信息4万多条，引导市场合理定价；筹建开发“东莞市建设工程造价管理站综合信息处理系统”。办理招标工程最高限价备案286项，严重不平衡报价修正备案22项。

【勘察设计管理】 2015年，东莞市经审查符合要求大中型建设工程初步设计审查156项。办结房屋建筑与市政基础设施工程施工图审查备案2451项，其中普通工程审查备案1809项，基础工程审查备案134项，重大项目等绿色通道工程508项。办理施工图重大变更重新审查备案2645项。组织开展施工图设计文件质量抽查116项。 （吴维彬）

宜居城乡

【宜居城乡概况】 2015年，东莞市启动127个社区（村）美丽幸福村居建设，其中欠发达村48个，试点村10个。重点解决基础设施功能性问题，包括给排水、垃圾处理、环境整治及美化等；注重特色项目建设，选取与改善人居环境关系密切、效果突出的项目；从基础建设、土地利用和生态建设等入手，统筹、整合资源，提升社区（村）“造血功能”、推进产业联动。全年有79个社区获得“2015年四星级广东省宜居社区”称号。 （吴维彬）

【《2015年东莞市美丽幸福村居建设工作实施方案》制定】 2015年，东莞市制定方案，指引各村（社区）开展美丽幸福村居建设工作。方案明确美丽幸福村居内容，要求以美化村居建设为基础，兼顾挖掘特色优势，根据已有的自然禀赋、历史文化资源，结合发展优势，实现一村一品牌、一村一特色，打造特色风情，避免千村一面。方案还对工作安排、职责分工、资金投入、考核验收等提出具体要求。

① 2015年11月6日，副市长鲁修禄（右四）视察东莞民盈大厦项目
② 2015年12月28日，市住建局局长朱利民到大朗镇“东莞市建筑工程劳务人员实名制管理”示范工地调研
③ 2015年12月17日，举办东莞职业技术学院项目合作签约仪式

【《东莞市美丽幸福村居专项资金管理暂行办法》发布】 2015年，东莞市印发《东莞市美丽幸福村居专项资金管理暂行办法》。办法明确美丽幸福村居建设所需资金由宜居社区（村）和名村专项资金列支。10个美丽幸福村居欠发达村（或革命老区村）试点由市、镇两级按照1000万元/村补贴；非欠发达村的宜居社区（村）由市、镇、村三级按照250万元/村补贴；欠发达村的宜居社区（村）由市、镇两级按照400万元/村补贴，市级名村由市、镇、村三级按照1500万元/村补贴；镇级名村以自行投入为主，市财政采取"以奖代补"的方式，补助投资额的20%，最高不超过100万元。

建设科技与信息化

【绿色建筑建设】 2015年，东莞市有60个项目共343.4万平方米执行绿色建筑标准，占新建建筑比例34%，其中已取得标识或公示绿色建筑项目14项，建筑面积153.8万平方米。

【建筑节能减排】 2015年，东莞市完成210栋国家机关办公建筑和大型公共建筑能耗统计和能耗公示，完成15栋建筑能源审计。升级建设市建筑能耗监测云平台中心，累计有83栋建筑纳入中心监测。完成既有建筑节能改造面积100.9万平方米，改造内容为照明、中央空调及用能管理。在有稳定生活热水需求并满足安装条件的医院、学校、宾馆、酒店、工厂宿舍等建筑中全面推广应用太阳能热水系统，鼓励有条件的建筑屋顶建设分布式光伏发电项目，全年完成可再生能源建筑应用面积120万平方米。执行"禁实限黏"（禁止使用实心黏土砖、实心页岩砖，限制使用黏土制品的墙体材料）和应用新型墙材要求的工程项目比例达到100%。经认定新型墙体材料生产企业63家，年总生产能力1200万立方米。 （吴维彬）

附：东莞市住房和城乡建设局主要领导名录

党组书记、局　长：
　朱　川（任至11月）
　朱利民（11月到任）

① 2015年5月15日，市住建局办事窗口开展日常教育培训，促进办事窗口提升服务质量
② 2015年12月25日，东莞市支援深圳"12·20"事故现场开展救援抢险工作，图为住建局安监站人员听取现场救援情况汇报
③ 2015年9月10日，市住建局在东莞市松山湖华为南方工厂二期（E2B区）项目举办2015年东莞市建设工程结构施工质量现场观摩会

重点工程建设

【重点工程建设概况】 2015年，东莞市城建工程管理局完成投资约15.4亿元，新开工银龙路（银龙桥）、东莞市食品药品检测中心、规划展览馆展陈、市第二看守所三监区配套、东莞理工学院新建学生宿舍及饭堂等11项工程；完工或基本完工市社会福利中心改扩建、汽车总站车站南路优化改造、东莞篮球城市雕塑、市民艺术中心和工人文化宫、市启智学校异地扩建、散裂中子源等6项工程。篮球中心工程获评“詹天佑故乡杯奖”和“广东省建设工程优质奖”，篮球城市雕塑工程获评“第五届中国环境艺术奖最佳范例奖”，社会福利中心改扩建工程、东莞理工学院新建学生宿舍及饭堂工程分别获评“省市文明施工示范工地”。东莞市城建工程管理局获评“东莞市直单位年度工作良好单位”“东莞市妇联工作先进单位”。

【社会福利中心改扩建工程】 该工程为2015年市政府“十件实事”工程之一，位于东城街道主山社区，总建筑面积约3.60万平方米，主要建设内容包括综合楼和育婴楼两部分，总投资1.18亿元，工程于2013年12月开工，2015年12月底完工。

【汽车总站车站南路优化改造】 该工程位于万江街道中部片区，是市汽车总站的配套道路，总投资1063万元。其中，银龙南路北起现状万江路，南至车站南路，双向6车道；车站南路西接银龙南路，东至四环路，双向4车道。工程于2014年10月动工建设，2015年1月完工通车。

【篮球城市雕塑工程】 篮球城市雕塑高18米，总投资600万元。截至2015年，为世界最大篮球雕塑，篮球直径5.6米，由2.5厘米厚的不锈钢锻造而成，表面贴上24K金箔，表明东莞篮球的冠军含金量。该雕塑以篮球运动中众人奋力争抢篮板球的经典瞬间进行定格，用巨大的三角形切面和线条来表现形体和肌肉，4个交错的巨型手臂，体现众人奋力拼搏和全力参与，也是汉字“众”的形象展现，反映出民间对篮球运动的热爱。该项目的落成启用，进一步完善篮球中心的配套，作为东莞的新标志性建筑，进一步弘扬东莞城市精神。工程于2015年3月开工，2015年4月完工。

【启智学校异地改扩建工程】 该项目位于东城街道东城中路，是由原东莞理工学校东校区改建而成，总投资1830万元，总建筑面积1.39万平方米。主要建设内容包括翻新、完善教学楼、实验楼（实训楼）、改建学生宿舍及综合楼、改造室外运动场等配套设施。校区规划办学规模为24个班（包括6个听障班和18个智障班），设计招收特殊学生216人。工程于2015年4月动工建设，2015年底基本完工。 （唐立湖）

附：2015年东莞市城建工程管理局主要领导名录

党组书记、局长：朱利民（任至11月）
祁志强（11月到任）

发挥集中管理优势　努力建设廉优工程

2015年4月14日，广东省水利厅厅长林旭田、省住建厅厅长杜挺、东莞市委副书记、市长袁宝成前往江库联网一期工程视察

① 中国散裂中子源土建一期工程鸟瞰图
② 东莞市启智学校异地改扩建工程
③ 东莞汽车总站车站南路优化改造工程
④ 东莞市篮球中心城市雕塑工程
⑤ 东莞市社会福利中心改扩建工程

东莞实业投资控股集团有限公司

【东莞实业投资控股集团有限公司概况】 2015年，东莞实业投资控股集团有限公司（简称“东实集团”）完成国弘公司、能源公司、骏安押运公司等资产的归集。截至2015年，东实集团总资产348亿元（位列市属国企第四位），净资产157亿元（位列市属国企第一位），完成投资49.4亿元，实现营业收入约6.7亿元。员工2100多人，全资子公司21家，合资公司14家（含控股、参股）。轨道交通2号线工程获评“2015年市先进重大建设项目”，松山湖大学创新城公司获得“2015年市园区企业投资突出贡献奖”，东莞迎宾馆获评“东莞市餐饮地标名店”。

战略转型 2015年，东实集团面对国家一系列新政策、新措施的出台，明确从融资平台公司向城市与产业综合运营商的转型发展战略，以轨道交通资金筹集为核心，聚焦城市综合运营、产业金融、环保产业、公共服务四大业务板块，探索产业运营和资本运作，提高企业运营效益和造血功能，反哺轨道交通建设。

资金筹集 2015年，东实集团获得约45亿元融资授信，实际获得融资资金19.8亿元，其中轨道交通1号线项目获国开发展基金有限公司4亿元资金支持，轨道交通2号线提取银团贷款资金15.8亿元。同时，研究探讨企业债、永续债、公司债、中期票据等多种直接融资模式，拓宽融资渠道，降低资金成本。积极与国内知名产业投资人、金融机构探索PPP（政府和社会资本合作），撬动更多社会资本投入城市建设。

城市综合运营 2015年，东实集团充分发挥自身的政策、资金、资源优势，全力促进轨道交通站点、产业园区综合开发建设。《东莞实业投资控股集团有限公司参与土地一级开发工作方案》《东莞市轨道站场领衔开发制度》获批，东莞南站、梅沙村等土地一级开发示范项目启动。城际轨道站点TOD规划获省建设厅批复同意。莞韶城一期、

服务城市经济建设　创造幸福美好生活

2015年12月4日，市委书记、市人大常委会主任徐建华（左三），市委副书记、市长袁宝成（前排右二）等领导赴东实集团调研

松山湖大学创新城二期主体工程完工；松山湖大学创新城三期工程动工。与以纯公司和图木舒克市兴纺公司成立新疆东纯兴公司，推进新疆草湖广东纺织服装产业园首期30万锭项目的投资建设与运营，完成团队组建、融资、招标及总工程量的75%。

产业金融　2015年，东实集团获得市财政5亿元注资成立东莞首家以财政资金为背景的新型金融机构——东莞科技金融集团，为科技创新型企业提供"一揽子"金融服务，促进东莞科技、金融、产业深度融合。东实融资担保公司获批成立，成为东莞首家国有独资的融资性担保公司，获得经营许可证并与多家银行展开业务合作。科技金融信息共享平台上线运行，促进东莞企业与高校院所、金融机构之间的对接，为产业资本、创业风险资本和股权投资运作创造良好的外部环境。

环保产业　2015年，麻涌垃圾处理厂一二期完成投资3亿元，麻涌垃圾处理厂三期（餐厨项目）获得市政府特许经营权，项目建议书获得市发改局批复。东实集团联合清华大学东莞创新中心等成立东实长华股份有限公司作为环保产业投资建设运营平台，着力开发建筑垃圾、危险固废、废油脂、废旧电子拆解等重点环保项目，助力生态文明建设。

公共服务　2015年，东莞市轨道交通2号线建成并开始全线空载试运行，完成水乡五镇出租车及首批12台纯电动出租车投放，并配套建设2个集中式新能源汽车快充充电站。轨道交通线网中心大楼主体工程、东莞东站站前广场及配套工程（一期）、东鸿大楼改造工程等基本完工。轨道大厦、市公共资源交易中心阳光大楼装修工程、八一路一号项目动工。迎宾馆高标准做好政务接待。继续承担东莞火车站站前广场的城市综合管理任务，为广大旅客提供安全、舒适的乘车环境。协助东莞市政府成功举办苏迪曼杯，完成赛事场馆保障、市场推广等任务。（袁煦筠）

附：2015年东莞实业投资控股集团有限公司主要领导名录

党委书记、董事长：刘　波

① 2015年12月29日，东莞轨道交通2号线建成试运行，市委常委、常务副市长张科（左二）等领导试乘地铁

② 2015年10月30日，市国资委主任任洪杰（右三）率队赴东实集团调研

③ 2015年11月4日，东实集团与深圳地铁集团签署《深莞轨道交通建设战略合作框架协议》，全面促进莞深两市轨道交通线路对接工作

④ 2015年5月10—17日，第十四届苏迪曼杯世界羽毛球混合团体锦标赛在东莞市篮球中心隆重举行。东实集团圆满完成赛事市场推广、场馆保障任务，受到赛事组委会表彰

水 务

【水资源管理】 2015年，东莞市大力推进水源配置和保护工程建设。江库联网水源配置一期工程于2015年4月竣工通水，联网工程二期建设方案已获市政府同意；石马河河口东江水源保护一期工程资金分摊方案初步确定；珠江三角洲水资源配置工程我市相关输水线路基本确定。全面落实最严格水资源管理制度，推进水资源保护，深化节水型城市建设，2015年度全市用水总量19.93亿立方米，同比下降3.44%，全市万元GDP用水量31.8立方米，同比下降9.40%，水资源总量为23.04亿立方米，人均综合用水量241.4立方米。

【市镇供水】 2015年，东莞市完成千个水质监测点建设和全市二次供水设施现场普查工作，加大排涝期间东江沿线水厂的监测频率，增加对村级水厂每半年进行一次106项水质全项检测及公布。全市各镇街供水企业累计投入资金约1.87亿元，新建及改造管网约728公里。关停石碣镇梁家村水厂。截至2015年，全市共有供水企业82家，水厂103座，其中市级水厂7座，镇级水厂43座，村级水厂53座。全市供水总量达15.54亿立方米，日平均供水量约426万立方米，出厂水水质综合合格率为99.78%。

【市镇排水】 2015年，东莞市完成市区内涝整治应急三期工程（新开河系统）北侧分流工程，启动东城区下桥片区内涝整治工程。基本完成全市33个镇街（园区）排水专项规划的编制，启动东莞市区排水防涝综合规划的编制工作。推动东莞市再生水利用工作，编制完成《东莞市城市再生水利用规划前期工作研究报告》。启动以黄沙河流域为试点的海绵城市示范区建设。

加快水务改革发展步伐　更好地服务东莞高水平崛起大局

① 2015年5月27日，省委副书记、省长朱小丹（前排中），在市委书记、市人大常委会主任徐建华（前排右）的陪同下调研东莞市水环境治理工作

② 2015年9月11日，副省长许瑞生（前排右二）在市委副书记、市长袁宝成（右一）的陪同下出席珠三角地区水环境综合整治与绿色生态水网建设工作现场会

③ 2015年5月7日，市委书记、市人大常委会主任徐建华调研市“三防”工作

【水环境治理】 2015年，东莞市出台《东莞市水污染治理三年行动计划（2015—2017）》，全面铺开截污次支管网建设，投资27.44亿元启动一期400公里建设，17个项目已进场施工。投资26.05亿元推进11家污水处理厂的新改扩建工程，石碣沙腰污水处理厂扩建工程已完成主体工程并通水调试。全面启动茅洲河全流域治理工作，投资23亿元的五大工程中，截污管网、污水处理厂、内河涌整治工程已经启动。挂影洲围中心涌综合整治工程累计完成投资3.6亿元，占工程总量的60%。21个中小河流综合整治工程，4个项目区通过竣工验收，3个项目区已基本完工。投资1.98亿元的松木山水库人工湿地与库尾截排工程正在开展各项前期工作。9月，省政府在东莞召开珠三角地区水环境综合整治与绿色生态水网建设工作现场会，推广东莞市经验。

【“三防”建设】 2015年，东莞市完成“三防”指挥中心建设，实现与省、市、镇视频系统的无缝对接。建成市级第2个防汛物资仓库——塘厦仓库，启动市级第3个防汛物资仓库——沙田仓库的建设工作，优化防汛仓库布局。科学处置“5·23”石马河超预警洪水、凤岗镇堰塞湖、植物园景观湖水库溢洪道坍塌等重大险情，成功防御“5·20”“莲花”等风雨灾害，全年实现零伤亡工作目标。

【国家水生态文明城市创建】 2015年，东莞市印发《东莞市水生态文明城市建设试点实施方案》，完成《东莞市水生态文明建设体制机制研究报告》的编制工作。完成水生态文明城市创建项目投资约90亿元，21项考核指标中有16项达到目标值。结合“世界水日”“中国水周”等涉水节日开展形式多样的“创建水生态文明城市”主题宣传活动，并利用各类媒体开展水生态专题报道，引导全社会共同参与创建活动。

（王立凤）

附：2015年东莞市水务局主要领导名录

党组书记、局长：袁丽群

① 2015年4月14日，市委副书记、市长袁宝成（左四）出席东莞市江库联网一期工程通水仪式

② 2015年12月7日，市委副书记、市长袁宝成（中）调研全市水务工作

③ 2015年4月1日，全市水务和“三防”工作会议召开，市委副书记、市长袁宝成（左二）出席会议并讲话

住房公积金管理

【住房公积金管理概况】 2015年，东莞市住房公积金实缴单位1.92万家，实缴职工130.35万人，缴存资金88.69亿元；新开户单位4639家，新开户职工34.40万人；提取住房公积金64.02亿元；发放个人住房贷款6019笔、24.72亿元；回收个人住房贷款14.44亿元。截至2015年，缴存总额522.73亿元，缴存余额223.19亿元；提取住房公积金总额299.54亿元；累计发放个人住房贷款6.54万笔、216.52亿元，贷款余额131.42亿元；年末个贷率58.88%，资金使用率82.44%。

【住房公积金缴存上下限调整】 2015年，东莞市根据《关于住房公积金管理若干具体问题指导意见的通知》“职工缴存住房公积金的月工资基数不得超过职工所在市、县统计部门公布的上一年度职工月平均工资的5倍”，及东莞市统计局公布的2013年度东莞市“在岗职工年平均工资42870元”的标准，确定当年缴存基数上限为17863元；缴存基数下限则根据《关于调整我市企业职工最低工资标准的通知》精神，2015年5月，东莞市企业职工最低工资标准调整为1510元/月。

【住房公积金行政执法加强】 2015年，东莞市对13个单位进行住房公积金行政处罚，向法院申请强制执行追缴案件10宗，首次召开行政处罚听证会，实行行政执法情况网上公开通报。

【住房公积金贷款政策放宽】 2015年，东莞市新修订的《东莞市个人住房公积金贷款办法》实施。6月，贷款政策进一步放松，12月，贷款政策再次调整放宽，住房公积金对刚需型和改善型住房消费的支持作用不断加大：将申请贷款的缴存时间从一年缩短至6个月；调整可贷额计算方法，将可贷额与缴存余额、缴存时间、收入水平和资金流动性挂钩，并两次调高相关系数值，增加平均可贷额，最高可贷额可达到账户余额的20倍多；两次上调个人、夫妻双方的最高可贷额，分别达到50万元、80万元；取消再次使用公积金贷款须结清前笔贷款满一年的限制；取消申请贷款只能用于购买建筑面积不超过144平方米住房的限制；将本地缴存职工一、二套房首付比例均降至20%；取消异地缴存职工在我市申请贷款的户籍限制。此外，贷款利率也紧跟国家步伐连续四次下调，5年期及以下的由3.75%降至2.75%，5年期以上的由4.25%降至3.25%。

【住房公积金提取规定修订】 2015年3月，《东莞市住房公积金提取管理规定》开始实施。住房公积金提取新规调整外市户籍职工离职和本市户籍职工失业提取政策，采取“新钱新办法、旧钱旧办法”的做法，规定3月1日前缴存的住房公积金仍可按离职或失业情形办理提取，之后缴存的住房公积金则不能再按离职或失业情形办理提取；简化租金提取政策，规定只要职工本人、配偶及未成年子女在东莞市无自有产权住房，即可计提职工月缴存额（含个人+单位两部分）60%且不超过540元的住房公积金作为支付租金的补充资金，不分本市户籍或外市户籍，夫妻双方缴存住房公积金符合条件可分别申请，无需提供租赁合同、租金发票及无房证明，职工家庭房产信息由市住房公积金管理中心与市房产登记部门联网查询结果确定，通过审批的，提取金额划入职工提取绑定账户，没有绑定账户的，划入职工激活的东莞市社保卡储蓄账户；6月10日起，租住本市住房提取住房公积金的时间间隔由不少于6个月调整为不少于3个月。

【住房公积金服务提升】 2015年，东莞市启用网上办事大厅 住房公积金缴存单位可通过网厅办理单位明细信息查询、人员增减变动、市内转移和正常汇缴等业务，也可办理自动托收汇缴业务；职工可通过网厅、短信平台办理租房提取业务。简化办事手续 申请个人住房贷款不再需要提供“（无）婚姻登记记录证明”，单身职工只需填写单身声明。推出缴存单位变更归集银行业务 单位新设立住房公积金账户或者变更归集银行后满1年就能申请变更归集银行，办理归集银行变更期间须确保单位没有未办理完成的归集和职工个人提取类业务。开通“延时服务”窗口 每周三午休时间，住房公积金管理中心南城办事处正常受理业务，为不便请假的群众提供便利。（陈晓君）

附：2015年东莞市住房公积金管理中心主要领导名录

党组书记、主任：王海明

市政建设

市政道路、桥梁

【市政道路养护】 2015年，东莞市完成环城路莞长立交桥至西平立交桥段隔音屏工程。全年维修市直管道路沥青路面15.75万平方米，恢复路面标线5609平方米，修复人行道板1.9万平方米，更换及提升各类井盖952套。

【市政桥梁养护】 2015年，东莞市落实市直管234座城市桥梁检测与维修。做好东莞水道特大桥和大汾北水道

▲ 东莞水道特大桥

特大桥健康监测及诊断系统后期运营系统、芦村特大桥和寒溪河大桥实时监测系统维护和安全评估。完成生态园大道莞深铁路跨线桥等22座城市桥梁特殊检测评估。

城市供水

【东江水务有限公司概况】 2015年，东莞市东江水务有限公司供水量8.76亿立方米，占全市总供水量的56.37%，供水能力达365万立方米/日，主干管全长500多公里，供水范围涉及全市32个镇街中的23个镇街，各水厂出厂水水质均达到《生活饮用水卫生标准》（GB5749—2006）所规定的全部106项指标要求，客户量和供水量均位于全市之首。东江水务有限公司获评“2015年度纳税突出贡献企业”“2015年度文化建设特别贡献企业”；东江水务有限公司党委获评2015年市直机关“学党章·遵条例·强党性”知识竞赛优秀组织奖、表扬单位。

【供水保障】 2015年，东江水务有限公司完成大小口径管道抢修12739宗，维护管网的正常、安全运行；及时启动应急监测和应急处理工艺、供水联合调度保障排涝期、寒潮期的安全供水。东江水务水质监测站获得中国合格评定国家认可委员会（CNAS）批准，通过实验室认可的项目达200项，被允许按照《认可标识使用和认可状态声明规则》（CNAS-R01）规定，使用CNAS认可标识、ILAC-MAR/CNAS标识和声明认可状态；通过广东省质量技术监督局的技术评估（复评审+扩项+标准变更），计量认证项目由原来的192项增至204项，涵盖生活饮用水、地表水、地下水、污水、水处理剂等领域，进一步提高水质监测能力，保障安全供水。

【供水管网改造】 截至2015年，东江水务有限公司累计投入2.32亿元在大市区范围内改造管网、更换水表、维护管道、更新管道等，提升供水质量，受益客户约8万户，累计完成大市区范围内供水管网老化相对严重的61个片区758千米的管网改造。其中，本年度投入1867万元，完成东正、洋田沥、大井头等9个片区的管网改造，累计更换各口径管道长度94千米，受益客户6241户。

【供水应急迁改工程完成】 2015年，东江水务有限公司配合城市快速轨道交通R2线工程的建设，分别于2月和6月完成鸿福路站三期供给水管道（DN2200）迁改工程、厚街珊美站一期给水管管道迁改工程，配合东莞市市政工程的建设进度，保障供水。

【供水服务提升】 2015年，东江水务有限公司24小时供水客服热线“96968”承接原东城自来水公司及原万江自来水厂各营业点的对外服务电话，服务范围扩大至整个大市区；新增停水信息通知渠道，提前48小时发布短信通知，减少计划性停水给市民带来的影响；9月起，莞城、东城、万江及松山湖的营业厅统一延长服务时间，并实行周六日及午休时间照常营业；通过建立大市区联合调度机制，采取统一供水调度、水质监测、缴费渠道、服务窗口、营业时间等实现大市区供水同城同网同价同质同服务。 （殷敏丹 何杏炜 李佳卉）

附：2015年东莞市东江水务有限公司主要领导名录

党委书记、董事长：罗沛强
党委副书记、总经理：黎泽钧

城市供电

【供电概况】 “十二五”期间，东莞市用电量、供电量、工业用电量分别为3140.69、3114.11和2296.22亿千瓦时，较“十一五”期间分别增长22.72%、23.31%和16.58%，供电负荷逐年创新高，稳居全国城市第六名。灵活应对缺电局面，促成市财政支持补贴地方电厂顶峰发电，全力协调各项重大工程的错峰安排，极力减少最大错峰负荷和错峰电量，第三方客户满意度达88分，进入国际先进水平区间。

2013年，广东电网公司与东莞市政府签订“十二五”战略合作框架协议；2014年得到市委市政府的大力支持，成功启动全市范围的电网规划建设“大会战”，强力推进每年“三个一批”项目建设，携手社会各界走出一条持续发展、互进共赢的电网建设新路径。截至2015年，东莞市完成电网建设总投资124亿元，完成农电资产接收，电网固定资产总额442亿元，建成投产110千伏及以上输变电工程44项，新增变电容量1184万千伏安，输电线路990.9千米，较“十一五”期末分别增长23.66%、28.41%。东莞市电网基本形成以500千伏东莞、水乡、横沥、莞城、纵江变电站及沙角电厂为供电中心的220千伏输电网，110千伏配电网逐步完善，电网供电可靠性及防风抗灾能力得到长足发展。

“十二五”期间，积极推动电网风险与设备风险、规划建设的工作联动，健全“政府主导、内外联动”的电网风险管控机制，并成功应用于多项重大工程，降低大面积停电风险。东莞市供电应急处置能力持续增强，建立“1+15+N”应急预案体系，应对东莞电网2013年“3·20”超强龙卷风、冰雹灾害，2014年“3·30”暴雨、龙卷风灾害、“5·11”暴雨水浸等应急处置工作。取得十八大、抗战胜利70周年、“亚运会”、“大运会”、第14届苏迪曼杯赛事等多场保供电的胜利。

其中，2015年东莞市完成供电量661.26亿千瓦时，比上年增长0.84%；全口径及城市用户平均停电时间分别为3.15小时、1.58小时，降幅分别达31%、31%；综合电压合格率达99.993%；全年最高负荷1298.8万千瓦。截至2015年，东莞市有用电户220.27万户，110千伏及以上变电站168座、主变总容量6160.7万千伏安、输电线路4264.77千米。连年获评“中央和省驻莞机关先进单位”。

【供电客户服务】 2015年，东莞市针对个别工程实施需要，促请市政府协调市内9E机组顶峰发电，与广东电网公司协同制定最优电网运行方式，多渠道引导工业客户避峰用电，实现错峰限电影响的最小化。实行“一口对外”原则，由客户经理直接服务重大建设项目，主动收集石龙铁路集装箱货运站、南城国际商务区、中国电子产业园等项目的潜在用电需求信息110条，报装总容量63.98万千伏安。截至2015年，受理市属重大项目76项，实现通电41项，支持东莞经济结构战略性调整。针对市重点项目和城市建设需求，建立电力线路迁改沟通协调与技术支持机制，内部挖潜优化迁改审批流程，协助做好电力迁改工作400项，涉及市政重点工程26项。

2015年，东莞市对重要电力客户开展专项检查，指导相关客户供电电源配置合格率和应急自备电源配置合格率均提升至100%。开展全市大型购物场所、娱乐设施、大型小区等人员密集区域342户和危化品（易燃易爆）生产及存储场所521户安全用电检查，发现153项存在安全用电隐患并对相应客户下发客户安全隐患整改通知书，督促用户限期整改。走访东莞航天电子等60余家大客户，挖掘客户节能需求潜力，提供差异化的节能咨询和诊断服务。截至2015年，实施节能诊断35户，发出节能建议书261份，节约电量2.52亿千瓦时。开展“进校园、进社区、进农村”宣传225次。

【电动汽车新能源服务】 2015年，东莞市开通充电站绿色报装通道，全面保障新能源汽车充电设施供电服务。引入南网综合能源公司，参与东实集团在东城和万江两地的出租车充电站的投资和建设。截至2015年，报建的充电站项目16个，其中，万江出租车充电站于7月投入运营。建立分布式光伏发电信息报送机制，掌握光伏并网需求，研究提出T接线路开关接入系统方案，降低电源接入对公共电网的影响。完成全市首个融合光伏系统及充电站的建设项目，完成光伏项目并网受理68项（2个10千伏项目，66个380伏及以下项目），总报装容量28兆瓦，接入32项。

【电网规划建设】 2015年，东莞市政府出台《关于加快东莞市电网规划建设的实施意见》《东莞电网建设绿色通道实施细则（修编）》《东莞电网规划建设激励暂行办法》等政策文件。截至2015年，储备8个项目、开工24个项目、建成19个项目，超额完成“大会战”阶段性工作任务。工程质量获得国家级认可，500千伏纵江输变电工程获国家级工程建设“鲁班奖”，促使东莞供电局成为南方电网首个两次获此殊荣的供电局。同年，结合《东莞市城市总体规划（2016—2030）》的编制，将电力专项规划中的35个变电站站址及47条线行路径，纳入城市总体规划、控制性规划、土地规划当中，加强电网规划与城市各项规划间的科学统筹和工作协调。运用负荷预测结果合理规划变电站站址及线行，高质量完成“十三五”电网规划及年度电网滚动规划，重点解决电网的“卡脖子”问题。积极推动±800千伏滇西北直流输电工程突破关键前期节点，取得东莞段路径批复。

【电力安全生产】 2015年，东莞市实行双月检修计划，形成完善的电网风险与设备风险的联动机制，首次开展配网运行基准风险评估，重点梳理配网单一馈线故障造成重要用户停电、五级及以上事件风险共176项。化解三级事件及以上的电网风险121项，未发生二级事件及以上电网安全电力事件，确保电网风险处理在控可控的状态。整治859项输电线路外部隐患，输电线路雷击跳闸次数比上年下降36%。全面开展设备设施防洪防涝隐患排查，完成38个变电站和519项输配电设施的防洪防涝改造。

（邝志聪）

附：2015年东莞供电局主要领导名录

党委书记、局长：宋新明

城市供气

【城市供气概况】 2015年，东莞市新增天然气汽车加气站12座，天然气中压管网60千米，天然气供应总量近10亿立方米，液化石油气年供应量约30万吨，燃气普及率市区达100%、全市达98%。

【燃气安全管理】 2015年，东莞市加大对燃气安全使用知识的宣传和普及工作。制作“预防一氧化碳中毒篇”“餐饮场所安全用气篇”“居民家庭安全用气篇”和“燃气管道设施保护篇”等4条安全用气公益宣传短片。开展全市燃气安全隐患排查整治联合行动。在谢岗镇举办城镇燃气管道事故应急救援演练。

（陈佩珠）

附：2015年东莞市城市综合管理局主要领导名录

党组书记、局长：唐耀文

【东莞新奥燃气有限公司概况】 东莞新奥燃气有限公司是由新奥能源控股有限公司与东莞市新锋管道燃气有限公司（代表东莞市政府）合资组建的混合所有制企业，拥有东莞市政府授予的管道燃气特许经营权。截至2015年，有员工1300多人。2015年，东莞市首座LNG标准站——客运东站LNG站投入试运行，解决东莞市汽车东站LNG公交车加液问题；首个泛能项目——众生药业能源综合利用项目顺利通过项目核准报告专家评审会，获得东莞市各局部门领导及专家的肯定；入围广东省2015年首批高新技术企业培育库。

清洁能源推广 2015年，东莞新奥燃气有限公司响应国家推广应用分布式能源的号召，加快开展泛能业务，与多个大型企业、工业园区就泛能网、集中供热项目进行合作，进一步推进东莞市节能减排、增效降耗及保护环境。完成300多家工业用户的气价调整以及57个“煤改气”项目，年度供气近10亿立方米。截至2015年，累计发展天然气居民用户近65万户，工商业用户近4000家；累计建设汽车加气站30多座，并积极培育船用市场和推进加气站充电桩建设；累计提供天然气超过56亿立方米，相当于减少标准煤675万吨，减排二氧化碳651万吨、二氧化硫14万吨、氮氧化物9.5万吨。

燃气客户服务 2015年，东莞新奥燃气有限公司全面启动电话开户业务，实现足不出户即可办理开户业务；全面启动APP派工，让用户及时了解业务动态以及各项办理注意事项；制定工商户终止用气流程、优化燃气过户流程、调整客户补卡收费政策等等，开展“进社区”“进校园”“进企业”“进家庭”等安全宣传100多次；开展工商业用户、民用小区人员、司机集中安全培训，完成居民用户安检30多万户，保障用户用气安全。

（黄炜燮）

附：2015年东莞新奥燃气有限公司主要领导名录

董事长：陈仲新

首席执行官：吴晓菁

总经理：蔡志鹏

公共照明

【照明设施养护】 2015年，东莞市城市亮灯率99%以上。全年累计更换光源、灯具等零配件1.19万个，修复灯杆45支，维修电缆6440米，翻新路灯及景观灯饰2.08万套次，清洗路灯及景观灯饰4.05万套次。

（陈佩珠）

公共交通

【客运行业概况】 2015年，东莞市有汽车客运站33个，其中一级站5个，二级站8个，三级站17个，五级站1个，简易站2个。有汽车客运配客点37个，城市候机楼1个。全市30家三级以上汽车客运站实现网上售票。全市有客运班车企业41家，莞籍跨省客运班车420辆，比上年减少67辆，开通跨省客运班线307条；莞籍跨市客运班车1167辆，减少21辆，开通跨市客运班线255条。

【公交行业概况】 2015年，东莞市有公交企业34家，公交运力4904辆，比上年减少919辆，其中LNG（液化天然气，含气电混合）清洁能源、插电式混合动

力和纯电动新能源公交车型3263辆；公交线路466条，减少47条。

【出租车行业概况】 2015年，东莞市有出租汽车企业34家，其中出租汽车公司5家，并整合为3家集团公司；公共的士企业29家。出租汽车运力7699辆，与上年基本持平，其中普通出租汽车4369辆，公共的士3330辆；出租汽车驾驶员约1.5万人。

【公共交通节能减排】 2015年，东莞市投放LNG（液化天然气，含气电混合）清洁能源及新能源公交车750辆，其中新能源公交车516辆；投放CNG（压缩天然气）清洁能源及新能源出租车779辆，全市清洁能源出租车达100%。

（樊键忠）

【市区公交站亭设施管理】 2015年，东莞市对管辖的1006个站牌、959个公交站亭、1421张候车椅，采取日巡、周巡及集中巡查的方式，发现问题及时整改，完善公交出行环境。 （陈佩珠）

园林绿化

【园林绿化概况】 2015年，东莞市有公园广场1223个、面积144.93平方千米。全市建成区绿化覆盖率44.71%，绿地率41.63%，人均公园绿地面积19.36平方米；城市绿化覆盖率50.51%，绿地率48.27%，城市人均公园绿地面积23.22平方米。

【城市管理精品工程初见成效】 2015年，东莞市提出打造“一园、一路、一广场”的城市管理亮点工程。元美公园成为市核心区“城市绿肺”，东莞大道R2线施工范围绿化景观修复工程开展，中心广场景观升级初见成效。

【东莞植物园建设重新启动】 2015年，东莞植物园建设项目开展。完成水生植物与水体净化示范点的建设，成为全省绿色生态水系建设的示范样板。

【园林绿化管理】 2015年，东莞市修订《东莞市城市绿化管理办法》和《东莞市公园管理办法》。指导5家企业申报一级资质延续；审核13家企业二级核准、延续申请资料，并获省住建厅审批；核准三级资质企业48家。

（陈佩珠）

环境卫生

【环境卫生概况】 2015年，东莞市城镇生活垃圾无害化处理率达100%，在广东省人大农村生活垃圾处理第三方评估考核中，排名全省第一。

【生活垃圾处理生态补偿机制建立】 2015年3月1日，东莞市按照“谁受益、谁补偿，谁受损、谁受偿”的原则，启动生活垃圾终端处理设施区域生态补偿费的征收和拨付工作。受偿区域为设施所在地及2.5千米范围内涉及的镇街和园区，生态补偿费主要用于受偿区域环境修复防治与市政公共设施建设维护、村（居）民社会福利补贴及群众关系协调等。该机制的建立，为东莞市垃圾处理设施建设提供资金保障。

【垃圾处理设施完善】 2015年，东莞市横沥环保热电厂一期技改增容项目建成调试，并开展再增容项目建设前期工作。推动麻涌环保热电厂落地并施工。谋划市区环保热电厂增加垃圾处理生产线和建设环保教育展示中心工程项目。探索建筑垃圾处理工艺技术。

【存量垃圾治理推进】 2015年，东莞市采用以色列人工湿地处理技术（生态修复+人工湿地），在桥头镇大东洲填埋场启动中以合作垃圾渗沥液处理示范项目。开展常平镇笑金坑填埋场“分筛处理”整治试点项目，对垃圾填埋场进行清理整治和生态修复，对存量垃圾进行分筛处理。开展凤岗镇中心区生活垃圾填埋场旧场整治工作。

【城乡市容环卫统筹管理加强】 2015年，东莞市推进城乡市容环卫统筹管理，设立环卫专项补助资金。截至2015年，全市有28个镇街完成城乡市容环卫统筹管理工作，村（社区）市容环卫管理负担减轻70%以上，基本实现“全市一盘棋、城乡一体化”的市容环卫管理模式。

【生活垃圾分类持续开展】 2015年，东莞市按照“试点先行，稳步推进”的原则，在32个镇街共开展51个试点单位及4个试点社区生活垃圾分类工作，实现试点区域有害垃圾单独收运和规范处理。 （陈佩珠）

▲ 虎英公园

城市管理

【城市管理概况】 2015年，东莞市全年拆除违法建筑576宗，拆除面积47.4万平方米。制定《东莞市国有土地上房屋征收与补偿办法》。完成对20家房地产价格评估机构的检查和备案。开展查处城市“六乱”（乱扔吐、乱堆放、乱拉挂、乱张贴、乱搭建、乱摆卖）和违章广告、生活噪音等专项整治，全年出动执法人员41.4万人（次），执法车10.8万车（次），联合执法2860宗，教育纠正和立案查处各类违法行为23.9万宗，处罚金额2615.9万元，受理城市管理执法投诉1.27万宗。（陈柳金）

附：2015东莞市城市综合管理局主要领导名录

党组书记、局长：唐耀文

城管卫士 执法为民

① 2015年4月30日，共建东莞植物园合作框架协议签约仪式举行
② 2015年2月12日，2015东莞迎春花市开市仪式举行
③ 2015年6月26日，市城管局领导调研寮步建筑垃圾消纳场
④ 2015年12月10日，东莞市城管系统学习《广东省城乡生活垃圾处理条例》宣贯会召开
⑤ 2015年9月15日，市城管局直属机关党委参加“绿色生活，你我同行”志愿者活动

环境保护

【环境质量概况】 2015年，东莞市城市环境质量总体呈稳步改善态势。空气质量优良天数307天，SO_2、NO_2、PM10和CO年平均浓度均达到国家二级标准，分别比2014年下降26.3%、19.0%、15.0%和14.3%；PM2.5年均浓度36微克/立方米。全年降水pH年均值5.91，酸雨频率8.2%。饮用水源水质达标率100%；噪声环境持续保护稳定，各类功能区噪声年均等效声级符合《声环境质量标准》（GB3096-2008）中的标准。

【大气污染防治】 2015年，东莞市制定实施《东莞市2015年度大气污染防治实施方案》，完成省市下达的火电厂特别排放提标改造、重点行业VOCs治理、餐饮业油烟整治、扬尘污染治理等大气污染治理项目2740项；完成苏迪曼杯期间环境质量保障工作，赛事举办期间空气质量优良率始终保持100%；制定实施《东莞市臭氧污染防控专项行动计划（2015—2017）》，新建石龙、厚街、生态园3个空气子站，建成东莞市空气质量实况与预报发布平台。

【水污染防治】 2015年，东莞市制定实施《东莞市2015年南粤水更清行动工作方案》，以及石马河、茅洲河两大重点流域的年度综合整治方案；密切与深圳合作，成立茅洲河全流域水环境综合整治工作领导小组，制定东莞市“涌长制”实施方案和东引运河、寒溪河“河长制”实施细则；截至2015年，各镇街有13条河涌完成整治。

【重金属污染防治】 2015年，东莞市制定实施《东莞市2015年重金属污染综合防治实施方案》，对115家涉重金属企业全面实施台账管理，对45家重点重金属企业实施清洁生产审核，截至2015年，全市245家电镀企业，关闭62家、搬迁43家，获得2015—2017年中央重金属污染防治资金1.3亿元支持，启动石碣、麻涌、洪梅3个土壤修复试点工程。

【固体废物污染防治】 2015年，东莞市编制实施《东莞市危险废物与严控废物处理处置专项规划》（2016—2030），全市危险废物处理能力20.8万吨/年，严控废物处理能力达到70.1万吨/年。推进危险废物电子联单管理，办理跨市转移审批4111份，市内转移备案2927份，实施转移联单管理27367份，出具52份进口可用作原料的固体废物的监督管理意见表。对全市2022家医疗单位医疗废物集中收集处置，处置医疗废物达8489.36吨。

【污染减排】 2015年，东莞市政府投入17.1亿财政资金，引导水乡地区“两高一低”（高耗能、高污染、低效益）行业退出整治，纳入引导退出范围的54

东莞市环境保护局

2015年10月13日，召开绿色供应链合作国际交流会

家造纸企业有53家关闭，拟退出的44家非造纸企业已全部关闭或取消污染工序。全市平板玻璃行业9条生产线全部完成油改气技术改造。完成沙角C电厂脱硝设施技术改造。完成24台65蒸吨以上锅炉脱硫、脱硝提标改造。全市机动车环保限行区域从2015年12月扩展至东莞市全市范围，淘汰黄标车5.17万辆，完成省下达的目标任务。

【环境执法】 2015年，东莞市围绕新《中华人民共和国环境保护法》和《广东省环境保护条例》的实施，将2015年确定为环境法治年，落实国务院办公厅《关于加强环境监管执法通知》要求，制定实施《2015年东莞市环境保护大检查实施方案》，联合市水务、城管、经信、安监、卫计等部门，开展环境保护大检查行动。出动执法人员8.55万人次，检查企业3.65万家次，发出行政命令3343宗，申请法院强制执行1160宗，实施查封、扣押153宗，限产停产106宗，预启动按日连续处罚42宗，处理环境突发事件13起，查处环境信访案件1.59万宗。截至2015年，处罚环境违法行为3824宗、罚款金额1.28亿元万元，分别比上年增长86.8%和97.4%，移送涉嫌环境犯罪案件38宗。

【环境监管】 2015年，东莞市环保系统办理环评审批项目1.29万项，其中报告书214项、报告表3910项、登记表8051项，拒批740项；审批辐射项目48项、完成“三同时”验收1.05万宗、办理排污许可证1997份、辐射安全许可证47份；开征排污单位7620家次，排污费开征金额为2835.25万元，入库金额2512.42万元。截至2015年，东莞市重污染企业总数由845家下降到427家，其中环保专业基地外重点污染企业数量由753家减少到274家。

【环保改革】 2015年，东莞市重点推进环境功能区划、工业园区规划环评、环境污染第三方治理试点、环保责任保险、环境保护移动执法等改革。截至2015年，东莞市环境功能区划完成前期资料收集、调研以及基础研究等工作；寮步镇香市科技产业园规划环评通过审查，长安镇科技商务区规划环评初稿完成；环境污染第三方治理试点5家企业完成；新增投保污染责任保险企业54家、累计达74家，总保额超1亿元；移动执法系统在全市环保系统全面铺开使用。

【生态文明建设】 截至2015年，东莞市有25个镇（街）创建为省级以上生态乡镇，其中10个镇获得国家级生态乡镇命名；新增市级生态村（社区）12个，市级生态村覆盖率达82.6%；新增“环境教育基地”1个、“绿色学校”4所、“绿色社区”2个。完成国家环保模范城市复核省级预评估。 （曾佩珊）

附：2015年东莞市环境保护局主要领导名录

党组书记、局长：方灿芬

① 2015年4月15日，召开东莞市环境保护大检查动员会

② 进行大气整治后的城市环境

交通·邮政业

TRANSPORTATION · POSTS

■ 县道X195神山大桥重建工程完工通车

■ 莞深高速南段限速提高工程完工

■ 邮政普惠金融服务平台打造

虎门高铁站 （黄新杰 摄）

编辑：戴柱良

路桥建设

【路桥建设概况】 2015年，东莞市交通投资集团有限公司根据市委、市政府有关市属国企改革的部署，由原东莞市公路桥梁开发建设总公司实施公司制改造更名组建，2015年4月30日完成工商注册变更登记，经营范围是：交通基础设施投资、建设、经营、管理与养护；公共交通、小额消费、公用事业等城市一卡通的投资、经营和管理；公共客运、客运站（配客点）经营、水路运输、港口经营、仓储服务、交通物业等交通领域及相关产业的投资、经营和管理。业务分为：路桥建设、公共交通、智慧城市、交通物业、金融投资等五大板块。

截至2015年，东莞市交通投资集团有限公司合并报表总资产345.31亿元，净资产135.05亿元，拥有包括1家上市公司在内的共11家分支公司，4000名员工。2015年，承担13个路桥在建项目，总投资447.66亿元，在建路桥建设项目完成投资17.76亿元。所辖高速高速公路通行费收入21.14亿元，通过交通部“十二五”全国干线公路养护管理检查，2015年6月26日接入全国ETC电子不停车联网收费，并同步实现计重收费，组建东莞高速公路路政大队，依法维护路产路权。东莞巴士跨镇公交实行基础票价降低20%优惠，新开通线路37条，共计开通线路45条，投放运力827辆，实现除中堂、望牛墩、麻涌和洪梅等镇外的全市镇街全覆盖，公交运营行驶里程4148.2万公里，运送乘客3741万人次；“东莞通”新增持卡用户63.6万，持卡用户累计161万，完成东莞市智能公交管理平台建设，牵头成立东莞市大数据协会。东莞控股加快推进“产融双驱”发展战略，2015年实现主营收入10.72亿元，其中通行费收入9.34亿元，比上年增长8.53%；融资租赁收入1.38亿元，比上年增长137.88%；投资收益4.25亿元，比上年增长73.13%。

【县道X195神山大桥重建工程完工通车】 神山大桥位于东坑镇县道X195北段，上跨寒溪河，是连接东坑镇与横沥镇的主要通道。县道X195神山大桥重建工程项目起点位于东坑镇东坑大道北，终点位于横沥镇的恒泉道，路线呈南北走向，路线全长0.4公里，拆除原神山大桥，新建桥梁全幅宽32米，桥梁结构是（8×20）米预应砼空心板梁，桥梁全长166.12米，采用二级公路同时兼顾城市主干道标准，设计速度为60公里/小时，工程投资概算3791.61万元（不含征地拆迁及建设单位管理费），2015年12月建成通车。

【莞深高速南段限速提高工程完工】 莞深高速公路起点位于深圳市黎光（桩号K0+000）接深圳梅观高速，向北经塘厦、黄江、大朗、大岭山、寮步、东城、石碣等镇街，终点在东江北干流东莞与广州市增城区交界处（桩号K52+818）接增莞高速增城段，全长52.82公里。

本次实施的莞深高速南段限速提高工程，是市政府2015年十件实事之一，为起点黎光至常虎立交段（K0+000-K19+700），按照“以人为本、安全至上、全时保障、经济有效”的理念，采用“分车道、分车型”的限速提高方案，其中内侧最高限速100—120公里/小时，限行车型为小型车；中间最高限速90—120公里/小时，限行车型为小型车；外侧最高限速60—100公里/小时，限行车型为大型车；工程总投资118.81万元，工程于2015年4月启动，2015年6月完工，实现莞深高速全线限速提高。

铺路架桥　助推东莞升级

① 2015年5月7日，市委书记、市人大常委会主任徐建华（前左），市委常委、常务副市长张科（左一）等领导到市国有企业开展专题调研。图为考察东莞发展控股股份有限公司

② 2015年6月25日，市委常委、常务副市长张科（前排中）现场督导东江梨川大桥工程

③ 2015年3月25日，市委常委、常务副市长张科（左三），副市长贺宇（右三）等领导参加东莞市交通投资集团有限公司成立大会并为该公司揭牌

④ 2015年5月29日，副市长贺宇（前排左二）现场督导从莞高速公路东莞段（含清溪支线）工程

【疏港大道延长线工程动工】 疏港大道延长线是虎门港立沙岛作业区的重要疏港通道，也是连接立沙岛、洪梅、道滘和厚街镇的主要通道，工程起于望沙公路（接疏港大道），经洪梅、道滘，终于厚街镇（与港口大道相交），与厚街大道顺接，路线全长7.14公里，新建东海大桥和粤晖大桥（粤晖大桥单独立项，本项目投资不含粤晖大桥），扩建南大大桥和南阁大桥，并对南大大桥旧桥和南阁大桥旧桥进行维修加固，设置望沙公路、洪金南路、粤晖大道、南阁大道及港口大道等5处平面交叉，采用一级公路兼顾城市主干道功能，主线设计车速80公里/小时，辅道及匝道设计车速40公里/小时，路基标准横断面宽度为35.5米。全线按双向四车道设计，远期按双向六车道做好规划控制。项目总投资概算5.25亿元。工程于2015年8月动工，计划工期3年。

【凤岗镇金龙路工程动工】 金龙路位于凤岗镇东部，是中集凤岗项目的物流配套项目，也是东深公路连接博深高速官井头出入口的连接线，西起东深二路（S255），向东途径官井头村，从官头头水库北侧穿过，下穿博深高速高架桥，东至博深高速工农立交的匝道，止于深圳市龙岗区，全长5.27公里（其中新建4.39公里，东深二路改造0.88公里），采用一级公路标准同时兼顾城市主干道功能，东深二路改造段采用一级公路标准，设计速度80公里/小时，新建路段设计速度60公里/小时，初步设计概算3.52亿元。工程于2015年8月动工，计划工期3年。

【深圳外环高速公路东莞段工程动工】 深圳外环高速公路起于深圳宝安区沙井，接广深沿江高速路，经东莞市，终于深圳大鹏新区葵涌街道，接盐坝高速公路，路线全长93.2公里。其中东莞段起于东莞市塘厦（东莞深圳两市交界处，顺接深圳外环高速深圳段），经东莞清溪、凤岗镇，终于龙岗区五联，与博深高速相交设清林互通后，接深圳外环高速深圳段，路线长17.05公里，设特大桥、大桥（含分离式主线跨线桥）1.15万米/12座；设中隧道1230米／2座（双洞平均长计，未计列清林隧道深圳境内505米），设平山、塘背、桥陇、凤岗、清林互通立交共5处。采用高速公路技术标准，设计速度100公里/小时，项目设计概算48.77亿元，先行标于2015年10月动工，先行标计划工期2年，项目计划总工期4年。

【东莞至番禺高速公路桥头至沙田段项目先行标动工】 东莞至番禺高速公路桥头至沙田段项目起自东莞市桥头镇与惠州市交界处，顺接河惠莞高速公路惠州段，经常平、横沥、东坑、大朗、松山湖、寮步、大岭山、厚街，终于沙田镇，接虎门二桥接线及广深沿江高速公路，路线全长62.8公里，设桥头东、桥头南、常平东（枢纽）、横沥、常平西、东坑、穿步（枢纽）、大岭山、新围、厚街南（枢纽）、沙田东、沙田（枢纽）等12处互通式立交；设隧道4座，特大桥、大桥共24座，中小桥3座；设服务区1处，管理中心1处，养护工区4处（含2处隧道管理站），全线采用双向6车道、设计速度100公里/小时的高速公路技术标准，投资估算总额224.93亿元。先行动工标段沙田互通立交位于东莞市沙田镇民田村，连接广深沿江高速公路，2015年12月动工。

【道滘大桥重建工程动工】 道滘大桥重建工程起点位于道滘镇道厚路蔡白村段，跨越东莞水道后，终于道厚路与桥东大街的平交口，路线全长1.13公里，重建桥梁长808米，桥宽29米，并对旧桥进行拆除。重建工程采用一级公路标准，设计速度60公里/小时，采用沥青混凝土路面，主桥上部结构采用跨径组合（72+130+72）米预应力混凝土连续梁，两边引桥上部结构采用24米预应力混凝土预制小箱梁；下部结构采用钻孔灌注桩基础，肋板式桥台，实体式/柱式桥墩，投资估算3.38亿元。工程于2015年8月动工，计划工期4年。

【县道X883虎门一号桥等四座旧桥整治工程动工】 县道X883虎门一号桥、虎门二号桥、金沙桥、广济桥等四座桥梁位于虎门镇境内县道X883线上，因使用年限长，出现不同程度病害，报经市政府批准，对该四座桥梁纳入抢险工程

① 2015年3月31日，市政协副主席何嘉琪（左一）、吕兢（左二）率调研组乘坐公交车开展“以公共交通为突破口，着力提高东莞市新型城镇化建设水平”专题调研。图为调研组听取东莞公交车发展情况汇报

② 2015年9月8日，在东莞大数据协会成立大会暨大数据高峰论坛上，贵阳大数据交易所与东莞大数据协会签署合作协议

进行整治，其中，虎门一号桥：左1、3幅进行维修加固，左2幅拆除重建，跨径组合（2×16）米，桥宽9米，上部结构采用预应力混凝土装配式空心板，下部结构桥台采用薄壁台，柱式桥墩，钻孔灌注桩基础；虎门二号桥：拆除重建，跨径组合（2×13）米，桥宽13米，上部结构采用预应力混凝土装配式空心板，下部结构桥台采用薄壁台，柱式桥墩，钻孔灌注桩基础；金沙桥：左1、3幅进行维修加固，左2幅拆除重建，跨径组（13+16+13）米，桥宽9米，上部结构采用预应力混凝土装配式空心板，下部结构桥台采用薄壁台，柱式桥墩，钻孔灌注桩基础；广济桥：左1、3幅进行维修加固，左2幅拆除重建，跨径组合（3×13）米，桥宽8.5米，上部结构采用预应力混凝土装配式空心板，下部结构桥台采用薄壁台，柱式桥墩，钻孔灌注桩基础。拆除重建桥梁设计荷载标准统一采用公路-Ⅰ级，维修加固桥梁维持原设计荷载。工程投资概算2310.4万元。工程于2015年12月动工，计划工期32个月。

【从莞高速公路东莞段（含清溪支线）】 从莞高速公路东莞段（含清溪支线）工程为省市重点工程，由主线和清溪支线两部分工程组成。主线工程起于东莞石排镇赤坎村（惠州市与东莞市东江地域交界处），向南经石排、企石、横沥、常平、樟木头、塘厦、清溪、凤岗等镇，终于凤岗镇大湖洋（接深圳外环高速），长约42.2公里，采用双向六车道高速公路标准，路基宽度33.5米，设计速度100公里/小时。设特大桥11座、大桥14座，设隧道6座（其中特长隧道2座），设石排、东部快速、常平北、常平（枢纽）、樟木头、塘清（枢纽）、清溪、塘厦、凤岗（枢纽）互通立交共9处。清溪支线工程起于塘厦镇林村（接东莞市境内龙林高速），向东经石马河、罗马村、浮岗村、松岗村、上元村，终于惠州约场北（东莞市与惠州市交界处，接博深高速），长约15.5公里，采用双向四车道高速公路标准，路基宽度26.0米，设计速度100公里/小时。设特大桥2座、大桥8座，设隧道1座，设清溪湖、约场北枢纽互通立交共2处。全线长约57.7公里，项目工可估算112.07亿元，工程于2011年3月全面开工建设，2015年完成投资10.01亿元，累计完成投资100.13亿元，占项目总投资的89.34%。

【桥东大桥引桥拆除重建工程】 桥东大桥引桥拆除重建工程位于桥头镇，起于桥头镇莲湖路，跨越粤港供水渠，止于S120、东江大道及桥鸿路成形的三路五向平面交叉路口，呈南北走向，长约0.45公里，设计道路等级为一级公路，设计时速60公里/小时，全幅宽为31.0米，桥梁结构是（25+50+25+3×30+20.4）米预应力砼小箱梁及T梁组合梁桥，桥梁全长213.31米，投资控制价4853.31万元，工程于2013年3月动工，计划2016年1月完工。

【石大公路路面大修工程】 起点位于茶山镇（省道120与茶山环城路平交处），经茶山、寮步和大岭山镇，终于大岭山镇大塘村（接国道107线莞长公路），除茶山镇寒溪河北段采用茶山环城路代替对应石大路旧线（长约7.5公里）外，其余路段均沿旧线布设，路线全长27.08公里，主线采用平原微丘区双向六车道一级公路标准，设计车速80公里/小时，局部路段采用60公里/小时；辅道采用城市次干道标准，设计时速40公里/小时。全线加固利用旧有寒溪河大桥1座、新建寒溪河特大桥1座、中桥2座、小桥3座；设金富路跨线桥、翠香路跨线桥、金松路跨线桥、莞深高速跨线桥、连马路跨线桥共5座跨线桥；设寮步通道、月山通道、红荔支线通道共3座下穿通道；新建人行天桥15座；设人行地下通道4座；新建箱涵24道。市政府批复投资概算16.65亿元（不含征地拆迁、建设单位管理费和建设期贷款利息）。工程于2011年4月开工建设，2013年12月底主线部分路段通车，2015年2月，该项目控制性工程寒溪河大桥通车，2015年完成投资0.77亿元，累计完成投资14.65亿元，占项目总投资的88%。

【东江梨川大桥工程】 该工程属市重点工程，北起东莞市高埗镇莞潢路，向南依次跨越高埗沿江大道、中堂水道、大王洲岛、东莞水道及东城区东江大道，终点与东城区东江大道连接，路线全长2.29公里，按双向四车道一级公路兼顾双向六车道城市主干道标准设计，主桥桥面宽度31.2米，设有高埗、庆新路、东江大道等三座互通立交，跨中堂水道和东莞水道分设两座主桥，工程总投资概算约9.22亿元（含征地拆迁费用）。工程于2011年5月28日动工，2015年完成投资1.06亿元，累计完成投资7.68亿元，占项目总投资的83.35%。

【东平东江大桥工程】 该工程属市重点工程，位于省道S255（东江大桥）和县道X195（石洲大桥）之间，呈南北走向，设计起点与东莞企石镇东平大道相接，向北跨越东江，终点接规划中的博罗罗浮山至企石公路（双龙大道）。本项目等级为一级公路，设计速度80公里/小时，路线设计长度2.49公里，其中桥长约1.82公里，引道约0.67公里。主桥采用独塔单索面墩、塔、梁固结的预应力混凝土斜拉桥。工程总投资概算5.4698亿元。2012年6月30日开工建设，2015年完成投资0.61亿元，累计完成投资2.84亿元，占项目总投资的56.36%。

【粤晖大桥工程】 粤晖大桥是疏港大道延长线的过江通道之一，东接道滘镇南阁中路，横跨大汾北水道，西接洪梅镇厚洪路，是连接洪梅镇和道滘镇的重要通道。路线全长约734米，双向四车道，采用一级公路标准，设计行车速度60公里/小时，总投资约9457万元。该工程是2012年我市统筹水乡地区发展12项先期启动项目之一，2012年12月动工建设，2015年完成投资1149万元，累计完成投资6030.8万元，占项目总投资的63.77%。

【东莞市智能公交管理平台建设完成】 “建成全市智能公交管理平台，实现市民实时查询公交路况信息”是市政府2015年十件实事之一，市政府决定由市交投集团出资建设，要求把实现包括轨道交通在内的各种公共交通数据信息互联互通，纳入智能公交管理平台建设内容，促进各种公交资源优化配置。建设内容包括“二个中心”（智能公交数据中心、智能公交调度指挥中心）、“三个平台”（政府部门监管平台、公交企业管理平台、信息便民服务平台），总投资942.8万元，2015年12月建设完成，经试用检测完善后正式上线使用。智能公交管理平台围绕服务城市公共交通企业、乘客、行业管理部门等三方需求，实现城市公共汽车运营状态动态监测与智能调度、服务质量监管和公共交通出行信息服务等功能。其中便民服务平台（东莞通APP），采集全市408条公交线路近2万个公交站点经纬度数据，并发的1.0版本的东莞通APP功能涵盖公交线路和站点查询、实时公交、换乘规划等公交应用，融入“东莞通”卡余额查询、空中充值、在线金额圈存和服务网点查询等专属功能。（姚庆保）

附：2015年东莞市交通投资集团有限公司主要领导名录：

党委书记、董事长、总经理：尹锦容

公路养护管理

【公路养护管理概况】 “十二五”期间，东莞市公路事业实现新跨越。2015年，东莞市公路管理局管养的国省道公路优良路率为99.6%，比“十一五”期末提高近2个百分点，路况水平处于全省前列。县道公路自2015年初纳入东莞市公路管理局统一管理以来，路况质量提升。“十二五”期，公路建设、养护、管理工作步入规范化轨道，多次受到上级部门的表彰，获评“全国交通运输系统先进集体”“广东省公路养护管理工作先进单位”“广东省路政管理工作先进单位”“市重大项目建设管理先进集体”。

在路网优化升级和公共服务能力上实现新突破 “十二五”期间，累计投入55亿元，先后改造国省道公路里程达110公里，占管养干线公路总里程的三分之一，优化国省道公路交通环境，提高公路通行能力，在路网优化升级上实现新突破。同时，坚持建好路、养好路、管好路，保障公路安全畅通，让公众出行更便捷，让公路发展的成果普惠于民，在公共服务能力上实现突破。

路况质量提升、路域环境提升、管理水平提升 五年来，东莞市公路管理局管养的公路水泥、沥青路面铺装率达到100%，技术状况指数MQI达到90以上，评定等级为“优”，各项指标均超出国家和省、市的指标任务，路况质量提升。同时，努力争取市委市政府的支持，注重加强与镇街、市交通综合执法部门等有关单位的沟通协调，调动各方力量，推进路域环境整治工作，打造“畅、安、舒、美”的公路环境，路域环境提升。探索完善公路养护新模式，调整优化工程建设管理模式，全面加强队伍建设、设备提升、服务增效等各项工作，综合管理水平提升。截至2015年，东莞市公路管理局主要承担全市辖区内1条国道、6条省道、26条县道及13条委托管养乡道公路及桥梁的规划建设和养护管理工作，管养的公路总里程718公里，公路桥梁393座（4.9万延米）。

【公路养护】 2015年，东莞市公路管理局加强公路日常养护工作，以“国检”标准规范公路养护管理各项工作，确保以良好的路况质量和路容路貌迎接“国检”，完成迎“国检”工作任务。2015年，共投入6650万元用于国省道公路养护，投入7550万元用于县道和委托乡道养护，坚持高标准做好路面灌缝、坑槽修补、公路保洁等工作。2015年，东莞市公路管理局管养的公路技术状况指数（MQI）评定等级均为“优”，其中国省道优良路率为99.6%，县道公路优良路率为92.5%，路况水平处于全省前列。

2015年，东莞市公路管理局推进公路养护机械化发展，共投入930万元购置养护机械车辆设备，提高公路养护作业质量和效率。目前，东莞市公路管理局管养的国省道公路平均每5公里就配备一辆清扫车，每3公里配备一辆养护车，每20公里配备一辆洒水车及一套齐全

提高公路科学化建设管理水平 为东莞经济社会转型发展服务

2015年11月17—18日，交通运输部检查组到东莞市开展“十二五”全国干线公路养护管理规范化检查，图为检查组到市公路管理局路政所检查路政管理工作情况

的养护机械组合。此外，东莞市公路管理局重视桥隧安全管理工作，落实桥梁“三级检查”制度（经常检查、定期检查、特殊检查），并在管养的长隧道中安装视频监控系统，加强信息化监控与管理，与基层公路养护单位形成联动机制，全面保障桥梁、隧道安全运营。

【路网建设】 2015年，东莞市公路管理局加大国、省、县道路网改造和养护维修力度，优化国省县道公路交通环境，提高公路通行能力。2015年，东莞市公路管理局负责实施的4项重点工程共完成工程量4.3亿元，其中市主干公路交通堵塞点、省道S255桥头段路面改造工程完工；省道S256、S358大修工程全线贯通，我市最长的公路下穿隧道——长安隧道顺利通车；省道S358线清溪段路面改造工程超额完成年度投资计划的10%。

东莞市公路管理局推进迎检线路整治及专项改造工程建设，向市政府争取将国道G107、省道S120迎检线路整治工程纳入应急工程实施，共投入2806万元，50天顺利完成15公里路段的整治任务。通过实施省道S255、S358路面改造迎检专项工程，改善桥头和清溪段主干公路的路况水平。同时，先后实施省道S256厚街万达广场、虎门高铁站及省道S358虎门北站高速口等路段的交通整治工程，完成市政府交办的公路保障任务。

【路政管理】 2015年，东莞市公路管理局发挥“路长制”和“路政养护部门联合巡查机制”的优势，推进路政管理提升工程，依法开展路政许可审批工作，加大路政巡查力度，及时发现、处理路面安全隐患问题，有效保护公路路产路权。2015年，路政窗口共受理许可审批事项252宗，全部按时办结，在我市行政审批电子监察绩效测评中，每月均被评定为优秀等级。通报市交通综合执法部门的路政违法案件为285宗，较2014年的396宗减少近三成。

东莞市公路管理局加强路域环境综合整治。针对路域环境“脏、乱、差”问题及公路违法行为易反复、难整治的特点，全面摸排路域环境基础情况，协调交通执法、城管等部门及沿线镇街，完成1389项国省道公路路域环境整治项目；在迎“国检”冲刺阶段，在市政府的支持下，协调有关部门和镇街，按照“国检”标准，突击整治302个路域环境问题，完善环城路“S88线高速公路”等相关路段的标志标线，提升路域环境水平。同时，加大文化公路建设投入，协调沿线镇街及广告公司，加强公路文化宣传，将公路沿线的部分广告牌、电子信息屏、公交候车亭等作为宣传载体，大力宣传公路法规和交通公路行业核心价值观，营造良好的公路文化氛围。先后与G107线大岭山杨屋、S120线中堂潢涌加油站合作共建两个公路服务区，在G107线中堂江南路段建设便民服务点，打造为民服务、便民利民的公路文化。

（吴倩倩）

附：2015年东莞市公路管理局主要领导名录

党委书记、局长：陈志坚

① 2015年10月20日，市委副书记、市长袁宝成（前中），副市长贺宇（左四）一行到市公路一线视察指导迎“国检”工作

② 2015年4月29日，市公路管理局会同清溪镇召开省道S358线清溪段路面改造工程建设推进会，协调解决管线迁改等制约工程进展的难点问题，加快推进迎“国检”工程建设

③④⑤⑥ 2015年市公路管理局完成的重点工程建设项目。图③为2015年6月20日完工通车的莞樟路寮步香市路口跨线桥连接东部快速路匝道桥建设项目，图④为长安隧道，图⑤为省道S255桥头段路面改造工程，图⑥为厚街隧道

公路运输管理

【公路运输管理概况】 截至2015年，东莞市交通运输局累计完成交通建设投资36.19亿元，占年度目标任务101.43%。东莞市公路通车里程达5164.54公里，公路密度达209.5公里/百平方公里。

【交通规划编制】 截至2015年，东莞市交通运输局编制中长远规划，加强工作指导性。

《东莞市综合交通运输体系规划》于2013年11月召开专家评审会，修改完善后于2015年1月上报市政府审核，经与《总规纲要》审查意见衔接后于2015年7月上报市政府审定，并于2015年10月经市政府讨论原则通过；2015年9月，开展《东莞市综合交通运输体系发展“十三五”规划》编制工作，2015年底完成项目修编稿。

《深莞惠交通运输一体化规划》于2014年10月16日经深莞惠三市党政主要领导联席会议审定通过，并于2015年4月印发实施。东莞市轨道交通与常规公交衔接规划等3项规划编制完成，其中《东莞市轨道交通与常规公交衔接规划》《东莞市公共交通规划修编（2013—2020）》《东莞市水乡特色发展经济区公共交通规划》完成专家评审并完成修编稿。

【交通设施建设】 2015年，东莞市交通运输局加快在建公路工程进度，完成公路投资27.22亿元，建成8个项目，里程共计50公里。博深高速凤岗互通、石大公路大修、神山大桥、粤海产业园30号路、3个国省道路面改造及市主干公路交通堵塞点改造工程完工。推进虎门二桥、从莞高速、省道S256篁村至虎门及省道S358虎门至长安段路面大修、东江梨川大桥等12个在建项目建设进度。

2015年，东莞市交通运输局负责监督的公路、水运项目90个，总投资247.32亿元，开展监督检查检测484次，发出检查通知98份，发现主要问题1120个，在建项目单位工程总体合格率为94.9%。对存在质量隐患的工程，均按监督程序要求相关单位落实整改，促进工

建设大交通　促进大发展

2015年2月4日，春运首日，市委书记、市人大常委会主任徐建华（前排中）到万江汽车总站视察

程质量的提高。

【公路运输服务能力提升】 全面深化公交体制改革 截至2015年，东莞市有106条跨镇公交线路和1662辆公交车注销，均占纳入整合线路数（126条）及车辆数（1986辆）的84%，其中，原途经水乡5镇的8条跨镇公交线路已全数整合至水乡新城公司；研究制定政府购买公交服务配套政策。

提升公交服务能力 及时调整、新增一批公交线路，完善市内主干道路以及虎门高铁站、雅园新村和东莞台心医院等场所的公交线网配套；全年共调整公交线路71条，新增公交线路52条，其中东莞巴士公司新增36条，累计开行线路达44条，线路里程达1762公里，完成2015年市政府十件实事目标任务。

极倡导绿色运输 全年投放LNG清洁能源及新能源公交车750辆，其中新能源公交车516辆，超额完成全年清洁能源及新能源目标投放数；投放CNG清洁能源及新能源出租车779辆。四是加快智慧交通发展。推进公交智能化建设，政企合作推出“东莞通”“腾讯实时公交”“车来了”等APP手机应用软件，免费提供市民查询实时公交状况；推广公交IC卡应用，东莞市有5000辆公交车安装“东莞通”车载刷卡终端，基本实现全市公交一卡通；开展“95128”全国统一电召电话并网工作；促成出租汽车行业协会升级改造电召平台，开发推出“E出行”APP打车软件；继续扩大出租汽车服务信息管理系统覆盖面，全市安装出租汽车服务管理信息系统的车辆达5900辆，占车辆总数76%。

【运输市场秩序规范】 2015年，东莞市强化市场监管，努力打造幸福春运，完成全市开展公路景观综合整治，开展四市道路水路联合整治，开展非法营运、出租车、客运班车、旅游包车、维修、危运等行业整治，强化路政执法，在11个流动治超路段加大超限超载治理力度。全年查处交通违章案件8700宗，查处运政案件7090宗，查处路政案件1547宗，维护东莞市运输市场稳定。

附：2015年东莞市交通运输局领导名录

局　长：黎达潮

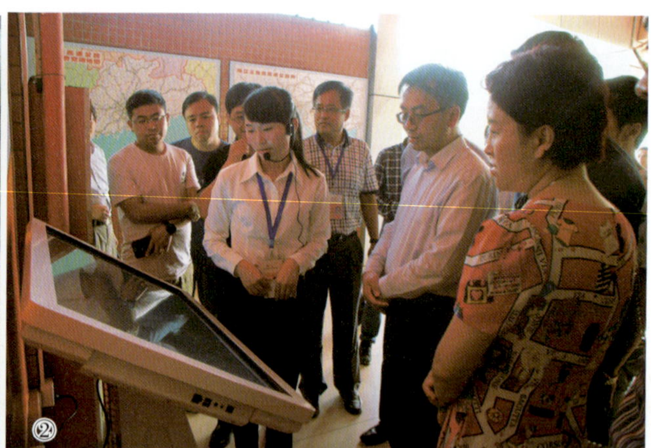

① 2015年2月4日，春运首日，市委副书记、市长袁宝成（前排左二）到东莞火车站视察

② 2015年11月17—18日，“十二五”全国干线公路养护管理检查

③ 2015年5月30日，东莞巴士有限公司于5月配合团市委圆满完成苏迪曼杯志愿者交通运输保障任务，获得“突出贡献集体”称号

④ 2015年5月19日，市政协经济委员会调研城市公共交通

⑤ 2015年2月3日，县道X234石大公路大修工程主线通车

水路运输业

航道管理

【航道概况】 “十二五”期间，东莞航道局辖区有航道643公里，其中千吨级航道39公里；航道设标里程429公里，设置航标760座，标灯1460盏，其中一线标153座，标灯140盏；二线标607座，标灯1320盏。千吨级航道里程、航标和标灯数量较“十一五”末分别增加39公里、88座和428盏。

航道建设成效显著 “十二五”期间，累计完成航道建设投资7496.83万元，整治航道121公里，炸礁22.4万立方米，疏浚35.9万立方米，新建业务楼站房3500平方米、工作船码头2个。

航道服务水平提高 “十二五”期间，累计完成航道养护投资2243.3万元，维护航标127.75万座·天，向社会公众发布航道信息2109次（其中航道通告284次、水位信息1825次），将20座水标改为灯塔，110座航标改用进口LED光源，160座航标采用遥测遥控技术进行管理，其中东江下游一线标和东莞水道航标实现遥测遥控全覆盖，6艘在册船舶技术状态和性能良好，辖区航道维护水深年保证率、航标维护正常率、航道船舶完好率年年达标。

航道安全生产形势持续稳定 “十二五”期间，东莞航道局安全生产形势总体保持稳定，未发生安全生产责任事故，职工零伤亡报告，航道公共安全得到有效监管，辖区航道安全畅通。

航道行政管理有新突破 “十二五”期间，累计完成航道审批548宗，办结率100%，“0”投诉；出动1265人次，实施监管巡查520次，巡查航道4.09万公里，发现违法设施、作业186宗。

截至2015年，东莞航道局加快航道基本建设，开展安全隐患专项整治，加强航道养护管理，维护航道里程643公里，设置航标760座，标灯1460盏，航标维护工作量27.74万座·天，航道养护水深年保证率、航标维护正常率均达100%，被广东省航道局评为劳动竞赛“优胜单位”，居全省区域局第2名；在2015年全国交通运输行政执法评议考核工作中，获交通运输部“2015年交通运输行政执法评议考核优秀单位”称号，同时获广东省交通运输厅“2015年省交通运输行政执法评议考核优秀单位”。

【航道建设】 2015年，东莞市倒运海水道航道整治工程取得进展，完成项目征地、卸泥区确定、主体工程施工和监理招标等工作，落实地方配套建设资金1348万元，完成项目投资1601万元。广东省航道支持保障系统涉及东莞航道局54座航标和10座水位站（其中深圳局1座）工程招标文件通过省局备案审查并挂网招标。东莞航道指挥监测系统一、二期建设完成。完成东莞水道工作船码头建设并交付航测所使用，配合广东省航道局完成3吨旋转吊工作船项目设计和招标。

【航道维护与管理】 2015年，东莞航道局加强汛期航道维护，加强对东江、东莞水道的排洪闸口航道和寒溪河航道的观测巡查，加强与三防、水利部门沟通，掌握闸口排洪情况，及时发布航道通告。加强巡查航标，每月1次上标全面检查，1—2次夜航查灯；及时设置、调整标志配布86标次，改建塔标5座，处理航标被碰事件83宗、被盗事件13宗；在倒运海水道河口15座航标上试用新型太阳能一体化航标灯。

【航道安全生产】 2015年，东莞航道局被列为东莞市安全生产委员会成员单位。并将一些航道公共安全问题提交市安委会议，推动海事局、安监局、交通综合行政执法局联合开展主要航道上未设置（包括未落实维护管理责任）桥涵标桥梁专项治理行动、过河电线、油气管道专项整治。辖区31座未设置（未维管）桥涵标桥梁，完成整改12座，其余19座正在整改中；31处未设管线标或未落实维护责任的过河油气管道，有24处已完成航标审批，正在落实设置，7处未落实维护责任的管道管线标的维护工作拟委托航测所实施；12处过河电缆管线标已落实有关部门制定整改方案。2015年，在辖区塔标（行人较多处）设置安全警示牌20座，实现建局以来连续17年安全生产无事故。

【航道行政管理】 2015年，东莞航道局开展《航道法》宣贯工作。落实网上办事大厅的上线要求，提高审批服务水平。梳理航道部门权责清单，由市统一对外公布，接受社会监督。加强与交通综合行政执法联系，密切双方协作关系。完成航道行政审批项目138项，比上年增加10宗，其中三河建筑物审批13项，水上水下作业施工审批70项，航标审批55项；开展航道监管巡查24次，巡查航道2650公里，监管在建项目77个，发现涉航违法案件33宗，通过市交通综合执法部门执法解决安全隐患55处，召开执法联席会议6次，航道行政执法工作加强。 （李文峰）

附：2015年东莞航道局主要领导名录：

党组书记：王海林

局　长：黎绍弘

水路运输管理

【港航生产概况】 2015年，东莞市港航生产态势总体平稳发展。虎门港完成年货物吞吐量1.31亿吨，亿吨大港的位置巩固，年货物吞吐量居全省第四。港口方面，共有港口企业84家，码头104座，泊位211个（其中万吨级及以上泊位28个），全港年设计通过能力达1.04亿吨、集装箱89万TEU（标箱）。完成港口货物吞吐量1.31亿吨，比上年增长1.93%，其中：外贸货物吞吐量完成0.23亿吨，比上年增加0.14%；完成集装箱吞吐量336.28万TEU，比上年增长16.27%；完成旅客吞吐量32.42万人次，比上年增长3.53%。水运方面，东莞市现有水运企业共39家，运输船舶411艘，99.94万吨，载重161.19万吨，其中载重1万吨以上的9艘。2015年完成水路货运量5110.14万吨、水路货运周转量435.15亿吨公里、水路客运周转量2147.99万人公里，比上年分别增长14.59%、16.83%和7.23%。

【港航设施建设】 2015年，东莞市完成码头项目固定资产投资13.36亿元，新增码头4座，共5个生产性泊位，新增设计能力412万吨。推进重点项目建设，国丰粮食现代物流及配套加工项目的配套码头竣工验收，海昌船务散杂货码头、宏业货柜码头迁建工程、驳船码头工程正在施工，沙田港区三期工程（9#、10#泊位）完成施工招投标，深粮粮食仓储及码头工程项目、宏川化工码头正在开展前期相关工作。推进码头结构加固改造工程，沙角A电厂码头、飞虎石化码头和金明石化码头加固改造完成，正在做竣工验收的准备工作;沙角C电厂码头结构加固改造工程正在施工；海腾码头加固改造工程办理施工图设计审批。2015年完成初步设计批复1个、施工图设计批复3个、项目竣工验收6个、项目招标和备案4个，提升港口货物通过能力和码头利用率。

【港航市场规范】 2015年，东莞市严把港航企业资质关，规范和维护行业经营秩序。清理过期港口经营许可证及港口危险货物作业附证。完成核发港口经营许可证34张、水路运输许可证5张、船舶营运证168份、船舶营运证注销证明书

20张；完成国内水路运输及其辅助业核查工作，核查水运经营业户76家，运输船舶382艘，核查通过率分别为98.7%和99.7%，审验水路运输许可证83张，核查广东省交通运输厅港澳航线船舶营运证199张，核发船舶年审合格证382张。深化商事登记制度改革，使用全市协同监管信息系统，完善商事登记制度改革后续市场监管，完成对44家企业的商改后续监管。开展沿海港口工程未批先建整治、水运工程专项市场检查和水运工程落实施工方案专项行动等，规范水运工程建设市场秩序。组织完成2014年度东莞市水运工程在建项目设计、施工和监理单位信用评价，总体情况良好。狠抓节假日安全生产大检查、各类安全生产专项检查和日常安全监管，出动检查人员1621人次，排查安全隐患712项、提出整改意见及安全管理建议892条；严格审批港口危货作业申报5175次；完成20家企业的港口保安符合证书年度核验；推进港航企业安全生产标准化建设，完成达标港口企业64家、水运企业28家，夯实我市港航生产安全态势。做好进出虎门港船舶的调度引航工作，安排进出港船舶10862艘次，比上年增长1.8%；安全引航船舶2582艘次，比上年减少3.58%。

海事管理

【海事概况】 截至2015年，东莞海事局辖区水网密布、海河直达，主要在东江河下游区域，范围包括：企石水闸至渔民洲洲头的东江干流流域、渔民洲洲头至东江干流河口的东莞沿岸水域、珠江口水域部分的东江干流河口至宝安河口的岸线和水域（包括临时监管水域）、东宝河靠东莞一侧的沿岸水域，以及东莞市行政区域内的河流、水库等通航水域。辖区内主要通航水道18条，通航里程651公里，岸线1249公里（其中约138公里与邻近市交界，53公里位于珠江口）。主要通航水道桥梁59座；有一类对外开放口岸1个（虎门港）。

【海事安全管理】 2015年，东莞海事局实施网格化风险管理，跟踪隐患排查整改；开展危化品和易燃易爆物品等专项检查，打击违章行为；推广使用智慧海事监管平台，建成4个基层海事信息化监控分中心，实现电子巡航执法；制定主干航道通航规定，划定内河临时锚地，优化通航环境；加强与交通、安监等部门联合执法，落实与气象、水务等合作框架，加大协作交流力度；深化“一室三组”建设，危防品牌建设成效初显；运行东莞市水上搜救分中心，接管虎门港危险品应急中心，夯实应急搜救力量；联合地方政府推进渡口渡船管理，明确渡运安全管理责任。

“十二五”时期，东莞辖区进出港船舶136.9万艘次，货物吞吐量10.2亿吨，集装箱吞吐量1137.7万标箱，比“十一五”增长4.5%、154.5%、884.4%。完成港口国检查446艘次，船舶安检5738艘次，船舶登记2383艘次，船员发证7616本，船舶检验4565艘次，违章处罚3955宗。五年来，辖区发生事故8宗，死亡5人，沉船1艘，直接经济损失940万元，比“十一五”分别下降42.9%、44.5%、持平和上升53.7%，四项指标“两降一平一升”。成功组织搜救行动64次，搜寻救助成功率达98.8%，辖区水上交通安全形势总体保持稳定。

【服务港航经济】 2015年，东莞海事局配合虎门港“单一窗口”建设，推进“三互”大通关建设；主动服务水乡经济发展、市重大项目涉水工程建设；支持石龙“一带一路”水铁联运枢纽建设，推动深赤湾二期、鸿源码头通过口岸验收；开辟船舶抵押登记绿色通道，畅通莞籍船舶融资渠道。

“十二五”时期，东莞海事局辖区新建码头22座，新增开放泊位14个、船员1500人、航运公司10家、运力120万吨，行政许可业务及时办结率100%，海事服务得到广泛认可，社会评价满意度达95%。

【海事基础设施建设】 2015年，东莞海事局建成4个海事处智慧监控分中心，信息化监管迈上台阶；建成海员证制证室，取得发证业务授权；建设海巡船无线视频监控系统，现场办公机动可靠；完成沙田处浮码头可行性研究、太平处浮码头引桥建设，海巡船艇建造持续推进。

“十二五”时期，东莞海事局按照“全面推进、重点培养、分批实施”的思路，通过体检评估、挂点督导、销号整改，深入开展“五精”海事处建设，海事处建设初见成效。建成麻涌工作船浮码头、内河二期CCTV和VHF项目，新增20米级海巡船2艘、海巡艇6艘，完成局办公大楼搬迁和海事处业务用房改造。推动地方政府投入建成VTS中心和虎门港危险品应急中心。完成基础建设和固定资产改造投入1.1亿元，全局固定资产达1.3亿元，资产总额1.45亿元，增长34.1%、32.3%和28.3%。

【海事规范管理】 2015年，东莞海事局结合海事职能调整，实施质量体系升级改版，加强体系内审和管理评审，体系运行持续有效；深化半军事化建设，麻涌海事处成为广东局半军事化管理示范单位；落实执法模式改革要求，推进审批事项“减、简、优、并、转”。贯彻实施《海事执法业务工作流程》，试行行政执法指导性案例制度，建立行政处罚裁量基准，推进依法行政；规范预算管理，强化增收节支，完成公务用车制度改革，“三公”经费及会议费比上年下降19.3%、20.9%。（林旭文）

附：2015年东莞海事局主要领导名录

局　长、党组书记：羊少刚

政　委：陈楚坤

铁路运输业

【铁路概况】 截至2015年，东莞境内共有广深准高速铁路、广梅汕铁路、京九铁路等铁路线路3条，总长度79公里。

2015年，广深准高速铁路在东莞境内段长56公里，其中常平以上段与广梅汕铁路共线，常平以下与京九铁路共线；广梅汕铁路在东莞境内长度约43公里，其中常平以下至东莞市谢岗、惠州市沥林间23公里，常平以上与广深准高速铁路共线；京九铁路在东莞境内长度约59公里，其中常平以上与广梅汕铁路共线，常平以下与广深准高速铁路共线。主要车站有东莞火车站、东莞东火车站、常平火车站、樟木头火车站等。

2015年，东莞地区主要火车站货物发送量累计104.03万吨，比上年上升37.3%；旅客发送量累计1386.60万人，比上年下降7.0%。

2015年东莞地区主要火车站客货运输发送量

车站名称	货物发送量（吨）	旅客发送量（人）
合计	1040372	13865084
常平火车站	298517	3687833
东莞火车站	357120	4038203
樟木头火车站	29365	2435582
茶山火车站	74319	无
东莞东火车站	281051	3704366

轨道交通建设

【轨道交通概况】 截至2015年，轨道交通公司完成投资21.4亿元，占年度计划21.2亿元的101.3%。其中，东莞轨道交通2号线完成投资20.0亿元，占年度计划的101.8%，累计完成投资139.72亿元，占概算投资的77.6%，2号线获评“2015年市先进重大建设项目”；线网控制中心综合体完成投资1.4亿元，占年度计划的94.2%。

【轨道交通工程建设】 设计管理 2015年，轨道交通公司组织完成国家《地铁快线设计规范》编制项目开题、初稿编制；完成《东莞轨道交通2号线土建工程技术总结》编制。开展管理创新评比，涌现出“2号线工程测量数据处理软件开发项目”等优秀成果。

质量安全 2015年，落实质量安全主体责任，共签发53份整改通知书、整改188条问题。配合做好加博会、海博会等重大活动期间文明施工。推进13项专项验收工作，取得规划建设、环评及票价等3项批复文件。全年未发生一般及以上安全事故。

土建工程 2015年，2号线土建工程完工，15座车站全部建成，14个区间主体工程全部完工；100座车站附属出入口、风亭完工并移交安装装修单位。线网控制中心完成主体结构封顶，综合体工程完成基坑立柱桩和钢筋混凝土支撑。

机电设备 2015年，2号线相继实现“轨通”“电通”“热滑”“试运行”等重要目标。完成全部20列车的预验收。完成车辆段、主变电所、正线现状移交运营。完成“IBP盘与关联系统综合联调”等30个综合联调、测试项目，12月29日如期实现2号线建成试运行。

【轨道交通公司管理】 运营筹备 截至2015年，运营分公司共有员工1106名，其中782人完成上岗取证，上岗取证率达到82%，打造适应开通需要的运营团队。5月运营筹备人员全面进驻东城车辆段，10月全面进驻各车站并实行24小时倒班生产运作。

资源开发 2015年，完成2号线车站内便利店、面包店、自助设备、零散商铺等4个项目招商。与东莞电视台合资成立东莞市轨道交通电视传媒公司，并与三大运营商达成合作意向，完成民用通信4G引入系统前期招标。完成无线WiFi业务调研并进行招商。

新线建设 配合完成1号线工程可行性研究报告上报省发改委审批。提前完成设计、勘察、测量等3类投标人企业库的建库和17个标段招标文件的编制，以及总体总包标和测量标挂网。推进项目融资，开展PPP（公私合作）模式研究，9月份1号线列入国开发展基金名录，并获得4亿元投资。 （田　帅）

附：2015年东莞市轨道交通有限公司主要领导名录

董事长：刘　波

总经理：陈文胜

快捷交通　营造莞香新生活

① 2016年6月12日，市委书记、市人大常委会主任徐建华（右三），市委常委、常务副市长张科（右一）等领导到蛤地站，实地考察2号线工程建设情况

② 2015年8月26日，市委副书记、市长袁宝成到2号线蛤地站、东城车辆段，实地调研轨道交通项目建设情况，体验试乘列车

③ 2015年10月16日，市政协主席李毓全（左二）到地铁2号线调研工程建设情况

④ 2015年12月29日，市委常委、常务副市长张科宣布2号线全线建成开始空载试运行

邮政业

【邮政业概况】 截至2015年，东莞市邮政业业务总量171.55亿元，比上年增长56.45%，业务收入99.25亿元，比上年增长43.16%。其中快递业务量7.51亿件，比上年增长61.90%，业务收入85.46亿元，比上年增长46.24%，位居地级市第二。东莞市邮政普遍服务营业场所238处，行政村通邮率达100%。东莞市主要快递品牌45个，快件分拨中心39个，依法取得快递业务经营许可的法人企业372家，备案分支机构454家，快递从业人员超5万人。

【邮政普遍服务和特殊服务保障监督】 *邮政普遍服务行政审批与备案管理* 4月1日起，承接东莞辖区内邮政普遍服务“两项行政审批”与备案管理工作，2015年受理邮政企业撤销、设立邮政普遍服务营业场所以及备案邮政普遍服务营业场所信息变更申请55个。

邮政普遍服务和特殊服务监督检查 做好“扫黄打非”、邮票发行销售、邮政机要通信安全等监督检查和邮政标志专用车辆、无着邮件、信件寄递测试等专项工作，依法查处个人违法冒用邮政专用标志案件，组织做好社会监督。开展邮政企业法制与业务培训。邮政体制改革取得进展，督促镇一级邮政企业更名挂牌工作完成。

【邮政市场监管】 *邮政市场执法检查* 2015年，开展市场检查935人次，检查快递企业281家、邮政营业场所137处，书面责令改正61次，行政处罚19宗，其中停业整顿1起。

快递服务质量专项整治 整治野蛮分拣、快件丢失损毁、末端投递服务不规范等投诉热点问题，约谈告诫服务质量问题突出企业，定期通报企业申诉处理情况。2015年，快递企业有效申诉3060件，比上年下降25%，快递业务有效申诉率为平均每百万件快件4.51件，比上年减少124%，为消费者挽回经济损失55.6万元，消费者申诉处理满意率达97.90%。

【邮政业安全生产监督管理】 开展安全生产大检查、危化品寄递专项整治等活动，重点做好全国“两会”、苏迪曼杯、抗战胜利70周年纪念活动、“双11”等重点时期和重大活动寄递渠道安全保障。妥善处置寄递企业突发事件。寄递渠道“扫黄打非”、禁毒、反恐等联合检查机制常态化。

市加强邮件、快件寄递安全管理工作联席会议制度建立 5月29日，市综治办、市公安局、市交通运输局、市工商行政管理局、市国家安全局、市邮政管理局和东莞海关建立东莞市加强邮件、快件寄递安全管理工作联席会议制度，健全跨部门寄递渠道安全管理责任体系。

寄递渠道清理整顿专项行动 10月以来，推进寄递企业落实“收寄验视、实名收寄、过机安检”三项安全制度，共检查寄递企业121家，出动检查337人次，查处关停收寄危险品企业2家，联合镇街举办寄递安全管理培训和开展督导检查，实现寄递企业分拨中心安检设备全覆盖。

【快递车辆专用证明核发】 2015年5月8日，东莞市邮政管理局为东莞顺丰、DHL、世纪同诚等快递企业的435辆快递运输车辆核发通行证，统一张贴“东莞快递”车辆标识，规范快递配送车辆管理，解决快递配送车辆进城通行、停靠和装卸作业问题，提高快递配送时效。2015年核发通行证613份。 （申 艺）

附：2015年东莞市邮政管理局主要领导名录

党组书记、局长：陈国迎（任至8月）
林 蔚（9月到任）

【中国邮政集团公司东莞市分公司概况】 2015年，中国邮政集团公司东莞市分公司三大板块（邮政、邮政储蓄银行、邮政速递物流公司）合计实现收入24亿元，比上年增长18.5%。其中邮政企业实现收入13.8亿元，比上年增长22.1%；收入进度和增幅连续两年排名全省第一，收入增幅连续两年超过20%；在广东省经营评价争先创优评比中连续两年摘得团体冠军，同时还获得余额规模、全年新增金融资产、金融资产总规模、人均劳动生产率增幅、安全生产工作、机要通信保“零”创“优”等全省“单打冠军”。获评2013—2015年度广东省邮政先进集体。2015年5月，“广东省邮政公司东莞市分公司”更名为“中国邮政集团公司东莞市分公司”。

【邮政普惠金融服务平台打造】 2015年，中国邮政集团公司东莞市分公司发挥邮政储蓄“点多面广、城乡联网、通存通兑”的行业优势，为外来务工群体提供基础金融服务。通过邮政渠道流到各地的资金总量达700亿元，回笼到东莞市人民银行的现金520亿元，占所有金融机构回笼现金的70%。储蓄新开户数达200万户，累计达1300万户，营业厅交易1.4亿笔。支持中小企业融资，为中小企业提供融资服务，为中小企业提供贷款5328笔，贷款金额14.4亿元。为2000家工厂企业提供代发工资服务，每月代发金额16亿元。

【邮政服务平台建设】 2015年，中国邮政集团公司东莞市分公司以互联网思维整合线上线下服务资源，启动邮政服务“三个平台”建设——民生综合服务平台、东邮汇俱乐部、“货莞佳”跨境通平台。其中，民生综合服务平台依托邮政在金融、快递和公共服务领域的品牌和网络优势，整合内外资源，承接政务代办，开展商品零售，拓展社区金融，打造社区综合服务O2O平台；东邮汇俱乐部以提升客户体验为目标，整合内外资源，以微管家平台为客户接入口，建立商家联盟体系，为客户提供标准化、系统化的核心服务和增值服务，打造客户管理和客户服务平台；“货莞佳”跨境通平台整合跨境电商产业链服务，融入金融融资、通关、保税、退税等各项配套支撑服务，构建完善的跨境电商发展生态圈，打造制造商、电商和服务商的“一站式”综合服务平台。

【中国邮政集团公司东莞分公司跨境电子商务稳定发展】 参见“信息服务业”类目第184页“东莞邮政跨境电商产业园”条目。 （石志会）

附：2016年中国邮政集团公司东莞市分公司领导名单

党组书记，总经理：陈大灿

信息服务业

INFORMATION SERVICE

- 商事登记制度改革协同监管系统试运行
- 内资企业网上多证联办系统开发
- 基层社会治理综合信息平台建设
- 跨境贸易电子商务健康发展

虎英公园

编辑：王学林

信息化建设

电子政务

【电子政务概况】 2015年，东莞市全面提高电子政务服务水平，为全市各项改革提供强有力的信息和数据支撑作用。完善扩充政务信息共享平台，加快信息收集步伐，提高信息开发深度。截至2015年，有80家部门在平台中注册信息资源目录，注册信息资源目录数863项，共享数据总量达4365万条，共享数据比上年增长190%，平均月供各部门下载1500次，基于共享平台，主要开展3项改革：商事登记制度改革协同监管系统试运行，内资企业网上多证联办系统开发，企业信用信息发布。

【商事登记制度改革协同监管系统试运行】 2015年初，东莞市商事登记制度改革协同监管系统进入试运行阶段，该系统涉及全市30个市直部门、1364个镇街部门、533个镇街园区、54个村（社区），面向全市开放，提供各类接口供调用，厚街的“巡城马”、大朗“市场监管信息平台”、卫计局的业务管理系统等均利用接口从商改系统中获取后续监管的企业数据，经过监管后再通过接口反馈到系统中。系统还开发市场监管内部门户，为各职能部门利用“大数据”对市场监管开展工作提供技术支持。

【内资企业网上多证联办系统开发】 2015年初，东莞市启动内资企业多证联办改革，10月在全市推广企业登记“一照一码”改革，从原来3个月办完10个证，缩短至3—5个工作日即可办理完成，所需提交的材料从53份减至25份。多证联办改革，促进部门间的信息共享、业务协同，受到国务院副总理汪洋的好评。国税和地税合作，利用共享平台开发“国税地税通”软件，实现企业从多证联办中填报税务登记所需要的各项数据，国税、地税分别办理相应的税务登记证，并根据“国税、地税共管户”类型，实现网上亮证“一证两章”。“国税地税通”实现所有功能，正在辅助国税、地税工作人员进行联合办证，且利用自动填充手段，使办证信息从原来输入10分钟，减到30秒，提高窗口人员的工作效率。

【企业信用信息发布】 2015年，东莞市通过政务信息资源共享平台的主题管理，将涉及企业的可公开数据分门别类地发布到“信用东莞网”中，供社会公众查询。截至2015年，发布涉及64个部门的590类信息资源，1743.59万条数据，其中对外公开的部门51个403类信息资源，累计432.75万条数据。每天的访问量上升到每天5万次。

【网上办事大厅办理率、办结率提升】 2015年，东莞市按照全省统一部署和《2015年东莞市网上办事大厅建设工作方案》要求，创新办理方式，完善进驻事项目录，提高行政审批事项网上全流程办理率、网上办结率。2015年，全市各部门应进驻事项全部进驻网上办事大厅并开通网上服务，市网上办事大厅的事项目录、办事过程等信息更新与省网上办事大厅实现同步，企业专属网页和市民个人网页建设扩容，“多证联办”网上辅助系统等功能模块优化，网上办事大厅村居办事点建设全面铺开，网上办事大厅效能得到提升，跨部门信息共享和协作亦取得突破性进展。全市行政审批事项网上全流程办理率达69.38%，网上办结率达79.91%。

▲ 东莞市网上办事大厅主界面

【网上办事大厅业务协同】 2015年，东莞市促进网上办事大厅便捷审批，推动部门间审批协同。对网上办事大厅“多证联办”辅助系统进行优化升级，实现与海关、检验检疫、税务等部门业务系统的互联互通，并加载“两税通并”入口，方便群众办理税务登记证。推进“三互”大通关改革，依托市网上办事大厅和政务信息资源共享平台，搭建“东莞市国际贸易综合服务平台”，覆盖口岸管理部门、地方行政管理部门及涉外企业，打造国际贸易“单一窗口”。

【网上办事大厅服务创新】 2015年，东莞市促进网上办事大厅服务集成，完善市民个人网页建设，实现更多服务事项网上办理，其中，交通违法罚款增加网上支付功能。

截至2015年，有11万多名市民激活市民个人网页。促进服务延伸，结合东莞市创新基层社会治理综合改革工作，推进网上办事大厅村居办事点建设，印发《东莞市网上办事大厅村居办事点建设方案》，并开展系统操作培训，2015年，全市593个村（社区）办事点陆续改造，洪梅、万江、企石等镇街实现全覆盖。推进协同监管，通过网上办事大厅集成各部门的市场主体信用信息，实现协同监控、联合惩戒，推动海关“注册企业风险智能预警系统”人资“东莞市企业风险预警应急系统”商务“外商投资企业风险预警平台”信息互换，逐步形成企业诚信经营数据库，统一认定标准，构建跨部门的诚信管理体系，推进协同监管。

【政府网站管理】 2015年，东莞市根据国务院办公厅对政务网站内容和栏目建设的要求，对全市政府网站内容建设进行全面指导和考核。对全市政府网站普查工作进行动员和培训，对全市登记的123个政府网站的联络员进行全员培训，详细介绍和强调普查的指标体系和评价方法，对改进和提高各单位的政府网站内容建设工作提出具体要求，并对各单位的队伍建设，经费保障、制度建设提出规范和建议。在加强培训的基础上，全面摸查，边整边改，对全市的网站不定时抽查，并安排第三方评测机构对所有的政府网站进行预评估，促使各部门提高重视程度，边整边改，杜绝出现不及格网站的苗头，以检查促提高，促进全市政务网站的规范和管理。

“中国东莞”门户网站分别获得由中国社会科学院信息化研究中心公布的2015年地级市政府门户网站绩效评估第四名，获得由中国政府门户网站发展论坛组委会、中国信息协会信息服务网络委员会评选的“2015中国政府网站新媒体传播力”广东省地级政府网站第一名。

【网上办公系统功能完善】 2015年，东莞市网上行政办公系统（OA系统）推广普及范围加大加深，使用OA系统的单位和使用人员继续增加。截至2015年，OA系统应用覆盖全市单位、镇街和村居，使用系统的单位、社团、领导小组等组织288个，27个镇街（园区）把OA系统延伸到440个村（居）委会。为全市OA用户提供技术支持和服务，解决用户使用系统中遇到的问题，协助镇街和部门优化应用模块，提供个性化服务，做好与部门自建系统的连接和改造，提供人员培训服务，提高全市的网上办公水平。

【人口信息共享平台建设】 2015年，东莞市电子政务办公室完成人口信息资源库的规划编制和预算申报。总结前期市政务信息资源共享平台的建设经验，进一步加强东莞市人口信息共享平台规划建设，实现个人信息整合汇总和集成共享，形成“东莞市人口基础信息库”。2015年做好前期工作，根据前期调研结果，形成《东莞市人口信息共享平台的建设方案规划》（讨论稿）。10月，通过发改局的专家立项评审。

【基层社会治理综合信息平台建设】 2015年，东莞市电子政务办公室根据《东莞市创新基层社会治理综合改革实施方案》的要求，着手建设“东莞基层

社会治理综合信息平台”。经过前期调研，形成该平台的建设基本思路，并和相关部门进行业务座谈，拟以政务信息资源共享平台为基础，以企业法人资源库、人口信息资源库、空间地理信息共享库为支撑，镇街政府统一协调，基层社区贯彻落实，上下联动，建设基层社会治理综合信息化平台，实现基础信息统一采集录入，共享利用，探索基层社会网格化治理。

【政务信息资源平台建设】 2015年，东莞市电子政务办公室围绕“云计算平台”“政务信息资源共享平台”“虚拟化统一存储系统”“数据库支撑服务平台”等核心应用支撑系统，做好维护、优化工作。完成政务信息资源共享平台各个主题应用、网上办事大厅、跨境电商公共服务平台等系统的开发建设。

【电子政务网络运行保障】 2015年，东莞市电子政务办公室保障全市电子政务网络的稳定正常运行，对市直部门、镇区的网络运维人员进行技术培训，全年网络可用性超过99.9%。对市和镇两级网络中心的骨干线路进行升级，原来每个镇与市之间的线路从主线路1000兆，备份线路50兆，升级为主备线路均为1000兆，故障切换时间仅需2秒，提高镇区网络中心与市网络中心连接的稳定性。

在安全方面，对防火墙进行智能化模块升级，与入侵防御系统、上网行为管理系统、流量管理系统一起，组成稳健的互联网出口安全体系。 （黄瑞娴）

附：2015年东莞市电子政务办公室主要领导名录

主　任：刘　杰

电子商务

【电子商务概况】 2015年，东莞市中小企业电子商务应用率超过50%；电子商务网络经营主体超过5.5万户，电子商务交易额达3390亿元，比上年增长16.9%。

【电子商务资金政策扶持】 东莞市于2014年出台《东莞市电子商务专项资金管理暂行办法》《东莞市进一步加快电子商务发展实施意见》等文件，从2014年开始连续3年，每年安排不少于1.5亿元的电子商务发展专项资金。同时，松山湖（生态园）、虎门、东城、凤岗、常平等镇街（园区）也出台相应的鼓励和扶持措施。2015年，安排拨付电子商务专项资金3066万元（两批），涉及12个电子商务园区、8家电子商务企业、9个电子商务协会，共31个项目。

【电子商务特色产业发展】 2015年，东莞市对接阿里巴巴、淘宝、京东、苏宁等大型平台，推动东莞产业带、东莞馆等项目建设，参与淘宝网“中国质造”频道建设，打造东莞“一镇一品”品牌。在虎门服装、厚街家具、大朗荔枝、茶山月饼、麻涌香蕉等产品类取得较好成效。“中国质造”频道开通虎门女装、大朗毛衫、东莞玩具、东莞鞋业、东莞家具、东莞箱包、虎门男装等7个产业带企业的入驻入口（占总入口数的6%），全市入驻“中国质造”的企业达361家（占“中国质造”总入驻企业数约10%）。

【电子商务在传统制造企业应用】 2015年，东莞市为电子商务企业和传统企业搭建桥梁，驱动传统业务和发展模式创新。通过沙龙、培训、宣讲等方式向园区传统企业宣传和普及电子商务业务知识。联合苏宁集团、盛世商潮公司、河马电子商务学院等分片区举办近10场对接推广活动。在加博会、台博会、海博会、网贸会等大型专业展会期间，举办各类高峰论坛，推动电子商务行业交流，推广电子商务实操经验，推动传统企业应用电子商务转型发展。

截至2015年，规模以上的制造企业基本上都开通官网，部分企业通过自建网络商城和利用第三方电子商务平台拓展业务、销售产品。都市丽人、圣旗路时装、琪胜鞋业、华为终端、宇龙酷派、易事特、东阳光药业、洛贝电子等生产企业应用电子商务取得较好的销售业绩。文华制衣由传统服装企业转型为个性化、柔性化男装定制企业也取得初步成效，中央电视台、广东电视台、东莞电视台等媒体都进行专题采访报道。

【跨境贸易电子商务健康发展】 2015年，东莞市在率先启用全国统一版的“跨境贸易电子商务服务平台”后，制定出台突显东莞特色的《东莞市跨境贸易电子商务服务试点工作方案》，主要探索B2C零售出口、B2B一般出口、B2B2B/C保税进出口、M2B加工贸易内销进口4种业务模式。其中，“M2B加工贸易内销进口”模式是东莞市独有的业务模式，指加工贸易企业制成品通过电子商务平台内销进口，海关采取“订单审核＋集中申报”方式进行监管，在办理内销手续、进入国内销售渠道前，内销产品处于进口保税状态。

探索“园区仓储＋公共平台＋智能核放”的跨境电子商务“东莞模式”，实现跨境电子商务阳光化、规模化和常态化通关，并带动大型跨境电子商务企业及其相关国际物流、互联网金融、信息化制造等要素在东莞市集聚发展。其中，东莞市跨境电子商务公共服务平台于10月上线试运行并对接海关总署监管平台；规划建设占地5.8公顷、投资约2亿元的东莞市跨境电子商务中心园区一期建设工程完成并投入运营。

构建跨境电子商务发展生态圈，发挥东莞制造3C、服装、鞋帽、玩具等产品需求大、易配送、更新快等优势，引进一批知名企业在莞发展跨境电子商务，敦煌网、浩方、启盈、递四方、银盈通、阿里菜鸟等知名企业纷纷落户，配套优势与跨境电子商务生态系统正在加速形成。截至2015年，全市有跨境电子商务企业3500家，2.7万家制造企业以不同形式参与跨境电子商务。2015年，东莞邮政国际小包完成3441万件，比上年增长180%，日均发货9.43万件，增长179.8%。

【电子商务示范基地和示范企业评选】 2015年，东莞市虎门镇申报成为“第二批国家电子商务示范基地”，虎门港启盈国际快件中心基地等8个基地被认定为“广东省电子商务示范基地”，尚睿电子公司等10家企业被认定为“2015—2016年度广东省电子商务示范企业”。

【电子商务协会互动合作】 2015年，东莞市指导成立东莞市电子商务联合会以及松山湖、虎门、厚街、大朗、常平、长安、麻涌等12个镇街（园区）电子商务协会，依托协会整合产业平台资源，研究电子商务发展趋势，为电子商务企业提供行业资讯、渠道整合、实操培训、融资等专业服务。

【电子商务人才培育】 2015年，东莞市鼓励高校及科研平台加强电子商务学科专业和师资队伍建设，支持高校与境内外知名高校合作办学，共建电子商务学科和专业、开展电子商务科研合作和学术交流，提升电子商务教育水平。

依托广东科技学院、东莞市电子商贸学校、东莞市电子商务职教集团、东莞市电子商务人才孵化基地等院校和机

▲ 2015年4月15日，松山湖电子商务协公筹备成立

构，为企业输送超过500名电子商务专业人才，为企业培训近2000人次。东莞理工学院电子商务人才实训基地、东莞职业技术学院电子商务培训学院、河马电子商务学院、虎门电子商务培训中心、新航线跨境电子商务人才培训中心、小而美电子商务学院、大麦电子商务学院等电子商务人才培训机构长期举办各项培训辅导活动，为企业培养和输送大量电子商务专业人才。

12月，出台《东莞市技能人才培养五年行动计划》，计划用5年时间培养10万名电子商务创业人才。（商务局）

【东莞邮政跨境电商产业园】 2015年，中国邮政集团公司东莞市分公司发挥行业先发优势，整合东莞市制造货源、智能仓储、代运营等资源，打造跨境电商产业园，建成下桥、虎门、凤岗、长安、东城等5个综合园区、17个微型产业园和1个跨境电商智能仓储的发展格局，东莞市产业园和仓储合计引进客户183家，日均走件量达7000件。虎门产业园获评广东省电子商务示范基地。

2015年，东莞邮政跨境电商产业园整合跨境电商产业链，开通40多种物流渠道，为园区及全市企业提供全方位和个性化的物流服务；成为阿里巴巴“速卖通”东莞首个官方代运营服务商；引入第三方培训机构，开办“速卖通”“亚马逊”等培训班；配合跨境电商协会，结合各镇特色产业，举办好产品对接会，为园区企业提供生态链一站式服务。年内，中国邮政集团公司电子商务运营中心落户东莞市，成为中国邮政探索“互联网+邮政”的新起点，加快推动中国邮政转型升级。

2015年，国际小包实现量质同步提升。通过邮政渠道流通的实物邮件量1.42亿件，其中信函1.35亿件（含国际小包），包裹快递业务742.76万件。依托跨境电商发展带动和东莞制造货源地的优势，通过个人行邮方式发往国外的包裹全年收寄3441.05万件，日均最高达到20多万件，比上年增幅达182%。

（石志会）

无线电管理

【无线电管理概况】 2015年，东莞市经济和信息化局指配频率5个，检测无线电发射设备119台，核发无线电台执照741个。处理无线电投诉70宗，先后为市公安局鉴定伪基站设备29套，出具伪基站鉴定报告29份，维护宽带网络运营的安全。查处28个传播假冒医药广告的非法广播电台，净化广播环境。出动考试保障人员303人次，完成考试保障16场，保障期间未发现任何作弊信号，保证考试的公平公正。协助东莞业余无线电运动协会组织举办业余无线电台操作技术能力考试，包括广州、深圳、香港等地182名爱好者报名参加考试。

2015年，东莞市新增4G基站6288座，累计达4.65万座，实现大城区和镇街中心的覆盖。全市光纤覆盖能力大幅增强，累计覆盖达514.9万户，光纤入户量累计达114.6万户。

【“宽带中国”示范城市成功申报】 2015年，东莞市启动“宽带中国”示范城市创建工作，各有关部门、基础运营商等单位举行座谈会，研究创建事宜；协调争取省经信委、省通信管理局和省发改委等部门支持，联合工信部属下中国信息通信研究院支持东莞市开展创建工作；出台系列政策支持宽带网络基础设施建设，先后出台《关于推进我市光纤宽带网络基础设施建设的实施意见》《关于进一步加快我市光纤入户建设进程的通知》等文件，利用政策组合拳大力推进东莞市宽带网络建设。10月下旬，东莞市入选2015年“宽带中国”示范城市。

【公共服务区域WiFi建设】 2015年，东莞市经济和信息化局向市政府提交《关于加快东莞市公共服务区域无线局域网建设相关工作的请示》，提议由东莞市松山湖控股有限公司、东莞实业投资控股集团有限公司和东莞市交通投资集团有限公司共同出资，成立东莞智慧城市投资建设运营有限公司，授权该公司为全市公共服务区域免费WiFi投资建设和运营主体，并由市财政提供补贴。7月27日，市常务会议讨论并通过相关WiFi方案，决定由市属国有企业组建智慧东莞公司，并授权该公司进行全市公共区域免费WiFi的建设和运营。截至2015年，该公司先行建设1000个AP。

【通信基站站址规划编制】 2014年底，东莞市自下而上启动镇街辖区的通信基站站址规划。各镇街（园区）于2015年4月完成各自辖区基站站址的专项规划。2015年，在各镇街基站规划的基础上，委托专业机构，根据市各大运营商原有基站情况，以共建共享、美观安全为原则，进行站点布局情况的综合分析，开发公共区域及建筑物站点资源，形成《东莞市通信基站站址规划（2015—2020）》初稿。

【基站审批云平台建设】 2015年，东莞市经济和信息化局为有效管理全市4.65万座通信基站，提高无线电台站管理的信息化水平，在国土局数字东莞地理空间框架的基础上进行二次开发，请专业公司打造基站审批电子平台，在新系统内融合市经信局、各镇街（园区）经贸办、各大通信运营商和台站管理等相关部门的各项职能，实现实时审批。各镇街（园区）、各部门可通过该审批平台的电子地图和虚拟环境对基站进行定位、勘察、查看相关意见并完成基站站址确认。（经信局）

通信业

东莞移动分公司

【东莞移动分公司概况】 2015年，中国移动通信集团广东有限公司东莞分公司（简称“东莞移动分公司”）把“建成一张精品4G网络”作为头号工程重点落实，完成全市范围的网络升级，全年网络建设、客户规模、通信服务等各方面均取得长足的发展。完善基础网络建设，实现全市4G信号基本覆盖，并完善网络应急通信保障体系，确保通信安全；推进全市家庭小区、城中村、写字楼的有线宽带网络建设，同时完善电话渠道和电子渠道建设，提升家庭信息化水平；稳步推进提速降费举措，助推东莞地区信息消费；推进安全惠民、教育惠民、医疗惠民等惠民项目，助力建设幸福东莞；开展实名制工作，治理垃圾短彩信，净化通信环境，保障客户通信利益。2015年，总体用户规模维持在1200万户以上，通信服务收入超过94亿元。获评东莞市“2015年主营业务收入前20名企业”、东莞市“2015年度税收突出贡献奖”、“2015年广东省用户满意服务明星企业”。

【东莞移动分公司推进信息惠民】 2015年，东莞移动分公司为全市3.5万户政企客户（其中市级党政军机构120户）提供集团通信、物联网及IDC/VDC等信息化服务。与此同时，开展多个信息惠民项目。其中，安全惠民方面，开展“平安东莞”视频监控项目，为市公安局监控指挥中心提供高速、稳定的通信服务；开发治安巡防管理系统，为全市巡逻民警及辅警提供巡防终端、巡逻管理、指挥调度、通讯对讲等支撑，以信息化手段推进“平安东莞”建设；教育惠民方面，开展“和教育”项目，为东莞50余万名学生和家长提供免费的家校互动信息服务和手机客户端服务，为全市300余所学校提供免费的校园考勤基础功能服务；医疗惠民方面，开展网络医院项目，联合东莞卫计局建设全市统一预约服务平台，资源覆盖全国900多所医院、8.2万名医生，仅2014年10月至2015年底，通过“找医生”手机客户端预约挂号超过5万单。

【东莞移动分公司强化产业链合作】 2015年，东莞移动分公司借助本地优质终端厂商（步步高、OPPO、金立、华为等）丰富的空中与地面传播资源，以及本地终端厂商线下渠道资源，与本地终端厂商开展渠道与促销的联合推广，促进4G产业链市场发展，并借助终端厂商合作增强产业影响力，形成产业的示范效应。与此同时，合作加盟社会渠道网点不断壮大（含大型连锁及中小微企业约5000家），在打造健康发展的渠道环境同时，拉动价值链的就业，为东莞市创造就业岗位逾2.5万个。

推动地区信息化升级发展　促进政企民生信息化水平

2015年12月12日，东莞移动分公司会同东莞电信分公司、东莞联通分公司参加东莞广播电视台“阳光热线”2015年第四季度在线直播节目

① 2015年5月22日，由咪咕数字传媒有限公司、东莞移动高校精英俱乐部主办的“和悦读会大家”之余秋雨《中国文脉》名家讲座在东莞理工学院举行

② 2015年8月21日，2015年校园秋季迎新服务活动拉开序幕

③ 2015年6月17日，携三星、华为、中兴等终端商的最新定制4G手机及多款终端应用亮相2015年中国加工贸易产品博览会

【东莞移动分公司加大4G网络建设】 2015年，东莞移动分公司在4G网络覆盖方面，完成4G基站建设超过1万个，4G网络覆盖率超过95%，基本实现东莞市4G信号全覆盖；4G网络速率方面，全市平均下载速率超过30Mbit/s，是3G平均速率的30倍；4G客户规模方面，全市接近500万用户享受4G网络带来的高速通信生活；WiFi建设方面，拥有WLAN（WiFi）热点约1400个，为市民提供便捷的无线上网服务。

【东莞移动分公司净化通信环境】 2015年，东莞移动分公司采取实时拦截、主动监控、主动处理、客户举报立即响应处理等举措，加大垃圾短彩信治理力度，取得显著成效。截至2015年，不良信息被举报量（含骚扰电话）为0.81万宗，比上年下降53%；同时开展打击伪基站工作，打击“伪基站”案件58宗，配合公安机关刑拘涉案人员52人、宣判2人，收缴设备58台、车辆30台。

（江南梦）

附：2015年中国移动通信集团广东有限公司东莞分公司主要领导名录

总经理：胡　伟

党委书记：胡　伟（12月到任）

东莞电信分公司

【东莞电信分公司概况】 截至2015年，东莞电信分公司客户数（包括移动和固网）428万户，其中移动客户数225万户，固网客户数203万户，网络接入数146万户，营业额47.38亿元，缴税2.04亿元（不含企业所得税）。全年业务收入完成47.38亿元。

【东莞电信分公司信息化基础设施建设】 2015年，东莞电信分公司投入5亿元专项资金，对全市1400多个小区及500多个商务楼宇、专业市场实施光网改造。大幅度改善提升东莞市信息化基础设施的能力和水平。截至2015年，东莞电信光纤覆盖用户200万户，光纤接入用户50万户，光缆线路长度10万公里。

【东莞电信分公司建设精品4G网络】 2015年，东莞电信分公司加大移动通信基础网络设施建设力度，实现LTE网络100%覆盖每个镇区。截至2015年，全市电信4G基站5400个，比上年新增2000座，核心城区4G网络覆盖率达95%，并全面覆盖到所有乡镇。同时，利用3G/4G广覆盖和WIFI高速率特点进行综合组网，推进全市无线建设，WIFI热点达到3000个。

【东莞电信分公司推动新兴产业发展】 2015年，东莞电信分公司以建设“智慧东莞”为驱动，继续推动东莞物联网产业链的合作发展；开展云计算应用，为电子政务、电子商务、工业智造提供服务平台，带动信息服务、现代制造业发展；继续强化系统集成能力，服务智慧政务，助力提升城市管理水平。积极参与政府信息化发展，协助建设政务网络、网上办事大厅、“12345”政府

热线等众多项目，并通过一系列信息化应用和平台助力行业发展，为“智慧东莞”的建设作出贡献。

【东莞电信分公司“提速降费”】 2015年，东莞电信分公司宽带在速率提升的同时，有线宽带资费一直呈持续下降趋势，每M资费从2011年初的31元降低至2015年的5元。流量资费方面，4G套餐流量单价低至25元/GB，同时通过流量赠送、流量包优惠等方式进一步降低流量单价，并推出下调国际漫游资费、流量不清零、流量可转赠等惠民方案。

【东莞电信分公司提升企业管理服务水平】 2015年，东莞电信分公司对原400个核算单元进行改革整合，提升销售与服务能力，并设立33个镇分公司，强化销售服务支撑，全面提升渠道、驻地网、移动转售、运营维护/客户服务能力。

搭建以客户为中心的服务体系 通过健全客户信用控制、客户个人信息安全等服务管理制度，强化服务标准规范执行落实；落实新媒体渠道推广，丰富客户触点，实现80%以上简单服务迁至线上。推动互联网化装维与大数据挖掘支撑，快速响应客户需求，为客户提供贴心的产品服务。 （万健波）

附：2015年中国电信股份有限公司东莞分公司主要领导名录

总经理：胡志良

党委书记：胡志良

东莞联通分公司

【东莞联通分公司概况】 2015年，中国联合网络通信有限公司东莞市分公司（简称“东莞联通分公司”）主营业务收入累计达17.76亿元，纳税总额1.54亿元，互联网宽带用户36.7万户，固定电话用户60.5万户，移动用户270.4万户。成功创建1家省级青年文明号、1家省级巾帼文明示范岗、2家市级青年文明号、1家市级“道德讲堂标杆示范基地”；客户联络中心获评中华全国总工会颁发的“五一巾帼标兵示范岗”；党建课题研究获2015年中央企业第六课题组优秀成果第五名。

【东莞联通分公司网络质量提升】 2015年，东莞联通分公司以4G网络“引领”、3G网络“优秀”、2G网络“稳定”为目标，网络建设总投资6.3亿元。通过持续夯实无线基础，快速提升网络质量，提升用户体验感知，同时借力铁塔公司优势、围绕市场需求，加快建设步伐。规划站点优先考虑匹配铁塔资源，充分利用铁塔资源，解决友商基站共享问题。

【东莞联通分公司助力信息化建设】 2015年，东莞联通分公司加强与市各级政府、企事业单位的合作力度，参与东莞市“智慧东莞”“无线城市”“互联网+”建设，陆续与松山湖科技产业园区、东莞军分区、常平镇政府、东城区政府签署战略协议，助力创新政务管理，提升服务水平。重点跟进的智慧东莞建设项目达40多个，其中领先的行业产品和解决方案有工地监控、平安校园、公交WiFi、百家厂园WiFi等项目。

【东莞联通分公司服务社会】 2015年，东莞联通分公司在新型自媒体宣传方面，充分利用互联网平台，其官方微博获东莞市“十大便民社区微博”提名奖，玩家俱乐部官方微信获人民网颁发“全球移动互联网最佳营销案例奖——拳头奖”，同时，玩家俱乐部又签约入驻“搜狐新闻”“今日头条”等6家主流新闻媒体，传播曝光量达900万次。在传统媒体宣传方面，分别与市总工会、市文明办、东城区政府，联合开展“极速4G沃登高峰”健身活动、“极速4G问鼎旗峰”迎苏杯全民炫跑等活动。

（梁沁媛）

附：2015年中国联合网络通信有限公司东莞市分公司主要领导名录

党委书记、总经理：张海涛

东莞铁塔分公司

【东莞铁塔分公司概况】 2015年，中国铁塔股份有限公司东莞市分公司（以下简称“东莞铁塔公司”）大幅提升无线基站共建共享水平，加快推进4G网络建设步伐，如期完成存量资产交割，实现从组建初期以建设为主，逐渐向建设、经营、维护与规范化管理并重的运营模式转变。初步形成以“共享竞合”为核心的模式，实现资本合作，深化资源共享，优化行业竞争格局，改革创新成效得到国家和社会的肯定。

【东莞铁塔分公司高效满足客户建设需求】 2015年1月1日起，东莞铁塔公司全面承接新建铁塔及相关附属设施，把满足3家电信企业的建设需求作为所有工作的出发点和落脚点，全年承接运营商建设需求2378个，交付完成2181个，需求满足率达98%。此外，还承接3家运营商大型商场、建筑楼宇、交通枢纽、特大型场馆等重大公共场所的室内分布系统项目46个。

【东莞铁塔分公司创新基站建设模式】 2015年，东莞铁塔分公司在建设思路和管理模式上大胆创新，在工程建设上，推行标准化建设模式，变上千种塔型为90种标准塔型，变现场搭建为工厂化的模块化组装，提高建设效率；在管理模式上，推行集约化管理，集中人力、物力、财力、管理等生产要素，进行统一配置，以节俭、约束、高效为价值取向，实现降低成本、高效管理，截至2015年，人均管理铁塔100座（国际同行人均管理25座）；截至2015年，新建地面站建设时长仅需80个工作日、新建楼面站仅需60个工作日、改造地面站仅需35个工作日、改造楼面站仅需25个工作日，日均完工站点6个，高峰期日达107个，为东莞市历年建设之最。

【东莞铁塔分公司基站共建共享成效显著】 2015年，东莞铁塔公司通过“统筹规划、主动推送”，打破共享壁垒，基站共建共享率达65%，大幅领先年初设定的新建站址50%的共享率目标。在满足本地电信企业提交的2181个需求中，经整合后仅需建设770个，减少1556座基站建设。其中，在存量共享上，按照“共享为王，新建为辅”原则优化整合新建需求，全年共享存量站1411个，远高于铁塔公司成立前历年累积总站点800个；在新址共建上，按照“新建铁塔、杆路必须共建共享”原则，全年770个新建站点中268个为共建站点，新址共建率达35%。经测算，东莞铁塔公司成立一年来，大量减少基站的重复建设，节约投资3.05亿元，节约土地11.5万平方米。

【东莞铁塔分公司收购三大运营商铁塔资产】 截至2015年，东莞铁塔公司收购3家电信企业原有铁塔7231个，总资产11亿元，其中收购中国联通资产2.5亿（占比23%）、收购中国电信资产2.1亿（占比19%）、收购中国移动资产5.7亿（占比52%）。 （邱蕾）

附：2015年中国铁塔股份有限公司东莞市分公司主要领导名录

总经理：齐军

园区经济

ZONE ECONOMY

■ 松山湖（生态园）高新区科技创新

■ 松山湖高新区与东莞生态园实行统筹发展

■ 长安新区规划研究

■ 长安新区控股公司筹建

中国最具发展潜力的高新技术产业开发区——东莞松山湖

编辑：李缙文

松山湖（生态园）高新区

【松山湖（生态园）高新区概况】 2014年12月，东莞市委、市政府决定将松山湖高新技术产业开发区和东莞生态产业园区统筹发展（简称“松山湖（生态园）高新区”）。松山湖（生态园）高新区总规划控制面积103平方公里，其中松山湖规划控制面积72平方公里，生态园规划控制面积31平方公里。2015年9月29日，国务院批复同意珠三角国家高新区建设国家自主创新示范区，松山湖（生态园）高新区成为国家自主创新示范区一员。

2015年，松山湖（生态园）高新区地区生产总值比上年增长10.8%；规模以上工业总产值1570.54亿元，增长11.9%；税收总额81.12亿元，增长80.79%。

【松山湖（生态园）高新区统筹发展】 2015年，松山湖（生态园）高新区构建以科技创新、产业发展、人才、对外合作为核心，其他部门为辅的组织框架；制定《松山湖生态园统筹发展战略》《松山湖（生态园）发展评价指标体系（试行）》等指导文件，争取市委、市政府支持，研究出台《中共东莞市委东莞市人民政府关于支持松山湖高新技术产业开发区建设国家自主创新示范区的若干意见》；谋划两园发展新空间，启动以新城大道—生态园大道为主线的创新中轴线的规划工作。开展“完整社区”规划设计，以华为小镇为抓手，推动东莞科学城的研究工作。组织开展两园总规修编评估工作和综合交通战略发展研究等6项专题规划研究工作。启动生态科普馆的建设工作。制定《松山湖（生态园）产业选择和发展策略研究工作方案》。

【松山湖（生态园）高新区产业发展】 2015年，松山湖（生态园）高新区抓住创新驱动发展的核心要素和关键环节，引进项目294宗，协议引资205.38亿元，其中年度引进重大产业内资项目超额完成100%，引进东阳光药业总部、长盈精密、建升电子、深圳城投等一批投资规模大、带动能力强的优质项目，以及引进普门科技、现代牙科、大连机床、智云、慈星等一批代表性产业项目。制定园区服务外包产业发展规划方案（2015—2020年）和促进服务外包发展三年行动计划（2015—2017年），修订《东莞松山湖（生态园）促进电子商务发展专项资金管理暂行办法》等一系列产业政策文件，通过广东省服务外包示范园区申报评审，辅导远峰科技、尚睿公司等5家企业分别获省级服务外包重点培育企业、省级电子商务示范企业。支持举办2015年东莞经济年会、优质互联网企业路演活动、第五届松山湖·中国IC创新高峰论坛、黑马会东莞会员北京中关村创业大街路演活动等活动，组织参与加博会、台博会、海博会、网贸会及义乌世界电商大会等专业展会和论坛。全年促动18宗地动工开发，盘活土地总面积66.8公顷。推进闲置土地处置工作，32宗地完成听证。全年协助企业完成累计22.8万平方米物业招租，累计进驻企业约400家。筹建松山湖（生态园）城市会客厅，打造产业载体招商平台和综合社区服务平台。制定《松山湖（生态园）企业保证金处置方案》，加快退还企业动工保证金。出台《园区建设领域工人工资保证金管理暂行办法》，建立园区建筑企业黑名单制度，从而规范建筑市场管理。

【松山湖（生态园）高新区“三重”建设】 重大项目 2015年，松山湖（生态园）高新区强化重大项目服务，建立领导挂点承包负责制、项目经理全程跟踪服务制、快速反应机制等，及时梳理、盘点、协调相关问题，对存在问题逐项研究、逐项解决、逐项销号，以扎实的工作作风抢抓重大项目建设，17个重大建设项目累计完成投资47.6亿元，占年度计划的137.2%，超额完成年度目标。全年组织项目协调会98次、服务保障会12次，并组织2次巡查督导重大项目建设的活动，累计解决企业提出问题201项。优先保障重大项目用地需求，2015年配备的79公顷年度用地指标全部上报省厅审批，109公顷专项指标及追加指标正在加紧组织报批材料上报，全年完成约86.5公顷土地出让工作。简化建设审批手续，承接上级部门放权，办结各类行政审批事项611项。优化规划审批服务，全年受理各类规划审批事项144批次，累计审批面积约862.16万平方米。

重大平台 2015年，松山湖（生态园）高新区推动台湾高科技园、两岸生物技术产业合作基地产业集聚。全年累计引进24个项目，协议投资总额42.88亿元，促成广东东阳光药业总部项目等3个用地项目签约落地，“莞榕计划”成功引进“互贵”“晋弘”等6家企业注册落户园区。制定《关于大力引进台湾创新创业青年人才的实施办法》，获国台办授予“海峡两岸青年创业基地”。牵头建立市台湾事务局—管委会—市台商协会三方定期联络会议制度、两岸生物技术产业基地与中以产业园合作机制等系列工作机制。搭建以色列优质科技项目与国家科技企业孵化器的互动合作平台。成立水处理研究院。落实1.5亿元财政配套资金，推动风险补偿池和创业投资基金的筹备工作。协议引进以色列高科技项目36个，其中15个项目注册落地。推进机器人产业片区建设，松山湖国际机器人研究院开始装修，创业学院确定项目运营带头人，智造坊的功能分区完成规划设计；广东智能机器人研究院完成注册和装修。打造现代服务业生态产业带，编制现代服务业生态产业带前期调研成果，利用专业的航拍技术和三维展示技术制作具有园区特色的产业带宣传短片，设立专属招商展厅。推动生产力大厦片区改造，基本完成生产力大厦的整体外包工作，引进深圳大学城创意园打造“莞深创梦工厂”，打造成全市首家文化产业创客基地，全面策划“创意市集”常态化运营，基本完成学术交流小报告厅的改造。

重大科技专项 2015年，松山湖（生态园）高新区的基于大数据的居民健康智能服务平台关键技术研究及应用示范项目（东莞电子科技大学电子信息工程研究院）、半导体PCB有机/无机杂化纳米电学薄膜的关键技术研发及产业化项目（广东正业科技股份有限公司）、金融及安全等级的NFC移动支付终端和云平台研发项目（东莞宇龙通讯科技有限公司）等3个项目获市重大科

科学发展示范区 转型升级引领区

2015年4月15日，中共中央政治局委员、广东省委书记胡春华（右三）调研松山湖（生态园）

技专项立项资助。获批为国家知识产权试点园区，全年专利申请总量3662件，授权专利总量2135件，分别比上年增长24.98%和35.81%，发明专利授权量保持全市第一，推进松山湖（生态园）广东省知识产权服务业集聚发展试验区建设，完成281家企业的知识产权征信评级工作。

【松山湖（生态园）高新区科技创新】 2015年，松山湖（生态园）高新区以建设珠三角国家自主创新示范区为契机，构建完善科技政策体系，制定对接深圳完善科技服务体系工作方案以及扶持科技服务体系项目的管理办法，推出高企培育行动计划、孵化器建设行动计划、创新创业大赛等一系列政策措施，制定清理科技专项资金用款以及处理“扬帆启航”政策等工作方案，梳理创新科研团队配套资助政策。导入科技服务资源，推动园区载体与深圳等市外创新资源合作，引进加拿大溢思德瑞集团。新增“瑞柯”“葫芦堡”等8家新三板挂牌企业以及4家东莞市上市后备企业，上市和“挂牌”企业总数达18家，上市后备企业总数14家。实施大孵化器战略，制订《松山湖（生态园）加快建设科技企业孵化器行动计划》，引导新型研发机构、科技骨干企业、科技服务机构以及高层次人才共建孵化器。全年新增1家国家级孵化器和6家市级孵化器，8家通过2015年广东省众创空间试点单位认定，孵化载体面积超过100万平方米，在孵高科技企业约500家。举办“松湖杯”创新创业大赛，吸引731个项目报名参赛。加快高企培育申报。出台《松山湖（生态园）加快培育发展高新技术企业专项行动计划》，加快推动高企孵化，全年新增高企申报30家，园区高企总数累计107家，并有51家企业进入广东省高企培育库。加快推进科技、金融、产业融合，为园区科技企业提供科技银行授信余额7.66亿元，促成东莞农村商业银行成为园区第三家科技支行。推动粤科风投、信中利资本等投资公司在园区设立产业基金。推进市科技保险试点工作，至2015年底，承保额51.54亿元。设立科技金融松山湖（生态园）工作站，打造科技金融综合信息服务平台的在线服务系统。

【松山湖（生态园）高新区招才引智】 2015年，松山湖（生态园）高新区成功举办“2015‘千人计划’专家东莞行暨松山湖创新驱动与人才发展研讨会”以及“2015国际机器人及智能装备峰会（WRIE）暨‘千人计划’专家东莞行”等一系列活动，搭建企业、人才、资本合作的平台，并创新实行“一对一经纪人”制度，全面服务和对接来莞“千人计划”专家。借助上海浦东人才研究院以及“千人计划”专家资源拓展招才引智渠道。起草《松山湖（生态园）鼓励创业小额贷款实施办法》。推进“东莞市国际人才创新创业服务中心”以及与工信部人才交流中心联合共

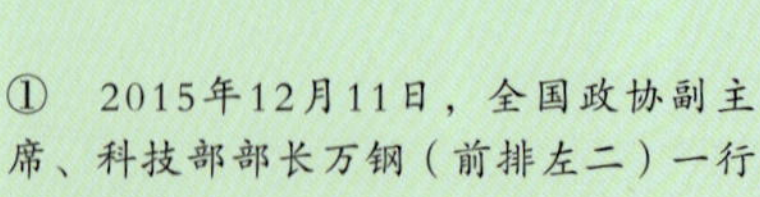

① 2015年12月11日，全国政协副主席、科技部部长万钢（前排左二）一行到园区调研

② 2015年9月25日，国家发改委副主任胡祖才（前排左一）在市委副书记、市长袁宝成（前排左二）的陪同下到园区参观考察

建的华南分中心等高层次人才服务载体建设。全年引进人才创业落户项目34个，包括“千人计划”两名，市领军人才7名；协助41个项目申报市领军人才。

【松山湖（生态园）高新区城市配套工程】 2015年，松山湖（生态园）高新区进一步完善城市功能，启动北部10项配套工程的建设，完成篮球广场、北部核心区景观升级改造等7项工程，实验中学如期建成开学，金域松湖普林斯顿第二幼儿园和红珊瑚新星幼儿园开办招生，社区卫生服务站点覆盖加强。新开通并优化调整多条公交线路，提升深圳北站班线服务水平。开展智慧城市系列工程，完善“东莞无限”APP应用，网上商圈逐步形成，园区WiFi覆盖面积20平方公里。筹备成立“智慧东莞”公司，开展全市公共服务区域免费WiFi建设项目以及园区免费WiFi全覆盖项目。优化生态环境，全年投入1.18亿元开展生态环境整治，完成绿化保养面积1228万平方米、环境卫生保洁533万平方米以及一批市政设施整治。推进“国家生态工业示范园区”创建工作。加强对松山湖水库及生态园水系的环境监测，积极推进月荷湖水生态治理示范工程项目。提升人文环境，引进松山湖生活学院、唐宁读享空间体验中心等项目。重点开展“乐享松湖”文体惠民卡项目，开展“松湖LIVE”系列活动50多场，举办文化惠民活动40多场，并举办第七届漫博会。

【松山湖（生态园）高新区城市管理】 2015年，松山湖（生态园）高新区全面加强社会治安、安全生产、食药品安全、反恐维稳等各方面工作，开展打击整治专项行动，严密社会面治安打防管控，全年接有效违法犯罪警情574宗，比上年下降5.9%，破获各类刑事案件161宗；查扣交通违法机动车849辆；办理信访案件400宗，下降2.4%；22家企业通过安全生产标准化评审，安委办各成员单位督促企业完成隐患2400处，没有发生较大以上安全生产事故；全面加强食品药品安全监督，没有发生食品药品安全事故。绿荷居被评为首批7个“东莞市样板社区”之一。加强建筑工地管理，严格落实施工管理，全年下达扣分通知单374份。化解劳资纠纷，办结劳资纠纷上访145宗，办结率超过95%，涉案金额约1670万元。全力确保工程质量安全，全年下发安全整改通知书397份，完成32个项目竣工验收。加强控股资产管理，加快办公物业的招商运营，创新科技园年度签约面积14928.24平方米，总体出租率达89.82%以上；清理载体面积5309.35平方米，收回长期欠款363.6万元。台科花园等6个项目完工投入使用。（祁雪仪）

附：2015年东莞松山湖（生态园）高新区管委会主要领导名录

党工委书记、管委会主任：殷焕明

① 2015年3月6日，市委书记、市人大常委会主任徐建华（前排中）等领导调研松山湖（生态园）

② 2015年12月30日，市委书记、市人大常委会主任徐建华（中）等领导出席东阳光生物药总部基地开工典礼

③ 2015年12月28日，市委副书记、市长袁宝成（右二），市委常委、常务副市长张科（左四）出席光启科学云端号试飞仪式

① 2015年1月23日，2015幸福社区迎春晚会举行
② 松山湖国际机器人产业基地
③ 2015年1月28日，召开“千人计划”专家东莞行暨松山湖创新驱动与人才发展研讨会
④ 2015年1月29日，松山湖团队微型马拉松活动暨金马会启动仪式
⑤ 2015年5月4日，著名体操运动员李宁（左）到松山湖绿道骑行

① 魅力松山湖

② 眺望松湖

③ 松山湖美景

④ 松湖花海

⑤ 美丽生态园

虎门港

（参见“镇街”类目第442—449页“沙田镇·虎门港”分目）

长安新区

【长安新区概况】 长安新区地处珠三角东部经济走廊，东与深圳相邻，北靠长安镇和虎门镇，西隔珠江与广州南沙相望，南临南海。截至2015年，长安新区规划面积20.36平方公里，现状海域面积12.01平方公里，滩涂面积8.35平方公里。长安新区是东莞转型升级、科学发展的重要引擎和未来经济发展的新增长极，打造“一带一路”国际合作示范区、广东转型升级和创新发展先行地、自贸区经验及创新措施复制推广试验区。重点发展现代服务业和先进制造业。

2015年，长安新区重点谋划新区发展定位，启动基础工程建设，开展围填海前期工作，加强与社会资本合作，全力以赴推进新区开发建设。

【长安新区规划定位】 2015年11月，东莞市政府十五届第132次常务会议讨论同意《东莞市长安新区总体规划（2015—2030）》，为新区开发建设提供法定支撑。12月，与省政府发展研究中心合作形成《长安新区综合发展战略研究报告》，报告提出新区要把握历史机遇，利用地理及区位优势，创新体制机制，主动融入国家“一带一路”战略，对接广东自贸区，将长安新区升级为省级甚至是国家级战略。

【长安新区调研学习】 2015年，长安新区围绕新区的功能定位、产业定位、总体布局、开发建设等问题，先后到珠海横琴新区、前海蛇口自贸区、中山翠亨新区，以及青岛中德生态园、大连东港商务区、大连新机场沿岸商务区、沈阳市浑南新区和吉林市哈达湾老城区等开发区进行深入考察调研，从更高起点进行总体规划、区域交通规划、新区环境建设工作。

【长安新区对外合作】 2015年7月，东莞市与招商局蛇口工业区控股股份有限公司签署《东莞市人民政府与招商局蛇口工业区控股股份有限公司关于共同开发东莞市长安新区的合作框架协议》，利用招商局集团的经验和资源优势，加快新区开发建设进程。市政府明确长安新区作为PPP（公私合作）模式试点区域，新区探索PPP合作模式，利用社会资本特别是央企的资金及资源优势，高起点、高标准、高质量谋划新区规划和开发，助推新区开发建设迈上新台阶。

【长安新区基础工程建设】 2015年，长安新区获东莞市农业局同意开展800公顷滩涂的土地结构调整，滩涂堆填第一期200公顷由长安镇属企业开始堆土权招标；进场路项目完成相关勘察、设计招标和环评审核，施工便道基本完成；长安新河项目是东莞首例运用PPP模式开发建设的工程项目，完成项目工程可行性研究报告及水土保持方案、环评报告的编制工作，并启动勘察设计工作，初步形成《长安新河工程PPP模式实施方案》，上报市政府审定；规划展示厅完成初步设计方案，同步开展设计图优化、工程概算预算编制、报建方式研究等工作。

【长安新区围填海工程】 “投资人+EPC”围填海模式 2015年，东莞市委十三届106次常委会议及市政府十五届第116次常务会议原则同意《长安新区围填海项目“投资人+EPC”方案》和《长安新区围填海项目“投资人+EPC”招标方案》，为长安新区围填海路径指明方向。

项目用海前期申报 2015年，长安新区编制《东莞市长安新区围填海总体实施方案》，并获专家评审会审定。启动4个围填海前期工作项目，其中粤港澳文化街、深圳海洋科技研发服务基地两个项目获批同意开展海域使用论证工作，另外两个项目按照要求修改完善，再次上报至省海渔局审批。

【长安新区控股公司】 2015年1月，长安新区控股有限公司按市国资委38.11%，东实集团35%，长安集团26.89%的股权结构成立，主要负责新区土地平整、围填海、基础设施建设、项目开发及招商引资等，逐步完善公司组织架构，作为开发主体主导长安新区开发建设工作。 （尹杰洪）

附：2015年东莞市长安新区管理委员会主要领导名录

党工委书记：何绍田
主　任：郭荣新

水乡特色发展经济区

【东莞水乡经济区概况】 东莞水乡经济区位于市内西北部，是东江北干流和南支流流经区域，包括石龙、万江、中堂、望牛墩、麻涌、石碣、高埗、道滘、洪梅、沙田以及虎门港等10个镇街和1个港区，面积510平方公里。

2015年，东莞水乡经济区10镇1港经济增长平稳，产业转型加快，提质增效、优化发展趋势明显，区域一体化融合发展显著增强，生态环境和人民生活不断改善。全年实现GDP985亿元，比上年增长7%，较全市平均水平低1个百分点；人均GDP6.2万元，增长6%；可支配财政收入81亿元，增长15.5%；固定资产投资、规模以上工业增加值、社会消费品零售总额分别为262亿元、493亿元、259亿元，同比分别增长4%、4.5%、9.6%。第三产业发展提速，对经济增长的贡献持续提升，实现增加值435亿元，比上年增长11.3%，占GDP比重上升至44.1%，提高1.7个百分点；第二产业进一步优化，实现增加值542亿元，增长3.8%；第一产业更加集约化，实现增加值约8亿元，增长1.9%。

【水乡经济区生态环境改善】 2015年，东莞水乡经济区坚持生态环境优先，以“清存量、控增量”为思路，以“两高一低”企业（高污染、高耗能、低效益企业）整治和引导退出为重点，实施“截污、治水、治岸线、建生态”四管齐下，改善生态环境。投入17.1亿元引导101家污染企业全面退出，纳入退出计划的54家造纸企业有53家关停，47家非造纸企业有35家关闭或取消污染工序，核减年能耗138万吨标准煤，实现减排化学需氧量4845吨、氨氮159吨、二氧化硫9553吨、氮氧化物2949吨，分别占东莞市创建国家节能减排综合示范城市减排任务的90%、7.5%、45%、10%。落实“河长制”和“涌长制”，稳步推进水环境综合治理，全面完成截污主干管网建设，加快建设截污次支管网，不断完善污水处理设施，有序推进生活垃圾和土壤环境综合治理，先后启动“联合国人居奖”申报和水乡生态环境立法工作。创建华阳湖“国家湿地公园”、2个国家级生态文明建设示范镇、3个省级生态文明建设示范镇等示范项目，主要河流水质和空气质量改善，主要河流Ⅲ类水质上升17.7%，空气质量达标率

84.4%，空气质量达标率走在全国先进行列，在全市环境保护责任考核中，水乡片环境质量平均得分最高，水环境质量排名第一。

【水乡经济区产业结构调整】 2015年，东莞水乡经济区重视重大项目建设的带动效应和支撑作用，明确产业政策导向，实施负面清单制度，加快淘汰落后产业，以好项目促发展，以大项目带增长，重点引进和布局京东、菜鸟、云南城投、中纺粮油、巨正源等一大批优质产业项目，初步形成以京东、菜鸟为代表的电商产业集群，以四季飘香、百香岛为代表的都市农业产业集群，以华阳湖、穗丰年水道为代表的休闲旅游产业集群，以289艺术园区、岭南文化创意基地为代表的文化创意产业集群，以康美特宏远汽车、巨正源为代表的高技术产业集群，以五矿物流、安博为代表的现代物流产业集群，以中粮、中集为代表的国有大型企业集群。新兴产业迅速壮大并初具规模，水乡经济区成为全市投资热点。全年有46个产业项目纳入市重大建设项目，总投资637亿元，全年完成投资67.7亿元，占全年投资计划的110%；新引进投资1亿元以上产业项目35个，总投资581亿元。

【水乡经济区基础设施升级】 2015年，东莞水乡经济区以提升基础设施服务保障能力为导向，大手笔投入，统筹推进一批重要基础设施和示范项目建设，20个先期启动项目、10大示范片区以及各类基础设施项目形成点线面结合的立体推进态势，银龙路（银龙桥）、梅沙连接线工程启动，红海大桥、疏港大道、粤晖桥、望中路、望沙路升级改造、横向中通道等一批项目如期推进。

【水乡经济区重点项目库建立】 2015年，东莞水乡经济区坚持规划引领，围绕水乡经济区发展总体规划，按照基础设施、产业布局、城乡规划、基本公共服务、环境保护等水乡经济区一体化的发展要求，加快推进一系列配套规划的编制工作，产业发展规划、文化发展规划印发实施，城乡总体规划、土地统筹规划通过审议，旅游发展规划完成编制，基础设施规划、生态环境规划、水系综合规划正待审议，水乡新城概念规划、水乡田园规划等其他规划有序推进。同时，高度重视系列规划的组织实施工作，结合水乡经济区近期目标和重点项目策划，采取规划叠加的方式，以水乡经济区规划体系为“筛子”筛选确立重点项目176个，建立近期重点项目库。

【水乡经济区惠民富民推进】 2015年，东莞水乡经济区坚持把惠民富民作为水乡统筹发展的根本出发点和落脚点，实现各项工作的最终成果都惠及水乡经济区广大干部群众。提高教育、社保、医疗、文化等基本公共服务的质量和效率，解决好与群众生活息息相关的问题，让广大群众共享发展成果，尤其是深刻领会“良好生态环境是最公平的公共产品，是最普惠的民生福祉”的精神实质。推进美丽村居建设，初步建成一批环境优美、设施完善、特色鲜明的美丽乡村，成为休闲旅游新热点。其中，麻涌镇华阳湖湿地公园每年吸引游客100万人次，休闲旅游经济年均增长5倍，附近农村土地租金两年增长8倍，环湖各村集体收入每年增加50%以上。

【水乡文化发展平台打造】 2015年，东莞水乡经济区实施文化引领战略，强化顶层设计，出台文化发展规划，确立文化发展战略导向和行动纲领。打造文化发展平台，以“起于水乡，不限于水乡，重点在水乡”为原则，推动东莞市人民政府、南方报业传媒集团、省作家协会三方战略合作，为水乡经济区插上文化的“翅膀”。引入文化资源品牌运营商，提高文化产品和服务供给能力，先后举办《水乡男子汉》摄影展等系列活动，特别是成功举办的南方草莓音乐节，吸引数万名游客热情参与，社会反响热烈。发挥历史文化底蕴深厚的优势，鼓励和引导发展特色村落游和农耕体验游，选取道滘、沙田等三地率先开展“民宿”建设试点，一批都市观光农业项目加快布局水乡。

【水乡经济区统筹机制强化】 2015年，东莞水乡经济区出台《关于完善东莞水乡特色发展经济区工作机制的意见》，规划编制和计划制定机制、全域规划实施统筹联席会议制度、一体化发展指导专家委员会制度、工作落实督查机制以及水乡管委会主任办公会议制度、工作报告制度等运作机制逐步建立健全，水乡经济区考核评价机制进一步完善，为统筹推进水乡一体化发展奠定坚实基础。全年组织召开水乡经济区全域规划实施统筹联席会议3次，协调解决涉及水乡经济区全局性、长远性、跨部门、跨镇街的重大瓶颈问题33个；组织召开水乡经济区项目统筹协调工作会议23次，研究策划水乡经济区近期项目库和年度项目库。组建一体化发展专家指导委员会，邀请7名知名专家学者和知名企业家担任专家顾问。完善考核评价机制，增加生态保护、民生事业发展方面的权重，弱化经济指标考核。着手构建政策体系，把握政策创新和突破的方向，摸清财政扶持、土地统筹、基础设施建设、生态环境治理、产业结构优化等方面的政策瓶颈。 （梁韵婷）

附：2015年东莞水乡特色发展经济区管理委员会主要领导名录

主　任：姚　康

▲ 沙田立沙岛　（张超满　摄）

对外经济·口岸

FOREIGN TRADE & ECONOMY · PORTS

- 利用外资及港澳台资
- 广东21世纪海上丝绸之路国际博览会
- 跨境国际铁路开通
- "三互"大通关改革率先实施

虎门港沙田港区一期码头

编辑：施雪芬

对外贸易经济合作

【外经贸概况】 截至2015年，东莞市坚持改革开放以后实施的"外向带动"战略，吸收外资发展以加工贸易为主的开放型经济。外来投资逐渐成为东莞经济发展的主要支撑，占全市工业产值的7成以上，出口的65%左右。东莞外经贸主要有如下特点：一是以港台投资企业为主，港资企业有6198家，占55.9%；台资企业有3437家，占31%；港资、台资企业合计占全市外资企业总数的86.9%。二是以电子信息为优势产业，从事电子信息产品制造及配套企业超过2000家，95%的电脑零部件可以在东莞就地配套。智能手机整机、配件生产企业400多家，2015年全市智能手机出货量2.6亿部，占全球市场份额17%。其中，出口额达200亿美元，占全市出口总额的五分之一。三是以加工贸易进出口为主，2015年全市加工贸易进出口999.6亿美元，占全市外贸进出口的59.6%。四是以欧美市场为主要出口市场，直接出口及通过香港地区转口欧美市场占全市外贸出口超过6成。同时，"一带一路"市场快速增长，占全市外贸出口的16%，已超越欧盟和日本，成为东莞市第三大出口市场。

截至2015年，东莞在全国、全省外经贸当中占有较为重要的地位，有来自全球40多个国家和地区的1.1万家外资企业，累计实际利用外资706亿美元，分别占全国的4.2%和全省的20%。进出口总额在全国各大城市中排名第五位，分别占全国的4.2%和全省的16.4%；出口在全国各大城市中排名第四位，分别占全国的4.6%和全省的16.1%。电子商务发展迅速，电商网络经营主体达到5.5万户，占全省14.7%，在全省地市中排名第一。口岸建设发展迅速，虎门港开辟21条内贸航线、2条台直航航线和1条越南海防航线，与石龙铁路货运站实现水铁联运；铁路方面，开通"粤新欧""粤满俄""中韩快线"，铁路跨境货运量占全省的八成以上。

随着产业结构调整和转型升级工作的深入推进，东莞外经贸发展的质量和效益不断提升。拥有自主品牌的加工贸易企业数量超过2000家，累计注册品牌突破1万，达1.14万个；每出口的100件产品之中，就有74件是加工贸易企业自主研发、设计的产品，比2008年金融危机前提高40.5个百分点。2015年，全市1500多家外资企业投资17.7亿美元实施"机器换人"，预计提升劳动生产力约20倍。

【利用外资及港澳台资】 "十二五"期间（2011—2015年），东莞市实际利用外资连续突破30亿、40亿、50亿美元大关，实现年均两位数的增长。特别是2015年，合同外资总额达到50.6亿美元，实际外资总额达到53.2亿美元，均名列全省地级市第一，分别增长17.2%和17.5%，实际外资增速连续三年排珠三角九市第一。存量优化。截至2015年，增资扩产成为东莞吸收外资的主要来源，占东莞市利用外资总额的80%以上。2015年，全市400多家外资企业，以增资扩产的形式引进先进技术和设备33亿美元，同比增长25.6%，好于全市合同外资增速8.4个百分点。增量提升。主动布局境外招商网络，先后在美国、日本、韩国等国家和中国台湾地区设立境外经贸代表处。实施"三重"建设，重点引进超亿美元的大项目。"十二五"期间，东莞市引进超亿美元项目47宗，投资总额91.8亿美元，是"十一五"的4.2倍。先后促成意大利陆逊梯卡、荷兰飞利浦、韩国高伟光学等一批超亿美元优质大项目落户东莞。引进生产性服务

业。将生产性服务业的发展作为推动制造业转型升级、产业结构调整的突破口和关键点，构建制造业和服务业双拉动的经济增长格局，引进外资服务业，在2014年服务业利用外资项目数量首次超过制造业的基础上，2015年服务业合同利用外资金额首次超过制造业，占比达53.1%。招商统筹。实施内外资统筹招商，建立市镇联动的重大项目统筹流转和利益分享机制，破解内外资招商资源分散、市镇两级招商力量分散的难题。搭建起网上投资促进业务管理平台，落实招商引资“一站通”工作。实现对大项目从招商洽谈到落户投产“全过程”的动态跟踪，实时收集镇街、园区可用土地、厂房等招商载体信息，并共享交换，提高全市招商时效性和针对性。

【外贸进出口】 2015年，东莞市外贸进出口突破1万亿元，总量达10400.7亿元，增长4.2%（按美元计算，2015年全市外贸进出口1676.7亿美元，同比增长3.1%）；外贸出口突破1000亿美元，总量达1037.2亿美元，增长6.9%。外贸进出口增速连续2年排全国前五名城市第一位；外贸出口增速连续两年排全国前四位城市第一位。重点企业发展稳定。全市500强企业实现出口684亿美元，增长4.8%，拉动全市外贸进出口提升3.2个百分点。一般贸易比重提高。全市一般贸易进出口519.7亿美元，同比增长20.8%，增幅好于全市17.7个百分点，占全市进出口比重31%。转型升级加速推进。全市1500家开展“机器换人”的外资企业实现进出口452.9亿美元，增长11%，拉动全市提升2.8个百分点。设立研发机构的1482家外资企业实现进出口243.6亿美元，增长7.8%，拉动全市提升1.1个百分点。拥有自主品牌的2000家外资企业实现进出口200.9亿美元，增长8.2%，拉动全市提升1个百分点。全市智能手机、平板及配件出口总额200亿美元，增长8.9%，拉动全市出口提升1.7个百分点。民营企业深度融入全球产业链条。全市4000多家民营企业进出口总额达607.9亿美元，增长34.3%，占比提高至36.3%，拉动全市提升9.5个百分点。外贸新模式快速发展。以汇富、岭南为代表的400多家外贸综合服务企业开展跨境电商业务，为全市8000家中小民营企业提供一站式供应链服务，2015年这批企业进出口增长24.7%，拉动全市提升2.6个百分点。其中，汇富增长13.9%，岭南增长28.6%，均实现高速发展。“一带一路”成为拉动外贸发展新动力。全市对沿线国家出口167.3亿美元，增长25.2%，“一带一路”市场超越欧盟和日本，成为东莞市第三大出口市场。扩大对沿线国家优质原材料、农产品等的进口，东莞从泰国进口龙眼增长876%；从越南进口大米增长711%；从印尼进口棕榈油增长266%。

深化加工贸易转型升级 推动开放型经济提质增效

① 2015年10月30日，中共中央政治局委员、广东省委书记胡春华，省委副书记、省长朱小丹等会见来广东出席2015广东21世纪海上丝绸之路国际博览会的中外嘉宾

② 2015年6月18日，省委副书记、省长朱小丹（前排右二）等省市领导参观2015中国加工贸易产品博览会展厅现场

③ 2015年6月17日，由商务部、国家知识产权局、广东省人民政府主办，广东省商务厅和东莞市政府承办的2015中国加工贸易产品博览会在东莞市开幕，副省长招玉芳（前排右二）与市领导徐建华（前排左二）、袁宝成（前排左一）等出席开幕式并参观展位

【外商联络小组协调会】 2015年，东莞市举办第117—118次外商联络小组协调会，相关政府部门与外商代表面对面交流，内容涵括企业关心的购买社保、新莞人员工子女入学、进口设备退税、“机器换人”等问题。

【广东21世纪海上丝绸之路国际博览会】 2015年10月29—31日，“广东21世纪海上丝绸之路国际博览会”在东莞市广东现代国际展览中心举办。本届海博会提出“做生意、谈合作，到广东”的口号，坚持国际化、专业化、市场化，务实办展、搭建有成效的经贸与合作平台，发挥国际经贸中心优势，把广东贯彻“一带一路”战略落到实处，得到沿线国家和地区的高度认同和积极参与。有71个沿线及延伸国家（地区）的政要及商务嘉宾参展参会，1000多名嘉宾出席主题论坛，7万平方米展览规模，10万多名观众到博览会参观采购，其中专业买家超过2万人。与上届相比，达到规模更大、国际化更强、效果更好的预期目标。2015海博会达成签约项目680个，涉及签约资金2018亿元，比上届增长15.5%。其中，投资项目177个，金额530亿元，增长11.6%；“走出去”项目58个，金额308亿元，增长19.4%；贸易项目445个，金额1180亿元，增长16.4%。

【2015中国加工贸易产品博览会】 于2015年6月17—20日在广东现代国际展览中心举办。本届展会集中体现支撑加工贸易转型升级，推动企业研发设计与自主创新，力促加工贸易产品全国行、全球行和网上行的办展宗旨，按照“1+6”模式进行专业运作，以1大主题展和6大专业展的办展理念，进行专业运作，打造加博会升级版。展会吸引来自全国22个省市及港澳地区795家企业报名参展。展位数达2500个，其中，省外（含香港地区）166家企业报名，安排展位数368个，特装展位111个，包括OPPO、ViVo、阿里巴巴、百度、中外运等行业龙头企业。到会采购企业达6000多家，到会专业买手达1.6万余名。到会的境外采购商超过100家，分别来自印尼、马来西亚、泰国等国家。入场参观、采购的人员近4万人次，达成各类商贸合作项目（含合同、协议和意向）7326宗，同比增长3%；意向成交金额达928亿元，同比增长3.6%。

【“走进非洲”系列经贸活动】 2015年4月15—24日，东莞市委书记徐建华率市党政代表团以及近40家企业代表组成的企业代表团，赴埃塞俄比亚、坦桑尼亚、南非等国家开展系列经贸合作及外事交流活动。代表团的到访，受到当地各级政府官员的高度重视。代表团与非洲三国的政要亲切交流，与中国驻当地使领馆的大使、参赞、总领事深入沟通，与当地工商界人士广泛接触，密集出席16场公务活动，推动东莞与非洲国家在经贸、投资、旅游、文化等领域更高水平的合作，取得良好成效。

【“走进欧洲”系列经贸活动】 2015年9月14—23日，东莞市长袁宝成率市政府代表团、科技代表团以及近30家企业代表组成的企业代表团，赴西班牙、波兰、俄罗斯等国家开展系列经贸、科技合作及外事交流活动。代表团先后在西班牙马德里、巴塞罗那，波兰华沙，俄罗斯圣彼得堡、莫斯科密集开展了18场公务活动。整个活动期间签署各类合作协议12份，达成经贸合同总额4.01亿美元。

【东莞外贸转型升级支援服务中心揭牌运营】 2015年5月12日，东莞外贸转型升级支援服务中心揭牌运营。该中心整合部门优势资源，加强“政产学研资”合作，汇聚16家在莞“工业设计、生产力提升辅导、服务外包、生产性服务”等外贸服务资源和机构，为全市中小外贸企业提供转型升级“一条龙”综合服务。支援服务中心成立以来，先后组织“2015东莞市外贸转型升级高峰论坛”“莞城科技园产业转型升级研讨会”等4场宣传推介活动，组织服务机构参加2015加博会，推动东莞市中小外贸企业借助支援服务中心提升竞争能力。

（罗明丽）

附：2015年东莞市商务局主要领导名录

局　长：何跃沛

① 2015年4月16日，埃塞俄比亚首都亚的斯亚贝巴市举行中国东莞华坚国际轻工业园奠基典礼暨战略合作签约仪式，市委书记、市人大常委会主任徐建华（前排右一）与埃塞俄比亚总理海尔·马里亚姆（前排左二）共同为华坚国际轻工业园奠基石揭幕
② 2015年10月29日，由广东省贸促会主办，广东省商务厅、广州市人民政府、东莞市人民政府承办的2015广东21世纪海上丝绸之路国际博览会开幕
③ 2015年2月4日，东莞市电子商务联合会筹备成立大会召开

2015年世界500强企业在莞投资情况

序号	企业名称	投资方式	外方投资者	所在镇街
1	先锋信泰（东莞）光学有限公司	合资	（日本）十和田电机株式会社	长安镇
2	三井高科技电子（东莞）有限公司	外资	三井高科技（香港）有限公司	长安镇
3	三井高科技（广东）有限公司	外资	三井高科技（香港）有限公司	长安镇
4	东莞长安新科电子制品厂	来料加工	新科实业有限公司	长安镇
5	东莞时力科技电子厂	来料加工	新科实业有限公司	长安镇
6	东莞川电钢板制品有限公司	外资	香港正广达有限公司	长安镇
7	东电化（东莞）科技有限公司	外资	香港东电化有限公司	长安镇
8	博世激光仪器（东莞）有限公司	外资	博世电动工具投资股份有限公司	樟木头镇
9	欧图（东莞）企业管理咨询有限公司	外资	欧图国际（香港）有限公司	万江街道
10	麦德龙物业管理（东莞）有限公司	外资	麦德龙国际参股有限公司	万江街道
11	东莞杜邦华佳高性能涂料有限公司	合资	杜邦中国集团有限公司	万江街道
12	东莞百安居装饰建材有限公司	外资	B&Q（CHINA）B.V.	万江街道
13	三洋电子（东莞）有限公司	合资	日本三洋电机株式会社	塘厦镇
14	南方佛吉亚汽车部件有限公司	外资	佛吉亚（中国）投资有限公司	塘厦镇
15	美达王板和精密金属（东莞）有限公司	外资	美达王板和有限公司	松山湖
16	杰斯比塑料（东莞）有限公司	外资	株式会社JSP、伊藤忠商事（香港）有限公司	松山湖
17	东莞住矿电子浆料有限公司	合资	住友金属矿山股份公司	松山湖
18	东莞乐艾电子科技有限公司	外资	韩国LG显示器公司	松山湖
19	伟创力电源（东莞）有限公司	外资	伟创力	市属
20	柯尼卡美能达商用科技（东莞）有限公司	外资	柯尼卡美能达商用科技制造（香港）有限公司	石龙镇
21	京瓷连接器（东莞）有限公司	合资	京瓷爱克株式会社	石龙镇
22	京瓷光电科技（东莞）有限公司	外资	日本京瓷光学技术株式会社	石龙镇
23	京瓷办公设备科技（东莞）有限公司	合资	日本京瓷美达株式会社	石龙镇
24	东莞石龙京瓷光学有限公司	合资	日本京瓷株式会社	石龙镇
25	东莞京瓷置业有限公司	外资	广场置业有限公司	石龙镇
26	华润水泥采购有限公司	外资	华润水泥投资有限公司	沙田镇
27	东莞住商益安金属制品有限公司	合资	（香港）住商益安五金有限公司	沙田镇
28	东莞兴宝化工有限公司	合资	兴宝国际工业有限公司	沙田镇
29	东莞新长桥塑料有限公司	外资	三菱商事株式会社TOHO工业株式会社新桥实业有限公司见龙创业投资有限公司	沙田镇
30	东莞华润水泥厂有限公司	外资	华润水泥控股（香港）有限公司	沙田镇
31	东莞宝田化工有限公司	合资	兴宝企业有限公司	沙田镇
32	日铁商事（东莞）经济咨询有限公司	外资	日铁商事（香港）有限公司	南城街道
33	东莞新科技术研究开发有限公司	外资	新科实业有限公司	南城街道
34	可口可乐装瓶商生产（东莞）有限公司	合资	太古可口可乐香港有限公司	南城街道
35	金霸王（中国）有限公司	合资	金霸王公司	南城街道
36	广东福地日合偏光器件有限公司	合资	丸红株式会社和丸红香港有限公司、日本合成化学工业株式会社	南城街道
37	东莞喜威液化石油气有限公司	合资	SHV南中国有限公司	南城街道
38	东莞铁和金属制品有限公司	外资	日铁商事株式会社	南城街道
39	东莞雀巢有限公司	外资	雀巢公司	南城街道
40	东莞南城新科磁电制品有限公司	外资	香港新科实业有限公司	南城街道
41	东莞杜邦电子材料有限公司	外资	杜邦（中国）集团公司	南城街道
42	东莞大华汽车维修服务有限公司	合资	溢华实业有限公司	南城街道

续表

序号	企业名称	投资方式	外方投资者	所在镇街
43	东莞百悦电子有限公司	合资	百音控股有限公司	南城街道
44	东莞百音电子有限公司	外资	百音控股有限公司	南城街道
45	益海（东莞）油化工业有限公司	外资	丰益中国新投资私人有限公司	麻涌镇
46	东莞益海嘉里粮油食品工业有限公司	外资	丰益中国新投资私人有限公司	麻涌镇
47	东莞马士基集装箱工业有限公司	外资	马士基集装箱工业公司	麻涌镇
48	先锋高科技（东莞）有限公司	合资	日本先锋株式会社	寮步镇
49	东莞三星电机有限公司	外资	韩国三星株式会社	寮步镇
50	东莞欧尚超市有限公司	外资	欧尚（中国）投资有限公司	寮步镇
51	东莞能率科技有限公司	外资	佳能企业股份有限公司	寮步镇
52	东莞汉莎产品技术咨询服务有限公司	外资	汉莎质检亚洲有限公司投资	寮步镇
53	恩智浦半导体广东有限公司	外资	（荷兰）飞利浦电子中国有限公司	黄江镇
54	汉高胶粘剂技术（广东）有限公司	外资	汉高胶粘剂（香港）有限公司	虎门镇
55	益海（东莞）精细化工有限公司	外资	益海嘉里投资有限公司	虎门港
56	液化空气（东莞）工业气体有限公司	外资	液化空气（中国）投资有限公司	虎门港
57	东莞益海嘉里赛瑞淀粉科技有限公司	外资	益海嘉里投资有限公司、赛瑞中国投资公司	虎门港
58	东莞深赤湾港务有限公司	合资	益海嘉里投资有限公司	虎门港
59	泰科电子（东莞）有限公司	外资	联亚科技（香港）有限公司	厚街镇
60	东莞永佳中通汽车服务有限公司	合资	丰田通商株式会社	厚街镇
61	东莞三星视界有限公司	外资	三星电管（香港）有限公司	厚街镇
62	东莞日矿富士电子有限公司	外资	JX日矿日石金属株式会社	洪梅镇
63	东莞富士通电装电子有限公司	外资	富士通电装国际有限公司	洪梅镇
64	沃尔玛（东莞）商业零售有限公司	外资	沃尔玛（中国）投资有限公司	莞城街道
65	东莞旺市百利百货有限公司	外资	合泰商业有限公司	莞城街道
66	嘉力时灯光设备（东莞）有限公司	外资	飞利浦照明电子上海控股有限公司	凤岗镇
67	东莞住秀电子有限公司	外资	日立金属株式会社、日荣钢材株式会社	凤岗镇
68	东莞歌乐东方电子有限公司	外资	歌乐（香港）实业有限公司	东坑镇道
69	罗门哈斯电子材料（东莞）有限公司	外资	希普励亚洲有限公司	东城街道
70	东莞家乐福商业有限公司	外资	荷兰家乐福（中国）控股有限公司	东城街道
71	东莞三星道达尔工程塑料有限公司	外资	三星TOTAL株式会社	大岭山镇
72	阿克苏诺贝尔涂料（东莞）有限公司	外资	阿克苏诺贝尔涂料国际有限公司	大岭山镇
73	东莞市雅励金属材料剪切有限公司	外资	三星物产（株）、三星香港有限公司	大朗镇
74	东莞三星高新塑料有限公司	外资	第一毛织（株）	大朗镇
75	东莞麦当劳食品有限公司	合资	麦当劳（香港）有限公司美国特立华州麦当劳公司	城区等
76	东莞肯德基有限公司	外资	百胜（中国）投资有限公司	城区等
77	东莞沃尔玛百货有限公司	合资	英属维尔京群岛沃尔玛中国有限公司	城区
78	东莞顶锋金属制品有限公司	外资	香港日技有限公司	常平镇
79	东莞创宝达电器制品有限公司	外资	创宝得科技有限公司	常平镇
80	日立蓄电池（东莞）有限公司	外资	新神户电机株式会社	茶山镇
81	日立金属（东莞）特殊钢有限公司	外资	日立金属株式会社、日荣钢材株式会社	茶山镇
82	日立化成工业（东莞）有限公司	外资	日立化成工业株式会社	茶山镇
83	日立粉末冶金（东莞）有限公司	外资	日立粉末冶金株式会社	茶山镇
84	东莞美极有限公司	外资	雀巢有限公司	茶山镇

贸易促进

【商事出证认证】 2015年，东莞市贸促会出具一般原产地证1.72万份，优惠原产地1507份，商事证明书1480份；代办领事认证480份，ATA单证册（暂准进口单证册）26份；单据认证48份；新注册企业142家。

【国际贸易摩擦预警应对】 2015年，东莞市贸促会组织应对巴西对华鞋类产品反倾销复审案、土耳其对部分商品提高关税案等5起欧盟、巴西等国家和地区对中国发起的反倾销、检验检疫、关税壁垒等案件，组织2起对外反倾销、反垄断诉讼案件，涉及化工、轻工、航空、农产品、机械等领域，为东莞市企业提供应对贸易摩擦的新途径。为企业讲解预防国际贸易摩擦的技巧，举办“企业‘走出去’的经营模式及风险防范”专题讲座，提升企业自身防范外部风险和处理经贸纠纷的能力。

【商事调解服务】 2015年，东莞市贸促会建立健全市商事调解中心职能，开展与市两级法院、境内外仲裁机构的工作对接；与市跨境电商办、各行业协会及金融机构的合作，设立调解工作站；宣传调解工作，5月9日，与东莞市律师协会联合举办“调解—解决商事纠纷的重要途径”专题讲座，让律师群体认可市商事调解中心，从源头上让纠纷过渡到调解，缓解法院的诉讼压力；10月18日，东莞市贸促会、东莞市商事调解中心举办“多元化纠纷解决机制及国际商事调解带来的机遇”专题讲座，同时聘请香港8名专业调解员作为东莞市商事中心的调解员。

【会务展览服务】 2015年，东莞市贸促会于5月15—18日在东莞国际会展中心举办第八届“东莞国际茶业博览会”。先后组织企业代表团参加“澳门国际品牌连锁加盟展2015”“第二十六届香港美食博览和香港国际茶展”、第二十届“澳门国际贸易投资展览会（MIF）”、第十一届“香港设计与创新科技博览”等港澳优质展会，举办第三届“东莞—葡语国家商机对接交流会”。东莞市贸促会协助广东省贸促会制定“2015广东21世纪海上丝绸之路国际博览会”工作方案和执行筹备工作。

【东莞国际茶业博览会】 2015年5月15—18日，东莞市贸促会在东莞国际会展中心举办第八届东莞国际茶业博览会。从展会规模、规格，到参展企业数量、宣传投入等，皆为历届之最。展会面积超2万平方米，参展企业221家，折合国际标准摊位928个。“2015国际知名茶人交流会暨陈年老茶品鉴会”和“2015首届‘东莞茶仓’国际论坛”同时举行，同时举办首届东莞网络斗茶大赛、参观“天得茶仓+茶博物馆”、天得国际亲子茶荟、公益慈善拍卖及七大知名品牌推介专场等活动。此届茶博会有10.70万人次入场参观，其中专业采购商1.19万人次；创造总商机4.59亿元，其中现场零售5608万元，现场采购订单1.44亿元，一年内采购意向2.58亿元。

【东莞市驻南非洲经贸代表处】 2015年4月21日，中国东莞市驻南非洲经贸代表处，在南非约翰内斯堡举行揭牌仪式，南非洲广东总商会会长黄宝烈被聘任为经贸代表处的首席代表。这是由东莞市贸促会牵头成立的第一个境外经贸代表处。南非洲经贸代表处的成立，为日后东莞市与南非的交流和合作提供一个全新的平台，协助东莞企业开拓非洲市场。

【东莞市驻美国经贸代表处成立】 2015年10月9日，中国东莞市驻美国经贸代表处在美国洛杉矶举行揭牌仪式，美中广东商会张铁流被聘任为经贸代表处的首席代表。这是由东莞市贸促会牵头成立的第二个境外经贸代表处。驻美国经贸代表处的建立，促进两地贸易往来优势互补、推动双向投资纵深发展、深化旅游合作互利共赢。

【对外经贸交流】 2015年，东莞市贸促会先后组织企业参加“2015年韩国—广东经济发展交流会”“东莞国际采购商洽谈大会”“中国东莞·南非约翰内斯堡经贸旅游合作交流会”“‘选择美国’大中华路演活动”“埃塞俄比亚—中国（东莞）投资合作论坛”“中国（东莞）—美国企业经贸合作交流会”等经贸交流活动，为东莞市行业协会及对口企业提供与境外商贸团组交流的机会。其中，东莞市贸促会牵头在美国洛杉矶举办“东莞市经贸推介会”，并因应东莞市驻美国经贸代表处成立，首次组织美国经贸代表团来莞与东莞市企业进行对接。10月30日，东莞市贸促会在东莞举行“2015中国（东莞）—美国企业经贸合作交流会”，来自美国和东莞市的企业代表近40人参会。交流会探讨双方加强合作的方向和重点。

【境外商协会、机构联系】 2015年，东莞市贸促会与境内外商协会、机构保持密切联系，收集境外经贸资讯，共同为双方会员企业搭建更广阔的发展平台，拓展新的联络渠道。2015年，与南非约翰内斯堡工商会签署合作备忘录，与中国—危地马拉贸易与合作商会、加拿大东莞（美洲）总商会初步达成建立紧密联络机制的共识，加强信息互换。

（黄晓芬）

附：2015年中国国际贸易促进委员会东莞市委员会主要领导名录

党组书记、会长：李文峰（任至10月）
曾民盛（10月到任）

口岸管理

【口岸管理概况】 2015年，东莞市口岸进出境货物3035.94万吨，比上年下降7.06%（其中，水运口岸2344.83万吨，下降7.26%；公路口岸687.54万吨，下降6.67%；铁路口岸3.57万吨，增长113.77%）；东莞市口岸进出境旅客73.3万人次，下降0.3%；经东莞市车检场进出境货运车辆112.31万辆次，下降14.35%；经东莞市口岸进出境船舶1.60万艘次，下降0.4%。

2015年，东莞市口岸部门重点围绕“一带一路”促进石龙铁路国际物流中心业务发展，推动“三互”大通关建设改革，进一步扩大口岸开放水平，优化东莞市通关环境，提高口岸服务质量，提升口岸进出口业务发展。

【“三互”大通关建设改革】 2015年，东莞市明确提出“实现口岸管理相关部门信息互换、监管互认、执法互助”（简称“三互”）工作目标。市政府会同黄埔海关、东莞出入境检验检疫局提出推动东莞“三互”大通关建设改革的议题并确定以寮步车检场为试点。4月10日寮步车检场全国率先启动陆路“三互”大通关模式改革工作试点，6月18日在虎门港口岸启动水路“三互”大通关模式改革工作试点。7月，国家口岸办主任黄胜强到东莞市考察东莞市口岸“三互”通关改革工作，高度赞扬东莞市委市政府、海关、检验检疫部门在“三互”改革工作中的重要作用和突出成效。8月，广东省口岸办、海关总署广东分署、广东检验检疫局在东莞联合召开寮步车检场实施“三互”大通关模式现场观摩推广会。9月14日，国家口岸办在东莞市举办全国“三互”大通关改革现场会，国家、省、市领导肯定市委市政府牵头、驻莞查验单位主导落实的“三互”模式，基本达到“三互”大通关改革工作目标，企业受惠。实施“三互”大通关改革后，现场执法从“串联”改为“并联”，车检场关检通关手续由10个缩减为5个，平均查验时间由4.5小时缩减到2.5小时；水运口岸集装箱的平均查验时间缩短50%，“联合查验”减少吊柜和开箱的次数，每个集装箱分别节省200元和280元等。

【中俄贸易产业园】 2015年9月3日，在国家主席习近平与俄罗斯总统普京的共同见证下，省政府和中外运长航集团公司、俄罗斯国家开发与对外经济银行、俄罗斯出口中心签署《关于中国外运长航集团和俄罗斯国家开发与对外经济银行在广东东莞石龙建立中俄贸易产业园合作备忘录》，开展中俄贸易产业园“贸易先行”业务。

【石龙铁路国际物流中心】 2015年7月20日，东莞市获得《国家口岸办关于同意东莞石龙铁路国际物流中心临时对外开放的批复》，石龙物流中心铁路（一类）口岸于9月启用。以开通铁路货运一类口岸临时开放为契机，开通石龙始发出口至中亚五国的“粤新欧”国际班列、石龙始发出口至俄罗斯的“粤满俄”国际班列、石龙与青岛的“中韩快线”，启动石龙经满洲里与俄罗斯的进出口贸易。

2015年9月底，东莞中外运石龙货运站根据驻莞查验单位要求，按照“三互”大通关改革相关规定，初步完成对查验现场、办公等查验设施改造工作并通过查验单位初步验收。9月14日，东莞石龙铁路国际物流中心举行对外开放启动仪式。9月底东莞铁路口岸扩大开放申请获得省政府支持。10月，根据查验单位要求和“三互”大通关改革建设标准，完成4500平方米海关监管场所监管查验和办公生活设施整改工作。

【港口建设】 2015年4月9日，东莞市虎门港麻涌港区新沙南作业区4—5号泊位（包括4号、4a号、5号泊位）经省口岸办批复同意，正式对外开放；12月9日，东莞市虎门港沙田港区立沙岛作业区鸿源航空油品码头经省口岸办批复同意，正式对外开放；协调推动直航通道建设，虎门港5号、6号泊位已开通越南航线，每周一班。6月18日，在虎门港率先启动水运口岸“三互”大通关模式，实现监管信息实时互换、监管执法紧密协同、通关效率再度提升等改革效果。企业通关将能实现自主申报、共同查验、自动放行，提升企业通关效率，有效地降低企业通关成本。企业提交的纸质单据减少60%，集装箱平均查验时间缩短50%以上。

【口岸惠企政策落实】 2015年，东莞市按照《国务院关于改进口岸工作支持外贸发展的若干意见》关于“对查验没有问题的免除企业吊装、移位、仓储等费用，此类费用由中央财政负担”的要求，根据国家、省、市的相关要求和部署，推动东莞市免除查验没有问题外贸企业吊装、移位、仓储费用试点工作，并于11月5日在东莞市口岸全面实施。截至2015年，全市约2000家外贸企业受惠，免除费用122.69万元。 （罗明丽）

打击走私综合治理

【打击走私概况】 2015年，黄埔海关缉私局立案侦查东莞地区走私犯罪案件30宗，案值10.68亿元；立案调查东莞地区走私案件（行政案件）69宗，案值4.4亿元。市公安边防支队查获走私案件39宗，案值3186万元。

【打击走私联合行动和专项斗争】 2015年1—2月，东莞市开展元旦春节期间打击走私联合行动，重点打击应节商品走私。3—12月，开展打击成品油走私“春雷”专项行动，查获涉嫌走私成品油2646吨，捣毁非法储油点13个，查处并销毁“三无”（无船名船号、无船舶证书、无船籍港）船、非法运油车、油罐等一批。7—12月，开展冻品走私专项打击和综合整治行动，查获无合法来源冻品500多吨。全年开展打击走私“五大战役”行动，严厉打击农产品走私、重点涉税商品走私、毒品和枪支走私、“洋垃圾”走私、濒危物种走私等，查获一批大要案。

【流通领域反走私监管】 2015年，东莞市突出各类商品市场的监管和整治，督促落实进出台账管理制度。开展全市冻品市场、冻库排查，消除走私隐患，防止无合法来源冻品危害群众健康。继续把打击走私汽车作为反走私的重点任务，加强巡查，全年查获无进口证明汽车16辆。落实举报奖励制度，查处一批储存和贩卖热点商品走私案件。

【反走私综合治理】 2015年，东莞市依法处理“应税证进口无主物”，将涉私的6批洋酒拍卖。加强反走私宣传教育，开展各类宣传活动40多次，派发反走私宣传环保袋2万个。依法销毁查获无合法来源进口物品和非法运输工具。3月，公开销毁无进口证明汽车18辆及一批汽车零配件；9月，公开销毁非法运油车、无进口证明汽车共20辆、“三无”船24艘。

【反走私诚信建设】 2015年，东莞市各镇街走访企业，发动进出口企业参加反走私诚信体系建设，指导有关企业建立完善内部管理。海关部门做好海关企业信用管理新旧办法的衔接，检验检疫、外汇管理、国税、工商等部门按照自身职责，加强对企业的服务和监管。市打私办联合海关缉私部门、相关镇街先后举办11场反走私政策宣讲会，2000多家企业代表参加，印发各类宣传资料2万多份。经过镇街推荐、部门审核，公示第一批“东莞市反走私守法诚信企业”名单。

【海防工作】 2015年，东莞市开展海防建设普查，6月，组织各涉海部门、镇街，从海岸线长安东宝河至麻涌大盛开展实地调研。开展清理港湾行动，组织海关、边防、海事、渔政等部门及虎门镇、沙田镇，于5月和7月，两次在珠江口辖区水域开展清理港湾专项行动，规范渔船秩序。完善海防规划，组织各沿海镇街、有关部门研究，制定一套符合东莞实际、更加完善的海防与反走私基础设施建设规划。 （赵景耀）

附：2015年东莞市人民政府打击走私综合治理办公室主要领导名录

主　任：邝建华

海关监管

【驻莞海关概况】 截至2015年，黄埔海关在东莞市设有东莞海关、太平海关、新沙海关及黄埔海关驻凤岗办事处、黄埔海关驻长安办事处、黄埔海关驻常平办事处、黄埔海关驻沙田办事处7个正处级海关机构。2015年，驻莞海关深化改革，服务东莞外贸发展，提升监管效能，加大反走私打击力度。

2015年，东莞市进出口总额1676.73亿美元（10407.76亿元，增长4.2%），比上年增长3.1%。其中进口639.55亿美元（3972.46亿元，下降1.3%），下降2.4%；出口1037.19亿美元（6435.30亿元，增长7.9%），增长6.9%。东莞海关获“全国文明单位”称号，获评“中央和省驻莞单位年度工作优秀单位”，连续13年获得东莞市委市政府年度工作表彰，东莞海关保税加工监管一科获评“全国青年文明号”，“i分析”团队获第三届广东省直单位工作技能大赛二等奖；黄埔海关驻凤岗办事处通过“全国文明单位”复评。

【海关改革推进】 2015年，东莞海关参与寮步车检场在全国率先启动陆运“三互”（信息互换、监管互认、执法互助）大通关模式，沙田办事处在全省率先启动水运“三互”大通关建设，实现“信息互换、监管互认、执法互助”，相关改革经验被全国“三互”现场工作会采用推广，为东莞“三互”大通关模式的建立奠定基础，在东莞跨境电子商务中心园区和龙通码头启用“三互”大通关模式，构建“水、陆、网”一体化的“三互”大通关格局。筹建全国海关首个企业认证中心和首个保税监管集中审核作业中心。率先启用新综合业务管理模式，实现业务窗口一口对外、“全业务”受理。率先在全国海关推行保税加工智能作业改革，智能作业系统实现随附单证无纸化和在线审核，超90%的手册设立变更业务可全程网上办结，企业可以随时上传资料，足不出户便可办理业务。

【海关服务东莞外贸发展】 2015年，驻莞海关助推“创新驱动”和“转型发展”，落实“海关总署进一步促进外贸稳定增长18项重点工作”和“黄埔海关支持促进广东省外贸稳定增长11项意见”，助推“东莞制造2025”及“机器换人”项目快速发展。培育高新科技企业进口先进技术设备和关键零部件系统的配套落实措施。严格按照法律法规的规定，对符合减免税政策的“机器换人”项目提前介入，加大减免税政策宣讲力度。配合石龙铁路货运口岸规划建设，助力石龙口岸提升“粤新欧”“粤

优化海关监管服务　促进东莞转型升级

① 2015年6月13日，海关总署署长于广洲（左一）率国务院第十督查组在东莞市督查重大政策措施落实情况

② 2015年4月10日，海关总署副署长邹志武（左三），黄埔海关关长李国（左一），市委书记、市人大常委会主任徐建华（右一）等领导参加东莞陆运口岸“三互”大通关模式启动仪式

③ 2015年8月7日，海关总署副署长孙毅彪（右一）会见东莞市委副书记、市长袁宝成

满俄”“中韩快线”等国际货运班列运营水平，协助把石龙铁路国际物流基地打造成为连接“一带一路”（“丝绸之路经济带”和“21世纪海上丝绸之路”简称）的节点和海铁联运国际货运枢纽。参与筹建并推动东莞跨境贸易电子商务中心园区运作，推动跨境电商健康快速发展，探索出B2C（Business-to-Customer，指企业直接面向终端消费者，是跨境电子商务模式之一）直购进口、“两头在外”保税备货出口、B2C仓储集货出口等业务模式。承接和主动服务“超级中国干线”（来往香港国际机场与东莞的空陆运输）业务，服务“中国加工贸易产品博览会”“中国智慧城市技术与应用产品博览会”“中国·广东21世纪海上丝绸之路国际博览会”等展会的监管工作。支持鼓励企业试点参加电商平台拓展内销，推动东莞加工贸易边角料网上拍卖试点工作，严格落实清理进出口环节收费，按照国务院统一部署，开展查验配套服务费改革试点工作，海关配合东莞市政府免除查验没有问题外贸企业的装卸吊装、移位、仓储费用。助力珠三角汽车博览中心项目落地麻涌。支持清溪保税物流中心（B型）建设。复制推广自贸区政策，探索“先进区、后报关”业务模式，降低企业装卸成本，启动出区“分送集报”“跨境快速通关”改革，完成虎门港“陆空联运（超级干线）”业务测试工作。

【海关监管效能提升】 2015年，驻莞海关全面落实泛珠三角四省区域通关一体化改革和无纸化改革，无纸化率达99.1%，开启海关作业互联互通新模式，企业在省内海关通关，如同一关。“双随机”（随机抽取被检查对象、随机选派检查人员）和“选查分离”（下达选择布控指令人员与查验执法人员相分离）作业模式在查验和核查外勤环节有效落实，移动查验系统在海运及陆运查验现场成功推广应用，完善监控指挥中心建设。开展码头类监管场所专项治理工作，加强对保税仓库和码头等监管场所管理力度，深化与执勤武警的联合作业机制。

【海关反走私打击力度加大】 2015年，驻莞海关重拳出击开展打击走私活动，开展“五大战役”（打击濒危动植物和农产品、冻品、成品油走私）、“破冰Ⅱ”（打击海产品走私）等专项行动，破获高档红木、冻海产品、伪报“米糠”等特大走私案件，严厉打击毒品、武器弹药、有害废物、濒危物种等走私违法活动。（曾宪政）

附：2015年东莞海关主要领导名录

党组书记、关长：黄　浦

2015年太平海关主要领导名录

党组书记、关长：彭也澎（任至8月）
张家珍（8月到任）

2015年新沙海关主要领导名录

党组书记、关长：黄军声

2015年黄埔海关驻凤岗办事处主要领导名录

党组书记、主任：张家珍（任至8月）
贺韶辉（8月到任）

2015年黄埔海关驻长安办事处主要领导名录

党组书记、主任：刘　义

2015年黄埔海关驻常平办事处主要领导名录

党组书记、主任：陈　兵

2015年黄埔海关驻沙田办事处主要领导名录

党组书记、主任：刘　红

① 2015年9月14日，海关总署党组成员、国家口岸办主任黄胜强（左七）与副省长招玉芳（左八）等领导共同参加东莞市石龙铁路国际物流中心对外开放启动仪式

② 2015年10月29日，黄埔海关副关长欧阳晨（右二）与东莞海关关长黄浦（右三）出席“海博会”开馆仪式并现场了解驻场工作情况

境快件1.48万批，货值2.89亿美元。

检验检疫

【检验检疫概况】 2015年，东莞出入境检验检疫局（简称“东莞检验检疫局”）检验检疫出入境货物58.71万批，货值195.47亿美元；其中出境货物45.38万批、货值95.13亿美元，入境货物13.33万批、货值100.34亿美元；出境不合格货物1.51万批，入境不合格货物2.49万批。受理出入境集装箱报检116.25万标箱；检验检疫出入境运载工具1.05万航次；检验检疫经东莞口岸的出入境旅客和交通员工80.3万人次；检验检疫出入境快件1.48万批，货值2.89亿美元。

【“三互”大通关改革率先实施】 2015年，东莞检验检疫局在全国率先启动陆运车检场“三互”（口岸管理相关部门信息互换、监管互认、执法互助）大通关改革试点工作。打破物理隔离，实现一个卡口管理；系统互联，实现全口径数据共享；实现“联查联放”（联合查验、联合放行），改变车检场原有车辆“重复进场、串联查验”的查验模式；设立查验受理中心。2015年4月10日至12月31日，车检场监管车辆29.64万辆，关检（海关、检验检疫）查验1.77万辆，100%实施一次查验；其中关检共同布控查验413辆，对24批次实施行政处罚。在虎门港水运口岸实现口岸四方（检验检疫、海关、边检、海事等四个部门）“三互”大通关模式，在进出境船舶申报和进出口货物监管实现“信息互换、监管互认、执法互助”。企业提交的纸质单据由原来的140多张减少到60多张，减少60%，减少企业2/3的数据录入量，减轻企业负担。通过联合查验、卡口分流，集装箱的平均查验时间缩短60%以上，节省企业通关时间和费用。贯彻“三互”要求对跨境电商园区监管点进行规划，依托“东莞跨境电商公共服务平台”实现“单一窗口”和“一站式作业”，以及关检共同管理监管场所的进出场卡口和查验设备。10月，首个按照“三互”模式管理的跨境电商中心

抓质量　保安全　促发展　强质检

① 2015年10月28日，为落实国务院关于“三互”改革的部署，调研“单一窗口”建设，进一步深化泛珠三角检验检疫通关一体化工作，国家质检总局副局长孙大伟（前排左二）率通关司司长山巍（前排左一）一行赴东莞市开展口岸“三互”工作调研

② 2015年4月10日，陆运口岸“三互”大通关模式在东莞市寮步进出境货运车辆检查场启动。海关总署副署长邹志武（左三）、国家质检总局总工程师刘兆彬（右三）、广东省政府副秘书长刘晓捷（左二）、广东出入境检验检疫局局长詹思明（右二）、黄埔海关关长李国（左一）、市委书记、市人大常委会主任徐建华（右一）等领导出席启动仪式。关检双方在全国陆运车检场率先实现“信息互换、监管互认、执法互助”的“三互”大通关模式，东莞口岸通关再次驶上快车道

园区运营。

【检验检疫业务综合改革】 2015年，东莞检验检疫局以“出口玩具和婴童用品质量安全示范区”为抓手，在完善分类管理、探索采信第三方检验报告基础上，初步建立以合格假定为核心的出口监管模式。对出口食品企业实施分类管理，加强事中事后监管，港澳蛋糕、点心、快餐和米面制品等产品采取合格假定与符合性验证相结合的产品合格评定机制。实施无纸化报检及通关单无纸化，简化进出口申报与放行手续。东莞辖区内有5000多家企业可享受无纸化报检的便利，占报检企业的90%以上。2015年有13万报检批次使用无纸化方式报检，占报检总批次的22%。

【检验检疫全监管体系构建】 2015年，东莞检验检疫局推进东莞出口玩具和婴童用品质量安全示范区国家级创建工作，带动行业整体质量安全水平提升，其中明门企业获评第一批“中国出口质量安全示范企业”。发挥石碣供港澳蔬菜质量安全示范区示范带动作用，每季度向东莞市食安办及农业局通报供港蔬菜不合格情况。发挥市场采购出口木制品及木家具集中检管区的作用，为企业提供更为便利快捷的备案和通关服务。2015年8—12月，市场采购出口木家具出口687批次，货值为2098.77万美元，批次同比增长233.5%，货值同比增长186.4%，吸引异地报检企业回流作用明显。

【进出口商品质量宏观监管】 2015年，东莞检验检疫局开展目录外进出口商品监督抽查，对机电类、轻纺类和资化类的商品共实施抽查检验70批次，发现不合格案例43批，不合格率达61.43%。对抽查发现的不合格情况签发进/出口商品抽查不合格通知单，约谈销售商并反馈结果。加强舆情收集报送，开展风险分析和风险防范。连续四年针对东莞传统优势行业质量安全状况进行调查分析，编撰出口产品质量分析报告。

① 2015年2月17日，市委书记、市人大常委会主任徐建华（左五）一行到东莞检验检疫局视察

② 2015年9月8日，东莞检验检疫局推荐的东莞尚正堂莞香发展有限公司的莞香产品通过由国家质检总局组织的生态原产地保护专家组的评审，实现东莞生态原产地产品保护的“零突破”

③ 2015年4月21日，经东莞检验检疫局沙田办事处检验合格的首批中海油柴油，由“HERMITAGE BRIDGE”号油轮装载，出口马来西亚

④ 2015年3月15日，国际消费者权益日当天，东莞检验检疫局会同辖区工商分局、消委分会、经贸办等部门在南城街道汇一城购物中心开展消费维权现场宣传咨询活动

【检验检疫助推“一带一路”枢纽建设】 2015年，东莞检验检疫局支持石龙铁路国际物流中心口岸对外开放，抽调业务骨干成立工作组进驻现场，按照“三互”工作要求指导完善口岸查验配套设施和现场办公设施建设，打造“一带一路”（“丝绸之路经济带”和“21世纪海上丝绸之路”简称）跨境连接新枢纽。9月，石龙铁路国际物流中心作为二类口岸对外开放，与中俄贸易产业园共同成为东莞外贸经济新的增长点。

【检验检疫区域通关一体化改革】 2015年，东莞检验检疫局结合东莞企业实际情况，对符合条件的企业和业务实施在目的地直接报检的入境直通放行申报模式，企业可根据自身需要选择入境货物的报检地点，为货物通关提供便利。截至12月，有11家试点企业、1413批货物、9030万美元进口货物实施目的地报检、口岸直通放行的新模式。开展“通报、通检、通放”业务模式改革，企业可根据实际需要，自主选择办理报检审单、领取证单、通关放行等手续的检验检疫机构，进出口货物的检验检测结果在各检验检疫机构间互认。

【检验检疫部门参与“一网通”改革】 2015年，东莞检验检疫局在“多证联办”（依托东莞市网上办事大厅，按照“一站受理、一表填报、同步审核、限时办结、同步发证、分头领取”的模式，对企业登记注册实行网上申办，多部门并联审批）工作的基础上，参与东莞市实施的企业登记注册“一网通”（东莞市网上办事大厅一站式服务）改革，率先将“三证合一、一照一码”（将企业登记时依次申请，分别由工商行政管理部门核发工商营业执照、质量技术监督部门核发组织机构代码证、税务部门核发税务登记证，改为一次申请，由工商行政管理部门核发一个加载统一社会信用代码的营业执照）改革从工商、质监、税务部门拓展至检验检疫、海关、人资、社保等部门，实现企业登记注册，网上一站式、全流程办理。从9月开始，东莞地区的新企业均可通过东莞市网上办事大厅办理报检企业备案登记，享受“一网通”改革带来的“一站式”“无纸化”“即时化”等便利。

【原产地签证服务】 2015年，东莞检验检疫局签发普惠制产地证5.90万份、一般原产地证8.44万份、区域性原产地证3.54万份，为东莞企业减免进口国关税约2亿美元。配合国家“一带一路”战略部署，根据质检总局“装备走出去”工作规划，选定3家机械设备制造企业进行“一厂一策”（一家工厂一个对策）帮扶，方便企业向“一带一路”沿线国家和自贸区国家扩大出口。帮助东莞莞香成功申请“生态原产地保护产品”，实现东莞生态原产地产品保护的“零突破”。

【农产品进境指定口岸建设】 2015年，东莞检验检疫局帮扶指导码头运营企业完善硬软件设施，建立健全管理制度，协助做好质检总局的考核验收工作，2015年东莞地区新增虎门宏业码头、沙田国际码头2个口岸获得进口粮食指定口岸资格，沙田国际码头通过进口肉类指定口岸督查。截至2015年，东莞地区口岸先后获得水果、粮食、肉类、水产品等农产品进口指定口岸资质。

【进出口食品安全监管】 2015年，东莞检验检疫局确保供港澳食品农产品足量安全，上半年普查合格率达100%。开展“食品安全宣传周”“质量安全月”活动，宣贯新修订的《食品安全法》。开展食品监管业务综合改革，进口食品企业分类管理工作展开。组织开展对辖区进出口企业打击生产销售“违禁超限”“假冒伪劣”食品的专项行动，查出18批次属“违禁超限”的不合格进口产品，均作退货或销毁处理。

【进出口工业产品检验监管】 2015年，东莞检验检疫局检验监管进口设备1790批次，检出不合格471批，检出率为26.31%。开展全球维修/再制造产业检验监管试点，东莞2家企业获质检总局批准开展相关业务。针对天津港爆炸事件开展安全风险排查，加强危险化学品及其包装检验监管，检出不合格危险化学品1571批，妥善处理4起严重的危化品泄漏事故。贯彻落实进口煤炭新规，从122批进口煤炭中检出12批不合格，调控效果明显。做好口岸法定鉴定工作，完成数重量检验鉴定896批、重量1243.3万吨、货值19.2亿美元，检出短重41批、短重3396.7吨、短重货值152.3万美元。

【进出境动植物检疫监管】 2015年，泰国官方对中国首次派出渔业局到东莞考察水生动物检疫工作，香港食环署首次巡查东莞供港肉制品加工企业。疫情检出率明显增长，2015年检出进境有害生物及违规4.18万批次，同比增长43.9%，其中检疫性有害生物4630批次，同比增长67.1%。在截获的检疫性有害生物中，多年生豚草、西方苍耳、蒺藜苍耳、具节山羊草、辣椒实蝇为东莞口岸首次截获；木瓜秀粉蚧、球棒皮蠹为中国国内旅邮检首次截获，矢尖盾蚧为广东旅检口岸属首次截获。在截获的非检疫性有害生物中，合被苋为全国口岸首次截获。

【口岸卫生检疫】 2015年，东莞检验检疫局针对埃博拉、中东呼吸综合征等疫情加强排查防控，举办联合应急处置演练。调派红外测温仪支援“苏迪曼杯”“加博会”“海博会”等重大活动，派遣专业人员驻会。开展口岸核生化有害因子监测，检出23例辐射超标人员。在入境“泰米尔”轮上截获小蠊并检出致病性彭氏变形杆菌，这是东莞口岸首次检出该菌种。

【认证监管】 2015年，东莞检验检疫局帮助1家企业通过采信HACCP（危害分析及关键控制点）认证结果获得延续备案、2家企业通过美国FDA（食品药品监督管理局）检查。2015年，向东莞检验检疫局申请3C（强制性产品认证）免办证明企业总数529家，办理3C免办证明2105份，实施后续监管2026份，查处3C免办违规案例6起。

【法治质检和科技质检建设】 2015年，东莞检验检疫局制定《主要行政职权目录》并对外公开。通过广东检验检疫局“六五”（中央宣传部、司法部关于在公民中开展法制宣传教育的第六个五年规划）普法考评验收。2015年，东莞检验检疫局实施简易程序行政处罚94宗，立案一般程序案件49宗，涉案货值142.28万元。实验室新增检测仪器设备11台套、401.7万元，新增检测项目55项。完成东莞地区流通领域2381批、3.56万项次食品委托检测任务。通过国家自然科学基金委员会计划局结题的科技项目1项，通过质检总局验收审查的质检公益性科研专项1项，通过广东检验检疫局验收的科技项目8项。 （蔡雪梅）

附：2015年东莞出入境检验检疫局主要领导名录

党组书记、局长：谭建明

农业 AGRICULTURE

- 农村综合改革实现新突破
- 农村土地承包经营权确权登记颁证
- 家庭农场发展政策出台
- 农业产业园建设

无公害蔬菜生产基地　（袁志雄　摄）　　编辑：陈建枝

农业农村综述

【农业概况】　东莞市位于北回归线以南，具有亚热带海洋性气候特征，具有良好的农业生产气候条件。2015年，平均气温23.5℃，雨日天数176天，降水量2137.9毫米，日照量1787.2小时，农作物播种总面积2.5万公顷。2015年，东莞市落实各项强农、惠农、富农政策，科学谋划农业农村转型升级，推动城乡发展一体化，实现农业农村经济平稳发展。农林牧渔业总产值34.35亿元，比上年下降（按可比价计算）0.2%；农村常住居民人均可支配收入2.42万元，连续5年高于城镇常住居民人均可支配收入增幅。东莞市村组两级总资产1436.8亿元，增长4.4%，再创历史新高，净资产1183.1亿元，增长4.4%；经营纯收入113.7亿元，增长9.6%，增速高于全市GDP增速；资产负债率17.7%，保持在历史同期最低点。2015年，新增26家农民专业合作社、广东省名牌产品（农业类）5个。截至2015年，东莞市有农民专业合作社170家、农业龙头企业22家（其中省级以上11家，国家级3家）、有效期内的省级农业类名牌产品达52个（含林业、渔业）。

【农村综合改革实现新突破】　2015年，东莞市围绕增创体制活力，在全省率先探索建设集体资产网上交易平台，农村产权管理迈进"互联网+"时代，有效提高集体资产的市场配置效率。全省率先全面推行村级预算制度，实现预算编制和预算审核"两个100%"。稳妥推进农村土地承包经营权确权登记颁证工作，制定市级及试点镇农村土地承包经营权确权登记颁证实施方案，提出"直接确地""确股确地"两种确权方式及相应的操作程序、保障措施等。出台集体经济组织股权管理的指导意见，建立健全股权内部有序流转机制。创新农村社会治理机制，全市597个村（社区）的党委、党总支、党支部全部改设党工委，增强基层党组织的领导核心作用。在全省率先设立覆盖全市镇村、"两新"组织的616个党代表工作室，完善密切联系服务群众的体制机制。对原有党务政务服务中心、综合服务中心等平台载体进行优化整合，打造统一的村（社区）综合服务管理中心，试行"直接办理""社区代办"等党务政务服务模式，方便群众办事。实施"一事一议一自治"的服务机制，通过提供点菜式、项目式服务，解决一批与群众生活相关的问题。做好农村综合改革试点经验提炼提升，与国内知名院校开展项目合作，形成《激活内动力：东莞农村综合改革的有益探索》《东莞市深化农村综合改革重点问题对策研究》系列报告。

2015年12月2日，东莞市委农办组织《人民日报》、新华社、人民网、《南方日报》、广东电视台等21家媒体赴中堂镇潢涌村、南城街道高盛科技园、虎门镇农村集体资产交易管理中心等地开展农村综合改革媒体集中采访活动，并举办东莞市农村综合改革新闻发布会，向媒体介绍创建全国农村综合改革示范试点以来取得的成绩。12月15日，市委农办主要领导带队赴北京参加中国农村研究院组织的"第二届地方改革创新成果新闻发布会暨基层治理创新发展地方经验报告会"，向全国宣传推广东莞农村综合改革经验成果，新华社、《人民日报》等50多家国内权威媒体进行报道。

【省委农办主任陈祖煌到东莞市调研国家级农村改革试验试点工作】　2015年4月29日，省委农办主任陈祖煌率调研组到东莞市调研国家级农村改革试验试

点工作。市委书记徐建华会见调研组一行，市委副书记、市委农村工作领导小组组长姚康参加座谈。座谈会上陈祖煌肯定东莞市在全面深化农村综合改革工作中取得的成效，认为东莞在创新基层治理、集体经济管理、土地确权登记、村级预算管理、农村公共服务、产权制度、基层党建等方面的探索卓有成效，为全省改革提供经验。座谈会后，调研组一行实地到道滘大罗沙和大岭丫考察农村基层社会治理、新农村建设等工作，并与当地村（社区）干部交流。陈祖煌强调，大罗沙和大岭丫两个村要充分整合特色村建设资源，力争打造成为岭南水乡特色村落样板；镇、村两级要充分发挥水乡河涌、湿地、水乡特色村庄等资源优势，从治水入手，从打造特色点着力，以点带面提高水乡地区新农村建设水平。

【省委农办主任陈祖煌到东莞市调研新农村连片示范片和美丽乡村建设】 2015年7月1日，省委农办主任陈祖煌到东莞市沙田镇调研新农村连片示范片和美丽乡村建设情况，听取沙田镇穗丰年水道及村庄规划设计、建设进展情况汇报，并实地视察穗丰年水道及穗丰年村。陈祖煌肯定东莞新农村连片示范片的建设工作，认为东莞新农村连片示范片建设选点科学合理，建设基础好，希望东莞将穗丰年水道打造成为珠三角乃至全省的示范样板。陈祖煌强调，对于下来新农村连片示范片建设，要注重学习先进，注重村庄经营，注重挖掘特色文化，注重美丽乡村建设。

【集体资产网上交易】 2015年，东莞市在全面建成集体资产交易平台的基础上，在全国率先开发集体资产网上交易平台系统，并于9月29日上线，至年底，成功交易8宗，总体溢价率达20.8%，进一步扩大交易受众面、便利商户参与、降低人为干扰、节约人力成本、规范交易流程。农业部《农村经营管理》杂志以及省委农办、省农业厅工作简报先后总结登载东莞农村集体资产网上交易经验做法。截至2015年，全市集体资产交易平台成功交易2.53万宗，成交金额320.6亿元，总体溢价率达8.7%，为集体增加直接经济效益25.6亿元。

【村组增资减债】 2015年，东莞市围绕“债权总额减少3%，收款率达80%以上”工作目标，进一步加强村组债权管理力度，指导镇村建立健全“三大机制”（欠款滞纳金自动计提、后进约谈、收款率评价），落实“四个一批”（加大工作力度收回一批、清理三角债核减一批、区分欠款与投资关系转化一批、做好村民解释工作核销一批）工作措施，全方位清理债权；实行债权分级管理，针对不同风险债权实施差异化措施；健全激励约束机制，落实薪酬挂钩、责任追究、后进约谈等制度，债权追收工作效果良好。2015年，全市村组两级经营总收入收款率81.2%，比上年提高0.3个百分点，收款率为历史同期最高；村组两级集体净资产1183.1亿元，增长4.4%；资产负债率17.7%，继续保

努力实现“农业强、农民富、农村美”

2015年7月1日，省委农办主任陈祖煌（左二）到东莞市沙田镇调研新农村连片示范片和美丽乡村建设情况

持在历史最低点。

【农村土地承包经营权确权登记颁证】 2015年，东莞市编印出台《东莞市农村土地承包经营权确权登记颁证工作操作规范》和《东莞市农村土地承包经营权确权登记颁证问题解答汇编》。麻涌镇、石龙镇基本完成农村土地承包经营权确权登记颁证试点工作，实测面积1809.6公顷，占应确权面积90%。11月17日，召开全市农村土地承包经营权确权登记颁证工作动员会议，总结交流试点经验，在全市全面铺开确权登记颁证工作。

【集体经济转型发展】 2015年，东莞市经镇村集体经济发展联席会议审核，7个镇街的9个符合条件的项目获得镇村产业升级财政奖补资金402.58万元。截至2015年，村组出租物业总面积9620万平方米，比上年增长2.3%；集体物业出租收入132.5亿元，增长5.7%。非出租类收入中，投资收益15.9亿元，增长15.2%；直接经营收入9.6亿元，增幅1.1%，其中，村组定期存款、金融理财项目2079宗，增加340宗，涉及资金141.3亿元，平均年收益率3.8%；参股企业（项目）及合作投建厂房（商铺）等涉及资金114.8亿元，平均年收益率11.0%，参股企业、市镇大型基础设施建设、园区开发、“三旧”改造等项目413宗，增加38宗。

【集体经济组织股权管理】 2015年3月，东莞市出台《关于进一步完善农村（社区）集体经济组织股权管理的指导意见》，在坚持股权固化、巩固农村股份制改革成果基础上，进一步规范农村（社区）集体经济组织股权的继承，允许在一定条件范围内实施股权赠与和内部流转，探索有偿购股、项目入股等方式，因地制宜化解新增人员股权诉求。依托东莞市农村集体资产交易和“三资”监管平台，研究开发股权管理信息系统，设置股权登记、股权流转、股权分配等功能模块，实现股权信息的实时、动态管理。

【农村财务管理】 2015年，东莞市在总结试点经验的基础上，出台《关于全面推行农村（社区）村级集体经济组织预算制度的指导意见》，全面推进村级预算制度，全市32个镇街全面完成村级预算编制和审核工作，实现预算编制和预算审核“两个100%”。年度经营总收入预算实际完成率101.5%、经营总费用完成率95.2%、纯收入完成率106.5%，体现“增资减债、增收节支、增效堵漏”预算编制和管理要求。全面实施新农村会计核算制度；全面使用农村（社区）集体“三资”监管平台合同管理和债务管理功能，促进合同和债务台账的全面登记和管理应用。完成农村财务管理专项整治，开展集体资产清理核实工作。开展市级重点审计和信访案件调处，督导镇街审计，其中完成审计项目173个，审计资产总额97亿元，对审计及检查发现的528宗违规行为进行问责处理，查处违规干部367人。

① 2015年12月15日，东莞市委农办主任、市农业局局长张永忠（中）参加在北京举办的第二届中国地方改革创新经验发布会暨全面深化改革地方成果报告会，推介东莞农村综合改革试点经验

② 2015年11月17日，召开全市农村土地承包经营权确权登记颁证工作动员大会

【农业市内帮扶】　2015年，东莞市通过落实结对帮扶、干部驻村、领导督导、年度考评、财政扶持、社会帮扶等一系列措施，开展市内帮扶工作。安排81个市有关单位和81个经济较发达村以“二帮一”的形式结对帮扶81个欠发达村，单位及镇街干部结对帮扶对口欠发达村的有劳动能力低保户990户，镇街干部结对帮扶其他村低保群众。选派干部驻村，市领导集中开展督导。全年发放2.88亿元市内帮扶专项资金，其中，下拨优质项目补助2.41亿元，用于帮助56个欠发达村发展30个创收项目，年增收2000万元；分四期拨付4682.96万元审批基础设施项目补助资金，帮助92个村（次）完善巷道建设、桥梁修缮、河堤改造、排水整治等120个项目（次）；通过人力资源部门落实市内帮扶低保劳动力就业激励累加补助政策，向全市符合条件的低保群众发放就业激励补助66.59万元，其中补助全日制就业774人58.05万元，非全日制就业438人8.54万元。会同民政、慈善部门为81个欠发达村落实648万元“广东扶贫济困日”超募资金，支持欠发达村发展公益事业项目。2015年全市81个欠发达村（社区）村组两级集体经营性总收入5.4亿元，经营性纯收入3.3亿元，比纳入帮扶前分别增长27%和64%。欠发达村平均总资产8083万元，平均净资产5787万元，比纳入帮扶前增长25%、31%。纳入结对帮扶的有正常劳动能力低保户中，有863户贫困家庭收入水平达到脱贫标准，有劳动能力低保户脱贫率达87%，超额完成本轮市内帮扶目标任务。

【家庭农场发展政策出台】　2015年7月，东莞市人民政府同意印发《东莞市鼓励扶持家庭农场发展实施意见》，提出培育发展家庭农场的思路目标、认定标准、认定程序，着重确立扶持措施，包括：放宽工商登记申请、实施税费减免优惠、加大财政扶持力度、落实设施用地政策、加强技术服务支持、建立现代营销体系、争取金融信贷支持。对认定的市级家庭农场，予以财政奖励与项目倾斜；优先享受农业补贴政策，优先安排高标准基本农田建设、农业综合开发、测土配方施肥等项目的实施；由市财政一次奖励5万元；经评定的市级示范性家庭农场，由市财政再追加奖励5万元。12月，经农户自愿申请、相关镇街审核和现场勘察，东莞市认定首批20个市级家庭农场。其中，种植业类17个，占85%，涵盖粮食、水果、花木等主导产业；水产养殖类3个，占15%，主要养殖四大家鱼、南美白对虾等水产品种。

① 2015年6月8日，举行“2015全民接荔”“互联网+莞荔”推介发布会

② 2015年6月，东莞奥运蔬菜示范基地被认定为全省休闲农业与乡村旅游示范点

① 2015年东莞市3个自产葡萄品种首次获得2015年“全国优质冬葡萄金奖”，图为获奖品种之一的“阳光玫瑰”

② 2015年广东（东莞）农业良种展示会特色南瓜品种种植展示

③ 2015年11月16日，东莞首个微农业科普教育基地“微农业园”正式开园

④ 2015年“五谷丰登·五彩农舍”农业创意项目

家庭农场主要分布在麻涌、望牛墩、塘厦等15个镇街，其中水乡经济区9个，占45%。

【农业产业园建设】 2015年，东莞市级农业产业园建设稳步推进，各园区新建成主干道路1.25公里、温室大棚6.18公顷、农田林网5公里、变配电站1座；中堂园区引入东莞市百香岛都市农业科技有限公司投产运营，道滘园区协议引入1家农业企业进驻。“十二五”期间，全市13个市级园区进驻的农业企业和科研单位30多家，累计引进优质项目近50个，投产运营面积1333.3公顷，年产品销售额达2.2亿元。鼓励支持镇街规划建设小型农业园，全市累计认定位于东坑、麻涌和道滘镇的3个小型农业园。各园区的基础设施建设稳步推进，招商引资和生产经营逐步铺开。

【休闲观光农业发展】 “十二五”期间，东莞市开展创建休闲观光农业示范点活动，东坑园区和清溪园区获评全国休闲农业与乡村旅游示范点，清溪镇、麻涌镇获评全省休闲农业与乡村旅游示范镇，望牛墩镇奥运蔬菜示范基地获评全省休闲农业与乡村旅游示范点，东城、清溪、望牛墩等镇的6个农业基地获评市级休闲观光农业示范点。打造农业休闲创意项目 从2013年起，连续两年在东城周屋成功打造主题为“心心相印”“马稻成功”的创意稻田，其中“心心相印”创意稻田获得全国休闲农业景观创意金奖；2015年，采取市、镇、企业联动方式打造“五谷丰登·五彩农舍”农业文化创意项目和“津津乐稻”创意稻田。拓展农业休闲观光线路 2014年遴选5个农业生产基地，编制“甜美水乡、采摘之旅”水乡经济区农业休闲旅游线路，2015年推选出15个镇街25个特色采摘农业休闲观光点，编制“田园郊享乐”农业休闲旅游线路。推动荔枝、葡萄等休闲采摘，依托荔枝、葡萄以及甜查理草莓、白雪公主玉米、石碣紫红茄、道滘黑皮冬瓜等品牌资源，推动特色果蔬休闲采摘，满足市民农事体验、休闲旅游需求。2015年与市青少年活动中心合作建成首个微农业园，以模拟城市居民家庭场景为主线，打造呈现多种栽培模式的城市田园示范平台。

【农业科技】 2015年，东莞市农业系统科研单位申报国家、省、市科技项目39个，立项22个，获资助经费335万元，4个项目成果达到国内先进水平。科研成果获各类奖项10项，授权发明专利10项，自主培育新品种并通过品种审定4个，以第一作者发表论文36篇。全市筛选评定并推介发布主导品种20个，主推技术13项，发放补助资金19.2万元。认定农业科技成果转化示范基地5个、科技示范户19个，发放补助资金69万元。自主筛选栽培的“红芭拉多”“阳光玫瑰”“东方之星”3个葡萄品种，获得2015年“全国优质冬葡萄金奖”，是东莞市自产葡萄首次获得全国性葡萄评比金奖。开展科技下乡活动和各类农技培训班345期，发放农资物品价值100多万元，受益2.4万人。“十二五”期间，全市承担农技科研推广项目60项，完成的31个项目中，达到国家领先或先进水平22项，成功转化应用成果19项。市镇两级开展科技下乡660多期，受益群众超过10万人；市级开展农村实用人才培训40多期，培训3600多人次。

【农业物质装备】 2015年，东莞市评定市级设施农业示范基地5个，发放奖励资金25万元。落实各级农机购置补贴资金626万元，补贴设施231.5公顷，农业机械196台（套），惠及农户169户次。截至2015年，全市设施农业面积2060公顷，其中温室大棚156.87公顷，节水喷灌设施1306.67公顷。农业机械总动力达45.04万千瓦，农作物机械化综合水平为44.06%，水稻机械化综合水平达77.83%。“十二五”期间，全市落实各级农机购置补贴资金2915万元，补贴各类机械设备4120台、设施农业1297.5公顷，受惠农民1900多人。

【农业产业化】 2015年，东莞市积极培育发展新型农业经营主体，新认定3家市级农业龙头企业，全农农业投资有限公司被评为省重点农业龙头企业，全年发放农业龙头企业各类扶持资金1231万元。东供水果专业合作社被认定为国家级示范社，虎门渔家水产品农民专业合作社被评为全国农民合作社加工示范单位，全年发放扶持农民专业合作社各类奖励资金150万元。截至2015年，全市有各类农民专业合作组织170家，其中市级市范社6家、省级示范社7家、国家级示范单位2家；农业龙头企业22家，其中省级以上11家、国家级3家，22家农业龙头企业年销售收入达80亿元，带动农户12万户，带动农户增收2.7亿元。扶持土地流转和规模经营，2015年，对11个镇（街）300公顷流转土地双方发放奖励资金174万元，全市规模经营面积9333公顷，规模经营率接近50%。推进农业名牌创建工作，全市有效期内的省级农业类名牌产品有52个（含林业、渔业），“三品”认证农产品98个，名牌产品保有量创历年新高。通过开展评选推介活动，推动名特优新农产品生产企业积极争创品牌，“东莞荔枝”“东莞莞香”“麻涌香蕉”被评为广东省区域公共品牌150强，“靓虾王”晚籼米等6个产品被评为广东省经营专用品牌150强，“观音绿”荔枝等15个产品被纳入全省700个经营专用品牌目录库。

【农产品质量安全监管】 2015年，东莞市镇两级检测机构检测生产环节蔬菜、水果、食用菌等食用农产品18.52万份，屠宰环节生猪及其肉品样本61.37万份，农药残留、生猪“瘦肉精”检测合格率分别达99.25%、99.99%。全市发出不合格农产品处理通知书48份，销毁不合格蔬菜产品30.8吨，无害化处理禁用药物残留不合格生猪174头。全年未发生重大农产品质量安全事件。“十二五”期间，东莞市累计检测生产环节蔬菜、生猪及其肉品、水果、食用菌等食用农产品样本达367.5万份，其中，蔬菜农药残留、生猪“瘦肉精”检测合格率分别为99.37%和99.99%，检测数量和合格率均居全省前列。扎实开展动物疫病防控和动物卫生监督工作，强制免疫项目免疫率达到100%，创新产地检疫模式得到农业部认可推广，屠宰环节动物卫生视频监控系统实现全覆盖，2013年获技术成果类市长奖。

【农业执法】 2015年，东莞市开展春、夏、秋3次农资打假专项治理行动，全市农业系统出动执法人员8.4万人次，检查农资生产经营单位、种养生产基地、农批市场等单位和个人8万家次，查处案件57宗，涉案货值61.67万元，违法所得16.89万元，罚没款约14万元，销毁不合格农产品约30吨。联合公安机关和检察部门做好案件移送对接，2015年向公安机关移送涉嫌犯罪线索4宗，涉案货值66.7万元。“十二五”期间，全市加强农业行政执法，打击农资和农产品不法经营行为，累计出动农业执法人员33.45万人次，检查农资及农产品生产经营单位35.93万家次，查处案件551宗，查获种子、农药、肥料、饲料、兽药等农资产品的货值246.92万元，销毁不合格蔬菜160.77吨，无害化处理生猪1207头。

【政策性农业保险】 “十二五”期间，东莞市开展水稻、玉米政策性保险工作，自2013年起全市水稻（每年两造）投保数量为2593.3公顷次，保险覆盖率稳定在95%左右，保险金额累计1556.27万元，中央、市、镇三级财政保费补贴80.05万元，其中市级补贴26.02万元。玉米（每年两造）投保数量为253.3公顷次，保险覆盖率从2013年的20%上升至2015年的60%，保险金额累计203.05万元，中央、市、镇三级财政保费补贴10.41万元，其中市级补贴3.49万元。投保面积较大的镇（街）有麻涌、洪梅、沙田、东城、中堂、道滘等。理赔方面，水稻累计赔付8.88万元，玉米累计赔付0.88万元。通过投保理赔实践，农户对农业保险认可度逐渐提高。

【畜禽屠宰监管】 2015年，东莞市建立健全监管制度，修订并以市府办名义印发《东莞市保障生猪稳定供应和质量安全实施方案》，出台《东莞市生猪肉品统一冷链配送实施方案》，规范生猪流通经营秩序，探索生猪肉品质量安全监管新举措；市农业局修订印发《东莞市生猪定点供莞基地认定办法》《东莞市定点供莞基地生猪供应和采购管理暂行办法》《东莞市供莞生猪电子标识管理规范》，进一步明确供莞基地认定条件与程序，强化标识监督管理，规范生猪经营行为；以市府办名义印发《东莞市牛、羊定点屠宰场所设置方案》，提出设置布局与标准要求，加快牛羊屠宰集约化、规范化建设。根据省、市统一部署，市农业局积极推进家禽集中屠宰、冷链配送工作，制定印发《东莞市家禽集中屠宰企业建设标准》《东莞市家禽批发市场屠宰点要求规范》《东莞市活禽零售市场屠宰点要求规范》《东莞市家禽集中屠宰企业、家禽批发（零售）市场屠宰点申报认定程序》《东莞市家禽产品配送要求规范》《东莞市生鲜家禽产品标签标识规范》等6份配套文件，加快屠宰点升级改造，组织开展验收认定，落实扶持补贴资金406.92万元，确保东城“三鸟”（鸡、鸭、鹅）批发市场屠宰点和莞城、东城、南城、万江4个街道活禽零售市场屠宰点如期投入使用，活禽经营限制区域生鲜家禽上市平稳实施。12月下旬，市中心屠宰场竣工试产，占地总面积7.5公顷，内置自动化流水线作业生产线3条，可日宰生猪5000头。开展专项整治 市农业局制定印发全市生猪屠宰监管工作专项督查、生猪注水等违法行为专项整治工作方案，严厉打击私屠滥宰、肉品注水等违法违规行为。全年市镇两级出动执法人员1.7万人次，捣毁私宰窝点19个，查获不合格肉品47吨。

【生猪产销】 参见“商贸流通业”类目第227页同名条目。

【“莞荔”宣传推介活动】 2015年，东莞市农业局联合市农技办、市荔枝协会、菜虫网等单位（企业），开展“2015，全民接荔”东莞名优荔枝宣传推介活动。通过举办“2015，全民接荔”互联网+莞荔推介发布、“莞荔”订货会、休闲采摘路线宣传推介等系列活动，提升“莞荔”品牌社会知名度。活动期间，荔枝网上销售超过300吨，比上年增长30%；荔枝休闲采摘5.97万人次，采摘荔枝203吨，分别是上年的4倍和4.9倍。 （黄椿颖）

附：2015年东莞市委农办、市农业局主要领导名录

市委农办主任：张永忠

市农业局局长：张永忠

2015年东莞市农业总产值

指标	2015年绝对值（亿元）	构成（%）	2014年绝对值（亿元）	构成（%）	2015年比2014年增长（%）
农业总产值	34.35	100	33.94	100	-0.2
#种植业	21.97	64	20.35	59.9	6.4
林业	0.37	1.1	0.36	1.1	2.6
牧业	3.69	10.7	4.51	13.3	-22
渔业	7.32	21.3	7.73	22.8	-5.1
农业服务业	1	2.9	0.99	2.9	

注：农业总产值绝对值按当年价计算，增长速度按可比价计算

2015年东莞市农村集体经济情况

指标	单位	2015年	2014年	2015年比2014年增长（%）
村组两级集体总收入	亿元	180.4	171.5	5.2%
村组两级集体纯收入	亿元	113.7	103.8	9.6%
村组两级总资产	亿元	1436.8	1375.9	4.4%
村组两级总负债	亿元	253.7	242.9	4.4%
村级两级净资产	亿元	1183.1	1133	4.4%

种植业

【种植业概况】 2015年，东莞市种植业产值21.97亿元，（按可比价计算）比上年增长6.4%。农作物播种总面积2.5万公顷，增加0.06万公顷，其中，粮食总播种面积0.28万公顷，总产1.27万吨；蔬菜总播种面积2.09万公顷，总产41.12万吨；花卉种植面积883.1公顷，鲜切花777万枝，盆栽观赏植物（包括盆景）490.78万盆。水果总种植面积1.31万公顷，总产6.30万吨，其中荔枝0.92万公顷，香（大）蕉0.21万公顷，龙眼0.13万公顷，其他杂果0.05万公顷（包括火龙果、番石榴、芒果、葡萄等）。

【农业良种展示会】 2015年12月3日，2015年广东（东莞）农业良种展示会在东莞市香蕉蔬菜研究所开幕，展示会由东莞市农业局、广东省农业技术推广总站联合主办，以“农业走进都市、农业服务市民”为主题，以“农业良种荟萃、装备技术集成、农业休闲体验、创意文化融汇”为特色，设立大田种植、大棚种植、新技术装备、创意农业、特色水果休闲采摘等5个区域，整体展示面积约10公顷，展示品种528个，展期1个月，吸引2万名市民参观体验、休闲采摘。

【粮食生产平稳】 “十二五”期间，东莞市严格执行粮食生产工作考评责任制，落实各项强农惠农政策，强化防灾减灾、农技服务、基础设施建设等，开展粮食稳定增产行动，促进粮食生产平稳发展。在落实中央、省种粮补贴政策的基础上，按照种植水稻每造每亩（1/15公顷）补助150元、种植5亩以上玉米每造每亩补助75元的标准，实施市财政补助政策，及时足额发放种粮补贴资金，调动农民的种粮积极性。东莞市年粮食播种面积和总产均保持在2733公顷和1.2万吨以上，完成省下达的粮食生产任务；发放各级种粮补贴资金2372.67万元，惠及种粮农户1.52万户次。

【新兴特色种植业】 “十二五”期间，东莞市调整优化种植业结构和空间布局，加快引进发展高效新兴特色农作物种植，并结合开展品牌创建，促进农业提质增效。2015年，东莞市新兴特色农业总面积（含复种）1887公顷，其中，精品水果种植面积720公顷，比2011年增加426公顷，增幅达145%。新培植一批葡萄、火龙果、无花果、桑葚等优新品种种植基地，其中，自主筛选栽培的“红芭拉多”“阳光玫瑰”“东方之星”3个葡萄品种，获评2015年“全国优质冬葡萄金奖”，是东莞市自产葡萄首次获得全国性葡萄评比金奖，葡萄推广种植面积34公顷，实现年产值2100多万元；花卉苗木种植面积（含复种）1160公顷，比2011年增加313公顷，增幅为37%；新引进和发展铁皮石斛、天麻、灵芝等中草药材种植，并不断扩大生产面积，有中草药材种植基地11公顷。

【种植业防灾减灾】 “十二五”期间，东莞市遭受台风、低温、洪涝和超强龙卷冰雹等灾害性天气影响，全市农作物累计受灾面积1.3万公顷次，其中绝收面积4533.3公顷次，造成直接经济损失3.19亿元。灾害发生前，市农业部门与气象、三防、民政等部门进行会商研判，发布预警信息，指导农民提前落实灾害预防措施；发生期间，加强应急值守，确保信息渠道畅通，及时准确掌握灾情和组织落实有效应对措施；灾害发生后，做好灾情调度，组织专家和技术人员成立救灾复产技术服务队，分赴受灾镇街，针对受灾作物品种和受灾程度，实行分类技术指导，并会同市财政局研究制定灾害救助方案，报经市政府审定并落实救灾补贴资金，帮助灾农尽快恢复生产。“十二五”期间，向灾农发放救灾补贴资金1507.52万元，其中省级补贴资金40万元，市级补贴资金1467.52万元。 （黄椿颖）

畜牧业

【畜牧业概况】 2015年，东莞市畜牧业总产值3.69亿元，（按可比价计算）比上年下降22%。肉类总产量1.52万吨，减少24.42%；生猪存栏6.3万头，减少18.49%；家禽存栏90.09万羽，减少25%；生猪出栏13.66万头，家禽出栏405.06万羽，分别减少34.4%和5.4%。2015年，东莞市有饲料生产企业43家，饲料总产量515.35万吨，其中，配合饲料、浓缩饲料和添加剂预混料饲料总产量102.68万吨，单一饲料产量412.67万吨，分别增长7.58%、32.14%。单一饲料产量连续4年位列广东省地级市第一名。加强饲料质量安全管理，金钱饲料（东莞）有限公司获评全国首批饲料质量管理规范示范企业，东莞市海大饲料有限公司获评省级饲料质量管理规范示范企业。2015年在饲料生产经营环节抽检饲料产品60个，抽检合格率为96.5%。

【动物疫病防治规划出台】 2015年12月7日，《东莞市动物疫病防治规划（2015—2020年）》印发，该规划以国家和广东省防治规划等文件为编制依据，总结东莞市动物疫病防治工作总体情况，分析国内外动物疫病防控形势和东莞市动物疫病防控工作薄弱环节，明确指导思想、总体目标、基本原则，提出东莞市防控工作任务、优先防治病种和区域防控重点，着力推动兽医队伍综合能力等方面能力提升，重点推进无害化处理体系和动物疫病预警监测体系建设。

【病死畜禽无害化处理工作实施方案出台】 2015年12月7日，《东莞市病死畜禽无害化处理工作实施方案》印发，提出病死畜禽无害化处理体系建设的工作目标，从推进建立市级病死畜禽无害化中心、完善市镇病死畜禽无害化处理收集网络、强化重点场所病死畜禽无害化处理设施配套、健全病死畜禽无害化处理扶持政策等方面明确具体工作任务，通过落实责任、明确分工、强化监管、加强宣传引导等措施保障各项目标任务完成。

2015年东莞市禽畜饲养与出栏量

指标	单位	2015年	2014年	2015年比2014年增长（%）
肉类产量	万吨	1.52	2.01	-24.42
生猪存栏量	万头	6.3	7.73	-18.49
生猪出栏量	万头	13.66	20.82	-34.4
“三鸟”存栏量	万羽	90.09	120.13	-25
“三鸟”出栏量	万羽	405.06	428.14	-5.4

注：“三鸟”指鸡、鹅、鸭

【东莞市代表队参加广东省动物检疫职业技能竞赛获奖】 2015年12月24日，东莞市代表队参加广东省动物检疫职业技能竞赛，获团体二等奖，参赛队员林仰孝（洪梅动监分所）获个人特等奖，被授予“广东省职工经济技术创新能手”称号。 （黄椿颖）

渔　业

【渔业概况】 截至2015年，东莞市捕捞渔区分布在虎门镇、沙田镇和中堂镇，有3条渔村（社区），分别是虎门镇新湾社区，沙田镇先锋村和中堂镇红锋社区，有1个渔港，即新湾渔港。渔业人口1.82万人，专业从业人员4382人。东莞市有各类渔业船427艘，马力4.42万千瓦，其中海洋捕捞渔船364艘，内河捕捞渔船63艘。全市水产养殖面积8570公顷，其中淡水养殖面积7980公顷，海水养殖面积590公顷。渔业产值7.32亿元，（按可比价计算）比上年下降5.1%；水产品总产量6.89万吨。

【渔船更新改造】 2015年，东莞市制定《东莞市渔船更新改造操作规程》《东莞市渔船更新改造贷款贴息资金管理办法》《441千瓦以上渔船更新改造操作流程图》《“先建后拆”渔船更新改造操作流程图》，35艘渔船获省海洋与渔业局批准建造，13艘渔船拆解，发放船名号33个。12月9日，全市首艘钢质渔船“粤东莞渔92001号”下水，开创历史先河。

【现代渔业发展】 2015年，东莞市出台《关于印发加快发展东莞市都市现代渔业五项资金管理办法的通知》，设立5项现代渔业发展资金，将在未来5年投入约3000万元支持现代标准鱼塘整治、健康养殖示范基地、水产良种场、设施渔业发展和水产良种体系建设。东莞市林氏生物技术股份有限公司登陆新三板成功挂牌上市，成为全国首家上市的鱼粉企业，东莞三泰环保渔业有限公司获评农业部水产健康养殖示范场，广东绿卡实业有限公司省级良种场通过复审，“珠水1号”绿卡鳖水产新品种通过国家现场审查。4家企业参加中国国际农产品交易会，成功举办2015年中国（东莞）第一届龟鳖博览会。

【渔业安全生产】 2015年，东莞市海洋与渔业局与安监、海事等部门联合印发《东莞市渔业安全生产工作职责》，实施网络化管理，进一步明确职责。加强渔港渔船安全监管，渔航安全检查69次，其中与海事、公安等部门联合组织执法行动5次，检查渔船537艘次，落实完成渔船隐患整改160艘次，2015年发生渔船事故6起，比上年减少40%，无出现人员伤亡。制定市水产品质量安全工作责任制，抽检水产品样品6664批次，合格率达99.3%。组织对36个水产品快速检测室开展水产品能力考核，32个获得优秀等次。开展技术指导和服务工作27次，为养殖户检测鱼病31次，发放动物检疫合格证62份，检疫种苗1.97亿尾。编印《东莞市海洋渔业应急手册》，明确海洋赤潮、海啸及风暴潮、海洋污染事故、水产品质量安全、渔业防台风、渔港危险化学品及渔业船舶水上安全等方面的应急预案及具体处置流程，举办首次渔业防台应急预案实地演练，开展赤潮演练，提高应急救援实战水平。

【现代渔港建设】 2015年，新湾渔港通过市发改局立项，并纳入广东省现代渔港建设备选项目，东莞市政府承诺按省市1：1配套资金，开展现代渔港建设。

【支渔惠渔政策落实】 2015年，东莞市全面落实渔业柴油补贴、涉渔收费、休（禁）渔补助、政策性渔业保险等惠渔政策，发放资金1.88亿元。实现渔船渔民全部参保，协助渔民办理理赔16宗，理赔金额19.7万元。

【渔业技术创新】 2015年1月，李希国（东莞市水生动物防疫检疫站）、卢伟华、张汉霞、杨立平、黄健生、刘泽伟、刘少彬（东莞市海洋与渔业环境监测站）获广东省农业技术推广奖三等奖。2015年2月，李本旺（东莞市水生动物防疫检疫站）获评第六届东莞市优秀科技工作者。2015年11月21—22日，李春枝（东莞市水生动物防疫检疫站）代表广东省参加全国水产技术推广职业技能竞赛获团体三等奖及个人优秀奖。

▲ 休渔三防演习

林 业

【林业概况】 2015年，东莞市林业用地面积5.99万公顷，森林覆盖率37.40%，活立木蓄积量351.69万立方米，林木总生长量12.75万立方米，森林植被固碳199.97万吨。

【国家森林城市创建成功】 2015年11月24日，东莞市荣膺“国家森林城市”称号，成为2015年度广东省唯一一个创森成功的城市。创建以来，改造水源涵养林3103.54公顷，建成农田林网168.83公里，建设生态景观林带251.82公里，建设立体绿化42.9万平方米。新建森林公园5个，湿地公园10个，复绿56个采石场并逐步建设矿山公园，新建休闲游憩绿地222处，建成洪梅梅沙等48个森林家园，新建林业生态文明村44个，建设特色村落6个。

【绿化东莞大行动】 2015年，东莞市基本完成53.7公里潮莞高速公路生态景观林带苗木种植，完成2012年及2013年全部项目竣工验收。开展水源涵养林改造和水乡生态林网营造，完成水源涵养林改造任务447.07公顷，完成幼林抚育任务2066.67公顷，完成望牛墩与麻涌镇39.27公顷水乡生态林网建设。试点麻涌镇红树林种植项目，在麻涌镇麻涌河麻四、新基段继续推广红树林种植试验，种植无瓣海桑、拉关木、桐花、秋茄等8977株，面积3.87公顷。开展万村绿大行动，补助240万元到高埗、道滘等16个镇（街）24个村（社区），为村（社区）增添9600多株树木用于乡村环境绿化美化工作。开展湿地资源普查，完成湿地规划编制，华阳湖国家湿地公园获批为国家湿地公园试点。

【森林公园建设】 2015年，东莞市加强对森林公园建设，大岭山森林公园建设厚街大迳社区森林公园出入口道路2.16公里、交通标识与休息平台，完成石洞核心景区碧幽谷1.27公里步道升级，完成佛光平台建设，启动大佛广场项目连廊和文化广场建设，完成林科园125米长道路建设和配套服务用房建设；大屏嶂森林公园建成芳园，拓宽观音髻山顶平台，新建凉亭2处，更换防撞栏220个；银瓶山森林公园获评“广东最美森林”，谢岗片建成闭合线登山步道2.7公里、观景亭3个、厕所2座，清溪片区完成清溪湖森林防火通道6.5公里路基施工，建成湖影平台景点，开展观花长廊、游客服务中心、醉美阁等项目工程建设。优化森林公园旅游接待服务，大屏嶂森林公园傣家长廊景点周边、银瓶山森林公园清溪片区主登山道覆盖无线WIFI，端午节大屏嶂森林公园协助塘厦镇旅游办举办主题为“魅‘荔’东莞，‘粽’情塘厦”的旅游文化荔枝节。全市森林公园全年游客总人数达2000万人次。

【全民义务植树】 2015年3月18日，东莞市黄旗山城市公园虎英片区鲤鱼山开展义务植树活动，拉开东莞市全民义务植树运动的序幕。东莞市团委开展

2015年5月27日，省长朱小丹（右二）到东莞调研　（郭仁飞　摄）

“保护母亲河 共植幸福林”——东莞单身青年植绿护绿暨交友联谊活动，《东莞日报》《东莞时报》和东莞阳光网等媒体积极组织种植“读者林”植树活动；松山湖桃园公园举办“慈善献爱心，共植同心林”慈善植树活动，接受社会各界人士以团体或个人的名义报名参加植树捐赠送爱心活动，樟木头镇官仓社区组织认种“慈善树苗”活动，通过100元“认种”树苗的方式，既绿化环境，也为社区教育基金筹集善款，认养费捐给社区教育基金，用于扶持和奖励社区困难和优秀学生。全市累计出动参加全民义务植树活动91.28万人次，植树320万株，新建义务植树基地28个。

【森林资源保护】 2015年，东莞市加强林地管理，审核征占用林地项目31宗，涉及林地面积159.1公顷，办理非林地证明108份。审批林木采伐报告54宗，采伐面积120.83公顷，折合蓄积4470立方米。核发出省放行木材运输证9355份，折合放行木材3397万立方米。加强野生动植物保护管理，审批办理《广东省陆生野生动物及其产品经营利用准许证》31宗，严厉查处各种破坏野生动物资源、乱捕滥猎和无证经营国家“三有”野生动物（国家保护的有益的或者有重要经济、科学研究价值的陆生野生动物）行为，检查酒楼、农庄、市场等单位445间（个），查获野生动物2196只（条），其中珍贵、濒危野生动物2073只（条）、国家“三有”保护野生动物123只。开展林业生态红线划定，按照《东莞市林业生态红线划定工作方案》，开展4条生态红线（森林、林地、湿地、物种）划定。开展有害生物防治，完成防治尺蠖915.87公顷、竹蝗66.67公顷、锈同心舟蛾26公顷，开展松材线虫病疫木治理，砍伐疫木1.8万株，开展薇甘菊防治4000公顷。加强全市造林苗木管理，核发苗木生产、经营许可证各3份，签发苗木标签177份，产地检疫合格证书17份，签发检疫证书10243份。开展森林火灾预防，加强扑火队伍能力建设，组织体能训练和扑火工具演练8次，举办防火知识培训4期，抚育生物防火林带51公里，完成东莞周边地区森林防火物资储备库建设。加强古树名木保护管理，开展全市古树名木资源普查，完成全市第一批1393株的古树名木普查，开展古树名木挽救复壮工程，对265株古树名木施行去除硬底化、打孔透气、病虫害防治等，受理古树名木行政审批31份。

【林业科技】 2015年，东莞市完成智慧林业云建设一期建设项目，开展智慧林业云建设项目二期项目，取得“东莞市热岛效应及森林缓解作用研究”成果1项，“莞华红火龙果”“莞华红粉火龙果”通过广东省农作物品种审定委员会组织的品种审定，成功申报广东省区域性试验示范基地，发表“东莞市人居生态林透光率及遮荫效应”“短萼仪花种子育苗技术”等学术论文11篇，出版《东莞乡土植物》专著1本。（陈 馨）

附：2015年东莞市林业局主要领导名录

局 长：胡炽海

① 2015年11月24号，获得“国家森林城市”奖牌 （高志远 摄）

② 2015年3月18日，在虎英公园鲤鱼山义务植树 （姚瑞华 摄）

③ 2015年12月22日，银瓶山获评广东十大最美森林（曹永富 摄）

工　　业

INDUSTRY

- 工业产业高级化进程加快
- 中小工业企业发展质量提升
- 电子信息新兴产业发展迅速
- 电气机械及设备制造业产业集群稳健发展

华为机器有限公司

编辑：李缙文

工业综述

【工业概况】　2015年，是东莞市工业经济加快转型升级关键之年，也是“十二五”规划的收官之年。工业经济稳中有进，产业结构不断优化。全市实现规模以上工业增加值2711.09亿元，比上年增长5.3%。智能制造业成效凸显，先进制造业、高技术制造业增速均高于全市平均水平，智能手机出货量占全国的44.9%，占全球的18.7%。经济内生动力不断增强，内资工业增加值突破1000亿元，对全市规模以上工业增长的贡献率达102.5%。工业投资、技改投资持续高位运行，比上年分别增长26.6%、85.6%，均高于珠三角平均水平。规模以上工业经济效益综合指数为152.45，比上年增加4.89个点，总资产贡献率同比增加0.13个百分点，成本费用利润率增加0.12个百分点，全员劳动生产率增长7.92%。规模以上工业企业实现利润总额393.6亿元，增长7.6%，比主营业务收入增速高4个百分点。大型企业实现利润总额228.2亿元，比上年增长22.6%，比主营业务收入增速高10.2个百分点。

【工业经济稳中有进】　2015年初，受外部需求不振，大环境不理想等因素影响，东莞市工业经济呈现低开局面。华为终端和玖龙纸业由经济增量转变为经济存量，拉动力由4.8个百分点（2014年一季度）降低至0.1个百分点（2015年一季度）。同时，受联胜和万士达等停产企业基数影响而拉低增速。一季度规模以上工业增长3.1%，增速比上年同期回落4.9个百分点。通过推进“机器换人”等重要举措，引导企业创新驱动，应对经济下行压力，与全国全省逐季呈现小幅回落不同，东莞市工业经济逐季回升，呈企稳向好态势。1—6月，规模以上工业增加值比上年增长4.5%，增幅比一季度回升1.4个百分点。下半年，有序推进增速换挡、结构优化、动力转换，新产业、新业态、新动力加快孕育，在全国、全省增速回落的情况下，1—9月规模以上工业增加值同比增长5%，比上半年增速提升0.5个百分点。年底，受美联储加息、企业订单不足、春节临近企业提前放假等因素影响，面对经济下行压力加大的不利因素，攻坚克难，实现工业经济稳中有进，全年规模以上工业增加值增长5.3%，比前三季度增速提升0.3个百分点，比上半年提升0.8个百分点，比一季度提升2.2个百分点。

【工业规模适度重型化】　2015年，东莞市实现规模以上工业增加值2711.09亿元，比2010年多1003亿元，是2010年的1.59倍，工业总量明显扩大。规模以上重工业完成增加值1579.4亿元，比上年增长6.9%，增速比全市平均水平快1.6个百分点，比轻工业快4.3个百分点，占全市规模以上工业的比重为58.3%，连续两年占比比上年同期提高1个百分点。

【电子信息制造业发力拉动】　2015年上半年，4—5月电子信息制造业增速为负增长，1—6月累计仅增长3.6%，低于全市平均水平。下半年，电子信息制造业集中发力，全年实现规模以上工业增加值896.5亿元，累计增长11.4%，比全市平均水平高6.1个百分点，拉动全市规模以上工业增长3.55个百分点，12月当月增速高达29.5%。

【工业发展格局形成】　2015年，东莞市先进制造业、高技术制造业增速均高于全市平均水平，电子工业专用设备制造，光纤、光缆制造，锂离子电池制造，通信设备制造等行业均保持高速增长，分别比上年增长29.9%、46.5%、35%、32.4%。形成以整机生产制造为主，元器件和模组、电池、周边配件3个行业为主要配套的产业发展格局。全市14家手机整机企业2015年手机出货量为2.74亿台，比上年增长19.1%，总产值约2100亿元。其中，智能手机出货量为2.42亿台，分别占国内和全球智能手机出货量的44.9%和18.7%。

【内源经济贡献突出】 2015年，东莞市内资企业实现规模以上工业增加值1065.8亿元，比上年增长14.5%，比全市平均水平高9.2个百分点，占全市规模以上工业增加值的39.3%，对全市规模以上工业的增长贡献率达102.5%。民营企业实现规模以上工业增加值925.6亿元，比上年增长16.7%；12月当月增速高达22.8%。工业内销产值6849.2亿元，内销占比由2010年的46.9%提升至55.4%，外贸依存度逐步降低，开放格局愈加均衡。

【绿色制造可持续发展】 2015年，东莞市工业经济增长模式逐步优化，主动适应经济发展新常态，推进绿色制造，发展模式逐步优化。全年单位GDP能耗下降7.9%，“十二五”期间累计下降25.23%；电机能效提升及注塑机伺服节能改造取得实效，累计完成电机能效提升总功率207万千瓦；实现注塑机伺服节能改造（或汰旧更新）9423标准台，电机和注塑机改造数均居全省第一；提前超额完成省确定任务，改造后电机系统能效提升7%以上，注塑机能效提升35%以上。根据300家重点用能单位数据显示，2015年12月，能源消费成本同比下降8.6%，单位产值电耗同比下降6.9%，能源成本占总成本的比例同比下降4.94%。

【劳动力、电力需求放缓】 2015年，东莞市发展动力由要素驱动向创新驱动逐步转换，劳动力、电力等要素资源增速逐步放缓。全市用工人数比上年下降4%，工业用电增长0.07%。从工业用电情况看，电子信息制造业、电气机械及设备制造业增幅为3.72%。用电量排名前10的工业企业中有7家为电子信息业企业，用电增幅最大的为华为机器（23.49%），支撑全市电子信息产业的快速增长。传统高耗能产业用电量降幅较大，家具制造业、造纸及纸制品业用电量比上年分别下降12.73%和17.70%。其中，87家市政府要求引导退出的“两高一低”（高能耗、高污染、低效益）企业（33家销户，12家暂停用电）1—12月用电量2.21亿千瓦时，比上年下降61.73%。

走新型工业化道路　推进信息化与工业化融合

2015年4月16日，召开东莞市经济和信息化工作会议

① 2015年6月30日，节能合作周开幕式

② 2015年10月14日，内资经济促进中心“京莞产业合作联络处”挂牌运作

③ 2015年11月20日，莞深产业合作促进会成立

④ 2015中国广东国际机器人及智能装备博览会、广东省科技成果与产业对接活动、东莞国际模具、金属加工、橡塑胶及包装展暨国际（东莞）铸业展同时开幕

⑤ 2015年4月27日，东莞市启动开展“2015年东莞市扶助小微企业专项行动之中小企业金融服务周活动”

2015年规模以上工业主要产品产量

产品名称	计量单位	产量	增长（%）
移动通信手持机（手机）	万台	23642.56	24.5
数字激光音、视盘机	万台	5707.48	10.5
集成电路	万块	47216.78	213.1
光电子器件	万只（万片、万套）	863395.05	5.6
电子元件	亿只	11385.21	3.9
汽车仪器仪表	万台	82.16	39.6
光学仪器	万台（万个）	114.28	15.5
眼镜成镜	万副	6490.88	11.6
自来水生产量	亿立方米	16.56	2.0
大米	吨	311639.96	4.8
糖果	吨	232497.48	12.9
服装	万件	145608.53	2.4
轻革	万平方米	267.19	-22.0
人造板	万立方米	27.25	-18.3
纸制品	万吨	2151470.52	1.9
家具	万件	5386.31	-4.0
机制纸及纸板（外购原纸加工除外）	万吨	1399.23	-0.2
塑料制品	万吨	120.05	-6.4
化学试剂	吨	142714.32	6.4
瓷质砖	万平方米	2775.13	7.1
金属集装箱	万立方米	693.20	6.3
电动手提式工具	万台	2550.03	15.4
数码照相机	万台	25.58	-13.8
模具	万套	6.57	-20.5
锂离子电池	万只（万自然只）	43794.53	20.5
灯具及照明装置	万套（万台、万个）	26393.30	-2.9
电子计算机整机	万台	108.49	-41.3
打印机	万台	97.43	38.7
电话单机	万部	3325.57	-15.3

电子信息制造业

【电子信息制造业概况】 截至2015年，东莞市电子信息制造业作为第一大支柱产业，配套能力强，产业链完善，形成较成熟的产业集群，其经济总量始终在东莞市工业中占据绝对优势。该产业的区际影响力以及发展潜力在不断增强。2015年，实现规模以上工业增加值896.49亿元，比上年增长11.4%，比全市平均水平高6.1个百分点；拉动全市规模以上工业增长3.55个百分点，其中12月当月增速高达29.5%。东莞电子信息制造业规模以上企业有987家，占全市规模以上工业企业总量的18.3%；完成主营业务收入5240.08亿元，占规模以上工业主营业务收入的42.8%。

【电子信息产业集聚】 截至2015年，东莞市作为全球性电子信息产品制造基地，产业链环节基本涵盖从产品设计到产品制造和检测，从基础零部件到终端产品制造，从消费类产品到投资类产品的完整的电子信息制造业体系，尤其在上游配套产品方面优势明显，具备将科研成果迅速产业化的能力。东莞已有石龙和石碣两个电子信息制造业集群被认定为省产业集群示范区。同时，一批电子信息大镇集聚能力也不断提升。2015年，东莞全力打造全国智能手机创新研发基地，形成以整机生产制造为主，元器件和模组、电池、周边配件三个行业为主要配套的产业发展格局，形成较成熟的产业集群。

【电子信息龙头企业优势】 2015年，东莞市电子信息制造业规模以上企业户均主营业务收入为5.31亿元，是全市工业平均水平（2.27亿元）的2.3倍。三星、台达、京瓷、日立、先锋等一批世界500强企业以及华为终端、步步高（欧珀精密、维沃通信）等国内知名企业成为产业的龙头企业。

▲ 广东步步高电子工业有限公司

电气机械及设备制造业

【电气机械及设备制造业概况】　截至2015年，东莞市电气机械及设备制造业有着较好的产业基础和市场基础，包括电气机械和器材制造业，仪器仪表制造业，通用设备制造业，专用设备制造业，汽车制造业，铁路、船舶、航空航天和其他运输设备制造业，产业份额位居全市制造业第二，优势行业初步凸现，加上产业发展的软硬件环境的日趋成熟，使得东莞市电气机械及设备制造业面临着良好的发展机遇。2015年，实现规模以上工业增加值463.77亿元，比上年增长2.4%。该产业有规模以上工业1175家，占全市规模以上的21.8%；完成主营业务收入1979.28亿元，占规模以上工业主营业务收入的16.2%。

【电气机械及设备制造业先进企业集聚】　2015年，东莞市通过引进产业链薄弱环节和大型龙头项目、核心项目，聚集一批技术先进、产业带动能力强的企业，其中有三星电机、金宝电子、京瓷美达、创基电业、柯尼卡美能达、华新电线电缆、中远船务、京滨、信浓马达等。涉及新兴产业的重大装备以及重要零部件，如OLED设备，光伏用逆变器、并网控制器，大容量储电设备方面具有明显的竞争优势，产业发展潜力巨大。生产高技术绿色电池的新能源科技有限公司和生产不间断电源的易事特电源股份有限公司都是该行业的佼佼者。

纺织服装鞋帽制造业

【纺织服装鞋帽制造业概况】　截至2015年，东莞市纺织服装鞋帽制造业保持东莞市的优势传统产业地位，形成门类齐全、产业规模大、产业配套水平较高的产业体系，涌现出诸如虎门“中国女装名镇”、大朗“中国羊毛衫名镇”等全国闻名的产业集群，东莞是全国首批十大“纺织产业基地市”之一，成为全省乃至全国的纺织服装加工生产出口基地。

2015年，东莞市纺织服装鞋帽制造业实现规模以上工业增加值311.89亿元，比上年下降4.7%。有规模以上企业856家，占全市规模以上工业企业总量的15.9%；主营业务收入955.38亿元，占全市规模以上工业主营业务收入的7.8%。

【纺织服装鞋帽制造业集群优势明显】　截至2015年，东莞市的虎门服装、大朗毛织、厚街鞋业先后成为省产业集群升级示范区。虎门镇有“中国服装名城”“中国女装名镇”之称；“织城”大朗注重完善城市平台，增强城市对各种资源要素的集聚能力和配置能力，实现产业高端资源的集聚；厚街鞋业产业集群为产业配套的上下游产业发展迅速，逐渐建成集研发设计、质量检测、人才培育和信息咨询于一身的“四大平台”。

【纺织服装鞋帽制造业布局清晰明朗】　截至2015年，东莞市以虎门镇为中心，辐射长安、厚街等镇区，主要生产女装（包括内衣）；以大朗镇为中心，辐射常平、寮步等镇区，主要生产毛针织产品；以茶山镇为中心，辐射石龙、东城、石排等镇区，主要生产休闲服、童装、针织T恤、运动服、内衣裤等；东坑镇则集聚生产洋服的男装企业，如观奇、大卫罗特、威文等著名洋服都在此镇生产；以麻涌、洪梅、沙田等镇形成水乡片区，主要从事印染、洗水等环节；中堂镇则主要生产牛仔服装。制鞋主要布局在南城、厚街和虎门，高埗、寮步和沙田的制鞋业也有一定规模。

食品饮料加工制造业

【食品饮料加工制造业概况】　截至2015年，东莞市在广东传统食品产业中，占有重要的一席之地，拥有徐福记、可口可乐、雀巢、华美等驰名中外的品牌，在产业份额，产业影响力有长足的发展。2015年，东莞市食品饮料加工制造业有规模以上企业97家，实现规模以上工业增加值77.61亿元，比上年增长6%，主营业务收入达555.98亿元，占规模以上工业的4.5%。户均主营业务收入5.73亿元，高于工业户均主营业务收入2.27亿元的水平。

【食品饮料加工制造业多元化发展】截至2015年，东莞市食品产业积累良好的产业基础，产业种类齐全，其中以饮料、烘焙、糖果、调味品、食品添加剂、粮油加工、冷冻食品等行业为主。食品饮料加工制造业整个产业链条从原材料、辅料、加工机械、零配件、半成品加工、金融、物流、会展等多个环节较为完善，众多的上下游企业集聚，产业分工日益细化，形成较明显的产业配套优势。集聚一批知名品牌和大型企业，如饮料行业有可口可乐、雀巢、加多宝，糕点行业有嘉顿、荣华，乳制品的伊利、蒙牛，糖果有徐福记，农副食品行业有中储粮、中纺等央企在东莞设立的粮油加工企业。企业规模大，产业集中度高。食品饮料加工制造业的大企业主要集中在麻涌镇、南城街道、洪梅镇以及东城街道。

造纸及纸制品业

【造纸及纸制品业概况】截至2015年，东莞市保持中国最大的造纸及纸制品生产基地的地位，形成生产包装用纸（纸板）、生活用纸、包装、印刷、造纸机械、化工等工业相互配合、协调发展的产业链和产业集群。2015年，规模以上造纸及纸制品业共199家，实现规模以上工业增加值115.34亿元，比上年增长0.7%，完成主营业务收入545.4亿元，占规模以上工业主营业务收入的4.5%。

【造纸及纸制品业集群发展】截至2015年，东莞市保持全省造纸行业重点建设的三大基地之一的地位，区位竞争优势强劲。2015年，拥有规模以上造纸及纸制品业企业199家。东莞地处珠江口，境内河网密布，水系较发达，具有发展大中型纸厂的优越条件。东莞地处穗港经济走廊中间，周边地区市场活跃，纸及纸制品就近供应可减少运输费用，符合“市场在哪里，就在哪里发展”的原则。产业集群优势明显，东莞造纸及纸制品业形成生产包装用纸（纸板）、生活用纸、包装、印刷、造纸机械、化工等工业相互配合、协调发展的产业链和产业集群。拥有玖龙、理文、金洲、银洲等全国知名的大中型企业，对外有较强的抗衡竞争能力，对内有进一步整合资源的能力，产业集中度一直维持在相对较高的水平。全市造纸及纸制品业大中型企业主要布局在水乡片。

玩具及文体用品制造业

【玩具及文体用品制造业概况】2015年，东莞市玩具及文体用品制造业有规模以上企业253家，占全市规模以上工业企业总量的4.7%；完成主营业务收入377.15亿元，占规模以上工业的3.1%。实现规模以上工业增加值103.98亿元，比上年增长19.5%。玩具及文体用品制造业企业主要集中在清溪、石排、茶山、凤岗、长安、塘厦、虎门等镇。

截至2015年，东莞市玩具及文体用品制造业通过与香港展开地域上的合作，产业配套逐步完善，而且始终保持较高的专业化程度，成为世界重要的玩具生产基地。与此同时，以塘厦高尔夫产品为代表的各类体育用品及健身器材发展迅速，成为该产业的重要组成部分。除了以OEM方式进入国际市场外，东莞玩具企业还参加香港国际玩具博览会、德国纽伦堡国际玩具博览会、广州国际玩具和儿童用品展览会以及上海玩具、模型及礼品展等各类国内外知名玩具产品展销会，提高东莞玩具品牌的知名度。依托动漫产业，发展潜力巨大。中国首个国家级动漫博览会落户东莞，包括功夫龙、开心超人等一批国内知名原创动漫企业，以及“武林外传”等一批知名动漫品牌进驻东莞。

家具制造业

【家具制造业概况】2015年，东莞市拥有规模以上家具企业259家，完成主营业务收入238.41亿元，占规模以上工业的1.9%。家具制造业实现规模以上工业增加值71.75亿元，比上年增长2.5%。

截至2015年，东莞市家具产品驰名中外，出口产品有一定的竞争优势，国内市场规模增势良好。东莞有全国最具规模的板厂，拥有全球最好的贴面料加工厂，拥有大量的五金厂，拥有属于全球500强企业的油漆涂料制造企业，拥有华南地区最大的木材供应市场，拥有亚洲最大的家具展览中心，产业的加工制造配套完善。家具产业企业数量众多，主要集中在大岭山镇、清溪镇、东城街道以及厚街镇。其中大岭山镇、厚街镇形成较为成熟的产业集群。大岭山镇作为“亚太地区最大家具生产基地”“中国家具出口第一镇”和“广东省产业集群升级示范区”。与之相关的配件、涂料、材料等行业以及木板、皮料等八大专业市场获得快速发展，作为全国十佳展会之一的“国际名家具（东莞）展览会”举办34届。

化工制品制造业

【化工制品制造业概况】2015年，化工制造业实现规模以上工业增加值51.38亿元，同比下降2.5%，该产业拥有规模以上企业177家，主营业务收入达270.21亿元，占规模以上工业主营业务收入的2.2%。

截至2015年，东莞市作为全球加工制造业基地，对石化产品需求巨大。电子、家具、纺织、制鞋等产业规模较大，为化工制造业的发展提供广大的市场空间。化工制造业属于资本密集型产业，自动化程度较高，该产业以占全市工业1%的从业人员，产生占全市工业2.2%的主营业务收入和2.4%的利税。该产业是《东莞市先进制造业发展“十二五”规划》中规划发展的6大重点产业之一。在各镇街中，大岭山、沙田、东城、虎门、麻涌形成较大规模，拥有银禧科技、新长桥、罗门哈斯、大宝化工、阿克苏诺贝尔等一批规模较大的企业。虎门港立沙岛精细化工高端产业集聚区将与周边城市的大型化工错位发展，延伸下游产业链，重点培育和发展电子化学品、化工助剂、改性材料、聚氨酯深加工、塑料合金、工程塑料等产品，为下游的电子、服装、制鞋、家具等厂商提供化工原料。

包装印刷业

【包装印刷业概况】2015年，包装印刷业实现规模以上工业增加值42.97亿元，拥有规模以上企业117家，完成主营业务收入139.74亿元，占规模以上工业主营业务收入的1.1%。利税率达到10.47%，高于全市平均水平（5.04%）。

截至2015年，东莞市包装印刷业建成印前、印刷、印后及印刷耗材设备供应服务等相对完善的产业体系，印刷技术和设备的应用水平处于全国领先地位，东莞发展成为中国南方重要的印

刷基地之一。东莞包装印刷业的上游产业，即造纸产业发达，在全省乃至全国有着明显的规模优势，为包装印刷业的发展提供充足的原材料，其运输成本也体现明显的优势。

电力供应业

【电力供需概况】 2015年，东莞市电力供需基本保持平衡，全社会用电量、供电量、售电量和工业用电量等用电数据仍保持稳中有升，运行稳定。

全年累计完成全社会用电量、供电量和售电量分别为666.84亿千瓦时、661.26亿千瓦时和649.11亿千瓦时，分别比上年增长0.89%、0.84%和1.5%；工业、第三产业、居民用电量分别为483.31亿千瓦时、93.11亿千瓦时和84.55亿千瓦时，分别比上年增长0.07%、4.52%和3.57%。全市用电负荷从年内5月中旬起快速攀升，至7月中先后2次创历史新高，系统最高负荷为1298.822万千瓦（7月14日），比上年增长2.32%。

【电网投资与建设】 2015年，东莞市完成电网投资24.67亿元，建成19个项目、开工24个项目、储备8个项目，超额完成年度建设任务。电网规划建设“大会战”整体进度良好，一批电网项目先后建成投产，有效缓解10条线路电力“卡脖子”问题，避免东莞电网度夏错峰40万千瓦，清溪、凤岗、塘厦、黄江等镇街（园区）用电受限问题及长安、虎门、东城等镇街（园区）供电容量不足问题得以缓解，为东莞轨道交通2号线、松山湖华为、中集集团、中国电子产业园等一批市属重点项目提供可靠的供电保障。 （叶应佳）

附：2015年东莞市经济和信息化局主要领导名录

党组书记、局长：叶葆华

工业企业选介

【东糖集团概况】 东莞市东糖集团有限公司（简称“东糖集团”）是由始建于1935年的广东省东莞糖厂改制设立的民营企业。截至2015年，拥有47个全资、控股、参股公司，总资产110亿元。东糖集团以制糖、造纸、生物工程和热

▲ 东糖集团有限公司

电为四大主导产业，拥有广东东莞、广西南宁、来宾、百色、崇左，山西大同，云南红河、文山等生产基地，是一个跨行业、跨地区、既多元化又专业化的大型企业集团，是中国轻工业百强企业和轻工业制糖行业十强企业，是东莞市工业龙头企业和东莞市50强民营企业，是全国“守合同重信用”企业。连续27年被广东省及东莞市授予“守合同重信用”企业称号，“东糖”也是“广东老字号”“东莞老字号”企业。

2015年，制糖行业触底复苏，食糖价格有所提高。发电成本维持低位，经营情况向好。同时集团在管理上加大力度，加强战略管理，从对外扩张转向整合内部资源，集约发展，使企业由量向质转变；继续开展管理效益年活动，加强以资金管理为中心，开源节流，增收节支；加强人力资源管理，实现减员增效提质；加大技术创新力度，做优做强。 （姜合萍）

附：2015年东糖集团有限公司领导人名录

董事长：陈尧燊

总　裁：李锦生

【生益科技公司概况】 广东生益科技股份有限公司（简称“生益科技”）是创建于1985年的中外合资企业。总部位于东莞松山湖高新技术产业开发区。截至2015年，在全国拥有5家全资或合资公司，是全球第二大覆铜板企业。该公司是中国覆铜板行业协会副理事长单位、中国印制电路行业协会副理事长单位。1998年，生益科技在上海证券交易所发行上市。覆铜板在产量、产值、销售收入、出口创汇、利税等方面均名列中国覆铜板行业第一。

生益科技相继获评“中国工业企业综合评价最优500家企业”、“中国大陆最大的覆铜板专业生产厂家”、“商务部重点扶持中国出口名牌企业”、“国家高新技术企业”、“国家认定企业技术中心”、“中国电子元件百强企业”、全国首批“加工贸易转型升级示范企业”、“中国企业综合实力500强”、“国家电子电路基材工程技术研究中心”等称号及“广东省政府质量奖”。董事长兼总经理刘述峰先后获评福布斯“最佳上市企业老板”、“中国电子电路行业杰出人物”、“中国覆铜板行业著名企业家”、“广东省优秀企业家”及“东莞市科学技术荣誉市长奖——企业家奖”等称号。

2015年，生益科技生产各类覆铜板6314.34万平方米，比上年减少2.50%；生产粘结片8240.54万米，增长6.50%；销售各类覆铜板6433.87万平方米，增长3.20%；销售粘结片8187.73万米，增长3.99%；生产印制电路板738.39万平方英尺，增长19.62%；销售印制电路板727.76万平方英尺，增长27.89%。实现营业收入76.10亿元，比上年增长2.59%。 （宋智伟）

附：2015年广东生益科技股份有限公司主要领导名录

董事长兼总经理：刘述峰

商贸流通业

COMMERCE

■ 消费价格基本平稳

■ 东莞被认定为国家电子商务示范城市

■ 物流仓储建设

■ 首届广东省21世纪海上丝绸之路国际博览会在莞举办

东莞保税物流中心　　编辑：李缙文

商贸流通业综述

【商贸流通业概况】　2015年，东莞实现社会消费品零售总额2154.70亿元，比上年增长10.9%，增速提高2.2个百分点。其中，零售业实现零售额1890.89亿元，增长10.9%，占社会消费品零售总额87.8%，拉动社会消费品零售总额增长9.6个百分点。从经营情况看，批发和零售业实现销售额5331.17亿元，增长10.9%，其中限额以上批发和零售业销售额3015.24亿元，增长9.0%；住宿和餐饮业实现营业额178.38亿元，增长6.4%，其中限额以上住宿和餐饮业营业额83.03亿元，增长0.7%。

【商业网点建设统筹规划】　2015年，东莞市审核外资商业零售项目29个，提出外资商业网点设置意见，项目总投资额近1亿元。东莞市商务局联合暨南大学对商业网点发展情况进行调研，形成《东莞市商业网点规划（2016—2025年）前期研究》，聘请专家团队组织编制《东莞市城市商业网点规划（2016—2025年）》。加强商业网点规划管理。根据《东莞市城市商业网点规划修编（2011—2015年）》精神，对王府井百货、国贸中心、夏晖供应链、友信崧锋农批市场、尚硕珠宝玉石交易中心等大型商业项目的引进和设立提出商业网点规划设置意见。

【扩内需促消费活动开展】　2015年，东莞市举办三轮消费促进月活动，各镇街举办各类促销费主题活动399个，参与企业17076家，通过举办大型展销活动、商家自家促消费活动和拓展网络消费领域等手段，直接带动消费66.88亿元。

【商贸流通财政扶持力度加大】　截至2015年，东莞市持续贯彻2013年出台的《东莞市商贸流通业发展专项资金管理办法》，对产业优化专项、物流专项、商贸服务专项、会展专项资金条款进行明确规定，加大对商贸流通企业的资金扶持力度。编制《2015年东莞市促进商务发展专项资金申报指南》，对促进内外贸易发展、支持商贸服务发展、促进现代物流发展等方面的专项资金项目进行汇编，为企业申报财政资助提供详细指引。组织完成2013年中央财政促进服务业发展专项资金申报，重点支持广东商品国际采购中心升级改造项目和公共服务项目，安排6个项目542万元；开展2014年和2015年省级现代服务业发展引导专项资金的组织推荐。　（罗明丽）

商品经营

【成品油供应】　2015年，东莞市成品油市场供应基本稳定。自4月1日起，在市行政区域范围内的所有加油站全面推广销售国V车用柴油。至2015年底，全市取得成品油批发经营资格企业有15家，取得成品油仓储经营资格企业12家，取得成品油零售经营资格加油站316家。全市加油站零售量214.66万吨，比上年增长5.67%，其中汽油148.25万吨，增长10.16%；柴油66.41万吨，减少3.13%。中石化、中石油（含中油BP）、中海油三大集团公司系统内加油站销售成品油149.97万吨，比上年增长4.52%，其中汽油98.94万吨，柴油51.03万吨；系统外加油站销售成品油64.69万吨，比上年增长8.46%，其中汽油49.32万吨，柴油15.37万吨。

【车用天然气供应】　截至2015年，东莞市建成天然气汽车加气站42座，其中具备LNG（液化天然气）加气功能汽车加气站34座。全年CNG（压缩天然气）销售量5.49万吨，比上年下降4.23%，

LNG销售量7.04万吨，增长29.01%。（叶应佳）

【生猪产销】 2015年，东莞市推进生猪产销联建，推行生猪网上交易、供莞生猪实名制，强化生猪应急管理，生猪供应稳定。全年新认定生猪定点供莞基地5批183个，取消不符合条件的供莞基地258个。全市认定生猪定点供莞基地有496个，供莞生猪认定量1040.67万头。32个生猪定点屠宰场屠宰生猪380.69万头，生产猪肉产品38.07万吨，比上年下降0.91%。全市有生猪供应商231个，市场生猪肉品经营档位1.2万个。生猪及其肉品供应量与肉品需求量基本保持平衡，生猪采购与生猪肉品零售价格略有上升。（黄椿颖）

物流业

【城市共同配送试点】 东莞市于2013年申报成为全国城市共同配送工作试点城市，围绕工作重点，推进政策保障、基础优化、技术应用、公共服务、模式创新5大体系建设。2015年，东莞市7个试点项目（8个项目承建企业）运行良好。8个试点企业有共同配送车辆466辆，配送商品总额达34.49亿元，累计6957.24万件，其中共同配送商品额达6.21亿元，占配送商品总额18%，以常温快消品和冷冻品为主；配送作业量1601.8万吨公里，配送车辆平均载货率为86%，配送差错率1%，配送总费用4.91亿元，其中共同配送费用9568.91万元，占19.55%；配送自营体系网点数量6877个，配送第三方网点数量8475个，建设共同配送网点（网购自助提取柜、快件双向网点等）7194个。

【物流标准化试点】 2015年7月，商务部召开物流标准化试点工作部署会后，东莞市及时制定试点工作实施方案。主要工作内容包括：推动建立社会化托盘共用体系；推广应用标准技术设备；加强物流标准化信息服务平台建设；完善相关标准和服务规范；夯实物流标准化工作基础。

服务标准化体系建设推进 建立服务于物流标准化的公共信息服务平台，并与物流托盘标准化经营服务商信息对接，带动中小微物流企业提升标准化服务水平。宣传贯彻实施托盘规格及服务质量要求、企业标准化工作指南、物流服务质量、物流信息化等国际、国家、地方和行业标准，促进物流托盘标准化逐步实现跨区域服务能力。

管理标准化体系建设推进 运用标准化托盘进行作业，提高一贯化物流作业效率；从运输、仓储、配送等供应链环节中导入先进和科学的管理方法和标准化手段，实现管理标准化的示范和节能环保车辆绿色配送应用；提高供应链相关业务、技术和管理人员应用标准和水平，设立物流标准化人才培训基地，打造物流行业高水平标准化专业人才队伍，为东莞市物流标准化试点提供人才保障。

技术标准化体系建设推进 开展标准体系应用试点，建立包括配套周转设备、配套搬运设备、配套仓储设备、配套运输设备和管理信息系统等要素的物流设施装备标准体系，加强配套物流设施装备技术标准的宣贯普及应用；推进物流设施装备技术标准化改造和智能化升级，促进上下游设备的衔接，促进传统单元化物流提效。

信息标准化体系建设推进 开展信息技术应用试点，推动企业运用计算机网络、信息分类编码、条码、EDI、RFID、GIS、GPS、WMS等智能科学技术及现代先进物流管理软件的应用，包括运输在途跟踪、验货、收货、仓储上架、配送分拣、关务通关查验等，实现物流企业最佳运输效率和标准化，并发挥示范带动作用。

会展业

【会展业概况】 2015年，东莞市举办展览规模在3000平方米以上的展览会60场，总展出面积340万平方米（包含专业卖场和专业市场），总参展商超过1.7万家，吸引采购商和观众260万人次，参展产品涉及电子机械、纺织服装、家具、造纸印刷、五金模具、食品饮料、动漫、汽车、文化等多个行业。其中，“加博会”“漫博会”“科技合作周”为国家级展会，“海博会”为省级展会。工业类展览会以“名家具展”“广印展”“智博会”（前身：“DMP”，即东莞国际模具展及金属加工展、橡塑及包装展、铸业展）最具代表性和影响力，其中“名家具展”获得全球展览业协会（UFI）认证，展览面积最大达91万平方米，成为世界著名的家具专业展；“广印展”在莞每四年举办一届，展览面积14万平方米，成为中国第二大、世界第三大国际印刷展；“智博会”展览面积10万平方米，是全球最具影响力的机械展之一。而长安的“模具展”、虎门的“服交会”、大朗的“织交会”等都逐渐形成规模，迈向成熟；消费类展览会如“台博会”“道滘美食节”“广东啤酒节”“汽车展”“茶博会”“婚博会”“农博会”等起到刺激消费、拉动内需，促进东莞经济发展的作用；文化类展览会如“漫博会”“香博会”“文博会”“龟展”等填补会展市场空白，推动东莞市会展业多元化发展。

【会展业发展政策导向、资金保障】 2015年，东莞市政府出台《关于促进会展业发展实施意见》，明确东莞市会议展览业发展的指导思想、发展目标、发展原则，提出“提升会展经济战略高度”“建立和完善工作机制”“提升场馆硬件水平”“提升会展业服务水平”“大力鼓励会展项目发展”“加大公共宣传推广力度”“实施人才工程”等7项工作措施。同时，市财政每年安排资金保障，重点支持东莞市会展环境的公共宣传、会展项目招商培育、会展人才培训和会展业发展成果奖励等，为东莞市会展业发展提供政策导向和资金保障。

【会展业战略调整】 截至2015年，东莞市会展业自1990年举办“东莞改革开放十年成果展示会”起计，有26年历史。从最初提出打造“中国展览之都”，到跻身“会展名城”，再到定位“华南工业展览之都”“广东国际会议之都”，东莞根据自身实际调整城市会展战略，坚持走差异化发展道路，把会展业“做特、做优、做强”。东莞市有广东现代国际展览中心、东莞国际会展中心、常平会展中心3个专业展馆，占地总面积54.6万平方米，室外展览面积（含停车）12万平方米，室内展览总面积18万平方米，室内可设标准展位8500个。其中，广东现代国际展览中心作为东莞市最主要的专业展馆，依托厚街镇作为“全市会展基地”的重要契机，推进展览中心的扩容改造，以及展览中心周边配套的整治升级。一些知名工业类展会纷纷落户东莞，如“广印展”“DMP”“UL线缆展”“汽保展”“衡器展”“鞋机展”“瓦楞展”等。与此同时，也吸引香港讯通、雅式、迪亿、星球、浩瀚、香港线路板协会等知名办展机构到莞办展，且中印协国际展览有限公司、星球国际资讯（香港）有限公司等知名会展企业在莞注册。

拍卖业

【拍卖业概况】 截至2015年，东莞市拍卖企业40家，其中注册资本1200万元以上35家；拍卖从业资格人员194人，其中拍卖师112人。2015年东莞市举办拍卖会1139场次，总成交总额53.8亿元。

集中拍卖推动行业规范发展 东莞市拍卖企业共同筹建“东莞市公共资源拍卖中心”，拉开东莞市集中场所拍卖、实施统一管理的序幕，有利于整合监管资源，提高监管水平，规范行业管理，遏制涉黑行为。

阳光拍卖网络系统启动 省内首个电子竞价系统——阳光拍卖网络系统于2011年启动使用。阳光拍卖网络系统具有3种竞价模式，有远程应价、局域网应价和现场举牌，既融合传统、网络竞价的各自优势，又可规避各自的不足和局限，尊重竞买人自由选择。

再生资源回收利用业

【再生资源回收利用业概况】 截至2015年，东莞市市领取营业执照回收站场有2119家。全市回收废钢铁24万吨，废有色金属2.2万吨，废纸30万吨，废塑料10万吨，行业总成交额12.22亿元，回收企业缴纳再生资源税收4.68亿元。

【加工贸易工业废料交易方式改革】 2015年，东莞市落实莞关联席会议及市政府第113次常务会议的决策部署，试行加工贸易废料交易方式的改革创新。由市商务局、黄埔海关、市供销社、市拍卖行及苏州迪锐信公司等，在借鉴苏州经验基础上，用2个月时间于2015年6月底完成交易平台的开发，并实现平台与海关端数据的实时交换。7—8月，相继发布《东莞市加工贸易废料网上交易管理暂行办法》及实施细则、交易规则等相关配套文件，黄埔海关相应推出《关于明确东莞市加工贸易边角料网上拍卖试点工作相关问题的通告》，明确东莞市加工贸易企业保税加工过程中产生的边角料必须全部通过网上交易，改革东莞市工业废料原有的线下交易模式，既符合海关监管方式的创新摸索，又符合地方政府规范废料交易市场的工作要求。联合海关、供销及市拍卖行，在东莞海关辖内20个镇街（园区）逐一召开企业培训会，东莞海关辖内企业于10月全部上线交易，其余镇街计划近期完成相关培训宣讲后适时纳入试点范围。试点的20个镇街（园区）整体平稳，进展顺利，达到预期目标。截至年底，在平台上注册的企业近1400家，其中加贸企业1000多家，回收企业近400家（含50家外地回收企业），网上拍卖成功交易项目374宗，成交金额700.3多万元。

【再生资源市场回收体系建设】 2015年，出台《东莞市2015年再生资源市场管理改革工作方案》，明确推进再生资源回收网络体系建设，提升再生资源回收行业规范化水平和规模化程度。石碣镇再生资源集中处理中心于12月中旬启用，占地2.3万平方米，集信息交易、回收处理、仓储物流、拍卖咨询等功能于一体，引进1家大型用废企业、6家回收企业进场经营。定期走访辖区内所有产废、收废、用废企业，收集相关信息，建立辖区再生资源企业信息和经营信息数据库。并及时准确地为企业提供再生资源市场改革政策信息、市场指导价格的咨询服务。协助加工贸易废料网上交易平台做好交易信息发布、标的物看样拍照、现场举牌竞价和合同履行交割监管等线下服务工作。镇再资办加强与辖区工商部门、公安部门沟通联系，掌握辖区所有再生资源回收经营者的证照情况，督促回收企业及网点办理执照和备案手续。截至年底，全市领取营业执照回收站场有2119家（当中无实质经营454家），其中办理废旧金属备案的787家，办理再生资源回收经营者备案的619家。

【再生资源回收市场监管机制】 2015年4月，召开全市再生资源市场管理工作会议，明确要求加大再生资源回收市场的整治监管力度，按照“宽进严管”的原则，切实加强行业监管，明确部门职责分工，构建市、镇街和村（社区）三级监管联动网络。按照《关于我市再生资源回收管理有关工作的通知》要求，明确市再生资源回收管理领导小组成员单位的监管职责，对照文件要求，任务到位，责任到人，层层抓好落实。着重督导镇街下属部门加强对废品回收领域违法违规行为的清查打击力度。按照“定期巡查、有投诉追查、黑名单协查、按台账倒查”的原则，建立健全联合整治机制，由各镇街每季度组织相关职能部门实施不少于一次的专项联合检查执法行动，把握突出问题，重点整治盲点死角，对一些新增经营或隐蔽经营的主体进行重点盯防，避免整治缺位、漏网。由基层供销社会同社区、村组负责辖区内再生资源回收站点的摸查核实和日常巡视管理，制定日常巡查管理制度，详细明确巡查方式、巡查内容、巡查人员组成及问题处理等方面。截至年底，各镇街日常巡查队伍388人，全年巡查回收站点8275个次，发出整改通知书902份。

【再生资源回收市场秩序检查整治】 2015年，东莞市落实再生资源回收市场管理的属地责任，加强清查整治力度。由基层镇街按照属地管理原则，联合工商、公安、供销、环保、消防及城管等部门，开展定期巡查、有投诉追查、黑名单协查、按台账倒查等行动，全年各镇街出动7732人次，排查再生资源回收站点3426个次，整顿不规范站点556个，取缔非法和无证照站点248个，建立镇级示范站点60个。2015年10—11月，市再资办分两个组分别抽查山区片、水乡片及莞城区11个镇街33家不同规模的回收站场，主要检查站场在证照办理、场地选址、安全生产配置等方面情况，并将检查结果现场向相关镇街再资办反馈和督促整改。市再资办于2016年1月分3个组对全市32个镇街进行全面检查，在镇街全面汇报全年工作的基础上，对各镇街42家有证及无证经营再生资源回收站点进行现场检查，检查情况作为对各镇街再生资源工作进行量化式评分依据。2015年，全市试点产废企业683家，试点收废企业234家，发放交易登记表15617份，收回交易登记表2544份；产废企业缴纳再生资源税收8.81亿元，回收企业缴纳再生资源税收4.68亿元。

【再生资源市场管理宣传】 2015年，东莞市注重全市再生资源回收体制改革各项工作的社会舆论引导，营造良好的工作氛围。多次在《东莞日报》、东莞阳光网、电台等宣传媒体上发布再生资源回收市场管理的最新政策和行业动态，比如东莞市加工贸易废料网上交易试点工作就多次通过媒体向企业宣传，使企业更加深入地掌握有关要求，提前做好相关准备。发布《关于重申再生资源回收经营者备案工作要求的通知》，引导和鼓励再生资源回收经营者依法向商务部门进行备案，消除基层部门与企业对备案管理的顾虑，推动更多回收企业按章办事，合法经营。畅通投诉举报渠道，健全完善市、镇、村（社区）三级举报受理跟进机制，明确直接办理回复责任人员，并充分发挥行业协会的沟通协调作用，确保及时、稳妥、有效地处理相关问题。2015年接到再生资源的举报咨询84起，组织企业座谈106场次，收集整理意见建议167条。

【再生资源管理经验学习】 2015年1月，东莞市再生资源回收利用协会组织市商务局、市供销社和部分基层社的有关人员，前往北京参观考察盈创再生资源回收有限公司在绿色智能回收方面的经验做法，探讨和推进东莞市科学规模化生活性再生资源绿色回收网络体系建设，进而带动和影响市民环保意识的提升。2015年12月，市商务局、市财政局、东莞海关、市供销社及市拍卖行等共同赴苏州市调研学习加工贸易废料网上交易工作经验，对于完善平台功能和处理具体问题提供宝贵借鉴。

（罗明丽）

供销合作商业

【供销合作商业概况】 2015年，东莞市供销合作联社以综合改革精神为引领，先行先试，大胆创新，明确“姓农、名合、属商，优势在流通”的发展定位，背靠广大农村、社区，面向新型城市，全方位、跨领域开拓经营，立足为“三农”服务，同时为城市大生产、大经营、大流通服务，走出一条具有“东莞特色”的新型城市供销社发展之路。全年全系统销售总额10.8亿元（不含再生资源回收），比上年增长5%；利润总额3569万元，增长6.5%；税收总额2722万元，增长1.6%。

【再生资源产业新框架构建】 2015年9月，由东莞市供销合作联社属下东莞市拍卖行承建的东莞市加工贸易废料网上交易平台（www.dg-recycle.com）投入运营。截至12月底，注册企业1400家，成交374宗，成交金额700.3万元。由东莞市供联再生资源有限公司建设的报废机动车回收拆解项目获省商务厅批准落地麻涌镇。由石碣供销社建设的石碣再生资源集中处理中心建成运营，一期占地2.3万平方米，是东莞市第二个集中处理中心。由东莞市供联再生资源有限公司建设的废塑料回收处理中心纳入市创建国家第二批生态文明先行示范区建设方案，同时申报为市“十三五”重大项目。供联再生资源有限公司与全市65家医疗机构（其中53家是大中型医院）签订医疗废弃物回收合同。同时，回收拆解废旧电机1350吨。

【供销合作商业农副产品流通新体系拓展】 2015年，大岭山供销社建设的汇康豆米制品加工基地，全年产值近千万元，日均黄豆用量3吨。南城供销社将华盛食品厂升级为华盛食品有限公司，搬迁新厂并引进新生产线，年产能由原

东莞市供销合作联社

① 茶山供销社的茶叶交易市场在茶叶行业有很高的知名度

② 茶山供销社的茶园购物商场是茶山镇老百姓最信赖的购物中心

来的1600万元提升到2500万元。石碣供销社成立农副产品配送中心，从系统内外农业基地、农民专业合作社等采购优质食材供给机关、学校、工厂食堂。东坑、沙田、洪梅等供销社对农贸市场进行升级改造，改善农贸市场的经营环境，抓市民放心“菜篮子”。市供销联社帮扶虎门新湾发展特色渔业，新湾渔家合作社被评为“全国农民合作社加工示范单位”，其产品被东莞报业集团评为2015年首届“最东莞”十佳伴手礼。

【供销合作商业连锁经营推进】 日用消费品连锁经营拓展 2015年，茶山供销社茶园商场在镇内新开3家连锁分店，总数达到22家。凤岗供销社11家连锁分店以社区服务为重点，侧重开发深受社区居民青睐的日用小商品市场。常平供销社创新“四线二区一中心”的管理模式，加强对配送中心、20多家连锁分店的管理。

粮油连锁经营推进 2015年，以新供销天润粮油为龙头，以加盟、专区等方式开办粮油连锁拓展粮油业务，全系统现有粮油连锁店32家，平价粮油连锁专营区40个。

农资连锁经营拓展 2015年，沙田供销社着眼都市农业，在全镇开办8家农资门市部。

【供销合作商业体制机制创新】 2015年，沙田供销社引入职工持股开办沙田供销社汇华海味店，将集体利益与职工利益绑定，破解销售压力；南城供销社引入职工持股组建华盛食品有限公司，其中管理层持股30%，通过股份制改造，调动管理层积极性，产能和销售额大幅拉升。 （莫志良）

附：2015年东莞市供销合作联社主要领导名录

党组书记、主任：黄程垵

① 大岭山供销社的荔枝干畅销海外、供不应求

② 大岭山供销社为农服务到地头设立荔枝收购点收购新鲜荔枝

③ 石碣供销社的再生资源集中处理中心

④ 石碣供销社的再生资源集中处理中心集信息发布、竞价拍卖、产收对接、再生资源初加工等多种功能

专营专卖

【烟草专卖】 经济运行 2015年，东莞市烟草专卖局（公司）坚持以市场需求为导向，研究制定并科学执行卷烟销售计划，科学调配货源结构，均衡把握投放节奏，确保销量稳定增长、结构较快提升、重点品牌健康发展、价格基本稳定、库存基本合理。全年销售卷烟33.05万箱，销售收入91.99亿元，实现税利23.05亿元；截至2015年底，东莞市持证卷烟零售户2.96万户。市烟草专卖局（公司）获东莞市“2015年度税收突出贡献奖”。

市场管理 2015年，东莞市烟草专卖局履行专卖管理职能，全年出动执法人员5.65万人次，立案查处各类涉烟违法案件2268宗，抓获制售假分子110人，查获各类违法卷烟7227.88万支，涉案卷烟价值4422.37万元。坚持守土尽责，始终保持高压态势，扎紧市场篱笆，为合法卷烟销售营造良好秩序。

企业管理 2015年东莞市烟草专卖局（公司）坚持严格规范，加强制度建设，推进质量管理体系和精益管理工作。卷烟物流配送中心项目建设有力推进，市局业务用房搬迁，办公秩序和环境明显提升。 （肖 薇）

附：2015年东莞市烟草专卖局（公司）领导名录

党组书记、局长、总经理：管伟华

【食盐专卖】 食盐销售 2015年，东莞市食盐销售6.4万吨，比上年减少2.8%，其中小包装食盐销售3.3万吨，食品加工用盐销售3.1万吨。全年东莞市碘盐覆盖率、碘盐合格率与合格碘盐食用率分别为99.33%、97.65%和97.00%。

盐政执法 2015年，全市出动盐政执法人员3.9万人（次），检查市场3723个（次），检查店档和用盐单位1.89万人次；组织和参与大型专项行动12次；累计查案358宗，立涉盐刑事案件11宗，抓获涉案人员47人，捣毁地下加工点17个；查处违章盐182吨，其中小包装假冒食盐98吨。

食盐安全宣传 2015年，广东省东莞市盐务局（广东省盐业集团东莞有限公司）参加“3·15”“5·15”和食品安全周、打假专项宣传、新《食品安全法》等宣传活动，安排盐政工作人员分赴各镇区的广场和主要市场张贴宣传教育图片。多次通过各镇区举办的宣传活动，向市民派发食盐宣传资料，讲解盐业法规政策，介绍辨别真假食盐的方法。同时，还借助报纸、网站、微信、新闻媒体等渠道，发布盐业相关的动态信息，增强广大市民的法制意识和质量意识，呼吁举报制售假冒伪劣食盐的违法行为，营造“全面打假”的良好社会氛围。

追刑处罚标准提高 广东省东莞市盐务局（广东省盐业集团东莞有限公司）与市公安局治安大队就涉盐刑案最终达成一致意见，突破非法经营罪量刑标准（一次查获20吨以上盐产品）的瓶颈，根据《最高人民法院、最高人民检察院关于办理危害食品安全刑事案件适用法律若干问题的解释》，将情节严重的涉盐案件引用“生产、销售不符合安全标准的食品罪”进行追刑，提高以往非法经营罪的量刑标准，并联合公安部门进行执法行动，震慑涉盐违法犯罪分子，维护广大市民群众的食盐安全。 （周 翔）

附：2015年广东省东莞市盐务局（广东省盐业集团东莞有限公司）主要领导名录：

局 长（总经理）：陈永华

▲ 广东现代国际展览中心

旅游业·餐饮业

TOURISM · CATERING

- “中国旅游日”东莞欢乐游暨深莞惠、莞韶城市互游启动仪式举行
- 旅游景区建设
- 第一届东莞盆菜宴

东莞市中心广场一景（周海猛 摄）

编辑：陈建枝

旅游业

【旅游业概况】 2015年，东莞市接待游客3199.09万人次，比上年增长14.62%。接待国际及港澳台游客373.40万人次，增长4.8%，其中，接待外国游客105.02万人次，下降14.0%；接待港澳台游客268.38万人次，增长14.7%。国际旅游外汇收入15.77亿美元，增长0.2%。接待国内游客2825.69万人次，增长16.1%。旅游总收入395.18亿元，增长5.5%。东莞组团外出旅游142.87万人次，下降5.3%。其中，国内旅游124.64万人次，下降5.1%；出境旅游18.24万人次，下降6.4%。

2015年，东莞市有星级饭店59家，其中五星级19家、四星级17家；旅行社88家，其中国际旅行社9家、国内旅行社65家、非法人分社14家；东莞市有国家级A级旅游景区18家，其中4A级旅游景区11家。

【旅游政策引领】 2015年2月28日，东莞市政府印发《东莞旅游城市建设发展规划（2015—2020）》《关于进一步促进旅游业加快发展的若干意见》《关于促进旅游饭店业转型升级的若干意见》；9月10日，印发《关于印发〈东莞旅游厕所建设管理工作实施方案〉的通知》；11月23日，印发《关于印发〈东莞市旅游产业发展专项资金管理暂行办法〉的通知》；2015年3月23日，东莞市旅游局印发《关于印发〈东莞水乡特色发展经济区旅游发展规划（2015—2030年）〉的通知》，为东莞市旅游发展提供了政策支撑，为进一步促进旅游业发展增添动力。

【“中国旅游日”东莞欢乐游暨深莞惠、莞韶城市互游启动仪式举行】 2015年5月19日，东莞市在麻涌镇华阳湖湿地公园举行“中国旅游日”东莞欢乐游暨深莞惠、莞韶城市互游启动仪式。此次活动的主题是“新旅游、新常态”，宣传口号是“爱旅游、爱生活、爱东莞”。主题活动包括：启动仪式、旅游惠民、各镇街节庆、旅游展示和文化休闲五大活动类型组成。从5月至6月，东莞市精彩旅游活动轮番上演。其中有：麻涌镇龙舟体验活动、麻涌镇摄影大赛、龙舟锦标赛；石龙镇石龙镇第五届“中华龙民俗文化节”、第二届“商旅总动员”嘉年华；高埗唯美建筑陶瓷博物馆展示；厚街工业旅游系列主题活动、涌口社区第10届龙舟文化艺术节、桥头社区“庆端午舞木龙”活动、大迳社区荔枝品评节；樟木头镇文物科普展、第八届观音山诗歌节；2015茶园游会；道滘镇第六届中国（道滘）美食文化节暨名优食品展；桥头镇第12届东莞桥头荷花节；常平镇庆端午活动之旱龙巡游、首届梦幻童话王国儿童节、寮步镇中国沉香文化博物馆海上丝绸之路旅游展等40多项活动。

【旅游宣传推介】 2015年，东莞市分别在京港高铁沿线深圳和武汉两个枢纽站、东莞城区莞龙路、莞深高速公路塘厦及黄江出口等处投放东莞城市旅游宣传广告；重新设计编印《精彩东莞》手册和《印象东莞》折页，修编《东莞旅游指南》。在《文化周末报》宣传文化游；在《信息时报》推出“十大游”宣传报道。2015年，东莞市旅游局对“中国东莞旅游网”改版，优化栏目及后台结构，在网上发布信息108条；东莞市旅游局官方微博发布7288条微博，累计吸引45.3万多名网友的关注；“东莞旅游”微信平台设置“莞玩莞食”“出行咨询”“旅游投诉”栏目，提供东莞旅游住宿、交通、美食等资讯信息672条，

总阅读量29.56万次。

【粤港澳三地旅游联谊会暨东莞旅游推介会】 2015年10月29—30日，粤港澳三地导游联谊会暨东莞旅游推介活动在东莞市中堂镇凯景酒店举办。来自粤港澳的导游精英约200人参加活动，分为三大内容，包括粤港澳三地导游员培训讲座、东莞旅游推介会、东莞旅游资源实地考察，进一步向海内外宾客及旅游界导游精英推介东莞旅游产品。

【旅游企业参加旅游展会】 2015年，东莞市旅游局先后组织旅游企业参加广州国际旅游展览会、香港国际旅游展、中国国际旅游交易会（昆明）、澳门国际旅游（产业）博览会以及美丽中国—2015丝绸之路旅游年宣传推广系列活动。

【深莞惠区域旅游合作】 2015年，东莞市旅游局持续推进"万人互游深莞惠"活动；三地联合参加中国（广东）国际旅游产业博览会，前往上海、宁波、新加坡、印尼等地开展联合推介活动；三地联合制作深莞惠自驾游微信导览图，推出"微游深莞惠"微信公众号，为自驾游客提供更为便捷的服务。

【旅游景区建设】 2015年，东莞市旅游局启动景区最大承载量建设工作，各景区按照最大承载量进行流量控制，东莞市科学技术博物馆、东莞市展览馆、东莞市中和堂博物馆等3家景区入选首批"全国旅游价格信得过景区"。推进旅游行业标准化建设；开展旅游景区质量等级评定工作，石龙仙溪福地欧公文化景区获评国家AAA级旅游景区。协助A级旅游景区在主要交通干道上设置道路标识牌，指导开展旅游景区质量等级评定的景区完善游客服务中心建设。支持旅游企业投入旅游集散中心、旅游咨询中心的建设，丰富旅游公共服务业态。寮步镇在中国沉香文化博物馆设立旅游集散中心，为游客提供一站式旅游综合服务平台。

【旅游厕所革命】 2015年，东莞市旅游局根据国家、省对"厕所革命"的批示指示精神及行动计划等文件要求，完成新建和改扩建旅游厕所62座，其中新建27座，改扩建35座，超额完成计划百分比分别为63%、69%、59%，被省旅游局评为"2015年度广东省厕所革命先进市"。

【旅游质量监督】 2015年，东莞市旅游局组织开展春节、清明、国庆节等节假日旅游市场秩序检查整治活动。联合公安、工商等部门，加大查处"非法经营旅行社和导游业务""不合理低价组织旅游活动""挂靠承包"等违法行为，加大对"黑导""黑车""黑店"的打击力度，治理导游变向加价、变更线路、强制购物等不良旅游行为。发布2期旅行社诚信"红黑榜"，发布旅行社红榜企业30家次，黑榜企业11家次。及时处理旅游投诉，保护游客的合法权益，与公安、工商、交通、质监等部门开展联合执法行动10次，出动执法人员60人次，检查场所75个。 （田 恬）

附：2015年东莞市旅游局主要领导名录

局 长：林儒森

建设时尚休闲莞邑 打造国际旅游商都

2015年3月25日，召开全市旅游工作会议。市委副书记、市长袁宝成出席会议并讲话

2015年东莞市旅游业情况

指标	单位	2015年	2014年	增长（%）
旅游总收入	亿元	395.18	374.6	5.5
旅游总外汇收入	亿美元	15.77	15.75	0.2
宾馆酒店客房开房率	%	54	51.2	2.79
星级宾馆酒店	家	59	63	-6.35
#五星级	家	19	21	-9.52
#四星级	家	17	19	-10.53
全年接待旅游人次	万人次	3199.09	2790.98	14.62
国际及港澳台游客	万人次	373.40	356.21	4.83
国内游客	万人次	2825.69	2434.77	16.06
外出旅游人次	万人次	142.87	150.88	-5.3

① 2015年1月26日，副市长杨晓棠（右一）到基层开展旅游资源调研

② 2015年3月18日，召开全市旅游饭店业转型升级工作会议，副市长杨晓棠出席会议并讲话

③ 2015年10月29日，市旅游局组织旅游企业参加海博会

④ 2015年6月1日，深圳、东莞、惠州三市旅游局联合赴上海开展旅游推介会

⑤ 2015年5月19日，市旅游局举办“5·19”中国旅游日系列活动启动仪式

①

②

③

④

⑤

▲ 秀美水乡 （侯海明 摄）

餐饮业

【餐饮业概况】 2015年，东莞市住宿和餐饮业实现增加值155.42亿元，比上年增长2.3%；零售额151.60亿元，增长8.5%。住宿和餐饮业固定资产投资6.4亿元，增长10.7%。新登记餐饮业市场主体8580户，增长2.19%；实有餐饮业市场主体2.92万户，增长36.08%。

【“珠三角餐饮逼格论坛”举办】 2015年4月18日，东莞市举行“新常态·凤凰涅槃——珠三角餐饮逼格论坛”，此次活动由民盈山智慧城主办，吸引500余名来自广州、深圳、东莞等珠三角城市餐饮界权威和各界媒体参与。论坛还展出广东餐饮业名优食材、酒水、设备及用品，为餐饮企业及供应商提供贸易洽谈的机会，活动将通过媒体发布、行业交流、行家分享、专家对话、文艺表演等多种形式，探讨大数据时代下，餐饮企业拥抱移动互联网、运用物料配送以及创新发展、规模经营等重点、热点问题。

【餐饮技能竞赛】 2015年10月，“金麻杯”乡村美食大赛在东莞麻涌举行，这是走进“香飘四季”2015东莞麻涌乡村旅游节的压轴活动，吸引市内外30支餐饮单位参加，烹饪高手发挥创意，做出30款色香味俱全的香蕉美食；同月，东莞市中式烹饪、西式烹饪职业技能大赛暨世界粤菜厨皇大赛东莞分赛区选拔赛拉开帷幕，有75名大厨参加中式烹饪项目，84名大厨参加西式烹饪项目，11家餐饮企业参加中式烹饪团体赛。参赛选手来自东莞市天母蓝鸟餐饮有限公司、东莞市伯顿饮食服务有限公司、塘厦三正半山酒店、东莞市技师学院等40多家东莞市各大餐饮企业和职业院校。

【第一届东莞盆菜宴】 2015年1月31日，东莞市举办第一届东莞盆菜宴，此次盘菜宴汇集全市10家知名餐饮企业，12道盆菜菜式，100名“吃货”市民共同品尝。此次活动由东莞市餐饮行业协会、阳光汽车网、广播电台“阳光1008·莞饮莞食”栏目举办，东莞市20家主流媒体大力宣传，为求把东莞盆菜文化深入人心。

金融业

BANKING

- 科技、金融、产业融合发展
- 多层次资本市场发展利用
- 地方金融实力稳步发展壮大
- 银行存款首次突破1万亿元

同沙生态公园

编辑：王学林

金融业综述

【金融业概况】 2015年，东莞市金融业增加值402.7亿元，增速8.5%，占生产总值和第三产业增加值比重分别上升至6.4%和12%。总量保持全省第四位。全市有银行、证券、保险等金融机构127家，另有小额贷款公司、融资性担保公司、融资租赁公司等新型经济金融组织超100家，金融机构密集程度居全国地级市前列。全市银行业金融机构各项存、贷款余额为9968.80亿元和5980.90亿元，增量分别排名全省地级市第一、第二位。全市证券交易额成交量累计高达5.10万亿元，比上年增长1.85倍。累计实现保费收入305.48亿元，约占全省14%，继续保持全省地级市首位，同时增速连续六年保持全省地级市第一位。村镇银行数、“新三板”挂牌企业数和在中国证券投资基金业协会登记的基金管理机构数均居全省地级市第一位。

【金融、科技、产业融合发展】 2015年，东莞市以加快广东省“金融、科技、产业融合创新综合试验区”建设为契机，出台《东莞市促进金融、科技、产业创新融合发展三年（2015－2017）行动计划》，推动构建科技金融、民间金融和政策金融“三位一体”的金融服务模式。引进深圳证券交易所在松山湖（生态园）高新区设立“东莞科技金融路演中心”；升级改造东莞民间金融街为众创金融街；组建东莞科技金融集团有限公司，发展政策性融资担保业务；通过保费财政补贴政策进一步推广开展科技保险试点工作；将“拨投联动、拨贷联动、投补联动、贷贴联动、贷奖联动”试点工作向全市推广，引领创投资本、产业资本、民间资本、财政资金互融参与科技创新。

【多层次资本市场发展利用】 2015年，东莞市出台《关于鼓励企业利用资本市场的若干意见》《东莞市鼓励企业利用资本市场实施细则》，支持企业利用多层次资本市场，通过上市、挂牌、发债等方式提高直接融资占比。截至2015年，东莞市境内外上市企业32家，在全国股份转让系统挂牌新增企业63家，在区域性股权交易市场挂牌的企业超300家，累计认定上市后备企业114家。自2014年IPO重启以来新增A股上市企业3家，在全国股转系统挂牌企业家数、A股上市在审企业家数均居全省地级市第一。形成主板、中小板、创业板、新三板、四板和上市后备企业的梯次结构，资本市场发展后发优势明显。在中国证券投资基金业协会登记的东莞基金管理机构141家；市引导基金参股成立的“东莞红土”“东莞中科中广”和“东莞市睿德信机器人基金”3只子基金，已完成募资规模达8.97亿元，3只基金对外投资金额超5亿元；长安镇成立东莞市首只镇级政府引导产业基金“长安镇五金模具产业基金”，基金目标规模2亿元，认缴出资额4500万元。企业发行公司债18.5亿元，发行银行间市场债券6亿元，实现资产证券化融资13.9亿元，债券类融资总额近40亿元。

【地方金融实力稳步发展壮大】 2015年，东莞市继续推进地方金融资源集成发展，加快组建东莞金融控股集团，力争实现地方金融优势互补，增强地方金融规模效应，打造地方金融品牌。东莞农村商业银行首家以科技型企业为主要服务对象的专营机构在松山湖（生态园）高新区成立，东莞市银行科技支行达3家。成立东实融资担保有限公司、虎门富民融资性担保有限公司2家国企控（参）股的融资性担保公司，发挥政

策性担保公司对企业的增信作用。东莞证券等地方金融机构的上市步伐明显加快。东莞市村镇银行数量达到6家，居全省地级市首位。

【全市金融工作会议召开】 2015年4月14日，东莞市委、市政府高规格召开全市金融工作会议，对经济发展新常态下的金融工作进行全面部署，并印发《全面推进金融创新发展 促进创新型经济强市建设的实施意见》及系列配套政策文件，在围绕2020年东莞市金融业发展目标、确立实施“集聚金融”“创新金融”等“六大工程”的同时，提出针对促进金融科技产业融合、优化融资结构、支持地方金融机构改革发展、维护金融稳定等重点工作的新思路和新部署，进一步加大对全市金融系统的政策指引力度，在全市上下形成“关心金融、重视金融、运用金融”的良好氛围和工作局面。会上，东莞市政府在与深圳证券交易所、国家开发银行广东省分行、中国建设银行广东省分行、中国民生银行广州分行和中国光大银行广州分行等5家机构签署合作备忘录（战略合作协议）。

【广东省国有企业资本市场业务培训会承办】 2015年10月16日，广东省人民政府金融工作办公室、广东省人民政府国有资产监督管理委员会、深圳证券交易所在东莞市共同举办“广东省国有企业资本市场业务培训会”。广东省各地市金融局（办）、国资委领导，国有企业，各地市大型民营企业、已到广东证监局辅导备案企业、已到新三板挂牌企业、具有融资意愿的重点企业的相关负责人等超400人参加培训。此次培训通过集中学习的方式帮助各地市金融、国资领导干部和重点企业相关负责人深入了解中国境内资本市场的最新形势与政策、改革的方向与前景以及多元化、市场化融资渠道等，进而促进广东重点企业更好更快地通过资本市场实现融资做大做强。会议内容主要包括国有企业混合所有制改革、公司债券及资产证券化业务、IPO审核政策动态等。

【东莞科技企业投融资常态化路演中心成立】 2015年11月12日，东莞科技企业投融资常态化路演中心在松山湖（生态园）高新区揭牌成立，为企业就近提供路演推介、行业交流等服务。东莞市与深圳证券交易所合作在松山湖（生态园）高新区共建“东莞科技金融路演中心”，共同举办东莞科技企业投融资常态化路演活动，利用深圳的资源优势，进一步完善东莞市科技金融综合服务体系，活跃东莞投融资氛围，引导更多的科技企业进入资本市场，助推东莞金融、科技、产业深入融合发展。

【东莞市政府与中国农业发展银行广东省分行、中国银行广东省分行、平安银行签署系列战略合作协议】 2015年12月3日，东莞市政府在市行政办事中心举行“东莞市人民政府与中国农业发展银行广东省分行、中国银行股份有限公司广东省分行、平安银行股份有限公司签署战略合作协议仪式”。广东省农发行将在项目资本金、水利、环境保护和生态建设、农村路网建设、广东东莞水乡特色发展经济区发展建设、新型城镇化建设、粮油加工物流体系建设八大方面为东莞提供累计不少于500亿元的授信额度；省中行将全力支持东莞市重大项目、机器换人、工业4.0以及对接自贸区、“一带一路”等项目建设，在5年内为东莞市基础设施、现代产业、创新驱动、社会民生、公共服务等领域提供合计600亿元的金融支持；平安银行将通过设立城市发展基金的形式，对东莞市相关城市发展（基础设施）项目提供金融服务，投资基金的总规模为300亿元。

【资本市场支持科技金融发展专题论坛举办】 2015年12月13日，东莞市金融局、东莞市科技局指导，东莞证券股份有限公司联合东莞市中小企业发展与上市促进会共同举办中国科技合作周系列活动之“科技助力，金融创新”共话资本市场支持科技金融发展专题论坛，进一步提高中小微企业对资本市场的认识，帮助企业了解在新三板挂牌及融资的重要作用，创建科技、金融、企业资源整合、发展的平台。 （林丹虹）

附：2015年东莞市金融工作局主要领导名录

局　长：何锦成

中国人民银行东莞市中心支行

【金融调控】 2015年，中国人民银行东莞市中心支行坚持“稳中求进”的工作总基调，以“主动适应经济新常态、大力推动东莞金融产业发展”为目标，坚持金融服务实体经济发展和社会民生改善的本质要求，全面提升金融管理和服务水平，实现地方金融稳健发展。

切实做好货币政策的宣传解释，提高货币政策传导效果。加强与市政府的沟通和协调，争取社会公众和市场主体的理解、支持和配合，督促金融机构优化资产结构，盘活存量、用好增量，加大对“三农”、小微企业、科技型企业的支持。截至2015年，全市小微企业贷款余额达到1156.89亿元，比上年增长5.34%，高于企业贷款整体增速7.64%，高于大型企业贷款增速2.01%；占企业贷款余额比重比上年增加2.4%，较大型企业多增0.73%。

做好存款准备金管理及流动性监测，贯彻总行住房信贷政策意图，运用再贷款、再贴现等多种货币政策工具，引导金融机构调整信贷结构、降低社会融资成本、改善金融服务。截至2015年，为地方企业提供16.01亿元的货币政策工具资金支持，其中7亿元支小再贷款，9.01亿元再贴现；6次下调存款准备金率、5次下调存贷款基准利率，释放资金90.1亿元，支持实体经济发展。

推动科技金融产业融合发展。参与起草《东莞市促进金融、科技、产业创新融合发展3年（2015—2017）行动计划》、东莞市推进金融产业发展“1+N”系列配套文件，为东莞金融、科技、产业发展提供全方位的政策支持，提升科技金融服务水平，拓宽科技企业融资渠道。2015年，东莞银行、浦发银行在松山湖高新区设立科技支行，珠海华润银行设立科技金融事业部，招商银行正在筹建科技支行。

【外汇业务监管】 2015年，中国人民银行东莞市中心支行改进外汇管理方式，优化外汇服务，深化外汇改革，发挥外汇管理对地方经济的扶持作用。

跨境人民币业务平稳增长，跨国集团跨境人民币集中运营业务取得突破。2015年，东莞办理跨境人民币结算业务2713亿元，新增参与跨境人民币结算的企业达1292家，办理跨国集团跨境人民币集中运营资金池业务267亿元。

简政放权，优质高效做好外汇管理与服务。出台简化和改进直接投资外汇管理、资本金实行意愿结汇等一系列改革措施，并协调东莞市政府宣传推广改革政策，以市政府发文的形式印发《东莞市关于推广自由贸易试验区可复制改革试点经验的意见》，加强产业转型升级政策指引、简化验资询证审核模式等系列举措得到地方政府和企业的好评，树立良好的外汇服务形象。截至2015年，办理“三来一补”转三资企业2100多家，有价值超10亿美元的不作价设备转作出资，计入转型后的外资企业注册资本。

推进直接投资外汇管理改革，为企业提供全方位金融服务。加大政策宣传力度，支持境内银行向“走出去”企业发放贷款，支持企业通过境外放款、跨境担保等外汇新政，为境外投资企业的发展提供资金支持。同时，加大对东莞地方法人金融机构的扶持力度，为优质企业上市提供政策支持。

通过加强购付汇管理等一系列措施，推动“防流出”工作取得实效。2015年，东莞市结售汇口径贸易偏离度逐月下降，12月份全市结售汇口径贸易偏离度为-8.40%，较年初增加4.7%，其中货物贸易项下售汇17.91亿美元，下降22.33%。

【辖区金融环境】 2015年，中国人民银行东莞市中心支行从维护辖区金融改革、发展和稳定的大局出发，强化中央银行履职效能，维护辖区金融稳定。

落实利率市场化改革和存款保险制度各项政策要求，加强对存款利率浮动政策执行情况的监督指导，做好存款保险制度出台的各项组织实施。

继续完善“两管理、两综合”工作制度，密切关注金融机构动态，完善金融机构开业管理，做好对金融机构的综合评估。同时，牵头负责全市金融系统社会治安综合治理和平安金融创建工作，对辖区20多家银行机构开展专项业务检查，内容涵盖金融市场业务、外汇综合业务、支付结算业务、征信业务、金融消费者权益保护、反洗钱业务、人民币现金收付及反假业务等，并依法对农业银行东莞分行进行综合执法检查，督促和指导金融机构稳健管理与经营。

开展打击利用地下钱庄和离岸公司转移赃款专项行动，协调市公安局、人民检察院、中级人民法院等部门，全面启动情报会商工作机制和汇警联合办案工作机制，依法做好线索摸排、资金监测分析和账户协查等工作，确保专项行动稳步推进。全年累计开展17次专题情报会商，开展专项调查17次，专项行动4次，侦破并捣毁9个地下钱庄窝点，缴获现金人民币1909.86万元、港币100.86万元、美金6.46万美元，冻结涉案账户193个，冻结人民币2679.06万元。截至2015年，东莞市完成上级部门交办的督查督办案件，打击利用地下钱庄和离岸公司转移赃款专项行动成果在广东省内位居前列。

【金融服务基础设施和服务体系建设】 2015年，中国人民银行东莞市中心支行着力创造良好金融生态，辖区经济金融可持续发展能力明显提升。

在征信管理方面。推进东莞市社会信用体系建设，深入开展金融信用基础数据库建设，扎实做好信用报告查询、机构信用代码发放等工作信息，截至2015年，受理个人信用报告查询笔数为10.26万笔，发放机构信用代码证发放5.90万张。

在支付管理体系建设方面。着力维护支付清算系统安全稳定，强化ACS系统运行管理。推广非现金支付工具，着力提高辖区金融支付服务水平。指导和督促银行机构做好金融IC卡发卡工作，并结合东莞实际大力推进金融IC卡在公交、停车场、菜市场等民生领域的应用，截至2015年，东莞地区发行金融IC卡的银行机构有30家，累计发行金融IC卡（含社保卡）2853万张，占全省发卡量约11%，位列全省地市前列。

【人民币管理】 2015年，中国人民银行东莞市中心支行完成业务量居全省首位的发行基金投放回笼工作。

做好发行基金投放回笼与调拨管理。执行发行基金管理的各项规定，严把发行基金出入库关；召开辖区人民币券别调剂工作联席会议，做好券别搭配投放，加强中小面额券别的投放力度，优化辖区流通人民币券别结构；抓好辖区商业银行回笼券的质量，做好对辖区商业银行现金业务的考核；继续做好残钞回收工作，加大原封新券的投放，促进辖区流通中人民币整洁度的全面提高，确保辖区现金供应安全；加强辖区现金投放回笼情况的分析预测和人民币流通状况监测预警，保障东莞现金供应。

抓好反假货币和流通人民币管理，优化辖区货币流通环境。发挥反假货币工作联席会议的组织协调作用，推进辖区反假货币工作站的建设；抓好辖区开展自动柜员机配款记录、存储冠字号码的后续工作；继续加强货币流通管理和反假货币工作站建设，组织辖区银行机构签订《杜绝假币承诺书》，并对5家银行业机构的19个营业网点和现金处理中心进行检查。2015年，全市建立反假货币工作站512个，收缴假人民币20.03万张，面值合计721.37万元，受理假币鉴定86笔，面值53.92万元，维护人民群众利益。

【经理国库】 2015年，中国人民银行东莞市中心支行履行经理国库职能，安全高效做好财政拨款、退库工作及出口退税业务。安全办理国库收支业务3093万笔，金额1947.2亿元，其中国库收入1155.4亿元，比上年增长8.4%；支出791.8亿元，增长31.3%。办理退库业务6.4万笔，金额611.5亿元，增长20.5%。截至2015年，中国人民银行东莞市中心支行经理国库业务30周年，多渠道做好宣传工作，向市政府提交的“构建现代化服务型国库，支持东莞经济发展”的情况报告，获得市政府主要领导的肯定。

银行业

【银行业概况】 截至2015年，东莞市有银行机构（含信托）37家，代表处1家，网点数量1376个，从业人员2.64万人，小额贷款公司19家。

存款余额同比、较年初均有所增长。截至2015年，东莞市本外币各项存款余额9968.80亿元，比年初增加575.25亿元，增长6.12%。其中，非金融企业本外币存款余额2615.06亿元，比上年增加227.12亿元，增幅为9.51%；广义政府本外币存款余额为1943.38亿元，比上年增加208.81亿元，增幅为12.04%；非银行业金融机构本外币存款余额为376.61亿元，比上年增加227.38亿元，增幅为152.36%；住户存款余额4630.69亿元，比上年减少54.85亿元，降幅1.17%。

贷款余额较年初增加。截至2015年，东莞市各项贷款余额5980.9亿元，比年初增加412.93亿元，增幅7.42%；其中，短期贷款余额232.23亿元，比上年减少5.996亿元，降幅2.52%；中长期贷款余额2006.32亿元，比上年增长446.67亿元，增幅28.64%。

全市银行业金融机构实现当年结益248.36亿元，比上年增加19.82亿元，增长8.67%；新增上市公司3家，累计认定上市后备企业114家。截至2015年，全市金融总量保持全省第四位。

【信贷投放结构】 截至2015年，东莞市从贷款投向看，贷款余额居前三位的行业分别是批发和零售业（857.78亿元）、制造业（715.05亿元）、租赁和商务服务业（515.79亿元），贷款行业投向符合产业特点。

小微企业贷款和科技企业贷款增加明显。截至2015年，东莞市银行机构小微企业贷款余额1156.89亿元，比上年增长5.34%；全年全市累计发放科技企业贷款274.2亿元，比上年增长39.27%。

从贷款期限看，全年中长期贷款余额2006.32亿元，比上年增长446.67亿元，增幅28.64%；短期贷款余额232.23

亿元，比上年减少5.996亿元，降幅2.52%。

房地产贷款增加较多，去库存政策作用明显。全年房地产贷款新增360.41亿元，其中房地产开发贷款比年初减少49.54亿元，购房贷款比年初增加406.43亿元。

【银行存款首次突破1万亿元】 2015年7月末，东莞市银行业本外币存款余额10067.8亿元，首次突破1万亿元大关，并连续5个月持续突破1万亿元，标志着东莞市金融实力和服务实体经济发展能力又迈上一个新台阶。 （齐红梅）

附：2015年中国人民银行东莞市中心支行主要领导名录

行　长：张清山

银行监管

【银行业支持实体经济】 2015年，东莞银监分局扶持符合东莞经济发展特点的优势产业发展，全市银行业对制造业、房地产业、租赁和商务服务业、批发和零售业等支柱行业贷款余额共计3406.59亿元，占全部贷款余额的56.97%，较好地满足东莞支柱行业信贷需求。督促银行业金融机构单列全年小微企业信贷计划、明确小微企业贷款不良容忍度，扩大自主续贷范围，加强小微企业金融产品和服务创新，配合市政府出台《关于缓解中小微企业融资难、融资贵问题的指导意见》，与税务部门共同推进“银税互动”。截至2015年，辖内银行机构小微企业贷款余额1481.88亿元，比年初增长3.5%；小微企业贷款户数63228户，比上年增加1.02万户；小微企业申贷获得率91.74%，比上年提高3.99个百分点。稳步推进社区支行和小微支行的建设，全年批复6家小微支行、7家社区支行开业，发出5份小微支行的筹建回执、21份社区支行的筹建回执。推动辖内农村金融“三大工程”及基础金融服务“村村通”工作，辖内7家农村中小金融机构新设金融服务联系点5个，新增各类电子机具16台，增设各类公示牌21张，新增授信农户1224户，创新农户（农村个人）信贷产品8种，支农金融服务的总体水平明显提升。

【银行体系建设】 2015年，东莞银监分局配合市政府有关部门共同起草《关于全面推进金融创新发展促进创新型经济强市建设的实施意见》《关于支持东莞地方金融机构改革发展的若干意见》等1+N配套政策文件。丰富全市金融服务主体，指导虎门长江村镇银行、黄江珠江村镇银行、广州银行东莞分行3家机构开业，指导东莞银行、东莞农商行分别申请设立1家金融租赁公司，指导东莞银行在香港设立代表处，对东莞银行设立中山分行、东莞农商行设立清远支行、东莞农商行参与发起设立四川雅安农村商业银行提出监管意见。继续推进莞台金融合作，指导辖内玉山银行、彰化银行做好扩大业务范围的申请，批复同意玉山银行东莞长安支行开业，实现台资银行在莞设立支行“零的突破”，向台资企业协会解读设立民营银行的政策要求。支持东莞科技金融体系建设，指导东莞农商行于7月设立辖区第三家科技支行专营机构，引导其他银行机构依据自身体制特点建立服务科技企业发展的机制，其中有华润银行东莞分行设立科技金融事业部、建行东莞市分行成立高新技术金融服务工作组等，持续推动科技金融发展。

【银行业风险防控】 2015年，东莞银监分局严防信用风险，建立健全重点领域信贷风险监控制度，高度关注不良贷款及关注类贷款大幅反弹风险，重点监控房地产、集团客户、关联贷款等领域的风险，继续加大存量不良贷款的清收处置力度。截至2015年，不良贷款余额为94.65亿元，不良率为1.58%，风险基本可控。完善重大信用风险应对工作机制，化解企业集团客户信贷风险事件，加强与市政府有关部门的配合，召开债权银行工作会议，共同化解信贷风险。督促法人机构进一步完善流动性风险管理架构，从机制上强化流动性风险防控。严防案件风险、声誉风险，信息科技风险，加强安保和案防工作。加强社会金融风险防范，联合市有关部门开展涉众型金融不稳定问题专项治理工作，协调督导非法集资、银行从业人员涉及犯罪等重点领域问题，加强舆情监测及应急管理，防范银行业声誉风险。

【银行业改革创新】 2015年，东莞银监分局督促地方法人银行业金融机构提升公司治理的有效性，继续实行并完善“一行（司）一策”的“清单制”监管方式和监管承诺制，指导四类法人机构健全“三会一层”架构和制衡有效、激励兼容的运行机制。要求法人机构强化资本管理机制建设，不断完善资本治理架构，建立持续、稳定、可靠的资本补充来源渠道。指导银行机构利用新型科技、互联网技术等，提升金融服务水平。推动银行机构开展投贷联动机制研究和实践探索，积极争取先行先试的资格，支持创新企业发展。

【银行业现场与非现场监管】 2015年，东莞银监分局不断强化现场检查的针对性和持续性，共开展现场检查10项，累计投入检查工作量3575人天，发现问题208条，针对检查发现问题提出监管意见126条，针对现场检查发现的严重违法违规问题进行经济处罚，对6家被检查机构处罚金额合计300万元。不断提升非现场监管的前瞻性和有效性，加强监管基础工作建设，推动机构监管概览建设，强化过程监管、行为监管。规范行政许可事项，全年办理机构及高管审批事项225件，高管人员任职资格考试203人次，达到无超范围核准、无超时限审批的要求；严把市场准入关，对明显不符合条件的准入事项不予受理，对未达到审慎性条件的2家机构、1名高管、1项新业务严格限制或暂停准入，核减网点发展规划指标2个。 （黄永强）

附：2015年东莞银监分局主要领导名录

党委书记、局长：刘震新

银行选介

【中国农业发展银行东莞市分行】 截至2015年，中国农业发展银行东莞市分行各项贷款余额420730.17万元，比年初增加63541.7万元，增幅17.79%。各项存款余额31509.71万元，比年初增加17159.8万元，增幅119.58%；存款日均余额16284.38万元，比年初增加4825.03万元，增幅42.11%。实现中间业务收入160.29万元，比上年增加42.31万元，增幅35.86%。不良贷款余额、不良贷款比率继续保持为零。

强化信贷支农　在严格控制信贷风险的前提下，在做好传统政策性信贷业务、巩固原有经营成果的基础上，按照农发行职能范围，贯彻落实国家支农政策，不断拓展信贷支农空间，平稳推进业务有效发展。确保地方粮食储备增储任务完成。东莞市新增地方储备任务在2015年底前至少要落实40%（22.24万吨），时间紧、任务重。在符合贷款要求和确保防范风险的前提下，多次与市发改局、财政局协商沟通，在增储的方式、品种、补贴以及风险等方面提出意见，并实地考察库点及粮仓，共同研究落实新增的“租仓并与企业合作，委托企业以周转（动态）”储备方式，加紧对新增企业实行评级授信管理。截至2015年，落实新增地方储备粮累计发放贷款6.69亿元，完成新增地方储备28万吨，完成率126%，超额完成地方粮食储备增储任务。东莞市虎门富民农副产品批发市场有限公司8000万元经营性农村流通体系建设中长期贷款项目落地，首笔贷款拟在2016年1月初发放。2014年审批的东莞市国丰粮油有限公司8000万元仓储设施建设贷款，全部投放完毕。国丰公司拟继续建一个25万吨仓容的浅圆仓项目，上报省分行审批。中粮集团东莞粮油食品现代加工及物流配套项目，在省行营业部开设外币存款账户，该项目正在使用项目资本金进行建设，2015年累计结算业务3800万元。

强化信贷管理基础　继续把防范和化解信贷风险作为生存和可持续发展的大事来抓。加大信贷风险管控力度。根据企业性质设置不同风险排查分析频率，做好贷款检查。加强资金计划管理。每日上报资金需求和贷款规模计划，确保资金运用和信贷计划执行的准确性，并尽最大的努力减少因资金需求测算差异而被收取资金占置费。做好财政补贴资金管理，加强风险基金专户监测与管理，监督拨付各项补贴资金，履行监督管理职责。2015年本级粮食风险基金累计到位1.42亿元元，本年度本级粮食风险基金筹措任务完成，完成率189.48%，确保储备利费及储备粮轮换价差补贴及时拨补到位。（李　丹）

附：2015年中国农业发展银行东莞市分行主要领导名录

党委书记、行长：黄小丽

【广发银行股份有限公司东莞分行】
广发银行股份有限公司东莞分行（简称“广发银行东莞分行”）成立于1988年，是广发银行的一级分行。设42个一级支行、8个二级支行、1个社区支行。2015年，广发银行东莞分行第二次蝉联“全国文明单位”，获媒体颁发的“2015年度最具创新力银行”“最具社会责任感银行”“东莞最具影响力银行”“2015年东莞市民最喜爱品牌”“2015金口碑品牌”等奖项。

营业收入和拨备前利润增长
2015年，广发银行东莞分行营业收入达22.1亿元，比上年增加2.29亿元，增幅11.6%。实现拨备前利润14.1亿元，增加2.33亿元，增幅19.7%。

客户规模壮大　对公大中型企业客户数、小企业客户数、现金管理客户数、私人银行客户数、生意人卡客户数、自信一贷客户数、信用卡激活客户数于2015年内大量增加，广发银行东莞分行总体客户规模实现大幅度增长。

个人金融业务稳健发展　通过拓展信用卡业务、贵宾业务、生意人卡和“自信一贷”等业务，个人金融业务发展稳健，实现良好收益。2015年，广发银行东莞分行个人银行营业收入7.74亿元，净利润1.98亿元；信用卡营业收入8.76亿元，净利润3.84亿元。

金融市场业务取得突破　广发银行东莞分行成立金融市场部，加强团队建设，组织营销，金融市场与同业业务实现突破。2015年金融市场营业收入1.55亿元，净利润接近1亿元。（杨夭仁）

附：2015年广发银行股份有限公司东莞分行主要领导名录

行　长：陈健松

【中信银行股份有限公司东莞分行】
中信银行股份有限公司东莞分行（简称中信银行东莞分行）成立于1999年，2005年升格为直属总行的一级分行。2015年，中信银行东莞分行经营效益平稳增长，实现拨备前利润16.69亿元，在经济下行的形势下仍然保持增长势头，实现营业净收入23.70亿元；截至2015年，自营存款余额488.33亿元，其中，对公存款余额363亿元，个人存款余额125.32亿元；各项贷款余额416.68亿元，其中，对公贷款余额333.44亿元，个人贷款余额83.24亿元。连续多年在总行等级行考评中获评“优秀行”“标兵行”，获评中信银行25周年行庆“十佳分行”；蝉联市政府“金融创新奖”；获评2015年度“东莞市金融统计工作先进集体一等奖”、《羊城晚报》金融新锐榜“2015年度优秀理财机构奖”、《信息时报》金狮奖“2015年度最佳出国金融服务奖”等。

2015年，中信银行东莞分行持续加大对实体经济的服务力度，促进地方经济发展和产业转型升级。同时，积极推动消费信贷业务发展，在东莞市内首家推出公积金缴存人网络信用消费贷款业务，提升“互联网+普惠金融”的金融服务能力。（邓嘉渝）

附：2015年中信银行股份有限公司东莞分行主要领导名录

党委书记、行长：张建强

【中国光大银行股份有限公司东莞分行】　中国光大银行股份有限公司东莞分行（简称光大银行东莞分行）成立于2009年12月。截至2015年，设立5家网点，包括分行营业部、虎门支行、厚街支行、长安支行、大朗支行。2015年，光大银行东莞分行实现一般性存款余额65.68亿元，其中对公时点存款56.77亿，较年初新增2.41亿元，在上级分行系统内余额排第五名；储蓄时点存款8.5亿元，较年初增加1.53亿元，在上级分行系统内余额排第七名。一般性贷款余额21.16亿元，其中对公一般性贷款余额为13.18亿元，比年初减少10.61亿元；对私贷款余额8.45亿元，比年初增加1.4亿元。银行资产情况良好，风险可控。

2015年，光大银行东莞分行被总行评选为“中国光大银行先进集体”。光大银行东莞分行营业部被评选为广东银行同业公会评选为“中国银行业文明规范服务星级营业网点（五星）”。

创新金融服务　光大银行东莞分行与政府职能部门共同推出以“纳税信用”换取“银行信用”的创新金融服务。光大银行东莞分行微众税银联名信用卡于2015年4月上线，截至2015年，审批通过1555户，授信总额2.14亿元，户均授信14万元，协助解决小微企业主融资难题。

风险管理　2015年，光大银行东莞分行将控制风险作为的一项主要工作来抓，在全行树立“人人合规”理念，杜绝风险隐患。（佘玉琪）

附：2015年中国光大银行股份有限公司东莞分行主要领导名录

党委书记、行长：罗乐贤

【平安银行东莞分行】　平安银行东莞分行是平安银行下设的二级企业非法人分支机构，属一级分行，于2009年10月开始筹建，2010年1月19日对外营业。截至2015年，平安银行东莞分行拥有1个营业部、6家综合支行、2家社区支行、61个自助服务点、员工364人。2015年，平安银行东莞分行服务区域的全方位拓展，服务能力全面增强。截至2015年，各项存款余额达到105.76亿元，比年初增加20.8亿元，增幅24.61%；各项贷款余额88.81亿元；比上年增加11.77亿元，增幅15.29%。资产规模、盈利能力、客户数、员工数、网点数逐年稳步增长。（伍启华）

附：2015年平安银行东莞分行主要领导名录

党委书记、行长：张金星

【中国工商银行股份有限公司东莞分行】 截至2015年，中国工商银行股份有限公司东莞分行（简称“工行东莞分行”）本外币全部存款余额1014.84亿元；各项贷款余额629.75亿元，比年初增加14.77亿元。其中个人贷款余额突破300亿元，达312.33亿元，较年初净增73.89亿元；中间业务收入比上年增长17.82%。其中个人金融中间业务收入突破7亿元，成为工行系统内首家个人金融中间业务收入突破7亿元的二级分行。实现全年无案件、无重大差错、无重大事故，安全稳定运营，获得工行广东省分行系统内“2015年度综合贡献奖”等6个奖项，连续16年跻身中国工商银行全国经营30强之列。

支持经济发展　2015年，工行东莞分行推动“小微企业小额信用贷”“小企业经营型物业贷”“小企业购建贷款”等创新产品，继续发展契合小微企业“短频急”融资需求的互联网贷款产品“网贷通”，成功办理第一笔股权质押式回购业务和开拓首个票据池客户。

优化服务环境　2015年，工行东莞分行加快网点经营转型，推进智能化网点建设，优化网点柜台和人员设置，为客户提供更贴心的服务，同时创造条件方便客户安装使用手机银行客户端、融e购客户端和融e联客户端，营造良好的客户体验环境。抗战纪念币独家预约兑换发行完成，辖属东城支行营业部获评全国银行业文明服务规范“千佳”示范单位，分行营业部获评全国银行业文明规范服务“五星级”网点。　（潘银瓶）

附：2015年中国工商银行股份有限公司东莞分行主要领导名录

党委书记、行长：许长明

工于至诚　行以致远

① 2015年5月4日，工行东莞分行组织青年员工参加“青春飞扬　苏写精彩”东莞市迎苏迪曼杯万人长跑活动

② 2015年8月27日，工行东莞分行组织员工参加2015年东莞市金融消费者权益保护工作技能竞赛

③ 2015年10月27日，工行东莞分行组织员工参加工行广东省分行员工篮球邀请赛

④ 2015年11月15日，工行东莞分行举办“绚丽青春　星耀工行”员工风采大赛

【中国农业银行股份有限公司东莞分行】 2015年，中国农业银行股份有限公司东莞分行本外币各项存款余额969亿元，比年初增加89亿元；本外币各项贷款余额628亿元，比年初增加74亿元；不良贷款实现“双降”；品牌形象持续提升，获得“最受公务员喜爱品牌奖”“金质金融服务品牌奖”“最佳电子商务平台奖”“珠三角金融行业最具核心竞争力银行”等多项表彰。

支持实体经济 开展各类小微企业服务专项活动，以简式快贷、工商物业贷等拳头产品为抓手，满足小微企业的金融需求，解决小微企业“融资难”问题，小微企业贷款比年初增加10.7亿元。找准服务“三农”的切入点，结合东莞地区实际，重点支持樟木头、麻涌等镇区的粮油批发加工大户，涉农贷款比年初增加10.9亿元。抓住东莞作为新型城镇化建设试点地区的政策优势，加大对交通、电力、能源等基础设施建设项目的支持力度，人民币法人贷款比年初增加24亿元。

优化金融服务 深入推进“网点强行”，调整改造18个网点，建成投产59个离行式自助银行点，新增投放140多台自助设备，新创建2个五星级网点，持续抓好服务礼仪、文明用语的培训，着力把网点打造成优质服务平台。

（高国伦）

附：2015年中国农业银行股份有限公司东莞分行主要领导名录

党委书记、行长：孔潜发

为东莞新型城镇化建设积蓄正能量

① 2015年4月17日，中国农业银行东莞分行参加东莞中电热电联产项目银团贷款合同签约仪式

② 2015年4月23日，中国农业银行东莞分行举办趣味运动会

③ 2015年10月17日，中国农业银行东莞分行在广西壮族自治区柳州市融水县实验中学捐建的“麦苗班”举行开班仪式

④ 2015年11月5日，中国农业银行东莞分行组织中层干部参观东莞市反腐倡廉和预防职务犯罪教育基地

【中国银行股份有限公司东莞分行】
截至2015年，中国银行股份有限公司东莞分行（简称“中国银行东莞分行”）本外币各项存款余额1132.72亿元，本外币各项贷款余额636.59亿元，全年实现营业净收入32.03亿元。实现全年无案件，无重大差错，无重大事故，安全稳定运营。年内，先后获评“2015年度税收突出贡献奖”“全国金融先锋号”“广东银行业文明规范服务示范单位”“东莞跨境人民币工作突出贡献单位”“2015年东莞市金融消费权益保护工作技能竞赛一等奖”“2015年度最优服务银行”“东莞最具社会责任银行”“东莞市民最喜爱金融品牌”等30余项荣誉。

支持东莞经济　中国银行东莞分行全面配合PPP推广，参与筹建市政府投资基金；累计为全市重点项目和民生工程核定授信总量超100亿元；紧跟“一带一路”战略导向，承接广东省重点援疆项目“兵团草湖广东纺织服装产业园30万锭纺织示范项目”一期项目、助力玖龙集团越南扩建项目；大力支持跨境电商企业发展，与地区300多家优质跨境电商企业建立业务合作关系。紧跟市委、市政府经济发展和产业支持导向，重点加大对当地龙头企业、战略性新兴产业、中小企业、科技创新、节能环保、高端制造、新型服务业等实体经济的信贷支持力度，截至2015年，本外币公司贷款余额超过362亿元，人民币一般公司贷款当年投放超过122亿元，为地区经济发展提供有力支撑。其中，累计为东莞市支柱产业、特色产业投放信贷资金逾88亿元。

创新金融服务　针对中小企业普遍缺乏实物抵押的问题，创新推出“中银通宝”系列产品，累计为178家中小企业解决融资难题。将中银科技通宝项目纳入财政专项风险补偿资金池，降低科技企业融资成本。中国银行松山湖科技园支行坚持“科技金融服务当地”主线，累计为园区内580余家企业提供优质金融服务支持。创新推出跨境人民币集中运营业务，满足跨国企业集团资金运作需求；与香港、台北、澳门地区和新加坡、欧美等多地分行建立联动合作机制，提供全球化、一体化和专业化跨境金融服务，降低地区外向型企业的经营成本。　（宋方平）

附：2015年中国银行股份有限公司东莞分行主要领导名录

党委书记、行长：张正强

扎根莞邑大地　服务地方经济

① 2015年12月4日，中国银行广东省分行与东莞市人民政府签订战略合作协议

② 2015年8月21日，中国银行东莞分行连续三年蝉联“东莞市金牌理财师大赛”冠军

【中国建设银行股份有限公司东莞市分行】 2015年，中国建设银行股份有限公司东莞市分行全口径存款日均新增111.5亿元，国有四大行排第一名；个人类贷款余额突破200亿元大关，达到232亿元；中间业务收入达到10.3亿元，实现拨备前利润21.4亿元。

打造科技金融服务品牌，首家与市政府签订科技产业基金战略合作协议，在东莞（中国）国际科技合作周中，服务科技金融做法得到国家科技部部长万钢的肯定；先后与东莞市政府和相关镇街合作设立70亿元水务基金、21亿元虎门基金和200亿元东莞基金项目；重点布局重大基建项目、优质房地产、高新技术企业"三大领域"，成功开立11个市"三重"项目的账户。

加快网点转型，年末分行106个网点均实现公私一体化经营，均具备小企业贷款经营资格，85个网点具备个贷经营权，网点服务更加全面，不断向综合化、多功能、集约化转型。

全年全分行成功堵截各类案件76件，协助公安机关抓获犯罪嫌疑人18人，挽回客户资金损失80.45万元，蝉联东莞市预防职务犯罪工作先进单位等荣誉。

全年获地市级以上荣誉360个，其中全国级荣誉55个。包括全国青年文明号、中央和省驻莞优秀单位；分行行长范题获评总行"思想政治工作先进工作者""职工之友"，分行鲍杰汉获评总行首届十大最美建行人。 （张北全）

附：2015年中国建设银行股份有限公司东莞市分行主要领导名录

党委书记、行长：范　题

中国建设银行股份有限公司东莞市分行

① 2015年8月13日，中国建设银行党委委员、副行长、工会主席黄毅（左）到东莞调研，与市委副书记姚康座谈

② 2015年4月14日，市委副书记、市长袁宝成（右）出席建行广东省分行与东莞市人民政府签署战略合作协议

③ 2015年2月3日，建行东莞市分行常平支行营业部获评全国"青年文明号"挂牌仪式举行。市委副书记姚康（右三）出席挂牌仪式

④ 2015年12月16日，建行东莞市分行举行"菜篮宝"IC卡闪付项目启动仪式

【东莞银行股份有限公司】 截至2015年，东莞银行股份有限公司（简称“东莞银行”）资产总额1920.62亿元，增幅2.71%；存款余额1286.98亿元，增幅13.32%；贷款余额881.06亿元，增幅12.65%。全年实现净利润18.74亿元，纳税总额10.58亿元。

入选全国城商行“领头羊” 据英国《银行家》杂志发布报告显示，东莞银行以千亿资产实力连续4年跻身全球银行500强。2015年，中国银监会启动全国城商行“领头羊”计划，东莞银行成为全国12家“领头羊”城商行之一，是华南地区唯一入选行。

成立东莞分行、中山分行 2015年1月，东莞银行东莞分行、中山分行先后建成开业。截至2015年，东莞银行下辖总行营业部、11家分行、香港代表处、45家一级支行、73家二级支行、8家社区支行、2家小微支行，拥有2家子公司（开县泰业村镇银行股份有限公司、东源泰业村镇银行股份有限公司）。

发展普惠金融 2015年，东莞银行总行成立小企业中心，下设小企业产品中心和小企业综合管理组，专注研究开发小企业专属标准化信贷产品及产品组合，对小企业业务实行市场营销、团队管理、业务统计、战略规划等综合管理，截至2015年，东莞银行小微贷款余额347.42亿元。东莞银行在东莞分行成立小微企业经营中心，搭建“信贷工厂”，从小微企业的调查、审查、审批、放款以及贷后管理等方面对信贷全流程进行创新和优化，通过精简流程、完善授权体系等，精简审批流程和完善授权体系，实行小微企业专业化、标准化、流水线式的金融服务，提高小微企业业务的运作效率，2015年，“信贷工厂”向22家企业授信，敞口金额1.25亿元。

创新试点“风险资金池”合作模式 推行政府牵头主导、行业协会协助、企业积极参与、银行主动改革的四方联动机制，集合财政资金、企业自有资金和银行金融资金设立风险资金池，为池内缴纳保证金的小微企业办理银行贷款提供保证担保、第三方增信，缓解小企业贷款难题，2015年，东莞银行试点推广“模具快贷”产品，支持小微企业发展。 （闵　杰）

附：2015年东莞银行股份有限公司主要领导名录

党委书记、董事长：卢国锋
党委副书记、副董事长、行长：程劲松

稳健创新　为东莞转型升级助力

① 2015年1月9日，东莞银行东莞分行建成开业
② 2015年1月21日，东莞银行中山分行开业
③ 2015年5月6日，东莞银行与中国建设银行广东省分行签署战略合作协议
④ 2015年7月13日，东莞银行第八届篮球夏令营开营，CBA广东东莞银行队知名球员朱芳雨到场授课
⑤ 2015年12月10日，东莞银行援建助学图书室行动走进罗定市加益镇鳌头小学，图为东莞银行志愿者与学校师生一起为助学图书室揭牌

【玉山银行东莞分行】 玉山银行东莞分行作为首家在东莞设立分支机构的台资银行，2012年开业。截至2015年，保持稳健发展，资产总计28.23亿元，吸收存款5.18亿元，营业收入4254.17万元。

2015年，玉山银行东莞长安支行于1月12日获中国银行业监督管理委员会东莞监管分局批准成立，1月27日开业。2月10日经中国人民银行东莞市中心支行核准可经营跨境人民币业务，4月28日中国银监会批准经营对除中国境内公民以外顾客的人民币业务。截至2015年，成功为17户中资企业办理人民币业务，人民币存款余额3.64亿元，贷款余额为3.09亿元。“深耕台湾，布局亚洲”是玉山银行重要的策略之一，其中大陆市场尤其重要。3月17日，银监会批准玉山银行将玉山银行东莞分行改制为法人银行。 （叶韵芯）

附：2015年玉山银行东莞分行主要领导名录

行　长：曾振贤

【彰化商业银行股份有限公司东莞分行】 截至2015年，彰化商业银行股份有限公司东莞分行总资产折合人民币10.75亿元，吸收公众存款余额折合人民币2958.84万元，营业收入折合人民币1568.38万元，净利润折合人民币440.75万元。在经营对各类客户的外汇业务基础上，于2015年9月7日获中国银监会广东银监局批准经营对除中国境内居民以外的人民币业务。 （陈红娣）

附：2015年彰化商业银行股份有限公司东莞分行主要领导名录

行　长：王　宏

【东莞农村商业银行股份有限公司】 截至2015年，东莞农村商业银行股份有限公司资产总额（含理财）2996亿元，比年初增加438亿元，增幅为14.62%；各项存款余额（含理财）1923亿元，比年初增加117亿元，增幅为6.49%；各项贷款余额1197亿元，比年初增加129亿元，增幅为12.09%；存、贷款市场占有率自1996年起连续20年保持位居全市银行业首位。据英国权威杂志《银行家》统计，东莞农村商业银行位居全球银行业第292位、中国银行业41强；连续2次被银监会评为标杆银行；被广东省委、省政府评为广东省先进集体、广东省重点支持大型骨干企业和广东省著名商标企业。

打造“现代支农银行”特色品牌 2015年，东莞农村商业银行涉农贷款余额153亿元，比年初增加17亿元，占各项贷款余额12.78%。

打造“中小微银行”特色品牌 2015年，东莞农村商业银行中小微贷款余额776亿元，其中小微贷款余额478亿元，增幅12.32%，申贷获得率达96.24%，占全市小微贷款市场份额的31.57%，是东莞市支持小微企业力度最大的银行。

打造“产业银行”特色品牌 2015年，东莞农村商业银行成立松山湖科技支行，与松山湖管委会开展解决科技企业融资难的战略合作。开展“科技、金融、产业三融合”合作，支持东莞市新兴产业贷款投放超80亿元，贷款余额逾70亿元，授信支持“三重”建设项目28个，授信金额达48亿元。

打造“社区银行”特色品牌 2015年，东莞农村商业银行围绕社区商圈营销、私人银行建设、中间业务发展致力提升大零售业务。通过投放智能视频银行，搭建“医、食、住、行、财”全方位社区商圈服务体系，加快普惠金融服务进村进社区。

履行社会责任 截至2015年，东莞农村商业银行行社脱钩达20年，累计投放信贷资金超3500亿元，累计实现纳税约85亿元，连续6年居东莞市纳税前列，连续9年跻身广东省纳税百强、东莞市纳税十强企业。 （陈杰成）

附：2015年东莞农村商业银行股份有限公司主要领导名录

董事长：何沛良

行　长：刘晓东

【交通银行股份有限公司东莞分行】 截至2015年，交通银行股份有限公司东莞分行（简称交通银行东莞分行）资产规模127.42亿元，其中，本外币各项存款余额118.26亿元；本外币各项贷款余额87.43亿元；实现中间业务净收入1.3亿元。

提供便捷消费服务 交通银行信用卡为东莞本地生活水准高、愿意尝试新式消费习惯的族群精心打造“最红星期五”“积分享美食”“周周刷”等一系列优惠活动，在东莞地区，消费者每周五可以参加“超市乐享5%刷卡金优惠”和“加油乐享5%刷卡金优惠”。与交行东莞分行合作的超市有40家，例如嘉荣SPAR超市、天河百货、润升百货、黄河百货等，还与东莞本地中国石油和中国石化开展合作，消费者在东莞地区享受到69家加油站的返利优惠。凭借信用卡品牌，交通银行东莞分行获得信息时报社独家重磅推出的“金狮奖—2015第四届珠三角金融行业风云榜”东莞最佳消费信用卡称号。

打造优质服务体验 交通银行东莞分行通过“金融知识进万家”“金融服务月”“走进交行感受温馨”等系列活动，使广大公众对金融知识有深入解和认识。让客户感受到交行优质的服务，打造口碑良好的服务招牌；智能大堂经理机器人“娇娇”前来进行宣传巡展活动，引起社会的广泛关注，吸引大批客户前来一睹“娇娇”的风采，还吸引东莞日报、东莞时报、信息时报、南方日报、南方都市报、广州日报、东莞电视台、东莞大朗电视台8家新闻媒体前来采访报道，社会反响热烈。在总行消保服务专项劳动竞赛中，交通银行东莞分行行大堂经理黄小玲获得“魅力之星”称号。

优质金融服务与便民优惠相结合 交通银行东莞分行打造“金邻节”服务品牌，举行“金邻有爱”社区金邻节活动，通过走进社区，让广大社区居民近距离享受开卡送好礼，存单抽大奖，理财送幸运等金融服务，使更多便捷、优质的金融服务与便民优惠走进广大居民的日常生活。交通银行东莞分行将金融服务与非金融服务结合，创新线上营销模式，通过与合作商户联动，推出粮油特惠购、电器爆款优惠、旅游送大礼等优惠活动，为居民带来优惠，展现交行服务始终以客户为中心的宗旨。

附：2015年交通银行股份有限公司东莞分行主要领导名录

行　长：王　峰

【兴业银行股份有限公司东莞分行】 2015年，兴业银行股份有限公司东莞分行坚持“稳发展、保安全、促转型”工作主线，优化业务结构，加大产品创新。截至2015年，营业网点有25家，覆盖东城、南城、虎门、厚街、常平、大朗、塘厦、长安、石龙、石碣、寮步等镇街；本外币存款236.13亿元，贷款余额143.58亿元。获评“2015年度东莞市民最喜爱品牌”“2015年度东莞市金融消费权益保护工作竞赛三等奖”“广东省分行系统内“2015年度企金平台建设明星团队”等奖项。

2015年，兴业银行股份有限公司东莞分行适应市场变化，布局各业务板块，实现利润逆势增长。其中，跨境人民币业务实现质、量齐升，新开账户数

和业务规模增长均实现突破；资本市场业务板块，尝试新业务品种，包括投资次级债、伞形信托、员工持股配资等；同业投资方面，规模超辖区内兄弟分行。加大对高新科技型企业的支持力度，开发并推广“科技、产业、金融三融合”“三板贷”“创业贷”等产品，满足小微企业的融资需求，支持地方经济发展；利用银行电子结算业务的优势，推出“兴业管家”结算产品，促进企业电子金融发展。秉承“真诚服务，相伴成长”的经营理念，优化金融产品。提升服务，针对中老年居民群体创立“安愉人生”金融品牌，建立“安愉人生”客户俱乐部，为东莞地区中老年人提供高品质、专属化的金融服务；打造便民金融服务，通过“寰宇人生”出国金融业务，一站式办理市民贷款、存款证明、信用卡、个人外汇、签证代传递、海外账户开立见证等业务，为其出境旅游、留学解决后顾之忧。

附：2015年兴业银行股份有限公司东莞分行主要领导名单

负责人：林国华

【上海浦东发展银行股份有限公司东莞分行】 2015年，上海浦东发展银行股份有限公司东莞分行下辖分行营业部、虎门支行、东城支行、厚街支行、松山湖支行、长安支行以及寮步汽车城小微支行、大岭山领居小微支行两家社区网点，有员工143人。截至2015年，一般性存款余额120.73亿元，比上年增长24.81%；其中对公一般性存款余额为106.65亿元，增长28.31%；储蓄存款余额14.27亿元，增加0.63亿元，增长率4.62%。贷款余额为86.62亿元，增加41.43亿元，增长率91.68%，其中对公贷款余额为34.68亿元，增加13.42亿元，增长率63.12%；个人贷款余额为51.94亿元，增加28.01亿元，增长率117.05%。

2015年，年初成立长安支行后，8月成立寮步汽车城小微支行、12月成立大岭山领居小微支行两家社区网点。此外，举办多场活动，5月联合东莞实业投资控股集团、东莞证券股份有限公司，于东莞迎宾馆举办“携手浦发银行 同享资本盛宴”上市公司主题活动，邀请40家东莞本地上市公司和拟上市公司董秘和财务总监参加会议。8月，虎门支行获评“中国银行业文明规范服务五星级网点”；9月，承办总行的“千人千户”创新型企业培育计划全国接力行活动。

（雷特君）

附：2015年上海浦东发展银行股份有限公司东莞分行主要领导名录

行　长：莫沃林

【中国邮政储蓄银行股份有限公司东莞市分行】 截至2015年，中国邮政储蓄银行股份有限公司东莞市分行各项存款余额419亿元，比上年增加12亿元，其中储蓄存款371亿元，单位存款48亿元。各项贷款余额115.6亿元，增加40.8亿元，贷款不良率0.52%；获评“广东省分行2015年度发展优胜奖”“优秀小微企业金融服务奖”“2015年度东莞市民最喜爱金融品牌”。

2015年，融入“东莞制造2025战略”“机器换人”项目，开展银政企平台建设，与东莞市财政局、科技局、国税局、地税局等相关政府单位签订合作协议，推出商铺经营权抵押贷款、小额票据质押贷款、连锁贷、循环贷款、流水贷、小额创业贷款、“税贷通”新产品，满足小微企业“短、小、频、急”的资金需求，其中，累计发放小额创业贷款2.67亿元，帮助超过3000名莞籍创业者解决资金难问题，促进东莞“大众创业、万众创新”战略的实施。*构建服务社会民生平台* 截至2015年，中国邮政储蓄银行东莞市分行拥有网点122个，排名银行同业第二位；离行式自助设备数量1000台，排名银行同业第一位，占全市银行离行式自助设备总量的21%；个人网银和手机银行客户数量超过230万户，平均每个东莞常住人口拥有1.3张邮储绿卡或存折。2015年，通过东莞邮政储蓄银行渠道汇出的各类资金超过1000亿元；依托点多面广的网络优势，为全市财政提供非税代缴服务、国库集中支付代理服务，推出代扣水费、电费等十余项代收付业务；作为全市第二家公积金全功能银行，全年累计为10万名客户办理公积金归集、提取业务。

附：2015年中国邮政储蓄银行股份有限公司东莞市分行主要领导名录

行　长：张胜春

党委书记：王毅燕

【东莞长安村镇银行股份有限公司】 截至2015年，东莞长安村镇银行下辖1个总行营业部、4家支行，资产总额达24.98亿元，各项存款余额为20.41亿元，实现营业收入0.88亿元，税后净利润0.28亿元，全年没有发生不良贷款。

2015年，东莞长安村镇银行强化“追求长远利益，与客户共同成长”的经营理念，围绕客户的利益，优化业务流程，完善金融产品，对《红利贷》《个人轻松贷》《小微企业方便贷》《信用贷》《农民公寓专项授信方案》等信贷产品进行修订完善，并根据长安镇当地特色经济收入来源，推广《物业租赁收入账户质押贷》等产品。为方便广大客户办理银行业务以及购物消费等，实施优惠的政策，2015年推行银行卡手续费全免政策。

（廖玲玲）

附：2015年东莞长安村镇银行股份有限公司主要领导名录

董事长：李志锋

行　长：麦永康

【东莞厚街华业村镇银行股份有限公司】 截至2015年，东莞厚街华业村镇银行股份有限公司下辖2个营业网点，在职员工32人；资产总额3.20亿元，各项存款余额2.31亿元，各项贷款余额2.27亿元，实现营业收入0.24亿元，净利润-0.08亿元。

树立“合规经营、严控风险、精细管理、效益兴行”的经营理念，坚持“服务三农、服务社区客户、服务小微企业，服务实体经济，与客共赢”的服务方向。结合本土金融服务需求，推动本地普惠金融发展。

履行“惠农支小”服务承诺 针对“三农”、小微企业和社区客户的金融需求，在贷款产品设计、风险识别、担保方式等方面，进行创新。在产品创新上，推出具有支农支小特色的信贷产品，如宅基灵活贷、租金质押贷等；强化信贷风险管理，不止局限于财务报表等硬指标，深入掌握客户的软实力，让有潜力的客户得到授信支持；坚持“小额分散”原则，建立快速审批通道，支持信贷需求在50万元以下的个人客户或小微企业。2015年，发放小微企业贷款61笔，发放贷款金额0.95亿元。发放涉农贷款80笔，发放贷款金额0.85亿元。农户贷款余额1.60亿元，小微企业贷款余额1.03亿元，农户和小微企业贷款合计占各项贷款比重96.2%。发放贷款数据显示，信贷投向涉及批发零售业、农林牧渔业、制造业、住宿餐饮业、居民服务和其他服务业。

（陈华茵）

附：2015年东莞厚街华业村镇银行股份有限公司主要领导名录

董事长：陈咸仔

行　长：伍海涛

【华夏银行股份有限公司东莞分行】截至2015年，华夏银行股份有限公司东莞分行一般性存款余额54.93亿元，一般性存款日均67.91亿元，比上年增加10.14亿元，增长17.57%。其中对公存款日均62.65亿元，比上年增加8.68亿，增长16.09%。储蓄存款日均5.26亿元，比上年增加1.47万元，增长38.63%，实现国际结算量14.91亿美元。贷款总额26.39亿元。

2015年，华夏银行股份有限公司东莞分行调整发展模式，推动业务转型，调整经营模式，优化业务结构，拓展高收益产出、低资本消耗的产品和业务。（涂诗韵）

附：2015年华夏银行股份有限公司东莞分行主要领导名录

行　长：霍建强

【华润银行东莞分行】2015年，华润银行东莞分行资产总额52.71亿元，存款余额37.71亿元，比上年增加6.49亿元，增幅20.79%，其中储蓄存款1.22亿元，比上年增加0.75亿元，增幅158%，各类授信余额达72亿元。

2015年，华润银行东莞分行凭借华润集团的产业背景，通过产融结合，打造行业金融解决方案，以创新的模式，服务实体经济发展。

附：2015年华润银行股份有限公司东莞分行主要领导名录

行　长：管礼江

【东莞信托有限公司】截至2015年，东莞信托有限公司总资产39.65亿元；续存信托项目187个，管理信托资产规模481.51亿元。全年为客户实现收益31.37亿元，比上年增长11.64%。公司实现净利润4.91亿元。

2015年，东莞信托有限公司探索创新业务，开展资本市场类融资业务，抓住并购业务中的投融结合业务机会，形成上市公司并购融资等可复制的合作模式，并尝试通过成立“汇信1号”，以投资股权基金的方式参与投资新三板挂牌或拟挂牌企业。加强风险防控能力，建立流动性管理机制，强化资金流动性的统筹管理；严把新项目市场准入关；“汇信”类证券投资业务坚持非结构化产品设置并设定止损线，加强存量项目管理，完善业务的决策流程及操作流程，提高公司抵御风险的能力。强化合规管理，成立法律合规部专职负责归集和管理各项业务的法律政策风险，推动公司合规建设。公司规范销售行为，完善信息披露机制，制定《产品信息披露管理办法》《营销管理办法》《客户投诉管理办法》等制度，规范产品销售及处理客户投诉等行为，定期编写《消费者权益保护工作自评报告》。履行社会责任，支持对口帮扶的望牛墩镇芙蓉沙村发展经济，将输血型扶贫向造血型扶贫转变。组织开展助学公益徒步活动，公司捐赠30万元款项设立“东莞市慈善会东莞信托慈善基金”，对15名贫困儿童和家庭给予资金资助合计14.7万元，帮助解决他们读书和生活的实际困难；组织“金融知识进万家”、村镇理事长理财知识培训等活动，加强对信托产品风险的披露，提升投资者对金融知识的了解程度，完善金融消费者权益保护机制。公司每年编制并向社会公布《社会责任报告》，接受社会监督。（廖　雁）

附：2015年东莞信托有限公司主要领导名录

董事长：廖玉林
总经理：黄晓雯

保险业

【保险业概况】2015年，东莞实现保费收入305.48亿元，比上年增长18.47%。保费规模占全省的14.10%。其中寿险保费收入206.31亿元，比上年增长19.28%，占全省的13.74%；产险保费收入（含短期人身险）99.17亿元，比上年增长16.83%，占全省的14.91%。总保费及寿险保费均连续六年领跑全省地级市，产险保费连续两年领跑广东省地级市。保险深度4.87%，保险密度3680元（人口按831万估算）。截至2015年，东莞市有保险主体54家，其中寿险33家，产险21家；有保险从业人员5.77万人，其中营销员5.04万人，人力规模提前达成“十三五”规划目标。（严传彪）

附：2015年东莞市保险行业协会主要领导名录

会　长：董国华

【中国人民财产保险股份有限公司东莞分公司】截至2015年，中国人民财产保险股份有限公司东莞市分公司实现保费收入28.08亿元，比上年增加4.48亿元，增长19%。

2015年，中国人民财产保险股份有限公司东莞市分公司改革创新。建立统一续保中心，提高续保率，梳理经纪、代理渠道差异化管理方案，开拓汽车大卖场渠道业务和互联网金融业务，推动非车险产品网上销售，促进业务增长，业务增速超预期目标；进行商业车险费率改革，对财务、承保管理、应急管理、代位求偿、统计等制度等进行修订，改造业务、单证、收付系统，2015年12月通过广东省保监局验收，商业车险费率改革无缝切换；理赔环节衔接加强，优化理赔流程，理顺各环节衔接，简化理赔手续，推出“手机定损功能”“远程预约系统”“单证交接管理系统”等创新服务手段，完善理赔中心内部考核机制。流程强化事故真实性，加大保险诈骗反欺诈力度，降低赔付率。（何惠知）

附：2015年中国人民财产保险股份有限公司东莞市分公司主要领导名录

总经理：王焱辉

【中国人寿保险股份有限公司东莞分公司】截至2015年，中国人寿保险股份有限公司东莞分公司实现保费收入23.06亿元，比上年增长2.94亿元，增长14.61%。被《东莞日报》评为“东莞市诚信服务企业”“东莞市卓越品牌”；被《东莞时报》评为“金口碑”企业、“东莞市民最喜爱品牌”。

2015年，创新推出“鑫福年年”保险组合计划，可与“鑫账户（钻石版）”组合投保，实现财富的优质管理，该险种2015年被《南方都市报》评为“最佳产品营销奖”“最佳产品创新奖”产品。优化理赔服务，实现VIP客户安排专人跟进，一对一服务；针对老人险业务，开通微信、邮件、快递等理赔服务，保证受理的案件当天结案；推出“医保通”项目，现场受理，凡是在东华医院住院的客户，驻院代表均会到病房探访，出院后可在驻院代表处现场受理赔案，免去客户到柜面或找业务员办理的手续，为客户提供快速便捷的理赔服务。通过与东莞市民政局、老龄办合作，举办以敬老、爱老、助老为主题教育活动的“中国人寿杯”美术作品大赛以及中国人寿“双成杯”作文比赛。（江柔伽）

附：2015年中国人寿保险股份有限公司东莞分公司主要领导名录

党委书记、总经理：吴赛佩

证券业

【证券经营概况】 2015年，东莞市有证券营业部83家，股票账户数320.45万户，比上年增加48.47%。全年证券交易额51059.09亿元，比上年增加1.85倍；股票市值1868.10亿元，比年初增长98.14%。

【上市公司概况】 2015年，东莞市继续落实各项帮扶措施，协调解决企业上市遇到的困难。东莞上市公司共有32家，其中境外上市公司15家，境内上市公司17家。截至2015年，A股上市公司总市值1868.10亿元，约占东莞2015年GDP的30%。

【高伟光学电子、惠伦晶体科技、南兴家具装备制造公司上市】 2015年，东莞市新增3家上市公司。分别是：3月31日，东莞高伟光学电子有限公司香港交易所上市，成为东莞制造“2025战略”发布后东莞首家上市的制造业企业。5月15日，广东惠伦晶体科技股份有限公司在创业板上市。5月27日，东莞市南兴家具装备制造股份有限公司在深交所上市，成为国内第一家登陆A股市场的家具装备制造企业。（金融局）

【东莞发展控股股份有限公司】 东莞发展控股股份有限公司是东莞市属唯一一家国有控股的上市公司（证券代码000828），主营业务为高速公路投资运营及融资租赁业务，注册资本10.39亿元。截至2015年，总资产83.22亿元，净资产45.83亿元，比上年增长41.31%、10.73%；全年实现营业收入10.97亿元、营业利润9.69亿元，比上年增长17.21%、32.98%，实现国有资产的保值增值，并获东莞市2015年度税收突出贡献奖。

2015年，公司深化“产融双驱”的发展战略，形成高速路运营、股权投资和融资租赁业务经营并驾齐驱的局面。

在高速路经营方面，随着全国联网收费、计重收费项目的实施及车型分类标准的调整，调整运营策略，加大主动营销力度，创新工作模式，打造畅通莞深、平安莞深、文明莞深。2015年，高速路经营业绩再创新高，实现营运收入9.62亿元，比上年增长9.49%。

在资本运营方面，探索投资新方向，推进股权投资模式的多元化，同时实施多渠道资金管理，以进一步优化资产配置，提升收益水平。2015年实现投资收益4.25亿元，比上年增幅达73.13%。全资子公司广东融通融资租赁有限公司的资金实力增强，业务规模实现跨越式发展，经营业绩大幅提升，2015年实现营业收入1.38亿元、净利润4577万元，分别比上年增长137.88%、33.14%。在融资租赁领域的突破，实现从金融参股到全面控股运营的重大转变。（陈迪莎）

附：2015年东莞发展控股股份有限公司主要领导名录

董事长：尹锦容
总经理：张庆文

【东莞证券股份有限公司】 东莞证券股份有限公司成立于1988年6月，注册资本15亿元，是国有控股的全国性综合类证券公司，也是全国首批承销保荐机构之一，2015年度分类评价结果为A类AA级。公司全资拥有东证锦信投资管理有限公司，并参股华联期货有限公司，

2015年，获得互联网证券业务资格、开展上市公司股权激励行权融资业务试点资格；推荐61家企业在全国股转系统挂牌；成为单向视频开户的券商之一，通过手机及网上开户，全年实现非现场开户62.67万户；发行“东莞证券股份有限公司非公开发行2015年次级债券（第一期）”，募集资金20亿元。

2015年，为社会提供大量就业岗位，截至2015年，有员工4047人，本科及以上学历人员占比为56.62%；社会贡献逐年增长，获东莞市政府颁发的“税收突出贡献奖”；结合专业优势，参与2015中国（东莞）国际科技合作周活动，举办“共话资本市场支持科技金融发展专题论坛”，为科技创新和金融行业搭建桥梁；配合市企业工委党建工作，协助举办“送学到企业”活动26场次、自主举办资本市场业务推广与知识培训近30场次。获评2014年度“东莞市诚信企业”。

截至2015年，有分支机构61家，其中营业网点58家，上海分公司1家，深圳分公司1家，北京办事处1家；筹备建立广州、肇庆、龙川、陈村4家营业网点。营业网点遍布珠三角、长三角及环渤海经济圈，“立足东莞、面向华南、走向全国”的格局基本形成。以经纪、资管、投行三大业务为核心，发展两融、直投、债融、新三板、基金代销、证券自营、财务顾问、投资咨询、期货IB和股票期权等业务，实现从收入来源单一型券商向收入来源多元化型券商的转型。（潘　娇）

附：2015年东莞证券股份有限公司主要领导名录

党委书记、董事长：张运勇
监事会主席：陈就明
总　裁：陈照星

期货业

【期货业概况】 2015年，东莞市有独立法人资格期货公司1家，期货营业部8家，全年累计代理交易额11785.59亿元，比上年增长70.14%。

【华联期货有限公司】 2015年，华联期货有限公司在广州、佛山、揭阳等市和东莞市东城、樟木头等镇街设有5家营业部。该公司成立于1993年4月，是国内首批取得期货业务经营许可权的期货公司之一。2007年10月，华联期货有限公司完成股权变更和增资扩股，注册资本增加至1亿元，并由东莞证券有限责任公司、东莞信托有限公司控股。2015年4月10日，经中国期货业协会备案通过，华联期货有限公司获批取得资产管理业务资格。（金融局）

财政·税务

FINANCE · TAXATION

- 财政助力发展文体事业
- 首创“国地通”平台
- 地税依法治税

高埗镇 （何煜球 摄）

编辑：陈国雄

财 政

【财政收支概况】 2015年，东莞市财政局一般公共预算收入518亿元，比上年增长10.2%。一般公共预算收入中税收收入399.5亿元，增长9.4%，占77.1%。以上收入加上上级补助收入76.5亿元，地方政府债券上级转贷收入（一般债券）73.5亿元，从政府性基金和国资预算调入资金8.7亿元，上年结转结余23.9亿元，调入预算稳定调节基金22.8亿元，一般公共预算可支配财力723.4亿元。2015年，全市一般公共预算支出710.5亿元。具体包括：拨镇街及园区分成支出199.7亿元；市本级安排支出324.4亿元；上级转移支付支出52亿元；上解上级支出35.4亿元；地方政府债券转贷资金支出（一般债券）74.4亿元；安排预算稳定调节基金24.6亿元。以上收支相抵，2015年结转下年支出12.9亿元，全部为两年内未使用的上级转移支付资金。另外，2015年底预算稳定调节基金滚存余额20.8亿元，按上级规定口径占一般公共预算考核支出的3.6%。

【财政收入】 2015年，东莞市财政局克服经济增速放缓和结构性减税增多的双重压力，完成市委、市政府下达的收入目标任务。2015年东莞市一般公共预算收入518亿元，比上年增长10.2%，完成年初确定的增长10%的任务，并首次突破500亿元大关，收入总量稳居全省第四，收入增速在珠三角七市中排名第四。2015年公共财政预算收入中，税收收入占比达77.1%，税收占比全省排名第四，财政收入质量保持较高水平。非税收入方面，尽管受落实小微企业税收优惠政策，取消和暂停征收涉企行政事业性收费等政策因素影响，通过依法加强征收管理，挖掘收入潜力，全年非税收入完成118.5亿元，比上年增长13%，完成全市公共财政预算收入目标。

【财政支持创新驱动发展】 2015年，东莞市投入5.3亿元，重点支持中科院云计算产业技术创新和育成中心、北京航空航天大学东莞研究院、广东省智能机器人研究院、东莞深圳清华大学研究院、北京大学东莞光电研究院等重大科研平台和重大产业园区建设。投入3.8亿元，推动加工贸易转型升级，促进内外贸易、商贸服务及现代物流发展。投入3.6亿元，资助东莞市战略性新兴产业特别是新能源汽车行业发展。投入1.7亿元，支持企业“机器换人”，利用先进自动化生产设备实施技术改造。投入1.4亿元，资助创新科研团队引进，支持科技创新成果转化。投入1.3亿元，资助专业镇创新平台、企业研究开发中心、重点对实验室及创新型企业等创新创业载体建设。投入9966万元，资助知识产权保护、名牌名标创建、质量发展等创新环境建设。投入3084万元，举办高层次人才交流大会，配套资助入选“千人计划”的国家级人才，支持东莞人才发展研究院和工信部人才交流中心华南分中心运营，加快引进创新创业领军人才。投入1900万元，引导企业应用电子商务，扶持电商平台做大做强。

【财政促进教育事业均衡发展】 2015年，东莞市投入18.3亿元，加大市属学校教育经费保障力度，将小学、初中、高中生均公用经费标准统一提高200元。投入11.6亿元，补助镇街教育经费，为新莞人子女提供积分入学公办学位2.8万个。投入9.8亿元，用于松山湖大学创新城建设。投入2.8亿元，用于民办学校免费义务教育及民办中职学校减免学费补助，将中职学生免学费和国家助学金补助标准提高至3000元和2000元。投入2.1亿元，重点支持民办教育和学前教育发展，向全市1.6万名民办学校教师发放从教津贴。投入2000万元，加大高中教育

教学奖励力度。投入1824万元，用于市属学校校舍维护。投入860万元，支持东莞职业技术学院创建省示范性高等职业院校。

【财政助力发展文化体育事业】 2015年，东莞市投入1.8亿元，用于迪士尼暨创意服务中心项目建设。投入4626万元，举办公益展览及文艺培训，推动千场文艺演出下基层等活动。投入3524万元，扶持文化产业发展及文化精品创作。投入1776万元，支持举办苏迪曼杯羽毛球团体锦标赛，保障市承办首个世界级赛事顺利举行。投入1291万元，用于海战博物馆改造。投入817万元，为208个社区更换老旧健身路径。投入712万元，支持市民艺术中心开办。

【财政助力完善社会保障和就业体系】 2015年，东莞市投入14.2亿元，加大城乡一体社会养老保险及医疗保险缴费补助力度。投入1.2亿元，对低保对象等困难群体实施生活、医疗、教育及临时救助，将低保标准由510元/月提高至610元/月。投入1.1亿元，发放应届大中专毕业生企业就业补贴，引导大中专毕业生到一线企业就业。投入9461万元，用于发放12.7万名高龄老人生活津贴及实施1.6万名老年人居家养老服务，新增为75周岁以上老人购买意外伤害保险。投入9339万元，用于保障残疾人生活、就业、康复等，新增残疾人免费体检项目。投入8784万元，对大龄失业人员、享受低保城乡失业人员、“零就业家庭”成员等就业困难群体发放就业补贴。投入6457万元，加大小额创业贷款贴息力度，降低门槛，简化手续，推进以创业带动就业。投入5464万元，为劳动者免费提供职业技能培训。

【财政支持医疗卫生事业发展】 2015年，东莞市投入1.4亿元，为市民免费提供11项基本公共卫生服务以及“两癌”（宫颈癌、乳腺癌）筛查、乙肝母婴阻断治疗等重大公共卫生服务。投入1.1亿元，支持市属公立医院建设。投入2840万元，将医药分开取消药品加成政策改革范围扩大至所有市属公立医院。投入641万元，用于卫生计生人才培训。

【财政助推市内扶贫、对口帮扶】 2015年，东莞市投入1.8亿元，用于欠发达村（社区）基础设施和优质项目补助。投入1.7亿元，用于援疆、援藏支出。投入7236万元，用于承担对口帮扶韶关市和揭阳市的新一轮扶贫开发“规划到户责任到人”工作任务。投入2400万元，完成全市80个欠发达村的定点帮扶任务。投入1200万元，援助河池市和巫山县。

【财政推进城市基础设施建设】 2015年，东莞市投入18.1亿元，用于轨道交通专项支出，撬动金融资本投入轨道交通建设，加快地铁2号线开通运营。投入5.8亿元，用于环莞快速路二期、省道S256篁村至虎门段、省道S358虎门至长安段大修等重点工程建设。投入3.1亿元，用于水乡特色发展经济区建设，重点保障水乡大道改造提升，龙湾湿地公园和市儿童医院等项目建设。投入1.8亿元，用于运河综合整治工程。投入8929万元，用于东江与水库联网供水水源工程。

【财政推进节能减排】 2015年，东莞市投入17.1亿元，引导53家“两高一低”造纸企业退出水乡地区。投入6亿元，统筹用于全市污水处理及截污主干管网养护。投入1.6亿元，加快淘汰5.7万辆黄标车。投入3521万元，支持电机能效提升及注塑机伺服节能改造，鼓励企业清洁生产。投入1721万元，全力推动石马河、茅洲河流域污染整治，加强石马河水质在线监测。投入530万元，用于全市高污染禁燃区内锅炉淘汰改造。投入351万元，支持推广绿色节能建筑。

【财政改革】 完善全口径预算体系 2015年，东莞市财政局建立一般公共预算、政府性基金预算、国有资本经营预算和社会保险预算四本预算编报管理机制，着手试编权责发生制政府综合财务报告，推动镇街预算管理制度和国库集中支付制度改革。

加快财政支出进度 建立财政支出进度与预算资金安排挂钩机制，对支出进度不理想的预算单位，按月通报并由市政府约谈，督促各单位加快支出进度，统筹资金安排使用，提高财政资金使用效益。

盘活财政存量资金 清理一般公共预算专项结转资金、部门实有资金账户结转结余资金和已下达到部门超过两年未使用的省转移支付资金。对盘活的财政存量资金除按原用途加快支出运用外，统筹用于设立政府投资基金、偿还政府债务以及水生态文明建设等重点工程投入。

创新投融资机制 制订出台在公共服务领域推广运用政府和社会资本合作模式的实施意见，搭建PPP（公私合作）工作的制度框架。推动轨道交通1号线、长安新河项目等工程项目入选省PPP项目库。组织镇街（园区）申报PPP项目库，面向全国范围征集组建市PPP专业咨询机构库，加强与国开行等金融机构合作，采用政府购买服务方式实施水生态建设项目一期工程，解决截污次支管网资金筹措问题。

执行政府债务管理新政 将70.8亿元的置换债券额度全部转贷至镇街用于置换存量债务，并将期限较长的债券优先分配给欠发达镇街。将4.5亿元新增政府债券用于普通公路和保障性住房等民生重点支出。将地方政府债务分类纳入预算管理，债务限额经市人大常委会批准后向社会公开，接受人大和社会监督。

预决算信息公开 将部门决算信息公开范围扩大至市本级所有预算单位，实现市本级财政预决算、“三公”预决算，部门预决算以及“三公”预决算信息的全面公开，并公开包括因公出国（境）人次和组团数、公车购置数、公车保有数和公务接待批次、人次在内的“三公”支出明细数据。推动镇街首次公开“三公”信息。

预算绩效管理 构建“预算编制有目标，预算执行有监控、预算完成有评价，评价结果有反馈，反馈结果有应用”的全过程预算绩效管理机制，开展财政支出项目绩效目标管理和绩效评价工作。选取20个项目开展重点项目绩效评价，评价报告全面公开。选取59个项目开展预算编制绩效评价，核减金额2.9亿元，提高财政资金使用效益。

（陈俊辉）

附：2015年东莞市财政局主要领导名录

党组书记、局长：罗军文

国家税务

【国税概况】 截至2015年，东莞市国家税务局全系统在职在编干部职工有786人，管辖全市纳税户43.7万户。负责征收管理的税种有增值税、消费税、企业所得税、储蓄存款利息所得个人所得税、车辆购置税。东莞市国家税务局获评东莞市“全民阅读先进单位”“先进职工之家”“妇女工作先进单位”，并成功创建“广东省文明单位”，长安分局获评“广东省先进集体”，东城分局获评“全国巾帼文明岗”。

【国税收入上新台阶】 2015年，东莞市国家税务局面对经济下行和结构性减税的双重压力，税收收入跨越式突破，跃上950亿元新台阶，达到955.24亿元，比上年增长17.8%，增幅比全省平均水平高出13.8个百分点，连续两年居全省首位（不含深圳，下同）；形成市财政一般预算收入166.69亿元，比上年增长14.45%。各主体税种税收全面增收，均保持两位数增长，增值税、企业所得税、车辆购置税、消费税分别增长14.03%、16.4%、38.4%和81.11%。

【国税服务】 税收优惠应享尽享 2015年，东莞市国家税务局加强“营改增”试点行业管理，联系东莞市地方税务局做好“营改增”扩围的前期准备。落实小型微利企业税收优惠助力创业就业，为34.55万户次小型微利企业减免税款10.12亿元，应享受优惠企业受惠面达100%。落实固定资产加速折旧优惠助力“机器换人”，为1114户次纳税人办理加速折旧总额3.69亿元，金额位居全省第二。落实科技创新税收优惠助力“创新驱动发展”战略，为441户次企业办理高新技术企业和研发费加计扣除减免企业所得税15.74亿元，同比增长81.55%；其中高新技术企业优惠减免9.10亿元，研发费加计扣除金额26.57亿元，减免税额和扣除金额分别位居全省第三和第二。

出口退税规范提速 对13101户出口企业和6100户外贸供货企业实行分类管理，为11户一类企业“两日办退”税款合计8.49亿元。推行出口退（免）税网上预申报，开发出口退税辅助管理系统，实行月内多次滚动办退等措施，确保合规企业在20个工作日内办退。2015年，全市累计办理出口退税345.88亿元，比上年增长13.38%，退税总量连续三年位居全省第一。据第三方调查显示，九成以上受访企业对出口退税服务表示满意。

税收秩序有效维护 加强涉税违法行为查处曝光，以打击出口骗税、发票违法等为重点，全年立案检查369宗，查补收入1.48亿元，其中2宗案件查补税款过千万元。同时，落实黑名单和联合惩戒制度，发布2宗“黑名单”企业案例，将5户新增“黑名单”企业纳税信用等级降为D级，在《中国税务报》等开展4期专题报道，增强对涉税违法行为的震慑力。

【国税征管改革】 国地税合作初见成效 2015年，东莞市国家税务局联合市地税局落实国地税合作规范工作方案，围绕实现纳税服务、税收征管、规范执

聚财为国　执法为民

2015年4月9日，东莞社会主义核心价值观示范点工作现场会在市国税局举行

法、信息共享、大企业和“走出去”企业服务管理“五个升级”的目标，推动32个规定合作事项和12个特色合作项目落实。除1项需根据上级部署开展外，年内实现全部合作事项和鼓励创新目标。

大企业管理集中发力 东莞市国家税务局领导联系列名大企业工作制度，成立企业涉税诉求响应中心，全年走访市级列名大企业10户，举办税企高层对话11场，为企业解决涉税诉求2件。实行市级列名大企业风险管理档案“一户一档”，建立服装行业税收风险信息指南，推行行业税源信息分析应用。健全大企业管理各层级联动协作机制，增强管理合力。全年开展6户市级列名大企业风险管理，补缴税款及滞纳金3904.99万元，并向企业提出28条涉税风险防控建议。

信息化建设深化应用 完善风险预警指标体系和监控分析系统，修订88项预警指标和59项分析指标，建立国地税涉税信息交换与共享机制，依托市政府平台定期获取供电等第三方信息，拓展数据利用广度和深度。推广增值税发票系统升级版，完成14.72万户纳税人“升级工作”，约占全省升级总户数的22%，进一步强化增值税管理链条。不断优化金税三期系统功能，为税收征管提供可靠信息支撑。

【国税管理服务创新】 **以创新促工作氛围** 2015年，东莞市国家税务局制定全系统创新项目管理办法，结合工作实际，发动各单位全员申报，统筹形成30个创新项目，年中专门召开全系统创新项目工作推进会，并对实现的项目加大宣传推广力度。经过年底集中评比，产生O2O办税模式等10个获奖项目，激发各单位的创新热情。

以创新促纳税服务优化 全省首创“国地通”平台，实现国地税登记共办、网厅共建、风险共控和税银共创，助力“一照一码”改革顺利实施，东莞市国家税务局税务登记网上办理量居全省第一；有效整合国地税网上办税功能，增强风险监控合力；进一步拓展税银服务缓解企业融资难，为近6000户企业发放和审批贷款近7亿元，户数和金额均居全省前列。由于成效显著，“国地通”平台受到上级高度肯定，从85个参评项目中脱颖而出，获全省国税系统创新项目评比三等奖。全省首创市级O2O办税，并从11月升级打造全国首个国地税O2O办税中心，实现10项国税业务和3项地税业务的“线上申请，线下递送”服务，网上办税使用量居全省第一。全省首创纳税人满意度信息管理平台，自动向纳税人推送调查问卷，采集办税服务需求和纳税人满意度评价。创新推出掌上办税手机APP和微信预约服务，便利纳税人办税。

以创新促内部管理规范 利用信息化手段创新内部管理方式，提高行政效率。如适应移动办公的需要，开发“莞税e家”手机APP税讯推送平台，实现通知、动态随时随地查询学习，提高行政办公效能；如针对亲属经商等监管盲点，自主开发回避预警和行政风险管理系统，对工作回避和行政管理风险预警防范。 （余昆鹏）

附：2015年东莞市国家税务局主要领导名录

党组书记、局长：曹益镇

① 2015年10月29日，东莞市国税局纳税人满意度信息管理平台上线运行

② 2015年4月23日，东莞市国税局举办学生代表“办税体验周”活动

③ 2015年5月12日，东莞市国税局学雷锋志愿服务总队参加“苏迪曼”杯志愿活动

④ 税务工作人员在东莞市国税局O2O涉税事项集中处理中心派发纳税人快递单件

⑤ 2015年5月30日，东莞市国税局参加东莞广播电视台“阳光热线”节目

地方税务

【地税概况】 截至2015年，东莞市地方税务局全系统有在编干部职工911人。主要负责营业税、企业所得税、个人所得税、房产税、资源税、车船税、城市维护建设税、城镇土地使用税、土地增值税、印花税、契税、耕地占用税等12个税种的征管和社会保险费、教育费附加、文化事业建设费、堤围防护费、残疾人就业保障金、地方教育附加、价格调节基金、工会经费等8项资金的征收工作。截至2015年，东莞市有地方税务登记户49.33万户，其中内资企业22.46万户，外资企业1.45万户，个体经营24.83万户，其他0.59万户。

2015年，东莞市地方税务局抓好组织收入、税收征管、依法治税、纳税服务、队伍管理和党风廉政建设等工作，连续14年被评为“中央和省驻莞单位年度工作优秀单位”。

【地税组织收入】 2015年，东莞市地方税务局深入开展税源调查，加强税收预测分析，注重收入规划统筹，合理分解并适时调整收入预期目标，加强收入进度监控，严格落实组织收入原则。加强重点税源管理，挖掘税收增长潜力，及时研究部署组织收入措施。加强税种管理，抓好企业所得税后续核查，加强股权转让和高收入行业个人所得税管理，实行项目数据分析及引入专业中介提升土地增值税清算质效，实施和完善车船税保险机构代征，调整房产税、土地使用税、契税的申报缴纳期限，推进财产行为税精细化管理。加强部门沟通联动清理社保费欠费，规范做好价格调节基金、工会经费、残保金等规费征收工作。2015年组织税费收入855.60亿元，比上年增长13.5%。税收收入457.85亿元，增长7.4%，可比增长（剔除营改增影响，下同）8.3%。社会保险费收入338.95亿元，增长24.2%。其他费金等收入58.81亿元，增长8.1%；其中，文化事业建设费收入2824万元，下降18.0%；教育费附加收入21.49亿元，增长10.7%；地方教育附加收入14.34亿元，增长10.6%；堤围防护费收入10.69亿元，增长1.8%；残疾人就业保障金收入6.37亿元，增长12.6%；价格调节基金收入2.93亿元；工会经费收入2.65亿元。

【地税税收征管】 2015年，东莞市地方税务局优化“金三”系统上线应用，保障系统平稳运行，开发“金三易”系统，实现税务登记办理一键化和门前代开发票智能化。拓展国地税征管合作，全国首创O2O联合办税，实现税务登记证、纳税证明、发票线上申请线下快递；配套“一照一码”，搭建“国地通”平台，实现登记信息及档案资料共享、个体户两证合一；推进网厅共建，在全省率先实现联合网报。提升数据管税水平，建设征管数据综合应用平台，整合梳理海量数据，加强税源结构及征管质量动态监控；深化涉税信息共享，全年获取涉税信息581.81万条，核查补缴税费5.04亿元；开发纳税评估风险管理系统，对6465户纳税人实施评估，实现评估收入17.25亿元。应用征管档案数

发挥地方税收职能作用　促进经济发展方式转变

2015年3月23日，市委书记、市人大常委会主任徐建华（右三），市委副书记、市长袁宝成（右二），市委常委、常务副市长张科（右四）到东莞市地方税务局调研　（邓敏　摄）

据化管理系统，对接6大信息系统实现数据还原、自动建档。加强存量房税收管理，上线非住宅存量房计税评估系统。搭建"三旧"改造税收征管架构，解决27个项目涉税问题。推进电子稽查建设，开展稽查电子取证工具应用推广和本地化改造。

【地税依法治税】 规范执法 2015年，东莞市地方税务局公开税务行政处罚权力清单目录和权力运行流程图，修订规范性文件制定管理办法。编制行政审批事项通用目录，地方税务局、地方税务分局审批事项分别减少至9项和24项。对8个地方税务分局开展重点执法督察，股权转让税收管理等征管不规范问题得到整改。增强执法刚性，制定落实税务行政强制工作指引，自行实施强制扣缴9宗，向法院申请非诉强制执行19宗。

整顿秩序 加强行业税收及重点税源企业检查、涉税案件查处、发票专项整治，破获假发票犯罪案件35宗。倡导纳税守信，做好纳税人信用等级评定，及时公告A级纳税人名单，参加"红黑榜"新闻发布会；联合国税、金融管理部门及银行实施"税银通"服务，为1546户企业申请获贷2.06亿元。加强国际税收管理，办理全省地税最大宗转让定价调整案件，入库全省地税单笔最大金额转让定价跟踪管理案件税款。

税费优惠政策落实 2015年，东莞市地方税务局制定税收优惠工作规范，强化主体责任，做好政策梳理和宣传辅导，落实各项优惠政策，全年减免各项税收60.16亿元，减征免征各项规费4.07亿元。

【地税纳税服务】 服务平台建设 2015年，东莞市地方税务局贯彻落实纳税服务规范和征管规范，完善办税服务厅规范管理制度，优化窗口功能设置，在统一办税流程、简化办税程序、简并表证单书等方面不断改进。推广应用电子办税服务厅，累计开通28.52万用户。增设21个24小时自助办税服务厅，在国地税互设窗口和自助办税终端方面进行探索。加强12366热线建设，在全省地税服务质量抽测中综合排名第二。完善落实纳税诉求办理规程、纳税服务联席会议制度，全年受理并及时办结各类咨询诉求11.71万宗。

税收宣传 加强宣传辅导，通过实体纳税人学校开展宣传培训528场次，培训4万人次，网校共发布各类视频课程27个，累计播放近万次；更新和发布门户网站信息8989条，通过主流媒体发布税收专题70期，举办上市后备企业税收政策宣讲沙龙，组织高校税收主题辩论赛，制作税宣"微电影"，发挥税宣辐射效应；开通微信公众号，推广预约办税，拓宽信息发布渠道。 （林立煌）

附：2015年东莞市地方税务局主要领导名录

党组书记、局长：钟毅民

① 2015年2月6日，东莞市地方税务局召开全市地方税务工作会议 （邓敏 摄）
② 2015年10月20日，东莞市地方税务局举行"三严三实"专题学习辅导会 （胡兵 摄）
③ 2015年11月19日，东莞市国家税务局、东莞市地方税务局O2O涉税事项集中处理中心成立
④ 2015年2月14日，东莞市地方税务局参加2015年"阳光热线"直播 （邓敏 摄）

经济管理

ECONOMIC MANAGEMENT

- 产业结构转型升级
- 国有企业改革
- 商事制度改革
- 质量强市建设

万江区 （姚泽林 摄）

编辑：李缙文

发展规划管理

【宏观经济管理】 2015年，东莞市发改局贯彻执行《东莞市2015年国民经济和社会发展计划》，跟踪落实经济社会发展主要预期目标。全市经济和社会发展主要指标完成情况较好。截至2015年，24项主要经济社会指标的预期目标19项指标完成计划目标，其中10项指标超额完成计划目标。全年完成生产总值6275.0亿元，总量迈上新台阶，比上年增长8.0%，完成全年经济增长目标。起草《东莞市2015年国民经济和社会发展计划执行情况与2016年计划草案的报告》，研究提出2016年经济社会发展主要指标预期目标。切实发挥全市经济形势分析联席会议办公室和经济运行督导小组的作用，加强宏观经济分析监测，分析总结经济运行特点，研究查找经济运行中存在的矛盾和问题，提出有针对性和可行性的措施对策供领导决策参考。全年组织召开月度经济点评会8次、季度经济形势分析会2次、半年经济形势分析会1次。

【规划编制实施】 2015年，东莞市发改局按照省市规划编制时间节点要求，做好"十三五"规划纲要编制工作，形成《"十三五"规划纲要》。抓好由市发改局负责的现代服务业、战略性新兴产业、能源发展、新能源汽车、低碳发展等5项"十三五"重点专项规划编制工作，协助编制和印发实施《东莞粤海银瓶合作创新区发展总体规划》；印发实施《水乡产业指引》，牵头编制水乡经济区"十三五"规划；协助做好台湾高新科技园区发展总体规划报批工作；开展东部一体化研究；开展东莞科学城基本思路研究。印发执行《莞香文化产业发展实施方案》，完成全市人口发展规划初稿，完成《东莞市服务业发展"十三五"规划》《东莞推进珠三角物流一体化发展战略研究》《东莞市汽车产业链规划》《新能源汽车产业发展规划（2016—2020年）》《珠江口东岸现代产业集聚区产业发展规划》《东莞市电动汽车充电基础设施专项规划》《东莞市生物产业发展规划》《东莞市散裂中子源关联产业布局及发展战略研究》《东莞市"十三五"产业结构优化调整和转型升级研究》《战略性新兴产业发展"十三五"规划》《东莞市军民融合深度发展研究》《东莞市国民经济动员十三五规划》等编制研究工作。

【重大建设项目】 2015年，东莞市发改局落实重大项目动态管理，组织月度重大项目督导通报会，修订《东莞市重大项目管理办法》和《东莞市重大项目建设工作考核办法》，进一步规范和完善市重大项目管理和考评工作。加强重大项目巡查督查，全面推进重大项目建设步伐。全年完成重大项目投资397.5亿元，占年度计划（321.6亿元）的123.6%，比上年增长15.7%，超额完成年度投资计划。年初计划新开工45个项目，全年有57个项目开工；年初计划24个项目完工投产，全年有29个项目基本完工投产，超额完成年初计划任务。30个市属省重点项目，完成投资159.1亿元，占年度投资计划146.4%，提前两个月实现100%完成年度投资计划，创历史最好成绩。

【创新驱动发展规划】 2015年，东莞市发改局把创新驱动纳入"十三五"规划。同时，加强协调，履行市全面深化改革加快实施创新驱动发展战略领导小组办公室职责，协助做好相关工作，拟印发实施《东莞市加快推进创新驱动发展重点工作方案》。协助谋划国家自主创新示范区，着手开展实施创新驱动发

展战略的指标体系研究工作。重点推进新能源汽车产业发展。先后出台《关于加快推进东莞市新能源汽车推广应用的实施意见》《东莞市新能源汽车推广应用资金管理办法》，开展新能源汽车推广应用补贴工作，全年推广新能源汽车2324辆，拨付补贴2.2亿元。2013—2015年，累计推广2727辆，按时完成3年推广任务。研究编制《新能源汽车产业发展规划（2016—2020年）》《东莞市电动汽车充电基础设施专项规划》，形成较为完善的新能源汽车产业发展和推广应用政策体系，实施新能源汽车推广应用工程，突出龙头企业引领和重大项目带动作用，支持宏远汽车参与新能源汽车推广应用，协助整车生产资质通过国家部委专家评审，推动项目加快建设并形成产能。组织中能加速器医用电子直线加速器研发及产业化项目等9个项目申报列入国家、省产业发展项目计划内容，争取上级财政资金支持，有效拉动社会投资，促进具有自主知识产权的创新成果实现产业化。

【经济体制改革】 2015年，东莞市发改局协助制定《东莞市2015年改革行动计划》，及时跟进全市经济体制改革进展情况。起草上报《东莞市2014年经济体制改革进展情况和2015年工作计划》《关于我市经济体制改革和生态文明体制改革进展情况汇报》。成立工作领导小组，牵头组织编制权责清单，形成《发改局权责清单》。完成与中心镇、松山湖、虎门港行政委托协议的重新签订工作，推动简政事项进一步下放至清溪镇。印发《节能减排财政政策综合示范城市截污次支管网项目审批工作程序》，提高截污次支管网的审批进度。印发《关于加快我市重大水利项目前期工作的意见》，加快重大水利项目前期工作，简化审批流程。坚持发挥市场配置资源主体作用，放管结合，进一步放开价格领域，营造公开、透明、公平的价格调节市场。积极稳妥推进公共交通、燃气、水、医疗药品等公共资源的价格改革，逐步放开物业管理、停车场的价格管理，实行市场定价机制等。

【轨道交通建设】 2015年，东莞市对穗莞跨区域铁路、城际轨道、地铁、公路、市政道路、桥梁、港口航道等17个综合交通进行对接，加强深莞两市交通基础设施对接，共同研究推进相关衔接线路的规划建设。建立每月通报制度，落实资金保障，加快穗莞深、莞惠及佛莞城际东莞段建设工作。莞惠城际（东莞段）完成投资14.24亿元，占年度投资计划的66.1%，穗莞深城际洪梅至深圳机场段（东莞段）完成投资8.5亿元，占年度投资计划的70.9%，穗莞深城际新塘至洪梅段（东莞段）完成投资12.93亿元，占年度投资计划的215.4%，佛莞城际（东莞段）完成投资7.0亿元，占年度投资计划的77.8%。加快推进石龙铁路货运站规划建设。落实省政府关于依托石龙铁路货运站，打造石龙铁路国际物流基地，配合开展石龙铁路货运站及其产业（物流）园区、口岸功能区的前期规划，并拟定工作推进方案加快推进。争取中铁总支持，同意赣深客运专线在可研阶段西线方案途经东莞市并在塘厦设置站点。经过项目评审，中铁总认为赣深客专采用西线方案适合经过东莞。推进城市轨道交通2号线建设，全年完成投资20.01亿元，占年度投资计划101.8%，实现全线“隧道通”和“电通”，并完成全线“热滑”工作。加快1号线一期工程规划建设，完成专题编制并上报审批，并取得4亿元国家专项建设基金支持。

【绿色低碳发展】 2015年，东莞市发改局推动绿色低碳发展，组织对热电联产规划进行第二次修编。建设完成1个热电联产项目，完成投资约28亿元（中电东城9F项目），3个项目获省核准，总投资为63亿元，1个项目获省同意开展前期工作“路条”。强力推广分布式光伏发电项目，召开政策推广会，审批分布式光伏发电项目备案27项，装机容量约20兆瓦；组织开展市第一批分布式光伏发电资金补助发放工作，涉及项目9项，补助总装机规模16兆瓦，补助资金款项400万元。申报国家生态文明先行示范区、省首批碳普惠示范市，并编制相关方案。

【粮食调控管理】 2015年，东莞市发改局完成粮食安全考核工作，做好新增粮食储备工作。制定《东莞市粮食储备总体实施方案》，落实新增储备任务55.6万吨（其中2015年新增储备28万吨，2016年新增储备27.6万吨）。全力完成角美粮库3万吨和租仓与企业合作储备25万吨的粮食采购入库工作。制定2015年全市储备粮轮换方案，举行13场粮食竞价销售、采购交易会，按计划完成3个批次8.9万吨储备粮的轮换，审核172个仓库的储备粮轮换损耗。重新核定一批新的军粮定点加工供应企业，争取2016年“粮安工程”危仓老库维修专项资金366万元。举办全国粮食座谈会。协助常平镇获中粮协授予“中国粮油物流重镇”称号，并促成中粮协、省粮协在常平镇举办全国粮食行业改革创新座谈会。

【价格监督管理】 2015年，东莞市发改局继续落实减负政策，取消、停征、免征和降低123项收费项目，年为企业继续减负2亿多元。落实“减负五十条”，对长安镇等12个镇街开展“减负五十条”落实情况专项督查，形成督查报告上报市政府。加强教育收费管理，做好教育收费定调价及备案工作，全年核定111所民办中小学学杂费（住宿费），完成101所民办幼儿园保教费备案。落实节假日高速公路及游览收费优惠政策，年减轻群众负担1.5亿元。做好咨询投诉举报受理。全年受理各类价格政策咨询及举报2.38万宗，比上年同期增加58.4%。办理价格违法行为举报办结率为96.6%。阳光热线回复率和网上信访按时办结率完成“双百”。开展价格监督检查工作，全年查处价格违法案件46宗，实行经济制裁180.7万元。承办各类违法犯罪案件涉及财物价格认定（包括行政执法机关查处案件）1.02万宗，涉及金额5.08亿元。其中包括“两抢一盗”在内的侵权财产案件价格认定9745宗，涉及危害公共安全案件56宗，妨碍社会管理秩序案件102宗。

【对口援藏援疆】 2015年，东莞市发改局安排16个援疆项目和10个援藏项目，援建资金分别为5.45亿元和6854万元，完成率为100%和107%。加快兵团草湖广东纺织服装产业园建设，首期30万锭项目投资近2亿元，基础设施建设完成80%以上，设备招标采购基本完成，135名技术工人开展专业技能培训。加大新疆特色农牧产品和优势资源的宣传推介力度，助推第三师招商引资工作。组织30家企业及相关行业协会参加兵团在莞产业合作推介活动，推进产业援疆。协调东莞银行在三师设立村镇银行，推动东莞证券与图市达成资本市场战略合作，签订合作意向，支持图市资本市场建设和草湖200万锭广东纺织服装产业园项目融资。协助西藏举办桃花文化旅游节，加强两地交流合作，助推林芝旅游产业发展。完成6名教育援疆专业人才中期轮换工作。安排5名卫生人员赴疆开展为期8个月的支医工作，组织29名三师少数民族干部到广东开展为期一周学习培训。组织10人到巴宜区开展为期3个月医疗技术支援工作，加强当地服务中心的制度建设，提高医疗技术水平，加强当地卫生监督力度。（古周梅）

附：2015年东莞市发展和改革局主要领导名录

党组书记、局长：朱斌华

国土资源管理

【国土资源管理概况】 截至2015年，东莞市辖区内土地调查总面积为24.60万公顷。农用地面积10.45万公顷，其中纯耕地面积1.37万公顷，园地面积3.16万公顷（可调整园地面积1.41万公顷），林地面积3.41万公顷（可调整林地面积2700公顷），草地面积800公顷（可调整草地面积800公顷），其他农用地面积2.43万公顷（可调整地类面积5600公顷）；建设用地面积11.39万公顷，其中城镇村及工矿用地面积10.30万公顷，交通运输用地面积7700公顷，水库及水工建筑面积3200公顷；未利用地面积2.76万公顷，其中水域及水利设施用地1.40万公顷，其他草地1.09万公顷，其他土地面积2700公顷。

2015年，东莞市国土资源局在市"三重"建设服务单位考核中排名第一，获"全市经济建设类优秀单位""全市重大项目服务保障先进单位"和节约集约用地考核单打冠军称号。

【土地规划】 2015年，东莞市坚持新增建设用地指标由市统筹分配，优先保障重大项目和民生工程用地需求。全年省下达东莞市新增建设用地指标1172.20公顷，农地转用指标1027.60公顷。实际上报省市批次216个，占用新增用地1171.42公顷，农地转用954.44公顷，年度计划指标全部使用完毕。

【耕地保护】 2015年，省政府下达东莞市耕地保有量任务不得少于3.16万公顷，基本农田任务数为2.79万公顷。至2015年末，全市耕地保有量为3.67万公顷，基本农田面积2.83万公顷，均超额完成省下达的指标任务。东莞市批准占用耕地279.22公顷，全部采取有偿受让补充耕地形式进行补充，实现年度耕地占补平衡。

【地籍管理】 2015年，东莞市办理土地使用权登记2.23万宗，其中设定登记5582宗，变更登记1.56万宗，补发登记740宗，注销登记427宗；办理抵押设定登记202宗，抵押变更登记62宗，抵押注销登记378宗；协助司法机关查封1136宗，轮候查封820宗，解封550宗。

【不动产统一登记】 2015年，东莞市协调各部门，稳步推进不动产统一登记工作。4月，东莞市成立市不动产统一登记联席会议制度。6月，东莞市市编委印发《关于整合我市不动产登记职责的通知》，明确不动产登记职责整合由市国土局承担，并设立东莞市国土资源局不动产登记局（加挂地籍管理科牌子）。12月，市机编委印发《关于印发东莞市房产管理局（东莞市不动产登记中心）机构编制方案的通知》，将市房产管理局归口为市国土资源局管理的事业单位，加挂市不动产登记中心牌子，实现不动产登记职责及机构整合。

【土地利用】 2015年，东莞市出台《东莞市国土资源局建设用地报批审查工作管理暂行规定》，规范建设用地审查报批工作。出台《关于加快全市土地供应的通知》，建立供地约束机制，促进项目快速落地。全年向省国土资源厅申报建设用地34个批次，涉及133个项目，用地面积908.60公顷，其中新增建设用地612.43公顷，农用地转用面积512.42公顷，取得省国土厅批复128宗1443.28公顷。全年办理土地供应业务

提效率 优服务 严执法 保廉洁

2015年7月20日，在全省土地管理工作会议上，东莞市获得广东省2014年度节约集约用地考核一等奖，省委副书记、省长朱小丹（左一）为市委副书记、市长袁宝成（右一）颁发奖牌

① 2015年7月31日，东莞市不动产登记局在市国土资源局挂牌成立，副市长贺宇（右一）出席挂牌仪式，并为不动产登记局揭牌

② 2015年3月7日，东莞市国土资源局领导参加“阳光热线”直播节目

③ 2015年3月13日，东莞市国土资源系统召开“法治推进年”动员大会

219宗715.49公顷。全年盘活存量土地236宗889.47公顷，处置闲置土地118宗410.80公顷。

【“三旧”改造管理】 2015年，东莞市研究起草“三旧”（旧城镇、旧厂房、旧村庄）改造常态化配套政策文件，印发《东莞市集体经济组织与企业合作改造操作指引》《关于“三旧”改造土地出让金分成问题的通知》《关于部分“三旧”改造项目核收地价适用新旧基准地价问题的复函》等文件，明晰村企合作改造操作规范、协议出让地价核收、出让金返还等重要事项。同时，完成改造224.33公顷（旧厂188.33公顷，旧村18.53公顷，旧城17.47公顷）。除市、镇两级政府外，有61家企业、6个集体经济组织参与“三旧”改造，直接拉动投资约180亿元，其中社会资金投入168亿元。全市腾出土地建设城市基础设施项目4个、公益事业项目2个，完成宜居社区综合整治1个、12.67公顷。完成产业转型升级项目58个，淘汰、转移企业2家，引进现代服务业和高新技术产业项目7个，投资额超亿元的项目12个。改造盘活存量土地224.33公顷，拓展用地空间68.40公顷，实现节地率达30%。

【土地市场】 2015年，东莞市通过挂牌出让用地153宗，面积783.60公顷；从供应结构看，住宅用地46宗，面积176.06公顷；商服用地13宗、面积14.24公顷；工矿仓储用地94宗、面积593.33公顷。

【矿产资源管理】 截至2015年，东莞市有矿山企业10家，其中矿泉水厂9家，盐矿厂1家。全市10家矿山企业完成开发利用年检工作。开展新矿业权设置工作，提升矿产资源勘查管理水平，做好探矿权统一配号工作对接。推进市级矿产规划编制，经公开采购确定由广东省地质调查院编制市第三轮矿产资源总体规划，配合做好规划编制前期工作。加快落实矿山环境恢复治理，至2015年底，清溪镇、樟木头镇、寮步镇3个标段的复绿工程进度分别为90%、68%、60%，其余标段完工，进行绿化养护工作。探索矿山公园建设，国家矿山公园申报材料按原申报指南完成初稿，并提交省专家评审组征求意见。

【地质灾害防治】 2015年，东莞市推进地质灾害防治，做好排查、预防、监测、应急工作。做好地质灾害排查工作，委托省第九地质大队，全面摸清全市地质灾害隐患，建立准确台账，实行动态更新。全年排查出350处地质灾害隐患点，其中威胁10人以上的一类隐患点12个，威胁3—10人的二类隐患点95个。选取凤岗、虎门、寮步、长安、清溪镇作为地质灾害防治管理工作试点镇，对危险性高、危害性大的隐患点做好重点防治。完善市、镇、村三级地质灾害巡查监测网络，加强隐患点及其周边动态巡查，发现灾情立即报告。5月，在清溪镇举办2015年度东莞市地质灾害应急演练活动。5月，省国土厅、省气象局联合发布地质灾害气象预警，确定东莞市地质灾害气象风险等级为2级（橙色）后，做好应急响应，深入现场核查各项预防措施落实情况，提出防治意见，确保人民群众生命财产安全。全年发生地质灾害及险情3起，未造成人员伤亡。

【测绘管理】 2015年，东莞市完成第一次全国地理国情普查工作，并开展“东莞市地理国情监测信息系统”项目。全面启用2000国家大地坐标系，按时完成统一推广要求。完成“一村一镇一地图”工程，为全市567个行政村逐一编制正射影像地图，并通过省国土资源厅验收。东莞市测绘院工程部在第一次全国地理国情普查劳动竞赛委员会组织的“普查标准时点核准百日大会战”主题竞赛活动中，获“普查标准时点核准百日大会战主题竞赛活动先进班组”称号。全市有测绘资质单位47家，其中甲级2家、乙级4家、丙级2家、丁级39家。全年完成37家外来测绘单位登记备案工作，完成178宗测绘作业证的审核发证。编制《东莞市基础测绘“十三五”规划》，明确全市基础测绘十三五期间的主要任务及保障措施。

【国土资源执法监察】 2015年，东莞市整治各类违法违规用地行为，取得阶段性工作成效，土地管理秩序明显好转。全市依法拆除违法建（构）筑物约67万平方米，复耕复绿土地446公顷。向纪检监察部门移送案件20宗，涉及纪律处分20人，向法院申请强制执行169宗，向公安机关移送案件5宗，涉及土地违法犯罪嫌疑人25人。

【土地信访维稳】 2015年，东莞市国土资源局依法受理、办结信访事项，妥善化解信访矛盾纠纷，被国土资源部评为“2011—2015年全国国土资源信访工作先进集体”。全年受理土地信访事项及违法举报线索519件次，其中用国土资源违法用地举报电话举报159次，群众来信217件，群众来访143批402人次。

（黄　凰）

【土地储备与供应】 2015年，东莞市土地储备中心全年供应土地3宗6.6公顷，回笼资金7545.51万元；收储土地1宗，面积0.95公顷。2015年，东莞市土地储备中心配合市重点工程项目、公共设施等用地，供应土地3宗，其中07001号储备土地5.38公顷；通过挂牌出让，交易金额为5550万元；凤10储备土地0.43公顷，移交凤岗镇人民政府，补偿金额为145.31万元；坝头03001地块地下空间0.77公顷与万江街道办土地联合推出市场，土地交易结果为1.04亿元，其中储备土地部分为1850.2万元。收储土地1宗，位于世博广场北的0.95公顷土地。

【储备土地利用管理】 土地巡查管理　2015年，在委托第三方物业管理的基础上，东莞市土地储备中心人员每月联同物业管理公司对储备土地进行巡查，并现场督导。在主汛期季节，对储备土地存在的地质灾害进行排查，排查出2个风险点，列入属地范围地质灾害防控，并加强风险点的巡查和做好警示工作。全年未发现侵占、破坏、倾倒余泥等违法侵占储备土地的行为。

土地出租管理　结合在库土地实际，在不影响土地供应的前提下，对收储地块、拟收储地块分类管理，采取临时租赁的方式加以利用，既有利于对收储地块的管理，又有利于明确拟收储地块的权责。2015年，土地临时租赁30.17公顷，租金收入334.33万元，比上年增收24%。

【土地收储制度改革】 2015年，东莞市深化土地收储制度改革，按照“一个平台、两级联动”的改革思路，出台《东莞市土地储备管理实施办法》《关于统筹、储备土地历史遗留问题处理方案》，规范全市土地收储工作。

（卢惠锋）

附：2015年东莞市国土资源局主要领导名录

党组书记、局　长：刘　杰

附：2015年东莞市土地储备中心主要领导名录

主　任：黄锦发

国有资产监督管理

【国有资产监督管理概况】 2015年，东莞市国有资产主要分布在基础设施建设、园区开发、公益公共服务、战略性新兴产业等领域。准公共性企业（主要功能定位为承担政府指令性公共项目及公共服务类）资产总额1116亿元，占总资产31%，占非金融企业的87%。至年底，市属国有企业资产总额3623.98亿元，比上年增长13.4%；资产负债率为76.76%，下降1.17%（非金融企业资产负债率为52.98%，上升0.36%）；净资产841.88亿元，增长19.4%；国有净资产660.28亿元，增长21.2%；营业收入325.02亿元，增长15.2%；实现利润总额78.57亿元，增长17.6%；实现净利润61.63亿元，增长18.3%；国有净利润31.46亿元，增长24.7%。

【国有企业改革】 国有经济改革发展规划编制 2015年，东莞市人民政府国有资产监督管理委员会（简称“东莞市国资委”）联合省综合体制改革研究院，对东莞市国有经济改革发展进行长远规划，通过分门别类、一企一策的方式，初步完成《东莞市国有经济（2015—2020）改革发展规划》初稿的编制，待国家层面关于国企改革的顶层设计文件出台发布后，逐步修改完善。

国有资产证券化水平提升 2015年，东莞市国资委提高市属企业资产证券化率，支持符合条件的市属国有企业探索、筹划和实施整体上市或核心业务资产上市。年初，市国资委联合市金融工作局邀请深圳证券交易所有关专家为市属企业举办提高证券化水平的讲座。同时，国资委支持东莞证券筹备上市的各项工作，东莞证券上市申请获得中国证监会受理；支持上市公司东莞控股通过资产运营和资本运营双驱动模式，通过多种方式募集资金加速向金融业拓展；支持东莞新奥燃气、东江水务、东莞水投等企业筹划上市融资发展。

股权多元化投资模式探索 2015年，东莞市国资委充分利用市场优势和市场化优势，牵头会同市有关部门，完成市能源投资集团有限公司和市国弘投资有限公司的股权注入东实集团工作，并做好有关解释协调工作，完成推进国有资产重组的重要战略部署和做大做强市能源投资集团有限公司和市国弘投资有限公司的重要战略举措。探索通过PPP等模式引入社会资本参与截污管网、污水处理、高速公路、轨道交通等重大基础设施项目投资、建设和运营，实现准公共项目资金投入多元化，带动民营资本做大做强。发挥国有企业助力民营企业创新发展的作用。组建国有企业性质、实施市场化运作和专业化管理的科技金融集团，通过市财政的资金注入，撬动社会资本参与，整合科技、金融、产业资本，重点支持企业创新，扶持创新企业发展，推进实施“东莞制造2025”“机器换人”中小企业股份制改造等战略。

国企改革培训 2015年，东莞市国资委组织相关市属企业高层管理人员，赴国务院国资委信息中心，举办“地方国资监管与经营领导人员”学习培训班。

做强做优做活东莞市国有经济

2015年1月7日，市国资委主任任洪杰向广东省国资委主任吕业升（右）报告工作

【国有企业监督管理】　公司制企业改造　2015年3月，市路桥总公司完成公司制改造，更名为“东莞市交通投资集团有限公司”。通过公司制改造，企业建立起现代企业制度，理顺国有产权关系，有利于将资源集中到优势企业，提高国有资产配置效率，为打造若干国有资本投资运营公司和“百亿企业”打好基础。

企业法人治理结构　2015年，东莞市国资委按照《公司法》等法律规章的要求，对未搭建法人治理结构的企业，指导其建立股东会、董事会、监事会和经理层等在内的现代企业法人治理结构，规范董事会、监事会和经理层组成结构和运作机制。履行出资人职责的企业基本搭建起法人治理结构，走向正常化、常态化的运作模式。

市属国有企业负责人薪酬改革　2015年，东莞市国资委牵头成立市属企业负责人薪酬制度改革领导小组，多次召开调研会、协调会，明确市属国有企业负责人薪酬结构和测算系数，形成薪酬改革方案初稿，征求相关部门意见和建议，先后修改10余次，并对国有企业负责人薪酬现状进行摸底和梳理，对改革后的薪酬情况进行测算，最终一并呈报市政府常务会和市委常委会审议通过。该实施方案获省薪酬改革领导小组审议通过，相关配套方案正在制定。

【国有企业历史遗留问题处置】　2015年，市国资委经过多次对东莞市国资系统进行风险源排查，国资系统的风险源主要涉及企业经营亏损、历史债务处理、人员安置待遇、资产办证过户、股权权属争议等五类问题。坚持采取针对性的分类处理方式，化解上述风险源问题。

企业经营类问题　推进企业经济责任内部审计，明确经济责任，纠正违规行为，保证国有资产安全运营和保值增值，对于处于市场充分竞争行业但不具备竞争优势甚至亏损的市属企业，通过引入战略投资者等股权多元化方式盘活国有资产，或将国有资本逐步退出。

历史债务类问题　推进关停企业清算，采取先易后难的方式，集中一段时间先对一批债务情况相对简单的企业进行清算，而对于债务重、情况复杂的企业，将着重从法律角度加以考虑，按照“成熟一家、清算一家”的思路实施，依法依规推动企业的清算、注销等工作。

人员安置待遇类问题　对不符合相关政策的诉求，做好政策解释，并引导信访人通过司法途径解决；东莞市国资委探索通过国有资产收益，加大力度解决市属企业改革成本及相关民生问题。

资产过户办证困难的问题　东莞市国资委由相关职能部门成立工作小组，在厘清历史、尊重事实、遵循相关原则的前提下，研究通过适当方式使此类遗留问题获得有效的解决途径并取得实质性突破。

股权权属争议的问题　东莞市国资委委托专业会计师事务所、律师事务所等中介机构，查找相关历史资料，对权属问题提出明确的意见，同时做好法律方面准备的工作，通过司法途径解决。

（李明敏）

附：2015年东莞市人民政府国有资产监督管理委员会主要领导名录

主　任：任洪杰

① 2015年5月7日，市委书记、市人大常委会主任徐建华（中）赴市国有企业进行专题调研
② 2015年3月19日，市委常委、常务副市长张科到东莞水投公司开展东莞市国有企业改革专题调研
③ 2015年10月30日，市国资委主任任洪杰率队到东实集团调研
④ 2015年5月14日，召开东莞市内源型经济工作会议

工商行政管理

【工商行政管理概况】 2015年，东莞市工商行政管理局（简称“东莞市工商局”）适应经济发展新常态和工商体制调整新要求，主攻改革，突出治理，服务东莞高水平崛起。

全市新登记市场主体12.3万户，其中企业5.49万户，分别比上年增长7.66%、20.35%。截至年底，全市市场主体总量71.33万户，其中企业25.64万户、个体户45.61万户，市场主体总量和企业总量在全省地级市中排名第一。全市新登记市场主体开业率95.77%，证照齐全率86.38%，其中一般性经营项目市场主体持照率95.62%。全市2013年、2014年的企业年报率为92.6%、89.9%，分别比全省平均水平高出4.4%和5%，比全国平均水平高出5%和4.8%，高于2012年82%的年检率。全市市场主体活跃度高，无证照经营行为大幅减少，市场秩序平稳有序。东莞市工商局在全市行政审批电子监察绩效测评中连续36个月在全市40个窗口部门中排名第一，被市委、市政府评为市直单位年度工作优秀单位，商事制度改革及市场监管体系建设、“多证联办”改革等两项工作成功夺取全市“单打冠军”；被国家工商总局、省工商局评为2014—2015年度诚信市场创建工作突出单位。

【商事制度改革深化】 2015年，东莞市工商局在宽进和严管上持续发力，针对阻碍创新发展的“堵点”、影响群众创业的“痛点”和市场监管的“盲点”，推出一系列接地气、顺民意、惠民生的“改革组合拳”，打造东莞商改的“2.0升级版”，持续激发新的改革红利，为全市经济转型升级注入强劲的内生动力。国家工商总局、省工商局分别组织地方党政领导干部商改专题研究班到市工商局开展现场教学。

【集群注册改革】 2014年，东莞市工商局以松山湖为试点，在电子商务企业中实行集群注册，允许电商企业将地址登记为托管公司的住所，无须固定办公场所就可以办理工商登记、开展经营活动。2015年7月，市政府颁布《东莞市企业集群注册登记管理试行办法》。8月，集群注册改革全市全面推开，将集群企业类型从原来的电子商务企业放宽到互联网、科技、企业管理、资本投资、专业设计等各种新的业态。将托管公司类型拓展到会计师事务所、孵化器运营公司、企业代理服务机构。托管公司除了提供工商登记地址托管之外，还提供商务秘书、代理记账、网站设计、创业培训等服务，为大众创业创建“零边际成本”发展平台。国务院发布《关于进一步做好新形势下就业创业工作的意见》，推广东莞集群注册改革经验。全市累计成立集群注册托管公司452户，登记集群企业3007户，主要分布在电子商务、企业管理、软件开发、科技研发等行业，新业态产业聚集初具规模。

【住所登记管理改革】 2015年，东莞市工商局在住所登记管理中，引入“信任在先”的原则，除餐饮、娱乐服务、网吧、化学危险品、重污染行业，以及军队房产、住宅商品房等纳入负面清单外，

工商行政管理

2015年2月10日，举行工商行政管理体制调整移交仪式

① 2015年7月27日，召开全市深化商事制度改革推进综合市场监管会议

② 2015年9月1日，启动"三证合一、一照一码"改革

③ 2015年7月28日，召开全面推广企业集群注册暨住所登记管理改革新闻发布会

④ 2015年4月15日，开展手机行业"砸金蛋"专项整治行动

允许一般行业的市场主体自行申报住所信息，无需其他住所证明文件就可办理营业执照。7月，市政府颁布《东莞市市场主体住所（经营场所）登记管理试行办法》。8月，“住所信息申报+负面清单”住所登记管理模式全市全面推开，为企业节省了宝贵的时间成本和资金成本，群众有关住所证明的投诉大为减少。

【全程电子化工商登记改革】 2015年，东莞市工商局利用已有的改革资源和改革红利，借鉴香港电子“注册易”方式，推进“去纸质化”改革。12月，市政府颁布《东莞市全程电子化工商登记试行办法》，为改革提法制支撑，成为全国首个为电子化工商登记立规的城市。12月1日，开始运行全程电子化工商登记管理系统，上线内资有限公司名称预先核准和设立登记业务。申请人依托数字证书或银行证书进行身份认证和数字签名，全程网上填写电子表单，由系统自动生成标准化电子表格、文书，无需扫描上传纸质文件，实现全流程网上申请、网上审核、网上发照、网上归档办理工商登记注册。全程电子化工商登记的推行，突破时间和空间的限制，将逐步使传统意义上的物理窗口向虚拟网上大厅转移，申请人足不出户、身在异地都可以办理业务，实现从“面对面”向“键对键”转变，从8小时向24小时转变，降低企业办事成本，全面提高行政审批效能。

【“三证合一”改革】 2015年9月，东莞市工商局推行“三证合一、一照一码”登记制度改革，将企业依次申请的工商营业执照、组织机构代码证和税务登记证3证合为1证，由工商部门核发1个加载18位统一社会信用代码的营业执照，简化市场准入审批环节，激发市场活力。在此基础上，叠加我市“多证联办”改革成果，创新启动企业登记注册“一网通”改革，企业在2—3个工作日内可实现一站式、全流程办理经营所需的多个证照。

【规范市场经营秩序】 2015年，东莞市工商局组织开展流通领域手机行业专项整治，共立案查处违法销售手机案件550宗，其中查处“砸金蛋”等有奖销售案件53宗、查处傍名牌门店49家。突出加强重点领域监管，针对中堂镇江南村制衣行业无照经营比较多的情况，通过疏堵结合的方式，在短时间内为526户经营户补办营业执照，使该村经营户持照率达100%。全面加强网络市场监管，完成网上巡查市场主体14万户，登记入库网络经营主体7.5万户，指导604户主动申领红盾电子标识。累计查办各类经济违法违章案件6448宗，调解消费投诉8106宗，为消费者挽回经济损失3619万元。

【构筑新型市场监管体系】 *部门协同监管* 2015年，东莞市工商局在全国率先开发应用协同监管信息化系统，工商登记信息在核准后的1小时内，按经营范围关键词，横向推送给相关监管部门，按住所信息纵向推送给属地镇街和村（社区），部门、镇村接收信息后，在规定时限内依照职能分工开展许可及监管，并将许可监管信息反馈到系统。市镇村三级实现信息共享、监管联动，增强监管合力。

基层网格化监管 利用东莞市镇两级的行政管理架构优势，下移监管重心，推动各镇街整合各村（社区）原有的税务协管员等力量，组建524支、3018人的基层市场协管队伍，依托协同监管信息化系统，对本村（社区）的市场主体实行网格化巡查，具体承担核查市场主体的住所登记信息是否与实际相符、证照是否齐全以及发现和反馈违法违规线索、协助部门开展后续监管等基本职责，实现线索发现与监管执法相分离，为全市推行社会服务管理网格化改革作基础性探索。

信用约束监管 发挥工商部门在企业信用建设方面的主导作用，自主开发企业信用信息公示系统，以工商部门的登记注册信息为基础，整合税务、质监、食药监、公安等45个部门1400万条企业信用信息，全方位展现企业在各个环节和领域的信用情况，提高企业信用信息透明度。工商部门率先出台异常及违法企业工商登记审慎审查机制，对11类异常和违法企业实施审慎审查，推动全市39个部门建立信用约束管理制度，加大对失信企业的惩戒力度，企业信用体系建设更加完善。

【帮扶企业提质增效】 2015年，东莞市工商局放开外资企业厂房出租限制，帮助企业盘活资产，推动土地集约利用，支持洪梅镇“一号店”等重点项目落地。放宽金融类企业名称及经营范围登记，扶持金融投资、融资租赁等新兴行业健康发展，助推东莞打造金融强市品牌助推企业转型升级。建立重点企业户籍库，实施领导分片挂钩联系制度，形成政企沟通的“直通车”机制，为企业提供商标培育、登记规划和专业指导服务。全市累计有效注册商标12.73万件，其中中国驰名商标69件，广东省著名商标283件，居全省前列；全市个体户升级为企业的900户，比上年增长9%，累计5772户；有限公司转为股份公司的79户，增长276.2%，累计182户；新登记私营集团26户，增长8.3%，累计198户；累计帮助115家企业在境内外和新三板上市。拓宽企业融资渠道，快速办理股权质押登记、动产抵押登记，帮助企业盘活资产，解决融资难题，共办理股权出质登记546宗，动产抵押登记1299宗，涉及金额1149.6亿元。支持驰名商标企业唯美陶瓷、民兴电缆、万里马、金河田、元宗家具、五星太阳能以及省著名商标企业智高文具通过商标质押融资近4亿元，缓解企业的融资压力。

【工商体制调整】 2015年2月，按照全省工商行政管理体制调整部署，市工商局回归地方管理，成为市政府工作部门。回归地方管理后，市工商局加强规范化建设，严格执行中央八项规定，梳理和修订500多份规范性文件，形成一系列规章制度，强化公务接待、公务支出、办公用房和会议费、差旅费的管理；组织制定权力清单和责任清单，围绕行政许可、行政处罚、行政强制等事项，对涉及工商职能的950项行政职权进行梳理归类，全面厘清工商部门的权责界限，全系统的履职依据和程序要求更加清晰，队伍管理进入制度化、规范化轨道。加强工商文化建设，开展东莞工商历史电子展览馆建设，通过全景追溯东莞工商65年的发展历程和工作成果，打造一个记载历史、传承精神、展示文化的特色平台，进一步增强队伍的集体荣誉感和归属感。创新推进廉政文化建设，按照“分局试点、全面铺开、机关基层互动推进”的思路，组织开展形式多样的廉政文化建设活动，打造各具特色的廉政文化宣传阵地，营造风清气正、廉洁自律的氛围。（吉峰平）

附：2015年东莞市工商行政管理局主要领导名录

党组书记、局长：范燕彬

质量技术监督

【质量技术监督概况】 2015年，东莞市质量技术监督局（简称“东莞市质监局”）以行政管理体制改革为契机，服务转型升级、保障质量安全和促进产业发展，被评为“2015年度市直单位年度工作优秀单位”。推进“东莞制造2025”战略，创建2个全国知名品牌创建示范区，10个重点行业开展质量提升活动，2家企业获2015年省政府质量奖，政府质量奖和省名牌数继续走在全省前列。首次召开标准化主题新闻发布会，主导制定2项电子商务平台国家标准和1项高端技术产品国际标准，填补国内外空白；指导承办IEC标准国际年会，争取3个省标准化技术委员会落户。完成7342批次产品监督抽查任务，排查治理特种设备安全隐患3089处，完成2944台“老旧”电梯检验，立案查处各类质量违法案件465宗。继续强化电梯安全监管改革，电梯保险覆盖率接近90%；制定电梯分级管理办法，提高特种设备隐患信息管理系统应用水平，通过二维码等手段推进特种设备社会化监管。成立市检测资源联盟协会，推动建立工业机器人智能装备产业检测试验平台；加快模具国检中心建设，全力筹建LNG气瓶检验站。“莞香”获批国家地理标志产品保护，东莞地理标志产品实现零的突破。东莞市质监局局长罗晓勤被国家质量监督检验检疫总局评为2015年“全国质量监督检验检疫工作先进个人”。

【质量强市】 2015年，东莞市质监局将质量强市建设与“东莞制造2025”战略紧密结合，出台质量工作年度行动计划，跟进授牌命名工作，先后2次向国家质检总局报送相关材料；开展家具制造业、儿童用品等10类重点产品质量提升活动，指导2家企业通过省级中小学质量教育社会实践基地申报。至年底，全市有7个国家级、省级中小学质量教育社会实践基地。联合市委宣传部举办以质量为主题的市委理论中心组学习讲座，举办4期首席质量官培训和3期卓越绩效自评师培训，为企业培养468名高级质量管理人才。

【品牌建设推进】 2015年，东莞市质监局推动虎门、长安分获全国服装、五金模具知名品牌创建示范区，为东莞城市名片增添“国字号”色彩；完成2015年省名牌产品目录推荐工作，召开名牌工作会议，指导企业申报名牌目录及产品，推动64个产品获评2015年省名牌。至年底，名牌产品总数达195个。全年名牌获评数及有效名牌总数均居全省第三；指导2家企业获2015年省政府质量奖，占全省总数的九分之二。

【标准化工作】 2015年，东莞市质监局为903个产品标准办理备案手续，办理1306个产品的执行标准登记；187个产品通过采标认可并获证，发布53个联盟标准；获批筹建信息传输线缆和云计算等2个省级专业标准化技术委员会（简称省TC）；拨付319个项目1866.2万元东莞市政府标准化项奖励资助，受理省标准化

以质取胜　创先争优促发展

2015年3月27日，国家质检总局副局长陈钢（左二）到东莞调研质检技术机构建设情况，重点考察东莞市质检中心的技术、平台和队伍能力建设等情况。省质监局局长任小铁（左三）、副市长贺宇（左四）等省市领导陪同调研

专项资助项目71项；主导制定《电子商务平台运营与技术规范》和《电子商务平台服务质量评价与等级划分》2项国家标准，填补国内空白；1项IEC国际标准打破印制电路产品国际标准一直由欧、美、日三强垄断的局面，提高我国该类产品在国际市场的竞争力；推动虎门信息传输线缆协会承办“2015年UL全球电线电缆论坛暨第2届国际电线电缆展览会”，指导长安、茶山、塘厦3个镇成功创建广东省实施技术标准战略示范镇，全部达到90分以上的优秀等级；推进新能源汽车、信息智能终端、智能机械手（人）3个领域的标准化工作，探索构建智能制造标准体系。

【质量检测服务】 2015年，东莞市成立检测资源联盟协会，建立工业机器人智能装备产业检测试验平台，推进“机器换人”战略；加快推进模具国检中心项目建设，全市建成9个国家级质检中心、12个省检测站和3个国家级重点实验室，搭建起强大的公共检测技术服务平台；为超过8000家企业提供质量检测服务，出具检验报告6万余份，并为各级政府部门提供6000余批次技术服务；为全市3730家企业，对30.17万台（件）计量器具进行免费检测，免收费用2453万元，是全省地市级计量技术机构中为企业减负最多的单位。

【产品质量监督】 2015年，东莞市质监局完善监督抽查工作程序，对重点区域、重点产品开展专项整治，针对儿童用品、家具制造业等10类产品开展质量提升工作，完成7342批次产品的监督抽查任务；强化监督抽查后处理，发出各级监督抽查不合格责令整改通知书850余份，移送265宗各类质量严重问题的违法案件至稽查调查处理；推进儿童玩具、虎门服装等重点产品质量风险监测；开展2015年制造业产品合格率统计调查工作，完成全市384家样本企业信息核实调查及92批次样本检验工作，2015年制造业合格率统计调查结果为100%。

【特种设备安全监管】 2015年，东莞市质监局以专项整治为抓手，狠抓特种设备隐患排查治理，全年检查特种设备相关单位和现场1.26万家（处），发现并督促落实整改隐患3089处；继续推进“老旧”电梯专项整治，两年检验老旧电梯2944台，发现2853台存在安全隐患，其中重大隐患348台。开展水乡片造纸行业锅炉能效提升项目，为试点企业开展锅炉能效测试工作，并促进节能改造项目实施。启动公交车LNG气瓶检验工作，推动筹建低温绝热气瓶检测技术服务平台。加强特种设备安全宣传，开展特种设备应急救援公开演练7次，开展特种设备安全活动48场、培训相关人员5000余人次；举办特种设备安全讲座4场，培训人员1000余人次；派发各类宣

① 2015年4月29日，市委副书记、市长袁宝成（右三）到市质量技术监督局进行调研

② 2015年2月5日，东莞市质监行政管理体制调整交接会议在东莞市行政办事中心多功能厅举行，副市长贺宇（中）出席会议

传资料10万余份，发送宣传和警示短信2000余条。

【民生计量】 2015年，东莞市质监局开展液化石油气、水泥等与民生息息相关的定量包装商品净含量执法检查，立案查处11家企业；开展粽子、月饼等应节食品过度包装检查，纠正19批次商品的过度包装行为；开展农贸市场和基层医疗卫生单位强检计量器具免费检定工作，累计完成1117家单位的3.08万台（件）计量器具的免费检定，免收检定费83万余元；开展"'5·20'世界计量日"大型咨询和免费检测活动，派发各类宣传资料3000多份，提供免费检测服务200余人次；以东莞计量院被评为"东莞市科普教育基地"为契机，普及计量科学知识。

【打假执法】 2015年，东莞市质监局出动执法人员6804人次，检查各类企业2268家，立案查处各类案件465宗，查办大案要案18宗，移送公安机关追刑1宗，查获各类假冒伪劣产品货值1124.53万元；全市出动打假执法人员26.77万人次，检查企业和店铺20.77万家次，立案3351宗，其中查获重大制售假案件数139宗，移送公安机关139宗，打掉制假窝点137个，查获假冒伪劣商品货值5417.63万元，销毁假冒伪劣产品2批次，刑事拘留397人，逮捕132人。

【质量技术监督体制改革调整】 2015年，东莞市质监局完成行政管理体制调整交接及干部档案接收和编制信息数据对接，并妥善解决食品职能划转遗留问题；紧跟全市事权下放的步伐，推进简政放权工作，完成权责清单的首轮编制工作。

【质量技术监督服务管理模式创新】 2015年，东莞市质监局推广特种设备社会化监管，市检设备的检验报告、检验标志或检验合格证实现二维码全覆盖，方便公众了解特种设备安全管理信息；继续强化电梯安全监管改革，截至2015年底，6.76万台电梯购买保险，占全市在用电梯总数的88.5%；探索特种设备差异化监管，在大型游乐设施实施分级管理的经验基础上，探索电梯生产单位分级管理；建立健全市、镇、村三级特种设备安全监管架构，推广特种设备隐患信息管理系统应用，增强隐患排查有效性，将特种设备"飘红率"稳定在较低水平。9月1日起，各类企业、农民专业合作社全面实施新的登记制度；2016年1月1日起，不再向任何机构发放和更换组织机构代码证书。 （邱碧环）

附：2015年东莞市质量技术监督局主要领导名录

党组书记、局长：罗晓勤

① 2015年11月27日，市质量技术监督局参加广东省质监系统第二届法律知识竞赛总决赛获得总分第二名

② 2015年9月24日，东莞市政府新闻办会同市质量技术监督局召开全省首个由地级市政府牵头组织的标准化工作专题新闻发布会

安全生产监督管理

【安全生产概况】 2015年，东莞市安全生产监督管理局（简称“东莞市安全监管局”）履行安全监管职责，推动安全生产领域改革，开展安全隐患排查治理、深化安全宣传教育、强化安全保障能力建设、遏制各类生产安全事故发生，全市工矿商贸行业发生生产安全事故28宗，死亡32人，杜绝重大事故和特别重大事故的发生，工矿商贸行业安全生产形势持续稳定，为全市经济社会发展创造良好的安全环境。2015年，市安全监管局被市委、市政府评为市直单位年度工作优秀单位，安全生产工作获得全市“单打冠军”。

【安全监管责任落实】 2015年，市委办、市府办印发《东莞市安全生产工作职责》，规范各部门和各级领导干部的安全生产工作职责，形成齐抓共管的责任体系。东莞市安全监管局提请市委、市政府建立党政领导班子和领导干部专题研究会议制度，以全省首创的“议安会”形式落实党政领导班子“一岗双责”，并于6月召开第一次“议安会”。同时，市安全监管局每月至少召开一次局务会议，通报上一个月工作情况，分析安全生产形势，部署下一个月安全监管工作，全年召开局务会议16次，研究部署重要工作90多项。

【安全生产综合监管】 2015年，东莞市安全监管局履行综合监管职责，以安委会和安委办的名义发文、发函300多份，组织召开各类安全生产会议50多次，督办重要工作100多项，统筹组织开展全市性的安全生产大检查和专项整治行动20多项，牵头组织开展万江街道“下坝坊”隐患综合整治。天津港“8·12”事故发生后，经市政府同意，市安委会印发《东莞市全面开展安全生产大检查 深化“打非治违”和专项整治工作实施方案》，从8月至12月底集中开展打非治违专项行动，同时把危险化学品和易燃易爆物品安全专项整治、轨道交通建筑施工安全专项整治、地质灾害预防专项整治工作列为“三项重点专项整治”。全市组织检查组4148个，检查企业4.3万家，排查隐患2.72万处，停产整顿238家、暂扣吊销证照38个、关闭取缔18家、累计罚款1028.73万元。此外，市安委办提请市政府印发《东莞市进一步加强安全生产监管执法责任分工实施方案》，督促各有关部门、各镇街（园区）严格按照《方案》的部署和要求，落实各项分工任务，全面加强安全生产监管执法工作。

【安全生产体制改革】 2015年1月，市安委办提请市委市政府出台《东莞市全面深化安全生产领域改革实施意见》，按照“1+9+5”（“1”即深化安

打造群众满意安监 推动东莞安全发展

① 2015年1月14日，东莞市举办“东莞学习论坛”，邀请国家安全监管总局新闻发言人黄毅宣讲新《安全生产法》

② 2015年8月20日，市委书记、市人大常委会主任徐建华（前排左二）一行在寮步镇视察中石化广东石油分公司寮步油库

全生产行政审批制度改革、“9”即九大体系建设、“5”即五个工作机制）的要求全力推进各项改革任务的落实。东莞市安全监管局建立依靠专家查隐患制度，提高安全监管技术支撑。申请财政资金150万元，依靠第三方，聘请27名专家，分成9个组，选取纺织、五金和危险化学品行业为代表的3个镇124家重点企业，开展市、镇和第三方机构专家联合查隐患促整改试点工作，排查出隐患2628处，其中，较大隐患91处，一般隐患2537处。同时，报请市政府批准，以特别聘员的形式计划聘请1名市级安全生产总顾问，充分发挥“专家”“智囊”在我市安全生产突发事故应急救援处置中的作用。市安全监管局筹建“智慧安监”信息平台，创新安全监管模式。强化监管手段和提高监管实效，市安全监管局报请市政府批示同意，计划分期投入市财政资金3400万元，筹建“智慧安监”信息化综合管理平台，年底完成项目一期工程政府采购工作。

【安全生产监管执法】 2015年，东莞市安全监管局组织开展危险化学品专项整治。天津港“8·12”事故发生后，市安全监管局按照上级要求深入开展了声势浩大的危险化学品安全监管和整治行动，制定印发《危险化学品安全监管联席会议制度》，定期召集有关部门积极研究部署危险化学品安全整治。检查危化品企业350家，打击非法违法行为326起，其中，警告81次，责令改正、限期整改、停止违法行为192次，责令停产、停业、停止建设1次。对全市所有储油罐区、储气罐区和其他危化品罐区开展了专项安全大检查，组织5个督查组开展了油气等危化品罐区专项督查工作，督查镇街（园区）33个，督查企业66家，整治隐患136处。同时，大力推进粉尘防爆、液氨制冷和有限空间作业等重点行业隐患排查治理。市安全监管局不断加强作业场所职业卫生监管力度。组织开展了七大重点行业职业卫生专项执法检查，通过分片督查、专项检查和联合执法等形式，加大对职业病危害事故和违法违规行为的查处力度，检查企业8640家，查处职业病危害隐患12951处，限期整改指令9008处，累计罚款140.3万元。市安全监管局大力推进安全生产执法监察标准化建设。按照省安全监管局建设“四个标准化”的要求，市安全监管局投入财政资金98.9万元，推进队伍组织建设标准化、队伍管理标准化、执法行为标准化、执法保障标准化建设，顺利实现市安全监管局和大岭山、凤岗、石碣、沙田（虎门港）4个分局通过省一级达标验收。市安全监管局进一步强化日常安全生产执法监察。编制并印发《东莞市安全生产监督管理局2015年度安全生产监管行政执法工作计划》，科学组织安排执法工作。通过局务会议定期分析、总结、部署监管执法工作，推动日

① 2015年8月21日，市委副书记、市长袁宝成（前排右三）一行在沙田虎门港石化基地督导安全生产，现场检查海湾石油作业码头
② 2015年6月15日，市委常委、常务副市长张科（前排左一）出席在厚街镇鞋业总部基地广场举办的“安全生产咨询日活动”，现场与安全生产志愿者交谈
③ 2015年9月1日，市安全监管局局长李建武带队到石龙镇开展安全生产大检查
④ 2015年9月10日，召开全市危险化学品安全监管部门联席会议
⑤ 2015年7月16日，广东省安全生产监督管理局、东莞市人民政府在沙田虎门港九丰能源有限公司联合举行2015年危险化学品事故应急演练

常监管执法深入开展。全年监督监察生产经营单位3.61万个，查处一般事故隐患5.53万处，实施行政处罚283次，责令停产停业整顿生产经营单位74个，经济处罚254次，累计罚款1773.74万元。

【安全生产宣教培训】 2015年1月，东莞市安全监管局邀请国家安全监管总局新闻发言人专程到莞，以举办“东莞学习论坛”形式宣讲新安法。同时，深入开展“送法下基层”活动，全面加强新安法的宣贯工作，引导各级各部门、生产经营单位及其相关人员了解和掌握安全生产的法定权利和义务。6月，举办“安全生产月”活动，集中开展“安全生产咨询日活动”“安全生产志愿者活动”“安全知识竞赛活动”等活动，直接宣传覆盖企业员工100多万人。全年完成三类人员安全培训2万多人次，组织安全生产资格考试200多批次，累计发证1万多个。联合市总工会连续举办33期工会干部安全生产知识培训班，培训学员近4000多人。联合市社保局开展45期工伤预防培训班，培训学员9000多人。

【安全生产基层基础建设】 2015年，东莞市安全监管局推进全市安全生产应急救援体系建设。借鉴惠州大亚湾等地的危化专区应急救援体系建设的先进经验做法，推动健全和完善市、镇联动的应急反应机制，推进两级应急指挥机构的正常运作。同时，进一步整合应急资源，依托大型企业、公安消防等救援力量，筹建全市危化专区安全生产应急救援基地，争取省安全生产专项资金200万元，为沙田虎门港购置应急装备和物资一批，提高应急管理硬件基础。举办大型的安全生产应急演练。举办“安全生产应急救援演练周”活动，推动市有关单位、各镇街开展安全生产应急救援演练2069场，参演单位3036家，参演人数达13.79万人。7月，举办广东省·东莞市2015危险化学品生产安全事故应急演练，并以应急演练为重要抓手，加强企业预案与政府相关应急预案的衔接，促进预案体系的健全和救援水平的提高。天津港“8·12”事故发生后，组织各镇街（园区）、各行业主管部门对危险货物生产储存港区、危险化学品生产储存专区全面排查摸底，聘请具备资质的第三方技术机构对危险货物生产储存港区、危险化学品生产储存专区的安全现状逐一进行全面评估。市安全监管局大力推进企业安全生产标准化建设。截至年底，累计完成安全生产标准化创建企业3774家，其中一级达标企业1家，二级达标企业35家，三级达标企业3738家，规模以上的工贸行业企业全部完成安全生产标准化达标创建工作。（甘杰峰）

附：2015年东莞市安全生产监督管理局领导名录

党组书记、局长：李建武

2015年东莞市事故统计

事故类别和项目		事故宗数（宗）	死亡人数（人）	受伤人数（人）	经济损失（万元）
工矿企业事故	2014年	24	29	3	0
	2015年	28	32	12	0
	2015年比2014年	16.67	10.34	300	
火灾事故	2014年	2574	14	10	6026.95
	2015年	1675	12	3	5448.88
	2015年比2014年	-34.93	-14.29	-70.00	-9.59
道路交通事故	2014年	4213	483	4667	606.15
	2015年	3582	479	3920	551.83
	2015年比2014年	-14.98	-0.83	-16.01	-8.96
特种设备事故	2014年	2	1	1	88.88
	2015年	2	1	1	188
	2015年比2014年	0	0	0	111.52
水上交通事故	2014年	1	1	0	164
	2015年	1	1	0	0
	2015年比2014年	0	0		-100
渔业船舶事故	2014年	10	0	0	21.85
	2015年	4	0	0	16.48
	2015年比2014年	-60.00			-24.58
农业机械事故	2014年	0	0	0	0
	2015年	0	0	0	0
	2015年比2014年				
合计	2014年	6824	528	4681	6907.83
	2015年	5292	525	3936	6205.19
	2015年比2014年	-22.45	-0.57	-15.92	-10.17

食品药品监督管理

【食品药品监督管理概况】 2015年，东莞市食品药品监管局完成新一轮机构改革，全年新开办食品、药品、保健食品、化妆品和医疗器械生产经营企业1.69万家。省民生实事提前完成，全市未发生重大食品药品安全事故，一般性食物中毒事故控制在低位水平。被评为2015年度市直单位年度工作良好单位，被市人大评为先进承办单位；家禽生鲜上市、学校食堂量化提级工作走在全省前列；稽查工作被列为全省系统先进典型；政务信息工作被省局评为先进单位；统计工作在全省系统名列第一。寮步成功创建省级学校食堂食品安全示范镇，东城、南城分别创建省、市级化妆品市场安全治理示范区。

【家禽生鲜上市】 2015年，东莞市食品药品监管局细化协调机制，实施每日一报、每周一会（督查）、每月一评估等“三个一”制度，协调各有关部门和城区4个街道通过“一建、二改、三完善”（建设东城“三鸟”批发市场屠宰点；改造生鲜家禽产品经营档口，改造四个保留的活禽经营档口；完善冷链配送硬件设施，完善配送网络建设，完善市场销售储存条件），对市场的环境设施进行全面优化升级。采取检疫保障、新鲜保障、源头保障等多种措施，确保生鲜家禽产品从屠宰到销售整个链条的质量安全。6月，家禽“集中屠宰、冷链配送、生鲜上市”工作启动后，又协调各单位继续根据自身职责，开展监管执法工作，重点抓好上市后质量监管。其间，通过电视、广播、报纸、网络等媒体及公交车、电梯、宣传栏等载体的集中宣传，组织召开新闻发布会、开展试吃生鲜鸡、市民参观屠宰点、经营档口等活动，提升市民对该项工作的认知度与消费信心，消费者对家禽生鲜上市总体满意度达91.5%。

【食品药品民生实事落实】 2015年，东莞市“在产的国家基本药物目录品种抽检覆盖率达到100%”被列入省十件实事，“在80%镇街和园区配备食品快检室”“对现有80%以上的食品安全量化C级中小学校食堂进行改造升级”及“强化食品抽检”被列入市政府10件实事内容。东莞市食品药品监管局通过全面发动、跟踪督查，完成各项任务，在10月提前完成在产国家基本药物目录品种抽检任务，覆盖率100%。推动投入7090万元，完成最后138家中小学校食堂的“灭C”工作，全市434家中小学校食堂量化等级基本达到B级及以上，超额完成工作任务。推动投入834.57万元，在全市33个镇街和园区配备食品快检室，超额完成工作任务。各地通过快检室开展食品快检1407批次，发现违法线索16条，查处案件12宗。建立检测机构科学遴选

以“依法、高效、廉洁、和谐”全力保障公众饮食用药安全

2015年8月19日，副省长温国辉（左二）在副市长喻丽君（右二）的陪同下调研东莞市食品药品网格化监管工作

机制，按计划完成食品生产、流通、餐饮环节抽检2000个、1800个、1000个批次，合格率分别为95.3%、99.5%、92.5%，通过网站发布抽检信息16期。

【**食品药品专项整治**】 2015年，东莞市食品药品监管局开展食品药品重点领域突出问题专项整治行动，包括开展植物油、肉及肉制品、中药饮片、化妆品、医疗器械等专项整治。累计出动执法人员8.15万人次，检查企业7.98万家次，查办违法案件1427宗，罚没款602万元。其中，突出对大案要案查处力度，移交公安案件21宗，配合公安部门查处涉食品药品案件341宗，涉案刑事拘留391人，查处的凤岗假药案被列入打击食品药品违法犯罪重大案件，“6·19”大岭山夏某贩卖有毒有害猪肉案、“6·30”莞城蔡某、李某制售有毒有害肉制品案被列入广东省查处的10宗打击肉及肉制品重大违法犯罪案件。

【**食品药品监管平台信息化建设**】 2015年，东莞市食品药品监管局开展网格化智能综合监管平台信息化项目建设，完成地图网格基础呈现平台框架的搭建，建设完成本地数据中心、日常监管移动端APP应用等系统，初步实现对工商企业信息、行政许可信息、网格地图信息等基础数据的本地存储、综合分析和汇集呈现，实现信息共享和协同监管。完成商事登记制度改革后续监管新旧系统的切换和业务支持。推进婴幼儿配方乳粉追溯系统应用，全市1759户婴幼儿配方乳粉经营者实现100%加入系统并100%上报数据。以东城为试点，积极配合省局开展智慧食药监信息化建设。

【**食品药品技术监督**】 2015年，东莞市食品药品监管局总投资1.16亿元的市食品药品检测中心建设项目奠基。省医疗器械所与市食品药品检验所合作共建动物实验室。市食品药品检验所完成与市质检中心的食品检测资源整合，全年投入382万元购置仪器设备38台（套），通过实验室资质认定（CMA、CMAF）533项。东莞市食品药品监管局和市总工会联合举办食品快检竞赛，全市系统37支队伍参加比赛。

【**食品药品监管长效机制建设**】 2015年，东莞市食品药品监管局探索规范化监管模式。推动将食品药品“十三五”规划列入市“十三五”规划的重点内容。将12个方面58项制度汇编成册，建立市、镇两级食药监系统法制员制度，修订《行政处罚裁量标准》等指引性文件，出台第三类医疗器械经营批发企业经营场所和库房面积设置标准、药品经营分类管理办法、注水肉行政执法指引等规范性文件。与市农业局、市海洋与渔业局分别签订加强食用农、水产品质量安全监管合作协议。深入推进商事制度改革，全年后续监管任务量2.9万条，占全市总量的56.7%。全面推进行政许可、产品抽验、行政处罚和企业黑名单

① 2015年10月15日，国务院食安办督查组组长李勇强（右三）在省食药监局副局长吴圣明（右四）的陪同下督导东莞市食品安全工作

② 2015年7月28日，市委常委、常务副市长张科（右二），副市长喻丽君（左一）对东莞市家禽“集中屠宰、冷链配送、生鲜上市”工作开展督导

等信息公开。推动餐饮单位“明厨亮灶”“阳光厨房”建设，完成改造1653家。在东城、石龙开展保健食品网格化监管试点，实施药品生产网格化监管，基本完成市、镇两级药品流通网格化监管架构的搭建，逐步建立起全面覆盖、属地管理、逐级落实、社会共治的工作机制和监管网络。

【食品药品安全宣传】 2015年，东莞市食品药品监管系统累计派发各种宣传资料50万份，其中在城区邮递投放18万份宣传册；发送手机短信50万条；组织培训讲座384次，培训人数6.09万人次；通过电视台、电台、电梯视频播放公益广告2200万次；与新华社广东分社合作，开展舆情监测249期，发布食品安全预警6期。

【食品药品监管能力建设】 2015年，东莞市食品药品监管局理顺食品药品安全综合协调机构，参照市的做法，30个镇街（园区）设立食品药品安全委员会及其办公室。食品药品监管分局（监督站）承接市局54%监管职能及超过85%的监管对象。加强廉政风险防控，深入开展“三严三实”专题教育，实现预防关口前移，通过提前谈话教育等方式，避免行政许可、行政处罚、GSP认证等重点工作出现违纪违规现象。加强业务培训，在系统内进行5次大规模培训近2100人次。

【食品医药产业发展】 2015年，东莞市规模以上企业年产值650亿元。其中，全市食品饮料加工业产值超570亿元，药品、保健食品、化妆品和医疗器械产值超80亿元。东莞徐记食品有限公司、东莞雀巢有限公司、广东太阳神集团有限公司、广东众生药业股份有限公司和华润雪花啤酒（广东）有限公司等5家食品药品领域企业纳税分别达亿元以上。食品产业以麻涌镇为中心的粮油食品，以茶山镇、南城街道为中心的烘焙食品，以道滘镇为中心的特色食品，以南城街道为中心的饮料制造等集聚区形成一定规模。通过几年升级改造，有15家生物药品生产企业通过新版GMP，累计投入改造资金10亿多元。松山湖园区引进100多家生物技术企业、研发机构和高等院校，形成从教育、科研、中试到生产、销售的完整产业链。东阳光药业总部在松山湖奠基，珊瑚药业投入3亿元建设药品生产基地。医疗器械产业发展迅猛，在松山湖聚集金美济、科威等一批研发制造企业，并有华南协同创新研究院等创新平台介入相关智能化诊疗设备的研究，诊疗装备创新团队在高端医疗装备上的技术突破加速东莞医疗器械行业集聚成型。（叶建荣）

附：2015年东莞市食品药品监督管理局主要领导名录

党组书记、局长：陈锡江（任至4月）
尹锡棋（4月到任）

① 2015年12月3日，市食药监局局长尹锡棋（左二）率队对各镇（街、园区）分局（监督站）快检室进行验收

② 2015年12月30日，市食品药品检测中心动工

审　计

【审计概况】　2015年，东莞市审计局完成审计项目57个，分别查出违规资金1.84亿元、管理不规范资金34.65亿元、损失浪费7305万元，促进财政增收节支8559万元，提交审计信息56篇。审计工作在促进政策措施落实和财政资金发挥绩效、推进党风廉政建设等方面取得较好成效。

【财政审计】　2015年，东莞市审计局按照构建财政审计大格局的要求，开展2014年度市级财政预算执行情况审计，重点审计市本级财政预算执行情况以及“科技东莞”等重大专项资金（项目）的管理使用情况，完成审计项目13个，审计部门单位80多个，审计查出主要问题金额4亿多元，对财政预算执行效果差、资金管理不规范等问题进行揭示和反映，提出严格财政预算管理，深化财政改革，加强财政绩效评价等审计意见和建议。预算执行情况审计结果按法定程序向市人大常委会报告，审计工作报告通过局门户网站向社会公告。

【政策执行情况审计】　2015年，东莞市审计局开展“稳增长促改革调结构惠民生防风险”政策措施落实情况跟踪审计，涉及存量资金、节能改造、农田建设、就业创业等12个专题，发现政策落实不到位、个别建设项目进度慢、工程存在质量隐患、专项资金未能充分发挥效益等问题，向省审计厅和市政府提交综合报告，督促相关单位落实整改。完成“三公”（财政拨款支出安排的出国（境）费、车辆购置及运行费、公务接待费）经费管理使用情况审计调查，揭示违规支出“三公”经费的问题，促进厉行节约，减少铺张浪费。开展援疆资金使用和项目建设情况跟踪审计，揭示援助资金拨付使用进度不理想、工程管理不够完善等问题，督促相关单位进行整改。

【经济责任审计】　2015年，东莞市审计局按照《党政主要领导干部和国有企业领导人员经济责任审计规定》及其实施细则要求，推进经济责任审计工作。完成对39名领导干部的经济责任审计，重点审计领导干部在土地交易、重大资产处置、工程管理、政府债务、“三公”经费使用等领域的用权履责情况，深入揭示反映问题，全面、客观地评价领导干部的经济责任。在省审计厅的统一部署下，首次派出审计人员，对异地县委书记县长任期经济责任开展审计。

【专项资金审计】　2015年，东莞市审计局紧跟财政资金走向，密切关注民生问题，对污水处理、保障性安居工程、公交车辆淘汰更新等资金（项目）进行审计，揭示和反映污水处理费征管不到位、保障性安居工程项目管理不完善，以及公交车辆淘汰更新补贴未发挥应有效益等问题，提出审计意见和建议，促进资金发挥效果。

【固定资产投资审计】　2015年，东莞市审计局强化绩效理念，抓住政府投资重点，对水乡大道、龙湾湿地公园、石大公路等政府投资工程进行审计，重点关注资金的管理和使用、工程管理等方面的问题，揭示工程资金预算执行不理想、工程前期审批手续不完善、部分工程发包未严格执行招投标制度等问题，并着重从工程绩效等角度进行分析，反映影响工程投资、功能发挥等方面的问题，促进投资效益的提高。

【内部审计】　2015年，东莞市审计局以促进增强基层监督合力为主线，加强内审指导。局领导对内审工作实行分片管理，靠前指挥、贴身服务，对素质培训、业务开展、理论研究，以及镇街纪检、监察合署办公后出现的新情况、新问题进行指导。通过专家授课等形式，开展内审培训，组织内审人员近400人次参加固定资产投资、内审实务等内审业务培训。组织内部控制审计和农村集体经济审计课题理论研究，联合内审协会与东莞理工学院老师选取和提炼优秀典型材料上报省厅、审计署参与评选，获得2015年全国内部审计理论研讨优秀论文三等奖，广东省内部审计理论研讨优秀论文一等奖。全市各内审机构开展各类型审计项目1427项，查出违规资金6220万元，损失浪费资金1003万元，促进财政增收节支5521元，提交审计报告917篇，提出建议意见被采纳3192条，内审监督发挥审计“免疫系统”功能。

（朱清荣）

附：2015年东莞市审计局主要领导名录

党组书记、局长：杜沛游（任至11月）
　　　　　　　　卢炳辉（11月到任）

统计调查

【统计调查概况】　2015年，东莞市统计局、国家统计局东莞调查队围绕全市中心工作，攻坚克难，开拓进取，推进统计工作改革创新，完成各项统计调查任务。

全国1%人口抽样调查　东莞市统计局组织动员各方力量，组建市级和镇级抽查机构，落实人员和经费保障，开展综合试点，借助传统和新式宣传手段搞好宣传动员，抓好各项培训工作，开展摸底调查，采用联网直报和手持电子终端两种数据采集方式，完成全市调查小区的调查登记，并做好事后质量抽查工作。

第三次全国经济普查后续工作　东莞市统计局及时向社会发布东莞市第三次全国经济普查主要数据公报。做好全市及镇街的“三经普”核算工作，并根据核算结果对相关历史核算数据进行修订。组织有关研究机构和高校开展“三经普”重点课题开发研究，对市委、市政府和社会各界所关心的热点问题进行专题分析研究。利用经普所得数据，编制出版《经济普查简明资料》《东莞市第三次全国经济普查资料汇编》。

第三次全国农业普查　按照国家和省的统一部署，东莞市加大工作力度，采取有效措施，组建市级和镇街普查机构，编制经费预算，为农业普查的全面铺开打好基础。

【统计数据质量提高】　2015年，东莞市统计系统多措并举，提高统计数据质量。市有关部门联合组成调研组，对各镇街开展工作进行指导，强化统计监测，及时把握经济发展的苗头性、趋势性变化。东莞市统计局定期对企业用电、能耗和产值数据进行匹配性对比分析，向镇街反馈重点企业能耗产值对比情况，指导镇街锁定监测对象，提高企业数据质量。通过走访上级统计部门，与领导专家共同把脉东莞统计，寻求上级部门对东莞市统计工作的支持。通过调研交流，学习先进地区在创新统计方法制度、提高数据质量和加强统计服务等方面的先进经验和做法。市统计局会同相关职能部门，通过数据共享，每月根据部门提供的企业信息，及时做好新企业、新项目的入库工作，确保应统尽统。市人大常委会联合市统计局组成执法检查组，深入基层和企业实地检查基层贯彻执行统计法的情况。市统计局随机抽取530家“四上”企业（指规模以上工业企业、资质等级建筑业企业、限额以上批零住餐企业、规模以上服务业企业），由各镇街对企业进行检查，加强对东莞市“四上”企业统计基础工作的监督。

【统计领域新进展】 2015年，东莞市统计局重点分析东莞物流业、信息技术服务业、旅游商务服务业、文化体育业等新兴业态，先后形成《关于东莞新兴业态调研情况的报告》《东莞当前新兴业态发展情况报告》报告。为进一步掌握全市接近“四上”标准企业的生产经营情况，为“四上”企业库提供单位来源，市统计局制定“准四上”企业统计调查工作方案，在各镇街创新开展全市“准四上”企业统计调查，为市委、市政府及有关部门制定扶持我市企业梯级培育发展的政策提供数据支持。建立“经销企业能源购进、销售与库存统计”的能源统计制度，有序推进能源统计改革。同时，加强规模以上服务业联网直报工作规范建设，实现季度统计向月度统计过渡。

【统计分析研究】 2015年，东莞市统计局围绕全市中心工作的热点难点，组织精干力量，撰写一批精品文章，连续十年获评全省优秀分析报告一等奖，全年累计刊发《东莞发展动态》超过60期。多篇文章的分析观点和建议进入决策层和被多个部门采用。其中，为客观评价“十二五”时期东莞经济运行的质量和效益变动情况，市统计局构建经济增长质量和效益综合评价指标体系，并对“十二五”时期东莞经济增长质量和效益情况形成监测报告，被市政府网站采用刊登，得到人民网、中国网、《南方日报》等多家新闻媒体的刊发报道。另外，市统计局撰写的《东莞迈入千亿美元“俱乐部”》一文，在《中国信息报》刊登。

【统计服务新思路】 2015年，东莞市统计局当好数据速递员，按月向市、镇主要领导通报主要经济指标数据和关键能耗指标进展情况，按季度发布全市经济运行情况新闻通稿，做好统计信息发布和统计资料查询等常规服务。

送服务进校园 举办“统计开放日”现场活动，走进东莞理工学院松山湖校区，以“统计公开课”的方式，向学生全面展示民生统计的重要地位和作用。

H5产品开发 借助电子信息化手段，采用动态交互的方式，精心打造H5产品——《2015年东莞经济运行情况》，在市政府官方微信平台“莞香花开”推送，东莞阳光网、《今日头条》等媒体进行转载。大朗、横沥、黄江纷纷推出H5产品，开辟东莞统计宣传的新战线。

“十二五”宣传册 市统计局编发《数说东莞》一书，图文并茂地向读者展示“十二五”时期东莞发展历程，成为市主要领导、部门及市两会的参阅资料。

统计组和统计协会筹建 按照市统计局制定的《东莞市分片区统计组成立方案》，第一个统计组在松山湖园区内成立，对该片区的统计数据实行实时的审核和监测。11月，东莞市统计协会成立，为统计业务交流、学术研究和职业技能培训提供新的平台。 （赖卓辉）

【调查基层基础夯实】 2015年，国家统计局东莞调查队（简称“东莞调查队”）以贯彻落实好《关于进一步强化城乡一体化住户调查基层基础工作的通知》文件要求为抓手，东莞调查队于4月组成4个督查小组，分赴各镇街开展一体化住户调查专项督查行动，督促各镇街落实《关于进一步强化住户调查基层基础工作的意见》，规范住户调查工作。通过督查，听取镇街介绍落实《通知》相关情况，了解城乡一体化住户调查的组织领导、经费人员保障、辅助调查员管理、调查流程以及数据质量把控等执行情况；针对调查工作中的薄弱环节，共同探讨夯实城乡一体化住户调查基层基础工作和提高调查数据质量等问题。6月中旬，市府办转发《关于城乡一体化住户调查基层基础工作专项督查情况的通报》，将各镇街存在的具体问题一对一进行反馈。各镇街针对问题落实整改措施，并在10月上报整改情况总结。通过督查，各镇街对城乡一体化住户调查工作重视程度明显提高，通过加强组织领导，完善人员配备、增加调查经费，加强数据评估及质量监控，夯实基层基础工作。

【调查服务水平提升】 以制定实施《国家统计局东莞调查队经济分析管理办法（试行）》为契机，打造调查资料品牌。加大专题分析撰写力度，将约稿调查常规化，每两个月召开经济分析协调会，围绕经济形势、调查信息热点和重点等问题，落实各科室工作任务，推进调查信息和分析报告的撰写工作，为上级统计调查机构、市委市政府及相关部门提供专业化、多样化的调查服务。截至2015年12月，东莞调查队完成调查报告11篇，其中获总队网站采用7篇，获国家局网站采用2篇，获市领导批示1篇；向总队报送调查信息29篇，获总队网站采用9篇，获市委市政府两办采用4篇；向市政府报送专题调查报告5篇，对外发布居民消费价格（CPI）新闻稿11篇；印发《东莞动态》24篇。与此同时，东莞调查队转换工作作风，改变以往组织企业集中培训的方式，变上门“送培训”与统一培训相结合，优化统计服务。首先，深入调查企业，向企业讲解调查目的与重要性，并重点讲解调查方案，“面对面”帮助企业解决上报问题；深入调查点，指导辅助调查员填报调查表、采价等。在每月召开一次辅助调查员业务培训和数据评估会议，对调查数据进行评估的基础上，还定期走访调查点，了解情况，现场指导调查，帮助解决调查过程中遇到的具体问题，确保每一个调查数据都真实、可靠。

【调查制度创新变革】 2015年，东莞调查队借鉴广州、深圳市电子记账的做法和经验，结合本地实际，周密安排，分解任务落实到人，精心制定推进电子记账工作计划。编制出台《东莞住户调查电子记账工作方案》及电子记账户和调查员绩效管理办法，印制宣传海报、记账操作指南、《东莞一体化住户调查电子记账承诺书》等宣传物资及方案。另外还为每一个调查员及镇街督导员提供电子记账配套的PDA、数据流量通信卡等设备物资。强化保障，狠抓落实，开足马力开启电子记账工作。探索住户调查电子记账业务培训模式，通过灵活、多样、个性化的培训，分四批进行逐级推进，确保调查员及调查户快速掌握电子记账要点。在国家点样本小区中全面推行电子记账，电子记账户数达212户，占国家点日记账户中的83.5%。消价调查结合新基期新增规格品的需要调整部分调查点和规格品，始终坚持“三定一直”的采价原则，运用手持采价器实采实报。为确保测算数据的准确、合理，研究住户调查近2年的数据资料，评估数据变化情况，理清测算工作的整体脉络。针对住户资料的不足，在13家专业卖场开展内容不同的专项调查，数据汇总后与住户的数据一起互为补充，弥补部分数据的缺失。针对消费量大、划分较细及住户资料缺失的部分，在消费者中开展专项调查，发放并回收调查问卷900份。数据汇总后与前

两项工作的数据进行对比、评估，进而优化权数测算。

【调查数据质量提高】 2015年，东莞调查队采取多举措努力提高数据质量，完成广东群众幸福感测评调查、党风廉政建设民意调查工作、主要畜禽监测调查、农民工监测调查、规模以下工业抽样调查、采购经理调查、规模以下服务业抽样调查、限额以下批零住餐调查等常规调查任务。根据国家统计局和广东调查总队的调查方案，因地制宜，迅速制定东莞实施方案，着重把好数据质量关。各调查专业定期召开内部业务学习交流会，集中学习上级部门的最新工作要求，对日常数据审核的重点难点进行讲解，提高业务骨干的调查业务水平。建立调查对象基础台账，有针对性反馈容易遗漏项目，督促调查对象查漏补缺。做好日常数据整理、分析，通过数据的纵横向对比，对波动较大的数据进行逐一核实，增强数据的准确性和合理性。建立账页交叉检查及电话回访制度，实行电话定期回访，检验调查员是否实行实地调查、调查补助是否发放到位等。专门制定《价格调查辅助调查员管理办法（试行）》和《流通消费价格调查辅助调查员工作实施细则》，明确辅调员的权利义务、聘用薪酬等关键事项，规范辅调员采价工作的各项具体要求，如“三定”原则、数据审核及反馈要求、采价器使用与保管要求等，对实际采价过程中常见问题进行细致规范。

【专项调查和调研分析】 2015年，东莞调查队围绕领导关心、社会敏感、群众关注的经济运行和社会民生热点、难点问题，抢抓时间点，把握切入点，开展专项调查和调研分析，及时为上级部门和地方党政提供决策参考。做好东莞各镇街居民幸福感测评调查工作。组织开展2015年东莞各镇街居民第一次、第二次幸福感测评调查工作，精心筹备调查礼品和补贴，开展业务培训，实地督查、复核数据，做好数据处理和分析等工作，为市委、市府建设幸福东莞提供决策参考。根据社会热点情况变化，完善2015年新莞人基本情况调查的调查问卷，并根据实际情况修改调查方案，为下半年的调查工作做好前期准备工作；周密布置调查工作，结合往年的调查难点，做好培训工作，高质量完成入户调查；做好后期的数据开发工作。根据上年的调查结果，撰写调查报告3篇，且全部被广东总队网站选用。其中，题为《就业环境改善　收入稳步提升》的调查报告在国家统计局网站、《东莞日报》《南方都市报》和东莞阳光网等官方网站或媒体刊登。协助开展家禽“集中屠宰、冷链配送、生鲜上市”社会效果评估调查。东莞调查队和市食品药品安全委员会联合开展为期5个月的家禽“集中屠宰、冷链配送、生鲜上市”社会效果评估跟踪调查，及时掌握主城区消费者对该举措的评价以及生鲜家禽经营者销售情况，为市委市政府提供决策参考依据。

【统计调查法制建设】 2015年，东莞调查队结合新修订的统计法律事务告知书、失信企业要予以公示的新规定和最新的统计违法案例，制作图文并茂的《统计执法检查与统计法律告知书简介》《统计违法案例分析》等课件在各专业会议、辅助调查员培训会议上进行普法宣传，培训600多人次。切实规范统计法律事务告知工作，不断扩大统计法律事务告知范围，规范告知程序。向规模以下工业抽样调查、规模以下服务业抽样调查、工业生产者价格调查等专业的调查对象发放统计法律事务告知书2500份，不断提高调查对象依法履行国家统计义务和维护统计合法权益的意识。9月，东莞调查队紧扣“统计服务民生”主题，与东莞市统计局联合举办第六届“中国统计开放日之东莞”宣传活动。通过走进高校开设“统计公开课”宣传统计调查工作、让公众了解统计调查工作。借助统计调查网页、微博、短信宣传统计开放日活动，打造阳光统计。邀请媒体记者，积极宣传调查信息资料，提升统计调查权威。另外，根据总队集中开展统计法治宣传活动的通知要求，分别在11月、12月在常平镇和樟木头镇开展以宪法和统计法为主要内容的统计法治宣传现场活动，派发宣传资料、宣传小册子约500份。通过与镇街、部门联合开展活动，形成市镇联合、上下联动的合力，宣传解读《统计法》和城乡一体化住户调查相关知识，让群众了解调查数据的生产流程和法律保障的内容，释除公众对统计调查工作的疑虑，取得法治宣传和业务开展工作的双丰收。对照统计“六五”普法要求，从机构落实、制度落实、经费落实、任务落实等方面深入对照检查，逐项逐条按照检查内容和要求查漏补缺，扎实做好自查验收工作。对检查中发现的问题和不足及时建立和完善。制订和完善《国家统计局东莞调查队统计法律告知制度（试行）》等法规制度5个。（陈德斌）

附：2015年东莞市统计局主要领导名录

局　长：梁佳沂

党组书记：叶力强

附：2015年国家统计局东莞调查队主要领导名录

党组书记、队　长：王志勋

科学技术·社会科学

SCIENCE AND TECHNOLOGY·SOCIAL SCIENCES

- 珠三角国家自主创新示范区和国家可持续发展实验区创建
- 高新技术企业培育
- 广东省地震安全示范社区创建
- 灾害性天气预警信息发布体系建成

东莞市科学技术博物馆

编辑：黄文挺

科学技术

【科技概况】 2015年，东莞市贯彻国家、省实施创新驱动发展战略的总体部署，实施创新驱动发展走在全省前列。新增国家高新技术企业303家，总数达985家；全市高新技术企业后备入库企业774家；以企业为主体新引进4个省级和10个市级创新科研团队，省市创新团队数量分别达26个和18个，国家高新技术企业、后备高新技术企业、省创新团队数量均居全省第三位。专利申请总量和专利授权总量分别达38094件和26820件，其中发明专利申请量和授权量分别为11166件和2795件，分别位于全省第四位和第三位，发明专利申请量占专利申请总量比例达到29.31%；发明专利授权量占专利授权总量比例达10.42%，比上年提高2.44个百分点；截至2015年，全市累计有效发明专利量7890件，PCT（专利合作协定）国际专利申请量336件，均位居全省地级市首位；全市新增6家新型研发机构，总数达27家；新增科技企业孵化载体13家，总数达36家，其中国家级科技孵化器8家；全市有12个众创空间被列入省试点单位，数量居全省第三位。

东莞市科技工作得到国家科技部及省委省政府、省科技厅、省知识产权局等上级部门的肯定，获评2014年度国家知识产权示范城市工作先进集体，松山湖高新区被国务院批准纳入珠三角国家自主创新示范区。

【科技政策体系建立】 2015年，东莞市制定以《东莞市委、东莞市人民政府关于实施创新驱动发展战略走在前列的意见》为纲领，新型研发机构、高新技术企业培育、企业研发投入、孵化器扶持、孵化器分割转让、科技金融、科技服务业、科学技术奖励等相关实施办法为配套的“1+N”科技创新系列政策，初步建立创新驱动“1+N”扶持政策体系。出台《关于加快推动创新驱动发展重点工作方案（2015—2017）》，落实创新驱动各项工作。

【科技创新氛围营造】 2015年3月24日，东莞市科技创新大会召开，传达省科技创新大会精神，部署全市创新驱动工作；创办“东莞创新驱动讲习所”，全年举办11期报告会，有3300多人次参与。组织举办2015年度广东省科技创新政策宣讲培训会（东莞市分会场）和2015年度东莞市“1+N”科技创新政策宣讲培训会，宣讲团详细解读企业研发投入财政补助、科技创新券后补助、科技企业孵化器后补助等省市实施细则，共有科技部门负责人及市有关高校、新型科研机构、科技行业协会、企业代表2500余人参加培训。

【珠三角国家自主创新示范区和国家可持续发展实验区创建】 2015年9月，国务院下发《关于同意珠三角国家高新区建设国家自主创新示范区的批复》，同意支持包括松山湖在内的8个国家高新区建设国家自主创新示范区（统称珠三角国家高新区）。同月，科技部下发《科技部关于2014年创建国家可持续发展实验区名单和2014年度国家可持续发展实验区通过验收名单的通知》，东莞市被认定为国家可持续发展实验区，成为广东省首个且唯一一个成功申报国家可持续发展实验区的地级市。

【高新技术企业培育】 2015年，东莞市制定《东莞市高新技术企业“育苗造林”行动计划（2015—2017）》，挖掘、培育、发展高新技术企业，初步建立高新技术企业后备数据库，梳理一批

有潜力的企业名单，建立科技、经信、商务、税务、统计等多部门参与的联动培育工作机制。全市新增高新技术企业303家，总数达985家，超额完成省下达的任务；高新技术企业培育入库企业774家，获省高新技术企业扶持资金4.18亿元，均在全省地级市中位居首位。

【科技孵化载体建设】 2015年，东莞市出台《东莞市培育发展科技企业孵化载体"筑巢引凤"行动计划（2015—2017）》《东莞市科技企业孵化载体产权分割管理暂行办法》，落实省、市扶持科技企业孵化器建设的有关政策，健全"前孵化器—孵化器—加速器—科技园区"的孵化链条，提高科技企业孵化器的运营水平。全市共有各类科技企业孵化载体36家，其中国家级科技企业孵化器8家、国家级科技企业孵化器培育单位7家、市级科技企业孵化器7家；孵化面积超过100万平方米，在孵企业1041家，累计毕业企业300家。

【新型研发机构建设】 2015年，东莞市新增东莞北京航空航天大学研究院、广东省智能机器人研究院、东莞松山湖机器人研究院、东莞广州美院文化创意研究院、东莞信大融合创新研究院和桥头镇环保包装产业协同创新中心6家新型研发机构，总数达27家；全市有17家单位获认定省级新型研发机构。出台《东莞市加快新型研发机构发展的实施办法》，围绕新型研发机构在不同发展阶段的特点，在认定管理、建设运营、成果转化、企业孵化、考核等环节给予扶持；开展新型研发机构的走访调研，按照"一院一策"的原则，针对每个研究院的特点制定个性化的年度考核指标体系。

【专业镇技术创新平台建设】 2015年，东莞市加快横沥模具产业协同创新中心的建设，支撑该镇模具产业的快速发展，有关经验做法引起中央、省、市有关领导和社会各界的关注。7月21日，广东省省长朱小丹赴横沥镇调研，肯定横沥模具产业协同创新中心的成效，并计划召开现场会，把横沥经验向全省推广。同时，推进虎门镇和桥头镇分别组建虎门服装产业协同创新中心、桥头环保包装协同创新中心。组织召开全市专业镇创新服务平台建设工作现场会，总结横沥模具产业协同创新中心的建设经验，研究部署全市专业镇建设工作。

【企业研发投入加大】 2015年，东莞市受理企业研究开发费税前扣除项目1694项，数量比上年增长37.95%；享受政策优惠企业294家，增长54.74%，加计扣除额33.71亿元，减免税款8.4亿元，增长71.99%。同时为鼓励企业加大研发投入，引导企业建立研发准备金制度，全市有222个企业获得省研发费补助经费2.16亿元，金额居全省地级市第一位。组织推荐32个项目申报省应用型科技研发专项资金项目，有14个项目获得省应用型科技研发专项资金资助8900万元。2014年度，全市规模以上工业企业R&D经费支出115.05亿元，科研机构R&D经费支出9.78亿元，其他（包括教育、服务业等）2.34亿元，共127.17亿元，研发投入占地区生产总值（R&D/GDP）达2.16%。

【企业研发机构建设】 2015年9月30

东莞市科学技术（知识产权）局

① 2015年12月11日，2015中国（东莞）国际科技合作周开幕。全国政协副主席、科技部部长万钢（中），中国工程院院长、中国工程院院士周济（右三），副省长陈云贤（左三）等领导出席

② 2015年12月11日，市委书记、市人大常委会主任徐建华（前排右二），市委副书记、市长袁宝成（前排右一）在2015科技合作周展会现场与高层次人才交流

③ 2015年3月24日，全市科技创新大会召开，市委书记、市人大常委会主任徐建华（左一）等领导为科技代表颁发证书

日，科技部批准广东东阳光药业有限公司申报企业国家重点实验室，这是东莞市首家获国家重点实验室的科技企业。市科技局组织受理市级工程中心和市重点实验室项目申报42项，拟认定立项36项；组织企业申报省级工程中心认定，共34家企业获批认定；组织企业开展自建研发机构备案登记，共有473家规模以上工业企业建立研发机构备案登记，累计达2297家。

【创新科研团队引进】 2015年，东莞市有4个团队入围第五批省创新科研团队拟资助名单，省财政拟资助8000万元，连续五批次蝉联全省地级市第一名；全市引进省级创新科研团队总数达26个，数量稳居全省前列。全市有10个团队获得第二批市创新科研团队项目立项，市财政资助7200万元。完善团队项目管理服务工作，在开展创新科研团队项目财政专项资金委托引进监管的同时，引入科技项目监理对团队项目进行实时动态管理。

【科技、金融、产业"三融合"】 2015年，东莞市出台《东莞市促进科技金融发展的实施办法》，在信贷风险补偿与奖励、贷款贴息、创业投资风险补助、科技保险补贴、专利保险补贴、科技金融人才培养资助等方面提出一系列支持措施。同时，出台《东莞市科技局实施拨贷联动支持计划和重点企业信贷支持计划操作规程》，完善"拨贷联动"科技项目扶持机制。修订《东莞市创新创业种子基金实施方案》，通过公开招标确定基金的受托管理机构。依托市电子计算中心组建广东省科技金融综合服务中心东莞分中心，打造市场化运作的科技金融综合服务平台，以"线上+线下"相结合的服务模式，促进企业与金融机构和社会资本的对接。

【国际科技合作】 2015年，东莞市创新国际科技合作机制，推动中以产业园拓展与以色列在水处理以外的新兴产业合作领域，支持东莞清华创新中心、北京大学东莞光电研究院等科研机构赴硅谷、德国建立东莞经贸科技代表处，对接李嘉诚基金会推动面向以色列和英国的科技招商工作，联合中国—东盟技术转移中心拓展面向东盟国家的产品市场份额和技术合作渠道，2015中国（东莞）国际科技合作周达成合作项目意向150多项。

【知识产权创造、运用和保护】 2015年，东莞市发明专利申请量、授权量分别比上年增长61.55%和72.11%，数量分别居全省第四位和第三位。截至2015年，全市有效发明专利量7890件，位居全省第三位。培育创新主体，提高企业知识产权综合能力，有15家企业通过企业知识产权管理国家标准贯标认证，数量排全省第一位。全年受理专利侵权纠纷案件34宗，结案26宗；查处假冒专利案件2宗；进驻5家展会维权，处理专利纠纷案件35宗；加快家具快维中心建设，建立《处理专利纠纷工作制度》等10多项规章制度，制定《家具商场知识产权（专利）纠纷处理办法》等，协助家具卖场成功调解专利侵权投诉纠纷31宗。 （王少波）

附：2015年东莞市科学技术（知识产权）局主要领导名录

局　长：刘　宁（任至1月）
吴世文（1月到任）

① 2015年3月24日，市委书记、市人大常委会主任徐建华（左四），市委副书记、市长袁宝成（左三）等领导为广东省智能机器人研究院揭牌

② 2015年2月28日，市委副书记、市长袁宝成（前右）出席北京航空航天大学东莞研究院签约仪式

③ 2015年3月24日，召开东莞市创新驱动讲习所首期报告会

2014年度东莞市专利奖获奖项目

序号	专利名称	单位名称	专利类别	获奖等级
1	主从式相机配置的智能激光切割系统及其切割方法	广东大族粤铭激光科技股份有限公司、暨南大学	发明专利	金奖
2	一种轻质夹层结构的液罐车罐体	东莞市永强汽车制造有限公司	发明专利	金奖
3	具台阶的印刷电路板制作工艺	东莞市五株电子科技有限公司	发明专利	金奖
4	一种多功能多联式空调机组	广东欧科空调制冷有限公司	发明专利	金奖
5	光伏太阳能硅片印刷机	东莞市科隆威自动化设备有限公司	发明专利	金奖
6	增强抗静电能力的IPS显示屏模组及其制造工艺	广东欧珀移动通信有限公司	发明专利	优秀奖
7	表面包覆氧化物的锂离子电池正极材料的制备方法	东莞新能源科技有限公司	发明专利	优秀奖
8	一种双口容器的吹塑成型方法	东莞佳鸿机械制造有限公司	发明专利	优秀奖
9	一种利用全回收浆制备文化纸的工艺	东莞玖龙纸业有限公司	发明专利	优秀奖
10	无引脚半导体引线框架焊铝箔方法	杰群电子科技（东莞）有限公司	发明专利	优秀奖
11	一种锂二次电池电解液及含有该电解液的电池	东莞市凯欣电池材料有限公司	发明专利	优秀奖
12	一种双界面卡生产方法及设备	东莞市锐祥智能卡科技有限公司	发明专利	优秀奖
13	一种流延对压生产TPU薄膜的方法	东莞市雄林新材料科技股份有限公司	发明专利	优秀奖
14	电容式触摸屏的测试方法及其测试设备	东莞通华液晶有限公司	发明专利	优秀奖
15	一种碳纳米管锂离子电池	东莞市金源电池科技有限公司	发明专利	优秀奖
16	一种四个继电器控制和检测电路及其检测方法	广东易事特电源股份有限公司	发明专利	优秀奖
17	一种用于GPS和北斗2代双模式卫星导航接收机的快速冷启动方法	泰斗微电子科技有限公司	发明专利	优秀奖
18	伺服电液复合压力方法及其压力机	东莞市得力仕机械科技有限公司	发明专利	优秀奖
19	一种无铅无汞碱性钮扣电池锌膏及其制备方法	东莞市天球实业有限公司	发明专利	优秀奖
20	一种脱氧保鲜剂及其制作方法	广东广益科技实业有限公司	发明专利	优秀奖
21	一种零待机功耗电脑电源	东莞市金河田实业有限公司	发明专利	优秀奖
22	数控机床网络传输控制系统及方法	东莞市润星机械科技有限公司	发明专利	优秀奖
23	一种改进型传输信号的连接器	东莞市胜蓝电子有限公司	发明专利	优秀奖
24	自动化硫化机	高铁检测仪器（东莞）有限公司	发明专利	优秀奖
25	一种触摸电壁炉	东莞崧崴电子科技有限公司	发明专利	优秀奖
26	一种用于可视内窥装置光信号采集的方法及其可视内窥装置	东莞麦可龙医疗科技有限公司	发明专利	优秀奖
27	一种高频变压器的绕线方法	东莞市大忠电子有限公司	发明专利	优秀奖
28	复合肥浆料黏度的控制系统	广东福利龙复合肥有限公司	发明专利	优秀奖
29	CDMA手机天线性能测试方法及其测试系统	东莞华贝电子科技有限公司	发明专利	优秀奖
30	一种公有云平台虚拟机调度方法	国云科技股份有限公司	发明专利	优秀奖

防震减灾

【防震减灾概况】 2015年，广东省及附近海域发生2.0级以上地震35次，东莞市未发生地震事件。截至2015年，东莞市建成测震台、强震台、烈度台、GNSS基准站、重力联测、地下流体观测、群测群防等专业地震监测台站（点、网）25个，具备对辖区及周边地区1.5级以上地震的监测能力。2015年，东莞市地震局获全国地市防震减灾工作先进单位、广东省市县防震减灾工作先进单位、东莞市市直单位（社会建设类）年度工作优秀单位。

【地震监测和震情处置】 2015年5月，东莞市地震局实施《震情监测应急处置值班工作方案》，实现监测值班法定节假日、周末、夜间“全覆盖”。完善震情值班制度，及时处置对东莞有影响的尼泊尔8.1级、河源3.2级、汕尾3.8级、湛江3.8级等地震事件。全年报送《震情周报》52期，《震情简报》29期。加强地震监测台站安保和日常巡查维护，明确全市监测设施及其观测环境保护范围，做好虎门、黄江、东城综合观测站无人值守技术安保。开展市地震监测与应急中心软硬件升级、地下流体观测系统升级、流动测震系统购置、流动重力基本点建设、灾情速报辅助评估数据库系统更新等地震监测系统专项建设，完善监测手段，提高监测能力。

【城市抗震防灾规划编制】 《东莞市中心城区及松山湖开发区抗震防灾规划（2016—2030）》由广东省工程防震研究院和东莞市城建规划设计院联合承担编制。规划区范围为东莞市中心城区（莞城、东城、万江、南城）和松山湖开发区。规划收集中心城区及松山湖第六次人口普查数据、建筑物、基础设施、地震次生灾害源、公园绿地广场资源和工程地质钻孔等资料，引用地震安全性评价、地震小区划、震害预测、断裂探测、抗震性能普查鉴定等项目成果，与《东莞市城市发展总体规划（2016—2030）》衔接。规划主要内容包括地震地质环境评价、城市用地抗震性能评价、建筑抗震防灾规划、基础设施抗震防灾规划、地震次生灾害防御规划、避震疏散场所与疏散通道规划和信息管理系统。2015年12月，该项目通过中国地震局地壳应力研究所、防灾科技学院，广东省地震局等单位专家评审。

【抗震设防服务】 《东莞市2015年行政审批事项目录》保留“重大建设工程抗震设防要求审核”行政许可事项。2015年，东莞市地震局依法依规履行抗震设防要求监管，服务保障市重大项目建设。全年完成含全市8所学校在内的重大建设工程抗震设防要求审批服务事项32项，抗震设防要求咨询服务150次。开展部门权责清单制度建设，梳理出地震部门权责清单共6类34项。

【“珠江口区域海陆联合三维地震构造探测”协助】 “珠江口区域海陆联合三维地震构造探测”是中国地震局、

防震减灾 平安东莞

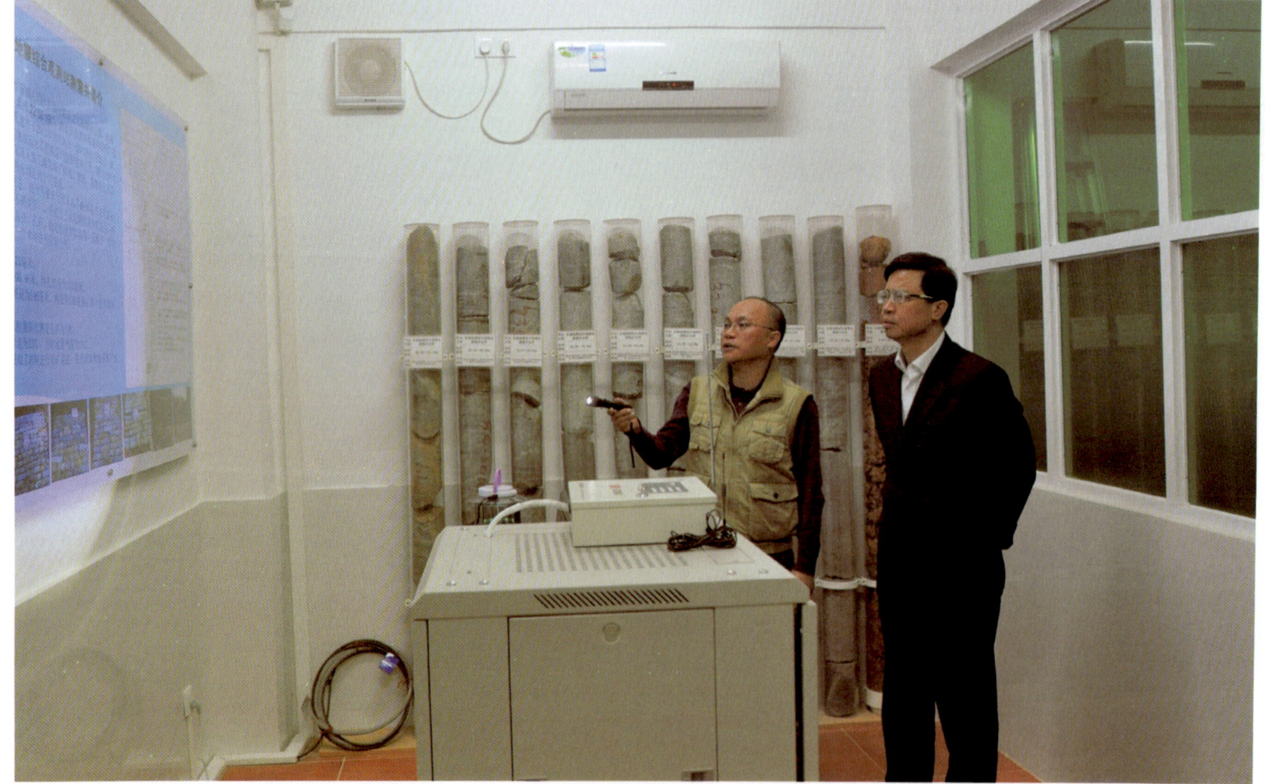
2015年11月27日，省地震局局长黄剑涛（右）到东莞指导防震减灾工作

广东省人民政府共同推进珠江三角洲地区防震减灾工作合作项目，旨在查清珠江口地震孕育的深部构造环境。2015年4月，广东省地震局函请东莞市政府协助开展相关工作。5月，东莞市地震局协助布设7个流动地震台，加上虎门、黄江、东城3个综合观测站，共10个观测点，落实观测点安保并做好人工爆破期间地震监测应急、与地震有关的社会舆情监控。截至6月，在1个月的观测过程中，没有发生观测设备受外界干扰事件，观测资料完整，社会秩序未受影响。

【《东莞市地震应急预案》修订印发】 2015年6月，新修订的《东莞市地震应急预案》以东府办〔2015〕58号文印发实施。调整后的市抗震救灾指挥部成员单位共57个，设13个应急工作组，并调整地震灾害事件分级和应急响应启动条件，建立统一领导、分级负责、高效有序的地震应急体制机制，提升地震应急处置能力。

【地震应急基础数据收集】 2015年3月，广东省地震局商请东莞市政府收集地震应急基础数据。东莞市地震局对数据收集内容进行细化，使其更好满足地震应急需求，具体工作涉及东莞市发改、教育、民政、国土、住建、交通、水务、卫计、安监、统计、规划、城管、消防、供电等24个单位。组织24个相关单位约40人召开协调会，邀请广东省地震应急与信息中心技术人员对数据逐项解释说明。6月，基本完成全市地震应急基础数据收集。

【广东省地震安全示范社区创建】 2015年，东莞市万江大莲塘、南城新城、莞城罗沙、东城星城、长安霄边、黄江北岸、石碣涌口、塘厦莆心湖、茶山增埗、桥头邵岗头、东城梨川11个社区被广东省地震局认定为“广东省地震安全示范社区”。示范社区的成功创建，推动防震减灾工作深入基层，提升基层抵御地震灾害的能力。

【防震减灾宣传教育】 2015年，东莞市地震局在东莞图书馆“市民学堂”、厚街中心小学、中国移动东莞分公司、长安霄边社区、洪梅尧均村等学校、企业、社区开展防震减灾宣传讲座25场，指导地震应急演练8场。5月至6月，东莞市住建局和松山湖管委会主办，东莞市地震局、市政府应急办、松山湖警民互助会承办的松山湖防震减灾系列讲座和应急演练活动依次在松山湖中心小学、南方外国语学校、新能源科技公司开展。举办全市2015年地震应急工作培训班。“‘5·12’防灾减灾日”“‘7·28’唐山地震纪念日”期间，在莞城东门广场开展咨询活动并派发宣传资料，对中小学校舍安全进行回访检查，在东莞电视台《东莞新闻》栏目前播放防震减灾公益宣传片，面向建设系统专业人员在《东莞建设科技》出版地震应急专辑，通过东莞市地震局网站、“东莞普法”“东莞住建”官方微博宣传防震减灾知识，提高市民防震减灾意识和应急避险能力。 （黄远峰）

附：2015年东莞市地震局主要领导名录

局　长：陈伟东

① 全市防震抗震救灾工作联席会议召开
② 东莞市抗震防灾规划评审会召开
③ 市住建局局长朱利民（左二）调研防震减灾工作
④ 东莞市地震局获评“2015年度全国地市防震减灾工作先进单位”称号
⑤ 全市中小学校舍安全回访检查
⑥ 松山湖中心小学地震应急演练

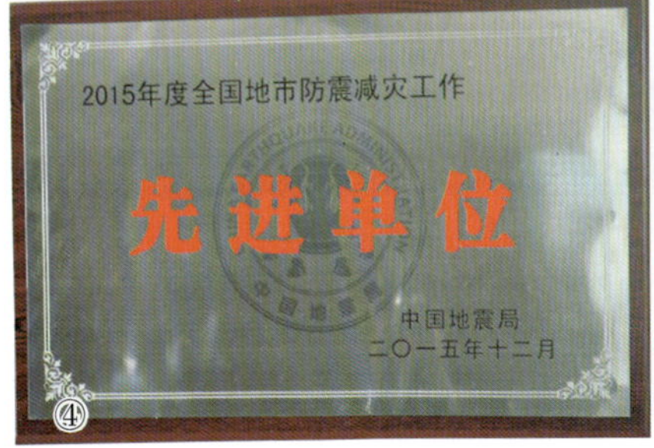

气 象

【气候概况】 2015年，东莞市总降水量2137.9毫米，比常年平均值偏多16.9%；年平均气温23.5℃，比常年平均值偏高0.9℃，位居历年第三位；年日照时数为1787.2小时，较常年平均值偏少5.3%。基本气候特征属正常年份。年内降水分布不均，呈现春季偏少，夏季集中，秋冬偏多特点。5月7日开汛，比常年偏晚约一个月；汛期总降水量为1389.0毫米，比常年偏少8%，其中前汛期偏多15.7%，后汛期偏少36.8%。年内各月平均气温均偏高，为历年罕见，其中6月平均气温创常年同期新高，偏高1.6℃，11月平均气温与历史同期最高（1998年）持平，偏高2.1℃；全年高温日数（≥35℃）12天，较常年高温日数偏多，无低温日（≤5℃）。

2015年，东莞市气象局继续推进气象现代化建设，获评广东省气象现代化新型台站、全国优秀气象科普教育基地、广东省科普教育基地和中央和省驻莞单位年度工作优秀单位。在全省气象部门综合考评中获评特别优秀单位。在省政府2015年率先基本实现气象现代化省收官考核中，东莞排全省第三位、地级市第一位。

【气温高居历史第三位】 2015年，东莞市平均气温为23.5℃，比常年平均值偏高0.9℃，位居历史第三位，气温连续偏高现象为历史少见。出现4次高温天气过程，其中6月1次，7月1次，8月2次。

【年初及年终多回南天和灰霾天气】 2015年，东莞市灰霾日数有45天，1—3月雾霾天气较多，为33天，雾日（包括轻雾和大雾）为51天，其中大雾日1天。3月14—20日，东莞市出现持续“回南天”天气，12月22—24日也罕见地出现“回南天”天气。

【开汛偏晚一个月】 2015年5月7日，东莞市开汛，较常年平均值（4月6日）偏晚30天，为近37年来最晚。5月6日夜间到7日早晨，受高空槽和弱冷空气影响，东莞市普降暴雨到大暴雨。24小时降水量全市有20个镇街降雨量超过100毫米，最大降雨量在松山湖为175.7毫米；最大1小时降雨量在松山湖，为81.4毫米；最大3小时降雨量在松山湖，为148.3毫米。该次降水过程具有雨强强、频次密、多种灾害天气（雷雨大风、强降水）并发的特点。

【5月降水破纪录】 2015年，东莞市汛期（4—9月）共有11次暴雨降水过程，其中5月共有5次。5月强降水过程之频繁为历年罕见，并且每次过程均具有雨强强、累计雨量大、影响范围广、城乡水浸严重的特点，5月东莞市雨量698.8毫米，较常年异常偏多161.5%，为有气象记录以来历史同期最多。

【台风影响轻】 2015年，东莞市有2个台风带来风雨，分别是“莲花”“彩虹”。7月9日夜间，受“莲花”影响，东莞市普降大雨，局部暴雨，超过50毫米降雨的镇街有16个，最大降雨量出现在石龙，为79.5毫米。10月4—5日受“彩虹”影响，东莞市普降中到大雨局部暴雨，最大降雨集中在山区片和沿海片。

【入秋晚】 2015年11月，东莞市由于冷空气强度弱，气温持续偏高，平均气温居历史同期首位。11月25—27日受较强冷空气影响，气温明显下降，随后受冷高压的持续控制，到30日日平均气温都维持在22℃以下，因此25日达到气象上的入秋标准，创历史最迟入秋记录。

【12月多阴雨天气】 2015年12月9日，东莞市受高空槽及冷空气影响，出现持续性降水，过程累计雨量普遍为暴雨、局部大暴雨，为常年同期罕见。12月降雨日（日降水量为0.1毫米以上）天数为15天，降水量为133.2毫米，比同期偏多339.6%，位居历史第三位；12月日照时数为92.4小时，较常年平均值（176.9小时）偏少47.8%。

你的冷暖在我心中

① 2015年3月25日，广东省气象局局长许永锞（右一）率队到东莞市气象局检查指导汛期气象服务准备工作

② 2015年8月7日，市人大常委会常务副主任甄瑞潮（左四）等领导到东莞市气象局调研指导工作

【气象灾害零伤亡】 2015年，东莞市气象灾害实现人员零伤亡。5月，东莞市降水破纪录，为历年罕见，气象应急指挥部实现常态化运行。东莞市全年启动5次气象灾害应急响应，发布气象灾害预警信号9种123次，先后向党委、政府报送重大气象信息服务专报等决策气象服务材料148期，向全市1.4万名村以上领导干部发布决策短信429次550万条。

【镇街气象服务站建成】 2015年，东莞市气象局在凤岗镇试点建设全市首个镇街气象服务站，整合基层应急、三防、气象资源，建立镇应急指挥中心，在镇政府行政办事大厅开设气象行政服务窗口，主要负责镇街气象灾害监测，接收和传播气象灾害预警信息，承接镇辖区内下放的气象行政审批工作。在12个村（居）安装12个气象显示屏及36个气象大喇叭，全年对凤岗发布暴雨及雷雨大风等预警信号119次。

【灾害性天气预警信息发布体系建设】 2015年，东莞市气象局落实政府十件实事之一——“建成突发事件预警信息发布平台”，参与制定实施《东莞市突发事件预警信息发布管理办法》，建成以“应急气象”为品牌的多种预警信息传播渠道，在完善原有的气象应急频道、气象电话“12121”、气象微博、气象网站、短信、微信等传播渠道基础上，建成灾害性天气预警决策服务智能终端、大喇叭广播系统和电子显示屏等渠道，拓宽预警信息发布新渠道。

【公共气象服务和重大活动保障】 2015年，东莞市公布首批92家气象灾害防御重点单位，42个重大气象灾害应急指挥部成员单位出台《东莞市气象灾害应急预案》实施细则。新增10个“八有”（有固定场所、有信息员、有风险评估、有应急处置、有预警手段、有宣传培训、有防灾减灾志愿者队伍、有长效发展机制）标准安全气象社区，全市安全气象社区达到76个；气象协理员覆盖全市所有社区和农村。出台《东莞市气象灾害防御规划（2015—2020）》，公布公共气象服务白皮书。提高气象服务信息覆盖面，应急气象频道覆盖全市数字电视用户，气象网站点击率200多万人次，“12121”应急气象服务电话拨打量26万人次，气象微博拥有50万粉丝，气象微信用户超过7万。建立重大活动气象服务保障制度，完成春运、“中高考”、莞商大会、漫博会等专题（专项）重大活动气象保障服务，提供气象信息专报202期。

【气象行政服务】 2015年，东莞市气象局进驻网上办事大厅事项共7项，其中行政许可事项5项，进驻率达100%；非行政许可事项1项，进驻率达100%；社会服务事项1项，进驻率为100%。应进驻事项做到“应进必进”，所有办事项目均通过网上办事大厅审批系统后台审批。全年气象行政服务窗口共办结防雷装置设计审核295宗，防雷装置竣工验收226宗，升放无人驾驶自由气球或者系留气球活动审批2批次共35个。建立46个直接落地项目清单，派专人进行跟踪服务。

【气象科普宣传】 2015年，东莞市气象局继续开展气象科普宣传活动，组织市、镇、村三级每年3月开展气象灾害应急知识宣传教育月活动，免费预约开放东莞市气象天文科普馆，截至2015年，接待超过250个团体、近5万人次参观。推动“气象应急科普大篷车”活动进机关、进学校、进社区、进企业。

（陈汝婷）

2015年东莞市气象资料

雨量（毫米）	2137.9
平均气温（℃）	23.5
日照时数（小时）	1787.2
暴雨日数（日）	13
热带气旋（个）	0
低温（日）	0
高温（日）	12
霜日（日）	0

注：所有数据除特别注明者外，均来源于东莞国家基本气象站。

附：2015年东莞市气象局主要领导名录

党组书记、局长：凌汉强

① 2015年7月9日，东莞市副市长鲁修禄（左三）率市水务局、市三防办负责人到市气象局检查指导台风“莲花”气象服务工作

② 2015年8月4日，东莞市人大常委会副主任尹景辉（左三）、秘书长陈锡江（左二）率队到凤岗镇督办气象重点建议办理情况

③ 2015年3月23日，东莞市政府召开2015年全市气象工作会议，要求全市气象工作要主动适应新常态，争当气象现代化建设和深化气象改革工作的排头兵。市政府副秘书长李志东（图中）出席会议并讲话

科学技术普及

【科普阵地建设】 2015年，东莞市成功创建莞城街道办事处罗沙社区居民委员会、南城街道办事处周溪社区居民委员会2个“国家级科普示范社区”，南城街道办事处1个“广东省科普示范镇”；认定长安镇沙头社区等11个“市科普标兵社区”，大朗镇中心小学等12所“市科普标兵学校”，广东星河生物科技股份有限公司等10家“市科普教育基地”。

【科普项目资助】 2015年，东莞市财政拨付专项资金1878.1万元资助全市科普项目157项，包括国家级和省级配套科普教育基地、科普示范社区、青少年科学教育特色学校11项，市科普标兵社区、市科普标兵学校、市科普教育基地22项，重大科普活动项目45项，一般科普活动项目79项。

【青少年科普竞赛】 2015年，东莞市科协与市教育、科技、体育等部门举办丰富多样的青少年科普竞赛活动，包括市青少年机器人竞赛、市青少年科技创新大赛、市青少年（生物学）实验技能大赛、市中小学车辆模型比赛、市中小学航空航天模型比赛、市中小学生天文知识竞赛等。东莞科学馆与石龙中学联合承办第十五届广东省青少年机器人竞赛，石龙中学VEX机器人竞技队和大岭山中学的机器人足球队在省赛中获得冠军，并代表广东省参加全国赛获得金牌。东莞市青少年科技教育协会承办2015东莞市中小学无线电测向比赛、第十一届东莞市中小学电脑机器人活动、第四届东莞市“小小科学家”少年儿童科学教育体验活动等多项科普竞赛活动，参赛学校数量比上年增加5所，参赛师生总人数同比增加15.3%；组织青少年科技代表队参加国家级、省级比赛7次，获省级以上奖励500余项，其中参加第30届省青少年科技创新大赛获一等奖7项、二等奖20项、三等奖27项，参加全国青少年科技创新大赛获一等奖1项、二等奖3项、三等奖1项。东莞市电子学会组织“东莞市第二届高校大学生电子设计竞赛”，组织东莞市5所高校36支队伍参加2015年全国大学生电子设计竞赛，有16支队伍获赛区三等奖以上奖项。

【青少年科普活动】 2015年，东莞市科协与教育局联合开展老科学家科普报告希望行校园科普活动，邀请8位国家级科技专家举办49场主题科普报告会，近2万名师生参加。在全省“科技进步活动月”期间，市科协与气象、地震、公安消防等部门联合举办“科普讲座进校园”系列活动11场，约6000名师生参加；组织“流动科学馆”巡展活动，约3.4万名师生参与；与台湾元智大学合作，在全市推广国际科学课程，举办30余场科普秀表演。东莞科技馆、东莞科学馆、东莞市青少年活动中心等科普教育基地组织开展科普剧演出、自然科学体验夏令营、天文培训班、“走进生命科学”微观观测活动、“小小科学家之探秘微观生物世界公益课”、青少年科技兴趣特长培训学习班等青少年科普活动。东莞市青少年科技教育协会承办“科技创新，成就梦想——中科院专家进校园活动”，邀请生物学家朱作言院士、物理学家叶朝辉院士等6名院士深入全市17所中学作科普报告，参与师生达1.1万人次。

【“创客”培育】 2015年，东莞市科协就“创客空间”建设与“创客”人才培养开展调研，起草《东莞市“创客”培育成长计划实施方案》并上报市人才工作领导小组办公室；举办东莞首届创客梦想汇活动，邀请国内知名创客教育专家、团队参加；推行中小学创客教育，指导常平中学、南城阳光中心小学建立创客空间；与东莞外国语学校共建东莞首家校园创客实验室，为创客教育在全市中小学校推广提供示范。

【科普阵地活动】 2015年，东莞市科协联合全市科普教育基地、科普社区、科普学校组织面向公众的各类科技教育传播与普及活动，参与市民29.6万人次。其中莞城街道办事处北隅社区、虎门镇路东社区、樟木头镇金河社区等科普社区举办“珍惜生命、远离毒品”图片展、周末欢乐学堂、“全民科普手牵手，健康生活心连心”、“科普知识我来赛”等科普活动。广东华中科技大学工业技术研究院科普教育基地联合省委宣传部、省科技厅、省网信办举办“粤创粤新”广东创新驱动发展主题大型网络采风活动；举办松湖华科创新大讲堂、创业导师计划等活动，受益群众2.2万人次。

【科普惠民】 2015年，东莞市科协在全国科普日期间统筹全市33个镇（街、园区）科协及下属单位举办“万众创新 拥抱智慧生活”主题活动53场，累计受益群众10万人次；下发《你我共创智慧生活》科普折页1万套、口袋书2000套、科普挂图1350套；组织各基层科协组织聚焦环境保护、节约资源、安全健康等民生和社会热点问题，在全市开展各类科普宣传教育活动276场次，受益群众25.7万人次;编印青少年科技教育资料3种，总印数1672册；与市人民医院、市中医院、东莞国药等单位联合举办“健康新生活”科普系列讲座21场，参与市民6098人次。东莞科学馆举办“广东海上丝绸之路科技文化展”“生命奥秘·脊椎王国”“我们珍贵的地球”等科普展览，接待参观团体36个、市民11万人次；完成改造升级工程，增添东莞市首个青春期主题展厅。东莞市心理卫生协会开展“女性心理健康宣传”“大学生系列心理健康活动”等30多场大型的心理健康知识宣传和科普活动。东莞市农学会联合市农技管理办、市香蕉蔬菜研究所、市花卉粮作所等单位围绕蔬果花卉的种植技术、病虫害防治等专题，到全市各镇街开展“田间课堂”活动，培训农民1500多人次，派发各类技术资料2500份。东莞市林学会举办城市森林建设与热岛效应创新论坛、东莞森

▲ 东莞科技馆

林资源保护与森林公园建设创新论坛、“小少年，大梦想”暨东莞乡土植物科普展等活动，参与市民1.2万人次。

（黎彩仪）

社会科学

【社会咨政课题研究】 2015年，东莞市社科联围绕发展“四新”（新技术、新产品、新业态、新模式）经济目标，开展智能制造、新金融、电子商务、大数据应用、移动互联网、文化创意、检测认证、健康养老、生态旅游、科技服务等新兴产业和新兴业态研究，推出10个主题研究报告。这些咨政研究报告，有的被批转印发市直各部门、各镇街参阅，有的被批转至分管市领导召集相关部门研究吸纳，有的被直接批转至相关职能部门在工作中具体落实，部分报告中的理念、观点和建议被直接吸纳进相关规划、政策文件和具体实施方案。

【《东莞加快推进智能制造打造工业4.0先行城市研究》】 2015年，东莞市社科联助推智能制造，策划推出《东莞加快推进智能制造打造工业4.0先行城市研究》，全面分析国际制造业发展新趋势和东莞智能制造产业发展现状与瓶颈，以大量翔实的数据材料，阐述智能制造对东莞制造业人力成本的替代空间、对生产效率的提升空间、对科技创新的拓展空间，提出“选取一批重点行业和项目加快实施机器换人改造”“建设好广东省智能机器人研究院和松山湖国际机器人产业基地”“不断优化智能制造财政金融支撑政策”等前瞻性建议。

【《国内电子商务革命与东莞电商发展策略研究》】 2015年，东莞市社科联服务电商发展，策划推出《国内电子商务革命与东莞电商发展策略研究》，对国内电子商务革命对东莞的影响、国内电商竞争格局与发展趋势、东莞电商发展状况进行分析，并与先进城市进行比较，在借鉴深圳、杭州等先进城市经验基础上，提出东莞电商发展策略。

【《东莞与珠三角城市文化创意产业比较及优化策略研究》】 2015年，东莞市社科联引领文化创意，策划推出《东莞与珠三角城市文化创意产业比较及优化策略研究》，对东莞与珠三角城市在文化创意产业总体规模、园区发展、展会平台、重点文化创意产业发展等方面进行比较分析，提出“优化文化创意产业内部结构和区域布局”“引入国内外专业化的营运机构”“加快文化创意产业与相关产业融合发展”等建议。

【《东莞旅游业发展现状、瓶颈及提升策略研究》】 2015年，东莞市社科联关注旅游新业态，策划推出《东莞旅游业发展现状、瓶颈及提升策略研究》，分析国内旅游业发展趋势和东莞旅游业发展状况，对东莞与珠三角城市在产业结构、景区项目、接待设施、客源结构等方面进行比较分析，提出加强旅游业发展的应用对策。

【《东莞科技服务业发展现状与突破路径研究》】 2015年，东莞市社科联献策科技服务业，策划推出《东莞科技服务业发展现状与突破路径研究》，总结国内外科技服务业的发展趋势，对东莞科技服务业发展现状进行分析，并与珠三角各市进行比较，提出推动东莞科技服务业加快发展的突破路径。

【《东莞新型城镇化特色、成效及深化路径研究》】 2015年，东莞市社科联组织开展《东莞新型城镇化特色、成效及深化路径研究》，回顾东莞城镇化发展历程，总结提炼为产城融合、城乡一体、组团支撑、绿色引领、多元包容等5个东莞特色经验。撰写《以新型城镇化助推地方城市发展——广东东莞走新型城镇化之路的实践与思考》，在2015年10月15日的《经济日报》理论周刊进行权威刊发推介，中国经济网、光明网、和讯网、南方网等多个国家级和省级主流网站进行转载，《东莞日报》、东莞阳光网进行宣传推介；撰写《坚持走新型城镇化道路　推动城市高水平崛起》理论研究文章，提出东莞要坚持走产城融合升级之路、坚持走高品质城市更新之路、坚持走区域合作发展共赢之路、坚持走以人为核心的民本之路，刊登在2015年11月11日的《中国社会科学报》。

【《东莞智库发展研究报告》】 2015年，东莞市社科联梳理和走访调研党政部门智库、社科联（院）、党校、高校、社会智库、科研院所和企业智库等七大类智库，形成《东莞智库发展研究报告》，就如何培育和发展新型智库，打造城市发展的智慧型“外脑”，提出“推动智库发展专业化特色化”“探索政务资源向智库开放”“实施服务购买倾斜政策”等建议，摘要刊登在市委《领导信息专报》。

【《东莞市企业员工培育和践行社会主义核心价值观研究报告》】 2015年，东莞市社科联围绕核心价值观开展深度研究，联合各镇街的宣传、商务、经信、工会、妇联、团委等职能部门，在10个镇街召开专题座谈会，走访60余家企业，同企业主、企业管理层、一线员工座谈交流，形成《东莞市企业员工培育和践行社会主义核心价值观研究报告》。

【《东莞市健康服务业现状与发展策略研究》】 2015年，东莞市社科联围绕健康服务业开展深度研究。组织研究人员通过座谈会、实地调研、专家讨论等形式，在吸纳先进城市经验的基础上，形成《东莞市健康服务业现状与发展策略研究》，分析东莞健康服务业现状及存在问题，提出健康服务业发展路径和策略。

【《东莞市文化产业发展“十三五”规划（送审稿）》】 2015年，东莞市社科联围绕“十三五”文化产业开展深度研究。组织开展市内外调研，全面摸底文化产业发展现状，分门别类地建立《东莞市文化产业发展“十三五”规划编制》资料库（约30万字），形成《东莞市文化产业发展“十三五”规划（送审稿）》。

【社科评审活动开展】 2015年，东莞市社科联发挥“联”的优势和“聚”的合力，发动东莞理工学院、城市学院、广东医学院、广东科技学院、东莞职业技术学院等在莞高校和科研院所，申报东莞市社科规划课题，组织省内知名专家进行评审，确定重点资助课题30余项，涵盖新型城镇化、法治建设、农村基层治理、文化建设、生态治理等多个领域，提升规划课题研究质量。

【社科学术年会举办】 2015年，东莞市推进“社科联搭台、高校承办”的运作方式，由社科联策划组织，广东科技学院具体运作，承办以“创新驱动下的新科技新产业新业态发展”为主题的广东省学术年会，收到广东省内高校、党校、科研院所等专家学者撰写的论文60余篇，形成《“创新驱动下的新科技新产业新业态发展”专题研讨会论文集》，《南方日报》《南方都市报》《东莞日报》《东莞时报》等省市媒体进行宣传。经过省社科联评审，东莞市获得一等奖2名，二等奖4名，三等奖6名。

（冯　星）

教　育

EDUCATION

- 高考质量主要指标继续列全省第一名
- 东莞理工学院推进高水平理工科大学建设
- 东华教育集团成为市内外知名的优质教育品牌
- 中山大学新华学院获评“中国社会影响力独立学院”

东莞理工学院城市学院

编辑：刘　丹

教育综述

【教育概况】　2015年，东莞市实施基础教育工程，提升教育质量，促进教育公平，推动教育事业“优质、均衡、特色”发展，较好的完成“十二五”规划和年初确定的目标任务，高标准创建为“广东省推进教育现代化先进市”，通过“全国义务教育发展基本均衡市”国家督导验收。全市教育规模持续扩大。截至2015年，全市有幼儿园949所，比上年增加68所，其中，省、市一级幼儿园451所，比上年增加110所。全市有小学327所，在校学生71.93万人，本市户籍学龄儿童入学率达100%，小学毕业生升学率达100%。全市有初中179 所（不含完全中学），在校学生20.87万人，本市户籍适龄少年初中入学率100%，初中毕业生升学率98.5%。全市高中阶段学校61所，其中普通高中（含完中和多层次学校高中部）39所，在校学生7.89万人，中职学校25所（含技工学校3所），在校学生7.23万人。全市有普通高等院校8所，在校学生10.55万人。全年普通高等院校招收本科、专科学生3.13万人，毕业生2.39万人。成人高等院校1所，在校学生9321人，招收本、专科、中职等学生3254人，毕业生1978人。

【教育投入】　2015年，东莞市教育总投入188.55亿元，比上年增加22.8亿元，增长13.76%。其中，财政性投入121.4亿元（含中央和省财政补助6.18亿元），增加10.85亿元，增长9.82%。

落实义务教育民办学校公用经费和教科书补助政策　东莞市对民办学校的在校生给予学杂费减免，2015年补助标准（含公用经费和教科书补助）提高到小学每生每年1270元，初中每生每年2155元，比上年小学提高220元，初中提高425元。下拨义务教育公用经费和教科书补助经费8.40亿元，其中公用经费补助7.60亿元，教科书补助7955.6万元。

保障市镇两级教育经费投入　根据二级办学教育经费分担的规定，2015年，市财政按东莞市规定标准下拨直属学校教育经费34.99亿元（不包括教育收费3.8亿元），并继续加大对镇街教育经费的投入，全年下拨镇街教育补助经费23.07亿元。同时，镇街财政相应投入教育经费63.34亿元，保障学校的正常运作。

加强学校硬件基础建设　2015年，东莞市学校基建总投入2.25亿元，新建、扩建、改建公民办学校（幼儿园）48所（含跨年度建设学校及幼儿园），竣工建筑面积15.39万平方米。截至2015年，生均校舍面积小学10.1平方米，中学24.14平方米。

民办教育经费投入持续增长　2015年，民办教育经费总投入69.91亿元，比上年增加14.18亿元，增长25.44%，民办教育经费占全市教育经费总投入的37.08%。

【教育基建】　2015年，东莞市推进直属学校基建工程建设。完成东莞机电工程学校扩建收尾工程、东莞启智学校小学部扩建工程、东莞市商业学校东校区学生宿舍食堂综合楼所有建设前期手续工作，推动东莞启智学校新校用地手续办理、雅园新村幼儿园工程建设、东莞市国家教育考试监控中心装修工程，推进东莞市纺织服装学校校园道路及排水系统修复工程。

【师资队伍建设】　2015年，东莞市有公办、民办专任教师7.1万人，其中，本科及以上学历3.7万人，研究生学历1052人，具有高级专业技术资格2700人，中级专业技术资格1.67万人。做好第八轮校长考核和第九轮中小学校长及中层干部聘任工作。对全市中小学正副校长进行考核和聘任，对17名市直属学校正副

校长（主任）进行了交流。

开展义务教育阶段学校教师交流工作 在调研和试点的基础上下发《东莞市公办义务教育阶段学校校长教师交流轮岗工作指导意见》，全市公办义务教育学校（含完全中学初中部）的校长教师均列入交流范围，采取定期交流、跨校竞聘、学区一体化管理、学校联盟、名校办分校、集团化办学、对口支援、教师走教等多种途径和方式进行交流，力争用3至5年时间实现公办义务教育阶段学校校长教师交流轮岗的制度化、常态化，逐步实现校长教师资源均衡配置。截至2015年，全市有23个镇街的254所公办义务教育学校开展教师（校长）交流工作，参加交流的教师1123人，其中教师984人，占公办义务教育学校教师的6.1%，参加交流的教师中，骨干教师212人，占参加交流教师总数的18.88%。

加强后备干部培养 组织30名初中阶段学校校长后备干部到教育管理部门跟岗，到部分初中挂职锻炼，促进后备干部成长。同时，结合新一轮的聘任，对成熟的后备干部进行提拔任用。加强局机关干部和学校干部培养，从局机关中选派2名干部到农村挂职锻炼，选派5名干部到学校挂职锻炼两年，挂任副校长，从市直属学校中层干部中选派5人到局机关挂任科长（主任）助理。

引进教育人才 继续完善公开招聘2015年公办学校教职员工作，市教育局组织4场公开招聘公办教师活动，聘用1087人为市公办教师。其中研究生128人，本科959人，分别占总数的12%、88%。

加强优秀人才培养 2015东莞市获评南粤优秀教育工作者3人，南粤优秀教师40人，特级教师14人。

加强民办学校教师管理 引导扶持全市民办教育发展，鼓励民办中小学教师在同一所学校长期任教，稳定教师队伍，提高教育教学质量，推动全市民办教育健康持续发展，下发《东莞市民办学校教师从教津贴实施办法》。从2016年1月起，由市财政每年安排资金发放民办学校教师从教津贴。

【师资队伍培训】 2015年，东莞市教育行政部门加强师资队伍培训，制定实施《东莞市中小学（幼儿园）教师学历提升工程实施方案（2015—2017年）》，采用财政资金奖补的方式，鼓励教师参加学历提升进修，2015年幼儿园教师在读大专人数1426人，小学和初中教师在读本科1476人，高中学校教师报考研究生或硕士学位的有158人。以提高教师信息技术应用能力为重点，制定中小学教师信息技术应用能力提升工程实施方案，将教师信息技术应用能力培训纳入教师继续教育整体规划，通过遴选确定广东第二师范学院为东莞市培训机构，组织校长和骨干教师进行培训，2015年培训1500人次。组织举办系列教师培训工作，2015年组织203个培训班，培训6.54万人次。实施名师工程，

各级领导关怀教育事业发展

① 2015年11月5日，国家督导检查组对东莞市申报全国义务教育发展基本均衡市进行国家督导检查

② 2015年9月9日，市委书记、市人大常委会主任徐建华（前右一）等市领导到石龙三中等学校开展教师节走访慰问活动

2015年评定市首批名师培养对象30人、名校长培养对象10人和教育名家培养对象3人；东莞市首批幼儿园名师工作室主持人20人、东莞市首批幼儿园名园长工作室主持人10人、东莞市第二批中小学名班主任工作室主持人10人、东莞市第二批中小学名校长工作室主持人20人、第三批市名师工作室主持人70人。2015年，东莞市被评选为广东省“百千万人才培养工程”培养对象、省级骨干教师、校长培养项目培养对象、省中小学教师、校长（园长）工作室主持人的教师68人。

【依法治教】 2015年，东莞市推进依法治教工作，推进行政审批制度改革，编制行政审批事项目录，取消非行政许可事项。编制权责清单，梳理行政职权156项，明确权责，优化行政职权运行。推进依法治校，实现全市中小学“一校一章程”和“一校一法律顾问”，开展“依法治校示范校”工作，评出依法治校示范校42所，其中广东省依法治校示范校20所，截至2015年，全市有依法治校示范校98所，其中广东省依法治校示范校25所。推进信息公开，全市284所公办中小学校建立信息公开专栏；推进财政预决算和“三公”经费使用信息公开。做好社会矛盾化解工作，依法依规办理信访事项，办理群众咨询、投诉4000余件。

【教育督导】 2015年，东莞市聘任第八届兼职督学272人，组织督学全员培训，加强督导队伍建设；推行督学责任区制度，指导全市32个督学责任区开展督导工作，加强对学校经常性督导。继续推进基础教育均衡优质标准化发展，全市有省、市一级公办普通高中24所（含广东省国家级示范性普通高中7所），市一级民办普通高中9所；公办义务教育标准化学校比例达100%，民办义务教育标准化学校比例达90%。

【学校安全管理】 2015年，东莞市深化平安校园建设、打造学生安全防护平台，确保师生生命安全。全市学生非正常死亡人数比上年下降19.1%。组织开展寒暑假安全、禁毒教育周等系列专题安全教育活动13次，发放宣传资料68.5万多册，安全防范意识深入人心；完成镇街、市直属学校安全管理工作直接责任人、校车安全管理、应急救护等专题培训，约谈7个单位第一责任人，强化安全责任落实。修订出台《东莞市校车安全管理办法》，制定《东莞市教育局校车监控系统使用管理办法（暂行）》，4184辆校车取得校车标牌；补贴新购换购校车资金2068.1万元；128家学校食堂从C级提升至B级，基本实现消除C级食堂；全市学校配备保安人员7892人，1043所学校安装“一键报警”装置；开展夏季消防隐患整改行动，排查整治校园消防安全隐患397处，落实消防安全教育周、暑期消防安全家庭作业等活动，校园安全重点工作更为规范。开展校园周边治安秩序专项治理行动，查处违规经营场所71家，破获刑事案件2件，抓获涉案人员2人；开展学生溺水问题专项整治行动，排查治理水源地1942处，全市学生溺亡人数比上年下降26%；协调城市管理部门开展校园周边占道经营整治，处罚占道经营2046件，立案查处704件；开展禁毒宣传教育周系列活动，落实2015中国合成毒品防治论坛论文稿

① 2015年6月15—17日，省教育厅副厅长魏中林（右一）带领省督导验收组，对东莞市申报“广东省推进教育现代化先进市”暨“全国义务教育发展基本均衡市”进行评估验收

② 2015年1月20日，市委副书记、市长袁宝成（中），市人大常委会副主任周楚良（右），副市长喻丽君（左）出席全市2015年基础教育工作会议

③ 2015年12月23日，副市长喻丽君（中）等出席东莞市2015年中小学慕课试点工作现场会

件征文活动；整治涉校稳定风险隐患53处，接访处置群众信访88宗，处置各类型突发事件9宗，维护学生成长环境。

【教育信息化建设】 2015年，东莞市教育行政部门完善基础设施建设。教育城域网互联出口带宽提升到20G，学校百兆连通到教育城域网，全市公民办中小学接入教育城域网实现全覆盖。教育数据中心采用云计算架构进行搭建，新增加的8台服务器全部虚拟化，在基础设施层采用云管理平台进行统一管理，提供80多台虚拟机对外服务。

做好慕课建设规划。制定下发《东莞市慕课建设方案（2015—2017年）》。进一步完善教育信息化平台建设，形成教育资源、教育教学、教育管理、教师专业发展、家校互动等5大体系共28个平台和功能模块。微课掌上通教师常态化使用率达到84.38%、家长常态化使用率达到56.24%。

推进中小学慕课试点工作 制定《东莞市普通中小学慕课试点工作方案》，确定100所慕课试点学校，征集200多个优秀慕课创新案例，组织20多场慕课培训、案例交流和成果展示推广等活动，其中麻涌一中、市电子科技学校、长安振安中学、松山湖实验小学、松山湖实验中学、大朗巷头小学、石龙三中等26所学校慕课试点进展较好。基于慕课理念开展网络教研实践，参与教师达3.6万人次，扩大教研指导覆盖面，提高教研效率。

开展资源建设 截至2015年，东莞市建成与国家资源平台、省资源平台对接的市教育资源公共服务平台，全市师生可登陆省、国家平台共享使用相关资源。启动覆盖各学段、各学科的优质教学资源征集、评选工作，完成三批次优课、微课征集、评选和入库，评选出优课微课资源2.4万节。全市学校向市平台上传优课、微课、教学设计、教学案例、典型习题、精选试题等各类数字化教学资源30万多条。以购买服务的形式引入4000种电子期刊、电子图书，为全市师生提供教育资源共享服务。

开展“一师一优课，一课一名师”活动 制定实施《东莞市“一师一优课、一课一名师”活动方案》，以推进信息技术与教育教学深度融合为核心，抓好教师应用和优质数字教育资源汇聚两个重点，把资源建设与应用融入到常规的教研活动中，推进教与学方式的改革。全市在国家晒课平台上的“晒课”总数量达1.56万节，教师参与率28.25%。东莞市经省评选确认的市级优课1493节、省级优课187节，数量位于广东省第二位，被推优比例达11.14%，推荐参评省“同步名师课堂”的数量列全省第一名。教师参与率、人均晒课数、优课数等均名列全省前列。

【教育装备】 2015年，东莞市教育局建设教育装备管理平台，全面跟踪全市中小学校教育装备建设、管理及应用情况。截至2015年，全市中小学校有各类实验（功能）室1.21万间，有装备计算机12万台，全市中小学校图书馆藏书达2652万册，全市479所学校建成校园网，公民办中小学校校园网建成率86%。

2015年，组织参加广东省小学科学、初中物理实验教师（实验管理员）实验操作与创新技能竞赛活动，获创新奖2项，省一等奖2项，二等奖4项，三等奖2项。组织参加第六届“中国移动‘和教育’杯”全国教师论文大赛活动，有9篇论文获全国奖励，60篇论文获省奖励。

【教育科研】 2015年，东莞市确定为教育科研质量提升年，教育科研数量和质量都取得新的发展。组织申报广东省2015年“强师工程”项目，有21项课题被批准立项，为历年最多，其中重点课题4项、一般课题17项；组织申报广东教育研究院教育研究课题，22项课题被批准立项，为历年最多；组织参加2015年广东省中小学教育创新成果评奖，有68项成果获奖，其中二等奖11项、三等奖57项，获奖总数历年最多，连续四年列全省第一位；开展东莞市第十三届教育科研成果评奖，收到申报项目264项，评出获奖项目219项，申报数、获奖数历年最多。开展2015年度市规划课题申报，有申报课题703项，批准立项513项。组织开展市名班主任工作室专项课题申报，批准10项课题立项。组织第二批“精品课题”申报，批准立项20项。组织课题成果结题鉴定，有250项课题通过结题验收。开展课题申报指导会议、课题答辩会、优质课题研讨会、省强师工程项目研讨会、招标课题中期汇报会、成果推广交流会等学术研讨活动10场次。加强对教育科研薄弱镇街、民办学校的帮扶，组织科研视导或送科研到校活动12场次。开展东莞—韶关科研交流活动2次。

【教育发展研究】 2015年，东莞市教育部门做好东莞市教育事业发展十三五规划编制工作，完成规划文本征求意见稿。完成《广东教育改革发展研究报告（2016）》东莞部分。围绕东莞教育改革发展重点、难点、热点问题深入研究，形成《东莞市教育事业发展分析报告（2011—2015年）》《全面二孩政策和户籍新政对东莞市公办教育学位需求影响的情况分析报告》《温州民办教育改革调研报告》和《珠海横琴公办学校委托管理调研报告》。加强教育专题研究，市社科联立项课题《东莞市基础教育阶段建设现代学校制度研究》顺利结题，广东省教育体制综合改革重大教育科研项目《构建公益普惠性学前教育公共服务体系的政策研究》和市基础教育科研重点招标课题《东莞市普惠性幼儿园质量评价体系研究》进展顺利，1项成果获2015年东莞市哲学社会科学优秀成果奖。

【教师支教】 2015年，东莞市根据省教育厅的有关要求，选派19名中小学教育工作者赴韶关支教，选派1名教师到西藏林芝地区支教，3名教师到东莞台商子弟学校支教，继续选派1名教师前往英国参与国家汉办和英国总领事馆合作的“双语助教项目”；根据省教育厅和市委的部署，继续选派17位教师到新疆开展支教工作。

【语言文字工作】 2015年，东莞市及时调整语言文字工作委员会成员，成员单位覆盖语言文字工作各大重点领域。省教育厅、省语言文字工作委员会将东莞市定为第18届全国推广普通话宣传周重点城市，东莞市以常平镇为重点镇开展推普周活动。弘扬中华优秀文化传统，组织开展中华经典诵读活动，举行东莞市“诵经典华章，唱中国梦想”中华经典诵读比赛。东莞市广播电视台播出比赛情况。创建语言文字规范化示范校，有国家、省、市级示范校197所，其中市级示范校新增35所。加强规范汉字教育教学，东莞市再次在“中国汉字听写大会”全国巡回赛广东省赛夺魁，茶山中学与麻涌一中组成的5名选手和东华初级中学、光明中学、虎门镇第四中学、常平镇振兴中学、长安实验中学、塘厦初级中学共10名港澳台籍学生囊括广东省参加中央电视台举办的“中国汉字听写大会”全国总决赛的名额。参加“第7届广东省学生规范汉字书写大赛”，全市900人参加市决赛，150人参加省总决赛，124人获奖，其中42人获一等奖，取得获奖总人数、一等奖、二等奖以及优秀指导老师奖获奖人数4项全省第一的成绩，东莞市教育局再次获得优秀组织奖。完成普通话培训测试1.40万

2015年东莞市普通高考（普通高中类）录取情况

参加高考考生数（人）	录取人数			高考录取率（%）	每万户籍人口录入重点大学人数（万人）	每万户籍人口升本科人数（万人）	每万户籍人口升大学人数（万人）
	总数（人）	其中					
		本科（人）	专科（人）				
29510	27426	14834	12592	92.94	18.96	64	124

人次。

基础教育

【学前教育】 截至2015年，东莞市有幼儿园949所，其中公办、集体办园191所，民办园758所。3—6周岁在园幼儿31.44万人，入园率达99.3%。全市幼儿园教职工3.95万人，其中园长、教师2.21万人，教师学历达标率 97.72%，大专以上学历占64.7%。全市 “广东省规范化幼儿园”893所，普惠性民办幼儿园511所，省、市一级幼儿园451所，其中省一级幼儿园16所、市一级幼儿园435所。

2015年，全面实施东莞市第二期学前教育三年行动计划，落实集体办幼儿园扶持、普惠性民办幼儿园奖补、师资素质提升和优质幼儿园奖励等学前教育重点建设项目。制订实施《东莞市集体办幼儿园和普惠性民办幼儿园奖补试行办法》，对587所符合条件的集体办和普惠性民办幼儿园发放奖补资金5155.8万元。全年培训幼儿园教师8898人次，成立首批10个名园长工作室和20个幼儿园名师工作室。东莞市被广东省教育厅确定为广东省贯彻落实《3—6岁儿童学习与发展指南》实验区。

【九年义务教育】 截至2015年，东莞市有小学327所，在校生71.93万人，比上年增加3.2万人，本市户籍学龄儿童小学入学率100%，小学毕业生升学率100%。

全市有初中179所（不含完全中学），在校生20.87万人，比上年增加2082人，本市户籍适龄少年初中入学率100%，初中毕业生升学率98.1%。

【随迁子女义务教育】 2015年，东莞市义务教育学校非东莞户籍学生75.65万人，比上年增加3.88万人。非东莞户籍小学生60.7万人，增加3.03万人，其中在公办小学就读的非本市户籍小学生13.75万人，非东莞户籍初中生14.95万人，增加8442人，其中在公办初中就读的非本市户籍初中生3.82万人。

2015年，全市通过积分制入读义务教育阶段公办学校及政府向民办学校购买学位的新莞人子女（含优惠政策群体）3.02万人。根据省、市有关政策精神，安排华侨华人和台胞子女391人在东莞市就读。

【普通高中教育】 截至2015年，东莞市有普通高中（含完中和多层次学校高中部）39所，在校生7.89万人，比上年增加800人。在民族教育方面，2015年积极做好东莞高级中学新疆班学生招生工作，招收新生199人。截至2015年，市内高中班在校生669人。

【特殊教育】 2015年，东莞市特殊教育学校在校生640人，本市户籍残疾儿童少年小学入学率98%，初中入学率96.6%。2015年12月，市教育局出台《关于加强对普通学校随班就读和送教上门工作管理和指导的通知》，强化随班就读和送教上门的组织管理，提高全市残疾儿童少年随班就读和送教上门工作管理水平和教育质量。

【学生思想道德建设】 2015年，东莞市以培育和践行社会主义核心价值观为根本，围绕“学生健康成长促进工程”，做好德育基础工作。以“四个平台”（精神引领平台、才智展示平台、心理对话平台、健康安全平台）建设为重点，提升学生思想道德水平，促进学生健康成长。

加强社会主义核心价值观教育，举办全市培育和践行社会主义核心价值观学校示范点现场经验交流会。开展“传承民族魂 共筑中国梦”主题教育实践活动，组织“我爱祖国——给抗战英雄的一封信”“我爱我家——给父母的一封信”第十届中小学生书信活动。开展弘扬和培育民族精神月和民族团结进步宣传月活动，组织收看“开学第一课”。开展“我们的节日”“学雷锋”“向国旗敬礼”等主题教育活动。开展“千万少年快乐阅读”“梦·阅读”现场作文竞赛、“朝阳读书”“暑假读一本好书”等系列读书活动。建设“校园法苑”，开展“法律进学校”“12·4”国家宪法日暨全国法制宣传日等系列法治宣传教育活动。设置第二批10个市级名班主任工作室。开展“师德建设主题教育月”系列活动，组织师德宣讲、师德征文活动，加强师德建设。组织德育骨干教师培训，继续进行中职德育品牌创建活动。加强德育科研，21个省级德育科研项目成功立项。编制12期《德育工作简报》。加强校外社会实践活动管理，新认定14个中小学社会实践基地，整合校外教育资源。制定《关于加强青少年活动中心（宫）管理工作的意见》，规范青少年活动中心（宫）的运作。开展以“励志助学”为主题的教育志愿服务活动。

【体育、卫生和艺术教育】 2015年，东莞市加强学校体育工作，制定印发《东莞市中小学体育发展三年行动计划（2015—2017年）》；举办阳光体育冬季长跑启动仪式，举办篮球、游泳、足球、武术套路、田径、健美操、小学生运动技术技能展示活动等一系列比赛。实施“体育场地设施器材达标工程”，组织开展中小学校体育工作条件自查工作。开展市级体育传统项目学校评估工作，评出60所市级体育传统项目学校。制定印发《东莞市中小学校园足球推进计划（2015—2017年）》，举办小学组、初中组、高中组市级比赛，搭建全市校园足球三级联赛展示平台。麻涌中学等15所学校被教育部评为“全国青少年校园足球特色学校”。组织参加广东省第十四届运动会学校组8个项目比赛，获得26枚金牌、19枚银牌、10枚铜牌，共55枚奖牌，代表团综合团体总分1709.95分，奖牌数和团体总分均列全省第三名，获一等奖。同时，东莞市代表团获得体育道德风尚奖、实施《国家学生体质健康标准》工作优秀奖、全省体育教师技能大赛团体总分一等奖、体育科学论文报告会总分第三名，还有一批

运动队和运动员获得体育道德风尚奖。

举办2015年东莞市中小学生艺术展演活动，有347个表演类节目报名参加声乐、器乐、舞蹈、戏剧和朗诵等5个专场全市展演活动；有625个艺术作品参加艺术作品类评选；有131篇文章参加“阳光下成长”征文活动。展演期间，还组织举办“童心共筑中国梦 艺术教育展新篇”——东莞市庆“六一”暨中小学生艺术展演活动汇报演出活动。组织参加省中小学生艺术展演活动。举办2015年“少年传承中华传统美德”之“墨香书法展示”活动，选送优秀作品参加省评选，获一等奖14个，二等奖26个。举办2015年东莞市中小学生书法、绘画现场比赛，有490人报名参赛。举办首期东莞市中小学师生才艺展示活动，为中小学师生搭建才艺展示的平台。

开展爱国卫生运动，加强学生健康教育，做好中小学生健康体检工作。开展校园控烟工作，在各中小学、幼儿园建立健全禁止吸烟的管理制度，实现控烟工作制度化、规范化。与市卫生计生局于11月联合举办东莞市中学生健康素养知识竞赛活动。

【心理健康教育】 2015年，东莞市教育部门继续落实省中小学心理健康教育有关规范性文件精神，开展中小学心理健康教育工作，积极打造“心理对话平台”，提升学生心理素质。继续开展中小学心理健康教育特色学校创建工作，1所学校创建为国家级特色学校，5所学校创建为省级特色学校。组织心理健康教师专业培训，有1000多人参加培训。组织心理健康教育教师专业技能大赛，参加省级比赛获得优秀成绩。继续开展心理健康教育片区交流活动，组织送课到校活动，提高心理健康教育质量和教研水平。

【普通高考再创佳绩】 2015年，东莞市普通高考上线人围29510人，其中普通类考生25369人，高职类考生4141人。在普通类考生中，第一批本科（重点线）上线4446人，比上年增加886人，增幅24.89%；本科以上上线14060人，增加789人，增长5.95%；专科以上上线总人数24054人，增加154人，增长为0.64%。在高职类考生中，上线总人数2465人。

录取方面，总录取27426人，总录取率92.94%，比全省平均水平81.84%高11.1个百分点。其中第一批重点院校录取4583人，比上年增加955人，增长26.32%，占考生总数的15.53%，比全省平均水平高6个百分点；本科以上院校录取14834人，增加632人，增长4.45%，占考生总数的50.27%，比全省平均水平高13个百分点。户籍考生录入第一批重点院校人数3628人，每万户籍人口升重点人数18.96人；录入本科以上院校人数12293人，每万户籍人口升本科人数为64人；录入专科以上院校人数（录取总人数，含高职类考生）23647人，每万户籍人口升大学人数124人。2015年，全市普通高考录取率及每万户籍人口升重点、升本科、升大学人数四项高考质量主要指标继续列全省第一名。

职业教育

【职业教育概况】 截至2015年，东莞市有中等职业学校25所（含技工学校3所），其中公办14所，民办11所；有省级以上重点中职学校12所，其中国家级重点10所；省级示范性中职学校4所，其中有2所国家示范性中职学校建设立项学校。中职学校在校生7.23万人，其中省级以上重点中职学校在校生5.47万人，占整个中职学校在校生人数的75.7%；2015年招生2.64万人，其中接收本省东西两翼和粤北山区的“双转移”学生1.1万人。全市中职学校有教职工3776人，其中专任教师2974人；有“双师型”教师1313人，占专业教师的64.2%。2015年，东莞市中职学生的升学就业率98.33%。

【重点中等职业教育学校建设】 2015年，东莞市开展重点中等职业教育学校建设，督促指导市信息技术学校、市汽车技术学校、市体育运动学校、南华职业技术学校、五星职业技术信息学校和南博职业技术学校等6所学校，按照省重点中等职业教育学校的评估体系和标准，改善办学条件，扩大办学规模，抓好内涵发展，提高教育质量，做好迎评工作。督促指导东莞理工学校和市经济贸易学校按照创建国家示范性中等职业教育学校任务书的要求，完成省的2次检查，做好有关创建工作，力求通过教育部的验收。

【职业教育多元化办学】 2015年，东莞市实施“三二分段”中高职培养。经省教育厅同意，全市有8所学校的20个专业与省内高职院校实行三二分段对接培养，招生1550人。推动职业教育国际化。东莞理工学校、市电子科技学校、市商业学校分别与新西兰、澳大利亚的高职院校合作开办国际班，招收106人，为中职学生开辟新的成长渠道。2015年，经市政府同意，东莞理工学校、东莞市经济贸易学校等5所中等职业教育学校与东莞台商育苗教育基金会合作，引进台湾职业教育专业课程体系和优质师资，联合开办中等职业教育台湾课程班。2015年开办机器人、动漫、电子等8个专业，招生400人。与德国、意大利、韩国等相关院校沟通，扩大东莞市中职学校国际人才培养规模。

【职业教育校企合作办学】 2015年，东莞市教育行政部门积极开展校企联合招生、联合培养的现代学徒制试点，逐步实现“招生即招工，就读即就业”。4月向全市中职学校下发《关于大力开展中职学校联合办学工作的通知》，要求各中等职业教育学校推行“专班培养”模式，并在2015年的招生计划中安排1—3个专业开展联招联培工作。全市中职学校与企业联合组建的专班有17个，招生1093人。其中有市汽车技术学校与丰田汽车公司组建汽车营销专班和汽车维修专班，市机电工程学校与东莞劲胜精密组件股份有限公司、东莞市新鲁班教育科技有限公司合作，开设“新鲁班现代学徒制劲胜班”，共同建立“新鲁班劲胜学院暨智能制造人才培养基地”。督促指导市电子商贸学校成立东莞市电子商务职教集团。

东莞职教城

【东莞职教城概况】 东莞职教城是东莞市推进职业教育和技工教育创新发展的重点工程项目。截至2015年，职教城地块占地面积101.69公顷（含建设用地75.47公顷，河堤、绿化地面积26.23公顷），总建筑面积43万平方米，总投资20多亿元，一次性建成2所职业院校（东莞市技师学院和东莞理工学校）、1所高技能公共实训中心和1个公共服务区。东莞职教城是一个可容纳1.5万~2万名中高职在校生和年培训量达3万~5万人次的大型工程项目。

【职教城建设情况】 东莞职教城一期工程从2011年7月开始动工兴建，校舍房建及周边市政配套设施工程，总投资15亿元，建成面积29万平方米的现代化建筑、4.83公里的城市市政道路、20.3万平方米的市政绿化、6.6公里的排渠和箱涵及1座新排站，于 2013年9月交付使用。职教城二期工程于2015年6月中旬动工，至2015年底，基础工程部分只剩下技师学院和理工学校的风雨操场在收尾，部分单体建筑建到四层，装修和安装工程也紧跟随着。2015年，二期工程完成±0.00以下基础部分的97%，完成主体结构部分的26%，完成装修和安装部分的11%。三期工程（即公共服务区），确定初步设计方案。

（温泽枫）

附：2015年东莞职教城主要领导名录

主　任：陈　杰

东莞市技师学院

【东莞市技师学院概况】　东莞市技师学院于1987年12月经广东省人民政府批准，由东莞市人民政府创办，隶属东莞市人力资源局，是广东技工教育前二十强、先后获评“国家级高技能人才培训基地”“国家人社部企业新型学徒制试点单位”“全国职工教育职业培训先进集体”“东莞市文明标兵单位”“东莞市最具影响力教育品牌”“东莞市最具品牌价值国际教育单位”“东莞市先进教职工之家”，东莞市唯一的一家公办国家重点技工院校。学院拥有两个校区，总占地面积38公顷，总建筑面积30.9万平方米。东城校区建筑面积9.1万平方米；职教城校区建筑面积21.8万平方米，总投资7.8亿元，2013年9月投入使用。

2015年，东莞市技师学院有在校生8500多人，其中高技生占在校生比例80%。学院设有机电工程、信息工程、机械工程、汽车技术、现代服务系和管理工程系等6个专业和1个国际合作分院，常设专业35个，开展中技、高技+大专、预备技师+本科和面向企业在职员工的技师+本科等多层次办学，学生毕业将相应获得技师学院毕业证书、高等院校毕业证书，以及相应的职业技能等级职业资格证书，参加中德、中英、国际合作班学习的学生还可获得欧洲及世界都享有极高声誉的学历、职业资格证书，取得国内学士学位的毕业生，可到德国就读研究生，部分毕业生可到德国就业，入读中美国际合作班的学生在校期间将会安排两次赴美英语培训游学营，在该游学营中通过ESL（English as a Second Language）英语水平考核的学生，可在中技毕业后直接申请美国大学，无需再提供托福、雅思等其他语言成绩。

【东莞市技师学院师资队伍建设】
2015年，东莞市技师学院有教职工472人，其中专职教师399人，且100%具有本科及以上学历，硕士学位以上超过15%，教授1人，高级讲师、高级实习指导教师、高级技师115人，讲师、技师136人，一体化专业骨干教师达到75%以上，教师队伍中拥有一大批省级督导员、考评员和省市优秀教师及技术能手。学院高度重视师资队伍建设、通过引进学科带头人、选送骨干教师到国外培训、激励学历技能提升等长效机制，培养出一大批优秀人才，先后分批派出98人次赴德国、奥地利、新加坡等国家和香港地区培训进修。学院还从各行业聘请66名技术骨干、行业专家兼职。学院教师职业素养和业务水平较高，科研成果斐然，获省级以上科研成果奖250多项，编写各类专业教材50多种，经国家出版社出版的教材有60多部（本）。

【东莞市技师学院国际合作办学】
截至2015年，东莞市技师学院自2013年引进德国“双元制”、2014年引进英国“学徒制”的教学模式实现本地化。2015年，又携手PTI（美国）教育咨询有限公司签署“中美合作办学协议”，并开办室内设计、计算机动画制作、服装设计与制作3个专业的中美合作班；还联手加拿大蒙特利尔公立英语教育局（EMSB）、高信（香港）咨询服务有限公司拿下加拿大蒙特利尔PEQ职业教育直通车项目，开办烹饪（糕点制作）专业及汽车维修2个专业的中加国际合作班。至此，技师学院国际合作办学形式“四大模式”，开办中德、中英、中美等35个国际合作班，涉及12个专业，占全校专业总数的三分之一；国际合作在校人数达972人，占全校总人数的11.4%。2015年，学院首届中德班118名学生全部通过由德方举行的IHK中期考试（考试时间和德国同时，试卷也是德国本土一样），获得参与结业考试的资格；首届中英合作班31名学生获得ASFI一级职业证书。此外学院携手德国柏林bbw应用技术大学、江西理工大学共建“德国bbw大学中国（东莞）师资培训基地”，将从2016年秋季招录普通高中、高职毕业生组成全日制教学师资班，进行为期三年的教育培训，也会承接省内外在职教师技能提升培训。

【东莞市技师学院课程体系改革】
2015年，东莞市技师学院依托国际合作办学，推进学院11大专业课程和公共课程改革。年初启动“机电一体化”“数控加工”“模具设计与制作”“工业设计”“汽车机电”“汽车营销”“现代物流”“会计”“中英酒店管理”“中英国际商务”“电子商务”“核心能力建设”11个专业和基础课程的改革。并于5月26日和6月3日，在职教城多功能厅举行“课改第一阶段成果汇报交流会”；12月23 日举行“课改第二阶段汇报交流会”。到2015年底，多数课题组基本完成课程标准制定和学习任务描述的阶段任务，能按照人社部课改格式编制相关文件，基本掌握课改流程，完成部分学材、教学指导书、工作页，开展各级示范课，在全院教学工作中发挥先锋带头作用。

【东莞市技师学院实践教学改革】
2015年，东莞市技师学院在机电、数控两个专业的“学习型工厂建设”的基础上，逐步建设涵盖模具所有专业的“学习型工厂”，同时做好“汽车医院”“服装学习型工厂”建设运营工作。2015年3月学院与麦士德福科技（深圳）有限公司签订合同，同月公司设备进入学院“学习型工厂”运营。至年底，学院学习工厂除建有机电一体化、数控两个专业以外，还有服装学习型工厂、汽车医院、东技旅行社以及会计专业校企合作实训基地等。

【东莞市技师学院校企合作发展】
2015年，东莞市技师学院坚持“校企同生”的原则，与东莞庆泰电线电缆有限公司、东莞市天母蓝鸟咖啡公司、华为机器有限公司、东风日产公司、东莞国旅公司等19家企业签订协议完成20个冠名班的招生任务，招生638人。学院拥有48个冠名班，同时校企合作企业逐年增长，校企合作企业达到138家。报读这类班的学生将签署学校、企业、学生三方协议，学生拥有双重身份，在校为学生，在企业为学徒。学院与企业将联合按企业提供的5个以上技术岗位要求制定并实施教学计划，以技术岗位为课程，实行工学结合。学生在校学习期间及企业实习期间均由公司给予生活补贴。

【东莞市技师学院职业技能培训拓展】　2015年，东莞市技师学院继续抓好企业员工职业技能培训，利用政府的财政补贴优惠政策，与企业合作开展对其内部员工进行技能提升的培训，与

80多家大型企业建立联系，培训1.07万人，鉴定人数6232人。其中创业培训班培训738人、社会人员培训1504人、内部培训8489人（含红十字协会应急培训8457人）、技能鉴定6232人次、外接考试21场次，考生人数达4万人次，安监特种作业考场考试9357人。

【东莞市技师学院技能大赛佳绩】 2015年9月1日，东莞市技师学院成立技能竞赛办公室，全面负责学院竞赛事宜并出台《东莞市技师学院技能竞赛管理办法》，坚持“请进来，走出去”的方针，多次邀请世界技能大赛中国专家到学院做专题研讨及讲座，指导学院的竞赛工作。学院教师获国家级竞赛2个一等奖、16个二等奖、11个三等奖、9个优秀奖，并获评3个“全国应用能手”称号；省级竞赛获得6个一等奖、6个二等奖、4个三等奖、1个“优秀组织奖”，获2个“广东省技术能手”称号、1个“广东省经济技术能手”称号、1个“先进个人”的称号；市级竞赛获得2个一等奖、1个二等奖、1个三等奖。学生参加的各类比赛中，获国家级竞赛1个二等奖、1个三等奖；省级竞赛5个二等奖、9个三等奖、2个优秀奖；市级竞赛中获得5个一等奖、18个二等奖、32个三等奖、1个优秀奖。（唐勇志）

附：2015年东莞市技师学院主要领导名录

院长兼党总支部书记：刘海光

东莞市高技能公共实训中心

【东莞市高技能公共实训中心概况】 东莞市高技能公共实训中心成立于2010年9月，是直属市人力资源局的公共服务管理型公益性事业单位，位于东莞市横沥镇东莞市职教城。截至2015年，占地面积13.33公顷，建筑面积5万平方米，基建投资规模1.64亿元，设置高新技术、汽车技术、现代制造业、现代服务业、工业自动化等5个实训中心，共135个实训项目，具有公益、高端、服务、引领的特点；重点突出“高（高端职业和技能）、新（新兴职业和技能）、长（长周期技能开发）、前（前瞻性技能开发）”，可同时容纳2200人实训；各种设备品种多、精度高、技术先进、通用性强、加工范围广、配套性好，资产总值逾2亿元。实行财政保障的公益性运作模式，由市财政全额拨付实训管理、水电、实训设备、运行维管等费用，实训单位进入，免费使用设备、场地等实训资源，自带师资、实训耗材以分担部分成本。

【东莞高技能公共实训中心运营】 截至2015年，东莞市高技能公共实训中心与东莞市技师学院、东莞理工学院、东莞市创富实业有限公司、哈德曼五金科技有限公司等60多家职业院校和企业，合作开展各种技能实训，完成实训25.4万人次；承接全市中式面点师、西式面点师、中式烹调师、西式烹调师、数控铣、数控车、数控钳工等多个工种级别的技能鉴定1.46万人次；举办2期技能鉴定考评员培训班，培训13个工种考评员共414人；承办全国性职业技能竞赛1项，全市性职业技能竞赛5项，企业职业技能竞赛1项；调研东莞院校和企业的培训需求，开展《数控车削加工实训教程》等实训课题研究6个，开发配套教材12本；创立“小高微店”创业实训平台，为东莞市转型升级孕育一批高素质的创业者，培养更多具有自主创业意识的高技能人才。推进莞港合作与交流，举办电镀业环境管理专业证书课程培训班，开展莞港学生社会实践活动项目，举办3期莞港学生专业交流和社会实践活动；与莞香花青少年服务中心联合举办“青春·再启航”系列公益培训项目5期，培训社会待业青年97人；举办职业技能展示群众开放日和职业技能展示媒体开放日共6期，吸引社会群众800多人参与。（刘　斌）

附：2015年东莞市高技能公共实训中心主要领导名录

主　任：李伟锋

东莞理工学校

【东莞理工学校概况】 东莞理工学校创建于1985年，1999年被评为国家级重点中专学校，2012年成为国家中等职业教育改革发展示范创建单位。2013年迁入职教城。截至2015年，东莞理工学校占地28公顷，建筑面积16万平方米，总投资超过5亿元。校园环境优美，功能设施齐全。学校先后获评“广东省中等职业教育先进单位”“广东省文明单位”，是“国家制造业和现代服务业技能紧缺人才培训基地”和“国家职业技能鉴定所”。通过全国中等职业教学质量合格评估，多次获得东莞市中等职业教育质量评比一等奖。

【东莞理工学校师资队伍建设】 2015年，东莞理工学校有专任教师250人，具有副教授、高级讲师等高级职称的教师93人，专业教师“双师型”（具备学历证书和技能证书的教师）比例达95.38%，并从行业、企业引进技术总监等能工巧匠参加教学工作。

【东莞理工学校专业设置】 2015年，东莞理工学校设有16个专业，其中数控、汽修、软件信息服务3个专业为广东省重点专业建设，会计专业为东莞市重点建设专业。学校建设有数控模具、汽车、计算机、财经、印刷、光电等6大类型实训中心，实验、实训室场（车间）105间，实验实训设备总值8000多万元。

【东莞理工学校合作办学】 截至2015年，东莞理工学校继续与东莞职业技术学院、河源职业技术学院、广东交通职业技术学院等省内联合办学，联通中职学校升学渠道。还与信宜中等职业学校、始兴职业学校联合办学，发挥学校师资、设备优势，为相对落后地区培养中等职业技术人才。学校还与新西兰怀卡托理工学院、台湾地区合作办学，拓展办学空间。（林　松）

附：2015年东莞理工学校主要领导名单

党委书记、校长：巫　云

东莞卫生学校

【东莞卫生学校概况】 东莞卫生学校创立于1958年，2012年学校整体迁入道滘镇粤晖路3号。截至2015年，东莞卫生学校占地面积15.4公顷，建筑面积7.19万平方米。拥有教学、实验实训设施设备达5600多万元，多媒体标准教室36间，多媒体大教室9间，多媒体专业教室4间，标准实验实训室60间，语音室2间，计算机室4间，1000平方米的学术报告厅1个，图书馆可藏书30万册，学生公寓、教师公寓、专家楼、食堂、田径运动场、网球场、排球场篮球场、多功能体育馆、游泳池等一应俱全。2015年，广东省东莞卫生学校获评“广东省重点中等职业学校”。通过市档案局组织的省特级档案管理评审，被认定为“省特级档案管理单位”。

2015年，学校开设有护理、助产、中医护理、药剂、康复技术共5个专业。其中护理专业为省级重点建设专业，药剂专业目标打造为省药剂重点专业。首次实现中高职三二分段招生，分别与广东食品药品职业学院的护理、药剂专业，肇庆医学高等专科学校的药剂专业和广东体育职业技术学院的体育保健专业签定中高职三二分段联合办学的协议，并完成中高职三二分段的招生任务。

截至2015年，为东莞市医疗卫生事业培养2万多名卫生技术人才。

【东莞卫生学校师资水平】 截至2015年，东莞卫生学校有教职工179人，其中高级职称33人，中级职称38人，博士1人，硕士23人，本科74人，“双师型”（具备学历证书和技能证书的教师）教师66人，占教师总人数的75%。2015年，学校有40人次参加教材编写，其中主编10人次，副主编9人次，编委21人次。编写教材中包括5本全国十二五规划教材。2015年，学校教师在《卫生职业教育》和《广东职业技术教育与研究》等杂志发表论文15篇，2项市级课题，1项申报科研成果，1项立项。学校派出国培教师2名，省级教师专项培训7人次，市级各类教师培训10人次。另参加国家、省市学术会议交流近50人次。学校教师在省市各类论文评选中有9篇论文获奖。在2015年“广东省卫生职业教育护理专业技能竞赛”中，学校教师获优秀指导老师二等奖1名、三等奖3名；另外，在省创新杯教师信息化教学设计和说课比赛活动中，获二等奖1名，三等奖3名。

【东莞卫生学校招生就业】 2015年，东莞卫生学校录取新生650人，基本完成各专业招生计划。加强对学生进行职业生涯规划与就业指导教育，设立就业指导中心，通过召开求职经验交流会，多渠道收集就业信息，建立毕业生就业档案等形式，加大就业指导力度，应届毕业生就业率达98%。加强校院合作，与东莞市人民医院、中医院、妇幼保健院等50多所医院以及制药企业建立稳定的合作关系，为教师和学生提供实习机会。

【东莞卫生学校协助开展医务人员培训】 2015年，东莞卫生学校协助市卫计局、市医学会、市护理学会完成医师定期考核培训、医师实践技能考试、医师考试计算机化考试、家庭医生团队培训、乡村医生培训、东莞市社区卫生服务人员培训班等培训，培训6080人次。组织两次全科医学培训全省统考，通过率为95%，名列全省前茅。

（宋海燕　马东宁）

附：2015年广东省东莞卫生学校主要领导名录

校　长：甘　赞

东莞市经济贸易学校

【东莞市经济贸易学校概况】 东莞市经济贸易学校分学院路校区和新风路校区。占地面积10.67公顷，2015年，学校有专任教师290多人，“双师型”（具备学历证书和技能证书的教师）教师比例达94%，具有高级职称资格教师87人，研究生学历教师51人，行企业兼职教师50多人。教师承担国家、省、市级研究课题9项，主编出版校本教材26本，参加教学技能竞赛共获得国家级奖项22个、省级奖项24个、市级各类奖项54个。

【东莞市经济贸易学校教育教学】 2015年，东莞市经济贸易学校坚持“双证书”制，学生双证率达99%，毕业生就业率达100%，通过高考、三二分段及自主招生等方式考试升学率达94%以上。学校还是东莞市的“未成年人思想道德建设示范基地”“全国青少年道德培养实验基地”。自国家示范学校建设立项以来，《中国教育报》、《南方日报》、东莞电视台等媒体先后对学校示范校建设和办学成果进行报道，办学经验辐射到省内外同类院校，被全国各地多所学校引用、借鉴。

【东莞市经济贸易学校创建“国家中等职业教育改革发展示范校”】 2013年4月，东莞市经济贸易学校成为国家中等职业教育示范学校第三批建设单位。截至2015年，学校以创新引领项目建设，提升人才培养质量，较好地实现创建目标。建成包括物流服务与管理、会计和计算机网络技术专业3个重点支持建设专业和数字化校园1 个特色项目。

2013—2015年，为地方的经济转型、产业升级服务，培养合格毕业生4918人，为东莞现代服务业发展提供人力支持。牵头组建的教育集团有企业成员98个，市内中高职学校成员8个，行业协会5个，成为校企、校校之间交流合作的重要平台；数字校园特色项目建设理念先进，特点突出，特色鲜明，学校被列为中央电教馆首批职业院校数字校园建设实验校，市中职学校智慧校园建设现场会暨第三期校长沙龙在学校召开。期间，建设会计代理记账公司、美宜佳教学商店、VBSE综合实训等创新教学平台，成为兄弟学校专业建设的样板和示范。《中国教育报》《中国职业技术教育》《广东教育》《东莞日报》等多家国级、省市报刊和东莞电视台先后报道了创建经验。2014年广东省物流专业指导委员会年会、《中职电子商务专业课程改革示范系列教材》组织编写跨省研讨会和2015年第四届全国中职物流“环众.创新杯”教师职业能力竞赛先后在学校举行；有省内外57批次同行先后前来参观、学习和交流。

（张　蓉）

附：2015年东莞市经济贸易学校主要领导名录

校　长：颜辉盛

党委书记：陈仲良

成人教育

【成人教育概况】 截至2015年，东莞市建成20个广东省社区教育实验区，有3所成人高等非学历教育机构、32所乡镇成人文化技术学校（其中有12所省级示范成校）、568所民办教育培训机构，年培训量达58.7万多人次，各类成人高等学历教育规模达5.22万人。

2015年，东城街道、中堂镇、麻涌镇申报创建广东省社区教育实验区。其中，东城街道于2015年5月接受广东省社区教育实验区调研检查组验收，经省教育厅评审后，于8月3日，确定为广东省社区教育实验区；中堂镇、麻涌镇于2015年11月接受广东省社区教育实验区调研检查组验收，待省教育厅评审确定后，全市广东省社区教育实验区将达22个。

2015年1月30日，全民终身学习活动周工作小组、中国成人教育协会授予东莞市“2014年全民终身学习活动周优秀组织奖”称号。10月13日，东莞市全民终身学习活动周开幕式在东城街道举行。10月13—19日，全市33个辖区全部参加活动周活动，各辖区通过举办开幕式、宣传社区教育成果和提供免费培训课程等模式，鼓励更多市民参与终身学习活动，参加免费教育咨询和课程培训活动的单位和培训机构有380多个，提供免费教育咨询和课程项目620多个，参加活动的市民达12万多人。

【社会培训机构管理】　2015年，东莞市教育部门落实民办教育培训机构协同监管工作。为加强商改后民办教育培训机构的后续监管，指定专人负责市协同监管信息化平台的运作和维护，及时接收其他部门转来的信息，分类推送到各镇街教育部门落实，并跟进镇街处理情况，反馈至监管平台。市协同监管信息化平台上线运行以来，教育系统处理信息的效率名列各部门和镇街前列。

完善民办教育培训机构监管制度。逐步完善网上办理和信息公开，及时更新公开内容。定期公布持证培训机构及自费出国留学中介服务机构名单，方便家长和学员查询，引导学员到正规的培训机构就学。健全培训机构年度检查制度，把培训机构广告、公示、收费、教师社保和被投诉等情况纳入年检内容，督促培训机构依法依规办学。重视信访工作，发挥群众监督。东莞市教育局通过教育网、阳光网、市长热线等信访渠道接收并处理的涉及民办培训机构的投诉多达200多件。完善信用约束，加强机构办学行为的信用管理。严格按《东莞市教育局民办教育培训机构信用约束管理制度》，将教育培训的机构信用等级划分为四类，对失信机构和严重失信机构加强监管，督促其信用修复，规范办学。

【成人高考】　2015年，东莞市成人高考报名2.22万人，其中报考专科起点升本科类6698人，高中起点升本专科（含脱产）类1.55万人，报考人数在全省排在第三位。录取总人数为1.86万人，录取率84.03%。其中高升专（含高升本）录取1.31万人，录取率84.87%；专升本录取5499人，录取率82.1%。

【自学考试】　2015年，东莞市自学考试报考总人数为3.86万人次，报考总科次为8.52万科次。非学历证书考试（包括中英合作专业）报考科次为8074科次。自学考试毕业生人数有3410人，其中本科1541人，专科1869人，比上年增215人，增幅6.7 %。

民办教育

【民办教育】　截至2015年，东莞市经批准开办的民办幼儿园758所；民办普通中小学268所，其中小学121所、初中9所、九年一贯制学校124所、完全中学1所、普通高中1所、十二年一贯制学校12所。民办学校在校生87.22万人，占东莞市在校生比例的66%，其中幼儿园24.55万人、小学48.02万人、初中12.19万人、普通高中2.47万人。2015年，吸纳民间资金11亿多元投资兴办民办教育，建成投入使用的民办中小学12所，民办幼儿园64所，向社会提供5.5万个学位，其中中小学2.82万个，幼儿园2.30万个。

【民办教育扶持】　2015年，东莞市推进标准化和优质学校创建，新创建民办义务教育标准化学校9所，标准化学校覆盖率达到90%，新创建民办义务教育优质学校16所，并对新创建的标准化学校和优质学校给予资金奖励。制定实施《东莞市民办学校教师从教津贴实施办法》，向1.6万多名教师发放上半年从教津贴2227.44万元。评选获得2015年省级民办教育发展专项资金的民办学校70所、获得2015年市民办中小学扶持专项资金的民办学校51所。

【民办教育管理】　2015年，东莞市规范民办学校管理，坚持无证办学月报制度，做到发现一所，取缔一所，清理取缔19所无证幼儿园，分流安置幼儿1120人。对944所民办学校（幼儿园）开展2014—2015学年检查，并将检查结果向媒体公布，接受社会监督。检查结果为合格的898所，占95.1%；限期整改的21所，占2.2%；不合格的25所，占2.7%。做好学校办学规模的核定，按照“新校新办法，旧校旧办法”的原则，分类进行核定，完成91所民办中小学、25所幼儿园办学规模的核定。协助组织民办教育协会换届选举，召开换届选举大会，选举产生第二届理事会，成立大岭山和石碣分会，发展77个单位会员。截至2015年，东莞市民办教育协会有单位会员597个，个人会员49个。　（康伟生）

附：2015年东莞市教育局主要领导名录

局　长：杨靖波（任至10月）
　　　　梁凤鸣（10月到任）
党组书记：梁凤鸣

东莞市东华教育集团

【东莞市东华教育集团概况】　东莞市东华教育集团由东莞市东华实业有限公司创办。截至2015年，下辖东华高级中学（内设剑桥国际中心）、东华初级中学、东华小学和东华幼儿园。这“三校一园”是纳入市直属学校管理的民办学校，是全市规模最大的基础教育机构，为社会提供从幼儿园到高中的优质教育服务，拥有学生2.5万人，教职工2500人。办学14年，全面推进素质教育，教育教学质量不断攀升，高考中考成绩稳居全市公民办学校前列，成为市内外知名的优质教育品牌。

【东华高级中学】　2015年，东华高级中学推进以“小组合作，自主学习”为基本形态的高效课堂改革，探索育人模式创新。高考成绩再创新高，8人高考总分进入广东省文理科前10名，17人进入全省前50名，囊括全省文科总分前3名。本科大学录取1673人，重点大学录取887人，清华北大录取26人，北京重点高校录取98人，中山大学录取167人。师生参加各类竞赛成绩优异，教师1人获全国二等奖，学生1人获“世界记忆大师”称号，学生1人获国家一等奖，学生18人获国家二等奖。学校是“省级普通高中新课程实验样本校”、清华大学优质生源基地，有省校长工作室、市名校长工作室、市名班主任工作室各1个。

【东华初级中学】　2015年，东华初级中学2585人参加中考，平均660.97分，高出全市平均96.15分，居全市第一位；学生2人均以756分双双夺得市中考第一名，全市总分前10名该校占8人，高分段人数以绝对优势居全市第一位；优秀率、合格率均居全市前列。学生参加学科竞赛，有17人次获全国一等奖，35人次获全国二等奖，31人次获全国三等奖，49人次获省一等奖，69人次获市一等奖。学校获第五届全国中学生历史记录大赛最佳组织奖，生物科组获广东省中学生物教学优秀科组；学校获第18届推广普通话周东莞市中华经典诵读大赛一等奖和2015年东莞市少年田径锦标赛团体总分第一名。

【东华小学】　2015年，东华小学在“把大做强”的基础上，提出“把强做优”的目标要求。学校以“班级文化建设年”“带着微笑来工作”等为契机，开展“创建文明校园”工作，推进“小组合作，以学带讲”的课堂改革，创新学生宿舍自主管理，开展学生厨艺展示活动，为学生搭建广阔的成长舞台。师生获市级以上奖项1130个，其中学生有185人获全国一等奖，教师有2人获全国一等奖和6人获全省一等奖。

【东华幼儿园】　2015年，东华幼儿园以养成教育为基础课程，注重培养幼儿良好的生活与学习习惯。获评“中国民办优质特色幼儿园”，获评东莞市平安校园和保教质量一等奖。截至2015年，师生在各类竞赛中获全国性奖168人次，全省性奖48人次，全市性奖85人次。

（万学军）

附：2015年东华教育集团主要领导名录

董事长：李胜堆

新南方科教集团

【新南方科教集团概况】 新南方科教集团成立于2008年，是一家集教育培训服务、教育产品研发等为一体的综合性教育投资集团公司。截至2015年，下辖南方学院、华南职业技术学校、松山湖南方外国语学校、新南方科教投资有限公司、新南方国际创客中心等5家机构。

【南方学院（东莞市南方科技培训院、东莞南方科技专修学院）】 南方学院成立于1994年，位于东莞市南城街道莞太大道创意产业园。截至2015年，建筑面积5680平方米，投资300万元，2015年获评“东莞最具影响力教育品牌”。自2001年起，先后与华中科技大学、西北工业大学、西南大学、云南大学、广东金融学院、中山职业技术学院等高等院校联合办学，将网络教育、成人高考和自学考试在内的专本科、研究生各种层次的学历教育引入企业，与企业建立起密切的合作关系。此外还开设会计、社工、MBA实战研修班、汉语水平口语考试（HSKK）等专业短期培训。累计为企业输送近10万名人才。

【华南职业技术学校】 华南职业技术学校是一所面向全国招生的全日制中等职业技术学校，是国家科技部南方科技培训院附属中专。学校位于东莞市高埗镇。截至2015年，学校占地面积1777.79公顷，建筑面积3.80万平方米。2015年，在校学生2709人，教职员工92人。致力于搭建人力资源培养与配置平台，为企业培养实操型、实用型、技能型人才。主要开设专业模具、工艺美术、学前教育、计算机应用、会计、汽修、市场营销、电子商务、服装设计、旅游服务与酒店管理10个专业。还开设“智能机器人”“跨境电子商务”两个特色专业，与阿里巴巴集团合作共建东莞市跨境电商创客孵化基地。

【松山湖南方外国语学校】 松山湖南方外国语学校创办于2006年，位于松山湖国家高新区北部园区，是一所具有创新办学模式的九年一贯制学校。截至2015年，学校占地面积2158.27公顷，建筑面积2.91万平方米，有教师118人，在校学生达2053人。学校先后获得“全国教育教学先进单位”“全国先进民办学校”“广东省教育科学规划协作与示范学校”“广东民办教育优秀奖”“广东省中小学心理健康教育‘十二五’规划第一批科研课题奖”“中小学德育创新成果展《每天给孩子一份精神营养早餐》二等奖”“首届广东省科普剧大赛三等奖”。

【新南方科教投资有限公司】 创办于2008年，位于东莞市南城区莞太大道创意产业园6栋二楼。由新南方科教集团与阿里巴巴集团合作创办。截至2015年，组建跨境电商项目组，负责运营跨境电商创业孵化基地，并为跨境电商企业提供“跨境电商人才培训、电商创客创业、跨境电商代运营”三位一体的“一站式”电商服务。

新南方集团还创建IT研发实训基地，实施教育O2O模式，涵盖业余提升、岗前实训、联合办学三种培训方式，先后与贵州职业技术院校、贵州商业高等专科学校、郑州铁路高等职业技术学院、深圳技术院校等高职院校建立合作关系，为合作院校学生提供岗前实训、企业实习、上岗就业一站式服务，成为校企合作的桥梁。实训结束后，学生均考取由工信部颁发的全国服务外包职业能力考试（NCSO）技能证书，提高学生就业技能并增加学生上岗就业率。

【新南方国际创客中心】 新南方国际创客中心创办于2015年，位于东莞市南城区莞太大道创意产业园3栋五楼。依托南方学院创新教育平台和科研技术团队，通过与香港创意创业会、中关村创业大街和优客工场等创新创业机构开展合作，引进光华基金、阿里巴巴和华夏星光等创新创业平台资源，建设新型的创新教育、创客交流和创业孵化基地。

截至2015年，新南方国际创客中心引进国际先进创客教育体系，每年入驻创客团队150人；每月举办1场创意沙龙活动，每年举办5—8次大中型科技创新交流活动；每年约30个创客项目进入企业孵化器；每年可为200个企业培训3000个跨境电商经营人才。 （陈 芸）

附：2015年新南方科教集团主要领导名录

党支部书记、院长：邵来文

东莞台商子弟学校

【东莞台商子弟学校】 创立于2000年9月，由广东省教育厅直接管理，举办者是东莞市台商投资企业协会，是一所公益性的学校。建校资金来源于以台商企业为主体的包括潢涌村等社会各界人士捐助，所收学费全部用于学校营运及发展，学校董事会负责决策与督导校务经营、监督校产（社会公共财产）管理。学校以台湾教育模式办学，专门招收台商子女。师资来自两岸（台湾约占70%）及外国，使用经广东省教育厅、省台办审查核准的台版教材，学历两岸承认。学校是一所包括幼儿园、小学、初中、高中的全日制住宿型学校。截至2015年，学校发展蒸蒸日上，学生从698人增加到近2500人。教学质量不断提升。

（冯鸽葳）

附：2015年东莞市台商子弟学校主要领导名录

董事长：叶宏灯

校　长：吴清镰

高等教育

【东莞市高等教育概况】 截至2015年，东莞市有高等院校9所，分别为东莞理工学院、东莞职业技术学院、广东医学院（东莞校区）、东莞理工学院城市学院、广东科技学院、广东亚视演艺职业学院、中山大学新华学院（东莞校区）、广东创新科技职业学院、东莞广播电视大学。按类别分，有普通本科院校5所、高职院校3所、成人高校1所。全市各类院校专业设置涵盖除军事学以外的11个学科门类，拥有硕士专业38个，本科专业139个，专科专业106个，省级特色示范专业建设项目18个、校级特色示范专业建设项目39个；有省级重点学科6个，博士后工作站、流动站2个；博士授予单位1个，博士学位授权点1个，硕士学位授权点26个，硕士学位授予建设点2个；各类实验室和实训中心866个，各类实习基地1103个，其中省级重点实验室5个。截至2015年，全市高校在校生人数（含电大）11.24万人，比上年增加18.8%。全市高校专任教师5478人，具有正高级职称709人，占比12.94%，具有研究生学历的教师占教师队伍总数的44.8%。 （康伟生）

东莞理工学院

【东莞理工学院概况】　截至2015年，东莞理工学院有普通全日制学生1.78万人，继续教育学院学生7670人。设有16个院（系、部）、36个本科专业。有教职工1086人，其中正高职称109人，副高职称270人，博士268人，享受国务院政府特殊津贴专家5人，教育部“长江学者”2名、“千百十工程”国家级培养对象1人、省级培养对象9人，东莞市科技领军人才或后备人才11人。专任教师中，78%以上是具有博士、硕士学位的中青年教师或者是出国留学、进修人员，44%具有副高以上职称。全力开展高层次人才（团队）引进，全年引进双聘院士3人、特聘教授院士1人、长江学者2人、“千人计划”学者3人、青年千人学者1人、IEEE Fellow1人、学科领军人才6人和学科骨干25人。

【高水平理工科大学建设】　2015年，东莞理工学院贯彻落实创新驱动发展战略部署，省市签订共建东莞理工学院协议，市委、市政府出台加快推进高水平理工科大学建设的实施意见和若干实施方案；学校编制实施高水平理工科大学建设总体规划和改革方案。抓重点任务，实施智能制造领域新型学科专业群建设工程；提升华为网络学院、西门子自动化学院、粤台产业科技学院、机器人学院等特色学院建设；打造高水平科技研发平台，与市所共建中国科学院工程热物理研究所东莞分所，与西门子公司共建东莞理工学院—西门子智能制造创新中心等，强化与华为、溢思得瑞集团、深圳智汇谷集团、横沥镇等的合作；重点建设科技创新研究院。签订共建研究生联合培养基地框架协议，推进与中山大学等高水平大学联合培养研究生。2015年学校综合排名比上年进位62名，理工类排名进位19名，分别位居344位、126位。

【东莞理工学院制度建设】　2015年，东莞理工学院颁布实施新修订的《东莞理工学院章程》并多渠道加强宣传学习，着力推进学校理事会建设和法律顾问队伍建设，出台法律顾问管理制度。依托政法学院，聘请专业律师，依法依规做好人事政策、劳务法规审查，处理人事争议问题和城市学院法人变更等历史遗留问题。推进完成专业技术岗位聘用工作，稳步推进岗位设置工作。

【东莞理工学院教育教学】　2015年，东莞理工学院推进教学改革，制定《东莞理工学院深化创新创业教育改革实施方案》《东莞理工学院专业负责人制度暂行办法》。新增材料成型与控制工程专业；新增20多个校外实习基地，1个省级实验教学中心，申请立项首个国家级实验教学示范中心建设项目。稳步推进教学评估准备工作，启动对13个院（系）的教学工作评估和26个本科专业的评估。启动第一批6个工科专业的工程教育认证前期建设工作。“信息与计

东莞理工学院

① 2015年12月11日，在2015中国（东莞）国际科技合作周上，全国政协副主席、科技部部长万钢（前排中），中国工程院院长周济（前排右一）等了解东莞理工学院高层次人才引进、科技创新成果、人才培养等方面情况

（张友炳　摄）

② 2015年7月1日，中共中央政治局委员、广东省委书记胡春华（前排右二）等省领导在市委书记、市人大常委会主任徐建华（前排右一）陪同下到东莞理工学院调研　（郑琳东　摄）

算科学专业综合改革”等20个项目获批为2015年度省本科高校教学质量与教学改革工程建设项目，“基于OBE的计算机硬件课程教学资源建设与实践教学改革”等13个项目获批为2015年度省高等教育教学改革项目。

【东莞理工学院学科建设与科研】2015年，东莞理工学院认定化学工程与技术等5个一级学科为校级重点学科，认定工商管理等8个学科为校级重点建设学科。获批中央财政专项资金资助，其中电路与系统省级重点学科获200万元资助，化学工程省级重点学科获100万元资助，面向模具产业3D打印技术平台获100万元资助。获认定广东省工程技术研究中心4个，省级重点科研平台数比2014年增长44%；认定校级科研机构8个，组建科研机构8个，首次认定校管科研团队2个，组建校级科研团队16个，遴选申报省级科研创新团队培育对象1个。获批国家自然科学基金8项，纵向项目立项经费6370万元，科研总经费达1.06亿元，较2014年增长30%。申请发明专利13件，实用新型专利26件，外观设计专利1件；获授权发明专利7件，实用新型专利67件（增长2.5倍），外观设计专利10件（增长9倍）。争取市政府投入学科科研平台建设专项经费2078万元。与地方政府、企事业单位签订横向项目合同127个，合同金额1415万元，比2014年增长25.56%。

【东莞理工学院师资建设】2015年，东莞理工学院实施三年素质提升计划，组织3批次共68名教职工赴台湾专题研修，选派11位教师国外访学、7位国内访学。提升中青年教师实践、创新能力，4位青年教师入选2015年“优秀青年教师培养计划”。加强博士后创新实践基地建设，出台博士后创新实践基地管理暂行办法，开展首批博士后招收工作，完成2名博士后的资助工作。职称申报工作进展顺利，8位申报正高职称、33位申报副高职称、9位申报中级人员获通过。

【东莞理工学院学生工作】2015年，东莞理工学院成立33支东莞镇（街）实践服务队、30支市外实践服务队和31支立项调研实践服务队、2支省外调研分队，派出124名学生为2015年苏迪曼杯赛事提供志愿服务，获组委会颁发“突出贡献集体”称号。承办“首届东莞大学生科技创新节”和“首届赢在东莞大学生科技创新创业大赛”。组织参加广东省第十三届“挑战杯”大学生课外学术作品竞赛和第二届“绿色青春”广东省高校环保辩论赛，获省级以上奖项14项。心理健康教育与咨询中心被评为2010—2015年度大学生心理健康教育工作优秀机构，学生媒体中心和莞工青年论坛获评“十佳校媒”。2015年实际录取新生5499人，比上年扩招771人，增加1.13%。录取新生中有159人超出各省一本线，比上年超过84人。获批广东省首个带独立招生代码的粤台联合培养项目，成立粤台产业科技学院，首批在6个专业招生277人。举办5场校园招聘会，为毕业生提供就业岗位数量达3.8万，比上年增加5.1%。毕业生整体就业率99.78%。（彭晓波　李利平）

附：2015年东莞理工学院主要领导名录

党委书记：成洪波

校　长：李　琳

① 2015年9月14日，广东省教育厅、东莞市政府与东莞理工学院签署广东省高水平理工科大学共建协议

② 2015年5月14日，东莞理工学院承办第十届海峡两岸（粤台）高等教育论坛并举办东莞理工学院第三届应用型人才培养高峰论坛　（张友炳　摄）

东莞理工学院城市学院

【东莞理工学院城市学院概况】 东莞理工学院城市学院是2004年经教育部批准，由东莞理工学院、广东鸿发投资集团有限公司合作举办，按新机制运行的全日制本科独立学院。学院实行董事会领导下的院长负责制，建立起现代高校的办学体制和内部管理机制。学院位于寮步镇，占地81.87公顷，总规划建筑面积66万平方米，建成为办学设施齐备、教学实验设备充足、教学教务机构健全合理的新型本科院校。以诺贝尔物理学奖获得者杨振宁提写的“学而知不足”为校训。

【东莞理工学院城市学院创新强校工程】 2015年，东莞理工学院城市学院开展应用型本科高校人才培养模式的改革和创新工作，全面实施《“创新强校工程”2014—2016年建设规划》，完成“创新强校工程”2014年年度考核；省教育厅对2012年、2013年立项的119个项目开展检查验收工作。共有51个项目获批2014年广东省质量工程项目，12个项目获省级重大科研项目认定。

【东莞理工学院城市学院教学工作及人才培养】 2015年，东莞理工学院城市学院稳步推进校企合作工作，新增11个院外教学实践基地；各系部加大与政府、行业、企业的合作力度，建立各类实习基地达172个。继续聘请知名企事业单位负责人或行业内专家、学者为我院导师，加强学院“双结构型”师资队伍的建设。机械双元制创新班、太平洋保险订单班等各种应用型人才创新创业班运行良好，凸显应用型人才培养特色。继续借鉴、引进台湾优质教育资源，稳固并逐步拓展开放办学格局。

【东莞理工学院城市学院薪酬与绩效考核体系改革】 2015年，东莞理工学院城市学院初步完成薪酬与绩效考核体系改革的实施方案。以“定性为主”的方式，实施多元化、多层次、多维度全员绩效考核，客观、合理评价工作绩效，增强全院教职工和各单位工作主动性与创造性。发挥体制机制优势，推进企业年金制，为教职工创造更完善的社会福利保障。全力推动定编定岗工作，为学院的百年基业打下坚实基础。

【东莞理工学院城市学院师资队伍建设】 2015年，东莞理工学院城市学院引进各类人才36名。其中博士1人、教授5人。截至2015年，师资队伍中，具有博士学位教师25人，硕士学位教师303人，教授职称教师33人，副教授、高级工程师等副高级职称50人； 4名教师通过高

东莞理工学院城市学院

①

②

① 2015年2月26日，中国科学院院士徐建中（左二）、院士金红光（右二）到东莞理工学院城市学院访问，并在院长杨敏林（左一）、副院长黄兢（右一）等陪同下参观校园，共同为校园种植下新桂苗

② 2015年5月15日，台湾地区20多所高校的贵宾来东莞理工学院城市学院参观考察。龙华科技大学、朝阳科技大学等6所高校与东莞理工学院城市学院签订战略合作协议

③ 2015年6月29日，东莞理工学院城市学院寮步校区首届2917名2015届本科毕业生毕业，城市学院董事长麦照容为每位毕业生赠送纪念牌匾

③

级职称评定，33名教师通过中级职称评定。高职称通过数列全省独立学院第三名，连续两年列省同类院校前列。开展“三位一体”的教职工能力提升计划，选派65名骨干教师和管理人员赴台湾义守大学研习交流，54名教师参加国际学术交流，2名骨干教师分别赴中央财经大学、华南理工大学等重点高校做访问学者，14名教师到企业挂职锻炼。

【东莞理工学院城市学院科研成果】 2015年，东莞理工学院城市学院教师公开发表学术论文228篇，其中被SCI、EI、CSSCI、ISSHP等收录论文12篇，在中文核心期刊上发表31篇，申请专利11项，获得授权专利9项。学报工作取得突破进展，学报更名为《岭南学术研究》，获得省级连续性出版物号。

【东莞理工学院城市学院交流合作】 2015年，东莞理工学院城市学院开放办学不断推进，协办第十届海峡两岸（粤台）高等教育论坛的部分活动，与龙华科技大学、朝阳科技大学等6所高校签订战略合作协议，与台湾高校在学生联合培养、师资队伍共建及资源共享等方面打开合作的新局面。与澳门城市大学、澳门理工学院达成硕士研究生项目合作意向。2015年，选派58名学生分两批赴台湾高校交流学习，组织多批教师暑期赴台湾义守大学研修，引进2名台湾教师来学院开设联合课程。

【东莞理工学院城市学院教育教学保障建设】 2015年，东莞理工学院城市学院加强和完善教工住宅、教师公寓的管理、服务工作。强化校园安全管理，实现校园全覆盖监控管理和联网预警。

2015年，10余万册图书经招标采购入库，接收读者捐赠图书958册；新增15万册中文电子图书、3000册外文电子图书、6912种电子期刊。

2015年完成第二批10个实验室，约780万元的建设并投入使用；完成15个商科智慧综合实训室项目和新建实验室约1200万元的实验设备的论证工作；并加强机房及实验室安全管理及建设。

（李玉嵩）

附：东莞理工学院城市学院主要领导名录

院　长：杨敏林

党委书记：王卫平

① 2015年3月14日，2015苏迪曼杯团体锦标赛志愿者培训在东莞理工学院城市学院综合馆举行，406名城市学院大学生被筹委会确定为赛事志愿者

② 2015年10月18日，东莞理工学院城市学院2015年“中国梦、城院梦、青春梦”迎新文艺晚会在田径场上演。2015级新生注册人数5159人，在校生人数突破1.97万人，新生报到率95.33%，连续5年上升，再创历史新高

③ 东莞理工学院城市学院全景航拍图

广东医学院

【广东医学院概况】 广东医学院为广东省属重点建设大学，设湛江、东莞校区，东莞校区位于松山湖科技产业园区，占地面积78.47公顷。截至2015年，有全日制在校生1.9万人，设有研究生学院、基础医学院、第一临床医学院、第二临床医学院、第三临床医学院、医学检验学院、护理学院、药学院、公共卫生学院、人文与管理学院、信息工程学院、外国语学院、继续教育学院、马克思主义学院（社会科学部）、体育教学部等15个学院（部），有2所直属附属医院。现有博士学位授权一级学科1个，硕士学位授权一级学科1个，硕士学位授权点26个，省级重点学科3个。有教职工1900人，其中专任教师1396人，博士生导师29人，硕士生导师489人，享受国务院颁发的政府特殊津贴专家15人，全国模范教师、优秀教师、师德先进个人、高校优秀辅导员等10人，广东省教学名师4人，“千百十人才培养工程”省级培养对象14人、“扬帆计划”16人、南粤优秀教师和优秀教育工作者14人、优秀中医临床人才和名中医5人、优秀青年教师培养对象11人。临床医学专业2015年起纳入本科第一批次招生。

【“广东医学院”申请更名“广东医科大学”】 2015年，广东医学院启动申请更名“广东医科大学”工作，先后成立材料组、办学特色凝练组、校友特色材料组等14个工作小组，为申报更名大学提供详细的佐证材料；多次组织更名工作推进会议，部署更名工作；并以此为契机，先后完成临床技能培训中心、天然药物与海洋生物医药研究展厅等特色项目建设。经过努力，于10月16日通过全国高等学校设置评议委员会评议，完成申请更名“广东医科大学”工作。

【广东医学院教育教学】 2015年，广东医学院临床医学专业首次在省内“一本”批次招生。临床医学专业招收803人，其中东莞校区223人，湛江校区580人，改变省内大学生读一本的医学专业，只能到广州等地上学的状况。临床医学专业优势凸显，根据2015年5月7日更新的ESI机构排名，广东医学院临床医学学科排名进入全球机构排名前1%，标志着临床医学学科领域的发展和国际学术影响力取得进展。2015年获得5个一级学科副教授评审权。继2014年获得临床医学一级学科副教授任职资格评审权后，于2015年增设基础医学、药学、公共卫生与预防医学、生物学等4个一级学科副教授任职资格评审权，2015年自主评审（认定）108人。

【广东医学院学科建设与科技创新】 2015年，广东医学院完成一级学科带头人遴选和首次聘任工作。国家自然科学基金项目、杰出青年基金获历史性突破，获国家自然科学基金项目获资助项目39项，比上年增加11.43%；附属深圳第三人民医院陈心春教授申报的“感染免疫”获2015年杰出青年基金项目，资助经费400万元（含间接经费），实现国家杰出青年基金项目零的突破。获校外纵向及横向科研项目208项，资助科研经费4170.7万元。药学院郑明彬博士的科研最新成果“智能纳米鸡尾酒”可视化精准治疗癌症方面取得突破，相关成果在Nature出版集团刊物*Scientific Reports*上发表，标志着广东医学院在青年工作和科研工作方面的投入初见成效。

【广东医学院师资队伍建设】 2015年，广东医学院实施强师工程，加快师资队伍建设。先后有10人入选广东省“扬帆计划”，1人入选“特支计划”，3人获得“南岳优秀教师”称号，6人入选“省优秀青年教师”，1人获得“省师德标兵”称号，1人进入东莞市二类特色人才计划。推进高端人才引进，招聘博士9人，均为教师岗位。开展国（境）内外访学活动。选派2批（共计38人）中青年骨干教师赴台湾中山医学大学学习PBL教学课程，选派2批（99人）骨干教师、辅导员赴香港中文大学进修学习，选派200余名教师赴国内高校进行教学类专题培训与交流；经过组织申报推荐，1名教师取得国家公派出国留学资格，6名教师取得国内访问学者资格。

【广东医学院国际合作与交流】 2015年，广东医学院拓展国际交流与合作新领域，先后与英国哈德斯菲尔德大学、英国胡弗汉顿大学等开展“1+1国际硕士学位项目”、本科“3+2”双学位项目、“4+2”及“5+1”本硕联读等项目。继续与日本大阪滋庆学院在医学检验技术、护理、信息管理及生物医学工程4个专业开展合作，开拓研究生联合培养项目。与爱尔兰都柏林大学合作在研究生学院、公共卫生学院开展“1+1+1”模式硕士生联合培养项目。与澳大利亚昆士兰科技大学在护理专业、预防医学专业开展本硕联合培养硕目合作。首次与中东欧地区国家医学类院校建立国际合作关系，拟在临床医学教育、老年医学专业、养老产业发展、临床医护人员互访以及研究生交换等进行合作。

【广东医学院招生与就业】 2015年，广东医学院第一、二批次本科招生3335人，其中第一批本科批次普通类录取688人，第二批本科批次普通类录取2532人。第一批本科普通类（理科）临床医学专业录取最高620分，平均585分；第二批本科普通类理科招生最高615分，最低出档线553分（省线519分），创下历年最高。第二批本科普通类文科招生最低出档线532分（省线524分），最高566分。成人教育招生4933人，其中本科生2167人，专科生2766人，成人高等教育办学规模仍居全省高校前列。毕业生就业质量稳中有升，2015年有本科毕业生4384人，就业率95.35%。其中统计学、英语、劳动与社会保障、生物医学工程、信息管理与信息系统等专业就业率100%。毕业生考取硕士研究生354人，比上年考取人数增长7.6%，创历史新高。

【广东医学院校园文化建设】 2015年，广东医学院先后举办“生命文化大讲坛”“生命知行”“社会主义核心价值观与大学生的成才发展”等校园文化活动。校团委获评2014—2015年度“广东省五四红旗团委”，“大学生生命文化节”获第九届广东大中专学生校园文化艺术节之第二届广东省大学生优秀校园文化艺术品牌项目，校学生会获“2014—2015年度广东省优秀学生会”。“咽鼓管检查治疗装置”作品获得广东大学生课外学术科技作品竞赛生命科学类特等奖。学生网球队在省大学生运动会上获团体总分第一名，学生田径队打破省大学生运动会女子800米记录。人体解剖学青年教师李哲其微博坐拥36万名粉丝，成为网络科普解剖学“第一红人”，获评2015年度中国十大“健康风尚人物”。 （范雪香）

附：2015年广东医学院主要领导名录

党委书记：江文富

院　长：郑学宝

广东科技学院

【广东科技学院概况】　广东科技学院创建于2003年，是国家教育部批准设立的一所以工学为主，管理学、经济学、文学、艺术学等多学科协调发展的全日制普通本科院校，拥有学士学位授予权，培养经济社会发展需要的高素质应用型人才。截至2015年，校园占地面积62.27公顷，建筑面积46万余平方米，图书馆面积2.36万平方米，拥有各类图书203万册，教学仪器设备总值1.05亿元。

2015年，广东科技学院有全日制在校学生1.67万人，专任教师700多人，其中具有高级职称教师和硕士及以上学位教师占专任教师的比例分别达32%和56%。学院设有机电工程系、计算机系、管理系、财经系、应用英语系、艺术系、公共基础课部、思想政治理论课教学部、继续教育学院、国际教育学院、创业学院等系（部、院），承担国家计划内招生任务。重点发展与东莞支柱产业、优势产业、高新技术产业和新兴第三产业相对应的学科专业，2015年开设机械电子工程、软件工程等本科招生专业18个、专科招生专业8个。

【广东科技学院教育教学】　2015年，广东科技学院加强本科教学质量与教学改革工程建设，抓好创新强校工程项目建设。进行2015年省级“质量工程”建设项目推荐申报、省高等教育教学改革项目推荐申报、国家级和省级大学生创新创业训练计划项目的遴选推荐工作，所推荐的31 个项目全部获批立项。启动2015年度院级本科教学质量与教学改革工程项目工作，院级立项118项。

加强学院云空间建设，截至2015年，开通云空间账号1.25万个，其中教师679个，学生1.18万个，机构及特色空间21个；教师空间发布各类文章、教学资料6.7万多个，教学视频2310个，文章浏览227万次，观看视频8.8万次，教师在空间建设课程200余门。

深化校企合作，2015年，学院与唯美陶瓷集团、广东小猪班纳服饰股份有限公司等25家企业签订校企合作协议，并继续与东莞家乐福、中兴通信、东莞市江南市场经营管理有限公司等企业开展校企合作。截至2015年，学院与近150家企业开展深度校企合作。

学科专业竞赛成绩斐然，2015年，学院师生参加40项各层次及类型学科专业竞赛，其中国家级竞赛9项，省级19项，市级6项，院级6项；有315人次获得118项奖励，其中全国性奖项26项、90人次，省级奖项60项、151人次，市级奖项32项、74人次。

【广东科技学院学科建设和科研工作】　2015年，广东科技学院顺利完成年度新增本科专业工作，新增投资学、电子信息工程、自动化、视觉传达设计共4个本科专业；同时，确定2016年将新增工商管理、会计学、电子商务、翻译、机械设计制造及其自动化等5个本科专业。

科研工作水平提升。做好科研项目的申报与立（结）项工作，申报市级及以上政府和社会学术团体课题52项（其中申报省级重点重大科研项目15项），获批立项22项，其中省级15项（重点重大项目10项）、市级7项；组织申报院级科研项目103项，其中重点项目13项，一般项目59项，青年项目31项；组织申请实用新型专利33件，目前获批实用新型专利25件；完成结项课题6项，其中省部级1项，厅市级5项。

论文、著作及教材成果丰硕。2015年，学院教职员工发表论文865篇（含用稿待发表67篇），其中中文核心期刊28篇（双核心期刊10篇）、EI收录10篇、CPCI收录12篇。登记著作及教材14本，其中专著2本；登记科研获奖19项，其中省（部）级9项、厅市级3项；登记授权实用新型专利25件。

【广东科技学院创新创业工作】　2015年，广东科技学院成立创新创业学院，负责制定发展规划，组织全院创新创业教育、开展校企合作与交流。创新创业学院完成机构设置、人员招聘、建设规划等前期准备，并成立创新创业工作领导小组，各系部分别成立创新创业工作小组，接受创新创业学院的业务指导。

初步构建创新创业型人才培养体系，在构筑“智慧创业学院”的基本轮廓同时，为创建广东省创新创业示范校作充分准备。协同集团其他单位共建科技创新创业基地，探索建设学院特色的创新创业教育人才培养体系。

以参加大赛为依托，促进学生创业教育，组织学生积极参加“加博汇杯”广东省大学生电商创业大赛，并获得大赛“特等奖”以及10万元奖金。首届东莞市大学生科技创新节，广东科技学院参加创新技能竞赛5个竞赛项目中的4项竞赛夺得3项冠军。

【广东科技学院就业工作】　2015年，广东科技学院建立协同就业服务工作机制，就业指导中心与各系协同，健全就业情况反馈机制，建立健全毕业生就业状况跟踪、监测机制。与企业协同，利用就业信息网为学生提供“一站式”就业服务。截至2015年，学院就业信息网企业用户注册达到503家，网站访问量达到170余万次，发布有效招聘信息2500余条，提供4.7万个就业岗位。

做好毕业生就业服务，积极为2016届3740名毕业生提供就业推荐服务。举办“2016届高校毕业生供需见面会”，468家知名企业提供1.75万个岗位供学生选择，有2235人与企业达成初步意向，1209人当场签约。据省教育厅统计公布，广东科技学院2015年毕业生初次就业率达96.55%，最终就业率达99.62%。

【广东科技学院学生工作】　2015年，广东科技学院严格执行学生教育管理制度，完成全院学生的素拓认证，完成年度“五四”表彰工作；为138名2015年入学的家庭经济困难新生开通“绿色通道”。发挥院、系、学生三级心理健康教育工作组织作用，拓宽心理健康教育

▲ 广东科技学院

工作覆盖面，建立心理危机预防预警和心理危机干预体系，预防心理危机事件，打造特色心理健康教育工作机制。勤工助学工作成绩突出，获得中央财政奖补专项资金29万元，国家开发银行奖励性返还风险补偿金9.3万元，省福利彩票资助资金10万元，省教育厅家庭经济困难大学新生资助资金14.55万元。

【广东科技学院国际交流】　2015年，广东科技学院加强与美美等高校协同开展多种形式的交流与合作，为学院在校学生到美国、英国等国交流学习提供多层次的便捷通道。有3名学生分别被英美3所大学录取，出国留学深造；有4名学生参加“语言文化夏令营项目”；9名学生参加“大学生赴韩国亚洲大学、韩信大学进行跨文化交流活动”；30余名优秀学生报名参加2016赴美带薪实习项目。

推进与台湾高校合作，协同培养应用型人才。选拔40多名优秀学生赴台研修，举办赴台研修成果摄影展。

召开首届本科生留学经验交流暨表彰大会，通过对首批6名获取国外优秀大学留学机会的学生进行表彰，激励更多学生出国留学深造。

组织美国、中国台湾高校学者来学院举行多场讲座，拓宽学院师生的国际视野，促进学院与国（境）外高校间的学术交流。　（刘运华）

附：2015年广东科技学院主要领导名录

院　长：王国健

党委书记：梁瑞雄

东莞职业技术学院

【东莞职业技术学院概况】　东莞职业技术学院于2009年成立，是东莞市唯一一所公立高等职业院校，是广东省第三批示范性高等职业院校立项建设单位。截至2015年，校园总面积62万平方米，校舍建筑面积33.95万平方米，实验实训场所8.9万平方米。有固定资产13.36亿元，其中教学仪器设备总值1.38亿元。设有机电工程系等10个系和公共教学部、思政部2个部，学院根据东莞产业布局和发展趋势，完成制造、电子信息、交通运输等9个专业大类的专业群布局，开设机械制造与自动化等30个专业，形成在机械、电子、计算机、运输、管理、财经等先进制造业和先进服务业领域具有一定优势的专业体系。拥有中央财政支持高职建设专业2个，主持和参与制定国家行业标准4项，广东省“高职—本科”协同育人专业1个，省级重点建设专业5个，省级高职教改项目16个，广东教育教学成果奖（高等教育）培育项目7个，省级各类实训实践基地6个，省级精品资源共享课程6门。

2015年，学院有普通全日制在校生9600人，各类成人学历教育及自考学生1000人；教职工623人，其中专任教师447人，高级职称111人，博士38人；院级教学团队7个，专业带头人25人，骨干教师163人，东莞市优秀教师3人，广东省技术能手2人，东莞市技术能手3人。截至2015年，学生在各类大赛中获得各种奖项300多个（其中国家级奖项30多个），学校先后获评东莞市“园林式单位”“全国教育改革创新示范院校”“广东省教育后勤工作先进集体”“广东高校优秀后勤服务实体”“世界莞商大会志愿者服务工作先进集体”。

【东莞职业技术学院改革创新】　2015年，东莞职业技术学院牵头联合市建筑科学研究所、市建设工程检测中心、东莞市万科房地产股份有限公司等单位企业，按照混合所有制模式合作办学项目——“东莞职业技术学院建筑学院”落地。启动现代学徒制办学实践，与华为机器有限公司等企业开展合作，探索开展现代学徒制试点。组织电子信息工程技术、电气自动化技术等4个专业申报2016年广东省高职教育现代学徒制试点专业。《东莞职业技术学院章程》通过核准，并公开发布。

【东莞职业技术学院人才培养】　2015年，东莞职业技术学院持续探索在中高职三二分段、自主招生、普通高考以及与东莞理工学院共同探索实践“高（职）本（科）衔接”人才培养模式，并首次在自主招生中面向高中生源招生。新增数控技术，出版与电脑编辑技术，总录取专业30个。新生报到率95.4%，连续四年位居地方高职院校第一名。新增建筑工程技术、建设工程管理、工业机器人技术、学前教育等4个专业。申报省级教育教学改革项目11项，省级精品资源共享课3门，大学生校外实践教学基地2个。校级教育教学改革项目28项，校级重大教改招标项目1项，精品资源共享课5门，大学生校外实践教学基地2个，校本教材16本，慕课课程25门。承办多个全国高职院校技能竞赛，完成“风光互补发电系统安装与调试”“现代电气控制系统安装与调试”“报关技能”“现代物流作业方案与实施”等4个全国高职院校技能竞赛省级选拔赛的组织及竞赛工作。学生技能竞赛成果丰硕，获得省级以上各类技能竞赛奖项40多项，其中国家级近10个，其中，物流企业经营技能竞赛全国总决赛一等奖、企业经营管理沙盘模拟竞赛全国总决赛二等奖、服装设计与工艺竞赛全国总决赛二等奖、大学生电子设计竞赛全国总决赛二等奖。

【东莞职业技术学院校企合作】　2015年，东莞职业技术学院围绕“政校行企协同、学产服用一体”育人理念，成立

▲东莞职业技术学院　（张德全　摄）

“校企协同育人专家库”。推进高职教育人才培养模式改革，与都市丽人（中国）控股有限公司、广州朗讯猛虎汽车检测有限公司、东莞国旅等知名企业共建东职都市丽人营销店、东职朗讯汽车维修中心、东莞国旅—东职店等教学实践基地。推进东莞市机器人公共服务平台、东莞市政府绩效评价中心及4个技术研发与服务中心的建设。

【东莞职业技术学院师资队伍建设】 2015年，东莞职业技术学院师资力量得到加强，先后组织参加海外高级技术人才招聘等形式招聘17场，引进各类人才35名。人才结构进一步优化，职称晋升教师80名，选拔骨干教师53名，认定“双师”教师181名，组建325名的兼职教师库。1名辅导员获第四届全国高校辅导员职业能力大赛优秀奖，1名教师获评“2015年南粤优秀教师”，推荐2名教师参加省优秀青年教师选拔，1名教师参加“科技创新青年拔尖人才”选拔，评选出学院“三育人”优秀个人79名。

【东莞职业技术学院招生就业】 2015年，东莞职业技术学院录取新生3693人，所有投放计划均为第一志愿录取，新生报到率95.4%，在全省公办高职院校中排名第一，文理科录取分数线再创新高，其中专升本应用型人才培养试点项目录取最低分超出省线52分。首次面向全省普通高中学校进行自主招生。就业质量不断提升，2015 届毕业生最终就业率99.97%，位列省内高校前列。

【东莞职业技术学院对外交流】 2015年，东莞职业技术学院与德国、美国、加拿大等国家和台湾地区进行广泛的合作与交流。选派6名教师赴德国开展学术交流及人才招聘，与德国BSK国际教育机构进行合作洽谈；加强与美国德州卫斯理大学合作；与加拿大BCIT签署战略框架合作协议；与台湾佛光大学、龙华科技大学、亚太创意技术学院等高校深入开展交流合作。接待港澳台来宾40多人次。与新疆第三师图木舒克职业技术学校开展远程互动课堂，面向该校设立科研专项课题，共享图书资源。组织教师赴黔南民族职业技术学院开展教学成果推广和师资互聘活动，召开对口支援工作联席会议。

【东莞职业技术学院社会服务】 2015年，《东莞职业技术学院关于推进创新创业教育改革行动方案》发布实施，成立东莞职业技术学院创新创业教育工作机构，建成8个大学生创业实践基地及10多个支撑大学生创新创业实践的平台。搭建“协同创新中心”科研平台，以6个研发中心和东莞市机器人公共服务平台建设为重点，开展科研和服务立项23项。获市级以上项目立项47项，横向项目24项，政校行企合作项目6项，获得专利授权26项，获得广东省科学技术奖三等奖。学院被全国大中城市社科联评为“全国先进社科组织”，是东莞市唯一获此殊荣的高校。学院与东莞市统计局签署职能转移协议，成为唯一一家承接东莞市统计从业资格考试培训的单位。面向社会完成各类社会培训1.44万人次。开展志愿服务活动135次，志愿服务总时数4.03万小时，其中16位志愿者加入第14届“苏迪曼杯”世界羽毛球混合团体锦标赛志愿服务队。有5300多名学生参加社会实践，覆盖东莞市32个镇街，另有10支立项团队奔赴广东省其他地区开展实践活动。学院团委被东莞市无偿献血工作委员会评为“无偿献血先进单位”。 （李炜炜）

附：2015年东莞职业技术学院主要领导名录

党委书记：朱益民

院　长：贺定修

中山大学新华学院

【中山大学新华学院概况】 中山大学新华学院是中山大学与广东东宝集团有限公司按新机制新模式申办，于2005年经教育部批准设立并招生的涵盖文、理、医、工、经、管、法、艺等学科的多科性独立学院。

截至2015年，学院设有广州校区和东莞校区，占地总面积97.07公顷，校舍建筑总面积44.58万平方米，东莞校区工程2015年继续被列为省、市重大建设项目。学院聘有教师1038人，其中专任教师772人，具有高级职称264人，具有硕士及以上学位507人；设有16个系、2个教学研究部、36个专业（2015年新增4个专业），已招收11届学生，在校生1.88万人，其中1.58万人在东莞校区就读。应届毕业生初次就业率97%，总体就业率98.64%，用人单位满意度、社会认可度高，据《武书连2015中国322所独立学院毕业生质量排行榜》显示，学院本科毕业生质量位居全国第14名，广东省第3名。2015年被评为“中国社会影响力独立学院”。

【中山大学新华学院建校十周年校庆日系列活动】 2015年11月20日，中山大学新华学院喜迎建校十周年，在东莞校区举行庆祝大会。学院一方面富有创意地做好校庆工作，另一方面举办国际及全国学术研讨会，开展系列学术讲座，举办首届草地音乐会、庆祝大会等系列活动。全国政协教科文卫体委员会副主任陈小娅为学院十周年庆祝大会致辞，中山大学副校长颜光美，学院董事长刘荣海、院长王庭槐等参加校庆活动。

【中山大学新华学院创客实验室成为国际Fab Lab成员】 2015年2月23日，中山大学新华学院创客实验室经过美国麻省理工学院（MIT）Fab Lab审核，成为国际Fab Lab的成员，是全国第二个、广东省第一个高校创客实验室。创客实验室主要用于教学科研、创意制作等科技创新活动，实行对外开放，响应国家号召，推动“无处不在创新”的理念，培养更多创新应用型人才，为国家创新发展提供所需人才资源。创客实验室占地面积1000平方米，置有激光切割雕刻机、服装绘图仪、刻字机、数字化仪、CNC机械雕刻机、小型手板模型雕刻机、3D打印机、3D扫描仪、钻床、电锯以及其他加工工具。

【中山大学新华学院“中国大学生产学研创新创业实训基地”揭牌】 2015年1月10日，中山大学新华学院被中国产学研合作促进会授予国内首个“中国大学生产学研创新创业实训基地”。学院党委书记刘美南主持揭牌仪式，全国政协教科文卫体委员会副主任陈小娅，中国产学研促进会副会长、秘书长王建华，学院董事长刘荣海、院长王庭槐为基地揭牌。“中国大学生产学研创新创业实训基地”位于学院东莞校区实训楼内，拥有校内“南铺北店”线下体验中心等系列校企合作子项目和“产学研”创新平台，为高校学子提供育人理念、师资资源、创业教育共享服务体系，引领和支撑大学生自主创业，充分挖掘创新潜能，锻炼动手实操能力，将专业知识学以致用。

【中山大学新华学院“中国医学数字教育项目示范基地”挂牌】 2015年3月20日，中山大学新华学院举行“中国医学数字教育项目示范基地”签约及挂牌仪式，成为该基地在国内独立学院中授牌的首个院校。人民卫生出版社总编辑杜贤与学院院长王庭槐签约并为基地挂牌。此次社校牵手合作，对学院数字化

教育工作具有里程碑意义。学院将围绕数字化医学教育课题，进行资源整合、实验教学、教学管理平台研发与管理等层面的合作，充分利用慕课平台优势，推动医学教学模式的创新与变革。

【中山大学新华学院建成“周有光先生学术展览馆”】 2015年，适逢著名的语言学家、文字学家、经济学家、《汉语拼音方案》创始人之一周有光110岁华诞和从事语言文字研究90周年之际，广东首个“周有光先生学术展览馆”于1月10日在中山大学新华学院揭牌开馆。馆内展示周有光的个人传记故事、荣誉书及聘书、系列研究成果、各种学术论文及著作、家庭珍藏相集、创作手稿及录音带、工作生活纪念品、个人墨宝等。同日，“周有光学术研究中心”在学院成立，学院将组织中国语言文学系学者、师生开展周有光系列学术成果后续研究，并开设周有光研究领域内的《世界文字史》等相关课程。

【中山大学新华学院实施“双百计划”人才工程】 2015年，中山大学新华学院贯彻人才强校战略，制定并印发《中山大学新华学院“双百计划”人才工程实施办法》，在“十三五”期间引进和培养百名博士、百名优秀中青年骨干教师，坚持任务牵引、科学规划，加大投入、广聚贤才，分级培养、成长成才的原则，汇聚和培养一批具有创新能力和发展潜力的中青年学术骨干，构建一支专业水平高、思想素养好的教师队伍。同时，加强海内外高端人才和双师型教师的引进力度，2015年聘请首席教授、学科带头人、讲座教授、客座教授、兼职教授24人，高级校外导师（校外导师）29人。

【中山大学新华学院教育教学改革】 2015年，中山大学新华学院加大教育教学改革力度，推进人才培养模式改革和培养方案的修订，提高人才培养质量。实施以协同机制改革创新为引领的“创新强校工程”，完成2014年度“创新强校工程”的考核工作，获得2015年省财政专项资金93.25万元。加强“逸仙新华班”人才培养，实行“三导师制”，开创国际导学模式，邀请国内外知名学者利用微信等现代通讯技术指导特长生；落实“一人一课表”，保证专业对接；优化“逸仙新华班”课程设置，以公共课教学为试点深化学院教学改革，开设“尔雅通识课”为学生自学打开新视界。与京东集团开展校企合作，创建“新华京苗班”，校企联合定制教学计划，嵌入京东集团电子商务实操课程，探索学生定向培养与就业的特色模式。注重课堂教学与校外实践相结合，先后在160多家企事业单位、政府机构建立实习基地。

【中山大学新华学院科学研究】 2015年，中山大学新华学院坚持“以教学带动科研、以科研促进教改”，组织科研项目申报。获得科研立项项目和课题24项，其中广东省公益研究与能力建设专项资金项目1项，广东高校省级重点平台和重大项目4项，广东省教育科学“十二五”规划项目2项，广东省2015—2016年度会计科研课题2项，广东省教育教学成果奖培育项目5项，广东省教育教学改革项目4项，广东省教育评估协会研究课题6项。教职工发表论文263篇，编写专著12部。

【中山大学新华学院举办国际及全国学术研讨会】 2015年，中山大学新华学院注重学术交流，多次举办国际、全国学术研讨会，聚焦学科前沿，创新研究视野。1月主办“周有光与中国语文现代化”全国学术研讨会，全国各地汉语言界、各大高校知名学者专家齐聚学院进行学术研讨；11月承办中国高校创新创业教育高峰论坛，围绕新常态下中国高校创新创业教育的新模式、新途径，互联网+高校创新创业，高校创新创业教育案例交流展开研讨，带来5场主题报告；11月举办第二届广州国际护理教育论坛，特邀美国、中国大陆及台湾地区高校、医院等知名护理教育专家学者共同分享、交流与探讨大健康时代的国际护理教育及实践方向，带来10场专题学术报告，2场教学实践经验交流专场活动；12月联合中山大学主办全国“地方政府与区域公共管理研究”学术研讨会，10余所重点高校专家学者以及广东各级政府机关人员、港澳学术社团代表120余人与会，围绕地方治理与区域发展、流域治理两大主题展开深入探讨。

【中山大学新华学院创办“新华名人讲坛”“新华名人访谈”】 2015年，中山大学新华学院在开展具有品牌效应的“新华讲坛”同时，创办“新华名人讲坛”“新华名人访谈”。“新华名人讲坛”首讲邀请凤凰卫视著名时事评论员兼主持人邱震海作“一带一路与中国外交战略”主题讲座，并特约香港新闻工作者联会副主席、凤凰卫视特约评论员郭一鸣担任主持；邀请凤凰卫视中文台副台长兼主持人程鹤麟，凤凰卫视评论部副总监、著名时事评论员何亮亮分别作为第二讲、第三讲的主讲嘉宾，带来“新媒体包围下，凤凰卫视突围之道”“中国在今日世界的地位”的主题讲座。“新华名人访谈”首场邀请国际儒学联合会副理事长、中华孔子学会副会长凌孜（本名叶向真），全国工商联副主席、中国下一代教育基金会副理事长沈建国和中央党校哲学部教授、伦理学专业博士生导师刘余莉参与“中华文化与中国梦”主题访谈，并特约中央党校《理论网》采编中心主任、中国作家协会会员、高层访谈记者程冠军主持访谈。

【中山大学新华学院推进合作交流】 2015年，中山大学新华学院紧跟教育发展步伐，成立国际学院（筹）、继续教育学院（筹），推进国（境）内外合作交流，落实各项合作。与英国密德萨斯大学、美国旧金山大学护理与健康学院、欧洲联盟教育与语言考试中心等10余所院校、单位签订合作备忘录或项目协议；选派7名学生分别赴国（境）外3所大学学习，选派16名学生赴美国索尔兹伯里大学游学。

【中山大学新华学院校园文化活动】 2015年，中山大学新华学院开展丰富多彩的校园文化活动：开展纪念抗战胜利70周年大学生暑期寻访活动，Dream high社会实践队获全国优秀团队奖；开展第十届校园文体艺术节，举办文化类、体育类、艺术类活动10项；开展“文艺名家进校园”等系列讲座、秋叶高校巡回演讲、“思辨杯”辩论赛、主持人大赛、器乐比赛、歌手大赛、小剧场话剧比赛等学生喜闻乐见的活动；以“校地联动，合创共赢”为宗旨，积极服务地方与社区，举办2015东莞“M·M”周末嘉年华暨“金麻”首跑活动，对麻涌当地开展志愿服务活动501项，累计服务时长3.46万小时。

【中山大学新华学院学生竞赛获奖】 2015年，中山大学新华学院鼓励、支持学生参加竞赛活动，成绩可喜，其中获得全国大学生外贸从业能力大赛一等奖，2015年中国大学生“保险责任行”暑期社会实践专项活动金奖，2015年全国高校商业精英挑战赛会计与商业管理案例竞赛二等奖，第六届“蓝桥杯”全国软件和信息技术专业人才大赛全国总决赛Java组二等奖，第二届“大智慧杯”全国大学生金融精英挑战赛“金融操盘手”二等奖，连续2年广东大中专学生科技学术节之预防医学技能大赛（非预防专业组）一等奖，2015年广东省健美操锦标赛全国规定套路、自选套路等项目四项冠军、大学组综合风格大齐舞项目亚军，承办首届东莞市大学生科技创新节之首届东莞市商务英语翻译大赛并获口译组、笔译组一等奖等。

（潘　梅）

附：2015年中山大学新华学院主要领导名录

院　长：王庭槐

党委书记：刘美南

广东亚视演艺职业学院

【广东亚视演艺职业学院概况】　广东亚视演艺职业学院位于广东省东莞市塘厦镇，2000年1月获广东省高等教育厅批准成立，2002年1月由广东省人民政府批准为自主招生、实施全日制学历教育的职业大专。截至2015年，学院先后被评为“十大专业特色民办高校”广东省民办“竞争力20强高校”。

2015年，学院设有音乐舞蹈系、艺术设计系、戏剧影视系、经济管理系、信息工程系5个系。音乐舞蹈系、艺术设计系、戏剧影视系是艺术系，围绕电视艺术创作、制作、生产流程所需开设各艺术专业；经济管理系、信息工程系是非艺术系；艺术专业与非艺术专业相互支撑，协调发展。2015年，学院在校学生2300人。

【广东亚视演艺职业学院专业建设】　截至2015年，广东亚视演艺职业学院设有20个专业，包括戏剧影视表演、播音与主持、影视编导、广播影视节目制作、数字媒体艺术设计、音乐表演、舞蹈表演、视觉传播设计与制作、服装与服饰设计、环境艺术设计、人物形象设计、影视动画、摄影摄像技术、工商企业管理、财务管理、会计、人力资源管理、社区管理与服务、数字媒体应用技术、计算机应用技术等，形成了融汇艺术专业与非艺术专业的综合性艺术院校。

学院还是音响调音师及录音师国家职业资格技能鉴定点、演出经纪人资格证考点和中国舞蹈家协会舞蹈教师培训基地，每年办有相关培训班。2015年，申报成立CCAT考试中心，推动学院的双证教育工作。与培训机构合作，开展会计从业资格、报关员水平测试培训，对学生实施学历证书和职业资格证书“双证书”培养体制。

【广东亚视演艺职业学院师资队伍】　截至2015年，广东亚视演艺职业学院拥有强大的师资团队，一大批来自中央戏剧学院、北京电影学院、上海戏剧学院、中央音乐学院、北京舞蹈学院、莫斯科国立柴可夫斯基音乐学院、俄罗斯新西伯利亚舞蹈学院、中央电视台、长春电影制片厂等单位的艺术家、专家教授汇聚在这里。从艺术一线走来的他们，具有丰富的教学经验和艺术实践经验，多次受到省教育厅的肯定和兄弟院校的称赞。

2015年，学院聘有专任教师135人，其中，副教授（含）以上职称的教师30人，硕士及以上学历的47人，双师型教师45人。音乐舞蹈系教师戴小玲获评南粤优秀教师；蔡冬梅获评全省青年教师教学基本功大赛优秀奖。

【广东亚视演艺职业学院教学科研成果】　截至2015年，广东亚视演艺职业学院编著出版教材一套，翻译出版教材《录音实用技术》等。

学院积极参与推进广东地区经济社会文化的发展，作出应有的贡献。与虎门鸦片战争博物馆、75234部队、塘厦城市展示馆等单位长期进行文化文明共建。参与塘厦镇“越唱越红”打工歌曲竞赛、东八区合唱团、塘厦镇各类文艺团体等的活动，繁荣地方文化经济，扩大学院的影响。

2015年，以音乐舞蹈系教师邱克为核心的教研团队完成的教改工程《努力创新艺术高职院校声乐课程教学模式》，通过省艺术高职院校教学指导委员会专家组的评审并结题。艺术设计系教师白璐负责的涿州市喜征鸿影视器材租赁有限公司人物形象设计专业校外实践教学基地，被省教育厅批准为省高职教育大学生校外实践教学基地建设项目。同时，教师积极在各类学术期刊上发表论文、出版著作。

学院师生参加国内外各种比赛，在全国职业院校技能大赛广东赛区比赛中，歌舞节目分别获二等奖、三等奖。

【广东亚视演艺职业学院校园文化】　2015年，广东亚视演艺职业学院学院开展奖勤助贷工作，获得国家奖学金、国家励志奖学金、国家助学金164人，获得院级奖学金297人，获得国家助学贷款37人，并为学生30余人提供勤工俭学岗位。

学院在组织各种社会实践活动，学习全国优秀学生的同时，进行节约、禁烟、健康消费、低碳生活、警惕非法集资等的宣传，倡导勤俭质朴、懂法守法，共建和谐校园。做好心理咨询工作，为学生提供全天候心灵驿站服务，接待16人近40次心理咨询。采用先进手段，利用微信群，了解、管理学生。

组织多样活动，共建丰富校园文化。组织重大节日庆祝活动，迎新晚会、国庆元旦晚会、毕业晚会；组织第十届大学生辩论会、歌舞晚会、情景诗朗诵晚会、社团文艺演出；进行毕业实训展演、新生才艺展示、假面Party、新生篮球赛、师生篮球友谊赛、“亚视读书会”、“爱我校园”卫生清洁活动等。学院足球社还走出学校，参加塘厦镇和樟木头镇“迎春杯”足球赛，让社会更多地了解学院，扩大知名度。

【广东亚视演艺职业学院学生就业】　截至2015年，广东亚视演艺职业学院已向省内外输送各类演艺人才近万名。他们用在学院掌握的艺术理论知识与实践技能，活跃在全国各省市电视台、文化机构、歌舞团、影视公司、艺术中心、影视剧组等，特别是珠三角地区的电视台、文化影视公司、动画公司、装潢设计公司等单位，为当地的文化艺术事业的发展、繁荣作出积极贡献。

截至2015年，发展较好的校友主要有：朱晓渔，参加《护国军魂传奇》《木府风云》等影视剧的拍摄；张竞达，参加《建元风云》《闪婚》等影视剧的拍摄；李婉僮，参加《九龙佩》等影视剧的拍摄；韩熙庭，参加《金陵十三钗》《最美的时光》的拍摄；刘言语，参加《新雪山飞狐》《潜伏》等影视剧的拍摄；董春晖，参加《花千骨》的拍摄；马洲，参加《杨贵妃》的拍摄；田维英，著名女高音歌手，深圳市音乐家协会会员；阮慧慧，中国歌舞团东莞分团独唱演员；刘中志，澳门澳亚卫视主播／主持人，主持《澳亚新闻》等；邹长江，“世界和谐促进会”和之声艺术团特聘为男高音歌唱演员；付豫，工作于中央七台；邸思悦，深圳卫视《年代秀》节目主持人；另外，还有自我创业的李晨、彭伟航、王聪、张倩等人。

（傅狮虎）

附：2015年广东亚视演艺职业学院主要领导名录

代院长：李显青

东莞广播电视大学

【东莞市广播电视大学概况】　东莞市广播电视大学成立于1979年，是东莞市教育局直属，实施远程开放教育的新型高等学校，业务上隶属于广东开放大学，主要举办中职、大专、本科学历教育和各种非学历培训，2015年，学校学历教育在校生9017人，办学规模在广东电大系统市级电大中名列前茅。

【东莞市广播电视大学改善办学条件】　2015年，东莞市广播电视大学先后完成对三大职能部门（教学处、教务处、学生处）的布局调整，对图书馆、厨房和食堂、标准塑胶篮球场、卫生间等进行升级改造，全面优化师生办公、教学和生活环境，营造和谐校园氛围，提高教育教学质量和办公效率，助力学校转型升级。

【东莞市广播电视大学构建服务支持体系】　2015年，东莞市广播电视大学坚持服务地方，送教上门，构建新的服务支持体系。新开辟5个镇企分教点，分教点总数增至23个，开放教育本专科全年招生2299人，在广东电大系统市级电大排第一名。承接东莞市中小学、幼儿园教师学历提升工程。做好分教点的服务管理工作，创建网上教务群和网上考务群、开展“送服务到教学点”活动、召开分教点期末考试改革工作会议、建立分教点招生回访制度等。

【东莞市广播电视大学教学科研工作】　2015年，东莞市广播电视大学为推动“科研兴校”发展理念的实现，先后邀请北京师范大学、广东开放大学、中山市广播电视大学知名专家来莞讲学，以学科分类为基础成立教研室并以教研室为单位整体开展教师培训，鼓励教师参与省、市、校课题申报及课程资源建设，营造教、科研氛围。在广东省开放大学组织的微课大赛、各学科教学技能大赛、网上教学大赛中，学校均有教师获得一等奖，获奖18人次，学校获得2次优秀组织奖。

【东莞市广播电视大学校园文化建设】　2015年，东莞市广播电视大学开展一系列大型活动，校园文化建设精彩纷呈，举行校内乒乓球团体赛、新生开学典礼、国家开放大学奖学金颁发仪式、东莞电大系统教职工“迎春杯”乒乓球友谊赛等，承办东莞市幼儿园骨干教师（园长）专业发展专题讲座、广东电大系统教职工乒乓球团体比赛、首届东莞市大学生科技创新节之企业模拟经营大赛等活动。（徐文龙）

附：2015年东莞市广播电视大学主要领导名录

副校长、党总支书记：阳　涌

广东创新科技职业学院

【广东创新科技职业学院概况】　广东创新科技职业学院是2011年2月经广东省人民政府批准、教育部备案、广东省教育厅主管的一所全日制普通民办高等职业院校。截至2015年，学院占地面积3256.87公顷，建筑面积29.29万平方米。学校位于“中国会展名镇”“广东省中心镇”东莞厚街镇的教育文化园区，毗邻包括世界500强企业三星集团、泰科和广东现代国际展览中心、世界鞋业总部基地、联创国际信息产业园等国家级产业园区。

2015年，学校下设信息工程学院、财经学院、机电工程系、建筑工程系、管理系、艺术设计系、外语系等7个二级学院（系），开设28个专业。有在校学生1.1万人，教职员工601人，专任教师481人，教师中具有研究生学历的教师占40%，具有教授、副教授、副高级等以上职称的教师占30%，有20多位国家、省市级的专业学会、协会的学术、技术带头人，专业教师“双师型（具备学历证书和技能证书的教师）”比例达到50%。

推进教育创新，深化教学改革，实施校企合作、工学结合，突出强化技能训练，提高学生的实践技能水平。学校毕业生以其适应性强、专业技能力强、综合素质好而受到用人单位普遍欢迎和充分肯定，毕业生就业率均高达98%。

【广东创新科技职业学院教学设施建设】　截至2015年，广东创新科技职业学院投入建设资金高达11亿元。学校建有一流的教学、实训实验设施及文化体育活动场所，设备先进，管理规范。建设近60个实验实训场室，教学仪器设备总值达到3000余万元。图书馆大楼高12层，建筑面积4.1万平方米，建筑规模为广东省同类院校图书馆之最。学校文化中心、体育馆等场所即将落成。学生公寓设施齐备，均配有空调、独立浴室、独立卫生间、热水器等生活设施，生活方便。校园实施“一卡通”管理，校园安保措施到位，实施24小时安全监控。

【广东创新科技职业学院办学模式】　截至2015年，广东创新科技职业学院坚持开门办学，把培养高素质创新型技术技能型人才作为学校的办学宗旨，将创新精神融入到学校人才培养工作的全过程，鼓励师生大胆创新，在教育教学中大力引导学生重视实践，在实践中学习和提升技能。高度重视实践教学，坚持“校企合作，工学结合”的人才培养模式，与东莞三星视界有限公司、南兴家具装备制造股份有限公司等60多家知名企业开展校企合作，签订联合招生、合作培养、定向实习、定向就业的教育合作协议，为学生实习、实训和就业搭建广阔平台。同时，学校还注重职业教育与学历教育的衔接性，与华南师范大学、华南农业大学、天津大学等国内知名大学合作，构建“中职教育、高职教育、本科教育（专升本）”的升学体系。学校还与美国、新西兰、澳大利亚等国家和台湾地区的大学开展对外交流和合作办学，为学生开辟海外求学的绿色通道。

学校以校园品牌活动为载体，加强学生的创新思维开发和创新能力拓展，每年举办的工商模拟市场、技能大赛、创意摄影大赛等活动，成为学生锤炼技能的“练兵场”。学校师生在国家、省、市各个层级的各项比赛中获得200余项奖项。在校企联动的促进下，毕业生总体就业率达到98%左右。（罗　璋）

附：2015年广东创新科技职业学院主要领导名录

院　长：张岳恒

党委书记：麦韬芙

文　　化

CULTURE

- 完成广东省第六批非物质文化遗产代表性项目申报
- 开展“全媒体基层行”大型采访活动
- 东莞广播电视台成立十周年庆祝活动
- 《不能忘却的硝烟—东莞抗战画史》出版

粤剧私伙局新年下乡演出　（刘锦霞　摄）

编辑：刘　丹

文化综述

【文化建设概况】　截至2015年，东莞市有市民艺术中心1个，文化站33个，公共图书馆（室）641个，公共电子阅览室589个，公办博物馆17个，民办博物馆31个，文化广场769个，电影放映单位79个。全市有公共广播节目53套，公共电视节目43套。全年发行报纸6518.23万份，其中《东莞日报》4355.83万份；电影放映82.6万场次，观众1634.9万人次。

【文艺精品创演】　2015年，东莞市推出第12部莞产音乐剧《啊！鼓岭》和东莞首部话剧《银锭桥》，启动电视连续剧《袁崇焕》和电影《击战》的创作拍摄。举办第四届中国·东莞音乐剧节和第十三届东莞“粤剧黄金周”活动。在广东省第八届群众戏剧曲艺花会中获得2金5银2铜的成绩，奖牌总数列全省第一位。

【文化遗产保护】　2015年，东莞市推进国家历史文化名城申报工作。实施虎门炮台旧址二期等文物修缮工程，完成可园博物馆等陈列改造，推进第一次全国可移动文物普查，开展东莞城市历史文化特色与价值研究，扶持发展民办博物馆，完成广东省第六批非物质文化遗产代表性项目申报。

【文化产业发展】　2015年，东莞市印刷产业工业总产值340亿元，居全省地级市第一位。电影票房收入5.55亿元，连续三年居全省地级市第一位。新增网吧694家，增幅超过60%，网吧总量达1930家。获得“全国版权示范城市”创建资格，出台《关于进一步推进我市版权工作的意见》等文件。截至2015年，东莞市共获评1个全国版权示范园区，6个广东省版权兴业示范基地和5件广东省最具价值版权产品。推动举办第七届中国国际影视动漫版权保护和贸易博览会和第三届中国（广东）国际印刷技术展览会。

【文化体制改革】　2015年，东莞市在鸦片战争博物馆建立法人治理结构。全面清理非行政许可审批事项，完成权责清单编制工作。

【对外文化交流】　2015年，东莞市加强莞港澳台文化交流；深化中马文化合作；加强“莞韶”“莞清”“深莞惠+汕尾、河源”文化交流，制定文化交流合作方案，牵头召开深莞惠+汕尾、河源五市文化合作联席会议。

【文化市场监管】　2015年，东莞市出动文化执法人员20万多人次，检查各类文化经营场所10万多间次，处理行政处罚案件493宗。市文化市场综合执法大队获评广东省“扫黄打非”先进集体和广东省文化市场综合执法先进单位。

市文化市场综合执法大队参与办理的福建厦门“0311”违法网络动漫案被文化部评为2014—2015年度全国文化市场十大案件，东莞市讯怡电子科技有限公司提供含有禁止内容的网络游戏产品和服务案被文化部评为2014—2015年度全国文化市场重大案件。

【公共文化服务体系建设】　2015年，东莞市继创建成为首批国家公共文化服务体系示范区和入选全国公共文化服务标准化试点城市后，于7月入选全国5个数字文化馆地级市试点城市之一。东莞市正加快数字文化馆的筹备建设，基本完成市民艺术中心建设。初步制定《东莞市基本公共文化服务实施标准》《东莞市公共文化服务标准体系》《东莞市文化馆服务规范》《东莞图书馆服务规范》《东莞图书馆总

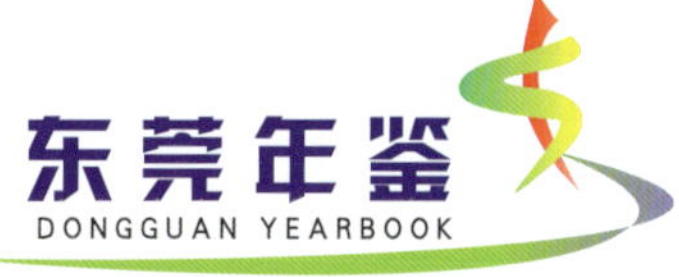

分馆运行管理规范》《东莞市各镇（街）公共文化服务绩效评估方案》等标准文件，举办加快构建现代公共文化服务体系培训班、“东莞市公共文化服务标准研制”专家咨询会和首届“公共文化建设现场—2015广东公共文化研讨会”，制定东莞市贯彻国家加快构建现代公共文化服务体系意见等方案，增加东莞市全国公共文化服务名城建设领导小组成员单位，建立健全东莞市公共文化建设协调机制，加快推进现代公共文化服务体系建设。

【群众文化活动】 2015年，东莞市举办2015东莞第十一届读书节活动暨市民学堂“拾光之约”、群众戏剧曲艺花会以及反映社会主义核心价值观和纪念中国人民抗日战争暨世界反法西斯战争胜利70周年等系列文化活动。协助开展2015VIVO·苏迪曼杯世界羽毛球混合团体锦标赛开幕和推广的文体活动。参与海博会开幕式和暖场节目的筹备。统筹指导广东省第四届花灯文化节暨第六届洪梅花灯节、桥头镇油菜花节、塘厦镇2015年“同饮一江水”广东打工者歌唱大赛、清溪镇“中国梦·客乡情”2015年广东省第二届客家新民歌作品征集评选暨客家新民歌会活动及广东省麒麟文化节活动。协调茶山镇做好广东省非物质文化遗产传统美食节暨2015“茶园游会”。实施文化惠民工程，完成公益培训303场，公益演出1142场，播放公益电影9955场，受惠群众达380多万人次。文化志愿服务逐步完善，注册成立东莞市文化志愿者协会，完善文化志愿者数据库，巩固文化志愿者品牌效应，加强文化志愿者的规范管理。 （张玉纯）

附：2015年东莞市文化广电新闻出版局主要领导名录

党组书记、局长：陆世强

① 2015年“深莞惠+汕尾、河源”五市文化合作联席会议在东莞举行
② 2015年4月7—12日，世界第三大印刷专业展——第三届广印展在东莞举办
③ 2015年4月17日，举办东莞市加快构建现代公共文化服务体系培训班

文艺活动

【专业文艺团队活动概况】　截至2015年，东莞市有专业文艺团队17个，包括东莞市荔香粤剧团、广东三正歌舞团有限公司、东莞市精战杂技艺术团、东莞市巴黎舞剧团有限公司、东莞保利文化演艺团有限公司、东莞盛泰飞扬女子艺术团有限公司、东莞塘厦松雷音乐剧剧团有限公司、东莞市度香亭杂技艺术团、东莞市维亚艺术团、东莞市红伶粤剧团、广东艾利发剧院管理有限公司东莞儿童艺术剧团、东莞市摩登影子音乐剧团有限公司、东莞市魅力岭南艺术团、东莞市水乡风情艺术团、东莞市巷头朗声木偶粤剧团有限公司、东莞市艺青粤剧团和东莞市桥头金荷艺术团。2015年，东莞塘厦松雷音乐剧剧团创编推出音乐剧《啊！鼓岭》，在全国十多个城市巡演63场，同年9月29日《啊！鼓岭》剧目研讨会在北京保利剧院贵宾厅举行，该剧入选国家艺术基金2015年资助项目。东莞保利文化演艺团联合制作的原创话剧《银锭桥》，由著名导演林兆华执导，倪大红、史可领衔主演，10月16日在东莞玉兰大剧院首演，同时启动全国巡演，在全国21个城市演出35场，这是东莞市推出的首部话剧。东莞市精战杂技艺术团二度创作音乐杂技剧《卖火柴的小女孩》，完成剧目省内巡演50多场。东莞荔香粤剧团长期活跃在珠三角及粤西的演出市场，上演过《新贵妃醉酒》《雾锁东宫十八年》《醉打金枝》等剧目。

【文艺家协会活动概况】　作家协会　2015年，东莞市作家协会组织作家开展两次“深入基层，扎根人民”主题采风活动，先后组织和协办多场文学沙龙，吸引全市200多名作家和文学爱好者参加，形成良好的文学创作氛围。

书法家协会　2015年，东莞市书法家协会举办当代东莞书法家系列展览，市农业局“为民务实清廉”书法摄影作品展，“颂崇焕”全国诗词书法名家精品展，“中国梦·劳动美”东莞市第四届书画大赛，协办广东省第五届“南雅奖”书法篆刻展览，“珍爱和平”纪念中国人民抗日战争胜利暨世界反法西斯战争胜利70周年广州·东莞书画联展，“汕头·惠州·东莞三地书画作品联展”等20多次专题活动，积极开展“书法进万家”送文化下基层及参与慈善书画拍卖会等惠民活动，并与国内外书法界广泛开展交流活动。

美术家协会　2015年，东莞市美术家协会主办“莞邑墨象——东莞中国画名家作品展”“舞个好天地——黄泽森国画舞蹈作品展”“2015墨韵岭南·全国中国画名家邀请展”“南粤和鸣——广东省水墨作品邀请展”等展览，开展“大美东莞”美术采风活动，组织美术家创作出100多件优秀作品参加东莞市人民政府主办、市民政局协办、市慈善会承办的“翰墨铸真情、丹青绘爱心——2015年广东扶贫济困日暨东莞慈善日”慈善书画拍卖会。

摄影家协会　2015年，东莞市摄影家协会主办《工业记忆》摄影展，分别在广东广州、东莞、韶关，湖南郴州，广西柳州进行了展出，承办召开题为“本土就是主流”的摄影理论研讨会，协办“2015·‘发现精彩·东莞印象’”微摄影大赛、东莞市民摄影周、“不一样的东莞”摄影作品展。由东莞市委、市政府主办的“不一样的东莞”摄影作品展在国家博物馆开展，参展的127幅作品全面呈现出东莞的制造实力、人文魅力、生态动力和运动活力，展现东莞的良好形象。

音乐家协会　2015年，东莞市音乐家协会承办“神州唱响”第六届全国高校声乐比赛，协办“放飞梦想”东莞市首届艺术教育成果大赛钢琴比赛等赛

2015年8月14日，2015年东莞第十一届读书节暨市民学堂"拾光之约"系列活动在东莞图书馆四楼举行启动仪式，近百位市民与敬一丹近距离交流，与这位“城市阅读推广人”一同分享阅读与快乐

事，组建东莞市文联本土第一支轻音乐团，并在市文联、东城区、塘厦镇三地开展“纪念中国人民抗战胜利暨世界反法西斯胜利70周年音乐会”巡演。

舞蹈家协会　2015年，东莞市舞蹈家协会承办2015年中国舞蹈家协会教学成果展演，协办迎“苏迪曼杯”倒计时100天晚会。

戏剧曲艺协会　2015年，东莞市戏剧曲艺协会举办“粤韵豪情满济川”走进道滘粤剧曲艺欣赏会、“粤唱粤好”名家名伶戏曲欣赏会、“粤唱粤好”粤剧曲艺欣赏晚会等活动，协助市粤剧发展中心组织“粤韵金声”常年演出工作。

民间文艺家协会　2015年，东莞市民间文艺家协会承办“传承经典·乞求智巧”艺术沙龙，在2015年海外华裔青少年中国寻根之旅活动中，邀请剪纸艺术家林玉兰向40多名马来西亚华裔青少年传授剪纸的基础技艺。

文艺评论协会　2015年，东莞市文艺评论协会完成国家社科基金项目《欧美百年文学杰作的电影经验研究》，撰写《东莞文学备忘录》，完成《东莞新世纪作家群研究》，举办“周镇明长篇小说《土地》研讨会”等一系列研讨会，举办“纪念卡夫卡《变形记》发表100周年——《变形记》各国版本展”活动，受到文艺界的关注。

硬笔书法协会　2015年，东莞市硬笔书法协会主办“东莞市硬笔书法作品展暨东莞市硬笔书法教学基地作品联展”“观音山”杯东莞市第八届中小学硬笔书法比赛等活动，积极推动“硬笔书法入校园”，受到教育部门和学校的好评。

中华诗词学会　2015年，东莞市中华诗词学会每月举行一次雅集，参与举办“纪念袁崇焕诞辰431周年全国诗词、书法名家‘颂崇焕’精品展开幕暨诗歌朗诵”活动，与东莞市、云浮市老干大学联合举办东莞、云浮两市老干部的“毋忘国耻、振兴中华”书画作品展览。

国际标准舞协会　2015年，东莞市国际标准舞协会举办东莞市第七届国标舞锦标赛，联合横沥文广中心承办“舞动梦想·相聚横沥”国标舞晚会，年底携手莞城区文联共同举办“新年舞会”。

青年诗歌学会2015年，东莞市青年诗歌学会承办王一丁《东莞赋》《樟木头赋》专题研讨会和“当下诗歌创作的困境与出路”主题诗歌沙龙，组织珠三角诗人开展“诗眼东莞——走进麻涌”采风活动。

青年美术家协会　2015年，东莞市青年美术家协会主办“云水山色”——柯茂华中国画作品展和“卢少球国画作品展”。

朗诵艺术家协会　2015年，东莞市朗诵艺术家协会主办“朗吟中国梦　诵唱莞乡情——爱的传递”东莞市第二届大型情景朗诵会、“战士，我歌唱你们的光荣”美文美声欣赏会、“相约凤岗·七夕爱情诗歌朗诵会”“国风·新春朗诵会”“让所有梦想都开花”美文美声欣赏会以及“经典诵读·走进道德讲堂”系列活动。

社会艺术教育协会　2015年，东莞市社会艺术教育协会举办艺术教育成果展演活动，参与主办东莞市首届“少儿小提琴”大奖赛，承办“放飞梦想”东莞市首届艺术教育成果大赛，与广东省儿童戏剧协会共同主办“儿童戏剧普及公益分享会”。

曲艺家协会　2015年，东莞市曲艺家协会举行“今夜笑不停——东莞文联送欢乐下基层暨曲艺家协会成立首演”专场曲艺晚会、“阳光校园行——送欢乐走进东华小学”慰问演出、“东莞文联送欢乐下基层走进南城榕树下暨东莞周末相声剧场首演”专场晚会等活动。

楹联学会　2015年，东莞市楹联学会开展“铭记历史，缅怀先烈，珍爱和平，开创未来”的楹联创作活动，配合市委宣传部，圆满完成为东莞黄旗山城市公园开展全国征联征名活动的任务。

（何　伟）

① 2015年5月29日至31日，东莞塘厦原创音乐剧《啊！鼓岭》在东莞塘厦演艺馆连续举行五场试演，后在玉兰大剧院首演

② 2015年4月24日，都市彩虹剧场举行文艺专场演出

"全国城市日报十强"的报纸。

传播媒体

报 刊

【报业概况】 2015年，东莞日报社（东莞报业传媒集团）拥有《东莞日报》《东莞时报》、东莞时间网、东莞手机报、《看东莞》杂志等5个媒体和各媒体官方微博、微信，以及广告公司、多维新媒体公司、编辑出版中心、印务公司、万家通报刊发行物流公司等8家经营公司，员工909人。全年经营总收入2.34亿元，其中广告收入1.01亿元，《东莞日报》在本市报媒广告市场占有率超过55%，居同城平面媒体第一位，并成为珠三角各地级市中唯一入围2014—2015年度中国报刊广告投放价值排行榜"全国城市日报十强"的报纸。

【报刊新闻报道】 2015年，东莞日报社发挥舆论引导作用，弘扬主旋律、传递社会正能量，围绕宣传全国、省和市"两会"、贯彻落实东莞市委市政府1号文件、"三严三实"专题教育实践活动、珠三角规划纲要、东莞创建文明城市、东莞经济新常态、聚焦文化产业探路者、东莞系列援建、"苏迪曼杯"羽毛球赛赛事等中心工作，组织策划40余组重大政务活动宣传报道；推出《落实珠三角规划纲要》《东莞抗战风云——纪念抗日战争胜利70周年》《行进中国　精彩故事——东莞好故事》《最炫文明风》《东莞经济新常态》《运动之城　活力苏杯》等70余个重大系列专题报道；此外，采写的《破局——为东莞"十三五"建言》《"十二五"大数据》《抗日根据地共产党人忆峥嵘》等新闻精品，为中心工作提供舆论支持；采写"夫妻车祸离世　双双捐献器官事件""东莞最美人物""父母失联，好心人救助虎门重病女孩"等系列宣传报道，正面宣传东莞，得到广大读者的高度评价。

【"全媒体基层行"大型采访活动】 2015年9月起，东莞日报社与东莞市"三严三实"专题教育协调小组联合启动"严字当头　实干兴莞"——全媒体基层行大型采访活动。该活动历时3个多月，由东莞日报社社长、总编辑曾平治率领报社旗下各子媒采编人员组成采访团，先后走访东莞市33个镇街（园区）及20多个市属部门，刊发采访报道60多篇，广泛宣传东莞市践行"三严三实"的举措和成效，推进基层"三严三实"专题教育工作。

【东莞日报社首次参展第十一届深圳文博会】 2015年5月14—18日，东莞日报社作为广东省新闻出版广电局代表单位，首次参展第十一届中国（深圳）

本土就是主流　贴近就是力量

2015年2月17日，市委副书记、市长袁宝成（前排左二），市委副书记姚康（右一），市委常委、宣传部部长潘新潮（左一）等一行，到东莞报业大厦慰问东莞报业传媒集团春节值勤人员　（郑家雄　摄）

国际文化产业博览交易会，通过文字介绍、电脑、手机等多重演示方式立体化展示东莞日报社数字化全媒体系列产品和数字化转型成果，重点推介基于“新闻资讯+公共服务+生活服务”的本土移动客户端产品“i东莞”（安卓版），取得良好的推广成效，并受到省市领导的充分认可。

【报刊公益广告发布】 2015年，东莞日报社坚持把公益广告作为宣传党的方针政策、引导社会舆论、传播精神文明的重要手段，组织《东莞日报》、《东莞时报》、东莞时间网、《看东莞》杂志、党报阅报栏等媒介，围绕中心工作，发布大量主题鲜明、重点突出、形式活泼的公益广告，取得较好的社会效益。全年发布平面媒体公益广告、网络公益广告、杂志公益广告、阅报栏公益广告和宣传短片等合计版面价值3000余万元。

【2015“三星盖乐世杯”中韩篮球挑战赛联合主办】 2015年8月26—30日，由东莞日报社、东莞市篮球协会联合主办的2015“三星盖乐世杯”中韩篮球挑战赛在东莞体育馆举行。广东宏远队、佛山龙狮队、韩国首尔三星队、釜山KT音爆队4支参赛队伍受邀参赛。本项赛事是东莞日报社牵头组织自有品牌体育赛事的初期探索，是在媒体融合发展的形势下，传统主流媒体开创体育产业新模式、寻求新的利益增长点的举措。

【2015年“发现精彩·东莞印象”微摄影大赛承办】 2015年8月29日，由东莞日报社承办的2015年“发现精彩·东莞印象”微摄影大赛东莞市民摄影周在市展览馆拉开帷幕，本届东莞市民摄影周以“见证·时代”为主题，采取线上和线下同时进行的全新展览模式，水平为有史以来最高的一次。同时，为更好地推介东莞、增强大赛影响力，力推“走出去”活动，启动主题为“不一样的东莞”摄影作品全国巡展，赴平遥国际摄影大展、连州国际摄影年展、中国国家博物馆、香港文化中心等展出，宣传和推广东莞正面城市形象。

【“全民公益跑——助梦三人行 爱心1+1”活动】 2015年10月28日，东莞日报社推出的“全民公益跑——助梦三人行 爱心1+1”活动启动。活动相关报道推出后，在全城掀起为爱奔跑的热潮，有将近500个团队参加线上公益跑活动，跑步里程数累计45.99万公里，筹集助学款48万元，捐助东莞、韶关两地500名贫困学子。 （黄佳琦）

附：2015年东莞日报社（东莞报业传媒集团）主要领导名录

社长、总编辑、党组书记：曾平治

① 2015年8月29日，市委常委、宣传部部长潘新潮（右三）等出席由东莞日报社承办的2015年“发现精彩 东莞印象”微摄影大赛东莞市民摄影周开幕仪式 （郑家雄 摄）

② 2015年5月14—18日，东莞日报社作为广东省新闻出版广电局代表单位，首次参展第十一届中国（深圳）国际文化产业博览交易会。图为东莞日报社展厅 （曹雪琴 摄）

③ 2015年9月18日，东莞日报社社长、总编辑曾平治（左三）率队到市食品药品监督局就“三严三实”作专题采访 （郑志波 摄）

④ 2015年8月30日，由东莞日报社、东莞市篮球协会联合主办的2015“三星盖乐世杯”中韩篮球挑战赛在东莞体育馆举行

广播、电视、电影

【广播、电视、电影概况】 截至2015年，东莞市有广播电台1个，电视台1个，电新收账单位60个，影视制作经营机构38家，拥有公共广播节目63套，公共电视节目36套，有线数字电视用户149万户，其中高清用户67.9万户，宽带用户24.7万户，建有加入城市电影院城的影院79家。

【广播影视产业】 2015年，东莞市广播电视产业继续保持良好的发展态势。东莞广播电视台实际创收1.67亿元，其中广告经营收入1.45亿元；省广电网络东莞分公司也做大做强广电网络产业，拓展网络应用，研发推广广电新业务，提升网络产值，经营收入达7.40亿元，比上年增长12%。电影票房收入达5.55亿元，比上年增长56%，居全省第三位、地级市第一位。影视内容产业扩大，新设立影视制作经营机构3家，全市拥有影视制作经营机构41家。

【广播影视管理】 2015年，东莞市组织安全播出责任单位先后开展一系列安全检查、督查活动，提高广电系统安全风险防控能力和安全应急管理水平，重点抓好“春节”“全国两会”“国庆”“元旦”等重要保障期安全播出保障工作，确保全市无发生一起重大安全播出责任事故。加强广播影视行业管理 先后协调组织开展低俗涉性节目清查整顿、电视购物短片广告专项整治、打击非法设置电台和非法安装使用卫星电视干扰器专项治理、境外卫星电视传播秩序专项整治、影院售票系统升级检查验收等系列检查、整治工作，查处一批非法卫星地面接收设施，强化广播影视行业管理，规范广播影视传播秩序。

【东莞广播电视台概况】 东莞广播电视台成立于2005年3月。2015年，全台有员工640人，内设办公室、总编室、新闻中心等15个部门。旗下共有2个电视频道（新闻综合、公共）、3个广播频率（综合、交通、音乐）、5个网络平台产品（东莞阳光网、手机阳光网、东莞阳光台移动客户端、东莞广播电视台微信公众号、东莞阳光网微信公众号）、1份周报（《精彩一周》）及11家下属公司（东莞广播电视传媒发展有限公司、东莞市阳光网络信息有限公司等）。

2015年，各项事业迅速发展，东莞电台以近70%的市场份额连续多年稳坐东莞地区收听市场“头把交椅”；东莞电视台收听、收视率在东莞地区160多个频道的激烈竞争中稳居前列；广播电视覆盖人口1200多万人。东莞阳光网日最高浏览量达893.92万次、注册用户逾160万人，为“东莞第一门户网站”“广东十大全国重点新闻网站”之一。东莞广播电视台三大媒体获多项全国大奖，5月，东莞阳光网连续摘取“全国媒体融合创新先锋品牌奖”“全国新闻网站十大公信力品牌奖”等4项全国大奖；8月，广播消息《东莞打破户籍限制　近四万名外来工子女可享医保》获第二十五届中国新闻奖三等奖，这也是广东省唯一获奖的广播作品；9月，《1075直通车》入选“2014年度全国城市电台交通类节目综合收听率前十强”；11月，东莞电台交通广播入选“2014—2015中国城市广播电台品牌影响力前十强”。

【东莞广播电视台成立十周年庆祝活动】 截至2015年3月28日，东莞广播电视台成立十周年，为此，东莞广播电

追求精彩、创造精彩、奉献精彩

① 2015年9月22—23日，广东省推进广电媒体融合发展工作现场会在东莞广播电视台召开，省委常委、宣传部部长慎海雄等领导出席，与全省广电系统代表就推进广电媒体融合发展进行交流

② 现场会期间，省委常委、宣传部部长慎海雄（左二）一行，在市委书记、市人大常委会主任徐建华（左一）的陪同下参观东莞广播电视中心

视台策划开展丰富多彩的庆祝活动：评选“十周年十件大事”“双十佳主持人”，推出台歌《精彩》，举办十周年电视晚会，发行纪实作品集《梦想成真》，进一步展示形象、扩大影响，实现社会和经济效益双丰收。

【东莞广播电视传媒集团揭牌】 2015年3月28日台庆日当天，经省编办批准，东莞广播电视传媒集团成立，省广播电影电视局局长黄小玲，市委书记、市人大常委会主任徐建华等省市领导为集团成立举行揭牌仪式。东莞广播电视传媒集团的成立，不仅是东莞广电文化体制改革和机制创新的重要举措，更成为东莞广电事业产业发展的重要里程碑。

【东莞广播电视台产业经营】 2015年，东莞广播电视台产业经营实现多元化发展。4月，与市轨道交通公司合作成立的东莞市轨道交通电视传媒有限公司挂牌，为东莞广播电视台经营创收搭建新的平台。6月起，东莞广播电视台与“加博会”组委会秘书处每周六上午联合举办“东莞最美产品发布会”，活动深得企业参与支持并提高经营效益。8月，东莞广播电视台与澳大利亚企业共同打造“阳光澳游”文化商旅合作项目，成为“1847”葡萄酒华南地区总代理商，11月，东莞广播电视台合作公司挂牌成立，既拓展东莞广播电视台的产业合作空间，又提升媒体的市场竞争力。

【东莞广播电视台高清直播车投入使用】 2015年5月，东莞广播电视台购置的全高清电视直播车投入使用，并先后在“漫博会”“苏迪曼杯”期间亮相。该直播车总造价达2885万元，工艺设计、性能指标均达到全国一流水平。

【东莞广播电视台推行项目承包制】 2015年，东莞广播电视台先后将影视专题制作、广播旅游广告、东莞阳光网专业频道、东莞最美产品发布会的经营权下放，实行项目承包制，面向全台员工公开招标，激发经营活力，提高经济效益。

【东莞广播电视台承办苏迪曼杯体育展示活动】 2015年5月，东莞广播电视台承办“苏迪曼杯”期间的体育展示工作。抽调精兵强组成执行团队，经过连续奋战，取得圆满成功，体育展示效果、组织策划能力、团队拼搏精神均得到大赛组委会的充分肯定和表扬。

【“完美大舞台”获文化惠民演出十大品牌】 2015年6月，东莞广播电视台的“完美大舞台”主持人见面会被市委宣传部评为“2015年东莞市文化惠民演出十大品牌活动”。“完美大舞台”每场吸引观众达1500—2000人次，节目视频点击率超百万，成为东莞广播电视台形象展示、推广和群众文艺演出的良好平台。 （凌文通）

【电影】 2015年，东莞市有电影放映单位79个，放映电影82.6万场次，观众达1634.9万人次。电影票房收入5.55亿元，连续三年居全省地级市第一位。优化公益电影放映活动，积极送电影下乡、进社区、进企业、进学校，深入到工业区、新莞人聚居地实施公益放映，丰富和活跃广大群众、新莞人的文化生活，累计放映公益电影9955场，受惠群众达280万人次，超额完成省下达的放映任务。 （张玉纯）

附：2015年东莞广播电视台主要领导名录

党组书记、台长：黄永贵

① 2015年3月28日，“缤纷十载·播放精彩”东莞广播电视台十周年台庆晚会在广电中心1号演播厅举行。市委书记、市人大常委会主任徐建华（左四），省新闻出版广电局局长、党组副书记黄小玲（右四）等领导共同为东莞广播电视传媒集团揭牌
② 2015年6月29日，电视法治专题栏目《法庭内外》在广电中心举行开播仪式。市委常委、政法委书记邓志广（前排中）等领导出席开播仪式并致辞
③ 2015年5月15日，中央文明办、中宣部干部局领导到东莞广播电视台调研，详细了解有关文明建设、节目制作、编排等情况。市委常委、宣传部部长潘新潮（左二），市委宣传部副部长、东莞广播电视台台长黄永贵（右一）等陪同调研
④ 2015年4月28日，东莞市轨道交通电视传媒有限公司在东莞广播电视中心正式挂牌成立

网络媒体

【东莞日报社新媒体概况】 2015年，东莞日报社新媒体格局雏形初现，东莞时间网、东莞时间网微信公众号、i东莞APP形成“一网一微一端”的新媒体格局，与纸媒组成全媒体舆论阵地和传播方阵。优化后的东莞时间网，访问量提升50%，日均访客量18万次；手机浏览PC站点时自动切换为WAP站，更方便用户体验。基于“新闻资讯+公共服务+生活服务”的客户端产品“i东莞”半年开展4场以上大型推广活动，吸引超4万用户下载。截至2015年底，东莞日报社有微信公众号21个，微信矩阵用户超过60万户，东莞时间网、东莞时报微信公众号跻身“10万+”大号。

【东莞日报社媒体融合战略推进】 2015年，东莞日报社充分发挥网站、微博、微信等新媒体平台优势和报纸的内容优势，打通内部新闻资源交流平台，初步建立纸媒与新媒体发展中心合作办官微工作机制，建立健全每日微信选题沟通制度及评阅机制。每月召开报社新媒体工作会议，小结阶段性工作，查漏补缺，及时部署工作计划，推动报社新媒体发展。以融合为手段，形成合力，成功主办中韩篮球挑战赛、首届安全农产品博览会、清溪赏花节等大型活动，提升报业品牌价值及影响力。

【东莞日报社完善项目组运营机制】 2015年，东莞日报社新媒体发展中心继续采用并完善项目组负责制，配备项目奖励机制，运营效果良好。成立网站优化、i东莞、微信三大固定项目组，内容部为生产部门，策划、技术为辅助部门；配置产品专员岗位，精细化打磨项目和产品；其他临时组建项目组，实行项目组长负责制，团队协同作战能力提升，高效高质的完成项目工作。

【东莞日报社“三个一”工程初现雏形】 2015年，东莞日报社新媒体领域“三个一”工程，即由1个内容数据库、1个用户数据库以及1张会员卡组成的战略布局初现雏形，有利于快速建立新渠道，引流用户至会员卡，实现用户转化。以CMSTOP为管理平台的内容数据库，为东莞时间网PC站、WAP站、i东莞提供海量信息。微信用户管理平台SCRM整体框架完成开发，正收录东莞日报社微信矩阵的用户交互数据；客户管理平台CRM已完成前期采购；待SCRM和CRM之间搭建通道后，便能逐步形成用户大数据。

【东莞日报社输出新媒体运营模式】 2015年，东莞日报社新媒体结合自身优势，尝试向外输出新媒体运营模式，代运营公众号和网站。截至2015年底，代营运了东莞市委组织部“严实管家”、东莞人才办“智慧东莞”、东莞教育局“东莞慧教育”微信公众号、东莞文明办的“东莞文明网”及其公众号。该运营模式效果良好，获得相关单位和部门的高度认可。 （梁淑娟）

【东莞阳光网传播力位居全国前列】 2015年，东莞阳光网日最高浏览量达893.92万次、注册用户逾160万人，为“东莞第一门户网站”“广东十大全国重点新闻网站”之一。5月，东莞阳光网连续摘取“全国媒体融合创新先锋品牌奖”“全国新闻网站十大公信力品牌奖”等4项全国大奖。8月起，中央网信办主管的《网络传播》杂志每月公布一期“中国新闻网站传播力榜”，东莞阳光网两项传播力一直稳居全国前四位，在广东更是稳坐“头把交椅”。

【阳光网与斐济华人新闻网开展全方位合作】 2015年8月，东莞广播电视台响应国家“一带一路”战略，与斐济华人新闻网在斐济首都苏瓦签署宣传合作框架协议，与斐济华人新闻网强强联手，以城市外宣和人文交流为重点开展全方位合作，为两地华人搭建起亲情交流与互动的桥梁。 （凌文通）

新闻出版

【新闻出版管理】 2015年，东莞市完成东莞市报刊和驻莞记者站的年检，开展新闻采编人员岗位培训考核，并做好2015年换发新闻记者证。截至2015年，全市有56家出版单位通过连续性内部资料性出版物年度核验，全年审批新办的连续性内部资料性出版物1宗，审批一次性内部资料性出版物147份，加工贸易项下光盘进出口业务143宗，为镇街执法分队和公安分局做出鉴定1304种。

【版权保护】 2015年，东莞市围绕“‘4·26’保护著作权宣传周”，开展“版权保护模拟法庭”教育活动，推动版权知识在校园的传播。7月27日东莞市取得同意创建“全国版权示范城市”批复，全市创建工作进入新阶段。出台《关于进一步推进我市版权工作的意见》《东莞市版权示范单位和示范园区（基地）认定扶持办法》《东莞市优秀版权作品资助办法》《东莞市作品著作权登记资助管理暂行办法》等版权工作“1+3”政策文件。在第七届漫博会期间，版权服务工作站受理参展作品著作权登记申请402项，比上年增长165项；现场发证256个，现场发证率增长30%；市文广新局获评漫博会组委会颁发的“突出贡献奖”；打响版权进展会品牌，版权服务工作延伸至厚街名家具展等其他展会。指导成立市版权协会和东莞市版权纠纷人民调解委员会。委托中国新闻出版研究院开展2014年东莞市版权产业的经济贡献调研。

非物质文化遗产

【非物质文化遗产概况】 截至2015年，东莞市初步形成国家级、省级、市级、镇街级的非物质文化遗产名录体系，有市级以上名录86项，其中省级以上名录39项，国家级名录8项。

【非物质文化遗产名录和项目申报】 2015年，东莞市加强非物质文化遗产保护项目体系建设，围绕市民艺术中心的非物质文化遗产展示厅完成千角灯主灯体及各零部件制作、大龙舟制作，并做好展厅实物征集工作，完成图文、视频资料整理。加强项目巡查和申报，保护落实到位。指导项目保护单位完善申报广东省第六批非物质文化遗产代表性项目资料，有6个项目成功入选，数量居全省前列；组织第一批市级非物质文化遗产传承基地、第三批市级非物质文化遗产项目代表性传承人申报工作；指导东莞理工学院城市文化研究中心申报广东省第二批非物质文化遗产研究基地。加强活态展示，传承成效巩固，在市人民公园的东莞非物质文化遗产展示馆开展6场“古风今韵之东莞市非物质文化遗产保护片区非遗专题展”，特别策划“周末镇街日”活动，在片区展期的每个周末，由片区镇街自行组织特色非物质文化遗产项目展演或展示。开展6场“莞脉传承之非物质文化遗产进校园”专题活动。文化遗产日，结合埔田片区于遗产日开展的图片与实物展示、非物质文化遗产项目展演、非物质文化遗产美食免费品尝等系列活动，开展非物质文化遗产进校园活动走进东城第一小学。联动镇街，结合镇街特色节庆活动举办特色非物质文化遗产活动5场，影响面更广。参加国际性活动。组织东莞市非物质文化遗产代表性项目莞香制作技艺、麒麟制作、龙舟制作技艺、莞草编织、矮仔肠制作技艺5个项目参展第五届中国成都国际非物质文化遗产节，通过国际性平台的活态展示，扩大东莞市非物质文化遗产项目的影响力。城际非物质文化遗产交流活动。联合清远市在东莞举办“2015年莞清两地非物质文化遗产交流展演”，促进莞清两地非物质文化遗产保护经验交流与项目交流，实现两地非物质文化遗产资源共享与互相促进。为继续增强两市的非物质文化交流，组织东莞市优秀的非物质文化遗产项目“清溪麒麟舞”“客家山歌”“木偶戏”等赴清远参加莞清交流展相关活动。举办客家山歌创演大赛。客家山歌是东莞市省级非物质文化遗产代表性项目，由于社会的发展，客家山歌演唱的民间艺人越来越少，为做好传承与弘扬，联合凤岗镇举办全市客家山歌创演比赛，挖掘传统文化资源的魅力，促进其现代转变，使其继续服务市民生活。

文物、博物

【文物、博物概况】 截至2015年，东莞市拥有市级以上文物保护单位135处，其中全国重点文物保护单位7处，省级文物保护单位22处，市级文物保护单位106处；拥有博物馆48家。2015年，东莞市文物博物保护工作以申报国家历史文化名城为统领，推进各类文化遗产保护利用，弘扬优秀传统文化，传承东莞历史文脉。

【文物资源保护、利用】 2015年，东莞市虎门镇的郑氏宗祠、虎门医院旧址被公布为第八批广东省文物保护单位；实施虎门炮台旧址二期、下桥钱氏宗祠、清溪南山曾公祠等文物修缮工程；制定印发《东莞市文物保护利用专项资金管理办法》，落实2016年度工程项目；深化国保省保集中成片传统村落保护利用，指导修编南社村、塘尾村古建筑群保护规划，开展塘尾村古建筑群等18处文物修缮。

【博物馆建设】 2015年，东莞市规范市属博物馆藏品征集，加大文物征集力度，各市属博物馆征集文物3689件（套），丰富博物馆馆藏文物资源及陈列展览内容。举办及引进《华彩瓷韵——清代广彩瓷特展》《大元梦华——景德镇出土元代瓷器珍品展》等精品展览65场。创新博物馆公共文化服务方式，开展博物馆流动展览及活动进社区、进校园、进工厂活动，举办流动展览72场，主题讲座36场，提升博物馆公共文化产品供给水平。博物馆年观众量达986万人次。指导与扶持民办博物馆发展，制定印发《东莞市民办博物馆扶持暂行办法》，策划《东莞日报》民办博物馆发展宣传专版，组织扶持资金申报、核查、评审、公示，扶持补助尚正堂莞香文化博物馆等7座民办博物馆；组织民办博物馆藏品认定、非国有博物馆运行评估工作，规范民办博物馆发展；落实市属博物馆分片帮扶指导，实地指导常平龙昌数码、电影道具等民办博物馆建设，推动民办博物馆发展。

【可移动文物普查】 2015年，东莞市完成20家国有文物收藏单位，共计3.59万件（套）文物信息数据登录及审核工作，在全省率先通过验收。

【东莞历史文化名城研究宣传】 2015年，东莞市依托历史文化资源，策划《东莞地域历史文化丛书》，出版《龙眼志》《东莞城市历史文化特色与价值》，举办《东莞历代碑刻拓片精品展》及“研究东莞历史不能轻视东莞碑刻”专题讲座、东莞城市历史文化特色与价值培训等，组织《东莞市创建国家历史文化名城图片展》全市巡展，弘扬本土优秀传统文化，扩大东莞名城申报宣传；协助开展全市纪念中国人民抗日战争暨世界反法西斯战争胜利70周年活动，扩大东莞华南抗日根据地的影响力和辐射力；在“中国·广东21世纪海上丝绸之路国际博览会”主场馆主办《东风西渐—广东海上丝绸之路特展》，凸显东莞作为海上丝绸之路重要节点的城市历史地位。

图书馆·文化馆·影剧院·美术馆

【图书馆】 东莞图书馆是以数字图书馆为基础，体现知识交互理念、融合传统图书馆功能的现代城市中心图书馆。采用集藏、借、阅、查、展、售于一体的新型服务模式，于2005年9月28日正式开馆。新馆建筑面积4.46万平方米，设有内地首家漫画图书馆、全国首家自助图书馆、全国首家粤剧图书馆等多个馆中馆。同时，在莞城区新芬路另设9000余平方米的少年儿童图书馆。以东莞图书馆为总馆，全市构建起包括1个总馆、52个分馆、102个服务站的地区图书馆集群，2015年全市总分馆共接待读者877万人次，实现书刊外借444万册次。

2015年，东莞图书馆馆藏图书增至230万册，接待读者254万人次，实现书刊外借229万册次，举办各类读者活动500余次。先后举办2015年东莞第十一届读书节；举办各类读书活动452项，参与群众约420万人次，其中“我讲书中的故事”儿童故事大王比赛有32个镇街5000余人参与；承办第七届漫博会东莞图书馆分会场，针对不同群体策划19项精彩的动漫活动，累计吸引读者5.9万人次。开展东莞图书馆“十三五”发展规划制定工作，联合南开大学信息资源管理系，以馆校合作的方式启动东莞图书馆“十三五”发展规划制定。出版著作6部，获得立项的各类科研课题37项，公开发表的专业学术论文34篇，其中核心期刊论文15篇，并承办2015年中国图书馆年会学术会议会前会——“信息技术助推图书馆社会化”。2015年，东莞图书馆获得继续保留“全国文明单位”称号，并获得“广东省五四红旗团支部标兵”“2015‘书香岭南’全民阅读活动示范单位”等称号。

【文化馆】 2015年，东莞市文化馆作为东莞市“群众文化的活动中心、创作中心、培训中心、资源配置中心、信息集散中心、群文理论研究中心，非物质文化遗产保护中心”，完成千场文艺演出1145场，受惠人数100万人。全年新增书法、语言艺术、戏剧影视表演等课程，向市民提供课程班233个，学位3300个，外聘教师85人，将镇街教学点增加至26个。全年统筹举办文化惠民培训303期，惠及群众1.2万人。举办“名家课堂”和“艺海拾珍”等品牌培训活动13期。

在广东省第十三届美术书法摄影联展中获2金3银5铜，东莞市还获得优秀组织奖；在全省第八届群众戏剧曲艺花会中获得2金5银2铜。在“2015首届国际合唱联盟世界合唱博览会”上，东莞合唱团获得中国混声参赛团中的唯一金奖；《论非物质文化遗产的档案制作原则——以木鱼歌档案制作为例》等10篇论文入选《广东省群文论文专刊》。2015年东莞市有6个项目入选广东省第六批非物质文化遗产代表性项目。组织莞香制作技艺、麒麟制作、龙舟制作技艺、莞草编织、矮仔肠制作技艺等代表性项目5项参展第五届中国成都国际非物质文化遗产节。联合凤岗镇文广中心举办全市客家山歌创演比赛。利用数码平台、微信等平台展示东莞市非物质文化遗产项目及相关知识。

成立东莞市文化志愿者协会，设立“东莞文化志愿者”网站。在网上已建立48个文化志愿服务队、服务点，注册文化志愿者3000多人。全年举办文化志愿者沙龙10期，“文化志愿大舞台”44场，参演志愿者3000余人，义演文艺团队30余个，受惠人群5万人。与莞城区文化服务中心联手打造文化活动品牌“先锋集结号”，举办摇滚、Hip—Hop、音乐剧、街舞、化装舞会、滑板竞技、breaking街舞等7场演出。组织志愿者送服务到敬老院、残疾人康复就业服务中心、泗安麻风病康复中心、少年儿童救助保护中心、明听儿童言语训练中心等。

2015年文化馆承办苏迪曼杯开幕式演出和倒计时100天专场晚会。苏迪曼杯主题曲创作和演唱、东莞民乐团的表演、幼儿《羽毛球操》、开幕式舞台设计等。东莞民族乐团以骨干阵容完成超过一小时的小专场演出。

【影剧院】　截至2015年，东莞市有东莞玉兰大剧院、塘厦演艺馆、东城影剧院、常平影剧院、莞城“文化周末”影剧院、望牛墩影剧院、长安影剧院、道滘粤韵馆、高埗影剧院、石碣影剧院、霄边影剧院、石排影剧院、凤岗影剧院、清溪影剧院、莲城影剧院等10多座剧院（影剧院）。

其中玉兰大剧院是市文化广电新闻出版局属下的公益性事业单位、东莞标志性的文化建筑，总建筑面积4.03万平方米，拥有1个1600座的大剧场和1个400座的多功能小剧场。2015年，玉兰大剧院组织175场国内外演出，其中自营演出86场（A类49场，B类25场，C类12场），公益演出31场，全年平均上座率72%，平均票价162元。坚持文化回馈市民，开展各类公益活动，截至2015年，“绽放的玉兰”公益活动举办近90场，吸引逾5万名观众走进玉兰大剧院。玉兰大剧院为庆祝成立十周年，推出一系列庆祝活动，其中有十周年“开放日”系列活动、“我心中的玉兰”绘画活动、动漫明“星”见面会、玉兰大剧院暨朗弗美术馆10周年系列活动、玉兰“辉煌十载·感恩相伴”专题活动等。8月20—24日，玉兰大剧院作为第七届漫博会的分会场，并获得“最佳组织合作奖”。

【美术馆】　截至2015年，东莞市有岭南美术馆、莞城美术馆等10多家各类性质的美术馆。

岭南美术馆是市文化广电新闻出版局属下的公益性事业单位，在省内外具有较大的影响力，于2015年获选为广东省美术馆协会副会长单位。创作精品，推进东莞市重大历史题材美术创作工程，黄泽森等4位岭南画院画家集体创作完成首幅全景式东莞题材国画长卷《东莞好》，成立岭南画院丹霞山美术创作基地。策划举办28个常规及大型艺术展览，另开展10场文化惠民专题展览活动，其中“真实虚构电影院——岭南映像”被评为2015年度全国美术馆优秀展览项目。加强公共教育，设置艺术书店，定期举办文化惠民艺术活动，研发美术馆的衍生创意产品，编辑出版18本国画、油画、水彩、陶艺等内容的画册。在典藏研究方面：2015年征集藏品280件（套），涵盖国画、油画、水彩、书法、版画、陶瓷、文献资料、雕塑等。

莞城美术馆是莞城街道办事处属下的公益性事业单位，是广东省首个镇街美术馆。2015年2月7日至8日，莞城美术馆承办“2014年全国美术馆年会暨全国美术馆优秀项目交流推荐活动”，成为广东首个承办该年会的美术馆。2015年，莞城美术馆举办13个展览，接待观众近8万人次，策划组织开展127场公教活动，总参与人数达1万人。莞城美术馆“展览进校园”项目被评为2013年至2014年度全国美术馆优秀公共教育项目，“艺即人生——余本经典作品展”被评为2013—2014年度全国美术馆优秀展览项目。　（张玉纯）

党史·地方志·档案

党　史

【纪念抗日战争暨世界反法西斯战争胜利70周年系列活动】　2015年，东莞市委党史研究室对“抗日战争时期东莞人口伤亡和财产损失”课题B系列调研成果按照新的统计口径和编纂工作，丰富完善“抗损”的调研成果。编辑出版《不能忘却的硝烟——东莞抗战画史》，用300多幅珍贵历史图片，揭露自1937年7月卢沟桥事变到1945年9月日本投降期间，日本军国主义侵略东莞的种种罪恶行径，再现东莞人民浴血奋战、抵御外敌入侵、取得最后胜利的历史画卷。组织人员撰写纪念抗战胜利70周年的学术论文，形成一批有分量有价值的研究成果，主要有：《东莞抗战的中流砥柱——抗日战争时期的东莞党组织》《东莞人民对世界反法西斯战争的历史贡献》《日本对东莞的文化侵略》《牢记抗战历史　弘扬抗战精神》等15篇。参与筹备东莞市学习贯彻习近平总书记在中国人民抗日战争暨世界反法西斯战争胜利70周年纪念大会上的重要讲话精神座谈会。与市博物馆联合举办“铭记血与火的历史——纪念东莞抗战胜利70周年文物图片展”，通过170余张图片和89件抗战文物，全面展现东莞作为华南敌后抗战重要战场和华南抗日根据地重要组成部分的抗战历史，展览在全市29镇街及9所中学巡展，受众18.3万人次。加强抗战史宣传，与东莞日报社合作策划《东莞抗战风云——纪念抗日战争胜利70周年》大型系列报道，从6月底开始至11月，共推出专版48期；协助东莞广播电视台制作播出党史专题片《抗战百杰》专题27期；在东莞阳光网、东莞时间网、东莞党史网页增加东莞抗战人物和故事等内容的宣传；利用“东莞党史”微信平台编发抗战题材的党史微信24条；编辑出版纪念专辑《浴血奋战　不朽丰碑》；2015年的2期《东莞党史》主要刊登抗战题材的内容，突出宣传东莞抗战历史。

【党史研究】　2015年，东莞市委党史研究室按照打造党史精品的要求，完成《东莞红色之旅》《不能忘却的硝烟——东莞抗战画史》等书的编纂出版。开展《中国共产党东莞历史》第三卷（1978—2015）征编工作，完成2015年度党史大事记的编写。开展新民主主义革命时期历史的征集研究，《袁振英与〈新青年〉》《试析袁振英否认参加中国共产党的原因》《五四前后具有初步共产主义思想知识分子特点浅析》3篇论文，入选“中国共产党早期组织创建史”学术研讨会。开展改革开放时期三大专题的研究：“改革开放以来东莞发展外向型经济的实践及其启示”专题；“东莞在改革开放中的三次思想大解放”专题；按照省委党史研究室要求，完成《广东改革开放实录》第二辑关于东莞农村工业化进程专题的撰写，形成《从农村走向城市——东莞农村工业化发展历程》。第一、二专题的论文入选省党史系统“中国特色社会主义在广东的探索”学术研讨会。完成的研究专题《东莞“三来一补”产业的兴

起》入选中共广东省委党史研究室编著的中共广东历史研究丛书、《广东改革开放实录》第一辑《特殊政策灵活措施在广东》。

【《东莞红色之旅》】 2015年，东莞市委党史研究室充分利用红色资源，发展红色旅游，推动开展革命传统教育和爱国主义教育，编纂出版《东莞红色之旅》。该书以革命遗址和纪念场馆为主要旅游线索，结合各镇街（园区）的自然风光、乡土人情、民间美食等特点，构成独特的东莞红色旅游景观，展示丰富的东莞革命历史文化。该书的出版，对打造东莞红色旅游品牌，发掘红色旅游资源，宣扬红色历史，传承革命精神起到积极促进作用。

【《不能忘却的硝烟——东莞抗战画史》】 2015年，东莞市委党史研究室为客观真实地反映东莞人民抗击日本侵略者的历史，深入揭露日本侵略者的战争罪行，缅怀和铭记在抗日战争中为了中华民族独立和中国人民解放不畏强敌、英勇御侮的革命先烈和革命前辈，大力弘扬以爱国主义为核心的伟大民族精神和抗战精神，牢记历史、不忘过去、珍惜和平、开创未来，编辑出版《不能忘却的硝烟——东莞抗战画史》。该书用300多幅历史图片，真实揭露自1937年7月卢沟桥事变至1945年9月日本投降期间，日本军国主义侵略东莞的种种罪恶行径，再现东莞人民浴血奋战、抵御外敌入侵、取得最后胜利的历史画卷。是迄今为止全面客观反映东莞抗战的画史，是对东莞抗战史料征集、研究的新成果，也是广大干部群众特别是青少年学习革命史、进行爱国主义、集体主义和革命英雄主义教育的生动教材。

附：2015年中共东莞市委党史研究室主要领导名录

主　任：叶淦奎（任至6月）
　　　　陈　冀（8月到任）

地方志

【地方志工作概况】 2015年，东莞市志办被评定为二轮修志（2002—2014年）“全国地方志系统先进集体”，这是东莞市二轮修志以来取得的含金量最高的国家级荣誉。12月29日，东莞市志办出席在北京人民大会堂召开的颁奖座谈会；《东莞年鉴》再次蝉联全国年鉴编纂出版质量综合一等奖，《大朗年鉴》《虎门年鉴》首次参评就同获综合二等奖；审查出版19部地方志，月均1.5部以上，其中先后出版《东莞羽毛球史录》《东莞名片》2015年卷等地情书、《南城区志》《厚街镇志》《档案志》等一批镇街志和部门志；《东莞年鉴》2015年卷出版发行；《大朗年鉴》《虎门年鉴》《松山湖年鉴》《工商管理年鉴》《黄江镇志》等交付出版；《企石镇志》《财政志》《金洲村志》《虎门寨村志》《博涌村志》完成终审。11月6日，大朗镇方志馆揭牌成立，成为广东省第一个镇级方志馆；市志办组织编纂的全省乃至全国第一部村级年鉴——《巷头年鉴》进入交付出版阶段；省政府地方志办布置东莞市的3个地情资源开发利用项目提前完成；充分利用方志馆平台，提供地情信息查阅服务；扎实开展“三严三实”专题教育活动。

截至2015年，东莞市二轮修志共编纂出版169种地方志，包括综合志1部，镇街志29部、部门专业志38部、村志38部、《东莞年鉴》15卷、镇街年鉴7卷、部门年鉴22卷、地情丛书15部、族谱4部。超额完成东莞市二轮修志计划出版100种地方志的总任务，平均每个月出版1种以上，东莞市地方志工作保持在全省各地市前列。

【获“全国地方志系统先进集体”称号】 2015年，东莞市志办被评定为二轮修志（2002—2014年）“全国地方志系统先进集体”，这是东莞市二轮修志以来取得的含金量最高的国家级荣誉。12月29日，东莞市志办出席在北京人民大会堂召开的颁奖座谈会；该国家级奖励是国家人社部组织，经全国地方志系统先进集体和先进工作者评选委员会评选，并报国家表彰奖励办公室批准。市委书记徐建华、市长袁宝成、常务副市长张科先后作批示，祝贺市志办获奖，并勉励全市地方志工作者再接再厉，为创建国家历史文化名城作出贡献。

【读志用志】 2015年，东莞市深入开展读志用志工作，抓住在南城街道礼堂举办《南城区志》首发仪式的契机，贯彻落实习近平总书记“把历史智慧告诉人们”的重要讲话精神和省第七次地方志工作会议精神。通过向南开实验学校和东华高级中学等学校赠书的活动，让更多师生了解东莞多样的乡土人情和深厚的历史文脉，在教学中灌输更多的东莞元素。让导游通过地方志培训，更好地向外界推介东莞。8月7日，市志办在方志馆举办东莞历史文化推介座谈会，市旅游局局长林儒森率政务导游一行应邀参加。8月31日，市志办与市旅游局到麻涌镇联合召开地情资源与导游业务培训班。东莞市方志馆“请进来”读志用志活动——大朗镇政府专场，通过介绍市方志馆的功能，实地加深大朗镇地方志工作人员的直观感受，推动大朗镇的地方志工作更加规范的开展；东莞市志办到清溪镇百子书院开展“走出去”读志用志活动，将活动首次拓展到书院。此外，市志办作为协办单位，先后协助提供资料给市委宣传部策划的东莞“十大行动”主题展览以及“影响中国的东莞人”主题展览。

【年鉴编纂】 2015年，东莞市稳步推进年鉴编纂工作。《东莞年鉴》2015年卷于9月底出版发行。全书220万字，1000多幅彩照，大16开，四色精装印制，图文并茂地记载2014年全市的大事、要事及基本情况，设“大事记、特载、东莞之最”等33个类目。以“改革东莞”为主题，开篇的“东莞之最”栏目体现东莞人“敢为天下先”的改革精神；“特载”类目记述东莞商事制度改革创新、项目投资建设审批体制改革等系列改革措施。

【地方志工作向基层延伸】 2015年，东莞市引导乡镇（街道）、村（社区）修志编鉴。《大朗年鉴》《虎门年鉴》《松山湖年鉴》编纂有序开展，新增《工商管理年鉴》，全国第一部村级年鉴——《巷头年鉴》进入交付出版阶段。尤其是推动中心镇编纂综合年鉴。按照省的要求，全省的中心镇、历史文化名镇必须开展综合年鉴编纂工作，市志办根据分管地方志的市领导批示精神，对11个中心镇（大朗、虎门两镇已编综合年鉴）进行调查研究，结合中心镇的实际情况，草拟《东莞市中心镇编纂综合年鉴工作实施方案》，并发给各中心镇再次征求意见和建议，决定根据实际情况，谋划分两批实施。

【东莞市自然村落历史人文普查工作启动】 2015年，东莞市重视开展自然村落历史人文普查进一步摸清基本市情，全面保存自然村落中的历史人文印记，抢救与保护历史文化遗产。该普查工作于2015年10月启动，12月以大朗镇为试点开展普查工作（报省志办备案）。12月15日前，市、镇街分别成立机构，制定实施方案，动员部署普查工作。

【族谱家谱家训家风征集】 2015年，东莞市为配合做好“广东省家谱家训家风展览”，展示东莞市深厚的历史人文地情资源，市志办广泛宣传家谱家训家风等文献文物征集的重要意义，推动各镇街加大征集上述文献文物力度。经过历时两月的深入征集，截至11月底，征集有族谱家谱共42种。包括《东莞南街翟氏族谱》《东莞张氏如见堂族谱》《南社谢氏族谱》等珍贵族谱。12月19日，市方志馆、大朗镇方志馆应邀到省方志馆参观学习广东省家谱、家训、家风展览，向省方志馆赠送一批地方志。

【地情资源开发利用】 2015年，东莞市志办为记载东莞羽毛球运动发展的历史，提升城市形象，服务市委市政府中心工作，特别为5月10日在东莞市举办的第十四届苏迪曼杯世界羽毛球混合团体锦标赛提供宣传品，编纂《东莞羽毛球史录》。该史录的出版不但为苏迪曼杯35个国家和地区1000多名运动员、教练员及工作人员提供宣传品，而且让广大球迷和市民重温历史，激发斗志，增强自豪感和自信心。推动地情开发项目。基本完成省批复东莞市大朗、高埗、东城3个镇街的地情开发项目；指导大朗镇承担好全省自然村落历史人文普查的试点工作，在全市开好头，发挥模范作用。

【方志馆建设】 截至2015年，东莞市方志馆使用近两年，较好地保存5.6万册地方志。8月，书库书籍重新编号启动。市方志馆借此机会引进先进的图书管理系统，通过聘请专业人士采用中国图书馆图书分类法对书库书籍进行编目，入编书籍约7000本，确保方志馆书籍检索等工作更好地完成。凡有新书出版都在方志馆举办赠送仪式，如6月5日，东莞市档案局到市方志馆开展资源共享交流活动。11月6日，大朗镇方志馆揭牌成立，成为广东省第一个镇级方志馆。东莞市委常委、常务副市长张科，市志办主任潘朝明和大朗镇领导胡浩举、韩暖渠共同为大朗方志馆进行揭牌。大朗方志馆面积约1500平方米，集收集、保管、阅览、编纂、研究、咨询、展示、交流于一体，设有藏书区、展示区、服务区、编研区。该馆藏书区以收藏东莞市地方志和大朗镇志、村志、年鉴、族谱等地情文献为主要特色，兼收市外各种地情著述，总计7000多册。展示区陈列有各类书籍600多本。该馆服务区提供纸质书籍以及“数字方志”库的查阅服务，“数字方志”库有电子书籍100多本，大朗镇志、年鉴等资料数字化达到100%。

【地方志信息化建设】 截至2015年10月15日8时50分，“东莞市情网”www.gd—info.gov.cn/shtml/dg/访问点击量1000002人次。截至12月底，点击量109万人次。“东莞市情网”下设17个栏目，分别为：东莞之最、东莞要闻、在线视频、东莞大事记、动态图片、志鉴工作动态、政策法规库、理论研讨、网上征集各方意见建议、出版动态、东莞市情数据库、东莞地图、东莞概览、制造业名城、名胜古迹、民俗风情、图说东莞。按照省地情网站志书、年鉴数据规范要求，2015年，上传年鉴志书16本，其中《东莞市志（1979—2000）》发布字数500万字，《东莞年鉴》14卷共发布字数2800万字，文章类13万字，网站总发布图片3200多幅，同时为了广泛宣传东莞市地情资源信息，让市民、网民快捷了解东莞历史，“东莞地情网”成功链接于东莞市政府网站、人民网。

【地方志事业“十三五”规划拟订】 2015年8月25日，国务院办公厅印发《关于印发全国地方志事业发展规划纲要（2015年—2020年）的通知》。市志办根据该规划纲要及省志办的工作要求，与市发改、市文广新等部门沟通协调，编制东莞市地方志事业发展规划（初稿）。

【资料年报工作】 截至2015年，东莞市2014年报承报单位数175家，已收到175家单位报送，2001—2005年报承报单位数150家，收到有150家，2006—2010年报承报单位数有150家，已有150家单位报送。

【《东莞市南城区志》出版发行】 该志共分23编、99章、322节，138.5万字，客观地记述自五代以来南城这56.6平方公里土地上的环境变迁、风云变幻、兴衰荣辱。重点记载新中国成立以来，特别是改革开放以来，南城人民在中国共产党领导下，敢于拼搏、敢为人先的奋斗历程，体现厚重的历史积淀、浓郁的地方特色和鲜明的时代精神。2015年1月出版。

【《东莞名片（2015）》出版发行】 该书分“概况篇”“荣誉篇”两大部分，以东莞市获得的主要荣誉为主线，展示东莞市一张张亮丽的“名片”，简介东莞经济社会发展的历史和现状，彰显东莞的特色和风采。2015年5月出版。

【《东莞羽毛球史录》出版发行】 该书20多万字，大16开，四色精装，近300幅彩照，中英文对照，设“东莞概况”与“东莞羽毛球运动概况”两部分，其中“东莞羽毛球运动概况”又细分为“羽毛球组织、羽毛球场馆建设、群众性羽毛球运动、竞技性羽毛球运动”等篇目，图文并茂地记载东莞市羽毛球运动广泛的群众基础、深厚的历史底蕴。该书最大亮点为：中国改革开放总设计师邓小平亲自为中国羽毛球第一个世界冠军、东莞万江籍羽毛球运动员庾耀东颁奖。2015年4月出版。

【《东莞市档案志》出版发行】 该志经编写人员八载耕耘，数易其稿。《东莞市档案志》全面、系统记述从1958年9月东莞县档案馆成立至2013年东莞档案事业发展变化的全过程。2015年6月出书。

【《东莞市厚街镇志》出版发行】 该志是厚街镇的第二部志书，也是厚街第一部公开出版地方志。分32卷144章404节，共计120多万字，并配有图片400多幅。该志书时间上限追溯到事物起源，下限至2010年，客观、全面、系统地记述厚街建村以来政治、经济、文化、教育、科技、体育、人民生活等各方面的发展变化，尤其重点记叙改革开放以来厚街所取得的成就。志书观点正确，资料翔实，体例完备，是各界人士认识厚街、研究厚街经济社会发展的百科全书。2015年1月出版。（王学林）

附：2015年东莞市人民政府地方志办公室主要领导名录

主　任：潘朝明

档　案

【档案工作概况】 档案资源建设 2015年，东莞市档案馆馆藏档案达14.76万卷又61.16万件。先后赴南京、惠州、

韶关、汕头等地征集东莞档案，分别在北京、广州、东莞举办名人档案捐赠仪式，共收集名人档案1129件。推广“总分馆制”体制机制　2015年，南城档案馆投入运行，建筑面积为3000多平方米，东城档案馆在装修阶段，建筑面积近5000平方米。规范机关档案　全市有862个单位实现省级档案综合管理，其中副处以上市直单位128个，镇属单位587个。推动工商、房管、国土等系统单位档案工作目标管理实现全覆盖。加强重大建设项目档案　全市重大建设项目档案登记率逐步提高，达80%以上。完善轨道交通工程的各项验收流程；对虎门港麻涌港区国丰粮食现代物流项目配套码头工程、市供电局500千伏纵江（东纵）输变电工程、中堂镇下芦大桥抢险工程等项目进行档案专项验收。其中，500千伏纵江（东纵）输变电工程获得省建设项目档案“金册奖”。规范企业档案管理　贯彻国家档案局10号令，全年共有35家国企的《文书档案收集范围和保管期限表》通过市档案局审核。强化档案安全管理　完善档案库房、功能用房和查阅利用场所的监控设备、门禁设施、报警装置等，建立健全安全保密制度。做好档案抢救修复工作和档案消毒工作。全年消毒档案5800多卷又1.89万件。档案利用　2015年，东莞市档案局（馆）接待查阅单位519个，提供利用档案1500多卷又3400多件，提供复印8800多页；为各单位提供照片档案利用共320多张。公布已公开现行文件1000多份，通过网站和手机查阅利用已公开现行文件和开放档案达2万多人次。加强政务信息公开工作，共发布公众网站政务动态信息817条。大朗镇档案馆提供利用档案5300多卷/件，3400人次。声像档案　2015年，东莞市档案局（馆）参与拍摄东莞市两会、国家领导人来莞调研、省主要领导人来莞调研和市主要领导政务活动、苏迪曼杯世界羽毛球混合团体锦标赛、中国加工贸易产品博览会、第七届漫博会等重要活动近300次，共拍摄照片1.12万张，归档整理照片2800多张。档案培训　2015年，东莞市档案局（馆）与省档案局联合举办2期岗位培训班，共培训档案工作人员311人。为机关、镇街、企业、社会组织等组织举办各类专题业务培训，共培训学员350多人。

【《关于加强和改进新形势下我市档案工作的实施意见》印发】　2015年5月，东莞市档案局经过反复深入调研、讨论和征求意见，起草形成《关于加强和改进新形势下我市档案工作的实施意见》。9月6日，经市委、市政府同意，以市委办、市府办名义在全省率先印发《实施意见》。《实施意见》充分阐述做好新形势下档案工作的重要意义，明确提出了率先基本建设成为档案强市的目标，并从完善档案工作体制机制、建立健全“三个体系”、加大支持保障力度等三个方面，提出了新形势下东莞市档案工作的一系列新任务、新要求和新做法。

【东莞市档案馆创建成为全国中小学档案教育社会实践基地】　2015年1月，东莞市档案馆经国家验收组评审验收，成功创建成为全国中小学档案教育社会实践基地。东莞市档案馆按照《全国中小学档案教育社会实践基地建设管理暂行办法》要求，开展实践基地创建活动，利用档案资源开展中小学社会实践教育，发挥档案资政育人作用。在创建活动期间，市档案馆以档案公众开放日为平台，举办档案专题展览、档案学术报告会、中小学生主题活动和编印乡土教材等，对中小学生进行东莞历史和档案知识教育，激发中小学生热爱家乡、建设家乡的热情，同时增强档案意识，认知档案。

【东莞方言档案视听室设置】　2015年，东莞市档案馆为配合6月9日“国际档案日”活动，更好地展示利用东莞方言档案建设成果，在查阅利用大厅设置东莞方言档案视听室。这是广东首家方言档案视听体验室。视听室配置电脑、音箱、电视屏幕等设施设备。在开放的东莞方言档案中，有单字、词汇、歇后语、歌谣、木鱼歌、客家山歌等，内容丰富，形式多样。所有的音频和视频，均经过语言专家精心挑选的方言语音发音人录制而成。通过试听东莞方言音频、播放东莞方言视频等形式，让广大市民共同参与到保存东莞方言的活动中去，使市档案馆的东莞方言档案资源数据库成为宣传本土文化、保存城市记忆的窗口。

【档案信息化建设】　档案信息化规划编制工作　2015年，东莞市档案局（馆）结合东莞市档案信息化建设现状，完成《东莞市档案信息化建设规划（2016—2020年）》编制工作，通过专家会论证，为东莞市以后一个时期档案信息化建设作出总体部署和统筹安排。数字档案馆（室）建设　加快市档案馆馆藏档案数字化步伐，投入28万元改造1间110多平方米的房间为符合安全监管要求的数字化加工室，投入近96万元开展第十一期数字化加工，数字化数量为上年6倍。电子文档中心建设　开展电子文件管理培训，完善电子文档中心各项功能，通过东莞市政务资源共享平台，公布政务数据1万多条，推动全市档案信息资源共享。

【档案馆举办纪念抗战胜利70周年活动】　2015年，东莞市档案馆围绕纪念抗战胜利70周年主题，收集、征集抗战档案史料，举办王永祥书法、陈文慧诗词作品展，利用馆藏档案资料撰写《东江地区抗日救亡的中流砥柱——记东江纵队成立与辉煌战绩》在《东莞日报》上发表。为市委党史研究室等单位开展有关纪念活动提供利用档案材料。

【档案教育】　2015年，东莞市档案局（馆）举办5期中小学生暑期实践活动，全年接待来馆参观者2000多人。大朗镇档案馆共接待来馆参观1.43万人次。

【档案宣传】　2015年，东莞市档案馆坚持每月举办“公众开放日”等丰富多彩的主题活动。6月9日“国际档案日”当天，围绕“档案与你相伴”主题，开展“东莞档案人眼中的东莞”主题拍摄活动、东莞市第三批名人档案捐赠仪式、朱炳然档案捐赠仪式、《东莞市档案志》首发活动、“档案—与你相伴”征文活动、“档案与你相伴”主题现场教学活动等系列活动，宣传效果明显。

国家、省级档案媒体多次报道东莞市档案工作信息。《中国档案报》分别于5月28日和6月1日，刊登《东莞五项档案日宣传活动“箭在弦上”》《让活力在服务发展中迸发——广东省东莞市档案工作创新发展纪实》的信息。

【档案编研】　2015年，东莞市档案局（馆）完成《东莞市档案志》编印，《东莞市档案志》对记录东莞市档案事业发展历程、推动东莞档案事业科学发展起到了积极作用。编写《东莞革命斗争故事选编（二）》，为宣扬爱国主义精神和民族自信精神提供乡土教材。编辑《图说中华民国时期的东莞教育》资料本，方便社会各界人士了解中华民国时期东莞的教育概况。　（梁锐华）

附：2015年东莞市档案局（馆）主要领导名录

局（馆）长：成洪生（任至10月）
　　　　　　连希波（10月到任）

体育·卫生

SPORTS · HEALTH

- 第14届苏迪曼杯世界羽毛球混合团体锦标赛在东莞举行
- 东莞成为2019年男篮世界杯承办城市之一
- 公共卫生服务均等化与疾病应急救助
- 中医药事业

苏迪曼杯比赛现场

编辑：施雪芬

体育

【体育概况】 2015年，是东莞市体育事业“十二五”规划的收官之年。过去五年，东莞实现“十分钟文化体育圈”的目标，全市体育场地设施面积达1862.47万平方米，人均体育场地设施面积达2.23平方米。输送运动员在重要国际大赛上夺得29枚金牌。全市有各类体育协会和俱乐部共144个。全市在工商登记的健身娱乐经营单位约有297家，5年间承办10多场次较大型的商业性表演赛事。拥有2家职业篮球俱乐部、1家职业羽毛球俱乐部，职业篮球、羽毛球在东莞作为主场的赛事超过280场次，体育彩票销售持续多年创历史新高，十二五期间累计销售62.4亿元。

2015年，东莞实施全民健身，全年举办各类群众体育活动、赛事超过360项，超过30万人次参加；承办苏迪曼杯世界羽毛球混合团体锦标赛；在广东省第十四届运动会上取得代表团总分和金牌均为全省第三的好成绩；成为2019年男篮世界杯承办城市之一；全年体育彩票销售14.65亿元。

【群众体育】 2015年，东莞市继续贯彻省政府关于加快转变体育发展方式的有关意见，加大经费及人力投入，工作重心向群众体育倾斜。

体育服务质量提高 2015年，东莞市不断提高国民体质监测的数据质量，全年共监测样本1.16万份。培训二级社会指导员724人，三级社会指导员391人，设有17个健身气功站点。

体育组织发展推动 2015年，东莞市新成立体育协会8个，是年全市共有体育社会组织144个，其中市级单项体育协会30个。设立专项经费138万元，用于补助协会组织、参加体育赛事。

【体育设施】 2015年，东莞市基本实现“十二五”规划的预定目标：打造“10分钟体育文化生活圈”，即个人生活和工作的地点为圆心，以步行十分钟的距离为半径之内，每个人都能找到体育设施供体育锻炼之用。

截至2015年，全市体育场地设施面积达1862.47万平方米，人均体育场地面积达2.23平方米，高于全省平均水平（全省人均体育场地面积2.01平方米），实现“村村有篮球场”“村村有体育健身路径”“镇村体育公园全民健身广场基本全覆盖”三大目标。2015年，全年投入1750万元，在全市各镇街选取3个篮球场共96个进行升级改造，改造完成后免费对市民开放；在各镇街、村（社区）群众生活密集的公共场所，更换205套全民健身器材，方便群众参与体育锻炼。

【竞技体育】 2015年，东莞市竞技体育稳步提升，参加第十四届省运会上取得好成绩，举办第14届苏迪曼杯世界羽毛球混合团体锦标赛。

第14届苏迪曼杯世界羽毛球混合团体锦标赛举办 2015年5月10—17日，第14届苏迪曼杯世界羽毛球混合团体锦标赛在东莞市篮球中心举行，有2亿多国内外观众收看本次赛事，入场观赛人数达5.7万人次，半决赛和决赛平均上座率接近90%。

参加省级体育赛事 2015年8月，广东省第十四届运动会在湛江市举行。东莞市代表团获得代表团总分5524.45分，名列全省第三；获得金牌76枚，名列金牌榜第三，均仅次于广州、深圳，位居地级市第一名。获得体育道德风尚代表团奖、广东省第十四届运动会突出贡献奖和实施《国家学生体质健康标准》工作优秀奖。协助东莞市残疾人体育工作开展，在2015年举行的第七届省残运会

上，东莞市体育代表团夺得团体总分、金牌总数、奖牌数三个全省第一。2015年9月11日，东莞男篮最终以总比分3:1击败广州男篮，夺得首届广东省男子篮球联赛总冠军。

东莞成为2019年男篮世界杯承办城市之一　2015年，东莞市与北京、广州、深圳等8个城市共同申办2019年男篮世界杯比赛。8月7日，在日本东京举行的国际篮联最高议事机构中央局会议上，国际篮联主席穆拉特瑞宣布国际篮联执委们的投票结果：中国获得2019年男篮世界杯主办权。该赛事将由东莞和北京、上海、苏州、武汉、广州、深圳、佛山共同承办。

【体育产业】　2015年，东莞市体育产业持续进行商事登记改革，体育类取消3项行政审批，向社会组织转移3项审批事项，向各镇街下放2项行政审批事项，体育行政审批事项改革覆盖率达100%，为民间资本进入体育产业清除门槛。2015年新增或重新办理的企业有29家，全市办理高危证的游泳场所283家。2015年度全市体育彩票销售14.65亿元，超出省下达的13.5亿元指标任务1.15亿元。

夏季泳池开放监督检查　从2015年6月开始，东莞市组织对全市33个镇（街）的80多个游泳场馆进行检查，重点检查泳池按国家新标准设计情况和配套人员、设备设施、高危险经营项目许可证情况。举办救生员培训班5期，有121人参加。

体育彩票销售　2015年，东莞市销售体育彩票14.65亿元，超出省下达的13.5亿元指标任务1.15亿元。体育彩票销售持续多年创历史新高，“十二五“期间累计销售62.4亿元。

2015塘厦高尔夫球博览会举行　2015年11月19—22日，2015塘厦高尔夫球博览会在东莞市塘厦镇塘龙广场举行，展会为期4天。本届高博会有境内外120家高尔夫企业参与，参展展位数600个，展馆面积达1.9万平方米。吸引来自美国、加拿大、澳大利亚、韩国、南非、新加坡等国，以及国内各地的参观采购商共6.8万人次，现场成交额达1.2亿元。

（麦惠澎　蔡丽娟）

附：2015年东莞市体育局主要领导名录

党组书记、局长：彭启尧（任至10月）

黄慧红（10月到任）

深化体育改革　转变发展方式

2015年5月17日，副市长喻丽君（左三）陪同国家体育总局局长刘鹏（右四）到东莞市篮球学校NBA训练中心参观

① 2015年5月4日，东莞市举行迎“苏迪曼杯”万人长跑活动，白岩松、李永波、林丹与市领导徐建华、袁宝成、姚康等领跑

② 2015年3月，副市长喻丽君（前右）陪同世界篮联官员考察东莞市申办2019年男篮世界杯体育场馆。8月，东莞等中国8个城市共同成功申办2019年男篮世界杯主办权

③ 2015年7月10日，省运会东莞市体育代表团成立大会在行政办事中心召开。8月16日，广东省第十四届运动会在湛江市闭幕。本届省运会东莞市代表团共获得代表团总分5524.45分，列全省第三名；获得金牌76枚，列金牌榜第三名

④ 2015年5月10—17日，第14届苏迪曼杯世界羽毛球混合团体锦标赛在东莞市篮球中心举行，有2亿多名国内观众收看本次赛事，入场观赛人数达5.7万人次，半决赛和决赛平均上座率接近90%。图为5月17日，东莞市委副书记姚康（左）在现场为李永波（右）颁发荣誉市民证书

⑤ 2015年10月24—26日，由中国篮球协会主办的2015年第十三届全国篮球城市交流活动在东莞市举行，14个全国篮球城市的篮球代表队在东莞以赛会友，共促篮球运动发展

2015年东莞市竞技运动比赛前三名成绩

项目	姓名	性别	比赛时间	比赛场地	比赛名称	小项	名次	输送镇街
步枪	张子为	男	2015.7.29	湛江第二中学	2015省运会	男子少年甲组10米气步枪60发	1	南城
步枪	麦鑫源	男	2015.8.1	湛江第二中学	2015省运会	男子少年甲组50米三种姿势	1	石碣
步枪	冯宏业	男	2015.7.28	湛江第二中学	2015省运会	男子少年乙组50米步枪60发卧射	1	桥头
手枪慢射	尚　彪	男	2015.7.29	湛江第二中学	2015省运会	男子少年甲组50米手枪慢射60发	1	长安
手枪慢射	张梓凡	男	2015.7.29	湛江第二中学	2015省运会	男子少年乙组10米气手枪60发	1	桥头
手枪速射	戴圣辉	男	2015.7.30	湛江第二中学	2015省运会	男子少年甲组25米手枪速射60发	1	东城
手枪速射	郝睿轩	男	2015.7.29	湛江第二中学	2015省运会	男子乙组25米手枪速射8、6秒各30发团体	1	长安
手枪速射	卢逸添	男	2015.7.29	湛江第二中学	2015省运会			虎门
手枪速射	张仲杰	男	2015.7.29	湛江第二中学	2015省运会			南城
步枪	邓丽桦	女	2015.7.29	湛江第二中学	2015省运会	女子少年甲组50米步枪三种姿势	1	桥头
步枪	王淑仪	女	2015.7.28	湛江第二中学	2015省运会	女子少年乙组10米气步枪40发	1	虎门
步枪	王淑仪	女	2015.7.28	湛江第二中学	2015省运会	女子少年乙组10米气步枪40发团体	1	虎门
步枪	谭芷仪	女	2015.7.28	湛江第二中学	2015省运会			桥头
步枪	卢诗贤	女	2015.7.28	湛江第二中学	2015省运会			茶山
手枪	李依婷	女	2015.7.28	湛江第二中学	2015省运会	女子少年乙组10米气手枪40发团体	1	桥头
手枪	刘晓敏	女	2015.7.28	湛江第二中学	2015省运会			茶山
手枪	蔡思琪	女	2015.7.28	湛江第二中学	2015省运会			长安
步枪	蔡岱然	男	2015.7.29	湛江第二中学	2015省运会	男子少年甲组10米气步枪60发	2	长安
步枪	卢文龙	男	2015.7.27	湛江第二中学	2015省运会	男子少年乙组50米三种姿势3x20	2	长安
步枪	陈嘉伟	男	2015.7.28	湛江第二中学	2015省运会	男子少年乙组50米步枪60发卧射	2	石碣
步枪	卢文龙	男	2015.7.29	湛江第二中学	2015省运会	男子少年乙组10米气步枪60发团体	2	长安
步枪	陈嘉伟	男	2015.7.29	湛江第二中学	2015省运会			石碣
步枪	冯宏业	男	2015.7.29	湛江第二中学	2015省运会			桥头
手枪慢射	蔡俊杰	男	2015.7.30	湛江第二中学	2015省运会	男子少年甲组50米手枪慢射60发	2	长安
手枪慢射	张梓凡	男	2015.7.30	湛江第二中学	2015省运会	男子少年乙组50米气手枪60发团体	2	桥头
手枪慢射	何志辉	男	2015.7.30	湛江第二中学	2015省运会			虎门
手枪慢射	梁智颖	男	2015.7.30	湛江第二中学	2015省运会			石碣
手枪速射	卢乐烽	男	2015.7.30	湛江第二中学	2015省运会	男子少年甲组25米手枪速射4秒30发	2	茶山
步枪	邓丽桦	女	2015.7.30	湛江第二中学	2015省运会	女子少年甲组50米步枪40发立射	2	桥头
步枪	钟晓岚	女	2015.7.31	湛江第二中学	2015省运会	女子少年乙组50米步枪三种姿势	2	桥头
手枪	黎雅茹	女	2015.7.31	湛江第二中学	2015省运会	女子少年甲组25米运动手枪30+30发	2	虎门
飞碟	盖启才	男	2015.7.14—18	广州飞碟训练中心	2015省运会	飞碟多向	2	麻涌

续表

项目	姓名	性别	比赛时间	比赛场地	比赛名称	小项	名次	输送镇街
飞碟	盖启才	男	2015.7.14—18	广州飞碟训练中心	2015省运会	多向混合团体	2	麻涌
飞碟	张　杰	男	2015.7.14—18	广州飞碟训练中心	2015省运会			凤岗
飞碟	陈凤琳	女	2015.7.14—18	广州飞碟训练中心	2015省运会			厚街
飞碟	李梓宏	男	2015.7.14—18	广州飞碟训练中心	2015省运会	飞碟双向团体	2	厚街
飞碟	郭　宇	男	2015.7.14—18	广州飞碟训练中心	2015省运会			厚街
飞碟	田道政	男	2015.7.14—18	广州飞碟训练中心	2015省运会			虎门
手枪速射	郝睿轩	男	2015.7.29	湛江第二中学	2015省运会	男子乙组25米手枪速射8、6秒各30发	3	长安
步枪	谭芷仪	女	2015.7.28	湛江第二中学	2015省运会	女子少年乙组10米气步枪40发	3	桥头
手枪	李思亭	女	2015.7.31	湛江第二中学	2015省运会	女子少年甲组25米运动手枪30+30发	3	南城
手枪	李依婷	女	2015.7.28	湛江第二中学	2015省运会	女子少年乙组10米气手枪40发	3	桥头
击剑	赖江玲	女	2015.7.14—19	惠州江北体育馆	2015省运会	甲组重剑个人	1	莞城
击剑	陈志伟	男	2015.7.14—19	惠州江北体育馆	2015省运会	乙组花剑个人	1	谢岗
击剑	陈志伟	男	2015.7.14—19	惠州江北体育馆	2015省运会	乙组花剑团体	1	谢岗
击剑	林　斌	男	2015.7.14—19	惠州江北体育馆	2015省运会			南城
击剑	杜启帆	男	2015.7.14—19	惠州江北体育馆	2015省运会			塘厦
击剑	刘梓浩	男	2015.7.14—19	惠州江北体育馆	2015省运会			南城
击剑	方世杰	男	2015.7.14—19	惠州江北体育馆	2015省运会	甲组佩剑个人	2	常平
击剑	林　斌	男	2015.7.14—19	惠州江北体育馆	2015省运会	乙组花剑个人	2	南城
击剑	李浩铭	男	2015.7.14—19	惠州江北体育馆	2015省运会	乙组重剑个人	2	道滘
击剑	方世杰	男	2015.7.14—19	惠州江北体育馆	2015省运会	甲组佩剑团体	3	常平
击剑	廖祖威	男	2015.7.14—19	惠州江北体育馆	2015省运会			塘厦
击剑	阮国政	男	2015.7.14—19	惠州江北体育馆	2015省运会			南城
击剑	张志深	男	2015.7.14—19	惠州江北体育馆	2015省运会			南城
击剑	赖江玲	女	2015.7.14—19	惠州江北体育馆	2015省运会	甲组重剑团体	3	莞城
击剑	申华君	女	2015.7.14—19	惠州江北体育馆	2015省运会			东诚
击剑	梁嘉琪	女	2015.7.14—19	惠州江北体育馆	2015省运会			洪梅
击剑	罗秋琪	女	2015.7.14—19	惠州江北体育馆	2015省运会			横沥
体操	潘后行	男	2015.7.27—31	深圳市体育馆	2015省运会	单杠	1	莞城
体操	胡景文	男	2015.7.27—31	深圳市体育馆	2015省运会	男子乙组团体	1	南城
体操	潘后行	男	2015.7.27—31	深圳市体育馆	2015省运会			莞城
体操	郭旭刚	男	2015.7.27—31	深圳市体育馆	2015省运会			莞城
体操	曾创锋	男	2015.7.27—31	深圳市体育馆	2015省运会			长安
体操	刘文浩	男	2015.7.27—31	深圳市体育馆	2015省运会			东城
体操	皮　鹏	男	2015.7.27—31	深圳市体育馆	2015省运会	全能	1	莞城
体操	梁烨惠	女	2015.7.27—31	深圳市体育馆	2015省运会	跳马	1	莞城
体操	王　震	男	2015.7.27—31	深圳市体育馆	2015省运会	双杠	1	南城
体操	王　震	男	2015.7.27—31	深圳市体育馆	2015省运会	全能	1	南城
体操	潘后行	男	2015.7.27—31	深圳市体育馆	2015省运会	双杠	2	莞城
体操	王　震	男	2015.7.27—31	深圳市体育馆	2015省运会	吊环	2	南城
体操	陈思凯	男	2015.7.27—31	深圳市体育馆	2015省运会	全能	3	长安
体操	周诗怡	女	2015.7.27—31	深圳市体育馆	2015省运会	乙组团体赛	3	长安

续表

项目	姓名	性别	比赛时间	比赛场地	比赛名称	小项	名次	输送镇街
体操	吴叶晨	女	2015.7.27—31	深圳市体育馆	2015省运会	乙组团体赛	3	南城
体操	杜盈慧	女	2015.7.27—31	深圳市体育馆	2015省运会			南城
体操	万婧怡	女	2015.7.27—31	深圳市体育馆	2015省运会			长安
体操	王　震	男	2015.7.27—31	深圳市体育馆	2015省运会	鞍马	3	南城
体操	王　震	男	2015.7.27—31	深圳市体育馆	2015省运会	跳马	3	南城
体操	王　震	男	2015.7.27—31	深圳市体育馆	2015省运会	单杠	3	南城
羽毛球	雷兰曦	男	2015.7.26—8.1	湛江奥林匹克中心球类馆	2015省运会	甲组男单	1	莞城
羽毛球	雷兰曦	男	2015.7.26—8.1	湛江奥林匹克中心球类馆	2015省运会	甲组男双	1	莞城
羽毛球	任翔宇	男	2015.7.26—8.1	湛江奥林匹克中心球类馆	2015省运会			东城
羽毛球	雷兰曦	男	2015.7.26—8.1	湛江奥林匹克中心球类馆	2015省运会	甲组混双	1	莞城
羽毛球	胡羽翔	女	2015.7.26—8.1	湛江奥林匹克中心球类馆	2015省运会			莞城
羽毛球	徐子硕	男	2015.7.26—8.1	湛江奥林匹克中心球类馆	2015省运会	丙组男单	1	南城
羽毛球	雷兰曦	男	2015.7.26—8.1	湛江奥林匹克中心球类馆	2015省运会	甲组男子团体	2	莞城
羽毛球	邓祺翔	男	2015.7.26—8.1	湛江奥林匹克中心球类馆	2015省运会			莞城
羽毛球	张照逸	男	2015.7.26—8.1	湛江奥林匹克中心球类馆	2015省运会			莞城
羽毛球	任翔宇	男	2015.7.26—8.1	湛江奥林匹克中心球类馆	2015省运会			东城
羽毛球	任翔宇	男	2015.7.26—8.1	湛江奥林匹克中心球类馆	2015省运会	甲组混双	2	东城
羽毛球	杨洪祺	女	2015.7.26—8.1	湛江奥林匹克中心球类馆	2015省运会			莞城
羽毛球	胡羽翔	女	2015.7.26—8.1	湛江奥林匹克中心球类馆	2015省运会	甲组女子团体	2	莞城
羽毛球	杨洪祺	女	2015.7.26—8.1	湛江奥林匹克中心球类馆	2015省运会			莞城
羽毛球	刘思怡	女	2015.7.26—8.1	湛江奥林匹克中心球类馆	2015省运会			莞城
羽毛球	李若碧	女	2015.7.26—8.1	湛江奥林匹克中心球类馆	2015省运会			莞城
羽毛球	李宁舟	男	2015.7.26—8.1	湛江奥林匹克中心球类馆	2015省运会	乙组男子团体	2	莞城
羽毛球	陈冠宏	男	2015.7.26—8.1	湛江奥林匹克中心球类馆	2015省运会			莞城
羽毛球	黄逍风	男	2015.7.26—8.1	湛江奥林匹克中心球类馆	2015省运会			莞城
羽毛球	邝英杰	男	2015.7.26—8.1	湛江奥林匹克中心球类馆	2015省运会			南城
羽毛球	陈芳卉	女	2015.7.26—8.1	湛江奥林匹克中心球类馆	2015省运会	乙组女单	2	莞城
羽毛球	廖曙琳	男	2015.7.26—8.1	湛江奥林匹克中心球类馆	2015省运会	丙组男子团体	2	莞城
羽毛球	张祖锐	男	2015.7.26—8.1	湛江奥林匹克中心球类馆	2015省运会			莞城
羽毛球	程　星	男	2015.7.26—8.1	湛江奥林匹克中心球类馆	2015省运会			东城

续表

项目	姓名	性别	比赛时间	比赛场地	比赛名称	小项	名次	输送镇街
羽毛球	简立为	男	2015.7.26—8.1	湛江奥林匹克中心球类馆	2015省运会	丙组男子团体	2	莞城
羽毛球	廖曙琳	男	2015.7.26—8.1	湛江奥林匹克中心球类馆	2015省运会	丙组男单	2	莞城
羽毛球	周　柯	女	2015.7.26—8.1	湛江奥林匹克中心球类馆	2015省运会	丙组女子团体	2	莞城
羽毛球	艾晨宇	女	2015.7.26—8.1	湛江奥林匹克中心球类馆	2015省运会			莞城
羽毛球	余沐倩	女	2015.7.26—8.1	湛江奥林匹克中心球类馆	2015省运会	丙组女子团体	2	莞城
羽毛球	林卓言	女	2015.7.26—8.1	湛江奥林匹克中心球类馆	2015省运会			莞城
羽毛球	胡宇翔	女	2015.7.26—8.1	湛江奥林匹克中心球类馆	2015省运会	甲组女双	3	莞城
羽毛球	杨洪祺	女	2015.7.26—8.1	湛江奥林匹克中心球类馆	2015省运会	甲组女双	3	莞城
羽毛球	陈芳卉	女	2015.7.26—8.1	湛江奥林匹克中心球类馆	2015省运会	乙组女子团体	3	莞城
羽毛球	罗雨欣	女	2015.7.26—8.1	湛江奥林匹克中心球类馆	2015省运会			莞城
羽毛球	韦琬秋	女	2015.7.26—8.1	湛江奥林匹克中心球类馆	2015省运会			莞城
羽毛球	肖　瑶	女	2015.7.26—8.1	湛江奥林匹克中心球类馆	2015省运会			东城
田径	赵伟焱	女	2015.8.6—15	湛江市奥体中心	2015省运会	1500米	1	东城
田径	赵伟焱	女	2015.8.6—15	湛江市奥体中心	2015省运会	800米	1	东城
田径	李鑫铭	男	2015.8.6—15	湛江市奥体中心	2015省运会	1500米	1	东城
田径	梁冬悦	女	2015.8.6—15	湛江市奥体中心	2015省运会	乙组4×100米接力	2	横沥
田径	许祖茵	女	2015.8.6—15	湛江市奥体中心	2015省运会			虎门
田径	郭翠凤	女	2015.8.6—15	湛江市奥体中心	2015省运会			麻涌
田径	邓长虹	女	2015.8.6—15	湛江市奥体中心	2015省运会			桥头
田径	吴润华	男	2015.8.6—15	湛江市奥体中心	2015省运会	400米	3	横沥
田径	吴润华	男	2015.8.6—15	湛江市奥体中心	2015省运会	200米	3	横沥
田径	邓长虹	女	2015.8.6—15	湛江市奥体中心	2015省运会	400米	3	桥头
田径	许祖茵	女	2015.8.6—15	湛江市奥体中心	2015省运会	乙组4×400米接力	3	虎门
田径	赵伟焱	女	2015.8.6—15	湛江市奥体中心	2015省运会			东城
田径	邓长虹	女	2015.8.6—15	湛江市奥体中心	2015省运会			桥头
田径	余颖欣	女	2015.8.6—15	湛江市奥体中心	2015省运会			东城
田径	辛　灵	女	2015.8.6—15	湛江市奥体中心	2015省运会	5千米竞走	3	莞城
田径	谢书财	男	2015.8.6—15	湛江市奥体中心	2015省运会	1500米	3	南城
田径	高露	女	2015.8.6—15	湛江市奥体中心	2015省运会	1500米	3	莞城
田径	刘骏宇	男	2015.8.6—15	湛江市奥体中心	2015省运会	跳高	并3	莞城
田径	陈堂进	男	2015.8.6—15	湛江市奥体中心	2015省运会	标枪	1	麻涌
田径	陈晓彤	女	2015.8.6—15	湛江市奥体中心	2015省运会	100米	1	茶山
田径	陈晓彤	女	2015.8.6—15	湛江市奥体中心	2015省运会	100米栏	1	茶山
田径	孔德慧	女	2015.8.6—15	湛江市奥体中心	2015省运会	1500米	1	东城
田径	刘　妍	女	2015.8.6—15	湛江市奥体中心	2015省运会	800米	1	东城
田径	丁长富	男	2015.8.6—15	湛江市奥体中心	2015省运会	1500米	1	莞城

续表

项目	姓名	性别	比赛时间	比赛场地	比赛名称	小项	名次	输送镇街
田径	姚佩全	男	2015.8.6—15	湛江市奥体中心	2015省运会	1500米	1	石龙
田径	张家悦	女	2015.8.6—15	湛江市奥体中心	2015省运会	400米	1	东城
田径	张家悦	女	2015.8.6—15	湛江市奥体中心	2015省运会	1500米	1	东城
田径	周丽娟	女	2015.8.6—15	湛江市奥体中心	2015省运会	800米	1	东城
田径	冯耀峰	男	2015.8.6—15	湛江市奥体中心	2015省运会	甲组6×800米接力	1	麻涌
田径	丁长富	男	2015.8.6—15	湛江市奥体中心	2015省运会			莞城
田径	莫昶业	男	2015.8.6—15	湛江市奥体中心	2015省运会			麻涌
田径	莫嘉辉	男	2015.8.6—15	湛江市奥体中心	2015省运会			麻涌
田径	黄嘉豪	男	2015.8.6—15	湛江市奥体中心	2015省运会	甲组6×800米接力	1	万江
田径	王浩志	男	2015.8.6—15	湛江市奥体中心	2015省运会			大朗
田径	孔德慧	女	2015.8.6—15	湛江市奥体中心	2015省运会	甲组6×800米接力	1	东城
田径	刘　妍	女	2015.8.6—15	湛江市奥体中心	2015省运会	甲组6×800米接力	1	东城
田径	陈绮柔	女	2015.8.6—15	湛江市奥体中心	2015省运会			桥头
田径	邹思思	女	2015.8.6—15	湛江市奥体中心	2015省运会			莞城
田径	胡筱同	女	2015.8.6—15	湛江市奥体中心	2015省运会			莞城
田径	陈婷婷	女	2015.8.6—15	湛江市奥体中心	2015省运会			黄江
田径	陈婷婷	女	2015.8.6—15	湛江市奥体中心	2015省运会	400米栏	2	黄江
田径	陆慧彬	男	2015.8.6—15	湛江市奥体中心	2015省运会	三级跳远	2	厚街
田径	王浩志	男	2015.8.6—15	湛江市奥体中心	2015省运会	400米	2	大朗
田径	陈绮柔	女	2015.8.6—15	湛江市奥体中心	2015省运会	800米	2	桥头
田径	邹思思	女	2015.8.6—15	湛江市奥体中心	2015省运会	三级跳远	3	莞城
田径	马思琦	女	2015.8.6—15	湛江市奥体中心	2015省运会	1500米	3	东城
田径	唐诗婷	女	2015.8.6—15	湛江市奥体中心	2015省运会	甲组4×100米接力	3	虎门
田径	石永琪	女	2015.8.6—15	湛江市奥体中心	2015省运会			横沥
田径	陈晓彤	女	2015.8.6—15	湛江市奥体中心	2015省运会			茶山
田径	阮宇聪	女	2015.8.6—15	湛江市奥体中心	2015省运会			东城
田径	黄云燕	女	2015.12	惠州	2015年广东省青少年田径公开赛	100米栏	1	莞城
田径	杨煜钦	男	2015.12	惠州	2015年广东省青少年田径公开赛	110米栏	1	南城
田径	王浩志	男	2015.12	惠州	2015年广东省青少年田径公开赛	400米	2	大朗
田径	邓长虹	女	2015.12	惠州	2015年广东省青少年田径公开赛	100米	2	桥头
田径	黄嘉豪	男	2015.12	惠州	2015年广东省青少年田径公开赛	400米栏	3	万江

续表

项目	姓名	性别	比赛时间	比赛场地	比赛名称	小项	名次	输送镇街
篮球	黄树豪	男	2015.7.20	湛江市奥体中心	2015省运会	甲组	2	东城
篮球	叶锦彪	男	2015.7.20	湛江市奥体中心	2015省运会	甲组		东城
篮球	黄　梓	男	2015.7.20	湛江市奥体中心	2015省运会	甲组		东城
篮球	叶　灏	男	2015.7.20	湛江市奥体中心	2015省运会	甲组		南城
篮球	周志远	男	2015.7.20	湛江市奥体中心	2015省运会	甲组		南城
篮球	邵英伦	男	2015.7.20	湛江市奥体中心	2015省运会	甲组		南城
篮球	钟达威	男	2015.7.20	湛江市奥体中心	2015省运会	甲组		东城
篮球	徐铭智	男	2015.7.20	湛江市奥体中心	2015省运会	甲组		南城
篮球	胡明轩	男	2015.7.20	湛江市奥体中心	2015省运会	甲组		南城
篮球	李佳益	男	2015.7.20	湛江市奥体中心	2015省运会	甲组		南城
篮球	赵天熠	男	2015.7.20	湛江市奥体中心	2015省运会	甲组		南城
篮球	胡明鑫	男	2015.7.20	湛江市奥体中心	2015省运会	甲组		南城
篮球	徐　杰	男	2015.7.30	湛江市奥体中心	2015省运会	乙组	2	南城
篮球	原靖博	男	2015.7.30	湛江市奥体中心	2015省运会	乙组		南城
篮球	徐崇朗	男	2015.7.30	湛江市奥体中心	2015省运会	乙组	2	南城
篮球	吴　优	男	2015.7.30	湛江市奥体中心	2015省运会	乙组	2	南城
篮球	张晧嘉	男	2015.7.30	湛江市奥体中心	2015省运会	乙组		南城
篮球	王映然	男	2015.7.30	湛江市奥体中心	2015省运会	乙组		南城
篮球	郭　鉴	男	2015.7.30	湛江市奥体中心	2015省运会	乙组		南城
篮球	张　湛	男	2015.7.30	湛江市奥体中心	2015省运会	乙组		南城
篮球	宋承翰	男	2015.7.30	湛江市奥体中心	2015省运会	乙组		南城
篮球	纪　卓	男	2015.7.30	湛江市奥体中心	2015省运会	乙组	2	南城
篮球	杨　东	男	2015.7.30	湛江市奥体中心	2015省运会	乙组		南城
篮球	杜润旺	男	2015.7.30	湛江市奥体中心	2015省运会	乙组		南城
篮球	李月汝	女	2015.7.20	湛江市奥体中心	2015省运会	乙组	2	长安
篮球	肖小月	女	2015.7.20	湛江市奥体中心	2015省运会	乙组		长安
篮球	毕慧怡	女	2015.7.20	湛江市奥体中心	2015省运会	乙组		长安
篮球	辛博薇	女	2015.7.20	湛江市奥体中心	2015省运会	乙组		长安
篮球	钟　雯	女	2015.7.20	湛江市奥体中心	2015省运会	乙组		长安
篮球	刘晓君	女	2015.7.20	湛江市奥体中心	2015省运会	乙组		大朗
篮球	黄海轩	女	2015.7.20	湛江市奥体中心	2015省运会	乙组		横沥
篮球	张馨月	女	2015.7.20	湛江市奥体中心	2015省运会	乙组		长安
篮球	于　悦	女	2015.7.20	湛江市奥体中心	2015省运会	乙组		长安
篮球	胡　珂	女	2015.7.20	湛江市奥体中心	2015省运会	乙组		长安
篮球	杨佳乐	女	2015.7.20	湛江市奥体中心	2015省运会	乙组		长安
篮球	李官霞	女	2015.7.20	湛江市奥体中心	2015省运会	乙组		东坑
乒乓球	周栗欣	女	2015.12.1	中山	广东省冠军赛	女子丙组单打	1	长安
乒乓球	周栗欣	女	2015.7	湛江	2015省运动会	女子丙组团体	2	长安
乒乓球	欧心怡	女	2015.7	湛江	2015省运动会			横沥
乒乓球	刘宇铭	女	2015.7	湛江	2015省运动会			长安
乒乓球	高嘉遥	女	2015.7	湛江	2015省运动会			长安

续表

项目	姓名	性别	比赛时间	比赛场地	比赛名称	小项	名次	输送镇街
乒乓球	林一森	男	2015.7	湛江	2015省运动会			长安
乒乓球	张一夫	男	2015.7	湛江	2015省运动会			长安
乒乓球	张展亮	男	2015.7	湛江	2015省运动会	男子甲组团体	3	长安
乒乓球	周 蒋	男	2015.7	湛江	2015省运动会			横沥
乒乓球	杨博翔	男	2015.7	湛江	2015省运动会			长安
乒乓球	冯 超	女	2015.7	湛江	2015省运动会	女子乙组单打	3	长安
乒乓球	孙乐婷	女	2015.7	湛江	2015省运动会			长安
乒乓球	陈佳琳	女	2015.7	湛江	2015省运动会			长安
乒乓球	刘乙麟	男	2015.7	湛江	2015省运动会	丁组团体	3	长安
乒乓球	郭学海	男	2015.7	湛江	2015省运动会			南城
乒乓球	王曹宇	男	2015.7	湛江	2015省运动会			南城
乒乓球	张泳茵	女	2015.7	湛江	2015省运动会			横沥
足球	何龙海	男	2015.10	肇庆	2015年广东省省长杯	足球		麻涌
足球	彭 涛	男	2015.10	肇庆	2015年广东省省长杯	足球	2	麻涌
足球	邓志辉	男	2015.10	肇庆	2015年广东省省长杯	足球		麻涌
足球	刘 毅	男	2015.10	肇庆	2015年广东省省长杯	足球		麻涌
足球	吴剑飞	男	2015.10	肇庆	2015年广东省省长杯	足球		麻涌
足球	叶力玮	男	2015.10	肇庆	2015年广东省省长杯	足球		麻涌
足球	吴刚毅	男	2015.10	肇庆	2015年广东省省长杯	足球		麻涌
足球	李智龙	男	2015.10	肇庆	2015年广东省省长杯	足球		麻涌
足球	余子豪	男	2015.10	肇庆	2015年广东省省长杯	足球		麻涌
足球	莫金潮	男	2015.10	肇庆	2015年广东省省长杯	足球	2	麻涌
足球	牟泓宇	男	2015.10	肇庆	2015年广东省省长杯	足球		麻涌
足球	胡淞云	男	2015.10	肇庆	2015年广东省省长杯	足球		麻涌
足球	黄和庆	男	2015.10	肇庆	2015年广东省省长杯	足球		麻涌
足球	吾拉合提·叶尔兰	男	2015.10	肇庆	2015年广东省省长杯	足球		麻涌
足球	藏哈尔·拜沙提汗	男	2015.10	肇庆	2015年广东省省长杯	足球		麻涌
足球	梁楚轩	男	2015.10	肇庆	2015年广东省省长杯	足球		麻涌
足球	何龙海	男	2015.08	广州	“我爱足球”广东赛区	足球		麻涌
足球	彭 涛	男	2015.08	广州	“我爱足球”广东赛区	足球	1	麻涌
足球	吴剑飞	男	2015.08	广州	“我爱足球”广东赛区	足球		麻涌
足球	叶力玮	男	2015.08	广州	“我爱足球”广东赛区	足球		麻涌

续表

项目	姓名	性别	比赛时间	比赛场地	比赛名称	小项	名次	输送镇街
足球	梁楚轩	男	2015.08	广州	“我爱足球”广东赛区	足球		麻涌
足球	吴刚毅	男	2015.08	广州	“我爱足球”广东赛区	足球	1	麻涌
足球	刘　毅	男	2015.08	广州	“我爱足球”广东赛区	足球		麻涌
足球	藏哈尔・拜沙提汗	男	2015.08	广州	“我爱足球”广东赛区	足球		麻涌
足球	何梓亮	男	2015.08	广州	“我爱足球”广东赛区	足球	1	麻涌
足球	邓志辉	男	2015.08	广州	“我爱足球”广东赛区	足球		麻涌
皮划艇	李政中	男	2015.7	湛江	2015年省运会	男子甲组C1团体对抗赛		中堂
皮划艇	张　浩	男	2015.7	湛江	2015年省运会	男子甲组C1团体对抗赛	1	虎门
皮划艇	赵　晶	男	2015.7	湛江	2015年省运会	男子甲组C1团体对抗赛		横沥
皮划艇	左　鹏	女	2015.7	湛江	2015年省运会	女子甲组500米 K2	1	虎门
皮划艇	宁林颖	女	2015.7	湛江	2015年省运会	女子甲组500米 K2		虎门
皮划艇	郭珊珊	女	2015.7	湛江	2015年省运会	女子甲组200米 K1	1	虎门
皮划艇	左　鹏	女	2015.7	湛江	2015年省运会	女子甲组200米 K2	1	虎门
皮划艇	宁林颖	女	2015.7	湛江	2015年省运会	女子甲组200米 K2		虎门
皮划艇	郭珊珊	女	2015.7	湛江	2015年省运会	女子甲组K1对抗赛		虎门
皮划艇	宁林颖	女	2015.7	湛江	2015年省运会	女子甲组K1对抗赛	1	虎门
皮划艇	田　梦	女	2015.7	湛江	2015年省运会	女子甲组K1对抗赛		虎门
皮划艇	左　鹏	女	2015.7	湛江	2015年省运会	女子甲组8千米 K1团体对抗赛		虎门
皮划艇	韩　婷	女	2015.7	湛江	2015年省运会	女子甲组8千米 K1团体对抗赛	1	虎门
皮划艇	林妙璇	女	2015.7	湛江	2015年省运会	女子甲组8千米 K1团体对抗赛		虎门
皮划艇	赵　梦	女	2015.7	湛江	2015年省运会	女子乙组200米 K1	1	虎门
皮划艇	吴居正	男	2015.7	湛江	2015年省运会	男子乙组K1团体对抗赛		虎门
皮划艇	李　影	男	2015.7	湛江	2015年省运会	男子乙组K1团体对抗赛	1	南城
皮划艇	辛　权	男	2015.7	湛江	2015年省运会	男子乙组K1团体对抗赛		虎门
皮划艇	赵　梦	女	2015.7	湛江	2015年省运会	女子乙组K1对抗赛		虎门
皮划艇	王留杰	女	2015.7	湛江	2015年省运会	女子乙组K1对抗赛	1	石碣
皮划艇	林妙琪	女	2015.7	湛江	2015年省运会	女子乙组K1对抗赛		虎门
皮划艇	王安波	男	2015.7	湛江	2015年省运会	男子甲组1千米 K2	2	横沥
皮划艇	苑志强	男	2015.7	湛江	2015年省运会	男子甲组1千米 K2		虎门
皮划艇	武晓阳	男	2015.7	湛江	2015年省运会	男子甲组K1对抗赛		虎门
皮划艇	王安波	男	2015.7	湛江	2015年省运会	男子甲组K1对抗赛	2	横沥
皮划艇	苑志强	男	2015.7	湛江	2015年省运会	男子甲组K1对抗赛		虎门
皮划艇	李　影	男	2015.7	湛江	2015年省运会	男子乙组200米 K1	2	南城
皮划艇	郭珊珊	女	2015.7	湛江	2015年省运会	女子甲组500米 K1	3	虎门
皮划艇	田　梦	女	2015.7	湛江	2015年省运会	女子甲组200米 K1	3	虎门

续表

项目	姓名	性别	比赛时间	比赛场地	比赛名称	小项	名次	输送镇街
赛艇	孙健强	男	2015.7	湛江	2015年省运会	男子乙组公开级4千米单人双桨团体	1	中堂
赛艇	米浩铭	男	2015.7	湛江	2015年省运会	男子乙组公开级4千米单人双桨团体		虎门
赛艇	张布宇	男	2015.7	湛江	2015年省运会	男子乙组公开级4千米单人双桨团体		东城
赛艇	黄洁婷	女	2015.7	湛江	2015年省运会	女子甲组公开级2千米双人单桨	2	石碣
赛艇	周芳慧	女	2015.7	湛江	2015年省运会	女子甲组公开级2千米双人单桨		虎门
赛艇	袁倩文	女	2015.7	湛江	2015年省运会	女子甲组公开级4千米单人双桨	2	寮步
赛艇	林童童	女	2015.7	湛江	2015年省运会	女子甲组公开级8千米单人双桨团体	2	东坑
赛艇	黄洁婷	女	2015.7	湛江	2015年省运会	女子甲组公开级8千米单人双桨团体		石碣
赛艇	景祥慧	女	2015.7	湛江	2015年省运会	女子甲组公开级8千米单人双桨团体	2	中堂
赛艇	胡金金	女	2015.7	湛江	2015年省运会	女子甲组公开级8千米单人双桨团体		沙田
赛艇	刘丽阳	女	2015.7	湛江	2015年省运会	女子甲组公开级8千米单人双桨团体	2	东城
赛艇	孙健强	男	2015.7	湛江	2015年省运会	男子乙组公开级2千米单人双桨	3	中堂
赛艇	孙健强	男	2015.7	湛江	2015年省运会	男子乙组公开级4千米单人双桨	3	中堂
赛艇	景祥慧	男	2015.7	湛江	2015年省运会	女子乙组公开级4千米单人双桨		中堂
赛艇	丁　旺	男	2015.7	湛江	2015年省运会	男子甲组轻量级8千米单人双桨团体	3	南城
赛艇	夏振华	男	2015.7	湛江	2015年省运会	男子甲组轻量级8千米单人双桨团体		麻涌
赛艇	李　磊	男	2015.7	湛江	2015年省运会	男子甲组轻量级8千米单人双桨团体		虎门
赛艇	周芳慧	女	2015.7	湛江	2015年省运会	女子甲组公开级8千米双人单桨	3	虎门
赛艇	黄洁婷	女	2015.7	湛江	2015年省运会	女子甲组公开级8千米双人单桨		石碣
赛艇	余　丹	女	2015.7	湛江	2015年省运会	女子甲组轻量级2千米单人双桨	3	高埗
赛艇	余　丹	女	2015.7	湛江	2015年省运会	女子甲组轻量级8千米单人双桨	3	高埗
赛艇	余　丹	女	2015.7	湛江	2015年省运会	女子甲组轻量级8千米单人双桨团体	3	高埗
赛艇	骆美雪	女	2015.7	湛江	2015年省运会	女子甲组轻量级8千米单人双桨团体		虎门
赛艇	潘梦霞	女	2015.7	湛江	2015年省运会	女子甲组轻量级8千米单人双桨团体		虎门
赛艇	丁　旺	男	2015.7	湛江	2015年省运会	男子甲组轻量级8千米双人单桨	3	南城
赛艇	李　磊	男	2015.7	湛江	2015年省运会	男子甲组轻量级8千米双人单桨		虎门
拳击	钟爱利	女	2015.08	湛江	2015年省运会	女子乙组52—58公斤	2	中堂
拳击	罗雪媚	女	2015.08	湛江	2015年省运会	女子甲组54—62公斤	1	沙田
拳击	郑陈涛	男	2015.08	湛江	2015年省运会	男子乙组45公斤	1	东城
拳击	钟莹莹	女	2015.08	湛江	2015年省运会	女子乙组52—58公斤	3	中堂
跆拳道	韦丽娜	女	2015.08	湛江	2015年省运会	女子乙组47公斤	3	虎门
皮划艇	温常琦	男	2015.11	肇庆	2015冠军赛	1千米男子单人皮艇	3	虎门
皮划艇	王新娟	女	2015.11	肇庆	2015冠军赛	200米女子单人皮艇	2	虎门
皮划艇	李梦圆	女	2015.11	肇庆	2015冠军赛	201米女子单人皮艇	3	虎门
皮划艇	张艺雯	女	2015.11	肇庆	2015冠军赛	500米女子单人皮艇	3	南城

续表

项目	姓名	性别	比赛时间	比赛场地	比赛名称	小项	名次	输送镇街
赛艇	王新宇	女	2015.11	肇庆	2015冠军赛	女子甲组公开级2千米单人双桨	3	南城
赛艇	张　薇	女	2015.11	肇庆	2015冠军赛	女子乙组公开级2千米单人双桨	1	南城
赛艇	周芳慧	女	2015.11	肇庆	2015冠军赛	女子乙组公开级2千米单人双桨	3	虎门
赛艇	黄梅芳	女	2015.11	肇庆	2015冠军赛	女子乙组轻量级2千米单人双桨	3	虎门
跆拳道	徐庶庭	男	2015.12	顺德	2015冠军赛	男子乙组48公斤	1	中堂
跆拳道	韦丽娜	女	2015.12	顺德	2015冠军赛	女子乙组48公斤	1	虎门
跆拳道	张嘉琪	女	2015.12	顺德	2015冠军赛	女子乙组62公斤	1	东城
跆拳道	甘耿清	男	2015.12	顺德	2015冠军赛	男子甲组74公斤	1	虎门
跆拳道	王　茜	女	2015.12	顺德	2015冠军赛	女子甲组49公斤	1	虎门
跆拳道	钟家明	男	2015.12	顺德	2015冠军赛	男子乙组58公斤	3	虎门
跆拳道	黄　豫	女	2015.12	顺德	2015冠军赛	女子乙组53公斤	3	虎门
举重	王　悦	女	2015.08	湛江坡头	2015年省运会	女子丙组+55公斤总成绩	2	石龙
举重	曾田甜	女	2015.08	湛江坡头	2015年省运会	女子乙组48公斤总成绩	3	石龙
举重	谢安海	男	2015.08	湛江坡头	2015年省运会	男子甲组69公斤总成绩	1	石龙
举重	何　勇	男	2015.08	湛江坡头	2015年省运会	男子乙组52公斤总成绩	2	石龙
举重	杜婉萍	女	2015.11	东莞石龙	2015年冠军赛	女子乙组63公斤挺举	3	石龙
举重	杜婉萍	女	2015.11	东莞石龙	2015年冠军赛	女子乙组63公斤总成绩	3	石龙
举重	刘海慧	女	2015.11	东莞石龙	2015年冠军赛	女子乙组+63公斤抓举	1	石龙
举重	刘海慧	女	2015.11	东莞石龙	2015年冠军赛	女子乙组+63公斤挺举	3	石龙
举重	刘海慧	女	2015.11	东莞石龙	2015年冠军赛	女子乙组+63公斤总成绩	3	石龙
举重	刘　坤	男	2015.11	东莞石龙	2015年冠军赛	男子甲组77公斤抓举	3	石龙
举重	刘　坤	男	2015.11	东莞石龙	2015年冠军赛	男子甲组77公斤挺举	2	石龙
举重	刘　坤	男	2015.11	东莞石龙	2015年冠军赛	男子甲组77公斤总成绩	2	石龙
举重	何　勇	男	2015.11	东莞石龙	2015年冠军赛	男子乙组56公斤抓举	2	石龙
举重	何　勇	男	2015.11	东莞石龙	2015年冠军赛	男子乙组56公斤挺举	1	石龙
举重	何　勇	男	2015.11	东莞石龙	2015年冠军赛	男子乙组56公斤总成绩	1	石龙
举重	曾田甜	女	2015.11	东莞石龙	2015年冠军赛	女子乙组53公斤抓举	1	石龙
举重	曾田甜	女	2015.11	东莞石龙	2015年冠军赛	女子乙组53公斤挺举	2	石龙
举重	曾田甜	女	2015.11	东莞石龙	2015年冠军赛	女子乙组53公斤总成绩	2	石龙
举重	曾肃颖	女	2015.11	东莞石龙	2015年冠军赛	女子乙组58公斤抓举	3	石龙
举重	曾肃颖	女	2015.11	东莞石龙	2015年冠军赛	女子乙组58公斤挺举	2	石龙
举重	曾肃颖	女	2015.11	东莞石龙	2015年冠军赛	女子乙组58公斤总成绩	2	石龙
举重	莫克晖	男	2015.11	东莞石龙	2015年冠军赛	男子甲组62公斤抓举	2	石龙
举重	莫克晖	男	2015.11	东莞石龙	2015年冠军赛	男子甲组62公斤挺举	2	石龙
举重	莫克晖	男	2015.11	东莞石龙	2015年冠军赛	男子甲组62公斤 总成绩	2	石龙
举重	何尧延	男	2015.11	东莞石龙	2015年冠军赛	男子乙组52公斤抓举	2	石龙
举重	何尧延	男	2015.11	东莞石龙	2015年冠军赛	男子乙组52公斤挺举	1	石龙
举重	何尧延	男	2015.11	东莞石龙	2015年冠军赛	男子乙组52公斤总成绩	1	石龙
举重	何树赋	男	2015.11	东莞石龙	2015年冠军赛	男子甲组+85公斤抓举	1	石龙
举重	何树赋	男	2015.11	东莞石龙	2015年冠军赛	男子甲组+85公斤挺举	1	石龙
举重	何树赋	男	2015.11	东莞石龙	2015年冠军赛	男子甲组+85公斤总成绩	1	石龙
举重	吴浩章	男	2015.11	东莞石龙	2015年冠军赛	男子乙组68公斤总成绩	3	石龙

续表

项目	姓名	性别	比赛时间	比赛场地	比赛名称	小项	名次	输送镇街
举重	唐小蜜	女	2015.11	东莞石龙	2015年冠军赛	女子甲组53公斤抓举	1	石龙
举重	唐小蜜	女	2015.11	东莞石龙	2015年冠军赛	女子甲组53公斤挺举	1	石龙
举重	唐小蜜	女	2015.11	东莞石龙	2015年冠军赛	女子甲组53公斤总成绩	1	石龙
田径	李鑫铭	男	2015.11.28	肇庆	2015年冠军赛	甲组800米	1	东城
田径	李鑫铭	男	2015.11.28	肇庆	2015年冠军赛	甲组1500米	1	东城
击剑	林婉莹	女	2015.12.07	广州	2015年冠军赛	丙组重剑个人	2	塘厦
击剑	袁诗敏	女	2015.12.07	广州	2015年冠军赛	丙组重剑个人	3	东城
击剑	李浩铭	男	2015.12.07	广州	2015年冠军赛	乙组重剑个人	3	道滘
击剑	王　昊	男	2015.12.07	广州	2015年冠军赛			道滘
击剑	徐展鹏	男	2015.12.07	广州	2015年冠军赛			麻涌
击剑	蔡炫绫	女	2015.12.07	广州	2015年冠军赛	甲组花剑个人	1	南城
击剑	林杨娜	女	2015.12.07	广州	2015年冠军赛	甲组花剑团体	3	塘厦
击剑	罗静怡	女	2015.12.07	广州	2015年冠军赛			塘厦
击剑	蔡炫绫	女	2015.12.07	广州	2015年冠军赛			南城
击剑	邱诗敏	女	2015.12.07	广州	2015年冠军赛			道滘
击剑	邓凯滢	女	2015.12.07	广州	2015年冠军赛	甲组佩剑个人	2	茶山
击剑	邓凯滢	女	2015.12.07	广州	2015年冠军赛	甲组佩剑团体	3	茶山
击剑	叶凯珊	女	2015.12.07	广州	2015年冠军赛			茶山
击剑	卢永萍	女	2015.12.07	广州	2015年冠军赛			茶山
击剑	李绮琦	女	2015.12.07	广州	2015年冠军赛			厚街
击剑	官昱光	男	2015.12.07	广州	2015年冠军赛	乙组佩剑个人	3	南城
体操	黄锦鑫	男	2015.11.07	佛山	2015年冠军赛	跳马	1	南城 长安
体操	蒋奇峰	男	2015.11.07	佛山	2015年冠军赛	吊环	1	南城 长安
体操	蒋奇峰	男	2015.11.07	佛山	2015年冠军赛	鞍马	1	南城 长安
体操	蒋奇峰	男	2015.11.07	佛山	2015年冠军赛	自由操	1	南城 长安
体操	刘文浩	男	2015.11.07	佛山	2015年冠军赛	全能	1	东城
体操	刘文浩	男	2015.11.07	佛山	2015年冠军赛	单杠	1	东城
体操	刘文浩	男	2015.11.07	佛山	2015年冠军赛	双杠	1	东城
体操	刘文浩	男	2015.11.07	佛山	2015年冠军赛	跳马	1	东城
体操	刘文浩	男	2015.11.07	佛山	2015年冠军赛	吊环	1	东城
体操	刘文浩	男	2015.11.07	佛山	2015年冠军赛	鞍马	1	东城
体操	刘文浩	男	2015.11.07	佛山	2015年冠军赛	自由操	1	东城
体操	韦柳新	女	2015.11.07	佛山	2015年冠军赛	全能	1	南城 长安
体操	韦柳新	女	2015.11.07	佛山	2015年冠军赛	跳马	1	南城 长安
体操	韦柳新	女	2015.11.07	佛山	2015年冠军赛	高低杠	1	南城 长安
体操	韦柳新	女	2015.11.07	佛山	2015年冠军赛	平衡木	1	南城 长安
体操	韦柳新	女	2015.11.07	佛山	2015年冠军赛	自由操	1	南城 长安

续表

项目	姓名	性别	比赛时间	比赛场地	比赛名称	小项	名次	输送镇街
体操	李　煜	男	2015.11.07	佛山	2015年冠军赛	全能	1	南城 长安
体操	李　煜	男	2015.11.07	佛山	2015年冠军赛	双杠	1	南城 长安
体操	李　煜	男	2015.11.07	佛山	2015年冠军赛	单杠	1	南城 长安
体操	黄锦鑫	男	2015.11.07	佛山	2015年冠军赛	吊环	2	南城 长安
体操	黄锦鑫	男	2015.11.07	佛山	2015年冠军赛	双杠	2	南城 长安
体操	黄锦鑫	男	2015.11.07	佛山	2015年冠军赛	鞍马	2	南城 长安
体操	黄锦鑫	男	2015.11.07	佛山	2015年冠军赛	全能	2	南城 长安
体操	黄锦鑫	男	2015.11.07	佛山	2015年冠军赛	单杠	2	南城 长安
体操	李　煜	男	2015.11.07	佛山	2015年冠军赛	自由操	2	南城 长安
体操	李　煜	男	2015.11.07	佛山	2015年冠军赛	跳马	2	南城 长安
体操	黄锦鑫	男	2015.11.07	佛山	2015年冠军赛	自由操	3	南城 长安
体操	蒋奇峰	男	2015.11.07	佛山	2015年冠军赛	单杠	3	南城 长安
体操	蒋奇峰	男	2015.11.07	佛山	2015年冠军赛	双杠	3	南城 长安
体操	蒋奇峰	男	2015.11.07	佛山	2015年冠军赛	跳马	3	南城 长安
体操	蒋奇峰	男	2015.11.07	佛山	2015年冠军赛	全能	3	南城 长安
体操	张天悦	女	2015.11.07	佛山	2015年冠军赛	全能	3	南城
体操	张天悦	女	2015.11.07	佛山	2015年冠军赛	跳马	3	南城
体操	张天悦	女	2015.11.07	佛山	2015年冠军赛	高低杠	3	南城
体操	张天悦	女	2015.11.07	佛山	2015年冠军赛	平衡木	3	南城
体操	张天悦	女	2015.11.07	佛山	2015年冠军赛	自由操	3	南城
体操	李　煜	男	2015.11.07	佛山	2015年冠军赛	鞍马	3	南城 长安
体操	李　煜	男	2015.11.07	佛山	2015年冠军赛	吊环	3	南城 长安
游泳	乔荣欣	男	2015.8.3—8.8	湛江奥体中心游泳跳水馆	2015省运会	男子少年乙组200米仰泳（单项）	1	道滘
游泳	乔荣欣	男	2015.8.3—8.8	湛江奥体中心游泳跳水馆	2015省运会	男子少年乙组1500米自由泳	1	道滘
游泳	郭　佳	女	2015.8.3—8.8	湛江奥体中心游泳跳水馆	2015省运会	女子少年丙组蛙泳全能	1	东城
游泳	吴　鲸	男	2015.8.3—8.8	湛江奥体中心游泳跳水馆	2015省运会	男子乙组200米自由泳	1	道滘
游泳	吴　鲸	男	2015.8.3—8.8	湛江奥体中心游泳跳水馆	2015省运会	男子乙组100米蝶泳	1	道滘
游泳	张逸威	男	2015.8.3—8.8	湛江奥体中心游泳跳水馆	2015省运会	男子甲组200米个人混合泳	1	麻涌
游泳	张逸威	男	2015.8.3—8.8	湛江奥体中心游泳跳水馆	2015省运会	男子甲组200米蛙泳	1	麻涌
游泳	修广森	男	2015.8.3—8.8	湛江奥体中心游泳跳水馆	2015省运会	男子甲组100米蝶泳	1	南城

续表

项目	姓名	性别	比赛时间	比赛场地	比赛名称	小项	名次	输送镇街
游泳	修广森	男	2015.8.3—8.8	湛江奥体中心游泳跳水馆	2015省运会	男子甲组50米自由泳	1	南城
游泳	朱子豪	男	2015.8.3—8.8	湛江奥体中心游泳跳水馆	2015省运会	男子甲组200米自由泳	1	南城
游泳	魏福囿	女	2015.8.3—8.8	湛江奥体中心游泳跳水馆	2015省运会	女子乙组100米蝶泳	1	道滘
游泳	王沁雅	女	2015.8.3—8.8	湛江奥体中心游泳跳水馆	2015省运会	女子乙组100米蛙泳	1	南城
游泳	张健铭	女	2015.8.3—8.8	湛江奥体中心游泳跳水馆	2015省运会	女子乙组200米自由泳	1	东城
游泳	韩　月	女	2015.8.3—8.8	湛江奥体中心游泳跳水馆	2015省运会	女子甲组400米自由泳	1	道滘
游泳	朱子豪	男	2015.8.3—8.8	湛江奥体中心游泳跳水馆	2015省运会	男子甲组100米仰泳	2	南城
游泳	翟耀堆	男	2015.8.3—8.8	湛江奥体中心游泳跳水馆	2015省运会	男子乙组50米蛙泳	2	城区
游泳	李威翰	男	2015.8.3—8.8	湛江奥体中心游泳跳水馆	2015省运会	男子甲组400米自由泳	2	城区
游泳	黄嵩桉	男	2015.8.3—8.8	湛江奥体中心游泳跳水馆	2015省运会	男子甲组50米自由泳	2	城区
游泳	魏福囿	女	2015.8.3—8.8	湛江奥体中心游泳跳水馆	2015省运会	女子乙组100米仰泳	2	道滘
游泳	杨　谦	女	2015.8.3—8.8	湛江奥体中心游泳跳水馆	2015省运会	女子乙组50米仰泳	2	道滘
游泳	王沁雅	女	2015.8.3—8.8	湛江奥体中心游泳跳水馆	2015省运会	女子乙组100米自由泳	2	南城
游泳	李威翰	女	2015.8.3—8.8	湛江奥体中心游泳跳水馆	2015省运会	男子甲组200米仰泳	2	城区
游泳	苏其彬	男	2015.8.3—8.8	湛江奥体中心游泳跳水馆	2015省运会	男子少年乙组仰泳全能	2	道滘
游泳	张　熙	男	2015.8.3—8.8	湛江奥体中心游泳跳水馆	2015省运会	男子少年甲组400米自由泳	2	城区
游泳	张　熙	男	2015.8.3—8.8	湛江奥体中心游泳跳水馆	2015省运会	男子少年甲组100米蝶泳	2	城区
游泳	郭伊诺	女	2015.8.3—8.8	湛江奥体中心游泳跳水馆	2015省运会	女子少年乙组蝶泳全能	2	道滘
游泳	乔荣欣	男	2015.8.3—8.8	湛江奥体中心游泳跳水馆	2015省运会	男子少年乙组4×100米混合泳接力	2	道滘
	陈泳尧	男	2015.8.3—8.8	湛江奥体中心游泳跳水馆	2015省运会			城区
	苗成林	男	2015.8.3—8.8	湛江奥体中心游泳跳水馆	2015省运会			东城
	叶子由	男	2015.8.3—8.8	湛江奥体中心游泳跳水馆	2015省运会			道滘
游泳	陆凯悦	女	2015.8.3—8.8	湛江奥体中心游泳跳水馆	2015省运会	女子少年甲组4×100米混合泳接力	2	城区
	王　译	女	2015.8.3—8.8	湛江奥体中心游泳跳水馆	2015省运会			东城
	顾杨兰	女	2015.8.3—8.8	湛江奥体中心游泳跳水馆	2015省运会			长安
	陈慧慧	女	2015.8.3—8.8	湛江奥体中心游泳跳水馆	2015省运会			长安

续表

项目	姓名	性别	比赛时间	比赛场地	比赛名称	小项	名次	输送镇街
游泳	吴 鲸	男	2015.8.3—8.8	湛江奥体中心游泳跳水馆	2015省运会	男子乙组6×50米自由泳接力	2	道滘
	王鼎伦	男	2015.8.3—8.8	湛江奥体中心游泳跳水馆	2015省运会			城区
	翟耀堆	男	2015.8.3—8.8	湛江奥体中心游泳跳水馆	2015省运会			城区
	孙鹤源	男	2015.8.3—8.8	湛江奥体中心游泳跳水馆	2015省运会			城区
	陈恺恒	男	2015.8.3—8.8	湛江奥体中心游泳跳水馆	2015省运会			城区
	翟键邦	男	2015.8.3—8.8	湛江奥体中心游泳跳水馆	2015省运会			城区
游泳	朱子豪	男	2015.8.3—8.8	湛江奥体中心游泳跳水馆	2015省运会	男子甲组4×100米混合泳接力	2	南城
	张逸威	男	2015.8.3—8.8	湛江奥体中心游泳跳水馆	2015省运会			麻涌
	吴兆鹏	男	2015.8.3—8.8	湛江奥体中心游泳跳水馆	2015省运会			南城
	修广森	男	2015.8.3—8.8	湛江奥体中心游泳跳水馆	2015省运会			南城
游泳	张健铭	女	2015.8.3—8.8	湛江奥体中心游泳跳水馆	2015省运会	女子乙组6×50米自由泳接力	2	东城
	杨 谦	女	2015.8.3—8.8	湛江奥体中心游泳跳水馆	2015省运会			道滘
	吴颖思	女	2015.8.3—8.8	湛江奥体中心游泳跳水馆	2015省运会			城区
	邹靖文	女	2015.8.3—8.8	湛江奥体中心游泳跳水馆	2015省运会			望牛墩
	魏福囿	女	2015.8.3—8.8	湛江奥体中心游泳跳水馆	2015省运会			道滘
	王沁雅	女	2015.8.3—8.8	湛江奥体中心游泳跳水馆	2015省运会			南城
游泳	杨 谦	女	2015.8.3—8.8	湛江奥体中心游泳跳水馆	2015省运会	女子乙组4×50米混合泳接力	2	道滘
游泳	王沁雅	女	2015.8.3—8.8	湛江奥体中心游泳跳水馆	2015省运会	女子乙组4×50米混合泳接力	2	南城
	魏福囿	女	2015.8.3—8.8	湛江奥体中心游泳跳水馆	2015省运会			道滘
	张健铭	女	2015.8.3—8.8	湛江奥体中心游泳跳水馆	2015省运会			东城
游泳	徐崇喆	男	2015.8.3—8.8	湛江奥体中心游泳跳水馆	2015省运会	男子乙组50米蛙泳	3	城区
游泳	杨 谦	女	2015.8.3—8.8	湛江奥体中心游泳跳水馆	2015省运会	女子乙组50米蝶泳	3	道滘
游泳	吴颖思	女	2015.8.3—8.8	湛江奥体中心游泳跳水馆	2015省运会	女子乙组50米仰泳	3	城区
游泳	张健铭	女	2015.8.3—8.8	湛江奥体中心游泳跳水馆	2015省运会	女子乙组100米蝶泳	3	东城

续表

项目	姓名	性别	比赛时间	比赛场地	比赛名称	小项	名次	输送镇街
游泳	陈恺恒	男	2015.8.3—8.8	湛江奥体中心游泳跳水馆	2015省运会	男子乙组4×50米混合泳接力	3	城区
	翟耀堆	男	2015.8.3—8.8	湛江奥体中心游泳跳水馆	2015省运会			城区
	吴　鲸	男	2015.8.3—8.8	湛江奥体中心游泳跳水馆	2015省运会			道滘
	翟键邦	男	2015.8.3—8.8	湛江奥体中心游泳跳水馆	2015省运会			城区
游泳	朱子豪	男	2015.8.3—8.8	湛江奥体中心游泳跳水馆	2015省运会	男子甲组6×100米自由泳接力	3	南城
	刁宇鸿	男	2015.8.3—8.8	湛江奥体中心游泳跳水馆	2015省运会			城区
	张逸威	男	2015.8.3—8.8	湛江奥体中心游泳跳水馆	2015省运会			麻涌
	赖家聪	男	2015.8.3—8.8	湛江奥体中心游泳跳水馆	2015省运会			高埗
	黄嵩桉	男	2015.8.3—8.8	湛江奥体中心游泳跳水馆	2015省运会			城区
	修广森	男	2015.8.3—8.8	湛江奥体中心游泳跳水馆	2015省运会			南城
游泳	陈泳尧	男	2015.8.3—8.8	湛江奥体中心游泳跳水馆	2015省运会	男子少年乙组蛙泳全能	3	城区
游泳	陈泳尧	男	2015.8.3—8.8	湛江奥体中心游泳跳水馆	2015省运会	男子少年乙组200米蛙泳（单项）	3	城区
游泳	陈慧慧	女	2015.8.3—8.8	湛江奥体中心游泳跳水馆	2015省运会	女子少年甲组800米自由泳	3	长安
游泳	乔荣欣	男	2015.8.3—8.8	湛江奥体中心游泳跳水馆	2015省运会	男子少年乙组4×100米自由泳接力	3	道滘
	陈泳尧	男	2015.8.3—8.8	湛江奥体中心游泳跳水馆	2015省运会			城区
	苗成林	男	2015.8.3—8.8	湛江奥体中心游泳跳水馆	2015省运会			东城
	叶子由	男	2015.8.3—8.8	湛江奥体中心游泳跳水馆	2015省运会			道滘
游泳	陆凯悦	女	2015.8.3—8.8	湛江奥体中心游泳跳水馆	2015省运会	女子少年甲组4×100米自由泳接力	3	城区
	李乐彤	女	2015.8.3—8.8	湛江奥体中心游泳跳水馆	2015省运会			城区
	叶婉芬	女	2015.8.3—8.8	湛江奥体中心游泳跳水馆	2015省运会			道滘
游泳	陈慧慧	女	2015.8.3—8.8	湛江奥体中心游泳跳水馆	2015省运会	女子少年甲组4×100米自由泳接力	3	长安
跳水	张南橘	女	2015.8.3—8.8	湛江奥体中心游泳跳水馆	2015省运会	女子甲组跳台	1	南城
跳水	杨盼盼 梁焱鑫	女	2015.8.3—8.8	湛江奥体中心游泳跳水馆	2015省运会	女子乙组双人跳台	1	长安
跳水	白　雨 罗春晓	女	2015.8.3—8.8	湛江奥体中心游泳跳水馆	2015省运会	女子丙组双人跳台	1	南城
跳水	史震宇	男	2015.8.3—8.8	湛江奥体中心游泳跳水馆	2015省运会	男子乙组跳台	1	长安
跳水	史震宇 肖淞译	男	2015.8.3—8.8	湛江奥体中心游泳跳水馆	2015省运会	男子乙组双人跳台	1	长安
跳水	杨盼盼	女	2015.8.3—8.8	湛江奥体中心游泳跳水馆	2015省运会	女子乙组跳台	2	长安

续表

项目	姓名	性别	比赛时间	比赛场地	比赛名称	小项	名次	输送镇街
跳水	肖淞译 肖易铭	男	2015.8.3—8.8	湛江奥体中心游泳跳水馆	2015省运会	男子乙组双人三米板	2	长安
跳水	张南橘	女	2015.8.3—8.8	湛江奥体中心游泳跳水馆	2015省运会	女子甲组三米板	3	南城
跳水	罗春晓	女	2015.8.3—8.8	湛江奥体中心游泳跳水馆	2015省运会	女子丙组跳台	3	南城
跳水	郭昊宇	男	2015.8.3—8.8	湛江奥体中心游泳跳水馆	2015省运会	男子甲组跳台	3	长安
跳水	向川宜	男	2015.8.3—8.8	湛江奥体中心游泳跳水馆	2015省运会	男子乙组一米板	3	长安
跳水	尤梦娇 邝忻语	女	2015.8.3—8.8	湛江奥体中心游泳跳水馆	2015省运会	女子乙组双人三米板	3	长安
游泳	龚　睿	男	2015.11	惠州市体校游泳馆	2015冠军赛	男子丙组100米蝶泳	1	道滘
游泳	张涵宇	男	2015.11	惠州市体校游泳馆	2015冠军赛	男子乙组800米自由泳	1	道滘
游泳	陈奕征	男	2015.11	惠州市体校游泳馆	2015冠军赛	男子甲组200米蝶泳	1	长安
游泳	吴林通	男	2015.11	惠州市体校游泳馆	2015冠军赛	男子丙组200米蛙泳	1	南城
游泳	顾杨兰	女	2015.11	惠州市体校游泳馆	2015冠军赛	女子甲组200米蝶泳	1	长安
游泳	张嘉欣	女	2015.11	惠州市体校游泳馆	2015冠军赛	女子乙组200米蝶泳	1	中堂
游泳	郭　佳	女	2015.11	惠州市体校游泳馆	2015冠军赛	女子丙组100米蛙泳	1	东城
游泳	陆凯悦	女	2015.11	惠州市体校游泳馆	2015冠军赛	女子甲组100米蝶泳	1	城区
游泳	钟海媚	女	2015.11	惠州市体校游泳馆	2015冠军赛	女子乙组800米自由泳	1	道滘
游泳	陈天凤	女	2015.11	惠州市体校游泳馆	2015冠军赛	女子丙组200米自由泳	1	道滘
游泳	郭　佳	女	2015.11	惠州市体校游泳馆	2015冠军赛	女子丙组200米蛙泳	1	东城
游泳	陈奕征	男	2015.11	惠州市体校游泳馆	2015冠军赛	男子甲组100米蝶泳	2	长安
游泳	龚　睿	男	2015.11	惠州市体校游泳馆	2015冠军赛	男子丙组200米蝶泳	2	道滘
游泳	于铭洋	男	2015.11	惠州市体校游泳馆	2015冠军赛	男子乙组200米蛙泳	2	南城
游泳	陈俊熙	男	2015.11	惠州市体校游泳馆	2015冠军赛	男子丙组200米仰泳	2	城区
游泳	吴林通	男	2015.11	惠州市体校游泳馆	2015冠军赛	男子丙组100米蛙泳	2	南城
游泳	苏其彬	男	2015.11	惠州市体校游泳馆	2015冠军赛	男子乙组200米仰泳	2	道滘
游泳	杨茗雷	男	2015.11	惠州市体校游泳馆	2015冠军赛	男子甲组200米蝶泳	2	道滘
游泳	顾杨兰	女	2015.11	惠州市体校游泳馆	2015冠军赛	女子甲组100米蝶泳	2	长安
游泳	陆凯悦	女	2015.11	惠州市体校游泳馆	2015冠军赛	女子甲组100米仰泳	2	城区
游泳	陈思琪	女	2015.11	惠州市体校游泳馆	2015冠军赛	女子丙组200米蛙泳	2	厚街
游泳	周　茗	男	2015.11	惠州市体校游泳馆	2015冠军赛	男子丙组100米自由泳	3	道滘
游泳	杨茗雷	男	2015.11	惠州市体校游泳馆	2015冠军赛	男子甲组100米蝶泳	3	道滘
游泳	王　浩	男	2015.11	惠州市体校游泳馆	2015冠军赛	男子甲组100米仰泳	3	道滘
游泳	叶子由	男	2015.11	惠州市体校游泳馆	2015冠军赛	男子乙组200米蝶泳	3	道滘
游泳	陈俊熙	男	2015.11	惠州市体校游泳馆	2015冠军赛	男子丙组100米仰泳	3	城区
游泳	唐艺菲	女	2015.11	惠州市体校游泳馆	2015冠军赛	女子丙组200米仰泳	3	长安
跳水	向川宜	男	2015.12	东莞市游泳运动管理中心	2015（陆上）冠军赛	男子A组陆台	1	长安
跳水	向川宜	男	2015.12	东莞市游泳运动管理中心	2015（陆上）冠军赛	男子A组弹网	1	长安
跳水	向川宜	男	2015.12	东莞市游泳运动管理中心	2015（陆上）冠军赛	男子A组弹板	1	长安
跳水	向川宜	男	2015.12	东莞市游泳运动管理中心	2015（陆上）冠军赛	男子A组全能	1	长安

续表

项目	姓名	性别	比赛时间	比赛场地	比赛名称	小项	名次	输送镇街
跳水	梁焱鑫	女	2015.12	东莞市游泳运动管理中心	2015（陆上）冠军赛	女子A组陆台	1	长安
跳水	梁焱鑫	女	2015.12	东莞市游泳运动管理中心	2015（陆上）冠军赛	女子A组弹板	1	长安
跳水	邝忻语	女	2015.12	东莞市游泳运动管理中心	2015（陆上）冠军赛	女子A组素质力量	1	长安
跳水	邝忻语	女	2015.12	东莞市游泳运动管理中心	2015（陆上）冠军赛	女子A组全能	1	长安
跳水	杨钧馨	女	2015.12	东莞市游泳运动管理中心	2015（陆上）冠军赛	女子B组素质力量	1	南城
跳水	覃　浩	男	2015.12	东莞市游泳运动管理中心	2015（陆上）冠军赛	男子C组素质力量	1	长安
跳水	覃　浩	男	2015.12	东莞市游泳运动管理中心	2015（陆上）冠军赛	男子C组全能	1	长安
跳水	向川宜	男	2015.12	东莞市游泳运动管理中心	2015（陆上）冠军赛	男子A组素质力量	2	长安
跳水	梁焱鑫	女	2015.12	东莞市游泳运动管理中心	2015（陆上）冠军赛	女子A组素质力量	2	长安
跳水	梁焱鑫	女	2015.12	东莞市游泳运动管理中心	2015（陆上）冠军赛	女子A组全能	2	长安
跳水	尤梦娇	女	2015.12	东莞市游泳运动管理中心	2015（陆上）冠军赛	女子A组弹网	2	长安
跳水	杨钧馨	女	2015.12	东莞市游泳运动管理中心	2015（陆上）冠军赛	女子B组陆台	2	南城
跳水	杨钧馨	女	2015.12	东莞市游泳运动管理中心	2015（陆上）冠军赛	女子B组全能	2	南城
跳水	江力飞	男	2015.12	东莞市游泳运动管理中心	2015（陆上）冠军赛	男子C组弹板	2	长安
跳水	覃　浩	男	2015.12	东莞市游泳运动管理中心	2015（陆上）冠军赛	男子C组弹网	2	长安
跳水	梁焱鑫	女	2015.12	东莞市游泳运动管理中心	2015（陆上）冠军赛	女子A组弹网	3	长安
跳水	尤梦娇	女	2015.12	东莞市游泳运动管理中心	2015（陆上）冠军赛	女子A组弹板	3	长安
跳水	江力飞	男	2015.12	东莞市游泳运动管理中心	2015（陆上）冠军赛	男子C组素质力量	3	长安
跳水	江力飞	男	2015.12	东莞市游泳运动管理中心	2015（陆上）冠军赛	男子C组全能	3	长安
跳水	覃　浩	男	2015.12	东莞市游泳运动管理中心	2015（陆上）冠军赛	男子C组弹板	3	长安
武术套路	张晓爽	女	2015.08	湛江、雷州	2015省运会	女子乙组太极拳、剑全能	1	长安
武术套路	王晓慧	女	2015.08	湛江、雷州	2015省运会	女子甲组太极拳、剑全能	3	长安
武术套路	隋瀚娇	女	2015.08	湛江、雷州	2015省运会	女子甲组长拳、剑、枪全能	2	长安
摔跤	何　涛	男	2015.12	广州	2015冠军赛	男子自由乙级50公斤级	2	石排
摔跤	郑承迪	男	2015.12	广州	2015冠军赛	男子自由乙级55公斤级	2	石排
摔跤	劳燕连	女	2015.12	广州	2015冠军赛	女子自由甲级58公斤级	1	石排
摔跤	黎彩萍	女	2015.12	广州	2015冠军赛	女子自由乙级48公斤级	1	石排
摔跤	罗兰暖	女	2015.12	广州	2015冠军赛	女子自由乙级51公斤级	1	石排
摔跤	朱　艳	女	2015.12	广州	2015冠军赛	女子自由乙级51公斤级	3	石排
摔跤	郑承迪	男	2015.7	湛江	2015省运会	男子自由乙级48公斤级	3	石排

续表

项目	姓名	性别	比赛时间	比赛场地	比赛名称	小项	名次	输送镇街
摔跤	劳燕连	女	2015.7	湛江	2015省运会	女子自由甲级55公斤级	2	石排
摔跤	杜冬林	女	2015.7	湛江	2015省运会	女子自由甲级55公斤级	3	石排
摔跤	罗兰暖	女	2015.7	湛江	2015省运会	女子自由乙级48公斤级	1	石排
摔跤	黎彩萍	女	2015.7	湛江	2015省运会	女子自由乙级48公斤级	3	石排
摔跤	李佳敏	女	2015.7	湛江	2015省运会	女子自由乙级51公斤级	2	石排
自行车	刘佳鑫	男	2015.7	广州大学城	2015省运会	原地公路一公里个人计时	2	黄江
自行车	黄真杰	男	2015.7	广州大学城	2015省运会	甲组团体30公里	3	黄江
自行车	黄浩杰	男	2015.7	广州大学城	2015省运会			黄江
自行车	沈智斌	男	2015.7	广州大学城	2015省运会			黄江
自行车	黄柳华	男	2015.7	广州大学城	2015省运会			黄江
自行车	韩　飞	男	2015.7	广州大学城	2015省运会	乙组公路5公里个人计时	3	黄江
自行车	韩　飞	男	2015.7	广州大学城	2015省运会	乙组公路1公里个人计时	3	黄江

卫　生

【医疗卫生概况】　2015年，东莞市有医疗卫生机构2388所，其中，专业公共卫生服务机构42所，各级各类医疗机构2346所，包括：医院88所（民营医院占49%），分院13所，社区卫生服务中心（站）398所，农村卫生室290所，门诊部435所，诊所262所，卫生所、医务室860所。

全市卫生人员5.50万人，其中，卫生技术人员4.52万人，包括：执业（助理）医师1.91万人，注册护士2.42万人，医护比例为1:1.27。

全市编制床位3.48万张，实际开放床位2.75万张，每千常住人口拥有编制床位数4.2张。

全市公立医院大型医用设备中，X线电子计算机断层扫描装置（CT）有76台，医用磁共振成像设备（MRI）有26台，800毫安以上数字减影血管造影X线机（DSA）有70台。

全市医疗机构总诊疗人次为6250.8万人次（民营医疗机构门急诊量约占24.16%），医院门急诊量前四位科室分别是妇产科、内科、儿科、急诊医学科。全市出院人数为88.3万人次，出院者平均住院日为8.6天，病床使用率为77.9%，住院量前四位科室分别是妇产科、外科、内科、儿科。

【疾病预防控制概况】　2015年，东莞市无甲类传染病发生，全市报告法定管理乙、丙两类传染病27种8.36万例。落实肺结核病人治疗管理措施，正式纳入全省实施耐多药肺结核规范化治疗管理地区，为1.30万名可疑者提供结核病免费检查，为3351例肺结核病人提供免费抗结核病药物治疗。推进规范化性病实验室建设，有规范化性病实验室58家，列全省第一。加强严重精神障碍患者肇事肇祸行为预防处置工作，提高重性精神疾病患者规范管理水平。开展艾滋病的“一站式服务”试点工作，缩短从检测到抗病毒治疗时间。

【妇幼保健】　2015年，东莞市卫生计生局开展妇幼健康优质服务示范工程，获得全省第六名。全市取得《母婴保健技术服务执业许可证》助产技术服务项目的医疗保健机构72所，社区卫生服务中心（站）398所，形成妇幼保健三级网络体系。加强产科质量管理和危急重症孕产妇及新生儿急救网络建设，落实出生缺陷综合防控工程，启动第二轮妇女“两癌”（乳腺癌、宫颈癌）检查项目，完成1.04万对夫妇免费孕前优生健康检查，为1.48万名待孕妇女免费派发叶酸，为全市户籍孕产妇及新生儿免费提供唐氏综合征产前筛查和新生儿耳聋基因筛查服务，孕产妇产前检查率为98.20%，7岁以下儿童保健覆盖率98.54%，3岁以下儿童系统管理率93.78%，新生儿遗传代谢病筛查率95.47%，提前实现妇女儿童发展“两个规划”目标。

【卫生监督和依法行政】　2015年，东莞市卫生计生局继续实施违法违规执业医疗机构“黑名单”公示、不良执业行为记分等管理制度，建立卫生监督暗访工作制度和飞行检查制度。建设“东莞卫生监督”微信公众平台，启用新“东莞市健康证明管理平台”，实现卫生监督信息及时公开、健康证明信息联网查询功能。组织打击非法行医规范医疗秩序专项行动、打击买卖《医疗机构执业许可证》和出租承包科室专项行动、医疗卫生和传染病防治专项监督检查、人类辅助生殖技术服务专项整治、开展整顿医疗服务市场秩序依法查处打击“医托”诈骗活动等专项监督检查，打击各类医疗机构违法违规行为，全市查处医疗卫生案件234宗，涉及无证行医38宗，对5所违法情节严重的医疗机构依法给予吊销《医疗机构执业许可证》。

完善依法行政工作配套制度，明确行政执法岗位职责和工作规范。严格规范性文件管理，做好重大行政决策合法性审查，规范行政复议答复和行政诉讼应诉。推进第四批行政审批制度改革，开展专项深化清理中央设定地方实施行政审批事项及非行政许可审批事项，清理12批次、204项次。开展权责清单制度清理工作，确定行政职权事项10类366项。承接广东省卫计委下移事项146项，新增承接事项55项，全部纳入权责清单统一管理。

【卫生应急管理】　2015年，东莞市卫生计生局加强登革热、H7N9流感、手足口病、中东呼吸综合征和埃博拉出血热等传染病疫情防控。其中，重点做好H7N9流感疫情防控工作，多次组织对全市H7N9流感疫情防控工作落实情况进行督导。科学应对和有效处置8起H7N9流感病例，使每起疫情得到控制和平息，全年无发生食品安全事件和急性职业中毒事件。

树服务先锋形象　做人民健康卫士

① 2015年7月10日，国家卫生计生委计划生育家庭司副司长何炤华（左二）率督导调研组到东莞市东城街道和南城街道调研督导家庭发展和老年健康促进工作　（陈玉婷　摄）

② 2015年9月24日，国家卫生计生委宣传司副司长宋树立（左五）一行到东莞市寮步镇调研指导工作　（陈玉婷　摄）

③ 2015年4月14日，广东省副省长林少春（中）率省卫生计生委、省教育厅、省爱卫办、省疾控中心等单位负责人到东莞市调研卫生计生工作　（陈玉婷　摄）

④ 2015年8月18日，市委书记、市人大常委会主任徐建华（中）到寮步镇挂钩督导人口计生工作　（陈玉婷　摄）

⑤ 2015年4月22日，广东省卫生计生委巡视员云斌（左二）率调研组到东莞市调研指导人口计生目标管理责任制暨公立医院绩效考核试点工作　（陈玉婷　摄）

【医政管理】 2015年，东莞市卫生计生局完善医疗质量管理与控制体系，全面开展临床路径管理和优质护理服务，组织对全市51所二级以上管理医院开展医疗质量和医疗服务评价。组织完成5所市属三级公立医院绩效考核试点工作。加强专科医疗质量控制中心规范化建设，成立市血液质量控制中心、市胸痛急救质量控制中心。开展“三好一满意”“进一步改善医疗服务行动”活动，推行预约诊疗、床边护理、延续护理等新型服务模式，简化诊疗流程，改善患者就医感受。深化优质护理服务，全市二级管理以上医院100%实施优质护理服务，100%病区推行责任制整体护理模式，加强东莞与香港护理交流合作。全面推行医疗责任保险统保工作，全市公立医院与中标保险机构签订医疗责任保险合同，从2015年10月15日起生效。医疗责任保险案管中心在市医调委挂牌成立，通过保险机制与人民调解机制的有效结合，发挥医疗责任保险在医疗纠纷化解等方面的重要作用，建立以人民调解为主体，与院内调解、司法调解、医疗风险分担机制有机结合的“三调解一保险”制度体系，重大医疗纠纷和“医闹”案件明显减少。开展全市医院感染现患率调查和建立东莞市医院细菌学监测网。

【公立医院改革】 2015年，东莞市成为第三批公立医院改革国家联系试点城市，在医药卫生体制改革领域取得突破。出台综合改革实施方案，制定配套政策文件。实施取消药品加成政策纳入市政府十件实事，2015年1月1日起，市镇两级财政投入1.15亿元在全市公立医院全面实施取消药品加成政策，实行药品零差率销售，全市公立医院药品费用下降4.89亿元，实际为群众减轻医药费用负担近7600万元。建立药品费用“以奖代补”制度，实施疾病应急救助制度，设立院长专项资金推动高层次人才培养和重点专科建设。强化市医管中心办医职能，推进医用耗材集中招标采购“增品扩面”，市属公立医院第一批耗材采购计划47个品种实行招标，节约1836万元。2015年东莞市二级公立医院基本药物平均销售额为47.09%，三级公立医院基本药物平均销售额为41.14%，保障群众基本用药。

【基层卫生】 2015年，东莞市建成社区卫生服务机构398所，基本建成市、镇、村（社区）三级医疗卫生保健服务网络，基层医疗卫生机构门诊量约占全市门诊总量的41.7%。实现公共卫生重心下移，将社区卫生服务纳入全市规划统筹，合并镇街社区卫生服务机构与镇街计生服务机构，形成镇街社区卫生服务中心、镇街疾病预防控制中心、镇街计划生育服务所“三合一”的基层卫生计生服务体系。开展区域医疗资源整合试点，先行先试组建全市首个医疗联合体“市人民医院—谢岗医院医疗联合体”，由市级三甲医院实施人才扶持和技术帮扶。全市完成1043所农村卫生站转型社会办医疗机构工作。建立基层首诊、双向转诊制度，推行家庭医生式服务，成立全科医生团队837支，签约群众近16万人，引导群众选择社区首诊。坚持分级诊疗原则，规范社区首诊、转诊工作流程，执行医保差异支付政策，在社区就诊及转诊到镇、市医院门诊部的医保最高支付比例分别为70%、50%、35%。

【公共卫生服务均等化与疾病应急救助】 2015年，东莞市免费向城乡居民提供12类45项基本公共卫生服务项目，市镇两级财政按辖区内常住人口数包干安排基本公共卫生服务经费，人均补助资金标准提高到40元，全年基本公共卫生服务项目经费3.3亿元。全市建立居民电子健康档案856万份，合格率91.59%。免费接种扩大国家免疫规划疫苗299.80万人次，各类扩大免疫规划疫苗接种率保持在95%以上，高血压患者管理32.14万人、糖尿病患者管理9.64万人。实施防治艾滋病、结核病“十二五”规划，对政策范围内的精神疾病、高血压、糖尿病患者给予免费检查和管理。实施疫病应急救助制度，2015年安排市级疾病应急救助专项资金388万元，对无法查明身份或身份明确但无力缴费的患者给予紧急救治救助，分步缓解特殊群体的急救保障问题和医院沉重的垫资负担。2015年有1603名申请救助对象符合救助范围，拨付疾病应急救助资金697万元。

【中医药事业】 2015年，东莞市卫生计生局进一步完善中医医疗服务体系，初步形成以市中医院为龙头，综合医院中医科为枢纽，社区卫生服务中心（站）为网底的三级中医药服务网络体系。全市中医医疗机构有62所，全市有46所二级以上管理综合医院开设中医科，33个社区卫生服务中心和330个社区卫生服务站可提供中医药服务，全市中医住院病床2625张。开展15项以上中医药适宜技术的社区卫生服务中心有33所，开展6项以上中医药适宜技术的社区卫生服务站有330所。建设“治未病”中医预防保健服务体系，开展中医特色健康管理。2015年全市开展中医药义诊200多次，健康讲座150多次，实施中医药健康干预40.6万人次，发放健康宣传资料30万多份。加强中医药公共卫生服务项目实施，2015年全市开展65岁以上老年人体质辨识12.6万人次，占目标人群比例40%；开展0—36月儿童中医调养18万人次，占目标人群比例46%。市中医院通过广东省三级中医医院持续改进检查评估和大型医院巡查。开展综合医院中医药工作专项推进行动，召开东莞市综合医院中医药工作经验交流会，推广全国综合医院中医药工作示范单位经验，大岭山医院被评为2015年全国综合医院中医药示范单位。开展东莞市中医药适宜技术进修学习，印刷1200套《基层中医药适宜技术手册》（共6册）发给基层医疗机构中医类别技术人员。

【爱国卫生运动】 2015年，东莞市严格落实“三个一”环境卫生整治制度（“三个一”环境卫生整治制度：1. 每年4月由市爱卫会统一部署开展的“爱国卫生月”和4月、5月、9月、10月第一个工作周的“爱国卫生突击周”活动。由市爱卫会按照全国和省爱卫会确定的活动主题，结合东莞市实际，制定工作方案进行落实，集中力量解决一批环境卫生重点难点问题，将爱国卫生纳入城乡环境卫生综合治理的日常工作范畴。2. 每个月由各镇街部署开展1次以清除卫生死角和“四害”孳生地为主的统一行动。重点清理城中村、城乡结合部、铁路和公路沿线、河道两旁和村庄周边的垃圾，集中力量消灭卫生死角。主要清理积存垃圾，各类废弃杂物，清理房前屋后的积水容器，疏通各类沟渠、沙井，填平坑洼，堵洞抹缝，彻底铲除“四害”孳生场所。3. 每周由各村（社区）、机关、企事业单位、社会团体进行1次环境卫生大扫除，建立卫生台账制度，严格落实“门前三包”制度和门内卫生达标责任制），组织开展系列爱国卫生运动，清除卫生死角，确保不发生登革热聚集性疫情。加强病媒生物防制，开展以灭蚊、灭鼠为重点的除害防病工作，清理“四害”（苍蝇、老鼠、蚊子、蟑螂）孳生地，防控虫媒传染病。推进卫生创建工作，指导12个镇街迎接并通过“国家卫生镇”复审；创建4个“省卫生村”，全市

有542个“省卫生村”。

【卫生科研教育和人才管理】 2015年，东莞市卫生计生局组织申报医疗卫生各级科研课题，审核推荐科研课题424个，获批准立项288个，审核推荐东莞市科学技术进步奖33个。组织申报国家级、省级、市级继续医学教育项目，获批国家级继续教育项目7个，省级继续教育项目60个，省级中医药继续医学教育项目4个，市级继续项目421个。启动住院医师和全科医生规范化培训。加强管理干部教育培训，组织358名卫生行政管理干部参加省、市管理干部培训班，增强依法行政意识。加大人才引进力度，通过公招、交流、调任、考察等方式为公立医院引进230名高层次人才，为市属一类医疗卫生单位引进60名中级以上卫技人员，全市医疗单位接收205名应届毕业生。组织全科医生、社区护士、公共卫生、基层计生和社区中医人员共1.43万人次参加在岗培训，选派市属医院14名学科带头人到香港著名大学院校进修培训，选派30名业务骨干到国内著名医疗卫生机构进修培训，建立市中医院、市第八人民医院博士后创新实践基地。完成职称晋升工作，取得高级职称541人，中级职称1745人，初级职称3774人。21名卫生专业人才获得“东莞市特色人才”称号。出台《东莞市名医特殊津贴实施方案》。

【卫生信息化建设】 2015年，建设以市卫生计生局为核心、以45所公立医院为基础的大带宽数据专网，形成覆盖全市2300多所医疗机构和计生服务机构的高速分区环网。建设东莞市区域卫生信息交换平台，完成全市39所公立医院的数据接口对接，为实现分级诊病医疗业务信息共享与交换、医院与社区之间的双向转诊提供技术基础。依托全市卫生计生信息专网，建立统一、高效，集预约和管理于一体的“东莞市卫生计生系统预约服务统一平台”，实现各种便民途径（网络、电话、自助设备等）的诊疗预约服务。

【社会办医】 2015年，东莞市卫生计生局引导社会资本参与公立医院改革，全面放开医疗机构设置审批，鼓励和引导社会资本举办规模化、集团化医疗机构，将港澳台资本开办的医疗机构纳入规划。全市社会办医疗机构1857所，占全市医疗机构总数79.16%，其中医院42所，占全市医院总数47.27%，数量与规模不断扩大。“东莞台心医院开业”等。 （张明远）

附：2015年东莞市卫生和计生局主要领导名录

党组书记、局长：金行中（任至10月）
叶向阳（10月到任）

【东莞市人民医院概况】 东莞市人民医院始建于清光绪十四年（1888年），是中国建立最早的西医院之一，是一家集医疗、教学、科研及预防保健为一体的大型现代化综合性三级甲等医院。医院在岗员工4101人，其中聘任的高级职称534人（正高195人、副高339人），博士41人，硕士299人。定编床位2439张，设有三个院区（万江院区定编床位1557张、普济院区定编床位800张、红楼院区定编床位82张），3个门诊部，42个临床科室，13个医技科室。年门、急诊量近300万人次，年住院9.37万余人次，年住院手术5.84万余例次。2015年7月，与谢岗医院共建东莞市第一个医疗联合体，实现医院管理、学科建设、医疗技术等多方面的资源共享。2014年，医院挂牌“南方医科大学附属东莞医院”，成为首批国家住院医师规范化培训基地，是全市唯一的培训基地。同时，承担着中山大学、南方医科大学、广州中医药大学等全国10余所高等医学院校的临床教学和实习任务，同时接纳来自各地医院技术骨干的专业进修任务。 （谢嘉桐）

附：2015年东莞市人民医院主要领导名录：

院长、党委书记：莫新发

疾病预防控制

【突发传染病疫情处置】 2015年，东莞市把人感染H7N9禽流感作为重点防控的传染病之一。全年报告8起人感染H7N9禽流感病例疫情，通过落实加强监测、病例排查、健康教育、舆论引导、联防联控等科学措施，确保人感染H7N9禽流感的有效控制。

4月，从利比里亚回虎门镇的一名患者出现发热疑似埃博拉病毒感染的留观病例，市疾病预防控制中心技术人员迅速就事件展开科学处理，包括组织专家隔离治疗病例，加强各项院内感染控制措施，规范信息发布，做好风险沟通，加强对群众的埃博拉出血热预防知识宣传教育等。

5月，东莞市报告的5名全国首例输入性中东呼吸综合征确诊病例密切接触者，技术人员随即展开现场调查处置、隔离治疗、加强医院内感染控制等方式，科学、规范做好密切接触者的隔离医学观察工作。

年内，东莞市发生在学校的2起诺如病毒感染性腹泻暴发疫情，市疾病预防控制中心技术人员到现场开展病例对照研究调查，综合研判事件暴露危险因素，科学提出消毒、隔离等防控措施，适时开展风险评估和风险沟通工作，事件均得到有效控制。

【艾滋病综合防治模式优化】 2015年，东莞市开展对艾滋病感染者和病人的“一站式”服务，将艾滋病的诊断、治疗、随访等工作程序进行优化整合，争取从初次筛查试验到抗病毒治疗的时间小于30天，保证感染者和病人及时接受抗病毒治疗。根据国家反馈数据，在试点实行期间，东莞市新诊断的艾滋病感染者从确认阳性到治疗所用天数仅为11（4—19）天，缩短从检测到治疗的时间。

【突发公共卫生事件监测与应急处置】 2015年，东莞市报告和调查处置突发公共卫生事件13起，均为传染病引起的突发公共卫生事件。针对各类突发公共卫生事件，市疾病预防控制中心第一时间奔赴现场，开展流行病学调查与监测，及时向发生事件单位和相关部门提出防控意见，采取科学有效的防控措施，确保疫情的控制。

【急性传染病防控】 2015年，东莞市无甲类传染病发生，共报告法定管理乙、丙两类传染病27种，与上年同期相比，传染病报告发病数下降9.01%。其中乙类传染病19种，较上年同期下降11.27%；丙类传染病8种，较上年同期下降7.88%。全年持续开展流感、人感染H7N9禽流感、不明原因肺炎、手足口病、霍乱等重点感染性腹泻、登革热、狂犬病、疟疾、流行性出血热、碘缺乏病和布鲁氏菌病等传染病和地方病监测。截至2015年，编写《东莞市流感监测周报》52期、《东莞市流感监测月报》12期、《东莞市重点肠道传染病监测周报》52期、《东莞市重点肠道传染病监测月报》12期。

【死亡病例报告】 2015年，东莞市83所有死因登记网络报告权限的医疗机构中，有80所医疗卫生机构报告死亡个案。与上年同期相比上升6.24%。其中市级医疗机构报告占19.52%，镇级及以下公立医疗机构报告占67.59%，民营医疗机构报告占12.89%。

【艾滋病防控】 根据“艾滋病综合防治信息系统”的定时统计，2015年报告住址在东莞市的HIV抗体阳性者数量比上年同期上升23.23%。住址在东莞市的HIV感染者/AIDS病人中，2015年的随访及CD4检测比例为93.56%，比上年同期（90.69%）上升2.87%。

【免疫规划】 2015年，东莞市运用“互联网+”医疗服务思维，优化业务流程，提高服务效率。结合东莞市免疫规划工作现状，12月下旬起，在东莞市7个试点镇街预防接种门诊初步推广使用“小豆苗”手机APP软件工作，实现预防接种的提前提醒和逾期预警、接种预约、科普宣教和接种相关问题咨询等功能，提高免疫规划服务质量。截至2015年，全市33个镇街（园区）免疫规划职能全部完成移交，实现政府办政府管，坚持公共卫生服务的社会公益性质。全市有预防接种门诊79所，其中预防接种示范门诊26所，预防接种规范化门诊53所。移交后预防接种门诊数量大大增加，接种服务质量得以提升，服务半径明显缩短。

【消毒杀虫】 2015年，东莞市疾病预防控制中心完成全市各镇街鼠、蚊、蝇、蟑螂、白纹伊蚊病媒生物监测和布雷图指数监测，监测完成率为100%。完成白纹伊蚊对5种药物的抗药性监测工作。消毒质量监测完成27个医疗机构、11个托幼机构的监测，监测完成率100%。

【卫生检验】 2015年，东莞市疾病预防控制中心完成食品、食具、公共场所、饮用水、车间环境空气、生物材料、卫生用品、消毒监测等常规检测1.50万份、10.94万项次，应急监测检验2824份、5742项次。全年完成包括食品安全风险监测工作、食源性疾病监测工作、碘缺乏病防治工作、人体重点寄生虫病现状调查实验室检测、“广东省腹泻症候群病原谱监测”的课题监测工作、流感监测的专项监测检验共1.29万份、3.03万项次。

【健康教育与健康促进】 2015年，东莞市依托健康主题宣传活动、健康促进项目、示范单位创建和无烟单位创建等项目，推进健康教育与健康促进工作发展。展开全市33个镇街（园区）公务员健康素养巡讲；举办2015年全市中学生健康素养知识竞赛活动；指导石龙1个镇，第五人民医院、茶山医院、东城医院、中堂医院、凤岗医院和常平医院等6所医院分别创建全国健康促进县（区）和健康促进医院项目，指导市第六人民医院开展戒烟门诊建设；将健康促进示范单位创建活动纳入到各镇街（园区）工作规划；对全市33个镇街（园区）无烟单位创建情况和199间申报创建单位进行督导；基本完成全市33个镇街（园区）6600名居民健康素养监测项目调查工作；利用媒体平台，在全市范围内广泛开展健康宣传教育。结合重大传染病防控工作，编印流感、人感染高致病性禽流感、艾滋病、手足口病、甲型H1N1流感、登革热、基孔肯雅热等重点传染性疾病健康教育宣传资料和“共建无烟环境”“预防高血压”“糖尿病防控”“个人身体活动指导方案”和“平衡膳食、健康体重”等健康教育宣传资料23多种20多万份，下发至全市各镇街（园区）和各部门（单位）。根据疫情防控需要，制作各种健康教育宣传短片，于黄金时间在东莞电视台固定频道播放宣传；组织各镇街（园区）利用当地广播电视电台资源，策划健康专栏节目；在主要道路、广场、社区等公共场所设置健康广告灯牌、宣传栏、横幅、LED显示屏等；利用市卫生计生局手机信使平台，每周制定并发送一条健康信使，向市民群众传播卫生保健知识。

（谢伟光）

附：2015年东莞市疾病预防控制中心主要领导名录

党委书记、主任：张巧利

卫生监督

【卫生监督概况】 2015年，东莞市卫生监督所成功创建“2014—2015年度东莞市文明标兵单位”，首次举办开放日活动及参加东莞电台“阳光热线”直播节目，开通并运营“东莞卫生监督”微信公众号，依法履行卫生监督职责。

【卫生监督依法行政】 2015年，东莞市卫生监督所组织开展全市卫生监督重点稽查工作、执法稽查专项行动，加强内部稽查。协助市局选拔队员参加2015年全国卫生计生监督技能竞赛广东省选拔赛，获团体和个人奖项。报送卫生计生监督执法案例获全国和全省优秀案例表彰。

【卫生监管模式创新】 2015年，东莞市卫生监督所落实卫生监督飞行检查制度和卫生监督暗访工作制度，推动卫生监督工作重心下移。探索基于风险管理的卫生监督工作新模式，在公共场所、学校、生活饮用水、职业卫生、放射卫生监督等领域开展试点工作。

【医疗机构监督】 2015年，东莞市卫生监督所落实医疗机构校验、不良执业行为记分管理和医疗机构“黑名单”公示制度。加强医疗广告监督监测。组织开展医疗机构重点督导、打击非法行医、人类辅助生殖技术服务等专项整治行动。

【公共卫生监督】 2015年，东莞市卫生监督所加强娱乐服务场所监督管理，统一全市监督管理信息公示格式。跟进东莞轨道交通2号线卫生审查和员工培训工作。加强商事登记改革后续市场监管。开展学校卫生综合评价试点工作。保障“苏迪曼杯”等重大活动公共卫生安全。

【职业卫生监督】 2015年，东莞市卫生监督所组织开展全市职业健康检查机构、职业病诊断机构、职业病鉴定机构专项监督检查，以及放射卫生技术服务机构专项整治。加强对放射诊疗机构的日常监督。开展2015年《职业病防治法》宣传周活动。

【传染病防治监督】 2015年，东莞市卫生监督所开展人感染H7N9禽流感和登革热疫情专项督查，抓好传染病疫情应急监督。开展医疗织物清洗消毒、医疗机构消毒隔离等专项监督检查。开展餐饮具集中消毒单位和消毒产品生产企业专项整治，加强从业人员法律知识培训。抓好血液安全监督管理。

【卫生许可发证监督】 2015年，东莞市卫生监督所严把卫生行政许可准入关，提高办事效率和服务水平，推行延时服务等便民举措，新增电子化服务评价系统，打造“一站式”优质服务窗口。

（刘志方）

附：2015年东莞市卫生监督所主要领导名录

所　长：肖文忠

社会生活

SOCIAL LIFE

清溪森林公园短萼仪花

编辑：李文蔚

婚姻·家庭

【婚姻登记管理概况】 2015年，东莞市共办理国内结婚登记1.81万对，离婚登记3627对，补领结婚证2295对和补领离婚证259对；办理涉外、港澳台、华侨结婚登记169对，离婚登记45对。

【国家4A级婚姻登记机关创建】 2015年，东莞市婚姻登记管理中心积极创建国家4A级婚姻登记机关，办公新址根据民政部《婚姻登记机关等级评定标准》中的国家4A级婚姻登记机关标准进行装修建设，提升婚姻登记服务水平。在2015年的评选中，东莞市婚姻登记管理中心获“国家4A级婚姻登记机关”称号。

计划生育

【人口和计生概况】 2015年，东莞市户籍人口出生21951人，出生率11.34‰，自然增长率6.41‰。全市33个镇街（园区）和19个人口计生兼职成员单位均完成2015年度人口计生工作目标任务。

【计划生育目标管理考核】 2015年，东莞市严格落实人口计生目标管理责任制考核工作，完善考核指标，转变服务模式，提高管理水平。制定人口计生目标管理责任制督查方案，对全市33个镇街（园区）人口计生工作开展督查，督促落实整改，提升镇村计生服务和管理水平，被省政府授予“2015年度广东省人口与计划生育先进单位”称号。严格执行计划生育“一票否决”制度，将考核结果作为对党政领导班子落实科学发展观政绩考核的重要内容，严把单位、个人评优评先及对干部提拔任用等前置审查关口，2015年度审核评优评先及干部提拔任用1774人次，否决11人次（单位）。

【计划生育综合服务管理】 2015年，东莞市卫生计生局开展流动人口计生服务管理专项活动，新增全员流动人口信息3.96万条，落实查环查孕32.5万人次，落实避孕节育措施2502例。强化湘莞区域协作，推动两地流动人口信息对接及计生证明电子化。东莞流动人口计划生育服务管理专项活动考评获全省第二名。落实“单独两孩”政策，办理“单独两孩”再生育申请2002份。依法开展社会抚养费征收工作，查阅复核征收档案1万多份。加强出生人口性别比综合治理，查处“两非”（非医学需要的胎儿性别鉴定、非医学需要的人工终止妊娠）案件15起。围绕“单独两孩”“积分入户入学”等热点问题，主动策划新闻发布，引导舆论导向，做好从“单独两孩”向“全面两孩”政策调整的宣传引导，推动人口计生转型发展。

【计划生育利益导向】 2015年，东莞市实施优生健康惠民工程。开展免费婚前、孕前、孕期健康检查和地中海贫血防控等11项妇幼公共卫生服务项目，为1.04万对夫妇提供孕前优生健康检查，为932对夫妇进行地贫基因检测。完善避孕药具发放网点建设，全市共设140台二代身份证药具智能发放机，2000多个药具自助发放箱。强化特殊困难家庭保障，全市累计发放计生养老奖励金3.32亿元、节育奖1604.98万元、特殊家庭扶助金367.52万元。建立城乡一体的计生养老扶助体系，将符合条件的家庭纳入居家养老无偿或低偿服务范围，独生子

女死亡、伤残家庭扶助标准全省最高。推行计划生育家庭意外伤害保险，覆盖全市各个镇街，为3.5万个家庭提供保障。扩大幸福家庭活动影响，在东城街道开展“新家庭计划——家庭发展能力建设”项目国家试点工作。举办“健康知识进万家”暨家庭保健、科学育儿、养老照护、家庭文化等系列知识讲座专题宣传活动。

【计划生育宣传】 2015年，东莞市卫生计生局以生育关怀、青春健康教育、计划生育家庭保险为品牌带动，开展优质服务活动。开展青春健康教育项目，完成129场青春健康教育培训和73例个案的跟进服务。继续打造市青少年健康教育的官方微信平台“青春驿站”，成为青春期知识教育的主阵地。全面铺开示范阵地建设和创新项目建设，打造宣传阵地。厚街医院“健康文化长廊宣传教育基地”获得“全省卫生计生宣传示范基地”称号，石龙镇“全民健康生活方式巡展活动”获得“全省卫生计生宣传创新项目奖”。举办“健康知识进万家”暨科学育儿知识讲座专题宣传活动，4680名婴幼儿家长受惠。

（张明远）

妇女·儿童

【妇儿发展环境】 *创造优美的人居环境* 2015年，东莞市建成美丽幸福村居50个、社区公园42个。成功创建儿童友好社区554个，创建率达92.8%、居全省前列。启动国家历史文化名城创建工作。入选成为全国5个数字文化馆地级市试点之一。建成华阳湖湿地公园、市民艺术中心等一批文化娱乐设施。*营造良好的社会舆论环境* 以纪念中国实施男女平等基本国策20周年为契机，举办宣传活动498场、11.3万群众参与，在各级媒体刊发妇女儿童相关报道800多篇，制作宣传专栏、公益广告近500个，宣传画册、折页30多万份。开展“社会主义核心价值观”“我的中国梦”“科普进校园”“校园法苑”等教育实践活动，评选“东莞市最美家庭”420户，拍摄国内首部青少年社区矫正题材普法微电影《爱　回家》。*打造安全的工作生活环境* 严厉打击拐卖妇女儿童和强迫妇女卖淫等违法犯罪。开展安全生产大检查，整改各类隐患1.8万处。查处食品药品违法案件1312宗。建立“半小时法律援助服务圈”，畅通“12348”法律援助热线，受理妇女法律援助案件554宗，未成年人案件1681宗。为164名妇女儿童提供378万元司法救助。大力推动“平安家庭”创建活动，成立首个家庭暴力庇护中心，建立家事案件诉调联动机制，成立家事纠纷多元化解决中心，组建“家事调解团”和白玉兰人民调解委员会。出台《东莞市举报介绍、使用童工违法行为奖励办法》，修订《东莞市校车安全管理办法》，开展校园安全隐患排查和“以案说防”校园安全主题宣传活动。

【妇幼公共卫生服务】 2015年，东莞市实施出生缺陷综合防控工程，落实免费婚前、孕前、孕期健康检查和新生儿疾病筛查政策，强化出生缺陷3级防控措施；举办“预防出生缺陷宣传周”“世界地贫日”和“优生优育文化走基层”等宣传活动，实施地中海贫血预防控制项目，优化整合婚前健康检查和孕前优生健康检查项目。2015年，东莞市出生缺陷发生率比2014年大幅下降。启动第二轮（2015—2017年）妇女“两癌”检查项目。加强0—6岁儿童健康管理、孕产妇健康管理，继续推进增补叶酸预防神经管缺陷和预防艾滋病梅毒乙肝母婴传播项目。落实国家免疫规划，各类免疫规划疫苗接种率均保持在95%以上。开展新生儿听力筛查与干预、中小学生近视防控等试点项目督导。

【妇女创新创业】 2015年，东莞市加大创业就业服务力度，落实公共就业服务和就业扶持政策，引领全市妇女积极投身“大众创业、万众创新”实践。开展“就业援助月”“春风行动”各类专场招聘活动400多场。组建“村民车间（班组）”520多个，帮助农村妇女实现家门口灵活就业。成功举办第六届校企合作洽谈会，达成校企合作协议1466份。健全就业失业登记系统，为登记失业妇女提供免费就业服务。优化创业小额贷款政策。实施创业成功奖励政策，向149名创业成功女性奖励73万元。成立东莞市白玉兰创业就业服务中心，开展“东莞女性创业就业培训课堂”，举办“东莞女性创业文案设计大赛”。开展农业科技下乡活动，培育创建省级巾帼创业示范基地4个、市级示范基地9个。

【儿童教育均衡发展】 2015年，东莞市促进学前教育普惠发展，建有规范化幼儿园893所，占全市幼儿园的94.1%，其中民办规范化幼儿园707所，占全市民办幼儿园的93.3%。2015年学前教育毛入园率达99.3%。推动义务教育均衡发展，修订完善积分入学方案，增加积分入学学位供给，逐步提高东莞市随迁子女义务教育公共服务均等化水平；提高义务教育阶段民办学校教育补助标准，小学、初中每生分别补贴1270元和2155元；创建义务教育标准化民办学校227所，开展优质学校与相对薄弱学校结对帮扶活动。开展助学行动，减免义务教育阶段学校学生住宿费、校服费等3596人（次）、76.85万元，为1.93万人（次）提供40.68万元社会捐助。截至2015年，义务教育阶段学校在校随迁子女75.65万人，占比81.52%，其中在公办学校就读的17.56万人，占比53.89%。

▲ 校园法苑之模拟法庭

【女职工合法权益维护】 2015年，东莞市扩大社会保险覆盖面，提高女职工社会保障水平。截至2015年，全市参加社会基本职工养老、医疗、失业、工伤和生育保险的女性分别达278.34万人、261.96万人、169.72万人、196.45万人和210.12万人，分别占总参保人数的42.03%、43.52%、41.18%、42.29%和41.13%。连续第十年开展东莞女工新年慰问活动，连续第八年开展重点企业工伤预防培训教育活动，连续第七年开展工伤预防职业健康体检活动，为4019名职业危害高风险行业女职工提供免费健康体检，完成7758名女职工工伤认定。在企业建立工会女职工组织2.16万家，签订女职工专项集体合2.45万份，覆盖女职工172万人。表彰东莞优秀女工100名、为1.1万名女职工提供免费“两癌”筛查；举办法律知识、征文大赛等活动770多场；建立“爱心妈妈小屋”示范点，实施“企业女员工关怀计划”“新莞人女工关爱特攻队”等项目。

【困境妇女儿童关爱】 2015年，东莞市落实城乡低保、五保救助政策，全市发放低保救助金、低保五保医疗救助金、低保家庭在校子女助学金、低保边缘家庭在读子女助学金、五保供养金、临时救助金等，共计1.61亿元。做好流浪妇女儿童救助安置工作，加强街头巡查，救助流浪妇女儿童1333人次，安置流浪未成年人21人。做好孤残儿童养育工作，为100名脑瘫儿童购买康复服务，为153名孤残儿童提供教育机会，安排21名孤残儿童接受职业技能培训和就业。开展“爱心父母大联盟”，发展志愿集体155个、“爱心父母”6199名，与3933名困境儿童结对助学助困。 （龙江波）

老年人

【老年人概况】 2015年底，东莞市有60周岁以上户籍老年人29.24万人，约占全市户籍总人口的15%。其中，60至69周岁的老年人有16.61万人，70至79周岁的有7.73万人，80至89周岁的有4.24万人，90至99周岁的有6557人，100周岁以上的有112人。

【非莞籍老年人免费乘坐公交车优待】 2015年，东莞市出台《东莞市非莞籍老年人免费乘坐公交车实施方案（试行）》，将常住东莞市的非莞籍老年人纳入免费乘车优待范围。自2015年起，非东莞市户籍、男性年满70周岁、女性年满65周岁并在东莞市连续居住6个月以上的中国公民（含港、澳、台和归国华侨老年人）可申请办理“东莞市非莞籍敬老优待卡”，凭卡享受免费乘坐规定范围内的市内公交车优待。全年发放非莞籍敬老优待卡3573张。

【老年人意外伤害综合保险】 2015年，东莞市加强养老保障工作，提高高龄老人的抗风险能力，减轻高龄老人发生意外后家庭成员的经济负担和护理压力，根据省统一部署，出台《东莞市“银龄安康行动”实施方案》，由福利彩票公益金市级留成资金出资，为东莞户籍的75周岁以上老年人和五保户、低保户中的60周岁以上老年人每人购买一份意外伤害综合保险。保险费标准为30元/人·年。全年共投入179.34万元为8.54万名符合条件的老年人购买意外伤害综合保险，理赔995宗，理赔金额227.89万元。

【高龄失能老人调查摸底】 2015年，东莞市根据省财政厅、省民政厅、省老龄办联合转发的《财政部民政部全国老龄工作委员会办公室关于建立健全经济困难的高龄失能等老年人补贴制度的通知》精神，组织开展高龄失能老人调查摸底工作，为建立经济困难的高龄失能老人补贴制度做好前期准备。据调查统计，全市高龄失能老人共1.16万名，约占70周岁以上老年人总数的9%。

【第四次中国城乡老年人生活状况抽样调查】 2015年8—9月，根据上级文件精神，东莞市组织开展第四次中国城乡老年人生活状况抽样调查工作，为各级党委政府统筹制定应对人口老龄化的战略、规划和政策提供科学支撑，为各级制定老龄事业发展“十三五”规划提供基础数据支持。调查覆盖东城、南城、虎门、塘厦4个镇街的12个社区，共上门调查480名老年人。

【“敬老月”系列活动】 2015年10月是中国第六个“敬老月”，东莞市组织开展以“培育敬老家风，建设和谐家庭”为主题的“敬老月”系列活动，开展孝亲敬老家庭建设、走访慰问送温暖、为老志愿服务、老年维权优待、“老有所为”先进典型宣传、老年文化体育等活动。各镇街、村（社区）、单位联手打造一批富有特色的专题敬老活动品牌，推动全市敬老活动，营造尊老爱老的社会氛围。其中比较突出的是石龙镇第五届“敬老文化节”。“敬老月”期间，市民政局积极宣传老年人防诈骗知识，免费派发2000套宣传资料和640套宣传横幅到全市老年活动中心、为老服务中心、居家养老服务站等场所，提高老年人防诈骗意识和能力。

【青少年敬老美术作品大赛】 2015年5—11月，东莞市组织开展敬老爱老助老主题教育活动之“中国人寿杯”青少年敬老美术作品大赛，提高青少年孝亲敬老意识，促进老少共融、代际和谐。全市近9000幅作品参赛，评选出80个金奖、160个银奖、237个铜奖、398个优秀奖。

【第七届老年人文化艺术节】 2015年10月21日至12月8日，东莞市举办第七届老年人文化艺术节。该届文化艺术节设声乐、舞蹈、粤曲、粤剧折子戏等9个赛项，全市40个代表团共1800多名老年演员、作者、艺术爱好者参加，经过18场比赛，评出34个金奖、59个银奖、91个铜奖、125个优秀奖。12月8日下午，东莞市在玉兰大剧院举办文化艺术节闭幕式暨获奖优秀节目汇报演出，省、市有关领导出席并致辞，南城、市老干部艺术团等老年人文艺团队献演14个精彩的文艺节目，全市1800多名参赛老年人到场观看。

【老年人文化交流活动】 2015年10—12月，东莞市先后组团参加“多彩秋韵—第五届全国中老年才艺展演”活动、广东省老年文艺汇演，均获一等奖（金奖）。

【“敬老文明号”创建启动】 2015年7月24日，按照第二届全国“敬老文明号”创建活动部署，东莞市启动“敬老文明号”创建工作。“敬老文明号”评选表彰是经国务院批准列为国家评选表彰的常设项目，是敬老活动和老龄工作的重要载体，每3年表彰一次。东莞市民政局做好宣传动员，鼓励有关涉老部门、为老服务组织、公共服务窗口开展为老服务，推动落实老年优待政策。

（田小兵）

残疾人

【残疾人概况】 截至2015年，东莞市共有各类残疾人7.7万人，约占全市户籍人口的4.03%，其中，视力残疾1.08

万人，听力残疾1.94万人，言语残疾1643人，肢体残疾1.74万人，智力残疾3887人，精神残疾7497人，多重残疾1.65万人。

【残疾人民生实事项目】 2015年，东莞市建立全民助残健身工程、为万名残疾人免费体检和开办融合教育班被纳入省、市十件民生实事和市政府重点督导项目。全民助残健身示范点选址茶山镇，已投入使用，配备7名健身指导员和残疾人专用健身器材，有效满足残疾人的不同运动康复需求。通过制定体检计划，按季度分批次为32个镇街1.34万名残疾人进行免费体检，建立健康档案。东莞玉兰实验幼儿园完成新教师招聘和学生招生工作，为3—6岁特殊孩子探索学前融合教育工作。

【残疾人节日活动】 2015年，东莞市围绕各类残疾人节日，组织开展一系列主题鲜明的节庆活动，丰富残疾人生活，推动形成全社会关心残疾人事业、关爱残疾人的良好氛围。

全国爱耳日 2015年3月3日是第十六次全国爱耳日，主题为“安全用耳，保护听力”。市残疾人康复中心携手市残疾人辅助器具服务中心和康华医院开展耳鼻咽喉义诊、免费听力检测、免费赠送助听器电池和干燥盒等系列宣传活动，促进社会公众树立听力保护意识，养成安全用耳习惯。

全国助残日 2015年5月17日是全国第二十五次助残日，主题为：“关注孤独症儿童，走向美好未来”。市残联在市康复实验学校精心组织残疾人专场文艺演出、现场就业招聘、咨询、义诊、残疾人手工艺品义卖等活动。市慈善总会、市残疾人福利基金会共同为部分困难残疾人捐赠价值5万元的轮椅和辅助器具。

全国爱眼日 2015年6月6日是第二十个全国爱眼日，主题为“告别沙眼盲，关注眼健康”。市盲人协会为广大盲人朋友们开展“怎样预防沙眼，合理用眼，保护眼健康”的专题讲座，通过典型病例，为盲人朋友普及预防相关常识，唤起大家的防病意识。

肢残人活动日 2015年8月11日是第六次全国肢残人活动日，主题为“养成健身习惯，享受健康生活”。市肢残人协会组织80多名肢体残疾人朋友到惠州罗浮山开展户外庆祝活动，传递健身快乐的健康理念，引导广大残疾人朋友更加珍爱健康。

国际聋人节 2015年9月27日是第五十八届国际聋人节，主题为“消除沟通障碍，促进共融共享”。市聋人协会组织市聋人、肢残人、盲人朋友到英德市德福缘茶业园学习茶知识、体验茶文化，并与广东省德福缘茶业有限公司签订东莞市残疾人就业服务基地合作协议书，为残疾人提供电商实训和就业服务。

国际盲人节 2015年10月15日是第三十二届国际盲人节。市盲人协会组织50多名盲人代表到大岭山镇广东东江纵队纪念馆参加庆祝活动，借抗战胜利70周年契机，弘扬爱国主义精神。

国际残疾人日 2015年12月3日是第二十四个国际残疾人日，是全世界残障人士的盛大节日。市残联组织市各类残疾人到清溪塘厦开展登高钓鱼庆祝活动，拓宽各类残疾人的交流渠道，引导更多残疾人走出家门，平等参与社会。

【志愿助残】 2015年，东莞市整合社会资源，广泛开展志愿助残活动，全年参加志愿助残志愿者820多人，开展志愿助残活动50次。支持成立市公益助残志愿者协会，推动市志愿助残事业走向规范化、制度化和专业化。市残疾人福利基金会继续发挥公益助残平台优势，成立自闭症和唐氏（智障）儿童家长互助会，筹集善款，用于资助多项公益活动的开展，取得良好社会效益。

（钟伟伦）

宗教事务

【宗教概况】 截至2015年，东莞市经市民族宗教事务局批准登记的宗教活动场所共有65个。其中，有佛教寺（庵）41个，道教宫观6个，基督教福音堂8个、聚会点7个，天主教堂1个、活动点1个，伊斯兰教聚礼点1个。另有外国人宗教活动临时地点1个。2015年新增登记宗教活动场所3个：东莞市休咎禅寺、东莞市麻涌镇拈花寺、东莞市慧云寺。东莞市各宗教和睦相处，宗教领域保持稳定与和谐。

【平安宗教活动场所创建】 2015年2月24日，东莞市民宗局通报表彰东莞市第三批“平安宗教活动场所”创建先进单位，共26个宗教活动场所：樟木头观音寺、琉花寺、石龙佛寺、三界庙、祇园念佛堂、素庵、西皈庵、宝觉庵、西传庵、西竺庵、龙树庵、樨缘庵、小月庵、皈义庵、菩提庵（石龙镇竹丝洲99号）、菩提庵（石龙镇卖鸡地60号）、静光堂、新田岗玉皇观、郭都真人古观、基督教大岭山聚会点、基督教谢岗聚会点、基督教石排聚会点、基督教厚街聚会点、基督教东城聚会点、基督教樟木头聚会点、天主教塘厦活动点。

【主要教职任职备案】 2015年4月起，东莞市民宗局根据《广东省民族宗教委关于全面开展宗教活动场所主要教职任职备案专项工作的通知》在全市范围开展宗教活动场所主要教职任职备案专项工作。成立宗教活动场所主要教职任职备案试点工作领导小组，统筹部署，广泛宣传。将《宗教活动场所主要教职任职备案表》分发到各宗教团体和宗教活动场所，由宗教活动场所填表申报，报经省市宗教团体同意后，向市民宗局申报。市民宗局按照省培训统一口径，对每个主要教职人员、场所实际负责人填报的基础信息、原始材料进行核对，反复审核，确保信息的真实性和规范性。截止到9月底，全市65个宗教活动场所中64个场所完成宗教活动场所主要教职任职备案工作；另有道教的郭都真人古观主要教职空缺，不完全符合条件，暂缓备案。

【宗教慈善周】 2015年，东莞市民宗局根据国家宗教局和广东省民族宗教委关于开展“宗教慈善周”活动的统一部署要求，结合广东扶贫济困日、东莞慈善日活动，开展以“扶贫济困，共同参与”为主题的宗教慈善活动。与东莞电视台合作，由东莞电视台和各宗教团体、宗教活动场所选取帮扶对象。7月2、3日，由市民宗局局长胡荏光、副局长何兆法亲自带领市宗教界爱心服务队伍走访多个镇街，为9户困难家庭送去17万的善款和慰问品，解决部分困难人群的燃眉之急。各宗教团体、宗教活动场所各自开展援助尼泊尔灾区、扶贫助学、医疗救助等慈善活动。据统计，2015年东莞市宗教界共捐款97万多元。

【宗教政策法规学习月】 2015年6月，东莞市民宗局在全市宗教界开展以“国法与教规的关系”为主题的“宗教政策法规学习月”活动。举办宗教活动场所消防安全、宗教教职人员政策法规、宗教活动场所管理、宗教活动场财务管理、在莞新疆籍少数民族流动经商人员政策法规、穆斯林素质提升等多个培训班。组织民宗干部和宗教教职人员、信教群众参与省民族宗教委举办的全省宗教政策法规知识网络竞赛和司法

部举办的“遵法学法守法用法”主题征集展播和法律知识竞赛活动，获全省宗教政策法规知识网络竞赛三等奖。6月17日，在《东莞日报》民族宗教专栏刊登《2015年“宗教政策法规学习月”知识问答》专题，围绕“国法与教规的关系”“学习宪法、尊法守法”的主题，阐述宪法和其他法律中宗教信仰自由的内容、中国宗教信仰自由政策的基本内容、正常的宗教活动的含义以及信教群众进行集体宗教活动的原则规定等内容。组织宗教教职人员开展“国法与教规关系”交流研讨和征文活动。11月6日，省民族宗教委在省社会主义学院召开全省宗教界“国法与教规关系”研讨会，东莞市佛教协会名誉会长释自度、会长释了空、常务副会长释觉悟、天主教莞城堂杨四喜神父、基督教两会秘书岳丽作为东莞市代表参会。

【黄旗观音文化节】 2015年4月19日上午，在黄旗山城市公园广场上，举行2015黄旗观音文化节开幕式，为黄旗观音古寺主办的、以“弘扬黄旗观音文化，汇聚正能量，共筑中国梦”主题的佛教文化盛会拉开序幕。省社会科学联合会专职副主席林有能、省宗教文化交流协会副会长杨源兴、省民族宗教研究院副院长李筱文和市民族宗教事务局副局长何兆法、市佛协常务副会长觉悟法师等分别讲话，省佛教协会副秘书长证荣法师宣读省佛教协会贺电。省民族宗教委原巡视员黄德才，省委统战部处长柯维良，省民族宗教委调研员陈洁施，市政协原主席刘树基，市政协副主席莫布兴，市委统战部副部长、市民族宗教事务局局长胡茌光，市民族宗教事务局原局长张灿炎，东城区人大副主任邓伟彬等领导，及市佛协副会长耀渡法师、演然法师等诸山长老及社会贤达、善信大德出席庆典，1000多善信居士共同见证富有东莞传统佛教文化特色的盛会。随后，在黄岭道院门口举行“国学观音文化大讲堂”揭牌仪式，在方丈室品赏“禅茶”艺术。当晚，在玉兰大剧院举办“2015中国（东莞）黄旗观音文化节佛教梵呗音乐晚会”，在佛教信众和社会各界引起良好反响。

【赈灾祈福法会】 2015年5月5日上午，在东莞黄江宝山芙蓉寺，东莞市佛教协会举办“为尼泊尔中国西藏地震灾区祈福追荐赈灾大法会”。市民宗局、全市佛教活动场所负责人、佛教教职人员、善信居士等近400人参加活动，捐款救灾。法会上，市民宗局副局长何兆法、市佛协常务副会长觉悟法师作动员讲话。举行祈福追荐仪式，会长了空法师、常务副会长觉悟法师、副会长耀渡法师、演然法师、法慧法师、法成法师和秘书长有鼎法师等主法，带领众人诵经，为死者超荐，为生者祈福。随后，举行捐款仪式，众人齐声念佛，庄严肃穆，列队绕行，有序捐款。最后，会长了空法师在致辞中表达感恩之情，祈愿世界和平，众生安乐。

【天使心社工中心启用】 2015年1月20日，东莞市天使心社会工作服务中心举办启用典礼。市民宗局副局长何兆法、市基督教三自爱国会副主席刘桂滨牧师、虎门明昱集团董事长曾庆明等近百人应邀出席。何兆法对天使心社会工作服务中心表示祝贺并提出3点希望，代表市民宗局赠送1台电脑。东莞市天使心社会工作服务中心位于虎门龙眼社区东一路13巷13号三至四楼，由东莞市基督教太平福音堂兴办，是东莞市第一家由宗教活动场所全资兴办的社会服务机构。拥有专职社工1名，专职工作人员2名，内设多功能室、阅览室、钢琴室、烹饪室、舞蹈室、大礼堂、小组活动室、社工个案室等，主要开展家庭综合服务、儿童青少年服务、长者服务等。中心的正式启用，标志着东莞市基督教开展社会服务迈上新台阶。

【珠三角教会联席会议首次在莞召开】 2015年5月12—13日，广东省基督教两会在东莞市基督教太平福音堂召开第四次珠三角教会联席会议。省基督教两会主席、会长、秘书长、总干事及来自珠三角的广州、深圳、佛山、珠海、惠州、江门、中山、东莞教会的负责同工共20人参加会议。会议由广东省基督教三自爱国会主席梁明牧师主持。市民宗局副局长何兆法列席并讲话。会议探讨在依法治国形势下，用法制思维制定教会制度，分别就当前广东教会制度建设情况、教会在制度执行中遭遇的困难及如何改进和完善现有制度等3个主题进行研讨，通过“珠三角教会规范教会有关礼仪问题的决议”。2012年起，珠三角教会联席会议每年由广东省基督教两会牵头举办，各地教会轮流承办，旨在加强和密切珠三角城市教会的联系，共同探讨珠三角城市教会所面临的一些问题，争取得到共识与对策，促进教会发展。2015年首次在东莞举行，由东莞市基督教两会承办。

【基督教按立牧师】 2015年8月28日，东莞市基督教两会在东莞市基督教逕贝福音堂隆重举行刘国红传道按立牧师圣职典礼。东莞市民宗局领导及全市教会牧者、信徒共约200人见证庄严而神圣的一刻。按立牧师圣职典礼由梁明牧师、谢生莲牧师和马雄华牧师组成牧师团，由马雄华牧师主礼，梁明牧师以《仆人、牧人、教师》为题证道并主持按立、马雄华牧师授职、谢生莲牧师训勉。市民宗局副局长何兆法和东莞市基督教协会会长马雄华牧师分别致祝贺词。（林　睿）

附：2015年东莞市民族宗教事务局主要领导名录

局　长：胡茌光

民族事务

【全国、全省民族工作会议精神贯彻落实】 *抓好贯彻落实工作* 2015年1月8日，东莞市委召开常委会对全省民族工作会议精神进行学习并研究贯彻意见。1月4日、2月27日，市政府副市长喻丽君，市委常委、统战部部长李小梅分别到市民宗局研究部署贯彻意见。

以市委、市政府名义召开全市民族工作会议 3月23日，东莞市委、市政府召开全市民族工作会议，学习贯彻中央、省民族工作会议和总书记习近平、省委书记胡春华重要讲话精神，研究部署东莞民族工作，对全市民族团结进步先进集体和个人进行通报表扬。市委书记、市人大常委会主任徐建华出席会议并讲话，市委副书记、市长袁宝成主持会议，市领导李毓全、姚康、甄瑞潮、李小梅、张科、喻丽君、杨晓棠等出席会议。市民族宗教协调领导小组、对口支援西藏新疆工作领导小组、扶贫工作领导小组成员单位主要负责同志，各镇街主要负责同志、民族工作分管同志和部门负责人等160人参加会议。会议要求从健全民族工作领导机制、提升民族服务管理水平、构建各民族共有精神家园、完善涉民族因素矛盾纠纷排查调处机制、加强少数民族代表人士队伍建设和解决穆斯林“三入”问题等6大方面做好东莞城市民族工作；在帮扶民族地区发展方面，会议要求加大对外扶贫工作力度，重点抓好韶关乳源和广西河池市的帮扶工作，要加大对口支援西藏林芝县、新疆图木舒克市、四川甘孜雅江县和九龙县的工作力度，坚持以民生援建为龙头，产业援建和智力

援建为两翼的对口援建工作思路，重点抓好民生建设，推进农牧民安居房改造，完善当地教育、医疗、卫生等基建设施，加强两地人才交流，将各项工作任务落到实处。

举办高规格专题学习报告会 7月17日，东莞市委举办第54期“东莞学习论坛”报告会，邀请第十二届全国人大民族委员会副主任委员吴仕民作“贯彻中央民族工作会议精神，切实加强城市民族工作”的专题辅导报告。市领导李毓全、姚康、甄瑞潮、戚优华、邓志广、白涛、潘新潮等参加，市委常委、统战部部长李小梅主持，各镇街、各有关单位主要负责同志等共350人参加报告会。

【伊斯兰教临时礼拜点专项整治】 2015年，东莞市民宗局根据省民族宗教委的工作部署，重点做好伊斯兰教临时礼拜点专项整治工作。东莞共有伊斯兰教（临时）礼拜点9个，分别位于万江、厚街（有2个临时礼拜点）、长安、常平、塘厦、黄江、清溪、凤岗等镇街，其中除万江礼拜点作为固定处所登记开放外，其余都是临时礼拜点。

召开各级会议，多次实地走访，推进整治工作层层落实 5月份，市民宗局召集厚街等7个临时礼拜点所在镇民宗部门负责人部署落实整治工作。7月13日，以市民族宗教工作协调领导小组名义召开东莞市伊斯兰教临时礼拜点专项整治工作会议，组织厚街等7个镇民宗工作的分管领导和部门负责人，对整治工作进行二次部署，根据各镇提交的整治方案制定时间表，把整治工作落到实处。8—9月份，市民宗局联合市伊斯兰教协会（以下简称“市伊协”）通过会议、实地走访等形式多次召集各临时礼拜点管委会成员、阿訇进行培训，讲解整治工作的重要性，要求配合镇政府开展整治工作。市民宗局指导市伊协对各临时礼拜点管委会进行重选，根据礼拜点日常聚礼人员来源地、族别等情况，优化管委会的组成，提高管理能力。

整治工作得到省民族宗教委高度肯定 10月29日，省委统战部常务副部长、省民族宗教委主任陈小山率队来莞督查伊斯兰教临时礼拜点整治工作。督查组与市民宗局进行座谈并听取工作汇报，先后到黄江、常平等伊斯兰教礼拜点进行考察。陈小山肯定东莞在整治工作中克服阻力将全市8个临时礼拜点纳入规范管理的做法，相关经验值得推广，并决定年底组织全省有关市（区）到东莞召开经验学习现场会。

协助举办全省伊斯兰教临时礼拜点专项整治工作交流会 12月9—10日，根据省民族宗教委安排，市民宗局协助举办全省伊斯兰教临时礼拜点专项整治工作交流会。省委统战部常务副部长、省民族宗教委主任陈小山主持会议，广州、深圳、汕头、佛山、韶关、中山、江门、湛江、清远、云浮和顺德等11个市（区）民族宗教局主要负责人参加会议，徐建华会见交流会嘉宾，李小梅出席交流会。会议组织交流会领导、嘉宾实地参观万江礼拜点和黄江、常平等2个临时礼拜点交流会上，李小梅代表东莞市委、市政府向与会领导、嘉宾致欢迎辞，市民宗局局长胡茬光介绍东莞开展临时礼拜点专项整治工作的经验做法，广州、深圳等市（区）民族宗教局汇报伊斯兰教临时礼拜点专项整治工作情况，省民族宗教委副主任黄忠幸就省开展整治工作的情况进行总结汇报。

【民族团结宣传教育活动】 *以食会友—通过美食搭建民族沟通的桥梁* 2015年9月12日上午，南城宏远社区举办少数民族家庭烹饪比赛，10户少数民族家庭身穿传统民族服饰现场比拼厨艺，吸引众多群众参与，著名篮球明星杜峰也到场观摩，现场还请来宏远酒店行政总厨作评委。活动弘扬民族文化，受到社区群众欢迎。9月23日下午，市伊斯兰教协会籍古尔邦节和民族团结进步宣传月之际，在市图书馆南门广场举办“欢度古尔邦节，共享清真美食”活动。30多名回族、维吾尔族、撒拉族、东乡族、哈萨克族穆斯林带着民族特色美食和民族政策资料，与广大市民共享欢乐节日，宣传民族知识。活动吸引众多市民关注，现场气氛热烈。

“少数民族之夜——少数民族职工联欢晚会” 2015年10月28日晚，高埗镇陆逊梯卡华宏（眼镜）有限公司举办“少数民族之夜——少数民族职工联欢晚会”的联谊活动，公司各族员工齐聚一堂，畅享民族情谊。华宏公司有少数民族员工近千人，包括维吾尔族、藏族、瑶族、苗族等10多个民族，是市民族团结进步模范企业。晚会组织形式多样的表演，为少数民族员工提供舞台，形成尊重差异，和睦共处的良好氛围。

民族团结进步宣传月氛围浓厚 2015年是东莞第4次开展民族团结进步宣传月活动，各镇街、部门以“手足相亲 守望相助”为主题，通过群众喜闻乐见的形式进行民族团结进步宣传教育。市民宗局首次在《东莞日报》整版刊登徐建华就城市民族工作的访谈文章，提升全市各级干部对城市民族工作的认识和工作热情。

宣传月期间全市共悬挂标语600多条，张贴海报3000多张，电视、小区电梯广告视频、各类LED显示屏以及各大官方网站、微博、微信滚动播放、发布标语、图片、视频等近30万次。

各镇街组织社区、学校、社团开展各类咨询活动、互动游戏、知识讲座、主题班会、有奖问答、群众答疑等活动1000多起。《东莞日报》、《东莞时报》、东莞电视台、东莞阳光网以及各大媒体对相关活动进行报道，营造“民族团结一家亲”和谐氛围。

继续办好“东莞民族宗教事务专栏” 2015年，东莞市民宗局通过《东莞日报》做好民族团结进步宣传工作，全年共刊登东莞民族宗教事务专栏12期，分别是：《少数民族先进人物代表——麦麦提明·亚森：沟通汉维两族关系的文明使者》《东莞市基督教两会概况》《彝族沙衣洛：打造“彝族工人”金字招牌的领路人》《东莞市佛教协会概况》《东莞市纺织服装学校：推行“考证竞技、立体通路”内职班办学模式》《2015年“宗教政策法规学习月”知识问答》《东莞高级中学新疆班：办出新疆民族班特色 培养各民族优秀人才》《东莞市基督太平福音堂简介》《市委书记、市人大常委会主任徐建华谈城市民族工作：总结东莞经验 构建新形势下和谐民族关系》《2015年东莞市民族团结进步宣传月活动概况》《12月10至12日，中医药康博会将在广州开幕 东莞市民族医药协会将进驻中医药康博会参展》《东莞黄旗观音古寺》。

【民族工作队伍建设】 *加强对民宗干部培训* 2015年，东莞市民宗局通过召开全市民族工作会议，举办“贯彻中央民族工作会议精神，切实加强城市民族工作”学习论坛等会议和培训，组织镇街分管民宗工作的领导干部学习中央和省民族工作会议精神。9月9日，市民宗局联合沙田镇、虎门港举办民族宗教工作专题讲座。省民族宗教委办公室主任罗龙主讲“新形势下基层民族宗教工作的思考”。

清真拉面店食品和消防安全培训班 6月15日，针对大部分拉面店老板办证意识不强，《餐饮服务许可证》办证率低，以及消防安全意识不高，涉拉面店消防事故时有发生的现状，市民宗局在社会主义学院举办以食品安全和消防安全为主题的普法培训班，邀请市食品药品监督管理局和市公安消防局有关专

家授课，共110名清真拉面店经营者代表参加培训。培训结束后，学员们表示培训针对性和实用性强，将对照有关要求进行整改，主动办证，依法经营、安全经营。

在莞新疆籍少数民族流动经商人员政策法规培训 6月4日，市民宗局举办在莞新疆籍少数民族流动经商人员政策法规培训，邀请省民族宗教委主任助理、省新疆籍人员服务管理工作队副领队艾买提·阿布都热依木授课，共20多名在莞新疆籍少数民族流动经商人员代表参加培训。艾买提结合国内热点问题和新疆籍少数民族在东莞生产生活情况，向与会代表传达中央第二次新疆工作座谈会有关精神，要求与会人员正确认识大局形势、远离宗教极端思想、遵守城市管理要求、维护民族团结，配合政府有关部门开展工作。

伊协第一届委员会全体会议暨穆斯林培训班 5月13日，市民宗局指导市伊协举办第一届委员会全体会议暨穆斯林培训班，60名委员和代表参加会议。会议审议通过《东莞市伊斯兰教协会第一届委员会工作报告》《东莞市伊斯兰教活动场所教职人员管理办法（试行）》《东莞市清真拉面店经营者管理自治公约》等文件，规范伊斯兰教有关教务活动和清真拉面行业行为公约。市民宗局副局长胡炳棋要求伊协委员以身作则，配合党和政府开展相关工作，带领全市穆斯林内强素质、外塑形象，带动身边的穆斯林自觉维护全市民族团结良好局面。市伊协会长达蕃钦深入分析当前东莞穆斯林群众存在问题，提出提升穆斯林素质的关键点，得到全体伊协会员赞同。

【第四期广东伊斯兰文化百家谈讲座协办】 2015年12月20日，东莞市协助省伊斯兰教协会举办第四期“广东伊斯兰文化百家谈专题系列讲座”。省民族宗教委副主任黄忠幸和市民宗局副局长胡炳棋分别致辞，市委统战部常务副部长马凤彪，市民宗局局长胡茌光出席活动。暨南大学历史系教授、博士生导师马明达，深圳大学经济学教授魏达志分别作题为“广州穆斯林的历史传统”和‘一带一路’战略的重大价值与商业机遇”的专题讲座，省内一批有影响的穆斯林企业家、省伊协委员及有关专家学者100余人参加。

【少数民族服务管理】 *协调解决少数民族代表人士子女就近入学* 2015年，市民宗局协调市教育局、各镇街宣教办和社会事务局（办）等有关部门解决穆斯林代表人士子女就近入学问题。经多方协调，东莞市共解决32名少数民族代表人士子女就近入学问题，包括回族、撒拉族等少数民族。

籍少数民族节日走访慰问少数民族代表人士 借8月8日彝族火把节，7月17日伊斯兰教开斋节以及9月24日古尔邦节之际，市民宗局走访慰问李子波等彝族少数民族代表人士；市伊协和市内各伊斯兰教（临时）聚礼点的主要负责人和阿訇，送去节日慰问。 （李敏瑜）

消费者权益保护

【消费者权益保护概况】 2015年，东莞市消委会秉承“和解为先”的维权理念，履行消费指导、社会监督和调解纠纷职能，完善消费维权社会体系建设，加强与司法机关、行业协会和企业服务的联动，通过完善消费维权服务站管理机制、“3·15”普及消费维权宣传、建立消费维权志愿服务队等措施，提升东莞市消费维权的效能和权威，营造放心和谐消费环境。东莞消委会系统共接待来电、来访、来信咨询投诉3.86万人次，受理消费投诉8810宗，调解成功7931宗，调解成功率90.02%，挽回经济损失1831.03万元。其中，消费维权服务站受理2961宗，成功调解2961宗，和解率达100%，挽回经济损失644万元。

【消费维权服务站运作】 2015年，东莞市消委会强化消费维权服务站的督导管理和对外宣传，通过优胜劣汰、严把质量关和现场督导等措施，健全完善服务站规范运作，提升服务站消费维权效能，并开拓新服务站，发挥市场监督和消费维权正能量。全市共有消费维权服务站525家，其中新建19家，包括6家行业协会和13家企业；共接待消费者投诉2961宗，成功调解2961宗，和解率100%，为消费者挽回经济损失644万元。

【消费维权教育普及】 2015年，东莞市围绕“携手共治　畅享消费”主题，各镇街消委会分会调动社会各界力量，深入开展“3·15”消费维权系列宣传活动。召开“3·15”新闻发布会，开设媒体互动栏目，披露点评10大典型案例，动员和指导消委分会、社会团体、企业开展消费维权公益活动，扩大“3·15”活动的社会影响力，引导消费者理性消费。东莞消委会坚持与东莞市广播电台合作开播“消费之声”公益节目，7月，实现10年普法宣传的创举；节目含括东莞消委会10年消费维权教育的真实故事和勤政历程。针对新《消法》实施情况，重点选择食品、家电卖场进行新《消法》培训。

【消费维权社会监督】 2015年，东莞市消委会参与省消委会开展银行卡年费消费体察活动，暗访市中国银行、农业银行等6家银行，发现普遍存在银行卡收费显著公示、不主动提醒告知1卡免年费规定等问题，予以监督提醒。“3·15”期间，向全市第三期48名消费维权义务监督员颁发聘书，聘用上岗，履行市消费维权助力军职责。3月15日，联合东莞市爱心志愿者协会（志愿者拓展服务总队）成立“消费维权志愿服务队”，向全社会启动招募消费维权服务志愿者行

▲ “3·15”维权宣传活动

动，壮大消费维权监督队伍，向社会传递消费维权正能量。（吉峰平）

基层政权与社区建设

【第四批省村（居）务公开民主管理示范村（居）命名】 2015年2月11日，广东省村务公开工作协调小组印发《关于命名表彰广东省第四批村（居）务公开民主管理示范创建达标村（社区）的决定》，东莞市茶山镇上元村、望牛墩镇上合村、石碣镇鹤田夏村等54个村，南城街道三元里社区、万江街道坝头社区、长安镇新安社区等34个社区被表彰为“广东省第四批村（居）务公开民主管理示范村（社区）”。

【全国民主法治示范村（社区）评定】 2015年3月25日，司法部、民政部印发《司法部民政部关于表彰第六批“全国民主法治示范村（社区）”的通知》，东莞市清溪镇土桥村被评为第六批“全国民主法治示范村（社区）”。

【村（居）务监督委员会组建】 2015年5月29日，东莞市府办印发《关于成立村（居）务监督委员会的通知》，指导各村（社区）组建村（居）务监督委员会。经统计，全市所有村（社区）全部组建村（居）务监督委员会，完成率100%，共产生监委会成员2273人。

【双向考核试点】 2015年10月22日，东莞市民政局、市社工委、市委农办、市编办联合印发《东莞市镇（街道）与村（居）委会双向考核试点工作指导意见》，以东城街道、石碣镇为试点，选取2—3个村（社区）开展镇街与村（居）委会双向考核试点工作。

【村（社区）综合服务管理中心建设】 2015年8月7日，东莞市委办印发《东莞市村（社区）综合服务管理中心建设指导意见》，明确采取职能整合、平台整合、流程整合、人员整合等方式，将村（社区）现有党务政务服务中心（站）、综合服务中心、公共法律服务站、流动人员和出租屋管理服务站、人力资源服务站、党员活动室、“一事一议”功能室等机构载体进行整合，打造统一的村（社区）综合服务管理平台，切实解决党委政府联系服务群众“最后一公里”的问题。

【基层社会治理人才培训】 2015年5月25—29日，东莞市社区办在市委党校举办2期基层社会治理专题培训班，全市各村（社区）两委干部、各镇街（园区）社会事务局（办）负责人640人参加培训。9月10日，东莞市社区办举行东莞市社区综合服务管理中心暨村（居）务监督委员会建设业务培训班，组织全市各镇街分管领导、党政办和社会事务局（办）负责人100多人参加培训，对社区综合服务管理中心的标识设计、工作制度、建设规范、工作职责、场所建设、岗位设置、人员配备等内容现场解答。9月13—18日，东莞市社区办在江西干部学院举办1期社会管理与创新骨干研修班，各镇街分管民政工作的领导以及市直有关部门业务骨干共46人参加培训。（田小兵）

社会救助和救助管理

【社会救助】 *最低生活保障* 2015年1月起，东莞市低保标准调整为每人每月610元。全市共有低保对象8273户、1.74万人，全年共支出低保救助金6460.47万元；为全市低保家庭按照每人每月60元的标准发放食品燃气用水补助，城镇低保人均月补差462元，农村低保人均月补差415元。

五保供养 2015年，东莞市五保供养标准保持每人每月1370元不变。全市共为五保对象833人支出供养总资金1367.81万元（年供养水平1.7万元/人），超过省规定的农村五保供养标准不低于上年度市农村人均纯收入的60%的标准。

医疗救助 2015年，东莞市共支出低保医疗救助金4884.41万元，其中为低保对象购买社保个人支出部分813.19万元，为低保对象24.62万人次住院、门诊或特定门诊医疗费个人负担部分报销支出4071.22万元。

低保助学补助 按照《东莞市低保家庭在校学生助学补助实施方案》，东莞市对低保家庭在校子女按照每人每月小学75元、初中和中职200元（含50元寄宿补助）、高中400元（含寄宿补助50元）、大学625元（含寄宿补助125元）的标准按月发放助学补助。将低保家庭在校子女高中、大学助学补助向低保边缘（人均家庭收入为低保标准以上，低保标准1.5倍以下）家庭延伸。全年共向低保家庭在校子女4100人发放助学补助金、住宿金1547.16万元，向低保边缘家庭在读子女3405人发放助学金919.95万元。

社会救助联席会议制度健全 2015年，东莞市及时调整市社会救助工作联席会议成员，发挥社会救助协调机构作用，统筹指导全市开展社会救助“8+1”项服务，全年以联席会议名义印发社会救助的方案文件3份。

低保家庭经济状况核对 2015年1月，东莞市成立东莞市救助申请家庭经济状况核对中心，主要负责指导全市各镇街（园区）低保救助申请家庭经济状况核对工作和开展业务培训，按有关要求依法对低保申请人的家庭经济状况进行核对并出具书面报告，接受申请人的复核申请，开展复核工作并出具复核书面报告等。中心成立后，完成2015年度低保家庭和低保边缘家庭高中、大学生信息核对，以及2015年新增、脱贫低保家庭、特困人员、医疗救助、临时救助入户核查任务，年度核查核对数量达3.42万人次。

社会力量参与社会救助帮扶平台建立探索 东莞市制定实施《东莞市社会力量参与社会救助实施方案（试行）》，委托社工机构建立和运营社会力量参与社会救助帮扶平台，致力于通过线上和线下的方式，激活和整合社会资源，广泛引导、充分调动社会力量参与社会救助。

暖心行动 东莞市各镇街党员干部结合党的群众路线教育实践活动，同全市所有五保对象建立“一对一、多对一”结对帮扶关系，对辖区范围内的五保对象，特别是分散供养对象的居住环境、生活照料、御寒防冻、医疗救助、住院护理以及五保金发放等方面进行全面调查摸底。2015年，全市共组织党员干部开展入户服务五保对象1.89万人次，把党的关怀和温暖送到五保对象的心坎上。

【救助管理】 2015年，东莞市救助站共实施救助1.09万人次，其中男9891人次，女1015人次，未成年人502人次。全年共救治流浪精神病人645人次，财政支付386.25万元。

国家一级救助管理机构创建 东莞市救助管理站创建国家等级救助管理机构，严格根据民政部《救助管理机构等级评定标准》，对站内硬件软件设施进行升级改造。7月12日，民政部社会事务司司长张世峰带队来东莞检查验收。11月2日，经民政部评定，东莞市救助管理站获“国家一级救助管理机构”称号。

救助管理站公众开放日活动 6月19

日，东莞市救助管理站举办以“传递温暖，关爱救助”为主题的第三届公众开放日活动。莞城、东城、南城、万江等街道办事处社区干部以及社会公众共30多人参加活动，相关媒体现场采访，对活动和救助情况进行深入报道。

（田小兵）

社会福利·慈善事业

【居家养老服务覆盖面扩大】 2015年，东莞市新增80个村开展居家养老服务。截至2015年，全市各镇街511个社区（村）开展居家养老服务，实现有养老服务需求的城镇社区100%全覆盖，农村社区覆盖率80.57%，享受居家养老服务人数1.52万人。全年市镇两级共投入居家养老服务经费6959.36万元。

【养老基础设施建设】 2015年，国家民政部资助东莞市16个社区（村）共48万元开展“农村幸福院”建设项目。省福彩资金资助石排赤坎村、石排镇服务中心、黄江梅塘、石碣横窖、茶山茶山圩，横沥恒泉、石碣刘屋村、桥头邵岗头8个“省居家养老示范中心”建设800万元；资助黄江镇康湖护老院“临终关怀”项目100万元；资助桥头镇岗头村“幸福计划”建设40万元；资助市福利中心老年区配套设施建设200万元。截至2015年，全市共建有15个省级居家养老示范中心，4个“幸福计划”试点，123个“农村幸福院”。全市实现养老床位8385张，每千名老年人拥有养老床位30.7张。

【儿童福利保障水平提升】 2015年，东莞市孤残儿童的基本生活费补助标准提升至健全孤儿1390元/人·月，残疾孤儿1670元/人·月，全年共发放孤儿和弃婴基本生活补助费1770.68万元；投入71.93万元为分散供养孤儿购买社会医疗保险和支付新增教育金。规范收养程序，全年依法办理收养27宗。

【慈善事业概况】 2015年，东莞市开展“广东扶贫济困日暨东莞慈善日”活动，除爱心捐赠、爱心结对、访贫慰问、专项扶贫、书画慈善拍卖、慈善篮球赛和社区服务日等传统慈善活动外，首次将慈善活动与环保事业结合，开展“倡导绿色环保，关爱脑瘫患儿”活动，倡导慈善文化，营造慈善氛围，全年共计接收社会捐款8511.32万元，支出慈善资金6760.91万元，投向临时救济、慈善超市、专项资金项目、“双到”扶贫项目、定向捐赠等多个领域。设立专项基金3个，其中，清溪明门公司专项基金1200万元、易世移先生蓝天专项基金200万、市信托公司专项资金200万元。全年投入240万元，支持全市32个镇街的慈善超市建设。（田小兵）

福利彩票发行

【福利彩票发行】 2015年，东莞市共销售福利彩票28.13亿元，比上年增长3.16%。销售总额首次在全省排名第二，完成省民政厅下达25.9亿销售任务的108.6%。福彩市场占有率为65.75%，比上年增加1.38个百分点，共筹集公益金7.64亿元，市级留成2.68亿元。全年中出“双色球”一等奖24注，缴交地税3738.29万元。省民政厅授予市民政局组织领导奖特等奖，授予市福彩中心综合奖一等奖、市场开拓奖二等奖和销售进步奖三等奖。（田小兵）

【学生接送站管理】 截至2015年，东莞市共注册登记学生接送站784家，安置学生2.8万人。通过采取推行年检制度，坚持联合执法，加强对注册登记的学生接送站的监管及无牌无证学生接送站的清理取缔工作。8月25日，东莞市社会组织管理局下发《关于开展学生接送站排查工作的通知》。（田小兵）

殡葬事业

【殡葬改革概况】 2015年，在省政府2013—2014年殡葬事业发展目标考核检查中，东莞市考核总得分91分，获全省第五名，受到省民政厅通报表扬。

【殡葬基本服务费用免除】 2015年7月1日，经东莞市政府同意，《东莞市免除殡葬基本服务费用实施方案》实施，实现殡葬基本服务费用由政府免费提供。免费对象为在东莞市或异地死亡且遗体实行火化的东莞市户籍居民；在东莞市死亡且在市殡仪馆实行遗体火化的非东莞市户籍居民。免费项目为遗体接运、遗体火化费、骨灰寄存费、遗体清洗消毒费、遗体存放费、遗体告别厅租用费、提供骨灰盅1个。据统计，东莞市在1—6月免除低收入群体和其他特殊群体423宗58.07万元；7—12月，免除全体城乡居民7763宗902.7万元。

【殡葬领域专项整治】 2015年，东莞市开展殡葬服务管理“三规范一推行”和殡葬管理服务专项整治活动，全面查找殡葬管理服务漏洞，打击和遏制殡葬领域侵害群众利益、违反市场规则及廉洁从业要求的违法违规行为，纠正行业不正之风，健全规范殡葬管理服务长效机制，转变殡葬系统干部职业工作作风，提升殡葬管理服务水平，打造殡葬系统廉洁从业新常态。

【生态节地葬法】 2015年10月29日，东莞市举办第13次集体海葬和第4次集体树葬公祭活动，136名逝者家属参加活动，共计351（其中285无名认领骨灰）份骨灰抛洒大海和63份骨灰深埋树下，发放奖励补贴3.6万元。

【殡仪馆开放日活动】 2015年3月29日，东莞市民政局在市殡仪馆举办以“阳光殡葬　温情服务”为主题的第二届公众开放日活动。共有33名公众代表参加，包括3名政协委员、市人大代表及9家媒体记者。

【殡葬服务队撤销】 2015年12月，东莞市民政局根据国家民政部、省民政厅“殡葬管理服务专项整治活动”和“殡葬服务管理三规范一推行专项整治行动”的有关精神，撤销全市殡葬服务队，包括大朗、寮步、厚街、石碣、茶山、沙田、虎门、望牛墩、桥头等9个殡葬服务队。（田小兵）

镇　　街

URBAN AND TOWNSHIP

- 莞城街道激发老城活动
- 广东（石龙）铁路国际物流基地建设
- 虎门镇获评全国第一个服装类知名品牌示范区
- 中堂镇争创国家级生态保护与建设示范区

道滘镇　（周海猛　摄）　　编辑：张德全　苏淑娴　梁炜强　李缙文

莞城街道

【莞城街道概况】　莞城街道位于东莞市北部偏西，东江下游南支流东岸，地处东莞市区中心。截至2015年，面积11.17平方千米，辖8个社区。户籍人口17.9万人，常住人口16.7万人。

2015年，莞城街道实现地区生产总值146.9亿元（第一产业0亿元，第二产业31.2亿元，第三产业115.7亿元），比上年增长5.6%；全社会固定资产投资总额21.84亿元,增长8%；总用电量4.95亿千瓦时，增长-4.29%；社会消费品零售总额112.4亿元，增长3.7%；实际利用外资5375万美元，增长38.25%；外贸出口总额15.24亿美元，增长22.51%；各项税收总额43.5亿元，增长19.5%；可支配财政收入7.4亿元，增长1.3%。获评2015年镇街领导班子年度工作优秀镇街，全国和谐社区建设、全国科普示范社区、基层社会治安管理共3个项目获得2015年度全市“单打冠军”。

【莞城街道科技创新】　2015年，莞城街道出台科技创新扶持奖励办法，安排1000万元作专项资金。加强科技创新载体建设，建成全市首个外贸转型升级支援服务中心，引进蚁巢科技企业孵化器、V-work创客中心、东莞弈投孵化器、众筹金融学院广东分院、中国人民大学创业学院实践基地等创新项目。新增市级科技企业孵化器3个，新增国家高新科技企业7家，新入库高新科技企业培育库15家。鼓励企业加大R&D（研究与开发）投入，玉兰装饰材料公司、智通人才公司的研发项目分别获得市科学技术一等奖、二等奖。筑强科普阵地，罗沙社区获评“国家科普示范社区”。

【莞城街道文化创意产业】　2015年，莞城街道以联丰创意产业园、天宝创意谷、运河创意公社和工农8号等文化创意产业园为主阵地，发展产品设计、软件开发、影视、动漫网游等文化创意产业，并在创意产业园内设立“青年创业孵化基地”、开设以潮流文化为主的“先锋剧场”以及举办“东莞设计周”活动等，推动文化创意产业集聚发展。同时，扶持东湖文化传播有限公司等一批具有本土特色、创新能力强的骨干文化企业扎根莞城发展。2015年，莞城街道被省认定为全省首个“文化创意产业”专业镇；运河创意公社被市认定为文化产业园区，森晖古玩城·自然博物馆、21空间当代艺术产业基地被市认定为文化产业基地。

【莞城街道培育和引进新经济】　2015年，莞城街道成立莞城电子商务协会，推动天行健集团公司等30家电子商务骨干企业集聚发展，鼓励企业拓展“互联网+”业务，其中，君尚百货公司建成东莞首家设立在大型商场内的“海外购跨境电商体验中心”以及引进新型城市人文“覔书吧”。以省级服务外包示范园区——莞城科技园为龙头，辐射延伸至各文化创意产业园，以“一园多点”的模式，加快发展服务外包“绿色产业”。

【莞城街道推进全国农村综合改革试点】　2015年，莞城街道支持农村集体经济转型升级，鼓励有条件的集体经济组织探索公司化运营，促成罗三经济社引入专业团队经营管理新兴装饰材料城，经济收入增长及人均分红在19个经济社中排行第一位。全面建立农资交易平台和农资监管平台，完善规范农村股民股权继承、转让、赠与和流转程序，推行村级预算工作制度，对“三资”（资金、资产、资源）实行动态监管。

2015年，莞城村组两级纯收入1.4亿元，比上年增长6.8%；股民分红0.7亿元，增长10.2%；村组两级负债率6.9%，负债率保持全市最低，获评“2015年度全市村组增资减债工作先进镇街”“2015年度全市农村财务公开民主管理工作先进镇街”。

【莞城街道推进项目直接落地改革试点】　2015年，莞城街道学好用足项目直接落地改革政策，促成那智建信精密轴承项目（一期）同时纳入市直接落地改革试点项目和重大建设项目，使项目在土地招、拍、挂摘牌后，实现即时动工，创下东莞市项目动工的新速度，并超额完成年度目标任务。同时，参照市重大项目服务保障机制，推动广东中建、百电宝照明、冈本卫生科技等一批镇街级重大产业项目于2015年下半年陆续建成并投产。

【莞城街道推进基层治理创新】　2015年，莞城街道在8个社区全部设立居务监督委员会，完善基层监督机制，确保居民对社区事务的知情权、监督权和管理权。完成罗沙社区、东正社区综合服务管理中心试点建设，为群众提供更为公平、优质、高效的服务。将“一事一议”制度优化提升项目，上升为东莞市2015年度创新基层社会治理综合改革市镇两级共建项目，深化“一事一议”财政奖补制度，鼓励和引导居民自治。着重培育推动各类较为成熟的社会组织、团体，通过功能及资源的整合，发挥其凝聚力，引导社会组织更好地投入到基层治理中。推进集体经济组织决策民主化，发挥民主协商作用，共谋集体经济发展，化解社会矛盾，解决历史遗留问题。其中，罗二经济社的一块宅基地，因受政策调整等影响，闲置20多年，股民经常上访。在经联社、社区、有关部门的指导和支持下，罗二经济社组织股民进行多次民主表决，理顺利益关系，确定以商业办公形式开发该地块，截至2015年，该项目的开发手续基本办妥，建成后预计每年可为集体增收600万元。

【莞城街道推进家庭教育改革创新】　2015年，莞城街道率先提出“践行知行合一”的核心理念和“让家长成为具有专业教育能力的启蒙老师”的目标要求，以“起承转合”为路径，打造一个覆盖全街道各学校、各社区的完整的、立体的家庭教育运作系统，建立学校“行知学堂”，将家庭教育从“活动”上升到“课程”，做到有教材、有作业、有考试，实现“家校”同步、相互促进，被市妇联指定为全市唯一一个区域性的家庭教育实验区，承接“家长持证上岗”项目的实验，获得创新奖。

【莞城街道激发老城活力】　2015年，莞城街道开展中兴路—大西路历史文化街区保护详细规划，结合活化利用和改造提升，焕发老城魅力。开展“莞城传统老字号”评选活动，评出77家“莞城传统老字号”、30家“我最喜爱的‘莞城传统老字号’”，举办“莞城传统老字号”文化节，展示莞城深厚的文化底蕴和悠久的商贸历史。改善人居环境，完成珊洲河水体治理，并规划和推进辖内“美丽幸福村居”“小山小湖”5个项目建设。稳步推进“三旧”（旧城镇、旧厂房、旧村庄）改造，丰华城、百晟、宏达、巨汉、玉兰科技等一批重点改造项目完成供地；加快“三旧”改造项目建设，其中，总投资14.5亿元的万科企业总部及配套项目主体工程基本完

莞　城

2015年12月11日，全国政协副主席万钢（中）视察莞城创新创业环境

成。发展总部经济，新引进中国铁塔东莞分公司、恒大集团东莞分公司等一批大企业。协助东莞证券、玉兰装饰材料公司等大型骨干企业解决问题，促进企业发展。

【莞城街道文化体育事业】 2015年，莞城街道深化“菜单式”文化服务80项，开展免费培训、讲座、展览、晚会、电影等服务活动1500多场次，受惠群众约30万人次。联合法国驻广州总领事馆举办 “文化周末”十周年之“中法文化之春·东莞”系列活动。莞城文化服务中心获评“第六届全国服务农民、服务基层文化建设先进集体”。莞城美术馆承办“全国美术馆年会”和“中国美术家协会水彩画艺术委员会年度提名展”，是首个承办全国美术馆年会的镇街级美术馆。扶持文艺创作，全国首个“少儿歌曲创作活动基地”落户莞城中心小学。抓好群众性精神文明创建工作，莞城国税分局、市桥社区等7个单位成功创建市文明标兵单位（社区）、文明单位。莞城代表东莞市参加2015年省第十四届运动会，获得9枚金牌、4枚银牌、5枚铜牌。

【莞城街道擦亮教育品牌】 2015年，莞城街道强化教育事业发展保障，投入教育经费近2亿元，提高公办学校生均公用经费标准。在促进小学教育均衡优质发展的基础上，全面提升学前教育公益普惠性，公、民办普惠性幼儿园占80%，位居全市前列。探索课程改革，莞城编写的“足球校本教材”因教课特色鲜明，教育部指定莞城参加全国教材编写研讨会并作发言；体育系列校本教材获出版社85万元稿费资助，修订后作为广东省教材出版。抓好课题研究及应用，促进教学质量提升，全年通过22项市级立项课题，在全市各镇街小学幼儿园中（下同）排第二名。加强教师队伍建设，完成各小学第八轮正副校长考核和第九轮正副校长聘用，实现聘用合同制教师与公办教师同工同酬。搭建教师专业发展阶梯，省市名师（名校长）工作室主持人、学科带头人总数在全市排第一名，市教学能力排第三名。同时，将名师培养目标提升到“打造未来教育家”的高度，推动教师的专业教育知识向教育能力转化，有5名教师完成教育专著并通过出版社发行，其中1名教师的教育专著被纳入“未来教育家丛书”。

【莞城街道抓好民生实事】 2015年，莞城街道民生保障更加有力。加大民生投入，投入公共安全、教育、文化、体育、医疗、社会保障和就业等民生类支出约4亿元，比上年增长约10%。切实保证群众基本生活，为1000多人次提供医疗、低保、助学、住房等社会救助，开展12期“就业服务日”活动，为9000多人次免费提供就业服务，为1.8万人次发放各项就业创业补贴。

为民服务更加到位。通过“一事一议”财政奖补制度，累计解决旧楼宇管理等问题27宗，奖补3万多元，受益群众900多户。在全市率先完成镇街、社区两级综合性公共法律服务中心（站）建设，为社区居民免费提供法律咨询、援助服务1205人次。全面推行“家庭医生式”上门服务，为残疾人、老年人等行动不便的群众提供上门医疗服务1520人次。完成运河小学运动场改造，启动中心小学分校和阮涌小学扩建，加快推进敬老院扩建和残疾人康复就业服务中心等一批民生工程建设。

社会大局更加稳定。落实责任，切实抓好安全生产和消防安全，全年没发生重大安全事故。完善社会治安防控体系，依法严打各类违法犯罪，违法犯罪警情数量比上年下降11%。加强和改进综治信访维稳工作，信访总量比上年下降1.4%，其中群众来访数量下降11.8%。　（黄慧华）

附：2015年莞城街道党委、人大、办事处主要领导名录

党委书记、人大联络委员会主任：刘林宏
办事处主任：陈慧贞

2011—2015年莞城街道主要经济指标

指标 \ 年份	2011年	2012年	2013年	2014年	2015年
户籍人口（人）	172281	173776	175239	176655	178866
常住人口（万人）	16.43	16.67	16.58	16.74	16.65
面积（平方千米）	11.17	11.17	11.17	11.17	11.17
生产总值（万元）	1222655	1312960	1339920	1419815	1469204
第一产业（万元）	0	0	0	0	0
第二产业（万元）	345656	336032	317520	316944	312012
第三产业（万元）	876999	976928	1022401	1102870	1157192
总用电量（万千瓦时）	51232	50841	49433	51707	49491
全社会固定资产投资总额（万元）	249020	255912	248110	202210	218422
社会消费品零售总额（万元）	979600	1048870	1071073	1125951	1124176
外贸出口总额（万美元）	77814	102311	110555	124702	152891
实际利用外资（万美元）	3932	4436	4971	3888	5375
镇级可支配财政收入（万元）	74397	74510	69640	73431	74417
各项税收总额（万元）	292371	302851	274172	297838	434934

① 2015年1月13日，国家文物局副局长童明康（中）到莞城历史文化街区调研
② 2015年5月20日，中国农村问题研究中心调研组一行到莞城罗沙社区调研
③ 2015年7月14日，市委书记、市人大常委会主任徐建华（右二）调研莞城经济社会发展情况
④ 2015年8月3日，市委副书记、市长袁宝成（右二）调研莞城新型业态企业发展情况
⑤ 2015年6月29日，市人大常委会常务副主任甄瑞潮（中）视察莞城驻点普遍直接联系群众工作

① 2015年5月5日，市政协副主席蒋小莺（中）调研莞城珊洲河整治工作情况
② 2015年9月10日，莞城街道党委书记、人大联络委主任刘林宏（左）为优秀教师代表送上节日的问候
③ 2015年2月17日，莞城街道党委书记、人大联络委主任刘林宏（右）检查辖区人流密集场所以及消防安全工作
④ 2015年2月7日，全国美术馆年会在莞城举行，莞城美术馆作为镇一级美术馆首次承办该会
⑤ 2015年3月5日，莞城召开公安工作会议暨“3+ 2 +2”工作动员部署会议

① 2015年12月10日，东莞市弈投孵化器进驻东莞市（莞城）创意产业园，为莞城创新驱动发展再添新动力

② 2015年9月15日，莞城街道领导班子赴新疆生产建设兵团第三师五十一团结对交流

③ 2015年11月1日，百电宝照明配件（东莞）项目落户东部工业园莞城园区

④ 2015年4月18日，莞城举行文化周末十周年晚会《月是莞乡明》

石龙镇

【石龙镇概况】　石龙镇位于东莞北部。截至2015年，面积13.83平方千米，辖7个村、3个社区。年末户籍人口7.19万人，常住人口14.21万人。

2015年，石龙镇实现地区生产总值86.6亿元（第一产业42万元，第二产业45.16亿元，第三产业41.47亿元），比上年增长5.1 %；规模以上工业增加值45.4亿元，与上年基本持平；全社会固定资产投资总额21.3亿元，比上年下降3.2%；总用电量7.49亿千瓦时，增长-0.22%；社会消费品零售总额37.45亿元，增长6.86%；实际利用外资9534万美元，增长34.9%；外贸出口总额20.13亿美元，增长-5.1%；各项税收总额18.1亿元，增长12.2%；镇本级财政收入7.7亿元，增长6.2%；全镇村组资产总额达18.11亿元，增长1.1%；资产负债率14.87%，比年初下降0.31个百分点；总收入1.98亿元，比上年增长1.5%；纯收入1.11亿元，增长5.7%。获评镇街领导班子年度工作考评良好镇街、水乡特色发展经济区工作落实前三名镇街、市环境保护责任考核优秀镇街；获评省五四红旗团委、省曲艺之乡、基层社会治安管理、退休人员管理服务等4项市“单打冠军”；众生药业公司入选2015年市纳税亿元以上企业；京瓷办公设备科技（东莞）有限公司列市实际出口总额第11名。

【石龙镇推动产业转型升级】　2015年，石龙镇优质企业增资扩产势头较好，联兴纸业、理想电子、津威饮料等市属重大增资扩产项目均超额完成年度目标；上市公司众生药业公司以现金12.7亿元完成市内最大并购重组，入选2015年市纳税亿元以上企业；富华电子公司启动2.08亿元增资扩产；广安电气检测中心二期“高压电器试验基地”投产，填补华南地区乃至东南亚地区高压电器试验能力的空白。传统产业“机器换人”效果明显，全镇实施和正在实施的“机器换人”项目27个，总投资超过1.28亿元；全年工业固定资产投资6.92亿元，增长79.1%；其中，工业技改投资超过1.9亿元，增长112.7%。新兴产业发展成效显著，石龙现代信息服务园进驻企业超过40家，添百汇大厦的企业进驻率提高，嘉宏大厦全面开展对外招商；石龙国际电子城、大莹服装批发城等大型商城成立电商协会组织，石龙电子商务协会会员单位发展至800多个。“商旅强镇”战略有序推进，编制《石龙镇商业网点规划（2016—2025）》，发展“商旅联盟”商家会员至100多家，成功举办“商旅总动员”嘉年华活动。全镇市场主体达到1.21万户，增长13.6%；住宿和餐饮业营业额3.94亿元，增长7.1%，高于全市平均水平。

【石龙镇实施创新驱动战略】　2015年，石龙镇贯彻落实省市“创新驱动发展”战略部署，制定出台《石龙镇加快实施创新驱动发展战略行动计划（2015—2017）》，以及高新技术企业培育、促进楼宇经济发展、促进电子商务发展、实施“机器换人”等一系列政策文件，明确“创新驱动发展走在全市前列”的奋斗目标。同时，积极培育创新型企业和科技孵化载体，率先成立东莞市首席信息官协会镇级分会，推动3家企业设立研发机构、4家企业通过高新技

打造国际宜居商名镇　建设幸福石龙

①

术企业认定或复审、6家企业进入高新技术企业培育库。其中，日本电产三协研发中心一期投入运营，成为该集团首个海外研发基地。全年规模以上企业研发投入达3.9亿元，占生产总值比重超过4%。

【石龙镇提升宜居宜商城市品质】 2015年，石龙镇积极推动产业发展、城市交通、环境美化、安居宜居、公共服务等镇18项重点工程，促进城市面貌焕然一新，宜居宜商水平不断提升。其中，方正东路和龙中东路工程竣工通车，莞龙公路积水整治工程完工；汇星商业中心城市综合体工程超额完成年度投资目标，市儿童医院建设工程累计完成投资额度过半；实验小学扩建工程完工，孙中山爱国主义教育基地建成对外开放，兴龙社区综合服务管理中心和兴龙警务特警基地完成并投入使用；以嘉华国际·星际湾、新鸿基·奕翠园一期、海伦堡·海伦湾为代表的一批安居宜居工程打造城市景观带和宜居生活圈。同时，生态宜居环境持续改善，南畲塱截污主干管工程基本完成，投入180多万元建成空气质量自动监测子站，100%完成“两高一低”（高污染、高耗能、低效益）企业整治和引退工作，通过“国家级生态乡镇”市级复查和“国家卫生镇”复审。

【石龙镇法治建设】 2015年，石龙镇先后成立平安建设促进会、石龙法学会、公共法律服务中心，以及各村（社区）公共法律服务站等服务平台，开展法治讲堂活动，全面铺开“校园法苑”建设，石龙镇两名市人大代表当选为东莞市首个立法审议机构组成人员。保持严打高压态势，深入开展一系列专项打击整治行动，破获涉专项案件400多宗，并侦破一起公安部重点督办的网络贩毒案，违法犯罪警情比上年下降12.6%。狠抓社会矛盾预防化解，坚持日排查周研判工作制度，制定完善《石龙镇企业风险预警应急系统工作制度》和《石龙镇企业风险预警和应急处置方案》，处理劳动争议仲裁案件115宗，下降15%。落实安全生产和食品药品安全监管责任，开展粉尘爆炸危害和空调制冷剂安全专项整治行动，完成中小学校食堂食品安全量化提级工作，成立食品安全快速检测室，并举行全市食品安全事件（Ⅳ级）应急演练观摩会，全年无发生重大安全事故。

【石龙镇社会管理】 2015年，石龙镇积极推动社区服务提质增效，全面建立社区居务监督委员会制度，增创3个省级退管示范点，成立兴龙社区综合服务管理中心，完成3个社区妇代会改建妇联工作。石龙镇青年创业就业服务型组织建设项目被评为东莞市2015年度基层社会治理改革创新优秀项目；“龙城飞鹰”和“家友爱”两个社工服务项目获得2015社会工作最佳实务案例银奖；妇联开展的“十月关怀”孕期保健项目入选市妇联白玉兰十佳示范服务项目。

同时，推进农村综合改革，在全市率先试点农村土地承包经营权确权登记颁证改革，基本完成西湖村确权登记颁证，其余4个有耕地村组的改革工作有序进行。开展农村集体资产财务管理清查整顿，以及农村集体资产合同管理专项整治，建立各村、组合同台账1177份。推行村组预算制度，出台专门规章加强农村公章和委派财务会计人员管理，堵塞管理漏洞，化解矛盾隐患。加强农村集体资产交易和“三资”（资金、资

① 2015年9月3日，在中俄两国元首的见证下，广东省政府与中外运长航集团、俄罗斯开发与对外经济银行、俄罗斯出口中心股份公司四方签署《关于中国外运长航集团和俄罗斯国家开发与对外经济银行在广东东莞石龙建立中俄贸易产业园合作备忘录》，中俄贸易产业园落户石龙镇

② 2015年9月1日，省委副书记、省长朱小丹（前排右一）到石龙镇考察广东铁路国际物流基地规划建设情况

③ 2015年7月24日，国务院副秘书长、国家信访局局长舒晓琴（中）到石龙镇调研

④ 2015年6月13日，国家海关总署署长于广洲（前排左三）率国务院第十督查组到石龙镇，督查石龙铁路集装箱货运站项目建设

产、资源）监管平台建设，镇村平台累计立项287宗，交易总金额3.14亿元。

【石龙镇民生建设】 2015年，石龙镇投入民生资金6.14亿元，占镇财政支出79.99%。教育惠民质量大幅提升，投入391.1万元用于奖教奖学，全镇有7个教育科研课题获省教育创新成果奖，各校师生获全国、省、市学科竞赛等奖项719个，全镇重点大学上线人数和本科上线人数均创历史新高，中考连续14年超过市平均分。文化惠民方式更加贴近大众，举办第五届“中华龙民俗文化节”、敬老月系列活动、主创群文精品文化周、镇第一届运动会、新年倒数晚会等文化活动，承办第十五届广东省青少年机器人竞赛，仙溪福地欧公文化景区创建为国家AAA级旅游景区，获评“广东省曲艺之乡”，通过“全国文明村镇”复评。健康惠民扎实推进，推进“健康石龙”升级工程，完成6个农村卫生站转型，启用社区卫生服务中心中医馆，在全市率先启动儿童口腔健康状况普查及干预项目。市第三人民医院挂牌成立东莞市心血管病研究所；市第八人民医院的儿科研究所成为广东医学院重点实验室，并成立东莞地区唯一一家儿童危重症救治中心；石龙镇成为广东省创建全国健康促进县（区）试点。结对帮扶扎实揭阳普宁市云落镇、对口援助新疆第三师图木舒克市50团工作扎实开展，市内扶贫脱贫率达97%。

【广东（石龙）铁路国际物流基地建设】 2015年，石龙镇积极抢抓对外开放机遇，依托地理区位优势和水陆交通资源，谋划建设广东（石龙）铁路国际物流基地项目，为广东省主动融入国家“一带一路”战略提供支撑。该项目核心区域位于中外运东莞物流中心（东莞市石龙港），地处东莞、惠州、增城三市交界处，拥有发达的公路、水路、铁路交通网络，是省内极少数具备水铁联运功能的内河港口之一。该项目对于提升广东省区域战略地位，推动产业转型升级，扩大对外交流合作具有十分深远的意义，主要建设内容：铁路集装箱货运站建设，多式（水路、铁路、公路）联运试点建设，口岸行政功能区建设（口岸联检大楼等），衍生功能区产业（物流）园区（含中俄贸易产业园）建设。

该项目启动后，得到上级领导的支持和外界媒体的关注。省委书记胡春华、省长朱小丹，以及国家发改委、海关总署、口岸办等领导分别到石龙镇调研指导项目建设；《人民日报》、新华社、中央电视台等中央重点主流媒体也围绕项目建设开展大型采访报道。9月3日，中俄两国元首见证《关于中国外运长航集团和俄罗斯国家开发与对外经济银行在广东东莞石龙建立中俄贸易产业园合作备忘录》签署。石龙物流中心铁路（一类）口岸也于9月获得国家口岸办批复同意对外开放，成为全省唯一一个铁路货运（一类）口岸。

同时，国际铁路联运业务发展势头良好，始发石龙的“粤新欧”“粤满俄”国际铁路联运专列取得中欧班列序列号，并纳入全国铁路运行图，全年发运货值3.24亿美元，比上年增长106.6%。 （罗汝玲）

附：2015年石龙镇党委、人大、政府主要领导名录

镇委书记、镇人大主席：黄贵洪

镇　长：周年有

① 2015年9月14日，石龙铁路国际物流中心获得国家口岸办批复同意对外开放，成为全省唯一的铁路货运（一类）口岸，图为国家口岸办公室主任黄胜强（右三），副省长招玉芳（右二），市委书记、市人大常委会主任徐建华（右四）等参加启用仪式

② 2015年9月9日，市委书记、市人大常委会主任徐建华（左三）到石龙镇看望慰问教师代表

③ 2015年4月20日，市委副书记、市长袁宝成（前排左二）到石龙镇调研广东铁路国际物流基地建设情况

2011—2015年石龙镇主要经济指标

指标＼年份	2011	2012	2013	2014	2015年
户籍人口（人）	71183	71444	71705	71940	71852
常住人口（万人）	14.24	14.29	14.34	14.33	14.21
面积（平方千米）	13.83	13.83	13.83	13.83	13.83
生产总值（万元）	629604	674289	768510	817648	866308
第一产业（万元）	20	28	40	21	42
第二产业（万元）	335392	351445	411491	445255	451583
第三产业（万元）	294192	322817	356979	372372	414683
总用电量（万千瓦时）	74417	73289	71067	75045	74883
全社会固定资产投资总额（万元）	173142	176316	201316	219873	212831
社会消费品零售总额（万元）	240109	259993	280794	296679	374513
外贸出口总额（万美元）	193430	212000	193284	214900	201339
实际利用外资（万美元）	7649	2256	5144	7069	9534
镇级可支配财政收入（万元）	59100	62806	67554	72450	76937
各项税收总额（万元）	123514	132656	147169	161705	181435

①　2015年6月4日，广东省“平安铁路线”创建工作会议在石龙镇召开，石龙镇联防联动护路模式获得参会领导称赞

②　2015年3月12日，创建广东省健康促进示范单位启动会暨培训班在石龙镇举行，石龙镇成为广东省创建全国健康促进县（区）试点

①

②

① 2015年，石龙镇启动建设广东（石龙）铁路国际物流基地，成为全省融入国家“一带一路”战略的重要平台枢纽

② 2015年12月25日，中欧（粤满俄）班列从石龙首发，15天跨越11000多千米抵达莫斯科

③ 2015年9月28日，纪念抗战胜利70周年曲艺惠民演出暨“广东省曲艺之乡”挂牌仪式在石龙镇举行，石龙镇获评“广东省曲艺之乡”

④ 2015年4月1日，广东众生药业股份有限公司以12.7亿元现金收购广东先强药业有限公司

⑤ 2015年10月29日，东莞市9月份“东莞好人”入选名单发布仪式在石龙镇举行，石龙镇设立全市首个镇级“关爱好人”专项资金

③

④

⑤

①　2015年7月18日，石龙镇第一届运动会开幕，1200名运动员参加比赛
②　石龙镇金沙湾广场
③　石龙镇商业区
④　远眺石龙镇

虎门镇

【虎门镇概况】 虎门镇位于东莞市西南部，珠江口东岸，面积178.5平方千米，与广州市南沙区一桥相连。截至2015年，面积178.5平方千米，辖30个社区，户籍人口13.33万人，常住人口63.83万人。

2015年，虎门镇实现生产总值447亿元(第一产业1.78亿元，第二产业169.67亿元,第三产业275.72亿元)，比上年增长8.1%；镇本级可支配财政收入23.5亿元，增长3.1%；各项税收总额72.57亿元，增长6.1%；全社会固定资产投资总额115.57亿元，增长8.2%，其中，民营投资105.77亿元，增长14%；社会消费品零售总额192.91亿元，增长15.5%；各项人民币存款余额、贷款余额分别是665.97亿元、367.36亿元，分别比年初增长4.3%、6.9%；进出口总额47.30亿美元，比上年增长12.5%，其中出口总额32.75亿美元，增长19.9%。

2015年，虎门镇市场主体总量共有6.53万户，增长13.6%，在全市32个镇街中稳居第一位。新注册市场主体1.09万个，其中新注册企业4778个。新增60家规模以上企业，总量达658家，成为全市规模以上企业最多的镇街，其中新增规模以上工业企业42家，总量381家。房地产开发投资60.53亿元，增长18%；销售面积80.88万平方米，增长1倍；销售金额91.2亿元，增长92.7%。

2015年，虎门镇被国家商务部认定为“国家电子商务示范基地”，成为全国第一个服装类国家级电子商务示范基地；被国家质检总局认定为“全国服装（休闲服）产业知名品牌创建示范区”，成为全国第一个服装类（休闲服）知名品牌示范区；获评“2015中国纺织服装行业年度精锐榜十大活力集群”和“2015年度中国纺织服装行业社会责任建设工作推动奖”；青少年维权岗、退管服务和开展国家新型城镇化综合试点等3项工作被评为全市“单打冠军”。国家新型城镇化综合试点、国家中小城市综合改革试点、全国农村综合改革示范试点工作正在开展。

【虎门镇经济发展】 2015年，虎门镇社区集体两级总资产达135.8亿元，比上年增长5.0%，净资产达108.7亿元，增长2.9%；集体两级总收入为17.9亿元，增长4.2%。10月15日，虎门镇率先完成全市首批农村集体资产的网上交易，标志着虎门镇集体资产交易平台实现网上交易，农村集体资产走进“互联网+”时代。虎门镇“三资”（资金、资产、资源）管理和集体资产交易平台自2012年11月2日完成第一宗交易，截至2015年，两级交易平台共受理交易立项6279宗。其中，镇级平台受理交易1687宗，社区平台受理交易4592宗，有962宗交易实现溢价收入。两级平台共完成交易合同标的总金额52.45亿元。2015年，虎门镇“‘三资’管理和集体资产交易平台优化提升工程”获得东莞市年度基层社会治理改革创新先进项目。

2015年，虎门镇投入1.24亿元用于社区基本公共服务专项补助，投入9303万元促进社区协调发展，创建全市首个“全国农民合作社加工示范单位”——新湾渔家水产品农民专业合作社。

虎门——建设珠江口湾区节点城市

①

【虎门镇重大项目建设】 2015年，虎门镇有中国电子虎门产业园项目、宏业货柜码头迁建项目、以纯集团总部大厦项目、虎门农副产品仓储物流项目、康源电子增资扩产项目、名店国际综合物流项目等6个项目列入市重大项目。6个项目年度投资额完成年度投资计划的108%。其中，截至2015年，中国电子东莞产业园中的长城开发一期项目2号、3号厂房已投产，爱华电子一期正在产业转移。

【虎门镇获评全国第一个服装类（休闲服）知名品牌示范区】 2015年，虎门镇被国家质量监督检验检疫总局命名为“全国服装（休闲服）知名品牌创建示范区”，成为全国第一个服装类（休闲服）知名品牌示范区；被中国纺织服装行业联合会评为“2014年度纺织产业集群创新发展示范地区”和“2015年度中国纺织服装行业社会责任建设推动奖”，并获评“2015中国纺织服装行业年度精锐榜十大活力集群”；虎门服装技术创新中心获评广东省科技厅授予“广东省新型研发机构”。11月组织举办第20届服交会暨2015虎门时装周活动，同期举办“虎门杯”国际青年设计（女装）大赛、服装设计师职业技能竞赛、“时尚虎门·霓裳映像”虎门微电影大赛、中国（虎门）国际童装网上设计大赛等大型赛事。虎门童装产业探索融合动漫文化，制作计划总投资3800万元的虎门原创动画片《神秘的海岛》，在国家广电总局通过备案，完成前20期分集剧本并开始制作，预计2016年可在中央电视台少儿频道黄金时段播出。2015年，全镇服装服饰企业的注册商标有5万多个，其中中国驰名商标2个、广东省名牌名标16个。

【虎门镇获评全国第一个服装类国家级电子商务示范基地】 2015年，虎门镇被商务部认定为“国家电子商务示范基地”，成为全国第一个服装类国家级电子商务示范基地。截至2015年，全镇建立9个电商园区，其中3个获评“广东省电子商务示范基地”，虎门电商产业园被评为“广东省众创空间试点单位”“国家级科技企业孵化器培育单位”。11月，成功举办第二届虎门国际电商节，通过“服装网销会、国家级电商高峰论坛、跨境电商促销”等主题活动，形成网络平台与现货市场捆绑互动、电子交易与传统交易双轨并进、虚拟市场与实体市场协同发展的独特模式。大型跨境电商企业迈峰乐在虎门设立华南进出口运营管理中心，悦伴童装电商城成功招商并开园运营，进驻600多商家。3月组织优质电商企业抱团参加阿里巴巴2015夏秋服装订货会等，展会现场成功对接超过500家代理商并完成1万多笔订单交易，以电子商务促进虎门的产品销售。

【虎门镇科技创新】 2015年，虎门镇推动科技、金融、产业、城市“四融合”，出台虎门镇《关于实施创新驱动发展战略走在前列的意见》《创新驱动专项资金管理办法》，从2015年起的5年内，镇财政每年安排5000万元“虎门镇创新驱动工程专项资金”，用于奖励科技创新工作方面成绩突出的企业、个人和项目。2015年，虎门镇创新驱动工程专项资金奖励1402万元，奖励133家企业和个人、275个项目。2015年，全镇工业

① 2015年6月26日，市委书记、市人大常委会主任徐建华到虎门镇调研经济社会发展情况。图为徐建华（前排左二），虎门镇党委书记、镇人大主席叶孔新（前排右二），虎门镇党委副书记、镇长曲洪淇（右一）等一行到宏业货柜码头迁建项目调研

② 2015年5月19日，市委副书记、市长袁宝成到虎门镇检查督导创新驱动发展工作。图为袁宝成（前排右四）等一行到中国电子长城开发公司调研

③ 2015年3月13日，虎门镇被国家质量监督检验检疫总局命名为“全国服装（休闲服）知名品牌创建示范区”，成为全国第一个服装类（休闲服）知名品牌示范区。图为2015年1月7—8日，验收专家组对虎门镇创建“全国服装（休闲服）产业知名品牌示范区”进行现场验收

②

③

技术改造投资总额11.5亿元，比上年增长57.3%。全年申报“机器换人”项目的企业有46家，占全市申报总量5.5%，居全市第四位，全镇申报“机器换人”项目的企业70家，占全镇规模以上企业总数19.5%，投资总额4.34亿元。2015年虎门镇新增国家高新技术企业10家，虎彩、缔奇等2家国家高新技术企业挂牌“新三板”。

【虎门镇城市升级】 2015年，虎门镇继续推进并完善中心南片区等19项控制性详细规划的编制和报批，启动新城市中心步行系统设计，累计有11个片区控规颁布实施，出台民房建设管理指引（试行），规范民房建设行为。

基础设施建设加快，滨海大道、长堤路、外环岛路、镇中心区升级改造等4个BT工程有序推进，完成并开放威远岛放生台、篮球中心、中心幼儿园修缮二期等工程；完成广深沿江高速、潮莞高速公路虎门段的生态景观林带建设；110千伏富马变电站投产，完成江门站、富马站、威远站变电站项目；以及省道S256、S358（虎门段）市政配套工程等重点项目建设；白坑排洪道改建工程基本完成，德隆围水闸重建和武山沙八围排涝站建设等多项防灾减灾工程建设稳步推进。筹建城市运动广场，虎门大道东（大沙河段）改造工程等22个项目完成部分前期工作；推进110千伏白沙输变电工程的投产前准备工作，协调解决220千伏南边变电站站址等问题。截至2015年，在建待建社会投资项目37宗，总投资额267.8亿元，其中在建工程20项，建筑塔吊数75条。

环境治理加强，整治黄标车、违法用地、违法建筑、市容环卫、畜禽养殖业等；在沙角社区建成全市首条清洁蒸汽能源集中供热管网，环保专业基地A区（南栅）、B区（路东）进入验收阶段，基地A区、B区2座电镀污水处理厂完成建设。全镇有14个社区申报广东省宜居社区。

【虎门镇社会治理】 2015年，虎门镇部署实施创新基层社会治理综合改革，制定2015年33项以及2016年上半年52项治理任务清单，创建5项市镇共建的基层社会治理项目，开展基层治理专项工作。试点推进社区综合管理服务中心、社区公共法律服务中心、社区戒毒康复服务中心建设。构建立体化治安防控体系，严厉打击各类突出犯罪。检查整改火灾隐患1.10万处，建设2个怀德和南面2个社区专职消防站，推进高清治安视频系统建设，开展服装、布料商场市场等专项整治行动和火灾隐患重点地区的整治。

创新管理模式，率先在全市电商、物流、建筑等3个领域成立工会联合会。4月，率先在全市成立镇级社会工作者协会，完成30个社区党务居务公开栏和居务监督委员会建设。成立虎门镇法学会、平安建设促进会、访前法律工作室，化解社会矛盾。实现信访总量大幅下降，办理信访案件比上年下降13.6%。

【虎门镇民生实事】 2015年，虎门镇促进教育事业均衡发展。投入4.67亿元，筹建博涌小学新校、虎门四中新校，推动虎门五中学生宿舍扩建。新招收2780名新莞人子女入读公办学校，比上年增加822人。新办4所民办小学、7所民办幼儿园，增加义务教育学位5760个、学前教育学位2730个。镇财政投入约6000万元建设学校少年宫、更新教学设施等，虎门服装创新服务中心获评省中小学质量教育社会实践基地。威远小学1所小学获评全国青少年校园足球特色学校，沙角小学、大宁小学 2所小学获评全国优秀家长学校。

优化就业创业服务，为2.43万人次办理各项就业补贴1742.18万元。怀德社区被认定为“国家级充分就业社区”，是东莞市首个获此殊荣的社区。虎门镇新增大莹服装批发城、百达国际电商城2个“青年就业创业孵化基地”。全镇有27个村民车间（班组）安置户籍人员就业近500人，虎门渔家水产品农民专业合作社成为全市首个“全国农民合作社加工示范单位”。高铁虎门站南片区微循环工程、虎门北高速口交通整治等35项主要交通整治工作，交通出行环境进一步优化。

加强社会保障，投入1.88亿元提高社会保障水平。截至2015年，制作社保

① 2015年1月12日，东莞市虎门渔家水产品农民专业合作社被农业部认定为国家级加工示范单位，为东莞市获此荣誉的唯一单位。图为2014年9月，市政协主席李毓全（左一）到虎门渔家水产品合作社加工车间观看渔民加工海产品

② 2015年11月，人力资源和社会保障部公布第三批国家级充分就业社区名单，虎门镇怀德社区成为全省8个上榜社区之一，是东莞市首个国家级充分就业社区。图为2015年11月17日，“国家级充分就业社区”揭牌仪式

③ 2015年1月21日，虎门综治信访维稳中心被团省委授予2014年“青少年维权岗”。图为“青少年维权岗”揭牌仪式

卡超过48万张。全镇文明单位累计达到94个，有1人获市道德模范、11人获“东莞好人”称号。

【虎门镇文体事业发展】 2015年，虎门镇依托创建影像虎门艺术中心长年展览、周末文化大舞台、“小虎成长计划”、少年千人现场书画大赛、元旦成年男子篮球联赛、春节中国象棋公开赛、“文化惠民”工程等文体品牌，粤曲培训基地、舞蹈培训基地、音乐培训基地、曲艺培训基地、镇文联书画摄影培训基地、青少年体育培训基地以及东莞（虎门）少儿演艺创作基地等文体培训基地，虎门国税分局、虎门财政分局、南面社区居民委员会、虎门外语学校、东莞市衣电园实业投资有限公司、万科紫台物业等社会主义核心价值观基层示范点，开展本土创作的《虎门故事》主题巡演15场，编撰出版《虎门年鉴》2015卷，新出版、再版“虎门人文丛书”“虎门题材美术作品系列丛书”系列图书9种，设计推出首套虎门旅游风光明信片，出版全市第一张纯手绘的旅游主题地图——《虎门旅游地图》。“小虎成长计划”等文体品牌活动惠及群众近50万人次，粤曲培训基地等文体培训基地培训青少年儿童1800多人次。少儿舞蹈《请不要伤害我》获第八届“小荷风采”全国少儿舞蹈展演银奖和广东省第三届少儿舞蹈大奖金奖；原创歌曲《美丽故事》获广东省文艺作品评选金奖；舞蹈《袖舞行云》获广东省第二届中老年舞蹈大奖金奖和东莞市2015老年艺术节舞蹈类银奖；曲艺新作相声《约会》、小品《有病》分别获东莞市首届群众戏剧曲艺花会银奖和铜奖；篆刻作品《谁堂篆刻》获得第十三届广东省美术、书法摄影作品联展金奖，这是东莞市唯一一个获得书画类金奖的作品。

体育事业取得进步。1月，虎门镇承办2015年虎港澳台青少年皮划艇锦标赛，并摘得桂冠；5月，位于虎门公园的虎门篮球中心投入使用；7月，虎门运动员在举办的广东省第十四届运动会中勇夺15金9银14铜，创下20年来最佳成绩，获授东莞镇街唯一“突出贡献奖”；11月，虎门镇率先在全市举办正规马拉松活动。

【虎门微电影大赛】 2015年5月至11月，第二届中国（虎门）微电影大赛举办。本次微电影大赛以“时尚虎门·霓裳映像”为主题，要求围绕主题，贴近生活，积极创作一批反映服装行业的故事，或是体现虎门时尚气息的微电影作品，特邀中国首位“奥斯卡”得主、北京师范大学艺术与传媒学院副院长肖永亮等评委，并邀请纽约电影学院担任艺术指导单位。征集参赛作品105部，其中不乏一些知名影视机构的投稿，其中厦门优业组合影视传媒带来3部参赛作品。最终，作品《T台俏佳人》夺得金奖。

【广东省信息传输线缆及连接技术标准化技术委员会筹建】 2015年9月，虎门线缆协会获广东省质监局批准，筹建“广东省信息传输线缆及连接技术标准化技术委员会”，主要负责信息传输线缆、新兴电器附件、信息数据传输与连接组件、线缆生产设备与组装设备等领域的地方标准的制修订。该委员会的建立，将提升行业的标准化水平，促进行业升级和转型，提高行业在标准化领域的话语权和影响力。

【《虎门旅游地图》出版】 2015年12月28日，《虎门旅游地图》出版，这是东莞市首张文化旅游主题手绘地图。该地图以手绘元素，充分展示虎门游、购、娱、食、住、行等方面的旅游信息。地图背面按照内容类别在设置10个栏目，包括虎门简介、美食寻味、休闲购物、酒店住宿、旅游线路、交通信息等，通过手绘表现、文字介绍、列表展示相结合的形式，为游客了解虎门概况、领略虎门文化、体验虎门旅游提供新的工具，真正实现“一图在手，畅游虎门”。该地图一经推出，深受市民和游客热捧，广受社会关注好评，成为虎门对外展示文化旅游与城市形象的新窗口。

（王景民　王嘉慧）

附：2015年虎门镇党委、人大、政府主要领导名录

镇委书记、镇人大主席：叶孔新

镇　长：曲洪淇

2015年11月20—23日，第20届中国（虎门）国际服装交易会暨2015虎门时装周在虎门镇举行。图为开幕推彩仪式

① 2015年9月22日，虎门青年企业家协会成立。图为虎门镇领导与青年企业家座谈会后合影
② 2015年3月6日，虎门镇在威远岛外环岛路举行庆“三八”妇女节暨虎门社工五周年健行活动。图为全镇200多名女性代表在环岛路上健行
③ 2015年4月19日，部分旅港虎门乡亲携眷回乡恳亲。图为乡亲在沙角社区何仔桥上合影留念

2011—2015年虎门镇主要经济指标

指标＼年份	2011	2012	2013	2014	2015
户籍人口（人）	129105	129798	130592	131470	133348
常住人口（万人）	64.07	64.32	64.42	63.93	63.83
面积（平方千米）	178.5	178.5	178.5	178.5	178.5
生产总值（万元）	3105000	3480905	3819357	4132811	4471700
第一产业（万元）	17434	17927	19379	17675	17799
第二产业（万元）	1352694	1526167	1631323	1745903	1696749
第三产业（万元）	1729882	1936811	2168655	2369233	2757152
总用电量（万千瓦时）	396923	400707	405989	421271	429929
全社会固定资产投资总额（万元）	917940	783984	910145	1067910	1155657
社会消费品零售总额（万元）	1213844	1359300	1550424	1670776	1929113
外贸出口总额（万美元）	286091	303476	332323	273214	308690
实际利用外资（万美元）	12166	14678	15692	19003	15203
镇级可支配财政收入（万元）	204919	212576	225958	227971	235022
各项税收总额（万元）	459405	527904	580772	616672	725688

① 2015年2月2日，2014年度东莞“最美人物”颁奖典礼在东莞广播电视中心举行。虎门镇程善道获2014年度东莞“最美人物”称号

② 2015年5月13日至29日，虎门镇举办机关篮球赛。图为虎门镇领导与机关篮球赛冠、亚、季军球队合影

③ 2015年1月28日，虎门镇举办培育和践行社会主义核心价值观“幸福春联进万家”活动。图为虎门书协会长万渭林（左一）为群众书写春联

④ 虎门镇东部城市面貌

⑤ 虎门公园一角

⑥ 威远岛放生台

东城街道

【东城街道概况】 东城街道位于东莞市中部。截至2015年，面积105平方千米，辖23个社区和2个国营林场。户籍人口9.95万人，常住人口48.14万人。

2015年，东城街道实现国内生产总值372.8亿元（第一产业1765万元，第二产业131亿元，第三产业240亿元），比上年增长8%；全社会固定资产投资85.9亿元，增长9.9%；总用电量29.87亿千瓦时，同比基本持平；社会消费消费品零售总额123.1亿元，增长7.3%；实际利用外资1.86亿美元，增长—26.8%；外贸出口总额51.26亿元美元，增长41.9%；各项税收总额119.7亿元，增长8.3%；镇级可支配财政收入21.6亿元，增长3.5%。在全市镇街领导班子年度量化考核中，获评“优秀镇街”，并获得“全国和谐社区建设”“全国文明单位”“广东省社区教育实验区”“广东省友好示范社区”“评退管服务、家庭计划—家庭发展能力建设工作试点”等6项全市“单打冠军”。

【东城街道创新驱动发展】 2015年，东城街道企业转型步伐加快，实施“东莞制造2025”战略，引导规模以上企业投入技改资金25亿元，实施机器换人项目40个，提高智能制造水平；推动外资企业设立研发机构14个，设立企业品牌56个，发明专利25件。科技创新成效显著，将年科技奖励资金提高到1亿元，引进奇虎360科技产业园等一批科技项目；加快推进高新技术企业“育苗造林”计划，高新技术企业增加至71家，总量居全市第二位；新增发明专利授权量259件，居全市第三位；驰名商标和著名商标增加至30件，总数居全市第一位。新经济蓬勃发展，建成跨境电商中心园区关检监管平台，搭建一批电商产业园，聚集一批跨境电商及其配套企业；引进第三产业项目35个，加快促进生产性服务业发展。设立每年5000万元的文化产业扶持发展资金，引导文化产业加快发展；建成华南地区首个谷歌数据运营中心，为全市产业升级提供全球化的信息服务。招商引资卓有成效，加强内外统筹招商，新登记注册300万元以上的内资企业426宗，实际投资73.3亿元，比上年增长96.1%；积极组团赴海外招商引资，实际利用外资1.9亿美元，合同引进外资1.4亿美元。

【东城街道综合改革】 2015年，东城街道优化政务服务，基本建成智慧城市智能中心，数字城管率先进入试运行；社区网上办事大厅服务点实现全覆盖，为群众推送550个网上办理事项；强化依法治理意识，在23个社区设立法律顾问室。深化商事改革，实行工商登记审批“即来即办”服务，一般性经营项目的个体户实现1小时内发照；实施住所申报制、企业集群注册及“三证合一”（三证：工商营业执照、组织机构代码证和税务登记证）等改革，降低市场准入门槛；新增市场主体7360户，总数达4.9万户，居全市第三位；推广电子办税，打造O2O涉税事项集中处理中心，开通微信预约办税服务，为群众和企业提供更加便捷高效的行政服务。扶持社区集体经济发展，出台加快社区发展的系列政

东城——东莞城市封面

①

策，通过税费返还、基建补助、减免利息、人才支持等帮扶措施，为社区减轻1.8亿元负担；推动社区资产交易和“三资”（资金、资产、资源）监管平台建设，完成270宗7.58亿元的集体资产交易；实施增资减债，村组两级纯收入达6.8亿元，比上年增长7.7%，负债率控制在11%以内。

【东城街道城市建设】　2015年，东城街道重点项目稳步推进，基本完成横岭、峡口、石井等搬迁小区建设；建成嘉宏锦园、天骄御峰等商住小区；民盈大厦、振兴大厦等地标性建筑进展顺利；中电新能源、中食营科、国际食品商贸中心等产业项目加快推进。基础设施不断完善，加快实施58项宜居社区项目建设；启动一批水利配套工程，提高城市排水防涝能力；完成一批市政道路、人行天桥、车辆匝道等交通设施建设，改善群众出行环境。城市改造进度加快，推进世博北片区、黄旗南2号片区、乌石岗—石井片区等重点改造项目的前期工作，启动乌石岗“33艺术小镇”文化产业园改造；加大环境综合整治力度，征收补偿用地15万平方米，补偿建筑面积4.3万平方米；突出抓好城市治理，拆除违法建筑1.78万平方米。生态环境日益优化，推进道路绿化、公园改造、“小山小湖”建设，完善绿色生态体系。配合市启动东部污水处理项目建设，强化河涌污染综合治理，实施“南粤水更清”行动计划；加强企业大气污染防控监测，淘汰黄标车3813辆，提升空气质量。

【东城街道社会管理】　2015年，东城街道以“3+2+2”专项行动为抓手，重拳打击各类违法犯罪行为，“两抢一盗”（抢劫、抢夺、盗窃）等案件大幅下降，社会治安持续好转；推进“平安东城”建设，投入2400多万元建成446套社区视频监控系统；加强外来人员服务管理，创建“市样板社区”，出租屋管理新模式在全市推广。安全监管不断强化，落实责任制度，开展安全生产专项治理行动，各类安全事故比上年下降40%；强化交通安全执法管理，实施繁忙路段交通微治理，交通事故下降39%；加强食品药品安全监管，群众健康安全得到保障。矛盾纠纷妥善化解，坚持“日排查、周研判、月分析”的工作机制，加大社会矛盾隐患排查，受理信访投诉1046件次，下降17.4%，维护社会和谐稳定。

【东城街道民生事业】　2015年，东城街道深入实施文化惠民工程，承办全国高校声乐展演、广东省朗诵大赛、演讲大赛等活动，积极组织参加各类体育竞技比赛，文体事业蓬勃发展。

着力打造教育强区，坚持教育优先发展，教育经费总投入6.3亿元，占财政总支出的28%；启动两所公办学校建设；教学质量不断提高，一批中小学校先后获得特色教育奖项；成功创建广东省社区教育实验区、广东省儿童友好示范社区，推进家庭发展能力建设试点。

医疗卫生不断优化，整合社卫中心、疾控中心、计生服务所等公共卫生资源，社区卫生服务利用率和群众满意率达95%以上；蝉联“全国亿万农民健康促进行动”省、市示范区；加强传染疾病的防控管理，做好家禽集中屠宰、冷链配送、生鲜上市。

① 2015年5月19日，市委书记、市人大常委会主任徐建华（前中）到东城街道企业调研

② 2015年1月12日，市委副书记、市长袁宝成（桌前右三），市委常委、常务副市长张科（桌前右二）到东城街道开展安全生产督查工作

③ 2015年7月10日，国家卫计委家庭发展司副司长何炤华（左三）率督导组到东城街道东泰社区调研“新家庭计划——家庭发展能力建设”试点工作

社会保障全面落实，全年征收社会保险基金15.1亿元，支付各项社会保障待遇2.8亿元；出台惠民补助政策，向困难群众发放补助金1400多万元；加大劳动就业扶持力度，为2万多人次发放就业补贴1600多万元；推进新丰对口帮扶，扶贫“双到”工作通过考核验收。

【东莞跨境电子商务中心园区首期关检监管点项目】 2015年10月19日，东莞跨境贸易电子商务中心园区首期关检监管点完成建设并成功开启。该项目位于东城街道同沙科技工业园，总投资3500万元，总占地面积5.67公顷，建筑面积7.3万平方米。主要包括关检监管区、综合办公区、生活服务区三大功能区，初步实现与电商企业、物流企业、供应链服务商系统衔接，推动监管服务部门“信息互换、监管互认、执法互助”，在全国率先实现“水陆网”三位一体的“三互”大通关，推动建立针对跨境电商企业的“单一窗口”，实现出口货物一次报关，海关、检验检疫部门联合查验，一次放行，大幅提升通关效率。

【谷歌AdWords体验中心项目】 2015年12月30日，谷歌AdWords体验中心在东城街道星河新天地揭牌。该项目是由深圳浩方集团与美国Google公司合作建成的，总投资600万元，建筑面积2200平方米。谷歌AdWords体验中心是华南首个跨境电商营销体验中心，旨在指导企业运用互联网进行国际贸易电子商务、协助企业通过电子商务扩大出口额、帮助企业扩展海外市场和铸造国际品牌。谷歌AdWords体验中心被市商务局授予“东莞市电子商务企业品牌孵化基地”牌匾。截至2015年，有东莞市大益茶业科技有限公司、东莞市良信实业投资有限公司等10家企业成为第一批谷歌Adwords用户。（莫志荣）

附：2015年东城街道党委、人大、办事处主要领导名录

党委书记、人大联络委主任：陈志伟
办事处主任：刘学聪（任至11月）
　　　　　　邵宏武（11月到任）

▲ 2015年10月19日，东莞跨境贸易电子商务中心园区揭牌暨东莞跨境电商公共服务平台上线仪式　（郑家雄　摄）

2011—2015年东城街道主要经济指标

指标＼年份	2011	2012	2013	2014	2015
户籍人口（人）	90116	92474	94257	96377	99564
常住人口（万人）	49.57	49.79	49.68	49.51	48.14
面积（平方千米）	110	110	105	105	105
生产总值（万元）	2600000	2729294	3223053	3414062	3728664
第一产业（万元）	400	430	461	481	1765
第二产业（万元）	978518	937223	1196326	1294259	1317384
第三产业（万元）	1574131	1791641	2026266	2119862	2409514
总用电量（万千瓦时）	247719	286361	289123	298813	298794
全社会固定资产投资总额（万元）	533500	558062	698933	781403	859138
社会消费品零售总额（万元）	847956	930290	1009621	1075848	1231400
外贸出口总额（万美元）	280171	316425	356137	414907	512638
实际利用外资（万美元）	13658	16398	18250	35199	18676
镇级可支配财政收入（万元）	156688	173810	202190	209036	216338
各项税收总额（万元）	542514	593748	717802	758289	1197398

① 2015年7月3日，市委常委、宣传部部长潘新潮（右二）到东城街道开展驻点联系群众活动

② 2015年10月19日，东莞跨境贸易电子商务中心园区揭牌暨东莞跨境电商公共服务平台上线仪式举行，副市长杨晓棠（左五）等参加仪式

③ 2015年12月30日，华南首家Google AdWords 体验中心在东莞市东城街道星河新天地落成启用

④ 2015年4月17日，东城街道获评全国文明单位举行挂牌仪式

⑤ 2015年9月1日，东城街道办事处举行揭牌仪式

⑥ 2015年7月14日，市离退休干部“四就近”（即就近学习，就近活动，就近得到关心照顾，就近发挥作用）工作首个示范社区揭牌仪式在东城街道东泰社区举行

① 2015年11月10日，图说我们的价值观暨纪念中国民主促进会成立70周年莞佛民进艺术家书画作品联展开展

② 2015年6月30日，东莞33小镇文化创意产业园项目招商推介会举办

③ 2015年11月22日，莞香文化产业发展论坛在东城街道举办

④ 2015年9月25日，东城街道举办社区专职组织员和纪检员培训班

⑤ 2015年12月29日，东城街道法学会成立大会召开

⑥ 2015年6月10日，东城街道召开公开销毁非法摩托车现场会

① 虎英公园
② 旗峰公园
③ 宜居东城

万江街道

【万江街道概况】　万江街道位于广东省东莞市西部，临近珠江入海口。截至2015年，面积48.5平方千米，下辖28个社区。户籍人口8.4万人，常住人口24.39万人。

2015年，万江街道实现地区生产总值104.7亿元（第一产业2865万元，第二产业36.89亿元，第三产业67.54亿元），比上年增长6.1%；全社会固定资产投资总额31.43亿元,增长9.18%；总用电量13.4亿千瓦时，增长0.18%；社会消费品零售总额52.3亿元，增长15.7%；实际利用外资6994万美元，增长78.42%；外贸出口总额4.57亿美元，增长3.0%；各项税收总额18.79亿元，增长-9.2%；可支配财政收入11.5亿元，增长57.33%。获评“广东省技术术创新专业镇（数控装备）”“广东省文明单位”“东莞市创建全国文明城市工作突出贡献单位”。

【万江街道科技创新推进】　2015年，万江街道“育苗造林”工程见成效，有4家高新技术企业挂牌“新三板”，数量排全市（并列）第一名。截至2015年，万江街道有高新技术企业35家，规模以上企业研发机构24个，规模以上企业研发投入36家，投入额度达2.06亿元。依托“省数控一代机械产品创新应用示范专业镇”项目打下的基础，8月被认定为“广东省技术创新专业镇（数控装备）”。推进铭丰包装印刷研发制造基地和岭南文化创意产业基地2个科技孵化器建设。全年企业工业技改投入超过2.7亿元，比上年增长500%，研发经费占增加值比重达7.59%，排全市第二名。创新支撑体系逐步完善，5月推动成立万江个体私营企业协会，加强企业与政府之间的联系和沟通；6月成立东莞市科技金融综合服务中心万江工作站。全年累计促成12家企业融资7800多万元。截至2015年，有省、市创新团队各1个，省产学研合作示范基地2个，与东莞中子科学中心共建“轨道交通安全监测技术联合实验室”。

【万江街道重大项目建设】　2015年，万江街道以项目建设带动文化创意、电子商务、都市型工业、城市商业等新业态集聚发展，添翔服饰、铭丰包装、市中心屠宰场3个重大项目完成投资超3亿元，并分别开始投产；岭南文化创意产业基地从改造阶段逐步转向运营，东莞广州美院文化创意研究院落户；E汇商务港、大合谷、大塘电商中心和众创生态园等一批电子商务创业园区正陆续改造并投入使用，东莞跨境电商产业园落户家汇生活广场，华南MALL跨境商品直购中心开业；北大众智机器人产业园、顺联动漫等一批新业态大项目也正在推进。

【岭南文化创意产业基地项目】　该项目一期“泰库”创意产业园区，2015年10月1日对外开放，相继组织《青出于蓝—2015广东省高等学校工业设计大赛优秀作品展》和《设计创新遇上东莞制造》跨界咖啡交流会等活动。项目推动成立创意研究院，以文化创意为核心，推动文化创意元素融入东莞精神文明建设和东莞产业体系；建立广美众创孵化器平台、创意设计云计算公共服务平台和文化创意人才培养平台，服务东莞城市、产业、文化和人四位一体的转型升级。

活力万江　滨水绿城

【铭丰包装、印刷研发与制造基地项目】 该项目总用地面积9.47公顷，总建筑面积18万平方米，分两期建设。2015年，项目一期于1月12日投产，二期项目动工建设。目标是建设成为集包装行业创意设计服务，环保包装材料的研发以及生产机械化、自动化于一体的现代化产业园区。

【东莞市中心屠宰场项目】 该项目位于万江街道小享社区，用地面积7.44万平方米，总投资2.5亿元，主要满足东莞市中心城区、水乡片的新鲜、冷却猪肉消费需求，以及全市肉制品加工行业的原材料和冷冻储藏服务需求。2015年，该项目基本完成建设。后续引进肉类制品下游企业，建设成为集屠宰、冷藏、肉类制品生产、加工、销售于一体的食品工业园。

【万江街道城市环境优化】 2015年，万江街道创建国家级生态街道工作，通过专家抽查复核并得到充分肯定；完成944辆黄标车淘汰工作；关停14家“两高一低”（高耗能、高污染、低水平）造纸企业；实施南粤水更清行动计划，落实“河长制”，检查整治35家企业和4个内河涌排污口，投入570多万元开展河涌清淤，推进3个中小流域治理，强化水环境治理成效。7个社区获得东莞市美丽幸福村居建设资格。基础设施完善，完成华南Mall人行天桥、铭丰工业园排水工程等一批道路、房建、水利工程建设并投入使用，银龙桥项目动工，龙湾滨江片区项目继续推进，“十里汾溪”示范岸线工程稳步筹划；投资4.2亿元的截污管网工程建设基本完成。城市管理创新，全面完成环卫统筹工作；开展垃圾分类试点；做好“十二五”全国干线公路养护管理迎检；开展“违建”专项整治及“数字化城管”工作，对牌楼基岳潭村、中心小学路段“乱摆卖”现象进行重点整治，并获得良好效果。

【“三河四片五岸”战略稳步推进】 “十二五”期间（2011—2015年），万江街道实施“三河、四片、五岸”（“三河”：东莞水道、汾溪河和东江南支流；“四片”：龙湾生态休闲片、华南MALL商圈片、新城中心区片和万龙滨江片；“五岸”：东莞水道两岸、汾溪河两岸和东江南支流南岸）发展战略，城市建设步伐加快。华南MALL商圈、龙湾滨江片区、新城文化商业区平台逐步完善，华南MALL商圈通过对周边环境的整治提升，优化交通组织，成为水乡地区最成熟的商圈；龙湾滨江片区，市、街道投入的基础设施建设费用超过4.3亿元，成为市水乡统筹的亮点之一；新城文化商业区，贯通南北岸的银龙桥工程动工，中心区配套路网基本完成。

引进的首铸集团东江之星项目，建设全市第二高楼。文化创意、电子商务、都市型工业、城市商业等新业态集聚发展，高新技术企业达到35家，比2010年底增长3倍多，涌现一批由旧物业转型升级的创业产业园。推动新版总体规划辖区全覆盖，突破城市空间和规模的瓶颈制约。建设用地在空间形态上更加优化，布局更加合理。

推动污水主干管网工程完工，一批防灾减灾工程落成使用，龙湾、中心区配套道路以及万龙路、金丰路、泰新路、车站南路等一批道路建成或升级，一批交通节点得到改造，开展各类工程48项，总投资达12亿元。成功申报国家级生态街道，6个社区获得省市宜居社区称号；完成治

① 2015年2月4日，市委书记、市人大常委会主任徐建华（前排）到东莞市汽车总站视察春运准备工作情况

② 2015年6月30日，市委副书记、市长袁宝成（左二）到万江街道大汾社区开展驻点联系群众活动

③ 2015年9月6日，市委常委、统战部部长李小梅（中）到万江街道上甲社区扶贫

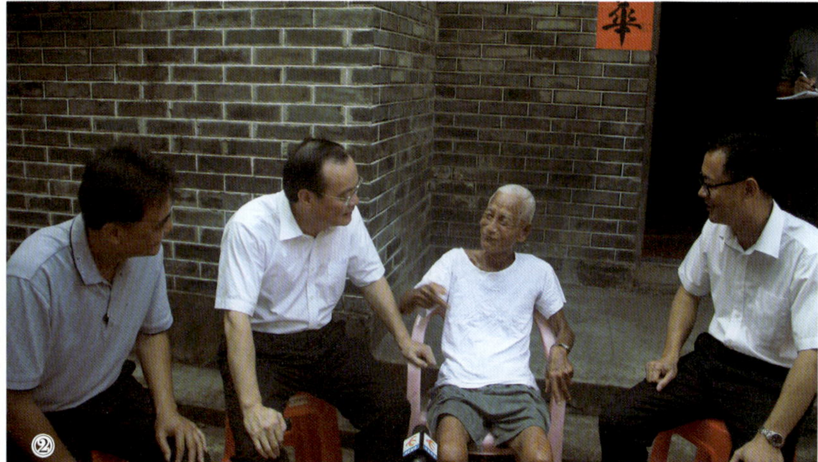

安、环卫统筹管理，在28个社区建成社区综合服务管理中心。坚持教育优先发展，投资2.5亿元建成新万江中学，积极推进教育现代化；加强创业就业带动，累计解决就业4493人；年举办文化活动约600场次；截至2015年，有各级各类医疗机构55所，占地2.5万平方米的新万江医院投入使用，社区卫生服务中心基本实现全覆盖；社会保障体系逐步完善，社会保险覆盖面不断扩大。

【万江街道社会治理】　2015年，万江街道维护社会稳定，投入超亿元配备完善公安、消防、武装、应急设施装备一批，推进“平安万江”等专项打击整治行动，推动成立 “平安建设促进会”，调动社会力量参与矛盾纠纷化解及普法等社会管理工作，接报各类警情比上年下降8.97%；出动执法人员791人次，开展危险化学品、打非治违等专项整治，检查企业216家。

促进社会共融，推广石美社区出租屋网格化管理模式，出租屋隐患得到整治；受理积分制人才入户申请169份（含随迁353人）；受理积分制入学595人次，创历年新高。新增新城社区服务点，创新管理模式，投入经费820多万元用于购买社会工作服务；5月，成立市首个“白玉兰人民调解委员会”；6月，成立社区居务监督委员，强化社区居务公开；8月，推动成立万江志愿者协会；9月，万江首个住宅小区党支部成立。28个社区综合服务管理中心基本改造完成；开展“一社区一法律顾问”工作，累计提供服务821次，服务对象6532人次。

开展驻点普遍直接联系群众活动，全街道314名驻点团队成员及359名辅助团队成员，走访联系群众超过3万户，核理汇总问题2000多条，逾90%问题得到解决。9个部门开通工作微信公众号。

【万江街道民生实事】　2015年，万江街道加强基本保障，为符合资格的老人888人，提供居家养老服务，支付养老、医疗等保险待遇超2.43亿元，发放最低生活保障金392.59万元、高龄津贴351.1万元。

重视卫生医疗建设，人均公共卫生服务增加至40元，社区卫生服务机构纳入城镇医疗保险定点机构实现100%，实现每千人拥有注册医师及注册护士11.3人。

支持就业创业，发放市、街道就业创业等补贴1585.2万元，推荐453人就业，自主参加职业技能培训2539人次，创建1个东莞市青年创新创业孵化基地。

推进公共文化建设，《万江文化》杂志改版为《小地方》，内容更深入群众；新增新村幼儿园为东莞市“戏曲进校园”示范单位；庾家粽子入选第六批省级非物质文化遗产代表性项目名录推荐项目；新村腐竹制作及食用被选为香港TVB《吾淑吾食》的栏目专题之一，向香港市民展示东莞的传统美食。

强化教育，创建“东莞市推进教育现代化先进镇街”；财政性教育投入占本级财政支出比重近30%，居全市第一名；重视名师队伍建设，新培养5位市级学科带头人，创历年新高，以及培养5位市级教学能手、17位街道级学科带头人及21位街道级教学能手。

加强食品安全管理，中小学校食堂实现食品安全量化B级以上全覆盖，4家通过A级考核。食品快检室建成并投入使用，提升食品药品监管工作效能；升级改造20个农贸市场家禽经营档口，完成家禽“集中屠宰、冷链配送、生鲜上市”工作。　（何洁珊）

附：2015年万江街道党委、人大、办事处主要领导名录

党委书记、人大联络委员会主任：吴志刚

办事处主任：谭全河

2011—2015年万江街道主要经济指标

指标＼年份	2011	2012	2013	2014	2015
户籍人口（人）	78281	79721	80538	81627	84030
常住人口（万人）	24.63	24.63	24.71	24.83	24.39
面积（平方千米）	48.5	48.5	48.5	48.5	48.5
生产总值（万元）	771560	806232	939750	986999	1047195
第一产业（万元）	2832	2684	2724	2845	2865
第二产业（万元）	302715	297329	350319	359822	368943
第三产业（万元）	466013	506219	586707	624332	675387
总用电量（万千瓦时）	122094	122396	127433	134270	134025
全社会固定资产投资总额（万元）	261089	253466	270226	287832	314254
社会消费品零售总额（万元）	348180	352765	379354	452063	523107
外贸出口总额（万美元）	37251	37609	38130	44372	45705
实际利用外资（万美元）	1765	2522	3214	3920	6994
镇级可支配财政收入（万元）	59429	62575	73532	73086	114985
各项税收总额（万元）	131670	158779	184654	206915	187880

① 2015年1月6日，新疆农三师红旗农场一行到万江街道结对交流

② 2015年12月14日，云南省政协经济委员一行到万江铭丰包装品制造有限公司进行实地考察

③ 2015年5月31日，全市首个白玉兰人民调解委员会在万江妇联白玉兰中心成立揭牌

④ 2015年6月17日，东莞市科技金融综合服务中心万江工作站挂牌成立

① 2015年6月16日，万江街道举行龙舟文化节

②③ 岭南文化创意产业基地项目一期“泰库”创意产业园

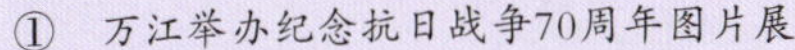

① 万江举办纪念抗日战争70周年图片展

② 下坝坊文化沙龙

③ 铭丰包装、印刷研发与制造基地

称号内的6项“单打冠军”。

南城街道

【南城街道概况】　南城街道位于东莞市新城市中心区，是东莞市委、市政府所在地。截至2015年，面积56.62平方千米，辖18个社区，户籍人口8.7万人，常住人口30.24万人。

2015年，南城街道实现地区生产总值352.58亿元（第一产业1252万元，第二产业57.18亿元，第三产业295.27亿元），比上年增长8.83%；全社会固定投资资产总额50.46亿元，增长15.40%；总用电量11.03亿千瓦时，下降0.25%；社会消费品零售总额187.07亿元，增长10.78%；外贸出口总额61.62亿美元，增长34%；各项税收117.57亿元，增长30.86%；镇街可支配财政收入18.54亿元，增长8%。三大产业比重为0.04:19.35:80.61，经济结构持续优化。南城街道获评镇街领导班子年度工作优秀镇街，并获得包括“全国文明单位”称号内的6项“单打冠军”。

【南城街道“三重”建设】　2015年，南城街道继续抓好“三重”项目建设，6个重大项目累计完成投资9.83亿元，超额完成年度投资计划。天安数码城F区动工建设，注册企业达726家，入驻企业410家。金霸王（中国）有限公司厂房及配套（扩建）项目进展顺利，完成一期厂房建设。南方物流电商综合基地的基坑工程和桩基工程完成，主体工程施工开展。广东科技学院二期（国际学院）体育馆、国际学院办公楼和学生宿舍有序推进。凯达科技设计中心开展地下室工程和主体工程施工，搭建能辐射周边优势产业和高端应用科技的“技术中心平台”。南信物联网及智能设备制造厂区项目按计划开工，重点引进物联网设备、机器人、智能仪表等领域的研发、生产类企业入驻，优化南城产业结构，提升东莞战略新兴产业的承载能力。

【南城街道现代服务业】　2015年，位于南城街道的第一国际、华凯广场、胜和广场等一批纳税“亿元楼”持续发展。电子商务业发展迅速，南城集聚一定规模的电子商务企业216家，从业人员超过5000人。开展金融服务管理机制改革，构建“管委会——专业运营公司”的管理架构，实现金融街服务管理的重大突破。街道新增金融机构37家，总数达289家。东莞众创金融街走上规模化、规范化发展的轨道，签约进驻企业31家，租赁总面积近3万平方米，累计为全市中小微企业和个人提供4047笔融资交易，融资额累计达90亿元，显现出良好的经济效益和社会效益。

【南城街道科技创新】　2015年，南城街道实施创新驱动战略，科技创新载体继续发展，科技创新能力不断提升。截至2015年，南城有各类科技企业超2000家，国家级科技企业孵化器2家，省级科技企业孵化器3家，省级众创空间试点单位1家，国家认可实验室6家，博士后创新实践基地1家。全年专利申请量1505件，比上年增长55%；专利授权量860件，增长6.4%，其中发明授权量96件，

南城——东莞城市会客厅

2015年12月11日，全国政协副主席、国家科学技术部部长万钢（中）调研南城天安数码城莞港澳台两岸四地青年创新创业成果

增长29.7%，专利结构优化。传统产业加快升级，鼓励支持电商企业孵化基地建设。打造东莞市清研公共科技服务中心和南城科技服务中心两大公共科技平台，全年服务累计达280场次。

【南城街道营商环境建设】　2015年，南城街道深入推进商事登记改革，新增市场主体7411户，总量达4.06万户，居全市第四位；其中新增个体工商户2809户，增长8.75%，总数1.68万户；新设立企业4602户，增长25.43%，总数2.38万户，是全市唯一一个企业数超过个体户数的镇街。推出奖励企业人才子女入读公办学校指引办法、纳税大企业表彰办法、纳税大企业办事优先卡等制度。优化南城办事大厅以及工商、税务办事窗口环境，提高服务水平。抓住市修编城市总体规划的契机，积极协调新增166.8万平方米建设用地，解决南城建设用地的历史欠账和保障南城未来15年建设用地，为南城后续发展提供空间。

引进一批高技术、高税收、高附加值的企业，包括广东烟草东莞市有限公司、太阳神营销总部、中传网络科技有限公司、揭阳商会汽车交易中心等，这批年度税收超千万元的优质项目落户南城，对税收增长具有突破性贡献。

【南城街道文体建设】　2015年，南城街道切实加强“文化之城”建设，群众艺术馆、雅园社区客家文化微展馆等一批文化平台建成使用，举办文化活动360余场。舞蹈《他哪里走我哪里跟》等一批艺术精品获得省市奖励。历时12年编撰的《南城区志》发行，本土杂志《南城》出版。文化遗产得到保护利用，培育和践行社会主义核心价值观向纵深推进。全民健身运动发展，体育水平持续提高，在第十四届省运动会中再创佳绩。

【南城街道教育医疗事业】　2015年，南城街道教育支出位列街道财政支出第一位。校园基础设施加强，办学条件持续改善，师资管理进一步规范，完成校长交流轮岗，特色均衡教育继续发展，出资285万元奖学奖教，教育质量稳步提高。学位解决获得突破进展，2015年学位问题由原多批次集中信访变为零信访。

腾挪6000平方米的物业资源，建设社区卫生服务中心。2015年社区卫生服务中心（站）就诊人数达35万余人次。发放社区医疗救济专项资金221多万元，救助人数183人次，救济总额达1111万元。做好卫生监督和疾病预防控制职能的承接，提高传染病防治能力。开展儿童免费健康体检，体检率达95%。

【南城街道城市综合管理】　2015年，南城街道深化环卫绿化管理，推进节能减排、大气污染防控、水污染防治，获得东莞市2015年度环境保护责任考核第二名，同时又是东莞被评为省节能先进集体的两个镇街之一。城市服务保障能力提升，打造出鸿福路、水濂山森林公园、南城文化广场等城市管理精品工程。查处城市违法违章行为2万余宗，环境卫生治理、违法建筑查处得到强化，城市形象提档升级。

【南城街道集体经济管理】　2015年，南城街道集体经济稳中有进，村组

① 2015年11月12日，科技部党组书记、副部长王志刚（左三）在市委书记、市人大常委会主任徐建华（左二）陪同下调研天安数码城

② 2015年7月6日，市委副书记、市长袁宝成（前排左二），在南城街道党委书记陈桂明（前排左一）的陪同下调研南城房管所

③ 2015年12月17日，副市长贺宇（右二）视察金融街

两级集体总资产比上年增长4.7%，净资产增长4.5%，经营总收入增长3.8%，纯收入增长7.1%。全面落实社区集体资产管理制度，加强对集体经济组织预算执行和收益分配情况的跟踪监督，分析资产的运营情况，及时向居民公布财务收支。继续完善集体经济管理制度，加大增资减债力度，制定《东莞市南城社区集体资产交易若干问题的工作指引》，集体资产交易平台全年成功交易200余宗，成交3.9亿元，总体溢价率6.2%。

【南城街道社会管理】 2015年，南城街道深入推进严打整治，治安防控体系更趋完善。共立刑事案件4098宗，比上年下降12.3%，没有发生严重暴力性案件。出动警力7000余人次，完成各类警卫保卫任务103场次；出动警力近25000人次，维护市行政办事中心治安及信访秩序，保证市核心部位的安全。

健全劳动关系风险预警机制，完善“日排查、周研判、月分析”工作制度，处理劳资纠纷案件1077宗，处理劳动争议仲裁案件585宗，化解包括雀巢咖啡、利嘉制衣厂在内的一批重大劳资纠纷案件。受理信访案件504件次，比上年下降13.6%；调处各类民间矛盾纠纷220宗，调处成功216宗，成功率98%。

落实安全生产制度，查处整改一批消防安全、生产安全、交通安全隐患，全年未发生重特大安全生产事故，没有出现重大食品药品安全事件。

落实就业创业政策，开展“就业援助月”“春风行动”“就业服务日”等活动，加大政策宣传力度，发放就业优惠补贴1272万元、惠及2.04万人次，其中，核定发放南城“3040”工资差额补助152万元惠及5552人次；组织2303人参加各类职业技能培训，发放培训补贴169万元。分类推进社保扩面征缴工作，职工基本养老保险、工伤保险、职工基本医疗保险、失业保险等各险种覆盖面均达到全市前列水平。各项基金征缴总数13.7亿元，增长15.36%。（张帆）

附：2015年南城街道党委、人大、办事处主要领导名录

党委书记、人大联络委主任：陈桂明
办事处主任：梁寿如

▲ 鸟瞰南城

2011—2015年南城街道主要经济指标

指标＼年份	2011	2012	2013	2014	2015
户籍人口（人）	74532	76937	79178	82991	87236
常住人口（万人）	29.20	29.68	29.87	30.25	30.24
面积（平方千米）	56.62	56.62	56.62	56.62	56.6
生产总值（万元）	2324783	2602379	3012235	3239733	3525763
第一产业（万元）	1316	1230	1269	1243	1252
第二产业（万元）	568939	565615	650744	623104	571781
第三产业（万元）	1754528	2035535	2360222	2615386	2952730
总用电量（万千瓦时）	102740	106594	106193	110598	110319
全社会固定资产投资总额（万元）	1215628	930321	1113557	437269	504594
社会消费品零售总额（万元）	1358292	1409882	1487256	1688670	1870681
外贸出口总额（万美元）	251096	285589	348368	459587	616200
实际利用外资（万美元）	8923	10220	11354	18430	5408
镇级可支配财政收入（万元）	182904	186636	169378	171625	185423
各项税收总额（万元）	704044	807018	914215	898492	1175734

① 2015年11月20日，省妇联副主席罗敏（右二）慰问篁村好邻居张意娥（右一）

② 2015年6月4日，市委常委、常务副市长张科（前排左六）出席《南城区志》首发式

③ 2015年7月30日，南城街道党委书记陈桂明（右一），党委副书记、办事处主任梁寿如（左二）为南实集团揭牌

④ 2015年12月14日，南城街道党委书记陈桂明（左）为赖夏生颁发南城外商协会第一届理事会会长牌匾

⑤ 2015年12月28日，举行南城新春音乐会

① 绿色东莞

② 南城总部经济圈

③ 鸿福桥

④ 南城远眺

① 水濂山

② 水濂瀑布

③ 水濂山天池

中堂镇

【中堂镇概况】　中堂镇位于东莞市西北部。截至2015年，面积60平方千米，其中陆地50平方千米，水域10平方千米，下辖20个村（社区），户籍人口7.7万人，常住人口14万人。

2015年，中堂镇完成生产总值84.7亿元（第一产业9756万元，第二产业44.5亿元，第三产业39.23亿元），比上年增长1%；全社会固定资产投资总额15.8亿元，增长2.5%；总用电量14.7亿千瓦时，增长-8.25%；社会消费品零售总额29.4亿元，增长4.2%；实际利用外资2594万美元，增长308.5%；外贸出口总额3.21亿美元，增长-2.2%；税收总额13.46亿元，增长-0.98%；镇本级财政收入7.1亿元，增长2.5%。获评“全国生态保护与建设示范区”“中国民间文化艺术之乡”，该两项创建工作获评市“单打冠军”。

【中堂镇环境优化】　2015年，中堂镇以创建国家级生态保护与建设示范区为统领，优化居住环境，推进内河涌整治，开展鹤田段等总长约7千米的河涌清淤，开展节制闸、路涵建设工程。引入PPP合作（公私合营）模式，推进北海仔造纸产业基地集中排污专管立项等前期工作；启动全镇13.3千米截污次支管网工程建设。完成全镇20个村（社区）的环卫市场化管理工作，环卫统筹率达100%。完成湛翠特色村改造工程；市镇配套2600万元，推动9个村（社区）开展美丽幸福村居建设。推进城镇建设，配合加快沿海公路（中洪支线）、城轨站点等主干路网规划、设计、拆迁等前期工作。超额完成化学需氧量等主要污染物总减排量1.65万吨的减排任务；全面清理15个无证照污染场所。打击违法用地、违法建筑，处理50宗25.33公顷违法用地。

【中堂镇强化企业服务】　2015年，中堂镇强化企业帮扶，由镇工作组挂点服务26家骨干企业和86家外资企业，缓解企业融资难、用工难等问题。抓好科技创新，年内申报科技项目30家次，新增高新技术企业7家、新三板挂牌上市企业1家；完成技改项目17宗，完成投资3.6亿元，协助申获补助2000多万元。抓好内需培育，完成固定资产投资15.8亿元，增长2.5%；完成社会消费品零售总额29.4亿元，增长4.2%。

加快转型升级　建设幸福和谐中堂

2015年2月14日，国务院台湾事务办公室副主任叶克冬（前排右九）由广东省和东莞市领导陪同，到东莞台商子弟学校调研

【中堂镇淘汰落后产能】　2015年，中堂镇落实“一领导一企业一方案”工作责任制，促成12家“两高一低”（高污染、高耗能、低效益）造纸企业关停退出，淘汰产能155万吨；强化资源统筹和项目引进，组建招商办及内资、外资、农业招商组，建立全镇招商引资工作联席会议制度，落实对腾挪的40多万平方米土地及17.9万平方米厂房登记造册，建立全镇1万平方米以上71宗260多万平方米招商用地台账，为全镇经济持续健康发展腾出环境和发展空间。

【中堂镇转型升级】　2015年，中堂镇发展先进制造业、现代生产性服务业等新兴产业项目，推动造纸产业基地提升，启动集中供热和集中排污专管前期工作。

先后引进中堂百香岛等9宗优质项目落地，投资总额约9亿元；打造G107国道及S120省道沿线载体，规划建设省同质配件生产示范基地，促成纸品批发市场转型发展汽配城，打造汽贸及汽配产业带；谋划槎滘工业园发展全链条装配式建筑产业园；推动4家退出造纸企业实现转型升级；嘉达磁电、鱼珠木材市场等建成投产，推动江南农批冷链物流项目建设，增强经济发展后劲。

【中堂镇社会管理】　2015年，中堂镇全力抓好专项整治行动，打击涉毒、涉黑恶、涉盗抢、涉赌、涉食药假违法犯罪，破刑事案件355宗。持续整治“涉黄”问题，加强和规范娱乐服务场所管理，全镇31间娱乐服务场所全部建档并接入公安监控，遏制“涉黄”现象回潮反弹。

强化矛盾排查化解，集中分析研判突出隐患问题，落实化解措施；组建应急处突机动队，提高对突发事件的处置能力，依法依规处置多宗上访事件，维护社会安定；规范企业风险预警平台建设，创建和谐劳动关系示范区。

抓好“平安中堂”建设，全镇16个村（社区）创建“平安村居”；建成平安建设促进会，形成政府调控机制与社会协调机制互联、功能互补、力量互动工作格局。

【中堂镇民生服务优化】　2015年，中堂镇加大科教文卫服务供给，投入教育经费1.88亿元，改善全镇公办、民办中小学办学条件，支持推进义务教育、学前教育、职业教育均衡发展，省社区教育实验区通过评估验收；落实公立医院药品零差价，推动全镇农村卫生站100%转型，医疗团队上门服务10495人次。完

① 2015年6月9日，市委书记、市人大常委会主任徐建华（左二）到中堂镇东莞美哲塑胶制品有限公司开展调研

② 2015年11月11日，市委书记、市人大常委会主任徐建华（右三）到中堂镇凤冲村调研指导软弱涣散党组织整顿工作

善民生设施，组建“白玉兰”家庭服务中心、“莞香花”青少年服务中心、中堂志愿者协会，建成4个村（社区）综合服务管理中心，推进服务走向岗位化、专业化。累计建立20个村民车间，帮扶2217多人次就业创业。强化民生保障，开展扶贫帮困，继续落实好困难家庭生活保障，为635户低保户发放低保金423万元；帮扶201户特困家庭解决实际问题；投入817万元慰问长者。同步抓好市内市外扶贫、学校食堂升级、残疾人康复就业、新莞人积分入户入学等民生实事。2015年居民幸福感测评得分排名全市前列。

【中堂镇争创国家级生态保护与建设示范区】 2015年4月，国家11部委批复同意中堂镇申报创建国家级生态保护与建设示范区，成为全国唯一的镇级创建单位。中堂镇以“天蓝、地绿、水清”为愿景，重点推进规划、制度、管理等工作，加速生态优化、产业升级等建设，争创统筹规划示范、制度建设示范、投入效能示范、科技支撑示范、产业升级示范，积极为全国生态保护与建设工作探索经验。2015年，该项工作被评为市“单打冠军”。

【中堂镇“中国民间文化艺术之乡”工作获评市“单打冠军”】 2011年、2014年，中堂镇先后两次获评由文化部颁发的“中国民间文化艺术之乡（龙舟民俗）”称号。中堂是东莞的龙舟重镇，龙舟民俗文化历史源远流长，有500多年历史。每年农历五月初开始更是会举办龙舟“景”民俗文化活动，持续近一个月的龙舟民俗文化盛事，全镇各村的龙舟9个“景”以及最大的“中堂镇龙舟景”相继举办，此起彼伏，热闹非凡。2015年，该项工作被评为市“单打冠军”。

【中堂镇百香岛项目签约】 2015年10月，中堂百香岛项目签约。该项目位于下马四岛，投资规模3.12亿元，规划用地200公顷，项目主要分百香果种植区、配套作物种植区、初加工设施区、精加工设施区、科普培育及有机肥料生产区等功能区。项目建成后，既有利于加快水乡生态岛建设，改善周边生态环境，助推中堂创建国家级生态保护与建设示范区，构建水乡生态文明可持续发展体系；更有利于促使现代农业标准化示范有效推广，带动周边农民就业创业，提高农村集体收益和农民收入。

【中堂镇“一带一廊”汽车产业带打造】 2015年9月，中堂镇与市汽车行业协会签约，打造107国道、120省道“一带一廊”，发展汽车文化产业。107国道沿线以整车销售为主，计划引进知名汽车企业作为行业龙头，打造107国道汽车文化产业一条街，包括整车服务销售、二手车销售、改装车服务、汽车电商、汽车金融、汽车培训、驾照考场等产业功能区。120省道以汽车零部件为主，推动原高盛原纸批市场转型为国际汽车零配件批发市场，通过以点带线的方式辐射120省道沿线，形成集汽车零部件展示、线上、线下、仓储、物流于一体的产业带。（吴家良）

附：2015年中堂镇党委、人大、政府主要领导名录

镇委书记、镇人大主席：尹照容

镇长：姚铸锐

① 2015年5月20日，市委副书记姚康（前排右二）到中堂镇调研，参观潢涌村黎氏大宗祠

② 2015年3月24日，市委副书记姚康（中）到中堂镇潢涌村开展自然古村落考察工作

③ 2015年5月27日，市委常委、组织部部长白涛（中）到中堂镇开展经济社会发展及党建工作情况调研

2011—2015年中堂镇主要经济指标

指标 \ 年份	2011	2012	2013	2014	2015
户籍人口（人）	74498	74947	75571	76035	77199
常住人口（万人）	14.04	14.05	14.12	14.05	13.92
面积（平方千米）	60	60	60	60	60
生产总值（万元）	759504	759839	793906	833920	846736
第一产业（万元）	8362	8500	9280	9688	9756
第二产业（万元）	452733	438227	435852	460049	444721
第三产业（万元）	298409	313112	348775	364183	392259
总用电量（万千瓦时）（用电网电）	138213	140500	141776	160163	146951
全社会固定资产投资总额（万元）	224706	244592	267064	282638	157728
社会消费品零售总额（万元）	187020	203574	222277	235239	294451
外贸出口总额（万美元）	25164	27625	27124	32826	32103
实际利用外资（万美元）	2512	2173	2924	635	2594
镇级可支配财政收入（万元）	61553	63418	66593	69586	71313
各项税收总额（万元）	96315	102838	120925	136006	134672

① 2015年5月18日，副市长鲁修禄（中）到中堂镇潢涌村开展创新驱动发展工作调研

② 2015年2月6日，中国共产党中堂镇第十三届代表大会第三次会议召开

③ 2015年2月10日，中堂镇第十六届人民代表大会第七次会议召开

① 2015年9月30日，中堂镇举行汽车及汽车零部件产业发展合作项目签约仪式

② 2015年7月7日，中堂镇领导班子到广东东江纵队纪念馆开展党性教育主题活动

③ 2015年10月30日，中堂镇下马四村“百香岛·中堂”项目签约仪式举行

④ 2015年12月16日，广东省造纸学会2015学术年会暨中堂纸业论坛在中堂镇举办

⑤ 2015年6月28日，中堂镇举行2015年龙舟文化节

① 东莞金洲纸业有限公司

② 连接中堂镇和城区的主要通道——中堂大桥

③ 中堂国际汽配城

④ 中堂镇中心文化广场

①

②

③

④

福感测评中排第三名。

望牛墩镇

【望牛墩镇概况】 望牛墩镇位于东莞市西北部，东江下游。截至2015年，全镇总面积31.57平方千米，下辖21个村和1个社区，总人口8.56万人，其中户籍人口4.79万人。

2015年，望牛墩镇实现地区生产总值55.1亿元（第一产业5175万元，第二产业26.64亿元，第三产业27.94亿元），比上年增长5.93%；全社会固定资产投资总额10.85亿元,增长-59.42%；总用电量7.65亿千瓦时，增长3.23%；社会消费品零售总额10.4亿元，增长42.26%；实际利用外资1416万美元，增长-57.62；外贸出口总额3.8亿美元，增长37.1%；各项税收总额7.59亿元，增长-11.58%；镇级可支配财政收入5.1亿元，增长0.76%。望牛墩镇在全市居民幸福感测评中排第三名。

【望牛墩镇重大项目建设】 2015年，望牛墩镇以重大项目建设推动产业发展，中集专用车制造、凸版有余、广东比伦等市级重大项目完成投资额3.4亿元，富锦食品、通优金属等镇属重点项目动工建设，引进金添动漫食品、明天彩印包装、金达照明博物馆和东部丰田4S店等一批优质项目。指导各村统筹整合4.67公顷土地和1.2万平方米旧厂房，增强发展后劲。中集专用车制造项目被评为“全市先进重大建设项目”。

【望牛墩镇创新驱动战略实施】 2015年，望牛墩镇加大“机械换人”、电机效能提升和技术改造投资力度，新增国家高新技术企业1家、省级名牌名标企业2家、省级企业技术中心1个、专利优势企业1家、企业自建研发机构4个，规模以上高新技术企业增加值占规模以上工业增加值提高到23.9%，比上年增加18%，工业投资占全社会投资比重提升至77.7%。对骨干企业实施挂点服务，帮助申请专项补助资金1000多万元、融资7.7亿元，为企业减免费用265万元。金达照明公司获评“全国最佳商业模式创新奖”。

【望牛墩镇城乡环境优化】 2015年，望牛墩镇开展“美城美村”行动，推行市政精细化管理。投入377万元实施绿化提升工程，增加绿地面积6.3万平方米。启动12个村的美丽幸福村居建设工作，提升水乡管委会办公场所周边环境。推动节能减排，超额完成市下达的黄标车及老旧车淘汰任务，二氧化硫减排完成率达100%。完成7家“两高一低”（高污染、高耗能、低效益）造纸企业的整治退出任务，腾出33.33公顷厂房土地。完成赤滘口等3座水闸建设。截污次支管网建设、中心区旧水管改造、寮厦大桥改造升级、一坊小桥改造升级等基础设施项目建设有序推进。发展休闲农业项

望牛墩镇

①

目，开设望洪枢纽农场、上合庆丰农业园等一批休闲农业项目，寮厦丰盛农场和上合盛丰农场获认定为首批市级家庭农场。

【望牛墩镇社会治理强化】 2015年，望牛墩镇开展社会治安整治系列专项行动，村级视频监控实现全覆盖，出租屋综合管理机制完善，18个村成功创建“平安村居”，各类警情保持低发态势，基层社会治安管理工作获评市“单打冠军”。加强矛盾纠纷化解，劳动仲裁结案率达91%，调解率达96.3%。开展易燃易爆品、“打非治违”等专项整治，全年未发生较大安全事故。严打食品药品违法犯罪行为，完成中小学校食堂提级。开展农村土地突出问题治理工作，拆除违建近3万平方米。抓好农村“三资”（资金、资产、资源）管理，村组增资减债、村级预算和农村财务公开民主管理等工作获市嘉奖。

【望牛墩镇民生实事落实】 2015年，望牛墩镇落实十件实事，财政总支出的63.6%用于民生事业。完成本轮市内帮扶任务，17个条欠发达村村组经营性纯收入增长10%，资产负债率下降2.6%，有正常劳动能力低保家庭脱贫率达92.2%。引导各村做好实事，完成项目54个，上合、杜屋、五涌等8个村完成率为100%。提升30户低收入困难家庭住房条件，超额完成市下达的目标任务。为952名老人免费提供居家养老服务，为259名独居老人安装“平安铃”，“失禁长者关怀计划”项目获第二届中国青年志愿服务项目大赛金奖。建立10个青年就业创业见习基地和10个村民车间，安置本地劳动力1366人，发放就业补助900多万元。加大公办学校学位供给，为新莞人子女提供660个学位。推动便民服务平台建设，建成“莞香花”青少年服务中心，完成“一村一法律顾问”便民服务工程，村级网上办事大厅实现全覆盖。提升医院医疗服务水平，与暨大附属一院建立医疗合作关系。开展文化惠民活动，朱平沙村、望牛墩医院等8个单位获评市文明集体。

【望牛墩镇行政效能提升】 2015年，望牛墩镇落实领导班子挂点服务骨干企业工作制度，协助企业融资7.7亿元，减免费用265万元。升级政府信息发布平台，信息公开量比上年增加15%。完成公车改革任务。强化依法行政，完善重大行政决策程序和政府法律顾问制度，完成“一村一法律顾问”便民服务工程，优化“12345”热线办理流程，村级网上办事大厅实现全覆盖，向社会公开财政预算和“三公”经费【出国（境）费、车辆购置及运行费、公务接待费】预算。　（李志杰）

附：2015年望牛墩镇党委、人大、政府主要领导名录

镇委书记、镇人大主席：简任昌
镇　长：郭志祥

① 2015年6月9日，市委书记、市人大常委会主任徐建华（右二），市委副书记姚康（左三）到望牛墩镇调研

② 2015年4月22日，市委副书记、市长袁宝成（中）到望牛墩镇格莱斯海姆有限公司调研

③ 2015年6月16日，市委常委、政法委书记邓志广（左二）到望牛墩镇调研

① 2015年9月23日，市委常委、常务副市长张科（前排右一）到望牛墩镇调研重大项目建设进展情况

② 2015年5月11日，市委常委、组织部部长白涛（中）到望牛墩镇调研两新党组织建设情况

③ 2015年5月18日，副市长鲁修禄（左三）到望牛墩镇督导科技创新驱动工作

④ 2015年12月24日，省国土厅执法监察局局长李师（左二）、副市长贺宇（右二）出席东莞市国土资源局执法监察支队望牛墩大队挂牌仪式

⑤ 2015年8月28日，望牛墩镇委书记、镇人大主席简任昌（左三）进行四大领域实事年中巡查

⑥ 2015年5月14日，望牛墩镇委副书记、镇长郭志祥（右三）在韶关市翁源县周陂镇开展新一轮扶贫开发“双到”工作

⑦ 2015年2月5日，东莞中集专用车有限公司主体工程桩基开工仪式

2011—2015年望牛墩镇主要经济指标

指标＼年份	2011	2012	2013	2014	2015
户籍人口（人）	46353	46823	47294	47768	47895
常住人口（万人）	8.35	8.50	8.62	8.59	8.56
面积（平方千米）	31.57	31.57	31.57	31.57	31.57
生产总值（万元）	360982	372240	484362	520110	550965
第一产业（万元）	3786	4108	4400	5139	5175
第二产业（万元）	198059	187177	241181	262892	266361
第三产业（万元）	159137	180955	238781	252078	279429
总用电量（万千瓦时）	63971	65607	70313	74128	76521
全社会固定资产投资总额（万元）	117361	139326	222760	267378	108512
社会消费品零售总额（万元）	53710	59614	69034	97331	104009
外贸出口总额（万美元）	21950	27022	34460	27683	37957
实际利用外资（万美元）	2697	1933	2291	3343	1416
镇级可支配财政收入（万元）	37308	40963	46894	50660	51044
各项税收总额（万元）	54623	61850	74020	85799	75866

⑦

① 2015年6月20日，望牛墩镇举办端阳龙舟节竞渡活动

② 立体交通

③ 2015年8月19日，望牛墩镇举办七夕风情文化系列活动

④ 七夕风情文化节演出

① 水乡公园一景

② 水乡公园正门

③ 望溪河“一河两岸”

麻涌镇

【麻涌镇概况】 麻涌镇位于东莞市西北部，毗邻广州市。截至2015年，面积91平方千米，下辖13个村、2个社区。户籍人口7.58万人，常住人口11.88万人。

2015年，麻涌镇实现地区生产总值167.33亿元（第一产业1.19亿元，第二产业110.14亿元，第三产业56亿元），比上年增长8.96%；全社会固定资产投资总额52.93亿元，增长21.74%；总用电量14.83亿千瓦时，增长10.65%；社会消费品零售总额15.08亿元，增长15.87%；实际利用外资3.65亿美元，增长6.62%；外贸出口总额23.12亿美元，增长-19.48%；各项税收总额22.78亿元，增长-8.29%；镇本级可支配财政收入9.99亿元，增长10.20%。获评镇街领导班子综合考评一等奖、水乡经济区年度工作考核第一名，“全国文明镇”“防灾减灾”“省休闲农业与乡村旅游示范镇”3项工作获评市“单打冠军”。

【麻涌镇生态建设】 2015年，麻涌镇先后召开省绿色生态水网建设和市美丽幸福村居建设现场会，省委书记胡春华、省长朱小丹先后考察华阳湖，生态治理工作成效2次上央视《新闻联播》，1次上央视《大秋收·秋收中国行》直播、1次上央视农广天地栏目《从农田到餐桌—走进麻涌》。华阳湖湿地公园获评“国家湿地公园”和“广东省最美湿地”。麻涌镇被评为“广东省休闲农业与乡村旅游示范镇”“中国美丽乡村建设示范镇”。“走进‘香飘四季’乡村游”建成开放，新基村获评“广东省历史文化名村”，华阳、麻三村获评“珠三角最美生态乡村”，大步、东太、新基村获评“珠三角最美乡村”。

【麻涌镇重大项目建设】 2015年，麻涌镇紧抓“互联网+”发展契机，打造全国电商专业镇，举办广州电商专题招商会、五矿钢铁物流招商会，引进京东、菜鸟网络等26个总投资208亿元的电商项目，以及沙钢、首钢等25家大型钢铁生产企业和贸易商，年贸易额600多亿元。推进省、市重大项目建设，9个总投资165亿元的省、市重大项目，完成年度投资15.2亿元，超额138%完成任务，康美特宏远汽车和珠三角汽车博览中心等项目1年内建成投产。

【麻涌镇“三旧”改造】 2015年，麻涌镇成立“三旧”（旧城镇、旧厂房、旧村庄）改造拆迁谈判小组，镇财政划拨4亿元改造基金，引进6个总投资100多亿元的改造项目。星河城市广场、麻三村、麻四村商住地块、珠三角汽车博览中心等多个项目改造成效明显。麻一工业区、麻二砖厂、南洲菜鸟网络、华阳德广隆片区、大盛滨江区、东太旧电器城、大步纸厂等项目改造进

推进“都市田园·美丽麻涌”建设

⑪

度明显加快。

【麻涌镇产业转型升级】 2015年，麻涌镇引导企业技术改造投资8.5亿元，全镇16家高新技术企业实现产值213.3亿元，税收6亿元。凯力船舶、衡标检测在“新三板”挂牌上市，椰林酒店转型为科技产业园。中粮、五矿、京东、深粮、路易达孚等企业完成贸易额46亿元。节能减排成效显著，新沙工业区集中供热项目完成主管网建设，预计年节省燃煤15.7万吨。推进15家企业18台锅炉制定淘汰或改造计划，基本完成市下达的黄标车淘汰任务，2015年单位生产总值能耗下降9.3%。

【麻涌镇新型城镇化建设】 2015年，麻涌镇加快“两高一低”（高污染、高能耗、低效益）企业退出，实施最严格的环境保护措施，逐步恢复水乡生态环境。全面加快路网建设，连接广深高速公路和沿江高速公路的东环路等12.4千米主要交通要道全面通车，建设中心大道、八达路、博览大道等主要干道。

【麻涌镇农村改革】 2015年，麻涌镇农村土地确权完成确权面积1741.13公顷，农村土地确权试点工作成为全市示范。农村集体资产管理进一步规范，累计完成资产交易300宗，涉及金额5.85亿元，溢价5556万元，增幅9.5%。9个村申请优质项目及基础设施项目1.05亿元，实现10%的固定收益。2015年，镇村组两级总资产29.9亿元，比上年增长10.43%；净资产23.19亿元，增长7.6%，村组两级纯收入1.31亿元，增长13.23%。

【麻涌镇现代服务型旅游城镇建设】 2015年，麻涌镇成立麻涌农业旅游协会，按照国家AAAA级旅游景区标准实施华阳湖景区提升工程，建成水生植物科普展示园、香蕉国际博览园。利用国家、省、市政策资金，投入8000万元建成“走进‘香飘四季’乡村游”旅游项目，疏通大步、东太和新基村15千米河涌，改造配套绿道、凉亭、祠堂等设施。建设麻一、麻二、麻三、麻四“古梅乡韵”项目。现代生态农业蓬勃发展，“印象水乡”“章姨农场”“开心农场”“丰收农庄”等被评为“中国乡村旅游金牌农家乐”，“菇菇花果园”“春田新绿”被认定为市级农业示范基地。结合新沙工业园景观改造，推出中储粮油脂、新沙港码头等工业旅游。2015年全镇接待游客数达120万人次。

【麻涌镇民生事业】 2015年，麻涌镇结合水乡美食节推动群众就业创业，动员古梅西园公司为创业的大学生减免租金，举办花卉工、叉车司机等技能培训班38期，培训户籍劳动力1630人。推进养老扶困助残事业，全面铺开居家养老服务。举办大型慈善晚会，募捐346万元，3229名残疾人、150名孤寡老人受惠。打造“古梅教育”品牌，投入410万元促进信息化小组合作教学改革，投

① 2015年5月12日，省委副书记、省长朱小丹（前排右二）率队到东莞市检查推进珠三角“九年大跨越”工作情况，图为考察麻涌镇华阳湖湿地

② 2015年9月11日，广东省政府在东莞市召开“珠三角地区水环境综合整治与绿色生态水网建设工作现场会”，副省长许瑞生（前排右二）率与会代表到麻涌镇华阳湖生态湿地公园现场参观

③ 2015年9月15日，市委书记、市人大常委会主任徐建华（左二）率督导组到麻涌镇督导市内扶贫工作

入270万元建设7所公办中小学校园文化工程。麻涌一中中考平均分超市同类学校23分，麻涌中学本科上线率比上年增加7.1%，为历年之最。发展医疗卫生事业，社区卫生服务100%覆盖，群众医疗社保报销比例达65.1%。发展文化体育事业，龙舟运动获得49项国内外顶级赛事奖牌，其中冠军28项，少年足球队在国内高级赛事崭露头角，与广州富力俱乐部达成共建协议。省剧协在麻涌镇建立广东第一个少儿戏曲传承基地。打造"平安麻涌"，投入655个高清视频探头、6套高清治安卡口，建成东莞市特警训练基地，对全镇600多名辅警大轮训，破获案件261宗，违法犯罪警情数下降11.4%。

【2015中华龙舟大赛（麻涌站）】 2015年11月14—15日，2015中华龙舟大赛（麻涌站）在华阳湖国家湿地公园举行，来自全国各地的32支顶尖龙舟队伍运动员达1500人，现场观众超过10万人，总奖金80万元。东道主东莞麻涌光大龙舟队夺得100米直道赛、200米直道赛以及总成绩3项冠军。

【2015首届省港澳汽车飘移争霸赛】 2015年11月6—8日，2015首届省港澳汽车飘移争霸赛在麻涌镇举行，吸引市内外近万车迷前来观战。来自中策橡胶集团威狮轮胎车队的李文峰夺冠，同一车队的唐志鸿获亚军，广东速飘飘移车队队长蔡伟扬获季军。中策橡胶集团威狮轮胎车队获最具人气车队奖，香港飘移培训车队的陈连财获最佳角度奖，澳门飘移协会会长李洁明获最佳白烟奖，在读大学生车手、北京转速动力飘移车队的夏昌浩获最佳新人奖，中策橡胶集团威狮轮胎车队的黄巨荣获最具潜质奖，中国飘行会车队的黄起亮获最佳车身设计奖。

【2015香飘四季东莞水乡艺术集市暨南方草莓音乐节】 2015年11月28—29日，2015香飘四季东莞水乡艺术集市暨南方草莓音乐节在麻涌镇举行，风格各异的5大舞台，65组艺人同台演出的史上最强阵容，吸引5万名乐迷齐聚麻涌华阳湖畔，共享音乐盛宴。

【"香飘四季"2015东莞麻涌乡村旅游节】 2015年9月30日，走进"香飘四季"2015东莞麻涌乡村旅游节开幕，本次乡村旅游节以"香飘四季，传遍世界"为主题，主打"走进'香飘四季'乡村游"特色项目，分"畅游美丽麻涌""舌尖上的麻涌""欢乐麻涌""麻涌底蕴"4个篇章向旅客展示麻涌的旅游资源。期间举办乡村趣味寻宝、特产展销会、露营节、乡村美食大赛等16项精彩的活动，包括运动竞技类、互动类、展览类、美食类等，满足不同游客的不同需求。活动时间从9月30日持续到10月7日，接待来自市内外将近15万的游客，创造麻涌旅游产业发展新模式。

（曹进）

附：2015年麻涌镇党委、人大、政府主要领导名录

镇委书记、镇人大主席：陈建枝

镇　长：黄桥法

2011—2015年麻涌镇主要经济指标

指标＼年份	2011	2012	2013	2014	2015
户籍人口（人）	72889	73368	73930	74478	75782
常住人口（万人）	11.88	11.93	11.99	12.09	11.88
面积（平方千米）	91	91	91	91	91
生产总值（万元）	1225141	1274486	1470511	1535610	1673252
第一产业（万元）	9587	10132	11042	11510	11855
第二产业（万元）	949921	936615	1000864	1031483	1101360
第三产业（万元）	265633	327739	458605	477571	560037
总用电量（万千瓦时）	127540	125995	126227	134009	148276
全社会固定资产投资总额（万元）	296633	306933	372881	434794	529325
社会消费品零售总额（万元）	96259	107166	118484	130130	150781
外贸出口总额（万美元）	237857	229300	255887	287171	231238
实际利用外资（万美元）	21444	23916	25928	34272	36541
镇级可支配财政收入（万元）	59049	66006	78310	90622	99866
各项税收总额（万元）	200026	227307	261313	248419	227824

①

②

④

③

⑤

⑥

① 2015年8月4日，市委副书记姚康（前排右二）到麻涌镇督导人口计生、“扫黄打非”、华阳湖提升工程等工作的开展情况

② 2015年11月15日，麻涌镇人民政府与云南省城市建设投资集团有限公司签订协议，以华阳湖湿地公园为依托，打造岭南水乡文化旅游景区项目

③ 2015年9月16日，麻涌镇在广州市举办“智造产业港，互联新麻涌”2015麻涌电子商务专题招商暨麻涌电子商务协会成立发布会

④ 2015年12月28日，东莞中汽宏远汽车有限公司启动投产暨新车下线仪式在麻涌镇举行。随着第一辆印有宏远汽车LOGO的10.5米新能源客车驶出，标志着东莞市拥有整车制造能力

⑤ 2015年9月30日至10月7日，麻涌镇举办“走进香飘四季”2015东莞麻涌乡村旅游节，来自市内外的近15万名游客参加本届旅游节

⑥ 2015年10月17日，2015东莞“M·M”周末嘉年华暨“金麻”首跑启动仪式在华阳湖湿地公园举行，吸引近万名跑步爱好者参加

① 2015年11月28—29日，2015香飘四季东莞水乡艺术集市暨南方草莓音乐节在麻涌镇举行，吸引5万名乐迷齐聚华阳湖畔

② 2015年8月23日，东莞麻涌光大龙舟队在加拿大韦兰国际静水中心举办的"第12届世界龙舟锦标赛"精英公开组标准龙200米比赛中夺得金牌

③ 2015年11月14—15日，"2015中华龙舟大赛（东莞·麻涌站）"在华阳湖湿地公园举行，东道主东莞麻涌光大龙舟队夺得100米直道赛、200米直道赛以及总成绩3项冠军

④ 2015年11月6—8日，"2015首届省港澳汽车飘移争霸赛"在麻涌镇举行，吸引市内外近万名车迷观战

⑤ 麻涌镇周末"古梅乐韵"曲艺欣赏专场演出活动

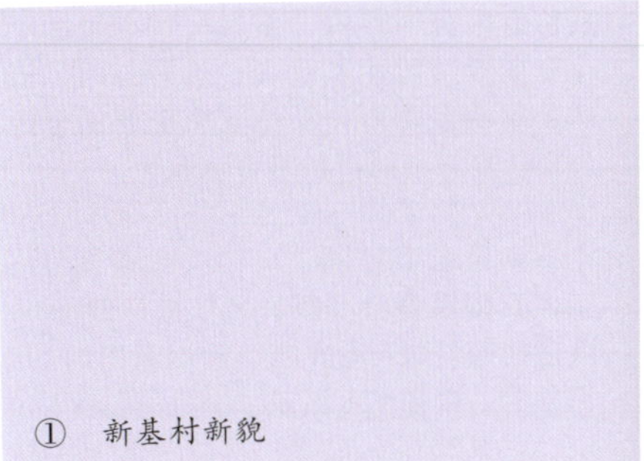

① 新基村新貌

②③ 华阳湖湿地公园景色

④ 麻涌镇夜景

市“单打冠军”。

石碣镇

【石碣镇概况】 石碣镇位于东莞市北部，地处广深走廊之间。截至2015年，面积36.2平方千米，下辖14个村、1个社区，户籍人口4.68万人，常住人口24.1万人。

2015年，石碣镇实现地区生产总值133.14亿元（第一产业0.32亿元，第二产业84.94亿元，第三产业47.87亿元），比上年增长8.0%；全社会固定资产投资总额26.93亿元，增长10.10%；总用电量17.50亿千瓦时，增长1.51%；社会消费品零售总额38.63亿元，增长10.46%；实际利用外资0.71亿美元，增长-20.33%；外贸出口总额43.15亿美元，增长10.30%；各项税收总额28.70亿元，增长-3.02%；镇本级可支配财政收入7.5亿元，增长7.03%。获评“镇街领导班子年度工作良好镇街”，“省五四红旗团委”“省社区教育试验区”“全国综合减灾示范区”等3项创建工作获评

【石碣镇经济建设】 重大项目建设 2015年，石碣镇突出重大项目建设，盈聚电子新建项目试产，东聚电子增资扩产项目试运行。帮助五株电子高精密任意互联HDI生产线项目增补为市重大建设项目并启动建设。3个市重大项目完成投资4.76亿元，占年度投资的122.1%，超额完成年度计划。镇重点项目建设落实，6个项目被列入镇重点项目，累计完成投资2.22亿元。科技创新 鼓励企业深化产学研合作，建设石碣首个孵化器——石碣·华科城科技企业孵化器。申报“机器换人”项目33个，总数达48个，申报金额达5.96亿元。有国家高新技术企业16家，省工程中心4个，市工程中心5个。民营企业有6个省著名商标，5个省名牌产品，6个无公害农产品。企业服务 建立招商资源数据库，实行领导挂点联系服务企业，协助东聚公司等8家企业列入市固定保用电企业，威力固公司认定为“第一批市级清洁生产企业”，解决企业融资、新莞人员工子女入学等问题。协助广东炜田环保新材料股份有限公司挂牌“新三板”（全国中小企业股份转让系统），盈聚公司、五株公司认定为市创新型龙头企业，金源公司认定为市创新型培育企业等。

【石碣镇城市建设】 环境整治 2015年，石碣镇整治“脏、乱、差”现象，清理建筑垃圾600多吨，整治面积约3万平方米，教育改正城市“六乱”行为649宗，立案25宗。完成“两高一低”（高污染、高能耗、低效益）企业引导退出和黄标车淘汰更新工作，加强重点污染源的执法检查。市政设施建设 完成西沙路道路升级改造工程、石碣中学新建学生宿舍楼工程。新建垃圾压缩站3座，推进生活垃圾处理无害化。对1728盏路灯进行LED（发光二极管）改造，提高亮灯率。完成镇内公交首发站及47个公交候车亭改造，对滨江路、银河路等道路交通标志标线进行集中整治。幸福村居建设 推动水南唐洪示范片区和水南特色村规划建设，唐洪食街改造工程初见成效，袁崇焕博物馆筹建工作取得突破性进展。鹤田厦村、西南村创建美丽幸福村居建设加快。

石碣——江滨花园式电子信息产业名镇

①

【石碣镇社会管理】 市场监管体系建设 2015年，石碣镇立案查处制假售假案件93宗，其中大案要案2宗。清理无证照经营户379户，督促办证301户。推进住所申报、集群注册以及“三证合一”“一证一码”改革，激发改革红利。社会治安整治 开展“3+2+2”专项打击行动，侦破各类刑事案件738件，比上年上升12.2%，刑事案件发案下降24.5%。加快建设高清视频监控及卡口系统，实现区域内主要街道高清监控全覆盖。社会矛盾化解 落实“属地管理、分级负责，谁主管、谁负责”和镇、村、组三级领导包案制度。受理信访维稳案件441件次，比上年减少17%，办结率为98.9%。公共安全 加强出租屋、“三小”场所（小档口、小作坊、小娱乐场所）违规住人情况的督导检查，检查各类社会单位场所1110家，发现火灾隐患669处，整改654处。创新出租屋管理员信息采集抽查制度和全员联动机制，采集人员信息4.3万条。通过市安全生产执法标准化一级达标验收。实施中小学校食堂升级改造工程，全镇中小学校食堂全部达B级以上。

【石碣镇民生事业】 社会保障 2015年，石碣镇完成社保扩面征缴任务，将农居民养老保险缴费下限提高到2408元，推进住房公积金扩面，新增缴存人数1.2万人。做好社会救助，足额发放救助津贴197万元，发挥石碣慈善基金会帮扶作用，慈善用款达100万元。建成10个社区综合服务中心，覆盖率达70%。实现居家养老全覆盖，横滘村、刘屋村被评为广东省居家养老示范点。教育事业 投入2793万元补助民办学校公用经费和学生教科书费用，成立东莞市民办教育协会石碣分会。万人升大学、万人升本科分别排全市镇街第4名和第9名。中考成绩再创新高，镇中考总平均分584.99分，超市线20.71分。卫计工作 通过国家卫生镇复审。推进农村卫生站转型，转型率达100%。实施优生健康惠民工程，对301对夫妇进行免费孕前优生健康检查，超额完成市下达任务。开展打击“两非”（非医学需要的胎儿性别鉴定、非医学需要的人工终止妊娠）联合行动，实行出生人口信息动态监测，2015年出生人口性别比为106.48。文化事业 开展文化惠民文艺演出19场，“同在莞邑——社会主义核心价值观进企业”演出10场。全镇各村（社区）均有健身路径和文化广场，12个村申报为“东莞市体育先进社区”。扶贫工作 市内扶贫工作中有劳动能力的贫困户脱贫率达82.4%，超额完成市下达任务；推进惠来县4条贫困村“双到”扶贫工作，实施扶村项目167个，实现受帮扶村户精准脱贫。市内外扶贫工作通过省市考核。民生实事 推进石碣镇2015年十件民生实事，村（社区）综合服务中心建设工程、食品快检室建设工程、全镇中小学校食堂食品安全量化提级工程、全镇户籍农（居）民免费健康体检提前完成。 （邹卫京　夏文明）

附：2015年石碣镇党委、人大、政府主要领导名录

镇委书记、镇人大主席：梁荣业
镇　长：游耀波（任至2月）
　　　　张拔海（2月到任）

②

③

④

① 2015年3月19日，市委书记、市人大常委会主任徐建华（前排右二）到石碣镇调研

② 2015年5月29日，市委书记、市人大常委会主任徐建华（前排左二）到石碣镇文晖学校开展“六一”儿童节慰问活动

③ 2015年12月7日，市委副书记、市长袁宝成（前排左二）到石碣镇视察裕田路截污次支管工程施工点现场

④ 2015年6月8日，国家工信部调研组一行到石碣镇台达电子有限公司，调研企业电子节能管理工作

2011—2015年石碣镇主要经济指标

指标＼年份	2011	2012	2013	2014	2015
户籍人口（人）	44806	45360	45769	46137	46838
常住人口（万人）	24.8	24.92	24.82	24.77	24.10
面积（平方千米）	36.2	36.2	36.2	36.2	36.2
生产总值（万元）	1120241	1126839	1152872	1245249	1331428
第一产业（万元）	3031	3139	3046	3184	3232
第二产业（万元）	737704	727501	754524	814839	849448
第三产业（万元）	379506	396199	395302	427226	478748
总用电量（万千瓦时）	157717	161785	163253	172408	175002
全社会固定资产投资总额（万元）	188735	169443	209061	244602	269297
社会消费品零售总额（万元）	265724	293838	321253	349748	386324
外贸出口总额（万美元）	361754	354376	377147	391205	431487
实际利用外资（万美元）	5695	6639	7473	8857	7056
镇级可支配财政收入（万元）	46618	52212	63347	69683	74581
各项税收总额（万元）	159240	181699	217668	295981	287020

① 2015年2月2日，副市长鲁修禄（前排右二）到石碣镇视察沙腰污水处理厂扩建及配套截污管网工程

② 2015年9月6日，副市长贺宇（前排右二）一行到石碣镇开展科技创新调研活动。图为到建设中的石碣高端电子制造专业孵化器参观调研

③ 2015年10月21日，东莞东聚电子电讯制品有限公司举行第五期厂房落成启用暨项目投产仪式，副市长杨晓棠（前排右三）等出席仪式

① 2015年8月3日，石碣镇“三严三实”专题学习研讨会召开，镇领导班子成员参加研讨会

② 2015年3月6日，“东莞市学雷锋全民志愿服务行动月”启动仪式在石碣镇举行，全镇57支志愿服务小分队参加启动仪式

③ 2015年11月12日，石碣镇获得东莞市第四届镇街公务员篮球甲组联赛冠军

④ 2015年4月21日，石碣镇叶金莲、单润崧、何丽琼三人获评3月份“东莞好人”

① 石碣镇风貌

② 东江明珠——石碣镇

③ 石碣镇东江大桥

① 袁崇焕纪念园菊花展

② 袁崇焕纪念园外景

高埗镇

【高埗镇概况】　高埗镇位于东莞市北部。截至2015年，面积34.6平方千米，下辖18个村、1个社区。户籍人口3.97万人，常住人口21.51万人。

2015年，高埗镇实现地区生产总值117.79亿元（第一产业6264万元，第二产业74.82亿元，第三产业42.34亿元），比上年增长8%；全社会固定资产投资总额18.51亿元，增长3.4%；总用电量13.13亿千瓦时，下降0.7%；社会消费零售总额25.09亿元，增长6.3%；实际利用外资4920万美元，下降56%；外贸出口总额16.12亿美元，增长13.6%；各项税收总额17.07亿元，增长7.9%；镇本级公共财政预算收入7.22亿元，增长13.6%。在东莞市镇街领导班子落实科学发展观工作考评中，高埗镇综合排名居全市第18位，被评为“镇街领导班子年度工作良好镇街”“综合排名进步前三名镇街”，“广东省生态乡镇”“广东省社区教育实验区”“广东省曲艺之乡”创建3项工作获评市“单打冠军”。

【高埗镇重大项目建设】　2015年，高埗镇坚持集聚发展，推进重大重点项目建设，增强经济发展后劲和竞争力。其中，华宏增资项目总投资14.9亿元，占地24.67公顷，年内完成投资8500万元，超额完成年度投资计划，累计完成投资11.64亿元，占总投资的90.23%；东山精密项目总投资7亿元，完成全部投资；百茂物流城项目总投资6亿元，占地26.67公顷，完成全部投资；莞香水果批发市场项目总投资2.5亿元，占地13.33公顷，完成全部投资；新世纪颐龙湾房地产项目总投资40亿元，占地66.67公顷，年内完成投资5.59亿元，累计完成投资26.37亿元，占总投资的65.9%；“光大·江与城”项目总投资8亿元，年内完成投资1.54亿元，累计完成投资5.12亿元，占总投资的63.5%；北太平洋项目总投资2亿元，占地2.67公顷，年内完成投资8000万元，占总投资的40%，完成厂房搬迁、加建厂房装修并投产；通立电梯项目总投资2亿元，占地3.33公顷，进行协调选址、规划调整等前期工作；爱丽特项目总投资1亿元，占地2.69公顷，协调签订土地转让合同，筹备项目前期规划建设。

【高埗镇创新驱动发展战略实施】　2015年，高埗镇中领生物和锂威能源公司2家企业申请为国家高新技术企业，星宇高分子公司等6家企业申请高新技术企业培育库入库企业，东美公司通过省工程中心验收，唯美陶瓷公司获得“省政府质量奖”和“广东省科学技术奖三等奖”。推进电机节能改造，唯美陶瓷、普能、深南电、东美和日本电产公司5家企业获得节能改造奖励203万元，高埗镇完成电机能效提升总功率5.47万千瓦，完成任务的114%；完成注塑机伺服节能改造（或汰旧更新）183标准台，完成任务的203.3%。推进“机器换人”，日本电产、普济药业公司等15家企业投入资金1.6亿元实施“机器换人”，劳动生产率提高10%以上，最高达4倍多，唯美陶瓷、普济、精锐和创鸿基公司4家企业获市财政资助137万元。

建设东莞北部滨江新城

①

【高埗镇农村平稳发展】 2015年，高埗镇开展村组增收减债工作。村组两级集体总资产17.79亿元，总负债7.15亿元，资产负债率40.2%。村组两级总收入2.56亿元，比上年增长4.5%，纯收入1.63亿元，增长7.4%。债权清收取得实效，村组两级收回往年应收未收款1.52亿元，两级应收款总额比上年减少3164万元，下降8.89%。加强交易平台建设，受理交易228宗，交易成功173宗，溢价率为23.92%；截至2015年，受理交易534宗，溢价率为22.6%，实现集体资产收益最大化；加强“三资”平台建设，村组账务全部实现上线运作，提高集体资产运行管理工作效率。开展农地统筹工作，统筹农地180公顷，平均租金由每公顷2.7万元/年提升到4.8万元/年。发展都市农业,初步建成卢溪和朱磡番石榴、卢溪供港蔬菜、低涌花卉和高埗莞鑫葡萄园等农业生产基地，高埗村、凌屋村一带7.33公顷耕地发展成为采摘农业体验活动场所。

【高埗镇基层社会治理】 2015年，高埗镇推进“3+2+2”专项打击整治行动，立刑事案件1429宗，比上年下降5.86%；破获刑事案件380宗，提升2.4%；打掉犯罪团伙15个129人，依法刑事拘留290人，逮捕264人，打击成效总体排东莞市第15位，上升12位。建成治安高清视频监控系统186套，治安卡口系统5套，实现治安监控系统全覆盖。

做好劳资纠纷化解工作，劳动监察系统动态监察企业380多家，巡查用人单位600多家次，责令17家欠薪企业补发工资。加强信访维稳工作，综治信访维稳中心受理群众来访案件143批次623人次，办结137批，办结率96%。开展农村土地突出问题治理，查处农村土地问题8宗，涉土地面积0.87公顷。2个村完成公共服务平台建设，19个村（社区）完成网上办事大厅村居办事点建设。建设“和谐劳资关系示范区”项目被评为市基层社会治理改革创新优秀项目。推进普法工作，开展4次专题学法讲座、法制宣传活动25场、“法律六进”活动114场；建立公共法律服务中心2个，建成法律援助办事处1个，法律援助工作站23个，法律顾问覆盖高埗镇19个村（社区）。

推行商事登记改革，市场主体在册数1.07万户，新增企业602户，比上年增长15.55%；开展市场后续监管工作，成立1个综合协管中心、3个综合协管站，组建近20人的综合协管队伍，定期对新登记市场主体检查。开展手机行业专项整治，组织与群众消费密切相关的行业领域内违法经营行为大清查，多部门联合行动上百次。

【高埗镇文化建设】 2015年，高埗镇实施文化惠民工程，开展“文化惠民演出”26场、“百场培训”5期，放映电影339场，镇、村、企业和学校组织文化活动80多项。举办纪念抗日战争暨反法西斯战争胜利70周年系列活动，参与人数达8万人次。发展粤曲等民间曲艺文化，创建成为“广东省曲艺之乡”和“广东省民间文化艺术之乡”。发展文化产业，建设东江画院，占地4000平方米，与昌兴存茶项目形成独具特色的文化产业联合体，成为高埗镇文化建设的新名片；建设东莞市成铭热熔胶博物馆，首期投资2000万元，是高埗镇继中国建筑陶瓷博物馆之后，又新增一家产业资

① 2015年7月24日，市委书记、市人大常委会主任徐建华（前右一）到高埗镇锂威能源科技有限公司调研

② 2015年1月10日，省人大常委会副主任、省总工会主席黄业斌（右二）与市委副书记姚康（左二）到高埗镇裕元鞋业公司参加广东省总工会送温暖活动——职工在线法律服务启动仪式

③ 2015年11月5日，市委副书记、市水乡管委会主任姚康（左三）到高埗镇唯美陶瓷有限公司调研

源类博物馆；唯美陶瓷公司纳入为市重点文化产业企业，杨晓光工作室开发的墨刻、宫廷画系列作品成为文化产业新亮点。传承非物质文化遗产，组织冼沙鱼丸、矮仔肠等非遗项目参加省、市非遗专题展演活动，其中矮仔肠项目亮相中国成都国际非物质文化遗产节，并列入广东省第六批非物质文化遗产名录。加强地情资源开发利用，“高埗桥文博园”项目被省批准为东莞市3个地情资源开发项目之一，并纳入东莞申报国家历史文化名城保护规划和创建专家考察路线规划。弘扬传统园林艺术，被中国盆景艺术家协会授予“中国海岛罗汉松盆景艺术之乡”称号。

精神文明创建通过市“文明镇”复评，低涌村、工商分局被评为市“文明标兵村（单位）”，塘厦村、三联村、社保分局被评为市“文明村（单位）”。1人当选全国“孝亲敬老之星”和市第五届“道德模范”，5人当选“东莞好人”，2人被授予“东莞荣誉市民”称号。把中国建筑陶瓷博物馆建设成为1个核心示范点；重点加强对村民、学生、外来务工人员3个群体宣传引导，开展10场“同在莞邑”进企业主题系列活动；建设3个主题街道（广场、公园）。

提升教育质量，推进义务教育均衡化发展，投入800多万元完善公办学校硬件设施，实现“广东省义务教育标准化学校”公办学校全覆盖，民办学校覆盖率达80%。开展公办义务教育阶段学校校长、教师交流轮岗工作，12名教师获评市“教学能手”。完善学校配套，新建1所民办九年一贯制学校和2所民办幼儿园。高考、中考成绩喜人，高考本科上线人数242人，完成市目标210%，其中重点本科46人。中考考生合格率、普高上线率均超全市平均水平。信息技术教育水平不断提高，低涌中学获得全国第十六届中小学电脑制作6项大奖，获奖数量全市最多，是全省唯一连续12年获此全国奖项的学校。

【高埗镇民生建设】 2015年，高埗镇促进就业创业，帮扶就业困难人员就业，推荐就业442人，落实帮扶就业资金903.6万元。完成1134人次户籍劳动力技能培训。举办“平安回家、相约高埗”就业服务活动、春风行动招聘会、组织参加校企合作洽谈会和青年见习训练集中招训等活动15场。建成17家“村民车间”，安置近600人就业。

完善社会保障，累计征集社保基金12.57亿元，参保企业2439家，五大险种参保人数达到66.64万人次，社会保险待遇累计支付75.21万人次2.83亿元。领取基本养老金待遇6948人，领取城乡居民养老津贴2365人。完成社会养老保险（村、社区）缴费标准调整。加强扶贫救济，用于社会事务民生建设的资金1760万元，惠及群众4000多人。开展“广东扶贫济困日暨东莞慈善日”活动，筹得善款144万元。开展“居家养老”，投入经费221.4万元，为500多人提供居家养老服务，服务总时数12.27万小时。加强新莞人公共服务，355名新莞人子女通过积分制入学获得公办学校入学资格，28户62人通过积分制获得入户资格。

加强卫生防疫，为23.2万人建立健康档案，建档率达100%。组织开展健康

① 2015年5月12日，市委常委、组织部部长白涛（中）到高埗镇冼沙村调研领导干部驻村联系群众工作

② 2015年8月20日，市委常委、宣传部部长潘新潮（右二）到高埗镇唯美陶瓷博物馆调研

③ 2015年3月31日，副市长杨晓棠（左三）到高埗镇陆逊梯卡华宏（东莞）眼镜有限公司调研

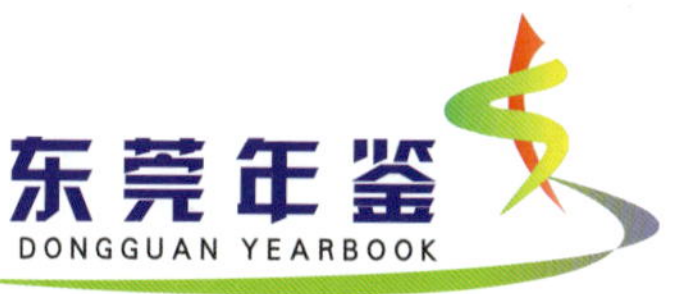

教育宣传活动，开展健康教育公众咨询17期，举办健康教育知识讲座41期。做好H7N9禽流感、手足口病、登革热、中东呼吸综合症等流行疾病防控工作，保障群众身体健康。

【高埗镇公共安全监管】　2015年，高埗镇加强生产安全监管，督查检查企业1263家次，出动人员2938人次，查处一般事故隐患369处，整改率达100%；查处违法行为4宗，收缴处罚罚款10.5万元。抓好消防安全，排查各类场所1.04万家次，督促隐患整改8918处，迁出违规住宿人员1630人，实施技防改造1345家。发生火灾43起，比上年下降17%，无人员伤亡。加强交通运输管理，检查企业88家，检查车辆1432辆次，未发现重大事故隐患；查处交通违法行为4683宗，暂扣违法机动车2705辆，行政拘留178人。加强食品药品安全监督，开展食品药品安全检查行动，出动执法人员3500人次，检查食品药品生产经营单位2680家次，完成抽捡5583批次，合格率99.9%，查处违法案件22宗，无食品安全事件发生；完成低涌中学等5家中小学校食堂食品安全量化等级从C级提升到B级及以上标准任务；完成镇食品安全快检室建设并投入使用。

【高埗镇宜居城市建设】　2015年，高埗镇推进中心涌水环境综合整治工程。完成12.52公顷土地征收，占总面积94.7%；有341户达成共识并绝大部分签订协议、拨款，占总户数97%。完成新建、改造桥梁9座，旧镇府段、低涌中学段、高埗医院段以及冼沙中心桥小公园景观改造基本完成。加快中心涌截污次支管网工程、22万伏低涌变电站工程、美丽幸福村居工程、道路升级改造工程（颐龙路西段和莞潢南路）以及环城路与莞潢路立交连接工程等建设。加强城市综合管理，查处违章广告、生活噪音和违法建设，教育纠正和立案查处违法行为6451宗，通过“国家卫生镇”复评。抓好节能降耗，万元生产总值能耗比上年降低10.2%，完成年度节能目标234%，完成示范城市节能目标105%；削减二氧化硫1251吨、氮氧化物220吨，完成市下达的减排任务；抓好“两高一低”（高污染、高能耗、低效益）企业整治和引导退出，2家造纸企业通过市关停验收，1家造纸企业的生产设备正在拆除中，10家无证无照污染企业依法进行取缔和关闭；完成整治18台禁燃区外高污染燃料锅炉，5个加油站油气回收治理和4家挥发性有机物企业治理任务；完成淘汰黄标车1025辆，完成率达107.3%，全市进度排第9位。建筑工地、搅拌站、砂场的扬尘项目整治率为100%；实施南粤水更清行动，加强饮用水源保护区警示、保护工作，饮用水源水质维持良好，达到水环境功能区要求，群众饮用水卫生安全。严格落实“河长制、涌长制”，在东江北支流、中堂水道、中心涌和潢涌河等4个河段进行制作安装“河长制”公示牌，建立水环境治理的协调联动机制。　（林　郁）

附：2015年高埗镇党委、人大、政府主要领导名录

镇委书记、镇人大主席：黄耀成

镇　长：张永艳

2011—2015年高埗镇主要经济指标

指标＼年份	2011	2012	2013	2014	2015
户籍人口（人）	38186	38401	38691	38951	39690
常住人口（万人）	21.79	21.77	21.81	21.75	21.51
面积（平方千米）	34.6	34.6	34.6	34.6	34.6
生产总值（万元）	796174	835235	1023272	1102860	1177880
第一产业（万元）	5677	5775	5958	6220	6264
第二产业（万元）	505676	516211	649450	698804	748243
第三产业（万元）	284821	313249	367864	397836	423374
总用电量（万千瓦时）	135668	126855	127832	132212	131310
全社会固定资产投资总额（万元）	203971	224168	235943	179045	185133
社会消费品零售总额（万元）	179488	193847	219241	235903	250857
外贸出口总额（万美元）	125538	119928	138198	141959	161208
实际利用外资（万美元）	3342	9098	18782	11170	4920
镇级可支配财政收入（万元）	44572	48425	55722	63608	72231
各项税收总额（万元）	100190	115219	132007	158225	170671

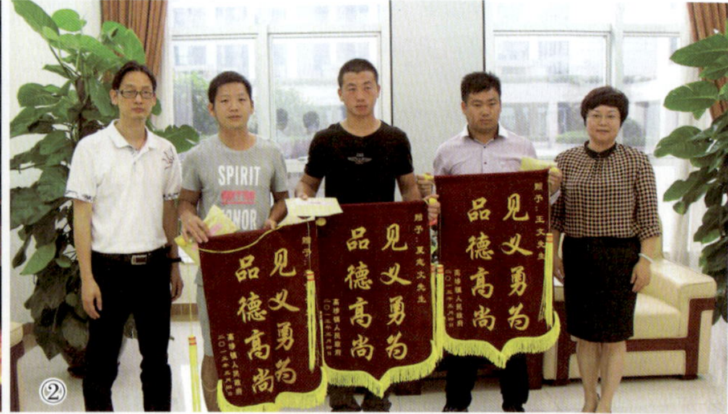

① 2015年9月，高埗镇获评“广东省曲艺之乡”称号

② 2015年5月4日，高埗镇表扬奖励见义勇为勇救溺水学生的市民

③ 2015年7月29日，高埗镇组织领导干部参观东莞市反腐倡廉教育展览

④ 2015年3月8日，高埗镇莞香水果批发市场开业

⑤ 2015年1月10日，广东工人艺术团走进高埗镇裕元鞋业公司“中国梦 劳动美”文艺汇演

⑥ 2015年5月27日，“水乡梦 青年志”2015年高埗镇第五届青年形象大赛决赛举行

⑦ 2015年12月，高埗镇举办“振兴杯”2015年男子篮球锦标赛

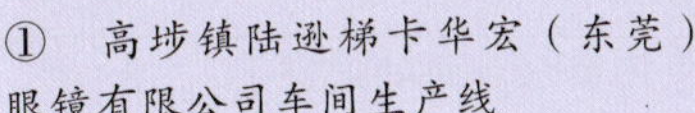

① 高埗镇陆逊梯卡华宏（东莞）眼镜有限公司车间生产线
② 2015年6月30日，高埗镇举办龙舟节传统龙舟趁景活动
③ 东莞北部滨江新城——高埗
④ 高埗镇沿江南路
⑤ 在建中的东江梨川大桥

洪梅镇

【洪梅镇概况】 洪梅镇地处东莞市西北部，紧靠虎门港立沙岛、新沙港。截至2015年，面积33.2平方千米，下辖9个村、1个社区。户籍人口2.34万人，常住人口5.81万人。

2015年，洪梅镇实现地区生产总值50.97亿元（第一产业0. 58亿元，第二产业35.59亿元，第三产业14.80亿元），比上年增长2.1%；全社会固定资产投资总额15.14亿元，增长10.51%；总用电量5.30亿千瓦时，增长-10.58%；社会消费品零售总额6.11亿元，增长3.48%；实际利用外资0.96亿美元，增长11.1%；外贸出口总额3.14亿美元，增长-15.92%；各项税收总额7.36亿元，增长1.5%；镇本级可支配财政收入3.84亿元，增长2.8%。获评“中国花灯之乡”“东莞市文明镇”，“基层社会治安管理”“全国综合减灾示范社区”等工作获评市“单打冠军”。

【洪梅镇重大项目】 2015年，洪梅镇推动重大项目建设实现投资7.27亿元，占年度计划112.4%。华平“1号店”项目列入省重点建设项目，一期投入运营，绿通新能源电动汽车、安博现代物流、汇星3D打印、大众农科生物质炭等列入市重大项目，并实现动工建设。全镇列入市重大建设项目6个，总投资46.2亿元，在2015年度东莞市重大项目考评中排第七名。实施内外资统筹招商，新引进广东理文高档生活用纸项目、家乐福冻肉冷链物流项目、辉瑞大健康电商项目、海新科技节能环保厨电项目、南方报业集团“289”艺术园区项目等5个优质项目。

【洪梅镇创新驱动】 2015年，洪梅镇修编“科技洪梅”政策，推动企业投入研发经费约2.8亿元，专利申请量、发明量分别比上年增长51.49%和54.29%，规模以上高新技术企业产值85.85亿元，占全镇规模以上企业产值近43.18%。推动富之源、辰达、大众、力源等公司实施技术改造，投入2.655亿元。大众农科挂牌新三板，小尔孵化器建设推进。促使富之源、辰达、精业、亚洲制药等公司实施“机器换人”项目，投入资金3887.51万元，其中辰达、亚洲制药公司通过市验收。辰达公司申报为省级研发中心，截至2015年，省、市研发中心增至3家，高新技术企业增至8家。

【洪梅镇水乡新城建设】 2015年，洪梅镇结合控制性规划和地块开发意向，协助完善水乡总体规划，组织编制洪梅镇全域行动规划，扩大洪梅镇示范片区范围，打造“水乡新城西岸示范片区”和“水乡新城中心示范片区”。主动对接水乡建设项目库编制，望沙路升级改造、横向中通道等项目纳入水乡项目库。完善新城基础设施建设，洪金路还建工程单边开通，推进110千伏河西站出线电力工程等供电设施项目。轨道交通拆迁征地工作取得进

建设珠三角轨道枢纽新城、临港产业服务基地，实现洪梅经济社会发展新跨越

展，完成17户拆迁任务。先行先试实施市、镇、村合作开发模式，完成梅沙村土地统筹135.53公顷，发放梅沙村民土地统筹款1862万元。

【洪梅镇城乡建设】 2015年，洪梅镇完成“三旧”（旧城镇、旧厂房、旧村庄）改造专项规划和景观绿化建设规划编制，《洪梅镇综合交通规划》《洪梅镇乌沙特色村及宜居社区建设规划》两个规划，列入2015年东莞市向社会各界宣传推介的18个规划成果。借鉴江浙地区的先进发展经验，拓宽新农村建设思路，启动金鳌沙、乌沙、尧均等美丽幸福村居建设。建成泗安医院连接线等基础设施，完成新洪路、洪金南路绿化等景观工程，加快望沙北路、疏港大道延长线、横向中通道等区域性道路建设，“三纵五横”的道路交通网格逐步完善。实施城市管理“三个一”精品工程，制定《洪梅镇道路沿线管线管理制度（试行）》，开展村容村貌整治工作，整治城市“六乱”4495宗，整治环境卫生考核实现从月均全市第22名提升至12名，环卫统筹覆盖率达100%，镇街建成绿化水平在全市排第5名。统筹推进粤源、创力、华生等8个“三旧”改造项目（占地36.62公顷）。

【洪梅镇生态环境】 2015年，洪梅镇投入5410.76万元，平稳引导镇内24家“两高一低”（高污染、高能耗、低效益）企业关闭、取消污染工序、停产或转型升级。11千米截污主干管网全部投入运行，夏汇段截污主干管网完成总工程量的85%，次支管网完成招标，进入施工阶段。乌沙内河涌清淤完成总工程量的60%，梅沙内河涌排水系统工程竣工验收。万金沙海堤、金鳌沙水闸及海堤工程完成。加强水域面源整治，清理水上垃圾1322.6吨，整治堤防12.76千米。完成广东理文脱硫设施整改及降氮脱硝工程，提标改造5台65蒸吨以上燃煤锅炉特别排放限值。创建为“广东省生态乡镇”。单位生产总值能耗2.60吨标煤/万元，比上年下降8.3%，超额完成“十二五”累计下降任务。淘汰黄标车283辆，超额完成年度任务总数。

【洪梅镇水乡文化建设】 2015年，洪梅镇举办省第四届暨第六届洪梅花灯节，获评“中国花灯之乡”。完成洪梅广场、洪梅体育中心及洪屋涡村等3个篮球场的升级改造。举办惠民演出27场，公益电影放映170场。组织开展新春游园活动、狮子贺岁大游行、龙舟趁景活动、“梦起水乡”国庆文艺晚会、“粤剧黄金周”等节庆文化活动。支持原创粤剧《梦起水乡》的创作和推广。广东省“巾帼文明岗”增至6家，获评“东莞市文明镇”。

【洪梅镇公共安全】 2015年，洪梅镇开展“3+2+2”专项行动，推进高清视频监控全覆盖，预防和严厉打击违法犯罪活动。接报违法犯罪警情814宗，比上年下降19.8%；破获刑事案件110宗，依法处理违法犯罪嫌疑人470名，出租屋违法犯罪案件下降12%，涉黄问题得到根

① 2015年8月17日，省委宣传部副部长、南方报业传媒集团党委书记莫高义（右二）一行在镇委书记、镇人大主席吴淑萍（左一）等陪同下，来到洪梅镇，了解289艺术园区项目在水乡经济区的规划建设情况

② 2015年3月20日，市委书记、市人大常委会主任徐建华（前排中）率领市调研组到洪梅调研经济社会发展情况

③ 2015年6月16日，市委副书记、市长袁宝成（前排中）来到洪梅镇调研华平1号店华南总部项目等重大项目建设情况

本整治，全镇连续3年无命案。加强矛盾纠纷化解，推进信访隐患排查，矛盾纠纷案件调解率达99.2%，信访案件下降18%。开展安全生产大检查，深化"打非治违"等专项整治行动，地毯式检查危险化学品生产经营单位，依法消除一大批安全隐患。加大消防、食品药品的安全检查力度，无发生较大以上的安全生产事故和消防事故。防范H7N9、登革热等疫情。

【洪梅镇社会事业】 2015年，洪梅镇发放洪梅奖教奖学教育基金156.6万元，教师论文、优课、微课等获市级及以上奖励达192人次。实现洪梅中学中考总平均分提高46分，进步幅度在全市中学排第一名。高考户籍学生重点本科上线率增幅达30%。完成"家庭教育一条街"的创建。铺开"家庭医生签约"服务。向困难群体发放补助金达848万元。完成企业职工和村（社区）参保退休人员养老金统一调整。为144名因达到退休年龄养老保险缴费年限不足15年的群众办理遗漏参保手续，完成工伤保险及养老保险的社保扩面工作任务。落实各项就业补贴金额556.27万元，建立"村民车间"18间，促成694人成功就业，帮助219名户籍人口登记失业人员实现再就业。获评"计划生育工作先进镇街"、"2015年东莞市镇街妇联工作一等奖单位"。

【洪梅镇农村发展】 2015年，洪梅镇加快建设梅沙、尧均等2个社区综合服务中心，完善村级政务服务站的功能和管理。全面建成镇、村两级公共法律服务实体平台。夏汇、新庄村创建为"东莞市儿童友好社区"。各村级总资产7.43亿元，比上年增长8.1%，6个欠发达村的集体经营纯收入2551万元，比2012年（上轮末）增长59.84%，21户贫困户脱贫，脱贫率达100%，完成3年市外扶贫"双到"帮扶目标，对口支援新疆生产建设兵团第三师四十六团生产建设。

【广东省第四届花灯文化节暨2015第六届洪梅花灯节】 2015年3月3—5日，广东省第四届花灯文化节暨2015第六届洪梅花灯节举行，由广东省精神文明建设委员会办公室、广东省文学艺术界联合会、广东省民间文艺家协会、"我们的节日"东莞市系列文化活动组委会、2015第六届洪梅花灯节组委会主办，由东莞市洪梅商会、洪梅镇文学艺术界联合会承办。这一届花灯节现场有300多盏洪梅传统花灯，分特色花灯制作展示区、传统花灯展示区等。将洪梅本土特色的十大品种60盏花灯以花灯巡游表演的形式逐一亮相。最大特点是把最传统、最接地气、最有价值的开灯习俗在开幕式舞台上展示，具有灯王之称的"岭南第一灯"与数千盏洪梅特色花灯同时点亮。"岭南第一灯"以洪梅花灯为原型，高11米，宽9米，由"柳下传书""开灯大吉""甥舅论文""三星拱照""喜报花灯"和"天姬送子"等12幅图画组成，体现海纳百川的包容之情，寓意洪梅与时俱进、锐意进取。让观众更直观地了解洪梅花灯的根源和洪梅花灯节的由来。添加各村及各单位特色花灯制作展示、花灯大观园、水乡片区特色产品展销区、太极武术和广场舞表演等项目。期间，还组织猜灯谜、迎春挥毫送福、愿望投递、美食一条街、文体竞赛、趣味游戏活动等一系列文化娱乐活动。 （黄庆新）

附：2015年洪梅镇党委、人大、政府主要领导名录

镇委书记、镇人大主席：吴淑萍

镇　长：梁志刚

2011—2015年洪梅镇主要经济指标

指标 \ 年份	2011	2012	2013	2014	2015
户籍人口（人）	22271	22559	22866	23241	23405
常住人口（万人）	5.84	5.88	5.91	5.83	5.81
面积（平方千米）	33.2	33.2	33.2	33.2	33.2
生产总值（万元）	367244	368660	432280	501312	509711
第一产业（万元）	5430	5029	5536	5782	5822
第二产业（万元）	271593	267867	313316	353550	355860
第三产业（万元）	90221	95764	113428	141980	148030
总用电量（万千瓦时）	52409	53847	56063	59255	52984
全社会固定资产投资总额（万元）	150560	136677	113345	136998	151398
社会消费品零售总额（万元）	37674	42485	46315	59056	61111
外贸出口总额（万美元）	29091	32254	39689	37292	31354
实际利用外资（万美元）	9240	18810	6556	8614	9568
镇级可支配财政收入（万元）	31808	32013	37284	37390	38447
各项税收总额（万元）	50354	48811	64148	72457	73605

① 2015年4月14日，市委副书记、水乡管委会主任姚康（中）率领市水乡管委会调研组到洪梅镇调研水乡特色建设项目情况

② 2015年5月24日，市委常委、市纪委书记戚优华（前排右二）一行在洪梅镇委书记吴淑萍（前排左二）等陪同下，来到东莞市绿通高尔夫观光车有限公司调研创新驱动发展工作

③ 2015年4月24日，市人大常委会副主任尹景辉（右二）带领市人大代表一行到水乡地区调研督导垃圾处理厂建设情况

④ 2015年4月30日，洪梅花灯出展“古风今韵”之非遗水乡片专场，吸引大批市民到场观看

⑤ 2015年9月29日，“梦起水乡”2015年洪梅镇国庆文艺晚会在洪梅文化体育广场上演

① 2015年11月13日，洪梅镇与辉瑞控股有限公司举行大健康电商项目签约仪式

② 培养“小粤曲发烧友”，传承和发扬粤曲文化

③ 2015年6月18日，“1号店华南运营总部”举行开业庆典

① 洪梅镇一景

② 洪梅镇“一河两岸”

③ 洪梅镇幸福村居效果图

道滘镇

【道滘镇概况】　道滘镇位于东莞市西部、穗深经济走廊中部，毗邻东莞市区，是水乡特色发展经济区的核心区域。截至2015年，总面积54.3平方千米，下辖13个村、1个社区。户籍人口5.79万，常住人口14.16万。

2015年，道滘镇实现生产总值77.39亿元（第一产业1.38亿元，第二产业38.26亿元，第三产业37.75亿元），比上年增长7.1%；全社会固定资产投资总额19.86亿元，增长8.0%；总用电量10.97亿千瓦时，下降14.3%；社会消费品零售总额17.32亿元，增长5.6%；实际利用外资3922万美元，增长30.9%；外贸出口总额10.65亿美元，增长119.7%；各项税收总额14.71亿元，增长8.1%。镇本级可支配财政收入7.47亿元，增长8.6%；金融机构各项存款余额91.40亿元，增长4.5%。获评"广东省生态乡镇"。在东莞市镇街综合量化考评中，"中国民间文化艺术之乡"和"基层社会治安管理"等2个项目获评市"单打冠军"。

【道滘镇产业升级】　"六新"产业招引　2015年，道滘镇针对部分企业倒闭、招商引资滞后、污染产业清退等形势，明确"六新"（新材料、新装备、新硬件、新能源、新医药、新业态）产业的发展重点，构建现代产业体系。按照轻质、新型、高效的原则，引进激光装备产业园、北晨绿色建筑科技产业园、国邦电商综合交易平台、当信安喜文创园区等一批重大产业项目，启动跨境电商、稀土材料、光伏电站、新能源汽车、石墨烯等一批"精专特新"产业项目，新材料等优势产业集群初具雏形。优势企业培育　推进搜于特总部、雄林总部等6个市级重大项目建设，完成年度投资计划112.43%，连续两年获评"东莞市重大项目建设管理先进集体"。打造电商产业园，筹备建设东莞最大规模的跨境电商进口食品O2O展销中心，创新举办2015东莞风尚珠宝海购荟。推进雄林、国立公司等2家企业进行上市准备工作，协助沃府、天熠、金坤公司等3家企业在"新三板"挂牌前期手续。污染产业清退　推进"两高一低"（高污染、高能耗、低效益）污染企业关停退出，完成12家造纸企业和3家非造纸污染企业的清退，每年减少排放化学需氧量1992.9吨、氨氮70.3吨。做好退出企业厂区的"腾笼换鸟"，盘活60多公顷土地和近3万平方米厂房。启动实施健康产业城、尚佳酒店用品市场、蔡白竹木市场、明轩附楼、南阁水厂、碧荷轩、东美线业公司、瑞华纸厂等"三旧"（旧城镇、旧厂房、旧村庄）地块的产业置换。

【道滘镇创新驱动发展】　创新平台搭建　2015年，道滘镇与华中科技大学工研院筹建孵化器，项目占地面积7万平方米，总建筑面积5.50万平方米。依托"千人计划"创新团队，引进墨睿（纳米）科技项目，与昆明理工大学共建石墨烯研发中心，制造石墨烯生产装备。引进长咸纳米公司，筹建纳米新材料产业协

现代和谐水乡新城——道滘

会，通过利用台湾工研院纳米技术对传统制造业进行升级，启动香水皮包项目试点。协助洲亮公司联手中山大学研究院筹建电动汽车研发和销售总部项目，研发生产新能源大巴和新能源专用车。

创新资源对接　加强与广东省激光行业协会、香港理工大学、香港科技园、航天五院、电子科大研究院等研究院所的对接合作，加速创新资源集聚。与美国俄亥俄州水陆联运市长协会在高分子材料研发、汽车零部件制造、服装设计等方面建立战略合作关系。抓好与中国银行、东莞证券、东实集团等金融机构和国有企业在培育上市企业、共建产业基金、扶持科技创新等方面的合作。获得第四届全国高校商业精英挑战赛商业信息化创新创业竞赛承办权，举办“电商风暴”青年创业大赛，进一步激励大众创业、万众创新。

创新企业扶持　引导洲亮科技、银禧科技、诺华家具等企业加大研发投入，支持银禧科技公司高分子材料研究院和3D产业化研发中心建设，促进雄林与清华大学共建院士工作站。鼓励国祥空调、和乐电子等7家企业深化产学研合作，协助天环科技、国立实业等7家企业申报企业成长培育专项资金。新增高新技术企业8家、高新技术企业培育库入库企业13家，工业技术改造投资比上年增长69.2%，先进制造业增加值增长9.4%，高技术制造业增加值增长6.1%。

【道滘镇综合改革】　商事登记改革　2015年，道滘镇引进清研联华和邦胜公司推行集群注册改革，成为东莞市试点后推开集群注册的第一个镇。引进商务托管新业态，在东莞市首创按照工作卡位发放营业执照。全面推行“三证合一”“一照一码”登记制度改革，并叠加多证联办改革，率先发出东莞市第一批“一照一码”营业执照，实现行政审批效率大幅提高，企业注册成本大幅降低。2015年，新增企业515家，比上年增长22.6%，新增注册资本18.84亿元，增长166.5%。

审批监管改革　促成搜于特总部、国立总部等4个项目纳入东莞市直接落地改革试点，采取“先建后验、宽进严管”方式，加快重大项目投资建设。通过集体土地流转出让方式，完善用地和房屋相关手续，盘活原尚佳酒店用品批发市场地块，作为华中科技大学工研院孵化器项目用地，使传统低端批发市场产业用地成为高新科技孵化器用地。尝试跨境电商、保税物流、产业基金、微商创业、产业联盟协同创新模式，打造新型商业模式。筹划启动发展规划、土地规划、城市规划“三规合一”改革，促进相关规划充分衔接，解决规划冲突制约发展的难题。

运行机制改革　完善机制建设，率先成立镇级改革办和镇科技办，加大统筹力度。改革办统筹抓好集群注册、多证联办、项目直接落地等改革。科技办负责与科研院所、公共平台对接，推动科技企业落地、高新企业培育和企业上市扶持。加强招商队伍建设，充实投资服务中心人员配置，提升商务办、经贸办人员专业素养，打造高素质招商队伍。抓好信息归集，实行每周例会制度、重点行业信息跟读制度和重大事项督查制度，增强干部的工作活力和创业热情。

① 2015年7月29日，市委书记、市人大常委会主任徐建华（中）一行到道滘镇实地视察产业孵化区

② 2015年4月22日，市委副书记、市长袁宝成（左一）到道滘镇银禧科技股份有限公司调研

③ 2015年5月21日，市委副书记、水乡管委会主任姚康（左三）到道滘镇会见由美国坎顿市市长贺威廉、阿克伦市市长安塞缪率领的俄亥俄州水陆联运市长协会一行

【道滘镇城市建设】 *基础设施完善* 2015年，道滘镇规划建设东莞水乡综合创新园区，完善城镇规划体系，促进重点工程建设与规划相衔接。完成东莞卫校、绿道、4号路、大罗沙特色村、广深高速公路景观工程四个标段等工程，配合做好道滘大桥、九曲大桥、疏港大道延长线、道厚路东港立交段升级改造等市属工程，推进马洲桥、南丫大桥、搜于特周边道路等路桥建设，完善城市功能配套。加快商业网点规划布局，委托暨南大学现代流通研究中心编制《道滘镇商业网点规划（2016—2025年）》，配合完成《莞惠城际轨道交通道滘站的TOD规划》编制，构建现代商贸流通体系。

生态环境优化 城市“六乱”整治，加大卫生死角清理力度，落实水域面源清理、“一村一河”整治、大罗沙水系治理等工程，整治“六乱”行为2217宗，清理卫生死角220多处，清理河面垃圾20多吨。加强截污次支管网规划建设，完成全长10千米的一期工程项目环评、水土保持、可行性研究报告等手续。推进黄标车淘汰更新，完成黄标车淘汰1176台，环境质量优化。获评“广东省生态乡镇”。

美丽村居建设 引导发展都市农业，新增农业招商项目4个，统筹做好济丰农业产业园、龙洲湾都市农业产业园等农业景观园区建设，以都市农业建设引领打造水乡田园风光。建成大罗沙特色村，并开展蔡白岛生态景观整治工程，启动6个美丽幸福村居和1个镇级名村建设，完成美丽幸福村居建设行动计划和项目库调整，提升城市宜居环境。

【道滘镇社会管理】 *社会治安好转* 2015年，道滘镇推进“3+2+2”专项打击整治行动，严厉打击涉毒、涉黑、涉“两抢一盗”（抢劫、抢夺，盗窃）、涉赌、涉食药假等违法犯罪。侦破涉“3+2+2”专项刑事案件345宗，刑事案件比上年下降20.8%。加强矛盾纠纷排查化解，成立镇平安建设促进会，落实“一村（社区）一法律顾问”制度，建成并启用诉前法律工作室，妥善处理群众诉求，矛盾纠纷化解率达98.64%。狠抓安全生产和应急管理，大岭丫村获评“全国综合减灾示范社区”。

惠民服务能力提升 创新开展社会事务“校地合作”项目，与东莞理工学院就社会事务领域达成协议，建设地方基层综合治理研究和实践服务示范基地，提升社会事务工作水平。加快建设镇民生大楼和村综合服务中心，发放各类社会保障资金2570万元，就业补贴1063万元。引导村集体参加资产管理增值计划和入股镇属物业项目，丰富集体增收手段，推动增收1300多万元。创新“以医养老，医养结合”养老模式，为40户卧床患者、700多名老人提供医疗护理和居家养老等服务。

文化事业发展 加强公共文化服务体系建设，广泛开展文化体育活动，丰富群众精神文化生活。推动入选2014—2016年度“中国民间文化艺术之乡”。“睇大戏来道滘”入选全市文化惠民演出“十大品牌”活动项目，《木鱼情歌》《泡桐树下忆书记》等曲艺作品获全国性大奖。完成中心小学、小河小学扩建工程，启动公民办学校结对帮扶，开展“创新、创业、创绿”教育，促使新城小学成功创建省纸艺特色教学与创作实验基地，道滘中学虹桥文学社获评“全国百强文学社”。2015年，实现每万户籍人口升大学人数居全市第二位。

【东莞市第一批“一照一码”营业执照颁发】 2015年，道滘镇在“三证合一”“一照一码”的基础上叠加东莞市“多证联办”改革举措，逐步将“一照一码”拓展至财政、人力资源、社保、外管、海关、检验检疫等部门，探索启动“一照一码”条件下具有东莞特色的“多证合一”改革，促进东莞市的法制化国际化营商环境建设。9月1日，东莞市“一照一码”改革启动暨首批企业颁

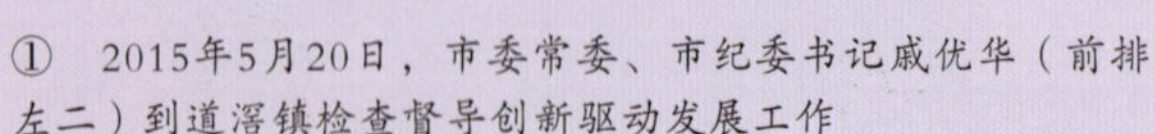

① 2015年5月20日，市委常委、市纪委书记戚优华（前排左二）到道滘镇检查督导创新驱动发展工作

② 2015年7月17日，道滘镇召开第十六届人民代表大会第十次会议，依法补选邓涛（右）为镇人大主席

③ 2015年11月21日，道滘镇与广州商品清算中心等签约合建首个珠宝保真溯源数据库

证仪式在道滘镇举行。副市长鲁修禄、省工商局企业注册处处长周晓平、市工商局局长范燕彬等为企业代表颁发东莞市第一批“一照一码”营业执照。

【“睇大戏来道滘”入选东莞市文化“十大品牌”】 2015年，东莞市文广新局、文化馆组织开展东莞市文化惠民演出“十大品牌”活动项目评选，在东莞市范围内评选出10个文化活动项目作为是文化惠民演出“十大品牌”进行扶持，有17个镇街、单位参与评选。其中道滘镇的“睇大戏来道滘”活动成为东莞市唯一一个入选“十大品牌”二类扶持项目的粤剧曲艺文化活动。“睇大戏来道滘”活动是道滘镇打造的一个以粤剧曲艺为主题的群众性品牌文化活动。自2012年起连续举办4年，每年平均举办大小粤剧曲艺文化活动近3000场次，活动地点涵括所有镇、村两级广场、公园，所有活动均免费向群众开放，吸引20多万名群众参与。

【第六届中国（道滘）美食文化节暨名优食品展】 2015年6月17—21日，由中国食品工业协会、广东省食品行业协会联合主办，道滘镇食品协会承办的第六届中国（道滘）美食文化节暨名优食品展在道滘镇举行。本届美食节重点是展示道滘人文风情、美食特色和创新成果。本次活动吸引20多个省市和港澳台代表团，300多家食品企业参与展销、合作和交流。首次启用龙洲湾都市农业观光园作为分会场，将农业观光旅游、传统农耕展示与道滘美食文化完美结合。创新开通微信支付、刷卡支付、财富通支付，助推食品产品外销。累计吸引45万人次参与，现场销售5000多万元，订货金额1亿多元。24个项目成功签约，包括4个食品大宗交易项目、5个食品电商项目、5个科技孵化项目、6个现代服务业项目、3个战略性新兴产业项目和1个政银企合作项目，意向投资额超57亿元。

【东莞市跨境电商进口食品产业协会落户道滘】 2015年7月31日，东莞市跨境电商进口食品产业协会在道滘镇成立。协会有会员单位近50家，且多为行业的领头羊，其中包括广东文一朝阳集团、美宜佳便利店有限公司、东莞市邮政包裹业务局、KK馆等平台型企业。协会以进口食品、保健品为突破口和切入点，依托新型的贸易方式，整合资源和力量，构建线上和线下相连接的产业链和搭建线上线下相融合的进口平台，促进跨境电商产业发展和壮大。并将拓展境外采购渠道与境外的农商会合作，建立健全境外采购体系；集合会员单位物流需求，寻求保税区的合作；打通跨境电商系统和海关系统，提高通关效率。

【道滘镇电商产业园】 2015年10月9日，道滘镇电商产业园启动。项目首期建筑面积6万多平方米，主要分昌平板块和中心板块，昌平板块以搜于特总部、文一总部和国邦在线总部为核心；中心板块以广华大厦、花园大厦、耀盈广场、外经大楼等建筑群组成。产业园将重点引进10大品类的电商企业，包括服装及面辅料、汽车及配件、办公文具、药品、家具、珠宝、进口食品、进口生活用品、高端艺术品和医学美容等。通过布局优质生活的各个热点领域和重点布局传统产业的各类电商平台，相对比其他镇街的电商园区，道滘电商产业园具有内外双驱、进出兼备、线下支撑、龙头转型、前后延伸等特点。

（卢润志）

附：2015年道滘镇党委、人大、政府主要领导名录

镇委书记、镇人大主席：
杨礼权（任至5月）
邓　涛（5月到任）
镇　长：钟浩滔

2011—2015年道滘镇主要经济指标

指标＼年份	2011	2012	2013	2014	2015
户籍人口（人）	56083	56384	56700	57089	57981
常住人口（万人）	14.34	14.34	14.38	14.17	14.16
面积（平方千米）	54.3	54.3	54.3	54.3	54.3
生产总值（万元）	597487	632178	701067	747656	773870
第一产业（万元）	10424	11771	13120	13675	13772
第二产业（万元）	336278	344767	381843	397045	382549
第三产业（万元）	250785	275640	306105	336935	377549
总用电量（万千瓦时）	115904	118357	122403	128020	109741
全社会固定资产投资总额（万元）	130781	149517	180669	183805	198557
社会消费品零售总额（万元）	106543	114506	124906	136391	173247
外贸出口总额（万美元）	40812	42808	47519	48479	106498
实际利用外资（万美元）	2599	2027	2552	2997	3922
镇级可支配财政收入（万元）	55149	59527	62502	68806	74700
各项税收总额（万元）	98325	111857	124483	136130	147142

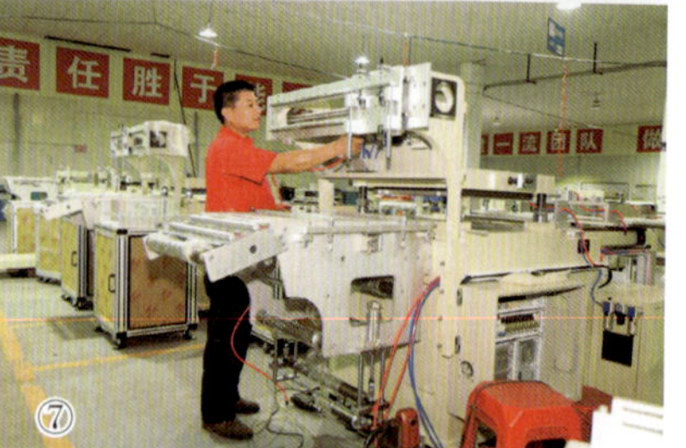

① 2015年5月25日，道滘镇新业态集群注册启动仪式在市行政办事中心举行

② 2015年10月26日，道滘镇与东莞理工学院共建校地合作示范基地举行揭牌仪式

③ 2015年7月31日，东莞市跨境电商进口食品产业协会落户道滘镇

④ 2015年6月18日，"睇大戏来道滘"入选市文化"十大品牌"

⑤ 2015年9月25日，道滘镇原创曲目《泡桐树下忆书记》夺得第三届"岳池杯"中国曲艺之乡大赛金奖

⑥ 东莞洲亮通讯科技有限公司研发生产的新能源汽车

⑦ 东莞市亿鑫丰精密机械设备科技有限公司机械化生产车间

① 道滘镇水乡风景

② 整治后的道滘镇水环境

③ 道滘镇大罗沙特色村

④ 道滘镇有机农田风光

⑤ 道滘镇沿江路景观

厚街镇

【厚街镇概况】　厚街镇位于珠江三角洲东岸，穗港经济走廊中段，北连东莞市区，南邻虎门港，东倚大岭山镇，西南毗连沙田镇，西北与道滘、洪梅镇隔河相望。截至2015年，面积125.7平方千米，下辖24个社区，户籍人口10万人，外来常住人口33.8万人。

2015年，厚街镇实现地区生产总值321.94亿元（第一产业1.21亿元，第二产业150.74亿元，第三产业170亿元），比上年增长6.1%；全社会固定总投资65.01亿元，增长-17.25%；总用电量32.99亿千瓦时，增长-1.81%；社会消费品零售总额147.84亿元，增长9.3%；实际利用外资0.98亿美元，增长7.56%；外贸出口总额91.98亿美元，增长-0.53%；各项税收总额50.06亿元，其中公共财政预算收入19.45亿元，增长13.6%；镇本级可支配财政收入22.66亿元，增长-25.64%。获评“中国家具展览贸易之都”“广东省曲艺之乡”，“社区网格化管理‘微治理’”项目获评市“单打冠军”。

【厚街镇改革深化】　经济领域改革　2015年，推动动商改后续监管模式改革，率先在东莞市构建“大综管”商改格局，在东莞市商改工作年度考核中排第一名。推进注册资本认缴登记制，激发市场主体活力。各类市场主体3.72万户，其中企业户数历史性突破1万大关。行政体制改革　完善政府信息公开机制，落实行政案件公示制度，完善政府规范性文件及重大行政决策法定程序。推进镇属单位、社区聘请法律顾问制度，提高依法办事的意识和水平。社会体制改革　铺开居家养老服务及“平安铃”业务，完成2个综合服务中心（站）建设；推动医疗、教育等事业改革；累计投入6300万元优化公交资源，完成镇内公交体制改革。农村综合改革　抓好土地基金、股份分红款等制度落实，完善《厚街镇社区集体资产交易办法》，促进集体经济稳健发展。推动社区实行“增资减债”，厚街镇社区集体经济资产负债率为19.47%，比上年减少1.41%，6个社区实现银行零欠债。

【厚街镇服务创新】　企业服务优化　2015年，厚街镇帮扶、服务重点企业发展，鼓励109家民营企业办理进出口经营权，引导鞋材行业协会等申办成立进出口公司。推动南兴装备、星美灿两家企业上市。自主创新注重　培育发展国家高新技术企业，14家获得认定，截至2015年，国家高新技术企业达25家。扶持企业科研创新，推动35家企业申报“机器换人”项目，涉及资金投入2.65亿元；鼓励和推进企业加大科研投入，市核定厚街镇研发经费投入6.62亿元，占生产总值比重达2.14%。加大知识产权保护力度，厚街镇专利申请2035件；专利授权2278件，东莞市排第二名。实施名牌带动战略，“金河田”等3个商标晋升为“中国驰名商标”。平台建设强

打造东莞城市副中心——厚街

①

化　完成名家具研发院改制工作，安排355万元专项资金扶持研发院发展；成立名家具俱乐部设计专业委员会，开展“‘6·18’创客空间”项目，营造创新创业氛围。引导企业建立研发机构，启动名家居世博园设计中心项目，推动东信高新科技园、益泓荣科技园、鼎昊科技园申报企业孵化器。会展与工业旅游整合　发展会展经济，举办加博会、海博会、智博会、名家展等多个国家级大型展会，举办展会32场。推动现代展览中心场馆改造和扩容工程，获评中国家具展览贸易之都；促成现代展览公司与美国高点展览公司签订战略合作协议，加强两地家具展览互动合作。工业旅游的“异业同盟”模式获省市肯定，举办东莞市工业旅游现场会，金叶珠宝、永益食品公司被定为市工业旅游示范点，吸引游客超20万人次，拉动消费超2亿元。电商经济发展　成立厚街电子商务协会，推进电子商务产业发展；加大产业扶持力度，建立东信高新科技孵化园，引进企业近30家，打造跨境电商产业链一站式服务平台。帮扶企业走出去，“东莞家具南非行”跨境电商首发起航。

【厚街镇重大项目建设】　2015年，厚街镇推进47个镇财政投资项目，完工11项，动工建设22项，其中累计完成工程量50%以上的18项。4个市重大建设项目累计完成投资7.52亿元，推动酒店管理学院复工建设，完成年度投资计划93.7%，通过2016年招生验收。推动厚街万达项目开业。引进内外资项目143宗，投资总额达29.7亿元，比上年增长17.6%。完善科技工业园区基础配套设施建设，推进广泽汽配在科技工业园建设“园中园”。建立工业城综合警务区，完善工业园区硬件配置。

【厚街镇城市建设加快】　2015年，厚街镇推进镇城市总体规划修编，对12个地块进行调整，城市功能布局优化。配合抓好省市重要基础设施项目的协调，推进6个交通道路项目建设，环莞快速桥林路跨线桥建成通车，S256中心区道路及市政配套设施建设、环莞快速路宝塘至白濠段沥青铺设完成。投入1.2亿元打造5个休闲公园，体育公园改建工程、凤山公园三期工程完成建设并向群众开放。安排5000万元升级改造57项村容村貌工程，完成项目总投资8271万元，其中有32项工程竣工。推动双岗、赤岭社区两个休闲观光农业项目建设。开展大气治理，依法查处环保未达标企业301家，劝喻搬迁78家。加大违章建筑等整治力度，拆除53宗违章建筑，总面积达1.36万平方米。旧区改造，与寮厦、新塘两个社区合作，意向引进“万科云”、设计师“双创小镇”等2个产业项目，推动旧厂房连片改造工作。盘活存量土地6宗42.25公顷，处置闲置土地2宗69.73公顷。

【厚街镇社会治理提速】　2015年，厚街镇推进立体化社会治安防控体系建设，抓好专项整治，建成多类监控探头8877个，治安卡口82个；接违法犯罪警

① 2015年10月29日，副省长招玉芳（中）参观视察2015广东21世纪海上丝绸之路国际博览会

② 2015年12月15日，市委书记、市人大常委会主任徐建华（前排左二）到厚街镇珊美社区调研网格化工作

③ 2015年4月22日，市委副书记、市长袁宝成（右五）在镇长蒋亚军（左四）的陪同下到爱高电业（东莞）有限公司调研

情1.03万起，比上年下降20.9%；立刑事案件4045宗，下降31.1%，破案1466宗，上升0.1%；对全镇消防隐患进行地毯式排查，做好省消防隐患重点地区工作验收；推进社区“大综管”工作，全镇出租屋、“三小”场所基本实现全覆盖、全建档、全监管，“大综管”工作获评市社区微治理工作“单打冠军”。推进矛盾化解年工作，建立劳动仲裁兼职调解员方案框架，化解欠薪隐患。推进依法治镇工作，成立厚街法学会，落实“六五”普法活动，社区法律顾问服务群众5292人次。办好十件民生实事，投入8010万元推进7项教育重点工程，首设50万元作为全镇教育科研专项经费，竹溪小学顺利开学招生；为新莞人子女提供714个积分申请学位，为民办教师发放从教津贴，中考、高考再创佳绩；扩大公共就业服务招聘网点范围，推广“村民车间”，推进重点人才工作，受理人才入户167宗；提前完成省级卫生村全覆盖工作，残疾人康复就业中心动工建设，社区卫生服务主要业务指标位居东莞市同行之首；涌口、陈屋、新围、大迳、环冈、桥头等6社区申报“省级宜居社区”。创建“广东省曲艺之乡”，选出第一批6个厚街镇文化名家工作室；举行“抗日战争胜利70周年暨黄潭战斗75周年”纪念活动，编印《乡愁、乡情、乡韵——厚街乡贤优秀文艺作品选》。

【第33届国际名家具（东莞）展览会】 2015年3月16日，第33届国际名家具（东莞）展览会暨名家具机械材料展、家居饰品展、中国红木家具展在厚街镇举行。这次展会启用新建的3G馆，包括“展贸一体化”核心项目——名家居世博园（9号馆）、兴业馆在内，共9座展馆77万平方米，容纳1306家参展商。以出口为导向的国际馆、扩大规模的中国红木家具展，成为两大亮点。3G馆启用后，为容纳更多的国内外优秀品牌进驻，并突出特色展区作用，让买家更方便找到目标产品，名家具展组委会还对展区布局进行调整，将3号馆G区二楼、3号馆二楼、7号馆二楼特别设置为出口导向为主的国际馆，并且新建连廊将其融为一体。展会上，有来自浙江、四川及广东的东莞、佛山、广州、深圳、惠州和韩国等地的110多家国内外企业入驻，增加外销品牌，提高服务国际买家的能力。展会之前预先登记的国际买家人数超过1000人，主要来自欧洲、美洲、亚洲、大洋洲等地68个国家和地区，除网上预先登记参观之外，日本、美国、韩国、土耳其、波兰等国家有部分买家组成几大买家团前来观展，约140人。

【第三届中国（广东）国际印刷技术展览会】 2015年4月7—12日，第三届中国（广东）国际印刷技术展览会在厚街镇举行。展出面积达14万平方米，占用广东现代国际展览中心全部场馆，比上届增长16.67%；参展厂商1328家，来自28个国家和地区，比上届增长5.31%，其中海外展商占34.80%；专业买家达到创记录的20.62万人次，来自全球146个国家和地区，比上届增长20.38%；其中各省（市、自治区）、港澳台等地区的专业协会组织买家团68个，各国印刷包装商协会、贸促机构及各大印刷企业组织来自世界各国买家团80个。展会汇聚世界印刷装备制造业的顶级厂商，展示国际印刷产业最高发展

① 2015年1月1日，镇委书记、镇人大主席万卓培（中）、镇委副书记、镇长蒋亚军（左二）出席厚街大众公共汽车服务公司启动仪式

② 2015年1月20日，博鳌亚洲论坛原秘书长龙永图（前排右四）、副市长鲁修禄（前排右二）等各级领导，全球鞋业协会代表、嘉宾参加第六届（2015）世界鞋业发展论坛

③ 2015年11月7日，美国北卡罗来纳州考察团到厚街镇访问

水准的印刷设备、器材和耗材以及最新推出的印刷解决方案。

【2015中国加工贸易产品博览会】 2015年6月17日，由商务部、国家知识产权局、广东省人民政府等主办的“2015中国加工贸易产品博览会”在厚街镇举行，展会旨在推动加工贸易企业转型升级、开拓国内外市场。本届加博会展区设置更加完善，首创1大主题展和6大专业展，汇聚全国22个省区市近800家知名企业参展，展位特装率接近50%，集中展示全国的“名、优、新、特”加工贸易产品。厂商对接更加紧密，超过1.5万名专业买手到会采购，首推“2015加博会采购商登记系统”，为厂商对接提供便利。创新效应更加突出，每个展区均设有重点及知名品牌企业。除广东外，福建、江西、辽宁、湖南、陕西等7省的重点加工贸易产业承接地均设区展示。线上线下对接更加融合，突出电商物流元素，依托电子商务促进加工贸易产品“全国行、全球行、网上行”。配套活动更加丰富，精心组织10余场以工业设计、跨境电商、主题的讲座、零供对话及购销对接活动，指导帮扶加工贸易企业转型升级。

【2015广东21世纪海上丝绸之路国际博览会】 2015年10月29—31日，广东21世纪海上丝绸之路国际博览会在厚街镇广东国际展览中心举行。来自50个海上丝绸之路沿线及延伸国家（地区）的大批特产参展。海博会主题展区，以蔚蓝色为基调、造型如一艘海上宝船。再现“南海一号”远航、广州十三行交易、莞香运往世界等广东古老海上丝绸之路的盛景，展示广东与海上丝绸之路沿线国家经贸交流合作的硕果。本届海博会展位数达3010个。展会3天成交金额达2018亿元，超过10万人次入场，签约项目680个，来参展的超九成的商家为展会点赞。首次采取“1个主题展+6个专业展”的模式办展。在主题展区中，设置成果展、商机展、跨境电商物流展和信息技术产品展等部分；专业展则包括海上丝绸之路旅游文化展、国际建筑装饰材料及工程机械展、特色食品及农产品展、国际茶文化精品展、国际陶瓷文化精品展和国际丝绸文化精品展。在主题展区的商机展示区，汇聚20多个境内外重点项目，其中有以色列领先世界的水处理技术项目等。部分国家馆里举办民族风情表演，使得本届海博会更具观赏性。专业展专门设立丝绸、茶叶、陶瓷器展等历史悠久的海丝贸易重头领域，既有现实经济贸易需求，又体现海上丝路的文化历史渊源。海博会上，国内特别是广东省内的茶叶、丝绸、陶瓷、建材及工程机械等专业展区亮点纷呈，既有中国交通、中国海外、中国南车、华为、中兴、格力、中联重科等在国内外享有较高知名度的名牌企业，也有永强汽车、快意电梯等一大批创新企业、创新产品。为宣传佛山建筑陶瓷和艺术陶瓷，佛山市陶瓷产业联盟投资有限公司和佛山陶瓷艺术产业联盟联手以红白色为主色调，打造3米多高的展厅，成为3号展馆的地标式展厅。 （王锦霞）

附：2015年厚街镇党委、人大、政府主要领导名录

镇委书记、镇人大主席：万卓培

镇　长：蒋亚军

2011—2015年厚街镇主要经济指标

指标 \ 年份	2011	2012	2013	2014	2015
户籍人口（人）	98121	98557	99296	100166	101893
常住人口（万人）	341594	343058	343219	43.79	43.75
面积（平方千米）	126.15	126.15	126.15	125.7	125.7
生产总值（万元）	2183188	2672266	2848939	3029896	3219431
第一产业（万元）	10109	10596	11491	11978	12062
第二产业（万元）	1238029	1612391	1553664	1555896	1507369
第三产业（万元）	935050	1049279	1283783	1462032	1700000
总用电量（万千瓦时）	328340	325508	322975	336025	329932
全社会固定资产投资总额（万元）	391163	438116	556975	785597	650061
社会消费品零售总额（万元）	794542	898006	1018878	1096277	1478401
外贸出口总额（万美元）	682056	900540	976850	924639	919757
实际利用外资（万美元）	15121	17243	18238	9131	9821
镇级可支配财政收入（万元）	111564	123424	176574	304663	226562
各项税收总额（万元）	298739	343628	438205	511568	500610

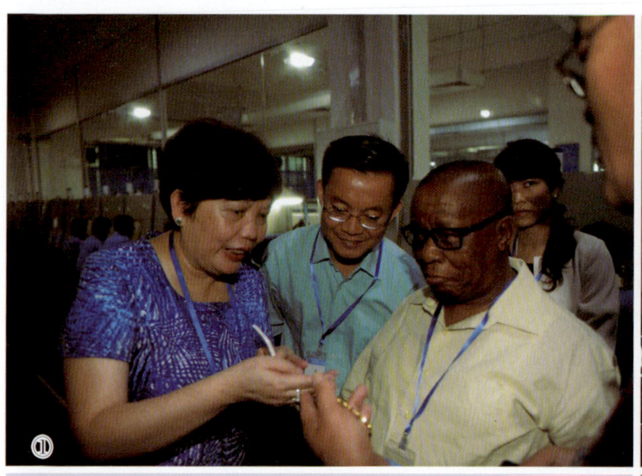

① 2015年5月23日，南非考察团在镇委书记、镇人大主席万卓培（中）的陪同下到厚街镇参观珠宝工厂

② 2015年11月6日，厚街万达广场开业

③ 2015年10月13日，东莞家具南非行首航启动

④ 2015年11月18日，首届广东国际机器人及智能装备博览会在厚街广东现代国际展览中心开幕，副省长招玉芳出席开幕仪式

⑤ 2015年6月25日，沙塘社区卫生服务站启用

⑥ 2015年11月13日，举办纪念抗战胜利70周年暨黄潭战斗75周年纪念活动

⑦ 2015年8月14日，厚街镇派出运动员代表团参加全市第一届残疾人运动会

① 2015年3月22日，厚街镇河田社区南坑村举办第一届姐妹姑嫂宴
② 东莞市首部功夫院线电影《双手洪拳》7月14日在厚街镇开机
③ 2015年4月4日，方氏宗祠祖庆典仪式
④ 厚沙东立交建成通车
⑤ 2015年12月12日，厚街镇体育协会成立
⑥ 2015年11月7日，举行全镇小学生体育运动会
⑦ 厚街镇工业旅游——琪胜工厂店
⑧ 绿色生态厚街

沙田镇·虎门港

【沙田镇、虎门港概况】 沙田镇、虎门港位于东莞市西南部，东江南支流出海口与狮子洋交汇处，2013年10月起统筹发展。截至2015年，面积111.5平方千米，沙田镇下辖16个村和2个社区，户籍人口4.37万人，常住人口17.93万人。虎门港是1997年经国务院批准的国家一类口岸，主要包括西大坦、立沙岛、新沙南作业区三大区域，规划岸线22.3千米，泊位100个，总吞吐能力超1亿吨。

2015年，沙田镇、虎门港实现地区生产总值106.9亿元（第一产业2.11亿元，第二产业45.08亿元，第三产业59.66亿元），比上年增长10.3%；全社会固定资产投资总额49.60亿元，增长20.08%；总用电量14.19亿千瓦时，增长7%；社会消费品零售总额26.71亿元，增长12.46%；实际利用外资1.35亿美元，增长36.17%；外贸出口总额30.20亿美元，增长1.35%；各项税收总额23.17亿元，增长15.18%；镇本级可支配财政收入14.59亿元，增长35.93%。“省社区教育实验区”“水生态环境修复”“三互大通关改革”创建工作获评市“单打冠军”。

【沙田镇、虎门港港口发展】 2015年，沙田镇、虎门港加快西大坦9、10号泊位和驳船泊位建设，推进西大坦1-4号泊位和新沙南14号泊位报批工作。参与港口联盟建设，与欧洲巴塞罗那港、非洲达累港等港口开展商贸合作，与石龙国际物流中心启动海铁联运，开通至越南海防的首条东南亚航线，打通“东南亚—虎门港—中亚”的物流大通道，航线总数达22条。深化虎门港集团改革，健全现代企业经营管理制度，启动港口更名工作，收回5号、6号泊位经营权，提升自主经营水平和综合竞争力，2015年虎门港综合服务评价指数位列全国第十六名。优化通关环境，在全国率先启动水运口岸“三互”大通关改革。东莞全港总货物吞吐量1.3亿吨，比上年增长1.9%，其中虎门港三大作业区9817.7万吨，增长4.1%；东莞全港集装箱吞吐量336.3万标箱，增长16.3%，其中虎门港集团250.3万标箱，同比增长9.1%，居全国沿海港口十一强和珠三角第二大内贸港区。

【沙田镇、虎门港产业转型升级】 2015年，沙田镇、虎门港全面实施创新驱动战略，加大“科技镇港”扶持力度，引入华中科技大学等高校与企业对接合作，设立科技扶持资金2000万元，新增国家高新技术企业9家，企业专利申请404项，专利授权337项，推动8家企业设立研发机构，创立省级以上名牌名标1个。推进“机器换人”，加大企业技改力度，完成企业技改投资2.08亿。落实领导挂点帮扶企业制度，将113家规模以上工业企业分解到每个班子，推动信太公司等4家企业筹备上市，推动宏川智慧挂牌新三板，实现沙田镇、虎门港上市企业零的突破。

生态港湾新城——沙田镇·虎门港

【沙田镇、虎门港港湾新城建设】“一心两带”规划格局完善　2015年，沙田镇、虎门港依托东江南支流，整合优化滨海岸线资源和城镇空间资源，通过规划建设港湾大桥，将立沙岛、泥洲岛与虎门港主港区连成一片，促进镇港城市连片、码头联动、产业集约，打造镇港主中心；依托狮子洋岸线，由北至南规划建设四大产业集聚区，打造临港产业带；依托穗丰河湿地公园，串联体育公园、阁西山公园、美丽幸福村居等沿线景点，打造文化休闲带。交通路网“内联外拓”　坚持路网先行，启动港湾大桥、沿江高速公路立沙岛互通等工程建设前期工作，推动疏港大道延长线等13条道路建设，协调常虎高速公路虎门港支线二期等道路建设，致力构建连接水乡经济区等周边镇街、贯穿市内外、通达珠三角的立体综合交通运输体系。城市功能设施健全　加快截污次支管网、沙田医院住院楼等工程建设，完成广荣中学宿舍楼、16.7千米供水管网改造等配套工程。征地拆迁安置取得突破　虎门港征地拆迁新拆除房屋513户；虎门二桥征地拆迁交地22公顷，拆除房屋17户；西大坦新区四期、穗丰年新区一期工程建成交付使用，完成民田安置区选址。

【沙田镇、虎门港生态建设】　2015年，沙田镇、虎门港深化环保城整治，电镀、印染污水处理厂竣工验收，推动15千米截污次支管网建设，狠抓重点污染企业治理，引导“两高一低”（高污染、高耗能、低效益）企业有序退出，畜禽养殖业清理率达100%，完成稔洲运河整治工程，开展大气污染专项检查，淘汰黄标车832辆。打造城市环境亮点，基本建成穗丰河湿地公园，被评选为“东莞最美乡村”；按照“一村一品、一村一特色”的思路，以功能性基础设施为重点，高标准规划建设美丽幸福村居，改善镇港环境。推进农村环境综合整治，连续五年共投入1亿元资金，结合穗丰年湿地公园和美丽幸福村居建设，以道路升级改造、河涌清淤、基础设施建设为重点，实施48个项目，优化农村发展环境；加强绿色生态水网建设，营造35千米水乡生态林网，城乡面貌焕然一新，创建为“广东省生态镇”。

【沙田镇、虎门港集体经济发展】2015年，沙田镇、虎门港深化农村综合改革，完善集体经济管理体制，完成村组经济统筹前期工作，成立18个村（居）务监督委员会，完成农村集体经济组织2014年股东分红审查和财务检查，完善农村集体资产交易平台建设运营，成功交易52宗，成交项目总金额达1.2亿元。做好村集体增资减债，推行村级预算管理，加大欠款追收力度。统筹开发虎门港10%留用地，引进东晖二期等项目。引导村（社区）参股镇港基础设施、优质项目，加快虎门港通盈仓储项目动工建设，促进集体经济向多元化发展。村组两级经营总收入2.9亿元，比上年增长3.7%；经营纯收入1.8亿元，增长8.1%；总资产31.3亿元，增长3.9%。

【沙田镇、虎门港文教事业】　2015年，沙田镇、虎门港坚持教育统筹、内涵、均衡发展，着力解决好新莞人子女

① 2015年5月12日，省委副书记、省长朱小丹（前排左二）到沙田镇、虎门港调研，听取港口发展情况介绍

② 2015年5月27日，省委副书记、省长朱小丹（右六），省委常委、秘书长林木声（右五）与东莞市领导出席中纺粮油（东莞）食品产业园和兆宝粮油（东莞）专业码头项目签约仪式

③ 2015年9月13日，国家口岸办主任黄胜强（中）到虎门港考察“三互”通关改革情况

入学需求，公办中小学招收积分制入学和企业人才入学253人，加强对民办学校教学教研的监管，提高办学水平，中考、高考升学率再创新高，广荣中学获评“省科普特色学校”“省首批心理健康教育特色学校”，中心小学获评“全国优秀家长学校”，“省社区教育实验区”创建获评市“单打冠军”。实施文化惠民，举办文艺进基层活动，举办龙舟竞赛、第十一届读书节等系列文体活动；开展社会主义核心价值观宣传、培育和践行，深化群众性精神文明创建活动，推出十大文明行动，开展“一村一品牌”建设活动，打造鲵沙花园社会主义核心价值观等文化主题社区，挖掘宣传“东莞好人”，城市文明蔚然成风，创建为“广东省文明镇”。

【沙田镇、虎门港社会治理】　2015年，沙田镇、虎门港开展基层社会治理综合改革，将鲵沙花园打造成为基层社会治理示范点，拆迁安置小区协同善治工程被评为东莞市2015年度基层社会治理改革创新优秀项目。深入推进社会治安专项打击整治行动，破获各类刑事案件415宗，维护社会平安稳定。加强矛盾纠纷排查化解，强化重点领域及重点人群的防控维稳，推进“无邪教”创建示范活动，排查受理案件114宗，调解率达98.2%。落实责任，开展安全生产、消防安全、公共安全等专项整治行动，启动立沙岛精细化工园封闭式管理，加快建设危险化学品应急救援基地。抓好“三防”和应急工作，全年未发生较大以上安全事故。

【沙田镇、虎门港民生事业】　2015年，沙田镇、虎门港完善社会保障体系，帮助300多名就业困难人员实现就业，发放民生补助、就业补贴约9263万元。加快推进综合大楼等民生设施建设，建成2个社区综合服务中心（站）、立沙社区卫生服务站。投资2000多万扩建沙田医院住院楼，加快推进创建“二甲”医院，加强医疗机构监管，提升医疗服务水平。扎实做好镇内扶贫、市外扶贫和对口援疆帮扶工作，镇内扶贫超额完成市下达的任务。

【在全国率先启动水运口岸“三互”大通关改革】　2015年6月18日，虎门港在全国率先启动水运口岸“三互”（信息互换、监管互认、执法互助）大通关改革。此次“三互”大通关以虎门港通关信息平台为依托，利用船舶进出口岸管理系统、船舶联合登临检查系统、进出口货物监管系统等系统，对接海关、检验检疫、海事、边检等口岸执法管理系统，建立健全信息共享共用机制，改变进出境联检单位监管系统分立、进出境船舶同一单证重复申报的现象，实现口岸单位信息互换、监管互认、执法互助，打造一站式通关服务，最大限度地提升通关时效，降低企业成本，实现企业提交的纸质单据减少60%、集装箱平均查验时间缩短50%、平均节省查验相关现场作业费用200—300元，该改革经验向全国推广。

① 2015年5月5日，市委书记、市人大常委会主任徐建华（前排左二）到沙田镇、虎门港调研经济社会发展情况

② 2015年6月16日，市委副书记、市长袁宝成（前排左三）到沙田镇、虎门港调研重大项目建设

③ 2015年4月30日，沙田镇、虎门港举行重大项目签约仪式，市委副书记、市长袁宝成（右五），市委副书记姚康（右三），副市长杨晓棠（左四）等参加签约仪式

【东莞保税物流中心进出货物总值列全国前四位】　2015年，沙田镇、虎门港全力提升保税物流中心运营管理水平和招商效益，加快物流仓储及配套设施建设，建成4—6号保税仓，百业物流项目、普洛斯普通仓基本完成主体建设，虎门港国际货站试运行。2015年，保税物流中心进出园区货物总量17.17万票，比上年增长13.8%；货物总值71.38亿美元，增长9.5%，进出货值列全国保税物流中心（B型）前四位。推进虎门港综保区申报、建设和招商，申报文件由国务院批转海关总署牵头办理，属地黄埔海关完成对申报材料的初审并回复海关总署；启动修建性详细规划，提前开展区内路网等基础设施的规划建设以及监管查验设施的设计及施工招标；科学制定产业发展规划，招引飞达华南供应链等项目，梳理出19个有意入区项目。

【跨境电商产业势头良好】　2015年，沙田镇、虎门港发展跨境电商，推动东莞保税物流中心、码头等试水发展跨境电商业务，扩大启盈国际快件中心发展跨境电商的业务范围，启盈国际快件中心吸引UPS、亚马逊、递四方、聚美优品等众多电商企业，并与递四方公司签署仓储合同，全年B2C快件进口金额累计4.4亿元，出口金额累计4668万美元；打造全国首个临港O2O跨境电商平台，将推动包括物联网在内的信息产业与现代物流业的紧密融合，实现利用自动化、信息化、网络化、智能化的港口现代化技术，建立政府、联检单位、码头、船公司、报关、企业等多方的电子数据交换共享平台，整合物流、资金流、信息流，帮助企业降低物流成本，提升全港区的信息化水平，成为全国临港O2O跨境电商的示范。

【虎门港启动海铁联运】　2015年，沙田镇、虎门港践行“一带一路”国家战略，11月13日完成第一票中国台湾经“虎门港—石龙铁路中心”至中亚过境海铁联运的业务，标志着虎门港与东莞石龙铁路国际物流中心联手搭建的“一带一路”水铁联运过境大通道开通。完成在虎门和石龙的大船靠港、集装箱卸船、汽车短驳、关务申报、场站装车、铁路发运等全部过境通关和操作仅用20小时。与中国台湾—连云港—乌兹别克斯坦丘库尔赛的原路线相比，每个集装箱节约200美元运费。货物从珠三角运往中亚地区，相比较主要通过北方亚欧大陆桥运往中亚地区的方式节省三分之一的时间。

【沙田镇创建“广东省生态乡镇”】　2015年，沙田镇、虎门港推动16个村（社区）被命名为东莞市生态村，5个村（社区）创建为市绿色社区，4所省绿色学校、幼儿园和7所市绿色学校、幼儿园；建成区生活截污主干管全线贯通，截污次支管网按进度推进；生活垃圾妥善处理；电镀、印染等重点污染源生产性废水全部有效收集至污水处理厂集中处理、达标排放，城乡环境质量有效提升，创建为“广东省生态乡镇”。

① 2015年9月16日，虎门港与巴塞罗那港签订合作协议，市委副书记、市长袁宝成（后排右三）参加签约仪式

② 2015年9月29日，东莞市2015年“南粤幸福活动周”启动仪式暨“同舟共济·幸福续航”活动在鲩沙花园启动，市委副书记、市社工委主任姚康（中），市委常委、政法委书记邓志广（右二）参加启动仪式

【沙田镇创建“广东省文明镇”】 2015年，沙田镇虎门港深化核心价值观宣传普及、贯穿融入和示范引领，开展各项文明创建工作。重点实施创建文明行动，开展“一村一品牌”建设，打造社会主义核心价值观“主题广场”“主题公园”“主题街路”，加强城市管理，推进环境卫生、城市“六乱”、交通秩序、农贸市场管理、窗口行业规范化服务整治提升，开展“讲文明、树新风”“志愿服务”等各种创建主题活动，提升社会文明程度和群众文明素养，推动福禄沙村获评东莞市文明标兵社区（村），泥洲村获评东莞市文明社区（村）；经济发展促进中心和文广中心获评东莞市文明标兵单位；中心小学获评东莞市文明单位；沙田镇虎门港创建为“广东省文明镇”。

【虎门港沈恒粮油油脂深加工项目】 该项目选址麻涌港区新沙南作业区。总投资13.9亿元，用地面积16.66公顷。规划建设年产大豆油31万吨、豆粕124万吨、菜籽油32万吨、菜籽粕44.5万吨、棕榈油31万吨、小包装油18.6万吨、蛋白饲料48万吨和特种油18.6万吨的油脂深加工项目。2015年续建项目，完成投资2.92亿元。

【虎门港海昌船务散杂货码头项目】 该项目选址麻涌港区新沙南作业区。总投资11.6亿元，用地面积12.6公顷。规划建设2个5万吨级散杂货泊位，结构按靠泊7万吨级散货船设计，使用岸线275米，设计年通过能力500万吨。2015年续建项目，是省重点建设项目，完成投资5.02亿元，建成并试运营。

【虎门港益海嘉里粮油项目】 该项目选址麻涌港区新沙南作业区。总投资11.07亿元，用地面积13.33公顷。规划建设生产规模为年产谷元粉、各类代糖、糖浆等100万吨的粮油加工项目。2015年续建项目，完成投资3.76亿元，建成投产。

【虎门港天津聚龙集团华南区粮油产业总部项目】 该项目选址麻涌港区新沙南作业区。总投资20亿元，用地面积16.67公顷。规划建设20-25万吨油脂仓储、100万吨的油脂加工及年包装1500万箱的包装油系统、年产50万吨的油脂深加工项目。2015年续建项目，完成投资2.05亿元，项目一期建成投产。

【易商招商食品东莞加工分销项目】 该项目选址麻涌港区新沙南作业区。总投资9.25亿元，用地面积14.07公顷。规划建设1栋冷库、6栋多层钢筋混凝土框架式坡道仓库及项目配套设施等，以生鲜食品的采购加工和分销为主要业务。2015年续建项目，完成投资0.97亿元。

【虎门港宏川化工码头仓储项目】 该项目选址立沙岛精细化工园区。总投资9.8亿元，用地面积13.8公顷。规划建设5000吨级液体化工码头（长245米），年吞吐量120万吨，建设24.7万立方米储罐，预计中转量150万吨/年，主要涉及成品油、有机化工品、无机化工品的中转、仓储及销售业务。2015年续建项目，完成投资1.5亿元。

① 2015年12月18日，“亚海兰德”轮驶入虎门港6号泊位，标志着虎门港至越南海防的首条东南亚航线开通
② 2015年12月9日，东莞市首艘钢质渔船在沙田镇、虎门港下水启用
③ 2015年4月29日，沙田镇、虎门港立沙岛精细化工园区启动首期封闭式管理
④ 虎门港沙田港区集装箱码头

【虎门港中油建兴立沙岛石化仓储项目】　该项目选址立沙岛精细化工园区。总投资5.9亿元，用地面积13.8公顷，规划建设总库容40万立方米，配套柴油储油区、汽车装车设施、码头装船设施、油气回收设施及与其相配套的辅助生产及公用工程、生产管理设施等系统。2015年续建项目，完成投资2.17亿元，建成并试运营。

【虎门港综合客运码头项目】　该项目选址西大坦作业区。总投资5亿元，用地面积19.27公顷。规划建设工作船码头、水上观光客运码头及游艇码头，岸线总长264.4米，建设规模为工作船泊位（结构按500吨级设计）200米，3个水上观光客运泊位和208个游艇泊位。2015年续建项目，完成投资0.71亿元。

【虎门港9号、10号泊位项目】　该项目选址西大坦作业区。总投资12亿元，项目面积49公顷，其中用地面积44.91公顷。规划建设2个5万吨级（结构预留7万吨级）集装箱泊位和4个工作船泊位，岸线总长648米，年设计通过能力为件杂货60万吨，集装箱20万标箱，滚装汽车26万辆。2015年续建项目，是省重点建设项目，完成投资3.8亿元。

【虎门港沙田港区西大坦作业区驳船码头】　该项目选址西大坦作业区。总投资8.36亿元，用地面积25.4公顷。规划建设11个3000吨级内河泊位（可兼顾靠泊15艘2000吨内河驳船）和部分工作船泊位（结构按3000吨级内河船设计），项目岸线总长约1290.3米，年设计通过能力为件杂货344.4万吨，集装箱20.9万标箱。2015年续建项目，完成投资1.8亿元。

【虎门港联想增益供应链华南总部基地项目】　该项目选址西大坦作业区。总投资24.6亿元，用地面积25.63公顷。规划建设分拨中心及运营中心、冷库、生鲜加工区、交易区、宿舍楼、配套服务设施等，总建筑面积59.5万平方米。2015年续建项目，完成投资3.02亿元。

【虎门港酶法生物柴油项目】　该项目选址立沙岛精细化工园区。总投资6.75亿元，用地面积6.66公顷。规划建设20万吨/年酶法生物柴油主生产装置、办公楼、综合楼等设施，总建筑面积约1.5万平方米。2015年新开工项目，完成投资1.2亿元。

【虎门港危险废物处理中心项目】　该项目选址立沙岛精细化工园区。总投资3.2亿元，用地面积5.46公顷。规划建设办公楼、员工宿舍、焚烧车间、综合利用车间等。2015年新开工项目，完成投资0.2亿元。

【沙田精达科技产研基地建设项目】　该项目选址沙田镇穗丰年村。总投资7.3亿元，用地面积8.8公顷。规划建设封闭式连体厂房、研发楼、行政楼、员工宿舍、综合活动楼及相关仓储机电等配套设施。2015年新开工项目，完成投资0.74亿元。

① 沙田镇、虎门港首家上市企业——宏川智慧旗下东莞三江港口储罐有限公司
② 2015年6月27日，沙田镇、虎门港举行龙舟竞赛

【虎门港中纺集团广东东莞粮油食品深加工项目】 该项目选址沙田镇泥洲岛。总投资125.7亿元，用地面积66.66公顷。规划建设包括油脂生产加工、食品生产加工（预留）、米面生产加工和饲料生产加工等产区，配套建设办公楼、变配电所、锅炉房、消防等公共设施。2015年新开工项目，完成投资0.4亿元。

【东莞虎门港综合保税中心项目】 该项目选址西大坦作业区后方。总投资90亿元，用地面积125.1公顷。规划建设包括入区的保税加工、保税物流及保税服务项目，以及区内场地平整、主要道路等基础设施建设，围网、卡口、查验设施、相关的监控及信息系统、综合办公设施等配套设施。2015年新开工项目，是省重点建设项目，完成投资3亿元。

【虎门港百业物流项目】 该项目选址西大坦作业区。总投资3.2亿元，用地面积8.1公顷。规划建设4栋2层中转仓、办公楼、员工宿舍、消防泵房、道路绿化等配套设施，截至2015年，累计完成投资2.18亿元，一期建成投产。

【普洛斯现代物流项目】 该项目选址西大坦作业区。总投资1.9亿元，用地面积5.5公顷。规划建设物流仓库两个、办公楼、门卫室及相关仓储机电等配套设施，截至2015年，累计完成投资1亿元。

【通盈仓储项目】 该项目选址西大坦作业区。总投资1.1亿元，用地面积3.5公顷。规划建设3层普通仓库一栋，建筑面积3.4万平方米，截至2015年，累计完成投资0.27亿元。

【虎门港粮油物流加工产业园项目】 该项目选址沙田镇泥洲岛。总投资102.7亿元，用地面积77公顷。规划建设综合服务区、粮食深加工区、商贸展示以及物流贸易区，截至2015年，累计完成投资0.01亿元。

【沙田嘉华国际物流中心项目】 该项目选址沙田镇大泥村。总投资8.6亿元，用地面积11公顷。规划建设10万平方米的高标准物流仓储设施以及办公配套，截至2015年，累计完成投资0.01亿元。

【沙田五矿迁钢（东莞）钢材加工配送中心项目】 该项目选址沙田镇西太隆村。总投资1.6亿元，用地面积6.6公顷。规划建设加工配送区和办公楼。截至2015年，累计完成投资1亿元。

【虎门港法液空项目】 该项目选址立沙岛精细化工园区。总投资2亿元，用地面积3公顷。规划建设液氧、液氮、液氩、压缩氢气以及医用液氧、瓶装气体的空分厂和氢气生产充装厂，截至2015年，累计完成投资0.46亿元。

【虎门港泰和沥青项目】 该项目选址立沙岛精细化工园区。总投资1.2亿元，用地面积3.3公顷。规划建设集改性

① 沙田镇南环河一河两岸美景
② 沙田镇穗丰河湿地公园
③ 生态港湾新城——沙田镇

沥青、乳化沥青、乳化改性沥青、彩色沥青等改性沥青产品生产、销售、研发以及储存的大型综合性基地，截至2015年，累计完成投资1.2亿元，建成投产。

【虎门港湖南丽臣表面活性剂项目】 该项目选址立沙岛精细化工园区。总投资2.7亿元，用地面积5.3公顷。规划建设生产各类广泛应用于洗发剂、发泡浴液及家用洗剂等日用化工品生产的新型表面活性剂系列产品，截至2015年，累计完成投资1.5亿元。

【虎门港腾龙造纸化学品项目】 该项目选址立沙岛精细化工园区。总投资5亿元，用地面积6.8公顷。规划建设年产28万吨造纸化学品，主要产品包括羧基丁苯胶乳、AKD（烷基烯酮二聚体）中性施胶、干强剂、表面施胶剂，截至2015年，累计完成投资0.9亿元。

【虎门港环氧树脂项目】 该项目选址立沙岛精细化工园区。总投资2.6亿元，用地面积3.3公顷。规划建设集环氧树脂生产、研发及销售于一体的大型生产基地。截至2015年，累计完成投资0.3亿元。

【虎门港椰氏绿色表面活性剂项目】 该项目选址立沙岛精细化工园区。总投资2亿元，用地面积3.8公顷。规划建设年产11万吨烷基醇酰胺、丙基甜菜碱和丙基氧化胺等各类绿色表面活性剂。截至2015年，累计完成投资0.3亿元。

【虎门港中荣化工项目】 该项目选址立沙岛精细化工园区。总投资1.2亿元，用地面积3.8公顷。规划建设年产5万吨的树脂稀释剂、助焊剂、固化剂、稀释剂、电子清洗剂等溶剂和电子清洗剂化工品。截至2015年，累计完成投资0.3亿元。

【虎门港东晖二期化工项目】 该项目选址立沙岛精细化工园区。总投资2.1亿元，用地面积6.6公顷。规划建设3个生产装置区，主要包括液体化工品提纯及混配全自动生产装置区、不饱和树脂生产装置区、水性涂料、电子溶剂、稀释剂生产装置区，截至2015年，累计完成投资0.03亿元。

【虎门港九江中海立沙岛油脂深加工项目】 该项目选址立沙岛精细化工园区。总投资1亿元，用地面积3.3公顷。规划建设13万吨油脂深加工项目，建设办公楼、倒班楼、包装车间、油脂深加工生产车间、水处理车间、锅炉房、配电房、2万吨储罐区等设施。截至2015年，累计完成投资0.32亿元。

（李九光）

附：2015年沙田镇党委、人大、政府和虎门港管委会主要领导名录

镇委书记、镇人大主席、管委会工委书记：邓流文

镇长、管委会主任：詹志斌

2011—2015年沙田镇·虎门港主要经济指标

指标＼年份	2011	2012	2013	2014	2015
户籍人口（人）	41330	41789	42266	42784	43688
常住人口（万人）	17.82	17.96	18.01	17.94	17.93
面积（平方千米）	107	107	111.5	111.5	111.5
生产总值（万元）	722343	770194	889532	977426	1068619
第一产业（万元）	16062	18396	20113	20998	21145
第二产业（万元）	420766	369414	393891	425057	450820
第三产业（万元）	285516	382384	475528	531371	596654
总用电量（万千瓦时）	104589	107365	117883	133000	141916
全社会固定资产投资总额（万元）	199191	187391	331000	413096	496027
社会消费品零售总额（万元）	128775	143955	157359	190731	267100
外贸出口总额（万美元）	85791	84391	126778	297974	302003
实际利用外资（万美元）	2497	3962	8702	9932	13524
可支配财政收入（万元）	81616	92588	109025	107363	127393
各项税收总额（万元）	100419	107652	154693	201172	231715

注：除可支配财政收入五年均为镇港数据外，其他数据2011—2012年为沙田镇数据，2013—2015年为沙田镇虎门港数据。

长安镇

【长安镇概况】 长安镇位于东莞市南端，东邻深圳市，南临珠江口，西连虎门港，北倚莲花山，G107国道、S358省道、广深高速、虎岗高速、广深沿江高速贯通全镇，是广州、东莞与深圳交通往来的南大门。截至2015年，面积98平方千米，下辖13个社区，户籍人口4.9万人，常住人口66万人。

2015年，长安镇实现地区生产总值400.5亿元（第一产业0.80亿元，第二产业255.13亿元，第三产业144.59亿元），比上年增长11.1%；全社会固定资产投资总额55.66亿元，增长11.71%；总用电量62.74亿千瓦时，增长3.61%；社会消费品零售总额117.8亿元，增长10.8%；实际利用外资3.34亿美元，增长-0.93%；外贸出口总额90.82亿美元，增长0.86%；各项税收总额84.5亿元，增长12.4%；镇本级可支配财政收入23.6亿元，增长7.1%。全镇生产总值增速、工业总产值总量、进出口总额、专利申请量和授权量、新增企业注册数等5个主要经济指标排东莞市第一名；“国家新型城镇化试点”“五金模具产业品牌创建”“法治建设”“公共文化服务”“退休人员社会化管理服务”“全国综合减灾示范社区创建”“中国民间文化艺术之乡创建”等7项工作获评市“单打冠军”。

【长安镇创新驱动】 2015年，长安镇出台创新驱动系列方案，加强对科技创新的扶持和奖励。规模以上高技术制造业产值859.4亿元，有高新技术企业49家，居东莞市第三位，其中2015年新增14家；有95个产品获“广东省高新技术产品”称号。规模以上企业自建研发机构57家，覆盖率达21%，拥有省级企业工程技术研发中心12个。专利申请量7037件，授权量2570件，专利申请量和授权量均居东莞市第一位。牵头组织成立市一级机器人协会，吸引60多家会员企业。申报“机器换人”项目101个，占东莞市的12.1%；有24家企业获得市“机器换人”补助1544.63万元，占东莞市的11.02%。

【长安镇转型升级】 重大项目招引和建设 2015年，长安镇全力抓好重大项目的招引和建设，建立重大项目统筹招商“一站通”机制，实行“一个项目、一个领导、一个小组”机制。营业收入超100亿元的企业有5家，纳税超5000万元的企业有21家。引进总投资6.5亿元的宇瞳光学、投资6亿元的盛航金属、投资3亿元的旭宇光电等重大项目；在建步步高、长发光电、龙辉科技、新安大桥、欧珀移动等5个市重大项目累计完成投资4.78亿元，为年度投资计划的115.4%。特色产业水平提升 提升特色产业水平，做强做优电子信息、五金模具两大特色产业。两大产业规模以上产值占长安镇工业产值84.3%，其中，规模以上电子信息产值达到972.7亿元，比上年增

建设“现代制造名城，湾区创新都市”——长安镇

长15.5 %；规模以上机械五金模具产值175.1亿元，增长6.6%。创建全国五金模具产业知名品牌创建示范区、广东省实施技术标准战略示范镇。内源型经济发展　实际利用内资11.9亿元，新增企业注册5969家，居东莞市第一位；规模以上内资企业产值728.9亿元，比上年增长42.3%；规模以上企业内销额806.3亿元，增长27.7%。民营企业名牌名标不断增多，拥有中国驰名商标6个、中国名牌产品2个、广东省著名商标13个、广东省名牌产品10个。全镇区组两级可支配收入19.6亿元，比上年增长10.4%。镇属长安集团实现工业总产值92.1亿元。

【步步高研发生产项目】　总投资37.5亿元（其中研发中心7.5亿元，生产基地30亿元），总用地面积为63.6公顷（其中研发中心用地3.6公顷，步步高生产基地用地60公顷），总建筑面积为125万平方米。2015年，该项目完成投资2.01亿元，占年度计划的103.9%；项目累计完成投资8.67亿元，占总投资的23%。研发中心一期（宿舍楼）开展装饰装修、消防安装、电梯安装工作；生产基地的“vivo”总部地基沉降处理工程完成，小天才制造中心地基沉降处理工程动工。生产基地建成后将逐步形成年产6000万台以上“vivo”手机、500万台“步步高”电话机、700万台教育电子产品的规模。

【长发光电研发生产项目】　项目总投资6.3亿元，用地面积6.67公顷，总建筑面积12万平方米。主要生产经营3D裸视产品、LED（发光二极管）光电产品。2015年，完成投资1.53亿元，占年度计划的102%；项目累计完成投资4.03亿元，占总投资的64%。项目1号楼完成并通过验收；2号楼主体验收；5号、6号、8号楼基坑完成。预计建成投产后，可实现年产值30亿元，实现税收1.5亿元。

【广东龙辉科技研发生产中心项目】　总投资6亿元，用地面积10公顷，建筑面积20万平方米，主要生产经营路由器、精密钣金等产品。2015年，该项目完成投资6386.5万元，占年度计划的106%；项目累计完成投资1.84亿元，占总投资的31%。工程封顶，砌体完成。预计全面建成投产后，员工可达4000人，年产值可达20亿元，税收1亿元。

【东宝河新安大桥东莞引桥及配套工程】　项目总投资1.26亿元，由市财政投资。于2015年开工建设，全年完成投资5367.8万元，占年度计划的110.7%，占总投资的46.4%。建成后，可缓解G107国道和S358省道、广深高速公路的交通压力，大大缩短沙井、长安之间的出行时间，加快惠莞深交通路网一体化建设。

【欧珀移动通信有限公司增资扩产项目】　总投资10亿元，占地面积21.46公顷，总建筑面积27.85万平方米，主要用于手机的SMT（表面贴装技术）生产、整机组装和仓储。为2015年新增的东莞市重大建设项目。于2015年11月开工建

① 2015年3月12日，市委书记、市人大常委会主任徐建华（中）到长安镇开展调研活动，了解经济社会发展情况

② 2015年10月30日，国家发改委规划司城市中心试点处处长王俊沣（左）到长安镇调研　（唐寿新　摄）

③ 2015年7月14日，省政府发展研究中心主任汪一洋（中）率队到长安镇调研　（唐寿新　摄）

设，全年完成投资710万元，占年度计划的118%。

【长安镇深化改革】　2015年，长安镇以国家新型城镇化综合试点、全国中小城市综合改革试点为契机，深化改革，释放经济活力。行政审批制度改革　开展商事登记制度改革，进一步压减行政审批事项，实施企业登记注册“一网通”，推进“三证合一”“一证一码”等。推进项目直接落地改革，简化项目审批流程，缩短项目办证时限。加快网上办事大厅建设，提高办事效率。新增个体工商户1842户，新增企业5969家；市场主体达到6.41万个。投融资体制改革　为企业解决融资难的问题，长安镇政府设立长安五金模具产业基金、建立“政商银”融资服务平台，并通过邀请深交所、上交所考察指导，举办“新三板”企业项目路演大赛等措施，引导企业通过多层次资本市场融资。通过两大融资平台和银企对接等各项措施，撬动银行、社会资金近50亿元；环球石材、汇乐环保、永畅兴精密3家企业在新三板上市。社会治理体制改革　抓好社区综合服务中心建设，在沙头社区开展社区综合服务中心试点。探索小区“微治理”模式，将长安信义怡翠豪园创建为“东莞市样板社区”。发展和培育社会组织，引导各类社会组织参与社会服务和综合治理，成立东莞市首个平安建设促进会，全年吸纳会员112人，募集资金100万元，受理各类矛盾纠纷54宗。

【长安镇城市建设】　基础设施建设　2015年，长安镇推进60多个工程项目的建设。开展公办学校扩改建工程，首期6所中小学校和幼儿园增加公办学位2300个。新建的长安实验小学、体育馆和社区卫生服务中心等设施全部投入使用。增建连通深圳的新安大桥，升级改造工业大道、福海路等5条道路。推进上源、乌沙等4座变电站的建设，220千伏振安输变电工程建成投产。城市改造升级　通过“三旧”改造、智慧城市建设等措施，提升城镇化水平。取得85宗“三旧”改造方案批复，面积达417.34公顷。制定长安镇智慧城市建设规划和实施方案，体育公园、长青街、长安公园等免费WIFI建成投入使用，涌头、新民社区开展光网建设试点。沙头和霄边社区开展第三批宜居社区建设，涌头、霄边等10个社区正在创建广东省宜居社区。环境治理　推进环境污染综合整治工作。抓好茅洲河流域污染整治，人民涌整治开工，其他河涌整治根据计划推进。加快长安新区污水处理厂和截污管网建设，累计建成截污管网34千米。电镀、印染专业基地A区完成验收，B区试运行。做好园林绿化工作，2015年植树1.8万株，造林16.73公顷。

【长安镇社会治理】　公共安全　2015年，长安镇抓好社会秩序和治安整顿，开展专项打击整治行动，严厉打击各类违法犯罪，侦破刑事案件1885宗，比上年上升1.12%；接报违法犯罪警情同比下降25.9%。加大安全生产执法监察力度，加强安全生产隐患排查整治，整改

① 2015年5月19日，市委副书记、市长袁宝成（中）到长安镇调研经济社会发展情况（唐寿新　摄）
② 2015年6月17日，市委副书记、市社工委主任姚康（前排左二）率领市社工委调研组一行到长安镇，就创建样板社区工作展开调研　（唐寿新　摄）
③ 2015年4月7日，市委常委、常务副市长张科（中）率队到长安镇调研经济社会发展情况（唐寿新　摄）
④ 2015年4月22日，副市长贺宇（中）到劲胜公司调研（唐寿新　摄）

安全隐患4506处。强化火灾防控，整治重点场所，发生火灾169起，比上年下降25.9%。加强道路交通安全整治，打击"黑的"、三轮车非法营运等行为。做好食品药品安全监管工作。排查调处各类矛盾纠纷，到京、到省越级上访案件比上年下降45.45%。加强城市综合执法，抓好违法用地、违法建筑整治工作。法治建设　组织开展普法活动407场次，通过"长安普法"微信、微博公众账号发送普法信息1万多条次。制作"长安法宝"卡通动漫普法品牌，面向中小学生普法。在长青街万科广场路段打造"周六普法街"。成立东莞市首个长安镇法学会。社会服务　2015年，推动社工、社会组织和志愿者参与社会服务，有民办非企业单位（社会组织）156家，新增19家；有社区社会组织45家。推广"社工+志愿者+业委会成员"的社区服务新模式，有3个楼盘成立业主委员会，业委会总数达到11个。开展"展翅飞翔"学校社工服务。

【长安镇民生事业】　教育事业　2015年，长安镇公办学校教育教学水平继续位于东莞市镇街公办学校前列，长安实验中学中考总平均分达605.14分，超过市40.32分。民办教育稳步发展，新增民办幼儿园4所，民办普通中小学1所，成立长安民办教育协会。教育信息化建设逐步推进，选取公办实验小学、实验中学和民办振安中学为试点，推广"微课掌上通""智慧课堂"、慕课教育等新教学模式。文化事业　创建广东省公共文化服务体系示范区，出版《长安实践与思考——新型城镇化进程中现代公共文化服务体系建设》，面向全国推广。举办第十二届全国摄影理论研讨会、广东省第十三届美术书法摄影作品联展、"影像长安"传媒大奖赛、长安镇第五届运动会等一系列文体活动。新成立羽毛球协会、钓鱼协会，有19个文体协会，会员近3000名。少儿舞蹈作品《我是广东人》《锄禾》及幼儿舞蹈《毛毛虫》在第八届"小荷风采"全国少儿舞蹈大赛中夺得3枚金牌、1枚银牌、2个最佳编导奖和1个优秀编导奖。社会保障　2015年，通过"春风行动"、失业人员就业援助等举措，提供1800多个工种2.3万个就业岗位。镇内社保参保单位达到1.68万家，各项社会保险参保总人次达218.35万人次。13个社区退休人员社会化管理服务站建立管理服务窗口，锦厦和上沙社区成为"广东省退休人员社会化管理服务示范点"。社会慈善和拥军优属等工作，发放各类补助及慰问金1200万元。推进市内外扶贫工作，加强对企石和韶关乳源、翁源，西藏林芝等的对口帮扶。

【长安镇人才服务】　长安"优才卡"　2015年，长安镇创新出台长安"优才卡"制度，为符合条件的持卡人提供各类公共服务和优惠政策，发卡500张，持卡人凭卡申请公办小学学位61个、公办中学学位88个，申请购房补贴2人，2.5万余元。企业人才培养方案　出台《长安镇企业人才培养方案》，镇财政设立2250万元企业人才培养专项资金，通

① 2015年12月23日，东莞市中小学慕课试点工作现场会在长安镇举行，副市长喻丽君（右三）出席　（唐寿新　摄）

② 2015年12月28日，长安镇召开人才工作会议　（唐寿新　摄）

过公开招考方式，每年选拔30名本地应届大学毕业生进入企业工作，将其培养为优秀企业人才。长安员工大学　创办“员工大学”，通过“学历学院”“技能学院”“素质学院”“专家讲坛”，为市民提升综合素质提供学习平台。开展12个主体培训项目，150个课时；邀请各领域专家、学者到各企业开展免费讲座45个课时；对408人发放61.2万元学历进修补助。

【全国首支五金模具产业基金】　2015年8月10日，长安镇政府与东莞市万众实业有限公司、东莞辰途投资管理有限公司和广东融川股权投资基金管理有限公司，共同签署“东莞长安五金模具产业基金合伙企业”协议，成立长安五金模具产业基金。该基金为全国首支五金模具产业基金，总规模为2亿元，由政府引导市场化运作，以五金模具行业内新三板挂牌企业或拟挂牌企业的股权为投资标的，投向具备原始创新、集成创新或消化吸收再创新属性，且处于初创期、早中期的创新型企业，以推动长安的五金模具产业发展，提升产业水平。

【第十届东莞（长安）国际模具技术及设备展览会】　2015年第十届东莞(长安)国际模具技术及设备展览会（简称“长安机械模具展”）在长安镇联冠聚和（国际）机床城举行，由广东省模具工业协会、东莞市五金机械模具行业协会、广东联冠集团主办，东莞市聚和机械五金模具有限公司承办。本届展会总规划各类展位500多个，设立品牌特装区、标准展区、机床及设备展区、模具及配件展区、融资服务展区、行业配套展区、电子商 务专区，重点展出模具生产成型设备、模具加工技术及设备、精密机床、高精度机床、金属切削机床、数控机床、压力成型机床、数控机床加工中心、锻压机床、3D打印机、数控刀具、刃具、量具、五金制品等产品。本届展会参观人数达4.5万人次，现场签约额超过8800万元，展期总意向成交额4.3亿元。

【广东省第十三届美术、书法、摄影作品联展】　2015年10月16日，“广东省第十三届美术、书法、摄影作品联展”在长安镇开幕。由广东省文化厅与省美术家协会、省书法家协会、省摄影家协会联合主办，广东省文化馆、东莞市文化广电新闻出版局、东莞市长安镇人民政府承办，东莞市文化馆、东莞市长安镇宣传文体局、东莞市长安镇图书馆协办，在长安图书馆展出，展期10天。自1999年创办以来，举办12届。从2009年起由每年一届改为两年一届，从最初一个只有1000多件参赛作品的小型展览发展成覆盖全省参赛作品的大型群众文化活动，给更多的业余作者搭建展示才华、实现梦想的平台。该联展于2013年被评定为“广东省特色文化品牌”，也是省文化馆认可的唯一自主品牌。本届联展活动收到来自全省各地的作品5000多件，评出获奖作品264件。（黄　真）

附：2015年长安镇党委、人大、政府主要领导名录

镇委书记、人大主席：何绍田

镇　长：郭荣新

2011—2015年长安镇主要经济指标

指标＼年份	2011	2012	2013	2014	2015
户籍人口（人）	44952	45956	46608	47713	49264
常住人口（万人）	66.58	66.85	66.92	66.23	66.06
面积（平方千米）	83.4	98.0	98.0	98.0	98.0
生产总值（万元）	2700394	2997437	3404500	3636575	4005148
第一产业（万元）	5410	5995	6809	7273	8010
第二产业（万元）	1622937	1888385	2226543	2378320	2551279
第三产业（万元）	1072056	1103057	1171148	1250982	1445858
总用电量（万千瓦时）	547110	561952	569302	605602	627436
全社会固定资产投资总额（万元）	536135	570966	645745	495844	556594
社会消费品零售总额（万元）	858609	904115	976445	1062783	1177850
外贸出口总额（万美元）	736354	756397	851535	900420	908165
实际利用外资（万美元）	28031	34526	34881	36795	33391
镇级可支配财政收入（万元）	141989	164838	186269	200228	235949
各项税收总额（万元）	475775	544685	640758	751620	844935

① 2015年5月26日，长安镇法学会揭牌 （唐寿新 摄）
② 2015年8月10日，长安镇第五届运动会开幕 （陈康水 摄）
③ 长安镇大力推动机器换人，图为乐依文半导体装配测试厂数码车间 （唐寿新 摄）
④ 2015年10月23日，全国五金模具产业知名品牌创建示范区揭牌 （唐寿新 摄）
⑤ 2015年8月3日，省道S358长安隧道通车 （张俊彪 摄）
⑥ 2015年11月20日，欧珀公司增资扩产项目奠基 （唐寿新 摄）

①

②

③

④

⑤

⑥

寮步镇

【寮步镇概况】 寮步镇是广东省中心镇，地处东莞市地理几何中心，毗邻市主城区、松山湖国家高新区和东莞生态产业园。截至2015年，总面积71.38平方千米，辖10个社区、20个村，常住人口40.8万人，其中户籍人口7.69万人。

2015年，寮步镇实现地区生产总值210.48亿元（第一产业8393万元，第二产业112.9亿元，第三产业96.74亿元），比上年增长5.6%；全社会固定资产投资总额53.11亿元，增长-3.84%；总用电量26.09亿千瓦时，增长0.8%；社会消费品零售总额237.99亿元，增长21.09%；实际利用外资2.1亿美元，增长29.51%；外贸出口总额68.43亿美元，增长5.14%；各项税收总额51亿元，增长25.6%；镇级可支配财政收入23.43亿元，增长80.15%。获评为全市镇街领导班子年度工作优秀镇街。

【寮步镇重大项目建设】 2015年，寮步镇每月召开重点项目督导会议，扫除项目建设障碍，是市重大项目完成率超20%以上的镇街之一，重大项目管理单位排全市前十名。推动香市科技产业园孵化器项目建设，争取首期23.33公顷建设用地指标，采用政府与社会资本合作（PPP）模式启动园区路网和环境配套等基础建设。金龙机电华南生产基地进入试产，力保安达自动化项目摘牌落地，波顿香料、通明电力热电联产、锦富迪奇导光板生产基地、美尔顿新厂等重点项目加快推进，南美世贸中心、财富大厦启动招商工作。

【寮步镇产业转型升级】 *招商引资* 2015年，寮步镇完善招商引资利益共享机制，引进内外资签约项目104宗，实际利用国内外资金28亿元，其中投资超6亿元的重大项目两个。金龙机电股份有限公司投资10亿元建立华南地区生产基地；高伟光学电子增资1.5亿美元，扩建8.5万平方米厂房，扩充产能。*创新驱动发展* 对接“东莞制造2025”战略和创新中轴线建设，出台《寮步镇实施创新驱动发展战略工作方案》，做好产业结构调整、内源型经济发展、高新技术企业和上市企业、新产业新业态培育。三大产业比例从0.4∶56.9∶42.7调整为0.4∶53.6∶46.0，内资工业占比从21.8%增加至23.6%。引导企业加大技术创新投入和“机器换人”，企业研发投入5.1亿元，占生产总值比重达2.4%，其中技术改造投资3.3亿元，比上年增长87%。先进制造业、高技术制造业增加值占规模以上工业增加值的比重分别为58.9%、53.1%。企业发明专利申请量259件，获市级科技进步奖4项、专利奖3项，寮步

坚持产城融合 加速城市化进程 全面建设东莞强镇

①

医院、科隆威自动化设备有限公司获得市科技进步一等奖。引进聚慧e谷、鼎昊自动化孵化园等科技企业孵化项目。寮步镇生产力促进中心投入使用，入驻金融服务、电子商务、机电装备研发企业和科技中介机构17家。新增国家级高新技术企业14家，总数达41家，数量全市排第六名。积极扶持企业上市，高伟光学电子在香港主板上市，瑞必达、百味佳、长联科技、康达新能源等10家企业挂牌全国新三板。成立镇电子商务协会，形成一批“互联网+”企业梯队。文化休闲旅游产业　加快发展特色文化旅游产业，举办第六届香博会，成立全市首个旅游集散中心，整合中国沉香文化博物馆、牙香街、横坑古村和西溪古村等文化旅游资源，完善餐饮、住宿等服务配套，累计吸引游客达60万人次，“中国香都”“香市古镇”文化旅游品牌效应初显。配合东莞市举办苏迪曼杯世界羽毛球锦标赛和篮球中心CBA系列球赛，寮步城市知名度和影响力提升。

【寮步镇新型城镇化建设】　城市规划管理　2015年，寮步镇围绕“坚持产城融合，发展实体经济，加速城市化进程，建设东莞强镇”的思路，坚持规划先行，围绕打造东莞市中心组团的城市副中心，完成香市科技产业园、莞惠城轨寮步站TOD等重点片区的规划编制和《寮步镇“三旧”改造专项规划修编》，配合市做好有轨电车和番莞高速的规划设计工作，完善公共交通路网布局，强化与市主城区、松山湖科技产业园区的无缝连接，主动融入市中心组团一体化发展。美丽寮步建设　统筹加强城市基础设施建设，推动城市升级。完善市篮球中心周边路网，完成金兴路、寮东路、祥富路、良平大道等镇村联网路升级改造。推进美丽幸福村居、古村名村和“小山小湖”公园建设。推进西溪古村、竹园历史文化街区环境整治，建成美丽幸福村居14个。以东莞举办苏迪曼杯世界羽毛球锦标赛为契机，开展松山湖大道两侧、篮球中心周边市容环境综合整治。万润城市综合体、保利中惠悦城等10个大型商住项目建成开盘，商品房销售面积70万平方米，销售总额64亿元，分别比上年增长130%、139%。生态文明建设　加大生态环境建设和保护力度，完成8.87千米截污次支管网建设，实施黄沙河、寮步等内河涌水环境综合整治。推进黄标车淘汰、节能减排等工作，完成7742辆黄标车提前淘汰任务，公共汽车全部更换为环保节能车型，营造绿色低碳环境。寮步镇被评为市城市综合管理先进镇。

【寮步镇农村经济发展】　2015年，寮步镇加大农村帮扶力度，镇财政统筹安排1亿元补贴农村社会公共管理，建成17个“一站式”社区公共服务管理中心。加强村（社区）党工委书记队伍

① 2015年8月18日，市委书记、市人大常委会主任徐建华（中）参观石步村创建“广东省健康促进示范村”成果展，图为徐建华查阅村民家庭健康档案

② 2015年6月30日，市委书记、市人大常委会主任徐建华（中）到横坑社区看望慰问老党员和困难党员

③ 2015年5月25日，市委副书记、市长袁宝成（中）在寮步调研重大产业项目建设，参观华南百味佳调味品研发中心及产业化项目

建设，选优配强农村基层干部队伍，加强农村预算管理，推动集体经济增资减债。村组两级经营纯收入5.2亿元，比上年增长17.5%，收不抵支的村组同比减少5个，村组两级收款率达85%以上，资产负债率下降至14.7%，低于全市平均水平。实施集体资产上平台公开交易，全年村组集体资产上平台交易372宗，其中竞价交易198宗，项目总金额2.28亿元，平均溢价率达6%以上。为村集体增收900万元。

【“平安寮步”建设】 社会治安管理 2015年，寮步镇开展打击违法犯罪专项行动，刑事警情比上年下降1.7%，破案率上升1%。加快公共法律服务体系建设，成立平安建设促进会和法学会，推进一村（社区）一法律顾问工作，设立法援工作站41个，为群众提供公益法律服务。着力化解劳资纠纷、违法建设等各类矛盾，群众信访总量和上访人次比上年减少15.2%、27.8%。公共安全管理 落实安全生产责任，加强安全生产、消防安全、交通安全、食品药品安全等公共安全领域的监管，全年无发生重特大安全事故及亡人火灾事故。成功创建广东省学校食堂食品安全示范镇。

【寮步镇民生事业】 就业创业 2015年，寮步镇发放市、镇两级就业补贴3135万元，促进7901名本地村民和大学生就业创业。教育文化事业 加大教育投入，出台奖教奖学措施，设立每年500万元民办教育扶持发展专项资金，促进教育均衡发展。新增114名新莞人子女积分入读公办学位，解决企业人才子女入学343人。中考成绩连续14年进入全市前列，高考户籍人口万人升大学人数全市排第一名。依托青少年活动中心、香市画院、王芝文陶瓷微书陈列馆等平台，推进文化惠民工程，举办“相约香江”“莞香花开”等系列书画、摄影大赛，打造青少年活动中心等公共文化品牌。社会医疗保障 推动石步等14个村（社区）创建省级健康促进示范村（社区），创建省级健康家庭2655户，与6000多户签订家庭医生服务协议，获评为全省卫生计生宣传创新项目。寮步医院获得全市医院医疗服务质量综合排前五名。提高各项社会保障待遇，其中，养老保险待遇每人每月达1125.5元，养老津贴增加到每人每月300元，发放待遇总数比上年增长18.4%，工伤保险、企业医疗保险和企业养老保险参保人数分别为20.5万人、20.2万人，17.1万人。加强社会保障兜底和弱势群体帮扶，发放低保困难家庭最低生活保障金231万元，户籍村居民重大疾病补助168万元。托社工综合服务中心，建立广东省社会工作专业人才重点实训基地，社会组织数量增长23%。开展居家养老、免费送餐等社会服务，为1421名老人提供无偿或低偿居家养老服务，为948名老人配置平安铃，创新众筹模式，为200多名独居老人长期提供免费送餐服务。

【2015中国（东莞·第六届）国际沉香文化艺术展览会】 2015年12月3—7日，2015中国（东莞·第六届）国际沉香文化艺术展览会（以下简称香博会）在寮步镇举行。本届香博会以“汇世界沉香，绽香市芬芳”为主题，由广东省沉香协会主办，东莞策略谷投资有限公司、东莞国香沉香文化产业发展公司和东莞市沉香协会承办，中国濒危物种进

2011—2015年寮步镇主要经济指标

指标＼年份	2011	2012	2013	2014	2015
户籍人口（人）	70111	71758	73117	74647	76882
常住人口（万人）	42.04	42.16	42.29	41.97	40.80
面积（平方千米）	71	71	71.38	71.38	71.38
生产总值（万元）	1471352	1574931	1821665	2008667	2104805
第一产业（万元）	2029	13635	14317	14947	8393
第二产业（万元）	841514	880005	1039580	1151948	1129050
第三产业（万元）	627864	681292	767768	841772	967361
总用电量（万千瓦时）	234053	241804	256459	258810	260887
全社会固定资产投资总额（万元）	226926	348518	423189	552383	531165
社会消费品零售总额（万元）	1269005	1462349	1770608	1965324	2379881
外贸出口总额（万美元）	551692	584795	634369	650818	684269
实际利用外资（万美元）	10300	11923	14837	16203	20984
镇级可支配财政收入（万元）	96075	106652	117330	130082	234344
各项税收总额（万元）	257789	313820	381337	406016	509956

出口管理办公室、中国野生植物保护协会作为指导单位，广东省文化厅、东莞市人民政府和寮步镇人民政府作为支持单位，以中国沉香文化博物馆对面广场为主会场，中国沉香文化博物馆、牙香街为分会场，主会场规划占地面积5万平方米，规划展馆面积2万平方米，设展位1300个，吸引海内外1000多家香商前来参展，吸引50万人次参观，成交额高达10亿元。

【寮步镇获评“国家文明村镇”】
2015年，寮步镇通过“国家文明村镇”创建验收挂牌。寮步镇围绕培育和践行社会主义核心价值观，加强社会公益宣传，依托机关事业单位、社区、学校、企业和物业小区，创建践行社会主义核心价值观的示范单位、示范点，将香市公园设为社会主义核心价值观主题公园，营造培育和践行社会主义核心价值观的良好氛围。开展道德讲堂宣讲，开展“共筑中国梦”等宣讲活动和道德讲堂20余期，打造平民讲堂品牌。积极“道德模范”和“东莞好人”推荐评选，营造崇德向善的社会氛围，有7名群众获评“东莞好人”。开展群众性精神文明创建，其中下岭贝村获评东莞市文明标兵村，上屯村、长坑村、刘屋巷村获评东莞市文明村；香市小学获评东莞市文明标兵单位；寮步中心小学、东莞市第六中学、广东出入境检疫检疫局寮步办事处获评东莞市文明单位。

【“尚善365文明积分计划”行动】
2015年，寮步镇在上屯村试点推行“尚善365文明积分计划”行动，打造“幸福上屯”社区惠民服务品牌。依托上屯社区综合服务中心，组织社区内党员、义工开展社区互助、文明宣讲、扶贫帮困、家政服务等各类社区活动、主题讲座115场，组织党员义工志愿服务时数2010小时，服务群众2.6万多人次，开展居家养老服务1.5万小时，孵化村级社会组织1个。　（刘勋良）

附：2015年寮步镇党委、人大、政府主要领导名录

镇委书记、镇人大主席：刘裕昌

镇　长：谢卫东

① 2015年4月22日，寮步镇举行全国文明村镇揭牌仪式

② 2015年11月2日，寮步镇瑞必达科技股份有限公司成为寮步镇第一家挂牌新三板上市的民营科技企业，镇委副书记、镇长谢卫东与企业高管一起敲响上市钟声

③ 2015年3月31日，东莞高伟光学电子有限公司在香港联合交易所挂牌上市，寮步镇委书记刘裕昌（右四）与高伟光学社长金甲喆（左六）一行在港交所合影

④ 2015年12月10日，寮步镇康达新能源设备股份有限公司、百味佳味业科技股份有限公司、长联新材料科技股份有限公司联合举行新三板挂牌敲钟仪式，成功登陆新三板

① 2015年12月，寮步镇巴中贸易促进会总部基地项目——南美世贸中心大楼建成

② 2015年6月16日，广东省科技金融综合服务中心东莞分中心全市首家科技金融工作站在寮步成立

③ 2015年12月3—7日，寮步镇第六届国际沉香文化艺术博览会举行

④ 2015年7月18日，波顿（东莞）香料项目奠基典礼举行

⑤ 2015年8月28日，寮步镇成立东莞市首个旅游集散中心，为广大游客提供一站式旅游服务

⑥ 2015年7月16日，寮步镇在中国沉香文化博物馆举行第一期“相约香江”全国书画名家获奖作品展

① 2015年8月8日，寮步镇青少年活动中心暑期汇报演出晚会举行，打造青少年文化活动品牌

② 2015年，寮步镇开展竹园村历史文化街区环境综合整治

③ 2015年，寮步镇完成祥富路、金兴路等4条镇村联网路升级改造，进一步优化道路公共交通出行环境

④ 2015年，寮步镇香市路城市生活轴线新貌

大岭山镇

【大岭山镇概况】 大岭山镇位于东莞市中南部。截至2015年，面积110平方千米（包含松山湖征地部分），辖21个村和2个社区。户籍人口4.8万人，常住人口27.56万人。

2015年，大岭山镇实现地区生产总值175.81亿元（第一生产3047万元，第二生产89.93亿元，第三生产85.57亿元），比上年增长7.63%；全社会固定资产投资总额32.46亿元，增长9.9%；总用电量20.2亿千瓦时，增长2.43%；社会消费品零售总额60.64亿元，增长7.75%；实际利用外资1.2亿美元，增长99.85%；外贸出口总额22.97亿美元，增长-15.49%；各项税收总额30.01亿元，增长7.93%；镇级可支配财政收入13.03亿元，增长23.08%。2015年，大岭山镇“文明创建”“省社区教育实验区创建”等2项工作获评全市“单打冠军”。

【大岭山镇重大项目建设】 2015年，大岭山镇的华威、拓斯达、森源等3个重大建设项目全年完成投资3亿元；华威公司完成投资计划115%，一期工程竣工，正推进二期工程建设，加快上市步伐；拓斯达公司完成投资计划112.5%。配合做好市供电局重大项目电网工程在大岭山镇选址建设。加强重大项目招商，引进国内印刷业龙头裕同项目和台湾地区高端家具品牌销售商欧德家具企业总部。推动闲置多年的兆丰鞋业厂房“腾笼换鸟”，引进德普特电子高科技项目。永昆电机、汇成真空、哈弗一期项目完成用地手续，即将动工建设。科能气体、朗星仓储项目完成供地。积极推进“华为小镇”、京东物流等大项目洽谈工作。

【大岭山镇产业转型升级】 特色产业发展 2015年，大岭山镇财政提供202万元租金支持，推动华科城博士创业园孵化器项目建设，完成基础设施建设，吸引25家有潜质企业进驻，入驻率达60%；大岭山镇家具协会换届，举办“大岭山杯”金斧奖中国家具设计大赛，组织180多家家具企业到各地参展参观。组织企业参展“加博会”“广交会”“海博会”“智博会”，拓斯达公司在“智博会”上展示两项行业首创的自动化工艺。科技创新 鼓励企业加大研发投入，全镇有研发项目152个，规模以上工业企业研发经费投入2.6亿元；推广“机器换人”，6家企业获市“机器换人”补贴707.1万元；加大上市企业培育力度，继拓斯达公司之后，海天磁业公司成为大岭山镇第二家“新三板”挂牌上市企业。商贸活跃 “金立”手机实际出口总额排全市企业第19位，是全市纳税超亿元企业之一。深化商事登记改革，新增市场主体3891户，比上年增长8.9%，新增注册资本总额35.3亿元。镇领导班子挂点服务大型骨干企业和规模以上企业，为206家规模以上企业提供贴身服务，解决企业实际困难37宗。

加快转型升级 建设宜商宜居宜创业大岭山

①

解决山富制帽厂拖延14年的土地办证、新荣项目环评审批、金骏平洋补办房产证等问题，妥善化解搁置23年的“龙腾花园”历史遗留问题。农业都市　加大“岭丰糯”等本地优质荔枝品种的推广力度，举办“本地荔枝销售一条街”活动，建立大岭山荔枝网上销售平台，实施产地与销售点对接，增加本地果农收入。打造莞香非物质文化遗产保护园，莞香制作技艺入选国家级非物质文化遗产代表性项目名录，制定《大岭山莞香文化产业发展规划》，连续两年举办莞香采香日文化活动，推动莞香文化产业发展。

【大岭山镇农村综合改革】　2015年，大岭山镇健全农村招商激励机制，对新引进税收超1000万元项目的村（社区），给予税收分成30%的资金奖励。鼓励农村盘活土地资源发展优质工业项目，农村工业用地出让收益扣除办证成本后全额返还给村（社区）。加强村组财务管理，23个村（社区）完成村级预算编制，严格落实预算执行跟踪。加强农村委派财务人员的培训管理，提高薪酬待遇，实施村级委派会计轮岗，健全财务人员考核机制，制定实施农村工作考评制度。2015年，村组两级总资产33.9亿元，比上年增长7.3%；资产负债率14.4%，下降1.3个百分点，全镇村组两级收不抵支的有2个，减少8个。

【大岭山镇社会管理】　社会治安　2015年，大岭山镇公安分局获全国公安机关执法示范单位。大岭山派出所新大楼建成投入使用，投入340万元完善刑侦装备，新招录20名特警。完善“天网”建设，完成二期65个高清视频监控建设，一期建成的130个高清视频监控和6个治安卡口投入使用，覆盖全镇主要进出道路、重点治安区域。推进严打整治专项行动。2015年全镇“两抢一盗”（抢劫、抢夺、盗窃）案发率比上年下降4.5%，破案率上升2.1%。安全生产　加强安全生产执法监察标准化建设，通过市一级标准化验收。吸取天津滨海新区爆炸事故、深圳山体滑坡灾害教训，开展涉及危险化学品环节、粉尘防爆、打非治违等安全生产专项整治，落实职业卫生防控工作，在大片美村开展全镇安全生产应急救援演练，加强地质灾害隐患点排查整改。完善消防安全“网格化”管理，实行重点单位“户籍化”管理，发挥消防主题公园宣传教育作用，开展“除火患、保平安”、清查“三小”场所（小商铺、小作坊、小娱乐场所和出租屋）违规住人等专项整治行动。社区服务　推行出租屋管理专人负责制、星级出租屋管理制度，安装出租屋自助申报系统877套。开展无邪教创建示范工程，杨屋等6个村成功创建“无邪教村”。以杨屋东浦新村等4条自然村为试点，开展平安村居创建工作，全镇各重点单位平安细胞、平安村（社区）创建覆盖率达95%以上。促进新老莞人和谐共融，建立3个“幸福e站”新莞人一站式服务平台。推进网上办事大厅建设，32项镇级服务事项列入镇网上办事站；成立镇法学会和平安建设促进会。

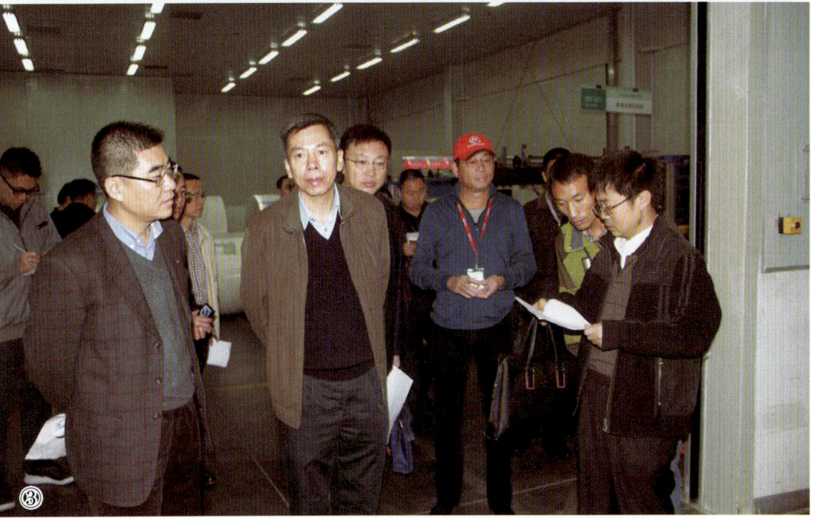

① 2015年6月29日，副省长陈云贤（右一）看望大岭山镇老党员

② 2015年9月29日，省人大常委会委员、教科文卫委员会副主任委员张宇航（前排右一）到大岭山镇调研非物质文化遗产项目保护工作

③ 2015年12月14日，省公安厅交管局局长李华振（前排中）到大岭山镇开展安全生产大检查“回头看”

综治维稳　积极化解矛盾纠纷，落实领导包案制度，稳控兴昂鞋业大规模裁员事件、新时代新能源劳资纠纷，化解鼎盛家具厂员工罢工事件。强化劳动监察执法，为4.22万名劳动者追讨拖欠工资1.60亿元。发挥人民调解力量成功化解矛盾纠纷446宗、调解成功率99.1%。

【大岭山镇生态文明建设】　2015年，大岭山镇完成环水库截污管工程及尾水排放工程，完成旧飞鹅垃圾填埋场渗滤液处理工程。制定截污次支管网建设计划，计划投入2.8亿元建设截污次支管网33.5千米，改善水生态环境。落实黄标车淘汰工作，在东莞市率先实行镇财政先行垫付黄标车淘汰补贴制度，在镇中心区主要道路实施环保限行，淘汰黄标车1763辆，完成市下达任务。加强对34家VOC（挥发性有机化合物）排放重点企业的监管，其中3家企业按规定搬迁；查处环境违法企业130家；对回潮养殖业严肃清理，清理生猪养殖场65户、生猪5296头。

【大岭山镇文化教育】　2015年，大岭山镇为新莞人子女提供公办学校起始年级学位1273个，比上年增长6.7%。升级改造10所中小学校食堂，增加30个公办幼儿园学位。关注学生安全教育，投入154万元用于完善防溺水设施、校车停靠点建设和实施优秀校车驾驶员奖励办法，为1080名小学生举办3期免费学习游泳课程。3所民办幼儿园和1所民办学校获批开办。教学质量稳步提升，中考连续三年超市平均分。2015年，全镇有231人考取本科、12人考取硕士、1人考取博士，其中5人考上澳大利亚墨尔本大学、英国利物浦大学等国外知名大学。

【大岭山民生事业】　医疗服务　2015年，大岭山医院在参选全国综合医院中医药工作示范单位中获得评审专家组、省中医药局的一致好评，建卫分院完成升级改造投入运营。推广家庭医生式服务，社卫中心11个站点的服务覆盖率达100%。提高社会救助标准，其中低保标准提高至每人每月610元，五保分散供养标准提高至每人每月1370元。解决20户困难家庭的住房问题。向残疾人士、低保家庭、老年人、贫困学生、重大疾病患者等困难群众发放补助或津贴共2386万元。市政卫生　加强镇村统筹环卫管理，出台镇乱倾倒垃圾行为专项整治工作方案，在6个村（社区）试点实施镇级统筹生活垃圾运输，向市城管局争取到每天350吨生活垃圾中的250吨运至横沥垃圾焚烧厂处理，建立生活垃圾“村（社区）收集、镇街转运、市处理”的三级管理网络。劳动就业　实施促进城乡居民就业创业政策，推动公共就业服务惠普化。组建“村民车间”15个，安置属地劳动力870人；每月开展“就业服务日”活动，每年举办“春风行动”招聘会，组织镇内知名企业参加市校企合作洽谈会。全年发放各项就业补贴资金933万元，惠及1.55万人次。扶贫济困　推进市外扶贫工作，落实扶贫建设工作，帮扶70户市内贫困户成功脱贫、脱贫率93.3%，帮扶惠来县溪西镇4个村395户贫困户成功脱贫、脱贫率100%，完成为期三年的市外扶贫任务。　（邝学斌）

附：2015年大岭山镇党委、人大、政府主要领导名录

镇委书记、镇人大主席：詹文光

镇　长：严继宗

① 2015年2月5日，市委书记、市人大常委会主任徐建华（中）率慰问老党员、低保户和困难新莞人

② 2015年9月5日，市委书记、市人大常委会主任徐建华（前排左一）、市委副书记、市长袁宝成（后排左一）参观大岭山抗日根据地旧址　（蒋兵华　摄）

③ 2015年12月29日，市委副书记、市长袁宝成（左一）视察旧飞鹅垃圾填埋场

2011—2015年大岭山镇主要经济指标

指标＼年份	2011	2012	2013	2014	2015
户籍人口（人）	45325	45813	46530	47009	48076
常住人口（万人）	28.04	28.15	28.21	28.12	27.56
面积（平方千米）	95.5	95.5	95.53	95.53	95.53
生产总值(万元）	1230485	1340909	1521845	1633407	1758093
第一产业（万元）	2592	2738	2899	3026	3047
第二产业（万元）	604612	678908	831833	883138	899316
第三产业（万元）	623281	659263	687112	747243	855730
总用电量（万千瓦时）	171397	178777	183025	197180	201966
全社会固定资产投资总额（万元）	271008	279367	298085	295362	324585
社会消费与零售总额（万元）	427058	466827	512510	562766	606382
外贸出口总额（万美元）	257927	228044	235156	271822	229726
实际利用外资（万美元）	6285	7987	5555	6028	12047
镇级可支配财政收入（万元）	85017	90534	106804	105867	130300
各项税收总额（万元）	185403	201406	244483	278086	300150

① 2015年7月10日，市委常委、常务副市长张科（右二）率队督导截污次支管网建设

② 2015年5月5日，市委常委、组织部部长白涛（中）听取水朗村党工委书记黎东峰汇报党建工作

③ 2015年4月30日，市委常委、统战部部长李小梅（右一）到大岭山镇落实领导干部驻点普遍直接联系群众工作

① 2015年4月9日，省军区检查组到大岭山镇检查民兵整组工作

② 2015年9月10日，大岭山镇举行全市学习贯彻习近平总书记重要讲话精神座谈会

③ 2015年4月27日，海上丝绸之路沿岸多国主流媒体到大岭山镇采访莞香种植基地

④ 2015年10月28日，大岭山镇举行市“三重”项目金太阳二期工程开工庆典

⑤ 大岭山镇政府行政区

①

②

③

① 同沙水库

② 湿地公园鸟瞰效果图

③ 虎岗高速大岭山站

大朗镇

【大朗镇概况】　大朗镇位于东莞市中南部，地处穗深港经济走廊，毗邻松山湖国家高新区，与广州、深圳和香港同处一小时生活圈。截至2015年，面积118平方千米，辖28个社区（村），户籍人口7.5万人，常住人口32万人。

2015年，大朗镇实现地区生产总值220.15亿元（第一产业2534万元，第二产业112.75亿元，第三产业107.15亿元），比上年增长18.38%；全社会固定资产投资总额51.85亿元，增长2.14%；总用电量29.76亿千瓦时，增长5.57%；社会消费品零售总额237.99亿元，增长28.04%；实际利用外资1.59亿美元，增长-27.33%；外贸出口总额27.51亿美元，增长5.29%；各项税收总额32.23亿元，增长17.78%；镇级可支配财政收入12.62亿元，增长32.19%。2015年，获评全市镇街领导班子年度工作优秀镇和“社区网格化管理及‘微治理’模式”“省社区教育实验区”“年鉴编审”“妇女创业就业”“农村五保户供养”“经济普查工作”等6个年度“单打冠军”，同时获评“中国毛织服装电商品牌孵化基地”“2015年度中国十佳品牌专业展会”，在2015年中国百强镇中排第40位，比上年提升14位。

【大朗镇转型升级】　电子商务　2015年，大朗镇有毛织企业及个体户7000多家（户），数控织机使用量超过5万台，规模以上毛织总产值105.6亿元。全镇有5600多家企业试水电商市场，237家企业成功上线“淘工厂”，全年毛织类电商交易额61.3亿元，比上年增长56.2%，大朗电子商务产业中心被认定为“广东省电子商务示范基地”。“机器换人”　出台《大朗镇工业机器人智能装备产业发展规划（2015-2020）》，累计为53家企业申报“机器换人”专项资金3161万元。全镇工业企业技术改造投资达8.5亿元，超出市定目标31.4%。注塑机节能改造、电机节能改造完成市定目标的264%和125%。科技创新　规模以上企业研发经费投入4.59亿元，松湖云谷创意产业园获批国家级科技企业孵化器培育单位。全镇高新技术企业新增16家，总数达36家，有国家认可实验室3家，省、市级工程中心8家，44家大中型企业建立不同层次的研发机构。全镇专利申请量、授权量分别比上年增长13.9%和14.9%，新增中国驰名商标2个，共有省级以上名牌名标30个。

【大朗镇综合改革】　商事登记制度改革　2015年，大朗镇推进落实“多证联办”试点工作，市场主体超过3.4万户，全市排第七位。完善“住所信息申报+负面清单”管理模式，全镇无证照经营行为减少，商事主体证照齐全率达91%，无照经营率下降至5%以下。基层综合治理改革　以信息化监管平台为支撑，创建综合管理、综合治理、综合服务“三位一体”的“大综管”模式，实现商改后续监管与基层社会综合管理主体相统一，火灾起数比上年下降28.6%，安全生产事故宗数下降9.9%。项目直接落地改革　通过项目“直接落地”试点改革，项目投资建设审批时限由4个月压缩至2个月，日清包装、石西智能项目分别完

全面建设和谐、富裕、幸福、美丽大朗

①

成试产和封顶，笔克展览设计创意产业园提前2个月动工建设。

【大朗镇项目建设】 选商引资 2015年，大朗镇引进外资项目29宗，其中包括4个超亿元项目，总投资达20.5亿元，全部投产后预计可增加税收1.45亿元。项目推动 大朗镇3个市重大项目完成投资3.08亿元，占年度计划154%，投资完成比例排全市第三位。企业培育 广东龙昕科技有限公司年度纳税5839万元，实现单个工业企业税收超3000万元"零的突破"。纳税额超1000万元的工业企业有17家，比上年增长70%。规模以上工业企业达到339家，数量排全市第三位。4家企业成功挂牌新三板，数量排全市第二位。67家个体户升级为企业，6家小微企业升级为规模以上企业，4家企业完成股份制改造。

【大朗镇城市经营】 城市格局 2015年，大朗镇环球贸易广场、纺织世界、巷头大厦等标志性建筑建成使用，毛织商贸城初具规模。依托散裂中子源，打造松朗科技新城战略性新兴产业融合区和东莞未来科学中心区。吸引万科、碧桂园等国内外高端城市综合体发展商进驻，实现第三产业增加107.2亿元，比上年增长14.9%，核心区商贸文化辐射能力不断增强。城市管理 查处城市违法违规行为3453宗，拆除整治户外广告1254宗。清理生猪超过2万头，完成5个内涝黑点的应急整改，淘汰黄标车2264辆。创新推进"小区微治理"，明上居小区被评为市样板社区。绿色生态 投入2670万元统筹管理全镇环卫绿化，建成区绿地面积1705万平方米，绿化覆盖率高达46.1%，市级生态社区（村）增至23个，覆盖率达82%。土地统筹 完成整治违法用地20.33公顷，拆除违法建筑88宗，累计达成统筹意向67.33公顷。城市竞争力、吸引力提升，长盛二期3地块拍出总价近30亿元，其中一地块以溢价率97.7%成为东莞单一地块总价最高。

【大朗镇社会民生】 教育发展 2015年，大朗镇两所公办中学连续4年获全市初中教育质量优秀奖，中考平均分超过市41.4分，其中大朗一中中考成绩在全市镇街公办学校中排第一名，全镇户籍考生中有125人考上重点本科。文体事业 举办"我是民星"、朗艺讲堂等各类文化品牌惠民活动近1200场，受惠群众超过300多万人次。大朗男篮实现"九年八冠"。编纂全国首部村级综合年鉴《巷头年鉴》，成立全省首个镇级方志馆。平安建设 查处治安案件1128宗，查处违法人员1240人，"3+2+2"专项行动成效排全市第二名。开展安全生产专项行动，全年无发生重大安全生产事故。查处食品违法案件71宗。加强矛盾纠纷化解，劳动纠纷案件比上年下降5.8%。社会保障 2015年"十件实事"基本完成。养老保险待遇提高，发放养老待遇1.7亿元。新建2个社区卫生服务站，全镇社区卫生服务站达15个，门诊总量达101万人次。"一号关爱"志愿服务平台被评为广东省最佳志愿服务项目，受惠群众超过90万人次，帮助2万多名新莞人再就业。

【第十四届中国（大朗）国际毛织产品交易会】 2015年11月3—5日，第十四届中国（大朗）国际毛织产品交易会在大朗镇举办，由中国毛纺织行业协会、

① 2015年1月10日，全省加强综治信访维稳平台建设珠三角片区现场会在大朗召开。广东省委副书记，政法委书记马兴瑞（前排右二）在市委书记、市人大常委会主任徐建华（前排右三），市委常委、市政法委书记邓志广（前排左一）的陪同下参观大朗镇阳光雨党员服务中心

② 2015年1月11日，省委常委、统战部部长林雄（前排右五）到大朗镇参观散裂中子源

③ 2015年7月1日，省委常委、政法委书记林少春（右二）到大朗镇调研社会矛盾化解及基层治理工作

中国国际贸易促进委员会纺织行业分会主办，东莞市毛纺织行业协会承办。本届展会以“时尚·电商”为主题，展场面积近20万平方米，展品覆盖毛衣、机械、纱线、辅料及配件等全产业链，突出打造“大朗电商体验馆”和“原创设计区”，拍摄第二部产业微电影《织城梦想之织越时空》，在展会开幕前进行首映。本届展会累计吸引超过15万人次进场参观，意向成交额近35亿元，比上届增加14.2%，总体满意度高达90%以上，新华社、中新社等近百家国家主流新闻媒体进行跟踪报道。

【广东省基层社会治理工作平台建设珠三角现场会在大朗镇召开】 2015年1月10日，广东省基层社会治理工作平台建设珠三角现场会在大朗镇召开。省委副书记、政法委书记马兴瑞和省委副秘书长、省信访局局长林耀明等省人大、政法委、综治办、社工委、公安厅、民政厅、司法厅等有关领导，东莞市委书记、人大常委会主任徐建华，市委常委、政法委书记邓志广和广州、深圳、珠海、佛山、惠州、中山、江门、肇庆等市有关领导参加现场会。与会人员到大朗镇长富社区、综治信访维稳中心和行政服务中心等地进行实地考察，了解长富社区一体化平台、网格化管理等大朗基层社会治理综合平台运行情况。现场会上，广州、深圳及东莞作经验介绍，省委副书记、政法委书记马兴瑞强调，各地各部门要以问题为导向，用法治思维和法治方式扎实推进平安广东建设，发挥平台在社会治理中的重要作用，认为大朗做法有特色，亮点多，值得学习借鉴。

【东莞市深化样板社区创建工作现场会在大朗镇召开】 2015年8月24日，东莞市深化样板社区创建工作现场会在大朗镇召开。市委副书记、市社工委主任姚康，市委常委、市政法委书记、市社工委副主任邓志广，副市长喻丽君以及市社工委等部门、各镇街党政领导代表参加现场会。现场会上，大朗镇胡浩举书记汇报大朗以创新推进样板社区创建工作的情况，凤岗镇、长安镇的相关负责人也分别做经验介绍。姚康充分肯定东莞市深化样板社区创建工作的成绩，对下阶段深化样板社区创建工作进行全面的部署，推动“小区微治理、基层新变化”的创建经验在全省、全国推广。

【广东省首个镇级方志馆揭牌开馆】 2015年11月6日，广东省第一个镇级方志馆——大朗方志馆揭牌开馆，市委常委、常务副市长张科，市志办主任潘朝明和大朗镇委书记胡浩举共同为大朗方志馆揭牌。该馆面积约1500平方米，设藏书区、展示区、服务区、编研区，以收藏东莞市地方志和大朗镇志、村志、年鉴、族谱等地情文献为主，兼收市外各种地情著述，总计7000多册，免费供公众查阅。

【中国散裂中子源项目建设进展顺利】 该项目位于大朗镇，总投资约22亿元，是世界四大脉冲散裂中子源之一，计划在2017年9月输出第一束试验中子束，2018年3月进行工程验收。截至2015年，散裂中子源项目建设进展顺利，主装置区完成总工程量的98%，直线隧道及设备楼、环隧道和设备楼等交付使用，主体室内土建工程基本完成。

（叶芳廷）

附：2015年大朗镇党委、人大、政府主要领导名录

镇委书记、镇人大主席：胡浩举

镇　长：邓卫洪

① 2015年6月29日，中国科学院院长白春礼（中）到大朗镇实地视察散裂中子源施工进展

② 2015年12月12日，中国工程院院长周济（左三）到大朗调研参观广东伯朗特智能装备股份有限公司

2011—2015年大朗镇主要经济指标

指标＼年份	2011	2012	2013	2014	2015
户籍人口（人）	71280	71994	72718	73492	75038
常住人口（万人）	31.22	31.38	31.46	31.39	31.11
面积（平方千米）	118	118	118	118	118
生产总值（万元）	1469179	1564995	1698817	1859640	2201519
第一产业（万元）	1555	1872	2012	2153	2534
第二产业（万元）	855609	895278	946183	1030136	1127473
第三产业（万元）	612021	667844	750577	827351	1071512
总用电量（万千瓦时）	223665	239833	254393	281950	297644
全社会固定资产投资总额（万元）	364833	350221	423795	507609	518488
社会消费与零售总额（万元）	467499	513769	581765	629154	805571
出口总额（万美元）	193901	243043	243447	261257	275088
实际利用外资（新口径、万美元）	12285	14213	18668	21907	15919
镇级可支配财政收入（万元）	71613	78580	86723	95451	126179
各项税收总额（万元）	190738	214343	237910	273673	322309

① 2015年4月9日，市委书记、市人大常委会主任徐建华（右二）到大朗镇调研经济调研情况

② 2015年5月29日，市委副书记、市长袁宝成（前排中）到大朗镇南洋幼儿园进行“六一”慰问

① 2015年6月17日，市委副书记、市社工委主任姚康（右二）到大朗镇调研样板社区创建工作

② 2015年11月3日，市委常委、统战部部长李小梅（右二）出席第十四届中国（大朗）国际毛织产品交易会开幕式

③ 2015年4月20日，市委常委、组织部部长白涛（左二）到大朗镇调研党建工作

④ 2015年11月6日，市委常委、常务副市长张科（左二）为全国首个镇级方志馆——大朗方志馆揭牌

⑤ 2015年5月4日，大朗镇举办“全城织爱·幸福扬帆”青年集体婚礼

⑥ 2015年5月21日，大朗镇夺得东莞市男子篮球联赛第八冠

① 全国最大的大科学装置——中国（大朗）散裂中子源

② 大朗巷头花园（巷头农民公寓）

③ 大朗毛织贸易中心

④ 大气爽朗——大朗核心区概貌

⑤ 醉美诗意——仙村湖景

黄江镇

【黄江镇概况】 黄江镇位于东莞市东南部经济带的腹部，东连樟木头镇，西接大朗镇，北靠常平镇，南临深圳市光明新区。截至2015年，面积约98平方千米，辖7个社区。户籍人口2.8万人，常住人口22.8万人。

2015年，黄江镇实现地区生产总值133.98亿元（第一生产1325万元，第二生产68.08亿元，第三生产65.77亿元），比上年增长6.63%；全社会固定资产投资总额35.63亿元，增长9.57%；总用电量18.02亿千瓦时，增长1.39%；社会消费品零售总额38.88亿元，增长38.41%；实际利用外资1.42亿美元，增长-21.5%；外贸出口总额41.07亿美元，增长3.56%；各项税收总额25.9亿元，增长22.4%；镇级可支配财政收入20.58亿元，增长63.26%。

【黄江镇经济发展】 *招商引资* 2015年，黄江镇举办2015年（深圳）经贸合作交流推介会，签约10个项目，总投资额约30亿元。推动项目落地，提供“一个项目，一个工作组，一条龙服务”的跟踪服务，探索先注册后落地模式。协助群赞电子项目落户，促成全球基因产业龙头——华大基因公司在黄江镇设立东莞分公司总部。2015年引进300万元以上内资项目77宗，比上年增加42.6%；协议投资9.27亿元；实际投资8.9亿元，增加11.9%。与深圳光明新区达成签署合作协议意向，两地对接编制“十三五”规划。利用中山大学深圳校区落户光明新区契机，推动筹建“中大智慧城”项目。推进“广东省技术创新专业镇”建设，落实市创新驱动系列扶持政策，启动美江电商产业园、富源科技园、北岸科技园等一批孵化器建设。2015年，新增国家高新技术企业7家。企业专利申请量和授权量实现30%以上的增长。维升电子、鹏驰五金公司成为“机器换人”典范。*工业基础夯实* 推进裕元工业园转型升级，统筹园区内土地及厂房资源，承接深圳地区优质创新产业转移。推动企业拓展内销，黄江镇外资企业开展内销业务达160家，内销总额突破75亿元。太阳神集团全年纳税2.9亿元,比上年增长7%；金科伟业公司获全国第62个直销牌照。黄江镇新增注册商标487件。惠伦晶体公司挂牌上市，凌进电子、厚和科技公司在前海挂牌，欧科空调公司纳入市第九批上市后备企业。2015年，实现外资企业增资扩产12宗，其中超500万美元4宗。

【黄江镇城市管理】 2015年，黄江镇完善莞深对接交通枢纽，对莞深高速公路黄江出入口进行改造。黄朗路大朗段建设启动，黄江中桥、田星路、西环路（南段）、环城南路二期、洪圣路等道路工程加快建设。投入711万元，对X232线官山围桥、烟花厂桥完成安全改造。推动电网建设，在东莞市市电网规划建设“大会战”考核中排第一名。加强集约用地提升城镇承载能力，开展“三旧”改造项目17宗，改造面积91.13公顷，其中田美社区金湖郦城一期封顶。推进重大项目建设，东吴项目完成项目二期用地“招拍挂”，太阳神总部建设项目完成一期主体厂房动工手续，累计投资达3.16亿元，比原计划超过2%。

【黄江镇社会管理】 *社会治安* 2015年，黄江镇开展打击各类违法犯罪专项行动，破获一批大案要案，刑事立案3692宗，比上年下降3.3%；破862宗，上升

“宜工、宜商、宜居、宜旅”生态新黄江

①

0.4%；其中侦破命案3宗，命案发案率下降70%。投入1700多万元建设高清视频监控一期，110指挥调度平台完工投入运行，监控覆盖全镇主要干道和重要部位。社会治理　提升消防力量，梅塘消防分站建成并投入执勤，整改火灾隐患1300多处。维护文化市场环境，开展“平安黄江系列绿色工程”等工作。落实农贸市场监督巡查长效机制，有效应对H7N9疫情。矛盾纠纷处理　健全矛盾排查调处机制，接待来访群众69批505人，比上年下降35%和47.8%。受理劳动争议案件339宗，追发573名劳动者工资1141万元。拆除各类违法建筑121宗1.9万平方米。

【黄江镇民生实事】　社会保障　2015年，黄江镇落实困难群众救济补助和优抚政策，养老津贴标准由每人每月250元提高到300元，低保标准由每人每月510元提高到610元，镇补充医疗救助金由300万元调高至400万元，发放社保、社会救济、医疗救助、优抚及残疾人保障等1500万元。黄江镇社会保险参保人数达58.46万人次，比上年增长25%。康湖护老院获“全国养老服务和社区服务信息惠民工程试点单位”。推动户籍人员就业创业，推荐户籍劳动力就业79人，为5700人次申领工资差额补助、岗位津贴、创业奖励等近250万元。双拥工作成效显著，投入150多万元对梅塘烈士公园进行重修。完成市内、市外扶贫任务，镇内低保户由24户下降至5户；帮助星光村申报2个扶贫优质项目；对口帮扶的乐昌市5个贫困村实现稳定脱贫。文教卫事业　黄江中学考取市六大校112人。第二小学机器人队伍在各级比赛中获得优秀成绩，获亚洲机器人锦标赛单项冠亚军，并获世界机器人锦标赛参赛资格。黄江镇财政补助民办中小学校公用经费1120万元，华南师范大学附属东莞学校得到上级办学批复。社区卫生服务中心门诊就诊总人数40.3万人次，参保人平均只需自付费用20元，实际报销比例64.2%。文化惠民工程推进，东莞竹藤草家具博物馆进入筹建阶段，梅塘社区获“全国和谐社区建设示范社区”。黄江镇自行车队代表东莞市参加省八运会自行车赛，获广东省团体第四名。

【东莞领益精密制造科技有限公司项目】　该项目位于黄江镇裕元工业园区。总占地面积15.47公顷，投资总额3.5亿美元，预计年税收1.3亿元。该公司主要生产手机、电脑部件及精密金属配件；新型电子元器件（片式元器件、敏感元器件、频率控制与选择元件、混合集成电路）；切削工具、模具与数控设备的技术研发与生产；金属元件加工及表面处理；自营各类产品和技术的进出口业务，提供产品售后服务。购置宿舍7栋，占地1.4万平方米，建筑面积7.5万平方米，综合楼1栋3层，占地1.12万平方米，建筑面积万3.13万平方米。该项目2015年纳入东莞市重大项目。

【广东国泰达鸣精密机件有限公司项目】　该项目位于黄江镇裕元工业园区。总占地面积3.4公顷，建筑面积约8万平方米，计划总投资1.5亿美元，预计年税收6000万元。该公司主要生产和销售新型电子元器件、数字移动通讯零配件、汽车关键零配件、医疗电子零配件、仪器仪表电子元器件。2015年被纳入市重大项目。（刘志勇）

附：2015年黄江镇党委、人大、政府主要领导名录

镇委书记、镇人大主席：
叶锦锐

镇　长：叶沃昌（任至5月）
李志东（5月到任）

① 2015年11月23日，广东省委常委、省军区政委黄善春少将（右二）到黄江镇调研

② 2015年5月26日，市委书记、市人大常委会主任徐建华（前中）到黄江镇调研

③ 2015年12月8日，市委副书记、市长袁宝成（前中）到黄江镇调研

④ 2015年6月12日，黄江镇召开第十六届人民代表大会第七次会议

① 2015年6月12日，镇委副书记李志东（右）当选为黄江镇人民政府镇长，图为镇委书记、镇人大主席叶锦锐（左）向李志东颁发当选证书

② 2015年10月28日，黄江镇在深圳举行经贸合作交流推介会，市委常委、常务副市长张科（中）出席推介会

③ 2015年5月15日，广东惠伦晶体科技股份有限公司在深交所上市，成为黄江镇首家上市公司

④ 2015年7月23日，黄江镇党政班子领导到75207部队进行“八一”拥军慰问

⑤ 2015年7月23日，黄江镇党政班子成员到深圳光明新区参观学习

2011—2015年黄江镇主要经济指标

指标 \ 年份	2011	2012	2013	2014	2015
户籍人口（人）	25491	25917	26440	27133	28170
常住人口（万人）	23.23	23.36	23.41	23.45	22.80
面积（平方千米）	98	98	98	98	98
生产总值（万元）	953803	1092088	1215390	1256520	1339779
第一产业（万元）	936	1103	1263	1317	1325
第二产业（万元）	511631	592122	649602	661385	680780
第三产业（万元）	441236	498864	564525	593819	657674
总用电量（万千瓦时）	163041	163953	149136	177786	180251
全社会固定资产投资总额（万元）	309557	189121	224046	325232	356347
社会消费品零售总额（万元）	222663	244274	263493	280916	388810
外贸出口总额（万美元）	420618	446276	449970	396610	410724
实际利用外资（万美元）	12233	12956	14339	18113	14150
镇级可支配财政收入（万元）	109517	59705	147444	126031	205753
各项税收总额（万元）	132963	152092	181829	211619	259121

① 2015年，黄江镇投资150万元对梅塘烈士公园进行重修

② 2015年9月24日，黄江镇第七届广场集体舞比赛在宝山社区广场举行

① 2015年11月28日，黄江镇在大屏嶂森林公园举办登山比赛，1500余名登山爱好者参加

② 晨曦中的黄江镇裕元工业园

③ 黄江镇宝山芙蓉寺

① 黄江镇城市新貌
② 新黄江医院
③ 远眺黄江镇
④ 黄江镇住宅小区

樟木头镇

【樟木头镇概况】 樟木头是广东省中心镇，位于东莞市东南部。截至2015年，面积约118平方千米，下辖10个社区（含1个新型社区）。户籍人口3.01万人，常住人口13.16万人。

2015年，樟木头镇实现地区生产总值85.2亿元（第一产业361万元，第二产业38.45亿元，第三产业46.72亿元），比上年增长7.6%；全社会固定资产投资总额23.2亿元，增长21.8%；总用电量10亿千瓦时，增长-0.27%；社会消费品零售总额 57.74亿元，增长10.7%；实际利用外资2167万美元，增长36.8%；外贸出口总额11.28亿美元，增长44.73%；各项税收总额16.57亿元，增长13.98%；镇级可支配财政收入11.36亿元，增长45.68%。

【樟木头镇经济发展】 招商引资 2015年，樟木头镇对接深圳产业转移，举办深圳招商推介会吸引大批深圳客商前来考察，引进世界500强日本住友果蔬冷链等3宗优质项目，实际引资15亿元，比上年增长73%。重大项目建设 落实项目问责等制度，召开重大项目协调会，协助解决项目推进过程中的问题近300个，创能数控、百樟荟特种空调等市重大建设项目顺利推进，美国空气化工等近30项镇重点项目进展顺利，完成年度投资约12亿元；永林电子、博世激光等项目纳入市重大建设项目。企业服务 开展助企兴企行动，重点扶持50家工业企业、百名优质企业发展，增强经济增长的动力和后劲。累计登记在册市场主体达到1.7万户的新高，比上年增长17.1%，累计注册资本76.6亿元、增长58.3%；民营经济税收5.9亿元、增长7.6%，外企内销额达16.8亿元，内销税收1.1亿元。

【樟木头镇转型升级】 特色产业发展 2015年，樟木头镇扶持塑胶产业转型升级，塑胶产业交易额及种类提升，完成交易额近500亿元。商贸流通持续向好，社会消费品零售总额57.7亿元，比上年增长10.7%。房地产业健康发展，商品房销售面积44万平方米，增长50.4%；商品房销售额43亿元，增长77%。启动旅游文化发展专项规划编制，开展景点评选活动，推动文化与旅游产业融合发展，实现旅游收入4.6亿元，增长7%。企业转型升级 通过落实“东莞制造2025”战略，设立每年1000万元创新驱动发展基金，表彰一批创新型企业，强化企业创新主体地位，完成技改投资、“机器换人”、落后电机淘汰、注塑机改造等任务；通过制定和落实市、镇一系列帮扶企业政策，重点扶持50家工业企业、百名优质企业发展，在企业提升生产力、引进高级人才、创造名牌名标、降低生产成本等方面给予支持帮助，企业转型升级成效显著；新增国家高新技术企业7家、市级孵化平台1个、发明专利18件；年销售收入超亿元企业增加4家、累计达36家，名牌名标累计达22个。全年有30多家企业实现增资扩产，增资金额超过1亿元；规模以上工业增加值33亿元，比上年增长8.5%。开拓多元素市场，外企内销额达16.8亿元，内销税收1.1亿元，民营经济税收5.9亿元，比上年增长7.6%。加强上市扶持，3家企业挂牌“新三板”或股权交易中心，实现上市企业零的突破。

【樟木头镇城市建设】 城市规划优化 2015年，樟木头镇以产城融合为引

实施“工商并重、文旅并举、产城融合”建设宜居宜业幸福新樟城

①

领，开展城镇总体规划修编和中期土规修编，调整功能分区，充分融入市“东南组团”，为城市更新奠定基础。城市功能改善　市政建设支出8200多万元，比上年增长19.1%。建成南城新区规划一路、金河工业大道延长线等3条次干道，完成广惠轻轨站广场建设、火车站隧道拆迁工作，启动城镇主干道景观综合整治、精品工程建设，完成上南、簕竹排等水库安全检测、除险加固工作，截污次支管网工程进场施工，城镇道路、水利及景观设施逐步完善。银瓶山森林公园樟木头景区纳入市“十三五”规划。“三旧”改造　以示范项目带动加快“三旧”改造步伐，全镇“三旧”改造专项规划编制通过市审批，罗屋村等8宗改造项目顺利完成投入使用，绿景RTD新城、宝山汽车城等改造项目有序推进。环境改善　推进石马河、官仓河综合整治，开展清淤除障、截污等整治工程，水质抽检在石马河流域镇街中排名靠前。落实清洁空气行动，完成黄标车淘汰、节能减排工作任务。加快生态社区、宜居社区建设，以中心区综合整治为抓手强化城市精细化管理，启动“国家文明镇”创建工作，通过“国家卫生镇”复评。

【樟木头镇社会管理】　社会治安　2015年，樟木头镇开展打击违法犯罪专项行动，加大重点区域和人流密集场所反恐防暴力度，建立健全娱乐场所长效监管机制，加强流动人口和出租屋“信息化、网格化”管理，刑事发案数比上年下降21%，命案发案数0。社会治理　成立镇法学会、平安建设促进会及3个行业分会、9个社区分会，推进“一社区一法律顾问”工作，强化诉求表达、矛盾排查化解、舆情研判等信访维稳调处体系建设，加强国家政治安全、劳资纠纷等重点领域专项治理，落实领导接访、包案处理等信访维稳机制，化解各类矛盾纠纷253宗，化解率达98%。市场秩序　深化社会信用体系和市场监管体系建设，加大无证照经营、传销等重点领域整治力度，整治非法营运，强化市场主体监管，打击制假售假行为，引导企业诚信经营，累计20家企业获评“守合同、重信用”企业称号，清理无证照经营101户，查处非法营运112宗、制假售假案件25宗。公共安全　抓生产安全、校园安全、交通安全、食品药品安全等专项整治，完善消防安全“网格化”，对全镇75个重点单位实施“户籍化”管理，全年未发生重特大安全事故。开展爱国卫生运动，加强卫生防疫管理，预防登革热、手足口病、H7N9禽流感等疫情，实现“零病例、无疫情”目标。

【樟木头镇民生事业】　社会保障　2015年，樟木头镇抓好底线民生，户籍人口就业率达98.5%，新建社区卫生服务站2个，实现社区卫生服务站全覆盖，创建全市首个“省慢性病综合防控示范区”，实现社保报销后人均诊疗费仅占全市平均水平的18%；社保参保扩面工作完成，养老金、低保标准提高，扩大住房保障范围，居家养老服务实现社区全覆盖，累计发放困难群体补助金1100多万元；文教体事业　推进教育均等化，启动实验幼儿园建设，提供新莞人子女公办学位1085个，落实民办学校补助资金1708万元。实施文化惠民工程，服务群众5万余人次。扶贫帮困　市内外扶贫“双到”工作成效显著，摘除圩镇“高负债社区”帽子，通过对口扶贫韶关翁源省市考核。（黄　幸）

附：2015年樟木头镇党委、人大、政府主要领导名录

镇委书记、镇人大主席：陈灼林

镇　长：周伟森

① 2015年7月8日，市委书记、市人大常委会主任徐建华（右二）到樟木头镇调研

② 2015年11月23日，省军区政委黄善春少将（中）率工作组到樟木头镇调研武装工作

③ 2015年1月29日，市委副书记、市长袁宝成（正面左）参加市十五届人大五次会议樟木头分组会议

④ 2015年11月30日，市委副书记、市社工委主任姚康（中）到樟木头镇“中国作家第一村”进行调研

① 2015年10月8日，市委常委、常务副市长张科（右二）到樟木头镇督导油气输送管道安全隐患整治工作

② 2015年2月3日，中共樟木头镇第十四届代表大会第四次会议召开

③ 2015年8月18日，市人大代表到樟木头镇开展“走进百家高新技术企业”活动

2011—2015年樟木头镇主要经济指标

年份 指标	2011	2012	2013	2014	2015
户籍人口（人）	28038	28453	28835	29337	30100
常住人口（万人）	13.35	13.41	13.46	13.49	13.16
面积（平方千米）	119	119	118	118	118
生产总值（万元）	626259	654566	754398	795822	851972
第一产业（万元）	417	328	344	359	361
第二产业（万元）	264935	272232	320684	359653	384459
第三产业（万元）	360907	382006	433370	435810	467152
总用电量（含企业自有机组发电）（万千瓦时）	94807	95677	95249	100246	99980
全社会固定资产投资总额（万元）	145040	151849	196694	190541	232014
社会消费品零售总额（万元）	362763	406894	437937	476114	577391
外贸出口总额（亿美元）	9.12	8.76	7.44	7.79	11.28
实际利用外资（万美元）	6623	4306	3462	1584	2167
镇级可支配财政收入（万元）	135913	62979	73942	77984	113606
各项税收总额（万元）	100226	101657	116626	145421	165746

① 2015年4月1日，樟木头镇人民政府与中国联通东莞分公司共建“智慧樟城”战略合作协议签约仪式举行

② 2015年6月2日，樟木头镇举行日本住友宜多果蔬冷链加工基地项目签约仪式

③ 2015年5月21日，东莞市樟木头镇个体私营企业协会第一届会员大会召开

④ 2015年6月13日，在云浮市郁南县启动的2015年中国“文化遗产日”广东主会场系列活动上，广东省文化厅对26名获第二批广东省非物质文化遗产优秀传承人进行表彰。其中，樟木头镇的蔡玉财是东莞市唯一获得“广东省非物质文化遗产优秀传承人”称号的人

① 莞惠城际轨道樟木头东站外景

② 动车驶入莞惠城际轨道樟木头东站

③ 东莞大洋硅胶制品有限公司

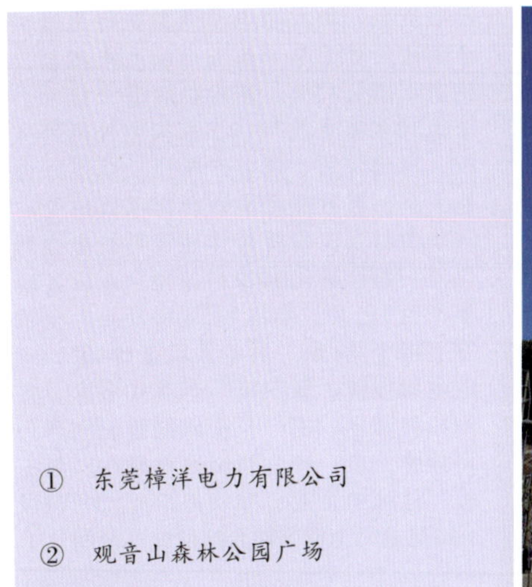

① 东莞樟洋电力有限公司

② 观音山森林公园广场

③ 远眺樟木头

①

②

③

凤岗镇

【凤岗镇概况】　凤岗镇地处东莞市东南端，东、南、西三面分别与深圳接壤。截至2015年，面积82.5平方千米，辖12个村（居），户籍人口2.74万多人，常住人口31.85万人。

2015年，凤岗镇实现地区生产总值212.9亿元（第一产业1820万元，第二产业108.41亿元，第三产业104.28亿元），比上年增长9.45%；全社会固定资产投资总额68.04亿元，增长8.85%；总用电量28.21亿千瓦时，增长8.69%；社会消费品零售总额48.41亿元，增长44.49%；实际利用外资5.24亿美元，增长16.58%；外贸出口总额30.6亿美元，增长-11.02%；各项税收总额45.07亿元，增长35.3%；镇级可支配财政收入29.42亿元，增长59.37%。

【凤岗镇产业转型升级】　*重大项目建设*　2015年，凤岗镇8个市重大项目开工建设或投产，完成投资19.4亿元，完成年度投资计划的120%。招商选资和服务企业增资扩产成效显著，合同利用外资和实际利用外资总量排名全市第一。全年新签外资项目26宗，增资29宗，引进（含增资扩产）超千万美元外资项目16宗。

创新驱动发展　落实“东莞制造2025”战略，通过提供贴息贷款、出台创新驱动扶持奖励办法、设立1000万元专项资金等措施，推动创新驱动发展。

实施“育苗造林”行动　凤岗镇研发经费2.8亿元，占生产总值1.3%。2015年新增国家高新技术企业9家，全镇有国家高新技术企业29家、国家认可实验室1个、省级和市级工程技术研究开发中心5个，72家企业设立研发机构，全镇规模以上制造企业研发机构建有率达到29%。获得各种专利授权776件，其中发明授权36件。

产业转型升级　推动28家企业投入1.7亿元实施29个“机器换人”项目，19家企业20个项目通过市验收。推动米亚科技公司等10多家企业投入技术改造7.4亿元，比上年增长208%。推动天安数码城项目建设，发展2.5产业。设立500万元专项资金，加大对电子商务扶持力度，全镇注册登记电子商务市场主体42家，比上年增长83%，销售总额超15亿元。全镇30多家企业与10多家国内外高等院校、科研院所，建立产学研长期友好合作关系，有省部产学研合作项目11个。与华中科大工研院合作建设科技企业孵化器，预计孵化30家科技型企业，实现年产值5亿元，年纳税5000万元。全镇有上市企业1家、后备上市企业3家，意向申请挂牌“新三板”企业30多家，签约挂牌辅导14家。其中雅路智能家居公司挂牌上市，成为凤岗镇首家在“新三板”挂牌的企业。推动都市丽人公司以1.13亿港元全资收购台湾欧迪芬公司。

【凤岗镇城市环境提升】　*基础设施建设*　2015年，凤岗镇完成永盛大街北延长段、阳华路和科技路道路升级、博深高速雁田出入口、石马河河道整治等11项镇属工程。采石场复绿、油甘埔小学新教学楼等28项在建工程顺利进行。18宗面积96.4公顷“三旧”（旧城镇、旧厂房、旧村庄）改造方案获批复，其中深证通、名流置业三期、恒大绿州、

加快转型升级　建设幸福凤岗

英才等11宗项目动工。对27家重点用能单位开展节能监察和节能考核，督促企业落实节能措施。实施电机能效提升计划，推动10家重点用能单位建设能源管理中心，推广高效能电机、注塑机，累计完成电机效能提升4.7万千瓦、注塑机改造318台。制定黄标车淘汰更新方案，更新投放新能源车27辆，淘汰黄标车884辆。凤岗镇万元生产总值能耗比上年下降7.3%，“十二五”期间累计完成万元生产总值能耗下降22.3%。推进节约集约用地，盘活存量土地7宗14.4公顷，盘活闲置土地2宗1.73公顷。

生态环境保护　中心区垃圾填埋场整治完成工程量的38%。实现凤岗镇生活垃圾100%无害化处理。累计投入2000多万元，对南门山森林公园、一河两岸南岸路的路灯进行升级改造，对碧湖森林公园等55项工程进行绿化建设与养护。投入950多万元对南门山森林公园B2段、D段，以及“一河两岸”南岸路的路灯进行升级改造。投入400多万元，打造精品工程。

【凤岗镇社会管理】　违法犯罪打击　2015年，凤岗镇开展专项打击整治行动，打击涉盗抢、涉黑恶、涉毒、涉“黄赌”、涉食药假等违法犯罪，破获“1·19”特大生产销售假药案、公安部“2015—901”走私毒品案等大案要案。在东莞市市专项打击整治行动中排第十名。

公共安全管理　推广视频监控建设，投入5000多万元建设高清视频，视频监控基本覆盖镇村主要干道和中心区。油甘埔村“联心街舍”出租屋管理协同体建设获评市基层社会治理改革创新优秀项目。开展火灾隐患重点地区整治工作，完成“三小”场所（小档口、小作坊、小娱乐场所）技防改造1300多间，排查各类火灾隐患或违法行为约3万处，实现“降低事故总量，坚决遏制较大以上事故”的工作目标。

社会矛盾化解　围绕涉农、涉土地、涉劳资纠纷、涉环保等重点领域，落实“日排查、周研判、月分析”“一村居一法律顾问”等批量化解矛盾纠纷制度。受理群众诉求1151宗，成功调处1140宗，成功率达99%。

【凤岗镇民生事业】　民生事业发展　2015年，凤岗镇十件民生实事完成。累计成功推荐户籍劳动力就业190人，帮助212名大学生实现初次就业。推进全员足额参保，各险种累计参保78万人次，各险种基金征收11.2亿元。投入5400多万元提升公共卫生服务，有效应对一起输入性麻疹暴发疫情。

教育投入加大　2015年正常性教育经费投入2.89亿元，占全镇财政支出24.8%，比上年增长43.4%。奖教奖学助学金由原来每年200万元增加到300万元，新中心小学完成部分基建，油甘埔小学教学综合楼投入使用，雁田小学教学综合楼进入室内装修阶段，为积分入学新莞人子女和重点企业人才子女提供446个公办学位。

农村综合改革　深化农村综合改革，凤岗镇49个经济社完成组级经济统筹。推动村组集体资产在镇交易平台交易，成功交易2.4亿元，比上年增长37.8%。加大应收款的追收力度，收款率达80.4%。引导雁田村参与都市丽人韶关项目、天安数码城等优质项目建设，鼓励村集体经济多元化发展。凤岗镇村组两级集体总资产81.2亿元，比上年增

②

③

① 2015年11月28日，市委书记、市人大常委会主任徐建华（中）、市委副书记、市长袁宝成（右一），市委常委、常务副市长张科（左一）到凤岗镇督导“三重”建设工作

② 2015年11月4日，市委书记、市人大常委会主任徐建华实地考察市重大项目深交所信息中心建设进展

③ 2015年7月13日，市委副书记姚康到凤岗镇调研经济社会发展情况

④ 2015年11月28日，举行凤岗天安数码城项目奠基仪式

④

长6.9%；村组两级纯收入6.2亿元，增长12.9%。资产负债率15.1%，下降1.3个百分点。

文化惠民工程　举办第十一届读书节和第十九届“凤凰”杯篮球联赛。加强文化遗存保护和利用工作，廻龙庵修缮保护工程基本完成。发展婚庆文化产业，婚庆微雕艺术博物馆获市扶持资金奖励。举办各类象棋赛事，吸引来自港澳和各地棋友参加。

【凤岗镇“农村生活垃圾处理”工作获评全市“单打冠军”】　2014年12月，凤岗镇大型生活垃圾转运站建成使用；每年投入8000多万元将垃圾实施外运焚烧处理，日处理量为430吨，全镇生活垃圾100%实现无害化处理。凤岗镇建立垃圾转运处理台账，结合日常巡查和月检等检查方式，以高标准、高要求对垃圾转运站的环境卫生、压缩转运作业、车辆运输等方面进行监督，每月开展考核评分，考评结果与转运站运营单位的承包费用挂钩。凤岗镇“农村生活垃圾处理”工作获评全市“单打冠军”。

（尧春华　董克菲）

附：2015年凤岗镇党委、人大、政府主要领导名录

镇委书记、镇人大主席：朱国和

镇　长：梁杰钊（任至11月）

林　岚（11月到任）

① 2015年11月26日，凤岗镇第十六届人民代表大会第十次会议召开，林岚（左）当选为凤岗镇人民政府镇长

② 2015年7月16日，全省唯一一个中国计生协会流动人口计生协会项目示范点在凤岗嘉辉公司挂牌

③ 2015年8月20日，全市最大的跨境电商园——东莞邮政凤岗跨境电商园开园

④ 2015年9月29日，“同在莞邑”社会主义核心价值观进企业主题晚会在凤岗镇体育馆广场举行

2011—2015年凤岗镇主要经济指标

指标＼年份	2011	2012	2013	2014	2015
户籍人口（人）	25018	25535	25991	26527	27400
常住人口（万人）	32.00	32.13	32.03	31.86	31.85
面积（平方千米）	82.5	82.5	82.5	82.5	82.5
生产总值（万元）	1305676	1388730	1666213	1945157	2129000
第一产业（万元）	1370	1566	1644	1808	1820
第二产业（万元）	629700	637064	789904	1007922	1084089
第三产业（万元）	674606	750100	874664	935427	1042808
总用电量（万千瓦时）	215910	221561	234021	259526	282089
全社会固定资产投资总额（万元）	330900	374920	456048	625039	680364
社会消费品零售总额（万元）	256097	282636	305851	335059	484141
外贸出口总额（万美元）	207658	287411	317343	343852	306000
实际利用外资（万美元）	17171	19682	29037	44948	52401
镇级可支配财政收入（万元）	98898	174725	118276	184594	294211
各项税收总额（万元）	198149	223793	274578	333096	450738

① 2015年5月13日，凤岗镇东纵精神基层巡讲活动启动，在各村居、单位和学校开展以弘扬东纵精神为主题的系列讲座，进一步培育和践行社会主义核心价值观

② 2015年4月17日，总部位于凤岗镇的都市丽人（中国）控股有限公司举办2015新品发布会。林志玲、黄晓明、郑恺等知名艺人到场助阵

③ 2015年6月，莞城、石龙、沙田、桥头等镇街到凤岗镇参观反邪教广场、五联平安小区、禁毒教育基地，学习借鉴凤岗镇创建无邪教示范镇工作经验

① 2015年7月31日，由东莞市双拥办、东莞军分区政治部，凤岗镇政府联合主办的"情注军旅、缘定今生"军人集体婚礼在龙凤山庄举行

② 凤岗镇都市丽人实业有限公司2010年4月在凤岗镇投产，被认定为东莞市总部企业，于2014年6月在中国香港上市，2015年纳税总额2.4亿元

③ 2015年11月10日，中国唯一的由民营企业建设的、系统介绍宣传中国共产党领导的多党合作和政治协商制度的展览厅在广东都市丽人实业有限公司凤岗工业园建成开馆

④ 联丰商业集团于2007年在凤岗镇投资设厂，设立包括米亚精密金属科技有限公司在内的三家企业，投资总额约13亿美元。2015年出口总额3亿美元，纳税达4300多万元（不含关税）图为米亚精密金属科技有限公司

⑤ 2015年10月，凤岗镇破获一起造假历史长达11年、销假网络覆盖全国6个省份以及中国香港地区和印度尼西亚等国的特大假药案件

⑥ 2015年6月14日，凤岗镇举办首届彩跑活动

① 凤岗镇“一河两岸”景观

② 凤岗镇人民公园

③ 凤岗镇南门山森林公园

谢岗镇

【谢岗镇概况】 谢岗镇是东莞的东大门，东与惠州市接壤，西与樟木头、常平、桥头等镇相连，处于珠三角深莞惠东部城市群几何中心。截至2015年，面积103平方千米，辖11个村、1个社区。户籍人口2.14万人，常住人口9.81万人。

2015年，谢岗镇实现地区生产总值67.55亿元（第一产业1.3亿元，第二产业47.49亿元，第三产业18.76亿元），比上年增长3.39%；全社会固定资产投资总额15.4亿元，增长30.7%；总用电量9.15亿千瓦时，增长2.71%；社会消费品零售总额12.75亿元，增长9.64%；实际利用外资6687万美元，增长15.59%；外贸出口总额6.93亿美元，增长9.16%；各项税收总额9.36亿元，增长12.32%；镇级可支配财政收入5.03亿元，增长14.28%。2015年谢岗镇获"生态环境教育""退休人员管理服务"项目获评市"单打冠军"，获评"广东省高端装备专业镇"，在全市镇街工作量化考核中排第23位。

【谢岗镇转型升级】 规划建设　2015年，谢岗镇向省政府申请设立广东东莞粤海银瓶合作创新区，委托省产业发展研究院制订的《广东东莞粤海银瓶合作创新区发展总体规划》通过审批。开展银瓶合作创新区水系规划调整、环境保护规划、土地利用规划中期评估、控制性规划调整等工作，为项目建设打下规划基础。招商引资　主动与市相关部门和粤海集团联合招商，多次前往上海、苏州、大连、广州、深圳等地开展招商引资活动，引进大连机床孵化基地和智造基地、嘉星科技、粤海工业智造中心等4个项目。重大项目建设　普洛斯电商物流园项目地块和粤海工业智造产业中心项目完成用地出让，土地成交2亿多元。普洛斯电商项目正在加紧建设，完成投资1700万元；大连机床孵化基地项目一期厂房投入使用，正在开展二期厂房装修工程，截至2015年完成投资2亿元。大连机床智能制造基地完成项目选址。基础设施完善　30号路建成验收通车。银瓶创新区基础设施PPP（政企合作）项目实施方案11月5日获批复，确定8个道路建设子项目47.5亿元的建设规模，正在进行社会投资人资格预审和公开招标。开展29号路、谢岗大道、大黎路、粤海大道等子项目的前期工作。推动土地收储工作，粤海产业园内完成787.73公顷土地收储，园外镇内完成土地收储113.33公顷。争取用地指标72.2公顷，保障银瓶创新区发展用地。扶持经济发展　简化办事手续，提高政府服务效率。对产值超2亿元的11家企业实施镇领导班子成员一对一挂点服务，落实企业大走访。实施奖励措施，资助奖励71家企业。商事登记改革　建立"住所信息申报+负面清单"管理模式，实施"三证合一"登记制度，全镇实有市场主体6861户。

【谢岗镇创新驱动发展】 2015年，谢岗镇对接东莞制造2025，推进高端装备制造、智能制造产业发展。工业投资达12.3亿元，比上年增长22.3%。实施"机器换人"，申报项目19个，新增设备仪器733台（套），完成技改投资3.56亿

生态名镇　工业新城　幸福谢岗

①

元，增长275%。促进装备制造企业抱团发展，成立高端装备制造行业协会。搭建产业协同创新平台，联合华中科技大学制造工程研究院开展创新发展项目。培育高新技术企业，推动南风管材、首之宝公司等获得国家高新技术企业认定。升级改造旧厂房，承接投资8亿元的大连机床孵化基地项目，到位智能装备机器608台，一期在孵企业投产运营。成功申报广东省高端装备制造专业镇。

【谢岗镇城市配套建设】　城市规划完善　2015年，谢岗镇开展银瓶站前广场、文体中心、镇中心广场、粮所片区、水塔山片区等146.2公顷镇中心地块城市空间设计。开展城市规划修编，抓好东部片区、镇中心区片区、银山科技园等控制性规划修编，引领城市和产业升级。配套项目建设　投入约1亿元，推进银丰一路、污水处理厂二期、消防大楼、赵林堤围、大厚堤围等基础配套工程建设。加快重点项目建设，泰诚项目主体工程完成95%，华能热电联产项目完成前期工作，注册成立项目公司。推进银山科技园规划建设，实施同步设计、同步征地、同步招商，为谢岗镇预留产业发展空间。强化生态资源开发利用，改善生态环境，提升地块价值，为粤海产业园做好产业配套。统筹北部近533.33公顷的水体资源，启动银瓶湿地生态体验园建设；统筹南部银瓶山和南面村36平方千米的山体森林资源，建设生态旅游休闲基地。

【谢岗镇环境建设】　2015年，谢岗镇推动节能工作，完成电机和注塑机节能改造任务。开展省生态乡镇创建。拒批污染企业41个。推进石马河污染整治，投入1.78亿元，启动30.83千米截污次支管网建设，接通截污主干管网，推进谢岗污水处理厂二期扩建及配套管网建设，开展黎村截洪渠内河涌整治。投入2038万元，启动3.2千米的中小河流治理。推进重污染企业整改。完成黄标车淘汰任务。完成银瓶山登峰步道等二期工程建设，完善森林公园设施。投入375万元启动谢山村宜居社区项目建设。

【谢岗镇社会管理】　社会治安　2015年，谢岗镇开展打击违法犯罪专项行动，稳控社会面治安，刑事案件比上年下降11.6%，破案数上升33.7%。破获虚假发票等一批大要案件。推进信访法治化建设，加强矛盾纠纷化解，强化劳资关系维稳工作，查处企业欠薪行为，处理欠薪企业47家次，追回工资1500多万元，维护谢岗镇社会发展。安全生产监管　开展安全生产检查，深化打非治违和专项整治，对危险化学品生产经营单位等进行地毯式检查，整改消除隐患1688处，责令停产停业20家，全年未发生重特大安全事故。查处食品药品违法案件，全镇食药品安全得到保障。城市综合管理　强化镇村联动严控违法建筑，镇成立专门巡查队伍实行24小时全天巡查，落实各村属地管理责任，制止抢建抢种行为，拆除违建60宗。集体资产管理　统筹村组资金参股镇属优质项目，解决集体资金投资出路，增加村组集体收入，累计统筹村组土地补偿款10.2亿元，村组全年增收4140万元

【谢岗镇民生实事】　文教卫事业　2015年，谢岗镇落实文化惠民工程，下乡演出26场，播放公益电影192场，

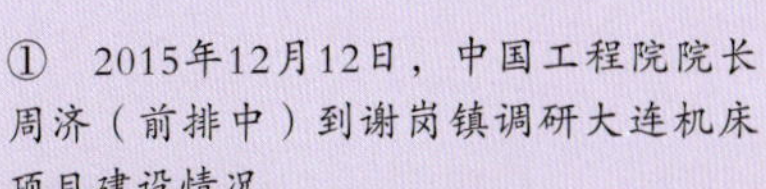

① 2015年12月12日，中国工程院院长周济（前排中）到谢岗镇调研大连机床项目建设情况

② 2015年4月2日，市委书记、市人大常委会主任徐建华（左二），市委副书记、市长袁宝成（左三），副市长贺宇（左一）到谢岗镇调研粤海装备产业园发展情况

③ 2015年7月24日，省发改委副主任吴道闻（右二）到谢岗镇调研华能热电联产项目建设情况

观众达7万人次。启动全镇历史文化挖掘，梳理人文历史传承脉络，启动村史展览室建设，稔子园村史展览室建成开放。《银瓶通讯》报创刊发行，谢岗电视新闻实现每日播出。开展《谢岗镇志》编纂工作。创建东莞市推进教育现代化先进镇，突出特色学校建设，谢岗中学获评全国生态文明教育示范学校。投入3600多万元扩建黎村小学，完成综合楼、饭堂工程建设。做好卫生计生工作。挂牌成立市人民医院谢岗院区，市人民医院50多名专家进驻坐诊。医院新院区完成主体工程建设，开展装修工程。新社卫大院投入使用。社会保障　创新重大疾病医疗救助，实施《谢岗镇农（居）民医疗救助暂行办法》，让困难家庭患者得到更快更好的医疗救助。做好就业和保障服务，发放就业补贴285万元，投入各类保障补助资金，发放优抚、优待金。防范H7N9、登革热等疫情。扶贫工作　市内扶贫方面，全镇81户具有正常劳动能力的低保户脱贫，脱贫率达90%，4个欠发达村的村组两级经营纯收入与2012年同期对比平均增幅达140%；市外扶贫方面，投入200万元开展扶贫项目建设，帮助两贫困村集体年收入从零收入增长至6.4万元，贫困户实现年人均收入7880元，比帮扶前增长146%。开展党支部对接、医院对接义诊、解决镇区饮水困难、捐助100台电脑等自选项目。

【大连机床创业孵化基地项目】　该项目由大连机床集团、谢岗镇工业发展总公司、广东省智能机器人研究院和武汉华中数控公司共同投资组建“大连机床集团（东莞）科技孵化有限公司”运营，在谢岗镇有面积3.20万平方米的两栋厂房，总投资8亿元，预计投入国产智能数控装备设备1200台，主要围绕3C产业（电脑、通讯和消费性电子三大科技产品整合应用的资讯家电产业），采取租赁模式提供服务、技术、工艺、规划等技术、制造一体化服务和部分订单服务。2015年11月3日，完成大连机床集团（东莞）科技孵化有限公司工商注册登记；12月9日，完成立项备案，注册资金2000万元全部到位。一期厂房完成改造，12月初投产运营，二期厂房正抓紧加固补强、水电安装等工程改造，累计到位668台数控机床。

【普洛斯电商物流园项目】　该项目由普洛斯集团与粤海集团合作开发建设，电商物流项目起步区22.33公顷，总规划面积约100公顷，建成后总建筑面积约80万平方米，预计全部建设完成后，总投资规模（含入驻客户二次投资）约30亿元。项目一期地块22.33公顷，2015年8月6日被成功摘牌，地块成交价为1.01亿元。截至2015年，该项目完成建筑设计方案电子报批手续、工程招标、监理招标、施工图审查备案和安全质量监督提前介入手续，正建设办公楼主体工程，预计2016年4月份前完成办公楼主体工程封顶。

【银瓶湖生态湿地示范园项目】　该项目总面积533.33公顷，总投资1.56亿，单体占地面积超过66.66公顷的湖有3个。示范园主要为湖水养殖片区，开发深水湖面养殖，规划为渔乐文化体验区，农耕文化体验区、生态水果体验区以及花卉温室大棚区，配套建设特色土特产一条街、停车场、景观林带等设施。截至2015年，该项目完成土地统筹，开展核心区82.93公顷的银瓶湖生态体验园建设，总投资8000万元，完成1300万元工程建设投资。　　（谢鸿博）

附：2015年谢岗镇党委、人大、政府主要领导名单

镇委书记、镇人大主席：贯贵斌
镇　长：胡毅峰

2011—2015年谢岗镇主要经济指标

指标＼年份	2011	2012	2013	2014	2015
户籍人口（人）	20661	20797	21003	21181	21382
常住人口（万人）	9.97	10.02	10.04	9.82	9.81
面积（平方千米）	103	103	103	103	103
生产总值（万元）	416269	467190	510860	622337	675484
第一产业（万元）	10748	14028	15024	12894	12984
第二产业（万元）	255645	288711	317874	428006	474917
第三产业（万元）	149876	164451	177961	181437	187583
总用电量（万千瓦时）	71273	76158	83082	89121	91537
全社会固定资产投资总额（万元）	85031	101716	123988	117822	153999
社会消费品零售总额（万元）	85030	93253	100052	116306	127513
外贸出口总额（万美元）	55770	61820	71735	63493	69311
实际利用外资（万美元）	6297	4496	5192	5785	6687
镇级可支配财政收入（万元）	33325	36954	40801	44048	50336
各项税收总额（万元）	48025	53799	72345	83304	93566

① 2015年6月30日，市委常委、常务副市长张科（左三）到谢岗镇调研城际轨道建设工作

② 2015年6月26日，谢岗镇代表队获2015年东莞市“组工杯”业务知识竞赛决赛第一名，市委常委、组织部部长白涛（右一）为获奖者颁奖

③ 2015年1月19日，市委常委、政法委书记邓志广（右一）到谢岗镇调研市内扶贫工作

④ 2015年7月22日，市委常委、统战部部长李小梅（左二）到谢岗镇调研银瓶湖生态湿地体验园建设工作

⑤ 2015年7月1日，东莞市人民医院谢岗院区揭牌仪式在谢岗人民医院举行

① 莞惠城际轻轨铁路东莞段银瓶站

② 2015年12月，县道X239谢常路延长线30号路建成通车

③ 2015年11月，谢岗镇大连机床创业孵化基地项目投产

④ 投资30亿元的普洛斯电商物流园项目正在建设办公楼主体建筑

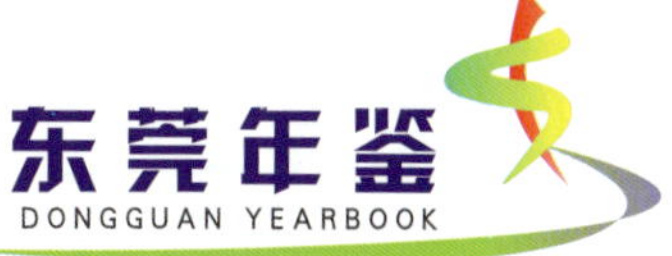

① 总投资10亿元的泰诚塑料产业创新服务中心项目完成主体建设

② 正在进行室内装修和设备安装的东莞市人民医院谢岗院区

③ 占地面积82.93公顷的银瓶湖生态体验园正在建设

④ 正在建设的谢岗镇消防大楼

区”获评全市“单打冠军”。

塘厦镇

【塘厦镇概况】 塘厦镇位于东莞市东南部，东连清溪镇，西邻黄江镇，北接樟木头镇，南与凤岗镇和深圳市观澜街道接壤。截至2015年，面积128平方千米，辖21个社区，户籍人口5.2万人，常住人口48.48万人。

2015年，塘厦镇实现地区生产总值302.93亿元（第一产业1.49亿元，第二产业184.89亿元，第三产业116.55亿元），比上年增长8.8%；全社会固定资产投资总额47.24亿元，增长-19.29%；总用电量41.24亿千瓦时，增长7.64%；社会消费品零售总额92.12亿元，增长11.5%；实际利用外资2.73亿美元，增长-10.21%；外贸出口总额49.17亿美元，增长-3.1%；各项税收总额68.42亿元，增长13.5%；镇级可支配财政收入24.96亿元，增长38.57%。2015年，塘厦镇创建成为“广东省实施技术标准战略示范镇”，被评“2015年度镇街领导班子年度工作优秀镇街”，“公共机构节能示范单位”“全国综合减灾示范社区”获评全市“单打冠军”。

【塘厦镇经济转型升级】 科技创新 2015年，塘厦镇新增申报高新技术企业22家，有51家企业进入高新技术企业培育库；新增4家省级工程技术研究开发中心，1家市级工程技术研究开发中心。推动澳星公司成为省众创空间试点单位。推广“机器换人”，累计83家企业96个项目申请“机器换人”专项资金，完成投资6.68亿元；申报“机器换人”项目64个，申报数量排全市第二名。促进科技与金融融合，成为全市首批4个科技金融工作站授牌镇街之一，促成20多家科技企业与银行对接。完成工业投资14.99亿元，技改投资10.45亿元，完成市定任务。规模以上企业研发机构建有率超过26%，研发费用突破9亿元，占生产总值比例2.97%，高新技术产品产值突破220亿元。申请专利2360件，比上年增长46.95%，发明专利申请411件，增长53.93%。专利授权1867件，增长53.79%。

质量强镇 塘厦镇实施标准化战略，以优秀等级创建“广东省实施技术标准战略示范镇”，创建“标准化良好行为企业”14家，企业产品采用国际标准达15项。实施名牌带动战略，推动6家企业申请认定广东省名牌产品，推动4家企业申请认定广东省著名商标，全镇有名牌名标32个。

特色产业发展 举办塘厦旅游文化节，开展工业旅游等特色活动，吸引游客350多万人次；发展休闲观光农业，建成农业生态休闲点17个，带动第三产业发展。发展高尔夫产业，举办2015塘厦高尔夫球博览会，发布第二批塘厦高尔夫产业联盟标准；支持观澜湖球会举办世界级高尔夫球赛，完善高尔夫运动用品产业链，擦亮塘厦高尔夫产业区域品牌。发展文化创意产业，新推出音乐剧《啊！鼓岭》《梦开始的地方》进行全国巡演；塘厦动漫作品《吉祥宝宝》登陆中央台少儿频道，被国家文化部评为中国文化产业重点项目。

【塘厦镇经济基础巩固】 招商引资 2015年，塘厦镇成立招商引资办公室，引进超千万美元外资项目10宗，协议投资总额1.31亿美元。引进内资项目115宗，协议投资额32.4亿元。

重大项目 推动源暄项目完成年度投资计划，推动中海信、誉铭新项目申报2016年市重大预备项目，全镇重大预

建先进制造业活力强镇 创新型城镇化魅力名城

①

备项目增至7个，预计总投资98亿元。做好奥海、坚朗等10个重点项目储备，协助源暄、誉铭新、旺鑫、中海信等项目解决用地指标问题。

配套建设　深化商事登记制度改革，塘厦镇市场主体比上年增长17.3%，总量位居全市第五位。完善园区建设，加快完善科苑城信息产业园、凤凰科技产业园配套设施建设，为入驻园区的企业提供更加优质服务。

企业帮扶　鼓励企业拓展销路，对内销增长超300万元的外资企业进行奖励。鼓励和组织企业参加“加博会”“广交会”“海博会”等贸易展会。推动企业创新创业，承办第四届中国创新创业大赛（东莞赛区）电子信息行业赛，镇内参赛企业获得市电子信息行业和智能机器人行业2项冠军。帮扶企业，落实“千干扶千企”工作，镇主要领导及班子成员直接挂钩解决企业各类难题100多个。分五年逐步取消三资企业“协作服务款”，切实减轻企业负担。通过莞商学院澳星分院平台，推动30多家企业申报东莞市成长型中小企业项目。培育企业挂牌上市，新增挂牌“新三板”企业4家，上市后备企业2家。

【塘厦镇城市建设】　城市规划　2015年，塘厦镇围绕《塘厦镇总体规划（2012—2020）》，加快编制控制性详细规划。完善交通规划，推动与深圳交通对接，构建“大交通”网络。统筹土地资源，推进3宗“三旧”项目动工建设，盘活4宗镇属闲置用地。收购康氏公司地块，拟用于大型商住综合体开发。

基础设施　推进沙新东路改造、新建沥仔桥等16个重点民生工程，强化“三防”体系建设，抵御洪涝灾害。改造供水管网50.37千米，开展电网改造项目74项，落实变电站用地2处。新建和升级364个4G站点，实现全镇4G连片覆盖。推进公共机构节能工作，成为全省第一个创建为“国家节约型公共机构示范单位”的镇街。引导全镇重点用能企业建设能源管理中心。完成电机能效提升5.19万千瓦、注塑机伺服节能改造任务930标准台。43家重点耗能企业均通过节能考核。镇内新建建筑节能设计标准达标率100%。

生态建设　整治城市“六乱”，强化市政设施管养，选定迎宾大道、文化公园、塘龙广场，打造城市管理精品工程。淘汰改造小功率燃煤锅炉，整改落后重污染企业5家。对47家产生污染的企业实施强制性清洁生产审核验收。淘汰黄标车1883辆，完成市下达任务。严格执行环保准入，依法否决30个不符合环保要求的建设项目，控制主要污染物的新增量。立案查处污染企业237家。完成4.5千米河道清淤工作，推进截污主干、次支管网建设，完成林村污水处理厂提升泵站配套工程。全面清理畜禽养殖业，削减面源污染。推进7个社区创建美丽幸福村居；石潭埔社区创建为“全国综合减灾示范社区”；龙背岭社区获评“东莞最美乡村”。

【塘厦镇社会治理】　平安建设　2015年，塘厦镇成立“平安建设促进会”“法学会”，创新和拓宽平安建设参与平台，“平安细胞”创建工作获得肯定。开展专项打击整治行动，刑事立案数下降10.6%，破案率上升4%，命案发案率下降62.5%。落实安全生产责任制，强化安全教育，注重源头预防，开展道路交通运输、消防、食品、危险化学品等安全大检查大整治，遏制各类安全事故发生。针对H7N9、登革热等疫情，做好防御工作。

基层治理　出台《举报用人单位拖欠工资违法行为奖励办法》，为7885名

① 2015年3月17日，中国人民解放军上将雷鸣球（前排右二）到塘厦镇调研

② 2015年6月11日，省发改委副主任蔡木灵（右三），市委常委、常务副市长张科（右二）调研赣深高铁塘厦站选址

③ 2015年5月26日，市委书记、市人大常委会主任徐建华（左三）到塘厦镇调研

④ 2015年11月11日，市长袁宝成（右一）到塘厦镇莲湖社区指导工作

劳动者追回欠薪3786万元。做好矛盾纠纷的预防和化解，受理各类矛盾纠纷同比下降15%。以隆福花园小区为样板，探索建立社会“微治理”模式。建立资源共享的社会工作网络，调动各方力量参与社会管理。

【塘厦镇民生事业】 就业创业　2015年，塘厦镇定期举办“就业服务日”活动，发放市镇村三级就业政策补贴和奖励1104万元。筹建“幸福e站”，创建和谐劳动关系示范区。

教育事业　加大教育投入，完成教育事业总支出3.4亿元，抓好第一小学、第三小学等教育基础设施建设，向民办学校购买250个公办学位，促进公民办教育均衡发展，中高考成绩创历史新高。加快推进学前教育，启动幼教三年提升工程，全面提升幼教质量。

计生卫生　抓好各项计生利益导向政策落实，完善计生服务体系。完成农村卫生站转型工作，实施医疗档案联网，推进疾病预防、“两癌”（宫颈癌、乳腺癌）筛查、优生优育等工作。

文体事业　开展文化惠民进基层演出活动100多场次，做响做亮读书节、“同饮一江水”、“越唱越红”、原创音乐剧等文化品牌，丰富群众精神文明生活。完善基层公共体育设施建设和管理，创建“转变体育发展方式示范镇”。

社会保障　塘厦镇扩大社保参保面，完善城乡一体社保体系，完成社会保险基金征缴任务。做好救灾救济、五保供养、居家养老、优抚安置等服务，提高社会保障水平。对口帮扶新丰遥田、始兴县及援疆援藏，抓好塘兴公司运营，推进市内扶贫，完成年度帮扶任务。

社区建设　发挥工会组织作用，维护职工合法权益。建设全市首个“青网计划”新媒体工作室，获第二届中国青年志愿服务项目大赛银奖。建立塘厦“妇裕坊”品牌，利用“互联网+”助推妇女创业致富。

【塘厦医院新院建成启用】 该项目位于蛟坪路与田心路交汇处，临近莞深高速出入口。该项目总占地面积9.68万平方米，首层建筑占地面积2.76万平方米，总建筑面积15.59万平方米。2015年，塘厦镇加大工程建设督导力度，投入1.83亿元用于塘厦医院新院建设，工程建设进展

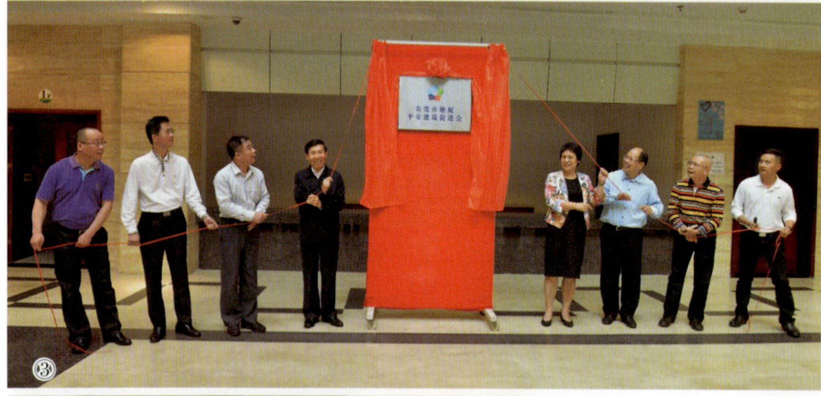

① 2015年4月23日，东莞市委常委、组织部长白涛（中）到塘厦镇走访调研林村社区

② 2015年11月22日，中国铁路总公司工程设计鉴定中心专家到塘厦镇现场勘察赣深高铁塘厦选址

③ 2015年3月23日，塘厦镇平安建设促进会揭牌仪式

④ 2015年1月13日，东莞市城市综合管理局塘厦分局揭牌

⑤ 2015年3月28日，召开塘厦镇建设省实施技术标准战略示范镇试点验收会

明显。8月9日，塘厦医院新院急诊科启用；12月30日，塘厦医院新院启用，为群众提供更加优质的医疗服务。

【塘厦镇创建为国家公共机构节能示范单位】 2015年，塘厦镇推进公共机构节能工作，通过第二批国家节约型公共机构示范单位验收，是广东省的镇街创建节约型公共机构示范单位，推进东莞市公共机构节能降耗工作。塘厦镇在创建工作中投入240多万元，其中LED（发光二极管）节能改造83万元；服务大厦建筑节能监管项目20万元。开展镇政府中央空调节能改造、能耗在线监管和行政中心建筑能源监管等项目，投资139.43万元。预期可降低塘厦镇政府建筑总电耗节省15%，每年可节省电量35.94万千瓦时，节省电费支出31.03万元。

【塘厦镇创建为广东省实施技术标准战略示范镇】 2015年3月28日，塘厦镇通过专家组验收，创建为"广东省实施技术标准战略示范镇"。塘厦镇从2011年开始，推动广东省实施技术标准战略示范镇创建。先后成立以镇长任组长、分管领导任副组长、8个相关部门负责人为成员的工作领导小组；制定《塘厦镇创建实施技术标准战略示范镇工作方案》，部署标准化专题研究、推广创建标准化良好行为企业、标准化人才培养培训、创建标准化公共服务平台等一系列创建工作；推动电子、电源、家用电器等传统优势产业采用国际标准和国外先进标准，支持、资助高尔夫特色产业筹建高尔夫联盟标准，提升企业产品的竞争力。截至2015年，全镇有14家企业通过专家确认获"标准化良好行为企业"证书，有6家达到4A级水平，8家达到3A级水平；采用国际标准和国外先进标准43项，标准立项11项，主导或参与修订国家标准或行业标准共98项；创建"东莞市塘厦镇标准信息服务平台""东莞市塘厦镇WTO/TBT预警信息平台"；主要指标均达到广东省实施技术标准战略示范镇的要求。　（罗　攀）

附：2015年塘厦镇党委、人大、政府主要领导名录

镇委书记、镇人大主席：管敏政

镇　长：黎雪琴

⑤

2011—2015年塘厦镇主要经济指标

指标＼年份	2011	2012	2013	2014	2015
户籍人口（人）	47140	48272	49155	50382	52127
常住人口（万人）	48.40	48.61	48.70	48.73	48.48
面积（平方千米）	128	128	128	128	128
生产总值（万元）	2136115	2296084	2612946	2788544	3029267
第一产业（万元）	11593	13283	13965	14754	14858
第二产业（万元）	1250805	1262674	1577367	1680339	1848880
第三产业（万元）	873717	1020128	1021614	1093451	1165529
总用电量（万千瓦时）	324518	337223	353751	383099	412363
全社会固定资产投资总额（万元）	362852	557124	614302	585240	472367
社会消费品零售总额（万元）	528815	564833	618866	826149	921156
外贸出口总额（万美元）	406354	446045	482387	507408	491669
实际利用外资（万美元）	19390	24580	28990	30398	27293
镇级可支配财政收入（万元）	144351	185205	189279	180093	249558
各项税收总额（万元）	354541	393748	493380	602788	684172

① 2015年6月25日，金融中心东莞分中心塘厦工作站授牌仪式

② 2015年8月13日，塘厦镇成立法学会

③ 2015年5月20日，民生银行塘厦支行开业

④ 2015年6月18日，南粤银行塘厦支行开业

⑤ 2015年6月12日，东莞市誉铭新精密技术股份有限公司总部项目投资协议签约仪式

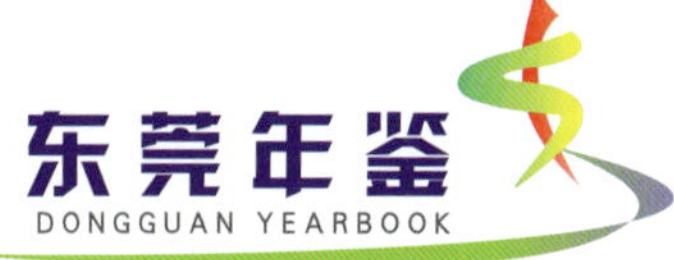

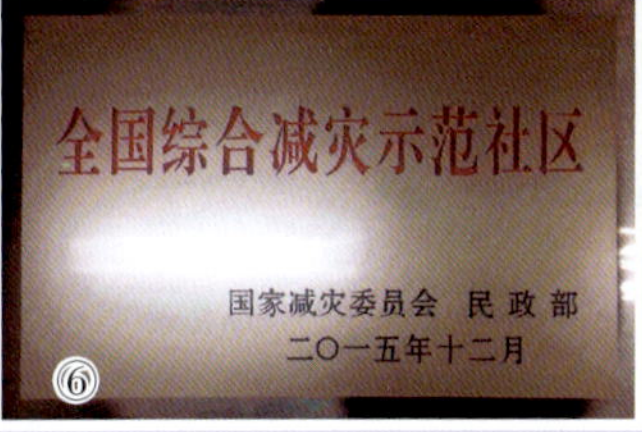

① 2015年12月，团镇委获第二届中国青年志愿服务项目大赛银奖
② 2015年12月，塘厦镇人民政府被评为节约型公共机构示范单位
③ 2015年12月10日，塘厦关工委获"全省关心下一代工作先进集体"称号
④ 2015年3月，塘厦镇总工会获评"工会女职工工作先进集体"
⑤ 2015年，塘厦镇林村获评"广东省宜居社区"
⑥ 2015年12月，塘厦镇石潭埔社区获评"全国综合减灾示范社区"
⑦ 2015年10月，"同饮一江水"2015广江打工者歌唱大赛优秀组织奖
⑧ 2015年11月19日，2015塘厦高尔夫球博览会开幕式
⑨ 2015年12月30日，塘厦医院新院启用
⑩ 2015年10月31日，"同饮一江水"2015广东打工者歌唱大赛年度总决赛

清溪镇

【清溪镇概况】　清溪镇位于东莞市东南部，与深圳、惠州两市接壤。截至2015年，面积140平方千米，下辖21个村（社区）。常住人口31万人，其中户籍人口3.78万人。

2015年，清溪镇实现生产总值208亿元（第一产业9285万元，第二产业120.45亿元，第三产业86.67亿元），比上年增长9.1%；全社会固定资产投资总额43.1亿元，增长15.4%；总用电量27.5亿千瓦时，增长4.3%；社会消费品零售总额47.3亿元，增长19.1%；实际利用外资0.9亿美元，下降31.7%；外贸出口总额81.9亿美元，下降10.3%；各项税收总额37.6亿元，增长15.6%；镇级可支配财政收入24.7亿元，增长108.1%。在全市镇街领导班子年度量化考核中，获评“优秀镇街”。并获中国民间文化艺术之乡、法治建设、旅游发展3个项目全市“单打冠军”。

【清溪镇获中心镇政策待遇】　自2015年起，清溪镇享受中心镇政策待遇，承接515项事权和人力资源分局等6个单位的人、财、物管理。清溪镇落实简政强镇事权改革，结合区位交通、经济发展、规划管理、服务功能、科技创新等良好基础，在“全国重点镇”政策及省市相关配套政策的扶持下，借助优势加快发展。

【清溪镇重大项目建设】　2015年，清溪镇有9宗项目列入市重大项目，总投资187亿元，全面投产后年产值582亿元、年税收33亿元。其中，6宗项目在2015年开工建设，年度计划投资7.73亿元，实际完成投资7.92亿元，超额完成预定目标任务。

【清溪镇招商引资】　2015年，清溪镇在考核年度引进内资协议投资总额173亿元，比上年度增加68.2亿元，增长65%，排名全市第二名；在谈的优质项目8宗，协议投资金额约60亿元，预计总产值约158亿元、总税收约5亿元。引进投资超亿元项目28宗，协议投资额289亿元。

【清溪镇盘活资产资源】　2015年，清溪镇落实用地指标95.7公顷，其中市奖励12.9公顷用于发展第三产业，全年争取的用地指标相当于2006—2014年用地指标总和的10倍。出台《清溪镇关于优化产业结构促进转型升级的实施意见》及10个专项整治实施方案，划定10个统筹转型升级片区、总面积141.33公顷，着力盘活现有厂房资源，优化产业结构，推动转型升级。其中，占地面积4.13公顷的汉平片区，在2015年底率先

建设环境优美　幸福和谐新清溪

⑪

“腾笼换鸟”。实施《清溪镇资源盘活工作方案》，推出商业地块3宗、挂牌成交金额共7.8亿元，溢价97.4%；完成清溪自来水公司改制。全年镇级财政收入20.23亿元，比上年增长70.66%；压减债务3.32亿元，债务下降12.7%，其中压减政府性债务2.67亿元，债务下降13.4%。

【清溪镇新业态培育】 2015年，清溪镇深化与中英CCUS中心、英国爱丁堡大学合作，承接中英绿色低碳城镇化合作项目，建设国际低碳生态小镇；启动清洁能源项目，促成中广核集团与镇内7家企业合作在厂房屋顶建设太阳能光伏发电设施，可发电6000万瓦。

发展第三产业，有250万人次到清溪旅游观光。

引进保利、碧桂园两个龙头地产项目进驻，并推进金色半山、南峰等停滞项目动工，鹿湖湾项目、通用大厦等办妥前期手续；房地产销售额41.8亿元，比上年增长337.9%；推动地税收入11.9亿元，增长34.6%。

【清溪镇实施创新驱动战略】 2015年，清溪镇出台实施创新驱动发展政策，镇财政将“科技清溪”工程专项配套资金由每年1000万元提升至2000万元，构建“强化扶持政策、分布式创新服务和特色产业支撑”的三大体系。企业投入产学研资金5.56亿元，申报市、镇资助4800万元，规模以上企业研发机构覆盖率达50%。“机器换人”项目申报数量52个，申报投资金额达4.38亿元，比上年增长1.2倍，撬动工业技改投资超过10亿元。

专利申请量1332件，比上年增长50.5%；专利授权量900件，增长24.5%。其中，发明专利申请量181件，增长96.7%。拥有国家高新技术企业33家、省市企业技术中心和工程中心15个、省市新型研发机构2个、国家认可实验室8个、院士工作站4个、博士后科研工作站2个。创建3家孵化载体、1个创客空间，其中市级科技孵化器——“中信宝”获列入国家级科技孵化器培育单位。承办东莞市创新创业大赛先进制造行业总决赛，两家企业分获二等奖和三等奖。

出台全市镇街最大力度奖励政策，对镇内企业上市给予100万元或300万元奖励。全镇有创业板上市企业1家、上市后备企业4家、挂牌“新三板”企业3家，筹备挂牌“新三板”企业10家，“新三板”挂牌全市各镇街奖励最大、企业签约数最多、融资力度最大。

深化与清华、北大、阿里巴巴的战略合作，高规格建设力合“双清”创新基地、北大智汇谷产学研基地、智慧小镇等高端科技产业园区。其中力合“双清”和智汇谷两个项目分别获定为全市产业转型升级基地开发企业，占全市总数的1/4。

① 2015年7月9日，市委书记、市人大常委会主任徐建华（中）调研清溪，勉励清溪镇打造“经济活力最强小镇”

② 2015年5月29日，市委常委、组织部部长白涛（左三）到清溪调研党建工作

③ 2015年3月31日，副市长贺宇（前排左二）到清溪视察

【清溪镇城市建设】 2015年，清溪镇完成总体规划（2012-2020）修改，为总体发展提供上层指引。推进长山头罗马片、九乡片、三中片等3个片区的控制性规划编制。开展《东莞市清溪镇中心区城市更新设计》《清溪镇商业网点规划（2016—2025）》《东莞市清溪镇土地利用总体规划（2010—2020）调整方案》《东莞市清溪镇与深圳及邻镇交通衔接规划纲要（2015—2018）》《东莞市清溪镇清溪湖低碳产业创新示范区概念性城市设计》《清溪镇“三旧”改造专项规划（修编）》《清溪国际低碳生态小镇建设综合规划》等编制。

2015年，清溪镇实施“四通八达”工程，构建“内畅外联”立体交通体系。配合有关单位有序推进4条高速公路和8个高速公路出入口的建设；市委市政府支持清溪镇建设的10条外联道路中，从莞高速公路谢坑出入口至东深二线道路工程、S358省道清溪段升级改造工程等2条道路动工，争取市财政投入资金2亿元；制定24条镇内道路实施计划，全面对接周边高速及外联道路，启动11条道路的建设。

2015年，清溪镇加强违法用地违法建设监管及查处，查处违法用地27.8公顷，获全市耕地保护目标责任考核综合二等奖、土地执法监察一等奖。

【“平安清溪”建设】 截至2015年，清溪镇连续5年获评“东莞市综合整治摩托车工作先进镇街”“东莞市创建平安东莞暨社会治安综合治理工作先进镇街”。2015年接警情5633 宗，比上年下降17.96%；立刑事案件3589宗，下降13.8%；受理治安案件5905宗，下降9.5%。

对道路交通违法行为、非法营运行为综合整治，集中开展“治摩”“查酒驾”行动，加大对非法三轮车、摩托车搭客行为整治力度，查处道路交通违法行为2786宗，辖区交通事故数比上年明显下降。

落实安全生产责任制，加强企业安全巡查、隐患整改和事故预防，安全生产意识提高。开展出租屋清查行动，整治出租屋消防安全隐患，实现出租屋发案率和安全事故下降的目标。

【清溪镇社会事业】 2015年，清溪镇继续开展文化惠民活动，弘扬客家传统文化，打造“中国麒麟文化传承基地”“客家山歌创作基地”。清溪麒麟制作工艺品获陈列在中国舞蹈博物馆，作为永久收藏品。麒麟舞《南国麒麟舞吉祥》获第十二届中国民间文艺“山花奖”；曲艺类作品《羊续悬鱼》获广东省第八届群众戏剧曲艺花会金奖；歌曲《清溪有梦千万里》《有你有我》获广东省第二届客家新民歌创作大赛最佳歌曲奖，《这些年头都是风和雨》《山歌好比清溪水》获优秀歌曲奖。承办“2015年广东省首届麒麟舞文化节”“广东省第二届客家新民歌创作大赛暨粤琼桂三省公共文化示范区域交流

① 2015年11月17日，副市长杨晓棠（左二）到清溪保税物流中心（B型）项目选址地点考察
② 2015年5月12日，黄埔海关副关长涂琳（左三)调研清溪保税物流中心（B型）项目建设情况
③ 2015年1月14日，清溪“6+1”行动成绩排全市第一名
④ 2015年5月21日，清溪镇委书记、镇人大主席黄宇富（中）率队深入罗马村开展普遍直接联系群众活动

联动演出”。自筹开拍微电影《禾雀花开》，在第23届伦敦创意文化节华语微电影周评选活动中，获最佳影片奖和最佳摄影奖。舞蹈《客家酿》远赴意大利参加米兰世博会。

举办第三届镇运动会，共4000多人参赛。

全年有840名新莞人子女通过积分入学入读公办学校。财政补助民办学校义务教育经费1418.62万元，受益学生1.89万人。清溪中学中考总平均分和合格率首次超过全市平均水平。引进深圳众美教育集团与华中师范大学联合投资开办高级中学，开展项目前期申办筹备工作。

【清溪镇民生建设】 2015年，清溪镇新建2个社会综合服务中心和1个综合服务站；加强居家养老服务，居家养老服务覆盖21个村（居）。发放救济和补助金约800万元。成立东莞市清溪慈善基金会，促进慈善事业健康发展。

社会保障加强，有参保单位5770家，参加工伤、养老、医疗、失业等各类保险83.43万人次，征收各项社保金14.01亿元。

继续实行培训补贴、创业奖励、岗位补助等优惠政策，推广“村民车间”就业模式，拓宽毕业生就业渠道。登记落实就业单位大专以上高校应届毕业生321人，就业率100%。累计组建“村民车间”43个，安置劳动力810人次。开展各类技能培训班45期，培训人数2143人，提升部分企业员工和农村村民的就业技能。通过实施“圆梦计划”，帮助近500名企业员工圆“大学梦”。

扶助乐昌市廊田镇和大源镇5个贫困村，在全省三年总考评中，5个村扶贫工作全部获评优秀，其中对口帮扶的乐昌市白山村肉兔养殖扶贫基地项目被列为全省扶贫开发“双到”工作现场会参观考察点之一。同时，因地制宜对口援建西藏林芝县鲁朗镇东巴才村。

【清溪镇综合改革】 2015年，清溪镇启动国库集中支付改革，选定4家代理银行，开设各预算单位的零余额账户。

深化商事登记改革，实施住所申报制、集群注册、“三证合一”（“三证”指工商营业执照、组织机构代码证、税务登记证）登记制度等改革，激发市场活力，新增企业、个体户等市场主体2425户，比上年增长14.1%。

农村综合改革推进，促进农村集体资产全面进入平台交易，2015年交易项目126宗，平均溢价19.6%；要求农村集体所有经济合同均录入“三资”监管信息平台，实现镇对集体经济收入的网络化动态监管；依托“三资”监管平台，逐步建立健全股权管理信息系统，加强股权登记、流转、分配、统计、查询、备案管理；全面推行村级预算制度，全镇21个村（居）按时按质完成预算编制、预算初审和终审，管理费用及公益福利费用大幅下降；推进村组经济统筹管理改革，19个村（居）101个村小组完成村组经济统筹表决。　（张凯文）

附：2015年清溪镇党委、人大、政府主要领导名录

镇委书记、镇人大主席：黄宇富

镇　长：梁绍光

2011—2015年清溪镇主要经济指标

指标 \ 年份	2011	2012	2013	2014	2015
户籍人口（人）	36307	36656	36903	37192	37800
常住人口（万人）	31.34	31.49	31.53	31.59	31
面积（平方千米）	140	140	140	140	140
生产总值（万元）	1522825	1530352	1720175	1991128	2080500
第一产业（万元）	6550	7470	8105	8476	9285
第二产业（万元）	899945	870284	985131	1198137	920450
第三产业（万元）	616331	652598	726939	784515	866700
总用电量（万千瓦时）	232951	236726	244476	263987	275305
全社会固定资产投资总额（万元）	229144	253966	309826	373363	430778
社会消费品零售总额（万元）	299187	324513	352893	387507	473008
外贸出口总额（万美元）	532103	525177	546058	544164	517700
实际利用外资（万美元）	17603	17845	19656	13692	9351
镇级可支配财政收入（万元）	73694	77113	82495	118555	246660
各项税收总额（万元）	199573	209261	282414	325530	376191

① 2014年12月31日，搭建合作平台助推转型升级 清溪镇与东莞华中科技大学制造工程研究院开展校企产学研对接

② 2015年3月13日，清溪第五届“赏花行”活动开幕——数千游客冒雨踏春赏花

③ 2015年6月29日，广东省首届麒麟文化节在清溪开幕

① 2015年6月30日，作风建设永远在路上，清溪镇举行正风肃纪教育月活动大会

② “机器换人”

③ 清溪三月禾雀闹 赏花最是此处好

④ 醉美清溪，山水天地

常平镇

【常平镇概况】　常平镇位于东莞市东部。截至2015年，面积103.3平方千米，辖33个村（社区），户籍人口7.92万人，常住人口38.59万人。

2015年，常平镇实现生产总值280.2亿元（第一产业11012万元，第二产业127.6亿元，第三产业151.5亿元），比上年增长8.5%；规模以上工业增加值101.1亿元，增长10.2%；全社会固定资产投资52亿元，增长29.4%；总用电量29.3亿千瓦时，下降2.3%；社会消费品零售总额116.26亿元，增长16.1%；实际利用外资2.44亿美元，增长1.46%；进出口总额90.7亿美元，增长7.4%；各项税收总额33.69亿元，增长2.35%；镇本级可支配财政收入16.62亿元，与上年基本持平。获评“中国楹联文化之乡”“中国粮油物流重镇”，成功创建“省级生态镇”，镇街居民幸福感测评、教育综合实力年度量化考核均位列全市第一位。

【常平镇创新驱动发展】　2015年，常平镇制定出台《推进科技企业孵化载体建设与发展操作规程》《推动企业挂牌“新三板”工作方案》《科技创新券实施管理办法》等扶持创新发展政策。培育林氏生物技术和希锐自动化两家企业挂牌“新三板”，发放科技创新扶持奖励资金超过1100万元。常平科技园成为全国青年创业示范园区，百润爱创社区成为全市首个由酒店物业升级改造的青年创新创业孵化基地，元创动力“互联网+”创新产业园引入国家级创客实训基地。加快推进常平科技加速园和常平科技园金美园区建设，引进深港产学研基地、深圳弈投孵化器等知名孵化服务机构。涌现创客联盟、清华i·Center、创客茶吧、青创荟等一批众创空间。

搭建多元化科技平台，与上海交通大学等高校共建东莞常平上海高校科技创新中心，与北京大学东莞光电研究院、东莞市知识产权保护协会共同开发运营“第三代半导体专利导航与创新服务平台”项目，与东华大学共建东莞市针织智能化协同创新平台，与欧洲商业创新联盟筹建东莞中欧创新中心。国内首个民营资本投资的工程塑料国家工程技术研究中心华南分中心投入运营。举办首届两岸四地智慧型机器人大赛暨学界研发成果展、“科技之春”音乐会和东莞科技创新创业大赛。新增国家高新技术企业16家、省高新技术企业培育库入库企业28家，规模以上企业研发投入总额达5.4亿元。

【常平镇工贸发展】　2015年，常平镇强化招商选资，引进内外资项目27宗，协议投资约180亿元，其中珠宝玉石产研

活力宜居组团中心——常平镇

①

中心总投资113亿元，意大利维龙中欧跨境贸易产业园总投资6.5亿美元。申报“机器换人”项目67个，更新设备2157台，完成投资4.54亿元，减少用工4662人。运城制版“智能机器人印刷辊全自动线项目”成为市“机器换人”重点示范应用项目。

制定常平电商产业园总体规划方案，推进商业综合体向跨境电商转型升级，绿地大都会、世淘等跨境商品直购体验店（中心）开业。龙昌玩具跻身“阿里巴巴——东莞产业带”项目，带动常平玩具企业开拓线上市场。宝力珠宝文化产业园累计完成投资6.96亿元，吸引200多家黄金珠宝企业入驻。汽车贸易销售额38.9亿元，比上年增长50.7%。举办第九届广东国际啤酒节，吸引10万人次入场消费。建立旅游消费O2O服务平台和对外宣传常平APP平台；开发中共东莞县委机关旧址——桥梓村周氏宗祠、李任之故居和革命史料陈列馆等红色旅游文化资源；圣旗路和龙昌成为东莞市工业旅游示范点企业。梵尔赛酒店改建为老年人养护院，嘉怡酒店引进公司总部项目，推进新世纪酒店改建商业综合体。

【常平镇重大项目建设】　2015年，常平镇9个市属重大项目完成投资13.33亿元，完成年度投资计划100.75%，环球经典新型材料项目、环保专业基地等3个项目投产。其中，环球经典新型材料项目实现2亿元产值；24家企业入驻环保专业基地；世通“口岸式保税物流”简易加工区、常平中心小学校区等主体工程完成；宝力金银珠宝一期11栋30万平方米厂房、大京九现代物流基地一期A、B仓封顶。

完成从莞高速公路征地拆迁工作。完成东莞东火车站、莞惠城轨常平东站站前广场及相关配套工程，整治2个火车站及周边环境秩序。投入1.67亿元完成聚富路等10项道路工程，推进环常路至东深公路连接线等8项道路工程建设。

【常平镇生态环境建设】　2015年，常平镇14个村投入1.57亿元开展65项宜居社区工程建设。投入1.3亿元，规划建设常新公园、常阳公园，完成旗岭森林公园二期、河西公园设计，美化改造铁路公园，启动板石风情村和中心风情街改造。组织28个村申报市级生态示范村，获补助近200万元。统筹收储土地70公顷。整治违法用地235宗72.3公顷。拆除违法建筑101宗8.97万平方米，整治高尔夫球场31.4公顷。全面铺开30千米截污次支管网建设，加快推进石马河常平段综合治理。田尾排站、先建排涝站投入使用，加快新桥排站常平大道配套主排渠、常平中学排站、桥梓渠应急改造、沙湖口水堤围达标、麦元村山贝沥片区排水等工程建设。实施笑金坑垃圾填埋场无害化整治。注销淘汰“黄标车”及

① 2015年4月18日，中共中央政治局委员、省委书记胡春华（中）到常平科技园调研

② 2015年12月11日，中国（东莞）国际科技合作周开幕，全国政协副主席、科技部部长万钢（前排右三）参观常平展区

③ 2015年4月7日，市委书记、市人大常委会主任徐建华（右三）一行到常平科技园调研

老旧车3231辆。组织3次专项行动，清理非法养猪场72处，生猪9614头。捣毁“牛皮癣”制作窝点5个，拆除违章户外广告750个。

【常平镇综合改革】 2015年，常平镇推进政府职能转变和机构改革，成立镇城市更新发展办公室，理顺镇经济科技信息局和商务局部分职能，撤销镇招商办和调整招商机制，调整镇成人文化技术学校架构，理顺镇食品公司经营体制。规范建筑领域监督管理。稳步推进农村综合体制改革，29个村（社区）综合服务管理中心建成投入使用，村组两级总资产比上年增加2816万元。完善镇村税收增长收益分享机制，推进医疗体制改革，开展公务用车制度改革。推进市场后续监管，住所登记管理、企业集群注册改革全面铺开，全年新增各类市场主体5345户，受理住所申报业务2370户。

【常平镇社会事业发展】 2015年，常平镇“十件实事”基本完成。完成10场“同在莞邑”社会主义核心价值观进企业大型系列活动。组织招聘会35场，帮扶208名就业困难人员就业；30名大学生自主创业；为1.2万名企业新员工开展新莞人岗前素质培训，为8000名劳动者开展技能提升培训。

发放低保资金、助学补助、高龄老人生活津贴等657万元；投入587万元实现居家养老工作全覆盖，惠及1203名老人；向全镇重点优抚对象、烈士子女、60周岁以上退役老兵、残疾军人等发放补助203万元。建立常平商会、常平边检站军民共建室2个。

教育综合实力提高，中考、高考成绩稳步提升；逐步扩大优质教育资源覆盖面，提供新莞人子女学位1441个。3个自创小品获东莞群众戏剧曲艺花会金奖。启动常平镇“百佳美德少年”评选工程，建“标兵讲堂”29处，举办讲堂83场次以上。在桥梓、朗贝、还珠沥3个试点村设立个人文艺工作室。

欠发达村村组经营性纯收入增长14.9 %，有劳动能力低保家庭脱贫率达82%，贫困户脱贫步伐加快。加大对口帮扶韶关力度，175户有劳动能力贫困户年人均纯收入达1.11万元，脱贫率达100%。下墟周润春家庭获评省、市“最美家庭”。

【常平镇公共安全管理】 2015年，常平镇严厉打击违法犯罪，刑事案件立案数和违法犯罪警情，比上年分别下降29%和21%，抓获犯罪嫌疑人上升25%，群众对社会治安状况满意度明显提升。加强矛盾纠纷调解，劳动仲裁案件下降9%，调解率达74.6%；妥善处置信访案件484宗2605人次，办结率达98%；排查不稳定因素212宗，化解率达98.2%。创建“平安文明小区”，在5个村试点，推动网格化治理。建成77家学校食堂“阳光厨房”；查处1.4吨不合格食品，捣毁7个制假售假窝点。有效应对禽流感等，妥善处理莞惠城轨常平大道段坍塌事故。集中开展食品药品、产品质量、道路交通和消防安全等专项整治，安全生产大检查成效明显，事故总量全面下降，没有发生较大以上安全生产事故。

（陈沛权）

附：2015年常平镇党委、人大、政府主要领导名录

镇委书记、镇人大主席：黄庆辉

镇　长：朱默河

2011—2015年常平镇主要经济指标

指标 \ 年份	2011	2012	2013	2014	2015
户籍人口（人）	74894	75681	76497	77529	79157
常住人口（万人）	38.8	38.87	38.95	39.05	38.59
面积（平方千米）	103	103	103	103	103
生产总值（万元）	1863138	2066421	2450935	2599815	2801648
第一产业（万元）	8627	9493	10491	10935	11012
第二产业（万元）	884541	923396	1136304	1186883	1276021
第三产业（万元）	969971	1133532	1304139	1401996	1514615
总用电量（万千瓦时）	276345	281088	288493	300209	292555
全社会固定资产投资总额（万元）	303585	337942	411190	402053	520431
社会消费品零售总额（万元）	686464	737046	883353	1001610	1162596
外贸出口总额（万美元）	395840	465714	540687	534118	572847
实际利用外资（万美元）	11610	13828	20006	24039	24390
镇级可支配财政收入（万元）	105796	116451	129349	142296	166236
各项税收总额（万元）	231640	267518	324040	329145	336870

① 2015年6月29日，市委书记、市人大常委会主任徐建华（右二）一行参观中共东莞县委机关和屋厦农会旧址，并出席揭牌仪式

② 2015年12月8日，市委副书记、市长袁宝成（右五）率市经信局、市财政局、市商务局等有关部门负责人到常平镇调研经济社会发展情况

③ 2015年4月14日，省水利厅厅长林旭钿（左三）到常平镇调研重点水利工程规划情况

④ 2015年4月13日，2015常平“科技之春”音乐会上演

① 2015年8月29日，“常平杯”2015年首届两岸四地智慧型机器人大赛暨学界研究成果展在常平会展中心开幕

② 2015年9月20日，广东楹联学会第五次全省代表大会暨常平镇获“中国楹联文化之乡”称号授牌仪式

③ 2015年9月28日，第九届广东国际啤酒节在常平铁路公园开幕

④ 2015年10月21日，常平镇与上海海事大学、上海交通大学、上海高校产学研合作中心、东莞市慧力工业设计发展有限公司签订共建“东莞常平上海高校科技创新中心”战略合作协议

⑤ 2015年10月27日，2015年“赢在东莞”科技创新创业大赛新能源及节能环保行业总决赛在常平镇举行

① 2015年11月3日，维龙公司与常平镇签约拟投资6.5亿美元建设中欧（常平）跨境贸易产业园

② 2015年11月18日，常平获评"中国粮油物流重镇"称号，并举行授牌仪式

③ 2015年11月23日，莞深共建东莞市常平奕投孵化器项目正式签约

④ 常平镇2015年元宵大巡游

桥头镇

【桥头镇概况】 桥头镇位于东莞市东部。截至2015年，面积56平方千米，下辖11个村、6个社区，户籍人口3.75万人，常住人口16.52万人。

2015年，桥头镇实现地区生产总值110.2亿元（第一产业4065万元，第二产业62.06亿元，第三产业47.74亿元），比上年增长7.3%；完成全部工业增加值61.3亿元，增长5.1%；规模以上工业增加值48.5亿元，增长5.2%；全社会固定资产投资23.3亿元，增长4.8%；总用电量16.4亿千瓦时，增长1.5%；社会消费品零售总额27.1亿元，增长6.0%；实际利用外资1.1亿美元，增长12.9%；外贸出口总额35.1亿美元，增长15.6%；各项税收收入15.8亿元，增长9.4%；农村集体经济总收入3.6亿元，增长4.7%；农村集体经济纯收2.1亿元，增长11.1%；镇级可支配财政收入7.4亿元，增长9.3%，获评“全国文明镇”“中国包装优秀产业基地”“广东省民间文化艺术之乡”，并获“全国文明村镇”“全国扶贫先进集体”“退休人员社会化管理服务”“全国综合减灾示范社区”4项全市“单打冠军”。

【桥头镇重大项目建设】 2015年，桥头镇整合招商资源，坚持内外资招商同步推进，引进6个投资超亿元的重大项目，包括总投资50亿元的新技电子项目和总投资7亿元的美拜电子项目，推动企业持续增资扩产，技研新阳、卡莱互连、大和化成等6家企业增加投资约12亿元。完善镇班子成员包项目督办制度，做好项目建设协调、对接、跟踪等服务，解决项目在建设过程中遇到的难题，推动项目加快建设，其中嘉颐和美盈森三期等市重大项目基本完成主体工程建设，汉维、大和化成、骏兴机械等镇重点项目完成年度投资计划。

【桥头镇创新驱动发展】 2015年，桥头镇落实“机器换人”行动计划，鼓励企业技改创新，实施“机器换人”项目30宗，累计投资2亿多元；完成工业技改投资6.74亿元。鼓励企业加强研发，新增研发机构备案企业4家。实施专利促进计划，专利申请量和授权量分别比上年增长23.8%和17.5%，发明专利授权量增长20%。培育国家高新技术企业，协助企业完善技术设备和人才配置，新增国家高新技术企业7家，新增省的国家高新技术企业培育库企业15家。成立镇科技金融服务工作站，推动金润和公司申请挂牌中小板，汉维、华星等5家企业达成“新三板”挂牌意向。将环保包装产业协同创新中心纳入“市专业镇创新服务平台”建设项目，有3个子中心投入运作，3个子中心处于调试阶段。

【桥头镇农村经济管理】 2015年，桥头镇全面加强农村集体经济管理，开展村组集体资产清查建档工作，村组集体物业累计增加10.6万平方米，净资产

产业强镇 文化名镇 宜居新城

比上年增长3.7%。修订完善农村集体资产交易办法，严格审查交易底价，提升农村厂房租金水平，集体物业出租收入增长7.1%。加大应收款追收力度，村组两级集体债权减少4%。加强集体债务管理，农村集体债务减少17.8%。农村集体经济纯收入2.1亿元，首次突破2亿元，增长11.1%；资产负债率下降至17%，比年初下降1.9个百分点，低于全市平均水平。

【桥头镇城乡规划建设】 2015年，桥头镇完成中心城区、桥新工业园等多个片区的控规调整，以及华尔登片区、盛达片区等“三旧”（旧城镇、旧厂房、旧村庄）改造单元规划，完成全镇“三旧”改造专项规划编制，推动春日地块“三旧”改造项目动工建设。桥东引桥拆除重建工程、东江大道修复工程即将完工通车，配合做好29号路、番莞高速公路桥头段等路网规划设计工作。房地产项目进展顺利，鸿隆温馨家园、御荷二期项目竣工销售，宏远帝庭山、石竹山水园七期、凯达华庭三期等项目动工建设。

【桥头镇“国家级生态乡镇”创建】 2015年，桥头镇“国家级生态乡镇”创建通过审核。逐步完善城市管理，开展农贸市场、城市“六乱”、“牛皮癣”、临街广告、商业噪音等专项整治行动，加大力度整治重点路段乱摆卖、乱停放行为，落实强制措施清理违法建筑，全面启动镇村环卫统筹工作，加强城市绿化管理，改善全镇市容环境。

加强生态环境保护，全面启动东太湖片区截污次支管网工程建设，配合开展污水处理厂二期扩建工程，加快推进大东洲垃圾填埋场综合治理示范项目。严格实行环境保护监管，开展“畜禽养殖业巡查”“石马河污染综合整治”“保护饮用水源”等专项行动，防范环境污染事件发生。

实施节能综合示范工程，累计完成注塑机节能改造699台、电机能效提升功率3.6万千瓦，完成率分别达303%和128%，单位生产总值能耗比上年下降4.9%。

【桥头镇社会管理】 2015年，桥头镇全面推进“平安桥头”建设，完善立体化社会治安防控体系，启用投入3000万元建设的高清视频监控系统；坚决遏制“黄赌毒”，保持打黑除恶高压态势，严厉打击违法犯罪，整治重点村（社区）治安突出问题，刑事案件比上年下降16.6%，破案率上升17.9%。

加强安全生产监管，开展易燃易爆品、危险化学品、“打非治违”等专项整治，累计检查生产经营单位近5000家次，全镇安全事故宗数下降两成以上，全年未发生重特大安全事故；严打假冒伪劣食品药品，查处食品药品违法案件46宗，切实保障群众食品安全；开展消防安全、交通安全、校园安全、建筑安全、地质安全等专项排查整治工作，维护社会公共安全。

开展领导干部接访下访活动，坚持落实“日排查、周研判、月分析”工作

① 2015年12月3日，市委书记、市人大常委会主任徐建华（左三）到桥头镇铁汉生态调研。镇委书记、镇人大主席莫厚良（右二）陪同调研

② 2015年4月10日，香港桥头同乡会举行春茗活动，市领导李小梅（前排左三）、钟淦泉（前排右三）、莫布兴（前排左二）及市相关部门领导，镇党政班子成员及各村（社区）书记、香港友好社团代表以及香港桥头同乡会会员等参加了活动

③ 2015年10月28日，副市长贺宇（右一）到桥头镇调研。图为镇委副书记、镇长叶冠强（左三）向贺宇介绍美盈森公司发展情况

机制，加强网络信访和企业风险评估预警，强化信息收集和动态管理，及时发现和化解矛盾纠纷隐患。

【桥头镇民生事业】　文化事业　2015年，桥头镇举办第十二届桥头荷花节及第三届油菜花节，提升“一湖两花”（莲湖，荷花节、油菜花节）特色文化品牌影响力。推广传承荷花文化、莫家拳等民间文化艺术，荷文化、莫家拳入选“广东省民间文化艺术之乡”项目。鼓励文艺创作，开展第五届东莞荷花文学奖评选活动，出版《蓝带传真》等多部本土文学精品。实施文化惠民工程，开展文艺展演活动330场次，推动活动进社区、进校园、进企业。

教育事业　率先在全市实现“微课掌上通”常态化应用，学校管理和教学质量不断提升。桥头中学中考总平均分与全市进一步拉近17分，新增3所市一级学校、幼儿园和4所特色示范学校，全镇公办小学毕业考核合格率和优秀率均达到省市一级学校水平。

医疗卫生　取消公立医院药品加成，减轻群众药物费用负担450万元。加强疾病防控，有效防范H7N9、登革热等病疫。完成农村卫生站转型，新增李朗站预防接种门诊点，实现全镇社区卫生站点均可办理转诊。为2万多名老人儿童进行免费健康体检，居民健康档案使用率超过六成。

民生保障　实施“创业桥头”工程，举办招聘会15场，为300家企业、近万名求职者提供招聘、就业服务，累计发放就业补贴650万元，惠及群众近1万人次。受理法律援助案件58宗，帮助群众维护合法权益。开展社工服务、居家养老等工作，调整提高失业保险金和养老退休金，向困难群众发放各类补助金358万元。扶持镇内欠发达村发展，广泛开展“广东扶贫济困日”及“东莞慈善日”活动，落实帮扶资金750万元。

【桥头镇创建“全国文明镇”】　2015年，桥头镇在被评为“广东省文明镇”的基础上，持续开展志愿服务、文明餐桌、文明旅游、公益援助、“东莞好人”等10多项活动，深化社会主义核心价值观宣传，营造崇德向善的社会氛围，提升社会文明程度。2月，全国精神文明建设工作表彰暨学雷锋志愿服务大会在北京召开，会议授予桥头镇“全国文明村镇”称号。

【第三届油菜花节举办】　2015年2月，第三届油菜花节在桥头镇莲湖广场开幕.油菜花节以“休闲桥头，浪漫花海”为主题，突出“等你，在桥头……”口号，向社会各界展示桥头镇提升“一湖两花”（莲湖，荷花节、油菜花节）特色文化品牌，发展生态休闲游、“一湖两花”游及特色美食游，打造一系列全新旅游美食休闲项目的成果。同时，举办现场书画大赛、“油菜花·有才华”才艺专场演出，《蓝带传真》《时光书》《邓植仪》新书首发暨东莞市名家工作室揭牌等群众文化活动，丰富节日内涵。（莫文森）

附：2015年桥头镇党委、人大、政府主要领导名录

镇委书记、镇人大主席：莫厚良

镇　长：翟耀东（任至10月）

叶冠强（10月到任）

① 2015年8月13日，省总工会副主席郭开农（右）到桥头镇开展“夏季送清凉”进企业活动

② 2015年4月1日，省环保厅调研组到桥头镇调研污水处理厂及大东洲垃圾填埋场建设情况

③ 2015年1月23日，桥头镇召开中共桥头镇第十三届代表大会第三次会议

2011—2015年桥头镇主要经济指标

指标＼年份	2011	2012	2013	2014	2015
户籍人口（人）	36327	36522	36735	36809	37538
常住人口（万人）	16.73	16.80	16.83	16.54	16.52
面积（平方千米）	56	56	56	56	56
生产总值（万元）	651918	750036	864729	1036247	1102103
第一产业（万元）	4900	5253	5625	4037	4065
第二产业（万元）	296495	374632	437367	602304	620647
第三产业（万元）	350523	370151	421737	429907	477391
总用电量（万千瓦时）	133769	143005	154734	161999	164412
全社会固定资产投资总额（万元）	122780	216209	266441	222183	232947
社会消费品零售总额（万元）	164725	175143	199929	255348	270550
外贸出口总额（万美元）	164534	248038	316095	304092	351409
实际利用外资（万美元）	4389	6025	8582	9844	11113
镇级可支配财政收入（万元）	53844	54656	62511	67283	73506
各项税收总额（万元）	76990	89934	124467	144090	157603

① 2015年5月26日，鸿华新阳创客中心启动暨合作签约仪式

② 2015年7月31日，桥头镇举行“全国文明镇”揭牌仪式

③ 2015年9月29日，香港电子业商会一行到桥头镇开展交流活动

① 2015年10月8日，桥头镇举行东莞新技电子项目签约仪式，技研新阳集团与金品公司签订合作协议书，标志着新项目东莞新技电子项目正式启动

② 2015年3月25日，湖南工业大学校长谭益民（左四）到桥头镇调研环保包装产业发展情况

③ 2015年2月2日，桥头镇召开第十六届人民代表大会第六次会议召开。图为桥头镇委副书记、镇长翟耀东作政府工作报告

① 《莫家拳师》——桥头人物
（邹锦考　摄）

② 《春节游会》——桥头风俗
（邹锦考　摄）

③ 《金色黄昏》——桥头油菜花
（张超满　摄）

横沥镇

【横沥镇概况】　横沥镇位于东莞市东部，毗邻东莞松山湖（生态园）。截至2015年，面积44.67平方千米，辖16个村和1个社区。户籍人口3.91万人，常住人口20.45万人。

2015年，横沥镇实现生产总值100.8亿元（第一产业4868万元，第二产业55.2亿元，第三产业45.1亿元），比上年增长10.5%；规模以上工业增加值41.9亿元，增长10.5%；总用电量15.2亿千瓦时，增长2.1%；固定资产投资总额16.9亿元，增长58.6%；社会消费品零售总额26.1亿元，增长8.6%；实际利用外资8241万美元，增长1.3%；外贸出口总额15.9亿元，增长3%；各项税收总额18.6亿元，增长31.2%；镇本级可支配财政收入7.09亿元，增长21.5%。主要指标增速继续排名全市前列。在全市镇街领导班子年度量化考核中，获评年度工作良好镇街。并获2015年度全市“专业镇协同创新单打冠军”“全国综合减灾示范区单打冠军”。

【横沥镇模具产业突破百亿产值】2015年，横沥镇模具产业实现产值103亿元，突破百亿元大关，比上年增长21.1%，并且连续三年实现年均20%的增长。扶持骨干模具企业做大做强，以中泰模具公司为代表的汽车模具产业链、以台一盈拓公司为代表的机械装备产业链更加完善。全年引进内资21宗，总额8.1亿元；引进外资项目7宗，增资27宗，共1.85亿美元，比上年增加106%，实际吸收外资8200万美元。推进东方亮彩、爱思宝等重大项目建设，举办第九届模具展览会，不断完善模具城、模具园等产业平台。

【横沥镇协同创新发展】　2015年，横沥镇坚定实施创新驱动发展战略，以协同创新中心为创新引擎，探索“多方联动”“多校合作”“多要素融合”的协同创新模式，加快模具产业转型升级，“专业镇协同创新”工作获评市“单打冠军”。

2015年，横沥镇深化产业与科技、金融、人才“三融合”。累计促成校企“产学研”项目35个，引进25个创新团队，建成3D打印技术中心、模具检测中心、装备节能中心等平台，推进3D打印综合创意园。新认定6家国家高新技术企业，19家企业开展“机器换人”。在全省专业镇金融信用体系试点方面先行先试，政企银协四方联动合作组建2个行业“风险资金池”，配套企业征信系统及信用评估等机制，突破中小企业融资担保问题，累计协助近20家企业无抵押贷款4200万元。建成模具职业技术培训学员，依托东莞职教城，引进专业培训机构，“订单式”培养模具产业人才。

【横沥镇综合环境提升】　2015年，横沥镇深入实施“产城联动”发展战略，扩大城市投资，优化宜居宜业环境，促进产城融合互动。启动东引河中心区段整治。振兴路、瑞康路、彩霞路完成升级改造，神山桥竣工通车，建成

百年牛墟　模具强镇

张坑山地公园、田头荔枝公园。推进水边桥、长巷桥等项目，加快第二小学体育中心、横沥中学学生宿舍等项目。协调落实从莞高速公路增加接驳出入口、莞番高速公路选线，配合做好职教城代建。精心谋划“产城融合示范区”“休闲慢城核心区”“水环境综合整治示范区”3个功能区。社会投资不断升温，御江一号、碧桂园、盛和雅颂等一批房地产项目开盘或在建。实施城镇精细化管理，通过“国家卫生镇”复审。严肃查处违法用地、违法建筑，提升城镇综合环境。

【横沥镇社会治理创新】　2015年，横沥镇社会建设协同创新中心成为市镇社会治理创新共建项目。推进瑞康花园样板社区创建，探索“微治理”，促进社区协同共治。发展社工及公益慈善事业，镇财政投入167万元购买社工服务项目，创新推出“墙上美食”“乐善小站”等公益慈善项目。深化“小城大爱”城镇精神培育，实施“道德模范”圆梦计划，建立健全关爱帮扶“好人”长效机制，鼓励群众争当“好人”。全镇有各类道德模范44名，其中23人获评全国和省、市道德模范。深入建设“平安横沥”，开展专项行动，侦破多个特大刑事案件。实施“一村（社区）一法律顾问”制度，推进村务法治化管理。发挥隔坑社区服务中心、各企业投资协会以及社会团体的作用，共同增进社会和谐进步。

【横沥镇农村发展】　2015年，横沥镇加大对村组的政策倾斜，指导各村稳定物业收入，创新推进“一村一品牌”，鼓励各村挖掘资源特色，将禀赋打造成富有竞争力的产业品牌。全年村、组两级总收入2.98亿元，比上年增长7.2%；纯收入1.45亿元，增长17%。帮扶村组转贷减债，村、组资产负债率下降1.38%，借款总额下降4.9%。完善“三资”监管平台和资产交易平台，资产上平台平均溢价约25%。新增特色种养专业合作社5个。全面铺开村级预算管理，组建村务监督委员会，建成田坑、山厦、恒泉3个村级综合服务管理中心。

【横沥镇民生投入加大】　2015年，横沥镇财政各项民生支出比上年大幅增长25.8%，发放就业补贴419万元，发放低保金、慈善金、助学金、高龄津贴、残疾人津贴等970万元，实现居家养老服务全覆盖。累计投入1.5亿元，用于提高公民办学校和幼儿园的教育教学质量，民办学校教育补助提高近7个百分点，提供443个新莞人子女积分制学位。创建东莞市推进教育现代化先进镇，横沥中学成为市教育信息化实验学校。落实教师轮岗交流机制，推进教学资源均衡化。举办“2015百年牛墟风情节”、迎“苏迪曼杯”测试赛等活动，“活力横沥”系列活动。逸颐艺舍博物馆（民办）建成开馆。集中整治张坑旧围等6个内涝点，抓好食品安全工作，淘汰黄标车949辆，突出整治畜禽养殖业，提升群众的幸福指数。　（席　娟）

附：2015年横沥镇党委、人大、政府主要领导名录

镇委书记、镇人大主席：陈锡稳

镇　长：何植尧

① 2015年7月21日，省委副书记、省长朱小丹（前排右三）到东莞横沥调研产业协同创新工作

② 2015年9月25日，国家发改委副主任胡祖才（中）率队到横沥镇3D打印技术公共服务平台调研

③ 2015年10月22日，科技部副部长李萌（左二）率队到横沥模具产业协同创新中心调研

2011—2015年横沥镇主要经济指标

指标＼年份	2011	2012	2013	2014	2015
户籍人口（人）	37387	37765	38033	38313	39092
常住人口（万人）	20.55	20.67	20.70	20.57	20.45
面积（平方千米）	44.67	44.67	44.67	44.67	44.67
生产总值（万元）	674318	683498	800168	920083	1007554
第一产业（万元）	5177	5232	5604	4834	4868
第二产业（万元）	339962	355688	415314	511149	551780
第三产业（万元）	293748	322578	379251	404100	450907
总用电量（万千瓦时）	124903	131186	136667	148688	151797
全社会固定资产投资总额（万元）	129794	85627	65397	106752	169265
社会消费品零售总额（万元）	174161	194295	214098	233703	261438
外贸出口总额（万美元）	133081	133482	141202	154507	159217
实际利用外资（万美元）	7820	5989	7453	8134	8241
镇级可支配财政收入（万元）	47858	46362	51371	58353	70875
各项税收总额（万元）	96333	109473	128607	142088	186433

① 2015年6月29日，市委书记、市人大常委会主任徐建华（前右）到横沥镇调研协同创新中心工作

② 2015年7月29日，市委副书记姚康（中）到横沥镇调研社会治理协同创新工作

① 2015年9月11日，中国工程院院士李伯虎（中）赴横沥镇模具产业协同创新中心商讨筹建“智慧云制造”院士工作站

② 2015年2月6日，东莞市机械模具产业协会成立

③ 2015年4月3日，横沥隔坑社区服务中心获“2014年度全国社区侨务工作示范单位”称号

④ 2015年4月28日，横沥镇科技创新大会召开

① 2015年9月23日，横沥镇民营经济金融创新平台成立

② 2015年10月23日，第九届广东东莞模具制造机械展览会暨东莞横沥2015百年牛墟风情节在汇英国际模具城开幕

③ 2015年12月15日，全市专业镇创新服务平台建设工作现场会在横沥协同创新中心召开

④ 2015年12月31日，神山大桥重建工程竣工通车

① 2015年10月11日，逸颐艺舍博物馆举办开馆典礼暨中国收藏文化示范基地授牌仪式

② 2015年11月16日，东莞市10月份“东莞好人”入选名单发布仪式暨横沥镇“小城大爱好人好报”工作现场会在横沥镇政府礼堂举行

③ 2015年4月28日，横沥模具工程师俱乐部队获2015年迎苏迪曼杯东莞市羽毛球联赛超级组第三名

东坑镇

【东坑镇概况】 东坑镇位于东莞市中部。截至2015年，面积23.8平方千米，辖14个村、2个社区。户籍人口3.08万人，常住人口13.45万人。

2015年，东坑镇实现地区生产总值100.5亿元（第一产业1567万元，第二产业68.8亿元，第三产业31.5亿元）,比上年增长9.9%，增速全市排第九名；规模以上工业增加值59.8亿元，增长13.5%，增速全市排第一名；总用电量10.3亿千瓦时，增长8.9%；社会消费品零售总额18.3亿元，增长5.9%；实际利用外资0.7亿美元，下降25.9%；外贸出口总额22.0亿美元，增长12.6%，比全市快5.7个百分点；各项税收总额13.8亿元，增长20.9%，增速全市排第五名；镇级可支配财政收入6.5亿元，增长2.6%。在全市镇街领导班子年度量化考核中排第14名，规模以上工业发展成效指数、民营经济税收占比、单位生产总值能耗、居民住房保障水平等8项指标全市排第一名，经济效益、人均税收收入、社会安全指数、社会保障水平等5项指标全市排名第二名，“3+2+2”（“3”为省公安厅确定的涉毒、涉黑恶、涉盗抢违法犯罪；前一个“2”为市公安局确定的涉赌、涉食药假违法犯罪；后一个“2”为集中打击整治镇辖区2个违法犯罪区域、行业问题）专项行动全市排第一名。“省生态乡镇”“退休人员管理服务”获评市“单打冠军”。

【东坑镇重大项目建设】 2015年，东坑镇加大领导挂钩督导协调力度，加速市重大项目建成投产。全镇5个市重大项目完成投资5.7亿元，完成年度投资计划101.2%。推动建升压铸、佳虹电子一期、维智电子一期项目建成投产，释放产能10亿元。此外，博瑞生物一期项目竣工验收，爱玛电动车项目确定施工队，办理环评。该5个项目全部投产后预计年创税达1.9亿元。

【东坑镇产业升级】 2015年，东坑镇按照“工业兴镇”思路，调优产业结构，夯实第二产业基础，全镇通讯电子制造业增加值39.5亿元，对规横模以上工业增长贡献率81.5%，通讯电子主导产业支柱作用明显。提升商贸氛围，打造皇家公馆步行街、东兴路商业街等一批特色街区，推动碧桂园等一批精品房地产开发商进驻。推进东坑农业园发展现代都市农业，引进农业企业和科研单位，种植铁皮石斛等名贵药材，实现产业协调互动发展。

主动对接松山湖（生态园）、深圳项目资源，围绕通讯电子主导产业、“四新”（新技术、新产业、新业态、新模式）经济精准招商，引进新能德科技、广东高义印刷等优质项目43宗，协议投资总额约27亿元，其中规模以上重点企业13宗，消化厂房32万平方米。促进富强电子、本治电动车公司等4家企业增资扩产，工业规模壮大。加大土地统筹、“腾笼换鸟”力度，狠抓园区扩容升级，东坑信息产业园入驻7个市、镇重大项目，实现年工业总产值30亿元，税收5000万元。加快工业旧区改造，其中三甲工业城一期厂房竣工验收，计划引进多家高新技术企业及小型配套企业，使园区实现年产值达20亿元以上。

强化领导包干“一对一”挂点服务，深入开展“暖企扶企”、高成长性企业培

提升东坑发展质量 建设精品特色小镇

⑪

育工程，在要素保障、项目落地、外贸出口、科技创新、用工用电等方面，提供有力的服务保障，重点扶持富港、歌乐、爱玛、华荣公司等龙头大型骨干企业做大做强。截至2015年，全镇产值超20亿元企业3家，超亿元企业35家。

【东坑镇改革创新】　2015年，东坑镇推进商事登记改革，新增办理营业执照数1337宗，比上年增长32.8%。抓好国库集中支付改革工作，改进预算分配制度，推进部门“三公”（财政拨款支出安排的出国（境）费、车辆购置及运行费、公务接待费）预决算信息公开。深化医疗体制改革，推行基本药品零差率销售，减轻群众医药费用负担。实施创新驱动发展战略，鼓励和引导企业自主创新，推动37家企业累计投入1.5亿元实施“机器换人”，加大高新技术企业培育力度，新增国家高新技术企业3家。打造省通讯电子专业镇创新平台，加快科技创新基地建设，累计专利申请量与专利授权量分别达到4310件与3768件，研发经费投入2.35亿元，实现科技成果转化3项，中德电缆公司获评“东莞市专利优势企业”“广东省工程技术中心”。

【东坑镇农村经济发展】　2015年，东坑镇深化农村综合改革，扎实推进环卫统筹，实现全镇16个村（社区）环卫支出零负担。完成经济组织统筹，推进土地承包经营权确权登记颁证工作。农村集体资产交易平台和“三资”监管平台发挥作用，全年资产交易平台完成交易140宗，其中竞标项目平均溢价率5.3%，续约项目年标的对比原合同平均溢价28.1%，促进集体资产保值增值。

落实增资减债、“一村一策”系列举措，鼓励各村整合资源，发展优质项目，促进各村经济壮大发展。村组两级总资产22.7亿元，比上年增长4.8%；经营性纯收入2.76亿元，增长6.7%；总负债4.32亿元，增长3.1%；资产负债率19.6%，高负债率村组保持0个。

【东坑镇城镇建设】　2015年，东坑镇优化城市规划，加快皇家公馆步行街、东兴路商业街建设，推动中心区商贸、文化、休闲等功能升级。完成寮长路、神山大桥等民生项目建设，城市基础功能不断提升。推进“美丽幸福村居”和“精品工程”建设，全面规范流动摊贩管理，连片整治镇容村貌，改善群众生活环境。整治环境卫生连续两年年终考核全市排第一名。

2015年，东坑镇坚持节约集约发展，鼓励村集体、民营企业家参与“三旧”（旧城镇、旧厂房、旧村庄）改造，推进城市更新。全镇纳入标图建库地块59宗，用地面积448.6公顷。实施“三旧”改造项目11宗，总面积23.2公顷，其中三甲工业城一期工业厂房竣工，进入验收阶段；凤大工业旧区完成供地手续。井美东富厂和黄麻岭宝星厂改造项目纳入产业类项目实施计划。

【东坑镇民生实事】　2015年，东坑镇统筹推进社会事业，民生投入4.3亿元，占财政总支出68%。创建“东莞市推进教育现代化先进镇”“广东省普通高等医学院校教学医院”，中考成绩连续4年大跨越。提高医疗卫生、计生服务水平，儿童保健服务覆盖率达98.5%，城乡一体养老保险制度进一步完善，逐步实现农（居）民与企业职工无差别参保。稳步推进住房公积金扩面工作，年终考核排全市第四名。构建创业就业支持平台，解决失业人员就业810人次。完善基层体育设施，实施文化惠民工程，完善

① 2015年9月17日，市委书记、市人大常委会主任徐建华（右三）调研东坑大满制罐包装实业有限公司

② 2015年5月20日，副市长喻丽君（前排右三）率队到东坑企业调研

③ 2015年5月6日，省农业厅副厅长顾幸伟（右二）调研东坑农业园

残疾人社会救助机制，推进居家养老全覆盖。完成市内、市外扶贫“双到”任务，帮扶对象“造血”能力明显增强。

2015年，东坑镇开展“平安细胞”创建，稳步推进警务运行机制改革和治安网格化管理，构建立体化社会治安防控体系，破获各类案件865宗，破案率比上年上升10%，“3+2+2”专项打击整治行动年终考核综合排全市第一名。强化基层社会治理，落实维稳工作机制，开展矛盾纠纷排查化解，调处各类矛盾纠纷867宗，办结率100%。

【东坑镇2015年“卖身节”】 2015年，东坑镇2015年“卖身节”坚持“特色、节俭、欢乐、和谐”办节，交由东坑民营商会等民间团体主办，取消鲜花布置、领导讲话、礼仪服务等环节。节目以群众自排自演为主，通过迎宾表演、神龙醒狮沿街福地巡游、四方八面游客欢乐射水、名优土特产和特色美食展销、民企外企务工人员快乐竞岗等活动项目，凸显“农耕非遗、社会参与、全民同乐”的节庆特色。

【东坑镇“美丽幸福村居”建设】 2015年，东坑镇启动“美丽幸福村居”建设，延续宜居社区（村）和名村建设，加大对扶贫村和革命老区村的帮扶力度，制订《东坑镇美丽幸福村居建设工作实施方案》，以凤大村作为“美丽幸福村居”创建试点单位，丁屋、彭屋、坑美及黄麻岭村同步开展创建工作。

【东坑镇“省生态乡镇”创建工作获评市“单打冠军”】 截至2015年，东坑镇加强“小山小湖”保护利用，完成亭岗岭文化公园、福德公园等公园广场改造升级，建成300公顷东坑农业园和8.99千米绿道，实现绿化覆盖率45%，人均公共绿地面积24.1平方米。成功创建皇家公馆和南国水乡2个市级绿色社区，成功创建市绿色学校（幼儿园）10所、省绿色学校2所。加大环保宣传力度，推进截污主干管网全面运营，打击偷排等环境违法行为，全面完成节能减排任务，连续3年取得全市单位GDP能耗值排名第一，生态环境进一步优化。加快“全国休闲农业与乡村旅游示范点”生态优势转化，打造农业园“十大基地”等一批旅游产品。结合“卖身节”、木鱼歌等传统非遗项目，推进“古树名木、古旧建筑、古韵人文”的传承建设。2015年，东坑镇初步建成绿色生态小镇，创建“省生态镇”工作获评市“单打冠军”。

【东坑镇“退休人员管理服务”工作获评市“单打冠军”】 截至2015年，东坑镇积极搭建平台，让老人老有所依，全镇16个村（社区）实现退休人员社会化管理服务站点全覆盖，其中井美村和彭屋村两个退管站成功申报省级示范点。各退管站按照“三有”（有完善服务设施、有专门休闲活动场所、有专人管理）示范标准建设。精心设计退管宣传标识，完善退管工作台账，加强社区退管工作人员培训，定期走访老党员、残疾、特困退休人员，及时提供相应的管理服务。丰富退休人员节日活动，落实退休人员免费体检工作，上门提供社保政策咨询和业务查询，弘扬中华民族尊老敬老的传统美德。2015年，东坑镇“退休人员管理服务”工作获评市“单打冠军”。 （李换珠）

附：2015年东坑镇党委、人大、政府主要领导名录

镇委书记、镇人大主席：张耀洪

镇　长：李　刚

2011—2015年东坑镇主要经济指标

指标 \ 年份	2011	2012	2013	2014	2015
户籍人口（人）	30217	30340	30380	30747	30811
常住人口（万人）	13.92	13.97	13.98	13.71	13.45
面积（平方千米）	23.8	23.8	23.8	23.8	23.8
生产总值（万元）	624978	704773	825806	903038	1004595
第一产业（万元）	1621	1549	1490	1556	1567
第二产业（万元）	425730	473215	550685	596840	687782
第三产业（万元）	197628	230010	273632	304642	315246
总用电量（万千瓦时）	81416	88115	87630	94607	103064
全社会固定资产投资总额（万元）	125582	146520	176192	241009	224781
社会消费品零售总额（万元）	103331	145549	161345	172498	182604
外贸出口总额（万美元）	167463	192947	200811	195029	219609
实际利用外资（万美元）	6037	7273	8087	9426	6985
镇级可支配财政收入（万元）	57213	62103	65460	62887	64598
各项税收总额（万元）	68883	77527	100299	113908	137698

① 2015年3月21日，东坑二月初二“卖身节”开幕式

② 东坑“二月初二”开幕式节目木鱼歌轻音乐剧

③ 2015年3月26日，东坑镇12亿元投资项目集中签约仪式

① 东坑镇召开领导干部“三纪”教育培训班

② 东坑镇举办“三严三实”主题演讲比赛

③ 东莞迈特通讯科技有限公司外景

④ 东坑科技创新平台

⑤ 东坑卢氏祠堂

⑥ 东坑木鱼歌传习所

① 东坑农业园滩美湖九曲桥一景

② 东坑农业园——四季果园

③ 东坑亭岗古庙

④ 皇家公馆大道夜景

“退休人员社会化管理服务”全市“单打冠军”。

【企石镇企业转型升级】 2015年，企石镇新签及增资协议13宗，投资金额4147万美元，其中增资协议金额3829万美元，比上年增长413.9%。引进投资额达13.5亿元的项目1宗，实现市重大项目零的突破。引导企业转型发展，全镇49家来料加工企业转型为“三资”企业或民营企业。推动启光绿色建筑推广及建设基地，启光集团与东实集团签订共同发展绿色建筑项目合作框架协议，联手致力打造全市首个绿色建筑产业示范推广基地。协助企业申报经信、中小企业项目，协助企业申报电机能效提升财政资金160万元，小微上规模项目资助60万元。

2015年底，全镇规模以上工业企业125家，实现规模以上工业增加值26亿元，比上年增长11.2%。新增民营企业451家，总数达2130家，其中规模以上民营企业达75家，规模以上民营企业工业总产值63.87亿元，比上年增长7.6%。

【企石镇科技创新发展】 2015年，企石镇推动企业开展“机器换人”和科技创新，申报“机器换人”项目21个，验收6个，获资助348万元。累计工业技术改造投入2.5亿元，完成市下达目标任务的125%。申请专利486件，比上年增长61.46%；获得授权专利377件，增长38.1%；新增国家高新技术企业6家，总数18家。中镓半导体、惠德丽实业、凯晟灯头及佳彩数码等4家公司被认定为“东莞市工程技术研究开发中心”。中镓公司的氮化物材料生长用图形化蓝宝石衬底关键技术与产业化项目，获得2015年国家教育部科技技术进步奖二等奖。

推动产业与金融融合，鼓励企业通过上市融资做大做强，友通工业、新望包装、美信科技等3家企业与券商签订辅导协议，全面启动“新三板”上市工作。协助朝阳公司通过公开招、拍、挂的方式理顺明晰2万平方米土地的法定产

企石镇

【企石镇概况】 企石镇位于东莞市东北部。截至2015年，面积58.21平方千米，下辖19个村、1个社区。户籍人口4.42万人，常住人口12.15万人。

2015年，企石镇实现地区生产总值53.98亿元（第一产业3420万元，第二产业30.65亿元，第三产业22.98亿元），比上年增长8.6%;规模以上工业增加值26亿元，增长11.2%；第三产业增加值22.98亿元，增长7.7%；全社会固定资产投资13.94亿元，增长19.83%；总用电量9.23亿千瓦时，增长2.76%；社会消费品零售总额16.5亿元，增长7.1%；实际利用外资2805万美元，减少18.3%；外贸出口总额6.96亿美元，增长5.7%；各项税收总额9.5亿元，增长4.6%；镇级可支配财政收入5.12亿元，增长7.7%。获

夯实发展基础　加快转型升级　努力建设幸福企石

权，向市有关部门申请补办其中7栋地上建筑物产权手续登记备案，为该企业在深圳中小板上市提供保障。

【企石镇城乡环境改善】　2015年，企石镇推进各个片区、“三旧”（旧城镇、旧厂房、旧村庄）改造、环境保护、商贸服务业网点、油气站点等专项规划编制。开展闲置地摸底排查，盘活存量用地资源，理顺权属并收回土地27宗366.4公顷，建成厂房面积5万平方米。

嘉宏锦城房地产项目建成开盘销售，东引河堤（深巷段）修复加固工程竣工投入使用，宝石、振华、旧围、东山社区综合服务中心建成投入运行。投入专项资金将湖滨路、东江金海岸体育长廊、文化活动中心打造成城市管理精品工程。推动南坑、深巷、湖美、博夏、上洞、江边、清湖、旧围、企石、杨屋、莫屋、铁炉坑12个村创建“美丽幸福村居”，争取市资金支持加固东引河南坑村段三段路堤，新建企石镇南坑村与生态园之间17号路的桥梁。加强“小山小湖”保护利用，推动3个社区公园建设。配合抓好从莞高速公路企石段、东平东江大桥、嘉宏·锦城房地产等项目建设，加快推动企石中学学生宿舍楼、花果山二期等项目推进，完成宝石路改造、东莞大堤（企石段）雨水井修复、东引河堤(深巷段)修复加固、远塘排涝站水泵检修等工程建设。

加大违章建筑查处力度，累计发出停建通知书426份，拆除违章建筑21宗，拆除面积1.91万平方米，督促停工补办手续69宗。整治畜禽养殖业污染基本完成。淘汰黄标车593辆，完成应淘汰任务的67.18%。建立环境卫生实时监控微信平台，加大对城乡“六乱”现象、环境卫生死角的曝光和整改力度。

【企石镇民生事业发展】　2015年，企石镇落实帮扶群众就业的政策举措，发放就业补助894万元，设立“村民车间”流水线25条，帮助960多名群众实现就业；帮助97名单亲母亲、困难妇女、“4050”妇女实现居家就业。

举办2015年千年秋枫文化节，打造18项特色文化活动，吸引游客30万人次，创下历届之最；联合本土文化工艺企业举办企石镇首届电影动漫文化周；举办书画摄影展、文艺晚会演出、放映电影等近300场次，受益群众达60万人次。

为长者、儿童、孕产妇、残疾人等弱势群体提供优先、优质“家庭医生”服务，累计签约家庭2852户；投资300万元搭建“居家养老”平台，为782位符合条件的老人，提供家务服务、生活照料、文化娱乐等贴心、专业的服务。

扶贫帮困，发放低保金、低保助学金、医疗救助金、高龄津贴、困难群众临时物价补贴等601万元；低保标准提高到每人每月610元，养老金标准提高到每人每月300元；镇财政负担农民养老保险费1800万元，比上年增加1000万元；向全镇残疾人发放残疾津贴1.06万人次，发放津贴经费213万元；开展“广东扶贫

① 2015年4月9日，省妇联主席阎静萍（右二）在企石镇调研妇幼权益工作时，到东莞市妇联（企石）向日葵家庭暴力庇护中心，向社工了解中心运行情况　（王道辉　摄）

② 2015年5月17日，市委书记、市人大常委会主任徐建华（左二）一行在企石镇实地考察动漫模型制作企业　（刘兰兰　摄）

③ 2015年5月26日，市委常委、组织部长白涛（前排右二）一行到企石镇“阳光雨”党员服务中心实地考察党建工作　（刘兰兰　摄）

济困日暨东莞慈善日”活动，募集慈善款67.8万元。

【企石镇社会和谐稳定】 2015年，企石镇平安建设促进会成立，发动、整合和引导社会力量加强社会管理。投入专项资金建设企石公安分局办案中心，在治安重点区域、公共安全区域安装治安视频卡口8个、电子警察10套、高清视频监控249个，改善治安配套设施，提升科技强警能力。

举办安全生产知识培训班18期，培训人数约4500人；检查生产企业320家，及时发现并整改安全隐患1205处，发生安全事故894宗，比上年下降17.45%，安全生产形势持续平稳向好。

以开展领导干部驻点普遍直接联系群众活动为抓手，畅通群众信访渠道，从源头上排查化解群众矛盾纠纷，并创新采取答复会的形式，现场面对面答复群众反映的信访问题。群众信访总量比上年下降约60%，同时绝大部分村实现“零上访”。

【企石镇农村经济】 2015年，企石镇落实上级支农惠农政策，协助农户申请种粮、农机购置等方面补助资金，落实补助金8.6万元。相继投入250多万元，推动南坑、新南、旧围、江边、东山、霞朗、下截村190.6公顷高标准基本农田建设。引导博夏、上洞、企石、湖美村购买从莞高速公路信托产品和东莞信托“宏信”系列理财产品，促进村级集体经济从单一租赁模式向多元化发展转变，增加农村集体收入。村组两级经营总收入达1.96亿元，比上年增长7.9%；纯收入1.04亿元，增长21.6%；收不抵支村组7个，减少3个；11个欠发达村村组两级经营纯收入2738万元，增长21.8%。

全面推行农村集体资产上平台交易，完成交易181宗，成交合同金额1.94亿元，实现年增值568万元，增值率37.59%。村组两级总资产17.37亿元，比上年增长4%。加大农村集体应收款追收力度，追回拖欠款2.07亿元，应收款应收率66%。化解农村集体债务，村组两级总负债5.11亿元，资产负债率29.4%。推行村级集体经济组织预算制度，20个村（社区）全面编制村级预算。严格控制非生产性开支，村组两级经营总费用9150万元，比上年下降4.4%。累计审查通过重大事项约150项，其中民主决策程序45项，土地款使用12项。开展村级财务管理专项整治，对合同管理、工程管理、收支及票据管理、财务公开等环节进行重点检查，及时发现并整改20个问题。

【东莞市首个“家庭式”家暴庇护中心】 2015年3月，企石镇向日葵家庭暴力庇护中心建成投入使用。这是东莞市首个“家庭式”家暴庇护中心。该中心设有静心休息室、儿童室、舒心园、盥洗室、厨房等功能室，以“家”的形式，为有需要的弱势妇女提供免费庇护和社工专业服务。年内，接访4宗案例，及时有效保护受害人。并探索建立健全家庭暴力告诫制度，教育震慑施暴者，维护家庭和谐稳定发展。 （王道辉）

附：2015年企石镇党委、人大、政府主要领导名录

镇委书记、镇人大主席：陈福坤
镇　长：熊仕权

① 2015年1月5日，副市长鲁修禄（中）在企石镇调研水利和扶贫工作 （王道辉 摄）

② 2015年1月5日，企石镇委书记、镇人大主席陈福坤（中），镇委副书记、镇长熊仕权（右二）等到博夏村调研水利工程五八围排渠建设情况 （王道辉 摄）

2011—2015年企石镇主要经济指标

指标 \ 年份	2011	2012	2013	2014	2015
户籍人口（人）	42323	42780	43212	43455	44207
常住人口（万人）	12.23	12.25	12.29	12.3	12.15
面积（平方千米）	58.29	58.29	58.29	58.29	58.21
生产总值（万元）	355064	385851	435131	496360	539762
第一产业（万元）	1817	1941	2078	3396	3420
第二产业（万元）	196388	202636	224281	279580	306508
第三产业（万元）	166013	181274	208772	213384	229834
总用电量（万千瓦时）	77172	81478	81917	89893	92370
全社会固定资产投资总额（万元）	66726	70788	96522	116350	139426
社会消费品零售总额（万元）	98957	110913	126869	137098	164938
外贸出口总额（万美元）	76961	40214	45069	65878	69618
实际利用外资（万美元）	2293	2074	3196	3434	2805
镇级可支配财政收入（万元）	37957	36055	39607	47566	51244
各项税收总额（万元）	56114	64986	75410	90504	94681

① 2015年3月31日，企石镇委书记、镇人大主席陈福坤（右二）到东引河企石村河段现场办公　（刘兰兰　摄）

② 2015年9月11日，企石镇党委副书记、镇长熊仕权（右）到江边村走访慰问困难群众84岁独居老人

（王惠广　摄）

① 2015年8月18日，东莞市、企石镇两级人大代表在企石镇一家企业考察“绿色建筑”模型　（王道辉　摄）

② 2015年1月28日，企石个体私营企业协会第一届会员大会召开，并投票选举刘裕兴为企石首届理事会会长。镇委委员、镇人大副主席张佛祥（左）为其颁发当选证书　（王道辉　摄）

③ 2015年6月26日，企石镇党委在韶关开展“三严三实”专题体验活动，镇领导班子成员通过参观广东省委粤北旧址、重温入党誓词的方式，强化宗旨意识和党性修养　（王惠广　摄）

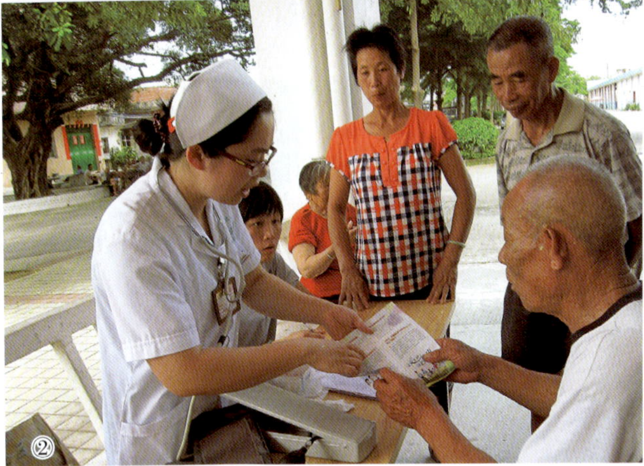

① 2015年6月27日，香港东莞企石同乡会青年会就职典礼在企石镇铁岗村举行，镇委书记陈福坤为当选理事长刘志聪（左）颁发青年会会牌　（王道辉　摄）

② 2015年5月19日，企石镇博夏社区卫生服务站与辖区村民开展家庭医生式签约活动时，医务人员在给辖区村民讲解家庭医生式服务模式意义

③ 2015年6月12日，2015年“东莞好人”，企石镇星光小学教师姚富光向学生们示范维修模型的技巧

④ 2015年6月3日，挖掘机在南坑排站前池进行清淤疏浚，确保安全度汛　（刘苏东　摄）

石排镇

【石排镇概况】　石排镇位于东莞市东北部，北临东江，同博罗县石湾镇、园洲镇隔东江相望，南接松山湖（生态园），周边同石龙、茶山、横沥、企石镇接壤。截至2015年，面积48.7平方千米，辖18个村和1个社区，户籍人口4.47万人，常住人口15.8万人。

2015年，石排镇实现生产总值73.1亿元（第一产业7406万元，第二产业41.76亿元，第三产业30.06亿元），比上年增长7.5%；规模以上工业增加值30.08亿元，增长9.2%；全社会固定资产投资总额22.4亿元，增长29%；总用电量14.65亿千瓦时，增长5.3%；社会消费品零售总额24.33亿元，增长8%；实际利用外资8128万美元，增长18.2%；外贸出口总额10.26亿美元，增长8.7%；各项税收总额11.53亿元，增长8.6%；一般公共预算收入5.65亿元，增长12%；获评镇街领导班子年度工作良好镇街，并获“退休人员社会化管理服务”全市“单打冠军”。

【石排镇重大项目建设】　2015年，石排镇继续实施重大项目招引竞争比拼机制，鼓励镇经贸办、商务办、民营办等部门加大招商引资力度，引进投资总额7亿元、合同税收总额6000万元的纳利光学项目，并纳入市重点预备项目。截至2015年，全镇11宗重大项目累计投资总额69.19亿元，合同税收总额达5.55亿元。实施责任倒逼机制，推动7宗市重大建设项目落地建设，实现投资6.6亿元，完成年度计划的106.74%，其中气派科技项目建成投产，安博物流、东立普洛斯、域嘉五金、佳禾电声和夏晖百麦等6宗项目如期推进建设。

【石排镇产业转型升级】　2015年，石排镇出台创新驱动发展的政策，实施高新技术企业“育苗造林”行动，鼓励企业争创自主品牌、加大研发投入、建立研发机构，年内新增国家高新技术企业3家、省高新技术培育库入库企业11家，获评省专利优秀奖1家、市专利优势企业2家、知识产权管理体系认证企业1家、中国驰名商标1件，自建研发机构备案企业22家，截至2015年，全镇有国家高新技术企业15家、专利4228件、中国驰名商标2件、省名牌名标10件。实施“东莞制造2025”战略，鼓励企业“机器换人”，帮助17家企业提交“机器换人”项目申报材料，实现工业技改投资3.4亿元，完成市督导目标任务的170%。积极帮扶企业，举办银企融资对接会，帮助10家企业申请到信用贷款7550万元，辅导企业上市，推动3家企业成为上市后备企业、1家企业“新三板”挂牌；针对企业发展面临诸多困难，走访企业950家次。

【石排镇“中国最美小镇”形象推介】　2015年，石排镇塘尾明清古村落创建为国家AAAA级旅游景区。塘尾明清古村落于宋代立村，是南宋理学家李用后人所建，占地面积近4万平方米，是全国重点文物保护单位，是珠三角地区规

建设工业名镇　打造滨江新城

①

模较大、原生态保存最为完整的古村落之一，有古祠堂、古民居300座。

2015年，石排镇投入500多万元推进塘尾明清古村落与云岗古寺周边环境整治，拓宽改造鲤鱼洲码头基础设施建设，改善景区环境；推进文化旅游项目社会化招商，将东江水泥厂旧址、红石山燕岭古采石场和塘尾明清古村落整体开发。同年，石排镇拍摄完成并宣传推广微电影《红石恋》，全方位展现石排“中国最美小镇”的文化旅游形象、“一国保、三省保、七市保”（“保”：重点文物保护单位）的文化旅游资源和“一洲一岸三湖”的生态景观，并借助中央电视台7台《乡土》栏目，推介石排的特色文化旅游。

【石排镇城市建设管理】　2015年，石排镇编制《石排镇“三旧”改造专项规划（2015—2020）》，做好4个社区公园规划选址并建成3个，划定“小山小湖”保护红线34处，推进石洲莲池环境工程，建设完成石排图书馆、石排大道路口修复工程、南畬朗污水处理厂石排段配套截污主干管网工程。加大环境卫生整治力度，投入113.08万元，完成镇村垃圾压缩站设备维修及更新，镇容镇貌提升。年内，成功创建“国家生态乡镇”。

【石排镇社会管理】　2015年，石排镇推进“科技强警”战略，投入1767万元，规划建设103个高清治安视频监控点和9个治安卡口；开展严打整治系列专项行动，侦破刑事案件628宗，查处治安案件636宗，命案破案率100%。对影响治安与交通安全、城市形象、环境卫生、消防安全的违法摩托车、违法建筑、卫生“死角”“三小”场所进行地毯式排查，开展专项整治行动，查扣违法摩托车3171辆，拆除违法建筑9宗，治理环境卫生“死角”273处，查封“三小”场所240间。开展燃气安全、打非治违专项行动、危险化学品及油气输送管道、道路交通、建筑施工、消防、粉尘涉爆、水上交通、特种设备、职业病危害等专项整治行动，排查治理安全隐患，全年无发生重特大安全生产事故。核发食品、药品行业许可证 429个，出动检查执法人员1800多人次，开展联合检查40多次、专项检查60多次，捣毁无证食品窝点5个，立案查处违法食品药品案件36宗，全年无发生重特大食品药品违法案件。推进村级行政服务建设，将3个试点村（社区）的“市民办事咨询服务大厅”改造为“村（社区）综合服务管理中心”；落实领导带头接访和带案下访等制度，受理矛盾纠纷和群众诉求案件364宗1984人次；处理劳资群体性案件19宗，劳动仲裁庭裁决案件102宗，调解案件30宗，经调解协商一致而撤诉的案件23宗，按撤诉处理的案件1宗，终止案件1宗，法定审限内结案率100%。

【石排镇农村综合改革】　2015年，石排镇壮大农村集体经济，深化农村综合改革，加强农村财务管理，拓宽农村发展路径，实现村级总收入1.77亿元，比上年增长5.9%；农村居民年人均可支配收入2.86万元，增长10%。

【石排镇民生实事】　2015年，石排镇10件实事全部完成，各村为村民办实事

②

③

④

① 2015年11月18日，石排镇委书记刘学聪（中）调研城建工程建设
② 2015年1月3日，国家文物局副局长童明康（右一）在副市长喻丽君（右二），石排镇委书记、镇人大主席陈志明（中）等人的陪同下调研塘尾古村落
③ 2015年5月15日，市委副书记、市长袁宝成（中）在石排镇委副书记、镇长邓辉（右一）的陪同下调研石排镇经济发展工作
④ 2015年12月2日，市委常委、政法委书记邓志广（左四）在石排镇委书记刘学聪（左五）陪同下调研石排公安工作

36件。先后组建“村民车间”25个，安置属地劳动力554人，其中“4050”人员261人；发放就业创业补贴865.83万元，低保劳动力就业率98.7%。累计发放最低生活保障、医疗救济、残疾人津贴等社会保障资金2174万元，并实现80岁以上独居老人居家养老服务全覆盖。开展人感染H7N9禽流感及登革热防控；推进农村卫生站转型，全镇21所卫生站全部完成转型。发放教育奖学奖教资金155.03万元，按新增10%的比例招收848名入城务工人员随迁子女入读镇属公办学校。开展送温暖系列活动，向困难弱势群体发放慰问金101万元；落实优抚政策，发放优抚补助金66万元；做好揭西“双到”扶贫工作，落实帮扶资金70.1万元。

【石排镇“退休人员社会化管理服务”获评全市“单打冠军”】 2015年，石排镇和部分村（社区）提供活动场所，建立活动中心。完成辖区内退休人员的信息采集，建立退休人员基本信息库，向退休人员派发服务联系卡，建立服务台账17类（在省人社厅规定的15类台账的基础上，增添居家养老台账、文体健康活动台账）。不定期对退休老人进行走访，及时了解特殊退休人员的生活状况，对生活自理困难的退休人员，经常帮助联系生活照料服务。在重大节假日，组织长者义工队向老人派发端午粽子，举办庆中秋、迎国庆的大型嘉年华活动、重阳登高活动、腊八节长者欢聚活动等，让退休老人感受到节日的气氛。举办长者歌唱班、普通话学习班、手工制作班、识字班、穴位按摩兴趣班、舞蹈班、健康讲座等培训班，让退休老人活到老，学到老。

截至2015年，实现各村退休人员服务管理站全覆盖，服务退休人员7617人（其中：70岁以上高龄2737人，孤寡老人14人，特困46人，重病4人，精神病10人，伤残84人，独居70人），协助领取养老金资格认证7644人次，提供社会保险政策和业务查询351人次，帮助联系生活照料服务11.44万人次，组织文体和公益性活动284次，开展健康教育和体检190次。创建为“退休人员社会化管理服务省级示范点”。该项工作也获评市“单打冠军”。（王　通）

附：2015年石排镇党委、人大、政府主要领导名录

镇委书记、镇人大主席：
陈志明（任至11月）
刘学聪（11月到任）
镇　长：邓　辉（任至10月）
翟耀东（10月到任）

⑪

2011—2015年石排镇主要经济指标

指标＼年份	2011	2012	2013	2014	2015
户籍人口（人）	43331	43581	44052	44219	44696
常住人口（万人）	16.01	16.23	16.25	16.09	15.80
面积（平方千米）	48.7	48.7	48.7	48.7	48.7
生产总值（万元）	550833	554226	641382	687253	731026
第一产业（万元）	6716	6839	7042	7355	7406
第二产业（万元）	311739	309790	359996	390947	417557
第三产业（万元）	232378	237638	274345	288952	306063
总用电量（万千瓦时）	114265	119915	125930	139190	146507
全社会固定资产投资总额（万元）	118379	133998	182855	173703	223991
社会消费零售总额（万元）	175309	191819	228691	225143	243254
出口总额（万美元）	64004	70244	82402	94394	102591
实际利用外资（万美元）	3560	4075	5454	6879	8128
镇级可支配财政收入（万元）	37118	40171	49363	53910	154862
工商税收总额（万元）	59751	73222	90228	106145	115323

②

③

④

⑤

⑥

⑦

① 石排塘尾明清古村落（全景）
② 2015年11月11日，石排镇举行全镇领导干部大会，市委常委、市委组织部部长白涛（中）宣布刘学聪（右一）任石排镇委书记
③ 2015年12月11日，石排镇第十六届人民代表大会第九次会议召开，镇委书记刘学聪当选为镇人大主席。图为市人大常委会副主任尹锦辉（左）为刘学聪（右）颁发当选证书
④ 2015年10月13日，石排镇举行领导干部大会，宣布翟耀东（右一）任石排镇委副书记，提名镇长候选人
⑤ 2015年10月28日，石排镇第十六届人民代表大会第七次会议召开，翟耀东当选为石排镇人民政府镇长。镇委书记、镇人大主席陈志明（左）为翟耀东（右）颁发当选证书
⑥ 2015年12月23日，埔心村“阳光雨”党员服务中心揭牌启用，市委常委、市委组织部长白涛（右三），镇委书记、镇人大主席刘学聪（左三），镇委副书记、镇长翟耀东（左二）出席揭牌仪式
⑦ 2015年10月14日，石排镇电子商务协会成立

①②③ 2015年9月1日晚，石排镇在石排影剧院举办纪念中国人民抗日战争暨世界反法西斯战争胜利70周年歌咏比赛

④ 鲤鱼洲 （徐贺伦 摄）

⑤ 城市广场喷泉（李杰松 摄）

⑥ 康王宝诞活动中的塘尾古建筑群

① 城市广场
② 海仔湖
③ 潇湴湖
④ 木兰园
⑤ 田寮村龙舟景活动

茶山镇

【茶山镇概况】　茶山镇位于东莞市中北部。截至2015年，面积45.4平方千米，辖16个村和2个社区。户籍人口4.6万人，常住人口15.7万人。

2015年，茶山镇完成生产总值97.5亿元（第一产业0.4亿元，第二产业51.2亿元，第三产业45.9亿元），比上年增长8.1%；规模以上工业增加值48.5亿元，增长4.6%；全社会固定资产投资总额25.4亿元，增长29.9%；总用电量15.3亿千瓦时，增长2.1%；社会消费品零售总额30.1亿元，增长13.6%；实际利用外资1.1亿美元，增长3.9%；外贸出口总额10.9亿美元，增长17.4%；各项税收总额16.6亿元，增长13.7%；镇级可支配财政收入8.4亿元，增长15.8%；各项存款余额121.1亿元，增长1.3%。

在全市2015年科学发展观考评中，茶山镇综合得分排第十名，；比上年进步14位，并获优秀奖、进步奖；“全国综合减灾示范社区”创建工作获评全市“单打冠军”。全市镇街居民幸福感测评排第七名，比上年提升22位。

【茶山镇创新发展】　2015年，茶山镇成为东莞建设珠三角国家自主创新示范区的9个镇之一。实现科技企业孵化器和上市企业两个“零的突破”。“机器换人”加快实施，工业技改任务超额完成。科技创新引领其他领域的创新加快，文化旅游、商贸物流、跨境电商等新的经济增长点加快发展。

【茶山镇重大项目建设】　2015年，茶山镇赴台湾、深圳、上海等地开展招商推介，引进内资项目94宗，实际投资总额12.6亿元，比上年增长22%；引进外资项目16宗，合同利用外资9753万美元，增长33%。引进投资7亿元的粤港（东莞）现代建筑产业园项目，为产业转型升级提供强大推动力。举行29个重点项目攻坚誓师大会，实施领导挂钩、定期协调、督查通报机制，4个在建市重大项目完成年度计划超过150%。悠派智能企业总部、韬略增资扩产项目成为市重大项目，森玛仕增资扩产、新茶山中学项目成为市重大预备项目。小东电动、魅海电子等项目，从落地到投产仅用1个月时间，创造“茶山速度”。引进投资1.8亿元的沃森不锈钢产业园。完善生产力促进中心等公共服务平台，创新开展政府、企业、金融机构对接服务活动，帮助企业解决创新、融资、用地、上市等难题；协助企业申请奖励1200万元。

【茶山镇企业转型升级】　2015年，茶山镇推进国家高新技术企业“育苗造林”行动。新增国家高新技术企业5家，总数达16家；新增入库企业15家，自建研发机构达到15家。通过走访、扶持，促成慧美工业园创建市级科技企业孵化器。规模以上工业企业研发投入达1.58亿元，超额完成目标。专利申请量、授权量分别比上年增长60%、51%。培育出思为客、汉和公司等本土智能装备制造企业。推动30家企业开展“机器换人”项目，总投资2.32亿元。新增新比克斯、悠派智能2家上市公司，同时有3家市上市后备企业、8家获证券公司推荐挂牌“新三板”的企业。悠派智能、箭

东莞门户　幸福茶山

①

冠、恩典等企业通过实施“互联网+制造”“互联网+定制”“互联网+文化”等创新举措，走上快速发展的轨道。推动企业近100项专利转化为企业标准。支持企业开拓市场，参加大型展会8场。豪力公司等实现就地转型升级。悠派智能公司获得省市文化产业专项扶持资金400万元。全镇名牌名标总数达31个。

【茶山镇区域性物流中心打造】 2015年，茶山镇迪卡依物流、时捷物流等商贸物流项目总投资达23亿元。发展电子商务产业，建成全市首家双向交易的跨境电商O2O展销馆；推行“先预购后接单”电商模式，与台湾企业结成两地水果产销互通联盟，计划每年互通优质水果超过10万吨。

【茶山镇新型城镇化建设】 2015年，茶山镇被纳入定位为高品质城市中心的市中心组团。“记忆岭南”项目入选全省20个新型城镇化专项试点。轨道交通2号线实现试运行，体育馆等民生工程相继完工。全镇12个片区中，中心区、工业园、增埗等7个片区的控制性规划获批，京山等其余5个片区控制性规划上报市审查或正在编制。完成镇体育馆、15号路、秋源路等工程建设，配合完成轨道交通2号线等市属重点工程，推进火车站周边开发、中心区建设，支持京山、寒溪水等村启动民生项目建设。开展国家卫生镇、市生态村创建，优化寒溪河“一河两岸”生态景观，新增市生态村2个。全面完成环卫统筹工作和全镇生活垃圾无害化处理、黄标车淘汰，加快推进日立蓄电池厂停产搬迁等工作，畜禽养殖业污染整治及环境综合整治工程获省专项奖励100万元。

【茶山镇村组集体经济发展】 2015年，茶山镇村组两级经营总收入4.5亿元，比上年增长6.7%；经营纯收入2.4亿元，增长10.4%。开展精准扶贫，孙屋村经营纯收入增长24%。帮扶有劳动能力的低保户脱贫率95%。统筹帮扶资金2833万元，完成扶贫开发工作。

【茶山镇社会治理】 2015年，茶山镇加大投入，建成125个高清视频监控点，打击犯罪，警情数比上年下降9.6%，刑事案件立案数下降6.6%，破案率上升3.9%。东莞火车站茶山辖区继续保持刑事案件“零发案”。落实安全生产责任制，投入2000多万元建设新消防站，整治火灾隐患并通过考核验收。开展打击整治涉食药假专项行动，在全市排第九名。交通事故量比上年下降8%。妥善化解一批信访老大难问题，推动圣心公司完成资产拍卖；开展涉法涉诉信访制度改革试点，建立访前法律工作室；受理矛盾纠纷化解率近100%，没有发生重特大群体性事件。

【茶山镇民生保障】 2015年，茶山镇投入教育经费1.17亿元，茶山中学中考进步幅度全市排第二名，学生代表省参加全国汉字听写大会获 “最佳风尚奖”。新中心幼儿园完成建设。新茶山中学启动前期设计。发放就业补助787万元、社保补助1560多万元、各种保险待遇1.4亿元。提升医疗水平，茶山医院服务质量连续两年在全市镇街医院名列前茅。实现医药分开，取消药品加成，减少群众看病费用713万元。推进积分制入户，86名外来务工人员（含随迁人员）获得入

① 2015年12月3日，省委宣传部副部长顾作义（中）、市委常委、宣传部部长潘新潮（右四）、镇委书记谢锦波（左四）、镇长黎寿康（右三）调研南社古村落

② 2015年5月13日，市委书记、市人大常委会主任徐建华（中）到广东百顺纸品有限公司调研

③ 2015年4月20日，市委副书记、市长袁宝成（左二），市委常委、常务副市长张科（中），在镇委副书记、镇长黎寿康（右二）等陪同下，对广东省陆上“丝绸之路”大通道平台建设进行调研

户资格。推进公交改革，依法收回镇内公交经营权，购买新型环保公交车，调整公交线路，让群众出行更加舒心、便利、安全。敬老院、残疾人康复就业服务中心等一批民生设施投入使用。

【茶山镇教育文化事业】　2015年，茶山镇309人被大学本科录取，其中考入十大名校9人（1人考取清华大学），考入100强38人，其他本科有271人。每万户籍人口升大学人数居全市第五名，370多名外来务工人员子女获得公办学校学位。投入教育经费1.17亿元。新文广大楼投入使用。省文明镇创建开展，中心小学、国土分局、超朗村被评为市文明标兵单位（村），社保分局、寒溪水村、博头村被评为市文明单位（村）。承办全省首届非物质文化遗产传统美食节等大型文化活动，策划举办庆祝建党94周年晚会、“茶山味道”、茶园游会等活动150多场。群众人均参与文化活动13次，比上年翻一番。资助出版《乡愁里的童年》《莞语探源》《南社印记·楹联》等书籍。

【茶山镇旅游文化产业发展】　2015年，茶山镇获评“广东省民间文化艺术之乡”，“茶园游会”成为省级非物质文化遗产。南社古村创建为国家AAAA级旅游景区。在东莞图书馆举行“茶山味道”系列活动，首次面向全市集中推介茶山形象。央视等各级媒体多次聚焦报道，8部影视剧慕名前往取景拍摄。统筹南社、牛过蓢古村落及周边旅游资源，开发古村游、工业游等特色旅游品牌，全年接待游客总人数超38万人次，比上年增长29%。（林晓峰）

附：2015年茶山镇党委、人大、政府主要领导名录

镇委书记、镇人大主席：谢锦波

镇　长：黎寿康

2011—2015年茶山镇主要经济指标

指标＼年份	2011	2012	2013	2014	2015
户籍人口（人）	45079	45276	45440	45688	46377
常住人口（万人）	15.7	15.72	15.74	15.73	15.72
面积（平方千米）	45.4	45.4	45.4	45.4	45.4
生产总值（万元）	696375	737038	849677	911046	975074
第一产业（万元）	3086	3438	3585	3737	4040
第二产业（万元）	355755	396459	460233	495466	512132
第三产业（万元）	337534	337141	385858	411843	458902
总用电量（万千瓦时）	131220	132917	138728	149897	153025
全社会固定资产投资总额（万元）	123239	129621	155749	195769	254348
社会消费品零售总额（万元）	193674	214575	243521	265316	301302
外贸出口总额（万美元）	59300	69826	79452	92727	108836
实际利用外资（万美元）	7534	8395	10143	10808	11234
镇级可支配财政收入（万元）	50299	55568	61365	72595	84061
各项税收总额（万元）	94026	105216	126798	146002	166034

① 2015年12月22日，市委常委、常务副市长张科（中），镇委书记、镇人主席谢锦波（中右），镇委副书记、镇长黎寿康（中左）参加茶山镇重点项目攻坚誓师大会暨广东百利食品股份有限公司奠基仪式

② 2015年2月5日，市委常委、市人大常务副主任、市委组织部部长甄瑞潮（左二），镇委书记、镇人大主席谢锦波（左一）在增埗村慰问困难家庭

③ 2015年6月30日，市委常委、市委组织部部长白涛（左二）在镇委书记、人大主席谢锦波（右一）、京山村党工委书记叶景林（左一）陪同下慰问老党员

④ 2015年12月11日，副市长鲁修禄（右六）、镇委书记、镇人大主席谢锦波（中）等相关负责人出席东莞缤纷水果狂欢节暨泽景果品物流园项目开幕式

⑤ 2015年10月11日，镇委书记、镇人大主席谢锦波（右二）、镇委副书记、镇长黎寿康（左四）参加“莞邑中心”奠基典礼

⑥ 2015年5月13日，茶山镇第五届茶文化节开幕

⑦ 2015年5月13—15日，主题为“梦从茶山起，福自东岳来”的2015茶山茶园游会祈愿纳福大巡游在茶山镇举行

①

②

③

④

⑤

① 12月11—13日，茶山镇举行2015年南社斋醮民俗旅游文化节
② 南社古村落
③ 东岳公园
④ 东莞火车站
⑤ 牛过蓢古村落
⑥ 茶山镇体育馆
⑦ 伟建工业园
⑧ 美康居建材城全景

⑥

⑦

⑧

人　　物

FIGURES

■ 东莞市获省委、省政府及省厅表彰先进人物

■ 东莞市道德模范获得者

■ 东莞市“中国好人”

旗峰公园一景　（李广裕　摄）

编辑：李俊玉

新任职市领导

白涛　男，蒙古族，1968年4月出生，新疆伊犁人，1987年12月加入中国共产党，1990年7月参加工作，本科学历，管理学硕士学位。

1986年9月至1990年7月，在华南理工大学化学工程系基本有机化工专业学习，本科毕业；1990年7月至1995年2月，华南理工大学应用数学系辅导员、团委书记；1995年2月至1998年6月，华南理工大学应用数学系党总支副书记（正科级）；1998年6月至2000年1月，华南理工大学学生工作处副处长（其间：1995年9月至1999年4月在华南理工大学应用数学系管理科学与工程专业学习，取得硕士学位）；2000年1月至2003年6月，华南理工大学学生工作处副处长、校团委书记（其间：2001年2月至2001年5月在教育部中南教育管理干部培训中心思政班学习）；2003年6月至2005年8月，华南理工大学学生工作处处长、校团委书记；2005年8月至2009年7月，团省委副书记、党组成员（其间：2007年5月至2007年7月在第10期广东省高级公务员公共行政管理知识中大牛津专题研究班学习）；2009年7月至2015年4月，河源市委常委、市委组织部部长（其间：2012年7月至2012年8月在第11期领导干部赴美国耶鲁大学高级培训班学习）；2015年4月起，任东莞市委常委、东莞市委组织部部长、东莞市委党校校长、东莞市行政学院院长、东莞市社会主义学院院长。

甄瑞潮　男，汉族，1955年9月出生，广东台山人，1973年12月参加工作，1975年11月加入中国共产党，在职大专学历。

1973年12月至1978年2月，空军侦察5团战士；1978年2月至1979年3月，空军政治学院正排职学员；1979年3月至1980年1月，空军侦察5团组织股干事；1980年1月至1983年9月，空军第7军政治部组织干事；1983年9月至1985年12月，空军第7军党委秘书；1985年12月至1987年8月，空军第7军政治部组织处副处长；1987年8月至1988年6月，空军桂林场站政治处主任；1988年6月至1991年6月，空军政治部组织处党务科长（副团）（其间：1986年9月至1989年8月在空军政治学院函授军队政治工作专业学习，在职大专毕业）；1991年6月至1996年10月，广州空军航运团政治委员（正团）；1996年10月至1998年12月，广东省纪委正处级纪检监察员；1998年12月至2001年1月，广东省纪委办公厅副主任（正处级）；2001年1月至2002年5月，广东省纪委副秘书长（正处级）（其间：2001年3月至2001年7月参加省委党校中青班学习）；2002年5月至2006年12月，广东省纪委党风廉政建设室副厅级主任（其间：2006年5月至2006年8月参加广东省高级公务员公共行政管理知识专题研究班赴英国牛津大学学习）；2006年12月至2011年12月，东莞市委常委、市纪委书记；2011年12月至2015年1月，东莞市委常委、市委组织部部长，市委党校校长、市行政学院院长、市社会主义学院院长；2015年1月至2015年2月，东莞市委常委（正厅级）、市人大常委会常务副主任、市委组织部部长，市委党校校长、市行政学院院长、市社会主义学院院长；2015年2月至2015年4月，东莞市委常委（正厅级）、市人大常委会党组副书记、市人大常委会常务副主任、市委组织部部长，市委党校校长、市行政

学院院长、市社会主义学院院长；2015年4月起，任东莞市人大常委会党组副书记、常务副主任（正厅级）。

杨东来 男，汉族，1966年6月出生，广东遂溪人，1987年7月参加工作，1991年12月加入中国共产党，大学本科学历。

1985年9月至1987年7月，在省供销学校会计专业学习，中专毕业；1987年7月至1988年7月，省公安厅审计室见习民警；1988年7月至1990年9月，省公安厅审计室办事员；1990年9月至1993年5月，省公安厅审计室科员；1993年5月至1996年7月，省公安厅审计室副科长；1996年7月至1998年12月，省公安厅审计室科长；1998年12月至2000年5月，省公安厅审计室副主任；2000年5月至2004年7月，省公安厅纪委、监察处副处长（其间：2001年9月至2004年1月在省委党校经济管理专业学习，本科毕业；2002年6月至2003年11月挂任江门市公安局副局长）；2004年7月至2008年8月，省公安厅交通管理局秩序管理处副处长；2008年8月至2008年12月，省公安厅交通管理局秩序管理处处长；2008年12月至2011年11月，省公安厅装备财务处处长；2011年11月至2012年1月，云浮市人民政府副市长、党组成员，市公安局党委书记、局长；2012年1月至2012年3月，云浮市人民政府副市长、党组成员，市委政法委副书记，市公安局党委书记、局长；2012年3月至2015年9月，云浮市人民政府副市长、党组成员，市委政法委副书记，市公安局党委书记、局长、督察长；2015年9月至2015年10月，东莞市人民政府副市长人选、党组成员，市委政法委副书记，市公安局党委书记、局长人选、督察长；2015年10月起，任东莞市人民政府副市长、党组成员，东莞市委政法委副书记，东莞市公安局党委书记、局长、督察长。

蒋小莺 女，汉族，1963年6月出生，湖南益阳人，1984年7月参加工作，1986年6月加入中国共产党，本科学历，硕士研究生。

1980年9月至1984年7月，在华南师范大学中文专业学习，本科毕业；1984年7月至1987年9月，东莞市（县）莞城镇文教办公室办事员；1987年9月至1988年4月，东莞市莞城镇团委副书记；1988年4月至1989年12月，东莞市城内区团委副书记；1989年12月至1991年9月，东莞市城区团委副书记（副科级）；1991年9月至1996年10月，共青团东莞市委副书记；1996年10月至2001年7月，东莞市侨联主席（升格前，副处级）（其间：1995年12月至1999年1月在华南师范大学经济学专业学习，取得硕士学位）；2001年7月至2001年11月，东莞市侨联主席（升格后，正处级）；2001年11月至2007年4月，东莞市侨联党组书记、主席（其间：2002年8月至2003年8月参加省高层次管理人才出国培训班，在美国进修一年）；2007年4月至2009年6月，东莞市旅游局党组书记、局长；2009年6月至2009年7月，东莞市外事局党组书记；2009年7月至2014年7月，东莞市外事局党组书记、局长；2014年7月至2015年1月，东莞市政协党组成员、副秘书长（正处级）；2015年1月起，任东莞市政协党组成员、副主席。

2015年东莞市获国家部委以上表彰先进人物

获奖项目	获奖者	工作单位	授予单位	授予时间
全国安全生产监管监察先进个人	韩金田	东莞市安全生产监督管理局	国家安全生产监管总局、国家煤矿安监局	2015年1月
全国安全生产监管监察先进个人	邝效光	东莞市安全生产监督管理局大朗分局	国家安全生产监管总局、国家煤矿安监局	2015年1月
全国安全生产监管监察先进个人	沈峻源	东莞市安全生产监督管理局厚街分局	国家安全生产监管总局、国家煤矿安监局	2015年1月
全国安全生产监管监察先进个人	林育辉	东莞市安全生产监督管理局万江分局	国家安全生产监管总局、国家煤矿安监局	2015年1月
全国质量监督检验检疫工作先进个人	罗晓勤	东莞市质量技术监督局	国家质量监督检验检疫总局	2015年1月
全国疾病预防控制工作先进个人	袁　丁	东莞市第七人民医院	国家卫生和计划生育委员会	2015年3月
全国巾帼建功标兵	隗伏冰	东莞市妇幼保健院	中华全国妇女联合会	2015年3月
2014年国家邮政局系统统计报表工作先进个人	林　蔚	东莞市邮政管理局	国家邮政局	2015年3月
全国优秀共青团员	沙丽佳	东莞松山湖高新技术产业开发区管委会组织人事办	中国共产主义青年团中央委员会	2015年4月
全国劳动模范	何满棠	东莞供电局	中共中央、国务院	2015年4月
全国劳动模范	刘　鹏	东莞中镓半导体科技有限公司研发中心	中共中央、国务院	2015年4月
全国劳动模范	尹利平	东莞耀盛工业炉有限公司	中共中央、国务院	2015年4月
全国劳动模范	闭木娇	东莞凤岗嘉辉塑胶五金制品厂	中共中央、国务院	2015年4月
全国先进工作者	潘家扬	东莞市公安局厚街分局	中共中央、国务院	2015年4月
2014年度银监会系统新闻信息报送先进个人	张　茂	东莞银监分局	中国银行业监督管理委员会	2015年5月
全国关心下一代工作先进工作者	张秀容	南城关心下一代工作委员会	中国关心下一代工作委员会、中央精神文明建设指导委员会办公室	2015年8月

续表

获奖项目	获奖者	工作单位	授予单位	授予时间
2011-2014年全国残疾人体育先进个人	罗锦辉	东莞市残疾人体育训练中心	中国残疾人联合会、国家体育总局	2015年9月
2015年中国银监会系统青年论坛活动优秀奖	张　茂	东莞银监分局	中国银行业监督管理委员会	2015年10月
2015年度全国文化市场综合行政执法优秀个人	叶　政	东城街道文化执法分队	文化部	2015年11月
全国首届水产技术推广职业技能竞赛个人优秀奖	李春枝	东莞市海洋与渔业环境监测站	农业部	2015年11月
全国模范司法所长	王庆秋	东莞市司法局长安分局	司法部	2015年11月
商标保护奖	卢静娜	市工商局	国家工商行政管理总局	2015年11月
全国市县防震减灾人员考核先进工作者	陈伟东	东莞市地震局	国家地震局	2015年12月
计划生育工作荣誉证书	钟换枝	东城街道计生办	国家人口和计划生育委员会	2015年12月
全国农村固定观察点模范调查员	朱振初	东莞市农业局	农业部	2015年12月
2015年全国农机安全监理示范岗位标兵	张达强	东莞市农业机械安全监督管理所	农业部、国家安全生产监管总局	2015年12月
2014—2015年度中国银监会系统青年培养计划“百名优秀导师”	叶银苏	东莞银监分局	中国银行业监督管理委员会	2016年1月
2015年度全国工商、市场监管部门政务信息工作先进个人	吉峰平	东莞市工商行政管理局	国家工商行政管理总局	2016年2月

2015年东莞市获省委、省政府及省厅表彰先进人物

获奖项目	获奖者	工作单位	授予单位	授予时间
广东省第二届中小学生器乐比赛暨首届行进管乐与行进打击乐展演活动优秀指导教师奖	刘雅丽	南城阳光第六小学	广东省教育厅	2015年1月
个人二等功	叶胜军	塘厦公安分局	广东省公安厅	2015年1月
广东省“百系列”学校德育优秀成果展示活动“百个优质中小学德育课课例”展示活动二等奖	贺斌源	南城阳光第一小学	广东省教育厅	2015年2月
广东省“百系列”学校德育优秀成果展示活动优秀德育教师（学科教师和管理人员组）	陈丽芬	南城阳光第二小学	广东省教育厅	2015年2月
广东省首届中小学师生书法作品比赛优秀指导教师奖	范向武	南城中心小学	广东省教育厅	2015年3月
广东省岗位学雷锋标兵	李小燕	莞城社保分局	中共广东省委宣传部	2015年4月
2014—2015年度“广东省优秀共青团干部”	余沛湖	东城街道团委	共青团广东省委员会	2015年4月
广东省劳动模范	裴海燕	东莞市第一中学	中共广东省委、广东省人民政府	2015年4月
广东省劳动模范	王　猛	广东生益科技股份有限公司技术中心	中共广东省委、广东省人民政府	2015年4月
广东省劳动模范	陈善国	东莞以纯集团有限公司	中共广东省委、广东省人民政府	2015年4月
广东省劳动模范	谭春松	广东君政律师事务所	中共广东省委、广东省人民政府	2015年4月
广东省劳动模范	刘长风	东莞银行股份有限公司	中共广东省委、广东省人民政府	2015年4月
广东省劳动模范	李海峰	东莞轨道交通有限公司	中共广东省委、广东省人民政府	2015年4月
广东省劳动模范	王耀林	东莞徐记食品有限公司	中共广东省委、广东省人民政府	2015年4月
广东省劳动模范	闵远平	玖龙纸业（控股）有限公司	中共广东省委、广东省人民政府	2015年4月

续表

获奖项目	获奖者	工作单位	授予单位	授予时间
广东省劳动模范	李春姬	东莞高伟光学电子有限公司	中共广东省委、广东省人民政府	2015年4月
广东省劳动模范	叶蓬勃	东莞龙昌数码科技有限公司	中共广东省委、广东省人民政府	2015年4月
广东省劳动模范	张　勇	厚街文化广播电视服务中心	中共广东省委、广东省人民政府	2015年4月
广东省劳动模范	欧阳志良	东莞市动物卫生监督所厚街分所	中共广东省委、广东省人民政府	2015年4月
广东省劳动模范	熊国柱	东莞市环保宣传教育中心	中共广东省委、广东省人民政府	2015年4月
广东省劳动模范	陈锦球	东莞市润丰果菜有限公司	中共广东省委、广东省人民政府	2015年4月
广东省先进工作者	谢立川	东莞市第一人民法院东城人民法庭	中共广东省委、广东省人民政府	2015年4月
广东省劳动模范	何思模	易事特电源股份有限公司	中共广东省委、广东省人民政府	2015年5月
2014—2015年度“广东省百佳团支部书记”	李桂花	南城中学	共青团广东省委员会	2015年5月
第三届广东省少儿舞蹈大赛优秀园丁奖	高会斌 李　程	南城中心小学	广东省文学艺术界联合会、广东省舞蹈家协会	2015年5月
2014—2015年度广东省青少年体育训练先进个人	章新宏	东城街道体委	广东省体育局	2015年6月
东莞市“最美家庭”	李玉梅家庭	东城街道牛山社区	广东省妇女联合会	2015年6月
第七届广东省中小学规范汉字书写大赛优秀指导老师奖	陈诗文	南城阳光第二小学	广东省教育厅、广东省语言文字工作委员会	2015年8月
第七届广东省中小学规范汉字书写大赛决赛优秀奖	吴桂贤	南城阳光第六小学	广东省教育厅	2015年8月
2015“书香岭南”全民阅读活动模范个人	李少容	塘厦文广中心	中共广东省委宣传部、广东省新闻出版广电局	2015年8月
广东省第二次全国土地调查工作先进个人	郭庆华	东莞市国土资源局南城分局	广东省第二次土地调查领导小组	2015年9月
广东省第十四届运动会学校体育组（广东省第三届）中小学体育教师技能大赛一等奖	惠　颖	南城中学、南城阳光第二小学	广东省教育厅	2015年9月
南粤优秀教师	谭少梅	南城阳光第一小学	中共广东省教育工作委员会、广东省教育厅、广东省人力资源和社会保障厅、广东省总工会	2015年9月
广东省第二次全国土地调查工作“县（镇）级先进个人”	蔡国强	东莞市国土资源局塘厦分局	广东省国土资源厅	2015年9月
广东省第十三届美术书法摄影作品联展优秀奖（美术）	赵彩红	东莞市塘厦文广中心	广东省文化厅	2015年10月
广东省职工经济技术创新能手	林仰孝	洪梅镇动物卫生监督分所	广东省总工会、广东省人力资源和社会保障厅、广东省经济和信息化委员会、广东省科学技术厅	2015年12月
“活字典”网络竞赛一等奖	陈泽强	南城组织人事办	中共广东省委组织部	2015年12月
第八届广东省中小学“暑假读一本好书”活动优秀指导老师奖	曾巧燕 黄琦琦	南城阳光第三小学	广东省教育厅办公室	2015年12月

东莞市道德模范获得者（第五届）

程恩波 2015年获评第五届东莞市道德模范（助人为乐类）。（参见《东莞年鉴》2015年卷第611页“第二届东莞十大慈善人物”分目）

黄丹 2015年获评第五届东莞市道德模范（助人为乐类）。（参见《东莞年鉴》2015年卷第611页“广东省五一劳动奖章获得者”分目）

吴柏枝 2015年获评第五届东莞市道德模范（见义勇为类）。（参见《东莞年鉴》2015年卷第613页“感动东莞人物”分目）

李金林 男，28岁，籍贯河北省廊坊市，深圳德龙财务管理有限公司东莞分公司职员。2015年5月1日，7名初中生结伴到东江边游玩，3名男生不慎掉入江中。李金林、王文听到呼救声后立即赶往施救。李金林还未脱衣就飞身跳入滚滚江水之中，救起1名学生，而再次下水营救第二名学生时因体力不支沉入江中牺牲。2015年获评第五届东莞市道德模范（见义勇为类）。

王文 男，25岁，籍贯江西省赣州市，深圳德龙财务管理有限公司东莞分公司经理。2015年5月1日与李金林协力救落水学生，及时报警呼救，最终1名学生被救起。2015年获评第五届东莞市道德模范（见义勇为类）。

曹永浩 男，48岁，籍贯江西省赣州市，中共党员，东莞市机电工程学校校长。探索出符合中职学生成长特点的“牵手德育”管理模式，在全省推广。创立“‘学生成长十字箴言’党建带团建党员巡讲主题团课”活动，作为广东省“创先争优”优秀案例在国家教育部网站专篇报道。主持“车间进校和企业课堂”校企合作教学项目，被称为广东省校企深度融合的三大经典案例之一，获得国家教学成果奖。2015年5月，学校把培育和践行核心价值观落细落小落实的“东莞经验”入选中宣部全国基层思想政治工作创新典型案例汇编，向全国推广。出版教育专著6本，在《人民教育》《中国教育报》等刊物发表论文30多篇。曾被评为全国教育系统先进工作者、全国优秀校长、首届广东省职业院校杰出校长、广东省普教系统“百千万人才工程”教育专家、东莞市“劳动模范”等。2015年获评第五届东莞市道德模范（敬业奉献类）。

何俊凯 男，25岁，籍贯广西百色，中共党员，东莞市公安消防支队石龙中队特勤班班长，中士警衔。身为特勤班班长，入伍7年，平时训练刻苦，积极为新同志做示范。参加无数次灭火抢险救援战斗，为保护驻地人民群众的命财产做出突出贡献。在2014年12月5日增援石碣镇火灾扑救中，为救战友，将自己的空气呼吸器面罩摘下来给战友使用，后因吸入了大量高温有毒浓烟而昏迷。在生死攸关时刻，将生的希望带给别人，将死的危险留给自己。2015年获评第五届东莞市道德模范（敬业奉献类）。

叶金莲 女，70岁，籍贯东莞市石碣镇，四甲村环卫工人。为了对一位偶然相识的妇女的承诺，她含辛茹苦抚养脑瘫养子31年。当养子亲生父母得知其患有先天脑瘫后，狠心抛弃，但叶金莲仍不离不弃。养子曾两度走失，她心急如焚，到处寻找，登寻人启事，始终坚持找回，不愿放弃。年迈惦记的不是养老问题而是孩子日后的生活问题，是村民眼里的“最美老太”。2015年获评第五届东莞市道德模范（诚实守信类）。

王润强 男，43岁，籍贯东莞市石排镇，东莞市精丽制罐有限公司董事长。创业初期，订单虽小，仍坚持诚信经营，打动客户。遇到技术难关，便去拜师学艺，寻求突破。客户催货，便亲自去送货。2003年，一订单由于客户过失，差点无法按时交货，全公司连续加班4天，不计成本帮助客户渡过难关，赢得客户信任并打开欧美市场。公司于2006—2012年连续7年被评为石排镇“重合同 守信用”企业，2008—2012年连续5年被评为“石排镇员工满意企业”“石排镇杰出本土民营企业”，2010年获得“石排镇第一纳税大户”称号，2010年被评为“阿里巴巴东莞十大杰出网商”。2015年获评第五届东莞市道德模范（诚实守信类）。

赖锡芬 男，54岁，籍贯东莞市高埗镇，宝莲村村民。父亲早逝，15岁时就开始当家，照顾5个弟妹和失明的母亲。结婚后，对母亲不离不弃，与妻子一起照顾母亲生活起居。近年，母亲年老多病，他到处求医，节衣缩食，毫无怨言。2014年，获得国家民政部授予“全国孝亲敬老之星”称号。2015年获评第五届东莞市道德模范（孝老爱亲类）。

王宏达 男，72岁，籍贯东莞市虎门镇，南栅社区西头新村村民。家境贫困，坚持义务照顾毫无血缘关系的孤寡老人20年。宁让女儿辍学，也要筹钱为老人治病。病榻前，呵护备至。2015年获评第五届东莞市道德模范（孝老爱亲类）。

（陈惠标　张曼利）

▲ 2015年9月15日，第五届东莞市道德模范授奖仪式举行

第五届东莞市道德模范提名奖名单

类别	姓名	性别	工作单位及职务
助人为乐类（3人）	石登峰	男	中海油销售东莞储运有限公司操作工
	姚锦柱	男	东莞市普惠社会工作服务中心社工、企石志愿者协会会长
	刘炳坤	男	道滘镇厚德村村民
见义勇为类（3人）	黄俊波	男	石排医院信息办主任
	罗炳锐	男	麻涌镇黎滘村村民
	钟志杨	男	麻涌镇黎滘村村民
敬业奉献类（3人）	周国华	女	东城街道体育运动员
	闭木娇	女	东莞市嘉利集团凤岗嘉辉塑胶五金有限公司文员
	王家晖	女	寮步公安分局刑侦大队技术中队痕迹检验工程师
诚实守信类（1人）	朱树轩	男	横沥镇横沥牛行行长
孝老爱亲类（2人）	李汝丽	女	洪梅镇梅沙村村民
	尹凤玲	女	桥头镇中心小学教师

东莞市“中国好人”（2015年）

周作堂　蒙桂凤　夫妻，东莞东城光明社区新莞人。2015年1月23日，夫妻俩下班回家途中遭遇车祸，抢救一周后不治身亡。家属决定捐献夫妻的器官，至少救助10人。夫妻双双捐献器官的善举在全国尚属首例。事迹经报道后，引起社会强烈反响，各界纷纷伸出援手，发动捐款，并自发参加追悼会，接力传递社会正能量。2015年获评“中国好人”（助人为乐类）。

谭翠莲　女，66岁，东莞横沥镇隔坑社区服务中心总干事。2004年在东莞横沥镇创办广东首家农民工社会工作服务中心，受惠新莞人超过30万人次。与丈夫带领服务中心的社工开展“新生代农民工工余发展计划”项目；与南方都市报合作启动“新候鸟计划”；开展“营爱计划（儿童和老人）”；多次发起新莞人子女助学筹款活动，筹款总额超过200万元，受助儿童超过1500人。2014年获得“东莞市优秀社工管理人才”称号。2015年获评“中国好人”（助人为乐类）。

黄澎哮　男，37岁，中共党员，塘厦公安分局治安管理大队科员。2015年8月29日，路过塘厦镇林村电光村水库时，遇见一名男子在水中挣扎。没多想就跳入水中，将遇险男子托出水面。在岸边群众的配合下，合力将遇险男子搭救上岸。上岸后，再三确定遇险男子身体无碍才悄然离去。2015年获评“中国好人”（见义勇为类）。

张生苟　张逃　父子。张生苟，男，51岁，南城腾星鞋厂员工；张逃，男，24岁，南城祥丰鞋厂员工。

2014年12月2日，父子俩正在出租屋吃饭，门外突然传来女子呼救声。两人夺门而出前去追赶劫匪，张逃很快追上并拉住劫匪衣服令其放下挎包。劫匪拿出长刀朝其腿部刺去，顿时鲜血直流。张生苟与劫匪搏斗，腰部被连刺两刀。父子俩不顾个人安危，仍边追边喊抓劫匪。劫匪最后逃脱，但挎包被夺回来。2015年获评“中国好人”（见义勇为类）。

李金林　2015年获评“中国好人”（见义勇为类）（参见第556页“东莞市道德模范获得者（第五届）”分目）。

赵宏杰　男，32岁，中共党员，东莞时报首席记者。2015年7月31日，遇见八旬老人姚永开摔倒在东莞环城路并昏迷，果断停车救人并拨打救护电话。环城路是快速路，险象环生，其顶着高温，冒着被来车撞倒的危险，守护老人两个多小时。护送至医院后，垫付近3000元医疗费便悄然离开。在得到“见义勇为”奖金后，购买10台具有GPS定位功能的老人专用智能手机，赠与姚永开等10位老人。2015年获评“中国好人”（见义勇为类）。

2015年东莞市“广东好人”名单

类别	姓名	性别	工作单位及职务	获评时间
见义勇为	张生苟	男	南城祥丰鞋厂　员工	第一季度
见义勇为	张　逃	男	南城腾星鞋厂　员工	第一季度
见义勇为	李金林	男	深圳德龙财务管理有限公司东莞分公司　员工	第三季度
敬业奉献	曹永浩	男	东莞市机电工程学校　校长	第三季度
见义勇为	赵宏杰	男	《东莞时报》社　首席记者	第三季度
敬业奉献	何俊凯	男	东莞市公安消防支队石龙中队特勤班　班长	第四季度

2015年“东莞好人”名单

类别	姓名	性别	工作单位及职务	当选时间
助人为乐类（50人）	邝美兄	女	大岭山镇太公岭村村民	1月
	罗李明	男	虎门镇公共汽车有限公司司机	1月
	陈秋丰	男	清溪镇志愿服务中心志愿者	1月
	邬芳珍	女	清溪镇志愿服务中心志愿者	1月
	彭志广	男	中国平安保险股份有限公司东莞中心支公司培训导师	2月
	刘准	男	石排圣炬塑胶有限公司财务会计	2月
	彭娜	女	清溪镇家庭教育联盟负责人	2月
	叶金莲	女	石碣镇四甲村村民	3月
	李素娥	女	大朗志愿服务中心扶老助残义工队成员	3月
	李震丰	男	大朗一间医药连锁企业老板	3月
	朱艳召	男	大朗易事特电源股份有限公司主管	3月
	吴壮茂	男	中国石化销售有限公司东莞寮步输油站外线管理员	3月
	黄清剑	男	东莞市清溪德龙健伍电器厂电力技术员	3月
	周作堂（已故）	男	东城光明社区新莞人	3月
	蒙桂凤（已故）	女	东城光明社区新莞人	3月
	王卫华	男	沙田镇公共汽车有限公司驾驶员	4月
	雷坚玲	女	东坑镇乐佳电脑经营部经理	4月
	杨良君	女	黄江镇自由职业者	4月
	王建华	男	高埗镇裕元制造厂员工	5月
	梁　笛	女	桥头镇石水口社区综合服务中心主任	5月
	陈旭光	男	石龙镇原生产资料公司党支部书记	5月
	黄　妍	女	东坑镇中学学生、学生会秘书长	5月
	陈沛根	男	万江街道新谷涌社区党工委委员和新谷涌社区志愿服务站副站长	5月
	黎水有	男	长安镇关工委常务副主任	6月
	王燕兰	女	东莞市海顺船舶修造公司会计（道滘镇）	6月
	王振军	男	茶山镇安力品管部经理	6月
	陈召才	男	洪梅镇工商分局经检股科员	6月
	王甜甜	女	樟木头公安分局指挥中心聘员	7月
	张伦凤	女	石排镇乐乐丁婴儿用品厂员工	7月
	黎润秋	男	东莞建晖纸业有限公司员工（中堂）	7月
	梁丽晶	女	沙田虎门港国际集装箱码头有限公司员工	7月
	叶洪深	男	桥头镇山和村村民	8月
	雷金悦	女	企石镇帅发发廊经理	8月
	黄爱伦	女	东坑镇社区卫生服务中心护士长	8月
	邓执好	女	麻涌镇麻涌居委会居民	8月
	叶锦弟	女	道滘镇四联小学教师	9月
	潘新昶	男	清溪镇联升学校教师	9月
	王本军	男	东莞市鹏伟鞋材工人（沙田镇虎门港）	10月
	罗汉河	男	桥头镇田新社区老人活动中心工作人员	10月
	欧金兰	女	厚街镇集佳装饰材料有限公司总经理	10月
	覃海莲	女	东坑志愿者协会扶老助弱队队长	11月

续表

类别	姓名	性别	工作单位及职务	当选时间
助人为乐类（50人）	黄广静	女	东莞市东部职业培训学校校长	11月
	邝顺轩	男	大岭山体育公园保安员	11月
	李树茂	男	大岭山体育公园保安员	11月
	陈键钊	男	茶山镇塘角村村民	12月
	黄燕玲	女	东莞市石龙志协外联部部长	12月
	李佩玲	女	东莞市东职后勤服务有限公司员工	12月
	罗启贤	男	麻涌镇新基村村民	12月
	欧阳艳	女	广东唯美陶瓷有限公司人事主管	12月
	徐觉非	男	东莞市石龙志愿者协会统筹部部长	12月
敬业奉献类（98人）	梁成业	男	寮步公安分局巡警大队便衣伏击组组长	1月
	谢文勇	男	中堂社会保险基金管理中心办事员	1月
	张琳	女	中堂实验中学德育处副主任	1月
	陈沛和	男	黄江镇梅塘社区党工委副书记、梅塘社区主任	1月
	余星华	男	大岭山镇第五小学美术教师	1月
	李淑瑜	女	常平镇振兴中学的心理教师	1月
	傅小春	男	清溪司法分局局长	1月
	叶慧清	女	大朗镇工商分局登记股股长	1月
	于林忠	男	长安镇振安中学车队长	1月
	李占超	男	横沥公安分局民警	2月
	陈婉嫦	女	麻涌镇社区卫生服务中心护士长	2月
	刘智聪	男	茶山镇聪裕纸业有限公司董事长	2月
	何俊凯	男	东莞市公安消防支队石龙中队特勤班班长	2月
	张有源	男	沙田镇穗丰年村委会村务助理、村团支部书记	2月
	李稳有	男	东莞华伟集团党支部书记	2月
	何柏枝	男	沙田虎门港公安分局巡警大队副大队长	2月
	陈秀璋	女	常平镇第一小学的一位语文教师	2月
	陈冬云	女	中堂医院党支部委员、防保科副主任	2月
	李锡康	男	大岭山镇马蹄岗村村民	2月
	范小环	女	广东宏达工贸集团有限公司董事长助理（莞城）	3月
	陈旭其	男	常平镇漱新村委会安全办工作人员	3月
	谷建平	男	大岭山嘉福小学教师	3月
	周更生	女	东城第一中学教师	3月
	陈敬禧	男	广东电网有限责任公司东莞南城供电分局配电部工作人员	3月
	曹永浩	男	东莞市机电工程学校校长（长安）	4月
	梁　丽	女	东莞市铨讯电子有限公司工程部管理员（寮步）	4月
	王树安	男	东莞市公安局清溪分局刑侦大队民警刑警中队科员	4月
	梁世荣	男	桥头镇公交汽车公司驾驶员	4月
	刘柏芬	男	寮步镇富竹山小学校长（退休）	4月
	廖可珍	女	长安镇社区卫生服务中心医生	4月
	金同新	男	大朗镇医院ICU（重症医学科）主任	4月
	黄　欧	男	东莞市尚正堂莞香发展有限公司董事长（东城）	4月
	裴文琳	男	沙田镇虎门港正阳社会工作服务中心项目主管	5月

续表

类别	姓名	性别	工作单位及职务	当选时间
敬业奉献类（98人）	梁福琴	女	洪梅工商分局登记股科员	5月
	张卓澎	男	东莞市公安局麻涌分局刑侦大队三中队中队长	5月
	张理现	女	常平实验小学语文教师、低年级组长	5月
	严　桃	女	东莞市万江中学教师	5月
	邵　岩	男	东莞市公安局望牛墩分局刑事侦查大队科员	5月
	刘兴旺	男	长安镇社区卫生服务中心医师	5月
	何淑娟	女	（桥头镇）北京师范大学东莞石竹附属学校小学教导主任	5月
	陈秋霞	女	东莞市国家税务局稽查局科员（东城）	5月
	邵焕娣	女	桥头镇中心小学老师	6月
	翁爱球	男	洪梅镇公安分局洪屋涡派出所科员	6月
	王耀林	男	东莞徐记食品有限公司生产部处长（东城）	6月
	甘洪慧	女	寮步镇东阳学校小学部主任兼教导主任	6月
	袁月群	女	中堂镇潢涌居家养老护工组组长	6月
	蔡石磊	男	东莞市公安消防支队塘厦中队副中队长	6月
	黄东政	男	望牛墩地税分局管理股副股长	7月
	刘锡彬	男	寮步镇富竹山村委会党工委副书记、村委会委员	7月
	梁少威	男	沙田镇虎门港人口计生卫生局办事员	7月
	赖燕芳	女	桥头镇文广中心新闻记者	7月
	香淑瑜	女	东坑医院外三科护士长	7月
	邓崇坚	男	黄江镇镇中自来水有限公司工程部施工员	7月
	杨学群	女	东莞市石碣医院儿科主任	7月
	李松锦	男	东莞市人力资源局大岭山分局监察办公室主任	7月
	姚富光	男	企石镇星光小学少先队大队辅导员	7月
	邓伟文	男	东莞市公安局虎门分局副主任科员	7月
	黎茌畴	男	常平镇上坑村党工委书记	8月
	张艳芬	女	中堂镇国税分局办税服务厅主任	8月
	谢章林	男	沙田镇虎门港广荣中学副校长	8月
	伍秋婷	女	塘厦镇第二小学教师	8月
	李志玲	女	石排镇石排医院妇产科主任	8月
	叶旺全	男	茶山镇百富露饮品店鲜奶配送员	8月
	罗春兰	女	企石镇中心小学教师	8月
	廖国威	男	茶山镇公安分局京山派出所辅警	8月
	李青萍	女	塘厦镇第一小学教师	8月
	陈带福	女	大朗镇敬老院院长	8月
	张春艳	女	常平镇土塘小学英语科组长	9月
	谢陈好	女	茶山镇第三小学教师	9月
	王跃生	男	东莞市家宝园林绿化有限公司大朗分公司环卫工人	9月
	雷四成	女	东莞市家宝园林绿化有限公司大朗分公司环卫工人	9月
	胡艳红	女	望牛墩镇医院护理部主任	9月
	伍慧婵	女	中堂镇中堂中学语文教师	9月
	李萍利	女	清溪镇晨光学校德育主任	9月
	黄华玲	女	茶山镇茶山中学教师	9月
	吴锦平	男	横沥镇消防队队长	9月

续表

类别	姓名	性别	工作单位及职务	当选时间
敬业奉献类（98人）	李中文	男	石龙镇石龙二中美术教师	10月
	唐金泉	男	东莞日报石龙发行站站长	10月
	廖洪标	男	望牛墩镇文广中心新闻部副主任、记者	10月
	李秀群	女	长安镇社区卫生服务中心护士	10月
	高超文	男	公安消防支队厚街中队中队长助理	10月
	袁浩林	男	原常平镇袁山贝小学校长	11月
	黄天辉	男	中堂镇第四小学音乐教师	11月
	李继生	男	东莞三星视界有限公司人事部长（厚街）	11月
	刘妙华	女	石排镇中心幼儿园教师	11月
	刘卓强	男	企石镇铁炉坑村卫生站医生	11月
	韦金香	女	东莞市家宝园林绿化有限公司员工（南城）	11月
	姚旭辉	男	企石镇东平村广场管理员	11月
	叶　丽	女	东莞市茶山镇中心小学教师	11月
	朱肖兰	女	东坑镇中心小学校长	11月
	曾镇安	女	东莞市麻涌漳澎村村民	12月
	陈善国	男	东莞市以纯集团虎门镇东骏厂生产经理	12月
	郭彩云	女	东莞市中堂镇中心小学语文教师	12月
	何婉玲	女	大岭山镇中心小学教导处副主任	12月
	江晓俭	女	东莞市国家税务局企石税务分局办税员	12月
	刘建川	男	广东唯美陶瓷有限公司电气技术员	12月
	卢衬云	女	东莞市万江第二中学数学教师	12月
	袁柏枢	男	交警支队石碣大队科员	12月
见义勇为类（42人）	张　逃	男	南城腾星鞋厂员工	1月
	张生苟	男	南城祥丰鞋厂员工	1月
	萧伟佳	男	麻涌镇大步村个体工商户	1月
	曾仲鹏	男	麻涌镇大步村个体工商户	1月
	姚金有	男	企石镇深巷村辅警	1月
	吴　健	男	“车博士”汽车用品有限公司经理（道滘）	3月
	何丽琼	女	石碣沙腰村委会计生专员	3月
	单润崧	女	石碣镇沙腰村农民	3月
	黄俊波	男	石排医院医生	3月
	谭志豪	男	东莞市城市综合管理局虎门分局队员	3月
	郑建峰	男	东莞市城市综合管理局虎门分局队员	3月
	蔡展达	男	樟木头镇金河社区治安员	4月
	王志明	男	常平镇东莞捷卫保安服务有限公司保安员	4月
	李江国	男	常平镇东莞捷卫保安服务有限公司保安班长	4月
	白家铭	男	东莞市旻冠实业有限公司总经理（塘厦镇）	4月
	余太江	男	东莞市旻冠实业有限公司保安队长（塘厦镇）	4月
	李金林（已故）	男	深圳德龙财务管理有限公司东莞分公司职员（南城）	5月
	王　文	男	深圳德龙财务管理有限公司东莞分公司经理（南城）	5月
	林锡坤	男	东莞市厚街医院医生	5月
	叶　凡	男	樟木头派出所科员	5月
	王锦霞	女	石排镇燕窝村村民	6月
	王志麟	男	石排镇燕窝村委会办事员	6月

续表

类别	姓名	性别	工作单位及职务	当选时间
见义勇为类（42人）	王华锋	男	石排镇燕窝村委会办事员	6月
	王振鹏	男	石排镇燕窝村委会办事员	6月
	王向发	男	东莞新能源科技有限公司保安部保安队长（松山湖）	7月
	谢九连	男	常平镇铁路公园保安队长	7月
	叶　植	男	石碣镇水南脉洲村村民	8月
	夏龙辉	男	凤岗镇荣力五金厂技工	9月
	谢溢升	男	东坑镇医院急诊科医生	9月
	赵宏杰	男	东莞时报记者	9月
	刘焕祺	男	横沥镇隔坑村村民	10月
	刘成发	男	横沥镇隔坑村村民	10月
	刘浩林	男	横沥镇隔坑村村民	10月
	曾石应	男	虎门镇沙角社区个体户	10月
	赖金富	男	道滘公安分局新兴派出所昌平警务室辅警	10月
	赖沃文	男	道滘公安分局新兴派出所昌平警务室辅警	10月
	杨　瑞	男	虎门镇龙眼社区鲜美生活超市店主	10月
	陈志强	男	高埗镇消防队副队长	10月
	陈金锐	男	厚街交警大队协管员	11月
	陈爱东	男	樟木头中学教师	12月
	胡劲松	男	桥头镇瑞桦电线电缆（东莞）有限公司生产线员工	12月
	欧桂林	男	长安镇粤鑫律师事务律师助理	12月
孝老爱亲类（32人）	李锦凤	女	石排镇李家坊“伴我行学生接送站”教师	1月
	莫丽和	女	麻涌镇大步村村民	2月
	吴燕华	女	麻涌镇大步村村民	2月
	徐洪	女	广东宏达工贸集团有限公司财务主管	2月
	卢叶婵	女	东坑镇东坑村村民	3月
	梁国柱	男	沙田镇虎门港民田村村民	3月
	林丽卿	女	石龙镇林屋村个体户	3月
	卢巧珍	女	寮步镇岭厦社区妇女委员	4月
	毛惠芳	女	中堂镇袁家涌村村民	4月
	贾春玲	女	清溪镇农技中心兽医站工作人员	4月
	赖锡芬	女	高埗镇宝莲村村民	4月
	叶丽婵	女	道滘镇昌平村个体户	4月
	萧初安	女	麻涌镇南玻工业园清洁工	5月
	邓福清	女	桥头镇第三小学老师	5月
	谢凤明	女	望牛墩镇新联小学老师	6月
	陈惠娥	女	石龙中心小学西湖学校教师	6月
	吴奎先	男	企石东山小学退休教师	6月
	何惠兴	女	莞城北隅社区工作人员	7月
	邓峥嵘	男	东莞市沃尔玛百货公司员工（南城）	7月
	谢翠莲	女	望牛墩镇新联小学教师	8月
	刘娟娟	女	道滘镇大岭丫村委会办事员	8月
	温美贤	女	石龙镇中山西社区居民	9月

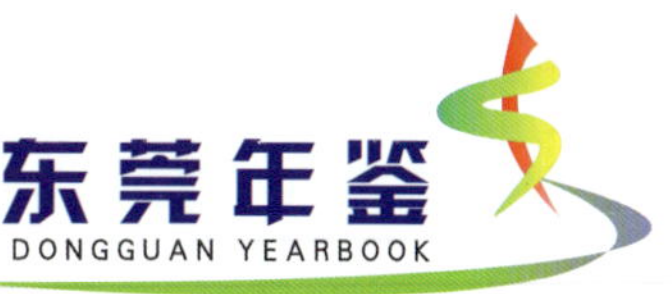

续表

类别	姓名	性别	工作单位及职务	当选时间
孝老爱亲类（32人）	莫巧华	女	桥头镇桥头第一小学老师	9月
	叶焕兰	女	东莞市展能社会工作服务中心护工（茶山镇）	9月
	廖淑霞	女	东莞市邮政局石龙分局合规经理	9月
	黄容芬	男	企石镇铁岗村农民	10月
	王秀娇	女	厚街镇厚街社区居民	10月
	邓衬容	女	企石镇南坑村新围村民	12月
	温丽冰	男	东莞市国家税务局万江分局科员	12月
	萧健有	女	麻涌镇麻二社区居民	12月
	周志轩	男	常平镇桥梓村村民	12月
	周婉兰	女	常平镇桥梓村村民	12月
诚实守信类（11人）	熊国清	女	清溪镇新世纪书店彩票站的销售员	2月
	黄添财	男	东莞市虎门镇尚佳驾校教练员	5月
	许伟基	男	东莞金丰物流设备有限公司经理	6月
	利建平	男	企石镇丽丽照相馆的负责人	6月
	王广丰	男	虎门镇南栅社区个体户	8月
	刘永志	男	虎门镇志远针车行针车维修员	8月
	杨远辉	男	凤岗的士公司司机	10月
	刘尚尚	男	寮步名扬小学教师	10月
	郭耀华	男	沙田医院放射科医生	10月
	刘宇星	男	（茶山镇）东莞市拓展实业有限公司董事长	10月
	罗小祝	女	长安公共汽车公司的保洁员	11月

（陈惠标　张曼利）

2015年高级专业技术资格人员名单

（共913人）

一、正高级（共120人）

（一）群众文化专业（2人）：

吴　妮　孙晋南

（二）高等学校教师系列（13人）：

李忠华（2014年）　李秀平（2014年）　龙卫洋（2014年）
吕斯濠（2014年）　银　锋（2014年）　张智聪（2014年）
杨建清　王红成　田　君　邱永福　郑　思　刘　川　张　敏

（三）卫生系列（105人）：

廖纪华　韩　超　谭力学　柏志强　向四国　张志和
范文伟　林燕梅　翟洁卿　孙　一　张　炜　周　明
胡怀岭　周宇清　陈　坚　刘根就　骆家伟　黄　静
罗道升　赵金平　苏雁峰　周岳平　陈柏秋　余继超
李荣胜　方九江　王向东　钟记华　潘仁高　伍海青
袁德汉　王伟金　陈敬洪　李月春　雷晓东　林思园
卢　强　刘彩云　马桂英　林秀华　韩汝芳　颜杰文
杨艳明　郑靖莉　梁凤霞　吴书仪　张　斌　王静娴
李　琪　罗小琴　刘　喻　戴　彬　曾银英　陈晓园
叶莞华　刘玉华　陈凤英　戚　越　陈召金　农定猛
蔡冬春　郭晓军　陈胜利　周　丰　谢元平　吴钧俊
莫冰泉　马春玲　彭剑虹　谢运华　涂新生　李　轩
魏文著　刘治安　梁忠明　刘小琼　黄　新　范雪金
卢柳霞　任卫红　黄晓燕　谢雪霞　周燕飞　徐文娟
蔡春芳　黄月佳　吴　萍　温庆辉　郭　健　罗　蓉
于梅芳　韩淑珍　齐朝阳　黄志森　曾雅静　申古修
林梅清　董应梅　陈　翌　肖利华　侯立业　梁俊生
漆　强　李　刚　王　强

二、副高级（共793人）

（一）建筑工程系列（165人）：

李勇辉（2014年）　黄　霞（2014年）　王　斌（2014年）
李　贞（2014年）　罗晓文（2014年）　陈应佳（2014年）
李惠锋（2014年）　谭　震（2014年）　李志平（2014年）
李汉辉（2014年）　付　卫（2014年）　周杏玲（2014年）
李　菁（2014年）　廖锋凡（2014年）　郭小佳（2014年）
何江任（2014年）　徐耀庭（2014年）　水九齐（2014年）
徐旭文（2014年）　梁佩恩（2014年）　衡大辉（2014年）
彭江华（2014年）　周　启（2014年）　钟维信（2014年）
孙　瑾（2014年）　林毓山（2014年）　谭　平（2014年）
黄　斌（2014年）　汪华清（2014年）　陈立图（2014年）

陶九疑（2014年）　龙锦绣（2014年）　崔正春（2014年）
李春岩（2014年）　雷　铖（2014年）　叶银笑（2014年）
吴松军（2014年）　江培俊（2014年）　徐海纯（2014年）
邱丽霞（2014年）　谢伟钊（2014年）　简锡宏（2014年）
任惠生（2014年）　李生香（2014年）　刘益彬（2014年）
陈立基（2014年）　胡永梅（2014年）　刘海波（2014年）
陈展洪（2014年）　周　敏（2014年）　李雄业（2014年）
吴树生（2014年）　李　丽（2014年）　朱少英（2014年）
王　兰（2014年）　冯玉姣（2014年）　周效华（2014年）
唐民妍（2014年）　贺成武（2014年）　肖玉锋（2014年）
林景阳（2014年）　陈树良（2014年）　黄富棠（2014年）
周华东（2014年）　李志锋（2014年）　孙泽军（2014年）
张建波（2014年）　张飞腾（2014年）　龙海锋（2014年）
代志旭（2014年）　李　刚（2014年）　彭柏华（2014年）
张海凤（2014年）　陈小峰（2014年）　郑　婕（2014年）
陈丽莉（2014年）　马　尚（2014年）　夏海英（2014年）
劳春菊（2014年）　林木广（2014年）　符芳虎（2014年）
苏柱恒　胡丽红　张柏强　刘志伦　谢建斌　杨小龙
陈利明　苏　波　彭兴高　陈　莉　黄皓彬　石建业
谢灿成　李诗婷　刘慧怡　李玉连　杨　柳　苗建松
陈　军　徐敏仪　李可斌　刘明辉　方汉琼　余海森
李虎勤　王泽林　何晓芸　吴文清　王亮东　余永华
徐新机　吴爱国　王贤贵　游鹤超　李　东　王冠杰
余旭东　尹杨特　张　华　万富强　王叶平　贺世安
吴军强　雷　杰　赖铁锋　马唤兵　杨洪杰　丁　谦
李　权　崔　昉　任家富　卢永钊　赵晓勤　刘晓稳
刘　倩　刘固祥　王锦根　黄立本　刘健雄　杨晓娟
张绍锋　刘畅盈　苏　鹏　李　双　朱家桢　龙济芳
吴献光　黄　翠　彭志林　王志茹　胡玉瑞　杨义冉
王桂兰　刘　鹏　谭慧清　程国平　张念华　盛承财
马新华　刮宏波　何益平　阮　锐　谈　建　陈　玲

（二）化工工程系列（8人）：
李民善　纪成光　寇玉辉　刘兴元　王　鹏　陈　勇
王碧武　刘生鹏

（三）轻工工程系列（5人）：
邓耀明　宋晓娜　唐昌伟　黄建平　曾凡文

（四）电力工程系列（7人）：
张延泰　王大朋　褚相武　高　峰　苏国佐　吴兰钧　王育忠

（五）林业工程系列（1人）：
莫罗坚

（六）电子工程技术系列（3人）：
何沃林（2014年）　唐海波（2014年）　赖树明

（七）路桥、航运工程系列（23人）：
肖　发（2014年）　叶亚环（2014年）　田晓霞（2014年）
吕晓红（2014年）　刘奕兰（2014年）　卢平伟（2014年）
叶子龙（2014年）　郭　建（2014年）　林晓贤（2014年）
谢璋辉（2014年）　周　宇（2014年）　刘　云（2014年）
罗云丰（2014年）　李　齐（2014年）　林卫东（2014年）
何建雄（2014年）　曾　涛（2014年）　傅宜清　黄艳芳
赵梓宏　黄浩勋　唐彦东　温新有

（八）标准化高级工程师（1人）：
杨　艳（2014年）

（九）机电工程技术系列（8人）：
龚盛鹏（2014年）　耿　丽（2014年）　黄泳波　王春宝
孟翔宇　商莲辉　赵天任　李振锋

（十）测绘国土工程技术系列（2人）：
徐军朋（2014年）　王力平（2014年）

（十一）水利工程技术系列高级工程师（14人）：
李焱煌　林宇翔　莫肖茹　欧阳媛　陈　云　杜茂兰
李集坚　孙锦章　李雅静　邓华荣　卢树填　孙　琪
吴达荣　苏锦明

（十二）环境保护工程技术系列高级工程师（3人）：
丁　卫　吴转开　章　欢

（十三）食品高级工程师（1人）：
何　松（2014年）

（十四）医药专业技术系列（4人）：
雷柳冰（2014年）　罗洪顺（2014年）　魏志雄（2014年）
郑传权（2014年）

（十五）园艺副研究员（1人）：
马　锞

（十六）高等学校教师系列（53人）：
姚佩婵（2014年）　陈雪芳（2014年）　冯能山（2014年）
郭晓娟（2014年）　黄斯珉（2014年）　梁　霄（2014年）
刘　蕾（2014年）　刘　伟（2014年）　卢晓晴（2014年）
牛银菊（2014年）　潘东辉（2014年）　沈亚萍（2014年）
王　永（2014年）　谢　敏（2014年）　杨小平（2014年）
岳德霞（2014年）　曾晓霞（2014年）　邓见光（2014年）
陶　铭（2014年）　杨丹宇（2014年）　张　剑（2014年）
张　剑（2014年）　肖　倩（2014年）　余炽业（2014年）
张志坚（2014年）　郭建文　简润强　李伯忍　谢毅文
吴清林　钟耀广　冯志军　刘　东　许燕转　周红兵
张燕婷　魏红征　陈佰满　夏志有　陈　晨　黄　琼
黄　兢　黄卫清　何运兵　焦　哲　杨树颜　曲　超
敖　欣　张足生　赵铁柱　赵　洋　刘慧杰　陈平平

（十七）中专学校教师系列（14人）：
曹　华　曾兰星　宗绿明　肖　犁　杨小英　张远平
何建兵　钟惠萍　赖彩霞　黄展荣　谢楚斌　尹万芳
杨卫红　龙永辉

（十八）教师进修学校高级讲师（1人）：
赖相卫

（十九）体育教练系列（1人）：

吴映月（2014年）

（二十）文学创作系列（2人）：

陶青林　曾海津

（二十一）工艺美术系列（1人）：

亓晓丽

（二十二）图书资料系列（3人）：

张利娜　丘柏林（2014年）　颜　敏

（二十三）文物博物系列（2人）：

蔡丽芬　曲庆玲

（二十四）群众文化专业（2人）：

连国栋　刘克平

（二十五）高级会计师（21人）：

孙强波　申家东　叶文锋　吴中家　张少兰　雷章华
麦秋玲　贺　飞　陈佳文　姚克勇　李　蓉　陈肖娟
刘庆华　黄文进　张中华　黄景星　何文苓　游丙妹
黄甜源　陈海儿　黄婉雯

（二十六）高级经济师（9人）：

吴红彦（2014年）　马祥正（2014年）　卢水灵（2014年）
史　磊（2014年）　彭金龙（2014年）　刘彩芹　曾平英
王崇恩　周桂清

（二十七）卫生系列（430人）：

何晓华　唐锦程　陈欣和　陈德超　莫志宁　孙秀雯
古伟奇　郭伟晋　黄彦思　黄文海　杨　滔　朱菊清
马和平　刘越童　崔惠芬　张桥东　凌志雄　吴苏华
曾沛扬　吴文华　李炳棋　黄　平　李益军　王伟才
赵启凤　潘忠泉　郑书恭　胡浩强　李婉仪　周柳如
苏少辉　王　珍　李　丹　温晓雯　郭冠芬　冯上柏
江冠铭　方年新　罗永军　黄潘文　李春华　杨燕华
张　智　柯成能　杨　敏　吴丽丹　姚德志　陈翠仪
李晓华　谢文生　汤　静　孙贤久　李少洪　孙志平
莫伟胜　郭少卿　钟　坚　邹原方　罗婉莹　秦先锋
肖学平　蔡淇冰　程　凌　朱和玲　夏金喜　王明霞
黄益洪　林燕金　林　菡　张任君　余映丽　黄尾全
荣　榕　郑玉玲　欧召容　张棉球　刘景瑞　王谏珠
张　菲　王进雄　王　磊　蒋武平　周建新　石通和
叶　斌　郝仕强　封　帆　杨宏栋　陈嘉辉　连保卫
林浩群　欧治平　袁灼辉　庞广兴　王庆祥　刘绍虔
陈庆槐　江　铭　黎家妹　王　亮　周　波　胡湘元
高　斌　卢　晖　巫文强　高　飞　王　波　杨思奋
程　祎　陈文雄　王湘伟　刘景锋　邹　健　招一章
彭长征　胡笑明　刘昌伟　黄　刚　苏亚海　李云龙
胡细苟　王　薇　胡柳生　邱友庆　杨小立　肖圣华
谭素云　王智钧　李茂强　张新生　莫英光　梁祎诺
陈小飞　黄　海　张小冠　叶泽驹　陈永生　叶振伟
袁惠玲　陈伟轩　袁领勤　陈弼政　李文强　黎东伟
杨志强　刘永贵　李　涛　杨祚豪　钟志辉　张子通
许春梅　谢增霞　殷秀娥　陈小燕　张梅群　黎　巧
蒋艳华　冯　洁　夏燕卿　罗　虹　梁媚珍　周　茜
文有英　蔡小桃　黄丽珊　吴明秀　叶旭彬　叶建明
唐　莉　张　婷　李　茜　张　薇　邵会敏　刘凤莲
颜　群　陈晓妮　程晓榆　郭建萍　王　毅　叶敏欢
姜艳艳　闫井香　吴巧贤　罗建华　张巧仪　洪桂珍
袁艳芳　吕慧贤　焦亚会　刘肖华　冷振环　黄洁明
梁道喜　贺冬艳　卢浩棠　倪　明　谢楚杏　叶小波
罗燕萍　吴开生　周慧恩　谢志超　郭笑芳　陈　玲
吴秩珊　霍淑芬　丁庆雄　郭锦均　廖艳霞　莫智峰
郑和嘉　刘少强　唐泽桓　许教远　洪伟雄　张　芹
麦周生　李彩云　陈穗锋　周沛玲　骆飞秀　钱楚凡
袁柱炫　宋碧连　周禹雄　黎耀荣　单俊文　钱江松
李建基　李　永　程道安　尹　娜　陈　硕　陈丽华
宋宏锦　杜绍林　关福源　张探宇　陈　泳　李燕军
罗文勇　邓少珍　李远新　周敬蓉　陆孝成　蔡丰穗
袁月平　胡庆昌　蒙康龙　温佩仪　冯文伟　萧慧敏
李倩雯　温春诚　马新蕾　张凤敏　袁瑞兴　卢晓燕
钟云良　陈　昉　张思平　陈荣庄　周春宇　吴秋敏
张志强　谢洪法　封彦蕾　李震华　胡德明　陈海生
黄绪银　杞锦政　桂　平　谢炎烽　姚　坤　陈特锐
袁键冰　季　英　罗素芳　谢福贤　李贺年　魏兴宏
彭元华　林冬兰　陈小清　梁少琴　韩晓光　周怀兵
苏淑贞　黄晓玲　史荣华　曾兰芳　蓝金全　蔡　蓝
黎爱芬　吕显林　廖政邦　贺新中　何纯生　陈妙娟
黄淑华　吴淑瑶　尹　莉　杨博梅　雷玉妃　仇训华
姚锦尚　莫想有　钟慧玲　黎丽嫦　朱小美　骆玉华
杨　华　陈彩凤　王日娟　谭庆兰　黎顺弟　吴锡容
李　萍　陈巧玲　黎焕仪　吴秀英　杨　清　谢玉香
李雪峰　欧雪珍　郭葵兴　周桂兰　黄小琼　黎曙练
杨利辉　钟惠梅　吕　萍　李景平　陈珍女　罗衬章
钟惠燕　邓群号　肖庆璇　余志群　刘玉梅　鲜安福
陈婉群　骆伟群　焦伟华　李　梅　叶洁芳　吴玉娥
金国娣　邓莉梅　黄玉燕　黄湘穗　张淑清　胡小连
张秀丽　伦款宜　罗兰娇　赖燕媚　谢汉仪　卢慧清
邹一婵　汤令群　何美容　杨玉华　梁月英　王陆荣
陈　贤　张七二　郭溉宗　谢文锐　莫玉前　温国辉
曹金如　伍春蓉　李超强　张　丽　修宁宁　陈载鑫
陈梅莲　文海平　梁　军　叶立新　谢润桂　陈日寿
卢丽娟　温永琴　李伟其　付　昕　张少丰　何　丹
邹姣丽　林　栋　刘一武　李海源　王根枚　林　歆
李　云　张吉红　张智琳　杨丽丽　江永尧　仲先玲
余　凤　黄永生　万芝兰　梁锡阳　钟升院　陈华娟
李志海　罗海波　刘惠珠　胡　涛　何锡华　孙彦秋
范宪森　李希波　吴　勇　彭　辉　朱炳刚　邓兵水
曾仲刚　陈基强　黄汉强　陈　伟　刘勇彬　方建华
杨益刚　张建飞　左金宝　赖新波

（二十八）农业技术系列（4人）：

王　芳　高芳云　欧阳志良　吴寿军

（二十九）党校教师系列（4人）：

孟祥斐　李素华　王金豹　林春香

（吴广达）

大事记（2015年）

CHRONICLE OF MAJOR EVENTS IN 2015

- 东莞再次蝉联“全国文明城市”
- 全国首个少儿歌曲创作活动基地在东莞成立
- 全国陆运口岸“三互”大通关模式在东莞率先启动
- 国内首个大宗农产品供应链电商平台在松山湖成立

石龙镇　（马进　摄）

编辑：黄文挺

1　月

1日　东莞市司法局法援处应用法援案件管理系统，实行法律援助网上申请、受理、审批，提高法律援助工作的效率与信息化水平。

□　东莞全市公立医院取消药品加成，按照购买成本价格向市民销售药品，同时提高门诊、住院诊查费以及住院护理费等医疗服务费用。

5—6日　市委书记、市人大常委会主任徐建华，市委副书记、市长袁宝成率东莞市党政代表团赴香港拜访中联办、香港东莞社团总会、粤海集团。

7日　市府办印发《关于加快推进新开工重大产业项目建设的实施办法》。

□　市政府常务会议审议并原则通过一系列人才创新奖励决定，包括第四批创新创业领军人才名单、东莞市科普项目资助计划等内容，并决定更新市科技馆4D动感影院设施设备等事项。

8日　东莞市首批74台插电式气电混合城巴上路，新公交车更节能环保。

9日　东莞篮球城市雕塑征集活动结果揭晓，《众志拼搏》成东莞篮球城市雕塑，作为标志性主雕设置在东莞篮球中心。

□　以东莞本土文化为主要元素的大型原创动画片《吉祥宝宝》首播仪式在塘厦镇东莞市电子科技学校举行。该剧于12日起在中央电视台少儿频道黄金时段《动漫剧场》16:00-16:30播出。这是全国首例校企合作出品的动画片，也是继《猪猪侠之变身小英雄》之后，东莞登陆中央电视台的第二部原创动画片。

□　至11日　“中国好哨音——观音山杯首届海峡两岸口哨友谊赛”系列活动在樟木头镇观音山森林公园会展中心举行，来自全国十多个省份的近百名“哨友”参赛。

10日　广东“职工在线”法律服务启动仪式在高埗镇举行，免费为职工提供法律服务。

□　全省基层社会治理工作平台建设珠三角现场会在东莞市召开，省委副书记、政法委书记马兴瑞出席会议并讲话，东莞市在会上作经验介绍。

□　中山大学新华学院被中国产学研合作促进会授予国内首个“中山大学新华学院中国大学生产学研创新创业实训基地”，授牌仪式在该校东莞校区举行。

□　至11日　2015年东莞市首场传统文化公益论坛在寮步镇举行。

11日　省委常委、统战部部长林雄率省知联会考察团来莞调研中国散裂中子源项目建设情况。

□　“幸福牵手·缘聚东莞”青年交友活动启动仪式在虎英公园举行，全市600多名来自各行各业的单身青年参加交友活动。

12日　以“幸福城市·快乐节拍”为主题的第四届中国·东莞音乐剧节闭幕，在一个多月时间里，来自韩国、美国以及国内13部优秀音乐剧在莞展开28场展演，还有多场专家讲座、培训活动，本土音乐剧小戏小品比赛、剧目评选等活动。

13日　全市造林绿化工作会议召开，会议提出年内要建100个社区公园，确定威远岛森林公园的红线范围等。这是东莞市第一次在沿海建森林公园。

14日　东莞市启动内资企业“多证联办”改革试点，通过延伸创新外商投资管理服务改革，争创改革发展新优势。

□　东莞市档案馆创建全国中小学档案教育社会实践基地工作获国家档案局评估组验收通过，成为面向中小学的全国性档案教育社会实践基地。

□　至15日　全国LED产业产教融合（东莞）职业教育集团、东莞市财经职业教育集团、东莞市汽车职业教育集团成立挂牌仪式分别在东莞理工学校、东莞市经济贸易学校、东莞市汽车技术学校举行。

16日　由东莞市民政局指导，东莞报业传媒集团、东莞农村商业银行联合主办的“平安回家”活动启动，主办方安排爱心大巴免费送湘赣桂三地在莞务工人员回家过年。

17日　国家发改委主任徐绍史一行莅莞，就产业转型升级、工业企业生产运行等情况进行专题调研。

□　来自全国120所技工院校的校长在莞参加第二届全国技工院校校长论坛，论道“新常态与技工教育新发展”，东莞市率先开启职教国际合作新模式。

19日　市政府常务工作会议审议并原则通过《东莞市促进信息消费实施方案（2015—2017年）》《东莞市信贷风险补偿资金和财政贴息资金管理办法》、2014年度东莞市产学研合作项目立项项目、2014年东莞市楼宇经济奖励名单及奖励额度等内容。

20日　东莞市2015年基础教育工作会议召开，其中公布超71万外来工人子女在莞接受义务教育，在全国各大城市中排第二。

□　第六届（2015）世界鞋业发展论坛暨世界鞋业总部基地开业典礼在东莞厚街镇举行，来自世界17个国家和地区、12个国际行业协会、24个国内行业协会以及300余家鞋业企业逾700人参加。

□　东莞市举办城市森林建设与城市热岛效应研究进展论坛，关注和参与提高城市环境行动。

□　东莞首个电商及现代物流垂直招聘平台易雇网签约进驻松山湖国际金融创新园，并上线运行。

□　广东科技学院4600多名2014级新生结束为期两周的冬季军训，这是东莞首家尝试冬训的高校。

21日　东莞空气PM2.5最近24小时浓度大于或等于115微克/立方米，东莞市首次启动大气中度污染应急措施，下发紧急通知要求相关部门和镇街做好应对工作。

□　在清溪电视台建台和《清溪》报创刊20周年之际，清溪新闻传媒中心揭牌成立，成为全国第一个实现传统媒体和新媒体融合发展的镇街。

22日　中国企业电商暨移动互联发展促进高峰论坛在东莞召开，其主题是促进企业电商优势——创新、升级、融合。

□　市农业局认定44家生猪定点供莞基地，至此，东莞市共认定591家供莞生猪基地，每年可提供生猪近900万头。

□　广东融川股权投资基金管理有限公司与东莞证券旗下的东证锦信达成合作，签订新三板战略合作协议，设立东莞首个新三板股权投资基金。

□　东莞市首席信息官（CIO）协会成立，会上公布“东莞2014优秀CIO风云人物评选”结果。

□　至23日　中共东莞市委十三届五次全会召开，审议通过市委“一号文”《中共东莞市委关于全面深化法治东莞建设的实施意见》，提出要实现多元和谐的善治城市和可持续发展的生态城市，打造法治东莞。

23—25日　2015东莞首届设计周活动在东莞首个水岸LOFT文化创意产业园举行，近40场设计展览和文化沙龙活动为东莞设计行业搭建交流、分享平台。

25日　位于虎门镇北栅村“老友电商生态村”开业，总面积1.1万平方米，总投资1000万元，这是东莞首个“电商生态村”。

26日　2015年东莞市政府“一号文”《关于实施“东莞制造2025”战略的意见》发布，提出要推动东莞制造业升级发展，争创中国制造样板城市，力争到2025年，实现从制造业大市向制造业强市转变。

□　中国共产党东莞市第十三届纪律检查委员会第五次全体会议召开，提出要主动适应全面从严治党新常态，全面落实党风廉政建设主体责任，推进党风廉政建设和反腐败斗争取得新成效。

□　中国共产党东莞军分区第四次全体党员大会召开，提出要推动强军目标在基层落地生根，为东莞经济社会发展作出更大贡献。

□　至30日　第六届“神州唱响”全国高校声乐比赛在东莞市举行，全国200多所高校500多名选手参加比赛，评选出教师、学生两个组别美声唱法、民族唱法、流行唱法和数码弹唱4个项目的金银铜奖及优秀奖。

27—29日　中国人民政治协商会议东莞市第十二届委员会第四次会议召开，审议通过市政协十二届常委会工作报告和提案工作情况报告等。

28日　2015“千人计划”专家东莞行暨松山湖创新驱动与人才发展研讨会在松山湖高新区举行，56名来自海内外的“千人计划”专家为东莞产业转型升级、创新驱动发展和松山湖的科技、金融、产业融合发展出谋划策。

□　至30日　东莞市第十五届人民代表大会第五次会议召开，表决通过《关于东莞市人民政府工作报告的决议》等6项决议，以及《深入推进依法行政　加快推进法治政府的议案》的决议。

2　月

2日　市政府常务会议审议通过《东莞市道路路域环境综合整治实施方案》、重新修订《东莞市房屋安全管理规定》《2015年东莞市义务教育阶段新莞人子女积分制入学积分方案》等事项。

5日　东莞市跨境电子商务生态圈大会举行，从生产制造、平台、电商、物流、园区、服务、金融、代运营、设计、营销推广等方面，全方位展现东莞跨境电商所拥有的完善的产业链条。

□　东莞市质监行政管理体制调整交接会议举行，市质监局实行省垂直管理15年后，重回市直部门队伍当中，实行属地分级管理。

□　至7日　来自上海、成都、广州、香港、台北等地7所国际学校的选手在东莞文盛国际学校参加中蒙国际学校篮球锦标赛，这是东莞首次主办国际学校篮球锦标赛。

7—8日　全国美术馆年会暨全国美术馆优秀项目交流推荐活动在莞城召开，全国80余家美术馆主要负责人以及全国美术馆专业委员会领导等近200位专业人员参加。这是首次在镇街一级举办全国美术馆年会。

9日　东莞首个新媒体指数排行榜发布，每周评估东莞政务微信公众号影响力。

□　塘厦生活垃圾卫生填埋场获评为Ⅰ级无害化填埋场并举

行挂牌仪式，这是东莞市首个Ⅰ级无害化生活垃圾填埋场。

10日　东莞市工商行政管理体制调整移交仪式举行，东莞市工商系统由垂直管理调整为属地分级管理，成为市政府职能部门。

13日至3月12日　第十届“相约香江”中国书画获奖作品展在松山湖图书馆举行，一百多幅获奖作品参展。

14日　中央台办副主任叶克冬来莞慰问台胞和调研，省委常委林雄，市委副书记、市长袁宝成等陪同。

15日　市政府常务会议审议通过《东莞市旅游城市建设发展规划（2015—2020）》等事项。

23日　东莞首个航空煤油仓储及码头项目在虎门港立沙岛精细化工园投入运行，这是珠三角地区重要的能源储备项目，也是东莞市重大建设项目。

25日　副省长林少春率队来莞调研节后企业用工情况。

26日　东莞市开展“清死角，除四害，保健康”全市爱卫统一行动。

26日至4月11日　42场“春风行动”现场招聘会在各镇街、园区举行。

28日　在北京举行的全国精神文明建设工作表彰暨学雷锋志愿服务大会上，东莞再次蝉联“全国文明城市”。大会还授予东莞市麻涌镇、寮步镇、桥头镇、大岭山镇“全国文明村镇”荣誉称号，授予南城街道、东城街道、东莞海关、大朗工商分局“全国文明单位”荣誉称号。

□　市政府常务会议审议通过《关于加大市内扶贫财政投入的方案》《东莞市创建国家电子商务示范城市实施方案》《东莞市关于鼓励和支持企业兼并重组的暂行办法》《关于进一步完善农村（社区）集体经济组织股权管理的指导意见》等事项。

□　东莞市政府与北京航空航天大学签订合作协议，双方共建北京航空航天大学东莞研究院，这是全省科技创新大会后首个签约的新型研发机构项目。

3　月

2日　东莞市与中国节能环保集团公司签署战略合作协议，宣布在节能环保领域建立全面战略合作伙伴关系。

3日　首批“非莞籍敬老优待卡”启用，所有非莞籍老人只要符合“男满70岁女满65岁且持居住证满6个月”的条件均可申请办卡，免费乘坐全市6000多辆公交车。

□　至5日　广东省第四届花灯文化节暨2015第六届洪梅花灯节在洪梅镇举行，包括猜灯谜、愿望投递、美食一条街等系列活动。

5日　东莞市妇幼保健院在全市率先引入“小丑医生”服务模式，以在病房派礼物、唱歌、跳舞、表演魔术等方式，缓解患儿紧张恐惧情绪。“小丑医生”在中国较为陌生，但在欧美国家是一个严肃且专业的职业，已有30多年发展历史。

6日　最高人民法院第一巡回法庭在东莞中级人民法院开庭审理一宗相邻关系纠纷案，这是最高人民法院首次巡回就地办案，审理跨区域重大行政和民商事案件。

□　2015年学雷锋全民志愿服务行动月在石碣镇街心公园启动，各部门单位、村（社区）、学校、文明单位、青年文明号集体、志愿服务组织等组成的57支志愿服务小分队，共约350人参加活动。

□　2015年东莞市优秀女工表彰会举行，表彰全市奋斗在生产第一线的100名企业女工。

□　至13日　东莞市第二届水乡经济区足球联赛在华阳湖湿地公园足球场举行，吸引水乡10个镇街足球队参加。

10日　东莞市首座电动汽车智能充电站在东城汽车客运站完工，投入使用后为东莞首批纯电动公交车提供充电服务。

□　“创业东莞　赢在好项目”启动，活动旨在为创业者提供展示好项目、好创意的舞台；为资本、产业、科技搭建共融平台；让项目获得发展资金，让资金对接好项目。

11日　广东东莞边防支队联合东莞市公安局、东莞市烟草专卖局侦破一起特大走私香烟案件，捣毁一处卷烟仓储分销窝点，总案值133万元。

□　东莞市第三人民法院首次通过远程视频摇珠确定拍卖机构，这也是广东省首家通过远程视频方式摇珠确定拍卖机构的法院。

12日　东莞市妇联向日葵家庭暴力庇护中心在企石镇揭牌启用，这是东莞首个家庭暴力庇护中心。

□　“弘扬中华美德　涵养文明家风”东莞市最美家庭颁奖典礼举行。420户受表彰的“最美家庭”向社会传递夫妻和睦、尊老爱幼等美好家风。

□　东莞“白玉兰”关爱困难单亲母亲服务项目在企石镇举行启动仪式。该项目通过整合社会资源，帮助困难单亲母亲走出困境。

□　中国群众文化学会音乐专业委员会在莞城中心小学建立的“少儿歌曲创作活动基地”挂牌成立，这是该委员会在全国建立的首个少儿歌曲创作活动基地。

□　至14日　国家住房和城乡建设部与省住房和城乡建设厅在东莞组织召开《东莞市城市总体规划（2016—2030）》纲要部省联合审查会，东莞新一轮城市总体规划纲要成果通过审查。

13日　在广东省曲协第八届主席团第七次会议上，省文联授予东莞石龙、厚街、高埗等三镇“广东省曲艺之乡”称号。

14日　2015年“三八”妇女节书画慈善义卖暨爱心父母结对帮扶活动在东莞展览馆举行。

□　东莞友贷网举行新闻发布会，宣布友贷网获美国上市公司银富集团战略投资，并提前实现美国上市计划，成为中国市场上第一家在美国上市的P2P网贷平台。

□　省委副书记、政法委书记马兴瑞在东莞会见来访的台湾国民党籍新竹县县长邱镜淳一行。

□　“保护母亲河　共植幸福林”——东莞单身青年植绿护绿暨交友联谊活动在东城同沙生态公园举行，用爱护大自然的方式为单身青年增进感情提供机会。

15日　第十二届全国人大三次会议表决通过关于修改立法法的决定，提出赋予广东省东莞市、中山市，甘肃省嘉峪关市和海南省三沙市，比照设区的市给予地方立法权。

16日　2015年“发现精彩”之微摄影、微电影、微段子三大活动启动，面向社会各界征集反映东莞各方面精彩的摄影作品，微电影、纪录片作品以及创意段子，活动持续到12月。

□　市委书记、市人大常委会主任徐建华会见国家工信部人才交流中心主任、党委书记王希征一行，就人才合作以及建设工信部人才交流中心华南分中心等事宜进行交流。

□　“东莞卫生监督”微信公众号推出，该公众号的核心功能是监督，市民不仅可以查询医疗机构黑名单，还可快捷查询举报电话，对相关违法行为快速举报。

□　至20日　第33届国际名家具（东莞）展览会暨名家具机械材料展、家居饰品展、中国红木家具展在厚街镇举行。这是亚洲第一、世界第三大的家具行业展会。

□ 2015vivo苏迪曼杯世界羽毛球混合团体锦标赛第一阶段抽签仪式在东莞市举行，有35支队伍报名参赛。

17日 市政府常务会议审议通过《东莞市家禽“集中屠宰、冷链配送、生鲜上市”工作方案》《东莞市虎门威远岛建设广东省美丽港湾实施方案》《东莞市小额创业贷款实施方案》《东莞市人民政府办理市人大代表重点建议办法》等事项。

18日至4月18日 “真实虚构电影院”装置艺术展览在东莞莞城、南城及东城同时启动，观影人次突破15万。

20日 东莞举行2015年“岭南社工宣传周”系列活动启动仪式，首次评选“东莞市最美社工”。

□ “2015年东莞市中学生汉字听写大会”在南城阳光实验中学举行，来自全市各中学的113支团体队和港澳台个人共约700名选手参加。

22日 第八届粤港万人相亲会在东莞观音山举行，共有312对有缘人成功牵手，并吸引中央电视台《乡约》节目组前来采访。

□ 东莞半程马拉松挑战赛在东城同沙生态园举行，比赛分为21公里专业组和8公里迷你体验组，吸引东莞及周边城市近300名马拉松爱好者参加。

23日 东莞作家、导演穆肃自编自导的东莞首部原创电影《热带》登陆爱奇艺网络院线独家发行。

24日 全市科技创新大会举行，提出东莞市实施创新驱动发展战略的总体要求和目标——建成珠三角国家自主创新示范区和国家创新型城市。

□ 东莞创新驱动讲习所在市委党校揭牌，并举行首期报告会。

25日 东莞市首次出台《东莞市政府信息公开办法》，明确规定主动重点公开的14种政府信息。同时，东莞市政府信息依申请公开系统正式上线。

26日 东莞市第一人民法院以东城法庭为试点，召开主审法官遴选评审会，东莞主审法官制改革启动。

27日 东莞水乡特色发展经济区管理委员会在望牛墩镇揭牌，同时，东莞水乡特色发展经济区2015年项目建设工作会举行。

□ 市委常委会议审议并原则通过《关于深入推进依法行政加快建设法治政府的意见》和《中共东莞市委、东莞市人民政府关于实施创新驱动发展战略走在前列的意见》等事项。

28日 第五届松山湖“绿动松湖美 慈善环保行”50公里徒步活动举行，来自珠三角和香港等地4000余名旅游爱好者参加活动。

□ 2015年新丝路少儿模特及才艺大赛广东赛区启动仪式在虎门镇富民服装中心举行。

□ 粤首位台籍假释人员在莞矫正期满。作为全省唯一的港澳台籍罪犯假释试点单位，东莞市中级人民法院开创内地法院的先河。

29日 绿色城镇化国际研讨会发布中国绿色城镇化指标排名，东莞分别位列环境、经济、综合三项指标排行榜第八、第八、第十二名。

31日 高伟光学电子有限公司在港交所上市，这是东莞制造“2025战略”发布后东莞首家上市的制造业企业。

□ 美国当地时间3月31日上午，东莞市驻美国经贸代表处在美国硅谷TI Park科技园成立，助力东莞企业承接硅谷先进技术，形成“以点带面”的全新招商模式。

4 月

1日 市委全面深化改革领导小组第七次会议审议通过《东莞市2015年改革行动计划》《全面深化法治东莞建设2015年行动计划》《东莞市规划行政审批改革方案》《东莞市村（社区）综合服务管理中心建设实施方案》等事项。

□ 市委副书记、市长袁宝成会见瑞士驻广州总领事博智东一行，双方就工业科技、职业教育、旅游文化进行交流和合作。

2日 东莞市召开新闻发布会，通报2015年改革和法治建设工作部署，明确东莞要推动的50条改革任务和要求，涵盖经济、政治、文化、社会、生态、纪检、党建等7个方面。其中，21条涉及经济体制改革，成为改革的最大亮点。

□ 2015年第一次媒地沟通交流会在松山湖（生态园）举行，围绕生态文明建设，推介“不一样的东莞”。

□ 国家智慧家居产业技术创新战略联盟在松山湖高新区成立，致力于实现智能家居行业产品标准化。

3日 市政府常务会议审议通过建设东莞市加工贸易废料网上交易平台、漫博会筹备、2014年东莞市科技型中小企业技术创新资金立项项目、2013年度交通运输行业成品油价格改革财政补贴清算资金发放方案、2013年度东莞市建筑节能专项资金奖励计划、《东莞市重大行政决策听证事项目录》《东莞市高标准基本农田建设项目和资金管理暂行办法》等事项。

□ 广东省安全生产技术中心东莞分中心成立。

7日 广东智通职业培训学院开办SYB（创办你的企业）创业培训班，这是东莞首个通过广东省人力资源和社会保障厅审批开办SYB创业课程的民营培训机构。

□ 至11日 市委副书记、市长袁宝成率团访韩，推动东莞与韩国城市全方位、多元化合作。

□ 至12日 第三届中国（广东）国际印刷技术展览会在广东现代国际展览中心举行，有来自23个国家和地区的1300多家企业参展，成为2015年度全球最大规模的印刷展览之一。

8日 广州海关、黄埔海关这两个同城直属海关全面合作，签署《落实“三互”全面深化合作框架》，共同推动贸易便利化。

□ 东莞市对2014年重大项目建设管理先进单位中的镇街（园区），每个单位奖励80亩用地指标，奖励指标纳入2015年全市国土用地指标分配计划。

□ 中央委员、中国侨联党组书记、主席林军来莞调研基层侨联工作，表示要借鉴东莞侨务经验，推动全国侨务改革。

□ 东莞实时公交APP上线，321条公交线路实时查询，还可查其他公共服务点。

9日 东莞国际采购商洽谈会在东莞举行，莞深等400多家优质供应商与俄罗斯50家顶级采购商面对面洽谈采购。

□ 香港特区政府驻粤经济贸易办事处在莞举行为期七天的“见识香港”大型展览，以平面以及立体展品和影片介绍香港城市面貌。

□ 国家环保部对外通报“12369”环保举报热线2014年11月群众举报案件处理情况。5家来自东莞的污染企业因废气污染、违法生产等问题，上了环保部公布的“黑榜”。

□ “新闻传播专业教学实践基地”在东莞成立，这是广东省内首个针对新媒体方向研究的教学实践基地。

□ 至21日 东莞警方打掉全市首个重大涉恶犯罪团

伙，刑事拘留10人，另案处理2人，侦破案件8宗，其中涉恶案件5宗。

10日　2015年东莞市校企合作洽谈会举行，来自全国253所职业院校和东莞1000多家企业参加。

□　“互联网再造东莞制造：飞向2025资源分享会”在东城举行。全市上百家制造企业参加并签订多项合作协议。

□　全国陆运口岸“三互”（信息互换、监管互认、执法互助）大通关模式在东莞市寮步进出境货运车辆检查场率先启动运行，企业通关成本大减。

11日　第四季中国好声音“秀立方”官方海选平台东莞站启动，开展周赛、月赛与总决赛三个阶段的比赛。

13日　全市农村农业工作会议召开，提出2015年全市农村农业工作的总体思路。

□　东莞市“知识产权宣传周”暨“知识产权到企业，服务经济镇街行”活动在松山湖启动，宣讲的内容主要包括专利政策、专利创造、运用和保护的相关知识培训等四大主题。

14日　副省长林少春来莞调研爱国卫生运动和夏季传染病防控工作。

□　东莞市金融工作会议召开，推出“1+9”系列政策文件，鼓励东莞企业利用资本市场，鼓励地方金融做强做大，另设立5亿元金融稳定专项资金，帮助企业缓解困难。

□　历时8年、耗资20多亿元的东莞江库联网工程一期建成通水。

□　省人大常委会副主任肖志恒率领调研组来莞，实地调研和评估东莞是否具备“广东省第一批开始制定地方性法规的市”。

□　首届东莞市小学生足球赛在南城体育公园和麻涌华阳湖湿地公园足球场举行，有来自东莞各镇街26支队伍、近300名小选手参加。

15日　省委书记胡春华到东莞督促检查创新驱动发展工作，强调东莞要积极培育高新技术企业，大力发展内源型经济，调整优化经济结构，促进经济持续健康发展。

□　至24日　东莞市党政代表团赴非洲三国开展经贸旅游文化交流和外事活动，考察当地市场环境，为两地企业合作搭建对接平台。

16日　东莞（首届）跨境电商营销峰会在松山湖举行，来自俄罗斯、南美和东南亚等国家和地区的4个电商平台与东莞200多家企业进行对接。

□　市委副书记、市长袁宝成会见吉尔吉斯斯坦驻广州总领事马克萨特一行，双方商讨推进贸易、投资、旅游和农业等领域合作。

□　全国28家纪念馆的馆长和业务骨干，以及中国博物馆协会纪念馆专业委员会领导等50多人在广东东江纵队纪念馆就纪念馆工作和专委会会刊进行交流。

17日　市政府常务会议审议通过《东莞市招引重大产业项目效益保障及退出机制实施办法（试行）》《东莞市重大项目招商引资奖励办法实施细则》《东莞市云计算应用产业基地发展规划（2015—2017年）》《东莞市特殊教育提升计划》和资助桥头镇环保包装产业协同创新中心等事项。

20日　“漫生活·心健康”——东莞、河源、惠州三市首届大学生心理漫画展在东莞理工学院图书馆展厅开展，来自三地的9所高校近三百幅作品参与展出。

□　在第三届全国残疾人田径公开赛暨2015年IPC田径大奖赛北京站上，东城女飞人——残疾人运动员周国华分别获得100米、200米及4×100米三个项目的金牌，其中在100米项目中以12秒14、200米项目中以25秒72均创造2015年世界最好成绩，4×100米接力赛以48秒49打破世界纪录。

□　《广东东莞粤海银瓶合作创新区发展总体规划（2014—2030年）》通过省发展改革委评审。粤海银瓶新区是继松山湖、虎门港、生态园之后东莞又一创新区。

21日　市控规委员会2015年第四次会议审议通过《东莞市虎门港沙田立沙岛石化基地控规LS1012地块一般调整》等12个项目。

□　全国首次城市12345公共服务热线服务质量排名出炉，东莞市排名全省第二，全国第五。

□　东莞市职工“助力计划”启动仪式暨国家开放大学2015春季开学典礼举行。

22日　2015年东莞市实施科技创新驱动发展战略新闻发布会召开，发布《中共东莞市委、东莞市人民政府关于实施创新驱动发展战略走在前列的意见》，标志着该市深化科技体制改革、全面加快实施创新驱动发展战略相关政策体系顶层设计的初步形成。

□　市委副书记、水乡管委会主任姚康率领水乡特色发展经济区考察团赴珠海市斗门区，考察莲江村“十里莲江”生态旅游基地、石龙村特色农业项目。

□　东莞图书馆举行“品茶品书品生活”等系列文化活动。

23日　东莞市“银龄安康”行动启动，市政府为全市8.7万名75周岁以上户籍老人和60周岁以上低保户、五保户老人购买一份老人意外保险，而非户籍老人也可自费投保。

□　中华骨髓库广东分库2015年工作会议在莞召开，各地市红十字会和中心血站及红十字志愿者代表等近百人参加。会议还对东莞开展造血干细胞捐献工作取得的成绩和做法表示肯定。

□　东莞第三方家居建材O2O平台慧团网与本土老牌家居卖场盈锋家居广场达成战略合作，旨在通过O2O模式的互动，开拓家居市场。

24日　东莞市培育和践行社会主义核心价值观学校示范点现场经验交流会在市机电工程学校举行。该示范点的建设成效得到中宣部、省委宣传部的高度肯定。中国未成年人网更把它作为“东莞经验”向全国推广。

□　2015中小企业金融服务周启动，来自东莞地区的20余家金融机构为300多家中小企业提供融资咨询服务。

□　东莞市2015年度民兵轻舟分队在同沙水库举行骨干集训水上演练，旨在做好抗洪抢险救灾准备工作，提高抗洪抢险救灾的实战能力。

□　市政府常务会议审议通过《东莞市智能手机产业基地发展规划（2015—2020年）》《东莞市社会组织发展扶持专项资金管理办法》、2014年东莞市产业技术进步专项资金项目资助计划和2015年科技发展专项资金使用计划、设立“东莞市航空货物资助”项目等事项。

25日　首届“我是创业家——东莞创客群英会”在天安数码城举行，科技界、互联网界和投资界的创业领军人为300多名中小企业家和草根创业者支招。

□　2015东莞市“迎苏杯”全民炫跑在东城虎英公园、旗峰公园举行，活动全程约6公里，逾千名市民参加。

□　东莞女神俱乐部首场落地活动在万江下坝坊举行，主题是“咖啡文化”。

□　至28日　2015第十届东莞（长安）国际模具技术及设备展览会在长安镇联冠聚和（国际）机床城举行。

26日　东莞市首场“同在莞天下”——社会主义核心价值观进企业大型系列活动在清溪镇启动。

□ “东莞历史名人评传”丛书首发式暨出版座谈会在市文联举行，这是广东省内首套地级市历史名人评传书籍。

27日 “智汇东莞”微信公众平台开通，旨在为广大人才和人才工作者提供人才工作信息发布、政策解释、宣传推介、业务咨询等服务。

28日 市委副书记、市长袁宝成会见“海丝沿线国家主流媒体看东莞”媒体团，向来自全球20个国家的媒体记者介绍东莞发展史，推介东莞好环境，表达合作新构想。

□ 在2015年中国汉字听写大会全国巡回赛广东省冠军争夺赛中，东莞市代表队获得冠军。

29日 市第十五届人大常委会第二十五次会议审议通过市政府关于《深入推进依法行政 加快建设法治政府的议案》的办理方案，关于授予李永波东莞市荣誉市民称号的议案，以及相关人事任免事项等内容。

□ 虎门公安分局向媒体通报，虎门警方侦破省公安厅督办的“3·19”贩卖毒品案，抓获嫌疑人18人，缴获159公斤冰毒，500克麻古，4支仿64手枪。这是新中国成立以来虎门警方破获的最大武装贩毒案。

□ 东莞市中级人民法院审监庭在广东省东莞监狱减刑、假释审判庭开展“高墙下的阳光审判”之“3+2合议庭首审减刑案件”司法公开活动。

□ 东莞市各界劳动者庆祝“五一”国际劳动节茶话会举行，大会通报2015年东莞市获得表彰的劳动模范和先进集体名单，并对4名全国劳动模范（先进工作者）和16名广东省劳动模范（先进工作者）以及4个先进集体进行颁奖。

□ 在广东省第一次全国可移动文物普查第九期普训班上，省文物局通报东莞市已全面完成全市20个国有文物收藏单位近3万6千件/套文物信息采集及登录工作，是全省首个完成该两项工作任务的地级市。

□ 《东莞羽毛球史录》赠书仪式在市方志馆举行。

30日 东信高新科技孵化园开业，这是东莞市“首家民营企业综合性跨境电商园区”、东莞市第四家以跨境电商为主题的园区。

□ 沙田镇、虎门港举行重大项目签约仪式，泥洲岛粮油物流加工产业园、飞达华南供应链管理基地、嘉华沙田国际物流中心等3个总投资近120亿元的市重大项目集中签约。

□ “红牛杯”2015东莞市篮球联赛在市体育中心篮球馆举行，共有来自各镇街65支队伍参赛。

5　月

1日 东莞市企业职工最低工资标准调整为1510元/月，失业保险金相应调整为1208元/月。

3日 观音山国家森林公园举行第九届粤港万人相亲会，4600多名粤港两地单身男女齐聚观音山。

4日 “青春飞扬，‘苏’写精彩”东莞市迎苏迪曼杯长跑活动在市行政中心广场举行。

□ 至10日 东莞市副市长鲁修禄率市农业、城管考察团赴台湾开展经贸、农业和城市管理等领域的交流合作。

5日 东莞公安机关首次利用政务微信发布“通缉令”协助破案，开创东莞警界的先河。

6日 全省首艘无人水下测量船在长安新区海域启用。该船擅长在大船到不了的浅水、浅滩区域测量水下情况。

□ 东莞市博世机电设备有限公司研发3D激光牛仔洗水技术填补行业空白。

□ 东莞市财政出资42.76万元公开招标“东莞市流浪乞讨人员社工外展救助服务项目”，其中包括描绘职业流浪乞讨人员、露宿人员聚集点及流动路线图，并分析背后利益链及形成原因。

□ 至7日 东莞市第十五届人民代表大会第六次会议召开，表决通过《东莞市第十五届人民代表大会法制委员会组成人员名单》，市首个立法审议机构成立。

7日 东莞篮球城市雕塑《众志拼搏》在“CBA第一馆”东莞市篮球中心球馆正面广场落成。

8日 清华大学技术创新研究中心在东莞岭南园林公司设立分中心，这是全国企业中的首个分中心。

□ 东莞市快递车辆专用证明发放仪式举行，东莞市快递企业快件配送车辆便捷通行政策落地实施。

□ 东莞首家“阳光化O2O金融服务平台——贷理财服务平台”启动，致力于为东莞中小微企业和个人提供更为便捷的信贷金融服务。

9日 第五届青少年启智行传统文化体验行动在观音山举行，珠三角地区800余家庭参加。

□ 电镀业环境管理专业证书课程在东莞高训中心举行，来自莞港企业的25名技术人员参加培训。这次培训首开香港专业证书课程在内地举办的先河，港企人员不出莞可拿香港专业文凭。

□ 至10日 在石龙镇举行的第十五届广东省青少年机器人竞赛中，东莞市获得3个一等奖，7个二等奖，19个三等奖。大岭山中学队和石龙中学一队代表广东省出战全国比赛。

10日 广东动漫行业联盟在东莞成立，东莞十几家企业参与联盟制定行业标准。

□ “我圆爸妈婚纱梦”中老年集体婚禧纪念活动在凤岗龙凤山庄举行，来自珠三角地区的70对老爸老妈参加集体婚礼。

□ 在中华龙舟大赛（江西·鄱阳湖站）决赛中，东莞麻涌光大龙舟队包揽100米、200米、500米、总成绩四项冠军。

□ 至17日 2015年第十四届苏迪曼杯世界羽毛球混合团体赛在东莞举行，来自35个国家和地区的400多名选手参加，中国队连续第六次、历史上第十次夺得冠军。东莞是中国首个举办苏迪曼杯的地级市。

▲ 2015年5月17日，苏迪曼杯世界羽毛球混合团体锦标赛在东莞落幕（程永强　摄）

□ 至20日 东莞虎门口岸迎来历史上最大的出境游旅行团，8000游客从虎门经香港前往泰国。

12日　省委副书记、省长朱小丹带队到莞检查推进珠三角"九年大跨越"工作情况，对该市生态环境保护、战略平台建设、重大项目建设等各项工作予以高度评价。

□　东莞首届职业教育活动周仪式在东莞市轻工业学校启动，全市28所中高职院校代表、168名家长参加。

□　"莞邑防灾减灾"微信平台启用。该平台及时发布最新灾害资讯，普及防灾减灾知识。

□　东莞市外贸转型升级支援服务中心成立，政企共建的外贸转型升级"一站式"公共服务平台正式运营。

□　东坑警方侦破一起黑社会性质团伙案，抓获成员17人，破获刑事案件17宗、治安事件16起。

□　至6月12日　第四届全国青年藏书票暨小版画艺术展在莞城美术馆举行，展出450余件藏书票暨小版画作品。

13日　东莞市发布《关于引导民营资本发展实体经济的实施意见》，以先进制造业、高新技术产业、现代服务业为主攻方向，以"四新"（新技术、新产品、新业态、新模式）经济为战略支撑，以"五大行动"（投资兴企、创新强企、培育壮企、融资助企、服务惠企）为政策手段，推动民营资本发展实体经济。

□　至19日　广东省首届非物质文化遗产传统美食节暨2015年茶山"茶园游会"在茶山镇举行。

14日　第十届海峡两岸（粤台）高等教育论坛在东莞理工学院举行，东莞理工学院粤台产业科技学院挂牌成立。

□　东莞文化产业项目合作签约仪式在第十一届中国（深圳）国际文化产业博览交易会上举行，签约项目9个，签约金额近9亿元。

□　东莞市公安局破获一宗公安部目标涉毒案件，抓获23名犯罪嫌疑人，缴获冰毒500多公斤，毒资718余万元，外国军用制式手枪1支和子弹10发，打掉制毒工厂1个，查扣涉案车辆5辆。

15日　东莞市政府与工业和信息化部人才交流中心签署战略合作框架协议，在松山湖联合共建工业和信息化部人才交流中心华南分中心。

□　至17日　中国沉香文化博物馆沉香鉴赏交流会在寮步举行，会上还举行中国沉香文化博物馆资源战略合作单位签约仪式，百余家沉香产业链上下游企业参与现场签约。

□　至18日　第八届东莞国际茶业博览会在东莞国际会展中心举行，并配套举办首届东莞网络斗茶大赛等活动。

17日　中国孔子基金会"孔子学堂"授牌仪式在莞城运河东三路77号风篁文化·高第堂举行，这是广东第一所孔子学堂。

□　"2015年可园博物馆5·18国际博物馆日文化惠民系列活动"举行，包括可园"见"宝、箱盒文化展、传统婚礼文化展、传统乐器表演、陶吧、汉服文化体验、国际象棋现场对弈、传统工艺大家玩、可园聆"粤"等10多项活动。

18日　《2015年东莞市食品安全风险监测实施方案》发布，东莞不仅要完成省下达的845份食品样品检测任务，还增加蔬菜重金属、茶叶重金属、糕点致病菌等市民较为关注的食品安全风险监测项目。

19日　"中国旅游日"东莞快乐游暨深莞惠莞韶城际互游活动启动仪式在麻涌华阳湖举行，主体活动包括启动仪式、旅游惠民、各镇街节庆、旅游展示和文化休闲五大部分。

□　"创·赢未来"优同学杯2015东莞大学生创业实践大赛在广东创新科技职业学院启动，分为项目海选、晋级反馈、培训指导、实践比拼与模拟，以及决赛和效果评估阶段。大赛旨在营造创业氛围，带动更多的青年投身创业实践。

□　国内首个大宗农产品供应链电商平台在松山湖成立，该平台利用全国产销资源，为东莞市农产品供应商提供"线上线下"个性化定制服务。

□　至20日　2015年东莞市叉车司机职业技能竞赛在东莞市高技能公共实训中心举行，吸引东莞27家企业和院校的109名选手竞技。

□至10月30日　第四届中国创新创业大赛（广东·东莞赛区）2015天安数码城杯赢在东莞科技创新创业大赛暨首届赢在东莞大学生科技创新创业大赛举行，吸引335家来自电子信息、先进制造、智能机器人、新材料与生物医药、新能源及节能环保、互联网和移动互联网与文化创意等六大行业领域创新企业和团队的参与。

20日　东莞市公安局召开新闻发布会，石龙公安分局联合东莞市公安局禁毒支队，侦破一宗武装网络贩毒案，抓获25名毒品犯罪嫌疑人，缴获6.2公斤冰毒、2000余粒麻古和4支仿制手枪，子弹37发。

21日　市政府常务会议审议2015年4月份重大建设项目进展情况汇报、上调离退休人员基本养老金、《东莞市创意产业园区认定管理办法》等事项。

□　东莞与美国俄亥俄州水陆联运市长协会（简称"MAPSS"）双方达成合作意向，推动水乡管委会与MAPSS、水乡的10镇1港与MAPSS的26个美国城镇展开多层面、多渠道的合作模式，开创东莞外事史首次以"城市群"对"城市群"的合作方式。

□　为东莞市博物馆的镇馆之宝——一对明朝白釉贴花折枝花兽钮盖梅瓶召开"中国元明时期白釉瓷器学术研讨会"。这对梅瓶被视为国宝，是全世界同类陶瓷艺术品中的孤品。

□　国家卫计委下发第三批公立医院改革国家联系试点城市名单，东莞市是全省唯一入选的城市。

22日　东莞市推进妇女创业就业工作现场会在大朗镇召开，为东莞女性搭建专门创业就业平台。会议成立东莞首家白玉兰创业就业服务中心，并启动"东莞市女性就业创业培训课堂"及"东莞市女性创业文案设计大赛"两大项目。

□　至23日　南非考察团到厚街考察黄金珠宝、家具和会展等产业，希望从进出口贸易、技术交流等方面展开合作。

23日　东莞边防支队破获一起走私贩卖毒品到东南亚地区的案件，涉案毒品225公斤。

24日　"风雅颂——广东省首届朗诵大赛"总决赛在东城文化中心影剧院举行，东莞赛区牛颖朗诵的"青衣"等获得金奖。

□　在中华龙舟大赛（福州站）决赛中，东莞麻涌光大龙舟队分别夺得100米职业男子直道竞速冠军、200米职业男子直道冠军、500米职业男子直道竞速亚军和总成绩第一名。

26日　市政府常务会议审议通过《东莞市2015年度石马河污染综合整治工作方案》《东莞市2015年茅洲河污染综合整治工作方案》，认定"广东力合双清科技创新有限公司"为市产业转型升级基地开发企业等事项。

□　东莞、佛山、惠州三市银行间债券市场企业债务融资工具发行实务培训班在东莞举办，三市政府部门、银行机构和企业相关人员共300多人参会。

□　东莞市"电子商务职业教育集团"成立揭牌暨电商人才孵化基地启用仪式在东莞市电子商贸学校举行。

27日　省长朱小丹到东莞调研新一轮绿化广东大行动推进情况。

□　中纺粮油（东莞）食品产业园项目、兆宝粮油（东莞）专业码头项目签约落户沙田镇虎门港，两大项目投资总额

125.7亿元。

□ 广东省重金属污染防治重点区域竞争性评审拟推荐项目面向社会公示东莞8个土地污染修复项目。

□ 松山湖（生态园）管委会与广东医学院签订战略合作协议，双方在医疗、教学、科研等领域展开合作，共同构建协同创新联盟。

28日 省十二届人大常委会第十七次会议表决通过《关于确定佛山、韶关、梅州、惠州、东莞、中山、江门、湛江、潮州市人民代表大会及其常务委员会开始制定地方性法规的时间的决定》，东莞成为广东省首批拥有地方立法权的城市。

□ 东莞市第一人民法院首次开展网上司法拍卖，这也是东莞两级法院首宗网上司法拍卖。网上司法拍卖可以实现零佣金、不受地域限制并且公开透明。

□ 东莞市总规委员会2015年第二次会议审议通过《东莞清溪镇2014年01地块建设项目选址规划评估》《东莞市虎门电子产业园建设项目选址规划评估（调整）》《麻涌垃圾处理厂建设项目选址规划评估》《道滘镇2014年02地块建设项目选址规划评估》《东莞清溪镇九乡片区2015-01和2015-02地块选址规划评估》《东莞市生态园2015-01、2015-02、2015-03地块选址规划评估》6个项目。

□ 副市长杨晓棠会见马来西亚联邦直辖区副秘书长拿督莫哈默沙尼等一行9人，双方商讨在东莞市选址建设马中友谊园相关事宜。

□ 至30日 第二届国际电线电缆展览会在厚街举行，近1000家全球知名线缆企业参展。

29日 2015广东公共文化研讨会在莞举行，来自省内外的政府部门代表、专家代表、企业代表、社会代表近200人，就公共文化建设的主要领域、关键环节、热点焦点等进行探讨。

□ 2015年广东省篮球联赛在东莞举行，共有15支球队参赛。这是国内首个省级篮球联赛。

30日至6月4日 东莞市党政代表团赴绍兴、杭州、南京、苏州、上海等五座城市学习考察，重点问计五城在创新驱动发展、经济结构调整、产业转型升级、新区开发规划、自贸区政策等方面的经验和做法，推动东莞与长三角重点城市之间的交流与合作。

6　月

1日 市委常委、常务副市长张科与韩国金浦市市长刘永录率领的代表团举行座谈，双方就智慧城市等方面的合作进行交流。

□ 东莞首家在新三板挂牌上市的互联网公司——广东瓦力网络科技股份有限公司挂牌。

2日 东莞设计施工的“中马友谊园”在马来西亚布城开园。

3日 全球最大网上卖鞋B2C网站Zappos进驻东莞天安数码城，Zappos在东莞的驻地是除美国拉斯维加斯总部以外的唯一海外总部。

4日 市气象台发布高温黄色预警信号，多个镇街最高气温达到35℃。这是2015年气象部门首次发布高温预警信号，比往年稍微偏早。

5日 市委常委会议召开，强调把创新驱动作为核心战略。

□ 第四届珠三角报业物流联盟交流会在报业大厦举行。该届交流会以“整合资源，合作共赢”为主题，珠三角各大报业集团相关负责人参加会议。

6日 东莞首家进口商品保税体验店KK馆开业。东莞是继广州、深圳之后珠三角第三个开设线下保税体验店的城市。

□ 国内首家高端家庭烘焙体验中心——焙芝友（东莞）电子商务有限公司落户南城新基地科技创意产业园，并举行O2P项目启动暨焙芝友烘焙体验中心开业仪式。

□ 至11月28日 松山湖（生态园）杯2015年东莞市电子商务技能竞赛暨创业大赛举行，职工组有9个团队获奖，一等奖被“糖单车”店铺获得；学生组有17个团队获奖，一等奖被店铺“为你想多点”获得。

7日 太平洋岛国（斐济、汤加、萨摩亚、密克罗尼西亚4个国家）高级公务员一行24人来莞交流。

□ 东莞市首家互联网医疗公司——天使健康管理有限公司总部落户东莞，东莞居民可享受到智能化健康管理服务。

9日 市政府常务会议审议通过《东莞市促进科技金融发展的实施办法》《东莞市科研用地资格认定评估操作规程》《东莞市工业机器人智能装备产业发展规划（2015-2020）》、进一步推进就业服务工作若干政策措施均等化、开办中职教育台湾课程班等议题。

10日 东莞市控规委员会2015年第五次会议审议通过塘厦镇林村南片区污水处理厂2期工程扩建、《水乡特色经济发展区城乡风貌管理规定》等项目。

13日 国务院第十督查组对东莞市贯彻落实国务院重大政策措施情况开展实地督查并给予肯定。

□ 国际拳王争霸赛在虎门举行，国内多名职业拳击手与来自泰国、哈萨克斯坦、乌克兰等地的拳王展开较量。

□ 在2015年中国龙舟公开赛（成都·金堂站）中，麻涌光大龙舟队夺得200米直道竞速冠军。

□ “鼎峰杯”2015东莞业余网球团队公开赛在市网球中心举行，来自全国32支球队500余名网球选手参赛。

□ 在第十个“中国文化遗产日”，东莞市举办“莞脉传承之东莞市非物质文化遗产进校园”“菜单式文化活动传统小吃班”、文化惠民千场演出（粤剧专场）、端阳龙舟竞渡活动、石龙镇第五届“中华龙民俗文化节”开幕式暨东莞市第三届“金龙头”杯民间舞龙大赛颁奖晚会、“龙腾东江庆端阳”龙舟竞赛暨石龙镇第五届“中华龙民俗文化节”闭幕式等一系列展示文化遗产的特色活动。

14日 第五届东莞荷花文学奖终评结果揭晓，共评出9个文学奖和1个突出贡献奖。

15日 东莞市应急救护知识进校园活动在东华中学启动，以11所高中为试点开展应急救护知识培训。

16日 市政府常务会议审议通过《东莞市人民政府办公室关于贯彻落实市政府常务会议精神有关事项的通知》《东莞市突发事件预警信息发布管理办法》《东莞市鼓励扶持家庭农场发展实施意见》、全面推行惠民殡葬政策、2013年度渔业成品油价格改革财政补贴资金发放方案、东莞金太阳研磨股份有限公司等17家企业利用资本市场奖励、认定东莞市第二批创新型企业、2014年“机器换人”专项资金应用项目资助计划（第一批）等事项。

17日 东莞首届创客梦想汇在天安数码城举行，来自香港、台湾、上海、深圳等城市的近1000名创客参与，分为创客大篷车、科学大舞台、创客集市、创客论坛等四大系列活动。

□ 东莞通过广东省推进教育现代化先进市验收，省督导验收组评价东莞为全省教育现代化发展提供宝贵的经验。

□ 至20日 2015中国加工贸易产品博览会在厚街广东

现代国际展览中心举行，来自全国22个省市及港澳地区的795家企业参展。达成商贸合作项目（含合同、协议和意向）7326宗，意向成交金额达928亿元。这是全国唯一的国家级加工贸易产品博览会和加工贸易产品内销对接平台。

□ **至21日** 第六届中国（道滘）美食文化节暨名优食品展在道滘镇举行，吸引45万人次游客参与活动，现场食品销售总额5000多万元，订货金额1亿多元，拉动消费2.5亿元。

18日 省长朱小丹来东莞市2015年中国加工贸易产品博览会调研，研究推动全省加工贸易创新发展。

□ 东莞市启动实施水运口岸“三互”大通关模式，东莞口岸“三互”大通关在全国率先实现水陆一体化。

□ 东莞市“三严三实”专题教育官方网站开通上线。这是继开通“严实莞家”官方微信公众号、移动客户端“三严三实”频道之后，东莞新增的重要宣传学习平台。

□ 东莞市社会组织党组织“互帮共建”资源对接项目签约仪式在广东科技学院举行。来自结对共建单位的党组织负责人及签约代表，各镇街、市直管社会组织党组织的专职党务干部等200多人参加签约仪式。

□ 东莞国税在全省率先实现网上领用增值税专用发票。

19日 首届东莞大学生科技创新节在东莞理工学院启动，举行创新创业大赛、创新技能大赛、科技大家讲坛三大类七大项目的活动，为优质创业项目搭建校内外沟通平台。同时东莞市首个高校创新创业教育服务中心——东莞理工学院创新创业服务中心成立。

20日 在中华龙舟大赛温州站赛事上，东莞麻涌光大龙舟队夺得100米、200米和500米决赛三个冠军，取得总分第一名的成绩。

□ 中国首届微商狂欢节千人大会活动在东莞举行，全国微商精英超千人围绕微商的经营理念、发展趋势及投资价值进行交流与合作。

24日 省人大常委会副主任雷于蓝率队来莞调研人大代表工作，表示向全省推广东莞经验。

□ **至26日** 东莞市2015年群众戏剧曲艺花会在常平镇举行，比赛分设小品组、小戏组、曲艺组。

25日 东莞市党外代表人士实践锻炼基地在南城举行启动仪式。首批建立党外代表人士实践锻炼基地的有东城街道、南城街道、虎门镇、常平镇、麻涌镇、谢岗镇、市农业局、市教育局、松山湖生态园管委会、水乡特色发展经济区管委会等10个镇街、单位和园区。

□ 松山湖游戏孵化基地成立，这是东莞首个以游戏产业为核心的孵化载体。

27日 在第十六届百花文学奖上，东莞作家丁燕和塞壬分别以《断裂人》和《驴叫是红色的》获得散文奖，王十月凭小说《人罪》获得中篇小说奖。

28日 “首届东莞微电影节”开幕暨东莞微电影协会挂牌仪式在万科769创意园举行。从即日起到8月28日，多场电影展映和论坛活动在万科769创意园举行，过百部微电影参与角逐“金莞花奖”。

29日 市政府常务会议审议通过《加快推进全市水污染治理工作（2015—2017年）行动计划》《东莞市截污次支管网工程建设工作指引》《东莞市主要水库“库长制”实施方案》《东莞市深化电梯安全监管改革构建社会共治体系工作方案》《东莞市市场主体住所（经营场所）登记管理试行办法》《东莞市企业集群注册登记管理试行办法》、发展服务外包相关政策、加快科技企业孵化器建设的实施办法等事项。

□ 广东省科技金融综合服务中心东莞分中心挂牌成立，全市各镇街设立工作站，实现省市镇三级联动解决企业融资难题。

□ **至30日** 2015年广东省首届麒麟文化节在清溪镇举行，来自全省的26支麒麟表演队伍参加麒麟舞邀请赛，东莞夺得9个金奖。

7　月

1日 东莞市区正式禁止活禽销售屠宰。主城区的市民想买活禽，只能去莞城细村市场、东城市场、南城西平综合市场和万江蟹地市场。

□ 省委书记胡春华赴东莞理工学院开展专题调研，强调要建设一流工科大学，为广东实施创新驱动发展战略提供有力支撑。

□ 南方全线通（东莞）智慧传播平台在东莞市图书馆投入运营，全方位展示东莞改革创新成果。

□ 2015年在莞港企升级转型联席会议在香港召开，东莞市政府与香港贸发局签署《利用粤港服贸自由化机遇全面加强合作备忘录》。

□ “中国海岛罗汉松盆景艺术之乡”挂牌仪式在东莞高埗举行，东莞的海岛罗汉松数量全国最多，占到全国的九成左右。

2日 市委书记、市人大常委会主任徐建华，市委副书记、市长袁宝成率东莞市党政代表团到深圳学习考察创新驱动发展战略和扶持发展内源型经济等方面经验做法。

5日 全国人大常委会副委员长、民建中央主席陈昌智一行莅莞，就“互联网+”、诚信体系建设进行专题调研。

7日 国家口岸办主任黄胜强一行莅莞调研，肯定东莞市口岸“三互”大通关改革工作。

9日 虎门大莹服装电商城获得中国电子商务发展大奖“朱雀奖”，广东省有3家电子商务园区获得该奖项。

10日 中英低碳环保产业示范区在东莞举行揭牌仪式。

11日 常平公安分局成功打掉一重大涉恶犯罪团伙，抓获团伙成员19名，缴获毒品、假币、手枪、刀具、弓弩、汽车等涉案赃物和作案工具一批。

14日 市政府常务会议审议通过《东莞水乡特色发展经济区生态环境规划（2015—2030）》《东莞市高新技术企业育苗造林行动计划（2015—2017）》、东莞市都市现代渔业奖励资金有关管理办法等。

15日 省委常委、常务副省长徐少华等到石龙镇调研铁路项目建设情况。

□ 市政府与招商局集团签署战略合作协议共同开发长安新区。

□ 市委副书记、市长袁宝成会见韩国驻广州新任总领事黄淳泽一行，双方就深化莞韩交流、韩企在莞发展等进行洽谈。

16日 广东省安全生产监督管理局、东莞市人民政府联合举行2015年危险化学品事故应急演练，全市共有公安、消防、卫生、交通、环保、气象、电力、水务等43个部门参与。

□ 东莞警方破获公安部“2015-901”特大走私贩卖毒品目标案，抓获台湾人为首的境内外犯罪嫌疑人15名（其中台湾籍嫌疑人10名），缴获冰毒170公斤。

17日 松山湖公安分局打掉一个游走珠三角专门盗窃大型车辆油箱柴油的犯罪团伙，抓获犯罪嫌疑人6名，缴获作案车

辆6台，假车牌30余副，侦破松山湖盗窃汽车柴油案件6宗及带破其他镇街案件一批。

18日至25日　“莞香传情”——第三届莞港澳青少年成长营举行，旨在通过莞港澳三地青少年间的交流和沟通，加强东莞与香港、澳门文化、经济联系。

□　2015年海外华裔青少年“中国寻根之旅·东莞”夏令营举行，33名来自美国、加拿大、印尼等地的华裔青少年朋友与12名优秀的、对中华传统文化有深刻认识的东莞青少年参加。

20日　在全省土地管理工作会议上，东莞市获得全省节约集约用地考核一等奖、全省耕地保护考核三等奖、“三旧”改造考核三等奖、土地执法监察考核通报表扬等荣誉。

21日　省委副书记、省长朱小丹率队到横沥镇调研产业协同创新情况。

□　东莞市“送法上门”活动全面启动。

□　“中国现代五项运动协会青少年训练基地”在东莞东城体育公园举行挂牌仪式。

22日　东莞在全省首创的“新闻发布”视频公开课在市委党校网络学院平台上线。

□　市委书记、市人大常委会主任徐建华会见河南省焦作市委副书记、市长谢玉安率领的焦作市党政代表团，与代表团就加强两地产业转移、旅游合作等深入交流。

□　湖南省委副书记、省长杜家毫率湖南省政府代表团来东莞考察自主创新工作，赞誉东莞推动企业自主创新、“机器换人”、孵化基地建设等方面所取得的成效。

□　东莞市纺织服装学校面料馆通过国家纺织面料馆验收，成为国家纺织面料馆分馆，这也是国家纺织面料馆在全国的首家院校分馆。

24日　东莞市统一战线智库成立。

□　国务院副秘书长、国务院机关党组成员、国家信访局局长、党组书记舒晓琴来东莞调研企业风险预警系统及一村（社区）一法律顾问情况，肯定东莞创新推进综治信访维稳工作的经验做法。

□　东莞市地方立法研究评估与咨询服务基地成立。

27日　市政府常务会议审议通过《东莞市招商引资重大项目效益保障及退出机制实施办法（试行）》《东莞市招商引资重大项目投资协议（指引）》《关于进一步推进我市版权工作的意见》和《东莞市举报介绍、使用童工违法行为奖励办法》等事项。

□　国家版权局作出《关于同意东莞市创建全国版权示范城市的批复》，同意东莞市创建全国版权示范城市的申请。

28日　沙田镇虎门港举行重大项目签约仪式，深圳巨正源丙烷脱氢项目和中电国际热电冷联产项目落户虎门港，两项目投资总额约108亿元。

□　东莞市召开全市推行权责清单制度工作动员暨培训会议。东莞成为全省率先部署全面推行权责清单制度工作的城市，也是较早探索建立镇级权责清单的城市。

29日　沙田、虎门港公安分局成功打掉一跨市作案的特大贩毒团伙，抓获涉嫌人员6人，缴获毒品约14公斤、毒资约50万元，扣押作案汽车1台。

30日　60余名全省地级以上市领导干部商事制度改革与市场监管专题研究班学员来东莞进行现场学习，实地观摩市工商局登记注册大厅，观看东莞商事改革专题汇报片，听取市工商局有关商事改革经验做法的情况介绍。

□　东莞首届互联网项目路演在松山湖东莞市互联网产业园举行，传统的金融、医疗、教育、物流等行业与互联网进行深度融合，吸引广深10余家投资机构关注。

□　东莞首次高规格举办全市优秀毕业生代表座谈会，鼓励和引导优秀毕业生支持东莞发展。

□　经省政府同意，东莞获得“广东省推进教育现代化先进市”称号。

8　月

1日　东莞市国税局在全省首创的O2O办税模式在全市范围内推广，纳税人可足不出户“居家办税”。

2—21日　黄江警方打掉一个青少年涉恶犯罪团伙，抓获团伙成员12人，侦破涉嫌寻衅滋事案2宗、抢劫案2宗、聚众斗殴案1宗以及殴打他人治安案件2宗。

3日　东莞最长、建设难度最大的公路下穿式隧道——省道358长安隧道建成通车。

□　市委常委会议审议通过《东莞市村（社区）综合服务管理中心建设指导意见》《关于推进农业转移人口市民化的实施意见》等事项。

□　大岭山公安分局成功打掉一个11人涉恶犯罪团伙，缴获管制刀具、棍棒等作案工具一批，破获涉黑恶刑事案件4宗、涉黑恶行政案件11宗。

4日　虎门公安分局破获一起特大非法经营假烟案，抓获11名犯罪嫌疑人，查扣涉案车辆7辆，缴获30多种假冒品牌香烟983.6万支，价值624万元。

5日　2015东莞国际友城交流夏令营开营。来自以色列、韩国、德国的学生与东莞学生互相交流学习。

6日　市政府常务会议审议通过《东莞市大型骨干企业认定及扶持暂行办法》《东莞市唐氏综合征产前筛查和新生儿耳聋基因筛查项目实施方案（2015—2017年）》《东莞市妇女宫颈癌、乳腺癌检查项目实施方案（2015—2017年）》《东莞市人民政府拟定地方性法规草案和制定规章程序规定》等事项。

7日　东莞市技师学院获批国家级高技能人才培训基地并获500万元补助，用于基地项目建设，开展各类高技能人才培训。

8日　东莞首个莞台两岸青年创业孵化器——“蚁巢”在莞城中天创意谷诞生，专为大陆、台湾两地青年创业者提供创业机会和项目孵化基地。

□　2015年“全民健身日”暨广东省第十六届体育节活动启动仪式在同沙生态园举行，全市一千多名自行车爱好者参与。

□　**至9日**　高校机器人决赛在东莞理工学院举行，来自全国160余所高校的580支队伍2100多人携带自行研发的机器人参加。

10日　质检总局发布《质检总局关于批准对西山焦枣等产品实施地理标志产品保护的公告》（2015年第96号），批准莞香为地理标志保护产品，莞香产地保护范围为东城街道、南城街道、厚街镇、寮步镇、大岭山镇、茶山镇共6个镇街。

□　**至13日**　东莞市2015年中国音协音乐等级考试举行，考试科目包括钢琴、古筝、小提琴、声乐等多个类别，共有近4000名考生参加，创历史新高。

11日　市委书记、市人大常委会主任徐建华率领东莞市党政代表团抵达沈阳考察先进装备制造业发展情况，介绍东莞“机器换人”和先进装备制造业发展情况，寻求合作空间。

14日　2015年东莞第十一届读书节启动，全市30余项重点活动及各镇街420余项特色活动相继展开。

□ “美塑杯”东莞市第七届小小说创作大赛在桥头镇举行颁奖典礼。

□ 东莞大众社工第二届公益微项目扶持大赛在莞城举行，5个项目分享3万扶持金。

□ 东莞市寮步镇中国沉香文化博物馆举行王芝文陶瓷微书陈列馆（东莞）开馆暨陶瓷微书走向世界启航仪式。

□ 东莞市公安局捣毁一个利用网络老虎机赌博的犯罪团伙，共抓获176名嫌疑人，缴获涉案电脑197台（笔记本电脑7台）、涉案车辆12辆。

□ 至16日 东莞市第一届残疾人运动会在市体育中心篮球馆举行，设田径、游泳、乒乓球和羽毛球4个比赛项目，共有来自全市32个镇（街）的32支代表队268人参赛。

15日 东莞出租车承包费走向市场，由政府指导价改为市场调节价管理。

16日 广东省第十四届运动会在湛江闭幕，东莞市体育代表团获得总分5524.45分和金牌76枚，取得代表团团体总分和金牌数两个第三名的优异成绩，还有两项排名列全省地级市代表团第一。

17日 东莞市公安局侦破一个特大盗销柴油犯罪团伙，在长安、虎门、厚街等地抓获涉案人员14人，现场缴获改装的偷油车辆6部、假车牌20副，撬棍、水管钳等作案工具一批，查封地下收油窝点1个。

18日 石龙公安分局侦破一起特大非法经营假烟案，抓获涉案嫌疑人6人，捣毁售假窝点3个，缴获假冒品牌香烟390多箱19500多条，价值250万元。

19日 副省长温国辉一行莅莞调研社区服务、人力资源、医疗卫生等民生工作，肯定东莞市委市政府对于民生工作的创新做法，特别指出东莞社区首诊制度有效解决群众就医公平性、公益性、科学性等问题，是推进公共卫生服务均等化的有效途径，这项工作走在全省前列。

□ 市中级人民法院举行“东莞市廉政警示教育基地”揭牌仪式与“庭审观审警示教育活动”启动仪式。

□ 东莞CBD国际航空港启用，推出全国首创的O2O旅行平台“一步登机”服务。该城市候机楼位于南城，占地12000平方米，是全国最大城市候机楼。

□ 广东省专业镇发展促进会官网公布2015年广东省技术创新专业镇名单，清溪被评为现代物流专业镇；谢岗被评为高端装备专业镇；莞城被评为文化创意专业镇；万江被评为数控装备专业镇。

20日 首届东莞绿色建筑设计大赛启动仪式举行，全市各镇街（园区）规划建设办（局）、各设计施工单位、施工图审查机构、工程咨询服务机构及相应行业生产、销售技术单位等100多名代表参加活动。

□ “绿地杯”2015年东莞市首届青年创业大赛在常平镇举行，全市各镇街团委书记，常平镇相关部门（单位）负责人，常平镇各村（社区）书记，各镇街青年创业代表，市内外新闻媒体等220人参加启动仪式。

□ 凤岗跨境电商园开园。该园占地2万平方米，总建筑面积7万多平方米，是东莞市规模最大的跨境电商园。

□ 至24日 第七届中国国际影视动漫版权保护和贸易博览会（简称“第七届漫博会”）在广东现代国际展览中心举行，海内外参展企业458家，参与活动人数超过60万人次，现场消费和合同、意向成交额36.2亿元。

22—23日 “约翰杯”东莞市第一届青少年三人足球争霸赛在市体育中心足球场举行，有59支队伍参加比赛。

23日 在加拿大举办的第12届世界龙舟锦标赛精英公开组200米比赛中，麻涌光大龙舟队夺得金牌。

25日 石龙公安分局召开新闻发布会，通报7月下旬成功侦破省目标“2015-233”跨市贩毒案，抓获贩毒犯罪嫌疑人9人、容留他人吸毒犯罪嫌疑人2人、吸毒违法人员6人，缴获冰毒31.8千克、“K粉”1.3千克、“5仔丸”4330粒以及毒资人民币154000元、港币32000元，查扣作案汽车5辆。

□ 市委全面深化改革领导小组第九次会议审议通过《东莞市城市公立医院综合改革实施方案》等事项。

26日 市第十五届人大常委会第二十七次会议举行。会议审议通过市政府《关于东莞市2014年决算草案和2015年上半年预算执行情况的报告》《关于东莞市2014年度市级预算执行和其他财政收支情况的审计工作报告》，以及相关人事任免事项等内容。

□ 市政府常务会议审议通过《东莞市申报国家历史文化名城实施方案》、举办2015年中华龙舟大赛（东莞麻涌站）、《东莞市渡口渡船安全管理工作意见》等事项。

□ 东莞首批12辆纯电动出租车上路，起步价和计费方式与普通出租车相同。

□ 至30日 2015“三星盖乐世杯”中韩篮球挑战赛在东莞举行，“CBA八冠王”广东宏远、广东篮球生力军佛山龙狮、韩国KBL联赛传统劲旅首尔三星、釜山KT参加比赛。

27日 东莞市在长安网商中心举行跨境电商产品对接会，30多家国内知名跨境电商平台与东莞近80家制造企业对接。

28日 “老莞博，新精彩”东莞市博物馆首届文创产品设计大赛启动仪式举行。

□ 东莞首个旅游集散中心在寮步镇成立，以接待团体旅游为主，同时提供自助、散拼等多种个性化旅游方式。

□ 至31日 东莞第十届秋季茶博会在南城会展中心举行，展会面积2万平方米，设有1000个国际标准展位，面积8000平方米，参展人数15万人。中国首个茶社交电商平台“茗人秀”APP在东莞第十届茶博会上宣布上线。

29日 东莞跨境电商千人PK大赛启动。这是东莞首场跨境电商企业联合组织的大赛。

□ 至30日 “常平杯”2015年首届两岸四地智慧型机器人大赛学界研发成果展在常平会展中心举行，来自港、澳、台和内地两岸四地约130支队伍，近400名队员参赛。

31日 东莞市第一人民法院首宗淘宝房产拍卖启动，这也是东莞法院首次“试水”淘宝房产拍卖。

9月

1日 东莞市启动企业“三证合一”（工商营业执照、组织机构代码证、税务登记证）登记制度改革。

3日 广东省政府与中外运长航集团、俄罗斯开发与对外经济银行、俄罗斯出口中心股份公司四方签署合作备忘录，推动位于广东东莞石龙的中俄贸易产业园合作建设和持续发展。这是俄罗斯在中国设立的首个出口商品贸易中心。

□ 虎门公安分局侦破一宗制造毒品案，抓获犯罪嫌疑人3人，缴获毒品冰毒7075克、麻古75克和大量制造毒品的工具。

□ 至7日 第34届国际名家具（东莞）展览会在厚街举行，展会面积75万平方米，全球1138家家具及相关企业参展。

5日 南城公安分局协助辽宁省鞍山市警方，侦破一宗特

大跨省武装贩毒案，抓获4名贩毒人员及3名吸毒人员，缴获成品冰毒21公斤，制毒材料65公斤，仿六四枪支2把，子弹6发，作案小轿车2辆，大巴车1辆，电子秤、手机、银行卡等作案工具一批。

6日　省政府常务会议审议通过《广东东莞粤海银瓶合作创新区发展总体规划（2015—2030年）》。

□　松山湖实验中学落成开学。该校是由东莞市松山湖管委会投资2.5亿元兴建的一所新型公办中学，设计规模为60个教学班。

□　19届环球夫人大赛东莞赛区比赛启动。该活动是关注已婚女性“美丽、智慧、爱心、成功”为宗旨的国际赛事。

□　企石公安分局打掉一个特大贩毒团伙，抓获犯罪嫌疑人7人，现场缴获冰毒约10公斤、麻古约56公斤，作案汽车6辆、摩托车1辆。

7日　副省长邓海光率调研组莅莞调研社会组织建设、居家养老服务和新型城镇化试点行政区划等方面的工作。

8日　埃塞俄比亚总理海尔马里亚姆率领政企代表团莅莞出席埃塞俄比亚—东莞投资合作论坛。

□　由省内100多家爱心鞋企组成的广东爱心鞋企联盟在东莞成立，每年向贫困地区小孩赠送10万双鞋。

9日　市政府常务会议审议通过《东莞市新能源汽车推广应用资金管理办法》《关于促进会展业发展实施意见》，决定2016年在市区建设第二批人行天桥等事项。

□　韩国牙山市公共关系代表团访莞，双方探讨在公关、旅游、文化等方面的合作事宜。

□　首届“东莞市服装设计师技能竞赛”在东莞职业技术学院举行，企业服装设计师以及高职高校的服装设计专业学生参加竞赛。

10日　省长朱小丹到石龙调研广铁国际物流基地规划建设情况。该基地为“一带一路”连接点和中俄贸易重要枢纽。

□　国内首部反映东莞女性工作生活的青春励志电影《东莞女孩》东莞新闻发布会在长安图书馆举行。

11日　省政府在东莞召开珠三角地区水环境综合整治与绿色生态水网建设工作现场会，总结珠三角地区水环境综合整治工作进展情况，推广东莞绿色生态水网建设经验，研究部署珠三角地区水环境综合整治与绿色生态水网建设工作。省长朱小丹出席会议并讲话。

□　东莞农商银行队获得首届广东省篮球联赛总冠军。

□　东莞市大学生绿色建筑设计比赛启动。活动旨在为东莞培养优秀绿色建筑设计师提供良好的土壤。

□　茶山跨境电商O2O展销中心举行开业仪式，这是东莞首家双向交易跨境电商平台，也是东莞经营面积最大的跨境电商O2O馆。

□　万江公安分局打掉一个跨区域盗窃摩托车团伙，抓获犯罪嫌疑人6名，破获案件近百宗，作案小轿车1辆，缴回被盗摩托车3辆。

□　至20日　东莞麒麟制作、莞香制作技艺、龙舟制作技艺、莞草编织、矮仔肠制作技艺等5个非物质文化遗产代表性项目亮相第五届中国成都国际非物质文化遗产节。

12日　“东莞农商银行杯”东莞市少儿模特大赛总决赛举行，来自32个镇街海选晋级产生的87位小选手参赛。

13—23日　市委副书记、市长袁宝成率领东莞市政府代表团赴西班牙、波兰、俄罗斯三国开展经贸科技交流和外事活动。

14日　由国家口岸管理办公室主办的“三互”大通关改革现场会在东莞召开。会议对东莞落实“三互”改革、推进大通关建设的探索和成效给予肯定。

□　东莞石龙铁路国际物流中心口岸启用，拓展广东省口岸与丝绸之路经济带沿线国家的互联互通。

□　省政府举行广东省高水平理工科大学共建协议签署仪式，省教育厅与东莞市人民政府、东莞理工学院签署省市共建高水平理工科大学协议。

15日　“善行东莞　大爱无疆”第五届东莞道德模范授奖仪式举行，11人被授予道德模范称号，12人获得提名奖。

□　西藏卫视新闻联播以《东莞援藏：真抓实干结硕果》为题，对东莞援藏工作进行报道。

16日　东莞市重大建设项目夏晖物流（东莞）有限公司物流项目在石排镇举行奠基仪式。

□　号称国内首家塑化原料现货线上大宗交易平台的“大易有塑”在东莞上线。该平台率先采取“T+0”交易模式，并以大型银行独立第三方结算。

□　SoldCrazy集团旗下“卖疯乐”中国区华南分区进出口运营管理中心在虎门启动。

□　至17日　厚街警方打掉一个“碰瓷”抢劫团伙，抓获犯罪嫌疑人4名，侦破该团伙流窜作案30多宗，涉案金额近30万元。

17日　“我的梦”第二届广东省演讲大赛暨第二期广东省演讲培训班在东城启动。

□　至18日　在第八届中国报刊广告大会暨2014-2015中国报刊广告投放价值排行榜发布会上，《东莞日报》荣膺“全国城市日报10强”。

18日　东莞市公立医院推行医疗责任险，形成医疗纠纷“三调解一保险”制度体系。

□　东莞市商务局与苏宁云商签署战略框架协议，首批30余家东莞商户与东莞苏宁达成全面合作，在苏宁线上推出特色商品及优质服务。

□　企石公安分局侦破一宗系列盗窃车牌案，抓获犯罪嫌疑人2人，缴获被盗车牌16块，破获盗窃车牌案件40余宗。

19日　首届东莞市大学生科技创新节之首届东莞市商务英语翻译大赛决赛在中山大学新华学院东莞校区举办，有9所高校参赛。

20日　中国民俗钱币博物馆在樟木头观音山开馆，这是全国首家民俗钱币博物馆。

□　常平镇被中国楹联学会授予“中国楹联文化之乡”称号，成为东莞市首个获得该称号的镇街。

□　清溪镇和清华大学双方合作共建的“力合双清创新基地项目”举行奠基典礼暨首批入园企业签约仪式。该项目分三期建设，总投资约70亿元。

□　广东省名特优新农产品评选推介活动在麻涌镇举行，全市组织30余家本土知名的农产品生产加工企业和单位参加展示，推介种植类、水产类及其加工品等100余种食用类农产品。

□　东莞市公安边防支队在东莞狮子洋海域破获一起特大海上偷渡案，在一艘货船的多个货舱里，查获30名涉嫌偷渡人员，其中29名南亚籍男子，1名中国籍男子，还有2名涉嫌组织偷渡人员。

21日　东莞在全国首创以法官名字命名的新型独立合议庭，专门审理以简易程序办理的各类型上诉案件。

□　江门市考察团莅莞考察生态建设、园区发展、湿地景区建设情况，学习东莞治水治污经验。

□　“观音山杯”东莞市第八届中小学硬笔书法比赛在观音山景区举行，大赛吸引全市100余所学校及培训机构参与。

23日　东莞市启动企业登记注册“一网通”改革，将国家“三证合一”改革深化为“多证合一”，实现企业登记注册“一站式”办理。

□　东莞市伊斯兰教协会主办的“欢度古尔邦节，共享清真美食”活动在市图书馆南门广场举行，市民免费品尝别具特色的民族美食。

□　长安镇政府引导设立的“东莞市长安融辰资产管理合伙企业（基金名称）”发布，东莞首只五金模具产业基金诞生。

□　至24日　莞城警方打掉一个特大贩毒团伙，抓获4名嫌疑人，缴获毒品34公斤。

24日　麻涌公安分局破获一宗非法拘禁案，打掉一涉黑恶团伙，抓获团伙成员9名。

□　至25日　南城公安分局打掉一个特大拉人上车抢劫犯罪团伙，抓获犯罪嫌疑人6名，缴获作案车辆1辆，作案钢管、刀具和电棒一批，破获抢劫案10宗。

25日　万江公安分局打掉一个跨区域犯罪团伙，抓获嫌疑人3名，审破盗窃案21宗，缴获赃物及作案工具一批。

27—28日　在2015中国龙舟公开赛（云南·绥江站）中，东莞麻涌光大龙舟队在公开组200米直道赛和500米直道赛夺得冠军，获得该站总成绩第一。

28日　东莞首个家政O2O平台淘家政综合服务平台上线，对接一线实体家政企业和个体推荐服务。

29日　《东莞年鉴》2015卷出版发行。该书详尽记载2014年东莞的大事、要闻，是全面、快速链接东莞的权威出版物。

□　东莞市农村集体资产网上交易平台上线，农村集体资产从实体现场交易走向网络在线交易。东莞成为全国第一个探索实行集体资产网上交易的地级市。

□　市政府常务会议审议通过《关于强化产业政策支持推动先进装备制造业发展的工作方案》《关于省市共建发展中小企业设备融资租赁试点工作方案》《东莞市人民政府　国家开发银行广东省分行关于以融资租赁推进“机器换人”的产融合作方案》《东莞市成长型中小企业管理暂行办法》《关于促进我市创意设计与制造业融合发展的实施意见》等事项。

□　2015年粤桂琼三省区公共文化示范区区域交流联动演出暨广东省第二届客家新民歌创作大赛颁奖晚会在清溪文化广场举行，15首作品获奖，东莞独占6席。

10　月

1—7日　香港无线电视台知名节目《吾淑吾食》介绍东莞美食，向观众推介“舌尖上的东莞”。

3日　《澳门日报》以《莞十五年促建粤港澳大湾区》为题，介绍东莞积极参与国家“一带一路”战略建设，深度拓展与港澳台的合作。

6日　第11届粤港万人相亲会在樟木头观音山举行，最终促成127对良缘。

7日　《人民日报》在2版“新疆跨越60年”专栏以《东莞人的“喀什时间”》为题，介绍东莞援疆的真情故事。

9日　在北京举行的2015年全国创新社会治理典型案例颁奖典礼暨经验交流会上，东莞《创新推广积分制管理　不断完善基层治理体系》以综合得分第一名获评全国社会治理创新十大最佳案例，《小区“微治理”基层新变化》获评优秀案例。东莞是全国唯一同时获评最佳案例和优秀案例的地区。

□　“2015年度第十批绿色建筑评价标识项目”公布，东莞市台商子弟学校综合体育馆项目获得绿色建筑三星认证（中国建筑业最高水准的绿色认证）。这是全国学校第二家、华南地区第一家取得绿色建筑评价标识国标三星的学校。

10日　市委常委会议审议并原则同意《东莞市关于加快推进创新驱动发展重点工作方案（2015－2017）》及《加快创新驱动发展重点工作方案（2015－2017）任务分工表》。

□　中央财经领导小组办公室主任刘鹤一行莅莞调研，了解企业生产经营状况。

□　至13日　在南京举行的“多彩秋韵-第五届全国中老年才艺展演”中，东莞市代表团凭借一曲民乐大合奏《丰收锣鼓》赢得一等奖。

11日　东莞市逸颐艺舍博物馆举行开馆揭牌仪式暨“中国收藏文化示范基地”授牌仪式。

□　至20日　市委常委、组织部部长白涛率党政代表团赴欧洲，开展招商引智系列活动。

12日　黄江公安分局打掉一个长期流窜于东莞、深圳、惠州、清远等地的盗窃汽车犯罪团伙，抓获涉案嫌疑人7名，起回被盗车辆8辆，缴获作案工具、枪支弹药及制枪工具一批，初步破获盗窃汽车案件20余宗。

□　至16日　市委书记、市人大常委会主任徐建华率市党政代表团赴京拜访中央国家机关、重点高校，推动东莞转型升级。

□　至16日　市委副书记、市社工委主任姚康率团赴台交流考察，学习借鉴基层治理做法。

13日　东莞市政府与中国—东盟环保中心签署合作协议，启动“绿色供应链合作东莞示范中心”筹备工作。

□　东莞举办“2015云计算产业发展高峰论坛”，重点关注“企业利用信息化手段提升核心竞争力、培养互联网时代下具有创新及综合能力的复合型信息人才、企业打造核心竞争力和可持续发展能力等议题。

□　至19日　东莞市开展2015年全民终身学习活动周，全市各镇街共提供772项免费培训课程。

□　至11月4日　清溪警方破获公安部目标案件“2015—1151”案，缴获海洛因逾2千克、捣毁制毒工场1个，现场缴获冰毒172.8千克、冰毒半成品12.4千克、原材料约800千克，作案车辆5辆及制毒工具一批。

14日　万江公安分局捣毁一个制、销假发票窝点，抓获犯罪嫌疑人3人，查获假公章约500枚、打印机3台、电脑1台及其他涉案物品一大批，缴获假发票约30万份，涉案票额约1500万元。

□　茶山公安分局打掉一个特大制毒犯罪团伙，缴获3.3吨制毒原材料，抓获3名制毒疑犯。

15日　莞城第十届“长青杯”中国象棋赛在市人民公园开赛，来自全市各镇街的近百位象棋爱好者参与。

16日　东莞首个跨境商品直购体验中心落户塘厦塘潮都会广场，市民可选购上千种进口商品。

□　第十二届中国东莞观音山健康文化节启动。该届健康文化节以文人雅士聚会形式，陆续举行书画论坛、健康服务业高峰论坛、中国当代文学高峰论坛等。

□　广东省上网服务行业转型升级现场会在莞举行，东莞在会上推介上网服务场所转型升级的相关情况。

□　“广东省第十三届美术、书法、摄影作品联展”在长安镇举行，展出获奖作品264件。

□　东莞原创话剧《银锭桥》在东莞玉兰大剧院首演，同时启动中国巡演历程。

□ 东莞首个经济与金融实验室在东莞理工学院成立，作为在校学生操盘经济金融岗位的练兵场。

□ 至18日 2015中国（东莞）第一届龟鳖博览会在广东现代国际展览中心举行，展示东莞龟文化。

□ 至18日 2015东莞文化产业博览交易会开幕式暨文化产业基金启动仪式在广东现代国际展览中心举行，86个非物质文化遗产项目展示东莞文化魅力。

17日 2015东莞“M·M”周末嘉年华暨“金麻”首跑启动仪式在麻涌华阳湖湿地公园举行，吸引来自全市各行各业的跑步爱好者参加。

□ 东莞市第七届英语口语大赛举行，吸引26000多人报名参赛。

□ 至18日 首届东莞市羽毛球联赛在厚街镇举行，全市32个镇街加上松山湖管委会共33支球队参加。

□ 凤岗警方打掉一个跨区域盗窃工厂保险柜团伙，抓获犯罪嫌疑人5人，破获跨区域盗窃工厂保险柜案件20多宗。

18日 中央电视台财经频道《对话》栏目组以《“机器换人”的东莞样本》专题，向全国推介东莞“机器换人”战略。

□ 第二届东莞环卫工人运动会在市中心广场举行，设有拔河比赛、多人同行接力赛、火车拉力赛等团队合作项目以及具有环卫工作特色的比赛项目。

19日 东莞市跨境贸易电子商务中心园区揭牌，东莞市跨境电商公共服务平台同时上线，东莞在全国率先建立跨境电商“三互”（信息互换、监管互认、执法互助）通关模式。

□ 第19届环球夫人大赛东莞赛区大赛在东莞电视台启动，来自全国各地的100多名选手盛装展示。

20日 市第十五届人大常委会举行第二十八次会议，分别听取和审议市政府《关于办理市十五届人大五次会议代表提出的建议、批评和意见的情况报告》《关于我市黄唇鱼保护区建设工作情况的报告》，并表决通过相关人事任免事项。

□ 中央电视台栏目《秋行中国》直播东莞河涌治理成效，展现麻涌华阳湖湿地公园美景。

21日 2015年深莞惠地区石油化工场所跨区域灭火救援演练在虎门港立沙岛石化基地举行，演练采用临时调集力量、临时设定灾情和临场组织指挥为主的“双盲”演练形式。

□ 东莞市人民政府、南方报业传媒集团、广东省作家协会联合签署三方战略合作协议，内容包含打造水乡特色文化、产业转型升级、美丽乡村建设、传统文化活化、创新传播东莞水乡、提升东莞城市形象、推动媒体融合发展、开展人才交流活动八大领域、29个项目。

□ 市政府常务会议审议决定重新修订《东莞市重大项目管理办法》及《东莞市重大项目建设工作考核办法》，审议决定提高低保家庭食品、燃气及水电补助标准，审议通过2014年“机器换人”专项资金应用项目资助计划等事项。

□ 高埗公安分局侦破一起特大制售假发票案件，抓获犯罪嫌疑人2人，查获电脑1台、打印机2台、假公章233枚，缴获定额假发票11万余份价值500多万元，以及大量无限额空白假发票。

22日 樟木头公安分局破获一盗窃柴油团伙，抓获团伙嫌疑人3人，缴获作案车辆3辆，缴获作案工具一批及640公斤被盗柴油。

□ 至26日 第十三届全国篮球城市交流活动在东莞市举行，共有14支篮球城市代表队参加交流。这是东莞市自2004年荣获全国“篮球城市”称号以来首次承办该项活动。

23日 新环保法实施后东莞第一宗污染环境案判决，非法处理危险物企业主以污染环境罪被判处有期徒刑十个月，并处罚金一万元。

□ 伊利杯首届珠三角“最美乡村”东莞站评选结果揭晓，获评为首届东莞“最美乡村”，根据排名顺序，依次为麻涌镇麻三村—华阳村、茶山镇南社—牛过蓢古村落、麻涌镇大步村—东太村—新基村、清溪镇三中村、塘厦镇龙背岭社区、虎门镇威远岛、谢岗镇南面村、沙田镇虎门港穗丰年水道。

□ 莞城公安分局侦破一宗特大制造、销售假冒注册商标商品案，查获32900套假轴承，案值300余万元，抓获涉案嫌疑人8名，捣毁售假窝点3个。

□ 至26日 “第十五届中国（长安）国际机械五金模具展览会”在长安镇举行，吸引400家国内外知名企业参展，现场签约额超过8800万元，展期总意向成交额4.3亿元。

□ 至27日 全国独立学院及转设高校外语教学研讨会在东莞召开，全国80所院校100多位学院代表参与活动。

24日 东莞首个全国物流服务平台“惠载网”上线，在东莞率先试水货运物流O2O模式，面向全国所有物流供需方提供服务。

□ 至25日 在2015年中国龙舟公开赛（四川·汉源站）中，东莞麻涌光大龙舟队包揽5人龙舟200米直道赛、标准龙200米直道赛、标准龙500米直道赛、标准龙5000米绕标赛以及总成绩5项冠军，成为中国龙舟公开赛有史以来首支以5冠成绩实现大满贯的队伍。

25日 “践行核心价值观 机关党员当先锋”志愿服务主题活动在南城元美公园举行，东莞市机关单位200多名党员志愿者在现场为市民服务。同时“东莞机关党员服务微平台”启用。

26日 东莞信托与广州基金签订战略合作协议，双方签订的城市发展投资基金规模达到100亿元，主要投资于东莞市重点工程项目、城市基建等项目。

□ 2015首届中国当代文学高峰论坛在东莞观音山国家森林公园举行，围绕“文学与自然”主题，展开学术探讨。

27日 东莞市人才工作领导小组第二次会议审议通过《东莞市特色人才特殊政策实施办法》《关于举办2015东莞招才引智大会的请示》《东莞市重点企业人才成长扶持试行办法》《东莞市鼓励柔性引进海外专家来莞工作试行办法》《东莞市名师、名医、名家特殊津贴管理办法》等政策及活动方案。

□ 东莞市委全面深化改革领导小组第十次会议审议通过《东莞对接国家自由贸易试验区发展的意见》《关于推广实施项目投资建设直接落地改革经验的意见（试行）》等事项。

□ 湖南省娄底市政府考察学习团莅莞考察东莞产业园在规划编制、开发建设、运营模式等方面的经验。

□ 2015年松山湖（生态园）首届创新创业大赛启动，邀请全球创新企业、初创团队及创客参赛。

28日 全国电子社保建设现场会在东莞举行，东莞等18个城市被授予“全国第二批电子社保示范城市”荣誉，并向全国推介东莞电子社保建设经验。

□ 2015年深莞惠+汕尾、河源五市文化合作联席会议在东莞召开，签署《2016年深莞惠+汕尾、河源五市文化合作框架协议》，五市在公共文化服务等五个方面展开合作。

29日 市政府常务会议审议通过《关于做好新形势下就业创业工作的实施意见》《2014年“机器换人”专项资金应用项

目资助计划（第三批）》等事项。

□ 至31日 2015广东21世纪海上丝绸之路国际博览会（简称“海博会”）在东莞厚街镇举行，共吸引71个境外国家和地区、境内外1394家企业前来参展和采购，达成签约项目680个，签约资金2018亿元。

□ 至31日 第二届东莞跨境电商O2O外贸交易会（简称“网贸会”）在东莞厚街镇举行，有222家企业参展，共接待国际买手及跨境电商采购商超过3500人，达成超过5000万元的线上线下交易。

30日 东莞市工会法律服务律师团律师担任企业工会法律顾问聘任仪式举行，为207家企业工会聘请法律顾问115名。

□ 韩国牙山市副市长金荣范一行7人到东莞市进行友好城市交流活动。

□ “粤港澳三地导游联谊会暨东莞旅游推介活动”举行，200名粤港澳导游考察东莞旅游资源。

31日 2015年第五期广东青年律师演讲活动暨首届东莞青年律师“法治中国梦”主题演讲比赛决赛在东莞市会展国际酒店举行。

11 月

1—12日 2015东莞市折扣商品节暨首届农副产品及绿色食品交易会在市体育中心广场举行，有来自全国各地200余家参展商参展。

3—5日 第十四届中国（大朗）国际毛织产品交易会举行，吸引超过5万人次进场参观采购，达成意向成交额约35亿元。

4日 市政府常务会议审议通过《莞香文化产业发展实施方案》《东莞市退役士兵安置办法》《东莞市旅游产业发展专项资金管理暂行办法》、东莞城市轨道交通票价标准和居民生活用气阶梯价格制度等事项。

□ 深圳地铁集团与东莞实业集团签订《战略合作框架协议》，全面启动两市轨道交通线路对接方案、对接项目立项审批以及东莞新线投融资模式研究工作。

□ “莞城传统老字号”评选结果出炉，共30家老字号获得“我最喜爱的莞城传统老字号”称号。

5—15日 2015“墨韵岭南·全国中国画名家邀请展”在岭南美术馆举行，来自全国50位实力派名家的150幅精品画作参展。

6日 首届“广东最美湿地”评选结果揭晓，东莞麻涌被评为“2015—2018年度广东最美湿地”。

□ 大朗方志馆揭牌成立，这是广东省第一个镇级方志馆。

7—12日 高埗公安分局打掉一销售假药团伙，抓获犯罪嫌疑人9名，缴获假药21种100多盒。

8日 松山湖（生态园）“星火”党员创业基地成立，功能是创客培训和创业咨询服务。这是东莞首个党员创业基地。

9日 樟木头警方捣毁一个利用Q群进行网络贩卖冰毒等毒品40千克的特大犯罪团伙，共抓获9名吸毒、贩毒人员。

10日 市政府常务会议审议通过《东莞市公共服务区域免费WiFi建设方案》《东莞市动物疫病防治规划（2015—2020年）》、继续为老年人购买意外伤害综合保险、完善大屏嶂森林公园园区通道和复绿、修订《东莞市校车安全管理办法》、2015年市国际科技合作（含港澳台）资助项目、《东莞市支援新疆籍劳动者来莞就业工作实施方案》等事项。

11日 国家双核心期刊《临床放射学杂志》华南工作室落户东莞，填补东莞国家级核心期刊的空白。

12日 科技部党组书记、副部长王志刚一行来莞就推进科技创新发展等工作进行专题调研。

□ 东莞市政府与深圳证券交易所合作共建的“东莞科技金融路演中心”落地松山湖，将东莞项目推向全国投资机构。“松山湖（生态园）科技金融综合服务平台”同时启动。

□ 长安镇警方抓获一个跨省疯狂作案的“便利店大盗”团伙，审查出团伙成员作案70余宗，案值百万元。

13日 腾讯公司与东莞市政府签署“互联网+”战略合作框架协议，双方以打造“智慧城市”为核心，在城市服务、城市宣传、众创空间等七大领域展开合作。

□ 台湾直航班轮“东悦”号挂靠虎门港，标志着虎门港与东莞石龙铁路国际物流中心联手搭建的“一带一路”水铁联运过境大通道开通。

□ 至15日 2015国际机器人及智能装备峰会暨“千人计划”专家东莞行活动在松山湖（生态园）举行。150余名机器人及智能装备行业的专家和企业家共同把脉国内和东莞机器人产业发展大势。

14—15日 2015中华龙舟大赛（东莞·麻涌站）在麻涌镇华阳湖湿地公园举行，东道主东莞麻涌光大龙舟队勇夺100米直道赛、200米直道赛以及总成绩3项冠军。

15日 在澳门举行的“2015首届国际合唱联盟世界合唱博览会”中，首次参加国际级比赛的东莞合唱团，摘得大赛含金量最高的A组混声组比赛金奖，这也是国内参加比赛的所有混声参赛团中获得的唯一金奖。

16日 市政府公布《东莞市2015年推进简政放权放管结合转变政府职能工作方案》，提出“在放权上求实效，在监管上求创新，在服务上求提升”的总体要求，以建设市场化法治化国际化营商环境为总任务，为企业松绑减负，为创业创新清障搭台。

□ 市政府公布《东莞市产城融合区建设工作指导意见》，提出以产城融合推动新型城镇化建设，全力构建具有明确产业定位、复合社区功能、优良环境品质的市、组团、镇三级产城融合区。

□ 东莞第一个微农业科普教育基地“微农业园”在市青少年活动中心开园。

□ 至17日 在全省农村精神文明建设工作经验交流会上，麻涌镇以推进水乡生态文明方式建设幸福村居的做法和经验获得大会肯定，并在全省示范推广。

17日 在2015—2016年中国高中男子篮球联赛中，东莞市光明中学获广东赛区冠军。

□ 中国国际塑化科贸产业园启用，该项目总投资超15亿元，是东莞最大塑化仓储基地。

□ 在北京召开的2014—2015年度中国建设工程鲁班奖（国家优质工程）表彰大会上，东莞500千伏纵江（东纵）变电站工程获鲁班奖“小金人”奖牌。

18日 湛江市政府代表团访问东莞，探讨加强产业对接，推动莞湛合作。

□ 2015年世界主流媒体看广东联合采访团来莞集中采访。

□ 2015海外新锐设计师国际邀请赛在东莞举行，来自德国、英国、新加坡等海外各地的10多位新锐设计师及其设计作品参加活动。

□ 东莞市互联网安全高峰论坛暨东莞市唯一互联网信息安全产业发展基金发布会举行，邀请百度、Ucloud等机构商讨互联网信息安全。

□ 至21日 2015广东国际机器人及智能装备博览会在厚街镇广东现代国际展览中心举行，吸引来自中国（含香港、台湾）、美国、德国、日本、韩国、意大利、瑞士等国家和地区的参展企业1280家。

19日 来自挪威的8家水处理企业来到位于松山湖的国际水谷（即中以产业园），与中国30多家企业进行产业对接活动，寻找与中国市场进行产业对接的机会。

□ 由东莞国税首创的O2O办税模式升级为国地税合作共建工程。东莞纳税人可"居家办税"，办税更省时省事。

□ 东莞首部机器人产业微电影——《错过的时光》上映。

□ 至21日 虎门第二届国际电商节举行，共举办"国家电子商务示范基地"揭牌仪式、国家级电商高峰论坛等16项活动。

□ 至22日 华南区最大的高尔夫球行业年展——塘厦高尔夫球博览会在塘厦镇举行，境内外120家高尔夫企业和5000名专业采购商参与。互联网+高尔夫企业转型升级论坛、亚洲明星高尔夫慈善赛、"塘厦杯"中国高尔夫球业余公开赛等活动同期进行。

□ 至22日 2015东莞风尚珠宝海购荟在东莞市会展中心举行，同时全国首个珠宝仓单登记体系落户东莞。

20日 中国邮政电子商务运营中心在东莞成立，这是中国邮政集团在全国建立的首个互联网运营支撑中心，是中国邮政推进"互联网+"战略的重要举措。

□ 2015年地方党政领导干部工商行政管理专题研究班一行28人，来到东莞市工商局交流推进商事制度改革和监管工作经验。

□ "产业同城 合作共赢"东莞市莞深产业合作促进会成立。

□ 至23日 第20届中国（虎门）国际服装交易会举行，该届服交会主题为"新常态新跨越"。

22日 "2015年莞香采香日文化活动"在大岭山镇和东城街道举办，活动集采香庆典、表演、品香、观光、展览以及论坛于一体。

□ 中央电视台《新闻联播》头条聚焦中国经济的四个"没有变"，东莞成为"改革为中国经济强筋骨"的典型案例。

□ 专售出厂莞货的B2C平台"特土豪商城"在东莞启航，其线下超5000平方米的O2O跨境购体验中心同时启用。

23日 省政协主席王荣莅莞调研，提出东莞要走创新发展道路。

□ 2015年广东省农村生活垃圾收运处理工作第三方评估结果公布，东莞在全省地级市中排名第一。

□ 2015全国百强镇排行发布，东莞共有12镇上榜。其中虎门镇位居全国综合实力百强镇第7位。

24日 在"2015年中国森林城市建设座谈会"上，东莞被授予"国家森林城市"称号。

□ 2015年广东省青少年举重冠军赛在石龙镇举行，东莞队夺得12枚金牌、11枚银牌和7枚铜牌，以456分获得团体总分第二名。

□ 至25日 2015年中韩机器人产业洽谈会在东莞举行，韩国机器人巨头现代重工等9家企业、中方50多家企业参加。

□ 至28日 在广州举行的广东省第八届群众戏剧曲艺花会上，东莞以2金5银2铜的成绩位列全省第一。

25日 "五谷丰登·五彩农舍"农业文化创意项目体验活动在厚街镇金谷农业生态观光园举行，有学生体验稻谷收割、参观稻田画等多个环节。

26日 《东莞市2015年度部分劳动力市场工资指导价位》发布，共涉及484个工种职位，并按照高、中、低位数和平均数逐一做出标示。

□ 在"2015中国地级市民生发展排行榜100强"中，东莞位居第七名。

□ 至29日 "2015东莞台湾名品博览会"（简称"台博会"）在厚街镇广东现代国际展览中心举行，展出超过2万项台湾优质产品和服务，吸引21.22万人次进场参观采购，总成交金额26.65亿元。同时，松山湖台湾高科技园"海峡两岸青年创业基地"在台博会上进行揭牌仪式，该基地欢迎两岸青年生物医药、互联网、智能家居、文化创意等领域项目落户。

27日 "2015东莞城市乐跑赛"在麻涌镇华阳湖举行，吸引6000多名市民参加。

□ 市委常委会议审议通过《东莞市科学技术奖励办法》及《东莞市科学奖励办法实施细则》等事项。

28—29日 2015南方草莓音乐节在麻涌镇华阳湖举行，吸引来自广、深、莞等地的数万名音乐观众。

29日 东莞市公安局交警支队在东城万达广场举行一场以"拒绝危险驾驶，安全文明出行"为主题的宣传教育活动。

30日 东莞市2015年"双百拥军行"活动授旗仪式在市会议大厦举行，全市12个拥军团分赴各地慰问驻莞各部队官兵。

□ 广东省教育厅与东莞市人民政府签订《广东省教育厅东莞市人民政府共建研究生联合培养基地框架协议》，决定依托东莞理工学院建立广东省研究生联合培养基地（东莞）。

12 月

1日 中共东莞市委十三届六次全会召开，审议通过《中共东莞市委关于制定国民经济和社会发展第十三个五年规划的建议》，提出确保2018年率先全面建成小康社会的奋斗目标。

□ 东莞实施新的生育保险制度，生育保险信息系统正式上线运行，实现东莞市510万生育保险参保人业务经办服务与其他险种的无缝衔接。

□ 东莞全程电子化工商登记启动，率先在全国地级市中实现无纸化审批。

□ 在第二届中国青年志愿服务项目大赛暨志愿服务重庆交流会上，由东莞市普惠社会工作服务中心实施的"爱不缺失"失禁长者义工关怀计划获得全国赛金奖。

2日 东莞东城医院徐记医务室开业，这是东莞首个由公立医院组织实施，开到厂区、直接为工人服务的诊所。

□ 五矿麻涌钢铁物流园启动招商，沙钢、首钢等15家大型钢铁生产企业及10家大型钢贸商率先签约进驻园区。

3日 第十四届东莞市中小学航空航天模型比赛在南城阳光实验中学和南城体育公园举行，共有来自东莞75所学校的867名中小学生报名参赛。

□ 2015年东莞市首届青年创业大赛决赛在常平镇举行，自动化节能环保电镀生产线项目夺得冠军。

□ 深莞茅洲河界河段综合整治工程开工仪式暨茅洲河全流域水环境综合治理工作领导小组第一次会议举行，打响全面整治茅洲河全流域水环境攻坚战。

□ 东莞市人民政府与中国农业发展银行广东省分行、中国银行股份有限公司广东省分行、平安银行股份有限公司签署战略合作协议仪式，为东莞经济社会发展提供更优质、多样化的金融服务。

□ 2015年广东（东莞）农业良种展示会在东莞市香蕉蔬

菜研究所举行，展示面积约10公顷，展示品种528个。

□ 至7日 2015中国（东莞·第六届）国际沉香文化艺术展览会（简称香博会）在寮步镇举行。

4日 市政府常务会议审议通过《推进“互联网+”战略合作框架协议》《东莞水乡特色发展经济区水系综合规划（2015—2030年）》，部署黄标车淘汰整治工作等事项。

5日 2015东莞志愿公益风尚节活动在东莞图书馆启动，内容包括公益项目大赛、志愿公益主题展区、志愿公益体验区、公益市集、会议研讨活动、广东青少年网络文明志愿服务项目设计大赛等。活动旨在通过“互联网+公益”的模式，推动东莞志愿服务事业发展。

6日 在2015中华龙舟大赛总决赛（海南·陵水）上，东莞麻涌光大龙舟队以333分的年度积分再次称霸全国，实现“2014年、2015年连续两年问鼎年度总冠军宝座”的佳绩。

□ “史上最牛助学老人”东莞市荣誉市民王锦辉在香港辞世，积闰享寿九十七岁；助学足迹遍布19个省市自治区，捐建120多所学校。

9日 市政府常务会议审议通过《东莞市成长型企业人才扶持试行办法》《东莞市鼓励柔性引进海外专家来莞工作试行办法》《东莞市名师、名医、名家特殊津贴管理试行办法》《东莞市技能人才培养五年行动计划》《东莞市人才入户管理办法》《东莞市条件准入类人才入户实施细则》《东莞市积分制人才入户实施细则》《东莞市企业自评人才入户实施细则》等八项人才政策。

□ 由沙田渔民建造的东莞市首艘钢质渔船“粤东莞渔92001”下水启用，东莞钢质渔船建造实现“零”的突破。

□ 东莞市政府与解放军信息工程大学签订合作协议，共建东莞信大融合创新研究院。这是广东省首家军民融合发展新型研发机构。

10日 东莞弈投孵化器、众筹金融学院广东分院以及中国人民大学创业学院实践基地揭牌仪式在东莞创意产业园中心园区举行，主要孵化从事新能源、新材料、环保等行业的制造型企业。

11日 东莞缤纷水果狂欢节暨泽景果品物流园项目推介会在茶山镇举行，活动为东莞及国内外果品商家、企业构建一个良好的产销交流对接平台。

□ 《东莞市集体办幼儿园和普惠性民办幼儿园奖补试行办法》发布，规定2015—2016年每年安排5220万元对在东莞市经批准设立的集体办幼儿园和经教育行政部门认定的普惠性民办幼儿园进行奖补。

□ 至13日 2015中国（东莞）国际科技合作周举行，共有来自32个国家和地区的160多名外宾出席，超过3万人次的观众（听众）参与。合作周促进约150个项目达成初步合作意向，16个项目正式签约。

12日 中央电视台财经频道栏目《经济半小时》聚焦东莞，以《东莞代工升级记》为题报道东莞加工贸易转型升级之路。

□ 在2015中国（东莞）智能制造论坛上，广东省全自主无人艇团队启动落地东莞。

□ 东莞市“莞众济”社会力量参与社会救助帮扶平台联合爱心企业，面向全市各镇街的低保老人、特困老人、百岁老人和敬老院老人，共同开展“敬老助困关爱行动”慰问活动。

13日 第十二届粤港万人相亲会暨高端精英相亲专场在东莞观音山举行，吸引公务员、私营企业主、企业高管等3216名“高富帅”和“白富美”参加，共有142对男女牵手成功。

14日 在中国政法大学法治政府研究院发布的法治政府评估报告中，东莞成为广东省入围全国十强的三个城市之一，并在参与评估的地级市中名列首位。

□ 市政府下发《关于东莞对接国家自由贸易试验区发展的意见》，围绕将东莞建设成为国家自贸试验区的示范延伸区和优先拓展区，从政策、产业、金融、平台等四个方面提出28项任务措施。

15日 东莞市总规委2015年第三次会议审议通过《东莞市城市总体规划（2016—2030）》《广东理文国际纸业物流公共服务项目选址规划评估》《东莞市长安镇2015年01地块建设项目选址评估》和《沙角安置房项目选址规划评估》等4个项目。

□ 在“第二届中国地方改革经验发布会暨基层治理创新发展地方经验报告会”上，东莞市农村综合改革中激发内生动力，推动经济转型、服务完善、治理升级的做法得到肯定，被誉为新时期农村综合改革的“东莞突围”。

□ 至19日 2015年全国羽毛球社会体育指导员（初级）国家职业资格技能鉴定（东莞站）培训班暨广东省首期羽毛球社会体育指导员（初级）国家职业资格技能鉴定培训班在东莞市李永波羽毛球学校开班，吸引63名来自全国各地的羽毛球爱好者报名参加。

16日 东莞市胸痛急救质量控制中心成立，提高全市急性心血管疾病救治的成功率，降低患者疾病诊治费用。

□ 全国海关首个企业认证中心——“黄埔海关企业认证中心”东莞工作站在东莞海关揭牌，推进AEO认证给予诚信守法企业便利通关。

□ 国内首家机器人及配套产品采购和综合应用服务平台落户东莞，并启动融资租赁合作。

□ 东莞市人民政府地方志办公室获评全国地方志系统先进集体，这是全省地方志行业近十多年来唯一的一个全国先进集体。

17日 在广东省第七届残疾人运动会上，东莞市代表团获得团体总分第一名、金牌数第一名、奖牌数第一名。

□ 第二批东莞市级文化产业园区、基地和重点文化企业授牌仪式举行，2个园区、3个基地、10家企业通过认定。

□ 《人民日报》刊登《东莞：七万多“粉丝”热捧“严实莞家”》的报道，对东莞主动顺应新媒体发展趋势，搭建多媒体、全方位、立体化的专题教育学习宣传新平台的做法给予肯定。

□ 国内首家机器人及配套产品采购和综合应用服务平台——“机器人365”落户东莞天安数码城园区新科技成果交易中心。

18日 虎门港-越南海防集装箱班轮直航航线开通，这是虎门港开辟的首条东南亚航线。

□ “巧伶珑童书首批示范园（珠三角东岸地区）启动说明会”在东莞市实验幼儿园举行。

□ 至22日 2015东莞首届安全农产品博览会暨地方名优特产推介会、咖啡文化美食节（简称“农博会”）在东莞市体育馆中心广场举行，吸引全国各地400多家参展商参与。

19日 东莞党政代表团拜访解放军信息工程大学，开展产学研合作对接与交流活动。

20日 2015广东院士团队科技创新成果展暨院士专家东莞行举行，共展出50个院士团队320位核心成员520多项最新授权发明专利。该次活动是国内首次以院士团队为主体展示科技成果。

□ 《2015中国地方政府效率研究报告》发布，东莞政府效率再次在全国排名第一。

21日　2015年度东莞市生态村（社区）名单公布，分别是莞城街道北隅社区，东城街道牛山社区，万江街道曲海社区、大莲塘社区、拔蛟窝社区，高埗镇三联村，常平镇陈屋贝村、霞坑村、横江厦村，茶山镇卢边村、京山村，虎门镇陈村社区。

□　**至23日**　2015东莞高层次人才活动周举行，包括8个专题20多场活动，出台9大人才政策，共有97人次高层次人才达成求职意向，初步达成项目合作29项。这是东莞首次高规格举办的综合性大型人才活动周。

□　东莞市银瓶山森林公园以其丰富多样的野生动植物种类、负离子含量高的空气质量，以及保护完好的原始野生森林等优势条件，成功入选“广东十大最美森林”。

□　东莞中隽贸易“跨客城”与中外运空运发展达成战略合作意向，构建壹柒捌供应链服务平台，市民通过跨客城购买进口商品可享受税率优惠服务。这也是东莞首家与海关并网的跨境电商平台。

22日　“不一样的东莞”摄影作品展在中国国家博物馆举行，分为“历史文化名城”“现代生态都市”“全民运动之城”“国际制造名城”等4个篇章，共展出127幅摄影作品。这是东莞首次在国家博物馆举办摄影展览。

23日　市政府常务会议审议通过《东莞水乡特色发展经济区文化发展规划》《公告2014年度东莞市节能先进地区、先进单位和先进个人名单》，审定2015年东莞市重大科技项目立项项目，认定和奖励2015年东莞市大型骨干企业等事项。

24日　国家环境保护部对外通报由环保部、公安部和最高人民检察院联合挂牌督办的广东省东莞市长安镇锦厦三洲水质净化有限公司环境违法案件查处情况。

□　市委全面深化改革领导小组第十一次会议审议通过《东莞市推动传统媒体和新兴媒体融合发展实施方案》《关于建立多元可持续的新型城镇化资金保障机制的意见》《东莞市企业登记注册“一网通”改革实施方案》等事项。

□　东莞市在望牛墩、寮步、石排、大朗、清溪、长安等镇成立6个土地执法监察大队，全市33个镇街（园区）划分为6个执法区域。

25日　“武林战歌·2015中国武术散打国际争霸赛”在东莞市体育中心举行，有来自中国、美国、泰国、蒙古多个国家16名搏击选手参加，其中包括一场中泰女子搏击战。这是东莞史上最高规格的国际搏击赛事。

□　东莞市专项委员会2015年第一次会议审议通过《东莞市城镇供水专项规划（2012—2030）》。

26—27日　“同佳健康”东莞市第二届武术文化节暨公开赛在市体育馆举行，共有东莞及周边多个城市87支代表队的1300多名运动员参赛。

27日　在北京召开的2015年美丽乡村建设发展论坛上，麻涌镇获评“中国美丽乡村建设示范镇”。这也是广东省唯一获此称号的乡镇。

□　**至28日**　首届“广德精准杯”中国服装立体裁剪创意设计大赛在东莞市纺织服装学校举行，共有来自全国80余所本科、高职、中职院校的170余名服装专业一线教师参赛。市纺织服装学校参赛教师夺得两金一银一铜，大赛组委会授予市纺织服装学校“最佳组织奖”和“特殊贡献奖”。

28日　智慧城市空间信息平台飞艇“云端号”全球商用首飞仪式举行。

▲ 2015年12月28日，“宏远”汽车下线　（程永强　摄）

□　东莞中汽宏远汽车有限公司启动投产暨新车下线仪式在麻涌镇举行，标志着东莞地区唯一的整车制造企业正式投入运营。

29日　市政府发布《东莞市臭氧污染防控专项行动计划（2015—2017）》，通过制定有效控制策略，遏制臭氧污染，改善复合型污染态势。

□　东莞市公安局组织各级治安部门，在全市启动“以案说防”之校园安全主题宣传活动。

□　虎门镇推出全市第一张纯手绘的旅游主题地图《虎门旅游地图》，将精彩的虎门风貌以漫画的形式全景展现。

□　东莞市中镓半导体科技有限公司申报的“第三代半导体材料及装备国际科技合作基地”，被科技部认定为2015年度示范型国家国际科技合作基地。这是广东省唯一获认定的单位。

□　东莞认定首批20个市级家庭农场，给予每个农场一次性奖励5万元。

30日　华南首家谷歌体验中心落户东莞东城，为东莞跨境电商企业开拓海外市场提供营销、培训等一站式服务。

□　第十五届人大常委会第三十次会议授予45人“东莞市荣誉市民”称号，审议通过《东莞市人民代表大会常务委员会关于批准东莞市2015年财政预算调整方案的决议》《东莞市人民代表大会常务委员会关于批准东莞市2015年政府债务限额的决议》等，以及相关人事任免事项。

31日　市政府常务会议审议通过《东莞市电子商务示范企业认定办法》《东莞市城市轨道交通运营管理办法》和优化整合东莞市免费婚前健康检查和孕前优生健康检查项目等多个民生事项，及《东莞市科技计划项目资助管理办法》等3份实施创新驱动发展战略配套政策等事项。

附　录

APPENDIX

- 政府工作报告
- 文件选录
- 中央、省重点媒体重要报道目录

大岭山森林公园

编辑：刘　丹

文献专载

政府工作报告

——2016年2月24日在东莞市第十五届人民代表大会第七次会议上

东莞市人民政府市长　袁宝成

各位代表：

现在，我代表市人民政府，向大会报告政府工作，请予审议，并请市政协各位委员和其他列席人员提出意见。

2015年工作回顾及“十二五”发展成就

过去一年，在省委省政府和市委的正确领导下，市政府以党的十八届三中、四中、五中全会和习近平总书记系列重要讲话精神为指导，认真贯彻省委十一届四次全会和市委十三届五次全会精神，紧紧围绕“三个走在前列”目标，主动适应新常态的发展要求，扎实做好各项工作，较好地完成了市第十五届人大五次会议确定的年度目标任务。

在经济形势异常严峻的一年里，我们克难奋进，推动全市发展实现了稳中有进　初步核算全市生产总值6275亿元，同比增长8%，与全省持平，快于全国平均水平。市一般公共预算收入518亿元，增长10.2%。进出口增速在全国外贸总额前五名城市中排名第一。农村集体资产增资减债创下历史最优水平。东莞成为全国非省会地级市中第四个各项存款余额破万亿的城市。

在转型升级持续攻坚的一年里，我们聚焦创新，切实增强了科技动力和改革活力　创新驱动发展战略深入实施，全市高新技术企业增加近三成，科技企业孵化器和新型研发机构建设成效明显，“机器换人”如火如荼，工业技改投资大幅增长，首辆新能源汽车下线，东莞前沿技术研究院参与研制的光启“云端”号智慧城市空间信息平台系统完成全球商用首飞。改革创新和工作创新亮点纷呈，商事制度改革持续领先，国家新型城镇化综合试点、“三互”大通关和项目直接落地等改革有效突破。东莞成为珠三角国家自主创新示范区和国家可持续发展实验区。

在全面落实国家战略的一年里，我们争先创优，进一步提升了东莞城市形象和国内外影响力　率先对接国家战略，制定东莞制造2025战略，为东莞制造赢得了新的美誉度。主动布局新丝路拓展贸易版图，对“一带一路”沿线国家出口大幅增长，产业影响力不断提升。加博会、海博会、智博会、漫博会、苏迪曼杯、国际科技合作周等一系列重大展会和赛事活动的成功举办，充分展现了东莞的经济活力和城市魅力。东莞第三次蝉联全国文明城市，荣膺国家森林城市，获评民生周刊全国十大“洗肺”城市，在全国地级市民生发展百强市中排名第七。在北师大发布的地方政府效率研究报告中，东莞再次排在国内104个重点城市第一。

过去一年，我们主要抓了以下工作：

——制定东莞制造2025战略，大力推动“机器换人”和智能装备制造业发

展 积极对接中国制造2025，全面推进智能制造、服务型制造、创新制造、优质制造、集群制造、绿色制造“六大工程”。先进制造业、高技术制造业、民营工业增加值分别增长8.5%、10.2%和16.7%。大力实施“机器换人”，申报项目831个，总投资66.9亿元，其中莞产设备占比34.7%。在“机器换人”的带动下，全市工业技改投资增长85.6%，工业投资增长26.6%，占全社会投资比重提升至34.8%。大连机床、省智能机器人研究院等落户东莞，松山湖国际机器人研究院加快建设，全市拥有智能装备制造企业400多家，机器人产业集群初具规模。

——大力实施高新技术企业“育苗造林”行动和科技企业孵化器“筑巢育凤”计划 出台创新驱动发展“1+N”扶持政策。创办创新驱动讲习所。用好高企和研发费用加计扣除等税收优惠政策，为企业减税28.4亿元。全市高企增至986家，获省高企扶持资金4.2亿元，均排全省地级市第一。新增新型研发机构3个、省级创新科研团队4个。发明专利申请量、授权量分别增长61.6%和72.1%。企业国家重点实验室实现零的突破。鼓励企业利用旧厂房等建设孵化器，新增各类企业孵化器13家，总数达36家，在孵企业和项目1000多个，累计毕业企业300多家。预计研发经费支出增长14.8%，占GDP比重2.3%，增幅居全省前列。东莞初具高科技城市雏形。

——推动“四新”经济蓬勃发展 加快生产柔性化、信息化改造，75.6%的规上工业企业具备按订单自动排产和动态调度能力，涌现出一批互联网+家具定制（服装定制、数字印刷）等生产制造典型。加快打造全国智能手机创新研发基地，全市手机年出货量2.6亿台，增长15%。生产性服务业加快发展，电子商务交易额3390亿元，增长16.9%。快递业务收入位居全国地级市第二，获批国家物流标准化试点城市。社会消费品零售总额2154.7亿元，增长10.9%。大力支持企业上市，新增境内外上市企业3家，总数达32家；新增全国股转系统挂牌企业45家、区域性股权交易市场挂牌企业100家，均居全省地级市第一，资本市场的“东莞板块”初现。

——着力打造“一带一路”重要节点城市 组团赴俄罗斯、南非、埃塞俄比亚等国家开展经贸交流活动，拓宽与“一带一路”沿线国家的合作。成功举办海博会，专业采购商人次、签约金额分别增长69%和15.5%。石龙中俄贸易产业园在两国元首见证下正式签约。粤满俄中欧班列启动试运行。粤新欧国际铁路联运专列提升到每周2—3班。石龙铁路货物吞吐量增长102%。东莞全港集装箱吞吐量335万标箱，增长15.7%，其中虎门港250万标箱，比2011年的16万标箱增长近15倍，从全省第9位跃至第3位。东莞全港总货物吞吐量1.3亿吨，在全省排名第4。与德国乌波塔尔市结为友好城市，与韩国金浦市、埃塞俄比亚亚的斯亚贝巴市等签署友好城市备忘录。中马友谊园开园。全市外贸出口增长6.9%，其中对“一带一路”国家出口增长25.2%。

——以“三互”大通关和项目直接落地等为抓手争创更多制度红利 在全国率先启动“三互”大通关，通关时间、费用节省一半以上。项目直接落地试点增至40个，动工项目审批普遍缩短3—6个月。住所登记管理、企业集群注册改革全面铺开，多证联办拓展到所有企业。“三证合一”、“一证一码”改革正式启动，在全国地级市中率先实施全程电子化工商登记，全市市场主体突破70万户，稳居全省地级市第一。设立首期20亿元、总规模200亿元的政府基础设施和公共服务投资基金。组建市交通投资集团、科技金融集团。创建全国农村综合改革示范试点。扎实推进医疗、公交和不动产登记等改革。国家新型城镇化综合试点工作开局良好，相关经验得到上级肯定和推广。

——加快重大项目、重大平台和重要基础设施建设 每月召开重大项目督促协调会，推动重大项目建设实现投资397.5亿元，增长15.7%，带动全市固定资产投资1446.5亿元。实施内外资统筹招商，建立“项目源”大数据，设立驻深圳、北京产业合作联络处和驻美国经贸代表处，新引进57个总投资983.6亿元的重大项目。编制完成城市总体规划（2016—2030年）。松山湖生态园统筹发展机制进一步理顺，松山湖高新区在全国国家高新区排名由第50位升至第30位。水乡新城规划完成编制，华阳湖湿地公园建设受上级肯定和社会认可。银瓶合作创新区总体规划获省批准。引进招商局集团合作开发长安新区。省市重要基础设施建设进展顺利，地铁2号线、莞惠城际轨道试验段试运行，散裂中子源一期、江库联网水源配置一期、虎门高铁站周边交通整治、市民艺术中心等一批工程完工。新建投产110千伏及以上输变电工程19项。成功入选“宽带中国”示范城市。整合连片土地3万亩，盘活存量用地2万亩，完成“三旧”改造5300亩。启动美丽港湾建设。建成美丽幸福村居50个、社区公园42个。

——扎实推进国家节能减排财政政策综合示范市工作 投入17.1亿元推动水乡101家“两高一低”企业加快退出。电机和注塑机节能改造量均居全省第一。五大高能耗行业能耗全部下降，单位生产总值能耗下降7.9%。拒批污染项目740个，基本建成7个环保专业基地。启动400公里截污次支管网建设，推进11家污水处理厂新改扩建。启动麻涌环保热电厂建设，完成横沥环保热电厂一期改造。出台生活垃圾处理生态补偿机制，城镇生活垃圾无害化处理率达100%，农村生活垃圾收运处理全省考核排名第一。启动臭氧污染防治三年行动计划，完成黄标车淘汰任务，补贴推广应用新能源汽车。空气质量达标天数上升14.4个百分点。

——切实加大公共安全管理力度 深入开展“3+2+2”专项行动，严厉打击各类突出违法犯罪，破获一批大案要案。全市刑事案件下降8.7%，破案率上升3.3%。加强矛盾纠纷化解，推进信访法治化建设，劳动仲裁结案率93.8%、调解率90.1%。开展安全生产大检查，深化打非治违和专项整治，对危化品生产经营单位等进行地毯式检查，整改各类隐患1.8万处，全年未发生重特大安全事故。开展环境保护大检查，检查企业3.6万家、处罚环境违法行为3824宗。查处食品药品违法案件1312宗。实现家禽集中屠宰、冷链配送、生鲜上市。数字城管系统试运行。打造城市管理亮点工程102个。拆除违建50万平方米。有效防范H7N9、登革热等疫情。

——全面发展文教体卫等社会事业 启动国家历史文化名城创建工作。开展社会主义核心价值观进企业、进军营活动300多场。入选成为全国5个数字文化馆地级市试点之一。《啊！鼓岭》等一批文艺精品推出并获得好评。高考四项指标连续四年排全省第一。东莞被授予省推进教育现代化先进市荣誉称号，顺利通过全国义务教育发展基本均衡市国家督导验收。省市共同支持东莞理工学院建设高水平理工科大学。成功举办苏迪曼杯赛事，成为2019年男篮世界杯承办城市之一，东莞代表团在省运会上总分和金牌总数名列第三，在省残运会上总分、金牌数和奖牌数均列第一。入选公立医院改革国家联系试点城市，财政补贴医院2840万元，取消公立医院药品加成，减轻群众负担7600万元。推行家庭医生式签约服务，实现医疗责任险公立医院全覆盖，试行微信预约挂号支付。打造“志愿之城”，全市志愿者占常住人口10%。培训应急救护5万人次。提高城乡居民养老金标准和低保标准，向困难群体发放各类补助金1.6亿元。居家养老服务实现城镇社区全覆盖。成立白玉兰创业就业服务中心。发放就业补贴3.4亿元，小额创业贷款规模全省第一。十件实事圆满完成。

——加强区域协作与对口帮扶工作 出台扶持欠发达镇发展意见，在重大项目、基础设施等方面给予倾斜。在全省率先全面推行村级集体经济组织预算制度。农村集体资产网上交易平台面向全国竞价。村组两级纯收入增长9%，资产负债率降至17.2%。超额完成欠发达村组、有劳动能力低保家庭帮扶任务。全部实现对口帮扶韶关、揭阳三年扶贫开发“双到”目标。新疆草湖产业园首期30万锭棉纺项目即将投产，西藏鲁朗国际旅游小镇完成工程进度80%。积极参与四川甘孜州、广西河池、重庆巫山帮扶工作。深化“深莞惠+汕尾、河源”合作。国防动员、统计审计、人口计生、工青妇幼、民族宗教、档案方志、科普法普、气象、打私等工作有效推进。

——以“三严三实”要求推进政府建设 在政府系统开展“三严三实”专题教育，深入查摆整改“不严不实”问题，作风进一步转变。出台加强法治政府建设意见，制定重大行政决策事项听证目录，完成《东莞市城市综合管理条例》（草案）起草，出台首部政府规章《东莞市城市轨道交通运营管理办法》。在中国政法大学发布的法治政府评估报告中，东莞总分位居全国第七、地级市第一。加快网上办事大厅建设，完善进驻事项目录，开通网厅村居办事点，行政审批事项网上全流程办理率98.1%、办结率99.5%。整合部门镇街服务热线，实现12345政府热线“一号通”，服务水平在全国首次城市公共服务热线调查中排名第五、省内第二。

2015年也是实施“十二五”规划的最后一年。“十二五”时期，我们积极应对后金融危机时代的复杂形势，以高水平崛起为总目标，以创新型经济为主攻方向，以加快“三重”建设、打造“三大增长极”、推动科技金融产业融合、深化重点领域改革、营造法治化国际化营商环境等为主抓手，较好地完成了各项目标任务，推动经济社会在科学发展的道路上迈出了坚实的步伐，取得了“一个跨越、两个突破、三个转变、四个提升”的新成就。

“一个跨越”：即城市综合实力实现新跨越 全市生产总值相继突破5000亿元、6000亿元大关，来源于东莞的财政收入突破1000亿元，社会消费零售总额突破2000亿元，进出口总额迈上1万亿元人民币新台阶，金融机构本外币各项存款进入1万亿元俱乐部。全市引进培育一大批关系城市未来发展的重大项目，500亿元企业实现零的突破，100亿元、50亿元企业分别增至12和34个。先后获得全国文明城市、全国双拥模范城、国家园林城市、国家环保模范城市、国家森林城市和国家公共文化服务体系示范区等荣誉称号。

“两个突破”：即区域统筹发展取得有效突破 水乡经济区、大学创新城、银瓶合作创新区“三大增长极”建设全面推进，市镇中心区功能不断完善，以经济区理念加强区域整合、促进协调发展取得了阶段性成效，“一中心四组团”的城镇群格局基本奠定。重点领域改革取得有效突破 330多项綦版改革陆续铺开，东莞以主动改革、自我革命的勇气，在多个重点领域率先突破，十大改革品牌领跑全省全国，激发出更加蓬勃的内生动力和改革红利。

“三个转变”：即发展动力从要素驱动向创新驱动逐步转变 全市创新要素加快集聚，新型研发机构、省创新科研团队、全社会研发投入加快增长，国家高新技术企业增长3倍，发明专利授权量跃居全省第三，规模以上先进制造业、高技术制造业增加值占比分别提高7.4和10.9个百分点，创新对经济增长的贡献率越来越高。开放格局从外向依赖向内外并重逐步转变 全市外向依存度下降25.7个百分点，规模以上工业企业内销比重超过外销，外资和民营“比翼齐飞”、出口和内销“两分天下”、引进来和走出去“双轮并驱”的格局初步形成。经济形态从传统制造向创新型经济逐步转变 加工贸易转型升级成效明显，智能手机、机器人等新产业形成规模，电子商务、现代物流等新业态、新模式生机蓬勃，以创新产业为标志、以新技术和新产品为着力点的创新型经济加快发展。

“四个提升”：即城市品质提升 城市基础设施和配套进一步完善，建成东莞地铁2号线、莞惠城轨试验段、东莞新火车站、虎门高铁站，新建改造高速路、国省道、镇村联网路超过400公里，以篮球中心、“四院一中心”等为代表的综合配套不断丰富，4G网络、WiFi和供水供电、邮政快递服务设施不断完善。生态环境提升 全市新建森林公园、湿地公园16个，建成绿道955.9公里、休闲绿地1287处，内河涌与跨界河污染整治成效明显，空气质量在全国重点监测城市中排名上游。社会治理提升 “黄赌毒”现象得到铁腕整治，“两抢一盗”等案件稳步下降，劳资纠纷、医疗纠纷、群众信访等得到妥善处置，全市未发生重特大安全事故，社会文明程度持续提高。民生水平提升 市财政共投入1160.3亿元用于民生建设，十件实事成为每年民生工程突出亮点，城乡居民收入、基本养老金、城乡救助及福利水平逐年提高，城乡一体、全民享有的社保体系日益完善，教育、医疗、文化、就业、住房等幸福保障网不断加固，社会事业发展水平处于全省全国前列，全市人民在共建共享中得到了更多实惠。

在全市人民的共同奋斗下，东莞“十二五”时期发生了一系列明显变化。我们的天更蓝了，大气污染物浓度逐年下降，空气质量优良天数逐年增加，蓝天白云成为常态。我们的水更清了，东江、运河和石马河口水质不断好转，水乡重现花红水绿的生态环境，不少河涌变身成为市民休闲娱乐的好去处。我们的城更靓了，公共基础设施日趋完善，美化绿化水平大幅提升，走在东莞的大街小巷，处处可见绿、处处是美景。我们的路更通了，高快速路网纵横交错、四通八达，轨道交通建设加快推进，东莞即将迈入地铁时代。我们的城市更安全了，治安案件进一步下降，安全事故进一步减少，群众安全感进一步增强。我们的城市吸引力更强了，越来越多优质企业来莞投资，越来越多高素质人才扎根东莞，每年来莞观光旅游的游客超过2700万人次。我们的经济质量更好了，全市发展调速不减势、量增质更优，东莞正朝着高水平崛起的道路上阔步迈进。

各位代表，“十二五”时期取得的成绩，离不开历届市委市政府打下的坚实基础，是全市上下共同努力的结果，为今后的发展提供了跃升的平台。在此，我代表市人民政府，向全市广大干部群众，向人大代表和政协委员，向各民主党派、各人民团体、社会各界人士，向各驻莞单位、驻莞部队、武警官兵，向所有支持东莞建设与发展的港澳台同胞、海外侨胞和国际友人，表示衷心的感谢和崇高的敬意！

在肯定成绩的同时，我们也清醒地认识到，全市在协调发展、生态环境、社会建设等方面还存在明显短板，发展中面临的深层次矛盾和问题仍然突出：一是经济平稳较快增长的基础还不稳固 后金融危机时代的外部市场环境

持续复杂严峻，引进的重大项目全部建成投产、强力支撑经济发展仍需时日，新的增长点有待培育，一些年度部分指标未能完成计划目标。二是发展模式尚未根本转变　经济发展仍是较多依靠传统路径，“四新”经济还未起到决定性的作用，完成经济结构战略性调整还有较长的路要走。三是镇村基层发展面临诸多困难　一些镇街由于招商乏力、用地趋紧等原因导致发展缓慢，部分镇街债务结构有待优化。农村集体经济保持稳定增长压力加大。四是生态建设任重道远　跨界河流污染整治任务繁重，企业环境违法行为仍然存在，引导企业发展循环经济、促进市民低碳绿色消费还需加大力度。五是公共服务供给仍有较大的提升空间　经济发展同步提升了人民群众对公共服务的需求和标准，必须在财力可支撑、可持续的同时，想方设法扩大公共服务供给，逐步提升均等化水平，进一步提高广大群众的幸福感。六是政府系统的作风建设和履职水平仍需进一步提升　一些干部干事创业的激情有所退化，存在多干事不如少犯错的思想，部分领导干部驾驭复杂局面的能力还有不足，企业和群众对行政审批效率、窗口服务质量仍有意见，法治建设、廉政建设仍需进一步加强。我们将积极面对并认真解决这些问题，努力把各项工作做得更好。

“十三五”主要目标及2016年工作安排

“十三五”时期是我国全面建成小康社会的决胜阶段，东莞发展既处于可以大有可为的战略机遇期，也面临着诸多矛盾叠加、风险隐患增多的严峻挑战。我们要看到，外部环境正在发生深刻变化，既有全球经济曲折复苏、新一轮科技革命和产业变革蓄势待发等积极因素，又有贸易保护抬头、地缘政治复杂、制造业部分转移等不利影响，但我们更要看到，国内经济长期向好的基本面没有改变，创新、协调、绿色、开放、共享五大发展理念全面贯彻，中国制造2025、“一带一路”、“互联网+”等战略深入实施，新型城镇化加快推进，全面两孩等政策红利逐步释放，将提供更加广阔的市场空间，孕育形成新的增长动力。特别是中央着眼战略全局，在适度扩大总需求的同时，着力加强供给侧结构性改革，重点推进去产能、去库存、去杠杆、降成本、补短板五大任务，将有效化解产能过剩、债务风险、实体经济成本上升等问题，对于提升社会供给水平、提高全要素生产率有着重大的促进作用，必将为东莞这一国际制造业基地注入新的蓬勃生机。我们要紧紧把握新一轮发展的历史机遇，珍惜近年来狠抓重大项目建设等打下的扎实基础，巩固产业转型升级的阶段成效，强化创新驱动发展的良好态势，再接再厉，奋发有为，努力开创全市发展的崭新局面。

去年12月召开的市委十三届六次全会，审议通过了《中共东莞市委关于制定国民经济和社会发展第十三个五年规划的建议》，提出“十三五”时期我市要以创新驱动发展、对外开放合作、重点改革突破“三个走在前列”为战略重点，以提高发展质量和效益为中心，加快形成引领经济发展新常态的机制体制和发展方式，推动经济结构战略性调整和转型升级，统筹推进经济、政治、文化、社会、生态文明和党的建设，努力建设国际制造名城、现代生态都市，确保率先全面建成小康社会，为全省实现“三个定位、两个率先”的总目标作出更大贡献，迈上率先基本实现社会主义现代化的新征程。《建议》为全市未来五年发展明确了发展目标和工作方向。市政府据此编制了《东莞市国民经济和社会发展第十三个五年规划纲要（草案）》，并提交本次人代会审议。

我们坚信，只要认真贯彻执行上级和市委的决策部署，将“十三五”规划各项工作任务落到实处，东莞未来五年必将呈现出一幅更加美好的发展图景。“十三五”时期我市经济社会发展的基本目标是：经济保持中高速增长，地区生产总值年均增长8%左右。到2018年全市小康指数达到97%以上，率先全面建成小康社会。到2020年地区生产总值超过9200亿元，人均地区生产总值约11万元，建设国际制造名城、现代生态都市取得显著成效，以创新为主要引领和支撑的经济体系和发展模式基本形成，天蓝、地绿、水净的环境成为常态，对外开放的质量和发展的内外协调性明显提高，人民生活水平迈上新台阶，率先基本实现社会主义现代化的基础将更加坚实。

2016年是实施“十三五”规划的第一年。做好今年政府工作，必须以党的十八届三中四中五中全会、中央经济工作会议、习近平总书记系列重要讲话以及省委十一届六次全会精神为指导，坚持创新、协调、绿色、开放、共享五大发展理念，紧紧把握“十个更加注重”的工作要求，认真贯彻落实市委十三届六次、七次全会各项部署，努力实现“三个走在前列”目标任务，推动全市发展稳中有进、稳中向好。综合考虑各方面因素，今年全市发展的主要预期目标是：生产总值增长8%—8.5%，人均生产总值增长8%左右，市一般公共预算收入增长9%，固定资产投资总额增长10%左右，社会消费品零售总额增长11%左右，进出口总额增长3%左右；先进制造业、高技术制造业增加值占规模以上工业增加值比重分别达48%和37.3%；研发经费支出占生产总值比重2.4%；国家高新技术企业数量达到1100家；发明专利授权量增长10%；城市居民人均可支配收入、农村居民人均可支配收入分别增长8%和8.5%；居民消费价格指数控制在3%以内。围绕以上目标要求，重点做好几方面工作：

一、在兼顾需求侧的基础上突出抓好供给侧结构性改革，为“十三五”开好局增添新动力

供给侧改革的核心是创造有效需求。东莞作为一个有强大制造能力的城市，应当在供给侧结构性改革当中发挥重要的作用。要在增强三驾马车动力的同时，集中力量推进东莞本土的供给侧结构性改革，通过提高产品质量、创造市场需求，让全国商家都来莞采购，让东莞的产品行销全世界。

着力打响莞货质量品牌　巩固全国质量强市示范城市创建成果，加快提高传统优势产业质量水平，打响虎门服装、大朗毛织、长安五金模具、大岭山家具、茶山食品等区域品牌，提升产品附加值，扩大优质消费供给。大力实施标准化战略，增强东莞企业话语权和东莞产品竞争力。实施技改事后奖补政策，鼓励企业开展增资扩产、设备更新和智能化改造，力争全年技改投资增长20%以上。整合科技、人才等专项资金，优化拨付流程，提升资金使用乘数效应，助力企业提高产品质量和层次。

创新机制有效引导和培育市场　聚焦世界产业前沿和重点领域，前瞻布局可穿戴设备、可见光通信技术、航空航天等新兴产业。扶持有实力的莞企和研发机构开发新技术、新产品，创造新的市场需求。加强新产品的应用展示和市场推广，加快引进生产链上下游企业，逐步形成集群效应。推动军工技术向民用技术转化，引导优势民营企业进入军品科研生产和维修领域，创建军民融合创新发展示范区。

扩大优质服务的有效供给　加快发展文化创意、健康养老、现代医疗等

产业。鼓励设立跨境电商体验店。设立旅游产业发展专项资金。深入挖掘工业游、莞香游、古村游、休闲游、生态游等旅游资源，创建国家级旅游景区，抓好茶山南社等4A级景区建设。推动重大旅游项目的洽谈、建设。积极发展都市农业。

推动企业优化结构、做大做强　大力推进市场取向改革，淘汰落后产能，出台政策鼓励优势企业实施强强联合、对外并购和重组整合。大力培育大型骨干企业，认定大型骨干企业30家以上。建立成长型中小企业储备库。新增个转企500家、小升规550家以上。大力推动重大产业项目上马，落实责任、逐月督导、强力推进，确保桥头新技电子等32个新项目开工建设，石碣盈聚电子等17个项目竣工投产。大力招引优质项目，完善招商激励机制，加强与周边城市产业合作，主动接受辐射。加强用地保障，争取整合1000亩以上连片土地10块。

开展降低实体经济企业成本行动　巩固历年减负成果，落实国家和省减负政策，加强扶企措施宣讲，确保政策落到实处、发挥作用。用好地方金融稳定专项资金。积极推进已建房屋补办产权，妥善解决历史遗留问题，盘活企业沉淀资产。鼓励优质企业发债融资。推动贷款更多向制造业倾斜。做好经济运行监测与统计。

二、把握珠三角国家自主创新示范区建设机遇，着力创建国家创新型城市

发挥自主创新示范区、自贸试验区政策溢出效应　围绕东莞创新中轴线，统筹松山湖（生态园）核心园区，散裂中子源、大学创新城以及寮步、大岭山、大朗、横沥、东坑、企石、石排、茶山、石龙等9个镇，规划建设东莞自主创新示范区。加快完善自创区配套政策、规划体系，积极向上争取在东莞自创区优先推广复制自贸区政策，承接自贸区溢出效应和制度红利，形成政策叠加效应。办好全省专业镇建设现场会，推广横沥协同创新模式，打造组团式区域创新体系。

进一步强化企业创新主体地位　继续推进“育苗造林”行动，力争年内高企总数达1100家以上、高企培育入库企业700家以上。每年安排一定比例的新增用地指标，优先满足高企及高企培育入库企业用地需求。鼓励企业开展核心技术攻关，实施重大科技专项，争取国家和省级科技项目，新设市级以上重点实验室、技术中心等研发机构30个。试点科技创新券，推动企业设立研发准备金，引导企业加大研发投入，力争全年R&D投入增长10%。

加快推进新型研发机构和高水平理工科大学建设　赋予新型研发机构对科技成果更大的自主使用权、处置权和收益权。探索科技用房产权分割转让。搭建新型研发机构与行业协会、企业的沟通合作平台，组织技术成果展示对接活动，让新型研发机构更接地气，成为服务转型的助推器。五年投入35亿元、以超常规举措支持东莞理工学院创建高水平理工科大学，面向全球重金招揽人才，加快建设成为以智能制造学科群为龙头的区域创新发展高地，力争2020年进入全国理工类院校百强。引进国内外一流大学来莞设研究生院。探索建立科研院所、高校和企业创新人才互动交流机制。

构建科技创新融资新模式　市财政投入10亿元设立产业投资基金，撬动社会资本超过40亿元，培育引导新兴产业发展。与深交所、上交所等合作，强化企业上市、新三板挂牌、资产证券化等指导培训，推动企业进军资本市场。出台优惠政策，吸引各类风投、创投集聚，定期举办创新成果与创业资本对接会。建设统一平台，整合银企对接、征信查询等功能，为企业信用融资提供支撑。加快组建市属金融控股集团。支持设立地方保险机构。

三、大力实施“机器人智造”计划，打造有全球影响力的先进制造基地

着力建设中国机器人产业先行市　鼓励重点行业开展“机器换人”应用示范，为企业提供全流程解决方案。省政府和市政府共同出资2亿元设立融资租赁专项资金，与国开行开展“零首付、零门槛”技改信贷计划，解决中小企业“机器换人”资金难题。加强机器人创新体系建设，重点突破机器人整机和关键零部件技术。调查摸清食品、服装、家具、电子等行业实际需求，集中突破“机器换人”行业共性问题，努力形成可复制推广的产业化成果，提升莞产设备采购率、使用率。大力发展工业机器人、服务机器人、特种机器人，有针对性地开展点对点招商，引进若干家有国际国内影响力的机器人龙头企业，加快形成覆盖本体、关键零部件、系统集成商、服务提供商的机器人产业集群，力争机器人产业产值增长30%。

大力推动“东莞制造+互联网”融合发展　鼓励企业开展生产流程智能化改造，推广数字化工厂等生产模式，全面提升劳动生产率。推广运用工业云服务平台，对租赁企业给予最高20万元的补助。与阿里巴巴集团合作建设“阿里巴巴—东莞产业带”。大力鼓励电子商务发展，加强专业人才的招引和培育，支持设立国际邮件互换局兼交换站，认定一批电子商务示范企业，建设东莞跨境电商中心园区，推动外贸综合服务企业和物流企业电商化改造，打造具有全国影响力的自营电子商务平台。抓好大数据综合服务平台建设，整合各类信息资源，进一步优化对企业的监测和服务。

大力推动“东莞制造+四新”融合发展　研究制定扶持“四新”经济发展政策。鼓励服装、家具等传统企业通过手机APP等，与消费者精准互动，建立柔性化、定制化生产模式，打响“东莞定制”品牌。办好国际工业设计大赛，加快建设一批国家级、省级工业设计中心。落实扶持会展业发展各项措施，推动展会迈向品牌化、国际化，促进与制造业融合发展。

大力推动“东莞制造+双创”融合发展　出台众创、众包、众扶、众筹平台建设政策。鼓励在“三不变”的前提下，通过“三旧”改造建设科技园、众创空间和示范基地。设立孵化器扶持专项资金。实施莞港澳台科技创新创业联合培优行动计划。办好各类创客嘉年华活动和创新创业大赛。鼓励企业员工内部创业，支持青年学生初始创业。将创业小额贷款最高提至20万元。对创新创业领军人才给予最高200万元的启动资金扶持。

四、建设“一带一路”海陆联动桥头堡，拓展对内对外开放新空间

加快广东铁路国际物流基地和水铁联运大通道建设　推动粤新欧、粤满俄、中韩快线等国际铁路班线跨越式发展，加快建设中俄物流产业园和石龙口岸功能区，打造广东陆上丝绸之路重要起点。加快建设虎门港9、10号泊位，开辟东南亚等国际航线，打造海上丝绸之路的重要航运和物流节点。实施虎门港与石龙铁路货运站海铁联运，构建连接“一带一路”国家的国际物流大通道。大力鼓励企业走出去，支持华坚埃塞俄比亚工业园、巴中贸促会总部项目建

设。继续办好海博会、加博会，不断扩大与海上丝绸之路沿线国家和地区的经贸合作。

加快对外贸易优化升级 实施优进优出战略，增强一般贸易核心竞争力，深度开发多元化国内外市场，保持外贸进出口稳定增长。引导外资企业更加注重创新发展，争取新培育100家外资高新技术企业、250个外资企业研发机构、3家外资上市企业。申报建设虎门港综合保税区，建设清溪保税物流中心（B型）。推进水运口岸“三互”大通关系统应用。加快国际贸易“单一窗口”建设。

大力扶持内源型经济发展 完善市属企业产权管理、薪酬考核、预算评价等制度。推动市属资产优化配置，采取股权出让、职工持股、引入战略投资者等方式，实现产权主体多元化。开展市属企业公司制改造，支持和引导条件成熟的企业组建或改组为国有资本投资公司。完善先进制造业项目数据库，定期举办对接活动，引导民间资本与先进制造业项目对接。推进“686”上市后备企业培育工程，鼓励优质民营企业股份制改造和上市。

五、以实施城市总体规划（2016—2030年）为契机，促进城市协调绿色发展

以地铁建设重构城市空间格局 推动地铁2号线、莞惠、穗莞深城轨早日开通运营。开工建设地铁1号线，加快佛莞城轨建设，抓紧中虎龙城轨前期论证，开展莞深快轨建设规划。谋划轨道交通沿线开发利用，推进周边TOD开发。科学预测市民出行方式转变和交通流量的变化，加快常规公交、有轨电车与地铁无缝衔接，完善公交线网覆盖，逐步形成以地铁为骨干、常规公交为主体的公共交通体系。试点建设公共自行车租赁系统，优化绿道配套设施，完善城市慢行系统。主动对接国家、省铁路建设规划，争取赣深客专在莞设点。加强与深圳、广州等周边城市轨道交通对接。

以水乡、银瓶合作创新区建设为突破促进协调发展 加快水乡新城及周边配套设施建设，打造水乡文化创意产业样板区，试点推动创意设计与制造业融合发展。加快银瓶合作创新区基础设施建设，推动大连机床等重大项目投产，开工建设5个重大项目，争取新引资50亿元。与招商局共同加快开发长安新区，打造“一带一路”国际合作示范区。提高财政困难的欠发达镇街税收增收分成比例。将市对镇街的财力性转移支付提高到20亿元。加大对经济发展滞后镇街基建投资的分担补助。加大市内对口帮扶力度，力争60%的欠发达村两级经营性纯收入达300万元或增长20%以上，60%的帮扶低保劳动力稳定就业。基本完成农村土地承包经营权确权登记颁证。推动“深莞惠+汕尾、河源”经济圈建设，加快区域一体化进程。

推动基础设施再升级 启用“无线东莞”WiFi，建成2万个无线接入点，实现全市主要公共区域免费WiFi全覆盖，打造全国第一批“无线地级市”。与光启合作建设智慧城市空间信息平台，全面提升环境监测、智慧交通、应急管控等管理能力。推进虎门二桥、梨川大桥、莞番高速东莞段、莞深高速黄江出入口等公路桥梁建设及改造工程。加快220千伏双岗变电站等17项电网、水利工程建设。以黄沙河流域为试点推进海绵城市建设。探索推进地下管线综合管廊建设，打造管线高速。

完成节能减排财政政策综合示范市建设任务 开展千家工业企业节能低碳行动，扶持一批重点用能单位开展节能技术改造。争取成为国家绿色供应链试点工作示范城市。推进新一轮治污行动，建立水污染防治项目库，加快截污次支管网建设，启动现有污水处理厂提标改造。狠抓茅洲河、石马河等重点流域及内河涌污染整治，治理松木山水库和同沙水库。大力推进臭氧、PM2.5等协同治理。推动大型工业燃煤锅炉和区域性集中供热改造。在石碣、麻涌试点开展土壤污染修复，规划建设建筑余泥渣土消纳场。推进桥头大东洲、清溪罗马等垃圾填埋场整治，抓好麻涌、横沥环保热电厂建设改造，力争两年内实现原生生活垃圾全焚烧进而实现零填埋。新建美丽幸福村居50个，探索推进连片特色示范区试点项目建设。进一步完善森林公园、湿地公园配套。

六、进一步扩大公共产品和公共服务供给，让东莞人民共享改革发展成果

加快构建社会治理立体网格化体系 探索在社会治安、安全生产、食品安全、城市管理等全领域推行网格化管理，划分若干网格，明确治理责任，利用互联网等科技手段强化治理，力求取得叠加治理效应。保持严打高压态势，重拳打击“黄赌毒”、“两抢一盗”等违法犯罪。加强公路检查站、治安卡点和“智能天网”建设应用，强化流动人口及出租屋管理。开展以案说防教育，倡导人文关怀，预防和减少各类违法犯罪案件的发生。落实安全生产责任体系，建设“智慧安监”信息化平台，健全镇街（园区）专职安全员队伍，加强危化品整治和特种设备监管。强化气象预测、预报、预警、预案和值班工作。加大打假工作力度，强化农产品日常检测监督。加强劳资矛盾分析和化解，加大恶意欠薪打击力度。完善信访工作机制，依法解决群众合理诉求。实现村（社区）公共法律服务站、消防站全覆盖。启动数字城管系统二期建设。落实新增违法建设追责机制，力争实现违建“零增长”。

办好人民满意的教育 落实异地高考政策。通过积分制新招收3.3万名随迁子女就读义务教育阶段学校。出台实施向民办学校购买学位政策，市财政补贴7.1亿元支持民办教育。加快慕课教育平台建设，新增微课1万节、推送2万节，选定100所学校开展慕课教学试点。推动30%教师利用慕课学习。积极创建省现代职业教育综合改革示范市。

推进健康东莞建设 出台城市公立医院综合改革配套文件。建立全市统一的网上预约挂号平台。开展免费的孕妇唐氏综合征、新生儿耳聋基因筛查。放开医师多点执业。建立分级诊疗制度。实施全民健康促进行动，巩固篮球、羽毛球等体育基础，发挥绿道、公园众多的优势，组织开展长跑、徒步、自行车等户外赛事，打造珠三角户外运动和体育旅游基地。办好松山湖国际马拉松、欧亚全明星乒乓球对抗赛等重要赛事。

提升城市文明程度 深入推进社会主义核心价值观建设，实施文化惠民工程，加强优秀传统文化普及教育，推动传统媒体和新兴媒体整合发展，建立健全公益广告发布长效机制。开展千场家庭教育大讲堂进社区活动，加强和改进未成年人思想道德建设。创建全国版权示范城市。争创全国文明城市“四连冠”。

全面推动社会事业发展 推进社保、住房公积金扩面征缴。制订基本公共服务“同城同待遇”批次清单。贯彻实施全面两孩政策。落实新生育保险政策，生育医疗费用按实际核付，生育津贴与单位月平均工资挂钩。将基本医疗保险年度最高支付限额提高至30万元。提高低保家庭食品、燃气及水电补助标准。加强人才队伍建设，建立柔性引进海外专家工作机制，启动技能人才五年行动计划。建设新妇女儿童活动中心。抓好残疾人保障服务。继续做好对口帮扶韶关、揭阳，以及对口支援新疆兵团

第三师、西藏林芝市巴宜区、四川甘孜州、广西河池、重庆巫山等工作。

七、全面建设法治政府和服务型政府，不断提升政府公信力和执行力

着力建设全省全国领先的法治城市　用好地方立法权，加强对水乡生态建设、饮用水源水质保护等的立法调研和草案起草工作。完善政府规范性文件制定计划和流程。制定行政执法细则、裁量标准和操作流程，确保规范文明执法。完善政府法律顾问制度。严格落实重大行政决策程序规定，推动公众参与决策常态化。打造阳光政务，加大对镇街公开财政预决算信息的指导力度，全面公开部门预决算信息和“三公”经费支出信息。

打造更廉洁、更高效的政务环境　严格执行中央八项规定，加强政府系统廉政建设。深化行政审批制度改革，进一步压减和下放行政审批事项，启动行政审批标准化建设。推动商事制度改革继续走在全国前列，进一步推进前端便利化登记，全面加强后续监管。深化项目直接落地改革，简化审批推广至所有项目。优化网上办事大厅功能，推动更多服务事项实现网上全流程办理。全面落实权责清单制度，形成市镇两级权责清单。创新事业单位管理体制，探索公益三类、经营服务类事业单位的脱事转企改革，开展事业单位法人治理结构试点。

进一步提振干事创业的精神状态　以严格的问责倒逼机关作风持续转变，继续开展第三方评估，扩大暗访和作风评议范围，曝光政府系统的落实不力、庸懒散拖、吃拿卡要等问题，进一步强化警示教育效果。以强有力的督导倒逼工作加快落实，推动政府系统提振奋力攻坚、改革突破的精气神，一件一件工作抓落实，一个一个难题求突破，一步一个脚印谋实效，高质高效地完成全年各项目标任务。

各位代表！新的航程已经开启，新的任务光荣艰巨。让我们紧密团结在以习近平同志为总书记的党中央周围，在中共东莞市委的坚强领导下，紧紧依靠全市人民，真抓实干，开拓进取，锐意创新，奋力夺取“十三五”新胜利，在东莞高水平崛起的道路上继续阔步前进！

名词注解：

三个走在前列　市委十三届五次全会提出东莞要努力在实施创新驱动发展战略、推动重点领域改革突破、实施21世纪海上丝绸之路战略上走在前列的目标。市委十三届六次全会对“三个走在前列”内涵作了进一步深化和延伸，提出“十三五”时期东莞要努力在创新驱动发展、对外开放合作、重点改革突破走在前列的目标。

“三互”大通关　指东莞贯彻国家部署，实现口岸管理相关部门信息互换、监管互认、执法互助，在陆运、水运口岸建立单一窗口、联合查验、一次放行等一体化通关协作机制，实现通关效率大幅提升的改革。

项目直接落地　指东莞开展的以企业依法承诺制、备案制和事后监管制为主要内容，实行“先建后验、宽进严管”模式的投资项目审批改革。

珠三角国家自主创新示范区　2015年9月，国务院正式下发《关于同意珠三角国家高新区建设国家自主创新示范区的批复》，东莞松山湖、广州、珠海、佛山、惠州仲恺、中山火炬、江门、肇庆等8个国家高新区获批建设国家自主创新示范区。这是全国第二个以城市群为单位的国家自主创新示范区。

创新驱动发展“1+N”扶持政策　即东莞创新驱动发展战略政策体系，其中“1”指《关于实施创新驱动发展战略走在前列的意见》（东委发〔2015〕5号），“N”指配套的高新技术企业、孵化器、新型研发机构等相关资助办法。

“四新”经济　四新即新技术、新产业、新业态、新模式，指通过利用新一代信息及生产技术、制造业与服务业融合等进行技术创新、应用创新、服务创新、模式创新，所培育出的新型经济形态。

“三证合一”、“一证一码”改革　指国家部署的企业登记制度改革举措，将企业登记时分别由工商、质监、税务部门核发的工商营业执照、组织机构代码证、税务登记证，改为由工商部门一次性核发载有统一社会信用代码的营业执照。

“项目源”大数据　即收集目标引进企业、行业龙头企业、国内外五百强等相关企业投资重点、资金动向等信息，建成目标企业投资数据库，并进行综合研判、开展目标招商。

“3+2+2”专项行动　即2015年省市共同推进的治安打击行动，其中“3”为全省统一的打击涉毒、涉黑恶、涉盗抢行动，“2”为我市自选的打击涉赌、涉食药假行动，并自我加压每个镇街集中整治2个违法犯罪突出的区域或行业。

一中心四组团　即一个中心区，西北组团、西南组团、东北组团、东南组团，是市委《关于全面推进新型城镇化发展的意见》（东委发〔2014〕19号）提出的东莞城市发展格局。

十大改革品牌　即东莞近年来力推的商事制度改革、“多证联办”改革、新型研发机构管理体制改革、“三互”大通关改革、跨境电商发展、项目投资审批体制改革、新型城镇化改革、基层社会治理改革、农村综合改革、民生事业改革等改革。

十个更加注重　习近平总书记在2015年12月18日召开的中央经济工作会议上提出的“十个更加注重”的要求，即“推动经济发展，要更加注重提高发展质量和效益。稳定经济增长，要更加注重供给侧结构性改革。实施宏观调控，要更加注重引导市场行为和社会心理预期。调整产业结构，要更加注重加减乘除并举。推进城镇化，要更加注重以人为核心。促进区域发展，要更加注重人口经济和资源环境空间均衡。保护生态环境，要更加注重促进形成绿色生产方式和消费方式。保障改善民生，要更加注重对特定人群特殊困难的精准帮扶。进行资源配置，要更加注重使市场在资源配置中起决定性作用。扩大对外开放，要更加注重推进高水平双向开放。”

供给侧结构性改革　2015年11月习近平总书记在中央财经领导小组会议上提出。指从供给、生产端入手，通过解放生产力，提升竞争力，促进经济发展。

东莞创新中轴线　即位于东莞中部、沿松山湖新城路和生态园大道一线，贯穿东莞所形成的26公里创新走廊，涵盖松山湖高新区、散裂中子源项目等创新区域。

科技创新券　一种财政资金扶持科技的方式，政府向企业发放相应凭证票据，企业凭券向高校院所、科技服务机构等购买服务，由提供服务的单位向政府申领兑现资金。

工业云服务平台　指通过互联网和云计算技术，整合包括计算机辅助工程、产品数据管理、人力资源管理等标准化信息产品及服务，按需向工业领域企业提供多层次的云应用产品租赁服务的平台系统。

三不变　即土地性质不变、主体结构不变、产权不变。

优进优出战略　2015年4月李克强总理提出。“优进”指有选择进口紧缺先进技术、关键设备和重要零部件，“优出”指在出口高档高附加值产品外，推动产

品、技术、服务“全产业链出口”。

国际贸易“单一窗口” 指建立一个大数据共享的政府信息平台，投资企业或进出境商品电子数据只需提交一次，就能达到所有相关管理部门的审批要求。

“686”上市后备企业培育工程 即保持市一级上市民营企业后备资源库有60家以上的储备，每年推动其中8家企业进入上市辅导程序，6家企业进入发行申报程序或境内外上市。

TOD 即公共交通导向开发，指在站点周边步行5—10分钟半径内，建设集工作、商业、文化、教育、居住等为一体的高密度城区的土地开发模式。

海绵城市 形容对雨水具有自然积存、自然渗漏、自然净化功能，对自然灾害具有良好弹性的城市水系统。

智能天网 即城市电子监控系统，指为满足城市治安防控和管理需要，利用视频监控技术与传输网络，对固定区域进行实时监控和信息记录的视频监控系统工程。

2016年市政府十件实事

一、提升社会安全指数 强化全市命案防范和打击工作，确保现行命案发案数同比下降5%，破案率达到94%；深化平安出租屋建设，开展流动人口信息采集大会战，实现警综系统和自助申报系统采集人数均比2015年增加20%；加大出租屋管理执法力度，改变过去对违反租赁房屋治安管理规定违法行为不处罚或处罚少的状况，实现查处案件数比2015年提高20%；开展“以案说防社区行”活动，全年共开展不少于2500场次“以案说防社区行”活动，联动群众共同推动社区治安管理，从源头改善社会治安环境。

二、促进教育资源公平均衡配置 增加随迁子女积分入学学位供给，2016年向随迁子女提供约33600个学位（含优惠政策群体），其中，公办学校提供学位约28000个，向民办学校购买学位5600个；继续发放义务教育民办学校学生财政补助，对就读义务教育民办学校的在校生给予财政补助，小学生每年每人补助1270元、初中生每年每人补助2155元；投入2亿元，对民办学校给予财政帮扶，用于学前教育专项资金、民办中小学扶持专项资金、民办学校教师培训经费，对民办学校教师发放从教津贴，对校车运营给予补助；投入约8000万元，建成松山湖中心小学分校。

三、加强食品安全保障 实施食品安全快检快筛和监督抽检，全年完成快速检测3300批；完成生产环节抽检1800批，流通环节抽检2000批，餐饮服务环节抽检1000批，并定期发布食品抽检质量信息；加强食品药品安全网格化监管体系建设，实现80%的镇街在各社区（村）建立食品药品监管协管员队伍；组织开展全市食品药品安全大课堂暨食品药品安全知识进校园活动，覆盖全市527家学校；建立食品药品安全宣传微信公众号，及时传递食品药品安全信息。

四、继续提高特殊群体保障水平 继续开展居家养老服务，进一步扩大服务范围，新开办不少于60个居家养老服务点，实现有需求的村（社区）100%覆盖；新增符合条件享受居家养老服务的老年人2000名，使全市享受该项服务的老年人增加到17500名；继续提高全市低保家庭食品、燃气及水电补助标准，每人每月补助标准由60元提高到80元；继续实施“银龄安康”行动，为符合条件的老年人购买意外伤害综合保险；继续落实惠渔政策，对申请更新改造渔船且符合更新改造贷款贴息条件，以及符合政策性保险条件且购买了政策性渔业保险的渔船和渔民实行财政补贴，100%落实惠渔政策。

五、改善交通出行条件 方便市民出行，开通地铁2号线载客试运营，建成地铁2号线旗峰公园站周边公共自行车系统；提升跨镇公交服务能力，新开通东莞巴士运营的跨镇公交线路26条，新增东莞巴士运营的跨镇公交运力600辆；整治道路安全隐患，完成水乡大道沙望路口改造，完善港口大道简沙洲口、环城路刘沙立交跨线桥等7个点的交通安全设施，保障市民出行安全；实施对尖岗岭桥和莞樟立交等一批市区桥梁加固维修，保障市民出行安全。

六、加大信息惠民建设力度 建成不少于20000个无线接入点，覆盖市内公共服务区域，为市民免费提供WiFi服务；共享优质教学资源，建设系列化、课程化、精品化的微课资源10000节；向义务教育阶段中低收费民办学校或者薄弱学校推送不少于20000节的慕课优质教学资源；向中低收费民办学校或者薄弱学校送课到校不少于3000节；引进、开发和应用5000课时义务教育教师研训慕课资源，实现30%教师利用慕课资源学习；提高城市管理和政府公共服务水平，投入约6000万元，建成“数字城管”平台一期项目，促进市区城市管理现代化；完善出入境自助办证服务，为群众提供更加便捷的办证渠道。

七、完善医疗卫生服务 优化整合免费婚前健康检查和孕前优生健康检查项目，提高补助标准，每对夫妇补助905元；提高出生人口素质，免费为符合条件的孕妇及其所生新生儿提供胎儿唐氏综合征产前筛查和新生儿耳聋基因筛查服务，其中唐氏综合征产前筛查（孕妇）1.5万人，新生儿耳聋基因筛查1.5万人，共免费筛查3万人；提高我市社会基本医疗保险最高支付限额（由20万元提高至30万元）及住院补充医疗保险部分待遇标准，发挥基金最大效用，更好地保障参保人医疗需求；组织应急救护培训，对全市社区居民、学生、普通企事业单位生产一线人员完成培训5万人次。

八、加强污染治理和生态建设 整体改善大气环境质量，使PM2.5年均浓度达40微克/立方米以下、臭氧年评价值控制在176微克/立方米以下；加强大气监测能力建设，新建不少于3个环境空气质量自动监测子站，并联网实时发布数据，建成东莞市大气复合污染超级监测站一期工程；提高污水处理效能，建成凤岗竹塘污水处理厂二期工程、谢岗污水处理厂二期扩建及配套管网工程、桥头污水处理厂二期及配套管网工程和松山湖北部污水处理厂二期工程；加快推进截污次支管网建设进度，完成不少于260公里截污次支管网建设。

九、促进创业带动就业 有针对性地实施系列创业补贴政策以及帮扶和鼓励就业政策，大力实施“大众创业工程”，多渠道促进创业工作；推动和帮扶9000名登记失业人员实现就业；帮扶东莞生源困难家庭高校毕业生实现100%就业；组织开展劳动力技能晋升补贴培训2.5万人次，加快提升我市劳动者职业技能水平。

十、提升文体生活质量 建成数字文化馆一期工程，满足群众日益多元的文化需求；完善历史文化教育设施，投入约5800万元，完成海战博物馆室内空间及《鸦片战争》展览设计制作；实施家庭教育惠民工程，完成家庭教育讲座活动1000场、家教活动100场，电台活动50期；完善群众体育设施，全市升级改造99个篮球场，新建或改建20个小型足球场，免费对市民开放；推动和开展马拉松长跑、万人自行车骑行活动等全民健身运动，带动全市30万人次参与健身活动。

▲ 龙湾湿地公园　（翟国强　摄）

2015年东莞市国民经济和社会发展统计公报

东莞市统计局
国家统计局东莞调查队

2015年，面对复杂多变的国际形势和不断加大的经济下行压力，在市委、市政府的正确领导下，全市认真贯彻党的十八届四中、五中全会和习近平总书记系列重要讲话精神，紧紧围绕“三个走在前列”目标，主动适应经济发展新常态，深入实施创新驱动战略，努力统筹稳增长、促改革、调结构、惠民生，扎实推进各项工作，克难奋进，全市经济社会发展取得了新成绩。

一、综合

初步核算，2015年东莞生产总值（GDP）6275.06亿元，比上年增长8.0%。分产业看，第一产业增加值20.50亿元，下降0.4%；第二产业增加值2902.98亿元，增长6.2%；第三产业增加值3351.59亿元，增长10.0%。三大产业比例为0.3∶46.3∶53.4。人均地区生产总值75616元，增长8.4%。

在现代产业中，规模以上先进制造业增加值1299.13亿元，增长8.5%；现代服务业增加值2005.02亿元，增长12.7%。

在第三产业中，交通运输、仓储和邮政业增长3.3%，批发和零售业增长6.4%，住宿和餐饮业增长2.3%，金融业增长8.5%，房地产业增长18.1%，其他服务业增长11.6%。

年末，全市工商登记总数71.33万户，同比增长13.3%。其中企业工商登记25.64万户，增长22.7%；个体户登记45.61万户，增长8.7%。私营企业登记户数增长较快，增长25.3%。从新登记注册情况看，2015年，全市工商新登记12.30万户，增长7.7%；新登记企业54921家，增长20.4%。

全年居民消费价格总水平比上年上涨1.4%。其中食品类上涨3.8%，烟酒类上涨0.4%，衣着类上涨2.4%，家庭设备用品及维修服务类上涨1.2%，医疗保健和个人用品类上涨1.5%，交通和通信类下降4.0%，娱乐教育文化用品及服务类上涨0.2%，居住类上涨1.0%。此外，全年商品零售价格下降0.6%。工业生产者出厂价格下降1.8%。

全年来源于东莞的财政收入1155.50亿元，比上年增长8.4%。市公共财政预算收入517.97亿元，增长10.2%。市公共财政预算支出581.24亿元，增长27.0%。其中，一般公共服务支出47.09亿元，公共安全支出63.53亿元，教育支出130.93亿元，社会保障和就业支出52.96亿元。全年全市税收总额1413.09亿元，增长

2010—2015年地区生产总值及增长速度

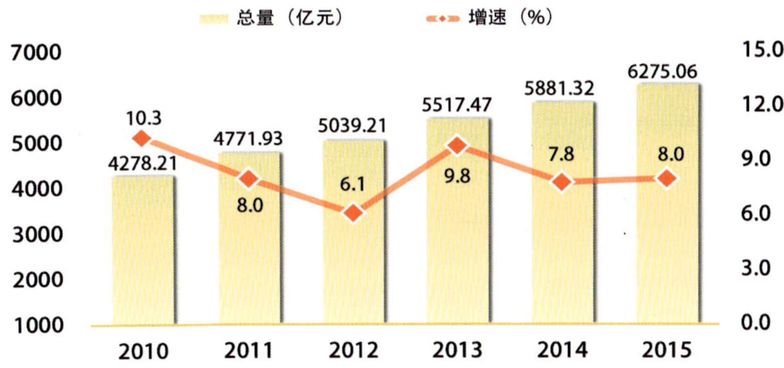

2010—2015年居民消费价格总指数（上年=100）

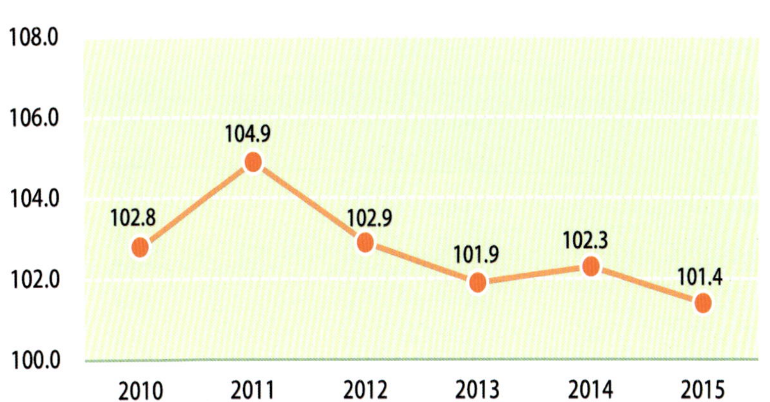

2015年价格变动情况

类　别	价格指数（上年=100）	比上年升降幅度（%）
居民消费价格指数	101.4	1.4
食品	103.8	3.8
其中：粮食	101.3	1.3
肉禽及其制品	106.7	6.7
油脂	99.0	-1.0
蛋	97.7	-2.3
菜	112.7	12.7
水产品	102.5	2.5
烟酒	100.4	0.4
衣着	102.4	2.4
家庭设备用品及维修服务	101.2	1.2
医疗保健和个人用品	101.5	1.5
交通和通信	96.0	-4.0
娱乐教育文化用品及服务	100.2	0.2
居　住	101.0	1.0
商品零售价格指数	99.4	-0.6
工业生产者出厂价格指数	98.2	-1.8

14.2%。

年末城镇实有登记失业人数1.29万人，全年失业人员安置就业人数0.94万人，城镇登记失业率为2.26%。

二、农业

2015年全市农林牧渔业总产值34.35亿元，比上年下降（按可比价计算，下同）0.2%。其中农业产值21.97亿元，增长6.4%，占农林牧渔业总产值的64.0%；林业产值0.37亿元，增长2.6%，占1.1%；牧业产值3.69亿元，下降22.0%，占10.7%；渔业产值7.32亿元，下降5.1%，占21.3%。全年农作物总播种面积37.45万亩，其中水果种植面积19.59万亩。全年粮食产量1.27万吨；水产品总产量6.89万吨；蔬菜产量40.16万吨，增长2.9%；生猪出栏13.66万头，下降34.4%；家禽出栏405.06万只，下降5.4%。

2015年新增26家农民专业合作社、广东省名牌产品（农业类）5个。目前，全市共有农民专业合作社170家、农业龙头企业22家（其中省级以上11家，国家级3家）、有效期内的省级农业类名牌产品达52个（含林业、渔业）。

三、工业和建筑业

全年全市规模以上工业实现增加值2711.09亿元，比上年增长5.3%。在规模以上工业中，重工业增加值1579.42亿元，增长6.9%，占58.3%；轻工业增加值1131.67亿元，增长2.6%，占41.7%。

全年全市规模以上五大支柱产业完成增加值1865.11亿元，增长5.3%；四个特色产业完成增加值270.09亿元，增长6.9%。

全年高技术制造业增加值增长10.2%，其中，医药制造业增长6.8%，电子及通信设备制造业增长13.2%，电子计算机及办公设备制造业下降0.7%，医疗设备及仪器仪表制造业下降20.1%。

全年先进制造业增加值增长8.5%，其中，装备制造业增长8.8%，钢铁冶炼及加工业增长3.6%，石油及化学制造业增长3.6%。装备制造业中，汽车制造业增长8.5%，船舶制造业和环境污染防治专用设备制造业分别下降7.3%和增长6.7%；钢铁冶炼及加工业中，钢压延加工增长3.6%；石油及化学行业中，石油加工、炼焦及核燃料加工业下降35.8%，化学原料及化学制品制造业增长1.0%，橡胶制品业增长34.2%。

全年优势传统产业增加值增长

2015年规模以上工业主要产品产量

产品名称	计量单位	产量	增长（%）
移动通信手持机（手机）	万台	23642.56	24.5
数字激光音、视盘机	万台	5707.48	10.5
集成电路	万块	47216.78	213.1
光电子器件	万只（万片、万套）	863395.05	5.6
电子元件	亿只	11385.21	3.9
汽车仪器仪表	万台	82.16	39.6
光学仪器	万台（万个）	114.28	15.5
眼镜成镜	万副	6490.88	11.6
自来水生产量	亿立方米	16.56	2.0
大米	吨	311639.96	4.8
糖果	吨	232497.48	12.9
服装	万件	145608.53	2.4
轻革	万平方米	267.19	-22.0
人造板	万立方米	27.25	-18.3
纸制品	万吨	2151470.52	1.9
家具	万件	5386.31	-4.0
机制纸及纸板（外购原纸加工除外）	万吨	1399.23	-0.2
塑料制品	万吨	120.05	-6.4
化学试剂	吨	142714.32	6.4
瓷质砖	万平方米	2775.13	7.1
金属集装箱	万立方米	693.20	6.3
电动手提式工具	万台	2550.03	15.4
数码照相机	万台	25.58	-13.8
模具	万套	6.57	-20.5
锂离子电池	万只（万自然只）	43794.53	20.5
灯具及照明装置	万套（万台、万个）	26393.30	-2.9
电子计算机整机	万台	108.49	-41.3
打印机	万台	97.43	38.7
电话单机	万部	3325.57	-15.3

3.0%，其中，纺织服装业下降4.3%，食品饮料业增长6.0%，家具制造业增长2.5%，建筑材料增长8.9%，金属制品业增长13.1%，家用电力器具制造业增长2.4%。

规模以上工业综合经济效益指数为152.5%，实现利润总额393.57亿元。

全年全市建筑业实现增加值88.81亿元，比上年下降1.1%。总承包和专业承包筑企业完成总产值212.25亿元，增长8.4%；施工面积1072.42万平方米，下降2.8%；竣工面积453.13万平方米，下降10.4%。总承包和专业承包建筑企业按施工产值计算的全员劳动生产率为29.26万元/人，下降0.9%。

四、固定资产投资

全年固定资产投资1446.52亿元，比上年增长3.3%。按投资主体分，国有经济投资178.24亿元，下降14.9%；民营经济投资947.59亿元，下降0.2%；外商及港澳台商投资268.03亿元，增长19.9%。

从产业投向看，投资集中在第二、三产业。第二产业投资503.62亿元，其中制造业投资432.91亿元；第三产业投资942.04亿元。

全年完成房地产开发投资575.21亿元，下降2.2%。商品房屋施工面积3921.20万平方米，增长9.4%；竣工面积325.43万平方米，下降20.7%；新建商品房网上签约销售面积1077.02万平方米，增长61.9%，其中商品住宅销售面积977.81万平方米，增长75.0%。全年新建商品房网上签约销售额1076.12亿元，增长67.1%，其中商品住宅销售额959.44亿元，增长87.7%。

五、国内贸易

全年全市批发和零售业实现增加值778.16亿元，增长6.4%；住宿和餐饮业实现增加值155.42亿元，增长2.3%。

全年社会消费品零售总额2154.70亿元，比上年增长10.9%。分行业看，批发零售贸易业零售额2003.10亿元，增长

2010—2015年固定资产投资增长速度

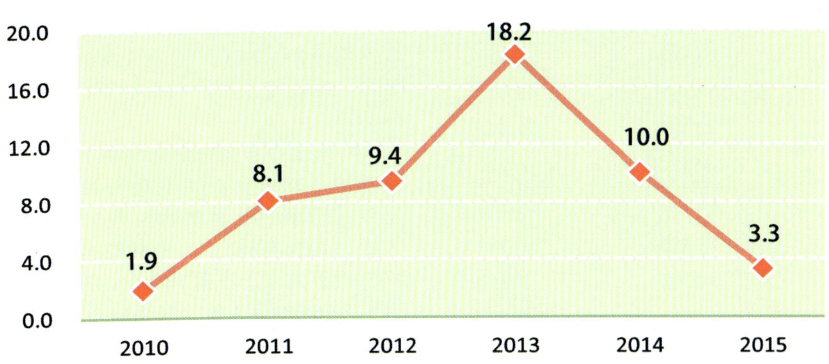

2015年分行业固定资产投资情况

行业	投资额（万元）	增长（%）
总计	14465180	3.3
农、林、牧、渔业	8572	213.0
制造业	4329128	23.2
电力、热力、燃气及水生产和供应业	699321	53.6
建筑业	7782	332.3
交通运输、仓储和邮政业	1458981	-14.8
信息传输、软件和信息技术服务业	192125	-49.8
批发和零售业	193131	-8.4
住宿和餐饮业	64156	10.7
金融业	40229	-56.6
房地产业	6412823	-4.0
租赁和商务服务业	36877	-52.9
科学研究和技术服务业	225645	-2.2
水利、环境和公共设施管理业	436975	-25.2
居民服务、修理和其他服务业	9148	44.1
教育	239748	89.7
卫生和社会工作	72774	28.8
文化、体育和娱乐业	20288	-68.3
公共管理、社会保障和社会组织	17477	16.9

2010—2015年社会消费品零售总额及增长速度

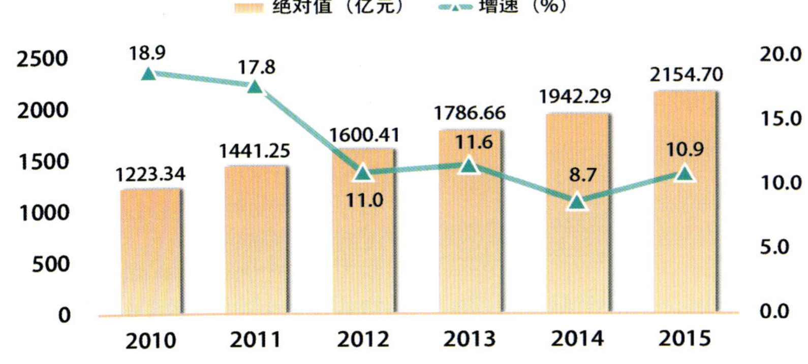

11.1%；住宿餐饮业零售额151.60亿元，增长8.5%。

在限额以上批发和零售业中，粮油食品类零售额增长0.9%；饮料类增长1.4%；烟酒类增长3.7%；服装鞋帽、针、纺织品类下降4.4%；日用品类下降0.4%；汽车类增长22.1%。

六、对外经济

全年全市进出口总额1676.73亿美元（10407.76亿元，增长4.2%），比上年增长3.1%。其中进口639.55亿美元（3972.46亿元，下降1.3%），下降2.4%；出口1037.19亿美元（6435.30亿元，增长7.9%），增长6.9%。

按贸易方式分，一般贸易出口379.63亿美元，增长41.3%；加工贸易出口622.18亿美元，下降5.4%；其他出口35.38亿美元，下降20.3%。

按出口的地区分，对亚洲出口540.85亿美元，增长4.7%；对北美洲出口261.31亿美元，增长10.1%；对欧洲出口169.12美元，增长6.2%；对拉丁美洲出口34.27亿美元，增长6.9%；对大洋洲出口13.74亿美元，增长2.9%。

全年机电产品出口707.12亿美元，增长1.6%，占出口总额的68.2%；高新技术产品出口354.34亿美元，下降3.0%，占34.2%。

全年全市新签外商直接投资项目440宗，合同外资金额50.59亿美元，增长17.2%。实际利用外资53.20亿美元，增长17.5%。其中通信设备、计算机及其他电子设备制造业实际利用外资6.61亿美元，下降26.6%；专用设备制造业实际利用外资2.47亿美元，增长4.0%。

七、交通、邮电和旅游

全年全市交通运输、仓储和邮政业实现增加值201.76亿元，增长3.3%。

全年全市公路通车里程5165公里，公路密度209.5公里/百平方公里，继续位居全省前列。年末全市机动车保有量（民用）188.14万辆，增长13.9%。其中汽车保有量184.49万辆，增长18.3%。

全年公路货物运输量10469万吨，货物周转量71.69亿吨公里；水路货物运输量4916万吨，货物周转量433.16亿吨公里。全年公路运输完成客运量4928万人，旅客周转量76.92亿人公里；水路运输完成客运量33万人，旅客周转量2148万人公里。全年港口旅客吞吐量32.42万人次，货物吞吐量13149万吨。

全年完成邮电业务（含快递）收入

2015年主要商品出口情况

商品名称	金额（万美元）	增长（%）
机电产品（包括本目录已具体列名的机电产品）	7071194	1.6
高新技术产品	3543356	-3.0
自动数据处理设备及其部件	722279	-9.4
服装及衣着附件	692756	16.2
电话机	645411	12.2
家具及其零件	513547	16.5
鞋类	322084	4.3
自动数据处理设备的零件	316314	-22.2
静止式变流器	309146	-14.6
灯具、照明装置及类似品	286056	47.5
箱包及类似容器	261747	17.5
玩具	248355	10.1
电线和电缆	225087	-6.1
塑料制品	224165	20.5
通断保护电路装置及零件	221591	1.0
纺织纱线、织物及制品	182835	13.1
打印机（包括多功能一体机）	172750	-2.5
电视、收音机及无线电讯设备的零附件	123828	-4.6
贵金属或包贵金属的首饰	123744	352.7
印刷电路	97873	1.7
电容器	97121	22.9
眼镜及其零件	93471	8.7

2015年分行业利用外资情况

行业名称	合同外资金额（万美元）	增长（%）	实际利用外资（万美元）	增长（%）
总计	505854	17.2	531982	17.5
制造业	226696	-32.8	342799	-9.7
纺织业	11760	7.0	17168	33.2
纺织服装、鞋、帽制造业	15452	-35.0	27770	223.0
家具制造业	1362	-31.6	4355	-14.2
通用设备制造业	7111	-22.1	21147	56.1
专用设备制造业	14477	-41.4	24671	4.0
电气机械及器材制造业	24584	48.8	26291	-1.9
通信设备、计算机及其他电子设备制造业	51600	-25.9	66062	-26.6
金属制品业	26265	-8.1	41545	28.7
塑料制品业	10346	-54.9	23393	-26.2
文教体育用品制造业	8114	63.7	11909	49.5
造纸及纸制品业	20122	1.3	7449	-61.6
其他制造业	35503	-55.5	71039	-21.2
交通运输、仓储和邮政业	16506	-4.6	14747	28.3
批发和零售业	56754	14.4	30649	-26.8

248.98亿元，比上年增长9.2%。邮政发送信函6718万件，邮政特快专递306万件，邮政汇款金额88.24亿元。年末全市固定电话用户298.23万户；移动电话用户1756.75万户，减少6.34万户。年末互联网用户201.74万户，比上年减少3.13万户；宽带接入用户196.44万户，增加5469户。

年末全市有星级酒店59家，其中五星级酒店19家。全市有旅行社88家，全年接待国际及港澳台游客373.40万人次，增长4.8%。其中接待外国游客105.02万人次，下降14.0%；接待港澳台游客268.38万人次，增长14.7%。国际旅游外汇收入15.77亿美元，增长0.2%。全年接待国内游客2825.69万人次，增长16.1%。旅游总收入395.18亿元，增长5.5%。全年东莞组团外出旅游142.87万人次，下降5.3%。其中，国内旅游124.64万人次，下降5.1%；出境旅游18.24万人次，下降6.4%。

八、金融

全年全市金融业实现增加值402.71亿元，增长8.5%。

年末全市有各类金融机构127家，其中银行类机构38家（含1家代表处），保险类机构54家，证券期货类机构35家。年末全市金融机构各项本外币存款余额9968.80亿元，同比增长5.8%。其中住户存款余额4630.69亿元，下降1.2%。各项本外币贷款余额5980.90亿元，增长7.4%。在个人消费贷款余额中，个人住房按揭贷款余额1584.05亿元，增长33.9%；个人汽车消费贷款余额4.52亿元，下降17.5%。

全年股票总成交额37580.21亿元，同比增长195.4%。年末保证金余额206.28亿元，增长27.4%。

全年全市各类保险保费收入305.37亿元，同比增长18.4%。其中财产险保费收入99.08亿元，增长16.7%；人寿险保费收入206.29亿元，增长19.2%。

九、科技和教育

2015年全年新增国家高新技术企业303家，总数达986家，位居省内地级市首位。全市专利申请量和授权量分别为38094件和26820件，其中，发明专利申请量为11166件，同比增长61.55%，占专利申请总量的29.31%，数量排全省第四位；发明专利授权量为2795件，同比增长72.11%，数量排全省第三位；PCT专利申请量为336件，排全省第地级市首

2015年客（货）运量、周转量

指标	单位	数值	增长（%）
客运量	万人	4961	-10.7
#公路	万人	4928	-10.8
旅客周转量	亿人公里	77.13	-9.7
#公路	亿人公里	76.92	-9.8
货运量	万吨	15385	0.1
#公路	万吨	10469	-4.1
货物周转量	亿吨公里	504.85	12.7
#公路	亿吨公里	71.69	-5.1

2010—2015年移动电话用户数

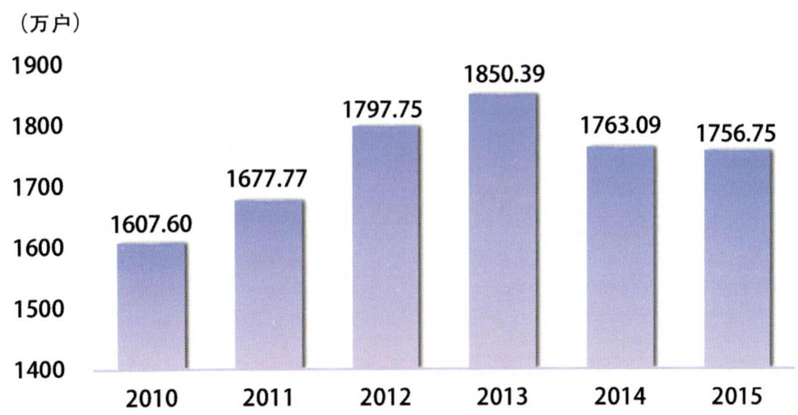

2010—2015年各项本外币存、贷款余额

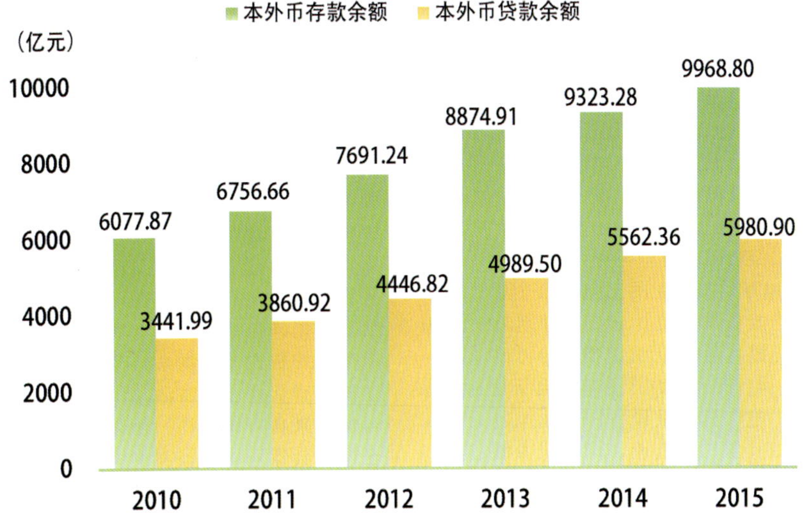

位。科技资源加快集聚，全市新增创新型研发机构4家，总数达27家，科技企业孵化载体达到36家，其中国家级8家；成功举办2015中国（东莞）国际科技合作周；全市新增4个省创新科研团队立项，引进总数达到26个，居全省第三；新引进9个市级创新科研团队，总数达到18个；国家可持续发展实验区建设工作稳步推进；我市松山湖高新区被列入珠三角国家自主创新示范区。科技金融结合得到加强，出台《东莞市促进科技金融发展实施办法》，大力推进科技信贷、科技保险等工作，7家商业银行为近270家科技企业发放信用贷款超过15亿元，专利质押融资累计贷款1.22亿元。

年末，全市有幼儿园949所，同比增加68所，其中，省、市一级幼儿园450所，比上年增加174所。全市有小学327所，在校学生71.93万人，本市户籍学龄儿童入学率达100%，小学毕业生升学率达100%。全市有初中179所（不含完全中学），在校学生20.87万人，本市户籍适龄少年初中入学率100%，初中毕业生升学率98.5%。全市高中阶段学校共有61所，其中普通高中（含完中和多层次学校高中部）39所，在校生7.89万人，中职学校25所（含技工学校3所），在校生6.97万人。全市有普通高等院校8所，在校学生11.46万人。全年普通高等院校共招收本科、专科学生3.33万人，毕业生2.39万人。

十、文化、卫生和体育

年末全市有市民艺术中心1个，文化站33个，公共图书馆641个，公共电子阅览室589个，公办博物馆17个，民办博物馆31个，文化广场769个，电影放映单位79个。全市有公共广播节目53套，公共电视节目43套。全年共发行报纸6518.23万份，其中《东莞日报》4355.83万份；电影放映82.6万场次，观众1634.9万人次。

年末全市有医疗机构2198个，其中，三级甲等医院7所，门诊、诊所、医务室、卫生站、社区卫生服务机构等基层医疗机构2110个。全市卫生技术人员4.52万人，医疗机构病床2.75万张。全年诊疗总人数下降4.4%。

全年全市运动员共获得188枚金牌、127枚银牌、110枚铜牌。其中夺得全国赛金牌48枚；广东省赛金牌135枚、银牌104枚、铜牌98枚。全年举办全市全民健身活动367次，参加人数20.12万人次。全市有各类体育运动场地14431个（座），其中体育场530个，体育馆169座，灯光篮球场5558个，健身路径1473条，室外游泳池374个，室内游泳池60个，室外羽毛球场1386个。全市有体育彩票发行网点1100个，销售总额14.65亿元，体彩公益金11146万元。

十一、人民生活

2015年东莞居民收入稳步增长，全年居民人均可支配收入38651元，同比增长8.2%。其中，城镇常住居民人均可支配收入39793元，增长8.2%，农村常住居民人均可支配收入24225元，增长8.5%，城乡收入差距进一步缩小。

教育情况

指标	招生（万人）	增长（%）	在校生（万人）	增长（%）	毕业生（万人）	增长（%）
普通本专科	3.33	46.1	11.46	64.0	2.39	83.9
成人本专科	1.44	118.2	4.39	150.9	1.20	135.3
中等职业技术教育	2.61	6.5	6.97	8.2	1.71	-2.3
普通高中	2.67	-0.1	7.89	1.0	2.53	0.4
初中	7.66	1.6	20.87	1.0	5.92	3.0
小学	14.02	12.2	71.93	4.7	8.96	3.3
学前教育	13.29	5.3	31.44	8.2	10.90	40.7

从收入构成上看，居民人均工资性收入29370元，占人均可支配收入的76.0%，是居民收入的首要来源；其次是人均财产净收入，达6949元，占人均可支配收入的18.0%。

居民生活消费呈现多样性，2015年居民生活消费支出28256元，同比增长6.5%。其中人均食品烟酒支出9463元，占生活消费支出33.5%，比上年减少0.3个百分点。在八大类生活消费支出中，交通通讯、医疗保健、食品烟酒及居住消费支出增幅较大。

十二、社会保障

全市五大险种参保总人次为2659.94万人次，比上年下降3.2%。基本医疗保险601.92万人次，失业保险412.14万人次，工伤保险464.46万人次。全年社会保险基金总收入430.94亿元，保险基金总支出151.59亿元，年末保险基金累计余额1150.25亿元。

年末全市有收养类福利事业单位37个，其中社会福利院1个，社会福利中心1个，敬老院34个，敬老院供养老人1252人。社会福利事业单位收养2737人，全年社会救济1.9万人。全市居民最低生活保障支出3580.9万元，自然灾害生活救助支出536.1万元，慈善基金结余2.23亿元。全市纳入“五保户”对象有833人，“五保户”费用支出1484.3万元。

十三、人口、资源和环境

年末全市户籍人口195.01万人。全年出生人口2.20万人，出生率为11.34‰；死亡人口0.95万人，死亡率为4.93‰；人口自然增长率为6.41‰。年末全市常住人口825.41万人，其中城镇常住人口733.13万人。人口城镇化率为88.82%。

全年雨日天数176天，日照时数1787.2小时，平均气温23.5摄氏度，相对湿度78%，降水量2137.9毫米。

年末全市森林公园达19个，新增森林公园配套设施一批。林业用地面积80.38万亩，生态公益林32.94万亩，林木积蓄量350万立方米，林木总生长量12.75万立方米。

年末全市建成区土地面积928.87平方公里，公共管理与公共服务用地面积47.20平方公里。森林覆盖率为37.4%。城市建成区绿地率为41.63%，绿化覆盖率为44.71%，城市人均公园绿地面积22.85平方米；全市已建成公园1223个，面积1.45万公顷。

注：

1. 本公报中2015年数据为初步统计数，统计图中2010—2014年数据为年报数，最后统计数据以《东莞统计年鉴—2016》为准。

2. 地区生产总值、各行业增加值、农业总产值绝对数按当年价格计算，增长速度按可比价格计算。

3. 从2011年起，规模以上工业统计口径由年主营业务收入500万元调整为2000万元及以上的工业法人企业；固定资产投资项目统计起点由计划总投资50万元提高到500万元，增速为可比口径。

4. 五大支柱产业包括电子信息制造业、电气机械及设备制造业（包括电气机械及器材制造业，仪器仪表制造业，通用设备制造业，专用设备制造业，铁路、船舶、航空航天和其他运输设备制造业以及汽车制造业）、纺织服装鞋帽制造业（包括纺织业，纺织服装、服饰制造业，皮革、毛皮、羽毛及其制品和制鞋业）、食品饮料加工制造业（包括食品制造业，酒、饮料和精制茶制造业，农副产品加工业）、造纸及纸制品业。四个特色产业包括玩具及文体用品制造业、家具制造业、化工制品制造业（包括化学原料及化学制品制造业，石油加工、炼焦业及核燃业）、包装印刷业。先进制造业包括装备制造业、钢铁冶炼及加工制造业、石油及化学制造业。高技术制造业包括医药制造业、航空、航天器及设备制造业、电子及通信设备制造业、医疗仪器设备及仪器仪表制造业、信息化学品制造业。

5. 2012年四季度，国家统计局实施了城乡一体化住户调查改革。2014年起按照新的调查口径对外发布城乡一体的居民人均可支配收入和分城镇、农村常住居民人均可支配收入数据。由于新老调查方案在调查范围、调查对象、城乡划分标准、样本抽选、计算和汇总方式、指标口径等方面变化较大，改革后新口径数据和旧口径数据存在不可比的差异。

6. 阅读本公报时，请注意统计指标的时间、口径和计算方法等。

7. 资料来源:本公报中城镇实有登记失业人数及失业人员安置就业人数、城镇登记失业率数据来自市人力资源局；新增农民专业合作社、龙头企业及省级农业类名牌产品数来自市农业局；进出口、利用外资数据来自市商务局；公路通车里程、交通运输、公路、水路相关数据来自市交通运输局；邮电业务收入、邮政发送信函、电话用户等数据来自市邮政、电信、移动等相关运营商；星级酒店及旅游情况来自市旅游局；年末各类金融机构数据来自金融工作局；本外币存贷款余额来自市人民银行；股票总成交额及年末保证金余额数据来自证券期货业协会；保险保费及赔款与给付来自市保险行业协会；国家高新技术企业家数、专利申请和授权量以及科研成果奖等数据来自市科学技术局；教育数据来自市教育局；市民艺术中心、文化站、公共图书馆、公共电子阅览室、博物馆、文化广场、公共广播节目、报纸等数据来自市文化广电新闻出版局；卫生医疗机构等数据来自市卫生局；运动员获得奖牌、健身活动、体育彩票发行情况来自市体育局；社会保障数据来自市社会保障局；福利单位、敬老院等数据来自市民政局；户籍人口数据来自市公安局；出生和死亡人口等相关数据来自市卫生和计划生育局；气象数据来自市气象局；森林公园、林业用地、生态公益林、林木积蓄量等数据来自市林业局；建成区及公共管理与公共服务用地面积来自市城乡规划局；建成区绿地率、绿化覆盖率、人均公园绿地面积及公园数据来自市城市综合管理局。

文件选录

2015年中共东莞市委文件选录

序号	文号	文件名称	发文日期
1	东委发〔2015〕1号	中共东莞市委关于全面深化法治东莞建设的实施意见	2015.1.30
2	东委发〔2015〕4号	中共东莞市委关于印发《中共东莞市委常委会2015年工作要点》的通知	2015.2.17
3	东委发〔2015〕5号	中共东莞市委、东莞市人民政府关于实施创新驱动发展战略走在前列的意见	2015.4.22
4	东委发〔2015〕8号	中共东莞市委关于印发《东莞市2015年依法治市工作要点》的通知	2015.5.4
5	东委发〔2015〕9号	关于印发《2015年度东莞市镇街领导班子落实科学发展观工作考评方案》《2015年度东莞市市直单位落实科学发展观工作考评方案》《2015年度“单打冠军”评定方案》的通知	2015.6.11
6	东委发〔2015〕10号	中共东莞市委关于印发《东莞市贯彻全国和广东省干部教育培训规划实施意见》的通知	2015.6.15
7	东委发〔2015〕11号	中共东莞市委关于加强纪律建设推进全面从严治党的意见	2015.7.9
8	东委发〔2015〕12号	中共东莞市委、东莞市人民政府关于进一步加强土地管理工作的若干意见	2015.9.7
9	东委发〔2015〕13号	中共东莞市委、东莞市人民政府关于推进农业转移人口市民化的实施意见（试行）	2015.9.8
10	东委发〔2015〕14号	中共东莞市委关于制定国民经济和社会发展第十三个五年规划的建议	2015.12.9
11	东委办发〔2015〕2号	中共东莞市委办公室、东莞市人民政府办公室印发《关于完善东莞水乡特色发展经济区工作机制的意见》的通知	2015.1.27
12	东委办发〔2015〕4号	中共东莞市委办公室、东莞市人民政府办公室印发《关于进一步规范和加强党政机关国内公务接待管理工作的意见》的通知	2015.4.9
13	东委办发〔2015〕6号	中共东莞市委办公室印发《东莞市贯彻落实〈关于在县处级以上领导干部中开展“三严三实”专题教育方案〉的实施意见》的通知	2015.5.15
14	东委办发〔2015〕7号	中共东莞市委办公室、东莞市人民政府办公室关于印发《东莞市深化文化体制改革实施方案》的通知	2015.5.20
15	东委办发〔2015〕8号	中共东莞市委办公室、东莞市人民政府办公室印发《东莞市关于县以下机关建立公务员职务与职级并行制度的实施方案》的通知	2015.6.18
16	东委办发〔2015〕10号	中共东莞市委办公室、东莞市人民政府办公室关于印发《东莞市村（社区）综合服务管理中心建设指导意见》的通知	2015.8.7
17	东委办发〔2015〕12号	中共东莞市委办公室关于深入学习宣传贯彻党的十八届五中全会精神的通知	2015.11.6
18	东委办发〔2015〕13号	中共东莞市委办公室印发《镇（街道）纪委书记、副书记提名考察实施意见》《市纪委派驻纪检组组长、副组长提名考察实施意见》《市属企业纪委书记、副书记提名考察实施意见》的通知	2015.11.20
19	东委办发〔2015〕15号	中共东莞市委办公室、东莞市人民政府办公室关于印发《东莞市全面推进公务用车制度改革实施方案》的通知	2015.12.14
20	东委办〔2015〕1号	中共东莞市委办公室印发《关于对省委巡视组反馈意见开展整改的工作方案》的通知	2015.1.21
21	东委办〔2015〕5号	中共东莞市委办公室关于学习贯彻全省“两会”精神的通知	2015.2.17
22	东委办〔2015〕11号	中共东莞市委办公室、东莞市人民政府办公室关于印发《东莞市深化全国文明城市创建工作三年行动计划（2015—2017年）》的通知	2015.4.30
23	东委办〔2015〕12号	关于印发《东莞市2015年改革行动计划》的通知	2015.4.30
24	东委办〔2015〕13号	关于印发《全面深化法治东莞建设2015年行动计划》的通知	2015.4.30
25	东委办〔2015〕16号	关于印发《2015年市镇两级领导挂点服务大型骨干企业工作方案》的通知	2015.5.12
26	东委办〔2015〕21号	中共东莞市委办公室关于在“三严三实”专题教育中深化落实党的群众路线教育实践活动整改任务的通知	2015.6.9
27	东委办〔2015〕24号	中共东莞市委办公室、东莞市人民政府办公室关于印发《东莞市推行权责清单制度工作方案》的通知	2015.7.27
28	东委办〔2015〕29号	中共东莞市委办公室、东莞市人民政府办公室印发《关于加强和改进新形势下我市档案工作的实施意见》的通知	2015/9/6
29	东委办〔2015〕30号	中共东莞市委办公室、东莞市人民政府办公室印发《关于进一步做好我市复退军人服务工作的意见》的通知	2015.9.10
30	东委办〔2015〕31号	中共东莞市委办公室、东莞市人民政府办公室印发《关于开展推动党委建立涉法涉诉信访事项退出普通信访领域后有效善后衔接机制试点工作方案》的通知	2015.9.10

续表

序号	文号	文件名称	发文日期
31	东委办〔2015〕37号	中共东莞市委办公室关于深入学习贯彻《中国共产党廉洁自律准则》和《中国共产党纪律处分条例》的通知	2015.11.20
32	东委办〔2015〕39号	中共东莞市委办公室关于深入学习贯彻省委十一届五次全会精神的通知	2015.12.2
33	东委办〔2015〕42号	中共东莞市委办公室关于做好党组（党委）规范性文件报送备案工作的通知	2015.12.30
34	东委办〔2015〕43号	中共东莞市委办公室、东莞市人民政府办公室关于印发《东莞市加快推进创新驱动发展重点工作方案（2015—2017年）》的通知	2015.12.30

2015年东莞市人大常委会文件选录

序号	文号	文件名称	发文日期
1	东常〔2015〕1号	东莞市人民代表大会常务委员会关于更改召开东莞市第十五届人民代表大会第五次会议时间的决定	2015.1.21
2	东常〔2015〕2号	东莞市第十五届人民代表大会常务委员会公告	2015.1.21
3	东常〔2015〕3号	关于东莞市贯彻实施《广东省信访条例》运用法治方式解决信访突出问题试点工作的情况报告	2015.2.3
4	东常〔2015〕4号	东莞市第十五届人民代表大会常务委员会公告	2015.2.27
5	东常〔2015〕5号	东莞市人民代表大会常务委员会决定任免名单	2015.2.27
6	东常〔2015〕6号	东莞市人民代表大会常务委员会任免名单	2015.2.27
7	东常〔2015〕7号	东莞市人民代表大会常务委员会任免名单	2015.2.27
8	东常〔2015〕8号	东莞市人民代表大会常务委员会任免名单	2015.2.27
9	东常〔2015〕9号	东莞市关于确定申请开始制定地方性法规的报告	2015.3.11
10	东常〔2015〕10号	关于市人大常委会主任、副主任、秘书长分工调整的通知	2015.3.18
11	东常〔2015〕11号	东莞市人民代表大会常务委员会关于补选两名市人民代表大会代表的决定	2015.4.29
12	东常〔2015〕12号	东莞市人民代表大会常务委员会关于召开东莞市第十五届人民代表大会第六次会议的决定	2015.4.29
13	东常〔2015〕13号	东莞市第十五届人民代表大会常务委员会公告	2015.4.29
14	东常〔2015〕14号	东莞市人民代表大会常务委员会关于授予李永波“东莞市荣誉市民”称号的决定	2015.4.29
15	东常〔2015〕15号	东莞市人民代表大会常务委员会决定任免名单	2015.4.29
16	东常〔2015〕16号	东莞市人民代表大会常务委员会任免名单	2015.4.29
17	东常〔2015〕17号	东莞市人民代表大会常务委员会任免名单	2015.4.29
18	东常〔2015〕18号	东莞市人民代表大会常务委员会任免名单	2015.4.29
19	东常〔2015〕19号	东莞市第十五届人民代表大会常务委员会公告	2015.5.13
20	东常〔2015〕20号	关于抓紧做好立法项目启动工作的意见	2015.5.13
21	东常〔2015〕21号	关于市人大常委会主任、副主任、秘书长分工调整的通知	2015.5.22
22	东常〔2015〕22号	关于向省人大常委会提交《2015年下半年及2016年度立法项目计划》的请示	2015.5.26
23	东常〔2015〕23号	关于贯彻落实市委常委会关于立法工作指示精神的意见和建议	2015.6.16
24	东常〔2015〕24号	东莞市第十五届人民代表大会常务委员会公告	2015.6.26
25	东常〔2015〕25号	东莞市人民代表大会常务委员会关于补选一名市人民代表大会代表的决定	2015.6.26
26	东常〔2015〕26号	东莞市人民代表大会常务委员会任免名单	2015.6.26
27	东常〔2015〕27号	东莞市人民代表大会常务委员会任免名单	2015.6.26
28	东常〔2015〕28号	东莞市人民代表大会常务委员会关于批准东莞市2014年市级决算的决议	2015.8.26
29	东常〔2015〕29号	东莞市第十五届人民代表大会常务委员会公告	2015.8.26
30	东常〔2015〕30号	东莞市人民代表大会常务委员会任免名单	2015.8.26
31	东常〔2015〕31号	东莞市人民代表大会常务委员会任免名单	2015.8.26
32	东常〔2015〕32号	东莞市人民代表大会常务委员会任免名单	2015.8.26
33	东常〔2015〕33号	关于专送《我市实施<广东省信访条例>诉访分离工作情况的调研报告》报告	2015.8.31

续表

序号	文号	文件名称	发文日期
34	东常〔2015〕34号	东莞市人民代表大会常务委员会任免名单	2015.10.20
35	东常〔2015〕35号	东莞市人民代表大会常务委员会任免名单	2015.10.20
36	东常〔2015〕36号	东莞市人民代表大会常务委员会任免名单	2015.10.20
37	东常〔2015〕37号	东莞市人民代表大会常务委员会任免名单	2015.10.20
38	东常〔2015〕38号	东莞市人民代表大会常务委员会任免名单	2015.11.27
39	东常〔2015〕39号	东莞市人民代表大会常务委员会关于补选一名市人民代表大会代表的决定	2015.11.27
40	东常〔2015〕40号	东莞市第十五届人民代表大会常务委员会公告	2015.11.27
41	东常〔2015〕41号	东莞市人民代表大会常务委员会关于批准东莞市2015年财政预算调整方案的决议	2015.12.30
42	东常〔2015〕42号	东莞市人民代表大会常务委员会关于批准东莞市2015年政府债务限额的决议	2015.12.30
43	东常〔2015〕43号	东莞市第十五届人民代表大会常务委员会关于表彰优秀代表议案建议和先进承办单位的决定	2015.12.30
44	东常〔2015〕44号	东莞市第十五届人民代表大会常务委员会公告	2015.12.30
45	东常〔2015〕45号	东莞市人民代表大会常务委员会关于补选一名市人民代表大会代表的决定	2015.12.30
46	东常〔2015〕46号	东莞市人民代表大会常务委员会任免名单	2015.12.30
47	东常〔2015〕47号	东莞市人民代表大会常务委员会任免名单	2015.12.30

2015年东莞市政府、市府办文件选录

序号	文号	文件名称	发文日期
1	东府〔2015〕1号	关于实施“东莞制造2025”战略的意见	2015.1.26
2	东府〔2015〕26号	关于印发《关于全面推进金融创新发展促进创新型经济强市建设的实施意见》的通知	2015.4.21
3	东府〔2015〕27号	关于印发《关于鼓励企业利用资本市场的若干意见》的通知	2015.4.8
4	东府〔2015〕30号	关于实施创新驱动发展战略开展智能制造和服务型制造示范工程加快推动工业转型升级的意见	2015.4.10
5	东府〔2015〕33号	关于深入推进依法行政加快建设法治政府的意见	2015.4.16
6	东府〔2015〕44号	关于引导民营资本发展实体经济的实施意见	2015.5.7
7	东府〔2015〕53号	关于印发东莞市企业集群注册登记管理试行办法的通知	2015.7.9
8	东府〔2015〕55号	关于印发《东莞市关于推广自由贸易试验区可复制改革试点经验的意见》的通知	2015.7.15
9	东府〔2015〕68号	关于印发《东莞市人民政府拟定地方性法规草案和制定规章程序规定》的通知	2015.8.19
10	东府〔2015〕83号	关于印发《东莞市2015年推进简政放权放管结合转变政府职能工作方案》的通知	2015.10.21
11	东府〔2015〕88号	关于印发《关于做好新形势下就业创业工作的实施意见》的通知	2015.11.3
12	东府〔2015〕98号	关于东莞对接国家自由贸易试验区发展的意见	2015.12.2
13	东府〔2015〕111号	关于印发《东莞市人才入户管理办法》的通知	2015.12.18
14	东府〔2015〕117号	关于印发东莞市全程电子化工商登记试行办法的通知	2015.12.25
15	东府办〔2015〕11号	关于加快推进2015年重大项目建设工作的通知	2015.1.26
16	东府办〔2015〕3号	关于印发《关于加快推进新开工重大产业项目建设的实施办法》的通知	2015.1.28
17	东府办〔2015〕18号	关于印发《2015年东莞市义务教育阶段新莞人子女积分制入学积分方案》的通知	2015.2.6
18	东府办〔2015〕19号	关于印发《东莞旅游城市建设发展规划（2015—2020）》的通知	2015.2.28
19	东府办〔2015〕20号	关于进一步促进旅游业加快发展的若干意见	2015.2.28
20	东府办〔2015〕21号	关于促进旅游饭店业转型升级的若干意见	2015.2.28
21	东府办〔2015〕22号	关于印发《广东东莞水乡特色发展经济区产业发展规划（2013—2030年）》的通知	2015.3.3
22	东府办〔2015〕26号	关于印发《东莞市“单一窗口”建设试点工作方案》的通知	2015.3.12
23	东府办〔2015〕27号	关于印发《2015年全市政务信息公开工作重点》的通知	2015.3.20
24	东府办〔2015〕28号	关于进一步加大市内扶贫财政投入的通知	2015.3.24

续表

序号	文号	文件名称	发文日期
25	东府办〔2015〕31号	关于印发《东莞市促进金融、科技、产业创新融合发展三年（2015—2017）行动计划》的通知	2015.4.8
26	东府办〔2015〕32号	关于印发《关于缓解中小微企业融资难、融资贵问题的指导意见》的通知	2015.4.9
27	东府办〔2015〕33号	关于印发《东莞市鼓励企业利用资本市场实施细则》的通知	2015.4.8
28	东府办〔2015〕34号	关于印发《关于支持东莞地方金融机构改革发展的若干意见》的通知	2015.4.8
29	东府办〔2015〕35号	关于印发《东莞市小额创业贷款实施方案》的通知	2015.4.10
30	东府办〔2015〕36号	关于印发《东莞市家禽"集中屠宰、冷链配送、生鲜上市"工作方案》的通知	2015.4.21
31	东府办〔2015〕37号	关于印发《东莞市2015年依法行政工作要点》的通知	2015.4.13
32	东府办〔2015〕41号	关于加快东莞市电网规划建设的意见	2015.4.14
33	东府办〔2015〕42号	关于印发《东莞市创建国家电子商务示范城市实施方案》的通知	2015.4.16
34	东府办〔2015〕43号	关于印发《东莞市政府重大行政决策听证事项目录》的通知	2015.4.17
35	东府办〔2015〕44号	关于印发《东莞市关于鼓励和支持企业兼并重组的暂行办法》的通知	2015.4.20
36	东府办〔2015〕45号	关于印发《东莞市开展国家新型城镇化综合试点工作实施方案》的通知	2015.5.6
37	东府办〔2015〕46号	关于印发东莞市社会组织发展扶持专项资金管理办法的通知	2015.5.7
38	东府办〔2015〕50号	关于印发东莞市气象灾害防御规划（2015—2020年）的通知	2015.5.23
39	东府办〔2015〕51号	关于推进城市基础设施建设一体化的实施意见	2015.5.26
40	东府办〔2015〕53号	关于印发《东莞市特殊教育提升计划（2014—2016年）》的通知	2015.5.28
41	东府办〔2015〕57号	关于进一步扶持欠发达镇发展的若干意见	2015.6.9
42	东府办〔2015〕60号	关于印发《东莞市建设信息惠民国家试点城市实施方案》的通知	2015.6.30
43	东府办〔2015〕62号	关于加快推进新能源汽车推广应用的实施意见	2015.7.7
44	东府办〔2015〕65号	关于印发《东莞市实施珠三角规划纲要2015年重点工作任务》的通知	2015.7.14
45	东府办〔2015〕66号	关于印发《东莞市促进科技金融发展实施办法》的通知	2015.7.15
46	东府办〔2015〕67号	关于印发《东莞市促进科技服务业发展实施办法》的通知	2015.7.15
47	东府办〔2015〕69号	关于印发《东莞市促进企业研发投入实施办法》的通知	2015.7.15
48	东府办〔2015〕72号	关于印发《加快推进全市水污染治理工作（2015—2017年）行动计划》的通知	2015.7.17
49	东府办〔2015〕73号	关于加强基层市场协管队伍建设管理的意见	2015.7.22
50	东府办〔2015〕74号	关于印发《关于进一步推进农用地规模化集约化经营的指导意见》的通知	2015.7.27
51	东府办〔2015〕75号	关于印发《东莞市工业机器人智能装备产业发展规划（2015—2020年）》的通知	2015.7.27
52	东府办〔2015〕81号	关于印发《东莞市服务外包产业发展规划（2015—2020年）》的通知	2015.8.7
53	东府办〔2015〕82号	关于印发《东莞市关于加快发展服务外包产业的指导意见》的通知	2015.8.7
54	东府办〔2015〕84号	关于印发《东莞市加快科技企业孵化器建设实施办法》的通知	2015.8.10
55	东府办〔2015〕87号	关于印发《东莞市高新技术企业"育苗造林"行动计划（2015—2017）》的通知	2015.8.11
56	东府办〔2015〕88号	关于印发东莞市加快发展海洋经济工作方案的通知	2015.8.18
57	东府办〔2015〕90号	关于印发《东莞市大型骨干企业认定及扶持暂行办法》的通知	2015.9.2
58	东府办〔2015〕91号	关于印发《关于进一步推进我市版权工作的意见》的通知	2015.9.7
59	东府办〔2015〕94号	关于在公共服务领域推广政府和社会资本合作模式的实施意见	2015.9.10
60	东府办〔2015〕97号	关于印发《东莞市规划行政审批改革方案》的通知	2015.10.8
61	东府办〔2015〕100号	关于印发《东莞市人民政府关于促进会展业发展实施意见》的通知	2015.10.22
62	东府办〔2015〕101号	关于印发《东莞市关于强化产业政策支持推动先进装备制造业发展的工作方案》的通知	2015.10.22
63	东府办〔2015〕102号	关于印发《东莞市关于省市共建发展中小企业设备融资租赁试点工作方案》的通知	2015.10.22
64	东府办〔2015〕103号	关于印发《东莞市成长型中小企业扶持暂行办法》的通知	2015.10.22
65	东府办〔2015〕105号	关于印发《关于促进我市创意设计与制造业融合发展的实施意见》的通知	2015.10.26
66	东府办〔2015〕108号	关于印发《东莞市集体经济组织与企业合作实施"三旧"改造操作指引》的通知	2015.11.16
67	东府办〔2015〕109号	关于印发《东莞市重大项目管理办法》的通知	2015.11.20
68	东府办〔2015〕112号	关于推广实施项目投资建设直接落地改革经验的意见	2015.11.23

续表

序号	文号	文件名称	发文日期
69	东府办〔2015〕114号	关于印发《东莞市清理规范政府部门行政审批中介服务工作方案》的通知	2015.11.27
70	东府办〔2015〕121号	关于印发《东莞市创建全国版权示范城市工作实施方案》的通知	2015.12.18
71	东府办〔2015〕122号	关于印发《东莞市条件准入类人才入户实施细则》的通知	2015.12.18
72	东府办〔2015〕123号	关于印发《东莞市积分制人才入户实施细则》的通知	2015.12.18
73	东府办〔2015〕124号	关于印发《东莞市企业自评人才入户实施细则》的通知	2015.12.18
74	东府办〔2015〕127号	关于印发《加快推进“三旧”改造促进产业转型升级若干意见》的通知	2015.12.27
75	东府办〔2015〕129号	关于印发《东莞市“三旧”改造产业类项目操作办法》的通知	2015.12.28
76	东府办〔2015〕130号	关于印发《东莞市12345政府服务热线管理办法（试行）》的通知	2015.12.30
77	东府办〔2015〕131号	关于印发《东莞市臭氧污染防控专项行动计划（2015—2017）》的通知	2015.12.29
78	东府办〔2015〕135号	关于印发《东莞市鼓励优质企业项目落户莞韶产业园暂行办法（修订）》的通知	2015.12.31
79	东府办〔2015〕137号	关于建立健全镇街（园区）专职安全生产监督检查员队伍的意见	2015.12.3

2015年中央、省重点媒体涉莞重要报道目录

《人民日报》涉莞重要报道目录

序号	日期	刊载版面	报道题目
1	1月6日	第19版	“长安女工摄影展”图片新闻
2	1月13日	第12版	东莞音乐剧节落幕　原创惠民成为亮点
3	1月16日	第11版	东莞推广“一村（社区）一法律顾问”有问题先问社区律师
4	1月29日	头版头条	广东引导电商与实体经济融合发展
5	1月29日	第18版	清洁工如何培养出博士儿子
6	1月29日	第18版	评论文章身体力行胜过千言万语（记者手记）
7	1月31日	第07版	2015年苏迪曼杯会徽口号吉祥物揭晓
8	2月5日	第06版	生命延续　爱心接力——外来工夫妻因车祸双亡捐赠器官救10人　东莞全城倾情力助其患儿
9	2月9日	第13版	东莞各界告别捐器官夫妇　患病儿子已收到捐款40万元
10	2月27日	第15版	环保部通报两起暴力抗法事件　殴打环境执法人员者被严肃处理
11	3月1日	第5—8版	第四届全国文明城市（区）、文明村镇、文明单位名单
12	3月6日	第14版	广东东莞市市长袁宝成代表　给实体经济“加油打气”
13	3月6日	（海外版）头版	东莞洪梅花灯节图文报道
14	3月13日	第21版	珠三角整体纳入国家自主创新示范区——东莞迎来发展新机遇
15	3月13日	第21版	文明东莞　小城大爱
16	3月13日	第21版	东莞市横沥镇倾心构筑好人社会
17	3月13日	第22版	“东莞制造”再出发及评论文章咬定“制造”不放松
18	3月15日	第8版	老百姓——我听懂了两会声音
19	3月16日	第02版	全国人民代表大会关于修改《中华人民共和国立法法》的决定
20	3月17日	第15版	2015苏迪曼杯抽签结果公布
21	3月19日	（海外版）第07版	东莞市东城区确定“一城三创五争先”发展新思路——潮起海天阔　扬帆正当时
22	3月20日	第13版	“东莞治理”与“东莞制造”齐飞——东莞创新社会治理纪实
23	3月20日	第13版	党政主导：当好法治高效的“掌舵人”
24	3月20日	第13版	综合施策：夯实安定有序的“主阵地”
25	3月20日	第13版	协同共治：培育充满活力的“大社会”
26	3月23日	（海外版）第03版	粤港万人相亲会看点多

续表

序号	日期	刊载版面	报道题目
27	3月24日	第09版	广东81家国有林场转型森林公园
28	3月26日	第09版	东莞将构建“城乡治理一张网”
29	3月28日	第06版	东莞清溪工业强镇也推赏花行
30	4月6日	第02版	东莞投入上亿元构筑“图书馆之城”阅读，引领“世界工厂”新风尚
31	4月8日	第06版	广东东莞：提升志愿服务　推动文明创建
32	4月12日	第02版	东莞启动陆运口岸“三互”通关　企业通关费用减半
33	4月13日	（海外版）第06版	“世界工厂”制造业加速转型——东莞“病树”前头万木“争春”
34	4月17日	第05版	“机器换人”得等苹果熟了
35	4月17日	（海外版）第02版	东莞启动“三互”大通关模式
36	4月23日	第13版	互联网医疗　有禁更有进——国家卫计委表示，除了有资质的医院开展远程医疗，互联网不许诊断治疗
37	4月24日	（海外版）头版	移动端数字阅读用户达56.9%
38	4月28日	第13版	数量超过公立医院　医保报销一视同仁　东莞民营医院撞破“玻璃门”
39	5月8日	第09版	鸿泰自动化设备公司创始人武小刚——“打印”五彩人生
40	5月9日	第07版	第十四届苏迪曼杯开幕
41	5月10日	第08版	2015年苏迪曼杯10日开赛　国羽冲击六连冠;
42	5月11日	第15版	苏迪曼杯首日以5：0战胜德国队　中国队赢得开门红
43	5月12日	第15版	李宗伟将出战世锦赛
44	5月13日	（海外版）第08版	苏迪曼杯东莞开赛　国羽面临“最难卫冕”
45	5月14日	第16版	苏迪曼杯八强赛中国队再遇德国队
46	5月15日	第23版	中国队挺进苏迪曼杯四强
47	5月16日	（海外版）第08版	智慧工厂探秘“机器换人”，赢家还是人!
48	5月18日	第23版	战胜日本队　第十次捧杯——中国羽毛球队苏杯六连冠
49	5月18日	（海外版）头版	国羽喜获苏迪曼杯6连冠
50	5月22日	第10版	制造业“机器换人”，挖掘科技红利——蔡老板“招工”记
51	5月22日	第10版	“机器换人”加速制造业转型
52	6月19日	第10版	“互联网+”助加工贸易转内销
53	6月24日	第05版	德耀中华·第五届全国道德模范候选人事迹
54	7月10日	第11版	广东东莞：行政一把手　出庭不打怵
55	7月14日	第10版	环保部发布6月重点区域和城市空气质量状况　19城天天达标
56	7月15日	第06版	曹永浩　用爱牵起学生的手
57	7月18日	第05版	广东麻涌水乡荷花别样红
58	7月28日	第09版	“六好”漫博会　八月相约东莞
59	7月28日	第16版	让广东绿些，再绿些
60	8月2日	头版	庆祝建军88周年　各地军民共度“八一”
61	8月4日	头版	探索“四不像”新模式　解决“两张皮”老问题　广东新型研发机构迎着改革跑
62	8月8日	第07版	2019年男篮世界杯将在中国举办
63	8月13日	头版	创新驱动的“10.5%”
64	8月17日	第10版	不去东南亚，我要做自主品牌——长期做贴牌代工的郭老板，参加“广货网上行”后坚定了自己的决心
65	8月17日	第10版	过去做“嫁衣”，如今做品牌
66	8月26日	第12版	海外参展企业同比增五成　中国漫博会越来越国际化
67	8月28日	第13版	一池活水引春来——建行东莞分行“科技金融”服务当地经济转型升级纪实
68	8月31日	第17版	经济增速放缓也带来良性变化——化下行压力为转型动力
69	9月13日	第06版	国防周刊“军史钩沉·抗战经典回放”专栏刊发百花洞战斗——游击队的伏击战
70	9月16日	（海外版）第02版	东莞构建“水陆网”一体化大通关

续表

序号	日期	刊载版面	报道题目
71	9月25日	第15版	广东小天才科技有限公司 以生活痛点作创新起点
72	10月7日	第02版	融入新疆 融入兵团 融入真情——东莞人的“喀什时间”
73	10月9日	第16版	东莞全面推行社会治理积分制
74	10月19日	第16版	水乡地区建设成为广东省生态文明示范区——且看东莞巧治水
75	10月29日	第13版	2015广东21世纪海上丝绸之路国际博览会开幕——做生意 谈合作 来广东，占一个整版
76	10月29日	（海外版）第06版	东莞东城：创新驱动引领经济发展
77	11月13日	（海外版）第02版	珠三角国家自主创新示范区开建
78	11月19日	第10版	首届广东智博会展“工业4.0”魅力图文报道
79	11月23日	第13版	东莞工业反哺林业，生态促进转型 世界工厂的绿色转身
80	12月4日	（海外版）第10版	特土豪商城：电商惠泽千万家
81	12月12日	第06版	2015中国科技合作周开幕
82	12月13日	头版	切实解决群众最关心、最直接、最现实的问题——东莞援藏资金超八成用于民生
83	12月17日	第14版	东莞：七万多“粉丝”热捧“严实莞家”
84	12月22日	第13版	林萍将半个肝脏捐献给无亲无故的小女孩，杨萍在弥留之际无偿捐献眼角膜，太平洋保险两位员工激励更多人奉献爱心——用大爱温暖人间
85	12月23日	第23版	2015中国国际科技合作周落幕 150个项目达成初步合作意向

新华社涉莞重要报道目录

序号	日期	报道题目
1	1月14日	10部原创剧获9个大奖，音乐剧如何走向市场？——中国音乐剧“东莞模式”调查
2	1月24日	徐建华阐述东莞经济“新常态”五大特征
3	1月28日	东莞推43项措施向制造业强市转变
4	1月31日	2015年苏迪曼杯会徽口号和吉祥物正式公布
5	2月3日	11人当选2014年度东莞“最美人物”
6	2月9日	广东打工夫妇遇车祸身亡 家人捐两人器官救6人
7	2月14日	“团年饭 真香！”——那些你不知道的广东年俗
8	3月5日	东莞首创“1+6”模式打造“加博会”升级版
9	3月9日	专访东莞市市长袁宝成：实施“东莞制造2025”战略 打造中国制造样板城市
10	3月9日	加快新常态下新型城镇化建设步伐
11	3月17日	2015苏迪曼杯抽签结果出炉 中国小组赛战泰德
12	3月26日	东莞推进“机器换人”战略促进产业转型升级
13	4月7日	调查报告病树前头万木“争春”——来自“世界工厂”东莞的调研与观察
14	4月7日	第三届国际印刷技术展东莞开幕 绿色环保成新亮点
15	4月8日	东莞故事：经济发展与生态保护比翼齐飞
16	4月11日	东莞在全国率先启动陆运口岸“三互”大通关模式
17	4月14日	2015年苏迪曼杯羽球赛赛程出炉 门票将于近日发售
18	4月14日	2015苏迪曼杯赛程出炉 门票最低50元
19	4月17日	大众健身——“备战”苏迪曼杯
20	4月17日	百态：梦开始的地方
21	4月23日	东莞版创新驱动发展政策体系出台
22	4月24日	第七届漫博会将在东莞举行“钢铁侠”等引关注
23	4月27日	半月超千人办理租房提取
24	4月29日	广东省东莞市市长袁宝成：东莞没有出现倒闭潮
25	4月29日	办一届安全扎实的世界级赛事

续表

序号	日期	报道题目
26	4月29日	中国加博会全国征集口号
27	4月29日	拟建招商引资“项目源”大数据
28	4月29日	东莞高速“五一”期间专设5个快处快赔点
29	4月29日	东莞巴士“五一”开展服务咨询
30	4月30日	2015年苏迪曼杯组委会成立
31	5月1日	应对工资上涨　东莞500个“机器换人”项目省工3.5万人
32	5月3日	东莞首个“无人工厂”开建
33	5月4日	众多明星上场助阵　东莞举行苏迪曼杯万人长跑
34	5月4日	林丹白岩松等明星助阵东莞迎苏杯万人长跑活动
35	5月5日	《东莞女孩》5月底全国上映　讲述新时期打工妹的故事
36	5月9日	第14届苏迪曼杯在东莞开幕
37	5月9日	羽毛球——苏迪曼杯静待开赛
38	5月10日	苏迪曼杯：国外球员东莞初印象
39	5月10日	日选手评苏杯东莞：感觉这里比我家乡更像乡村
40	5月10日	林丹还是谌龙，这总会是个问题
41	5月10日	红牛“羽林争霸”东莞站冠军成国羽队“陪练
42	5月11日	破浪行舟　谁执牛耳　江西鄱阳站预赛呈现火爆对决
43	5月15日	东莞数百万外来工　共享苏杯盛宴
44	5月15日	东莞群众羽毛球运动扫描
45	5月15日	东莞数百万外来工　共享苏杯盛宴
46	5月15日	普及胜过金杯——苏迪曼杯举办地东莞群众羽毛球运动扫描
47	5月15日	广东东莞展团文博会揽近9亿元订单
48	5月15日	东莞出台引导民营资本发展实体经济30条
49	5月16日	小城办大赛　城小格局大——东莞承办苏迪曼杯羽毛球国际大赛的办赛启示
50	5月17日	羽球大赛让“世界工厂”绽放别样精彩——“大赛遗产”成为推动城市进步的力量
51	6月2日	书记市长为他们加油打气
52	6月2日	“守护宝贝”一起来
53	6月5日	东莞七大环保专业基地累计投资超25亿元
54	6月11日	2015加博会将于6月17日—20日在东莞举行
55	6月17日	袁宝成：确保成功举办一届“升级版的加博会”
56	6月17日	车位　巴士　用餐　加博会“最实用攻略”
57	6月18日	2015中国加工贸易产品博览会在广东东莞举行
58	6月18日	“东莞智能手机”叫响珠三角
59	6月19日	家乐福最强采购团队来加博会扫货　一日成交1.43亿
60	7月7日	2015年大朗毛织推介会暨第十四届“织交会”将办
61	7月8日	东莞公安破获一起特大加工销售假烟案
62	7月8日	广州东莞：推出养老标准化服务规范
63	7月9日	广东东莞搭建“海陆丝绸之路桥梁”
64	7月9日	东莞“三互”：打造国内贸易便利化程度最高口岸之一
65	7月9日	东莞水乡管委会力促穗丰年项目早日建成
66	7月10日	第七届漫博会组委会召开筹备动员暨招商推介会
67	7月13日	东莞掀起工业旅游：工厂每日接待好几拨旅行团
68	7月14日	“机器换人”的喜与忧——东莞首家“无人工厂”蹲点调查
69	7月15日	老挝企业赶搭广东“海博会”顺风车

续表

序号	日期	报道题目
70	7月15日	东莞打造莞香产业链复兴“海丝”香料文化
71	7月24日	粤创粤新采风活动走进东莞
72	7月29日	东莞全面推广企业集群注册暨住所登记管理改革
73	8月1日	88对军人集体婚礼献礼建军88周年
74	8月4日	保持战略定力　增强发展信心
75	8月6日	国际知名动漫平台将亮相漫博会
76	8月13日	一纸证照激活一座城市——来自“世界工厂”东莞的改革报告
77	8月15日	东莞获得“广东省推进教育现代化先进市”荣誉称号
78	8月20日	第七届漫博会在东莞举行　打造中国动漫全产业链新业态
79	8月20日	第七届漫博会东莞开幕　100余家本土企业亮相
80	8月21日	打造“世界工厂”升级版还要迈过几道坎？
81	8月22日	第七届漫博会：《大圣归来》斩获最佳动画电影奖
82	8月22日	漫博会搭建中国动漫全产业链新业态平台
83	8月22日	动漫“金羊奖”揭晓奖项
84	8月24日	麻涌队问鼎冠军
85	8月27日	后“大圣”时代，国产动漫新突破在哪里？
86	9月6日	广东海南举行华南地区抗日游击战争纪念活动
87	9月9日	2015海博会10月底在东莞举办“国家馆+专业展”引期待
88	9月11日	“世界工厂”的生态转身：保育被“遗忘”的鱼米水乡
89	9月15日	“三互”大通关改革现场会在广东东莞召开
90	9月15日	东莞石龙铁路国际物流中心口岸启用
91	9月22日	刘志庚调研东莞横沥模具产业协同创新情况　加大设备国产化研发力度
92	9月24日	东莞未来5年拟投35亿打造高水平理工科大学
93	9月25日	莞香产地保护范围包括6镇街
94	9月25日	东莞万江街道获评省技术创新专业镇
95	10月20日	《“机器换人”的东莞样本》反响强烈
96	10月20日	东莞率先探索跨境电商“三互”通关
97	10月20日	东莞企业外贸逆势增长
98	10月23日	广东海博会10月底在东莞举行　71个国家参展或采购
99	10月26日	“世界工厂”如何变身森林城市——东莞生态建设见闻
100	10月28日	“世界工厂”经济数据晒出信心
101	10月30日	“做生意、谈合作、到广东”　2015海博会在东莞开幕
102	10月30日	“海丝风”更热　海博会吸引千家外商寻商机
103	11月1日	热情　机遇　共赢　“海博会”三大关键词彰显“海丝”活力
104	11月1日	聚焦海博会：共建“海丝”应充分发挥政府作用
105	11月1日	跨境电商渐成“海丝”沿线国家外贸增长新方式
106	12月2日	新华网评：践行五大发展理念　推动“三个走在前列”
107	12月10日	2015中国（东莞）国际科技合作周筹备工作有序进行
108	12月12日	2015中国（东莞）国际科技合作周开幕
109	12月13日	香港和东莞签订科技创新培优协议
110	12月22日	广东东莞高层次人才活动周今天开幕
111	12月24日	“不一样的东莞”摄影展亮相国家博物馆
112	12月29日	揭秘广东四市不拘一格的创新创业“密码”
113	12月29日	东莞“双创密码”：“机器换人”战略和“双元制”高级技工培训　助东莞创新转型

中央电视台涉莞重要报道目录

序号	日期	频道	刊载栏目	报道题目
1	4月3日	CCTV-1	《焦点访谈》	环境好　投资旺
2	4月10日	CCTV-1	《新闻联播头条》	中国吸引外资量质双升
3	5月6日	CCTV-1	《新闻联播片尾》	广东东莞：昔日污染区　今日生态园
4	5月28日	CCTV-1	《新闻联播》	万里绿道串起珠三角绿色低碳生活
5	6月17日	CCTV-1	《新闻联播》	2015中国加工贸易产品博览会举行
6	8月5日	CCTV-1	《新闻联播》	“互联网+”助力稳增长
7	8月20日	CCTV-1	《新闻联播》	第七届“漫博会”今日在广东东莞举行
8	9月14日	CCTV-1	《新闻联播》	我国口岸通关将全面推行一站式改革
9	10月9日	CCTV-1	《新闻联播》	数说命运共同体　产业升级　携手共赢
10	11月15日	CCTV-1	《新闻联播》	2015中华龙舟大赛东莞站开赛
11	11月22日	CCTV-1	《新闻联播头条》	改革为中国经济强筋骨
12	12月13日	CCTV-1	《新闻联播》	2015中国国际科技合作周落幕
13	4月19日	CCTV-1	《晚间新闻》	世界自行车日：低碳环保　千人骑行
14	6月19日	CCTV-1	《晚间新闻》	东莞市启动水运口岸“一站式”通关模式
15	10月31日	CCTV-1	《晚间新闻》	广东东莞：丝路国家谈丝路　沿途贸易机会多
16	11月19日	CCTV-1	《晚间新闻》	“智博会”推动东莞智能装备产业发展
17	12月12日	CCTV-1	《晚间新闻》	我国将助哈萨克斯坦建首家造纸厂
18	12月13日	CCTV-1	《晚间新闻》	“一带一路”催生“国际创客”
19	12月25日	CCTV-1	《晚间新闻》	广东东莞国际货运再添班列、15天跨越1万公里
20	11月3日	CCTV-1	《今日说法》	万江公安分局侦破一起信用卡盗刷案件
21	3月5日	CCTV-1、CCTV-13	《朝闻天下》	两会新观察：十年探索　东莞实现三保合一
22	3月19日	CCTV-1、CCTV-13	《朝闻天下》	七问中国经济之四：外资进退间
23	6月21日	CCTV-1、CCTV-13	《朝闻天下》	守望端午：冯氏家族与龙舟的不解情缘
24	7月23日	CCTV-1	《朝闻天下》	专利费占售价1/4　国产手机“出海”遭遇“专利战”
25	10月9日	CCTV-1、CCTV-13	《朝闻天下》	数说命运共同体　中国制造您选啥
26	11月16日	CCTV-1、CCTV-13	《朝闻天下》	制造业的调查与变革四问
27	2月15日	CCTV-13	《新闻直播间》	广东东莞：免费大巴　帮助务工人员回家过年
28	3月3日	CCTV-13	《新闻直播间两会解码　群策群力》	专访：全国人大代表、市委副书记、市长袁宝成
29	3月8日	CCTV-13	《新闻直播间两会解码》	转型升级　部分外企撤离广东
30	4月4日	CCTV-13	《新闻直播间》	宗祠寻根：茶山南社古村落祭祖活动
31	4月19日	CCTV-13	《新闻直播间》	厚街挟持人质　救人事件
32	5月14日	CCTV-13	《新闻直播间》	问计中国制造：受困缺工　廉价“中国制造”将升值
33	5月14日	CCTV-13	《新闻直播间》	问计中国制造：中国发力职业技能教育
34	5月15日	CCTV-13	《新闻直播间》	问计中国制造：低端制造业离开东莞
35	5月15日	CCTV-13	《新闻直播间》	问计中国制造：外资服务中国转型升级
36	8月21日	CCTV-13	《新闻直播间》	第七届漫博会开幕　搭建动漫产业对接平台
37	9月16日	CCTV-13	《新闻直播间》	东莞石龙国际铁路物流中心临时口岸启用
38	9月30日	CCTV-13	《新闻直播间》	东莞市虎门镇：鸦片战争　勇抗外敌守海疆
39	10月20日	CCTV-13	《新闻直播间》	大秋收专题报道
40	3月23日	CCTV-2	《央视财经评论》	2014年中国吸引外资数据分析解读
41	3月27日	CCTV-2	《经济信息联播》	广东东莞推进“机械换人”战略
42	4月19日	CCTV-2	《第一时间》	人在他乡　贺宏强：从居无定所到工厂主管

续表

序号	日期	频道	刊载栏目	报道题目
43	5月9日	CCTV-2	《中国财经报道》	农业新样本　看住粮袋子
44	8月26日	CCTV-2	《经济信息联播》	东莞——普洱茶持续升值　存钱不如存茶
45	10月17日	CCTV-2	《对话》	“机器换人”的东莞样本
46	12月13日	CCTV-2	《中国财经报道》	小玩意大市场：沉香传奇
47	12月13日	CCTV-2	《经济半小时》	东莞代工升级记
48	11月21日	CCTV-2	《第一时间》	广东清溪：80克毒品迁出“毒老大”
49	2月18日	CCTV-4	《传奇中国节·春节》	广东东莞：九大簋里的南社古味
50	1月30日	CCTV-5	《体育世界》	苏杯百天倒计时东莞“羽”您共精彩
51	1月31日	CCTV-5	《体育新闻》	谌龙雪芮齐助阵　苏杯倒计时整百天
52	3月17日	CCTV-5	《体育晨报栏目》	苏杯抽签中、泰、德同组
53	5月3日	CCTV-5	《体育新闻》	苏杯赛事直播预告
54	5月4日	CCTV-5	《体育新闻》	迎苏杯　国羽名将和你一起跑
55	5月6日	CCTV-5	《体育新闻》	苏迪曼杯开赛在即，欢乐小花从容上场
56	5月11日	CCTV-5	《体育新闻》	东莞麻涌队包揽2015年中华龙舟大赛　江西·鄱阳站100米、200米和500米三项比赛冠军
57	5月15日	CCTV-5	《体育晨报》	同乐苏迪曼　共倡价值观
58	5月31日	CCTV-7	《聚焦三农》	“无人工厂”来了　你准备好了吗
59	4月7日	CCTV-12	《道德观察》	捐献以后
60	4月27日	CCTV-NEWS	《China24》	Alarm over Automation
61	5月19日	CCTV-NEWS	《China24》	ASSEMBLY LINES GO ROBOTIC
62	9月3日	CCTV-NEWS	《NEWS DESK》	WORLD'S FACTORY CHANGING

《南方日报》涉莞重要报道目录

序号	日期	刊载版面	报道题目
1	1月6日	A12版	“中国梦·我的梦”诗词创作邀请赛落幕
2	1月7日	A08版	沉香文化发展研讨会在东莞召开，行家为沉香发展出谋划策——延伸沉香产业链分享千亿蛋糕
3	1月8日	A04版	工业化城市化双轮驱动　制造业服务业相得益彰——产城人融合　广东城镇转型发展破题
4	1月9日	A07版	全年30场高品质演出进企业首场“中国梦·劳动美”送文艺进企业活动1月10日晚在东莞裕元鞋厂举行
5	1月10日	A05版	东莞2014年GDP初步预计比增7.6%——进出口总额增速位居全省前列
6	1月11日	头版	广东工人艺术团首演走进东莞裕元——送文艺进企业活动今年计划举行30场
7	1月11日	A02要闻版	扎实推进创建平安广东
8	1月11日	A03版	粤首创职工免费法律谘询
9	1月12日	A10版	东莞经济发展迈进“质量增速”时代
10	1月12日	A08版	广东工人艺术团首场走进裕元　职工与艺术家同台共演　近千工人尽享文艺大餐
11	1月12日	A19版	东莞将举办关良学术论坛
12	1月14日	A08版	首届全国十大制香师大赛获奖名单出炉　挖掘传统技艺“香火”传承焕发新活力
13	1月15日	A05版	共识引领为改革发展凝神聚气
14	1月15日	A09版	东莞市镇领导排排坐　学习新安全生产法
15	1月16日	A13版	希望外界见到东莞人的正能量
16	1月16日	A14版	新常态　新经济　新东莞这一年，东莞开放型经济的新征程（上）
17	1月17日	封面导读	像抓项目落地一样抓法治落实
18	1月17日	A06版	新常态　新经济　新东莞　这一年，东莞开放型经济的新征程（下）
19	1月20日	A05版	东莞市普惠社会工作服务中心社工刘创新热心帮助困难人群改善生活处境——社工“开荒牛”：用生命影响生命

续表

序号	日期	刊载版面	报道题目
20	1月20日	A03版	2014年广东文化建设以人民为中心，取得令人自豪的成就——文艺精品频出　文化消费旺盛
21	1月21日	A03版	“六大专项”收官　年破刑案首超20万——广东警方今年将开展“3+X”打击整治行动，“3”为涉毒、涉黑、涉“两抢一盗”
22	1月21日	A07版	第三届全国十大香艺师大赛名单揭晓——香艺师竞技：一项比赛激活一门职业
23	1月22日	A05版	东莞3000多企业“触网”——全市中小企业电子商务应用率超过50%
24	1月24日	A02要闻版	东莞：努力实现“三个走在前列”
25	1月24日	A03版	从珠佛惠莞中五市市委全会报告透露出的产业新动向看珠三角“新常态”——先进制造业成创新驱动发力点
26	1月26日	A04版	东莞市委十三届五次全会提出要努力实现“创新发展、改革突破、对外开放”走在前列
27	1月27日	A02要闻版	东莞公布关于实施“东莞制造2025”战略意见，预计——未来十年间工业生产总值翻一番
28	1月27日	A08版	创新社会治理　打造“平安东莞”
29	1月27日	A10版	业态创新“挺起”新经济脊梁
30	1月27日	A03版	将创新驱动作为新常态的新动力——省内多地召开市委全会学习贯彻省委十一届四次全会精神（上）
31	1月28日	A10版	“新常态、新经济、新东莞”系列报道之“招商引资篇”突破瓶颈　东莞招商引资开创新局面
32	1月28日	A08版	2014精彩盘点：省沉香协会成功举办多场高端品鉴会　岁月酿沉香　闻香识品有门道
33	1月29日	A10版	“新常态、新经济、新东莞”系列报道之创新引领　东莞走出转型升级新路径
34	1月29日	A08版	东莞智能手机出货量达2.3亿台　占全国半壁江山，约占全球的17.7%
35	1月29日	A08版	“千人计划”专家献计东莞创新发展
36	1月30日	A11版	模式创新　开辟东莞商贸流通新格局
37	1月30日	A14版	携多个创新创业项目对接松山湖高新区　“千人计划”专家组团献计东莞转型升级
38	2月2日	A15版	“新常态　新经济　新东莞”系列报道之口岸篇错位发展　打造东莞特色新口岸
39	2月5日	A13版	“莞香花开”微信阅读量“花开百万朵”
40	2月9日	A12版	东莞：实施创新驱动　争创中国制造样板城市
41	2月10日	封面导读、A17版	东莞试点长安虎门“撤镇设市”——赋予两市县级管理权限，不配齐四套班子、不增加编制
42	2月10日	A05版	从“腾笼换鸟”到“凤凰涅槃”，从“大规模淘汰落后产能”到“创新驱动发展”——新常态下，广东继续走在前列的转段选择
43	2月10日	A10版	把深化改革作为新常态下破解发展难题、激发发展活力的“关键一招”，努力在推动重点领域改革突破上走在前列——东莞：改革破难题　激发新活力
44	2月10日	A26版	广东助力申办　2019年男篮世界杯　穗深佛莞将成协办城市
45	2月11日	A06版	新常态下广东面临转段选择，省人大代表热议传统产业如何转型（小标）　“创新+技改”是传统制造业转型法宝
46	2月11日	A07版	虎门长安要试点“撤镇设市”？　东莞市委书记、市长答记者问　撤镇设市核心是功能的完善
47	2月11日	A10版	东莞　主动拥抱“一带一路”发展战略，努力在实施21世纪海上丝绸之路战略上走在前列——构建开放新格局　打造海丝先行市
48	2月12日	A03版	代表审议省人大常委会工作报告，热议“地方立法权扩至设区的市”依法率先启动　设区的市地方立法工作
49	2月12日	A10版	打造法治东莞“升级版”　建设“善治之城”
50	2月16日	A07版	南方日报A07版刊发东莞公开2015年“三公”预算　市本级“三公”预算同比降17.22%
51	2月17日	A02要闻版	省工商局向本报独家透露全省商改最新进展——粤将全面推行工商登记标准化
52	2月18日	A05版	东莞探索——成长奇迹背后的密码出版发行　透过十大探索解码“东莞奇迹”
53	2月25日	A04版	全省低收入群体欢喜过大年——临时价格补贴给困难户发“利市”
54	2月26日	A03版	林少春赴莞调研节后用工情况　促进供需有效对接
55	2月28日	A03版	与会代表热议贯彻落实“创新驱动发展战略”学习深圳经验　走各具特色创新路径
56	2月28日	A04版	全省21个地级以上市抢抓机遇、扬长补短、错位发展、一体联动下活创新驱动发展“一盘棋”
57	2月28日	A08版	〈广东省按摩服务场所治安管理规定〉将自4月1日起施行按摩服务场所不得安装门锁

续表

序号	日期	刊载版面	报道题目
58	3月1日	头版	珠海佛山荣获全国文明城市称号深圳中山惠州东莞江门继续保留称号
59	3月2日	A07版	东莞与北航签约建新型研发机构——前期启动中大型无人直升机研究与产业化项目
60	3月2日	A04版	广东各行各业女性人才脱颖而出　她们抓住机遇努力创造出彩人生——巾帼建新功　共筑中国梦
61	3月3日	A08版	东莞麻涌荣膺“全国文明镇”
62	3月3日	A07版	东莞积分入学23日开始申请——降低计划生育要求，整合优化积分项目
63	3月3日	A09版	砍伤医院员工　嫌疑人东莞落网
64	3月4日	A10版	省第四届花灯文化节在东莞洪梅镇开幕——迎元宵节赏洪梅花灯
65	3月5日	A10版	东莞：实施创新驱动　推动转型升级
66	3月6日	A10版	建设国际制造名城，实施“东莞制造2025”战略——东莞：争创中国制造样板城市
67	3月7日	A05版	代表委员热议珠三角自主创新示范区（小标）——依托发达的制造业打造“创新生态链”
68	3月7日	A04版	全国人大代表、东莞市副市长鲁修禄：新型城镇化需协调一致政策环境
69	3月9日	头版	7市获得全国文明城市称号，广东交出两个文明建设又一答卷——南海之滨崛起一个文明城市群
70	3月9日	A04版	广东代表热议珠三角文明城市群建设——包容　博爱　人不分南北　务实　奉献　建幸福城市
71	3月9日	A07版	广东创新驱动发展如何“破题”？代表建议补足“短板”——产学研深度融合　提高原始创新力
72	3月9日	A09版	全国人大广东代表团热议推进生态文明建设的“广东路径”——PM2.5浓度大幅下降如何实现？
73	3月9日	A10版	东莞：建设现代生态都市　打造发展新常态
74	3月10日	A02要闻版	东莞中山被建议赋予地方立法权，广东团代表谈立法权“扩容”后如何立良法　——“依法享有立法权后不能任性”
75	3月10日	A10版	全力交出“两个文明”建设好答卷　东莞实现“全国文明城市”三连冠，
76	3月11日	A08版	广东省沉香协会多元推动沉香文化经济发展——立足十年规划　繁荣沉香文化
77	3月11日	A09	东莞东城：打造高水平发展的智慧商贸新城
78	3月12日	A02要闻版	代言农民工　托起“中国梦”
79	3月12日	A10版	司法拍卖，摇珠不再到法院——东莞三院率先通过远程视频摇珠确定拍卖机构
80	3月14日	头版	人大代表热议司法改革——为“信访”回归“信法”叫好
81	3月14日	A06版	东莞打造粤陆上丝绸之路“桥头堡”——“粤新欧”国际铁路联运专列去年出口货物3.2亿美元，今年下半年将一周两班列
82	3月16日	A02要闻版	全国人民代表大会关于修改《中华人民共和国立法法》的决定
83	3月16日	A10版	获立法权后，东莞迎来解决城市管理遗留问题新机遇　或破解垃圾分类等难题
84	3月17日	A18版	苏杯抽签仪式昨天举行　中国队抽得上上签
85	3月17日	A11版	“东莞卫生监督”官方微信上线　可查医务人员和医疗机构执业信息及“黑名单”
86	3月18日	A11版	深度稿件网友发帖质疑东莞制造业走向衰落，记者采访权威部门发现事实并非如此——“东莞制造2025”提出工业追赶日德
87	3月18日	A04版	环保部发布全国74个城市2月空气质量状况　惠州深圳连续两月居珠三角前两位
88	3月18日	A05版	东莞主城区将限活禽经营　7月1日起执行，实施集中屠宰、冷链配送、生鲜上市
89	3月18日	A08版	中国（东莞）国际沉香文化艺术博览会将完全市场化运作——精心办好香博会　繁荣传统香文化
90	3月19日	A08版	东莞“直接落地”刷新“东莞速度”——今天土地摘牌　明天动工建设
91	3月20日	A02要闻版	东莞：推动制造大市迈向制造强市
92	3月23日	A04	“三条红线”首入地方立法——“缺水”的广东推进最严格水资源管理
93	3月24日	A02要闻版	东莞市国税局启动“直通车”8项举措促出口退税服务再升级
94	3月24日	A10版	拥抱科技创新的春天——东莞召开全市科技创新大会，表彰科技进步
95	3月24日	A05版	以保障饮水安全为宗旨　用最严制度保护水资源
96	3月25日	A08版	沉香树种植成为投资新商机

续表

序号	日期	刊载版面	报道题目
97	3月25日	A09版	东莞高新科技企业去年有755家，居全省地级市首位——今年有望诞生首家无人工厂
98	3月26日	A09版	东莞创新基层社会治理综合改革方案全面实施——要实现网上办事大厅“全覆盖”
99	3月26日	A10版	“东莞治理”聚焦基层再探索——创新基层社会治理莞版改革30条全面实施
100	3月27日	A11版	东莞将实施“创文”三年行动计划——确保全国文明城市“四连冠”
101	3月27日	A04版	广东省工业转型升级攻坚战三年行动计划（2015—2017年）出台——省财政3年516亿支持工业转型升级
102	3月28日		2015加博会推介会首站走进太原　“山西采购团”将到　加博会观展采购
103	3月30日	A05版	72个项目落地东莞——总投资额逾524亿，布局水乡特色发展经济区
104	3月30日	A08版	京东、阿里巴巴等电商巨头区域总部竞相落子麻涌——东莞麻涌向全国电商专业镇迈进
105	3月30日	A14版	东莞蝉联“全国文明城市”引关注——网友：别用老眼光看新发展
106	3月31日	A05版	2014年珠三角“九年大跨越”重大项目投资完成年度计划的119.2%——珠三角区域创新能力连续七年居全国第二位
107	4月1日	A06版	东莞法院启动审判权运行机制改革——6个试点法庭将全面推行“独任审判”
108	4月1日	A08版	“莞香”写入东莞市政府工作报告，中山市政协调研沉香文化复兴——各地纷纷出台政策抢抓沉香产业机遇
109	4月2日	头版	莞香花开，风雨过后绽放新精彩
110	4月2日	A05版	东莞三度获得“全国文明城市”称号——“大数据”告诉你“不一样的东莞”
111	4月2日	A05版	徐建华书记谈文明创建的专题文章东莞市委书记徐建华：东莞像一个活力绽放的年轻人
112	4月3日	A05版	打造自贸区外审批的“特区速度”——东莞将启动国际贸易“单一窗口”建设
113	4月4日	A04版	东莞：将率先进行“三互”大通关改革试点
114	4月5日	A03版	东莞塘厦镇　清明前后吃艾板　一年四季不生病
115	4月6日	头版	东莞学子清明节缅怀先贤，祭奠英雄
116	4月8日	A09版	东莞：市镇领导挂点千家骨干企业——将建信息平台24小时接受企业反映诉求
117	4月8日	A16版	广东国际印刷技术展东莞开幕
118	4月10日	A10版	东莞改革再为全国探路　率先推行“三互”大通关模式
119	4月10日	A13版	东莞水乡重回蓝天碧水　环境治理牵引产业转型
120	4月10日	A13版	产业“更轻更柔”　“鱼米之乡”重现
121	4月11日	头版	东莞启动关检“三互”大通关模式——在全国陆运口岸中率先实施，企业通关时间和费用可省一半
122	4月12日	A03版	东莞塘厦：888个公办学位　供给新莞人子女
123	4月13日	A06版	东莞建设国际贸易“单一窗口”　打造自贸区外审批“特区速度”——提升开放型经济水平，对接“一带一路”国家重大战略部署
124	4月14日	A18版	苏迪曼杯公布完全赛程　5月17日争夺冠军，门票价格最低50元
125	4月15日	A05版	省人大常委会对首批拟授予地方立法权地市进行评估——佛山韶关等9市有望获立法权
126	4月15日	A07版	东莞民校10种招生行为或违规——小升初严禁以考试或变相考试方式进行招生
127	4月15日	A08版	培植莞香苗　种下希望产业
128	4月15日	A09版	东莞低保标准5年提高3次——帮扶就业让低保人口减少1.5万
129	4月16日	封面导读、头版	胡春华赴东莞督促检查推动创新驱动发展工作，强调——培育高新技术企业　发展内源型经济　推动东莞经济结构战略性调整
130	4月16日	A07版	东莞“阳光热线”　搭平台促干群互动——全市180多个部门注册上线，须在20个工作日内回复投诉问题，
131	4月17日	A09版	莞惠城轨近四成路段具备试运行条件——东莞常平东至惠州惠环段完成铺轨，开始通电调试
132	4月17日	A10版	东莞泥洲岛即将完成村民搬迁——昔日疍家渔村变身化工基地
133	4月18日	A02要闻版	运用法治思维和方式破解发展难题
134	4月19日	A02要闻版	海外电商青睐“东莞制造”——莞企“出海”试水新兴市场
135	4月20日	A02要闻版	推动创新驱动发展战略取得扎实成效
136	4月22日	A12版	东莞构建立体式“全民阅读”模式　不一样的阅读　不一样的东莞
137	4月22日	A08版	一寸沉香一寸金　培好种苗创效益

续表

序号	日期	刊载版面	报道题目
138	4月23日	A08版	东莞发布实施科技创新驱动发展战略　高校科研机构享科技成果自主处置权
139	4月23日	A03版	环保部发布第一季度74个主要城市空气质量状况——惠州深圳珠海中山进入前十
140	4月24日	A10版	第七届漫博会8月下旬东莞举行　海贼王、魔戒等动漫人物原型将亮相
141	4月24日	A11版	机器人发力，搅动东莞一池碧水
142	4月24日	A11版	“造机器人”塑造智能红利　“机器换人”牵引莞企转型
143	4月24日	A06版	第二届“粤治—治理现代化”广东探索经验交流会举行　31个案例展示广东治理新成果
144	4月24日	A09版	东莞供电局：把控树障隐患　保障线路安全
145	4月27日	A03版	东莞赴尼旅行情侣已向家人报平安
146	4月27日	A08版	我省举行仪式缅怀遗体器官捐献者，受捐者表达心声——我的生命被你拯救　你的生命由我延续
147	4月28日	A03版	19名东莞游客　悉数平安返家
148	4月28日	A10版	电力助推“工业旅游”幸福起航
149	4月28日	A10版	东莞历史名人评传丛书发行　为袁崇焕张荫麟等历史名人立传
150	4月29日	A11版	去年约500家企业关闭，但新增近46000家——东莞市长表示：东莞没有出现企业“倒闭潮”
151	4月29日	A08版	荒地套种沉香树　农民增收有新招
152	4月29日	A08版	做足香旅文化　东莞寮步镇推六大特色游
153	4月30日	A04版	东莞市地税局持续发力　多措并举服务“走出去”企业
154	4月30日	A08版	莞香茶：独辟蹊径制好茶
155	4月30日	A10版	三大项目落户东莞沙田镇虎门港　投资总额近120亿元，预计年内正式启动建设
156	5月5日	A12版	青春飞扬万人长跑　明星大咖助阵苏杯——2015vivo·苏迪曼杯世界羽毛球混合团体锦标赛5月8日在东莞开幕
157	5月5日	A20版	东莞举行迎苏杯万人长跑　白岩松李宁等大腕助阵
158	5月6日	头版	新业态勃兴助推消费升级提速
159	5月6日	A08版	推广沉香树栽植　打造高端绿色产业
160	5月9日	04版	苏迪曼杯世界羽毛球混合团体锦标赛在东莞开幕——世界顶尖羽球　高手巅峰对决
161	5月10日	A07版	2015苏迪曼杯今日开赛——林丹谌龙谁出战？待定！
162	5月12日	A18版	解禁复出状态火热，大马小将“被迫”让路　李宗伟“保送”出战世锦赛
163	5月12日	A18版	丹麦男单一哥期待过招李宗伟
164	5月13日	A14版	国羽小组赛再变阵，5场比赛阵容大变脸“风云”再现　谌龙出战
165	5月14日	A18版	苏杯八强赛抽签出炉　中德两队再度相遇
166	5月14日	A10版	东莞打造现代文化产业名城——文化产业规模和增速位居全省前列，城市文化软实力大幅提升
167	5月14日	头版、A04版	朱小丹黄龙云王荣率队赴深莞惠珠中江广佛肇三片区——现场检查珠三角“九年大跨越”新进展
168	5月15日	A20版	国羽杀进四强　林李大战落空
169	5月15日	A09版	海峡两岸（粤台）　高教论坛东莞召开
170	5月15日	A11版	莞惠城轨近四成　6月试运行试验——东莞常平东至惠州惠环段今日将完成静态验收
171	5月16日	A06版	东莞　百张苏杯决赛门票　赠予产业工人
172	5月17日	A07版	中国队连续11次闯进苏杯决赛
173	5月17日	A05版	“茶园游会”祈愿纳福大巡游启动
174	5月18日	A13版	3比0轻取日本队，李永波赞奥运冠军名副其实六连冠，国羽苏杯完美收官
175	5月18日	头版	朱小丹会见中国纺织工业联合会会长王天凯——推进兵团草湖广东纺织服装产业园建设
176	5月18日	A08版	东莞用制度保障学生穿上“放心校服”——大力改革创新校服管理制度，构建完善的采购、质量、价格和监管政策体系
177	5月19日	A10版	东莞成功举办苏杯“羽”世界共精彩——首次完美举办国际赛事，向世界展现“制造业名城”无限魅力
178	5月19日	A08版	粤拟在东莞中山萝岗试点按签约人头付费给家庭医生团队——家庭医生式服务或按年收费

续表

序号	日期	刊载版面	报道题目
179	5月19日	A03版	21地市活禽划区经营时间表确定——珠三角9市最迟今年6月底前完成，粤东西北12市10月底前完成
180	5月20日	A02要闻版	省政府公布主要污染物总量减排年度考核结果，16市（区）优秀——粤去年超额完成减排任务
181	5月20日	A03版	来自珠三角的“中国制造2025”行动报告——粤将推动1950家企业开展“机器换人”
182	5月20日	A08版	名贵沉香入药　行气止痛助眠
183	5月22日	A13版	东莞“福彩育苗计划”第八期暑期班正接受报名——四类儿童将可获得相应资助免费就读
184	5月25日	A03版	广东省首个少儿戏剧基地成立
185	5月26日	A08版	东莞确定4个活禽销售市场——包括细村农贸综合市场、东城市场、西平综合市场、蟹地市场
186	5月27日	A06版	“文化+”撬动沉香产业化
187	5月28日	头版	东莞再签两重大项目　投资总额125.7亿元
188	5月28日	头版、A08版	朱小丹到韶关东莞调研新一轮绿化广东大行动，强调把绿色化作为永续发展战略
189	5月28日	A03版	9地级市或今起　行使地方立法权
190	5月28日	A09版	省先进工作者、黄埔海关隶属东莞海关统计科科长周浩：善钻研爱志愿的新型海关人
191	5月29日	A11版	关于表彰2015年第一季度广东好人的通报
192	6月1日	头版、A06版	人文：人是城市最美的风景——珠三角文明城市群建设启示录（下）
193	6月3日	A10版	“1+6”格局专业布展　专业买手预计超1.5万名——专业化助推加博会重磅升级
194	6月4日	A02要闻版	东莞市国税局“三微”服务深受纳税人欢迎
195	6月4日	A07版	南粤法治报告会第八讲东莞开讲，中国法学会党组成员、副会长张文显：完善公众参与立法工作机制
196	6月5日	A21版	公共文化新业态　融入市民生活圈
197	6月5日	A20版	原创音乐剧啊！鼓岭　今日东莞公演
198	6月8日	A07版	各地考情
199	6月8日	A09版	凿开店铺后墙　盗走近400万珠宝——系列盗宝案嫌疑人被东莞横沥警方抓获、
200	6月9日	头版	朱小丹会见中国外运长航集团董事长赵沪湘—共推石龙物流大通道项目建设
201	6月9日	头版	南粤新闻金梭奖金钟奖揭晓
202	6月9日	A02要闻版	“严实莞家”官方微信上线——东莞打造学习宣传平台，
203	6月10日	A10版	首次采用“2+5”支撑服务模式——加博会升级助加贸企业创新发展
204	6月11日	A12版	东莞推进教育现代化　打造南方教育高地
205	6月11日	A07版	“加博会”17—20日在东莞举行　首创“1+6”模式打造升级版
206	6月14日	A05版	第五届全国道德模范广东省候选人公示
207	6月15日	A11版	你的“平凡”是我们的力量
208	6月16日	A04版	东莞探索镇街纪检监察机关与审计合署办公——查办案件快了　审计腰板硬了　监督问责紧了
209	6月16日	A06版	集群创新：供应链变革驱动新型专业镇发展
210	6月16日	头版、A06版	国务院督查组向我省反馈督查情况　于广洲朱小丹出席反馈会并讲话
211	6月17日	A10版	第四届中国加工贸易产品博览会今开幕——创新引领力促加贸企业转型
212	6月17日	A12版	到东莞道滘品美食赏文化
213	6月18日	A08版	招玉芳出席开馆仪式并巡馆　鼓励企业把握商机抢抓订单加快转型
214	6月18日	A08版	加博会17—20日在东莞举行，800企业引来超1.5万名专业买手到会　首推采购商登记系统APP
215	6月18日	A04版	2015广东十大“最美家庭”亮相——他们的故事在平凡中带有不平凡，网友留言“好家风求扩散”
216	6月18日	A08版	东莞：走完最后100米　走到群众家里去
217	6月18日	A12版	争当排头兵　石龙积极为东莞创新驱动献力
218	6月19日	头版	朱小丹赴东莞加博会调研加工贸易企业发展情况强调　推动加工贸易创新发展
219	6月20日	A03版	“加博会”意向成交928亿
220	6月20日	A04版	东莞：举办首届大学生科技创新节

续表

序号	日期	刊载版面	报道题目
221	6月21日	头版	东莞麻涌龙舟队揽四冠
222	6月21日	A02要闻版	加博会公众日　买声不断
223	6月23日	A10版	东莞制造4.0梦想　筑梦10年追赶日德
224	6月23日	A12版	加博会意向成交金额达928亿元——专业观众1.6万余人，明年提前至4月举办
225	6月24日	头版	胡春华赴韶关调研并检查粤东西北振兴发展推进情况——突出加强产业建设　主动融入珠三角加快发展
226	6月25日	A07版	构建监管新格局　确保“舌尖上的安全”
227	6月26日	A04版	全省文理前十名东莞东华占八席
228	6月26日	A13版	东莞　拟对物流寄递实名制立法
229	6月27日	头版	共同推进东莞石龙国际物流大通道项目建设
230	6月30日	A07版	漫博会招展逾七成　8月20日将在东莞举行
231	6月30日	A07版	雷于蓝率调研组赴东莞调研代表工作　推动履职登记规范　促进代表主动履职，
232	6月30日	A17版	“大朗杯”广东省第26届摄影展启动
233	7月1日	A03版	“七一”前夕省领导深入城乡基层走访慰问　广泛听取对深入开展“三严三实”专题教育的意见和建议
234	7月1日	A06版	广东省农村、“两新”组织优秀党组织书记名单
235	7月2日	头版	胡春华赴部分工科院校调研　立足服务广东发展　下大力建设高水平工科大学
236	7月9日	A10版	东莞轨道交通票价听证方案征求意见　起步价最低为2元或3元，全程票价不超8元
237	7月10日	A09版	213家企业确认参展“漫博会”
238	7月10日	A04版	错位发展促创新要素双向流动,专家认为——深莞惠创新圈已形成并扩至香港
239	7月10日	A09版	塘厦三年举办近300场道德讲堂活动　精神文明之花越开越艳
240	7月12日	A03版	在“一带一路”上讲好中国故事　东莞一家三口开房车沿“渝新欧”线路旅行，全程1.1万公里
241	7月13日	A05版	60日夜攻下甲流储备药科研关
242	7月13日	A06版	叶金莲照顾脑瘫养子31载　石碣“最美老太”无怨无悔，
243	7月14日	头版	珠三角9市空气首次天天达标
244	7月14日	A02要闻版	同上
245	7月15日	A06版	东莞塘厦：工业强镇力推工业游　企业游客两欢喜
246	7月16日	A02要闻版	加快国铁项目建设　打造国际物流枢纽
247	7月16日	A08版	东莞牵手招商局集团　共同开发东莞长安新区
248	7月16日	A10版	东莞塘厦建立环境卫生评比机制——社区受益引来金凤凰”
249	7月17日	A07版	手术醒后写纸条　嘱妻“睇住阿妈”感动网友
250	7月17日	A05版	招玉芳赴内蒙古对接口岸通关合作事宜——探讨开通粤满俄国际集装箱班列
251	7月17日	A06版	东莞援疆建纺织服装产业园　首期示范项目厂房加速推进
252	7月17日	A10版	“不一样的东莞.东莞制造梦工场”专题报道之一打造含金品牌、引进智能机器、发展“2.5产业”——东莞纺织服装鞋帽产业嬗变焕发新优势
253	7月17日	A05版	危险化学品事故联合应急演练
254	7月20日	头版	“粤创粤新”大型采访活动今日启动，聚焦广东企业创新力量　创新驱动发展战略驶入快车道
255	7月20日	A022要闻版	“粤创粤新”大型采访活动今日启动，聚焦广东企业创新力量　创新驱动发展战略驶入快车道
256	7月20日	A05版	东莞“飞地人才”计划提高新疆第三师教育医疗质量——123名柔性人才精准援疆
257	7月21日	A06版	全国52家媒体近百人采访团将走访广州佛山珠海东莞和深圳5城，探寻广东创新驱动基因“粤创粤新”大型采访首站广州
258	7月22日	A08版	东莞：上半年GDP比增7.4%　出口比增9.4%
259	7月22日	A05版	推广“一门式”政务服务和产业协同创新
260	7月23日	A08版	虎门二桥顺利“出水”
261	7月23日	A08版	东莞2015年新闻发言人培训班开班

续表

序号	日期	刊载版面	报道题目
262	7月24日	A08版	东莞需要从0到1的创新 争取2017年高新技术企业超1100家
263	7月24日	A09版	第五届广东省道德模范提名奖候选人事迹简介
264	7月27日	A03版	“粤创粤新”网上传播 6天覆盖6亿人次——大型网络采风活动圆满收官 见证广东新一轮创新创业热潮
265	7月27日	A06版	泗安医院义卖龙眼 捐助麻风病院村
266	7月27日	A05版	金融+科技“双轮驱动” 打造经济发展“双引擎”
267	7月29日	A06版	从工人、企业主到机器人厂商、研发者 与机器人“对话”的四种脸谱
268	7月29日	A07版	东莞率先部署全面推行权责清单制度——避免“踢皮球”行政流程网上全公开
269	7月29日	A06版	2015粤港经贸合作交流会香港举行——港商 广东仍是投资理想标的地
270	8月4日	A05版	“重走南粤抗战路”活动启动 首站访东莞大岭山革命老区
271	8月4日	A10版	提升产业层次，优化产业布局，延伸产业链条 东莞食品饮料加工制造业：打造“舌尖上的王国”
272	8月5日	A06版	东莞11台申龙扶梯紧急停用 情况汇总后或将公布分布区域
273	8月6日	A05版	漫博会20日至24日在东莞举行 动漫投资或采购商现场将进行项目对接
274	8月6日	A03版	东莞法院率先试点人民法庭改革，组建专业审判团队，亮出全省首份法庭庭长权责清单 法官得“解放”专注于审判 一审服判息诉率上升23.35%
275	8月6日	A05版	莞韶对口帮扶初见成效 80个扶贫村年人均收入翻3倍
276	8月7日	A08版	专业对接 大众狂欢 相约东莞动漫季 第七届漫博会完成招展，展现不一样的漫博会
277	8月11日	A05版	从无到有从小到大，作战1400余次歼敌9000余人 东江纵队：鏖战华南的抗日劲旅
278	8月12日	A07版	粤66%农村生活垃圾获有效治理——提高垃圾处理水平，“专家企业家，携手走乡村”志愿活动启动
279	8月12日	A08版	东莞查获383万个假冒雀巢包装袋 获瑞士雀巢总公司送牌匾感谢
280	8月13日	A02要闻版	一纸证照激活一座城市——来自"世界工厂"东莞的改革报告
281	8月13日	A07版	首届亚欧商品贸易博览会开幕 深莞多家企业组展团参展
282	8月13日	A09版	广东纪检监察机关推动纪律审查工作取得新成效 上半年立案数超2013年总和
283	8月14日	A02要闻版	东莞“严实莞家”官微粉丝破万 党员干部随时随地学习践行“三严三实”
284	8月14日	A10版	以展为媒促进动漫版权保护与贸易 漫博会打造国际动漫产业最佳对接平台
285	8月14日	A12版	东莞石排全力帮扶企业发展 “三重”建设成果颇丰
286	8月17日	头版	第14届省运会闭幕——下届省运会2018年在肇庆举行
287	8月17日	A10版	东莞争创全国双拥模范城“八连冠”——军地发展同频共振 军民融合深度推进
288	8月18日	A07版	东莞出台举报介绍、使用童工违法行为奖励办法——举报使用童工最高奖5000元
289	8月19日	A10版	第七届漫博会明起在莞举行——未来5天将举办13场专业活动，大白、巨型机器人等动漫形象原型悉数亮相
290	8月20日	A07版	东莞中国国际漫博会今日举行——13大亮点呈现不一样的动漫盛宴
291	8月20日	A09版	东莞多类学生 可免费读中职学校
292	8月21日	A06版	第七届漫博会在东莞开幕 动漫衍生品企业同比增长69%
293	8月21日	A02要闻版	东莞：把问题导向贯穿教育全过程——各镇街、各单位深入细致查摆自身“不严不实”问题
294	8月21日	A14版	石排：将创新驱动摆在经济发展首位
295	8月24日	A07版	粤产动画电影局限低龄群体现象漫博会上引热议——行业巨头探讨打造全年龄动画
296	8月24日	A08版	东莞体育为改革发展添腾飞之翼——办体育即办城市，探究“运动之城”、“活力之城”体育全貌
297	8月24日	A14版	东莞麻涌龙舟队世锦赛夺首金
298	8月25日	头版、A08版	漫博会闭幕 5天吸金36亿
299	8月25日	A10版	第七届漫博会圆满落幕，参与人数超60万人次——八大会场5天吸金36.2亿元
300	8月25日	A08版	东莞国税全市推广O2O办税模式，纳税人可足不出户“居家办税”——上午网上申请发票下午快递上门

续表

序号	日期	刊载版面	报道题目
301	8月26日	A12版	今年东莞市桥头镇正式获得“全国文明村镇”荣誉称号——文明创建硕果累累“桥头速度”备受赞誉
302	8月31日	A05版	加大扶持力度，激发内在动力——东莞东城街道探索集体经济发展新路径
303	8月31日	A14版	东莞桥头——多管齐下扶持产业 环保包装一枝独秀
304	9月2日	A07版	东莞高埗镇多管齐下形成关爱氛围——让务工者感受集体温暖
305	9月2日	A09版	东莞中堂镇：创建全国生态保护与建设示范区——狠抓“两高一低”倒逼产业转型，探索先行先试经验
306	9月2日	A10版	逐梦绿水青山生态家园，创建国家水生态文明城市——东莞打响治水治污攻坚战
307	9月3日	A02要闻版	朱小丹会见俄罗斯开发与外经银行行长德米特里耶夫——加快推进中俄贸易产业园筹建
308	9月4日	A17版	在中俄两国元首见证下，广东与中外运、俄开行、俄出口中心四方签署合作备忘录——中俄贸易产业园落户东莞石龙
309	9月4日	A18版	东莞：打造国际商务休闲旅游城市
310	9月5日	A02要闻版	回首峥嵘岁月 弘扬抗战精神
311	9月6日	A04版	东莞举行纪念抗战胜利70周年座谈会
312	9月7日	头版	朱小丹主持召开省政府常务会议——研究加强生产安全事故隐患排查治理和调查处理，部署推动珠海西部生态新区和东莞粤海银瓶创新区建设
313	9月8日	A10版	2015海博会招展工作顺利进行——20多个国家确定设立国家展团馆 外企展位超过六成
314	9月8日	A13版	东莞万江加大扶持力度让企业获得更多发展红利 助力企业进入“机器换人”时代
315	9月9日	A04版	我省对南疆地区职校进行结对帮扶、组团推进——职业教育：助力南疆产业 稳定青年就业
316	9月10日	A08版	邓海光到东莞中山调研民政工作 优化行政区域布局 鼓励养老机构拓展
317	9月10日	A10版	“不一样的东莞——东莞制造梦工场”之产业篇3从卖“木头”到卖生活方式 东莞家具业加速智造转型
318	9月11日	头版	珠三角每个地市至少建1个国家级湿地公园、2个省级湿地公园——力争2020年地绿水净香飘四季
319	9月11日	A02要闻版	评论员文章以生态文明建设力促转型升级
320	9月11日	A05版	半版深度报道东莞探索水乡经济的二度崛起 生态文明促经济转型升级，水乡经济区有望再造一个新东莞
321	9月11日	头版	朱小丹召开广东铁路国际物流基地规划建设现场办公会，强调加快推进石龙项目规划建设
322	9月12日	头版	朱小丹出席珠三角地区水环境综合整治与绿色生态水网建设工作现场会，强调构建人水和谐新格局 推进绿色化发展
323	9月12日	A10版	东莞队问鼎 首届省篮球联赛
324	9月12日	封二	“践行三严三实 推进作风建设”专栏刊发文章知“止”善“为” 当好基层宣传员
325	9月15日	A04版	“三互”大通关改革东莞率先启动——陆运口岸改革后，企业通关费用减少50%
326	9月15日	A09版	三互”大通关改革现场会在东莞召开——完善管理机制 优化整体环境
327	9月15日	A09版	东莞石龙铁路国际物流中心口岸启用——将开通“粤满俄”班列，全年进出口集装箱预计达1万标箱
328	9月15日	A04版	逾80亿！粤建设3所高水平理工科大学——“落子”南方科技大学、佛山科学技术学院、东莞理工学院，助力广东创新驱动发展
329	9月15日	A09版	高水平理工科大学共建协议签署仪式举行——加大支持力度 提升建设水平
330	9月16日	A08版	刊发水乡战略效应下——东莞麻涌天蓝地绿水净 香飘四季
331	9月16日	A08版	“四大方略”开创麻涌绿色崛起新篇章
332	9月16日	A11版	东莞中堂镇狠抓文明创建中心工作——全力打造东莞靓丽的北大门
333	9月16日	A13版	塘厦将以规划先行 深入推进新一轮教育改革
334	9月18日	A03版	东莞市税务部门开发“国地通”平台 实现“互联网办税”——纳税人足不出户、不限时间地点就可完成办税流程，
335	9月18日	A06版	石马河“变身记”——为了下游的兄弟，从治水向治理嬗变
336	9月18日	A06版、A07版	趟过浅浅石马河 绿色理念跨阻隔
337	9月18日	A11版	东莞塘厦镇谋求旅游业突围发展
338	9月20日	A02要闻版	全省新闻战线“好记者讲好故事”演讲比赛落幕，产生“十佳”演讲人——讲述践行核心价值观鲜活故事

续表

序号	日期	刊载版面	报道题目
339	9月22日	A09版	刘志庚调研东莞横沥模具产业协同创新情况　加大设备国产化研发力度
340	9月23日	A10版	35亿打造东莞高水平理工科大学　建立灵活薪酬体系，人才科研启动经费最高5000万元
341	9月23日	A11版	东莞中堂镇多措并举构建治安管理体系——深化平安建设，守护东莞“北大门”
342	9月23日	A09版	第十届石龙食品药品安全与法治会议在广州召开——“四个最严”　确保“舌尖上的安全”
343	9月25日		“莞香”获国家地理标识保护产品
344	9月26日	头版	石龙铁路国际物流中心开放，首列开往俄罗斯货运列车出发——东莞中俄贸易相关项目建设提速
345	9月27日	A05版	虎门二桥坭洲水道桥主墩桩基完工
346	9月28日	A09版	东莞道滘全力打造“六新”小镇
347	9月29日	A08版	温兰子赴东莞市考察水系整治和生态修复情况　为建设美丽广东作出更大贡献
348	9月29日	A12版	“22条”措施打造虎门经济升级版——虎门每年投5000万实施创新驱动工程
349	9月29日	A10版	东莞虎门为白血病女孩募捐60多万
350	10月3日	头版	东莞企业登记注册“一站办理”——今年1—8月新登记市场主体7.8万户，稳居全省地级市首位
351	10月3日	02版	东莞启动“一网通”改革，企业办证时间缩短至三四天——市场准入实行“单一窗口”
352	10月7日	05版	近3000单身男女东莞观音山冒雨相亲
353	10月8日	A03版	雷州半岛上，各地支援队伍正不分昼夜地挥洒汗水——省内过半兄弟城市驰援湛江
354	10月10日	A06版	全国创新社会治理典型案例颁奖——东莞“积分制”获最佳案例
355	10月12日	头版	胡春华朱小丹会见中央财办主任刘鹤一行——大力推进市场取向的改革
356	10月13日	A04版	连夜急奔机场截停170公斤冰毒　东莞凤岗警方侦破一起公安部目标案件，摧毁企图经莞深向境外走私贩卖毒品犯罪团伙
357	10月13日	A04版	东莞市凤岗公安分局副局长朱建洪：只在路上　眯了3小时
358	10月15日	头版、A14版	我省经济外向依存度下降至86.15%，R&D支出占比达2.4%，PCT国际专利申请量占全国五成多——做强内源经济壮大创新驱动内核
359	10月16日	A10版	助推东莞申报“国家历史文化名城”　茶山深挖文化底蕴提升城市形象与软实力
360	10月18日	A08版	社区达人等“微核心”“微引擎”凝聚东莞最普通、最边缘、最底层群众——众多“好人树木”汇成“好人森林”
361	10月19日	A09版	东莞机器人产业：从“中国制造”到“中国智造”
362	10月21日	A10版	东莞市政府、南方报业传媒集团、广东省作家协会今日签三方战略协议——东莞水乡经济区将尝文化产业合作“头啖汤”（主）
363	10月21日	A08版	珠三角6市对口帮扶粤东西北8市“输血”变“造血”　产业帮扶给力
364	10月21日	A15版	前9月我国服务　外包合同额增16%
365	10月22日	封面导读、头版	东莞市政府、南方报业传媒集团、广东省作协签三方战略合作协议——文化创新驱动助东莞转型升级
366	10月22日	A11版	东莞市政府、南方报业传媒集团、广东省作协签三方战略合作协议——文化创新驱动助东莞转型升级
367	10月22日	A05版	东莞市政府与南方报业传媒集团、广东省作协签署战略合作协议——文化创新驱动东莞未来
368	10月22日	A05版	东莞市委书记、市人大常委会主任徐建华：文化创新突破　三方共筑东莞高水平崛起新平台
369	10月22日	A05版	广东省委宣传部副部长、南方报业传媒集团党委书记莫高义：发挥集团文化运营优势　助推东莞创新发展
370	10月22日	A05版	广东省作家协会党组书记吴伟鹏：讲好东莞故事，就是讲好中国故事
371	10月22日	A06版	东莞市政府与南方报业传媒集团主办摄影展聚焦麻涌龙舟队——艺术摄影定格“水乡男子汉”
372	10月22日	A07版	八方面29项合作5年内逐一实现——新水乡新东莞插上文化的翅膀
373	10月22日	A11版	彝族工人的金牌领路人
374	10月23日	A11版	广东海博会29日东莞开幕，首次采用“1个主题展+6个专业展”模式逾七成参展商为境外企业
375	10月23日	A14版	东莞侦破特大外籍人员偷渡案　抓获30余人　系30年来东莞最大偷渡案
376	10月23日	A18版	第十五届中国（长安）国际机械五金模具展览会开幕　东莞长安：模具名镇　装备中国

续表

序号	日期	刊载版面	报道题目
377	10月23日	A18版	长安镇“机器换人”可圈可点 获市财政资助全东莞市第一
378	10月23日	A37版	传统“世界工厂”正在向“创新之城”华丽转身——东莞创新驱动，推动高水平崛起
379	10月26日	A02要闻版	第五届省道德模范座谈会和颁奖仪式在穗举行推动形成良好道德风尚
380	10月26日	A04版	东莞：“三个三”措施解决不严不实
381	10月26日	A22版	为儿童打造“梦幻乐园”广告牛人转行做农业
382	10月27日	A09版	“广东好茶”将走进“海博会”——“广东十大茶乡十大名茶”悉数亮相，
383	10月27日	A12版	四天“长展会”意向成交额达到4.3亿元——国模检测中心助力产业升级 示范区打造模具区域品牌
384	10月28日	A13版深读	“世界工厂”转型的阵痛与希冀——作为一个GDP超过6000亿元的经济体，莞企关停外迁数量在合理范围内
385	10月28日	A12版	海博会专业创新明显 展品活动丰富
386	10月29日	A03版	东莞市市长袁宝成回应东莞制造业情况——前三季度新增资项目382个
387	10月29日	A03版	前三季度东莞对海丝国家出口增37.8%——虎门港将与石龙实现海铁联运，“一带一路”在东莞相接
388	10月29日	A03版	2015广东“海博会”今日在东莞开幕——50多个国家地区1394家企业参展
389	10月29日	A04版	东莞国地税合作升级：纳税人办税体验更星级
390	10月30日	封面	海博会开幕（配图）
391	10月30日	A06版	2015海博会在东莞隆重开幕，1394家企业参展，展位数达2800个——“做生意 谈合作 到广东”
392	10月30日	A06版	制造企业与跨境电商精准对接——东莞跨境电商全产业链首亮相
393	10月30日	A06版	展示特色食品工艺品吸引观众眼球
394	10月30日	A06版	新奇直径1.5米“大铜钱”亮相海博会
395	10月30日	A07版	展馆靓 人气旺 茶香浓——“广东十大茶乡、十大名茶”走红“海博会”
396	10月30日	A22版	2015南方草莓音乐节11月东莞举办——万青、宋冬野等音乐人将悉数出席
397	10月31日	头版	胡春华、朱小丹出席2015海博会主题论坛——共同谱写海上丝绸之路新篇章
398	10月31日	A03版	海博会主论坛畅谈港口城市发展与合作——海丝沿线国家应共建全五星港口群
399	10月31日	A04、A05版	外国政要看海博系列报道
400	11月1日	头版、A02要闻版	广东海博会签约2018亿元——展会昨日闭幕
401	11月1日	A06版	2015广东海博会点亮海丝之路——达成签约项目680个，涉及签约资金2018亿元
402	11月1日	A06版	“同饮一江水”2015广东打工者歌唱大赛举行总决赛——打工者角逐“年度歌王”数千市民捧场
403	11月3日	A02要闻版	东莞深入谋划重大项目 集中民智编制规划
404	11月3日	头版	广州珠海佛山惠州仲恺东莞松山湖中山火炬江门肇庆等8个国家高新区打包通过 珠三角国家自主创新示范区获批
405	11月5日	A09版	东莞市机电工程学校校长曹永浩：“成长十字训”助学生脱胎换骨
406	11月5日	A06版	深莞最快2020年互通地铁
407	11月9日	A05版	“一村（社区）一法律顾问”助力基层治理法治化——服务群众113万人次，直接参与调处矛盾纠纷3.2万余宗
408	11月9日	A11版	全力打造华南地区最具竞争力钢铁企业和宝钢高端棒线生产基地——领军近50年韶钢再起航
409	11月10日	A04版	广东志愿服务走在全国前列，目前已登记注册志愿者逾730万人、志愿者组织逾3.3万个——志愿之爱筑起南粤精神脊梁
410	11月10日	A05版	广东国有林场改革全面启动——坚守“保护生态、保障职工生活”两条底线，217个国有林场迎来重大改革
411	11月10日	A08版	东莞“三严三实”专题教育 做足“规定动作” 做好“自选动作”以改革发展成果检验专题教育成效
412	11月12日	AT09版	虎门镇连续五年每年安排5000万元促进创新驱动“互联网+”推动服装业与电商融合发展
413	11月13日	A03版	广东拥有两个国家“自创区”，构成我省自主创新新格局——建立全球最活跃的创新生态圈
414	11月13日	A03版	打造区域创新走廊对接深港创新湾区

续表

序号	日期	刊载版面	报道题目
415	11月13日	A08版	东莞：确保下月20日前完成党报党刊征订
416	11月13日	B03版	国际最先进人造石生产线投产东莞
417	11月14日	A04版	东莞“一带一路”水铁联运成功试水
418	11月14日	A03版	广佛间将新增7条地铁线路，深莞将有5条线路互通互联——珠三角城市群开启地铁时代
419	11月14日	A08版	东莞将建商场　光伏示范项目
420	11月16日	A09版	“制造”变“智造”，今年前9月东莞工业技改投资增速珠三角排名第一——“机器换人”的东莞试验
421	11月16日	A10版	“千人计划”专家组团对接东莞智造　松山湖（生态园）机器人产业创新生态圈获赞另辟蹊径
422	11月18日	A06版	约起来！首届智博会今日开幕　展览面积达10万平方米，1280家企业参展
423	11月18日	A04版	入户更简单　入学更容易　社区更和谐　农业转移人口市民化“莞版20条”出炉
424	11月18日	A02要闻版	全省农村精神文明建设工作经验交流会在博罗县召开　紧扣美丽乡村建设主题深化“十三五”农村精神文明建设
425	11月19日	头版	胡春华参观广东智博会　把智能制造打造成发展新优势
426	11月19日	A07版	首届“智博会”暨2015年省科技成果与产业对接活动在东莞开幕　13个战略性新兴产业合作项目签约
427	11月19日	A10版	智能装备制造业风口已至　产业革命新时代呼唤“新东莞模式”
428	11月19日	A09版	东莞清溪侦破特大跨省制贩毒案　现场缴获冰毒及原材料近1吨
429	11月19日	A15版	用走进千家万户的产品　散播中国陶瓷文化的“种子”　一位“陶痴”与他的陶瓷“变形计”
430	11月20日	A15版	用走进千家万户的产品　散播中国陶瓷文化的“种子”　一位“陶痴”与他的陶瓷“变形计”
431	11月23日	A07版	智博会4天吸引了1200多家智能装备企业参展，采购商络绎不绝　“无人工厂”成智博会最大亮点
432	11月25日	封面导读	东莞成功创建国家森林城市　全市森林覆盖率37.4%
433	11月25日	头版	东莞成功创建国家森林城市
434	11月25日	A03版	东莞圆梦“森林城市”助力绿色崛起
435	11月25日	A08版	东莞成功创建国家森林城市
436	11月26日	A03版	省委十一届五次全会分组会议上，与会人员热议“十三五”规划建议稿——制定好新常态下广东首个五年规划
437	11月26日	封面导读、A02要闻版	东莞市国地税合作：首创全国O2O联合办税模式
438	11月27日	A06版	东莞台博会开幕——为期4天展出2万项产品和服务
439	11月29日	A02要闻版	广东省第八届群众戏剧曲艺花会闭幕——69部惠民戏曲群众点赞
440	11月29日	A04版	文艺志愿者立体惠民获点赞
441	11月30日	A03版	东莞扶贫坚持　“真心实意、真抓实干”：——精准扶贫惠民生拔穷根，创新方法抓服务促发展
442	11月30日	A07版	东莞精准扶贫韶关打造17个农产品品牌——淮山直销东莞养头出口创汇
443	11月30日	A10版	2015南方草莓音乐节圆满落幕——两日近4万人次入场畅享音乐
444	12月1日	A03版	东莞“三农三化”内生化扶贫揭阳成效显著——莞揭果蔬供应链合作、社工扶志等创新机制备受瞩目
445	12月1日	A07版	省教育厅与佛山、东莞签订协议　建设全省研究生培养改革示范点
446	12月1日	A13版	佛山东莞中山三市市长在线与网友谈创新——“制造”大市如何迈向“智造”强市
447	12月3日	头版、A12版	东莞创新援建做足“造血”文章——对口援建地区实现收入翻番，援疆、援藏投入分别占全省25.71%、42.86%
448	12月3日	封二	打开扶贫工作崭新境界
449	12月3日	09版	东莞国际科技合作周11日开幕——将设立七大主题展区
450	12月4日	头版、A13版	深莞两市联手整治茅洲河——两市在工作机制治理节奏水质目标界河清淤等工作上达成共识
451	12月5日	A05版	省体改专家献计东莞产业升级和金融创新——立足“世界工厂”　增强创新优势

续表

序号	日期	刊载版面	报道题目
452	12月6日	A05版	关于表彰2015年第三季度广东好人的通报
453	12月7日	A10版	东莞：坚持问题导向狠抓基层治理
454	12月8日	A09版	东莞工商登记注册无需出家门——全程网上填写电子表单，是国内首个全市范围实施这一措施的地级市
455	12月9日	A06版	莞惠城轨逾20公里通电试车——东莞常平东至惠州小金口段年底通车，全线通车后莞惠半小时可达
456	12月11日	A13版	东莞志愿风尚节展现“互联网＋”新公益模式——35个公益项目众筹33万元
457	12月11日	A09版	“三严三实”专题教育取得显著成效——东莞供电局：严字当头　实干争先
458	12月12日	A06版	2015中国（东莞）国际科技合作周昨开幕——科技展览　高峰论坛　项目签约　创客路演四大专题呈现科技盛宴
459	12月12日	A02要闻版	2015中国（东莞）国际科技合作周开幕，集聚机器人、智能装备、3D打印等新技术——送报机器人现场“卖萌”求让路
460	12月12日	A04版	刘志庚赴东莞调研互联网企业指出　强化危机意识勇于创新持续创新
461	12月12日	A05版	东莞：斥资约5200万　奖补587所幼儿园
462	12月14日	A07版	2015中国（东莞）国际科技合作周圆满落幕，超3万人次参与——约150个项目达成合作意向
463	12月14日	封面导读、A06版	提高保障房利用率，惠及更多外来人群——东莞市属保障房放宽申请门槛
464	12月14日	A03版	东莞理工学院高水平理工科大学建设备受高层次人才关注——新增3“双聘院士”2全职“长江学者”
465	12月14日	A05版	东莞“三严三实”教育遏“四风”“三不”问题整改“九步走”
466	12月14日	A06版	民进广东省委召开议政调研会议——推选参加省“两会”发言议题
467	12月14日	A10版	松山湖（生态园）自主创新示范区展区引爆科技合作周——高新技术企业数量力争三年翻一番
468	12月15日	A05版	东莞率先出台对接自贸区28条——五大平台对接国家自由贸易试验区，打造自贸区示范延伸区和优先拓展区
469	12月15日	A04版	东莞国地税全省率先实现联合网报
470	12月15日	A06版	广东省“双创之星”候选人名单公示
471	12月15日	A09版	东莞东城警方严打涉食药假违法犯罪　破获多起销售假药案
472	12月15日	A11版	东莞东城警方巩固“3+2+2”专项打击整治　打防结合铁腕整治涉赌
473	12月16日	头版	莞揭精准扶贫打造“三农三化”内生帮扶模式，实现长效传递带动——35个受帮扶村和贫困户精准稳定脱贫
474	12月16日	A08版	东莞高层次人才活动周下周开幕
475	12月16日	A10版	东莞首次高规格举办综合性大型人才活动周——打造“人才型城市”　以人才优势赢发展优势
476	12月16日	A11版	东莞东城：“天眼”视频监控保障治安
477	12月17日	A04版	已有224万老年人享受红利　预计全年发放将超过13亿元——粤普惠型高龄老人津贴制度全覆盖
478	12月18日	A02版	东莞市地税局2015年便民办税春风行动系列报道之积极服务“走出去”企业　提供专业支持
479	12月19日	A06版	东莞市东城警方广拓情报信息资源
480	12月19日	A07版	东莞东城警方重拳出击　连续捣毁两个赌博窝点
481	12月20日	A05版	虎门港至越南海防开通直航——周班运营，由虎门港出发，途经深圳赤湾、香港
482	12月20日	A04版	两地警方协作　凌晨突袭毒贩——东莞东城警方协助贵州警方破获涉毒案缴获冰毒2公斤海洛因20克
483	12月20日	A05版	东莞东城警方破获一宗假冒注册商标案——缴获假冒瓷介电容器约360万个
484	12月21日	头版、A10版	高层次人才为何选择落户东莞？——省创新科研团队位列全省地级市第一、拥有中央“千人计划”专家21名
485	12月21日	A2版	百名院士专家对接百家莞企——广东院士团队科技成果展在东莞举行
486	12月21日	A2版	出台新规简化房地产交易契税流程
487	12月23日	A04版	以“走在前列”的姿态增创发展新优势
488	12月23日	A03版	东莞市地税局2015年便民办税春风行动系列报道之三——加码助力中小微企业发展（主标

续表

序号	日期	刊载版面	报道题目
489	12月23日	A11版	东莞市东城警方倾力打击“盗抢”—破“两抢一盗”案件907宗
490	12月24日	A19版	东莞茶山：“茶山模式”成效显著　“三重”建设硕果颇丰
491	12月24日	A11版	东莞市东城警方狠抓涉赌打击工作——凌晨出击智取“三公”赌博窝点
492	12月24日	A17版	东莞市东城警方重点打击路面盗抢违法犯罪——便衣伏击两天连抓5名盗窃嫌疑人
493	12月25日	A17版	电力支撑东莞经济逆势上扬
494	12月26日	封面导读	中欧班列（粤满俄）昨日试运行——15天到莫斯科跨越1.1万公里
495	12月26日	A07版	“粤满俄”中欧班列东莞首发——将完成1万多公里穿越，入俄货物最快仅需15天
496	12月26日	A02版	东莞市地税局2015年便民办税春风行动系列报道之四——多举措方便纳税人办税
497	12月28日	A04版	石马河深莞惠同治理　水变清岸更绿
498	12月28日	A04版	东莞水乡治污数月　“死水”渐成“清流”
499	12月28日	A04版	东莞地税征管数据化助推无纸化办税
500	12月28日	A04版	绿化广东
501	12月30日	FT12、FT13版	被低估的东莞背后：珠三角制造业开启新模式？
502	12月30日	FT64	融入“一带一路”东莞外贸找到新增长点
503	12月30日	A12版	粤去年版权产业经济贡献全国领先　增加值占全省GDP的8.39%
504	12月30日	A02版	东莞地税局架起税企交流“金桥”　打造“纳税人学校”响亮品牌
505	12月31日	FT63	对接2025战略东莞迈向制造业强市

广东卫视《广东新闻联播》栏目涉莞重要报道目录

序号	日期	报道题目
1	1月1日	全省各地喜迎新年
2	1月8日	东莞东火车站新站房启用
3	1月11日	广东工人艺术团“送文艺进企业昨晚首演”
4	1月12日	东莞：第四届中国·东莞音乐剧节精彩纷呈
5	1月23日	东莞阳江：发挥优势　加快发展
6	1月28日	国家“千人计划”专家齐聚东莞谋发展
7	2月13日	东莞：外来工乘坐免费大巴返乡过年
8	2月21日	森林家园之东莞·森林的交响曲
9	2月23日	新莞人在东莞欢聚一堂过大年
10	2月23日	广深高速路政员：坚守春运　保障平安
11	3月1日	东莞与北航签约共建新型研发机构项目
12	3月4日	元宵将至：湾头火龙闹，洪梅花灯俏
13	3月7日	代表热议：把改革扎实推向纵深
14	3月10日	人大代表分组审议立法法修正案草案
15	3月14日	推动两岸关系和平发展取得新成果
16	3月17日	苏杯抽签仪式
17	3月19日	东莞大朗毛纺业：智能转型　100%“机器换人”
18	3月20日	东莞实现全国文明城市“三连冠”
19	3月22日	二月初二“龙抬头”　开笔剪发好意头
20	3月22日	东莞：水乡探路转型升级绿色崛起
21	3月23日	医保城乡统筹的“广东之路”
22	3月24日	东莞全力打造全球知名智能机器人产业基地
23	4月1日	广东加快地理信息公共服务平台建设和应用
24	4月5日	宗祠寻根

续表

序号	日期	报道题目
25	4月7日	4D打印亮相中国国际印刷技术展
26	4月10日	东莞在全国率先启动陆运口岸“三互”大通关模式
27	4月23日	第七届漫博会8月20日在东莞举行
28	4月25日	广东“阳光厨房” 保校园安全
29	4月28日	2015“海上丝绸之路沿岸国家主流媒体看广东”正式启动
30	4月28日	海关人周浩：外冷内热 心细如丝
31	5月3日	余世孝：拯救“绿色沙漠”
32	5月4日	迎接“苏迪曼杯”羽毛球赛长跑活动
33	5月5日	东莞：工人成绿叶 机器手唱主角
34	5月9日	广东省动漫行业联盟在东莞成立
35	5月10日	广东：主动把握新机遇 开创援新局面
36	5月14日	朱小丹 黄龙云 王荣分别率队现场检查珠三角“九年大跨越”新进展
37	5月17日	朱小丹会见中国纺织工业联合会会长王天凯
38	5月25日	东深供水50年：水质始终保持在二类水以上
39	5月27日	广东9市有望首批获得地方立法权
40	5月28日	朱小丹：把绿化作为广东永续发展战略
41	5月28日	中纺粮油（东莞）食品产业园项目 兆宝粮油（东莞）专业码头项目 落户沙田镇虎门港
42	6月9日	加快推进东莞石龙国际物流大通道项目建设
43	6月10日	2015“加博会”6月17日在东莞举行
44	6月13日	东莞麻涌：从工业园到旅游胜地的蜕变
45	6月17日	2015加博会明天开幕 到会买家将超1-5万
46	6月17日	2015加博会开幕 智能手机大放异彩
47	6月18日	朱小丹赴东莞加博会调研 强调推动全省加工贸易创新发展
48	6月18日	加博会：高科技产品惊艳亮相“颜值”十足
49	6月18日	东莞：全媒体立体化宣传“三严三实”
50	6月20日	电商物流成加博会一大亮点
51	6月20日	端午特色民俗：吃粽子挂艾叶喝雄黄酒
52	6月27日	禁毒相关报道
53	6月30日	南粤大地再掀扶贫济困热潮
54	7月1日	“七一”前夕省领导深入城乡基层走访慰问 广泛听取对深入开展“三严三实”专题教育的意见和建议
55	7月2日	胡春华：立足服务广东发展 下大力建设高水平工科大学
56	7月6日	黎锡康：发展集体经济的能手
57	7月8日	宁莞高速2017年底建成通车 广州五小时达福建
58	7月13日	中欧班列助力广东企业开拓中亚市场
59	7月16日	加快国铁项目建设 打造国际物流三期枢纽
60	7月16日	我省举行省市危险化学品生产安全事故联合应急演练
61	7月23日	朱小丹到佛山东莞调研政务服务和协同创新情况
62	7月23日	虎门二桥工程建设转入塔身施工阶段
63	7月31日	88对现役军人举行集体婚礼 庆祝八一建军节
64	7月31日	万名外来工走进爱国主义教育基地
65	8月5日	第七届漫博会将于8月20日在东莞举行
66	8月9日	2015“粤运动 粤健康”广东全民健身日启动
67	8月9日	东莞广电台与斐济华人新闻网签署合作协议
68	8月10日	东莞：“四新”经济蓬勃发展
69	8月16日	黄埔海关大通关改革：验放手续仅需3分钟

续表

序号	日期	报道题目
70	8月19日	第七届漫博会明天在东莞开幕
71	8月22日	漫博会：专业活动丰富助力产业对接
72	8月22日	漫博会迎来首个周末　人气爆棚
73	8月23日	漫博会：动漫衍生品丰富多彩
74	8月24日	2015东莞动漫博览会今天闭幕
75	9月5日	广东：弘扬抗战精神　扎实做好各项工作
76	9月6日	“东莞牌”机器人
77	9月9日	广东：鼓励养老机构拓展服务功能
78	9月11日	朱小丹：构建人水和谐新格局　推进绿色化发展
79	9月11日	朱小丹：加快推进石龙项目规划建设
80	9月11日	东莞：“互联网+”成制造业发展新引擎
81	9月14日	全国口岸推广东莞“三互”大通关模式
82	9月14日	广东：省市共建高水平理工科大学
83	9月23日	东莞：“机器换人”加速制造业转型升级
84	9月24日	在媒体融合发展中不断提高舆论引导能力
85	9月27日	“东莞制造”系列报道第三集之3D打印改造传统制造业
86	9月29日	世博会“广东周”：让广东标签深入人心
87	10月2日	广东：行政体制改革激发释放发展活力
88	10月3日	东莞南社村：八百年的岁月印记
89	10月6日	广东建设兵团草湖纺织服装产业园
90	10月9日	东莞“积分制”获全国社会治理创新最佳案例
91	10月11日	胡春华朱小丹会见中央财办主任刘鹤一行
92	10月14日	广东：省直机关公务用车制度改革工作基本完成
93	10月18日	朱小丹：围绕“四个”确保　加快鲁朗小镇建设
94	10月23日	海博会将于10月29日开幕
95	10月25日	天蓝水清　绿色广东
96	10月25日	东莞：破获特大海上偷渡案
97	10月28日	2015海博会明天在东莞开幕
98	10月29日	2015海博会在东莞开幕　境外参展企业占7成
99	11月1日	2015海博会今天闭幕
100	11月4日	第十四届中国织交会今天开幕
101	11月5日	“践行核心价值观系列报道”之曹永浩：孜孜不倦　践行爱的教育
102	11月7日	在粤台商：对两岸交流充满信心
103	11月11日	广东国有林场改革：从市场走向公益
104	11月11日	东莞：推行一村一法律顾问　政府买单服务免费
105	11月19日	“机器换人”助力产业转型升级
106	11月19日	胡春华参观广东智博会
107	11月19日	2015东莞塘厦高博会今天开幕
108	11月21日	广东公安再破毒品大案
109	11月22日	世界主流媒体记者点赞广东创新创业环境
110	11月24日	东莞：整治人员密集场所　消减火灾隐患
111	11月24日	广东再添一座“国家森林城市”
112	11月24日	黄小金：读书好省钱
113	11月24日	东莞惠州：以绿色理念引领新一轮发展
114	11月24日	东莞塘厦警方打掉网络制售假药团伙

续表

序号	日期	报道题目
115	11月26日	第六届东莞台湾名品博览会今天开幕
116	11月27日	东莞清远梅州深入宣讲十八届五中全会精神
117	12月2日	2015中国（东莞）国际科技合作周12月11日开幕
118	12月3日	东莞帮扶揭阳：贫困户人均收入翻三倍
119	12月3日	深莞两市全面打响茅洲河整治攻坚战
120	12月9日	东莞：用好正反面典型　深化“三严三实”
121	12月12日	2015中国（东莞）国际科技合作周开幕
122	12月22日	200多名海内外高层次人才齐聚东莞“寻婆家”
123	12月26日	广东：打造100个核心价值观主题公园
124	12月27日	“中欧班列”再添新专列　促华南物流提速外贸增长
125	12月29日	广东：落实创新驱动发展战略　推进版权兴业工作

2015年度先进工作单位

一、2015年度东莞市纳税亿元以上企业（共73家，按企业纳税额排列）

华为终端（东莞）有限公司（华为机器）
广东电网有限责任公司东莞供电局
东莞农村商业银行股份有限公司
广东烟草东莞市有限公司
东莞市以纯集团有限公司
东莞徐记食品有限公司
东莞银行股份有限公司
东莞市桃源商住建造有限公司
中国移动通信集团广东有限公司东莞分公司
广东广合电力有限公司沙角发电厂C厂
东莞东城万达广场投资有限公司
东莞证券股份有限公司
东莞玖龙纸业有限公司
东莞雀巢有限公司
中信银行股份有限公司东莞分行
中国工商银行股份有限公司东莞分行
东莞市骏景凯德房地产开发有限公司
广东虎门大桥有限公司
广东太阳神集团有限公司
广东欧珀移动通信有限公司
东莞市万宏房地产有限公司
中国银行股份有限公司东莞分行
罗门哈斯电子材料（东莞）有限公司
中国平安财产保险股份有限公司东莞分公司
招商银行股份有限公司东莞分行
中国农业银行股份有限公司东莞分行
广州港新沙港务有限公司
广东理文造纸有限公司
东莞三星视界有限公司
广东电力发展股份有限公司沙角A电厂
广东步步高电子工业有限公司
广东都市丽人实业有限公司
东莞新奥燃气有限公司
东莞市光大房地产开发有限公司
中国电信股份有限公司东莞分公司
东莞发展控股股份有限公司
东莞信托有限公司
中国人民财产保险股份有限公司东莞市分公司
广东坚朗五金制品股份有限公司
中国建设银行股份有限公司东莞市分行
广东众生药业股份有限公司
东莞市永惠通信科技有限公司
东莞银行股份有限公司东莞分行
东莞长安万达广场有限公司
东莞冠亚环岗湖商住区建造有限公司
维沃通信科技有限公司
广东生益科技股份有限公司
东莞市三正雁田房地产开发有限公司
东莞新能源科技有限公司
东莞智源彩印有限公司
东莞市搜于特服装股份有限公司
保利（东莞）投资有限公司
东莞市新万房地产开发有限公司
东莞市天宸通信科技有限公司
东莞建晖纸业有限公司
东莞市黄江碧桂园房地产开发有限公司
东莞市益田奥城房地产投资有限公司
东莞虎门万达广场投资有限公司
华润雪花啤酒（广东）有限公司
东莞市万都房地产有限公司
中国太平洋财产保险股份有限公司东莞分公司
广发银行股份有限公司东莞分行
东莞证券股份有限公司东莞南城分公司
东莞市金叶珠宝有限公司
东莞市欧珀精密电子有限公司
东莞广泽汽车饰件有限公司
深圳市广深沙角B电力有限公司
东莞恩斯克转向器有限公司
东莞京滨汽车电喷装置有限公司
东莞市中信康华房地产开发有限公司

东莞市金铭电子有限公司
广东楚天龙智能卡有限公司
东莞市星城玉珑湾房地产开发有限公司

二、2015年度东莞市实际出口总额前20名企业

东莞三星视界有限公司
华为终端（东莞）有限公司（华为机器）
东莞创机电业制品有限公司
金宝电子（中国）有限公司
东莞市岭南进出口有限公司
东莞技研新阳电子有限公司
东莞时力科技电子厂
东莞高伟光学电子有限公司
东莞航天电子有限公司
广东省东莞机械进出口有限公司
京瓷办公设备科技（东莞）有限公司
东莞市凤岗物流园有限公司
东莞市鼎立电子贸易有限公司
东莞船井电机厂
东莞晶达电子科技有限公司
天弘（东莞）科技有限公司
东莞东聚电子电讯制品有限公司
东莞三星电机有限公司
东莞金卓通信科技有限公司
达创科技（东莞）有限公司

三、2015年度东莞市主营业务收入前20名企业

华为终端（东莞）有限公司（华为机器）
广东电网有限责任公司东莞供电局
维沃通信科技有限公司
广东欧珀移动通信有限公司
东莞三星视界有限公司
中国移动通信集团广东有限公司东莞分公司
东莞市欧珀精密电子有限公司
东莞市永惠通信科技有限公司
东莞市永盛通信科技有限公司
东莞华贝电子科技有限公司
东莞玖龙纸业有限公司
东莞宇龙通信科技有限公司
东莞市天宸通信科技有限公司
广东步步高电子工业有限公司
金宝电子（中国）有限公司
东莞市逸迅通信科技有限公司
东莞创机电业制品有限公司
广东烟草东莞市有限公司
东莞市桃源商住建造有限公司
东莞市以纯集团有限公司

四、2015年度镇街领导班子年度工作优秀镇街（共12个）

凤岗镇　清溪镇　长安镇　沙田镇（虎门港）　大朗镇　塘厦镇　东城街道　莞城街道　南城街道　茶山镇　寮步镇　麻涌镇

五、2015年度镇街领导班子年度工作良好镇街（共11个）

大岭山镇　东坑镇　虎门镇　石碣镇　横沥镇　高埗镇　石龙镇　常平镇　厚街镇　石排镇　谢岗镇

六、2015年度综合排名进步前三名镇街

清溪镇　茶山镇　高埗镇

七、2015年度水乡特色发展经济区工作落实前三名镇街

麻涌镇　沙田镇（虎门港）　石龙镇

八、2015年度市直单位年度工作优秀单位（共36个）

经济建设类（共11个）：市财政局　市经济和信息化局　市商务局　市科学技术局　市发展和改革局　市国土资源局　市安全生产监督管理局　市环境保护局　市统计局　市住房和城乡建设局　松山湖（生态园）管委会

社会建设类（共12个）：市委政法委　市中级人民法院　市人民检察院　市教育局　市人力资源局（市新莞人服务管理局）　市社会工作委员会　市工商行政管理局　市社会保障局　市体育局　市质量技术监督局　市第三人民法院　市地震局

党建综合类（共13个）：市委办公室　市委组织部　市人大机关　市纪委机关　市政府办公室（市政府金融工作局）　市政协机关　市委政策研究室（市委全面深化改革领导小组办公室）　市委统战部　市机构编制委员会办公室　市委党校　市委宣传部　市审计局　市委市政府接待办公室

九、2015年度市直单位年度工作良好单位（共33个）

经济建设类（共10个）：市城乡规划局　市林业局　市交通运输局　市农业局　市城建工程管理局　市水务局　市旅游局　市经济协作办公室　市房产管理局　市公路局

社会建设类（共10个）：市民政局　市公安局　市司法局　市第二市区检察院　市文化广电新闻出版局　市住房公积金管理中心　市卫生和计划生育局　市第一人民法院　市食品药品监督管理局　市民族宗教事务局

党建综合类（共13个）：市机关事务管理局　中国共产主义青年团东莞市委员会　市妇女联合会　市法制局　市政府驻北京联络处　东莞广播电视台　市总工会　东莞日报社　市直属机关工作委员会　市档案局　市社会科学界联合会　市社会科学院　市政府驻广州办事处

十、2015年度中央和省驻莞单位年度工作优秀单位（共10个）

市地方税务局　市国家税务局　东莞海关　市公安消防局　市武警支队　广东电网有限责任公司东莞供电局　国家统计局东莞调查队　市国家安全局　中国建设银行股份有限公司东莞市分行　市气象局

十一、2015年度全市“单打冠军”（共58项）

镇街部分（共32项）：

全国和谐社区建设：莞城街道　南城街道　东城街道　寮步镇　黄江镇

全国科普示范社区：莞城街道　南城街道

青少年维权岗：虎门镇

全国文明村镇：麻涌镇　寮步镇　桥头镇　大岭山镇

全国扶贫先进集体：桥头镇

省民族团结进步模范集体：万江街道　南城街道

全国文明单位：南城街道　东城街道

省地震安全示范区：南城街道

全国生态保护与建设示范区：中堂镇

中国民间文化艺术之乡：中堂镇　道滘镇　长安镇　清溪镇

省休闲农业与乡村旅游示范区：麻涌镇

省生态乡镇：望牛墩镇　东坑镇　高埗镇

省五四红旗团委：石碣镇　厚街镇　石龙镇　省社区教育实验区　高埗镇　沙田镇（虎门港）　厚街镇　大朗镇　大岭山镇　南城街道　东城街道　樟木头镇　石碣镇　望牛墩镇

省曲艺之乡：高埗镇　厚街镇　石龙镇

基层社会治安管理：洪梅镇　莞城街道　石龙镇　望牛墩镇　道滘镇

水生态环境修复：沙田镇（虎门港）　公共文化服务　长安镇

五金模具产业品牌创建示范区：长安镇

法治建设：长安镇　清溪镇

经济普查工作：大朗镇

年鉴编审：大朗镇

妇女创业就业：大朗镇

农村五保户供养：大朗镇

旅游发展：清溪镇

生态环境教育：谢岗镇

专业镇协同创新：横沥镇

退管服务：东坑镇　石排镇　东城街道　万江街道　石龙镇　企石镇　桥头镇　谢岗镇　厚街镇　长安镇　虎门镇

公共机构节能示范单位：塘厦镇

全国综合减灾示范社区：茶山镇　石碣镇　横沥镇　桥头镇　黄江镇　塘厦镇　长安镇　洪梅镇　麻涌镇

家庭计划—家庭发展能力建设工作试点：东城街道

省儿童友好示范社区：东城街道

市直单位部分（共14项）：

国家知识产权示范城市：市科学技术局

节约集约用地考核：市国土资源局

检察信息工作：市人民检察院

省推进教育现代化先进市：市教育局

省民族团结进步模范集体：市教育局

学生语言文字工作：市教育局

国家基本公共卫生服务项目工作：市卫生和计划生育局

造血干细胞捐献宣传推广：市红十字会

安全生产工作：市安全生产监督管理局

平安铁路创建：市委政法委

综治信访维稳平台建设：市委政法委

医疗纠纷协调机制建设：市委政法委

全国文明城市创建：市委宣传部

公共机构节能示范单位：松山湖（生态园）管委会

改革项目部分（共12项）：

“三互”大通关改革　市商务局　沙田镇（虎门港）

“多证联办”改革：市电子政务办公室　市商务局　市工商行政管理局　市质量技术监督局　市人力资源局（市新莞人服务管理局）　市财政局　市社会保障局　市国家税务局　市地方税务局　东莞海关　东莞出入境检验检疫局　国家外汇管理局东莞市中心支局

项目投资建设直接落地改革：市城乡规划局　市住房和城乡建设局

商事制度改革及市场监管体系建设：市工商行政管理局

创建珠三角国家自主创新示范区：松山湖（生态园）管委会

开展国家新型城镇化综合试点：市发展和改革局　虎门镇　长安镇

社区网格化管理及“微治理”模式：市社会工作委员会　大朗镇　厚街镇

基层人民法庭审判权运行机制改革：市委政法委　市中级人民法院

开展国家公共文化服务标准化试点：市文化广电新闻出版局

医药卫生体制和城市公立医院改革：市卫生和计划生育局

创新推广积分制管理模式市社会工作委员会：市委组织部　市发展和改革局　市教育局　市民政局　市人力资源局（市新莞人服务管理局）　中国共产主义青年团东莞市委员会

机关服务型党组织建设：市直属机关工作委员会

索　　引

INDEX

说　明

1. 索引采用主题分析法编制，主题词按汉语拼音字母顺序排列；
2. 类目未作索引，分目采用黑体字，条目采用宋体字，表格采用楷体字；
3. 主题词后的数字表示内容所在页码，数字后的a、b、c分别表示该页码的左、中、右栏。

A

B

C

D

E

F

H

J

东莞年鉴
DONGGUAN YEARBOOK

M

N

O

P

东莞年鉴
DONGGUAN YEARBOOK

T

W

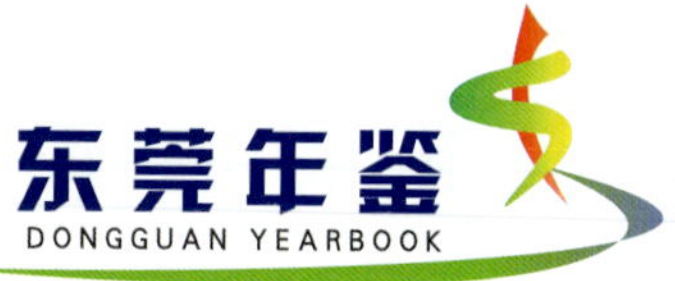
东莞年鉴
DONGGUAN YEARBOOK